LES 1001 JOURS QUI ONT CHANGÉ LE MONDE

Moeris

LES 1001 JOURS QUI ONT CHANGÉ LE MONDE

PRÉFACE DE FRÉDÉRICK GERSAL

OUVRAGE RÉALISÉ SOUS LA DIRECTION DE PETER FURTADO

Flammarion

Titre original : *1001 Days that Shaped Our World*

Publié sous la direction de Tristan de Lancey
Direction éditoriale : Jane Laing
Direction artistique : Akihiro Nakayama
Designer : Nick Jones
Iconographie : Lorna Ainger

Direction de l'édition française : Ghislaine Bavoillot
Traduit de l'anglais par Jacques Guiod, Anne Marcy-Benitez,
Cécile Giroldi et Stéphanie Alglave
Adaptation de la maquette : David Fourré
Suivi éditorial : Marie-Laure Miranda
Collaboration à l'édition française : Laurent Villate
Index : Julie Robert
Couverture : Isabelle Ducat

ISBN : 978-2-0812-2724-8
Dépôt légal : septembre 2009
Imprimé à Singapour

Sommaire

Préface de Frédérick Gersal

Le temps file et glisse entre nos doigts comme le sable qui s'écoule d'un sablier. La mémoire, trop sélective, nous fait souvent défaut. Ce livre vient à notre secours en nous présentant une liste d'événements qui se sont déroulés à travers les âges et les pays du monde entier. Il nous propose une lecture de l'histoire de l'humanité rédigée sous un angle nouveau.

L'histoire de l'humanité est classée chronologiquement en grandes périodes : la préhistoire, l'histoire de l'Antiquité, l'histoire moderne. Pour simplifier ou compliquer les choses, chaque région, chaque nation possède son propre classement, plus précis et plus étoffé : en France, nous avons le Moyen Âge, la Renaissance, la Révolution, le Consulat et l'Empire, la République.... Il nous est même arrivé de célébrer la nouvelle année le 1er avril – c'était avant le règne de Charles IX – et, il y a un peu plus de deux siècles, de changer de calendrier...

Dans cette suite d'ères et d'époques, de périodes et de courants, les scientifiques tentent de mettre un peu d'ordre. Et comme l'ont écrit les moines bénédictins de Saint-Maur en publiant, en 1750, l'*Art de vérifier les dates* : « Rien n'est plus nécessaire pour la connaissance de l'histoire que la chronologie. » Pour étayer cette science des temps et des dates historiques, les savants ont recours aux technologies de pointe, que ce soit la datation au Carbone 14, la stratigraphie ou encore la dendrochronologie. Grâce à ces procédés de vérification, les différentes couches géologiques et toutes les matières, y compris le bois, se mettent à parler. Pourtant, elles ne parviennent pas encore à raconter notre histoire. Et quelle histoire !

Ces *1001 Jours* couvrent près de 4 600 ans depuis la construction des grandes pyramides d'Égypte, jusqu'à l'élection du président des États-Unis, Barak Obama. Si ces 1001 jours devaient être mis bout à bout, ils ne formeraient qu'une modeste période de deux années et neuf mois. Une période qui paraît bien courte au regard de la présence humaine sur la Terre. Et pourtant, il s'en est passé des événements pendant ce court millier de jours !

Au fil des pages, nous plongeons à cœur et à corps perdus dans l'histoire universelle avec de grandes « premières », en compagnie de Louis Pasteur en France en 1859 ou bien avec Youri Gagarine qui conquit l'espace en 1961... Certaines expériences scientifiques ou créations artistiques ont changé la face du monde : pensons à l'invention de la boussole par les Chinois vers l'an mille, à celle de l'imprimerie par Gutenberg en 1436 ou celle de la machine à calculer par Pascal en 1641. Pensons aussi à la pile électrique de Volta en 1800, au cinématographe des frères Lumière, aux rayons X de Röntgen en 1895, à la découverte de la pénicilline par Fleming en 1941, aux premiers pas sur la Lune en 1969, à la création de Microsoft en 1975... Il y a également la naissance de grandes épreuves sportives comme le premier « Derby d'Epsom » en 1780, les premiers « Jeux Olympiques » de l'ère moderne en 1896 ou bien le premier « Tour de France » cycliste en 1903.

Dans ce livre foisonnant d'informations, les figures marquantes de l'histoire de l'humanité défilent sous nos yeux. Ramsès II, Shakespeare, Einstein, Érasme, entre autres illustres personnages, se partagent la vedette avec Luther, Sigmund Freud, Nelson Mandela et les Beatles, etc.

Ce qui m'a séduit et passionné, c'est le caractère multithématique et chronologique de cet ouvrage. Cette approche est à mon avis l'atout principal du livre : nous pouvons sauter d'une page à l'autre, d'une date à l'autre, d'un pays à un autre, d'une guerre à une révolution scientifique, de la grandeur d'un roi à la publication d'un livre important, bref, avoir au fond une vision globale et très diverse. Cela permet de comprendre que l'histoire est un tout, que plusieurs histoires se déroulent en même temps, à l'échelle d'une vie. Chaque individu est contemporain de plusieurs événements de nature souvent distinctes qui font partie de l'histoire du monde en général et s'inscrivent dans l'histoire de cet individu en particulier. Habituellement, les livres d'histoire isolent dans des chapitres séparés les thèmes et les zones géographiques. Or, dans la réalité, les chapitres s'écrivent tous simultanément.

Le temps n'a plus de prise sur les lecteurs que nous sommes, emportés, transportés par tous ces événements, ces personnages, toutes ces dates et ces histoires incroyables, fascinantes, merveilleuses, absurdes ou tragiques... Nous survolons les années, les lustres, les décennies, les siècles et les millénaires d'un simple coup de pouce. Bien sûr, vous ne serez pas d'accord sur l'importance donnée à certains événements racontés ici. Le rôle des listes est de faire naître le débat et de passionnantes discussions, et rien ne vous empêche de compléter ces 1001 par vos découvertes personnelles, la dernière page de ce volume vous y invite.

Introduction de Peter Furtado

Chaque jour et partout dans le monde, des événements se produisent. Les hommes achètent et vendent des biens matériels, en construisent et en détruisent, se battent et font la paix, vivent et meurent. Ainsi, de façon imperceptible, mais parfois spectaculaire, le monde change.

Chaque jour partout dans le monde, les hommes sont témoins d'une multitude d'événements et tentent de déterminer ceux qui sont importants et ceux qui le sont moins, de leur donner un sens, de les raconter... C'est en général la mission des quotidiens et des journaux télévisés qui ordonnent les événements afin de nous informer, de nous éduquer ou de nous divertir.

La tâche consistant à mettre de l'ordre dans le chaos est ardue. Elle n'est jamais complètement terminée ou entièrement réussie. Un reporter peut ne découvrir qu'une partie de la vérité, un détail crucial peut être omis ou manquer, les liens logiques d'un événement, c'est-à-dire sa signification, peuvent être flous ou trop complexes pour pouvoir être saisis.

Pour comprendre la signification d'un fait, il est primordial de mettre en relief l'enchaînement des causes et des effets, de déterminer un fil conducteur entre le passé et le présent. Cette quête conduit certains d'entre nous à se plonger de plus en plus profondément dans le passé pour identifier soigneusement la façon dont un événement peut en influencer un autre. C'est là le sujet de l'histoire.

Les historiens ont toujours débattu de la notion de causalité. Il est évident que le monde évolue, mais comment ? Certains soulignent l'existence de forces sous-jacentes, de courants économiques, culturels ou intellectuels qui constituent de grands modèles d'évolution dans lesquels s'inscrivent des événements moins importants. D'autres préfèrent mettre en avant ce qui est contingent, ce qui relève de la personnalité et des erreurs humaines.

La diversité et le caractère mémorable des épisodes historiques rendent leur examen particulièrement savoureux. Ils reflètent en effet la vie de l'homme. Et si l'histoire représente la plus grande des scènes, nombre de ses acteurs sont plus vrais que nature.

Qu'ils soient des monstres, des héros ou des ratés complets placés dans des situations qui les dépassent, les protagonistes du passé, avec leurs ambitions et leurs manies, offrent une vision du monde que même les grands dramaturges auraient du mal à imaginer. Leurs aventures, le récit de leurs actions, demeurent gravés dans notre esprit toute notre vie.

Le livre *Les 1001 Jours qui ont changé le monde* fournit une série de tableaux illustrant les événements du monde. Il commence avant même l'Histoire à proprement parler, avant la création du monde, pour se terminer par le XXIe siècle. Il donne un aperçu du monde, relatant certains des plus grands événements, mais aussi des faits plus insignifiants. L'intérêt de ces derniers réside dans la manière dont ils se sont insinués dans la mémoire collective.

À une certaine époque, les écoliers devaient être capables de réciter les noms des rois et des reines de France, des présidents ou des grands explorateurs. Ils parvenaient souvent à débiter par cœur les dates des événements les plus célèbres. Il suffisait de leur dire « 1789 » pour qu'ils sachent que vous faisiez référence à la Révolution française. Cette pratique n'est plus aussi courante aujourd'hui, et l'on entend des personnes déplorer que plus personne ne connaisse les noms et les dates historiques. Les dates ont des avantages. Elles jouent en quelque sorte le rôle d'abrégés des grands événements de l'histoire et se présentent naturellement dans l'ordre chronologique. Les apprendre permet de classer les faits historiques. Certes, cela ne vous donne pas l'enchaînement des causes et des effets, mais permet d'avoir des repères dans la « grande fresque » historique où s'inscrira plus tard une connaissance approfondie de certains sujets.

Le présent ouvrage vous livre plus d'un millier de dates de ce genre et vous donne par conséquent une idée de la « grande fresque » du passé. Il ne s'agit pas d'un tableau historique parfait ou complet. En fait, il s'agit moins d'un tableau encadré que d'un dessin en pointillé. Mais ce dernier a une forme claire, et si vous essayez de relier les points afin de reproduire le modèle, vous aurez une idée de la façon dont le monde a changé. Et si vous êtes suffisamment intéressés pour avoir envie de colorier certains détails en vous penchant sur les événements qui vous captivent, ce livre sera parfait pour vous.

Vous n'avez cependant pas besoin de le commencer par le début et de le lire en entier. Chaque événement est traité à part et de manière nécessairement concise. Vous saurez ainsi ce qui s'est passé un jour en particulier, où et pourquoi. Vous pouvez le consulter afin d'apprendre des choses dont vous n'aviez jamais entendu parler jusque-là ou afin de disposer d'un aperçu d'un moment clé. Toutefois, malgré la quantité de sujets abordés, il est absolument impossible dans un ouvrage comme celui-ci d'établir une chronologie exhaustive du passé. Nous avons tenté de choisir les événements les plus mémorables, de préciser leur contexte et d'évoquer leurs conséquences. N'importe quel événement aurait pu être inclus, mais nous nous sommes limités à ceux qui ont eu lieu un jour précis, ou tout du moins, qui furent particulièrement remarquables ce jour-là.

Les évocations d'un événement sont toujours fragmentaires, surtout lorsque ce dernier est très ancien. Il n'est pas toujours possible d'être sûr du jour ou du mois exact où un fait s'est déroulé. Il arrive même que la date des événements les plus célèbres soit sujette à caution celle de la crucifixion de Jésus par exemple. Ce manque de clarté ne signifie pas pour autant que les événements en question n'ont pas eu lieu. C'est pourquoi nous les avons inclus. Des confusions naissent aussi de l'existence de différents types de calendriers à une certaine époque. Il y a encore deux cents ans, l'année ne commençait pas, du moins officiellement et légalement, le 1er janvier, mais le 25 mars (le jour de la fête de l'Annonciation). Par exemple, Lénine et les Bolcheviks ont appelé leur prise du pouvoir en Russie la « Révolution d'octobre » parce que dans leur esprit la prise du palais d'Hiver avait eu lieu le 25 octobre, alors que selon le calendrier grégorien, elle s'est déroulée le 7 novembre 1917.

Comme il est parfois impossible de connaître les détails de chaque événement, il nous a semblé plus important de parler du ressenti des individus sur ce qui s'est passé. Pour toutes sortes de raisons, les hommes ont souvent admis des versions de l'histoire qui, de nos jours, paraissent tout à fait improbables voire insensées. Certains historiens préfèrent ignorer ces exemples et se concentrer sur les choses qui se sont vraiment passées. Cependant, une croyance, aussi bizarre soit-elle a parfois de l'importance parce qu'elle peut conduire des personnes à faire en son nom des choses remarquables qui ont un effet sur la vie de beaucoup d'autres personnes. Leur version des faits, qu'ils pensent juste, fait donc aussi partie de l'histoire dans la mesure où nous reconnaissons que cette croyance constitue l'histoire au même titre que l'événement. Vous apprendrez donc dans ce livre que la « création du monde » a eu lieu en octobre

4004 av. J.-C., ce qu'aucun historien moderne n'affirmerait. Cependant, le fait que des personnes intelligentes l'aient cru et le croient et que cela ait affecté leur vie est une raison suffisante pour que l'événement figure dans cet ouvrage. La plupart des événements de ce genre comme la fondation de Rome par Romulus le 21 avril 753 av. J.-C. et le fait qu'il ait été allaité avec son frère Remus par une louve relèvent de mythes anciens, mais ont néanmoins joué un rôle important dans l'histoire de la culture à laquelle ils sont associés.

Les faits abordés dans ce livre concernent la politique, les dynasties au pouvoir et l'action militaire, c'est-à-dire les matériaux bruts de l'histoire, mais aussi la culture, la technologie et les sciences. Bien que nous commencions par ceux de la Préhistoire, nous mettons surtout l'accent sur les 150 dernières années. Il y a plusieurs raisons à cela. L'une d'elles tient au fait qu'avant le développement des empires occidentaux et la mondialisation de l'histoire qui en résulta, peu d'événements eurent une résonance hors des territoires où ils avaient lieu. Certains épisodes fascinants mais essentiellement locaux, furent donc passés sous silence. À partir du XIXe siècle, les événements qui se sont déroulés dans une partie du monde ont beaucoup plus fréquemment eu des répercussions sur la vie de personnes se trouvant ailleurs, d'où l'importance accordée dans cet ouvrage aux deux derniers siècles. Cela s'explique par l'accélération de l'histoire : plus de choses se produisent et beaucoup plus vite qu'au Moyen Âge, ou tout du moins, plus de choses sont relatées en détail, si bien que leurs implications et leurs racines apparaissent plus facilement. Le monde évoluant rapidement, les jours qui changent le visage du monde sont plus nombreux.

Cependant, aucun choix des *1001 Jours qui ont changé le monde* ne pourra jamais être définitif, et j'espère, ou plutôt je souhaite, que vous vous posiez des questions sur notre sélection. Je souhaite que vous trouviez aussi des choses qui vous surprennent et vous intéressent. Tant mieux. L'histoire ne sera jamais définitive : si vous ne la contestez jamais ou si elle ne vous étonne pas, c'est que quelque chose ne va pas. Soit elle a été mal présentée, soit vous pensez que vous savez déjà tout ce qu'il y a à savoir sur la vie. L'histoire est un dialogue entre écrivains, lecteurs, universitaires et citoyens, et elle doit être débattue. Par conséquent, ne nous en privons pas.

Index par pays

du big bang à 1 av. J.-C.

Le calendrier de Gezer, xe siècle av. J.-C., reproduit les activités agricoles d'une année ; trouvé près de Jérusalem.

Une explosion à l'origine de l'Univers

Le « big bang » a provoqué l'expansion de l'Univers.

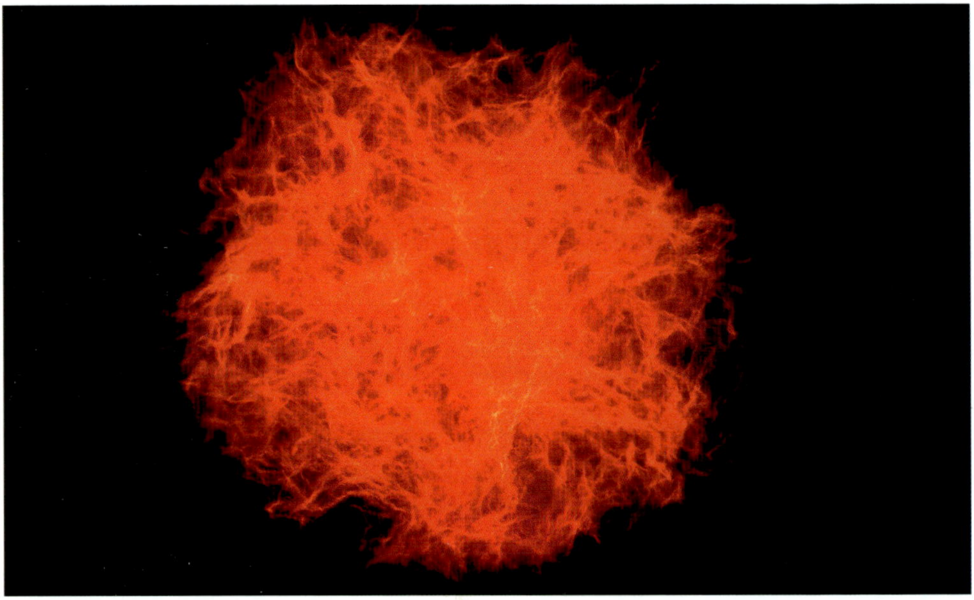

Image de synthèse de l'explosion montrant l'expansion de gaz et de matière qui aurait donné naissance à notre Univers.

Le big bang, assimilable à une explosion, marque l'apparition du temps, de l'espace, de la matière, de l'énergie. Dans les années 1960, des scientifiques détectant l'écho du big bang sous forme de radioactivité naturelle dans le ciel sont parvenus à une explication théorique de ce qui dut se produire au cours de la toute première seconde de l'Univers. Lorsque celui-ci était encore infiniment condensé et chaud, il subit une brusque expansion accompagnée d'une création de matière, passant de l'échelle quantique à un cosmos de petite dimension qui se dilate. De grandes quantités de matière et d'antimatière furent créées en s'annihilant presque complètement, ne laissant qu'une minuscule quantité de matière. Tandis que l'immense amas d'énergie de l'Univers refroidissait, des particules subatomiques s'assemblèrent. Il fallut encore 380 000 ans pour que les températures diminuent suffisamment, permettant aux électrons et aux protons de s'unir pour constituer des atomes.

De vastes nuages d'hydrogène se formèrent, se condensant en masses toujours plus denses qui se comprimèrent sous l'effet de la gravité. Les atomes d'hydrogène situés au centre fusionnèrent alors en constituant de l'hélium et en libérant de l'énergie. Les nuages devinrent des étoiles en combustion. Lorsque celles-ci explosèrent, formant des supernovae, des atomes plus lourds apparurent, composant les matières brutes de l'Univers que nous connaissons actuellement.

La théorie du big bang reste l'explication scientifique incontestée des origines de l'Univers. **PF**

Les dinosaures exterminés par un astéroïde ?

L'extinction des animaux préhistoriques est-elle due à l'impact d'un astéroïde sur la Terre ?

Limite K/T, la couche noire entre les roches du crétacé et du tertiaire est composée de matières provenant de l'impact d'un astéroïde.

Ayant régné sur la Terre durant plus de 100 millions d'années, les dinosaures s'éteignirent brusquement il y a 65 millions d'années, ainsi que les ammonites, la plupart des reptiles marins, des espèces de plancton et des marsupiaux. Toutefois, de petits mammifères primitifs, et la plupart des espèces d'oiseaux, d'insectes, de lézards et d'amphibiens, survécurent. Mais dans certaines parties du monde, plus de la moitié des espèces végétales disparurent aussi.

Pourquoi ? Fallut-il quelques années ou plusieurs millénaires ? Les théories scientifiques les plus plausibles évoquent l'impact d'un ou de plusieurs astéroïdes faisant fondre la croûte terrestre et provoquant de gigantesques perturbations atmosphériques, tsunamis et incendies, ainsi qu'une élévation catastrophique du niveau de la mer. Dans le Yucatan, un astéroïde de 10 km de diamètre se serait écrasé au large de la presqu'île. La forme de l'impact suggère qu'un de ses angles aurait heurté l'endroit, disséminant de nombreux débris en Amérique du Nord.

La période de jonction entre la fin du crétacé (K) et le début du tertiaire (T) est appelée limite K/T. La raison de la survie de certaines espèces et de l'extinction d'autres est mal connue. Les animaux plus petits et les fouisseurs furent moins touchés que les gros animaux vivant à la surface, et les espèces évoluant à diverses profondeurs souffrirent davantage que celles vivant sur le fond marin. Mais la survie des oiseaux laisse supposer que les perturbations atmosphériques furent d'assez courte durée. **PF**

4004 AV. J.-C. – 22 OCTOBRE

« Et Dieu créa la Terre ! »

L'évêque d'Armagh recherche dans la Bible la date de la Création.

« Au commencement Dieu créa le Ciel et la Terre. » Les premiers mots de la Genèse marquèrent pendant des millénaires le début de l'Histoire pour des millions de Juifs et de chrétiens, mais quand ce commencement se situe-t-il ? Avant le XVIIIe siècle, où les études géologiques laissèrent entendre que la Terre avait plusieurs millions d'années, les meilleures informations disponibles étaient le nombre de générations (« untel qui engendra untel ») mentionnées dans la Bible. Grâce à cela et à la durée de vie (parfois extraordinairement longue) de certains patriarches, le tout comparé aux cycles astronomiques et à ce que l'on savait alors de l'histoire de l'Égypte et du Moyen-Orient, James Ussher, évêque d'Armagh en Irlande, estima en 1658 que le « commencement » se situait à la tombée du jour, le samedi 22 octobre, quelque 4 004 ans avant la naissance de Jésus.

Ussher affirma que lors de leur création le jour et la nuit étaient de longueur égale : la date était donc proche de l'équinoxe. Pour qu'Adam et Ève aient à manger, il fallait que ce soit le temps des moissons au jardin d'Éden. La date choisie par Ussher fut inscrite en marge de nombreuses Bibles imprimées entre le XVIIIe et la moitié du XXe siècle et de fait devint notoire.

Ussher ne fut pas le seul à faire ce genre de calcul. Quelques années plus tôt, le vice-chancelier de l'université de Cambridge, John Lightfoot, avait estimé que le Ciel et la Terre dataient de septembre 3929 av. J.-C. D'autres lettrés, tels Bède le Vénérable, Martin Luther et Johannes Kepler, firent des calculs complexes pour parvenir à des résultats semblables, mais seule la date proposée par Ussher fut universellement reconnue. **PF**

2575 AV. J.-C.

La grande pyramide

La pyramide de Gizeh abrite la tombe du roi Khéops.

Seule des Sept Merveilles du monde parvenue jusqu'à nous, le monument dédié à Khéops fut édifié en 2575 av. J.-C., ultime demeure du roi, qui régna pendant 23 ans sur la Haute et la Basse-Égypte. On sait peu de choses de son règne, mais des inscriptions indiquent qu'il fit campagne en Nubie, au sud, et à Canaan, au nord. Le manque d'informations n'a pas empêché sa gloire de traverser les millénaires. Ce dirigeant cruel avait deux grands objectifs : assurer la survie de la dynastie au-delà de son fils Khephren, mais aussi sa propre immortalité en édifiant la « grande pyramide » de Gizeh, le monument le plus important de l'Antiquité. Quelque 2 000 ans plus tard, l'historien grec Hérodote écrira que Khéops avait forcé sa propre fille à se prostituer pour lever les fonds nécessaires aux travaux.

Une incroyable logistique permit de construire en relativement peu de temps ce bâtiment énorme : 146 m de haut, quelque 2,3 millions de blocs de pierre. La conception de l'édifice est assez simple mais aussi inhabituelle en Égypte puisqu'il n'est pas recouvert de prières ni d'inscriptions. Il fascine les observateurs depuis des millénaires et, récemment, l'exploration des couloirs les plus étroits à l'aide de caméras montées sur des robots a montré que la pyramide était alignée avec l'étoile Orion pour permettre à l'âme du roi d'accéder aux cieux.

À côté de la pyramide, il y avait un bateau funéraire de 43 m de long, ayant permis de conduire Khéops à sa dernière demeure, et des tombes plus petites de membres de sa maisonnée – un spectacle sans précédent pour l'époque. **PF**

Le sphinx de Gizeh et la grande pyramide qui abrite la tombe de Khéops.

2334 AV. J.-C.

L'empire de Sargon

Sargon, vainqueur de deux rois, devient le premier souverain de Mésopotamie.

En 2334 av. J.-C., Sargon devint le premier empereur de l'histoire du monde. Issu d'une famille modeste et élevé par un jardinier, il atteignit la prestigieuse fonction d'échanson de Ur-Zababa, roi de la ville mésopotamienne de Kish. Plus tard, il fera la guerre au roi Lugal-zagezi, puissant souverain d'Uruk, pour devenir enfin empereur de Mésopotamie.

Sargon imposa son autorité sur toute la région et guerroya dans les contrées situées plus à l'ouest, jusqu'au littoral du Liban et de l'Anatolie. Sargon, dont le nom signifie « le roi légitime » ou « le bon roi », établit sa capitale à Akkad, sur les rives de l'Euphrate ; il y fit bâtir un immense palais et fit agrandir le port afin de pouvoir y accueillir de plus grands navires. Akkad n'a jamais été retrouvée et on ignore, aujourd'hui encore, sa localisation. Il mit très vite sur pied une nouvelle bureaucratie qui arracha aux anciens temples sumériens le monopole de l'activité économique. Il fit aussi construire des routes et imagina un système postal reposant sur l'emploi de sceaux royaux. Enfin, il tenta un recensement de la population.

Son règne dura 56 ans et l'akkadien, langue sémitique, devint la langue officielle de la Mésopotamie. Sargon dut faire face à des révoltes incessantes, de la part de Lugal-zagezi dans un premier temps, puis dans les autres cités-États. Vers la fin de son règne, Akkad fut assiégée mais à sa mort, en 2279 av. J.-C., Sargon réussit à transmettre à ses fils un royaume qui dura 150 ans avant de céder à l'anarchie interne. **PF**

1760 AV. J.-C.

Le code d'Hammourabi

Hammourabi instaure 282 lois, créant ainsi un système juridique durable.

Roi de Babylone à partir de 1780 av. J.-C., Hammourabi contribua à l'essor de la civilisation en imposant en 1760 av. J.-C. un code pénal comprenant 282 lois. Écrit en akkadien sur une stèle de basalte, ce code était placé bien en vue dans la cité. Les lois détaillent les châtiments (dont la peine de mort) propres à chaque infraction. Leur sévérité mise à part, elles établissent des principes juridiques pérennes : importance des preuves, présomption d'innocence ou refus de la justice arbitraire. On peut voir, sur la partie haute de la stèle, le roi en train de recevoir les lois de la main du dieu Shamash. Ce ne fut certainement pas le premier code pénal, mais celui d'Hammourabi est le plus complet de cette époque.

Un système de juges professionnels fut établi et un droit de faire appel accordé au roi, même si l'on attendait de lui qu'il agisse dans le cadre de ce code d'inspiration divine, donc immuable. La vengeance coutumière ou tribale fut interdite. Les droits sur la propriété et un système de contrats furent définis, de même que les lois régissant les droits des maîtres sur leurs esclaves et des propriétaires sur leurs locataires. Le mariage aussi était réglementé.

Hammourabi renforça son royaume tant du point de vue économique que militaire. Babylone était auparavant l'une des nombreuses cités-États de Mésopotamie. Après avoir repoussé au nord les attaques des Élamites, Hammourabi s'empara de Larsa pour fonder son empire en 1763 av. J.-C. en Mésopotamie méridionale avant d'entamer une expansion vers le nord. **PF**

Fragment du code d'Hammourabi sur une stèle de basalte gravée en caractères cunéiformes akkadiens.

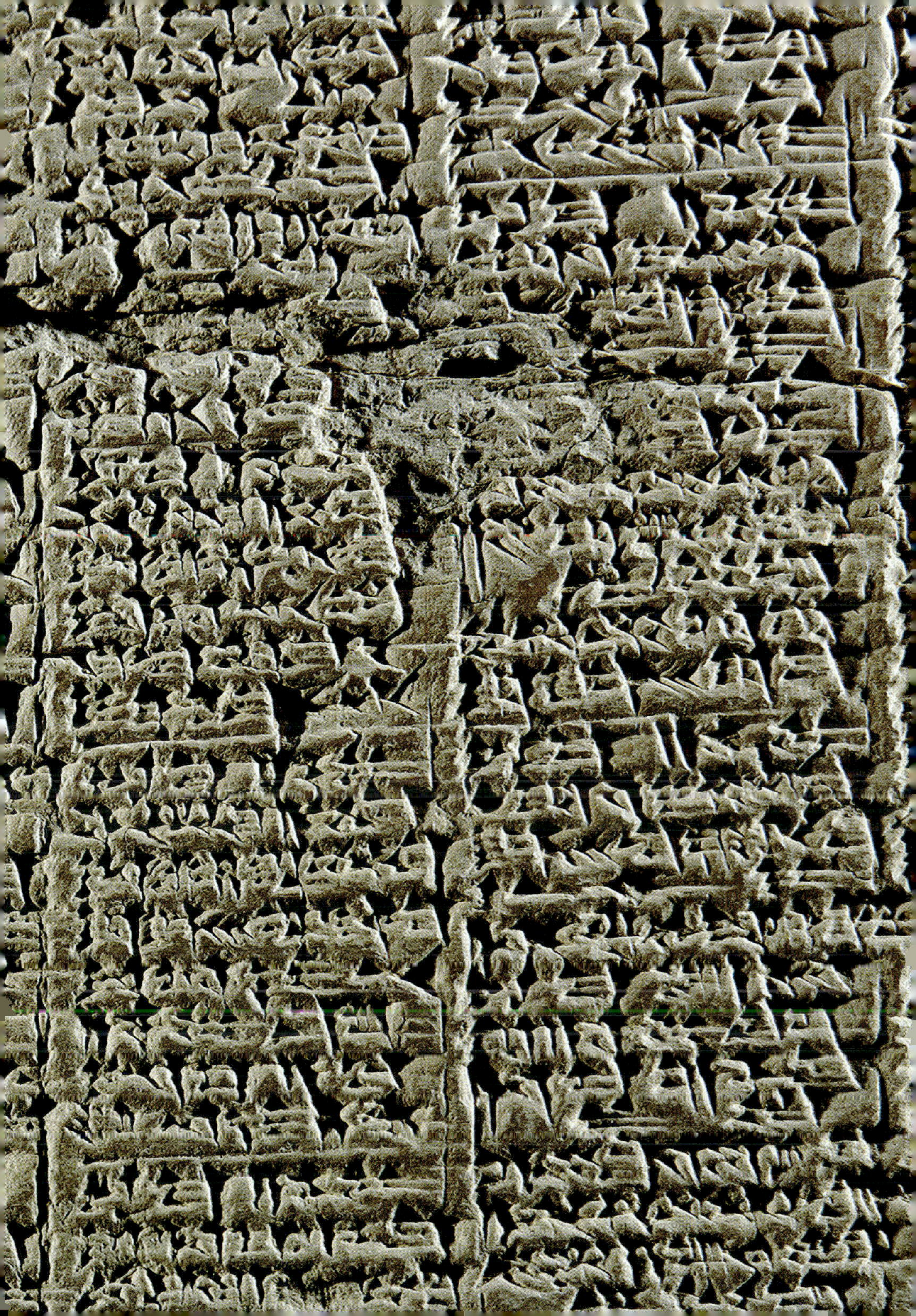

Théra détruite par une éruption volcanique

L'est de la Méditerranée subit l'un des pires désastres naturels du monde.

Amphores à moitié enfouies sous les scories et les roches rejetées par le volcan de l'île de Théra.

« En un jour et une nuit de malheur… l'île de l'Atlantide… disparut. »

Platon, *Timée*, vers 360 av. J.-C.

L'éruption volcanique survenue sur la petite île de la mer Égée du nom de Théra, ou Santorin, n'est signalée dans aucun texte et les spécialistes s'interrogent toujours sur sa date exacte (entre 1650 et 1550 av. J.-C., vers 1620 ou plus tardivement selon les meilleures estimations), mais l'onde de choc se fit sentir dans toute la partie orientale de la Méditerranée. Probablement la deuxième plus grande explosion volcanique de l'histoire de l'humanité, elle produisit quatre fois plus de cendres et de fumée que celle du Krakatoa en 1883 et recouvrit des kilomètres de sol marin d'une couche de ponces de 80 m d'épaisseur. Provoquant un énorme tsunami, elle aurait détruit à jamais la civilisation crétoise des Minoens. L'explosion créa aussi une vaste caldeira (cratère volcanique) sur Théra et ensevelit la ville d'Akrotiri sous 8 m de cendres.

Selon les textes égyptiens, l'événement n'eut aucun impact sur la vallée du Nil. Certains spécialistes croient que les dix plaies d'Égypte sont liées aux suites de l'éruption, mais la plupart considèrent que l'exode des Hébreux eut lieu plusieurs siècles plus tard. Toutefois, les conditions climatiques inhabituelles que connut la Chine à la chute de la dynastie Xia, vers 1618 av. J.-C., pourraient être associées à l'explosion. On croit enfin que Théra serait en rapport avec la disparition de l'Atlantide, île légendaire que Platon plaçait au cœur d'un « grand et merveilleux empire ».

À partir de 1967, les fouilles effectuées à Akrotiri ont mis au jour des fresques remarquables indiquant d'importantes relations commerciales et culturelles avec l'Égypte, la Crète et le Levant. Aucun reste humain n'a été retrouvé, sans doute les habitants ont-ils réussi à fuir à temps, contrairement à ceux de Pompéi. **PF**

Akhénaton s'établit dans le désert

Aménophis IV fonde Amarna et réécrit pour un temps les règles du royaume égyptien.

Les rois de l'ancienne Égypte, appelés pharaons à partir de la XVIIIe dynastie, étaient partout identifiés au dieu suprême Amon, le dieu caché dont le culte se pratiquait à Thèbes, ou au dieu soleil Rê, à Héliopolis. Tous sauf un. Aménophis IV, pharaon de la XVIIIe dynastie, rejeta les anciens dieux pour une divinité unique, le disque solaire Aton, et changea son nom en Akhenaton, « le Serviteur d'Aton ».

Akhenaton établit sa capitale dans le désert, à Amarna, créa un nouveau clergé et imagina avec son épouse Néfertiti un style original d'art naturaliste se démarquant de celui de tous les autres monarques égyptiens, représentant le roi avec des traits allongés et le ventre ballonné. Certains spécialistes ont suggéré, sans autres preuves, qu'il souffrait de nombreuses maladies.

Le temple d'Aton était ouvert au soleil et le roi écrivit un hymne à son dieu que l'on peut comparer à la littérature monothéiste de la même époque, tels les Psaumes du roi Salomon.

Le défi lancé par cette nouvelle religion suscita une grande opposition en Égypte et Akhenaton se montra incapable de défendre son empire du Moyen-Orient contre les attaques menées par les Hittites d'Anatolie, entre autres.

Après sa mort, son fils régna brièvement sous le nom de Toutankhaton avant d'être contraint à en changer et à revenir à l'ancienne religion, sous le nom de Toutankhamon. Sans grande envergure, celui-ci devint néanmoins le pharaon le plus célèbre grâce à son tombeau : c'est à ce jour le seul qui nous soit parvenu intact. La capitale d'Akhenaton fut abandonnée et son nom effacé des inscriptions par ceux qui voulaient supprimer toute allusion à sa religion monothéiste. **PF**

Akhenaton et Néfertiti adorant le disque solaire Aton, bas-relief, vers 1350 av. J.-C.

« Les oiseaux s'envolent du nid,
Leurs ailes accueillent ton ka,
Tous les troupeaux gambadent. »

Hymne d'Aton, inscription, tombeau d'Aÿ

Ramsès II couronné en Égypte

C'est le début d'un des plus longs et des plus grands règnes de l'Histoire.

Les colossales statues de Ramsès II sur la façade du temple d'Abou Simbel.

« J'ai attaqué seul tous les pays… mes chars m'ayant abandonné. »

Annales de Ramsès II

Ramsès commença son long règne en 1279 av. J.-C., à la mort de son père, fondateur de la XIXe dynastie, Séti Ier : ce dernier avait restauré l'influence commerciale et la puissance de l'Égypte dans le Levant, créant ainsi le plus vaste empire de l'ancienne Égypte. Ramsès poursuivit son œuvre et mena aux franges de son empire la célèbre, quoique incertaine, bataille de Qadesh qui l'opposa aux Hittites en 1275 av. J.-C. : elle définit les limites de l'influence des deux États et fut décrite en détail sur les parois du temple funéraire du pharaon, à Thèbes, connu sous le nom de Ramesseum.

Plus tard, Ramsès II fut confronté à l'impérialisme assyrien. Il se lança dans une série de vastes projets architecturaux à Louxor, à Karnak et à Abydos. À Abou Simbel, il fit tailler dans la roche un temple certainement dédié au dieu solaire Amon-Rê mais précédé de quatre statues de 20 m de haut représentant Ramsès en personne.

Quand le barrage d'Assouan fut construit sur le Nil en 1959, la montée des eaux du lac Nasser menaça de noyer le site et le complexe d'Abou Simbel, statues comprises, fut alors démantelé et réinstallé sur une position plus élevée.

On sait peu de choses de la vie privée du pharaon. Pour Néfertari, l'une de ses femmes – certainement sa préférée –, il fit construire un beau tombeau dans la Vallée des Reines. Il aurait engendré une centaine d'enfants. Ce fut l'un des grands pharaons d'Égypte et après lui le pays ne connut plus jamais une telle puissance.

La momie de Ramsès fut découverte à Deir el-Bahari en 1881. Dans les années 1970, les bandelettes furent ôtées pour en assurer la conservation et on découvrit les caractéristiques physiques de ce pharaon roux, bien bâti, au nez crochu. **PF**

Moïse fait sortir son peuple d'Égypte

Moïse libère les Hébreux et leur fait franchir la mer des Roseaux.

La date précise est source de discussions, mais c'est probablement au début du règne de Séti Ier que le peuple hébreu de Canaan accablé par la famine migra en Égypte, où il fut asservi. Comme l'indique la Bible, les Hébreux travaillèrent certainement dans la ville de Pithôm, sur le delta du Nil.

Selon l'*Exode*, un enfant hébreu nommé Moïse fut élevé comme un Égyptien dans la maison du roi. Après avoir découvert ses vraies origines et constaté les souffrances des Hébreux, il décida en 1250 av. J.-C. d'arracher son peuple à la captivité. Avec son frère Aaron, il défia le pharaon Ramsès de les laisser partir. Celui-ci refusa et ils firent la démonstration de la puissance divine en lançant sur le pays dix catastrophes naturelles (faisant peut-être suite à une crue exceptionnelle du Nil). La dixième plaie fut la mort des premiers-nés de chaque maison à l'exception de celles marquées par les Hébreux du sang d'un agneau sacrifié : ainsi le châtiment divin « passa » au-dessus de leurs demeures. On voit dans cet événement la première grande intervention divine de l'histoire juive : elle est commémorée chaque année avec la Pâque (« passage »), célébrée en mars ou en avril selon le calendrier.

Après cela, Moïse encouragea des milliers d'Hébreux à marcher vers le désert oriental. Le pharaon lança ses troupes, mais Moïse mena son peuple à travers les marais de la mer des Roseaux (souvent assimilée à tort à la mer Rouge) tandis que s'enlisaient les chars égyptiens. Une fois le mont Sinaï atteint, Moïse établit des lois pour les Hébreux avant leur retour à Canaan, traditionnellement après 40 ans d'errance. **PF**

Fuyant l'Égypte, les Hébreux menés par Moïse sont poursuivis par le pharaon et sa cavalerie, XIVe siècle.

« L'Éternel... mit la mer à sec et les eaux furent divisées. »

Exode, XIV, 21

Le règne de Wu, un âge d'or pour la Chine

La dynastie Zhou est la plus longue de toute l'histoire de la Chine.

Portrait de l'empereur Wu, anonyme, s. d., National Palace Museum de Taiwan.

« Pour gouverner un grand royaume, on doit imiter celui qui fait cuire un petit poisson. »

Lao-Tseu, *Daodejing*, VIe siècle av. J.-C.

Les Zhou, ancienne tribu nomade sédentarisée dans la région de la rivière Wei, accédèrent au pouvoir en 1122 av. J.-C. quand leur chef, Ji Fa, battit Di Xin, dernier représentant des Shang, et établit une nouvelle capitale près de Xian. La Chine avait été unifiée par les Shang au début du deuxième millénaire av. J.-C., mais Ji Fa s'éleva contre leur politique corrompue : selon lui, Di Xin était devenu cruel et despotique, plus intéressé par la construction de magnifiques jardins que par le bien-être de son peuple. Il affirma ensuite que les Shang n'avaient plus le droit de gouverner et qu'il tirait sa propre autorité de la volonté céleste, concept qui perdura des millénaires en Chine. Il prit le nom de Wu et son règne en tant que « Fils du Ciel » fut, avec les premières années de la dynastie, un véritable âge d'or pour la Chine.

Wu fonda un État puissant qui s'appuya sur les villes mais se développa selon le modèle féodal : des terres immenses étaient accordées aux nobles en échange de leur fidélité – certaines formeront ultérieurement des royaumes séparés. L'agriculture, la vie citadine et la religion se développèrent ainsi que le système d'écriture. La nouvelle dynastie fit preuve au début de continuité culturelle avec les Shang : en fondant de nouvelles villes, les Zhou firent appel aux populations et aux techniques Shang, dont le travail du bronze de haute qualité.

Les Zhou gouvernèrent depuis Xian jusqu'en 771 av. J.-C., année où la capitale, mise à sac par les Barbares du Nord, fut déplacée à Luoyang. Puis le pouvoir de l'État affaibli donna naissance à la période des Royaumes Combattants ; ces années virent paradoxalement l'essor de la culture, de la philosophie et de l'art chinois ainsi que la généralisation du travail du fer et de l'irrigation. **PF**

David devient roi d'Israël

La Bible raconte comment le roi David unit les royaumes d'Israël et de Juda.

Après la défaite d'Israël devant les Philistins et la mort de Saül, premier roi d'Israël, et de son fils Jonathan, David fut couronné dans sa région natale de Juda. Il prit ensuite la ville cananéenne de Jérusalem et en fit sa capitale avant d'y installer l'arche d'alliance, puis il agrandit le territoire d'Israël en direction du nord et de la Syrie, et unit son royaume à celui de Juda.

Le jeune berger David avait tué de sa fronde le champion de ses ennemis, Goliath. Ami de Jonathan, il était entré dans la maison du roi Saül avant de tomber en disgrâce. Il s'engagea comme mercenaire chez les Philistins, mais ne participa pas à la bataille où fut tué Saül.

En dépit de ses faiblesses humaines, David est présenté dans la Bible comme un monarque élu par la divinité : ses actes militaires et politiques ainsi que ses activités spirituelles – il aurait composé un grand nombre de psaumes – sont sa manière de répondre à la volonté de Dieu. Son fils Salomon augmenta l'influence d'Israël sur le Moyen-Orient. Les Juifs croyaient que les rois d'Israël et le Messie seraient des descendants de David. Celui-ci joue un rôle important dans la tradition juive, musulmane et chrétienne.

En dehors de la Bible, on a peu de preuves de l'existence historique de David. La « maison de David » est mentionnée dans une inscription araméenne de 850 av. J.-C. environ ; en 2005, une archéologue mit au jour à Jérusalem les vestiges d'un palais qui serait celui de David, mais des confrères refusent cette interprétation. Les historiens se demandent toujours si le royaume de Juda de l'âge de bronze aurait pu présenter une royauté unifiée comme l'affirment les récits bibliques, probablement écrits vers la fin du VIIe siècle av. J.-C. **PF**

David et Goliath, peinture attribuée à l'artiste italien Andrea Mantegna, XVIe siècle.

« Ainsi, tu vois ta maison et ton règne assurés pour toujours devant toi. »

Samuel II, 7, 16

959 AV. J.-C.

Le temple de Salomon

Le Temple fondé par David à Jérusalem est enfin achevé.

Après avoir fait de Jérusalem sa capitale, David voulut construire un temple dédié à Yahvé et acheta aux Jébuséens un site aujourd'hui appelé esplanade du Temple. Il réunit des matériaux de construction et de grandes quantités d'or et d'argent, mais c'est son fils Salomon qui achèvera ses travaux. Hiram, le roi phénicien de Tyr, lui fit parvenir pierres, bois de cèdre, or et bronze, ainsi que ses meilleurs artisans, en échange d'un territoire aux limites de la Galilée.

Il fallut sept ans pour édifier le Temple, long de 29 m et large de 9 m. Il fut consacré un an plus tard au cours d'une cérémonie qui dura sept jours (fêtes du Nouvel An) : l'arche d'alliance (coffre enfermant les tables des dix commandements) fut déposée dans le Saint des saints, pièce où seul pénétrait le grand prêtre, une fois par an, à l'occasion de Yom Kippour. L'intérieur était tapissé d'or et l'arche d'alliance était flanquée de deux grands personnages ailés – des chérubins – sculptés dans du bois d'olivier. Avant le Saint des saints, c'était le Lieu saint, dotés d'autels sacrificiels. Deux énormes piliers de bronze encadraient la porte principale. Des citernes souterraines fournissaient l'eau des bains rituels.

Le Temple fut pillé à de nombreuses reprises au cours des siècles pour être finalement détruit en 586 av. J.-C. par le roi babylonien Nabuchodonosor. Un second temple édifié en 515 av. J.-C. fut détruit par les Romains en 70 apr. J.-C. On ne connaît aucun vestige du temple de Salomon et même son emplacement exact sur l'esplanade est incertain. **PF**

◀ Représentation de la construction du temple de Salomon à Jérusalem, manuscrit enluminé du XVe siècle.

814 AV. J.-C.

Didon fonde Carthage

Le site de Carthage en fait le point de contrôle idéal de la Méditerranée centrale.

Selon la légende – mieux connue grâce à *L'Énéide*, poème épique de Virgile –, Carthage fut fondée suite à la guerre de Troie par Didon (ou Élissa). Sœur aînée de Pygmalion, roi de Tyr qui tua son riche mari, elle fut contrainte de fuir vers l'ouest. Arrivée dans le golfe de Tunis en 814 av. J.-C., elle demanda aux Berbères vivant là une terre pour s'établir, « autant qu'il en pourrait tenir dans la peau d'un bœuf ». Elle découpa la peau en lanières si fines qu'elle put en ceindre toute une colline. Elle y fonda une cité et la gouverna jusqu'à l'arrivée du prince troyen Énée. Ils tombèrent amoureux, mais Énée dut poursuivre son périple jusqu'en Italie, où ses descendants Romulus et Remus fondèrent Rome. Éperdue, Didon maudit Énée et condamna leurs deux peuples à une guerre sans fin, puis elle se suicida.

Il n'existe pas de preuve tangible de cette histoire et les plus anciens vestiges archéologiques de Carthage sont postérieurs de 100 ans à la date de sa fondation. La cité fut construite sur une péninsule recouverte de collines basses derrière lesquelles s'étend un lac. Le site était facile à défendre car seule une étroite bande de terre le reliait au continent. Carthage, grande rivale de Rome pour le contrôle de la Méditerranée, était un avant-poste des Phéniciens de la côte libanaise, peuple marchand qui, dès le Xe siècle av. J.-C., sillonna la Méditerranée orientale. Leur colonie en Afrique du Nord, près de la moderne Tunis, se développa au point de supplanter leur cité d'origine, Tyr.

Vers la fin du VIe siècle av. J.-C., Rome et Carthage entrèrent en conflit pour le contrôle de la Sicile et de la Sardaigne, et ce n'est qu'en 146 av. J.-C. que Rome supplanta enfin son ennemie. **PF**

Les premiers Jeux olympiques

C'est l'année officielle de naissance des Jeux olympiques. La tradition de les tenir tous les quatre ans et celle de la trêve dureront plus de 1 000 ans.

L'allégorie de la Victoire offrant une couronne de laurier à un athlète, amphore grecque.

« Pour être vainqueur aux Jeux olympiques, il faut se donner pleinement. »

Épictète, IIe siècle apr. J.-C.

Selon un mythe grec, Zeus en personne créa les Jeux olympiques pour célébrer sa victoire sur son père, Cronos. S'il est certain que les Jeux se tinrent régulièrement bien avant la première date officielle, 776 av. J.-C., l'historien Pausanias (IIe siècle de notre ère) écrit que c'est au IXe siècle av. J.-C. que le roi Iphitos « organisa les Jeux à Olympie et rétablit les festivités et le serment après une interruption d'une durée incertaine. À l'époque la Grèce était sujette aux guerres intestines et à la peste, et Iphitos demanda au dieu à Delphes de la délivrer de ces maux. La Pythie ordonna qu'Iphitos en personne et les Éléens réinstaurent les Jeux olympiques. »

Les Jeux olympiques furent organisés tous les quatre ans avant d'être abolis en 394 apr. J.-C. par l'empereur byzantin Théodose, qui y voyait un héritage anachronique de l'ère païenne. Les Jeux avaient une telle importance que les Grecs s'en servaient pour compter les années. Se déroulant à Olympie, ville du Péloponnèse, dans un stade pouvant accueillir plus de 40 000 spectateurs, ils étaient à l'origine une fête religieuse en l'honneur de Zeus, et une trêve permettait à tous les peuples d'y participer.

Il n'y eut d'abord qu'une épreuve, le Stadion, une course sur près de 200 m, la longueur du stade. En 776 av. J.-C., le vainqueur fut un certain Coreobus, un cuisinier venu de l'Élide. Il n'eut pour récompense qu'une branche de pommier ; plus tard, les champions des diverses épreuves recevront couronne de laurier et importantes sommes d'argent. Bien que les historiens écrivent souvent que les athlètes grecs s'affrontaient nus, la nudité ne fut introduite qu'en 720 av. J.-C., pour mieux célébrer le corps humain. **PF**

753 AV. J.-C. – 21 AVRIL

Fondation de Rome

Des jumeaux élevés par une louve se querellent et Romulus devient roi de Rome.

Selon la légende, des jumeaux nommés Romulus et Remus décidèrent de fonder une ville sur une colline dominant le Tibre. Ils discutaient des limites de la ville en question quand une dispute survint pour savoir qui en serait le roi. Romulus tua son frère d'un coup violent porté à la tête et devint ainsi le premier souverain d'une ville que l'on connaît encore aujourd'hui sous le nom de Rome.

Il s'agit bien entendu d'une légende. Romulus et Remus seraient les fils de Mars, dieu de la guerre. Leur mère, une prêtresse appelée Rhea Silvia, descendait d'Énée, lequel s'était enfui de Troie après sa destruction par les Grecs. Les nouveau-nés furent abandonnés en pleine nature sur ordre de leur grand-oncle, Amulius, un roitelet qui redoutait de les voir un jour le supplanter. Ils furent sauvés par une louve qui les éleva comme ses propres petits.

Les jumeaux devinrent adultes, déposèrent et assassinèrent Amulius, et installèrent sur le trône le roi légitime, leur grand-père Numitor. Quand ils eurent besoin d'une cité pour régner, ils choisirent tout naturellement un site proche de l'endroit où ils avaient grandi, le mont Palatin, une des sept collines de Rome.

Les Romains croyaient que leur ville avait été fondée le 21 avril de l'an 753 av. J.-C. et ce jour marqua le début de leur calendrier. Au fil des siècles, ils développèrent et embellirent le mythe de Romulus et Remus. Quelque 700 ans plus tard, l'historien Tite-Live écrivit sa monumentale *Histoire de Rome* et s'appuya sur ces légendes pour démontrer que Rome avait toujours été destinée à de grandes choses. **SK**

745 AV. J.-C.

Expansion de l'empire assyrien

Teglath-Phalasar III monte sur le trône assyrien et fonde un véritable empire.

Les Assyriens dominèrent le Moyen-Orient pendant des siècles. Décrits comme l'un des peuples les plus cruels et les plus agressifs de l'histoire, ils massacrèrent des populations entières ou détruisirent délibérément les tribus et leurs relations locales. En 745 av. J.-C., Teglath-Phalasar III d'Assyrie accéda au pouvoir et domina l'Anatolie, la Syrie et Israël. Il agrandit son empire en conquérant et en isolant les États plus petits, les contraignant à lui payer tribut, et bloqua l'accès commercial et militaire de l'Égypte.

« Tous leurs hommes et tous leurs biens, je les ai emmenés en Assyrie. »

Teglath-Phalasar, *Annales de guerre*

Teglath Phalasar, connu sous le nom de Poulou, un des plus grands chefs militaires de l'Histoire, fonda un État unifié avec 80 gouverneurs de province qui ne rendaient compte qu'à lui-même. En 728 av. J.-C., le Babylonien Nabu-mmukin-zeri se rebella : Teglath-Phalasar le défit et monta sur le trône de Babylone. Même après sa mort, deux ans plus tard, la domination brutale de l'Assyrie se poursuivait. L'exil des Juifs vers Babylone en 722 av. J.-C. est soit de son fait, soit de celui de Salmanasar, son successeur.

Les bas-reliefs et les fresques de Nimrud, sa capitale, montrent une formidable armée, équipée d'armes de fer alors que ses ennemis utilisaient encore le bronze. Teglath-Phalasar tirait aussi sa force de ses chars et de ses machines de guerre permettant d'assiéger les villes. **PF**

597 AV. J.-C. – 16 MARS

Les Juifs à Babylone

Nabuchodonosor chasse les Juifs vers Babylone, après la prise de Jérusalem.

Nabuchodonosor II, roi chaldéen de Babylone dès 605 av. J.-C., attaqua le royaume de Juda et prit Jérusalem en 597 av. J.-C. Il avait fait la guerre dans le Levant mais en 601 av. J.-C., après une lourde défaite devant les Égyptiens, il perdit le contrôle de quelques États vassaux et décida de se venger. Selon la coutume de l'époque, il exila vers Babylone le roi Joachim et près de ses 10 000 sujets juifs.

Dix ans plus tard, les derniers Juifs et leur roi Sédécias se rebellèrent, et les Chaldéens lancèrent une fois encore une attaque violente contre Jérusalem dont ils détruisirent le Temple. Nabuchodonosor envoya des dizaines de milliers de Juifs en exil ; fait inhabituel pour l'époque, ils demeurèrent unis et préservèrent leur identité culturelle jusqu'à leur retour, en 539 av. J.-C.

« Sur les bords des fleuves de Babylone, nous étions assis et nous pleurions, nous souvenant de Sion. »

Psaume 137

Cet exil se révéla traumatisant et déterminant pour les Juifs. Leur dieu, Yahvé, leur avait promis de les garder au royaume de Juda et il fallait bien expliquer comment il avait pu permettre un tel exil. On se rappela alors les paroles des prophètes Jérémie et Ézéchiel qui avaient déclaré, bien avant la chute de la ville, que les Juifs seraient châtiés pour ne pas avoir obéi aux lois.

On connaît aussi Nabuchodonosor pour les Jardins suspendus de Babylone, une des Sept Merveilles du monde, créés pour son épouse, Amytis. **PF**

594 AV. J.-C.

Réformes de Solon

Une nouvelle constitution annonce la naissance de l'âge d'or athénien.

L'âge d'or de la civilisation athénienne débuta en 594 av. J.-C., quand Solon, noble sans grande fortune, et poète, devint *archon* (dirigeant principal) de la cité et initia des réformes d'une ampleur inédite. Homme modéré, désireux d'apporter la justice et de faire reculer la pauvreté, il rejeta les lois très strictes établies par Dracon en 612 av. J.-C. et abolit la peine de mort pour tous les délits hormis l'homicide. Il rejeta la conception aristocratique des anciennes lois qui excluaient toutes les autres classes du gouvernement et faisaient des cultivateurs endettés des serfs sur leurs propres terres. Il réforma aussi le système de la dette. Beaucoup pensaient à son époque que les nantis ne tarderaient pas à venir à bout de ses réformes, mais elles durèrent des siècles et Solon fut considéré comme l'un des Sept Sages d'Athènes.

« Les hommes passent des accords quand nul ne tirerait avantage de les rompre. »

Solon

D'un point de vue politique, sa nouvelle constitution donnait aux citoyens issus de toutes les classes sociales le droit d'assister à l'Assemblée générale ; à l'exception des plus pauvres, ils pouvaient aussi participer au conseil exécutif des Quatre-Cents. Il renforça aussi les droits des étrangers travaillant à Athènes. Les lois de Solon ne plurent pas à tout le monde, mais elles éliminèrent les menaces bien réelles de révolution et jetèrent les bases de la démocratie athénienne. **PF**

Cyrus prend Babylone : fin de l'exil des Juifs

Cyrus permet aux Juifs de regagner Juda après leur exil forcé à Babylone, mais ils trouvent leur royaume peuplé de Samaritains.

Après avoir été arrachés par Nabuchodonosor au royaume de Juda en 597 av. J.-C., les Juifs demeurèrent en exil à Babylone jusqu'en 539 av. J.-C., année où la ville fut attaquée par Cyrus, fondateur perse de l'Empire achéménide. Cyrus s'était déjà affirmé en Perse en battant les Mèdes en 549 av. J.-C. et en Lydie, en Asie Mineure, quelques années plus tard. En 539 av. J.-C., il s'intéressa à la Mésopotamie et, le 12 octobre, il battit les Babyloniens à Opis, les prenant par surprise en détournant le cours de l'Euphrate pour que ses soldats arrivent en ville en marchant dans l'eau. Cyrus pourchassa Nabonide, héritier chaldéen de Nabuchodonosor, qui s'était caché après avoir perdu jusqu'au soutien de ses prêtres. Il se déclara alors « Roi des Quatre Points cardinaux » et revendiqua un vaste empire qui s'étendait jusqu'à la Méditerranée.

Une de ses premières décisions en tant que roi de Babylone fut de relâcher les Juifs en exil, environ 40 000, et la plupart choisirent de retrouver le royaume de Juda. Ils emportèrent avec eux les trésors saisis par Nabuchodonosor, rebâtirent leur capitale et leur Temple mais n'eurent pas le droit de restaurer leur monarchie. Une fois revenus dans leur patrie, les Juifs découvrirent que d'autres peuples y vivaient sans avoir été exilés et pratiquaient une religion semblable à la leur. Les désaccords cédèrent bientôt la place à l'hostilité entre Juifs et Samaritains, problème qu'on retrouve à l'époque du Nouveau Testament et même après.

Pendant leur exil, les Juifs avaient préservé leur mode de vie tout en développant l'écriture hébraïque. Ils éprouvèrent une grande gratitude à l'égard de Cyrus jusqu'à l'appeler « oint de Yahvé ». **PF**

Cyrus annonce aux chefs juifs en exil qu'ils sont libres, illustration médiévale.

« C'est moi qui ai suscité Cyrus… Il rebâtira ma ville et libèrera mes captifs. »

Isaïe, XLV, 13

Naissance du bouddhisme

Après sept semaines de méditation, Siddharta connaît l'Illumination et commence d'enseigner une religion et un mouvement philosophique nouveaux, le bouddhisme.

Bouddha se tient sous l'arbre de la *bodhi* à Bodh Gaya, lieu où il parvint à l'Éveil.

« Dépendre d'autrui pour son salut est négatif, dépendre de soi-même est positif. »

Bouddha

À l'âge de 35 ans, vers 527 av. J.-C., Siddharta Gautama, prince de Lumbinî (Népal moderne), s'assit pour méditer sous l'arbre de la *bodhi* (un pipal) en un lieu appelé Bodh Gaya. Il décida de ne plus bouger avant d'avoir atteint l'Illumination parfaite. Au bout de sept semaines, par une nuit de pleine lune, sa méditation couvrit toute l'étendue de l'existence humaine. On le connut dès lors sous le nom de Bouddha, l'Éveillé.

La vérité fondamentale à laquelle accéda le Bouddha est connue sous le nom de « Quatre nobles vérités » : elle affirme le caractère inéluctable de la souffrance due à l'attachement humain aux choses et aux êtres ; il comprit que cet attachement et les douleurs qu'il suscite peuvent être supprimés par l'adhésion à un ensemble de préceptes, le « noble octuple sentier ».

La vie du Bouddha n'est décrite que dans la littérature de dévotion et, de toute évidence, embellie par des détails miraculeux ; même le siècle auquel il vécut et mourut est incertain. Selon la légende, il grandit dans un palais loin des misères du monde, mais il en sortit un jour et découvrit la maladie, la vieillesse et la mort. Très ému, il renonça à sa vie de privilèges pour mener celle d'un ascète itinérant. Après une période de grande austérité, il conclut que cette méthode ne le conduirait pas à l'Éveil et adopta un style de vie plus modéré, lequel déboucha sur les sept semaines de méditation et l'Illumination.

Pendant 45 ans, il dispensa son enseignement à toutes sortes de gens et eut de nombreux disciples. Quand il mourut, à 80 ans, il avait posé les bases d'un grand mouvement philosophique et religieux encore en plein essor aujourd'hui. **PF**

527 AV. J.-C.

Mort de Mahavira

Celui qui enseigna les idées formant le cœur du jaïnisme meurt à Pawapuri.

Mahavira, le Grand Héros, mourut en 527 av. J.-C. à l'âge de 72 ans. Souvent qualifié de fondateur du jaïnisme, troisième grande religion de l'Inde, il propagea et codifia sous une forme nouvelle des enseignements plus anciens. Né à Vaisali, contemporain de Siddharta Gautama, le Bouddha, il vécut lui aussi dans la région du Bihar. Ses parents étaient le roi Siddharta et la reine Trishala, de la caste des *kshatriya* (guerriers et nobles).

À 30 ans, il quitta sa femme et sa famille pour devenir moine. Comme d'autres membres de sa caste, il rejeta certaines pratiques du brahmanisme, sacrifices d'animaux en particulier, et en adopta d'autres, toujours plus extrêmes, tel le refus de toute possession qui mène à la nudité et à l'errance. Adepte de la non-violence (*ahimsa*), il se refusait à nuire à toute créature ; au bout de douze ans, il parvint au *kevala*, le plus haut stade de perception.

Les 30 années suivantes, Mahavira collecta de vieux enseignements pour en faire les principes de ce qui allait former le cœur du jaïnisme ; il prêchait que les hommes pouvaient sauver leur âme en renonçant aux passions et aux désirs physiques ainsi qu'à la violence envers toute créature.

Il passe pour le 24e et dernier *tirthankar*, ou saint, à avoir atteint l'Illumination par la voie de l'ascétisme. À l'heure de sa mort, à Pawapuri, il avait des milliers de disciples de toutes sortes, moines tout autant que nonnes ; ses sermons, à l'origine d'une tradition orale, ne furent écrits que 1 000 ans plus tard. Cependant la vie de Mahavira fut consignée dans un livre, la *Kalpa sutra*, rédigé quelque 150 ans après sa mort. **PF**

510 AV. J.-C.

Tarquin s'enfuit de Rome

Un soulèvement populaire chasse celui que l'on considère comme le dernier roi de Rome.

Tarquin le Superbe (Lucius Tarquinius Superbus, en latin), septième et dernier roi de Rome, fut renversé à la suite d'une révolte populaire. Le peuple reprochait à son fils, Sextus, d'avoir violé une femme de la noblesse, Lucrèce. Célèbre pour sa cruauté, Tarquin régna plus de 24 ans sur Rome après avoir fait assassiner le roi précédent, Servius Tullius, et s'être emparé de son trône.

Tarquin descendait peut-être des Étrusques, peuple originaire d'une région correspondant à la Toscane moderne. À bien des égards plus avancés que les Romains de la même époque, les Étrusques étendaient leurs territoires en direction du sud (des inscriptions étrusques de cette période ont été retrouvées à Rome). Cela explique pourquoi Tarquin et ses prédécesseurs étaient tant haïs. Dès que Tarquin (ainsi que Sextus, qui fut capturé et tué) eut fui Rome, on raconte que Porsenna, roi de la ville étrusque de Clusium (moderne Chiusi), tenta de s'emparer de Rome ; il fut repoussé par la bravoure de Horatius Coclès, mort en empêchant les Étrusques de franchir le Tibre.

Après plus de 200 ans de monarchie, les Romains décidèrent de se gouverner eux-mêmes. Deux hommes appelés consuls étaient choisis dans le sénat (assemblée des Anciens qui, précédemment, conseillait le roi) pour diriger conjointement la ville. Leur mandat ne durait qu'un an et chacun pouvait s'opposer aux décisions de l'autre. Pour les Romains qui vécurent après, le renversement de la monarchie et la fondation de la république constituèrent l'événement le plus important de l'histoire de leur ville : Rome s'affranchissait de la tyrannie et accédait à une grandeur qui devait durer des siècles. **SK**

507 AV. J.-C.

Naissance de la démocratie

Clisthène instaure les fondements d'un gouvernement démocratique à Athènes.

Clisthène, à l'origine de la première et plus influente démocratie du monde, passa une grande partie de sa vie à se battre pour défendre les droits de sa famille contre les autres factions nobles d'Athènes, ce qui lui valut plusieurs décennies d'exil. Il finit par accéder au pouvoir en se ralliant au peuple et chercha à améliorer l'esprit des réformes initiées par le législateur Solon, lequel avait tenté d'équilibrer les intérêts des différentes communautés de la cité.

Clisthène abolit la forme traditionnelle d'organisation politique fondée sur la famille et le clan pour la remplacer par celle de dix « tribus » dépendant de villages (dèmes) ; il créa un conseil législatif (*boulê*) où les 500 membres étaient choisis parmi tous les citoyens avec des quotas représentatifs de chaque dème. Des règles strictes indiquaient qui était éligible et quelle serait la durée de son mandat ; les tribunaux et l'armée furent organisés de la même façon. Clisthène s'assura ainsi de l'extension de l'activité politique : il serait désormais difficile à certains de dominer le sénat pour gouverner dans leur seul intérêt. C'en était fini des années de tyrannie.

Ce système passe souvent pour le début de la démocratie directe, où tous les citoyens participent pareillement à la vie politique, mais Clisthène ne l'appela pas « démocratie » (qui signifie « gouvernance par le peuple »), mais d'*isonomia*, de droits égaux pour tous. À bien des égards, il conserva une grande partie de la culture traditionnelle de la cité d'Athènes, mais on voit dans ses réformes le début de l'âge d'or athénien, époque où s'épanouirent la démocratie et la culture. On sait peu de choses de la vie de Clisthène après l'institution de ses réformes. **PF**

497 AV. J.-C.

Prémices du Confucianisme

Confucius quitte Lu pour diffuser le message d'un gouvernement juste.

En 497 av. J.-C., Kongfuzi (Confucius) quitta la ville de Lu où il avait été ministre de la Justice et voyagea dans toute la Chine à la recherche d'un État susceptible d'adopter ses principes pour un bon gouvernement. On raconte qu'il désapprouva le roi de Lu parce qu'il n'avait pas accompli les rites nécessaires au cours du sacrifice d'un animal. Pendant treize ans, Confucius proposa ses conseils aux seigneurs féodaux du pays. Son enseignement exerça jusqu'à nos jours une profonde influence sur la pensée chinoise, mais il ne fut pas immédiatement reconnu. Confucius revint chez lui, dépité, en 484 av. J.-C.

« Richesses et dignités obtenues injustement me paraissent comme des nuages qui passent. »

Confucius, *Entretiens*, VII, 15, vers 497 av. J.-C.

Il passa ses dernières années à dicter ses entretiens, consignés plus tard sous le nom d'*Analectes*. Il y insiste sur la nécessité d'un comportement éthique, du respect des ancêtres et de l'intégrité. Avant ses voyages, Confucius était renommé pour sa maîtrise des six arts – rituel, musique, archerie, course de char, calligraphie et arithmétique – et pour sa connaissance des traditions poétiques et historiques. C'est seulement après sa mort qu'il accéda à la notoriété qui est sienne aujourd'hui. Sa ville natale est toujours un lieu de pèlerinage et des temples lui sont dédiés. **PF**

Les rouleaux que tient Confucius témoignent de sa grande sagesse.

490 AV. J.-C. – 12 SEPTEMBRE

Victoire de l'armée athénienne à Marathon

Les Athéniens écrasent l'armée perse dans la plaine de Marathon, au nord d'Athènes.

Bataille de Marathon montrant les Athéniens vainqueurs des Perses, représentation du XVIIe siècle.

La cause principale de la bataille de Marathon peut se situer en 511 av. J.-C., année où Athènes chassa Hippias, qui depuis plusieurs années régnait en tyran sur la cité. Quand Darius de Perse chercha à le rétablir dans ses fonctions, Athènes était alors impliquée dans la révolte des colonies grecques d'Ionie, en Asie Mineure, contre l'Empire perse. En 492 av. J.-C., Darius envoya une armée commandée par Mardonios conquérir la Grèce et son alliée, l'Érétrie. La flotte fut anéantie par une tempête, mais une autre, plus nombreuse encore, arriva dans l'île d'Eubée l'année suivante puis sur le continent.

Athènes envoya un coureur demander de l'aide à sa vieille ennemie, Sparte, mais les Spartiates refusèrent de partir en guerre pendant une fête religieuse. Athènes n'eut d'autre alliée que la petite cité de Platée. Les généraux athéniens étaient divisés : fallait-il attaquer tout de suite ou attendre ? Ils finirent par marcher vers le nord et affronter l'envahisseur.

Les armées se rencontrèrent dans la plaine de Marathon. Moins de 10 000 hoplites (fantassins) athéniens se heurtèrent à des dizaines de milliers de Perses adossés à la mer.

Constatant l'absence de la cavalerie perse, le général athénien Miltiade lança une attaque surprise. Selon Hérodote, quelque 6 400 Perses perdirent la vie et seulement 192 Athéniens. Ce fut la première grande défaite des Perses depuis de nombreuses années : le pouvoir et la confiance en soi des Athéniens s'en trouvèrent renforcés. **PF**

Léonidas et les 300 Spartiates

La victoire sur les Grecs marque aussi l'anéantissement de l'armée perse.

Léonidas aux Thermopyles (vers 1814), huile sur toile de Jacques Louis David (1748-1825).

Quand l'impressionnante armée du roi perse Xerxès affronta la minuscule formation spartiate aux Thermopyles, en 480 av. J.-C., ce fut pour elle une victoire tout autant qu'une défaite. Les Perses tuèrent jusqu'au dernier Spartiate, mais cette bataille devait être une des plus cinglantes défaites de l'histoire du monde : une puissance despotique d'Asie était contrecarrée par des Grecs d'esprit indépendant.

Pour venger la défaite de son père Darius, dix ans plus tôt, Xerxès avait levé une armée comptant peut-être 250 000 hommes, munie d'une flotte puissante, qui devait prendre Athènes et conquérir la Grèce. Les Athéniens décidèrent de se concentrer sur la bataille navale tandis que les Spartiates organisaient leur infanterie. Le roi spartiate Léonidas défendit un défilé sur l'unique route reliant les plaines de Thessalie au sud du pays. Son armée ne comptait pas plus de 7 000 hommes, dont 300 Spartiates lourdement équipés. Pendant deux jours, ils repoussèrent les envahisseurs, jusqu'à ce qu'un fermier grec indique à Xerxès un chemin de montagne lui permettant de contourner ses ennemis. En l'apprenant, Léonidas ordonna que tous ses hommes battent en retraite à l'exception des Thébains et des Spartiates. Ceux-ci avancèrent, mais lui-même perdit la vie, de sorte que les Thébains se retirèrent à leur tour. Les archers perses eurent raison des derniers Spartiates.

Les Grecs étaient battus, mais leur volonté de résister se renforça. Les cités grecques avaient appris à se battre ensemble. **PF**

480 AV. J.-C. – 12 SEPTEMBRE

Xerxès est vaincu

Les « murs de bois » de Thémistocle protègent la cité d'Athènes des Perses.

Après son écrasante victoire sur l'armée spartiate aux Thermopyles, plus rien n'empêchait Xerxès d'envahir l'Attique et de prendre Athènes. Le commandant athénien Thémistocle fit construire à la hâte une grande flotte, suivant le conseil de la Pythie pour qui la cité serait sauvée par « des murs de bois ». Athènes fut évacuée ; quand les Perses mirent la ville à sac et détruisirent l'Acropole, Thémistocle persuada les autres États grecs d'affronter la flotte perse qui accompagnait et ravitaillait l'armée ennemie.

La moitié de la flotte grecque était originaire d'Athènes, mais 20 autres villes collaborèrent. Même ainsi, elle était encore largement surpassée en nombre. Thémistocle insista pour se battre dans l'étroite baie de Salamine, près d'Athènes, mais les autres commandants grecs s'y refusant, il menaça de se retirer en Sicile. En apprenant cela – Thémistocle avait envoyé un esclave avec des informations soigneusement filtrées –, les Perses pensèrent que les défenseurs se retireraient en pleine nuit et allèrent au combat confiants. Installé sur un trône d'or au sommet d'une colline voisine, Xerxès observait la scène.

Les trirèmes (vaisseaux de guerre) s'éperonnèrent puis les hommes se battirent au corps à corps. L'impressionnante flotte perse ne pouvait manœuvrer facilement et, à la mort du commandant perse, les navires qui cherchaient à battre en retraite en furent empêchés par des vents violents. Des centaines furent coulés et des milliers d'hommes noyés. La garde royale fut anéantie. Incapable de ravitailler son armée, Xerxès dut quitter la Grèce. En reconstruisant leur cité, les Athéniens parvinrent à des sommets de raffinement culturel et d'organisation politique. **PF**

468 AV. J.-C. – MARS

Sophocle couronné

Eschyle et Sophocle s'affrontent à l'occasion des grandes dionysies.

Dans la Grèce antique, le théâtre, surtout la tragédie, était associé à Dionysos, dieu du vin. Les dramaturges s'affrontaient lors d'un concours annuel portant le nom de « grandes dionysies ». L'an 468 av. J.-C. vit s'opposer deux des plus grands auteurs dramatiques de tous les temps.

Né vers 525 av. J.-C., Eschyle s'était battu à Marathon et à Salamine, et la plus ancienne pièce connue de lui remporta le prix en 472 av. J.-C. : il y évoquait le sort des femmes de Perse endeuillées après la défaite de Xerxès (*Les Perses*). Il faisait jouer ses pièces aux grandes dionysies depuis 499 av. J.-C. et tout au long de sa carrière remporta treize fois la récompense tant convoitée : une couronne de lierre.

« Il vaut mieux être vaincu en agissant dans le droit que l'emporter vilement. »

Sophocle, *Philoctète*, 409 av. J.-C.

En 468 av. J.-C., Eschyle se trouva confronté à un novice, Sophocle. Sa trilogie comportait une pièce intitulée *Triptolemos*, perdue depuis, et sa victoire annonça une glorieuse carrière au cours de laquelle il écrivit 123 drames (sept nous sont parvenus dans leur intégralité) et sortit 24 fois vainqueur : la dernière fois en 409 av. J.-C., 59 ans après la première, avec *Philoctète*.

Vexé d'avoir été battu, Eschyle revint l'année suivante avec sa trilogie consacrée à Œdipe ; seul le drame *Sept contre Thèbes* nous est parvenu. Ironiquement, nous connaissons mieux aujourd'hui les pièces de Sophocle traitant du même personnage d'Œdipe. **PF**

Les Athéniens érigent le Parthénon

Après la défaite des Perses, Athènes est marquée par une créativité artistique et politique sans précédent.

Rien ne symbolisait mieux la prééminence d'Athènes que le temple de marbre édifié sur l'Acropole et sa statue dédiée à la déesse protectrice de la cité à qui elle donnait son nom, Athéna Parthénos (« la vierge »).

L'édifice était l'œuvre de l'architecte Phidias, qui a fait preuve d'un sens étonnant des proportions. Les vestiges des splendides frises sculptées que l'on peut voir au British Museum de Londres, témoignent de la géométrie subtile de l'ensemble. Commandité en 449 av. J.-C. par l'homme d'État Périclès, Phidias travailla à la statue de la déesse devant occuper le cœur du temple : elle fut achevée et consacrée en 438 av. J.-C. Haute de quelque 12 m, elle était constituée d'une structure de bois évidée recouverte d'ivoire (pour la chair), d'argent et de plus d'une tonne d'or. Elle portait une tunique, un pectoral (*aegis*) et un casque, et tenait dans la main droite une *Niké* (déesse de la victoire), dans la gauche une lance. Elle était enfin flanquée d'un bouclier et d'un serpent.

Phidias travailla ensuite à une statue de Zeus, père des dieux : érigée à Olympie en 435 av. J.-C., elle était considérée comme l'une des Sept Merveilles du monde antique. Quelques années plus tard, Phidias fut accusé d'avoir volé de l'or ; on l'accusa aussi d'impiété parce que son portrait et celui de Périclès ornaient le bouclier d'Athéna. Phidias fut jeté en prison ; il y mourut ou fut exilé.

En 296 av. J.-C., l'or fut remplacé par des feuilles de bronze, mais la statue demeura encore 800 ans dans le Parthénon. Une nouvelle statue d'Athéna fut installée à Nashville, dans le Tennessee, en 1990, copie le plus fidèle possible de l'œuvre originale de Phidias. **PF**

Représentation de la statue d'Athéna de Phidias, gravure française du XIXe siècle.

« Adieu Pallas… puisses-tu accabler tes ennemis de coups inévitables et sortir vainqueur de la lutte ! »

Oreste à Athéna dans *Les Euménides* d'Eschyle

Périclès honore les morts de la guerre du Péloponnèse

Le grand chef politique tente de galvaniser Athènes par sa célèbre oraison funèbre.

Périclès prononçant son oraison funèbre devant le peuple d'Athènes, illustration non datée.

Vers la fin de l'an 431 av. J.-C., Périclès prononça un discours célèbre lors des funérailles publiques organisées à Athènes en l'honneur des hommes tombés l'année précédente dans la guerre du Péloponnèse. Il jouait un rôle important dans la cité depuis 30 ans ; il avait en effet supervisé la construction du Parthénon et contribué à la naissance de l'âge d'or, mais s'était aussi fait le champion d'une forme toujours plus dure d'impérialisme, laquelle mena à la guerre contre Sparte en 432 av. J.-C. Ce conflit sanglant devait durer 30 ans pour se terminer par la défaite de la démocratie athénienne, mais en 431 av. J.-C., à la veille d'une autre bataille, Périclès avait voulu susciter l'enthousiasme des citoyens d'Athènes avec une oraison.

L'historien Thucydide décrivit la procession : les ossements des défunts furent placés dans des cercueils en cyprès, l'un laissé vide pour ceux dont on n'avait rien retrouvé, puis emportés vers le tombeau dédié aux hommes tombés au combat. Puis Périclès prit la parole. Les paroles rapportées, peut-être les siennes ou une interprétation de l'historien, exaltaient les gloires de la démocratie athénienne, la liberté, l'égalité et l'empire. Enfin Périclès fit l'éloge des morts et exhorta les vivants à agir dans le même esprit.

En dépit de ces mots, les Athéniens déploreraient la façon dont se déroulait la guerre à laquelle s'ajouta une terrible épidémie de peste. Périclès demeura au pouvoir jusqu'en 429 av. J.-C. ; il succombera lui aussi à la maladie. **PF**

Socrate contraint de boire la ciguë

Le grand philosophe est reconnu coupable d'avoir corrompu la jeunesse d'Athènes.

La Mort de Socrate, s. d., Charles Alphone Du Fresnoy (1611-1665).

Les Athéniens avaient besoin d'un bouc émissaire. Du point de vue politique, la ville était en 399 av. J.-C. en assez piètre situation après la défaite survenue cinq ans plus tôt devant son ennemie traditionnelle, Sparte. Un Athénien s'était fait connaître par son comportement hors du commun, le philosophe Socrate. Il aimait poser des questions difficiles et dérangeantes, se moquait des puissants et passait son temps à débattre avec un groupe de disciples dévoués. C'était aussi un proche de dirigeants politiques qu'Athènes avait discrédités. Il fut donc traîné devant les tribunaux et accusé de ne pas croire aux dieux et de corrompre la jeunesse. Son disciple Platon raconta le procès de Socrate que le philosophe aurait pu éviter s'il avait accepter de payer une amende ; mais il préféra se défendre seul et réfuter les griefs accumulés contre lui. Reconnu coupable, il fut condamné à boire la ciguë, plante toxique qui paralysait le système nerveux. C'est en débattant toujours avec ses amis de questions telles que l'immortalité de l'âme, que Socrate prit calmement le poison que lui tendait le bourreau et le but d'une traite. La mort survint très vite.

Socrate fut l'un des plus grands penseurs de l'Histoire et on le considère avec Platon et Aristote comme l'un des pères de la philosophie occidentale. Intéressé par les valeurs qui poussent les hommes à agir comme ils le font, il ne laissa toutefois aucun écrit. La trentaine de *Dialogues* que nous a transmis Platon nous ont livré la majeure partie de son enseignement. **SK**

390 AV. J.-C. – JUILLET

Les Gaulois attaquent Rome et assiègent le capitole

Les oies sacrées de Junon alertent les soldats romains et évitent une catastrophe.

Le Capitole sauvé par les oies sacrées de Junon, gravure tirée du tableau de Heinrich Merté (1838-1917).

« *Les oies sacrées de Junon, malgré la carence en provisions, n'avaient pas été tuées.* »

Tite-Live, *Histoire de Rome*, vers 26 apr. J.-C.

La pire défaite de Rome depuis sa fondation est due aux Gaulois vivant dans la vallée du Pô, dans le Nord de l'Italie. Pendant l'été 399 av. J.-C., une troupe de Gaulois menés par un chef de guerre du nom de Brennus détruisit l'armée romaine à la bataille d'Allia et entreprit d'attaquer Rome. C'était la nuit et la garnison s'était réfugiée sur le Capitole, le site le plus élevé de la ville mais aussi son centre religieux.

Les Gaulois empruntaient un sentier rocheux quand des caquètements furieux et des battements d'ailes retentirent soudain. Les oies sacrées vivant dans le sanctuaire de Junon – préservées malgré la famine – firent tant de bruit que les gardes furent prévenus de l'approche des Gaulois et le Capitole fut sauvé. Le reste de la ville fut mis à sac, mais presque tous les habitants ainsi que les Vestales et leur flamme sacrée s'étaient déjà enfuis. Les Gaulois assiégèrent durant sept mois le Capitole avant que Brennus n'ordonnât le retrait de ses troupes en échange d'une importante quantité d'or.

Le souvenir de cette humiliation devant les Gaulois hanta des générations entières de Romains. L'armée tira la leçon de sa défaite et se pourvut d'armes nouvelles ainsi que d'une stratégie différente : en 378 av. J.-C., un mur de pierre défensif de 7 km de long fut dressé autour de la ville. On en voit encore des vestiges aujourd'hui.

L'expansion militaire de Rome se poursuivit, mais les Romains ne se sentirent en sécurité qu'en 225 av. J.-C., quand les Gaulois du Nord de l'Italie furent enfin battus et placés sous leur contrôle. Les oies sacrées eurent chaque année le droit de s'installer sur des coussins pourpres tandis que les chiens gardiens du Capitole furent punis de ne pas avoir prévenu de l'attaque gauloise. **SK**

L'Académie de Platon

Le philosophe grec Platon fonde l'Académie, première école de pensée occidentale.

L'école où Platon allait systématiser la philosophie, située à 1,5 km au nord de l'Acropole d'Athènes, était installée dans une oliveraie, habituellement utilisée pour des cérémonies religieuses et des compétitions sportives. Le lieu était appelé *Academia*, en l'honneur d'Académos, personnage légendaire qui aurait sauvé la ville. Cette école reçut, comme de nombreuses autres depuis, le nom d'Académie.

Ce bois servait probablement de lieu de discussion et d'enseignement depuis des décennies. On ignore si Platon organisa son école de manière formelle, mais il possédait très certainement une maison et un petit jardin dans les environs de ce bois et il y aurait enseigné pendant une trentaine d'années avant sa mort, en 348 av. J.-C. Vingt ans durant, Aristote fréquenta assidûment l'Académie platonicienne.

Platon n'acceptait que les élèves qu'il croyait « enivrés par le désir d'apprendre ce qui était dans leur âme ». D'après ses propres écrits, il dispensait son enseignement en marchant, lisait à voix haute ses dialogues, présidait aux dévotions religieuses et à de longs repas au cours desquels les convives pouvaient « honorer les dieux et jouir de leur compagnie commune en participant à une discussion éclairée ». Non loin de là, il fit aussi construire un Museion ou Temple des Muses.

En activité pendant plusieurs centaines d'années, l'Académie abrita la fameuse école des philosophes néoplatoniciens. En 86 av. J.-C., l'oliveraie fut détruite par une armée romaine, mais l'Académie continua d'exister. On ignore la date exacte de sa fermeture, mais certaines sources la fixeraient en 526 de notre ère. À cette époque, l'empereur Justinien promulgua un édit visant à faire fermer toutes les écoles « païennes » : l'Académie de Platon était peut-être du nombre. **PF**

Académie platonicienne, mosaïque du Ier siècle apr. J.-C. conservée au musée archéologique de Naples.

« La direction que prend dès le départ l'éducation d'un homme déterminera sa vie future. »

Platon, *La République*, 360 av. J.-C.

342 AV. J.-C.

L'éducation d'Alexandre

Philippe II demande à Aristote d'éduquer Alexandre, futur conquérant de l'Asie.

Les Grecs avaient toujours méprisé la Macédoine qu'ils considéraient barbare et arriérée. Philippe II, roi de Macédoine en 356 av. J.-C., bien décidé à changer les choses, demanda, en 342 av. J.-C., à Aristote de venir à Pella pour être le précepteur à son fils âgé de 13 ans, Alexandre. Philippe voulait que l'éducation de son fils le prépare à son futur rôle de chef des armées. Aristote, passionné par la nature (il identifia plus de 500 espèces animales), se consacra trois ans à Alexandre. Il lui apprit la politique, la rhétorique, les mathématiques, la science, la médecine et la littérature grecque. Plus tard, Alexandre s'inspirera de *L'Iliade* d'Homère, livre qu'il emportait lors de ses campagnes.

« Philippe fit mander Aristote, le philosophe le plus érudit et renommé de son époque. »

Plutarque (vers 46-120 apr. J.-C.), *Vie d'Alexandre.*

Philippe entraînait son armée avec les méthodes de combat des Grecs et agrandit son royaume par la force militaire. À 16 ans, Alexandre, régent de Macédoine, écrasa une rébellion en l'absence de son père. Deux ans plus tard, en 338 av. J.-C., il mena, aux côtés de Philippe, la bataille décisive de Chéronée, où les Macédoniens remportèrent une écrasante victoire sur Athènes, Thèbes et les autres cités-États grecques. Philippe devint ainsi le maître unique de la Grèce. Pendant ce temps, Aristote avait regagné Athènes ; en 335 av. J.-C., il fonda une école, le Lycée, et se consacra à l'étude. On voit aujourd'hui en lui le premier vrai scientifique. **SK**

336 AV. J.-C.

Philippe II assassiné

À 21 ans, son héritier, Alexandre, assouvit sa vengeance sur les cités grecques.

Pella, capitale de Macédoine, s'apprêtait à célébrer le mariage de Cléopâtre, fille de Philippe II, avec le roi Alexandre d'Épire quand la terrible nouvelle éclata : Philippe venait d'être poignardé alors qu'il se rendait au théâtre où devaient avoir lieu les festivités. Son assassin, Pausanius, un de ses officiers, s'enfuit mais fut tué à son tour. Certains soupçonnèrent Olympias, épouse de Philippe, mais séparée, et mère d'Alexandre, d'avoir plus ou moins commandité ce crime.

L'armée macédonienne proclama aussitôt Alexandre roi de Macédoine, il avait à peine 20 ans. Avant de mourir, Philippe projetait de conduire une armée grecque qui envahirait la Perse. La plupart des cités-États grecques saisirent l'occasion de rompre leur alliance avec la Macédoine, mais Alexandre eut tôt fait de mater la révolte. Il assiégea Thèbes dont les habitants refusèrent de se rendre ; il ordonna alors à son armée de piller et de détruire la ville et d'en asservir la population. Les autres cités-États se soumirent aussitôt. Convoquant leurs chefs à Corinthe, Alexandre leur fit part de son intention d'envahir la Perse, comme le voulait son père. La campagne allait être largement couronnée de succès.

En 1977, des archéologues travaillant sur un site à Vergina, dans le Nord de la Grèce, mirent au jour la tombe de Philippe II. Dans la chambre funéraire, ils trouvèrent un sarcophage de marbre, de splendides objets en or et en argent, et une belle armure royale. Les cendres du roi étaient placées dans un coffret d'or frappé de l'étoile royale de Macédoine. **SK**

▶ Philippe II (382-336 av. J.-C.), père d'Alexandre le Grand, manuscrit enluminé du XIVe siècle.

Alexandre à la bataille d'Issos

Darius et son imposante armée perse affrontent les forces macédoniennes d'Alexandre près du golfe d'Issos et subissent une cuisante défaite.

Une scène de la bataille d'Issos, Alexandre écrasant l'armée de Darius, mosaïque du Ier siècle apr. J.-C.

« Je t'adresse de la graine de moutarde… afin que tu connaisses l'amertume de ma victoire. »

Lettre d'Alexandre à Darius III

Alexandre avait commencé la conquête du Moyen-Orient par sa victoire à la bataille du Granique en mai 334 av. J.-C. et la prise de l'Asie Mineure. Il fut impossible de l'arrêter quand, l'année suivante, il affronta et détruisit une armée supérieure en nombre, celle de l'empereur perse Darius III.

On dit que l'armée perse comptait 600 000 hommes ; il est plus raisonnable de parler de 100 000 soldats, ce qui la rend encore au moins deux fois plus importante que l'armée macédonienne. Alexandre et son général Parménion avaient l'intention d'attaquer les Perses par le sud quand ils découvrirent que Darius les avait contournés pour les priver de tout approvisionnement. Séparées par une rivière étroite, les deux armées se rencontrèrent dans une petite plaine donnant sur le golfe d'Issos, au sud-est de la Turquie moderne. Le site ne permit pas aux Perses de tirer avantage de leur supériorité numérique.

Alexandre mena la charge sur le flanc droit. Les premiers combats d'importance eurent lieu sur la gauche des Macédoniens, près de la mer, mais Parménion retint assez longtemps l'avance perse pour que la cavalerie d'Alexandre charge et détruise leurs forces. Alexandre en personne attaqua la position de Darius : les deux hommes ne s'affrontèrent pas directement (comme on le voit sur une mosaïque de Pompéi), mais de terribles combats se déroulèrent autour du char de l'empereur. Darius s'enfuit et ce fut la débandade chez les Perses : plus de 50 000 hommes auraient été tués. Les Macédoniens poursuivirent Darius sur près de 25 km et s'emparèrent de son trésor et de sa famille, dont sa mère et deux de ses épouses. Alexandre traversa alors la Syrie pour se rendre en Égypte – et bientôt mettre un terme à l'Empire achéménide. **PF**

331 AV. J.-C.

Fondation d'Alexandrie

Alexandre devient roi d'Égypte et donne son nom à une ville.

Après sa victoire sur Darius à la bataille d'Issos, Alexandre marcha vers le sud et traversa la Jordanie pour arriver en Égypte : l'ancienne civilisation n'était plus qu'une province perse. Le gouverneur ne put résister et Alexandre fut accueilli en libérateur. Il remonta le Nil jusqu'à Memphis où il sacrifia un taureau à Apis avant d'être couronné pharaon d'Égypte.

En 331 av. J.-C. il chercha un site où fonder une nouvelle ville, susceptible de relier l'Égypte au monde grec. Il découvrit sur la côte méditerranéenne un lieu dont parlaient Hérodote et Homère (dans *L'Odyssée*) : protégé par la mer, le désert et d'autres éléments naturels, facile à défendre et à rejoindre en venant de Grèce. Alexandre fit bâtir des rues, des palais et des temples, et même un réseau d'égouts complexe. Selon la légende, il ne disposait pas de craie et c'est en dessinant des lignes à l'aide de grains d'orge qu'il marqua le tracé des rues. Les oiseaux les mangèrent, mais un devin expliqua que la cité n'en serait que plus florissante.

« Il est une île sur cette mer superbe : Pharos, c'est ainsi qu'on la nomme. »

Homère, *L'Odyssée*, cité par Alexandre

Peu après, Alexandre quitta l'Égypte. Il ne vit pas la ville achevée, la grande bibliothèque et l'étonnant Pharos, le phare d'Alexandrie, une des Sept Merveilles du monde antique. Il ne reviendrait que dix ans plus tard, dans son cercueil. **PF**

331 AV. J.-C. – 1ER OCTOBRE

La bataille de Gaugamelès

À Gaugamelès, Alexandre donne le coup de grâce à l'Empire perse.

En 331 av. J.-C., Alexandre rejeta la proposition de paix de l'empereur perse Darius, qui lui offrait les terres à l'ouest de l'Euphrate, beaucoup d'argent et la main de sa fille, et préféra franchir le Tigre pour gagner le nord de la Mésopotamie. Darius réunit une armée encore plus grande que celle qu'il avait conduite à Issos – un million de soldats selon des récits contemporains. Il était déterminé à se battre en terrain découvert pour tirer le meilleur parti de sa vaste armée et de ses 200 chars équipés de faux. Le site où ils s'affrontèrent le 1er octobre 331 av. J.-C. était proche du village de Gaugamelès, qui signifie le « dos du chameau ».

« Darius, qui avait déjà manifesté de la peur, fut le premier à tourner le dos pour s'enfuir. »

Arrien (95-175 apr. J.-C.), *Anabase*

Bien que largement inférieur en nombre, Alexandre avança, forçant Darius à attaquer avec ses chars au centre, ce qui permit à Alexandre d'ouvrir leurs rangs et de les attaquer sur les flancs. En même temps, il attira l'infanterie perse vers les ailes avant de lancer une attaque en forme de coin sur les lignes perses, de les faire éclater et de mettre en péril la propre position de Darius. L'empereur dut s'enfuir et Alexandre resta sur le terrain.

Après la bataille, Alexandre marcha sur Babylone. En janvier 330 av. J.-C., il prit la capitale, Persépolis, et se fit couronner roi de Perse. Darius s'enfuit, mais fut assassiné par l'un de ses satrapes, lequel fut à son tour mis à mort par Alexandre. **PF**

Mort d'Alexandre

La mort du conquérant déclenche une guerre de succession qui durera des décennies.

Alexandre débordait d'ambition quand il arriva à Babylone en 323 av. J.-C. et ne tarda pas à projeter d'envoyer une flotte envahir l'Arabie. Or, le 29 mai, il tomba malade après un long banquet passé à s'enivrer avec son ami Médius. Bien que fiévreux, il continua de travailler et se fit porter sur son lit quand il devait donner des ordres à ses officiers. Il se consacra aussi à ses devoirs religieux, mais cela ne servit à rien. Après deux semaines à souffrir des fièvres, Alexandre mourut. Il avait tout juste 32 ans.

Aussitôt la rumeur se répandit qu'il avait été empoisonné – l'hypothèse est encore en vigueur aujourd'hui. Il semble plus probable qu'il soit mort de causes naturelles : des sources suggèrent qu'il avait peut-être contracté la malaria et que sa fin fut précipitée par les remèdes prescrits par ses médecins.

Le 9 juin, les vétérans de Macédoine défilèrent devant leur chef pour la dernière fois. Agonisant, Alexandre tendit sa bague à son général Perdiccas désireux de savoir qui il voulait voir lui succéder, son épouse Roxane étant encore enceinte. « Le plus fort », se contenta-t-il de répondre. Le lendemain de sa mort, les généraux se demandèrent quoi faire ; entre eux, la guerre devint inévitable et l'affrontement, qu'on appellerait les guerres des *diodochi* (« successeurs ») devait durer 50 ans. L'empire finit par être divisé entre les Antigonides (Grèce et Macédoine), les Séleucides (Mésopotamie et Perse) et les Ptolémées (Égypte)

Le corps embaumé d'Alexandre fut placé dans un superbe sarcophage et emporté en Égypte pour reposer à Alexandrie, la ville qu'il avait bâtie à l'embouchure du Nil. Il y demeura pendant toute la période romaine, mais disparut peu après. **PF**

Alexandre et Porus (1673), détail, Charles Le Brun (1619-1690).

Lamentations funèbres à la mort d'Alexandre le Grand, manuscrit arménien du Vᵉ siècle.

« Tu mourras bientôt et posséderas juste assez de cette terre pour t'ensevelir. »

Le sage indien Dandamis à Alexandre

322 AV. J.-C.

La dynastie des Maurya

Chandragupta Maurya fonde l'Empire maurya.

Dans le chaos créé par la mort soudaine d'Alexandre en 323 av. J.-C., Chandragupta Maurya établit son empire au nord-ouest et renversa Dhana, dernier roi du Magadha. À 20 ans, il fonda la dynastie Maurya et créa une immense armée qui lui permit de conquérir de nombreuses satrapies du Pendjab. En 305 av. J.-C., il étendit son pouvoir jusqu'en Afghanistan en échange de 500 éléphants de guerre et suite à un traité signé avec Séleucos, un des successeurs d'Alexandre qui avait cherché à conquérir l'Inde.

On sait peu de choses sur les origines de l'homme qui allait fonder le premier grand empire indien. Pour certains, il serait né de sang royal vers 340 av. J.-C., pour d'autres ses parents étaient des dresseurs de paons. Jeune homme, Maurya fut poussé par un brahmane à lever une armée de guérilla ; on dit aussi qu'à 16 ans il rencontra Alexandre et tenta de le persuader de poursuivre vers l'est afin de défier la dynastie Nanda qui régnait sur le Magadha, mais Alexandre refusa et repartit vers l'ouest.

« Un énorme éléphant sauvage vint vers Gupta et le prit sur son dos comme s'il était apprivoisé. »

Marcus Junianus Justinus, IIIe siècle apr. J.-C.

En quelques années, le pouvoir de Maurya s'étendit sur la quasi-totalité du sous-continent indien ; sa capitale, Pataliputra, devint l'une des plus grandes villes du monde antique. Chandragupta abdiqua en 293 av. J.-C. en faveur de son fils Bindusara : il aurait alors terminé ses jours en ascète jaïniste et se serait laissé mourir de faim. **PF**

305 AV. J.-C.

Ptolémée Ier, roi d'Égypte

Après la mort d'Alexandre, Ptolémée prend le contrôle de l'Égypte.

Après la mort d'Alexandre, trois de ses principaux généraux se partagèrent son empire et s'affrontèrent pour en assurer la domination. Ptolémée était un Macédonien, ami d'enfance d'Alexandre. Il surveilla de près – ou vola – le beau cercueil d'or d'Alexandre et le conduisit en grande pompe en Égypte. Son projet initial était de l'emporter à Memphis, mais il le laissa à Alexandrie, où il demeura exposé pendant plusieurs siècles. Ptolémée prit le titre de satrape d'Égypte et aurait épousé la fille du précédent pharaon, Nectanebo Ier.

Après plusieurs années passées à tenter de prendre la Syrie et à menacer son rival Perdiccas, Ptolémée s'octroya en 305 av. J.-C. le titre de roi d'Égypte, établissant ainsi une dynastie qui allait régner trois siècles jusqu'à l'arrivée des Romains. Il encouragea son pays, trop souvent renfermé sur lui-même, à s'ouvrir au monde hellénistique et créa la grande bibliothèque, la plus célèbre de l'Antiquité, et le « Museum », qui devint la première université. Mécène du géomètre Euclide, il initia la construction du Pharos, le grand phare d'Alexandrie, une des Sept Merveilles du monde. **PF**

« Rassemble des livres traitant de la royauté et de l'exercice du pouvoir, et lis-les. »

Responsable de la grande bibliothèque à Ptolémée

Fresque montrant Ptolémée Ier couronné par les déesses de la Haute et de la Basse-Égypte, s. d.

Rhodes rend un hommage colossal à Hélios

Une statue géante, connue sous le nom de colosse de Rhodes, est érigée à l'entrée du port et devient l'une des Sept Merveilles du monde antique.

Le colosse de Rhodes, eau-forte de l'ouvrage *Les Sept Merveilles du monde* (1792).

« *L'artiste utilisa tant de bronze qu'il s'ensuivit certainement une pénurie.* »

Philon de Byzance, IIIe siècle av. J.-C.

Le colosse de Rhodes fut édifié lors des guerres fratricides que se menèrent deux généraux d'Alexandre le Grand, Ptolémée et Antigone. Les Rhodiens soutenaient Ptolémée, roi d'Égypte : ils furent assiégés par Démétrios, fils d'Antigone, et ses 40 000 hommes. Démétrios fit construire deux énormes tours de siège, mais la première fut détruite lors d'un orage et la seconde s'enfonça dans la boue quand les défenseurs inondèrent les douves entourant leur ville.

Après le retrait des assaillants, les Rhodiens reconnaissants construisirent une statue de 33 m de haut en l'honneur de leur protecteur, Hélios. Elle se tenait sur un piédestal, à l'entrée du port. Imaginée par Charès, de Lindos, déjà impliqué dans la défense de la ville, la statue de pierre et de fer était recouverte de plaques de bronze, lequel avait été récupéré en fondant les armes des ennemis. Sa construction prit douze ans et Charès se suicida avant son achèvement, en 280 av. J.-C., peut-être parce quelqu'un lui signala un défaut de conception.

En 224 av. J.-C., un séisme brisa la statue au niveau des genoux. Elle s'effondra et ses vestiges au sol devinrent une véritable attraction. Au Ier siècle de notre ère, Pline l'Ancien put écrire : « Peu d'hommes peuvent serrer le pouce dans leurs bras et ses doigts sont plus gros que la plupart des statues. Là où les membres sont brisés, l'intérieur se révèle en vastes cavernes. » Les restes furent détruits ; au VIIe siècle apr. J.-C., les envahisseurs arabes refusèrent d'en emporter le bronze.

Bien que des illustrations postérieures montrent le colosse enjambant l'entrée du port, les ingénieurs et scientifiques d'aujourd'hui ont démontré que c'était tout à fait impossible. **PF**

260 AV. J.-C.

Ashoka embrasse le bouddhisme

Horrifié par le carnage de la conquête du Kalinga, Ashoka renonce à la guerre.

Selon son propre témoignage, 100 000 hommes furent tués et 150 000 autres chassés de leurs terres quand Ashoka, troisième dirigeant de la dynastie Maurya, envahit sauvagement le royaume voisin de Kalinga. Écrasé par le remords, il devint bouddhiste, renonça à la guerre et déclara ses intentions de ne conquérir que par le *dharma* (principes de la vie juste).

Les édits d'Ashoka furent gravés sur 33 colonnes de pierre, dites piliers d'Ashoka, érigées dans diverses parties du royaume. La plus célèbre est la colonne de Samath, de plus de 15 m à l'origine, dressée à l'endroit où le Bouddha délivra son premier sermon. En 1948, l'Inde adopta comme emblème national son magnifique chapiteau constitué de lions tournés vers les quatre points cardinaux. On trouve également les édits d'Ashoka gravés sur la pierre et les parois des grottes, comme dans la haute vallée de l'Indus, le Gujarat méridional ou le long de la rivière Krishna, au sud.

« [Puissent-ils tous] recevoir les biens et le bonheur de ce monde et du suivant. »

Édit d'Ashoka

Ces inscriptions racontent la conversion d'Ashoka et ses efforts pour diffuser le bouddhisme, ses préceptes religieux et moraux, et son respect de la vie animale. Pour le bien de son peuple, Ashoka fit construire des hôpitaux et des maisons de repos, et il envoya des missionnaires jusqu'au Sri Lanka. Inégalé dans l'Inde antique, son empire éclata à sa mort, en 233 av. J.-C **SK**

260 AV. J.-C. – SEPTEMBRE

400 000 soldats enterrés vivants

L'armée Qin écrase les Zhao et sort victorieuse de la bataille de Gaoping.

La création d'un État chinois unifié est due au royaume oriental de Qin, qui au IIIe siècle av. J.-C. élimina impitoyablement ses six grands rivaux : c'est l'époque des Royaumes Combattants. Vers la fin, Qin et son roi Ying Zheng n'avaient pas d'égaux et l'Empire chinois fut créé avec pour premier empereur Zing Zheng, qui prit le nom de Qin Shi Huangdi.

La bataille décisive pour la suprématie Qin fut celle de Gaoping (ou Changping) qui se déroula en septembre 260 av. J.-C. : menée par Wang He, l'armée Qin envahit le royaume de Han dans le but de prendre une place stratégique, le fort de Shangdang. Affaibli, Han accorda Shangdang à un royaume voisin du Nord, Zhao, bien supérieur en nombre. Après deux ans de siège survint l'une des batailles les plus meurtrières de l'histoire. Avec son demi-million d'hommes, l'armée Qin réussit à circonscrire celle de Zhao et à l'isoler pendant 45 jours au sommet d'une colline. Quand son jeune commandant Zhao Kuo fut tué lors d'une tentative de sortie, Zhao se rendit : c'est alors que Bai Qi, le chef Qin, fit enterrer vivants et en une seule nuit les 400 000 soldats de l'armée Zhao afin de prévenir toute révolte. Seuls 240 hommes parmi les plus jeunes furent épargnés pour aller porter la nouvelle à Zhao.

Zhao ne se remit jamais de cette défaite et fut conquis par les Qin en 228 av. J.-C. Bai Qi fut poussé au suicide trois ans plus tard parce qu'on voyait en lui une menace pour le Premier ministre Qin.

Dans les années 1990, les archéologues mirent au jour des fosses renfermant de très nombreux ossements, vestiges certains de la bataille de Gaoping. **RG**

Eurêka !

Archimède prend un bain et découvre le moyen de mesurer la densité.

Archimède dans son bain, gravure sur bois, anonyme, 1547.

Désireux de savoir si la couronne qui lui avait été offerte était en or massif ou seulement en argent plaqué or, le roi Hiéron de Sicile demanda à Archimède de résoudre le problème. Mais comment faire sans fondre le métal et détruire la couronne ? S'apprêtant à prendre un bain, Archimède remarqua que le niveau s'élevait au moment où il entrait dans l'eau. Il comprit alors qu'il pouvait déterminer la densité d'or de la couronne en la pesant dans l'eau. Fou de joie après une telle découverte, il se serait précipité nu dans la rue en criant « Eurêka ! » (« J'ai trouvé ! »).

Archimède naquit en 187 av. J.-C. dans la cité-État grecque de Syracuse, en Sicile. On lui attribue également le principe de la vis sans fin, système servant à faire remonter de l'eau. Pendant le siège de Syracuse, il mit le feu aux vaisseaux romains en concentrant les rayons du soleil à l'aide de miroirs. Quand la ville tomba en 212 av. J.-C., Archimède fut tué – selon la légende – par un soldat romain pour avoir refusé d'abandonner ses calculs mathématiques.

Archimède suscitait un grand respect dans le monde antique car c'était un scientifique à la fois théorique et pratique. Il écrivit sur la mécanique, l'hydrostatique, la catoptrique (réfraction) et les mathématiques. Une grande partie de ses travaux se perdit, mais les manuscrits restants furent étudiés par les érudits islamiques du Moyen Âge. Redécouverts à la Renaissance, ils contribuèrent beaucoup au développement des sciences en Occident. **SK**

La Chine unie « durant 10 000 générations »

Zheng, roi de Qin, conquiert les autres États chinois et prend le nom de Shi Huangdi.

Vue de l'armée enterrée de Xian, une des plus grandes découvertes archéologiques de tous les temps.

Pendant plus de 200 ans, à l'époque des Royaumes Combattants, la Chine fut divisée en États rivaux. À l'ouest, celui de Qin apparaissait déjà comme l'un des plus puissants quand Zheng, à 13 ans, devint roi en 246 av. J.-C. Huit ans plus tard, attaques surprises, espionnage et subornation lui permirent d'éliminer l'un après l'autre les six autres États. Au nord-est, Qi fut le dernier à tomber en 221 av. J.-C. Pour la première fois de son histoire, la Chine était unie sous un seul maître et Zheng se proclama Qin Shi Huangdi, « Premier Auguste Empereur ». Sa dynastie, annonça-t-il, régnerait pendant 10 000 générations.

Aidé de son ministre Li Si, Qin Shi Huangdi imposa par la force un gouvernement centralisé. Il supprima toute variation régionale en matière de poids et mesures, unifia les lois et l'écriture chinoises, et fit construire des routes et des canaux. Il édifia une barrière de terre pour mieux relier les forteresses du nord du pays : ce fut le début de la Grande Muraille.

Qin Shi Huangdi ne craignait que la mort, et on raconte qu'il serait allé jusqu'au Japon chercher l'élixir d'immortalité ; 700 000 hommes construisirent son gigantesque complexe funéraire à l'image du cosmos. En 1974, des paysans creusaient un puits quand ils trouvèrent une vaste fosse peuplée de milliers de soldats en terre cuite. Ce fut l'une des plus grandes découvertes archéologiques de Chine : l'armée enterrée et ses 7 000 guerriers veillent le corps de l'empereur depuis plus de 2 000 ans. **SK**

218 AV. J.-C.

Hannibal envahit l'Italie

Le général carthaginois franchit les Alpes pour aller détruire Rome.

À l'automne 218 av. J.-C., une armée épuisée et démoralisée errait parmi les rochers, la neige et la glace d'un col d'altitude des Alpes. Hommes des tribus sauvages d'Espagne, fantassins libyens ou encore cavaliers numides d'Afrique du Nord, ils avaient tous suivi Hannibal Barca, général de 28 ans, dans son défi insensé de franchir une barrière montagneuse apparemment infranchissable.

Carthage, ville natale d'Hannibal, et la République romaine se livraient une guerre impitoyable pour le contrôle de la Méditerranée occidentale. Au printemps 218 av. J.-C., Hannibal quitta l'Espagne pour aller envahir l'Italie. Il partit avec plus de 100 000 hommes, des dizaines de milliers de chevaux et de mules ainsi que 37 éléphants de combat. Ce long voyage dans des contrées hostiles affaiblit l'armée avant même qu'elle atteigne les Alpes. Là, engagés dans d'étroits défilés, les soldats d'Hannibal furent attaqués par les Allobroges et d'autres tribus locales. Il leur fallut neuf jours pour atteindre le col.

Hannibal avait partagé toutes les épreuves de ses hommes, affaiblis par la famine et le froid. Il les entraîna en Italie dont la prise, disait-il, ferait tomber Rome dans ses mains. Les animaux et les hommes empruntaient des sentiers étroits couverts de glace et de neige, terrorisés à l'idée de chuter dans le vide. À un endroit, il leur fallut quatre jours pour remettre la route en état. Seuls 26 000 hommes arrivèrent en Italie, accompagnés d'une poignée d'éléphants. Malgré tout Hannibal avait accompli un véritable exploit, et il pouvait à présent marcher sur Rome. **RG**

◀ *Hannibal et ses éléphants de guerre franchissant les Alpes*, lithographie de l'école anglaise, XIXe siècle.

216 AV. J.-C.

Le massacre des Romains

Hannibal inflige une défaite cuisante aux légions romaines près de Cannes.

Épées et lances peuvent paraître rudimentaires, pourtant la sanglante bataille de Cannes en 216 av. J.-C. vit le plus grand nombre de morts en une seule journée de toute l'histoire de l'Europe.

La République romaine envoya huit légions de citoyens-soldats et des alliés affronter le général carthaginois Hannibal Barca qui avait envahi l'Italie deux ans auparavant. Menés par les consuls Varron et Paul Émile, les 70 000 fantassins et les 6 000 cavaliers romains rencontrèrent Hannibal entre la rivière Aufidus et les collines de Cannes. Les armées placèrent leurs infanteries au centre et leurs cavaleries sur les flancs. Les fantassins d'Hannibal (Libyens, Espagnols, Celtes) étaient écrasés en nombre. Hannibal envoya les Celtes et les Espagnols vers les lignes romaines pour les inciter à attaquer, mais il retint sur chaque aile son infanterie bien disciplinée. Dans un premier temps, les Romains enfoncèrent le centre carthaginois, mais les Libyens les attaquèrent de part et d'autre, et l'infanterie romaine fut laminée. La cavalerie d'Hannibal écarta celle des Romains et chargea par derrière. Encerclés, les Romains furent systématiquement massacrés et leurs dépouilles abandonnées sur le champ de bataille. Il y eut plus de 48 000 morts du côté de Rome, mais cette dernière refusa la paix et Hannibal ne profita pas de sa victoire écrasante. La guerre continua. **SK**

« Certains… affaiblis par leurs blessures… furent promptement mis à mort par l'ennemi. »

Tite-Live, *Histoire de Rome*, vers 26 apr. J.-C.

Un paysan devient empereur

L'ancien paysan Liu Bang prend le contrôle de la Chine et fonde la dynastie Han qui régnera pendant 400 ans.

L'empereur Liu Bang, bandit paysan qui fonda la dynastie Han, peinture du XVIIIe siècle.

« Je sais comment user du peuple et j'ai pu conquérir toute terre sous le ciel. »

Liu Bang

Quand le premier empereur de Chine, Qin Shi Huangdi, mourut en 216 av. J.-C., son fils se montra incapable de gouverner de manière efficace. En 209 av. J.-C., des rébellions éclatèrent contre la dynastie Qin et un bandit, Liu Bang, fut amené à soutenir le prince de l'ancien royaume de Chu. D'origine paysanne, Liu Bang avait été chef de la police dans le Jiangsu à l'époque des Qin ; il créa une petite armée et prit Guanzhong, dans le Shaanxi, fief de la dynastie Qin. En 206 av. J.-C., il entra dans Xianyang, capitale Qin, et reçut en récompense la principauté de Han (actuels Sichuan, Chongqing et sud du Shaanxi).

Désireux de conquérir l'ensemble de la Chine et ayant abandonné les aspects les plus rudes du régime Qin, Liu Bang trouva vite le soutien populaire. Ses forces étaient relativement modestes et il recourut à la ruse pour se maintenir en face d'un noble Chu, Xiang Yu, militaire brillant mais homme politique naïf. Liu Bang le vainquit en 202 av. J.-C. puis Xiang Yu se suicida.

Tout au long de son règne, Liu Bang conserva ses mœurs paysannes – un jour, il urina dans le chapeau d'un lettré pour manifester son mépris de l'éducation –, mais il gouverna en accord avec les principes confucéens. Sa popularité augmenta quand il voulut réduire les impôts des paysans, mais il se fit des ennemis en condamnant à mort des généraux lui ayant permis d'accéder au pouvoir. Mariages stratégiques et corruption lui permirent de résister à la menace principale, celle des nomades Xiongnu au nord du pays. **PF**

202 AV. J.-C. – 15 OCTOBRE

La revanche de Scipion

Scipion triomphe d'Hannibal et de ses éléphants à la bataille de Zama.

Le général romain Publius Cornelius Scipion avait survécu au massacre de l'armée romaine qui avait marqué la bataille de Cannes, en 216 av. J.-C., et la chance changea de camp vers 202 av. J.-C. Il dirigea l'invasion romaine de l'Afrique du Nord et menaça Carthage, contraignant Hannibal à abandonner sa campagne prolongée pour défendre son propre territoire. Les forces de Scipion et d'Hannibal se rencontrèrent à l'ouest de Carthage pour mener la sanglante bataille de Zama.

« Les Romains fondirent sur leurs ennemis, poussant leurs cris de guerre et frappant leurs écus. »

Polybe, historien grec, 205-123 av. J.-C.

Conscient que son armée était affaiblie suite aux combats menés antérieurement, Hannibal misa tout sur ses éléphants de guerre, et 80 de ces bêtes puissantes chargèrent les légions romaines. Dans la fureur des combats, certains éléphants prirent peur et, affolés, se retournèrent contre la cavalerie d'Hannibal. Les autres passèrent sans problème dans les ouvertures que Scipion avait ménagées dans ses propres lignes. L'armée d'Hannibal était condamnée : sa cavalerie s'était éparpillée dans la campagne et son infanterie, massacrée par les légionnaires de Scipion.

La victoire de Zama força Carthage à reconnaître sa défaite et fit de Rome la puissance dominante de la Méditerranée occidentale. Hannibal fut exilé ; toujours poursuivi par ses ennemis romains, il se suicida 20 ans plus tard. **SK**

168 AV. J.-C. – 22 JUIN

Rome triomphe

La défaite macédonienne de Pydna permet à Rome de conquérir la Grèce.

Près de Pydna, au nord de la Grèce, au pied du mont Olympe, deux armées s'affrontèrent pour décider de l'avenir de la civilisation méditerranéenne : d'un côté les 40 000 hommes du roi Persée de Macédoine, de l'autre les 40 000 soldats romains menés par un consul âgé de 60 ans, Paul Émile.

Expansionniste, la République romaine menait depuis 30 ans une guerre sporadique contre la Macédoine. Pour se battre, les hommes de Persée recoururent à un style depuis longtemps reconnu. Armés de sarisses (lances) pouvant mesurer jusqu'à 7 m de long, les fantassins formaient des phalanges serrées ne laissant voir que les boucliers et les pointes des lances. De leur côté, les légionnaires romains se battaient avec des javelots et de courtes épées ; plus petites, leurs unités étaient plus mobiles.

« Qui ne voudrait savoir comment le monde tomba sous la seule férule romaine ? »

Polybe, historien grec, 205-123 av. J.-C.

Dans un premier temps, les Romains ne purent franchir le mur de sarisses, puis ils trouvèrent des brèches dans les phalanges macédoniennes et passèrent au combat rapproché. Les Macédoniens devenaient des proies faciles. Quelque 25 000 d'entre eux furent tués alors que les Romains ne déplorèrent qu'une centaine de morts.

Persée fut le dernier roi de Macédoine, qui devint province romaine en 146 av. J.-C. Jadis toutes-puissantes, les cités-États grecques n'étaient plus que des villes de province au sein de l'Empire romain. **RG**

Carthage détruite

Rome recourt au génocide pour exterminer sa rivale.

Les Romains montrèrent comment une action militaire pouvait détruire une ville entière, leurs légions rasèrent Carthage et tuèrent ou asservirent jusqu'au dernier habitant. Pas un seul édifice ne fut épargné.

Grande rivale de Rome en Méditerranée occidentale, Carthage avait été contrainte d'accepter un traité de paix humiliant après sa défaite à Zama, en 202 av. J.-C. Les Carthaginois perdaient toute puissance militaire, mais de nombreux Romains se défiaient encore de leurs anciens ennemis, tel l'orateur Caton l'Ancien qui aimait à répéter : « Carthage doit être détruite ! »

Les Carthaginois furent victimes d'une imprécision technique des termes du traité de paix. Sous ce prétexte, en 149 av. J.-C., les Romains envoyèrent une force expéditionnaire assiéger la ville, mais Carthage avait d'imposantes murailles et l'opération romaine fut un échec. En 147 av. J.-C., le commandement fut transmis à Scipion Émilien, petit-fils de Scipion l'Africain, vainqueur de Zama. Il renforça le blocus de la ville qui dut bientôt faire face à la famine.

Les soldats romains franchirent les murs de la ville au printemps 146 av. J.-C. Les Carthaginois leur opposèrent une résistance désespérée mais la reddition était inévitable : 50 000 survivants furent emmenés en captivité. Un dernier bastion de 900 résistants choisit de mourir par le feu dans un temple. Après des jours de pillage, débuta la destruction systématique de la ville, par le feu principalement. On raconte que Scipion aurait pleuré : un jour, Rome pourrait connaître le même destin. **RG**

Assaut de la colline de Byrsa et défaite des Carthaginois, gravure.

Spartacus vaincu

Les Romains finissent par soumettre le chef des esclaves, Spartacus.

Spartacus, chef de la plus grande révolte d'esclaves contre Rome, fut finalement vaincu en 70 av. J.-C. Esclave, il avait subi l'entraînement des gladiateurs dans une école proche de Capoue. En 73 av. J.-C., après avoir volé des couteaux à la cuisine, il s'enfuit avec 70 autres esclaves et forma sur les pentes du Vésuve un groupe de hors-la-loi – gladiateurs, voleurs ou esclaves en fuite. À maintes reprises, Spartacus fut vainqueur des expéditions envoyées contre lui. Il ne tarda pas à réunir autour de lui quelque 100 000 hommes, femmes, enfants et vieillards. Les gladiateurs entraînèrent les moins aguerris pour en faire une formidable armée. Selon les historiens romains, Spartacus distribuait à ses compagnons tout le butin amassé.

« Spartacus… était très intelligent et cultivé, ce qui le rapprochait des Grecs. »

Plutarque (vers 46-120 apr. J.-C.), *Vie de Crassus*

Au début de l'année 70 av. J.-C., une légion établie en Calabre et commandée par Crassus prit au piège l'armée d'esclaves. Spartacus parvint à rompre l'enfermement, mais son armée fut finalement détruite près de la rivière Silarus. Il fut tué mais on ne retrouva jamais son corps. Crassus encercla les 6 000 survivants et les fit crucifier le long de la voie Appienne. Leurs corps restèrent accrochés des années pour étouffer tout désir de révolte chez les esclaves. Spartacus est depuis considéré comme le héros de tous ceux qui luttent contre l'esclavage et la servitude. **PF**

57 AV. J.-C.

Fondation de Silla

Silla, le premier royaume coréen, est fondé par un Fils du Ciel.

Le premier État coréen fut fondé en 57 av. J.-C. Depuis au moins le VIIIe siècle av. J.-C., les Coréens subissaient l'influence culturelle de leur puissante voisine, la Chine. La culture du riz ainsi que les armes et outils en bronze – tous originaires de Chine – poussèrent les Coréens vers l'urbanisation et la formation d'un État. Au IVe siècle av. J.-C., de petits États étaient apparus sur toute la péninsule coréenne, reposant chaque fois sur une ville ceinte de murailles. Le jeu des guerres et des alliances plaça les confédérations les plus souples sous le joug des villes dominantes. Les Chinois virent une menace dans ces confédérations et, de 109 à 106 av. J.-C., la dynastie Han conquit la majeure partie du Nord et du centre de la Corée.

Dans les régions invaincues, trois royaumes se développèrent au Ier siècle av. J.-C. : Koguryo, Paekche et Silla, le plus ancien, créé en 57 av. J.-C. par le roi Pak Hyokkose, un Fils du Ciel, né d'un gros œuf rouge déposé sur terre par un cheval volant. Le peuple pria pour qu'il ait une épouse tout aussi remarquable et un adorable bébé de sexe féminin naquit de la côte d'une dragonne. Le peuple s'étonna qu'elle eût une tête d'oiseau, mais celle-ci tomba quand elle prit son premier bain. Après 61 ans de règne, Hyokkose monta au ciel ; sept jours plus tard, son corps retomba sur terre. Il fut enseveli dans un tumulus du monastère de Tamom. De semblables légendes entourent le règne de la plupart des premiers rois de Silla, mais le premier roi historique fut Naemul, qui régna de 365 à 402 apr. J.-C. **JH**

Histoire des Trois Royaumes, paravent de huit panneaux, détail, Gahoe Museum, Corée du Sud.

55 AV. J.-C. – 26 AOÛT

La guerre des Gaules

La première force militaire romaine met le pied en Bretagne mais est repoussée.

Un matin de l'été 55 av. J.-C., une flotte constituée de 80 vaisseaux emportant deux légions romaines et escortés de navires de guerre s'approcha de la côte méridionale de la Bretagne (Angleterre actuelle). Cette expédition – extrêmement hardie, la Bretagne se situant à la limite du monde connu – était partie à minuit de ce qui sera Boulogne. Le chef des légionnaires, Jules César, ne savait rien de cette île sinon que ses habitants aidaient les tribus gauloises hostiles. L'approche des vaisseaux romains fut observée par les guerriers bretons juchés sur les falaises blanches de Dubrae (Douvres). Jules César ne prit pas le risque de les affronter en cet endroit et préféra pousser vers le nord jusqu'à une plage plus dégagée. Les guerriers bretons les avaient suivis et les légionnaires romains à peine débarqués furent attaqués. Les Bretons ne furent chassés que lorsque les navires de guerre de César firent usage de leurs balistes (catapultes).

« Tous les Bretons se teignent à la guède… et se rasent… le corps. »

Jules César, *La Guerre des Gaules*, vers 45 av. J.-C.

Le débarquement n'avait pas été facile, et le mauvais temps empêcha la cavalerie de César de traverser la Manche, maltraitant ses propres bateaux. Craignant d'avoir leur retraite coupée, les Romains regagnèrent la Gaule. César revint en 54 av. J.-C. et avança jusqu'au nord de la Tamise, mais il faudra attendre encore 90 ans pour que les Romains se fixent vraiment en Bretagne. **RG**

53 AV. J.-C. – 6 JUIN

Le massacre de Carrhes

Un ploutocrate romain mène ses légions à la défaite devant les Parthes.

Marcus Licinius Crassus, l'homme le plus riche de Rome, contrôlait la République aux côtés de Jules César et de Pompée. En 53 av. J.-C., désireux d'égaler la gloire militaire des deux autres consuls, il partit à la tête de 50 000 légionnaires à la conquête de la Mésopotamie, dans l'Empire parthe. Le roi parthe Orode II leur envoya son armée, commandée par le général Suréna.

Le 6 juin, les deux forces s'affrontèrent dans le désert, près de Carrhes (Harran) et il apparut très vite que Crassus avait mal apprécié la situation militaire.

« L'ennemi qui portait la tête de Publius s'approcha de très près pour mieux l'exhiber. »

Plutarque (v. 46-120 av. J.-C.), *Vie de Crassus*

Alors que la majeure partie de l'armée romaine était constituée de fantassins, les Parthes se battaient à cheval. Rapides et équipés légèrement, les cavaliers armés de puissants arcs tourmentaient les légionnaires, mettaient le feu dans leurs rangs serrés et battaient en retraite avant même que les Romains contre-attaquent. La cavalerie de Crassus, menée par son fils Publius, tenta une sortie mais fut massacrée. La tête de Publius fut exhibée à la pointe d'une lance pour mieux démoraliser les troupes romaines.

Pendant la retraite nocturne des Romains, il y eut de nombreuses victimes, dont Crassus, sa tête fut envoyée au roi Orode ; 20 000 Romains furent tués et 10 000 capturés. La mort de Crassus marqua le début d'une lutte d'influence entre Pompée et César, mais aussi la fin de la République. **RG**

52 AV. J.-C.

Le siège d'Alésia

Condamnés depuis le début, les Gaulois sont écrasés par César à Alésia.

« Vercingétorix, principal auteur de la guerre, passa sa plus belle armure et para son cheval, puis il franchit les portes [d'Alésia] et se présenta à César avant de descendre de cheval, de se débarrasser de son armure et de prendre place aux pieds de César jusqu'à ce qu'on l'emmenât. » Voici comment Plutarque décrit la reddition du chef d'une révolte menée contre l'invasion romaine en 52 av. J.-C.

Les tribus celtes de Gaule transalpine n'avaient pu résister aux campagnes menées par César dès 58 av. J.-C., par manque d'unité bien souvent. Pourtant, au début de l'an 52 av. J.-C. Vercingétorix, jeune chef des Arvernes, réussit à former une alliance entre les tribus de l'ouest et du centre de la Gaule. Cette importante armée se dressa devant les légions romaines qu'elle harcela en recourant à des techniques de guérilla ou affronta directement pour défendre ses fortins.

En septembre, César captura Vercingétorix après avoir assiégé son armée retranchée dans la ville fortifiée d'Alésia. Les Romains édifièrent une double ligne de fortifications : la première pour empêcher Vercingétorix de sortir, la seconde pour se défendre d'une contre-attaque menée par les Gaulois alliés. Ces derniers coordonnèrent leur attaque avec la garnison d'Alésia et César faillit être vaincu.

Les Gaulois n'avaient d'autre choix que se rendre. Les Romains furent impitoyables et chaque légionnaire se vit attribuer un Gaulois qu'il put vendre comme esclave. Emmené à Rome, Vercingétorix fut exhibé six ans plus tard lors du triomphe de César, puis exécuté. **RG**

Alésia assiégée par Jules César (1553), peinture à l'huile d'un artiste méconnu, Melchior Feselen (?-1538).

QVANTA STRA
GE VIRVM SVBLI
MIS ALEXIA CESSIT
CÆSAREIS AQVI
LIS. PICTA TABEL
LA NOTAT

48 AV. J.-C. – 28 SEPTEMBRE

Pompée décapité

L'ancien général romain en fuite est assassiné en Égypte.

Jadis le meilleur général et le chef politique le plus puissant de Rome, Pompée (Gnaeus Pompeius Magnus) n'était plus à la fin de l'été 48 av. J.-C. qu'un fugitif désespéré. Battu à Pharsale, dans le Nord de la Grèce, par son rival Jules César, il avait pris la mer pour l'Égypte. De là, il adressa au jeune roi Ptolémée XIII un message pour lui demander asile.

Or, les conseillers du roi, dirigés par l'eunuque Pothin, étaient des hommes prudents et retors. Leur raisonnement fut le suivant : César serait furieux s'ils accueillaient Pompée, mais celui-ci constituerait une grave menace s'ils refusaient. Une solution s'imposait donc : le mettre à mort.

« … ils tranchèrent la tête de Pompée et jetèrent son corps dévêtu hors du bateau. »

Plutarque (vers 46-120 apr. J.-C.), *Vie de Pompée*

Un membre du conseil, Achillas, et deux anciens soldats romains prirent une petite embarcation pour aller chercher sur la grève Pompée, qui monta à bord, accompagné de son serviteur, Philippe. Dès que le bateau se retrouva au large, Pompée fut poignardé dans le dos et décapité par ses assassins. Puis ils abandonnèrent son cadavre et laissèrent le fidèle Philippe lui dresser un maigre bûcher funéraire.

César arriva quatre jours plus tard. On lui présenta la tête de Pompée et il détourna le regard, dégoûté par le meurtre d'un grand Romain. Ce meurtre ferait cependant de lui le maître de Rome ainsi que l'amant de Cléopâtre, grande rivale de Ptolémée XIII pour le trône d'Égypte. **RG**

45 AV. J.-C.

Le calendrier julien

Les réformes de César posent les bases de notre calendrier moderne.

La vie quotidienne à Rome s'articulait autour des fêtes saisonnières et de l'élection annuelle des magistrats de sorte qu'il était important de calculer les dates avec précision. Le calendrier romain reposait sur l'année lunaire qui, avec ses 355 jours, comptait dix jours de moins que l'année solaire. Pour tenir compte de cet écart, le *Pontifex maximus* (Grand Pontife) annonçait chaque année l'ajout de dix jours supplémentaires.

Au Ier siècle av. J.-C., le Grand Pontife était souvent un homme politique, qui usait de son pouvoir pour augmenter les droits d'un allié ou réduire la puissance d'un rival.

« César convoqua les meilleurs philosophes et mathématiciens… »

Plutarque (vers 46-120 apr. J.-C.), *Vie de César*

Jules César fut élu Grand Pontife en 63 av. J.-C., mais il fallut attendre son retour à Rome, 20 ans plus tard, pour qu'il réforme le calendrier. Sur les conseils de l'astronome Sosigène, il s'appuya sur l'année solaire et proposa un calendrier constitué de 365 jours plus une journée supplémentaire tous les quatre ans. Cependant Sosigène s'était trompé de 11 minutes et 14 secondes en calculant l'année solaire, et l'effet cumulé de cette erreur fit qu'au milieu du XVIe siècle le jour de Pâques, par exemple, arrivait avec dix jours de retard. En 1582, le pape Grégoire XIII supprima les jours supplémentaires et changea la règle des années bissextiles, créant ainsi le calendrier géorgien toujours en usage aujourd'hui. **SK**

Mort de Jules César

L'assassinat de Jules César par des sénateurs romains marque le début de la fin de la République.

Aux ides de mars, Jules César devait assister à une réunion du Sénat dans une salle voisine du théâtre de Pompée. Divers présages l'avaient mis en garde, mais César décida de les ignorer. L'erreur fut fatale car il y avait bien un complot pour l'assassiner.

Tout-puissant à Rome après la défaite de Pompée, César était devenu très populaire auprès du peuple, mais il s'était mis à dos l'aristocratie qui dominait au Sénat. Cassius Longinus et Marcus Brutus avaient persuadé une soixantaine de sénateurs de participer à une conjuration visant à l'assassiner. Ils y voyaient une défense de la République romaine puisque César s'était déclaré « dictateur à vie » ; peut-être même aspirait-il à la royauté.

César était emmené au Sénat couché sur sa litière quand quelqu'un lui glissa un mot pour le prévenir du complot, mais il ne le lit pas. Un conspirateur réussit à faire sortir de la salle son puissant et fidèle compagnon, Marc Antoine, pendant qu'il pénétrait dans le bâtiment. Un autre conjuré, Tillius Cimber, s'approcha de César sous un prétexte fallacieux et arracha sa toge. C'est alors que les sénateurs sortirent leurs poignards et se jetèrent sur lui. César se défendit jusqu'au moment où, selon l'écrivain Suétone, il reconnut Brutus parmi ses assaillants : « Toi aussi, mon fils ! » s'écria-t-il avant d'abandonner toute résistance et de tomber mort au pied de la statue de Pompée.

Devant l'hostilité du peuple, les sénateurs durent fuir Rome. Marc Antoine prit le contrôle de la ville. Brutus et Cassius moururent dans les deux années qui suivirent. Loin de sauver la République, l'assassinat précipita une lutte du pouvoir qui s'acheva par la fondation de l'Empire romain. **RG**

L'oraison funèbre de Marc Antoine devant le corps de César, gravure anonyme.

« Où qu'il se tournait, c'était pour affronter les coups de poignards… »

Plutarque (vers 46-120 apr. J.-C.), *Vie de César*

Mort de Cicéron

La réconciliation de Marc Antoine et d'Octavien aboutit à l'assassinat de Cicéron.

Cicéron prononçant un de ses célèbres discours, fresque de Cesare Maccari (1840-1919), Palazzo Madama, Rome.

Le grand orateur Cicéron était emmené sur sa litière au navire qui l'emporterait loin du danger quand ses assassins arrivèrent. Il y avait là le centurion Herrennius et le tribun Popillius, que Cicéron avait défendu lorsqu'il avait été accusé de parricide. Âgé de 64 ans, Cicéron avait les cheveux en désordre et les traits tirés. Ses derniers mots auraient été : « Il n'y a rien de correct dans ce que tu fais, soldat, mais efforce-toi au moins de me tuer correctement. » C'est alors qu'il tendit le cou. Sur ordre de Marc Antoine, on lui trancha également les mains.

Personne n'aurait pu prédire ce genre de mort à Marcus Tullius Cicero, brillant orateur, légiste et subtil philosophe qui, bien que ni noble ni patricien, était devenu consul en 63 av. J.-C. Personnage discret, voire timide, il désapprouvait le pouvoir absolu de César, mais n'avait pas pris part à son assassinat.

En revanche il voyait un tyran dans Marc Antoine et était incapable de se taire. Dans ses *Philippiques* (harangues célèbres), il chercha à encenser Octave (ou Octavien), héritier adoptif de César, au détriment de Marc Antoine. Il faillit réussir. Marc Antoine fut déclaré « ennemi de l'État », mais sa réconciliation avec Octave sonna le glas de Cicéron. Marc Antoine voulait la langue qui avait parlé et les mains qui avaient écrit contre lui.

Les Romains n'oublièrent pas les avertissements de Cicéron. Plus tard, Octave vaincra Marc Antoine et se souviendra de Cicéron comme d'un « sage qui aimait son pays ». **RP**

Antoine et Cléopâtre vaincus

L'avenir de Rome se décide à la bataille d'Actium, sur le littoral occidental de la Grèce.

La Bataille d'Actium (1600), fresque d'Antonio Vassilacchi (1556-1629), Villa Barbarigo, au sud de Padoue.

Pendant la guerre civile qui suivit l'assassinat de Jules César en 44 av. J.-C., son fils adoptif Octave et son ancien bras droit, Marc Antoine, apparurent comme les deux chefs du monde romain. Octave gouvernait à Rome et Marc Antoine s'était installé à Alexandrie ; tous deux faisaient les yeux doux, au propre comme au figuré, à la reine ptolémaïque d'Égypte, Cléopâtre VII. Les deux hommes allaient s'affronter pour savoir qui serait le maître absolu de Rome.

Pendant l'été 31 av. J.-C., Marc Antoine et Cléopâtre, à la tête d'une armée et d'une marine puissantes, furent acculés par Octave à Actium, sur la côte ouest de la Grèce. La flotte d'Octave, menée par Marcus Vipsanius Agrippa, leur coupa la route de l'Égypte tandis que 80 000 soldats romains les attaquaient sur le continent. Devant ce désastre, Antoine et Cléopâtre conçurent un plan pour percer le blocus d'Agrippa et réussirent à regagner l'Égypte. Ils firent embarquer le maximum de soldats sur leurs bateaux de guerre et chargèrent 60 navires marchands de trésors. Manœuvrant en deçà de la ligne de blocus établie par Octave, ils attendirent un vent favorable. Les deux flottes se livrèrent un combat désordonné avant que les vents tournent et que Cléopâtre gagne la pleine mer avec ses navires marchands. Antoine réussit à la rejoindre, mais ses 300 vaisseaux de guerre ne purent le suivre et furent brûlés ou capturés.

Antoine et Cléopâtre regagnèrent Alexandrie mais, acculés à la défaite, tous deux se suicidèrent, laissant Octave maître absolu de Rome. **RG**

30 AV. J.-C. – 30 AOÛT

Suicide de Cléopâtre

La mort du dernier pharaon marque la fin d'une ère pour l'Égypte.

Trois millénaires d'une Égypte unie et indépendante s'achevèrent brutalement quand, selon Shakespeare, Cléopâtre VII porta un serpent venimeux à son sein. Son geste s'explique par sa défaite à la bataille d'Actium et par le suicide de son amant romain, Marc Antoine. Elle fut le dernier pharaon. Césarion, fils qu'elle eut de Jules César et oncle d'Octave, fut brièvement porté au pouvoir avant d'être assassiné : l'Égypte devint alors une province romaine. Octave prit le titre d'Auguste et se proclama empereur de Rome.

En 51 av. J.-C., Cléopâtre, alors âgée de 17 ans, avait gouverné conjointement avec son frère Ptolémée XIII, qui n'avait que 10 ans. Trois ans plus tard, elle fut contrainte de fuir l'Égypte. Quand Ptolémée eut provoqué la colère de Jules César en faisant décapiter son rival, Pompée, Cléopâtre s'attira les bonnes grâces de César en se faisant porter dans sa chambre, enroulée dans un tapis. Ils devinrent amants et César l'aida à remonter sur le trône d'Égypte.

Après l'assassinat de César, Marc Antoine, un des triumvirs, demanda à Cléopâtre de lui démontrer sa loyauté à son égard. Ils tombèrent amoureux, se marièrent en 37 av. J.-C. et eurent trois enfants. On racontait qu'ils voulaient fonder un empire égal à Rome de sorte qu'Octave s'éleva contre eux, les menant à la défaite et à la mort.

Ses effigies montrent qu'elle n'était en rien la beauté sublime de la légende. Elle n'était pas égyptienne non plus : elle était en effet le dernier représentant de la dynastie ptolémaïque issue du général d'Alexandre le Grand, Ptolémée Ier Soter. **PF**

La Mort de Cléopâtre (1658), détail, Guido Cagnacci (1601-1663), peintre baroque italien.

27 AV. J.-C. – 13 JANVIER

Naissance d'un empire

Le gouvernement d'Octave jette les bases de l'Empire romain.

Gaius Octavianus (Octavien ou Octave) était le petit-neveu et héritier désigné de Jules César. Il n'avait que 18 ans à l'époque de son assassinat, mais il se partagea le pouvoir avec Marc Antoine et Lépide. Quand Antoine épousa Cléopâtre et chercha à fonder un empire en Égypte, Octavien se dressa contre lui et le vainquit à Actium, ce qui fit de lui le seul maître de Rome. Le pouvoir dictatorial de César avait défié le système politique romain traditionnel et Octavien prit soin de restaurer l'aspect extérieur de la Constitution républicaine.

« De ma propre initiative, j'ai levé une armée avec laquelle j'ai libéré l'État. »

Actes du divin Auguste, inscription, 14 apr. J.-C.

En janvier 27 av. J.-C., Octavien se présenta devant le Sénat pour y rendre ses pouvoirs. On ne l'y autorisa pas et il accepta le commandement de plusieurs provinces ainsi que le titre de *princeps senatus* (premier citoyen) et celui d'*augustus* (sacré). Il ajouta César à son nom en l'honneur de son père adoptif. Une couronne de laurier fut placée à la porte de sa maison pour en faire le siège effectif du pouvoir. Le Sénat lui prêta alors serment d'allégeance en le faisant *Imperator* (commandant suprême). Au fil des années, il devint encore plus puissant tout en conservant les titres traditionnels. En s'assurant le contrôle de l'armée et de la garde prétorienne, il mit le Sénat dans l'impossibilité de le défier. Octavien était empereur à tous égards, sauf de nom, et son gouvernement marqua la naissance de l'Empire romain. **PF**

La ville de Trèves fondée sur un site sacré

Trèves, capitale romaine du Nord, va devenir une ville florissante et traverser les siècles.

Fresque de la Villa Rustico dans la ville d'Augusta Treverorum, peinte vers 200 apr. J.-C.

Quand le premier empereur romain, Auguste, ordonna en 18 av. J.-C. la construction d'Augusta *Treverorum*, il n'aurait jamais imaginé l'influence qu'elle prendrait dans l'avenir. Édifiée sur les rives de la Moselle, sur un site sacré de l'ancienne tribu germanique des Trévires, elle occupait une position stratégique sur une route marchande de première importance.

En dépit d'une certaine hostilité locale due à la violation d'un sanctuaire, la nouvelle ville se développa rapidement – au IIe siècle de notre ère, Treveris (son nom de l'époque) devint la capitale de la division belge de la Gaule romaine puis, au IIIe siècle, le siège de la cour impériale de Dioclétien et la capitale de l'Empire romain d'Occident. Trèves fut le lieu de naissance de saint Ambroise, le siège des premiers évêques et un important foyer de rayonnement du christianisme.

Le statut religieux de la ville survécut aux invasions des Francs et à la chute de l'Empire romain d'Occident. Elle acquit le statut d'archidiocèse en 815 et, partir du XIIe siècle, l'archevêque de Trèves fut l'un des princes-électeurs du Saint Empire romain germanique.

La ville se développa en tant que centre culturel et marchand et une université y fut fondée en 1473. Occupée par les Français à l'époque de la Révolution, Trèves passa sous gouvernement prussien après la chute de Napoléon Ier, en 1815. Karl Marx y est né en 1818. Trèves fait aujourd'hui partie du Land de Rhénanie-Palatinat et elle a fêté son 2 000e anniversaire en 1984. **TB**

Naissance de Jésus-Christ

Figure centrale du christianisme, Jésus de Nazareth est né.

Adoration de l'Enfant Jésus (vers 1620), Gerrit Van Honthorst (Gérard de la Nuit), 1590-1656.

Il est difficile de situer avec précision la date de la naissance de Jésus-Christ. Le Nouveau Testament précise qu'elle survint sous le règne du roi Hérode, gouverneur de Judée pendant plus de 30 ans, qui reconstruisit le Temple de Jérusalem et créa de vastes palais et forteresses dans le désert environnant. Malheureusement pour la chronologie traditionnelle, Hérode mourut en 4 av. J. C., soit quatre ans avant la date « officielle » de la naissance de Jésus, et on ne sait rien en dehors des textes évangéliques.

L'empereur romain Auguste avait en Syrie un gouverneur du nom de Quirinus, lequel décréta que ses sujets devaient être recensés, mais cela se passa en l'an 6 de notre ère, dix ans après la mort d'Hérode. Et rien ne prouve qu'il demandât au peuple de regagner ses demeures ancestrales. De même on n'a aucune trace d'une visite en Judée de trois « mages » ni d'un massacre d'enfants ordonné par Hérode (même si sa réputation de cruauté rend possible une telle action).

Toujours est-il qu'un enfant naquit à cette époque, qu'il grandit pour devenir un maître à penser et un guérisseur talentueux et que sa mort, une trentaine d'années plus tard, suscita des bouleversements aussi extraordinaires que durables. Les récits bibliques – le voyage à Bethléem, la crèche, les bergers, les mages, la fuite en Égypte – sont plutôt d'ordre mythologique. Les Évangiles ne disent rien de la saison, et encore moins du mois, où naquit Jésus. Les premiers chrétiens fêtaient sa naissance le 6 janvier mais, depuis le IVe siècle, elle est fixée au 25 décembre. **PF**

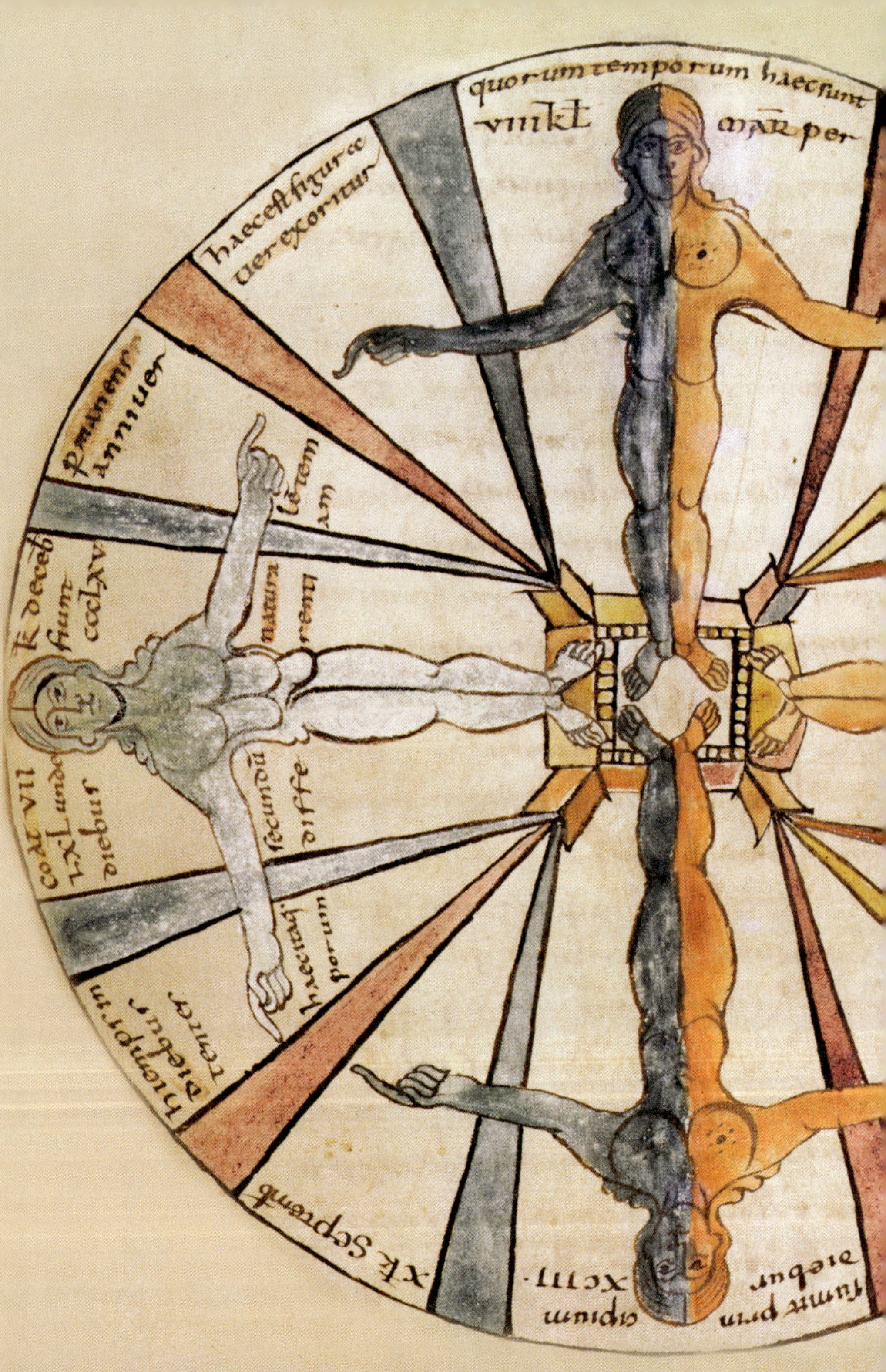

quorum temporum haec sunt
haec est figura
ver exoritur

de 1 à 999

La roue des mois et des saisons, *De natura rerum*, saint Isidore de Séville, IXe siècle.

9 – SEPTEMBRE

La bataille de Teutoburg

Trois légions romaines sont massacrées en forêt de Teutoburg, en Germanie.

« Au centre du champ gisaient les ossements blanchis des hommes… éparpillés çà et là ou jetés en tas. Non loin c'étaient des fragments d'armes et des membres de chevaux, mais aussi des têtes humaines clouées à des troncs d'arbres. » Selon Tacite, voilà ce que l'on pouvait voir en l'an 15 dans la forêt de Teutoburg, en Germanie. Six ans plus tôt s'y s'était produit un des plus grands désastres de l'histoire romaine.

En 12 av. J.-C., Rome s'était lancée à la conquête des terres situées entre le Rhin et l'Elbe. Il semblait que les tribus germaniques sauvages ne tarderaient pas à céder devant la force romaine. Effectivement, quand, en l'an 9, Publius Quintilius Varus s'engagea plus avant avec les 17e, 18e et 19e légions, ses hommes étaient accompagnés d'auxiliaires locaux menés par leur chef, Arminius, lequel était également citoyen romain. Mais les légionnaires marchaient vers le Rhin quand Arminius et ses hommes désertèrent.

« *L'armée romaine… dans la douleur et la colère, ensevelit les dépouilles de trois légions.* »

Tacite (v. 55-v. 120), *Annales*

Gênées par leur équipement et de nombreux personnels, les légions s'enfoncèrent dans la forêt. Les guerriers à cheval d'Arminius harcelèrent la colonne et les forces romaines furent bientôt écrasées. Il y eut peu de survivants et Varus se suicida. L'empereur vieillissant, Auguste, ne se remit jamais du choc causé par la perte de trois légions et le Rhin continua de séparer le monde romain et le monde « barbare ». **RG**

VERS 30 – 3 AVRIL

Le Christ ressuscité

Jésus est mis au tombeau et, au troisième jour, se lève d'entre les morts.

Personne n'a vu ce qui s'est passé et seuls quelques individus prétendent avoir assisté à la suite des événements, toujours est-il que la disparition du corps de Jésus et le récit des disciples qu'il vint ensuite visiter ont radicalement changé la face du monde. Des millions de personnes ont mis toute leur foi dans cet événement apparemment impossible qui a pourtant remis en cause la morale, la culture, l'éthique et la politique.

Jésus, guérisseur charismatique et prophète errant de la province romaine de Judée, bouleversa les croyances juives en rejetant délibérément les pratiques liées à la tradition et en proclamant que son enseignement supplantait les lois de Moïse, fondatrices du judaïsme. Sa dernière visite à Jérusalem à l'occasion de la Pâque (la date est incertaine, probablement l'an 30 de notre ère) serait une confrontation délibérée. Le sanhédrin et le grand prêtre le condamnèrent et avec le soutien du gouverneur romain, Jésus fut crucifié. Déposé dans un tombeau par un proche mais gardé par des soldats romains, son corps n'était plus là trois jours plus tard. À plusieurs reprises au cours des mois suivants, ses amis furent convaincus de l'avoir vu vivant. La première fut Marie Madeleine, puis ce fut Pierre et d'autres disciples, à Jérusalem comme ailleurs.

Les disciples de Jésus portèrent un regard neuf sur son enseignement et sa mort, voyant en eux un message puissant et résolument optimiste de la part du Créateur. Aujourd'hui encore, ce message parle à des centaines de millions d'hommes. **PF**

▶ *Le Christ ressuscité*, tapisserie bruxelloise du XVIe siècle, aujourd'hui dans un musée du Vatican.

Saül foudroyé sur le chemin de Damas

Après une révélation sur la route de Damas, Saül devient Paul et diffuse l'enseignement du Christ en Méditerranée orientale.

C'est l'une des histoires les plus étonnantes de la Bible mais aussi l'une des plus importantes du point de vue historique. Selon les Actes des apôtres, Saül, un fabricant de tentes de Tarse, en Asie Mineure, se rendait à Damas quand survint un événement extraordinaire : il raconta avoir été frappé par une lueur flamboyante et avoir entendu la voix de Jésus s'adresser directement à lui.

Aveuglé un certain temps, Saül fut conduit à Damas et soigné par un chrétien du nom d'Ananias. Il fut baptisé et prit le nom de Paul : lui qui avait tant persécuté l'église chrétienne allait en devenir le plus fervent représentant. Jeune homme, Saül s'était juré de détruire la jeune communauté chrétienne au cours des années suivant la crucifixion de Jésus. Il passera le restant de sa vie à voyager dans la partie orientale de la Méditerranée, pour prêcher la foi, rendre visite aux communautés et les soutenir dans leur enseignement. Ce faisant il définit la nature du christianisme qu'il porta au-delà de la communauté juive et rendit acceptable au monde entier.

Les autres pères de la jeune Église avaient personnellement connu le Christ, mais l'expérience de Paul se limita au foudroiement céleste sur la route de Damas. Cela explique peut-être pourquoi il privilégia le pouvoir transformateur de la foi en Jésus au lieu de s'attarder sur ses faits et gestes. Les lettres de Paul sont les plus vieux écrits chrétiens connus, compilés une génération avant les Évangiles, mais les références à la vie et à l'enseignement de Jésus y sont très peu nombreuses. **PF**

Saint Paul sur la route de Damas, Lodovico Carraci (1555-1619), Pinacoteca Nazionale, Bologne.

43

Rome soumet la Bretagne

Onze tribus bretonnes reconnaissent l'autorité de l'empereur romain Claude.

Fin 43, l'empereur Claude accepta la reddition de onze tribus du sud de la Bretagne à Camulodunum (Colchester actuelle). Cet événement marqua le début de près de 400 ans d'occupation romaine.

L'île était depuis longtemps en contact avec le monde romain d'Europe continentale et un certain nombre de tribus bretonnes avaient payé tribut à leurs puissants voisins. Le prétexte de l'invasion romaine de 43 fut une querelle opposant des chefs tribaux bretons. Verica, chef des Atrébates et allié fidèle de Rome, avait été vaincu et exilé par les Catuvellauni menés par Caratacus. Claude, empereur peu belliqueux par nature, cherchait l'occasion de démontrer ses talents guerriers. Il décida donc de venger Verica.

Une grande armée d'invasion traversa la Manche sous les ordres d'Aulus Plautius. Les sources anciennes sont imprécises et on ne sait exactement où débarquèrent les légionnaires, mais le site de Richborough, dans le Kent, est assez probable. Les Bretons recoururent à des techniques de guérilla pour harceler les envahisseurs, mais ils durent tout de même livrer deux fois bataille ; ils furent vaincus à deux reprises, une fois sur la rivière Medway et l'autre en franchissant la Tamise. Quand Claude arriva, apparemment pourvu d'éléphants de guerre, Camulodunum, capitale des Catuvellauni, n'était pas défendue et l'empereur l'occupa sans effusion de sang.

Claude ne passa que seize jours en Bretagne, mais à son retour à Rome, selon son biographe Suétone, il « célébra un triomphe d'une grande splendeur ». En Bretagne, la résistance à la conquête romaine perdura mais en vain. En moins de quatre ans, les terres situées au sud de la ligne allant de la Humber à la Severn furent « pacifiées ». **RG**

51

La conversion des gentils

Le Conseil apostolique déclare que les gentils peuvent se convertir au christianisme.

Le Conseil apostolique de 51 fut un événement majeur de l'histoire de l'Église : il établit en effet que les gentils (non juifs) pouvaient adopter la foi chrétienne sans s'être d'abord convertis au judaïsme. On passait ainsi d'une secte limitée au monde juif à une communauté universelle.

La nature de la nouvelle foi fit l'objet d'âpres discussions au tout début de l'Église chrétienne, la plus importante concernant ses rapports avec le judaïsme dont elle était issue. Le problème se posa dès l'instant où les apôtres prêchèrent la foi du Christ par-delà les limites de la communauté juive. Jacques le Juste, également appelé « frère de Jésus », avait une position tranchée et pensait qu'un gentil devait d'abord se convertir au judaïsme – se faire circoncire, entre autres – avant de devenir chrétien. Pour Paul, en revanche, une telle phase n'était pas nécessaire.

Un concile des apôtres convint de résoudre ce problème à Jérusalem, où un groupe de pharisiens convertis exerçait une grande influence sur les affaires de l'Église. Après de longues discussions, Pierre – déclaré chef de l'Église par Jésus – conclut que la circoncision n'était pas nécessaire à la conversion, et Jacques se rangea à son avis. Le Conseil décréta que si la circoncision n'était pas exigée, on attendait tout de même des gentils qu'ils s'abstiennent « des viandes offertes en sacrifice aux idoles, de l'impudicité, des animaux étouffés et du sang ».

Paul, Barnabas et deux autres apôtres apportèrent ce décret à Antioche, où il fut lu à la jeune Église avant d'être transmis à d'autres communautés. Avec le temps, il s'avéra que Paul fit preuve d'une certaine souplesse dans le domaine des restrictions alimentaires. **PF**

Néron regarde Rome brûler

L'empereur accuse les chrétiens d'avoir mis le feu à la Ville éternelle.

On raconte que Néron joua de la lyre pendant l'incendie, dont il imputera la responsabilité aux chrétiens.

« Néron désigna les coupables et infligea les tortures les plus raffinées aux… chrétiens. »

Tacite (v. 55-v. 120), *Annales*

En juillet 64, un incendie se déclara près du Circus Maximus, à Rome. Le feu s'étendit bientôt à la ville tout entière et fit rage neuf jours durant. On ne possède aucun témoignage contemporain de cette catastrophe, mais l'historien Tite-Live – âgé de neuf ans à l'époque des faits – écrivit que les deux tiers de la Ville éternelle furent détruits, y compris des milliers d'*insulae* (immeubles d'habitation) surchargés où vivaient la plupart des Romains.

Dix quartiers de Rome furent dévastés et une grande partie de la population, estimée à deux millions d'habitants, se retrouva à la rue. Le vieux temple de Jupiter Stator et l'Atrium Vestae, foyer des vestales, furent également détruits. L'empereur Néron, dont la réputation de mégalomanie et de cruauté était sans égale, aurait admiré l'incendie comme si c'était une représentation théâtrale et joué de la lyre pour mieux l'accompagner. Que cela soit vrai ou non, il autorisa les citoyens démunis à pénétrer dans son palais et leur apporta une aide d'urgence. Par la suite, il fit reconstruire la ville en pierre et l'organisa en pâtés de maisons, ce qui ne l'empêcha pas de se réserver 142 ha, soit un tiers de la cité, pour y bâtir le Domus Aurea, son somptueux palais.

L'origine de l'incendie est obscure, peut-être un accident. Bien des citoyens tenaient Néron pour responsable – une accusation reprise par l'historien Suétone, qui ne portait pas l'empereur dans son cœur. Tacite écrivit que face à de telles accusations, l'empereur, déjà impopulaire, imputa la catastrophe à la secte chrétienne : pour elle, la fin du monde était proche et l'Empire romain matérialiste était l'œuvre du démon. Par représailles, Néron lança une vague de persécution et envoya pour la première fois les chrétiens aux lions. **PF**

La crucifixion de Pierre

Le « premier chef sur cette Terre » de l'Église chrétienne est condamné par Rome.

En 64, Pierre fut mis à mort au même titre que les nombreux chrétiens à qui Néron avait imputé le terrible incendie destructeur de la majeure partie de la ville. Selon le lettré chrétien Origène, il fut cloué sur la croix, tête en bas. On raconte que Pierre en personne le demanda pour que son sort ne fût pas l'égal de celui du Christ. Selon la tradition, Paul aurait été décapité le même jour, voire tout de suite après.

Le pêcheur Simon Pierre, décrit dans la Bible comme le premier parmi les disciples, reçut pour mission d'être *la pierre* sur qui reposerait l'Église. Après la mort de Jésus, Paul et lui cherchèrent à prendre la tête de la communauté des premiers chrétiens. Pierre joua un rôle capital quand il s'agit de faire connaître l'enseignement et la résurrection du Christ au-delà du monde juif ; apparemment, il voyagea et prêcha en Syrie et en Grèce. Pierre se rendit à Rome vers l'an 42 et il y vécut probablement en tant que chef de la jeune Église romaine. Vers la fin des années 40, l'empereur Claude chassa juifs et chrétiens de sa ville ; ils durent attendre 56 pour y revenir. En réalité on ne sait pas grand-chose du séjour de Pierre à Rome, pas même où se dressait son église.

Les premiers chrétiens ne recherchaient pas le martyre à tout prix, comme ce fut peut-être le cas vers la fin de l'empire, mais ils s'y attendaient un peu. La crucifixion leur apportait toutefois la consolation de connaître le même sort que leur maître, Jésus. Le corps de Pierre fut enseveli par ses disciples ; la basilique Saint-Pierre du Vatican fut édifiée par l'empereur Constantin sur le site présumé de son tombeau. En 1950, celui-ci aurait été mis au jour ainsi que des ossements. **PF**

La Crucifixion de saint Pierre (1601-1602), le Caravage, église Santa Maria del Popolo, Rome.

« Pierre, victime d'une injuste jalousie… s'en est allé au séjour de la gloire, où l'avait conduit son mérite. »

Clément de Rome (?-v. 99), *Épître aux Corinthiens*

Neron lempereur lors
estant en achaye ou il
se occuppoit aux chante
ries et melodies tragiques
Sachant que ses affaires
et besongnes se portoient inutilement
et non prosperement en iudee fut
tantost surpris et ennuye de desplaisir

paour et craincte Car combien que 118
par dehors et en appert il simulast et
demonstrast faintement son orgueil
Si estoit il indigne desplaisant et
trouble et disoit que ces desobeissan
rebellions et adversitez contre la
chose publique de romme estoient
plus advenues par la negligence

70 – 7 SEPTEMBRE

Titus prend Jérusalem

Les troupes romaines mettent fin à la révolte des juifs de Jérusalem.

L'ancien royaume juif de Judée était tombé sous domination romaine en 4 av. J.-C., mais l'identité religieuse des Juifs était trop forte pour qu'ils s'intègrent à l'Empire romain. La rébellion éclata en 66 et en 69, le nouvel empereur Vespasien, vainqueur des rebelles dans le Nord de la Judée, envoya son fils Titus mater la révolte à Jérusalem. Le 7 septembre 70, après quelque cinq mois de siège, la ville se rendit.

La population de Jérusalem devait avoisiner les 600 000 habitants. La cité abritait 2 500 rebelles armés placés sous la direction de Simon Bar Giora et de Jean de Gischala. Malgré leur grande connaissance de l'art du siège, les Romains eurent du mal à s'emparer de la ville, en particulier parce qu'elle était divisée en quartiers entourés de murailles qu'il fallait prendre l'un après l'autre. La nourriture manqua très vite et des milliers de personnes moururent de faim. D'autres tentèrent de fuir, mais ils furent capturés par les Romains et crucifiés près des murailles.

En août, les Romains atteignirent le Grand Temple, cœur rituel de la religion juive. Il fut incendié et ses objets sacrés, pillés. Les derniers rebelles cherchèrent refuge dans les égouts de la vieille ville avant de comprendre le 7 septembre qu'ils avaient perdu. Jean de Gischala fut condamné à la prison à perpétuité. Simon Bar Giora fut emmené à Rome, exhibé pendant le triomphe de Vespasien et de Titus puis étranglé. On estime à 97 000 le nombre de Juifs réduits en esclavage ; beaucoup furent contraints à construire le Colisée de Rome. **RG**

Flavius Josèphe conduit devant Titus lors du siège de Jérusalem, en 70, manuscrit enluminé.

73 – 15 AVRIL

Massacre à Massada

Le siège romain d'un bastion juif se termine par un suicide collectif.

Le 15 avril 73, dans une forteresse juchée sur une colline proche de la mer Morte (alors dans la province de Judée), 960 Juifs, hommes, femmes et enfants, se donnèrent la mort sur les ordres de leur chef. Ils appartenaient à un groupe d'extrémistes connus sous le nom de Sicaires. Conduits par Eleazar ben Yair, ils avaient continué à défier les Romains après l'échec de la révolte juive des années précédentes.

Leur forteresse de Massada semblait imprenable. Entrepôts et citernes pouvaient leur permettre d'affronter des années de siège. Le seul sentier menant à la colline était précaire et facile à attaquer. Les légionnaires romains construisirent une longue rampe qui partait de la vallée pour rejoindre le sommet de la colline, 200 m plus haut. Au printemps, ils purent faire monter une tour de siège équipée de puissantes catapultes et un bélier.

« Car c'étaient des individus misérables, que la détresse poussait à tuer leurs propres épouses. »

Flavius Josèphe, *La Guerre des Juifs* (v. 75)

Face à la défaite, Eleazar persuada ses compagnons qu'il valait mieux se suicider plutôt que tomber entre les mains des Romains. Dix sicaires tirés au sort reçurent l'ordre de tuer tout le monde avant de s'entretuer. Selon l'historien juif Josèphe, les Romains franchirent les murailles le lendemain et furent choqués devant « cet inflexible mépris de la mort ». **RG**

L'explosion du Vésuve fait des milliers de victimes

L'Empire romain est confronté en baie de Naples à une terrible catastrophe naturelle.

▲ *L'Éruption du Vésuve*, détail, huile sur toile, Jean-Baptiste Génillion (1750-1829).

▶ L'injection de plâtre dans les cavités de la lave révèle une personne enterrée vivante sous la cendre.

« … ils entouraient leurs têtes de coussins pour se protéger de la pluie de pierres… »

Pline le Jeune, témoin contemporain

La région avait déjà connu un séisme d'envergure 17 années auparavant et, depuis quelques jours, la terre s'était remise à trembler. Le 24 août 79, peu après midi, les habitants de Pompéi, Herculanum et des autres villes de la baie de Naples furent surpris par l'explosion d'un volcan apparemment éteint. Un formidable panache de fumée et de cendres s'éleva à près de 30 km dans le ciel avant de retomber sur la ville et de former une couche de scories de 3 m d'épaisseur.

Le naturaliste Pline l'Ancien, amiral en poste non loin de là à Misène, organisa une opération de secours puis insista pour observer de très près le phénomène : on le retrouva mort sur la plage le lendemain matin. Son neveu, Pline le Jeune, décrivit ainsi l'éruption : « Cela ressemblait à un grand pin parasol, qui s'élevait à forte hauteur sous la forme d'un tronc d'arbre élancé et s'écartait au sommet comme des branches. Il semblait tantôt rougeoyant et tantôt sombre et moucheté selon qu'il était plus ou moins imprégné de cendres et de terre. »

Ce jour-là, une nuée toxique de gaz incandescents dévala la montagne pour engloutir tous ceux qui étaient restés à Pompéi. Pompéi et Herculanum furent enfouies puis oubliées pendant des siècles. La catastrophe fut trop grande pour que l'État romain organise des secours. Il y eut bien entendu des pillages. 20 000 personnes seraient mortes en deux jours, principalement pour avoir inhalé des gaz létaux.

Pompéi ne fut redécouverte qu'en 1748 et les recherches continuent depuis. Au milieu du XIXe siècle, des injections de plâtre dans les cavités laissées dans la lave par les corps donnèrent des images émouvantes d'habitants au moment de leur trépas. **PF**

L'inauguration du Colisée

Cent jours de festivités ininterrompues sont offertes à la population romaine.

Il fallut dix ans pour construire le grand amphithéâtre de la Rome antique. Avec une longueur de 200 m et une capacité d'accueil de 55 000 spectateurs, il fut édifié sur un site détruit par le feu sous le règne de Néron. L'arène fut inaugurée la première année de règne de Titus : elle avait pourtant mal commencé avec l'éruption du Vésuve et une épidémie de peste. Les jeux inauguraux devaient alléger l'humeur populaire et peut-être apaiser les dieux.

Les jeux se poursuivirent pendant 100 jours. Le matin était consacré aux présentations d'animaux : des espèces différentes étaient exhibées en même temps afin qu'elles se battent et s'entretuent. L'après-midi était réservé aux traditionnels combats de gladiateurs. On dit que plus de 9 000 bêtes moururent pendant les jeux.

Appelé dans un premier temps amphithéâtre Flavien, il devint par la suite le Colisée, d'après la statue colossale de Néron qui y était installée. Premier amphithéâtre construit au cœur d'une ville, il fut en partie payé par les trésors volés en 70 dans le Temple de Jérusalem. Plus tard, sous l'empereur Domitien, l'ajout d'un étage supérieur permit d'augmenter la capacité d'accueil, parallèlement à un réseau souterrain de tunnels et de cages.

On a souvent dit que de nombreux chrétiens subirent le martyre dans le Colisée, mais ce n'est pas avéré, et que l'arène pouvait être inondée pour que les spectateurs assistent à des naumachies (combats navals), mais la plupart des historiens en doutent. Le Colisée fut en service jusqu'au ve siècle. **PF**

◀ Coupe du Colisée, amphithéâtre construit au cœur de Rome sous l'empereur Titus, lithographie.

Hadrien empereur

Le nouveau maître de l'empire renforce les frontières.

Hadrien devint empereur quand Trajan mourut en août 117 en Cilicie (sud de la Turquie). Certains pensent que Trajan avait déjà fait héritier son pupille et protégé, Hadrien, mais selon l'historien Dion Cassius, c'est l'impératrice Plotine qui organisa la succession en dissimulant la mort de son mari tout en adressant au Sénat romain des lettres annonçant l'adoption de Trajan. Elle ne révéla la mort de Trajan qu'une fois l'adoption entérinée.

Sous l'empereur Trajan (97 à 117), les frontières connurent leur portée maximale. Hadrien pensait que l'empire était devenu trop vaste pour être gouverné correctement et l'une de ses premières décisions fut d'abandonner la Dacie, région située au nord du Danube, que Trajan avait annexée moins de quinze ans plus tôt. Hadrien abandonna aussi des territoires décemment conquis à l'est et ramena à l'Euphrate les limites de l'Empire romain. Pour renforcer ses défenses au nord, il fit construire sur 485 km de long une barrière de terre et de bois allant du Danube au Rhin, en Allemagne. On connaît surtout le fameux mur qui barre le Nord de l'Angleterre sur 128 km, pourvu de fortins et de tours de guet disposés à intervalles réguliers. Il fallut moins de dix ans pour édifier ce mur dont de larges portions, encore debout aujourd'hui, sont autant de témoignages du génie romain. **SK**

« Il partit en Bretagne… prit les choses en main et fut le premier à dresser un mur. »

Historia Augusta, Vie d'Hadrien

Les Juifs chassés de Jérusalem

Après la révolte de Bar Kokhba, où les Romains massacrèrent les Juifs, l'empereur Hadrien interdit le judaïsme.

La province romaine de Judée avait toujours posé des problèmes aux Romains, même après la destruction de Jérusalem en 70. Lors de ce qui fut l'unique grande guerre de son règne, l'empereur Hadrien déplora de nombreuses pertes, suite à la révolte de Bar Kokhba, avant de reprendre Jérusalem en 135.

En 130, Hadrien visita les ruines de la ville et promit de la reconstruire. Les Juifs se rendirent compte qu'il voulait en changer le nom en Aelia Capitolina et dédier le temple principal à Jupiter : furieux, ils déclenchèrent une nouvelle révolte et fondèrent pendant deux ans un État indépendant. Hadrien réunit une vaste armée pour écraser ce soulèvement connu sous le nom de « révolte de Bar Kokhba ». Elle porte le nom du commandant Simon Bar Kokhba en qui bien des gens voyaient le Messie juif. Les rebelles acculés dans la forteresse de Betar furent écrasés en nombre et massacrés. Il est possible qu'un demi-million d'hommes moururent lors des affrontements.

Hadrien déclara alors le judaïsme hors-la-loi, prohiba la Torah et brûla les rouleaux sacrés. Il interdit aux Juifs de regagner Aelia Capitolina et changea en Syro-Palestine le nom de la province de Judée où ne vivaient plus que quelques communautés dépeuplées. On considère souvent que cet événement marque le début de la diaspora juive dans le Moyen-Orient et autour de la Méditerranée : cette situation perdura jusqu'à la fondation de l'État moderne d'Israël, en 1948. **PF**

Simon Bar Kokhba affrontant les Romains, miniature, Arthur Szyk, 1927.

Cette cave à huile d'olive servait de cachette et de sortie de secours aux rebelles de Bar Kokhba.

238

Himiko, reine du Japon

La reine Himiko établit des relations diplomatiques entre le Japon et la Chine.

En 238, les ambassadeurs de Himiko, reine de Yamatai (ou Yamachi), dans la région de Wa (Japon), se présentèrent à la cour de Chine et offrirent à l'empereur chinois quatre esclaves de sexe masculin, six femmes et deux longueurs d'étoffe brodée. De tels cadeaux de la part de dirigeants « barbares » étaient toujours synonymes de soumission et la reine reçut en retour une médaille en or ainsi que le titre de Reine de Wa. Peu après, en 240, une ambassade chinoise fut envoyée à la reine Himiko pour mieux connaître son royaume. Son rapport constitue la première description écrite et détaillée du Japon. On raconte que Himiko serait devenue reine après avoir fait usage de sorcellerie sur ses sujets. Bien que d'âge mûr, elle n'était pas mariée et se montrait rarement en public ; son frère lui servait d'intermédiaire avec son peuple. Le royaume de Himiko était essentiellement une confédération réunissant 30 tribus sous une même autorité religieuse. Les historiens japonais s'interrogent depuis toujours sur l'emplacement exact de Yamatai. La plupart croient qu'on peut l'identifier avec Yamato, près d'Osaka, au centre du Honshu : c'était au VIe siècle la capitale du pays. Les plaines des environs de Yamato sont parsemées de tumulus funéraires et l'on pense que les plus grands abriteraient les restes des premiers dirigeants du Japon. **SK**

« Nous vous conférons donc à présent le titre de reine de Wa, amie de Wei. »

Décret de l'empereur Wudi à la reine Himiko

248 – 21 AVRIL

Premier millénaire de Rome

Des jeux spectaculaires marquent une aube nouvelle mais l'avenir de Rome est incertain.

En 248, les *ludi saeculares* (jeux séculaires) organisés par l'empereur Philippe l'Arabe commémorèrent le 1000e anniversaire de la fondation de Rome, en 753 av. J.-C. Traditionnellement, Rome fêtait par trois jours de jeux le début d'un *saeculum novum* (âge nouveau) : cette période était à peu près égale à la durée de vie la plus longue, fixée à 90, 100 ou 110 ans selon les époques. L'empereur Auguste avait remis les jeux au goût du jour en 17 av. J.-C. en présentant courses de chars, sacrifices, scènes de chasse et pièces de théâtre.

Des contemporains racontent que plus de 1 000 gladiateurs ainsi que des centaines d'animaux exotiques importés d'Afrique – hippopotames, léopards, lions, girafes et même un rhinocéros – furent tués en 248 devant la foule réunie au Colisée.

Le *saeculum novum* n'empêcha pas le destin de Rome d'être au plus bas. Philippe fut, entre 235 et 258, l'un des 26 empereurs à régner en moyenne moins de deux ans ; un seul ne périt pas de mort violente. Philippe était devenu empereur en 244 après l'assassinat de Gordien III, un adolescent dont il était le régent. Le millénaire de Rome n'empêcha pas les soulèvements populaires à l'encontre de Philippe. Dèce, sénateur fidèle envoyé remonter le moral des troupes, fut proclamé empereur par l'armée. Philippe fut tué au combat à Vérone. **JH**

« Quand cent et dix années sont écoulées… les Romains doivent faire des offrandes. »

Oracle de la Sibylle, Zosime, *Historia Nova*, v. 500

260 – JUIN

L'empereur Valérien humilié

Vaincu à la bataille d'Édesse, l'empereur Valérien est capturé par les Perses.

Le IIIe siècle fut l'un des plus agités de l'histoire romaine. Invasions des Barbares germaniques, inflation galopante et guerre civile avaient poussé l'empire au bord de l'effondrement. En 260, l'empereur Valérien fut battu par le roi de Perse Shahpur Ier à la bataille d'Édesse. Fait prisonnier, il subit toutes sortes d'humiliations et aurait même servi de marchepied humain aux cavaliers ; il mourut en captivité.

Après sa conquête par Alexandre le Grand au IVe siècle av. J.-C., la Perse fut gouvernée par des dynasties étrangères jusqu'en 224 ou 226, quand la dynastie sassanide vint au pouvoir. Les Sassanides aspiraient à redonner à la Perse le statut de superpuissance qui était le sien sous la dynastie achéménide (559-330 av. J.-C.). Asie Mineure, Syrie, Palestine et Égypte, anciennes possessions perses, faisaient à présent partie de l'Empire romain : le conflit avec Rome était donc inévitable.

En 258, le roi Shahpur conquit l'Arménie, alliée des Romains, et avança vers la Méditerranée, prenant au passage la ville syrienne d'Antioche. L'empereur romain Valérien mena une contre-attaque, reprit Antioche et repoussa Shahpur de l'autre côté de l'Euphrate. Valérien fut battu à Édesse. Après la bataille, la situation de Rome déclina à nouveau. La Bretagne et la Gaule déclarèrent leur indépendance et les « Trente Tyrans » recherchèrent le pouvoir à l'est. En 261, Shahpur fut battu par Odenath, chef arabe romanisé de Palmyre. Les Romains reprirent le contrôle de la région en 274 quand ils vainquirent Zénobie, la veuve d'Odenath. **JH**

L'Empereur Valérien capturé et humilié par les Perses, gravure sur cuivre, Matthäus Merian l'Ancien, v. 1630.

303 – 24 FÉVRIER

Les chrétiens jetés aux lions

Le premier édit de Dioclétien déclenche une vague de persécutions.

L'empereur romain Dioclétien décréta la dernière grande persécution à l'encontre des chrétiens. En tout, il promulga quatre édits hostiles aux chrétiens. Le premier, en février 303, appelait à la destruction de toutes les églises de l'empire ; le dernier, en avril 304, ordonna qu'ils se prosternent devant les dieux traditionnels de Rome ou soient exécutés. À l'époque 10 % environ de la population pratiquait le christianisme. De terribles châtiments s'abattirent sur ceux qui refusaient d'abjurer et des milliers de personnes furent passées par l'épée, brûlées ou jetées aux lions. Les chrétiens reprochèrent à Galère, le César (empereur auxiliaire) de Dioclétien, la terrible persécution qui s'abattit sur l'Empire d'Orient (et dans de moindres proportions dans celui d'Occident).

> ***« Maints chefs de l'Église subirent avec héroïsme les plus horribles tourments. »***
>
> Eusèbe de Césarée, *Histoire ecclésiastique*, v. 320

Dioclétien était empereur depuis 284. Énergique, il avait sauvé l'empire de la crise, renforcé ses défenses et réformé l'armée ainsi que l'administration impériale. Conscient que la tâche était trop grande pour un seul homme, il avait établi la tétrarchie : chaque Auguste avait un César, Dioclétien en Orient, Galère, Maximien en Occident, Constance Chlore. En 305, Dioclétien, en mauvaise santé, prit la décision inhabituelle de se retirer dans le magnifique palais qu'il s'était fait construire à Split, sur la côte adriatique. **SK**

Constantin chef de l'Empire romain d'occident

Constantin remporte la bataille du pont Milvius, avec l'aide de Dieu apparemment.

La Bataille du pont Milvius (1613), détail, Pieter Lastman (1583-1633).

« Par ce signe salvateur, j'ai délivré ta ville du tyran et restauré la liberté. »

Inscription sur l'arc de Constantin, Rome

Vers 312, deux hommes revendiquaient le titre de chef de l'Empire romain d'Occident. Il y avait d'une part Maxence, qui prétendait à la domination de l'Italie et de l'Afrique, et de l'autre Constantin, à celle de la Gaule et de l'Espagne. Au printemps de l'an 312, Constantin décida de franchir les Alpes avec une armée relativement peu nombreuse. Il conquit le Nord de l'Italie et marcha sur Rome.

Maxence commença par se retirer derrière les murailles de la ville, puis il vit les troupes modestes de Constantin et décida de livrer bataille. Les deux armées s'affrontèrent au pont Milvius, à l'ouest de Rome. Les forces de Constantin gagnaient du terrain quand le pont s'écroula brusquement : Maxence et nombre de ses hommes furent tués alors qu'ils nageaient vers la rive.

Le lendemain, Constantin triomphant fut reconnu comme unique Auguste en Occident. Peu après, il forma une alliance délicate avec Licinius, Auguste d'Orient. Les deux hommes se rencontrèrent à Milan au printemps 313 et convinrent de se diviser l'empire, mettant ainsi un terme aux longues et terribles guerres civiles qui avaient éclaté à l'abdication de Dioclétien, en 305. Cette alliance fragile tint une dizaine d'années, jusqu'en 324 quand Constantin se déclara empereur unique et maître indiscuté du monde romain.

Peu avant la bataille du pont Milvius, Constantin aurait eu une vision d'une croix dressée devant le soleil et frappée de ces mots : « Par ce signe, tu vaincras. » Plus tard, il reçut en rêve la mission d'utiliser ce signe chaque fois qu'il affronterait ses ennemis, c'est pourquoi il fit tracer une croix sur le bouclier de ses soldats. Les historiens chrétiens n'hésitent pas à mettre sa victoire sur le compte de l'aide miraculeuse de Dieu. **SK**

Le christianisme est toléré – officiellement

Constantin et Licinius s'accordent pour mettre fin à la persécution des chrétiens.

C'est à Milan, en février 313, que Constantin et Licinius, maître des Empires romains d'Occident et d'Orient, prirent une décision capitale pour l'histoire du monde occidental : mettre fin à la persécution des chrétiens, où qu'ils soient. Dans une lettre signée de leurs deux noms et adressée aux gouverneurs de chaque province romaine, ils accordaient à tous les peuples la liberté d'adorer la divinité de leur choix. Ils concédaient des droits pleins aux chrétiens et ordonnèrent que tout bien pris aux chrétiens leur soit immédiatement restitué.

L'édit de Milan ne fit pas du christianisme la religion officielle de l'Empire romain – il faudra pour cela attendre que Théodose Ier interdise le paganisme et fasse fermer tous les temples païens en 391 –, mais en accordant les mêmes droits aux chrétiens et aux adeptes des autres cultes, le statut du christianisme changea du tout au tout et « l'âge des martyrs » s'acheva enfin.

En quelques années, le christianisme cessa d'être un culte mineur pour devenir la religion la plus importante du monde romain. Le rôle de Constantin fut considérable. Il est probable qu'il était déjà chrétien avant de mener en 312 la bataille du pont Milvius ; même s'il n'interdit pas l'adoration des dieux anciens (les pièces de monnaie furent jusqu'en 320 frappées à l'image du soleil), il soutint financièrement l'Église, fit bâtir des lieux de culte, présida les conciles et permit aux chrétiens d'accéder aux postes supérieurs de son administration. Quand, en 324, Licinius ordonna l'arrestation et l'exécution de plusieurs évêques d'Orient, Constantin en profita pour renverser son rival et se poser en champion des chrétiens, où qu'ils se trouvent. C'est seulement sur son lit de mort, en 337, qu'il reçut le sacrement du baptême. **SK**

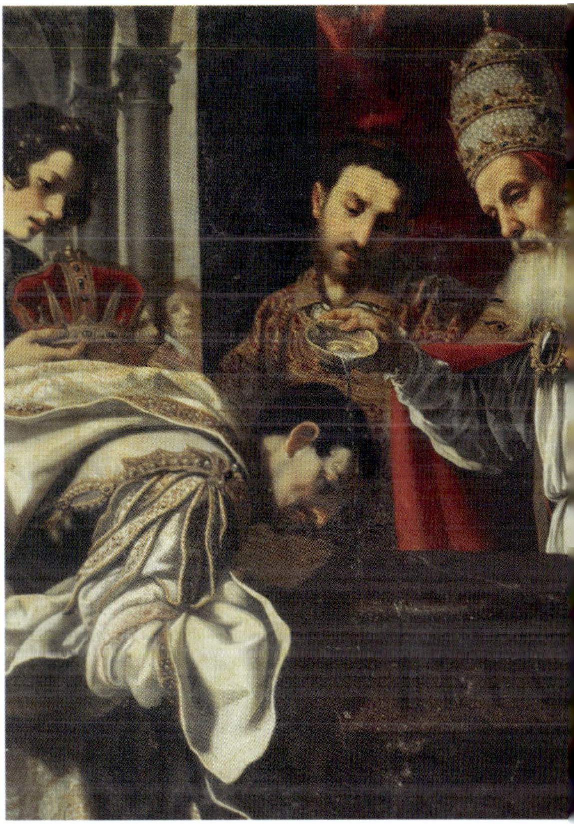

Baptême de Constantin, détail, Jacopo Vignali (1592-1664), Galleria Palatina, Florence.

« Cet arrêté est pris pour que nous ne semblions pas nous écarter de toute religion. »

Édit de Milan, v. 315

Les évêques discutent de la nature du Christ

Le concile de Nicée tente d'aplanir les différences théologiques.

Constantin au concile de Nicée, icône de l'école de Novgorod, fin du XVe siècle.

« [Constantin] ***procéda… comme quelque messager céleste de Dieu.*** **»**

Eusèbe de Césarée, *Vie de Constantin*, v. 320

Le 19 juin 325, l'empereur Constantin ouvrit les travaux du concile de Nicée. Il s'était récemment décrété unique empereur après avoir vaincu Licinius, son rival d'Orient, à la bataille de Chrysopolis (18 septembre 324). Désireux d'imposer son autorité et de montrer qu'il avait restauré la paix, Constantin invita tous les évêques de l'Église chrétienne dans son palais de Nicée (Iznik, Turquie) ; 318 vinrent sur les 1 800 à qui il s'était adressé et la grande question à débattre fut celle de la « controverse de l'arianisme ».

Tout avait débuté quand Arius, prêtre hérésiarque d'Alexandrie, en Égypte, proclama que le Christ, Fils de Dieu, n'était pas égal au Père, mais qu'il était la création divine la plus haute. Au IVe siècle, les problèmes de doctrine faisaient l'objet de débats passionnés, et la controverse arienne, comme on l'appela, déchaîna les pires excès que put connaître l'Empire d'Orient.

Les historiens de l'Église voient dans le concile de Nicée le premier concile œcuménique de l'Église chrétienne parce que responsable de l'élaboration du credo de Nicée, à savoir que le Père et le Fils sont consubstantiels et éternels. Ce fut une défaite cuisante pour Arius dont les propositions ne furent gratifiées que de deux votes favorables. Le concile établit également que Pâques devait se fêter chaque année le premier dimanche suivant la première pleine lune de printemps, la distinguant ainsi de la Pâque juive. Pour la première fois, un empereur jouait un rôle capital dans les affaires de l'Église, mais cela ne mit pas un terme à la controverse arienne et aux divisions qu'elle engendra. **SK**

Constantinople : une nouvelle Rome est née

Constantin fête l'inauguration de sa nouvelle capitale.

La consécration de la ville qui porterait après sa mort le nom de Constantinople (« ville de Constantin ») fut peut-être le plus grand moment de la vie de l'empereur. Byzance était un petit port grec situé sur un promontoire avançant sur le Bosphore, chenal étroit séparant l'Europe de l'Asie : moins de six ans après avoir remarqué ce site, Constantin en faisait la nouvelle capitale de l'Empire romain. Des pièces de monnaie frappées pour l'occasion célébraient la *Nova Roma* (la nouvelle Rome), qui était à bien des égards une copie délibérée de l'ancienne
elle était même bâtie sur sept collines et divisée en quatorze districts administratifs, exactement comme la ville sur le Tibre. Elle avait son propre sénat et, comme à Rome, une allocation de céréales fut attribuée (distribution gratuite), au même titre que d'autres mesures destinées à encourager la venue de nouveaux habitants.

Il y avait tout de même une différence de taille. Dès le début, Constantinople fut conçue en tant que cité chrétienne, symbolisant la rupture avec le passé païen de Rome, et Constantin embellit sa création en y faisant construire de nombreuses églises et basiliques. Bon nombre de ces structures, dont Sainte-Sophie, bâtie en 325, se dressèrent sur le site d'anciens temples païens.

Constantinople éclipsa bientôt Rome en matière de richesse, de population et d'importance. Pendant 1 000 ans, sous les empereurs byzantins, ce fut le centre intellectuel, religieux et commercial du monde hellénophone. À sa chute, en 1453, les Turcs ottomans en firent à leur tour la capitale de leur empire. Ils avaient entendu les Grecs appeler Constantinople « *eis ten polin* », qui signifie « dans la ville », et qui en turc finit par donner « Istanbul », aujourd'hui le nom de la cité de Constantin. **SK**

Constantinople et ses murailles, gravure sur bois (1493), Hartmann Schedel.

« … il embellit* [la ville] *par de saints lieux dédiés aux martyrs et de splendides demeures. »

Eusèbe de Césarée, *Vie de Constantin*, v. 320

Construction de l'église du Saint-Sépulcre

Constantin fait ériger un sanctuaire à Jérusalem à l'endroit même où le Christ fut enseveli et ressuscité.

Sur ordre de Constantin, les soldats creusèrent le flanc de la colline autour du tombeau du Christ. Il fut ensuite ceint d'un petit édifice puis recouvert d'une coupole. À l'est du lieu, Constantin construisit une grande basilique, consacrée en 335. Selon certains, Macaire, évêque de Jérusalem, demanda à Constantin de l'aider à restaurer les Lieux saints associés par les chrétiens à la vie et à la mort de Jésus. D'autres sources expliquent que vers 326 la mère de l'empereur, Hélène, se rendit en pèlerinage en Terre sainte : elle aurait fait construire des églises à Bethléem et sur le mont des Oliviers, mais aussi collecté des reliques. Quand on lui montra le site traditionnellement associé au tombeau de Jésus – recouvert d'un temple romain du IIe siècle – Hélène se mit à creuser et découvrit par miracle les restes de la croix du Christ.

Lieu sacré pour les chrétiens, l'église du Saint-Sépulcre survécut aux incendies et aux séismes avant d'être presque entièrement détruite en 1009 par un calife fatimide. L'armée de la première croisade chanta un *Te Deum* sur les ruines des murailles après avoir pris Jérusalem en 1099 ; plus tard, les croisés rebâtiront l'église en style roman et lui donneront la forme que nous lui connaissons aujourd'hui. Il reste encore des vestiges de l'édifice original de Constantin. Même si certains experts ont pu douter de l'authenticité du site, la plupart des archéologues s'accordent pour l'identifier au lieu où fut déposé le corps de Jésus. **SK**

▶ *Entrée de l'église du Saint-Sépulcre à Jérusalem* (1822), Maxime Nikiforovich Vorobiev (1787-1855).

◀ Jérusalem et l'église du Saint-Sépulcre, paysage de l'école anglaise, XIXe siècle.

336 – 25 DÉCEMBRE

Le premier Noël

L'anniversaire de Jésus-Christ est fêté pour la première fois.

Dans le calendrier établi par un certain Furius Dionysius Filocalus, est noté à l'entrée pour l'année 336 « huitième jour avant les calendes de janvier [25 décembre], naissance du Christ à Bethléem en Judée ». Un auteur indiquait pour la première fois que les chrétiens du milieu du IVe siècle avaient fixé au 25 décembre la naissance de Jésus. Les évangélistes ne dirent jamais à quelle époque de l'année cela se produisit.

Ce choix s'explique de plusieurs façons. C'était la date du solstice d'hiver, déjà célébré à Rome sous le nom de Sol invictus (le Soleil invaincu) et fête populaire païenne. Cela tombait neuf mois exactement après l'équinoxe de printemps (25 mars) : pour les premiers chrétiens, c'était le quatrième jour de la Création, quand apparaissent les astres pourvoyeurs de lumière, tel le soleil. Il fut donc logique de voir dans le 25 mars le jour de la conception de Jésus.

« Ils l'appellent "Naissance de l'invaincu". Qui est autant invaincu que Notre Seigneur ? »

Jean Chrysostome (v. 407), *Del Solst. Et Æquin*

Vers la fin du IVe siècle, la coutume de célébrer la naissance du Christ le 25 décembre partit de Rome et se diffusa dans le reste du monde, mais pour la plupart des chrétiens l'Épiphanie (6 janvier) était toujours la date la plus importante, c'est encore le cas pour beaucoup aujourd'hui. C'est au Moyen Âge que la célébration de Noël prit la forme actuelle, avec l'âne et le bœuf près de la mangeoire et les bergers conduisant leurs troupeaux. **SK**

378 – 9 AOÛT

Triomphe des Goths

Les Barbares battent l'empereur romain Valens à Andrinople.

Selon Edward Gibbon, chroniqueur au XVIIIe siècle, « le neuf août [est] un jour qui mérite d'être considéré comme l'un des plus malencontreux du calendrier romain ». La bataille qui se déroula en 378 aux abords d'Andrinople révéla l'incapacité des Romains à contrôler l'entrée des peuples « barbares » sur leur territoire.

En 376, quelque deux millions de Wisigoths et d'Ostrogoths germaniques avaient franchi la frontière de l'empire à l'ouest de la mer Noire. Peu satisfaits de la manière dont les traitaient les autorités romaines, les émigrés se déchaînèrent littéralement. Menés par le Wisigoth Fritigern, ils s'installèrent en 378 à 20 km d'Andrinople. Maître de la partie orientale de l'Empire romain, Valens quitta Constantinople pour les affronter. Au lieu d'attendre l'arrivée des renforts de Gratien, responsable de la partie orientale de l'empire, il prit au matin du 9 août la décision d'attaquer le campement de Fritigern.

Après une marche épuisante dans la chaleur et la poussière, les Romains trouvèrent les Wisigoths retranchés derrière un cercle de chariots. Les redoutables cavaliers ostrogoths étaient sortis chercher des vivres et Fritigern demanda à parlementer, mais avant même le début des négociations les combats éclatèrent et Valens ordonna à son infanterie d'attaquer. Assoiffés, épuisés, désorganisés, les légionnaires auraient eu des problèmes, même sans l'arrivée soudaine de la cavalerie ostrogothe. Quand les cavaliers eurent encerclé les fantassins romains, les guerriers wisigoths quittèrent leur campement pour se joindre aux combats. Les Romains furent anéantis : 40 000 hommes, soit deux tiers de l'armée romaine, furent massacrés. On ne retrouva jamais le corps de Valens. **RG**

391

Destruction du Serapeum

Une partie de la bibliothèque d'Alexandrie disparaît avec la destruction du Serapeum.

Dans l'Empire romain de la fin du IVe siècle, la lutte entre chrétiens et adeptes des anciennes traditions païennes était à son paroxysme. Et l'année 391 vit le siège du Serapeum, édifice réputé pour abriter une annexe de la bibliothèque d'Alexandrie.

Dans tout l'empire, les païens étaient persécutés. La situation se dégrada davantage quand l'empereur chrétien Théodose édicta un décret interdisant toutes les religions non chrétiennes et ordonna la destruction de tous les temples impies. À Alexandrie, le patriarche Théophile s'empressa de lui obéir : aussitôt ce fut l'augmentation des attaques menées contre les païens, leurs habitations et leurs lieux de culte. Rendus furieux par la violation de leurs temples, les païens réagirent en attaquant les chrétiens.

Ce fut alors un bain de sang. Quand la faction chrétienne prit le dessus, les païens firent des otages et se barricadèrent à l'intérieur du Serapeum, le plus imposant de leurs derniers temples. On raconte que pendant le siège certains païens pillaient le bâtiment tandis que d'autres torturaient et sacrifiaient leurs malheureux prisonniers. En dépit de la violence de l'incident, Théodose épargna les païens, mais fit abattre le Serapeum sous prétexte que son imagerie païenne était à l'origine de tous les maux.

Si, comme on le croit souvent, le Serapeum correspondait à une partie de la grande bibliothèque d'Alexandrie, sa destruction fut une tragédie qui aurait causé la perte de nombreux textes anciens. Ce n'était cependant pas le sujet de préoccupation principal des gens de l'époque. Sans aucun doute possible, les événements violents de 391 furent pour les premiers chrétiens la preuve même du triomphe du christianisme sur le mysticisme païen. **TB**

395 – 17 JANVIER

L'Empire romain divisé

La mort de Théodose le Grand partage l'Empire romain et précipite son déclin.

La mort de Théodose Ier le Grand en 395 fut accueillie avec crainte par bien des habitants du monde romain. Moins d'un an après que Théodose eut rendu sa cohésion à l'empire après des années de guerre civile, celui-ci fut à nouveau divisé entre ses fils, inexpérimentés, avec Honorius gouvernant en Occident et Arcadius en Orient. Les craintes de la population étaient fondées : l'Empire romain ne retrouverait plus jamais son unité sous la férule d'un empereur unique.

Honorius n'avait que dix ans quand il devint empereur et dut compter sur l'appui de Stilicon, un général qui avait vaincu en 406 les Barbares de Radagaise. Honorius connut un certain nombre de revers quand l'Empire d'Occident s'écroula lentement autour de lui. La situation empira quand il fit exécuter pour trahison Stilicon en 408. Le 24 août 410, le monde romain fut traumatisé quand le Goth Alaric mit Rome à sac. À la mort d'Honorius, en 423, son empire était gangrené par les révoltes et les usurpateurs.

« L'Empire romain est devenu l'habitat des Barbares. »

Zosime, *Histoire Nouvelle*, livre IV, v. 500

En Orient, Arcadius ne connut pas les malheurs qui frappèrent l'Occident. Selon d'anciens textes, il avait peu de volonté et se laissait aisément mener. Dominé par son épouse, il passait son temps en prière au lieu de s'occuper des affaires de l'État. Il mourut en 408, à peine maître d'un empire que dominaient les intrigues de cour. **TB**

Rome mise à sac par les Wisigoths

Menés par Alaric, les Wisigoths assiègent puis envahissent l'ancienne capitale de l'Empire romain : c'est la première fois en 800 ans que les murailles sont percées.

Vers 410, Rome n'était plus la capitale d'un grand empire. Le pouvoir s'était déplacé vers l'est, à Constantinople, et en Occident l'empereur Honorius avait installé sa cour à Ravenne, sur la côte adriatique de l'Italie. Rome demeurait malgré tout une ville riche et peuplée, protégée par la formidable muraille édifiée par Aurélien. Ses citoyens pouvaient se targuer de n'avoir pas été envahis une seule fois depuis 800 ans. Pourtant, la nuit du 24 août, Rome fut trahie.

L'homme qui mit un terme à l'invincibilité romaine fut Alaric, chef des Wisigoths. Comme de nombreux autres Barbares, ses guerriers germaniques avaient été engagés par les Romains pour se battre en tant que *foederati* (alliés) aux côtés des légions officielles. Alaric trouvait que ses services n'avaient pas été récompensés à leur juste valeur. Assiéger Rome constituait un moyen de s'emparer des fortunes que ses hommes avaient gagnées, selon lui.

La Porta Salaria, une des portes de la muraille d'Aurélien, fut ouverte de l'intérieur et les Wisigoths s'introduisirent sans être inquiétés dans la ville endormie. Le « sac de Rome » ne fut pas l'occasion d'une destruction à outrance. La plupart des Wisigoths étaient ariens (adeptes de l'arianisme) : ils respectèrent les églises et ceux qui s'y étaient réfugiés. En revanche, les sites païens furent saccagés et incendiés. Il y eut certes des vols, des meurtres et des viols, mais à une échelle moindre qu'on le craignait. Le siège avait considérablement réduit les réserves de nourriture. Au bout de trois jours, les Wisigoths quittèrent la ville famélique pour la Sicile et ses terres fertiles. Alaric mourut l'année suivante à Cosenza. L'humiliation de Rome émut tout le monde romain, mais d'autres humiliations, pires celles-là, n'allaient pas tarder. **RG**

Le sac de Rome par les Wisigoths en 410, gravure.

« La ville qui fit captif le monde entier est elle-même en captivité. »

Saint Jérôme, lettre CXXVII à Principia, 412

432

Saint Patrick, patron des Irlandais

Un ancien esclave, saint Patrick, est invité en rêve à évangéliser l'Irlande.

On fixe traditionnellement à 432 l'année où saint Patrick partit évangéliser l'Irlande, ce qui l'identifierait à un certain Palladius, envoyé par saint Germain, évêque d'Auxerre, fonder un archevêché dans cette île. Ce qui est certain, c'est que saint Patrick se montra très actif au ve siècle et que ses efforts permirent de convertir le pays tout entier au christianisme.

« Nous t'implorons, ô saint garçon, de revenir parmi nous. »

Saint Patrick, *Confession*, v. 450

Saint Patrick est né vers la fin du IVe siècle dans une famille britto-romaine chrétienne du pays de Galles. Sa *Confession* – texte connu par une copie datée du IXe siècle mais que l'on peut sans risque lui attribuer – relate comment des bandits irlandais le capturèrent et le vendirent comme esclave alors qu'il n'avait que seize ans. Il s'enfuit sept ans plus tard avant de recevoir en rêve l'ordre d'aller prêcher la bonne parole en Irlande. Il fut ordonné prêtre puis consacré évêque avant de revenir en Irlande où, selon ses propres termes, il « baptisa des centaines de personnes », nobles ou esclaves, ordonna des prêtres et fonda des communautés chrétiennes.

St. Patrick's Breastplate, hymne souvent chanté lors de sa fête, est bien ultérieur. Saint Patrick ne chassa pas les serpents d'Irlande et n'utilisa pas le trèfle pour illustrer la Trinité : ce ne sont là que légendes nées bien des siècles plus tard autour de sa personne. **SK**

451 – 20 JUIN

L'échec d'Attila le Hun

Le général romain Aetius bat Attila aux champs Catalauniques.

Après avoir terrorisé les provinces balkaniques de l'Empire romain d'Orient, Attila, roi des Huns (434-453), envahit en 451 l'Empire d'Occident avec une vaste armée constituée de Huns et de Germains alliés. Les combats débutèrent le 20 juin et se poursuivirent pendant la nuit du solstice, mais rien ne se passa comme prévu. Attila avait traversé la Gaule, semant pillage et désolation. Il voulait contraindre l'empereur Valentinien III à lui livrer sa sœur, Honoria, laquelle avait adressé secrètement au Hun une proposition de mariage avec la promesse d'une dot comprenant la moitié de l'Empire d'Occident.

Le général romain Aetius se dressa en face d'Attila. Les deux hommes se connaissaient bien. Aetius avait passé une partie de sa jeunesse otage des Huns et s'était souvent servi de mercenaires huns lors de ses campagnes contre les envahisseurs germaniques.

L'invasion d'Attila menaçant autant les colons germaniques que les Romains, Aetius put former une coalition improbable d'anciens ennemis. Attila alla jusqu'à Orléans, mais ne parvint pas à prendre la ville avant qu'Aetius arrive avec son armée de Romains, Wisigoths, Francs, Burgondes, Saxons et Alains. Attila se retira en pleine campagne, dans les champs Catalauniques près de Troyes et de Châlons-sur-Marne, pour utiliser au mieux sa cavalerie. Les pertes furent lourdes des deux côtés et Attila battit en retraite. Le lendemain, ses forces cédèrent à leur tour. Aetius choisit de ne pas le poursuivre. Attila envahit l'Italie l'année suivante, sans succès. Il mourut en 453. **JH**

Attila et son armée marchent sur Paris, détail d'une fresque consacrée aux conquêtes du chef des Huns.

476 – 4 SEPTEMBRE

La chute de l'Empire romain

Romulus Augustule, dernier empereur d'Occident, est déposé.

Le 23 août 476, le général barbare Odoacre se rebella contre l'empereur romain d'Occident, Romulus Augustule. Le 4 septembre, Odoacre fit prisonnier Augustule et l'assigna à résidence dans une villa près de Naples. Odoacre écrivit ensuite à l'empereur d'Orient, Sénons, installé à Constantinople, pour lui dire qu'il n'était plus nécessaire que l'Empire ait deux têtes et qu'il dirigerait l'Italie – tout ce qui restait de l'Empire d'Occident – en son nom et en tant que vice-roi. En octobre 475, le jeune Romulus avait été nommé empereur par son père, le général

« Odoacre déposa Augustule mais lui laissa la vie, apitoyé par sa jeunesse. »

Chronique de l'Anonymus Valesianus, 550

Oreste, lequel avait déposé l'empereur précédent, Julius Nepos, pour gouverner aux côtés de son fils. Odoacre captura Oreste le 28 août et le fit décapiter, mais il épargna Romulus parce que le titre d'empereur n'avait plus aucun sens. Pour les historiens, la déposition de Romulus marque la chute de l'Empire romain et le début de l'âge sombre.

Pour avoir toujours pris Romulus pour un usurpateur, Zénon avait accepté la proposition d'Odoacre : en le faisant vice-roi, l'Italie donnerait toujours l'impression de faire partie de l'Empire romain. Odoacre prit en main l'administration romaine, mais cela ne changea rien à la vie de la majeure partie de ses sujets, peu affectés par le moment critique que représentait la fin du règne de Romulus. **JH**

496 – 25 DÉCEMBRE

Le baptême de Clovis

Clovis Ier embrasse la foi catholique et se fait baptiser à Reims.

En décembre 496, les habitants de Reims n'en crurent pas leurs yeux quand ils virent le roi Clovis, également appelé Chlodowech, se rendre à la cathédrale pour se faire baptiser dans la religion de son peuple. Au lieu de suivre l'arianisme germanique, Clovis devenait catholique romain : en embrassant la religion populaire de l'ancienne province romaine qu'était la Gaule, Clovis allait créer un royaume franc uni, première ébauche de la France.

Le processus de création par les armes d'un royaume franc n'avait pas attendu la conversion de

« Et chaque jour Dieu faisait tomber ses ennemis dans les mains de Chlodovecus. »

Saint Grégoire de Tours, *Histoire des Francs*

Clovis. Toutefois, en adoptant le catholicisme romain, Clovis réussit à gagner le cœur et l'esprit des peuples précédemment vaincus au combat. De plus, Clovis s'assurait que le royaume franc uni serait associé à la papauté et à ce qui subsistait de l'empire : il conservait ainsi une grande partie de l'ancienne culture romaine et facilitait la transition pour les peuples conquis.

Clovis ne parvint toutefois pas à conquérir les Burgondes, même s'il limita à l'Espagne l'influence wisigothique. Avant sa mort, en 511, Clovis ajouta l'Aquitaine à son royaume et prit Paris pour capitale. Malheureusement, le royaume uni fut partagé à sa mort entre ses quatre fils, maîtres des régions de Paris, Orléans, Soissons et Reims. **TB**

L'œuvre fondamentale du philosophe romain Boèce

C'est en prison et dans l'attente de son exécution que le philosophe romain écrit De la consolation de la philosophie.

Le philosophe romain Boèce est surtout connu pour l'ouvrage qu'il écrivit à l'époque où il était prisonnier de Théodoric, roi ostrogoth d'Italie, après avoir été condamné pour trahison. Boèce avait cherché à marier loyauté envers l'idéal d'un Empire romain universel et allégeance au roi barbare devenu maître de l'Italie.

Le dernier empereur romain d'Occident avait été déposé en 476 ; cependant, l'Italie faisait toujours partie de l'Empire romain, et Théodoric reconnaissait la souveraineté de l'empereur d'Orient, installé à Constantinople. En dépit de cette apparence d'amitié entre les deux dirigeants, Théodoric redoutait de perdre le pouvoir et voyait un complot pour restaurer l'autorité impériale dans les relations étroites que Boèce entretenait avec l'Orient. Le philosophe fut donc convaincu de trahison et condamné à mort.

Boèce fut très affecté par cette sentence. Haut fonctionnaire et membre d'une riche famille patricienne, cet illustre lettré était aussi consul de Rome. Dans son désespoir, il rédigea *De la consolation de la philosophie* sous la forme d'un dialogue entre lui-même et une personnification de la Philosophie. Il y réfléchit sur la nature du bien et du mal, le bonheur, le libre-arbitre et les mystères du destin, s'inspirant des doctrines de Platon et d'Aristote, des stoïciens et des néoplatoniciens. On ignore combien de temps il passa en prison, mais il fut torturé et frappé à mort.

De la consolation de la philosophie fut méconnue pendant des siècles avant de devenir l'une des œuvres les plus influentes du Moyen Âge occidental. Au IXe siècle, elle fut traduite en anglais par le roi Alfred le Grand afin d'encourager ses sujets à mieux lutter contre les Vikings. **JH**

Adieux de Boèce à sa famille, Jean Victor Schnetz (1787 1870), peintre français.

« … voici le châtiment pour un crime que je n'ai pas commis. »

Boèce, *De la consolation de la philosophie*

Saint Benoît et la vie monastique

Saint Benoît établit les principes fondamentaux de la vie des communautés monacales.

C'est au sommet d'une colline rocheuse dominant la ville de Cassino, entre Rome et Naples, que Benoît (480-547) et quelques disciples se retirèrent pour mener une vie spirituelle. Là, en 529, Benoît rédigea une *Règle*, ou ensemble d'instructions, destinée aux communautés de moines et fixa le temps imparti à la prière et au travail tout en insistant sur l'obéissance et le besoin d'étudier.

Benoît cherchait depuis des années à mener une vie sainte. Né de riches parents à Nursie, au centre de l'Italie, il abandonna ses études à Rome – scandalisé par la licence qui y régnait, selon Grégoire le Grand – et vécut en ermite dans une grotte proche de Subiaco, à l'est de Rome. Au bout de trois ans, le destin le fit revenir dans le monde et il devint abbé d'un monastère voisin. Des disciples vinrent le rejoindre et il fonda douze autres monastères peuplés chacun de douze moines. Un désaccord avec un prêtre du voisinage le persuada de partir pour Monte Cassino.

Dès le début du christianisme, des hommes et des femmes choisirent de vivre en ermites, jeûnant et priant dans le désert à l'image des 40 jours que Jésus passa dans la solitude et la méditation. Ils pouvaient se rassembler en petites communautés de moines (du grec *monakhas* « solitaire »), parfois dirigées par un abbé (de *abba*, « père » en araméen).

À Cassino, Benoît développa la tradition monacale cénobite, qui insistait sur la communauté humaine et spirituelle. C'était très différent de la tradition anachorète des ermites à laquelle il avait adhéré. La règle qu'il développa ne fut pas la première de l'histoire de la chrétienté, mais c'est elle qui posa les bases de la vie monacale du monde chrétien tout entier. **SK**

Scènes de la vie de saint Benoît : le saint chasse le démon, Spinello Aretino (v. 1332-1410).

Saint Benoît, Hans Memling (v. 1425-1494), artiste allemand puis flamand de la Renaissance du Nord.

« Le saint homme écrivit pour les moines une règle remarquable par la clarté de sa langue. »

Grégoire le Grand, *Dialogues*, 590

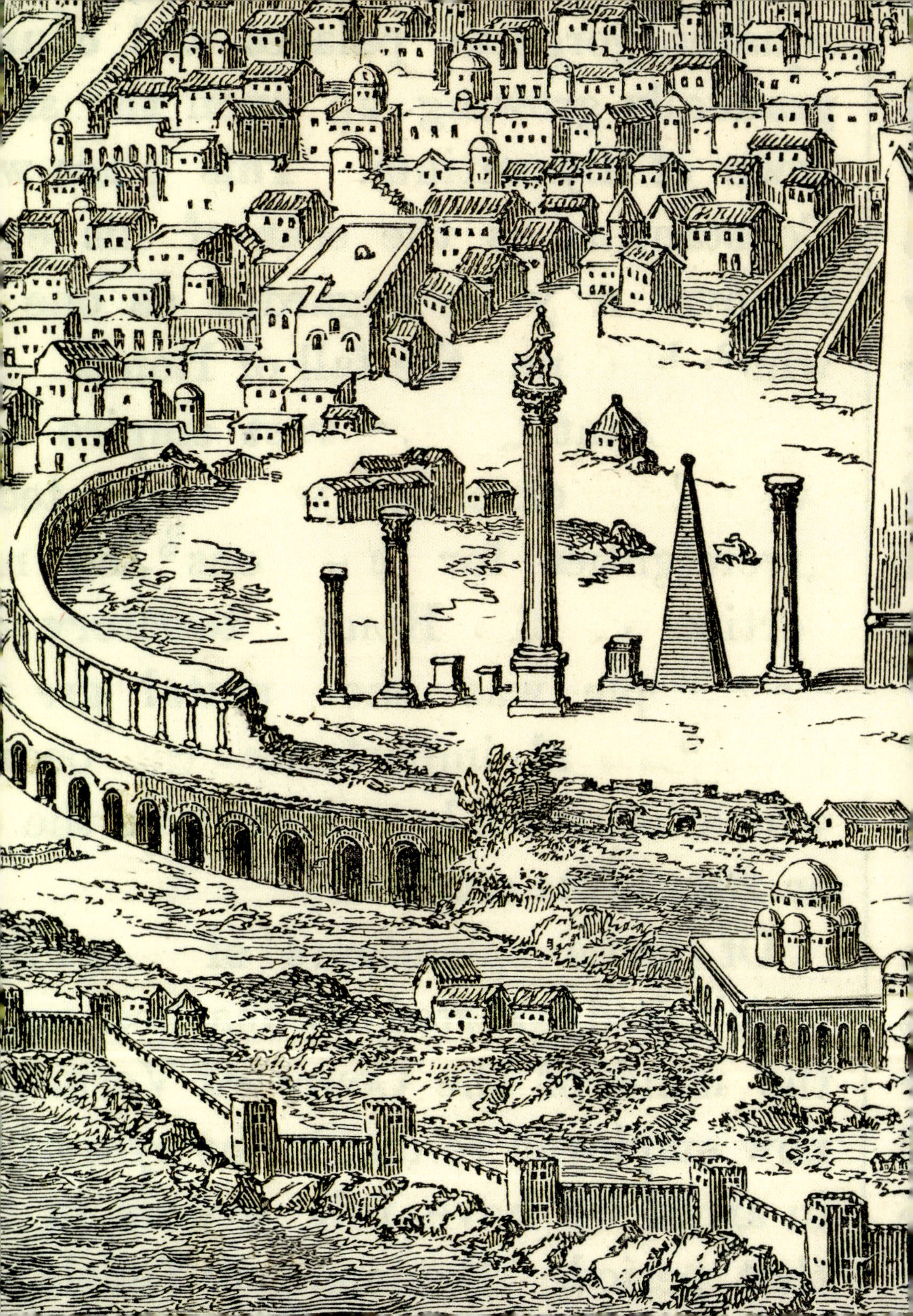

532 – 13 JANVIER

La sédition Nika

Constantinople s'embrase et la violence menace le trône byzantin.

À Constantinople au VIe siècle, les courses de chars étaient prisées. La rivalité était grande entre les principales équipes, les Bleus et les Verts. Selon une rumeur, des conducteurs de chars auraient été pendus pour meurtre après une rixe, et le 13 janvier 532 c'est une foule furieuse et tendue qui envahit l'hippodrome. Pendant les courses, les slogans des partisans des deux équipes devinrent un cri unique, « *Nika* » (« Victoire »), et bientôt les factions rivales s'unirent pour se révolter contre le gouvernement. Les spectateurs quittèrent le stade, et pendant cinq jours d'émeute attaquèrent le palais impérial et incendièrent des bâtiments dans toute la ville. La foule se retrouva à l'hippodrome pour acclamer un usurpateur et tout sembla perdu pour Justinien, empereur depuis 527.

Sa femme, Théodora, fille d'un dresseur d'ours et elle-même actrice et ancienne prostituée – au dire de ses ennemis –, était sa plus fidèle conseillère et le persuada de tenir bon au lieu de s'enfuir ; pendant ce temps, les généraux Bélisaire et Narsès levèrent l'armée contre le bas peuple et firent des milliers de morts.

Ces mêmes généraux étaient responsables des succès militaires de Justinien, qui avait tenté de reprendre l'Empire romain d'Occident aux Barbares. En 533, Justinien envoya une armée détruire le royaume vandale d'Afrique du Nord et se battit longtemps en Italie et en Perse. Quand il mourut en 567, le pouvoir impérial était restauré en Italie et dans le Sud de l'Espagne, mais ses successeurs se montrèrent incapables de préserver cet acquis. **SK**

Ancienne ville de Constantinople, avec des monuments érigés au milieu de l'hippodrome.

537 – 27 DÉCEMBRE

La basilique Sainte-Sophie

Justinien assiste à la consécration de la Grande église dédiée à la Sagesse Divine.

Nul n'avait jamais tenté de construire une coupole de proportions aussi vastes. « Oh Salomon, je t'ai surpassé ! » se serait écrié l'empereur Justinien au moment de pénétrer dans son église tout juste achevée de *Hagia Sophia* (Sagesse Divine) peu avant sa consécration, en décembre 537.

Quelques jours avant de voir l'église précédente entièrement détruite par un incendie lors des émeutes de janvier 532, Justinien avait ordonné la construction d'une nouvelle basilique, la troisième à occuper le même site depuis la fondation de Constantinople en 325. Selon l'historien Procope, plus de 10 000 personnes furent employées à sa construction ; Isidore de Milet et Anthemius de Tralles purent déployer tous leurs talents d'ingénieurs.

Conçue pour représenter la voûte céleste, la coupole s'élevait à 64 m de hauteur et était soutenue par quatre arches reposant sur quatre énormes piliers mesurant chacun 99 m^2 à la base. L'intérieur doré de la coupole était éclairé par 40 fenêtres et orné de riches mosaïques et de marbres de couleur – rouge, vert, noir et jaune –, le tout tendant à donner au fidèle l'impression d'entrer au Royaume des Cieux.

Pendant plus de 900 ans, Sainte-Sophie fut le siège du patriarche de Constantinople et le centre tangible de l'orthodoxie chrétienne. Elle fut endommagée par des tremblements de terre et privée de ses trésors par l'armée de la quatrième croisade, en 1204. Quand Constantinople tomba aux mains des Ottomans en 1453, le sultan Mehmed II fit transformer l'église en mosquée et lui ajouta quatre minarets, lui donnant ainsi l'aspect que nous connaissons aujourd'hui. Le gouvernement civil turc en fit un musée en 1935. **SK**

Le secret de la soie chinoise

Des moines font sortir clandestinement des vers à soie de Chine.

À partir de 552, la production de soie prospéra dans l'Empire byzantin, et ce grâce à deux moines. Quand ils apprirent que l'empereur Justinien refusait d'acheter de la soie aux Perses, les moines lui confièrent qu'ils en avaient découvert le secret de la production. Ils appartenaient à une secte chrétienne hérétique chassée de Constantinople avant de s'établir dans une province de l'Empire perse traversée par la route commerçante où transitait la soie de Chine.

« Avec du temps et de la patience, la feuille de mûrier se change en robe de soie. »

Proverbe chinois

Les Chinois fabriquaient et exportaient la soie depuis des siècles, mais gardaient jalousement le secret de sa fabrication. La teinture et le tissage de la soie étaient déjà connus à Constantinople – en 541, l'empereur avait accordé le monopole aux soieries impériales –, mais il fallait toujours compter sur les importations.

Justinien était en guerre contre les Perses, intermédiaires dans le commerce de la soie. Il promit aux moines de les récompenser généreusement s'ils parvenaient à se passer des Perses et à lui livrer le secret de la soie. Procope raconte que les moines repartirent en Chine, s'emparèrent de quelques cocons et les dissimulèrent dans des cannes de bambou creuses pour les rapporter jusqu'à Constantinople. Là, ils firent naître les vers à soie. Le secret n'en était plus un. **SK**

Grégoire élu pape

Le premier moine devenu pape est un chef et un administrateur de talent.

Quand le pape Pélage II mourut de la peste en 590, son secrétaire, Grégoire, fut choisi pour lui succéder : pour la première fois, un moine devenait pape. Grégoire Ier (540-604) était un Romain de noble famille. Il fit probablement des études de droit avant de devenir premier magistrat civil de Rome. Déçu par la vie publique, il devint moine en 574 et vécut dans le monastère qu'il avait fondé au sein de sa demeure familiale, sur le mont Caelius. De 579 à 585, il fut nonce de Pélage II à Constantinople puis son secrétaire.

Rome et la papauté étaient soumises aux attaques incessantes des Lombards qui avaient envahi le Nord de l'Italie en 568. Grégoire montra qu'il était un chef et un administrateur de valeur, établissant des stratégies, conduisant la diplomatie, faisant réparer les aqueducs de la ville, assurant le ravitaillement et négociant un accord avec les rois lombards. Il réorganisa les terres et les finances de l'Église, reprit contact avec des religieux disséminés en Afrique, en Espagne et en Gaule à qui il adressa des centaines de lettres pastorales, et défendit la papauté en refusant de voir le patriarche de Constantinople se donner le titre de patriarche « œcuménique ». Grégoire fut le premier pape à se faire appeler « Serviteur des serviteurs de Dieu ».

Ses écrits, surtout son *Regula pastoris*, traité d'administration de l'Église, furent étudiés pendant tout le Moyen Âge. Grégoire fut canonisé et appelé « le Grand ». On lui doit aussi la systématisation du plain-chant, encore dénommé aujourd'hui chant grégorien. **SK**

Saint Grégoire, manuscrit enluminé du XIIe siècle dû à des moines français.

Le christianisme réintroduit en Grande-Bretagne

Augustin baptise les Anglo-Saxons et fonde l'archidiocèse de Canterbury.

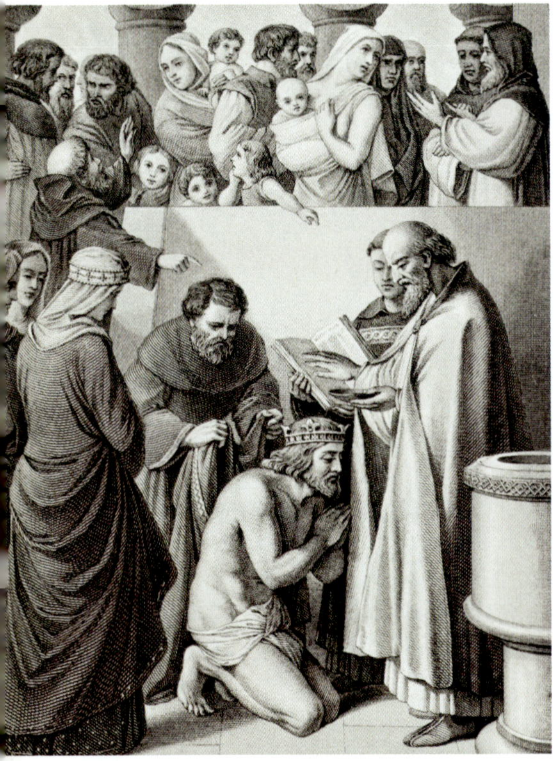

Le Baptême d'Ethelbert, roi du Kent, par saint Augustin à Canterbury en 597, gravure, XIXe siècle.

Saint Augustin dans sa cellule, détail, Sandro Botticelli (1445-1510), galerie des Offices, Florence.

« Plus de dix mille "Angles" ont été baptisés par notre frère Augustin. »

Grégoire Ier au patriarche d'Alexandrie, 598

Le pape Grégoire envoya Augustin, prieur de son monastère romain, dans l'ancienne province romaine de Grande-Bretagne, et cela se traduisit par la conversion d'un roi et de tout son peuple. Des textes relatent qu'Augustin effectua un baptême collectif à la Noël 597 et il est probable que le roi païen Ethelbert du Kent était déjà converti avant que ses sujets commencent à se faire baptiser.

Selon la légende, Augustin vit des esclaves blonds à vendre sur un marché romain et demanda d'où ils venaient. Quelqu'un lui dit que c'étaient des Angles et il répondit « *Non anglii sed angeli* » (« Pas des Angles mais des anges ») avant de décider d'envoyer une mission convertir leurs compatriotes. Bède reprend cette anecdote dans son *Histoire ecclésiastique des Anglais* mais peut-être est-elle apocryphe. Il est plus probable que Grégoire ait appris que Berthe, princesse franque chrétienne mariée à Ethelbert, avait demandé aux prêtres de convertir les sujets de son époux.

Grégoire choisit Augustin pour mener à bien cette mission et, accompagné de 40 moines, il partit pour le Kent en 596. Arrivés dans le Sud de la Gaule, ils perdirent courage, certains que ce périple serait très dangereux, et s'en revinrent à Rome. Grégoire les persuada de repartir, ce qu'ils firent en 597. Le roi Ethelbert les accueillit à sa cour ; peu après, il se faisait chrétien.

Augustin établit son siège à Canterbury. En 601, Grégoire lui envoya quatre autres moines, porteurs du pallium, ornement sacerdotal que le pape accordait aux archevêques. L'un de ces premiers moines fut Paulin, qui deviendra le premier missionnaire à prêcher dans le royaume anglo-saxon de Northumbrie ; en 627, il y convertit le roi Edwin, gendre d'Ethelbert. **SK**

Mahomet sur la montagne

L'archange Gabriel apparaît à Mahomet, endormi sur le mont Hira, et lui révèle qu'il est l'apôtre de Dieu.

Visite de l'archange Gabriel à Mahomet.

Dans la 40e année de sa vie, alors qu'il dormait seul dans une grotte du mont Hira (Arabie Saoudite moderne), Mahomet reçut sa première révélation de la part de l'archange Gabriel. Très troublé, Mahomet se confia à sa femme, Khadija, et lui dit que l'archange le proclamait apôtre de Dieu. Khadija avait une foi aveugle en son mari, c'est ainsi qu'elle devint la première convertie à la nouvelle religion de l'islam.

Mahomet est né à La Mecque en 570. Membre de la tribu minoritaire Quraych, il perd ses parents à l'âge de sept ans et est recueilli par son oncle Abu Talib. Jeune homme sérieux et réfléchi, il épouse à 25 ans Khadija, une riche veuve de la tribu Quraych, plus âgée que lui de quinze ans. Malgré cette différence d'âge, cette union lui est profitable : il change de statut social et trouve le moyen de consacrer son temps à l'étude de la religion. Chaque année, il passe le mois de ramadan à prier et à méditer seul sur le mont Hira, dans le désert proche de La Mecque.

Les propres idées religieuses de Mahomet furent sans aucun doute influencées par la diversité religieuse de l'Arabie du vie siècle. La plupart des Arabes étaient polythéistes, mais un grand nombre d'entre eux s'étaient convertis au judaïsme et d'autres au christianisme. Certains cultes indigènes, tel celui du dieu Houbal, s'orientaient vers le monothéisme. Mahomet commença à prêcher trois ans après sa première vision, mais il ne déclara pas être le fondateur d'une nouvelle religion : il venait seulement restaurer l'ancienne religion d'Abraham, dont les juifs et les chrétiens avaient dévié. **JH**

« Allah l'a envoyé comme prophète de miséricorde auprès des peuples des mondes visibles et invisibles. »

Ibn Ishaq, *La Vie de Mahomet*, xiie siècle

622 – 15 JUILLET

La migration de Mahomet

Mahomet quitte La Mecque pour Médine et fonde une nouvelle religion.

La réputation de visionnaire religieux de Mahomet se répandit dans tout le pays et, en 622, ses compagnons et lui quittèrent secrètement La Mecque pour Médine. Cet événement appelé hégire (migration) marque le début du calendrier musulman. Après sa première vision en 610, Mahomet n'avait parlé de son expérience qu'à sa femme, Khadija, et à quelques proches. Trois ans plus tard, Mahomet eut une autre vision où l'archange Gabriel lui demanda de prêcher en public.

L'importance accordée à la justice sociale fit beaucoup de convertis chez les pauvres, mais la plupart des habitants de sa ville natale, La Mecque, lui étaient hostiles. La Pierre noire du sanctuaire de la Kaaba constituait un important centre de pèlerinage pour les Arabes polythéistes, et les habitants de cette ville tiraient profit de leur visite. Ils craignaient que la nouvelle religion de Mahomet vînt menacer leur avenir ; partout où il allait, il était moqué et insulté, mais la coutume tribale le protégeait de toute violence.

En négociant avec les tribus de Médine, Mahomet fonda la première *umma* (communauté) musulmane. C'était une théocratie où l'autorité politique et religieuse était exercée par Mahomet au nom de Dieu. Très critiques, les Juifs de Médine reçurent l'ordre de partir. Ceux qui refusèrent furent asservis ou massacrés. Mahomet fit de Médine une base d'où l'islam se répandit par la diplomatie ou par la force : il enseignait à ses fidèles que leur devoir religieux était de tuer tous les incrédules. Il reprit La Mecque sans violence en 630 et réconcilia ses habitants en déclarant que la Kaaba était le lieu le plus saint au monde. Après sa victoire, Mahomet continua de vivre à Médine où il mourut en 632. **JH**

634

Omar le conquérant

Omar Ier lance les Arabes à la conquête de Byzance et de la Perse.

Omar ibn al-Khattab était le père de l'une des épouses de Mahomet. Connu pour sa piété et son style de vie austère, il accéda sans contestation au califat en 634, même si le cousin et gendre de Mahomet, Ali, se prétendait plus apte à exercer cette fonction. Les dix ans de règne d'Omar Ier furent décisifs pour l'histoire de l'islam.

Mahomet n'avait pas de fils et n'avait donc pas nommé de successeur. À sa mort en 632, son gendre, Abu Bakr, un des premiers convertis à l'islam, fut choisi comme premier *khalifat rasul Allah* (successeur du prophète de Dieu). Il ne régna que deux ans, mais acheva l'unification politique et religieuse des Arabes entreprise par Mahomet, envoyant pour cela des armées attaquer Byzance et l'Empire perse. Les deux États venaient de signer la paix après 26 ans de guerre et il fut facile de venir à bout de leur résistance. Le dernier geste d'Abu Bakr, en août 634, fut de prendre Omar pour successeur.

> ***« La soumission d'Omar à l'islam fut une conquête… son califat fut une bénédiction. »***
>
> Abdullah ibn Masud, compagnon de Mahomet

Dans la lignée des succès d'Abu Bakr, Omar dirigea (sans commander personnellement) la conquête de l'Empire perse et des provinces byzantines d'Égypte, de Palestine et de Syrie, transformant ainsi en vaste empire un califat purement arabe. Ce faisant, il changea aussi la nature de l'islam : cette religion que seuls pratiquaient les Arabes allait constituer un phénomène planétaire. **JH**

+ Iohannis aquil
Incipit euangelium secundum Ioh
ERAT UERBUM
ET UERBUM ERAT
APUD DM ET

635

L'île de la chrétienté

Aidan, moine d'Iona, devient évêque et fonde le monastère de Lindisfarne.

Une des premières décisions d'Oswald, nouveau roi de Northumbrie, fut d'envoyer chercher Aidan, moine irlandais d'Iona. En 635, le roi lui demanda d'être évêque en Northumbrie et lui accorda la petite île de Lindisfarne (également appelée Île sainte), non loin de la forteresse royale de Bamburgh, pour y bâtir un monastère. Sous son prédécesseur, Edwin (616 à 633), Oswald avait vécu en exil dans le royaume écossais de Dalriada ; il y avait été converti au christianisme par les moines d'Iona, monastère insulaire fondé vers 595 sur la côte ouest de l'Écosse par saint Colomba. Pendant le règne d'Edwin, Paulin, un des missionnaires venus de Rome avec Augustin, avait apporté le christianisme à la Northumbrie. Edwin avait été baptisé en 627 lors d'une cérémonie et Paulin avait fait de nombreux autres convertis.

Dans son *Histoire ecclésiastique*, terminée en 731, Bède brosse un portrait séduisant du caractère et du comportement d'Aidan, de sa sollicitude pour les pauvres, de son désir de traiter de la même façon les rois et les petites gens. Aidan fit de Lindisfarne la base de sa mission d'évangélisation et fonda une école destinée à former les futurs prêtres et évêques. Saint Cuthbert (vers 634-687) passa de nombreuses années en ermite sur l'îlot voisin de Farne avant de devenir évêque de Lindisfarne. Un autre évêque, Eadfrith, est probablement l'auteur des *Évangiles de Lindisfarne*, livre enluminé et chef-d'œuvre de l'art religieux, achevé au monastère en 715 et aujourd'hui visible au British Museum de Londres. **SK**

Page enluminée des *Évangiles de Lindisfarne*, également appelés *Évangiles de saint Cuthbert*.

638 – JANVIER

La reddition de Jérusalem

Sophrone donne au calife Omar Ier Jérusalem, qui devient musulmane.

En octobre 638, Omar Ier venant revendiquer Jérusalem au nom des Arabes fit preuve d'une grande humilité : vêtu d'un vieux manteau, les pieds nus, il se rendit sur l'esplanade du Temple, site où Mahomet aurait été emmené nuitamment au Paradis.

À l'automne 637, Sophrone, patriarche de Jérusalem, avait ouvert des négociations avec Omar pour que sa ville soit transmise sans violence aux Arabes. Ceux-ci avaient envahi l'Empire byzantin en 634 et pris Damas l'année suivante. L'empereur Héraclius Ier envoya une armée reconquérir la ville, mais elle fut anéantie par les Arabes lors de la bataille du Yarmouk en 636. À l'automne 637, les Arabes occupaient toute la Syrie et la Palestine à l'exception de Jérusalem et de Césarée. La chute de Jérusalem était inévitable. La mission de Sophrone fut facilitée par le fait que les Arabes tenaient Jérusalem pour une ville sainte, et il mit pour condition qu'Omar vînt en personne accepter sa reddition.

« Voyez l'abomination de la désolation annoncée par le prophète Daniel… »

Sophrone, patriarche de Jérusalem, 638

Omar fit preuve de générosité à l'égard des chrétiens de la ville, qui seraient protégés en échange d'un tribut payé à leurs maîtres musulmans. Les Juifs, eux, furent chassés. La plupart des chrétiens de Palestine appartenaient à la secte monophysite, persécutée par les Byzantins, et les Arabes étaient pour eux des libérateurs. Jérusalem demeura sous contrôle musulman jusqu'en 1099. **JH**

639 – 19 JANVIER

La mort de Dagobert

La mort du roi précipite le déclin de la dynastie mérovingienne.

Dagobert Ier fut le dernier roi mérovingien à régner sur un royaume franc uni et sa mort, le 19 janvier 639, fut suivie du lent déclin d'une dynastie au pouvoir depuis Clovis Ier, plus d'un siècle auparavant. Dagobert tirait en partie sa puissance de son alliance étroite avec l'empereur byzantin Héraclius Ier. Il fut battu par les Austrasiens en 631, mais remporta d'importantes victoires contre les Gascons et les Bretons, fit campagne contre les Slaves à l'est et envoya une armée en Espagne afin de soutenir l'usurpateur wisigoth Swinthila. En 632, Dagobert était devenu le roi mérovingien le plus puissant d'Occident.

« Le roi Dagobert, vif, beau et renommé pour n'avoir point de rival. »

Dadon de Rouen, *Vie de saint Éloi*, VIIe siècle

Son règne fut prospère. De nombreuses églises reçurent de riches décorations d'or et les tombes de cette époque mises au jour révèlent une profusion de beaux objets. Dagobert se posa en mécène des arts, révisa la loi franque, encouragea l'étude et fonda la première abbaye de Saint-Denis.

Il eut pour successeurs ses fils, Sigebert II et Clovis II, que l'on surnomma les « rois fainéants », car ils laissèrent l'aristocratie, et en particulier les maires du palais, prendre le pouvoir ; cette situation perdura jusqu'en 751, quand Pépin le Bref déposa le dernier roi mérovingien, Childéric III. Pépin le Bref fut le premier roi carolingien et le père de Charlemagne. **TB**

644 – 3 NOVEMBRE

L'assassinat d'Omar Ier

Un esclave mécontent, Abu Lulu, poignarde à six reprises le calife.

Le calife Omar Ier mourut au petit matin du 3 novembre 644 après avoir fait ses prières. Il fut inhumé aux côtés de Mahomet et d'Abu Bakr, premier calife à avoir succédé au Prophète en tant que chef spirituel et temporel des musulmans. Quelques jours plus tôt, il marchait dans Médine quand il fut abordé par Abu Lulu, un esclave chrétien venu se plaindre des mauvais traitements infligés par son maître. Omar rejeta sa requête. Le lendemain, il assistait à la prière du matin à la mosquée quand le même Abu Lulu le poignarda à six reprises avant de retourner son arme contre lui.

Avant de mourir, Omar désigna une commission chargée de nommer son successeur. Les principaux membres en étaient Ali ibn Abi Talib, cousin et gendre de Mahomet, et Uthman ibn Affan, autre gendre de Mahomet et membre de la riche tribu des Omeyyades. Les hommes furent immédiatement en désaccord et le calife mourant leur ordonna de ne reprendre leurs délibérations qu'après son décès.

Après les funérailles d'Omar, la commission s'enferma dans une pièce sous bonne garde et se donna trois jours pour trouver un successeur. Ali et Uthman étaient les seuls candidats sérieux, mais rien n'étant décidé au bout de trois jours, le président de la commission, Abdul Rahman, invita la congrégation à la prière du matin afin de recueillir l'opinion de chacun. Uthman fut élu calife (644 à 656). C'était un homme matérialiste et népotique, et les faveurs accordées à sa propre tribu entraînèrent une rébellion, son propre meurtre et le début de la fin de l'unité musulmane. **JH**

Illustration turque représentant la mort d'Omar, fin XVIe siècle ou début XVIIe siècle.

شمشیر زهرآلود یتوردی اتفاقا اول موضعه یتدیکه روز خرب
خندق عمر بن عبد تیغله زخمناک اولمدی
و اول هر نجنک یعنی مغز استخوان
کلبه ده‌ک اثر قیلدی حضرت امیره ایندی فزت برب الکعو

La révolution impériale transforme le Japon

Le nouvel empereur, Kotoku, lance la grande réforme de Taika qui codifie les lois et renforce l'administration.

Kotoku et deux femmes : son importance est mise en valeur par la différence de taille des personnages, s. d.

« Au Ciel il n'y a pas deux soleils : dans un pays il n'y a pas deux maîtres. »

Empereur Kotoku, *Réforme de Taika*

En 645, l'empereur Kotoku renversa le puissant clan Soga et entreprit de réformer le système japonais de gouvernement. Il mit en place des réformes foncières en s'inspirant des idées de Confucius et de la Chine des Tang. Le pouvoir central s'en trouva renforcé au même titre que la cour impériale. Kotoku adopta aussi le principe chinois selon lequel les époques étaient désignées en fonction du règne d'un empereur ; il donna le nom de Taika, ou « grand changement », à la première partie de son règne.

Avant l'ère Taika, le Japon était contrôlé par de nombreux clans belligérants et la cour impériale était dominée par la famille Soga, accrochée au pouvoir par le biais de l'intrigue et de l'assassinat. En libérant la cour de la domination des Soga, Kotoku put organiser un gouvernement impérial centralisé et efficace.

Les quatre principaux articles de la réforme de Taika étaient quasi révolutionnaires. Ils abolissaient la propriété privée des terres et des personnes et proclamaient qu'ils n'appartenaient qu'à la communauté – à l'empereur en réalité. De plus, de nouvelles organisations administratives et militaires virent le jour dans tout le Japon pour ne rendre compte qu'à l'empereur. Une réforme contribua à une meilleure répartition des terres et un système de taxes raisonnable fut institué.

Les lois furent codifiées et les services gouvernementaux confiés à de hauts fonctionnaires bien souvent formés en Chine. La création d'un réseau routier renforça encore le pouvoir central. Dans la pratique, ces réformes instituèrent un régime féodal, où les puissants seigneurs locaux conservaient leur pouvoir héréditaire tant qu'ils se montraient fidèles à l'empereur. **TB**

Sunnites et chiites

Le meurtre du calife Ali divise le monde islamique entre chiites et sunnites.

Le meurtre du calife Ali, le 24 janvier 661, marqua le début du grand schisme de l'islam entre sunnites et chiites. Ali, cousin et gendre de Mahomet, devint calife en 665 après le meurtre du calife Uthman. Le califat s'était agrandi sous Uthman, mais l'argent des territoires conquis ne fut pas partagé équitablement, d'où des dissensions.

Pour bien des musulmans, l'islam était oublié dans ce partage des dépouilles de l'empire. Ali était soutenu par ceux qui croyaient que la pureté de l'islam serait plus respectée si le califat revenait à un membre de la famille du Prophète. On leur donna le nom de *shi'atu Ali* (le parti d'Ali), les chiites.

« La mort d'Ali fut utile. Martyr, il gagna plus qu'il n'avait perdu en toute une vie. »

Phillip K. Hitti, *Histoire des Arabes*, 1937

La prétention d'Ali au califat était crédible, mais sa manière d'accéder au pouvoir mettait en doute sa légitimité. Il dut affronter une rébellion du cousin d'Uthman, Muawiya, scandalisé par le refus d'Ali de châtier les assassins de son clan. Pour la première fois, des musulmans affrontaient d'autres musulmans. Les kharidjites rejetaient le califat en tant qu'institution et envisageaient de tuer Muawiya et Ali, mais ils n'abattirent que ce dernier. Muawiya devint calife et ses successeurs prirent le nom de sunnites (de l'arabe *sunnah*, « à l'exemple du Prophète »). Les partisans d'Ali se montèrent loyaux envers son fils, Husayn, entérinant ainsi le schisme au sein de l'islam. **JH**

La dynastie des Ommeyyades

Le calife Muawiya prend le contrôle du monde musulman au nom des Omeyyades.

En 661, le calife Muawiya fonda la première dynastie musulmane avec sa famille, les Omeyyades. Gouverneur de Syrie, il se rebella contre Ali en 657 et ne châtia pas les meurtriers de son cousin, le calife Uthman (644 à 656). Dans la tradition arabe, il était du devoir de Muawiya de se venger des meurtriers de son parent, et sa cause lui valait la sympathie de chacun. En 660, Muawiya se proclama calife à Jérusalem pour tenter d'écarter Ali du pouvoir, mais il ne participa pas à son assassinat en janvier 661. Les chiites, partisans d'Ali, firent alors allégeance à son fils, Husayn, mais celui-ci refusa le califat. Moins de sept mois après la mort d'Ali, Muawiya s'emparait du califat, soutenu par ses sympathisants sunnites.

Mahomet n'avait pas précisé les règles de sa succession et les quatre premiers califes furent choisis par acclamation. Muawiya rendit le califat héréditaire en nommant son fils Yazid à sa propre succession. Pour cette raison, Muawiya passe pour le fondateur de la dynastie des Omeyyades, dont l'empire connut l'un des développements les plus rapides de l'histoire.

Le support politique de Muawiya se trouvait à l'origine en Syrie, c'est pourquoi il déplaça sa capitale de Médine à Damas, mieux reliée au reste du califat. L'Arabie avait connu une gloire éphémère et retombait dans l'anonymat, comme avant la venue de Mahomet. En revanche, l'expansion omeyyade et celle de l'islam faisaient de l'arabe la langue la plus usitée de cette vaste région. Les Omeyyades régnèrent sur tout l'empire musulman jusqu'en 750, de l'Espagne à l'Asie centrale. Ils furent renversés par les Abbassides, dont le réseau d'influence avait pour cœur l'Irak moderne. **JH**

664

Rome contre l'Irlande

Le synode de Whitby doit choisir entre traditions irlandaises et romaines.

Au début des années 660, Wilfrid, homme d'église de Northumbrie qui avait visité Rome et passé trois ans à Lyon, se vit confier la charge du monastère de Ripon. Cela entraîna l'expulsion des moines d'Iona qui s'y trouvaient déjà et l'exacerbation des désaccords entre adeptes des traditions romaines et irlandaises. En 664, le roi Oswiu (642-670) convoqua un synode pour trancher la question. Il se tint à Whitby, dans le grand monastère double (moines et nonnes) dirigé par Hilda, femme de la noblesse et puissante abbesse.

L'Église irlandaise avait développé ses propres traditions depuis saint Patrick, deux siècles plus tôt ; Aidan, premier évêque de Lindisfarne, avait introduit en Northumbrie la nouvelle foi venue d'Iona. La controverse majeure tenait à la façon de calculer la date de la fête mobile de Pâques, la plus importante de l'année chrétienne. Les moines irlandais se servaient encore de tables que Rome avait depuis longtemps jugées incorrectes. La forme de la tonsure constituait un autre point de désaccord.

Bède décrit le synode dans son *Histoire ecclésiastique* de 731. Les principaux partisans de la tradition irlandaise étaient Hilda et Colman, troisième évêque de Lindisfarne. Wilfrid fut le plus ardent défenseur de la cause romaine et ses idées l'emportèrent. Le roi Oswiu choisit Rome et l'enseignement de saint Pierre, détenteur des clés du ciel et de l'enfer. Cette importante décision plaça l'église de Northumberland directement sous l'autorité du pape de Rome tout en la rapprochant de la Gaule et de l'Italie. **SK**

◀ Gravure représentant Bède le Vénérable, moine bénédictin et lettré anglais.

676

La domination de Silla

Le royaume de Silla s'empare de Koguryo et unifie la Corée.

Les Trois Royaumes désignent la période de l'histoire coréenne comprise entre le Ier siècle av. J.-C. et le VIIe siècle de notre ère. La Corée était divisée en quatre parties : le Nord-Ouest était occupé par les Chinois et le reste par trois royaumes, Koguryo, Paekche et Silla. En 676, la petite armée d'élite du roi de Silla, Munmu, parvint à chasser les Chinois plus forts en nombre et Silla devint le royaume dominant.

Les trois États, militaires et aristocratiques, avaient une hiérarchie sociale fondée sur la lignée héréditaire, le système dit « des os ». Seuls les membres du plus haut rang, celui des « os saints », pouvaient prétendre à la royauté. Durant la majeure partie de cette période, le plus fort des trois royaumes fut Koguryo, se développant surtout aux dépens de la Chine. Pour contre-attaquer, la Chine s'allia à Silla. Les alliés conquirent Paekche en 660 et Koguryo en 668, unifiant ainsi pour la première fois la péninsule. La Chine, voulant faire de la Corée unie un État vassal, établit des garnisons dans tout le pays, mais Munmu se rebella et lutta pendant huit ans pour asseoir la domination de Silla. Le royaume occupa la première place jusqu'en 892, quand Paekche reprit son indépendance. En 901, Kungye, prince rebelle, restaura le royaume de Koguryo ; en 918, le roi Wang Kon lui donna le nom de Koryo (Corée). **JH**

« L'année de Tsungchang, le roi conduisit son armée et détruisit Koguryo. »

Ilyon, *Légendes et Histoires des Trois Royaumes*

680 – 10 OCTOBRE

Le martyre des chiites

Husayn ibn Ali est tué à Karbala par les forces du calife Yazid Ier.

Le 10 octobre 680, Husayn ibn Ali, petit-fils de Mahomet, fut tué lors d'une bataille qui vit la mort de tous les hommes de la famille du Prophète et la capture des femmes et des enfants.

La bataille dite de Karbala fut la conséquence de la scission née de la succession de Yazid Ier au califat omeyyade. La population fidèle au petit-fils de Mahomet se rebella dans la ville de Koufa et invita Husayn à la rejoindre en lui promettant le califat d'Irak. Husayn quitta alors La Mecque avec une grande partie de sa famille dans l'attente d'être accueilli à bras ouverts par les habitants de Koufa.

Pendant ce temps, Yazid avait envoyé le gouverneur de Bassora restaurer l'ordre dans la ville dissidente. Quand Husayn arriva à Karbala, située à l'ouest de l'Euphrate, il se retrouva face à une armée estimée à 40 000 hommes. Husayn livra bataille, persuadé d'être appuyé par ses partisans de Koufa. Malheureusement pour lui, aucun renfort n'arriva et il fut tué ainsi que de nombreux membres de sa famille.

Quand la nouvelle de la mort du petit-fils de Mahomet parvint à Koufa, ceux qui l'avaient invité se sentirent responsables de cette tragédie. Yazid et ses amis passaient à leurs yeux pour des criminels et leurs noms furent à tout jamais maudits par les musulmans chiites. La mort violente de Husayn est un des événements clés qui présidèrent à l'expansion du chiisme, et son anniversaire est encore aujourd'hui un jour de deuil. Pour les chiites, le tombeau du martyr décapité, Husayn ibn Ali, est l'un des lieux les plus sacrés sur cette terre. **TB**

◀ *La Bataille de Karbala*, détail, Abbas al-Musavi, Brooklyn Museum of Art, New York.

710

Heijo-Kyo, capitale du Japon

L'impératrice Gemmei dote le Japon d'une capitale fixe.

En 710, l'impératrice Gemmei fonda la première capitale permanente du Japon à Heijo-Kyo, à l'ouest de la moderne Nara. Avant la fin du VIIe siècle, les empereurs ne disposaient pas de capitale fixe. Le palais impérial en faisait office et le gouvernement était composé de membres de la maison de l'empereur ; à son décès, le palais, associé à sa mort, était brûlé et un nouveau palais était construit. Toutefois, la croissance d'une bureaucratie impériale élaborée selon le modèle chinois rendit de plus en plus souhaitable l'existence d'une capitale durable. En 694, un grand palais fut bâti à Fujiwarakyo (*kyo* signifie « capitale ») : il accueillit trois empereurs avant d'être abandonné en 710 en faveur de Heijo.

« *Notre grande souveraine, vraie déesse, de sa volonté sacrée a érigé un palais.* »

Anonyme, *Man'yoshu*, poème contemporain

Heijo était une reproduction à moindre échelle de la capitale de la dynastie Tang, à Changan. Plus vaste que Fujiwara, Heijo s'étendait sur 4,5 km d'est en ouest et 4 km du nord au sud. À son achèvement, vers 720, sa population avoisinait les 200 000 habitants.

La fondation de Heijo marqua le début de sept décennies de stabilité politique connue sous le nom de période Nara (710-784) et pendant laquelle le gouvernement, la culture et le droit japonais s'inspirèrent de plus en plus du modèle chinois. Le système d'écriture chinoise fut adapté à la langue japonaise. Cette période vit l'essor rapide du bouddhisme au Japon. **JH**

711

Les Sarrasins en Espagne

À la tête d'une armée de Sarrasins, Tariq envahit la péninsule Ibérique.

En avril 711, le général Tariq prit la tête d'une armée constituée d'Arabes et de Berbères (Maures), appelés Sarrasins en Europe, et quitta le Maroc pour envahir le royaume wisigoth d'Espagne. Le lieu de son débarquement fut appelé *Jebel al-Tariq* (montagne de Tariq) ou Gibraltar.

Le roi wisigoth Rodéric se précipita à la rencontre de Tariq, mais il fut vaincu et tué en juillet à la bataille de la Guadalete. Après l'arrivée, en 712, d'une seconde armée sarrasine, la résistance wisigothique s'écroula : en moins de deux ans, Tariq avait réussi à placer sous autorité musulmane toute la péninsule Ibérique, à l'exception du Nord-Ouest montagneux. Cette période d'influence musulmane dura près de 800 ans.

« La ruine de l'Espagne [par les Sarrasins] dépasse toute description humaine. »

Continuatio Hispana (Chronique mozarabe), 754

Une légende naquit pour expliquer la fin rapide du royaume wisigoth. Un ancien roi d'Espagne avait enfermé un secret dans une chambre forte et interdit à ses successeurs d'y pénétrer. Vingt-six rois obéirent, mais Rodéric ne tint pas compte des conseils et fit ouvrir la pièce. Sur les murs étaient peints des guerriers arabes. Au centre se dressait une table en or surmontée d'une urne contenant un parchemin : « Le jour où cette chambre sera violée et le secret de cette urne dévoilé, les hommes peints sur ces murs envahiront l'Espagne, renverseront ses rois et soumettront le pays tout entier. » **JH**

VERS 722

Le début de la *Reconquista* espagnole

Une armée musulmane est vaincue à Covadonga, dans les Asturies.

Par une journée d'été située en 718 et 724, une troupe de Berbères et d'Arabes musulmans s'engagea dans un étroit défilé d'une région montagneuse du Nord de l'Espagne. À Covadonga, ils furent attaqués par des combattants chrétiens armés d'arcs et de frondes et positionnés à flanc de montagne. Les musulmans tirèrent vers les assaillants des missiles qui leur retombèrent dessus ! Soudain, 300 guerriers chrétiens menés par un noble wisigoth, Pélage (ou Pelayo), jaillirent d'une grotte et obligèrent les musulmans à la retraite. Bien que décrite comme mineure par les auteurs musulmans, cette embuscade revêtit une grande importance dans l'histoire de l'Espagne.

En 711, la péninsule Ibérique avait été envahie par des forces musulmanes venues d'Afrique du Nord. Le royaume wisigoth chrétien qui dirigeait l'Ibérie depuis le VIe siècle s'écroulait. Pélage et d'autres chrétiens se réfugièrent dans les lointaines montagnes d'Asturies. Il incita les paysans à résister à l'imposition de la loi musulmane et les encouragea à mener une guérilla, ce qui obligea les musulmans à venir se battre à Covadonga.

Après la bataille, Pélage fonda le royaume des Asturies et en fit le centre de résistance au gouvernement islamique. Les chroniques chrétiennes décrivent une formidable victoire militaire sur une armée musulmane composée de 180 000 hommes, mais ce nombre est très exagéré. Covadonga passa pour la première bataille de la *Reconquista*, ce combat pour restaurer l'ordre chrétien en Ibérie qui ne s'acheva qu'au bout de sept siècles. **RG**

Statue de Pélage à Gijon, en Espagne, commémorant sa victoire à Covadonga.

La bataille de Poitiers

Conduits par Charles Martel, les Francs battent les Arabes près de Poitiers et empêchent l'expansion musulmane vers le nord.

C'est en 732, sur une colline située entre Tours et Poitiers, que se déroula l'une des batailles les plus décisives de l'histoire de l'Europe. Au cours du siècle suivant la mort du prophète Mahomet, les armées inspirées par la foi islamique avaient traversé l'Afrique du Nord et la péninsule Ibérique pour parvenir au cœur de l'Europe. En 732, le gouverneur général de l'Espagne musulmane, Abd al-Rahman al-Rhafiqi, franchit les Pyrénées et conquit l'Aquitaine en semant la dévastation jusqu'à Bordeaux. Il se dirigea ensuite vers le royaume des Francs et la ville de Tours.

Le souverain franc Charles Martel plaça ses 30 000 hommes sur un terrain boisé d'altitude. Abd al-Rahman attendit sept jours pour attaquer alors que ses soldats étaient deux fois plus nombreux que les Francs. Quand il lança enfin sa cavalerie, l'infanterie franque tint bon et repoussa la charge. Après un long combat, la plupart des cavaliers musulmans battirent en retraite pour défendre leurs trésors de guerre ; abandonné par ses hommes, Abd al-Rahman fut encerclé et tué.

Il est probable qu'Abd al-Rahman ne cherchait pas à conquérir l'Europe chrétienne et que ce n'était là qu'un raid comme un autre, toujours est-il que si les guerriers francs avaient perdu, rien ne se serait opposé à la chute de l'Europe occidentale. Charles Martel consolida l'Empire carolingien et empêcha l'expansion vers le nord des musulmans. **RG**

▶ Chromolithographie du XIXe siècle assez idéalisée représentant Charles Martel.

◀ *La Bataille de Poitiers* (1837), détail, Charles Auguste Steuben (1788-1856).

750 – 25 JUIN

La fin des Omeyyades

Avec le massacre de la famille du calife omeyyade, les Abbassides sont au pouvoir.

Le règne des Omeyyades, au pouvoir depuis 661, se termina dans un bain de sang en 750. Le 25 juin, le chef militaire Abu al-Abbas Abd Allah invita 80 membres de la famille omeyyade à un banquet, près de Jaffa. Au cours du festin, il les fit tous massacrer. Pour les humilier davantage, il fit exhumer et brûler les cadavres.

Le déclin des califes omeyyades s'expliquait en partie par leur impuissance à résoudre l'opposition chiite-sunnite qui divisait l'islam. En partie aussi par le ressentiment que les non Arabes convertis à l'islam éprouvaient en voyant les Arabes faire du califat leur propriété privée. Les non Arabes croyaient que le califat avait été créé pour propager la parole de l'islam, non pour privilégier les intérêts arabes. En 747, la révolte contre les Omeyyades éclata en Perse pour bientôt s'étendre à l'Irak. Abu al-Abbas Abd Allah, descendant d'al-Abbas, oncle de Mahomet, fut proclamé calife par les rebelles, fondant ainsi la dynastie des Abbassides (749-1258). Après avoir vaincu les Omeyyades à la bataille du Zab en janvier 750, il s'empara de Damas, capitale du califat. Le dernier calife omeyyade, Marwan II, s'enfuit en Égypte où il fut rattrapé et tué en août. Pour éliminer toute possibilité d'opposition, Abu al-Abbas dit al-Saffah, « le sanguinaire », organisa son sinistre banquet.

L'arrivée des Abbassides marqua profondément le monde islamique en transférant le pouvoir des Arabes aux nouveaux convertis, désormais libres d'accéder aux plus hauts postes du gouvernement. Elle marqua aussi la fin de l'unité du monde islamique. Un seul membre important de la famille omeyyade survécut, Abd al-Rahman, qui s'enfuit en Espagne où il fonda un État indépendant. **JH**

751 – 10 JUILLET

La bataille du Talas

La victoire arabe met fin à l'expansion chinoise en Asie centrale.

La victoire des Arabes sur les Chinois à la bataille du Talas en 751 fit de l'islam la religion dominante en Asie centrale, précipitant la chute de l'Empire chinois dans cette région.

Sous l'empereur Daizong (726-779), la Chine avait étendu sa puissance jusqu'en Asie centrale, avec pour objectif le contrôle de la route de la soie, reliant la Chine au Moyen-Orient et à la Méditerranée. Au VIIIe siècle, la Chine avait déjà conquis plus de 1 600 km de route, mais les Arabes récemment islamisés avaient eux aussi des projets d'expansion : ils s'emparèrent en 710 de Boukhara et de Samarkand.

« Les hommes [arabes] ont le nez fort, la peau sombre et une barbe. Les femmes sont très belles. »

Du Huan (fait prisonnier), *Jingxingji*

En 750, l'armée chinoise de Gao Xianzhi prit Tachkent et fit exécuter son dirigeant turc. Le fils de celui-ci demanda de l'aide aux Arabes. En 751, les 40 000 hommes de l'armée arabo-turque s'avancèrent en territoire chinois et rencontrèrent l'armée de Gao sur les rives du Talas. L'armée chinoise, constituée principalement de fantassins, fut écrasée par la cavalerie arabo-turque.

On dit qu'après la bataille les prisonniers chinois furent contraints de travailler à Samarkand pour y construire une papeterie tirant parti du secret de la fabrication du papier. Cette histoire est peut-être apocryphe, toujours est-il que le papier se diffusa à cette époque dans le monde islamique avant d'atteindre l'Europe au XIIIe siècle. **JH**

Pépin le Bref, roi des Francs

Le pape Étienne II sacre Pépin le Bref et lui confère le titre de roi des Francs.

Couronnement de Pépin le Bref, roi des Francs, détail, manuscrit enluminé du XVe siècle.

« Par autorité apostolique, j'enjoins que vous soyez couronné roi des Francs. »

Réponse du pape Zacharie à Pépin III, 750

En novembre 753, le pape Étienne II quitta Rome et franchit les Alpes pour quérir l'aide militaire de Pépin III (plus connu sous le nom de Pépin le Bref), ancien maire du palais héréditaire de Childéric II, dernier roi de la dynastie mérovingienne. Au VIIIe siècle, le pouvoir échappait de plus en plus aux Mérovingiens et les maires du palais – maîtres de la maison royale – se comportaient en rois sans en avoir toutefois le nom. En 750, Pépin avait envoyé deux émissaires au pape Zacharie pour lui demander : « Est-il juste de voir un homme régner et un autre commander ? » Le pape lui fournit la réponse qu'il attendait. Pépin s'empressa de déposer Childéric : en novembre 751, il fut sacré roi, premier de la dynastie carolingienne, par l'archevêque Boniface, légat du pape.

Étienne, successeur de Zacharie, se rendit personnellement en France : c'était la première fois qu'un pape traversait les Alpes. En Italie, Aistulf, roi des Lombards, s'était emparé de l'exarchat byzantin de Ravenne et menaçait d'attaquer Rome. Les Byzantins se révélèrent impuissants et, en dernier recours, Étienne se tourna vers les Francs. Les deux hommes se retrouvèrent le 6 janvier 754 à Ponthion, à l'est de Paris, et Pépin décida de lever une armée contre les Lombards. En échange, Étienne accepta en juillet de l'oindre avec la sainte huile à l'abbaye de Saint-Denis ; en même temps, il reconnut ses fils, Charles (futur empereur Charlemagne) et Carloman.

Pépin le Bref réussit à faire reculer Aistulf, mais le cessez-le-feu ne dura pas longtemps. Au cours d'une campagne ultérieure, les Francs chassèrent les Lombards de Ravenne et donnèrent l'exarchat au pape, créant ainsi la base territoriale de l'État pontifical. **SK**

Lutte pour le contrôle de l'Espagne

Abd al-Rahman Ier fonde l'émirat omeyyade et renverse les Abbassides.

Le 15 mai 756, Abd al-Rahman Ier fut proclamé émir de Cordoue et maître de l'Espagne musulmane. Cet événement marqua la fin de l'unité politique du monde musulman. Depuis la mort du prophète Mahomet en 632, tous les musulmans étaient unis au sein d'un État unique dont l'autorité religieuse et politique s'incarnait dans la figure du calife. Moins de deux ans après la mort de Mahomet, le califat connut une expansion spectaculaire pour devenir au VIIIe siècle un vaste empire s'étendant de l'Indus aux Pyrénées. Le califat était toutefois gangrené par le schisme entre sunnites et chiites ainsi que par les tensions entre Arabes et convertis non arabes. En 750, la dynastie omeyyade, maîtresse du califat depuis 650, fut renversée par les Abbassides.

Les Abbassides firent de leur mieux pour exterminer jusqu'au dernier représentant des Omeyyades, mais Abd al-Rahman réussit à s'enfuir en Espagne. Le pays était très éloigné des principaux centres de pouvoir abbassides de Perse et de Mésopotamie, et la dynastie n'en avait pas le plein contrôle quand Abd al-Rahman y débarqua en 755. Les sympathisants des Omeyyades étaient nombreux en Espagne et ils accueillirent favorablement le fait de pouvoir s'unir contre ce gouverneur abbasside détesté qu'était Yousouf. Le 14 mai 756, à Carmona, près de Cordoue, Abd al-Rahman battit les forces de Yousouf et entra le lendemain dans la ville sans rencontrer d'opposition. Il espérait restaurer le contrôle omeyyade du califat, mais des rébellions fomentées par des agents abbassides l'obligèrent à demeurer en Espagne pendant presque tout son règne. À sa mort, en 788, la maîtrise de l'Espagne était assurée alors que les Abbassides s'efforçaient toujours de rester maîtres en Afrique du Nord. **JH**

Abd al-Rahman, sultan du Maroc, Eugène Delacroix (1798-1863).

« Jurons de tomber comme des soldats si la victoire ne peut être nôtre. La conquête ou la mort ! »

Abd al-Rahman Ier avant la bataille de Carmona

762 – 30 JUIN

La fondation de Bagdad

Le calife al-Mansur choisit le site de la nouvelle capitale des Abbassides.

Le renversement des Omeyyades par les Abbassides en 750 modifia considérablement le califat qui passa ainsi des terres arabes à la Perse. Pour cette raison le premier calife abbasside, Abu al-Abbas, décida d'abandonner Damas et de se déplacer vers l'est pour s'installer sur un site provisoire sur les rives de l'Euphrate, en Irak.

En 762, al-Mansur, frère et successeur d'Abu al-Abbas, choisit de construire une nouvelle capitale sur le site d'un petit village de la rive gauche du Tigre. Officiellement elle devait porter le nom de Madinat al-Salam (« cité de la paix »), mais le peuple lui préférait son nom perse, Bagdad (« don de Dieu »). Ville circulaire et fortifiée de 2,6 km de diamètre, elle était divisée en quatre parties égales et fut construite en quatre ans.

« Seul un lieu comme celui-ci peut subvenir à la fois à l'armée et à sa population. »

Calife al-Mansur, 762

Bagdad, outre sa position centrale au sein du califat, se trouvait tout près d'une route empruntée par les caravanes allant d'Orient en Occident, et donnait accès à Bassora et au golfe Persique. Bagdad était de plus entourée de terres fertiles pouvant alimenter une vaste population. Elle se développa bien au-delà de ses murs : c'était à la fin du siècle la plus grande ville du monde. La splendide cour des Abbassides attira marchands, lettrés et artisans de tous les pays et Bagdad vécut l'âge d'or de la culture islamique. **JH**

768 – 24 SEPTEMBRE

L'héritage de Pépin le Bref

À la mort de Pépin, le royaume franc est partagé entre Charles et Carloman.

Les réalisations de Pépin le Bref, premier roi carolingien des Francs, ont été éclipsées par celles de son fils aîné, Charles, futur Charlemagne, mais son héritage contribua de manière magistrale à la réussite de son fils. Grâce à sa domination militaire des magnats francs et à son étroite alliance avec le pape, Pépin put asseoir son autorité sur l'ensemble du royaume et créer une importante armée permanente. Non content de donner les premières lois du féodalisme, lesquelles serviraient de modèles à l'administration de la majeure partie de l'Europe médiévale, Pépin se lança dans une politique expansionniste qui chassa les Maures de Gaule et lui permit d'acquérir Narbonne et l'Aquitaine. À sa mort, en 768, le domaine du plus puissant roi d'Europe fut partagé entre ses deux fils, Charles et Carloman.

Cette période de gouvernement commun fut ternie par des tensions fraternelles. Quand Charles répudia sa première épouse, fille du roi lombard Desiderius (Didier), les Lombards cherchèrent à s'allier avec Carloman pour le battre. Cependant, la mort de Carloman en 771 déboucha sur l'absorption de son royaume par Charles.

Charlemagne s'appuya sur les succès de son père pour créer un empire comprenant la majeure partie de l'Europe centrale et occidentale. Il lança aussi une série de réformes politiques et culturelles connues sous le nom de « Renaissance carolingienne ». Le 25 décembre 800, à Saint-Pierre de Rome, Charlemagne fut couronné empereur par le pape Léon III dans l'espoir de restaurer l'Empire romain d'Occident. **TB**

Charlemagne offrant à la cathédrale d'Aix-la-Chapelle le plateau et le calice utilisés lors de la Cène.

La bataille de Roncevaux

L'arrière-garde de Charlemagne est écrasée au col de Roncevaux.

La bataille de Roncevaux, illustration française du XIVe siècle, British Library, Londres.

Roncevaux fut une défaite, mais c'est la plus célèbre bataille du règne de Charlemagne. Pendant l'été 777, l'assemblée annuelle du royaume des Francs vit la présence d'Ibn al-Arabi, gouverneur musulman de Saragosse. En rébellion contre son seigneur, Abd al-Rahman, il proposa de livrer sa ville au roi franc Charlemagne en échange de sa protection. L'été suivant, Charlemagne envahit l'Espagne, mais Ibn al-Arabi était revenu sur sa parole. Après avoir assiégé Saragosse et obtenu une soumission absolue de la part d'al-Arabi, Charlemagne regagna son royaume et franchit les Pyrénées en empruntant le col de Roncevaux.

Le 15 août, son arrière-garde s'apprêtait à quitter le col quand elle tomba dans une embuscade tendue par les Vascons (Basques). Les combats s'achevèrent avant l'arrivée des renforts. Les Vascons avaient pillé le train de bagages et disparu dans la montagne. Les pertes franques furent très lourdes et il faut surtout noter celle de Roland, comte de la marche de Bretagne. L'étendue réelle du désastre ne fut pas connue pendant des années et Charlemagne ne revint plus jamais guerroyer personnellement en Espagne. La défaite fut cependant provisoire et la prise de Barcelone en 802 établit solidement le pouvoir franc.

On connaît surtout Roncevaux par *La Chanson de Roland*, poème épique écrit vers 1100 pour célébrer l'héroïsme au combat du neveu de Charlemagne. Son auteur, Turold, interprète les faits historiques et transforme en croisade – guerre sainte – la guerre territoriale menée par Charlemagne. **JH**

Une cour fastueuse inspire *Les Mille et Une Nuits*

Haroun al-Rachid donne naissance à l'âge d'or de la culture islamique.

Au palais de Haroun al-Rachid, gravure française, illustration des *Mille et Une Nuits* (1895).

Avec l'accession au pouvoir de Haroun al-Rachid en 784, le califat abbasside entra dans sa période la plus remarquable. Dans sa jeunesse, Haroun s'était vu confier le commandement d'un certain nombre de combats contre l'Empire byzantin et, fort de sa réussite, il s'était attribué le titre d'al-Rachid (« le juste »). À la mort de son père, en 785, al-Hadi, frère aîné de Haroun, succéda au califat mais tomba rapidement malade : il mourut le 14 septembre 786 et le jeune Haroun fut immédiatement proclamé calife.

La mort d'al-Hadi parut un peu trop « pratique » à bien des contemporains, d'autant plus qu'il s'était gravement querellé avec sa mère quand elle avait voulu s'immiscer dans son gouvernement. Des rumeurs circulèrent qu'elle l'avait fait étouffer après l'échec d'une tentative d'empoisonnement.

Grand ami des arts et des sciences, Haroun s'intéressait peu au gouvernement. Il abandonna la gestion du califat à ses vizirs et tint à Bagdad une cour somptueuse. Ultérieurement, elle inspirera de nombreux contes des *Mille et Une Nuits*, et le sultan Shariar, dont l'épouse Shéhérazade est la narratrice, serait à l'image de Haroun. S'il est responsable d'un âge d'or de la culture islamique, son désintérêt pour le gouvernement posa bien des problèmes à ses successeurs. Il ne prit ses responsabilités que vers la fin, mais les signes du déclin étaient déjà apparents. **JH**

793 – 8 JUIN

Le premier raid viking

Le monastère de Lindisfarne est pillé par des pirates danois et norvégiens.

Soudain, les drakkars semblèrent jaillir de nulle part. Le calme d'une journée estivale fut déchiré par les cris des moines que les Normands frappaient à coups d'épée avant de s'emparer du trésor de l'église.

La nouvelle du sac du monastère insulaire de Lindisfarne, où était inhumé saint Cuthbert, fut accueillie avec horreur en tout lieu. C'était la première fois que des pirates vikings venus du Danemark et de Norvège franchissaient la mer du Nord pour piller les terres chrétiennes. Un autre monastère de Northumbrie fut incendié en novembre 794 et celui de Saint-Colomba, sur l'île écossaise d'Iona, fut attaqué un an plus tard. Dès lors des navires vikings arrivèrent chaque été pour rôder près des côtes d'Angleterre, d'Écosse et d'Irlande avant de regagner la Scandinavie en hiver. À la fin de la décennie, ils poussèrent jusqu'au littoral occidental de la France.

Les Vikings devaient leur succès à la conception de leurs embarcations, leur talent de navigateurs et leur tactique militaire. Leurs drakkars étaient assez robustes pour résister aux vagues et assez plats pour s'aventurer à l'intérieur des terres. Les monastères, avec leurs trésors et leurs ouvrages enluminés, constituaient la cible principale, et de nombreux hommes d'Église virent le signe de la colère divine dans les attaques lancées par ces peuples païens. **SK**

« … voyez l'église de Saint-Cuthbert éclaboussée du sang des prêtres de Dieu. »

Alcuin d'York, lettre au roi Ethelred, v. 793

794

L'époque de Heian

L'empereur Kammu fonde une nouvelle capitale japonaise, puis une autre.

Au VIIIe siècle, la capitale japonaise de Nara était dominée par ses nombreux monastères bouddhiques. Pour s'arracher à l'influence des moines, l'empereur Kammu décida de s'installer dans une nouvelle capitale. Son conseiller, Fujiwara no Tanetsugu, choisit le site de Nagaoka et les travaux débutèrent en 784. Le projet fut cependant mis à mal par les intrigues et les rivalités entre factions, puis par le meurtre de Tanetsugu. Kammu décida que le lieu était placé sous de mauvais auspices et en abandonna la construction pour repartir en 794 sur un nouveau site.

La nouvelle capitale fut appelée Heian-kyo (« capitale de la paix et de la sérénité »), plus tard Kyoto. Ce sera la capitale du Japon pendant plus de 1 000 ans, jusqu'à ce que l'empereur Meiji installe sa cour à Tokyo en 1868. Bien que plus vaste que Nara, Heian fut construite sur un plan quasi identique, inspiré, là encore, de Changan. La ville, y compris ses palais et ses temples innombrables, était presque entièrement en bois, et les incendies y furent fréquents. Les anciens monastères de Nara ne purent s'y implanter, mais Kammu permit la fondation de nouveaux, de sorte que Heian devint bientôt un centre religieux majeur.

Ce fut le début de l'époque de Heian (794-1185), période qui vit le développement des arts et une culture de cour raffinée, mais les empereurs s'écartèrent de plus en plus de la gestion quotidienne du pays. Le système politique était dominé par une aristocratie civile incarnée par la famille Fujiwara qui gouvernait au nom de l'empereur. Quand Minamoto Yoritomo fonda le shogunat (gouvernement militaire) en 1185, les empereurs étaient déjà devenus des personnages privés de tout pouvoir. **JH**

Charlemagne couronné empereur à Rome

Pendant la messe de Noël, dans la basilique Saint-Pierre de Rome, le pape Léon III proclame Charlemagne empereur.

En 799, le pape Léon III, éloigné de son trône par ses ennemis, avait cherché de l'aide auprès du roi des Francs, Charlemagne. Ce dernier se rendit alors à Rome pour présider un concile à l'issue duquel le pape recouvra son pouvoir. Le jour de Noël, Charlemagne entra dans la basilique Saint-Pierre pour assister à la messe. Il était à genoux, en prière, quand Léon III prit une couronne sur l'autel, la lui plaça sur la tête et le proclama empereur.

C'était un geste sans précédent et Einhard, biographe de Charlemagne, dit que celui-ci ignorait tout des intentions du pape. Cela semble peu probable. Toutefois, il est difficile de démontrer que Charlemagne cherchait délibérément à ressusciter l'Empire romain d'Occident. À l'époque l'Empire byzantin d'Orient était gouverné par une femme, l'impératrice Irène (791 à 802), dont le pape ne reconnaissait pas l'autorité. Léon III n'avait pas le pouvoir de lui conférer le titre impérial, mais il profita de la présence du roi des Francs à Rome pour créer un nouvel empereur catholique romain en Occident, un homme capable de renforcer l'influence pontificale.

Fervent chrétien, Charlemagne était dans la 32e année de son règne et s'était déjà rendu maître de la majeure partie de l'Europe occidentale. On voit souvent en lui le premier empereur du Saint Empire romain, mais ce sont en fait les empereurs ottoniens de Germanie qui utilisèrent pour la première fois ce titre un siècle plus tard. Charlemagne se décrivait ainsi : « empereur gouvernant l'Empire romain », tout en conservant son titre de « roi des Francs et des Lombards ». **SK**

Charlemagne couronné par le pape Léon III à Saint-Pierre de Rome, enluminure française du XVIe siècle.

813

Le tombeau de saint Jacques

La légende de saint Jacques inspire la reconquête de l'Espagne.

Selon une tradition espagnole remontant au VIIe siècle, l'apôtre saint Jacques se rendit en Espagne pour y prêcher l'Évangile. Après son martyre à Jérusalem en 44, des anges transportèrent le corps du saint – miraculeusement soudé à sa tête tranchée – dans un bateau de pierre qui accosta à Padron, en Galice. Pendant le règne d'Alphonse II (791 à 842), le tombeau de saint Jacques fut retrouvé dans une ville de Galice récemment reconquise, Compostelle.

Au VIIIe siècle, le royaume des Asturies, créé en 722 après la victoire de Pélage à Covadonga, affirma sa position de centre de résistance aux musulmans et s'agrandit peu à peu vers les montagnes du nord et de l'ouest de l'Espagne. Saint Jacques serait venu à l'aide de l'armée chrétienne victorieuse à la bataille de Clavijo (844) : dès lors le saint fut appelé Matamoros, « le tueur de Maures ». Les soldats de la Reconquista (« reconquête ») marchaient sous sa bannière et son nom était leur cri de guerre.

La réputation de saint Jacques se répandit dans le pays et le peuple accourut à son tombeau. Au XIIe siècle, la cathédrale de Saint-Jacques-de-Compostelle était devenue le troisième plus grand centre de pèlerinage de la chrétienté d'Occident, après Jérusalem et Rome. Des guides furent rédigés pour aider les pèlerins à trouver leur chemin sur les quatre routes principales traversant les Pyrénées. Une vaste industrie se développa pour leur donner de quoi manger, les héberger et aussi leur vendre des coquilles Saint-Jacques qu'ils arboraient pour montrer qu'ils avaient effectué le pèlerinage. **SK**

Plateau en céramique décoré d'une image de saint Jacques.

VERS 828

L'observatoire de Bagdad

Le calife al-Mamun fonde à Bagdad le premier observatoire astronomique arabe.

Quand le christianisme devint en 391 la religion officielle de l'Empire romain, la littérature scientifique de la Grèce païenne fut oubliée. Le calife abbasside al-Mamun – ou Almanon – (813 à 833) fonda à Bagdad la Maison de la Sagesse pour y faire traduire en arabe les ouvrages grecs, perses et hindous. L'astronomie suscitait un vif intérêt parce qu'il était nécessaire de fixer avec précision la direction de La Mecque et de préserver l'exactitude du calendrier lunaire islamique,

« Al-Mamun écrivit à l'empereur byzantin pour lui demander de vieux manuscrits. »

Ibn al-Nadïm, *Kitab al-Fihrist*, 938

c'est pourquoi al-Mamun fonda un observatoire astronomique près de la porte Chammassiya, à Bagdad.

Au IXe siècle, les Arabes absorbèrent presque entièrement le corpus de la science grecque antique, envoyant même des missions vers l'Empire byzantin pour collecter des manuscrits ignorés depuis longtemps et qui, sans cela, auraient été perdus à tout jamais. Quand les Européens du Moyen Âge redécouvrirent cette science au XIIe siècle, ce fut habituellement grâce aux traductions en arabe des textes grecs.

Al-Mamun encouragea l'étude de ces sciences. En plus de la Maison de la Sagesse et de l'observatoire de Bagdad, il fonda un autre observatoire près de Damas. Les astronomes arabes s'appuyèrent sur le savoir du monde antique pour affiner les catalogues d'étoiles et perfectionner des instruments tels que l'astrolabe. **JH**

Le premier roi d'Écosse

Kenneth MacAlpin fonde un royaume qui portera plus tard le nom d'Écosse.

L'Écosse n'exista en tant telle qu'avec Kenneth MacAlpin, premier monarque du royaume d'Écosse. Au début du Moyen Âge, vers l'an 500, le territoire aujourd'hui connu sous le nom d'Écosse était occupé par quatre peuples différents. Les plus anciens étaient des Celtes brittoniques vivant dans l'ensemble de la Bretagne, au sud de l'isthme Forth-Clyde, et les Pictes installés dans les régions montagneuses et les îles du Nord. Il existait entre eux une grande différence : les Bretons avaient été romanisés au cours de l'occupation romaine de la Bretagne (43-410), mais pas les Pictes. À la fin de la domination romaine, la Bretagne fut envahie par les Anglo-Saxons venus du Nord de la Germanie mais aussi par les Irlandais, connus à l'époque sous le nom de Scots. Les Anglo-Saxons occupèrent le Sud-Est de l'Écosse jusqu'à Édimbourg et les Scots, le district d'Argyll, sur la côte ouest, où ils fondèrent le royaume de Dalriada.

Les Pictes furent affaiblis par les attaques vikings, au début du IXe siècle, puis conquis en 843 par Kenneth MacAlpin, roi de Dalriada. On pense que la pierre de Sueno (ou pierre du destin), monument rappelant la conquête du Nord-Est de l'Écosse, représente l'exécution massive des nobles pictes qui s'ensuivit. Kenneth régna en tant que maître des Scots et des Pictes, mais ses successeurs se qualifièrent de rois de Scotia, c'est-à-dire d'Écosse. Ce n'est toutefois qu'au XIe siècle, avec la conquête du territoire anglo-saxon et breton au sud de l'isthme Forth-Clyde, que l'Écosse acquit (à peu près) ses frontières modernes. Quant aux Pictes, leur langue, leur culture et leur identité ne survécurent pas longtemps à la conquête écossaise et ils disparurent à tout jamais après 900. **JH**

Le traité de Verdun

Les petits-fils de Charlemagne se partagent son empire en trois royaumes.

Charlemagne avait toujours voulu qu'après sa mort l'empire franc soit divisé équitablement entre ses trois fils. Or, un seul survécut, Louis le Pieux, qui hérita de l'intégralité de l'empire en 814. Et contrairement aux lois de l'héritage établies par la coutume franque, Louis nomma, en 817, son fils aîné, Lothaire, unique héritier de l'empire. À ses deux autres fils, Louis le Germanique et Pépin, il n'accorda que des royaumes secondaires et vassaux.

Mais lorsqu'en 823 Judith de Bavière, seconde épouse de Louis le Pieux, donna naissance à un fils, Charles le Chauve, ce partage fut bouleversé. Louis voulut le modifier pour y intégrer Charles. Les fils aînés de Louis se rebellèrent contre leur père ; la succession fut encore revue. Après la mort de Pépin en 838 et celle de Louis en 840, les rancœurs et les hostilités entre les fils reprirent aussitôt.

Dès la mort de son père, Lothaire chercha à s'emparer de l'ensemble de l'empire. Louis le Germanique et Charles oublièrent leurs querelles pour s'allier contre Lothaire qu'ils vainquirent à la bataille de Fontenay, en 841. En 843, l'empire fut divisé en trois royaumes par le traité de Verdun : Charles reçut la Francie occidentale, Louis la majeure partie de la Germanie et Lothaire les territoires intermédiaires, appelés Lotharingie. C'est à partir de la fracture de l'empire de Charlemagne, matérialisée à Verdun, que naîtraient au siècle suivant les royaumes de France, d'Allemagne et d'Italie. **JH**

▶ Judith, femme de Louis le Pieux et son fils Charles le Chauve, gravure sur bois, v. 1850.

Les Vikings à Paris

Les attaques répétées des Vikings précipitent le déclin de l'Empire carolingien.

Déjà fragile, l'Empire carolingien fut durement frappé en mars 845 quand une centaine de navires vikings parvinrent à remonter la Seine, semant mort et destruction sur leur passage. Les Vikings ne rencontrèrent que peu de résistance de la part de Charles le Chauve, roi de la Francie occidentale, et réussirent à atteindre Paris.

Les Vikings pillèrent la ville et bien des églises furent soit profanées soit démolies. Les souffrances des habitants ne cessèrent que lorsque Charles proposa une énorme rançon. Forts de leur butin, les Vikings se retirèrent avec des centaines de prisonniers et regagnèrent la côte où ils continuèrent de mettre à sac de nombreuses villes.

Les Vikings ne furent pas longtemps absents. Ce devait être la première d'une longue série d'attaques portées contre Paris et d'autres villes, et la menace viking se fit sentir dans toute l'Europe. Pour l'Empire carolingien moribond, les zones les plus vulnérables se trouvaient aux Pays-Bas ainsi que dans les régions de la Gaule et de la Germanie où les cours d'eau navigables étaient favorables aux pillards.

Paris fut attaqué à trois reprises dans les années 860 : les assaillants ne s'en allaient que lorsque le montant de leurs exactions ou des rançons leur paraissait suffisant. Face à des attaques quasi annuelles, Charles le Chauve se décida enfin à prendre des mesures. En 864, l'édit de Pîtres proposa entre autres choses la création d'une importante cavalerie et d'une série de ponts jetés sur la Seine pour empêcher le passage des drakkars. Ils allaient révéler toute leur efficacité quand les Vikings assiégèrent Paris en 885. L'incapacité de l'Empire carolingien à contrecarrer ses agresseurs contribua fortement à son déclin. **TB**

La révolte des esclaves zanj

Des captifs africains se dressent contre les Abbassides et fondent leur propre capitale.

La révolte des esclaves de 1868 était prévisible depuis longtemps. Le commerce des esclaves entre l'Est de l'Afrique et l'Arabie existait bien avant l'essor de l'islam, mais il se développa parallèlement au califat islamique. La plupart des esclaves travaillaient dans les maisons, mais des milliers d'Africains – connus sous le nom de Zanj, nom arabe du littoral est-africain – furent envoyés dans le Sud de l'Irak pour assécher les marais salants du Schatt-el-Arab, aux environs de Bassora. D'autres furent intégrés aux armées abbassides.

« [Les Zanj] *sont toujours joyeux, souriants et dénués de toute méchanceté.* »

Abu Uthman al-Jahiz, écrivain noir arabe, v. 860

La révolte fut initiée par Ali ibn Muhammad, soi-disant descendant du quatrième calife Ali (donc pas africain). La révolte, de quelques hommes non armés, prit rapidement de l'ampleur quand certains Africains de l'armée du califat désertèrent. Les forces rebelles n'ignoraient rien du terrain difficile du Sud de l'Irak ; elles constituèrent bientôt une armée bien équipée et parvinrent à s'emparer d'une partie de la flotte abbasside. Ali construisit une capitale bien défendue à Al-Mukhtara, à l'est de Bagdad. Il se présentait comme un chef militaire et religieux proposant une forme purifiée de l'islam.

Les Zanj ne furent battus qu'en 883, après que l'impunité fut proposée à leurs transfuges. Le général abbasside victorieux Mussawaq refusa de rendre les Zanj à leurs anciens maîtres et préféra les incorporer à ses propres troupes. **PF**

Alfred le Grand couronné roi du Wessex

Le nouveau roi repousse les Danois et fait preuve d'une détermination farouche qui caractérisera son long règne.

Alors que le royaume du Wessex, au sud de l'Angleterre, subissait les assauts répétés de la part de Vikings originaires du Danemark, Alfred accéda au trône. Il avait secondé son frère, le roi Ethelred Ier, qui avait affronté à cinq reprises les Danois au cours de l'hiver et du printemps 870-871. Ethelred mourut le 15 avril 871. Il laissait deux jeunes fils mais ce fut Alfred, alors âgé de 22 ans, qui fut choisi pour lui succéder. Les mois suivants, Alfred se battit neuf fois encore contre les Vikings avant que ceux-ci s'intéressent au royaume voisin de Mercie, dissuadés par l'esprit de résistance farouche du roi. Ils ne reviendraient au Wessex que cinq ans plus tard.

Né en 849, Alfred était le cinquième et plus jeune fils d'Ethelwulf, roi du Wessex. Le royaume avait récemment confirmé sa domination sur toute la partie de l'Angleterre située au sud de la Tamise, de la Cornouailles à l'ouest jusqu'au Kent à l'est. Avec quatre frères plus âgés que lui, il était assez improbable qu'Alfred devienne roi, mais l'éducation qu'il reçut convenait à sa naissance royale : elle montre aussi les relations étroites unissant à l'époque l'Angleterre anglo-saxonne et le continent. Il se rendit deux fois à Rome, en 853 et 855, et y acquit ce goût du savoir qui deviendra manifeste dans la dernière partie de sa vie ; on lui doit ainsi la traduction en vieil anglais de la lettre pastorale du pape Grégoire Ier et de *La Consolation de la philosophie* de Boèce. Alfred reçut aussi une formation militaire qui lui fut fort utile pour affronter les Danois. **SK**

A Model for Alfred's Navy (1851), John Callcott Horsley (1817-1903), peinture évoquant l'époque d'Alfred.

Le déclin de la puissance de la couronne

Maître du Saint Empire romain germanique, Charles le Chauve reconnaît les fiefs héréditaires.

Charles le Chauve, « premier vrai roi de France et empereur romain germanique », d'où la couronne de laurier.

Manuscrit médiéval enluminé représentant une scène de la vie de Charles le Chauve.

« Bien des hommes, assoiffés de gloire, furent influencés par les occasions de l'époque. »

Chronique des comtes d'Anjou

Avec l'aide de Hincmar, archevêque de Reims, Charles le Chauve passa un accord avec ses comtes. Les historiens y voient une étape fondamentale du développement du féodalisme européen et du déclin de la puissance de la couronne. Cet accord devait remplacer l'ancien système, où les terres étaient accordées à un seul individu pendant toute sa vie, par un autre où leur propriété serait héréditaire.

Charles était le fils cadet de Louis le Pieux et obtint le royaume de Francie occidentale en 843. Il se donna le titre d'empereur à la mort de son neveu Louis II en 875 et subit des pressions extrêmes au cours des années précédant sa propre fin, en octobre 877. Les comtes en particulier refusèrent de soutenir le roi lors d'importantes campagnes, telle l'expédition en Italie de 876 destinée à aider le pape Jean VIII à lutter contre l'agresseur sarrasin. L'acceptation par Charles des fiefs héréditaires est un signe de plus de l'affaiblissement de l'autorité de la dynastie carolingienne.

La reconnaissance des droits héréditaires fut capitale à deux égards. Premièrement, ce fut une étape importante du développement du féodalisme en ce qu'elle accrut le pouvoir des comtes sur leurs propres domaines, leur permettant ainsi de former des dynasties locales. Deuxièmement, le pouvoir royal déclina quand les seigneurs féodaux se montrèrent moins dépendants de la couronne et fondèrent de petits États territoriaux, guerroyant souvent les uns contre les autres.

Avec cette forme de féodalisme, le pouvoir et l'administration se décentralisèrent de sorte que le pouvoir royal devint, dans une certaine mesure, dépendant des dynasties locales qu'il avait lui-même créées. Avec un tel système, c'en était pratiquement fini des empires immenses comme celui des Carolingiens. **TB**

878 – MAI

Alfred le Grand contre les Danois

Le roi du Wessex chasse les Danois à la bataille d'Edington.

Dans les années 870, les Danois, venus de Scandinavie par la mer, avaient déjà conquis les royaumes anglo-saxons de Mercie, Northumbrie et Est-Anglie. Seul le Wessex demeurait sous domination anglo-saxonne. Au début de l'année 878, même le roi du Wessex, Alfred, était un fugitif dans son propre pays après avoir été contraint de quitter son fief de Chippenham, dans le Wiltshire.

Il sortit toutefois de sa cachette au printemps 878 et construisit un nouveau fort à Athelney, dans le Somerset. Il demanda aux hommes du Hampshire, du Wiltshire et du Somerset de le rejoindre en un lieu appelé Egbert's Stone (« la Pierre d'Egbert »). Son armée fit marche vers Chippenham et rencontra à Edington les Danois conduits par Guthrum. Le roi Alfred mit en déroute les Danois après de rudes combats.

« Son attaque fut longue et calculée, et enfin, avec l'aide divine, il triompha. »

Évêque Asser, *Vie du roi Alfred*, 893.

Les derniers guerriers de Guthrum se réfugièrent à Chippenham où les Anglo-Saxons les assiégèrent. Après quatorze jours où ils connurent, au dire d'Asser, « les horreurs de la famine, du froid, de la peur et enfin du désespoir », les Danois demandèrent la paix. Alfred contraignit Guthrum à lui livrer des otages, à promettre de quitter le Wessex et à accepter la conversion au christianisme. La victoire d'Edington repoussa les Danois dans le Danelaw – nord et est de l'Angleterre – tandis qu'Alfred renforçait ses défenses. **RG**

886 – 29 AOÛT

La victoire d'Alfred le Grand

Alfred et Guthrum redéfinissent la frontière entre l'Angleterre saxonne et le Danelaw.

En 885, Guthrum, chef des Danois, rompit l'accord passé avec Alfred après la bataille d'Edington et envahit le Kent. Alfred réagit en prenant Londres, ce qui contraignit les Danois à abandonner leur base située au sud du pays. Un nouvel accord, appelé traité d'Alfred et de Guthrum, donna Londres au Wessex et redéfinit la frontière entre l'Angleterre saxonne et le Danelaw, région occupée par les Danois.

Une ligne partageait à présent l'Angleterre en deux. Au nord et à l'est, les Danois formaient une aristocratie militaire qui imposait ses lois et ses coutumes à la population. Leur impact sur la terre et les hommes fut énorme : ainsi l'alphabétisation disparut avec les monastères. La concentration de noms de lieux scandinaves dans le Nord de l'Angleterre autour de York ainsi que dans le Lincolnshire et l'Est-Anglie témoigne toujours, au même titre que les croix de pierre aux motifs typiquement scandinaves, de la présence danoise dans la région. On ignore en revanche à quel point ils s'assimilèrent à la population locale.

Au sud et à l'ouest de la ligne de partage, le Wessex n'était pas reconnu par tous comme vrai pouvoir en place. Les Danois allaient représenter une menace constante jusqu'à sa mort, en 899, mais Alfred se lança dans d'importantes mesures défensives pour assurer la survie du Wessex : il fit par exemple bâtir une série de bastions fortifiés pourvus de garnisons permanentes et capables d'accueillir les réfugiés en temps de guerre. Appelés *burhs* (« *buroughs* »), ces sites sont à l'origine des nombreuses villes commerçantes anglaises. Alfred fit aussi construire des navires pour protéger le littoral, ce qui lui vaut parfois le titre de fondateur de la marine britannique. **SK**

L'abbaye de Cluny et le renouveau monastique

La Bourgogne devient le centre de la réforme monastique et le plus grand centre religieux de la chrétienté d'Occident.

Le duc Guillaume d'Aquitaine fonda de nombreux centres religieux, le plus important étant celui de l'abbaye de Cluny, en Bourgogne. Grâce à une série d'abbés intelligents et capables, Cluny fut à la tête d'un mouvement de réforme monastique qui joua un rôle majeur dans la régénérescence de l'Église et de la papauté.

Vers la fin du IXe siècle, un certain laxisme marqua la discipline de l'ordre des bénédictins. Cela s'explique en partie par le fait que les seigneurs locaux qui donnaient des terres pour fonder de nouveaux monastères avaient tendance à trop intervenir dans leurs affaires. Le duc Guillaume résolut de placer sa nouvelle abbaye sous l'autorité immédiate du pape : ce fut une décision importante car, le souverain pontife vivant dans la Rome lointaine, les abbés jouirent d'une liberté accrue de mener des réformes, dont celle de la prière. L'abbaye fonda un réseau de maisons secondaires, les prieurés, dépendant d'elle seule, et responsables de la dissémination de l'esprit de réforme. Cluny fut très riche et trois nouvelles abbatiales furent construites : la dernière, commencée en 1008, fut la plus grande église du monde jusqu'à l'achèvement de Saint-Pierre de Rome, au XVIe siècle.

C'est à son deuxième abbé, saint Odon, que Cluny doit sa réussite. Un autre abbé, saint Hughes le Grand, lettré de renom, fut également canonisé. Quatre moines clunisiens devinrent papes : saint Grégoire VII, Urbain II, Pascal II et Urbain V. **SK**

Abbaye de Cluny, gravure, XVIIIe siècle ; une grande partie du bâtiment du XIe siècle est encore debout.

Consécration de l'abbaye de Cluny par le pape Urbain III en 1095, illustration du XIIe siècle.

Sergent del.t Et Sculp.t 1791.

ROLLON, SURNOMMÉ RAOUL,

Et nommé, en 912, lors de son baptême,

Robert, 1.er Duc de Normandie;

Né vers l'an 856; mort à Rouen en 917.

911

Rollon le pillard

Charles le Simple accorde une parcelle de terre normande au chef viking.

La légende veut que Rollon fût l'un des chefs vikings qui assiégèrent Paris en 885. Le roi franc leur avait versé une importante somme en or pour qu'ils s'en aillent et ils portèrent leurs attaques ailleurs. En 911, Rollon lança un raid dans la région de Chartres mais le roi, Charles le Simple (898 à 929), proposa à Rollon une parcelle de terre au nord de son royaume à la condition que ses hommes et lui-même acceptent de s'y installer et de la défendre contre d'éventuelles attaques vikings.

Rollon accepta et le traité fut signé à Saint-Clair-sur-Epte. En contrepartie de terres situées de part et d'autre de l'estuaire de la Seine (l'actuelle Haute-Normandie), Rollon reconnut l'autorité supérieure du roi et se fit baptiser. Fidèle à sa parole, il repoussa plusieurs fois les envahisseurs.

Il était connu de ses compagnons vikings sous le nom de *Göngu-Hrólfr* (« le Marcheur ») car aucun cheval n'était assez fort pour le porter. Ce sont les Français qui l'appelèrent Rollon ou Robert. Pendant des dizaines d'années, ses Vikings avaient attaqué le littoral nord de la France et l'intérieur des terres. Peu de temps après l'accord signé avec Charles, il reprit son expansion en direction de l'ouest. Vers 933, la Normandie (pays des hommes du Nord) s'étendait jusqu'au Cotentin et ses limites géographiques d'alors étaient les mêmes qu'aujourd'hui. Le premier des descendants de Rollon à utiliser le titre de duc de Normandie fut Richard II, grand-père du duc Guillaume (vers 1028-1087), futur Guillaume le Conquérant et premier roi normand d'Angleterre. **SK**

Portrait de Rollon, par le peintre français Sergent-Marceau (1751-1847).

919 – MAI

Un roi unit la Germanie

Élu roi de Germanie, Henri Ier est le premier Saxon à succéder aux Carolingiens.

Conrad Ier, roi de Germanie, gisait sur son lit de mort quand il accorda sa bénédiction à son ennemi, Henri, duc de Saxonie, dans l'espoir qu'il assure l'unité de son peuple. La légende veut qu'Henri apprit la nouvelle alors qu'il posait des pièges pour attraper des oiseaux ; c'est sa passion pour la chasse au faucon qui lui valut le surnom de l'Oiseleur.

L'élection d'Henri ne fit pas l'unanimité dans les duchés du royaume. La Saxonie et la Franconie se rallièrent à lui, mais la Souabe et la Bavière résistèrent. Henri désirait régner sur une confédération de duchés plutôt que d'avoir le pouvoir absolu. Il permit à Bouchard, duc de Souabe, de conserver l'administration de son duché, mais fut contraint d'envahir la Bavière en 921 : après deux campagnes, Arnulf, duc de Bavière, accepta des termes identiques.

> ***« Henri… est le meilleur dirigeant de l'empire. Élisez-le roi et la Germanie aura la paix. »***
>
> Conrad Ier, prédécesseur d'Henri l'Oiseleur

On compte au nombre des exploits d'Henri la conquête de la Lorraine et son incorporation dans son royaume en tant que cinquième duché d'importance. Sa dernière campagne, l'invasion du Danemark en 934, vit l'addition du Schleswig au royaume germanique. À sa mort, en 936, Henri Ier avait réuni tous les duchés germaniques au sein d'un royaume unique. On voit en lui le fondateur de la Germanie médiévale et de ce qui allait devenir le premier Saint Empire romain. Son fils Otton lui succéda à la tête d'une confédération solide. **TB**

929 – 16 JANVIER

Un calife en Espagne

Abd al-Rahman III défie ses maîtres abbassides et se proclame calife.

Le 16 janvier 929, Abd al-Rahman III, émir de Cordoue, se proclama calife. Un tel titre signifiait « successeur » et n'était habituellement utilisé que par les successeurs de Mahomet, lesquels exerçaient leur suprématie tant politique que religieuse sur l'ensemble du monde musulman. Émir, c'est-à-dire « commandeur », n'avait pas de connotation religieuse ; au début du califat musulman, le terme était appliqué aux gouverneurs de province. Quand le califat commença à se fracturer sous les Abbassides, au IXe siècle, les émirs se posèrent en maîtres indépendants. L'autorité politique des califes de Bagdad s'en trouvait diminuée, mais leur autorité spirituelle n'était en rien affectée, de sorte qu'on pouvait toujours croire à l'idéal de l'unité musulmane.

Le premier défi lancé à l'autorité spirituelle des Abbassides le fut par les Fatimides, maîtres de l'Égypte qui se proclamèrent califes en 910. Comme ils étaient chiites, les sunnites majoritaires les traitèrent en hérétiques. Abd al-Rahman fut le premier dirigeant sunnite à rejeter clairement les califes abbassides en tant que chefs religieux et politiques. Sa prétention au califat se fondait sur ses ascendants omeyyades, qui entre 661 et 750 avaient régné sur le monde musulman en tant que califes. L'émirat de Cordoue avait été fondé par un prince omeyyade réfugié après le renversement de sa dynastie par les Abbassides, en 750.

En tant que nouveau calife, Abd al-Rahman fit construire à Madinat al-Zhara, non loin de Cordoue, un extravagant complexe palatial copié sur l'ancien palais omeyyade de Damas. Avec lui, le pouvoir musulman en Espagne allait atteindre son apogée, même si le califat ne résista pas à la guerre civile qui éclata en 1008. **JH**

955 – 10 AOÛT

Les Magyars soumis

Otton Ier le Grand bat les pillards nomades hongrois à la bataille du Lechfeld.

Les Magyars, cavaliers nomades d'Asie centrale venus s'implanter vers la fin du IXe siècle dans l'actuelle Hongrie, menèrent pendant un demi-siècle de redoutables expéditions vers l'ouest, en Germanie et jusqu'en Espagne ou en Italie. Les maîtres de l'Europe chrétienne étaient trop faibles et trop divisés pour se défendre. Toutefois, en 955, Otton Ier, duc de Saxonie, réussit à lever une armée contre les Magyars ; avec 10 000 chevaliers, il attendit la horde ennemie.

Agressifs et sûrs d'eux, les Magyars se préparèrent à affronter les Germains dans les zones inondables de la rivière Lech. Ces cavaliers rapides envisageaient d'encercler la cavalerie chrétienne, cuirassée et plus lourde, cinq fois moins nombreuse qu'eux. Selon les chroniqueurs germaniques de l'époque, les Magyars furent trahis par leur indiscipline. Après s'être massés contre les flancs de l'armée d'Otton, beaucoup abandonnèrent leurs montures pour piller le train de bagage ennemi. Les chevaliers d'Otton commencèrent par massacrer les hommes ayant mis pied à terre puis chargèrent, précédés d'une volée de flèches, et réussirent à chasser les Magyars.

> ***« Jamais bataille plus sanglante ne fut livrée contre un ennemi si sauvage. »***
>
> Widukind de Corvey, *Res gestae Saxonicae*, v. 955

La bataille du Lechfeld mit un terme aux incursions magyares. Le prestige d'Otton était tel qu'il fut couronné en 963 à la tête du Saint Empire romain germanique. La sécurité de l'Europe occidentale s'en trouva renforcée. **RG**

Le Danemark se convertit au christianisme

Un missionnaire germanique réussit à convertir le roi Harald « Dent bleue » au christianisme alors que tous ses prédécesseurs avaient échoué.

Roi du Danemark, Harald Ier Blaatand (« Dent bleue ») défia Poppon, un missionnaire venu de Germanie, de lui prouver l'authenticité de la foi chrétienne. Quand Poppon eut pris dans ses mains un fer rougi sans éprouver la moindre douleur, le roi déclara qu'il croyait au pouvoir du Dieu des chrétiens et exigea la conversion immédiate de tous les Danois.

Cette histoire fut racontée vers 967 par le moine germanique Widukind de Corvey. Il ajoute que Poppon « est aujourd'hui évêque ». Nous savons grâce à d'autres sources qu'un prêtre appelé Poppon devint en 961 évêque de Würzburg, ce qui permet de penser que la conversion de Harald eut lieu peu avant cette date.

Poppon ne fut pas le premier missionnaire à se rendre au Danemark, mais les tentatives antérieures avaient échoué, les Danois refusant d'abandonner leurs dieux païens. Il semble probable que Poppon ait été envoyé par Otton Ier, roi des Germains et futur empereur romain germanique, et encore plus probable que Harald se soit converti pour des raisons politiques. Roi ambitieux, il avait fait construire des routes, des ponts et des forts pour créer un pouvoir centralisé et défendre le royaume du Danemark contre les incursions germaniques. Le christianisme lui donnait des moyens nouveaux pour asseoir son autorité et unir son pays.

Au cours de son règne, Harald fit dresser une grosse pierre sculptée dans un lieu appelé Jelling, tout près du tumulus funéraire de son père, Gorm, qui était païen. Une face de cette pierre représente la crucifixion de Jésus, une autre l'image païenne d'un animal cornu entouré d'un serpent ; sur la troisième, est gravé un long texte runique proclamant la conversion de Harald. **SK**

Le roi Harald proclame sa foi à la pierre runique de Jelling, bas-relief danois, XIe siècle.

« [Harald] *gagna tout le Danemark et la Norvège et rendit les Danois chrétiens.* »

Extrait de l'inscription de la pierre de Jelling.

962 – 2 FÉVRIER

Couronnement impérial d'Otton Ier

Otton Ier réalise son rêve et devient empereur romain germanique.

Otton avait été couronné roi à Aix-la-Chapelle. Ce n'était qu'une question de temps avant qu'il prétende au titre impérial en entrant lui-même dans Rome. Il lui faudrait toutefois attendre encore 26 ans.

Son pouvoir s'appuyait sur les richesses des mines d'argent de Saxonie mais la sécurité financière n'empêchait pas les troubles politiques. La vie d'Otton avait été empoisonnée par les rébellions des duchés rivaux de son royaume. La paix ne revint que lorsqu'il eut battu ses rivaux et placé les duchés difficiles sous le contrôle de membres de sa famille. D'autres problèmes dans le Sud de la Germanie et les attaques des Magyars firent qu'il dut attendre 962 pour asseoir sa position et venir soutenir le pape Jean XII qui avait réclamé son aide. Otton garantit de secourir les États pontificaux – première fois depuis Charlemagne qu'un souverain agissait ainsi – et, en échange, le pape le couronna empereur romain germanique. Il devenait ainsi le premier d'une lignée qui ne s'éteindrait qu'avec son abolition par Napoléon en 1806.

« Otton vint en Italie parmi la foule de ses suivants et le bras tendu… »

Arnulf de Milan, *Liber gestorum recentium*

Les premières années d'empereur d'Otton furent ternies par des rivalités et des intrigues au sein de la papauté. Malgré tout, son règne reçut le nom de Renaissance ottonienne : de nombreuses cathédrales furent construites et un grand nombre de manuscrits enluminés datent de cette époque. **TB**

986

Erik le Rouge au Groenland

Banni d'Islande, Erik le Rouge et un groupe de colons partent en quête de territoires.

Erik le Rouge, un Scandinave au tempérament de feu à l'image de la couleur de ses cheveux, assassin et hors-la-loi norvégien, était venu se réfugier parmi les Vikings d'Islande. En 980, après plusieurs meurtres, il fut aussi banni d'Islande. Ne pouvant retourner en Norvège, il fit cap vers l'ouest à la recherche d'une terre inconnue entrevue jadis par un capitaine viking dérouté par une tempête.

Trois ans plus tard, Erik revint en Islande en chantant les mérites d'un pays où les prairies étaient si luxuriantes qu'il lui avait donné le nom de Groenland (« pays vert »), et il demanda des volontaires pour l'aider à la coloniser. Les bonnes terres agricoles étaient peu nombreuses en Islande, et près de 1 000 hommes et femmes entreprirent de le suivre. Sur les 25 bateaux qui appareillèrent, seuls quatorze purent atteindre en 986 les fjords abrités du Sud du Groenland. Les Vikings trouvèrent de beaux ports naturels, du poisson en abondance et des collines propices au pâturage, et la plupart décidèrent de rester. Certains poursuivirent leur navigation pour fonder une seconde colonie 650 km plus au nord.

Des conditions climatiques relativement clémentes permirent aux colons de chasser, de pêcher et de cultiver le fourrage nécessaire à leurs troupeaux : un récit du XIIIe siècle parle de « grandes et belles fermes ». Des églises furent construites et un évêché fondé mais, vers le milieu du XIVe siècle, survint ce que les géologues appelèrent « le petit âge glaciaire » : la vie disparut peu à peu dans les colonies situées à la lisière du monde occidental. **SK**

➲ Erik le Rouge, gravure sur bois illustrant l'ouvrage *Gronlandia* d'Arngrin Jonas, imprimé en 1688.

EJREKUR
hinn Ravde/
Fyrste Lādnams madr
Grænlands.
Hoß bygd
a Grænlande.
ANNO
986.

987 – 21 MAI

Le couronnement d'Hugues Capet

La France couronne son premier roi capétien ; c'est la naissance de la dynastie royale capétienne et de l'histoire de la France moderne.

Il y avait grand besoin d'une nouvelle dynastie régnante et celle-ci débuta avec Hugues Capet (vers 940-996). La Francie occidentale, territoire assimilable à la France moderne, subissait à la fin du xe siècle des attaques répétées de la part des Vikings, et l'impuissance des rois carolingiens à y mettre terme menaça gravement leur autorité. Ils accordèrent de plus en plus de terres aux nobles pour bénéficier de leur soutien et le royaume devint bientôt un patchwork de duchés virtuellement indépendants.

Hugues Capet, duc des Francs, propriétaire de terres autour d'Orléans, était l'un des nobles les plus puissants. Connus sous le nom de Robertiens, du nom du fondateur de la famille, Robert le Fort, trois des ancêtres de Hugues – son grand-oncle Eude, son grand-père Robert Ier et son oncle Raoul – avaient été précédemment élus rois par les nobles, battant ainsi des candidats carolingiens sans grande envergure. Quand le dernier roi carolingien, Louis V, mourut sans héritier en mai 987, Adalbéron, archevêque de Reims, n'eut aucun mal à persuader les nobles d'élire Hugues roi.

Peu après son couronnement, Hugues fit en sorte que son fils, Robert, soit également couronné : la succession se passa donc en douceur quand Hugues mourut en 996. Le fait de couronner l'héritier pendant la vie du roi contribua grandement à la longévité de la dynastie capétienne, lignée de quatorze rois qui régnèrent jusqu'en 1328. On voit habituellement dans l'élection d'Hugues Capet l'acte de naissance de l'histoire de la France moderne. **SK**

◄ Portrait d'Hugues Capet, roi de France de 987 à 996, revêtu ici de tous les attributs liés à son titre.

988

La conversion de Kiev

Le grand-prince Vladimir Ier est baptisé et son empire adopte le christianisme.

Le règne de Vladimir Ier est souvent associé à la montée du christianisme à Kiev, mais de nombreux autochtones avaient déjà adopté cette religion sous son prédécesseur, Iaropolk Ier. Le paganisme connut cependant un renouveau quand Iaropolk fut assassiné en 980 par son demi-frère.

Le nouveau grand-prince, Vladimir Ier, est réputé pour avoir eu sept épouses et de nombreuses concubines, avoir bâti de nouveaux temples païens et participé à des rituels avec des sacrifices humains. Mais sous la pression de ses sujets et de l'étranger, il adopta finalement le monothéisme. Si l'on en croit la légende, Vladimir, désireux de bien choisir sa foi, envoya des émissaires se renseigner sur les diverses religions, c'est la richesse des églises byzantines et non pas la religion plus sombre des rois germaniques qui l'emporta.

La politique façonna également l'orientation future de la nouvelle foi de Vladimir. En 987, l'empereur byzantin Basile II fut contraint de demander de l'aide à Vladimir pour se débarrasser des usurpateurs. Vladimir accepta à condition de pouvoir épouser la sœur de Basile, Anne. Pour mieux asseoir sa position, il emmena une armée et menaça d'attaquer Constantinople. Basile céda à la condition que Vladimir se fasse baptiser, ce qui arriva en 988.

Vladimir fit détruire les temples païens et les idoles, et son peuple fut baptisé selon le rite grec byzantin. Le baptême de Vladimir avait décidé de l'orientation religieuse du peuple russe tout en ralentissant la dissémination du catholicisme romain en pays slave. **TB**

998

Un nouvel émir à Ghazni

Turc et sunnite, Mahmud joue un rôle important au sein du monde islamique.

Mahmud, l'un des personnages les plus controversés de l'histoire de l'Asie du Sud, était le fils aîné de Subuktigin, un mamelouk (« esclave soldat ») turc qui s'était emparé de Ghazni, au sud de l'Afghanistan. Il devint émir en 998 et passa sa vie à faire campagne en Iran, en Asie centrale et en Inde, se taillant ainsi un vaste empire. Ce mécène à qui l'on doit le renouveau de la littérature et de l'artisanat persans fit de Ghazni l'un des grands centres culturels du monde musulman.

Même si l'Empire ghaznévide déclina après sa mort, le règne de Mahmud fut essentiel à bien des égards. Mahmud était un musulman sunnite à l'époque où l'islam était dominé par les chiites et son accession au pouvoir constitue le premier signe d'une renaissance sunnite. Il fut la première grande personnalité turque du monde musulman et réussit à établir l'influence musulmane sur le Nord de l'Inde. Ce dernier aspect est cependant très controversé. Les campagnes indiennes de Mahmud se traduisirent par le pillage et la destruction de dizaines de lieux saints de l'hindouisme. Dans la tradition historique indienne, Mahmud passe pour un oppresseur tyrannique pour qui la religion est prétexte à massacrer tout ce qu'il rencontre. En revanche, au Pakistan et en Afghanistan, c'est un héros qui se battit pour implanter l'islam dans tout le sous-continent indien. **JH**

« [Mahmud fut] *le lion du monde, la merveille de son époque.* »

Al-Biruni, encyclopédiste ghaznévide, v. 1030

Α Β Γ Δ Ε Ϛ Ζ Η Θ Ι Κ Λ Μ Ν Ξ Ο Π Ϙ

[illegible]														
Δωζ	ωνε	ϙ / Α	Η / Γ:	∩ / Δ	Μ / Ε	Ε / Ϛ	ω / Α:	Π / Β	∪ / Γ	Υ / Δ	Λ / Ϛ:	Ϧ / Ζ	ϙ / Α	Θ / Β
Δωκϛ	ωοδ	Υ / Δ	Ϛ / Ε	Ͽ / Ζ:	ϙ / Α	Β / Β	Φ / Γ	Μ / Ε:	Χ / Ϛ	Ϲ / Ζ	< / Α	∪ / Γ:	Υ / Δ	Ϛ / Ε
Δωμε	ωϙγ	Ϲ / Ζ	< / Α	Ͽ / Β	Ν / Δ:	Ϛ / Ε	ϡ / Ϛ	Κ / Ζ	Ͽ / Β:	Φ / Γ	Ζ / Δ	Ϛ / Ε	Ϲ / Ζ:	< / Α
Δωξδ	ΑΙΒ	Φ / Γ:	Ζ / Δ	Ϛ / Ε	Ρ / Ϛ	Γ / Α:	Χ / Β	Ο / Γ	Λ / Δ	Ρ / Ϛ:	Κ / Ζ	> / Α	Π / Β	Ζ / Δ:
Δωπγ	ΑΛΑ	Τ / Ε	Κ / Ζ:	ω / Α	Π / Β	Η / Γ	Ϛ / Ε:	Λ / Ϛ	Ϧ / Ζ	ω / Α	Η / Γ:	∩ / Δ	Τ / Ε	Ε / Ϛ
Δϡβ	ΑΝ	ϙ / Α	Φ / Β	∩ / Δ:	Μ / Ε	Ε / Ϛ	Ͽ / Ζ	Π / Β:	∪ / Γ	Υ / Δ	Μ / Ε	Ϧ / Ζ:	ϙ / Α	Θ / Β
Δϡκα	ΑΞΘ	Υ / Δ	Ϛ / Ε	ϡ / Ϛ	ϙ / Α:	Β / Β	Φ / Γ	Ν / Δ	Χ / Ϛ:	Ϲ / Ζ	< / Α	Ͽ / Β	Υ / Δ:	Ϛ / Ε
Δϡμ	ΑΠΗ	Ϲ / Ζ:	< / Α	Ͽ / Β	Ο / Γ	Ϛ / Ε	ϡ / Ϛ	Κ / Ζ	> / Α	Φ / Γ:	Ζ / Δ	Ϛ / Ε	Ρ / Ϛ	< / Α:
Δϡνθ	ΑΖ	Π / Β	Ζ / Δ:	Ϛ / Ε	Ρ / Ϛ	Δ / Ζ	Χ / Β:	Ο / Γ	Λ / Δ	Τ / Ε	Κ / Ζ:	> / Α	Τ / Β	Η / Γ
Δϡοη	ΑΚϚ	Τ / Ε	Ε / Ϛ	ω / Α:	Π / Β	Η / Γ	Υ / Δ	Λ / Ϛ:	Ϧ / Ζ	ω / Α	Θ / Β	∩ / Δ:	Τ / Ε	Ε / Ϛ
Δϡϙζ	ΑΜΕ	ϙ / Α	Θ / Β	∪ / Γ	Μ / Ε:	Ε / Ϛ	Ͽ / Ζ	< / Α	∪ / Γ:	Υ / Δ	Μ / Ε	ϡ / Ϛ	ϙ / Α:	Θ / Β
Ειϛ	ΑΞΔ	Υ / Δ:	Ϛ / Ε	ϡ / Ϛ	Ϲ / Ζ	Β / Β:	Φ / Γ	Ν / Δ	Ψ / Ε	Ϲ / Ζ:	< / Α	Ͽ / Β	Ο / Γ	Ϛ / Ε:
Ελε	ΑΠΓ	Ρ / Ϛ	< / Α:	Ͽ / Β	Ο / Γ	Ζ / Δ	ϡ / Ϛ:	Κ / Ζ	> / Α	Χ / Β	Ζ / Δ:	Ϛ / Ε	Ρ / Ϛ	Δ / Ζ
Ενδ	ΑΡΒ	Π / Β	Η / Γ	Ϛ / Ε:	Ρ / Ϛ	Δ / Ζ	ϡ / Α	Ο / Γ:	Λ / Δ	Τ / Ε	Λ / Ϛ	> / Α:	Π / Β	Η / Γ
Εογ	ΑΡΚΑ	Τ / Ε	Ε / Α	Ͽ / Ζ	Π / Β:	Η / Γ	Υ / Δ	Μ / Ε	Ϧ / Ζ:	ω / Α	Θ / Β	∩ / Γ	Τ / Ε:	Ε / Ζ

de 1000 à 1499

Bréviaire du mont Cassin, calendrier perpétuel, fin XIXe-début XXe siècle.

Septima uisio secunde partis.

EINDE
uidi a
tem lu
tantę
nitud
ut alic
monsi
nus & altus ē. in sūmitate sua ha
ī multas linguas diuisa. Et co
luce ista quędam multitudo a
rum hominū stabat. ante que
lut quoddam uelum tāq̄m cri
lus plucidū a pectore usq; ad p
eorum extensū erat. Sꝫ & ant
multitudine istā. quasi ī q̄dā
uelut quidā uermis mirę ma
tudinis & longitudinis supin
bat. qui tanti horroris & insa
uidebat. ultra quā homo effar
test. Ad eius sinistrā quasi foru
ubi diuicię hominū atq; delici
culatres & mercatus diuersarū
apparuert. ubi etiā quidā hom
multa celeritate currentes. null
mercatū faciebant. quidā aute
pide euntes. & uendicioni & emp
ni ibi insistebant. Uermis aut
niger & hirsutus atq; ulcerib
stulis plenus erat. q̄nq; uarietat
a capite p uentre suū usq; ad p

1000

La peur du millénaire

Des signes et des présages annonçaient une fin du monde imminente.

La fin du premier millénaire signifiait pour beaucoup que la fin du monde et l'avènement de l'Antéchrist étaient proches. Ces idées apocalyptiques, qui ont toujours existé, furent particulièrement répandues en France et en Angleterre entre 950 et 1050, comme l'attestent les chroniques et autres documents. Les inondations et les famines, les éclipses solaires, les comètes et les orages violents étaient autant de mauvais présages. Toutefois, les rumeurs au sujet du « vent de panique » qui balaya l'Europe au début de l'an 1000 sont probablement exagérées.

Le système consistant à dater le temps à partir de l'année de naissance du Christ fut inventé en 525 par le moine Denys le Petit. Auparavant, le point de référence était l'année de la fondation de Rome ou l'année du règne d'un roi ; pour les chrétiens orthodoxes, c'était la date supposée de la création du monde, l'*Anno Mundi*.

Selon Dionysius, le Christ naquit en l'an 754 après la fondation de Rome, soit en l'an 1. En fait, le Christ naquit probablement quatre ans plus tôt. Le système de Denys le Petit fut néanmoins adopté au xe siècle dans la majeure partie de l'Europe occidentale, hormis par l'Église orthodoxe. De même, à l'époque, le 1er janvier n'était pas considéré partout comme le jour du Nouvel An. Pour certains, l'année commençait le 25 mars, pour d'autres le 25 décembre. Tout dépendait des moines et des ecclésiastiques. La plupart des gens se fondaient sur le cycle des travaux des champs comme les semailles, la moisson et la récolte. **SK**

Manuscrit enluminé dépeignant les horreurs de l'Apocalypse en l'an 1000.

VERS 1000

L'arrivée des Vikings en Amérique

Leif Eriksson découvre à l'ouest du Groenland un pays qu'il baptise Vinland.

Leif Eriksson était le fils d'Erik le Rouge qui fonda une colonie viking au Groenland. Ayant entendu le capitaine Bjarni Herjolfsson dire qu'il avait vu un long bout de terre plat et arboré à l'ouest du Groenland, il décida de s'y rendre. Il alla vers le nord, traversa l'actuel détroit de Davis jusqu'à la terre de Baffin, puis obliqua vers le sud. Il aperçut la côte du Labrador, très boisée comme Bjarni l'avait décrite, et débarqua sur un promontoire qu'il appela Vinland en raison, disent les sagas écrites près de 200 ans plus tard, de la présence de raisin sauvage. Il se peut aussi que Vinland vienne du terme vieux norrois *vin* signifiant « prairie ». Après l'hiver, Leif revint au Groenland avec un chargement de bois et de raisins. D'après les sagas, le Vinland ne put être colonisé, sans doute à cause de l'hostilité des Indiens.

« Le saumon foisonnait dans le fleuve et dans le lac. »

Anonyme, *Saga d'Erik le Rouge*, xiiie siècle

Selon la plupart des spécialistes, il s'agissait en fait de l'Anse aux Meadows, située à la pointe nord de Terre-Neuve. Dans les années 1960, des archéologues y trouvèrent les vestiges d'une colonie de Vikings : des fondations de maisons en tourbe comme au Groenland et en Islande, et une épingle en bronze d'origine nordique. En 1965, le Congrès américain fit du 9 octobre le « jour de Leif Eriksson », en l'honneur du premier Européen ayant atteint l'Amérique du Nord. **SK**

Mahmud pille le Pendjab

Mahmud de Ghazni lance la première de ses 17 campagnes en Inde – où il reste tristement célèbre pour ses profanations de temples hindous.

En 1001, Mahmud, émir de Ghazni en Afghanistan, envahit l'Inde, battit le rajah de Lahore et pilla le Pendjab. À son retour, ce musulman militant prit le titre de Ghazi (« croyant valeureux »). Ce fut la première de ses 17 campagnes. La dernière, l'attaque du sanctuaire hindou de Somnath, dans le Gujarat, au cours de laquelle 50 000 personnes périrent, eut lieu en 1025. Mahmud brisa lui-même le lingam (symbole sacré) de Shiva qui se trouvait dans le temple et emporta les fragments à Ghazni pour les intégrer à l'escalier d'une mosquée que les fidèles empruntaient chaque jour.

Il finit par conquérir le Pendjab. Toutefois, son principal objectif n'était pas de conquérir des territoires, mais de les piller. Après chaque expédition, il revenait à Ghazni avec des chariots remplis de butins et de captifs destinés à être vendus sur les marchés d'esclaves. Il utilisa les richesses pillées pour embellir Ghazni, aider les érudits et les artisans, et également financer d'autres campagnes.

En Afghanistan et au Pakistan, il est considéré comme un héros. En Inde, il est honni pour avoir détruit un grand nombre de sites sacrés. Les historiens sont divisés au sujet de son aversion pour l'hindouisme. Certains disent qu'il attaquait les temples hindous pour s'emparer des richesses qui s'y trouvaient. Cependant, la destruction gratuite du lingam de Somnath et d'autres idoles hindoues rend cette version peu plausible. **JH**

▶ La colonne de la victoire bâtie durant le règne de Mahmud sur la route entre Ghazni et Rauza.

◀ Ruines du temple de Somnath dans le Gujarat, en Inde, en 1899.

1002 – 8 AOÛT

La mort d'Almanzor

Elle marque le début du déclin du califat de Cordoue.

Le 8 août 1002, le chef non officiel de l'Espagne musulmane, Abu Amir al-Mansur (Almanzor pour ses ennemis chrétiens), mourut lors d'une bataille contre les armées des royaumes chrétiens de Castille et León, à Calatañazor. Ce fut la dernière des 57 campagnes qu'Almanzor mena contre les royaumes chrétiens du Nord de l'Espagne. Un chroniqueur écrivit qu'il « avait été capturé par le diable et enterré en enfer ».

Né sous le nom de Muhammad ibn Abi Amir, Almanzor avait des origines humbles. Il fut le secrétaire et l'amant supposé de la mère du jeune calife omeyyade Hicham II (976-1009). Il renversa le ministre en chef et lui succéda en 978. Renforçant son contrôle sur le califat, il devint extrêmement puissant en 981, quand il prit le titre d'al-Mansur (« le Victorieux »). En 994, il se fit appeler al-Malik al-Karim (« Noble Roi »), ne laissant au calife qu'un rôle symbolique.

« *Almanzor ne ressembla ni à ses prédécesseurs, ni à ses successeurs.* »

Historia Silense, Anthologie, XIe siècle

Pour poursuivre ses campagnes contre les chrétiens, il recruta des milliers de mercenaires berbères d'Afrique du Nord, ce qui exacerba les tensions ethniques à l'intérieur du califat. Bien qu'Almanzor eût mis l'Espagne chrétienne sur la défensive, son usurpation du pouvoir atténua le respect à l'égard du calife. Sa mort laissa un grand vide qui entraîna la chute du califat. **JH**

1009 – 17 OCTOBRE

La destruction du Saint-Sépulcre

Le calife al-Hakim ordonne la destruction de l'église du Saint-Sépulcre.

Le sixième calife fatimide d'Égypte, al-Hakim, fut l'un des dirigeants les plus originaux de l'histoire de l'islam. À la différence des fatimides qui le précédèrent, très tolérants sur le plan religieux, c'était un chiite fanatique qui persécuta les chrétiens, les juifs et les sunnites. Selon certains historiens, il était schizophrène. Il obligea les chrétiens à porter des chapeaux noirs et de lourdes croix en bois de 0,5 m en public. Il était craint pour ses lois arbitraires (interdisant, entre autres, de jouer aux échecs ou de manger du raisin) et ses meurtres, eux aussi arbitraires, de fonctionnaires, de poètes, de juges, de médecins, de généraux, de cuisiniers, de garçons de bain et d'esclaves. En 1005, il fit tuer tous les chiens d'Égypte pour ne plus entendre leurs aboiements.

Les persécutions qu'il fit subir aux chrétiens culminèrent en 1009, quand il ordonna de détruire l'église du Saint-Sépulcre à Jérusalem. Les murs du temple furent abattus et l'édicule où se trouvait le tombeau du Christ saccagé à coups de marteaux et de pioches. Il voulut faire de même avec l'église de la Nativité de Bethléem, mais les musulmans de la cité s'y opposèrent.

En 1021, il disparut ou fut tué dans des circonstances mystérieuses, au grand soulagement de tous, hormis des Druzes chiites, qui voyaient en lui l'incarnation d'Allah. Les Druzes actuels croient qu'il reviendra un jour sous la forme du Rédempteur de la prophétie, Mahdi, et fera régner la justice.

La destruction de l'église du Saint-Sépulcre, reconstruite partiellement en 1048, incita de nombreux chrétiens à vouloir reprendre le contrôle de Jérusalem et contribua probablement au développement des croisades. **JH**

Henri II, dit le Saint

Sa victoire sur Arduin, qui voulait monter sur le trône d'Italie, lui permet d'être sacré empereur.

Henri II fut le dernier des empereurs romains de la dynastie saxonne des Othon et le seul roi germanique canonisé (par le pape Eugène III, en 1146). Après avoir vaincu Arduin d'Ivrée en 1014, il fut sacré empereur romain.

Malgré sa canonisation et sa foi profonde, il ne fut pas toujours un saint. Néanmoins, il renforça les liens entre l'Église et l'État comme avait déjà commencé à le faire Othon Ier, premier empereur romain germanique.

Quand il monta sur le trône de Germanie en 1002, Henri n'était pas apprécié de tous. Très vite, dès la mort de son cousin Othon III, il s'empara des insignes royaux de ce dernier et revendiqua le pouvoir. Puis il passa les deux premières années de son règne à consolider son emprise sur la Germanie et dut affronter Arduin, qui briguait le trône d'Italie. Il l'évinça sans grande difficulté et fut couronné roi d'Italie à Pavie, le 15 mai 1004. En 1013, Arduin se rebella à nouveau, mais fut encore une fois vaincu. C'est après cette victoire qu'Henri fut sacré saint empereur romain.

Sous son règne, les évêques bénéficièrent d'un pouvoir renforcé sur les monastères et exercèrent un pouvoir temporel sur des territoires importants. Henri œuvra pour la réforme du clergé et fut un ardent partisan du célibat de ce dernier. Il aurait fait avec sa femme, Cunégonde, vœu de continence et n'eut pas de descendant. Il mourut brusquement en 1024 alors qu'il œuvrait pour que ses réformes ecclésiastiques soient entérinées. **TB**

Sur ce manuscrit enluminé, Henri II est représenté comme un saint portant une épée et le symbole du christianisme.

1054

Le schisme entre l'Orient et l'Occident

Le catholicisme occidental s'éloigne de l'orthodoxie orientale.

Un après-midi d'été en 1054, alors que l'office allait débuter dans la basilique Sainte-Sophie de Constantinople, le cardinal Humbert et deux autres légats du pape entrèrent dans le bastion de l'orthodoxie grecque, se frayant un chemin parmi l'assemblée des fidèles venus entendre la divine liturgie. Humbert produisit une bulle d'excommunication en disant : « Dieu jugera » et plaça le papier sur l'autel. Bien qu'un diacre l'eût imploré de retirer l'excommunication, il refusa et le décret papal tomba par terre. Le soir même, des émeutes eurent lieu dans la cité, car la rumeur de l'excommunication se propagea vite.

Si cet événement dramatique marquât la scission formelle entre l'Est grec orthodoxe et l'Ouest latin, les relations étaient déjà tendues depuis longtemps entre les deux branches de l'Église chrétienne. Elles s'étaient éloignées culturellement et linguistiquement depuis un certain temps, mais le schisme fut finalement causé par le problème de l'autorité papale. Le pape Léon IX avait en effet revendiqué son autorité sur les patriarches d'Orient, alors que les chrétiens orientaux affirmaient que cette autorité était honorifique et qu'il n'avait pas le pouvoir d'imposer ses décisions aux conciles œcuméniques d'Orient.

En 1274 et 1439, des tentatives de réunification échouèrent. Les deux branches de la chrétienté demeurent divisées. Il y eut cependant des rapprochements en 1965, lorsque des excommunications mutuelles furent levées. Le 13 décembre 2006, l'archevêque Christodoulos fut le premier chef de l'Église grecque orthodoxe à effectuer une visite officielle au Vatican. **TB**

1055 – 18 DÉCEMBRE

Bagdad sous le contrôle des Turcs

Les Turcs seldjoukides s'emparent de Bagdad.

Bagdad connut des hauts et des bas selon les fortunes diverses de ses fondateurs, les Abbassides. Cité resplendissante au IXe siècle, elle connut un déclin progressif au Xe siècle quand le califat abbasside se fragmenta en une demi-douzaine d'émirats indépendants.

En la prenant en 945, les Buwayhides de Perse mirent fin au pouvoir des Abbassides qui, en raison de leur prestige, restèrent à la tête du califat sans disposer de réels pouvoirs. Les Buwayhides chiites traitaient les califes sunnites avec un mépris non dissimulé, les forçant à célébrer des fêtes chiites. Malgré ses superbes palais, la ville cessa d'être le plus grand centre culturel islamique et, en 1000, fut supplantée par Le Caire, Cordoue et Ghazni.

« Ville majestueuse dans le passé, Bagdad tombe en ruine. »

Al- Muqaddasi, géographe arabe, vers 1000

La libération vint des Turcs seljoukides, des nomades d'Asie centrale qui s'étaient convertis au sunnisme vers l'an 1000. En 1045, leur chef Toghrul-Beg répondit à l'appel à l'aide lancé par le calife al-Qaim et envahit l'émirat buwayhide. Le 18 décembre 1055, il fut accueilli en libérateur à Bagdad. Bien que le califat ne fût pas plus indépendant que sous la tutelle des Buwayhides, il avait à présent un suzerain bienveillant à son égard. C'est à cette époque que les Turcs commencèrent à jouer un grand rôle dans le monde musulman. **JH**

Guillaume le Conquérant gagne la bataille d'Hastings

Guillaume, duc de Normandie, conquiert l'Angleterre après avoir tué Harold à Hastings.

▲ Couronnement de Guillaume le Conquérant, enluminure flamande de la fin du XVe siècle.

► Mort du roi Harold blessé par une flèche (bataille d'Hastings, 1066). Tapisserie de Bayeux, XIe siècle.

« Ici, le roi Harold a été tué et les Anglais mis en fuite. »

Tapisserie de Bayeux, v. 1070

Au cours de la bataille la plus décisive ayant jamais eu lieu sur le sol anglais, les chevaliers du duc de Normandie, Guillaume, battirent l'armée du roi Harold II. Celui-ci quitta en hâte la bataille de Stamford Bridge et se dirigea vers le sud après avoir entendu que Guillaume avait envahi l'Angleterre. Guillaume affirmait qu'Édouard le Confesseur l'avait désigné comme héritier. Harold, alors qu'il avait juré de le soutenir, s'était fait couronner à sa place à la mort du roi Édouard, en janvier 1066. Après s'être assuré la bienveillance du pape, Guillaume décida donc d'envahir l'Angleterre.

La tapisserie de Bayeux, réalisée vers 1070 pour le demi-frère de Guillaume, Odon, évêque de Bayeux, illustre les événements dramatiques qui conduisirent Guillaume à envahir l'Angleterre et la bataille elle-même. Au départ, la cavalerie et les archers de l'armée normande ne font pas grande impression face à l'infanterie d'Harold, protégée par un mur de boucliers. Au milieu de la mêlée, Guillaume dressé lève son heaume, encourageant sa cavalerie à charger et ses archers à envoyer des flèches par-dessus le mur de boucliers. Harold meurt en recevant une flèche dans l'œil. Son armée est en déroute. Guillaume entre à Londres où il est sacré roi d'Angleterre.

Deux ans plus tard, Guillaume le Conquérant mit fin à des révoltes au nord et à l'ouest du pays. Il entreprit de moderniser l'administration du pays, octroya des terres à ses vassaux et remplaça la noblesse anglaise par des Normands, des Bretons et des Flamands. Des lois normandes et le féodalisme furent introduits dans le système anglo-saxon – tout en maintenant une forte autorité monarchique –, l'anglo-normand devint la langue de la Cour. L'Angleterre ne fut plus jamais la même. **SK**

ARO L D

La prise de Palerme par Robert Guiscard

La victoire normande est une première étape dans la création du royaume des Deux-Siciles.

Reproduction du XIXe siècle représentant Robert Guiscard qui indique la direction vers la Sicile.

« [En Italie, les Normands] sont avides et assoiffés de profit et de puissance… »

Geoffrey Malaterra, chroniqueur, v. 1100

Un flot d'aventuriers normands insatiables et sans terre gagna l'Italie au cours du XIe siècle, dans l'espoir de conquérir des territoires. Le plus audacieux et le plus hardi de ces Vikings fut Robert Guiscard, le sixième des douze fils de Tancrède de Hauteville. Guiscard, le surnom de Robert, signifiait « rusé comme un renard » ou « malin ». L'homme fut en effet un fin diplomate et un grand stratège militaire. En 1059, il conclut une alliance avec le pape, qui accepta de le sacrer duc d'Apulie et de Calabre, et de reconnaître en lui le « futur » duc de Sicile à condition qu'il s'empare de ces terres et lui verse une rente annuelle de douze pennies par terre arable.

Il fallut à Robert dix ans pour chasser de Calabre les Byzantins qui quittèrent Bari, leur dernier bastion, en avril 1071. Il s'intéressa ensuite à la Sicile alors aux mains des Arabes. Avec son frère Roger, il traversa rapidement le détroit de Messine et assiégea Palerme pendant plus de cinq mois, qu'il prit finalement en janvier 1072.

Guiscard étendit ensuite sa domination sur les Abruzzes, au détriment de Grégoire VII (avec qui, il se réconciliera quelques années plus tard). Après avoir nommé son frère « comte de Calabre et de Sicile », il le laissa achever la conquête de l'île, ce qu'il réussit à faire en 1091. Son fils, Roger II (vers 1095-1154), poursuivit son œuvre et unifia toutes les terres normandes du sud de l'Italie et de la Sicile, créant le royaume des Deux-Siciles, qui constitua une entité politique à part en Italie jusqu'au XIXe siècle.

La dernière entreprise de Robert Guiscard consista à attaquer l'Empire byzantin et peut-être même de devenir empereur à la place de Michel VII. Cependant, alors qu'il assiégeait l'île de Céphalonie, il mourut de la fièvre typhoïde, le 17 juillet 1085, à l'âge de 70 ans **SK**

Henri IV fait pénitence à Canossa

La saint empereur romain implore le pardon du pape Grégoire VII.

Au tout début de la papauté, Grégoire VII exaspéra Henri IV (1050-1106) en modifiant la loi, se chargeant seul de l'investiture des évêques sans demander son approbation ; c'est ainsi que surgit une crise aiguë entre le roi germanique et la papauté. Henri IV se vengea en faisant déposer Grégoire VII par les évêques allemands, puis par les évêques lombards. Le pape excommunia le roi et lui retira son soutien. Face à la révolte qui montait, Henri IV tenta de rentrer dans le giron de l'Église.

Grégoire VII lui avait laissé un an pour lui demander pardon avant de l'excommunier définitivement. Pour Henri IV, cette affaire tombait mal car ses vassaux se révoltaient contre son autorité. Il fallait absolument que l'excommunication fût levée pour qu'il puisse calmer la rébellion.

En janvier 1077, pieds nus et portant le cilice, il traversa les Alpes. Le 25, il arriva à Canossa et demanda à être reçu par le pape Grégoire. S'étant heurté à un refus, il attendit trois jours pieds nus dans la neige. Une fois qu'il se fut agenouillé devant le pape pour implorer son pardon, le pontife n'eut pas d'autre choix que de pardonner au pénitent, lever son excommunication et le réintégrer au sein de l'Église. Néanmoins, l'empereur n'avait pas dit son dernier mot et l'humiliation feinte de Canossa déboucha sur sa victoire. En 1084, Henri IV envahit l'Italie, s'empara de Rome et déposa Grégoire VII le contraignant à l'exil jusqu'à sa mort.

L'événement de Canossa eut un grand retentissement. La résistance d'Henri IV à toute ingérence du pape devint au XVIe siècle le cri de ralliement des partisans de la Réforme protestante. Pour les Allemands, Canossa est le symbole de l'opposition de leur nation à toute ingérence de l'Église romaine catholique. **TB**

L'empereur Henri VII à Canossa (1862). Eduard Schwoiser (1826-1902) peignit Henri VII en pénitent.

« Pieds nus, [Henri] restait à attendre, en jeûnant, du matin au soir. »

Lambert de Hersfeld, *Annales*, v. 1077

Domesday Book

Guillaume le Conquérant ordonne le recensement des domaines anglais.

Le *Domesday Book* est conservé dans les archives nationales de Londres.

« Pas un bœuf, [...], pas un porc ne fut oublié, tout fut consigné dans ces livres. »

Chronique anglo-saxonne

Alors qu'il passait Noël avec sa cour à Gloucester, Guillaume le Conquérant décida d'envoyer des fonctionnaires dans toute l'Angleterre pour réunir des informations sur les domaines existants. Il voulait connaître leurs propriétaires, ainsi que la valeur des avoirs fonciers et des animaux d'élevage de ces derniers. Il s'agissait d'une gigantesque entreprise comparable à un recensement de la population de nos jours. Rien de tel n'avait encore jamais été réalisé. Les informations furent recueillies entre janvier et août et consignées dans deux énormes livres qui constituent, selon le philosophe du XVIIIe siècle David Hume, « la pièce d'antiquité la plus précieuse jamais détenue par une nation ».

Le nom de *Domesday Book* (ou Livre du Jugement dernier) viendrait du vieil anglais *dom* signifiant « compter » ou « estimer ». Personne ne sait vraiment pourquoi Guillaume ordonna un tel recensement. Peut-être voulait-il instaurer un impôt afin de pouvoir défendre le pays menacé par une invasion danoise ou en savoir plus sur ce bout de terre conquis 20 ans auparavant, mais qu'il ne contrôlait vraiment que depuis peu.

La liste des propriétaires, incluant le roi et les seigneurs, est donnée pour chaque comté. Les faits consignés fournissent un tableau très détaillé de chaque domaine seigneurial (le village et les terres qui l'entourent) anglais de l'époque, jusqu'au nombre de porcs et de bestiaux possédés. Le recensement montre que le pays changea radicalement après sa conquête par les Normands. Moins de 250 personnes contrôlaient la majeure partie des domaines fonciers, et parmi les différents seigneurs, seuls deux étaient Anglais. Les autres étaient des Normands et des Flamands arrivés en Angleterre en 1066 avec Guillaume. **SK**

Bologne devient une ville universitaire

L'école de droit de Bologne donne naissance à la première université d'Europe.

L'année 1088 est celle où l'université de Bologne devint une institution indépendante du clergé. Cette université est l'une des premières à avoir vu le jour dans le monde et l'une des plus anciennes d'Europe de l'Ouest.

L'un de ses premiers érudits fut Irnerius, qui fonda l'école de droit entre 1084 et 1088. Il y enseigna et devint un spécialiste du code de lois romain, le *Corpus Juris Civilis*, établi entre 529 et 534 sur l'ordre de l'empereur byzantin Justinien Ier et redécouvert au XIe siècle. L'œuvre la plus importante d'Irnerius fut son résumé du Code Justinien, le *Summa Codicis*, qui joua un grand rôle dans le développement culturel de la société européenne et jeta les fondations d'un système de lois écrites, systématiques et rationnelles.

L'université devint un centre réputé dans le domaine des sciences et des humanités. Parce qu'elle avait codifié la loi romaine et respecté l'autorité de l'empereur romain, l'empereur Frédéric Ier Barberousse lui remit en 1158 une charte reconnaissant son statut de lieu d'enseignement et de recherche indépendant. C'est le début de l'indépendance des universités vis-à-vis du pouvoir. L'université était particulièrement tolérante pour l'époque. Une femme, Bettisia Gozzandini, y aurait étudié à la fin du XIe siècle et y aurait donné des cours devant des foules d'étudiants.

Après une période de déclin au XIXe siècle, l'université de Bologne reçut en 1988, à l'occasion de son 900e anniversaire, le titre de mère des universités (*Alma mater sudiorum*) que lui décernèrent des représentants des universités du monde entier. La *Magna Charta Universitatum*, signée à cette occasion, réaffirme l'autonomie de l'université et encourage les liens et échanges entre les universités européennes. **TB**

Enseignement du droit à l'université de Bologne, manuscrit italien du XVe siècle.

« Chaque université doit […] veiller à protéger les libertés des étudiants. »

Magna Charta Universitatum Europaeum, 1988

Urbain II prêche la croisade

Urbain II annonce dans un discours passionné la première croisade.

Urbain II vient prêcher la première croisade à Clermont en 1095, enluminure française du XIVe siècle.

Installé sur une estrade près de Clermont (aujourd'hui Clermont-Ferrand), le pape Urbain II harangua une foule d'évêques, de nobles et de citoyens, appelant les chevaliers chrétiens à arrêter de se battre entre eux pour mettre leur épée au service de Dieu et chasser les musulmans de Jérusalem. Ses paroles eurent un effet galvanisant et son discours fut interrompu par les exclamations « *Deus vult !* » (« Dieu le veut ! »).

Urbain répondait à un appel de l'empereur byzantin Alexis II qui réclamait de l'aide de l'Occident. Lorsque les Turcs seldjoukides avaient anéanti une armée byzantine à Manzikert en 1071 et envahi l'Anatolie, Grégoire VII avait demandé aux *milites Christi* (« soldats du Christ ») d'aider les chrétiens d'Orient, mais son appel n'avait pas été entendu. Depuis, les attaques dont les pèlerins chrétiens avaient été victimes en Terre sainte avaient suscité une nouvelle ferveur religieuse et le discours du pape fut apprécié. En 1096, ils furent des milliers en France, aux Pays-Bas et en Germanie à entreprendre ce long et dangereux voyage au Moyen-Orient.

Le discours d'Urbain II marqua le début des croisades qui opposèrent durant des siècles chrétiens et musulmans au Moyen-Orient, en Espagne et dans les Balkans. Si certains croisés partirent, attirés par l'appât du gain, la plupart s'engagèrent dans un élan de piété et de foi, avec la volonté de convertir les incroyants ; leur seule récompense résidait dans la promesse d'accéder au paradis. **SK**

La croisade populaire

Les partisans enthousiastes, mais inexpérimentés, de Pierre l'Ermite partent en croisade.

La première croisade, v. 1490, de Sébastien Marmoret, illustrant la croisade populaire.

Pierre l'Ermite, prédicateur charismatique, répondit à l'appel d'Urbain II invitant les chrétiens à mettre leur épée au service de Dieu. Durant l'été 1096, il prit la tête d'une armée désorganisée de chevaliers et de paysans constituant une « croisade populaire » qui traversa la Hongrie pour aller au Moyen-Orient. Ils auraient été 100 000, dont des femmes et des enfants. Partis avant la récolte, ils avaient peu de vivres et vivaient de leurs larcins. Avant même leur arrivée à Constantinople, l'empereur grec Alexis II fut averti de leur progression. Consterné par l'afflux de forces plus nombreuses que prévu et aussi peu disciplinées, il s'arrangea pour leur faire traverser le Bosphore. Le 6 août, les croisés arrivèrent à Nicomédie (aujourd'hui Izmit). En Asie Mineure, ils commencèrent à se quereller entre eux et Pierre revint à Constantinople pour demander l'aide de l'empereur. Pendant son absence, le sultan seldjoukide envoya une armée sur Civitot où se sont réfugiés les croisés ; la plupart furent massacrés, les autres s'enfuirent vers Constantinople.

Les prêches de Pierre l'Ermite parmi la population allemande prirent si bien qu'elles conduisirent 10 000 croisés à partir pour Jérusalem. En Rhénanie et tout le long de la vallée du Danube, ils massacrèrent sans pitié tous ceux qui refusaient de se convertir, et en particulier les juifs. Leurs contemporains furent horrifiés en apprenant cette tuerie qui fut, probablement, la première montée de l'antisémitisme en Europe de l'Ouest. **SK**

La naissance de l'ordre cistercien

Un petit groupe de moines souhaitant une réforme fonde l'ordre de Cîteaux.

« Apparition de la Vierge à saint Bernard », détail de *Scènes de la vie des saints* (entre 1353 et 1363) de Giovanni da Milano.

« Ce n'étaient pas des anges, mais ils étaient plus que de simples hommes. » Guillaume de Saint-Thierry décrivant Clairvaux, v. 1143

En 1098, un petit groupe de moines déçus par leur vie facile à l'abbaye de Molesmes, en Bourgogne, quittèrent celle-ci pour fonder un nouveau monastère. Sous l'égide de l'abbé Robert de Molesmes, qui n'avait pas réussi à réformer la vie des moines de l'abbaye, ils souhaitaient revenir aux règles fondamentales de saint Benoît.

Robert avait déjà essayé par deux fois de partir, mais le pape lui avait ordonné de rentrer. Cette fois, il était bien décidé à ne plus retourner à Molesmes. Sa famille était liée à l'aristocratie champenoise et Renaud, vicomte de Beaune, avait promis de lui donner des terres. Celles-ci se résumaient à une vallée abandonnée, un lieu isolé dans la forêt marécageuse mais cela ne le dissuada pas de fonder le monastère de Cîteaux. Il revint à Molesmes un an plus tard, quand les moines de l'abbaye furent d'accord pour se conformer strictement aux principes de saint Benoît.

Sous la direction de deux de ses disciples, Albéric et plus tard Étienne Harding, Cîteaux devint le monastère de l'ordre cistercien, et la Charte de charité de Harding, un modèle pour le monachisme occidental. L'ordre cistercien eut de plus en plus d'influence au XIIe siècle quand Bernard, l'abbé cistercien de Clairvaux, intervint dans le schisme papal de 1130-1138. Son influence grandit en même temps que celle de Bernard. En 1145, l'abbé du monastère cistercien d'Aquae Silviae, près de Rome, devint le pape Eugène III, ce qui fut un triomphe pour l'ordre. Entre 1130 et 1145, près de 100 monastères cisterciens furent créés dans toute l'Europe. Très conservateurs, ils jouèrent un rôle important dans les domaines intellectuels, économiques et des arts ; ils contribuèrent par ailleurs au développement des techniques d'agriculture. **TB**

La chute de Jérusalem

Les croisés prennent le contrôle de Jérusalem, en causant de terribles massacres.

« Le massacre fut tel que nos hommes pataugeaient dans le sang », écrivit l'auteur anonyme de *Gesta Francorum* (v. 1100-1101) relatant les actions qui se déroulèrent lorsque l'armée de la première croisade fit tomber les murs de Jérusalem et pénétra dans la cité.

Cela faisait presque trois ans que les croisés, des chevaliers et nobles français en majorité, ainsi que des Normands venus du Sud de l'Italie, avaient quitté Constantinople pour leur longue marche jusqu'à Jérusalem. Restés huit mois à Antioche, qu'ils finirent par prendre en juin 1098 (selon certains grâce à l'intervention miraculeuse de la Sainte Lance), ils furent aussi retardés par des désaccords avec les Byzantins et des querelles entre leurs chefs. Bohémond de Tarente fut particulièrement gênant, mais abandonna la croisade après s'être attribué le titre de prince d'Antioche. Pendant toute cette période, les croisés se battirent contre les Turcs seldjoukides, puis gagnèrent le territoire des califes fatimides du Caire qui avaient repris Jérusalem aux Seldjoukides en août 1098.

Le 7 juin 1099, seuls 1 200 des 7 000 hommes arrivèrent à Jérusalem. Le 15 juillet, les hommes de Godefroi de Bouillon parvinrent à ouvrir les portes de la muraille. Au cours des deux jours qui suivirent, ils tuèrent presque tous les habitants, musulmans, juifs ou chrétiens d'Orient. Même ceux qui s'étaient réfugiés dans la mosquée Al Aqsa furent massacrés. Godefroi de Bouillon devint le souverain de la ville, refusa le titre de roi, prenant l'appellation, moins honorifique, d'*Advocatus Sancti Sepulchri*, « avoué du Saint-Sépulcre ». Par cet acte, Godefroi voulut montrer qu'il considérait Jérusalem comme la propriété du Christ, et par extension de l'Église, à l'autorité de laquelle il se soumettait. **SK**

Mise à sac de Jérusalem prise par les chrétiens en 1099, miniature enluminée de 1440.

« Dans cinq semaines si nous quittons Antioche, nous serons à Jérusalem. »

Étienne de Blois écrivant à sa femme, juin 1097

Héloïse et Abélard

Le grand théologien et philosophe Pierre Abélard paie cher son amour pour Héloïse.

Pierre Abélard raconta lui-même son histoire dans *Historia Calamitatum*. Enseignant à l'école de Notre-Dame à Paris, il devint le tuteur d'Héloïse, jeune fille de 17 ans et nièce du chanoine Fulbert. Il fut séduit par son intelligence et son instruction. Très vite, ils tombèrent amoureux ; ils se marièrent en secret et eurent un fils. Mais Fulbert se vengea en faisant émasculer Abélard.

À la demande de ce dernier, Héloïse prit le voile. Plus tard, Abélard recommença à enseigner, d'abord à l'oratoire de Paraclet, qu'il fonda, puis à Paris. Il mourut en 1142 et fut enterré au Paraclet. Lorsque Héloïse mourut, son corps fut placé dans la même tombe. En 1817, tous deux furent inhumés dans un immense sépulcre au cimetière du Père-Lachaise, à Paris.

« Héloïse […] était une femme admirable de par la richesse de son savoir. »

Pierre Abélard, *Historia Calamitatum*, v. 1132

Cette histoire, l'une des plus célèbres histoires d'amour du Moyen Âge, inspira des poèmes, des romans, des tableaux et des pièces de théâtre. Cependant, elle ne doit pas faire oublier l'importance de l'enseignement et de la pensée d'Abélard à une époque où l'instruction était en plein essor en Europe. L'homme fut à la fois poète, musicien et théologien. Sa pensée eut une influence considérable sur les lettrés de l'ensemble de l'Europe. **SK**

Détail d'*Abélard et son élève Héloïse* (1882) d'Edmund Blair Leighton (1853-1922).

1127 – 12 JUIN

La nouvelle ère Song

Gaozong fonde la dynastie des Song du Sud à Hang-chou.

Sous l'autorité bienveillante de la dynastie des Song (960-1279), la Chine devint le pays le plus prospère et le plus avancé sur le plan technologique. Cependant, les Song étaient moins doués pour les affaires militaires et contrôlaient surtout les peuples chinois. Gaozong vint à leur secours en 1127.

Dès la fondation de leur dynastie, les Song durent affronter des ennemis très puissants qu'ils essayèrent de diviser pour mieux les contrôler. L'empire Liao des Khitan, dont la frontière sud se trouvait à quelques kilomètres au nord de Pékin, était pour eux une menace constante. Ils furent souvent obligés de lui payer un tribut pour se protéger. En 1114, l'empereur des Song, Huizong, pensa qu'il évincerait les Khitan en soutenant la rébellion de leurs tributaires, les Jürchen de Mandchourie. Après des années de guerre, ces derniers finirent en 1124 par renverser les Khitan et créèrent la dynastie des Chin. Mais celle-ci devint vite une menace plus grande encore que les Khitan pour l'empire des Song. En 1125, les Chin envahirent ce dernier et Huizong abdiqua en faveur de son fils Qinzong. Celui-ci ne réussit pas à rassembler les troupes chinoises et en janvier 1127, les Chin s'emparèrent de la capitale Kaifeng, faisant à vie prisonniers Huizong, Qinzong et 3 000 membres de la famille royale.

Gaozong, le plus jeune fils de Huizong, parvint à s'échapper et se proclama empereur le 10 juin 1127. Incapable de reconquérir le Nord du pays, il fonda une nouvelle capitale dans le Sud de la Chine, à Hang-chou. C'est ainsi que commença le règne de la dynastie des Song du Sud (celles des Song du Nord allant de 960 à 1126), qui dura jusqu'à l'invasion mongole en 1279. **JH**

1137

Naissance du gothique

L'abbé Suger entreprend la rénovation de l'église de Saint-Denis.

En 1122, Suger, homme d'origine paysanne, devint l'abbé de Saint-Denis. Il était conseiller de Louis VI, son ami et condisciple puisqu'ils furent éduqués ensemble par les moines de Saint-Denis. En 1137, Louis VI mourut et son successeur Louis VII ne voulut pas de Suger pour conseiller. Ce dernier s'intéressa alors à l'église de Saint-Denis qui était attachée à l'abbaye et datait de 737. Pendant cinq ans, il supervisa sa reconstruction.

Il commença par la façade ouest, remplaçant la maçonnerie carolingienne par une construction rappelant l'arc de Constantin, à Rome. La nouvelle façade avait trois grandes entrées et une superbe verrière rose, l'une des premières du genre. Laissant intacte la nef d'origine, Suger fit rebâtir le chœur en utilisant de nouvelles formes architecturales, notamment des arcs en ogive, des voûtes à nervures et des groupes de colonnes. L'utilisation d'arcs-boutants permit l'ajout d'autres verrières. Suger inventa ainsi le style gothique.

La nouvelle église fut terminée et consacrée le 11 juin 1144. Un siècle plus tard, la nef fut reconstruite dans le style gothique. Sous l'influence des rois angevins, ce style se répandit dans toute l'Europe et caractérise aujourd'hui de nombreuses églises et cathédrales. **TB**

« Nous nous sommes appliqués à agrandir le corps de l'église. »

Abbé Suger, *Livre de Suger*, v. 1148

1148 – 24 JUILLET

Le siège de Damas lors de la deuxième croisade

Les croisés sont contraints à une retraite humiliante.

Le siège de Damas et la bataille de Barada, enluminure française du XVe siècle de Sébastien Marmoret.

« [Ils] croyaient qu'une vaste armée pouvait se nourrir de fruits… »

Archevêque Guillaume de Tyr, *Historia*, v. 1175

Le 24 juillet, l'armée de la deuxième croisade s'approcha des murs de Damas et fit le siège de celle-ci pendant cinq jours. La croisade avait été provoquée par la chute d'Édesse (aujourd'hui Urfa, en Turquie), prise par Zanki, l'émir de Mossoul. Elle fut prêchée avec flamme par Bernard de Clairvaux et conduite par deux puissants rois de l'Europe catholique romaine, Louis VII et l'empereur germanique Conrad III. Les croisés tentèrent de suivre le même itinéraire que lors de la première croisade, se rassemblant à Constantinople à l'automne 1147, puis traversant le plateau anatolien pour atteindre la Terre sainte.

Alors qu'ils parcouraient l'Anatolie, ils furent immédiatement malmenés par les Turcs seldjoukides. Comme ils avaient subi de lourdes pertes, Louis VII et Conrad III abandonnèrent l'idée de reprendre Édesse et décidèrent d'attaquer Damas. C'était en effet une cité riche et précieuse sur le plan stratégique, mais son émir, Unur, était le seul dirigeant musulman de la région à ne pas être opposé au royaume de Jérusalem. L'attaquer était donc une pure sottise, mais les croisés étaient déterminés à combattre les musulmans et tous les musulmans, à n'importe quel prix.

Les habitants de Damas n'étaient pas préparés à l'assaut et la ville faillit être prise dès le premier jour. Les croisés espéraient, eux, une victoire rapide. Le manque de vivres et d'eau les contraignit à abandonner le siège. Le 28 juillet, ils levèrent le camp et entamèrent une retraite humiliante. Bernard de Clairvaux vit sa crédibilité nettement diminuée. La deuxième croisade fut complètement contre-productive. Elle eut pour seule conséquence notable de renforcer la campagne visant à unifier les musulmans contre les croisés. **JH**

Becket devient archevêque

Après avoir été nommé à Canterbury, le chancelier du royaume se fâche avec Henri II.

L'évêché de Canterbury était vacant depuis un an. Henri pensait que la nomination de Becket, déjà chancelier du royaume, c'est-à-dire chef de l'administration royale, au poste d'archevêque ne pouvait que lui être bénéfique. Bien qu'archidiacre, Thomas Becket était connu pour mener une vie fastueuse et ne passait pas pour un homme d'Église sobre. Toutefois, le roi ne considéra pas cela comme un obstacle. Becket fut ordonné prêtre et devint archevêque, le lendemain, ce qui eut de graves conséquences pour les deux hommes.

Né à Londres en 1118, Becket, fils d'un riche marchand normand, avait fait ses études à Paris et travaillé sous les ordres du shérif de Londres avant de rejoindre la maison royale de Theobald, alors archevêque de Canterbury. En 1154, Theobald proposa au nouveau roi Henri II de le faire chancelier. Thomas se montra très dévoué. Il était efficace et travailleur, surtout quand il s'agissait de lever des impôts. Henri II pensa qu'il continuerait à le servir ainsi quand il serait archevêque, mais se trompa.

En 1162, une fois archevêque, Thomas refusa de rester chancelier. En outre, il montra autant de zèle à défendre les intérêts de l'Église qu'il en avait mis à défendre ceux du roi. Or Henri voulait à tout prix imposer son autorité à l'Église. Quand Becket refusa, comme il le lui demandait, d'ôter aux « ecclésiastiques criminels » (prêtres ayant violé la loi) le privilège d'être jugés par des cours ecclésiastiques, leur différend s'amplifia au point que le roi le fit condamner par une assemblée qui se tint à Northampton et qu'en 1164 l'archevêque fut contraint de s'enfuir à France. Il se fixa à l'abbaye de Pontigny, puis à Sens. Becket mena une vie austère durant son exil mais n'abdiqua aucune de ses prérogatives. Toutes les tentatives de réconciliation échouèrent. **SK**

Manuscrit enluminé anglais du début du XIVe siècle montrant Henri II se disputant avec Thomas Becket.

« Sachez que Thomas a été jugé […] comme un traître pernicieux et parjure. »

Proclamation d'Henri II contre Becket, 1164

L'arrivée des Normands en Irlande

Leur incursion marque la première intervention des Anglais dans les affaires irlandaises.

Centaure normand tuant un lion celtique, tympan au-dessus de la porte nord de la chapelle de Cormac.

« Ni les vents d'est, ni ceux d'ouest n'ont apporté votre présence si désirée. »

Lettre de MacMurrough à Strongbow, 1170

En 1169, deux bateaux transportant 70 soldats normands lourdement armés et des archers gallois pénétrèrent dans les eaux calmes de la baie de Bannow, au sud-est de l'Irlande. Les troupes avaient pour objectif de remettre sur le trône de Leinster Dermot MacMurrough, évincé du pouvoir quelques années plus tôt. MacMurrough s'était d'abord enfui au pays de Galles, puis en France où le roi Henri II lui avait promis une aide politique et militaire. Robert FitzStephen et Richard de Clare, comte de Pembroke, aussi connu sous le nom de Strongbow, l'aidèrent à lever une armée de mercenaires.

Les envahisseurs ne rencontrèrent presque pas de résistance et prirent, le jour suivant, le village viking de Wexford. N'ayant pas réussi à s'emparer de Tara, bastion des grands rois irlandais, MacMurrough demanda des renforts. En 1170, Strongbow débarqua avec des forces plus importantes au sud-est de Wexford et de Waterford, et prit Dublin. Il se maria avec la fille de MacMurrough, Aoife, et devint l'héritier du royaume de Leinster. MacMurrough mourut peu après, mais quand Strongbow réclama la couronne, une révolte éclata, et il fut obligé de revenir auprès d'Henri auquel il donna ses terres et ses châteaux.

Suspectant Strongbow de vouloir créer un royaume indépendant en Irlande, le roi se rendit lui-même à Waterford en 1171, à la tête d'une immense armée. Il fut ainsi le premier roi d'Angleterre à fouler le sol irlandais.

Henri fit de Waterford et de Dublin des cités royales, et visita l'île, obligeant tous les chefs des royaumes irlandais à faire acte d'allégeance. Son fils Jean devint seigneur d'Irlande (et roi à la mort de son père). En 1175, un traité signé à Windsor entérina la présence anglaise en Irlande. **PF**

L'assassinat de Thomas Becket

Becket est assassiné par quatre chevaliers dans la cathédrale de Canterbury.

Quatre chevaliers, Reginald Fitzurse, Hugh de Morville, Guillaume de Traci et Richard le Breton firent irruption dans la cathédrale de Canterbury au moment des vêpres. Ils tentèrent d'attirer l'archevêque à l'extérieur pour le faire prisonnier, mais celui-ci refusa de quitter la cathédrale. Ils dégainèrent alors leur épée et le tuèrent sur place en lui fendant le crâne.

Thomas Becket était revenu en Angleterre depuis moins d'un mois. Henri II, craignant un interdit papal, l'avait autorisé à rentrer. Cependant, Thomas Becket campait sur ses positions et les querelles entre les deux hommes reprirent. Quand Henri II, très irrité, demanda qui allait le débarrasser de ce prêtre turbulent, les chevaliers choisirent de faire eux-mêmes justice et partirent immédiatement à Canterbury.

Quelques jours après la mort de Thomas Becket, le peuple afflua pour prier sur sa tombe. Il fut ensuite question de tant de guérisons miraculeuses que le pape Alexandre III décida de canoniser l'archevêque trois ans après sa mort. L'année suivante, Henri II se rendit à Canterbury pour faire pénitence, pieds nus et portant une robe de bure. Il passa un jour et une nuit en prière près de la tombe puis se dépouilla de ses vêtements et se fit fouetter en public. Thomas devint l'un des saints les plus populaires du Moyen Âge, de nombreuses églises lui furent consacrées, et son tombeau était un lieu de pèlerinage connu dans toute l'Europe.

Le poème narratif de Geoffrey Chaucer, *Les Contes de Canterbury*, l'un des premiers chefs-d'œuvre de la littérature anglaise, décrit le voyage au XIVe siècle d'un groupe de pèlerins qui vont de Londres à Canterbury pour voir le saint martyr. Le tombeau de Thomas Becket fut détruit en 1540 sur l'ordre d'Henri VIII et ses os éparpillés. **SK**

Enluminure du XIIIe siècle montrant les chevaliers tuant Thomas Becket à Canterbury.

« L'épée s'abattit sur lui […] fendant complètement le sommet de son crâne. »

Edward Grim, *Life of St. Thomas*, 1172

Saladin prend le pouvoir

Le général kurde s'empare de Damas et se proclame sultan.

Manuscrit enluminé du xve siècle tiré des *Six âges du monde*, montrant Saladin portant un cimeterre.

La division des musulmans fut la clé de la réussite de la première croisade (1096-1099). Par la suite, les musulmans se ressaisirent. Zanki, l'émir de Mossoul, reprit Édesse aux croisés en 1144 et son fils Nur al-Din unifia la Syrie en 1154 et conquit l'Égypte en 1169. Les États des croisés en Terre sainte étaient donc à présent entourés de territoires contrôlés par Nur al-Din. Après sa victoire, celui-ci envoya en Égypte le général kurde Saladin en qualité de vice-roi, lui-même gouvernant depuis Mossoul. Ce fut une grossière erreur.

Riche et très peuplée, l'Égypte constitua pour Saladin qui était très ambitieux un véritable tremplin. En 1170 et 1172, il sabota délibérément les campagnes de Nur al-Din contre le royaume de Jérusalem. Bien qu'il ait eu envie, comme son souverain, d'en chasser les croisés, il préféra que le royaume restât intact et servît de zone-tampon entre l'Égypte et la Syrie jusqu'à ce qu'il prît lui-même le pouvoir.

Nur al-Din préparait une guerre contre Saladin quand il mourut à Damas, le 15 mai 1174. Son fils de 11 ans, al-Salih, fut désigné comme son successeur sous la régence de Gumushtigin, un eunuque. Cependant, Saladin déclara qu'il était le régent légitime. À la fin du mois d'octobre, il prit Damas et s'attribua le titre de sultan, renforçant son autorité en se mariant avec la veuve de Nur al-Din. Il fut totalement en sécurité quand al-Salih mourut soudainement à Alep en 1181, probablement empoisonné.

Après la reconquête de Jérusalem en 1187, près d'un siècle après l'annexion de la ville sainte par les croisés, Saladin jusque-là considéré par certains comme un usurpateur, devint un héros dans tout le monde musulman. Il mourut à Damas en 1193 à l'âge de 55 ans. **JH**

« Cet adolescent… a besoin d'un tuteur […], nul n'est mieux placé que moi […]. »

Saladin, 1174

L'humiliante défaite de Barberousse

Frédéric Ier Barberousse est vaincu par la Ligue lombarde à Legnano.

À l'aube, le 29 mai 1176, l'armée de l'empereur Frédéric Ier Barberousse traversa le fleuve Olana pour affronter les 3 500 hommes de la Ligue lombarde qui réunissait des États restés fidèles au pape Alexandre III. Frédéric dut croire à la victoire lorsque sa cavalerie de chevaliers germaniques se retrouva face aux fantassins des Lombards.

Au départ, en effet, même si l'infanterie lombarde se battait vaillamment, il paraissait évident que Barberousse allait gagner. Mais le tournant décisif eut lieu quand une cavalerie lombarde arriva en renfort de Brescia et attaqua par surprise l'arrière de l'armée de Barberousse. Une fois les forces impériales en déroute, la cavalerie de Brescia se dirigea droit sur Barberousse, tuant son porte-drapeau et ses gardes personnels. L'empereur fut désarçonné. Craignant la mort de leur souverain, les troupes impériales paniquèrent et battirent en retraite. La cavalerie de la Ligue lombarde les poursuivit. Les commandants de Barberousse tentèrent en vain de persuader leurs troupes de se battre. À la fin de la bataille, les Lombards avaient fait de nombreux prisonniers et mis la main sur de grandes quantités d'or appartenant à Barberousse.

La victoire de la Ligue détermina le futur de l'Italie. À l'occasion du traité de Venise, Barberousse reconnut la souveraineté des États papaux et les droits temporels du pape sur la ville de Rome. Il mit fin à plusieurs années de schisme en renonçant à soutenir l'antipape Calixte III.

En outre, un traité de paix fut signé avec Guillaume II de Sicile qui apporta une période de paix et de prospérité aux Siciliens. Après d'autres conflits, Frédéric Ier Barberousse cessa de vouloir dominer les cités lombardes en 1183. **TB**

Détail de *La Bataille de Legnano en 1176* de Massimo Taparelli d'Azeglio (1831).

« L'empereur […] doit confirmer en prêtant serment […] sa paix avec l'Église. »

Traité de Venise, 1177

Le déclin des Taira

Minamoto no Yoshitsune bat le clan des Taira à Dan-no-ura et instaure un gouvernement militaire à la place de l'empereur destitué.

L'histoire du Japon au XIIe siècle est dominée par la rivalité entre le clan des guerriers Taira (ou Heike) et celui des Minamoto (ou Genji), qui se disputaient le contrôle de la cour impériale de Kyoto. La lutte devint critique lors de la guerre de Genpei (1180-1185). Les Taira chassèrent les Minamoto de Kyoto en 1159 et gouvernèrent le pays en maîtres incontestés jusqu'à ce que Minamoto no Yoritomo fomentât une rébellion en 1180. Il obtint le soutien des *daimyo* (seigneurs féodaux) et délégua la conduite de la guerre à son demi-frère, le grand samouraï Minamoto no Yoshitsune.

Chassés de Kyoto en 1183, les Taira se réfugièrent sur l'île de Shikoku où ils préparèrent une offensive. Possédant une flotte plus importante, Yoshitsune les attaqua dans la baie de Dan-no-ura, le 25 avril 1185. Piégés et en nombre inférieur, les Taira se battirent avec bravoure. Quand la défaite fut inévitable, la plupart de leurs chefs se jetèrent dans la mer et se noyèrent. *Le Heike Monogatari*, le plus grand chef-d'œuvre de la littérature japonaise du Moyen Âge, immortalisa le déclin du clan des Taira.

Yoritomo instaura un gouvernement militaire à Kamakura, prenant le titre de shogun (« généralissime ») en 1192. Les empereurs continuèrent à régner à Kyoto, mais le pays fut en fait gouverné par les shoguns jusqu'en 1868. Yoritomo devint l'ennemi de Yoshitsune et l'exclut de son gouvernement. Yoshitsune se suicida en 1189. **JH**

Représentation japonaise du guerrier Minamoto no Yoshitsune à cheval, 1886.

Gravure sur bois représentant Minamoto no Yoshitsune au cours de la bataille de Dan-no-ura.

1186 – 27 JANVIER

La Sicile passe à l'Allemagne

Henri de Hohenstaufen se marie avec Constance de Sicile à Milan.

Le 27 janvier 1186, Henri VI, fils de l'empereur Frédéric Ier Barberousse, épousa Constance de Sicile. Le mariage causa le déclin des Hohenstaufen, mais fut considéré à l'époque comme une réussite sur le plan diplomatique. Henri était l'héritier de l'Empire romain germanique qui incluait le Nord de l'Italie, tandis que Constance était la tante et l'héritière du roi normand Guillaume II de Sicile qui n'eut pas d'enfants, et dont le royaume comprenait la majeure partie du Sud de l'Italie.

Cette union entre l'Empire romain et le royaume de Sicile ne fut pas bien accueillie par le pape. Moins d'un siècle s'était écoulé depuis la querelle des Investitures qui avait opposé Grégoire VII à Henri IV. Auparavant, l'investiture des abbés et des évêques était conférée par le prince laïc, mais Grégoire VII avait réussi à émanciper l'Église du pouvoir temporel. Après cela, les relations étaient restées tendues entre le pape et l'empereur. Le mariage d'Henri avec Constance risquait d'isoler Rome qui serait entourée de territoires contrôlés par Henri. Quand Guillaume II mourut, les Siciliens désignèrent pour lui succéder Tancrède de Lecce, fils illégitime du frère de Constance, Roger. Henri et Constance durent attendre la mort de Tancrède en 1194 pour contrôler la Sicile.

En 1197, la mort d'Henri à Messine, de la malaria, mit fin aux liens existant entre la Sicile et l'Empire germanique. Cependant, Constance assura la régence jusqu'à ce que son fils, le futur Frédéric II, prît le pouvoir. Frédéric devint empereur en 1212 à la grande consternation de la papauté, qui finit toutefois par écarter les Hohenstaufen du pouvoir aussi bien dans l'Empire germanique qu'en Sicile. **JH**

1187 – 2 OCTOBRE

La chute de Jérusalem

Saladin est vainqueur des croisés au cours de la bataille de Hattin.

Véritable leader du monde musulman, Saladin, sultan d'Égypte, voyait la destruction du royaume de Jérusalem comme une priorité religieuse et politique. Cependant, il ne pouvait disposer d'une grande armée que l'été, quand les paysans n'étaient plus accaparés par les travaux en raison de la crue annuelle du Nil. Les croisés pouvaient donc rester dans leurs châteaux et attendre qu'il évacue ses troupes à la fin du mois d'août.

« Les croisés n'avaient encore jamais connu pareille défaite en Palestine. »

Ibn al-Athir, *L'Histoire parfaite*, v. 1231

En 1187, le baron Reynald de Châtillon attaqua une caravane de musulmans. Saladin réagit en assiégeant Tibériade. Guy de Lusignan, roi de Jérusalem, quitta sa position défensive à Nazareth pour apporter du renfort. Harcelés par les musulmans, les croisés allèrent lentement et, le 3 juillet, furent obligés de s'arrêter pour la nuit. Ils n'avaient plus d'eau et les musulmans allumèrent des feux autour de la colline pour les torturer. À l'aube, le 4 juillet, ils se retrouvèrent encerclés. Le roi Guy fut fait prisonnier et seule une poignée de croisés resta en vie. Jérusalem, laissée sans défense à cause d'un désastre qui aurait pu être évité, se rendit le 2 octobre.

La chute de Jérusalem déclencha la troisième croisade, mais malgré les efforts conjoints de la France, de l'Angleterre et de l'Allemagne, la cité ne fut pas reprise. **JH**

La mort de Frédéric Ier Barberousse

L'empereur germanique se noie alors qu'il part en croisade en Terre sainte.

do untreden im de boden des soldanes. De keiser uor do uort
to konin de heidenen straden mit eme unde worden sege
los bi der stat. ere ward unmate vele geslagen. Sin sone
de hertoge vrederic gewan de wile de stat unde herbergede
dar in. En burch lach binnen der stat dar was de soldan
uppe. vor der burch lagen de xpenen also lange want se den
soldan dar to dwungen dat he in des gisle gaf dat se had
den guden vrede unde guden kop al dur sin lant. Do de
keiser dannen vor de heidenen braken den vrede des behelt
de keiser de gisle unde uorde se mit eme to armenie dar
wolde de keiser swemmen men
unde ertrank. Do ward grot
iamer in der xpenheit. Do starf
oc greve ludolf unde greve
wilbrant van halremunt unde der xpenen vele. Des kei-
seres begrovenen en del to anthioc dar ander del uordenen
to surs unde begrof it dar mit groten eren. De hertoge vrede

Ce manuscrit de la *Chronique anglo-saxonne* (fin du XIIIe siècle) illustre la noyade de Barberousse.

Durant l'été 1190, une grande armée de croisés germaniques, de chevaliers, de fantassins et de civils traversa une plaine du sud de l'Anatolie (Turquie actuelle) sous un soleil de plomb. À sa tête se trouvait l'empereur Frédéric Ier Barberousse, qui accomplissait sans le savoir sa dernière campagne.

Âgé de 67 ans, ce souverain, qui était le plus puissant d'Europe, partit pour la troisième croisade et conduisait son armée en Palestine où les États des croisés étaient menacés par Saladin, le chef des sarrasins. Cela faisait plus d'un an que cette armée disciplinée et bien équipée était en route. Malgré des conditions difficiles, elle n'avait presque pas perdu d'hommes. Saladin l'attendait donc avec une certaine appréhension.

Les croisés atteignirent les rives du fleuve Selef, dont l'eau qui leur arrivait à peine à la taille se révéla pourtant fatale pour Barberousse. Celui-ci, savourant sa fraîcheur, aurait été emporté par le courant ou aurait glissé de son cheval alors qu'il passait à gué. Quoi qu'il en soit, il se noya. Son armure n'était pas lourde, mais elle l'empêcha peut-être de remonter à la surface.

Sa mort désempara ses fidèles. Son armée se disloqua. Son fils aurait voulu enterrer son père à Jérusalem, mais le corps de Barberousse se décomposa avant que les croisés aient atteint Antioche, bien qu'on ait tenté de le conserver dans du vinaigre. Saladin, de son côté, remercia Allah pour le miracle accompli. **RG**

Le siège et la prise de Saint-Jean-d'Acre

Les rois de France et d'Angleterre prennent la cité.

« Les croisés de Philippe II à Acre », *Les Grandes Chroniques de France*, manuscrit enluminé (v. 1335).

En 1190, le roi d'Angleterre Richard Ier Cœur de Lion et le roi de France Philippe II Auguste conduirent la troisième croisade en Palestine pour aider les chrétiens face au grand chef musulman, Saladin. Très méfiants, ils partirent ensemble de peur que l'un d'eux ne profitât de l'absence de l'autre pour envahir son pays. Philippe II fut le plus rapide : il rejoignit en avril 1191 les chrétiens assiégeant Saint-Jean-d'Acre. Richard Ier arriva le 8 juin.

En fait, il y avait deux sièges, car si les musulmans subissaient, en défendant la ville, les tirs de catapultes des chrétiens, ces derniers étaient attaqués par derrière par l'armée de Saladin. Richard Ier et Philippe II tombèrent malades en raison de conditions de vie insalubres.

La situation devint désespérée pour les musulmans quand les troupes de Richard approchèrent. Au début du mois de juillet, les croisés ouvrirent des brèches dans les murs. Les musulmans capitulèrent. On leur promit la vie sauve.

Le 12 juillet, les prisonniers musulmans, affamés, quittèrent la ville avec « élégance et dignité ». Les croisés, eux, ne furent pas très dignes. Philippe quitta la Palestine et rentra en France, ce que les Anglais jugèrent lâche et perfide ; le 10 août, Richard, craignant une trahison, fit massacrer la garnison de la ville, hommes, femmes et enfants, affirmant que les termes de la capitulation n'avaient pas été respectés. La prise de Saint-Jean-d'Acre fut la première étape dans le reconquête de Jérusalem. **RG**

La culture chinoise gagne le Japon

Le moine Myoan Eisai introduit le bouddhisme zen et le thé au Japon.

○ *Moine zen près d'une cascade avec paysage*, peinture sur soie du peintre japonais Manotobu.

« Notre pays regorge d'êtres maladifs, […] car nous ne buvons pas de thé. » Myoan Eisai (1145-1215), *Boire du thé pour être en bonne santé*

Certains éléments caractéristiques de la culture japonaise comme la cérémonie du thé, les arrangements floraux ou encore les arts martiaux sont en réalité chinois. Ils furent introduits au Japon par le moine japonais Myoan Eisai qui vécut quatre ans en Chine, sur le mont T'ien-T'ai, pour y étudier la forme Lin-Chi du bouddhisme Ch'an. Il en rapporta la version la plus rigoureuse du bouddhisme, le bouddhisme zen. À Kyoto, il planta des graines de thé chinois, car le thé était censé favoriser la méditation et avoir des vertus thérapeutiques. Dans son ouvrage *Kissa Yojoki* (« Boire du thé pour être en bonne santé »), la boisson est considérée comme un fortifiant.

Eisai se présentait toujours comme un moine de l'école Tendai, mais son enseignement servit de base au développement de l'école de Rinzai – qui devint l'une des principales branches du bouddhisme zen japonais. Il fut le premier moine japonais à être reconnu comme un maître du bouddhisme zen, et renforça les relations entre les monastères japonais et chinois. L'empereur le soutenait et lui décerna le titre de grand maître, qu'il refusa.

La pratique du Rinzai mettait l'accent sur « l'éveil soudain » ou *satori* provoqué par des chocs physiques, des cris ou des coups, ou intellectuels sous la forme de *koan* (« questions paradoxales »). Comme le Rinzai prônait la défense de l'État et la participation aux cérémonies publiques, la secte d'Eisai attira des samouraïs qui utilisaient son enseignement en pratiquant les arts martiaux.

L'un de ses disciples, Dogen, qui étudia aussi en Chine, rentra au Japon en 1227, et y introduisit la tradition Soto, soulignant l'importance de la méditation pour atteindre l'éveil. Cette secte devint rapidement populaire et est maintenant la principale école de bouddhisme zen au Japon. **PF**

Richard Cœur de Lion capturé en Autriche

Le roi d'Angleterre est fait prisonnier par le duc d'Autriche.

Peu avant Noël 1192, un étranger barbu arriva à Erdberg, près de Vienne, avec un page parlant allemand. Tremblant de fièvre et de fatigue, il s'alita dans une auberge. Il s'agissait de Richard Ier dit Cœur de Lion, le roi d'Angleterre.

Il revenait d'une croisade en Palestine. Ayant fait naufrage sur la côte croate, il avait décidé de continuer son voyage par voie terrestre jusqu'en Saxe. Malheureusement, il devait pour cela traverser le territoire de son ennemi juré, le duc Léopold d'Autriche. Chevauchant sur des chemins de campagne avec quelques chevaliers et habillé sobrement, il pensait passer inaperçu. Mais des personnes notèrent ses manières inhabituelles et sa richesse. Lorsque les autorités devinèrent son identité, elles le pourchassèrent. Il voyagea alors nuit et jour, accompagné uniquement d'un page, jusqu'à ce que la faim et l'épuisement l'obligent à se reposer.

À Erdberg, son anonymat ne dura pas longtemps. Son page se fit remarquer alors qu'il achetait des provisions. Il avait en effet des pièces d'argent et des gants fins prêtés par son maître. Trois jours plus tard, les soldats de Léopold encerclèrent l'auberge de Richard. Ils trouvèrent celui-ci en train de faire cuire de la viande à la cuisine. Il essaya de se faire passer pour un templier, mais fut capturé et emmené à Vienne.

Léopold, très souvent humilié par le roi d'Angleterre, l'emprisonna dans le château de Dürnstein, sur le Danube, et réclama une rançon importante. Richard fut ensuite livré à l'empereur Henri IV. Libéré en février 1194 contre une rançon de 150 000 marks que sa mère, Aliénor d'Aquitaine, versa en levant une taxe, et après avoir prêté serment d'allégeance à l'Empire austro-hongrois, Richard put retourner dans son royaume qui s'était affaibli pendant sa longue absence. **RG**

Reproduction d'un manuscrit du XIVe siècle montrant Richard en prison à Vienne.

« Celui que la mort ou la prison dissimule/est privé de ses parents et amis. »

Richard Ier, poème écrit en captivité

1194 – 10 JUIN

Un miracle à Chartres

La cathédrale de Chartres est reconstruite grâce à la découverte d'une relique.

En juin 1194, dès que l'incendie qui détruisit la majeure partie de la cathédrale fut éteint, le choc laissa la place à la consternation quand les témoins du drame réalisèrent que la tunique de la Sainte Vierge avait également brûlé dans l'incendie. La relique attirait de nombreux pèlerins et constituait une importante source de revenus.

Pourtant, trois jours plus tard, des prêtres émergèrent des ruines fumantes en tenant la fameuse relique. Ils s'étaient réfugiés dans la crypte pendant l'incendie et y étaient restés jusqu'au moment où ils avaient pu sortir sans risque. Les témoins de la scène, dont le cardinal Melior di Pisa, crièrent au miracle. Le cardinal, un légat pontifical, dit aux habitants de Chartres que malgré leur opposition au versement d'une taxe pour reconstruire l'église, une superbe cathédrale serait bâtie pour célébrer le miracle dont la nouvelle se propagea très rapidement. C'est ainsi que l'argent nécessaire à la construction de l'édifice afflua de toute l'Europe.

« Le roi a donné deux cents livres pour la cathédrale. »

Cartulaire de Chartres, XIIe siècle

Même si ce prétendu miracle ressemblait fort à un canular destiné à récolter des fonds pour sauver un projet impopulaire, la cathédrale fut une merveille de l'art gothique. Avec ses magnifiques arcs-boutants et ses hautes voûtes, elle fut érigée avec de nouvelles techniques de construction et devint la plus haute de l'époque. **TB**

1204 – 12 AVRIL

La croisade honteuse

Constantinople brûle pendant que les croisés la pillent.

Dès son élection, le pape Innocent III appela à une nouvelle croisade. Rassemblés à Venise en juin 1202, les croisés devaient attaquer les Ayyubides d'Égypte qui contrôlaient Jérusalem et la majeure partie de la Syrie, mais ils n'avaient pas assez d'argent pour disposer d'une flotte. Les Vénitiens les incitèrent donc à attaquer le port de Zara, en Croatie, en leur promettant une part du butin. Les croisés se rendirent ensuite à Constantinople pour y rejoindre l'armée vénitienne qui assiégeait la ville, afin de remettre l'empereur Alexis IV sur le trône. Ce dernier ne leur offrit toutefois aucune récompense. Quand il fut assassiné six mois plus tard, les croisés attaquèrent à nouveau la ville.

« Ils cassaient les icônes… laissaient chevaux et mules entrer dans l'église. »

Nicétas Coniatès, *Sac de Constantinople*, 1204

Durant trois jours, ils pillèrent Constantinople, se vengeant des Grecs qui, selon eux, les avaient trahis. Les croisés créèrent un « empire latin » à Constantinople, morcelant la Grèce et les Balkans afin de s'octroyer des États féodaux, tandis que les empereurs byzantins ne régnaient plus que sur le territoire de Nicée. Le sac de Constantinople altéra durablement les relations entre l'Occident catholique et l'Orient orthodoxe, et rendit l'idéal des croisés peu crédible. **SK**

➲ Détail d'une mosaïque de l'église Saint-Jean-l'Évangéliste, illustrant le siège de Constantinople.

COSTATINO

Le premier « roi de France »

Philippe II Auguste prend Rouen et chasse les Anglais de Normandie.

Manuscrit enluminé illustrant la prise de Rouen par les Français.

« Le roi Jean captura Arthur… puis le tua de ses propres mains. »

Les Annales de Margam,

Abbaye de Margam, XIIIe siècle

Le roi de France Philippe II Auguste qui assiégea Rouen, en Normandie, à la mi-mai 1204, n'avait rien d'un héros. Il n'illustrait pas l'idéal chevaleresque et n'était pas réputé pour ses hauts faits ; pourtant, il se montra plus intelligent et plus rusé que les rois d'Angleterre.

Quand il monta sur le trône en 1180, la majeure partie de la France, dont la Normandie, était gouvernée par Henri II d'Angleterre. Il attendit que Jean sans Terre succédât à Richard Ier en 1199 pour étendre son pouvoir. Se référant à une clause des lois féodales selon laquelle, dans certains cas, le roi d'Angleterre relevait de la juridiction française, il somma en 1201 celui-ci de défendre la légalité de son mariage avec Isabelle d'Angoulême. Jean refusa bien sûr et fut condamné par défaut à la perte de ses fiefs français. Quand son jeune neveu, Arthur, prétendant au trône, fut assassiné à Rouen en avril 1203, presque tous les nobles français qui vivaient sur les territoires angevins se rebellèrent contre Jean, qui, disait-on, avait tué Arthur et jeté son corps lesté d'une pierre dans la Seine.

Philippe profita de la situation pour envahir la Normandie avec 6 000 hommes et prit après un long siège Château-Gaillard, forteresse redoutable considérée comme la clé de la Normandie. Le reste de la province se rendit sans combat, hormis Rouen qui avait des liens commerciaux anciens avec l'Angleterre. À l'approche de Philippe, ses habitants détruisirent le pont à quatre arches enjambant la Seine et se retranchèrent derrière la double muraille protégée par trois fossés. Mais au bout de 40 jours, le 24 juin, n'ayant reçu aucune aide de Jean sans Terre, la cité finit par capituler. Quand Philippe y entra, il abandonna le titre de *rex Francorum* (« roi des Français ») pour celui de *rex Franciae* (« roi de France »). **RG**

Gengis Khan unit les Mongols

Le seigneur de la guerre Temüjin se proclame « chef universel ».

Au cours de l'été 1206, les tribus nomades de Mongolie se réunirent près de la source du fleuve Onon pour une grande *quriltai* (« assemblée ») qui jeta les fondations du premier État unifié mongol. Les tribus rassemblées acclamèrent Temüjin et lui conférèrent le titre de Gengis Khan (« chef universel »).

Né vers 1162, il avait 9 ans quand Yesügei, son père, chef d'un petit clan mongol, fut tué par les Tatars qui formaient alors la plus puissante des tribus mongoles. Trop jeune pour lui succéder, Temüjin fut chassé avec sa famille et privé de ses biens. Il dut lutter pour survivre sans l'aide ni la protection d'un clan, ce qui l'obligea à se livrer au banditisme et au vol de chevaux. En raison de ses compétences et de son audace, il rassembla vite autour de lui de jeunes guerriers et, en 1195, devint le khan des Mongols. C'est peut-être à cette époque qu'il se fit appeler Gengis Khan. En 1202, il triompha des Tatars et, en 1206, unit toutes les tribus mongoles sous son autorité en enrôlant dans son armée des guerriers qui en étaient issus.

Les Chinois divisaient pour mieux régner. Gengis Khan savait qu'ils tenteraient de saper l'unité des nomades. Ce n'était pas difficile, car les raids et les querelles faisaient partie de la vie des Mongols. C'était un moyen pour les jeunes guerriers de s'enrichir et de devenir célèbres comme Temüjin. Mais Gengis Khan utilisa l'agressivité des Mongols contre ses voisins. L'une de ses armées fit des ravages au Moyen-Orient, une autre conquit la Géorgie et l'actuelle Russie. Cette expansion dura jusqu'à la mort de Gengis Khan, en 1227, aboutissant à la création du plus grand empire terrestre d'un seul tenant. Ses fils et petit-fils continuèrent de diriger et de développer l'Empire mongol pendant plus de 150 ans. Gengis Khan reste une figure mythique en Mongolie. **RG**

Gengis Khan et sa femme Bortei devant la cour, manuscrit perse de Rashid ad-Din (1247-1318).

« Ils hissèrent neuf fanions et donnèrent à Genhis le titre de khan. »

L'Histoire secrète des Mongols, XIIIe siècle

1208 – 14 JANVIER

La persécution des cathares

Le meurtre de Castelnau entraîne une croisade contre les cathares.

Le 14 janvier 1208, le moine dominicain Pierre de Castelnau chevauchait le long du Rhône, au nord d'Arles. Légat du pape, il était chargé de mettre fin à l'hérésie qui faisait rage dans le Languedoc, au sud de la France. Soudain, un cavalier surgit et le transperça de sa lance. Quand son corps fut transporté à l'abbaye de Saint-Gilles pour y être enterré, des messagers annoncèrent la nouvelle au pape Innocent III, à Rome.

Celui-ci voulait depuis longtemps punir les hérétiques, c'est-à-dire les « cathares » ou « albigeois ». Ces derniers pensaient que le monde avait été créé par une sorte de diable, étaient végétariens et croyaient en la réincarnation. Se considérant chrétiens, ils ne reconnaissaient pas l'Église qui n'avait pas réussi à imposer son autorité dans le Languedoc.

« *Qu'une pieuse fureur envahisse votre âme pour venger l'offense faite à Dieu.* »

Le pape Innocent III à l'aristocratie française

Avant sa mort, Pierre de Castelnau s'était querellé avec Raymond VI, comte de Toulouse, l'homme le plus puissant du Languedoc, excommunié pour n'avoir rien fait contre l'hérésie. Le domestique de Raymond VI fut identifié comme étant l'assassin de Pierre ; la responsabilité de ce crime fut donc imputée à Raymond VI. Le 10 mars, le pape appela les nobles français à lancer une croisade contre les cathares et le comte de Toulouse. Tous les hérétiques furent impitoyablement massacrés et le Languedoc absorbé dans le royaume de France. **SK**

1208 – 24 FÉVRIER

François d'Assise

Frappé par les paroles de l'Évangile, il forme l'ordre des franciscains.

Le 24 février 1208, François assistait à la messe à Porziuncola, chapelle qu'il avait reconstruite de ses propres mains près d'Assise, lorsqu'il fut frappé par les paroles du Christ dans l'Évangile de saint Matthieu « Chemin faisant, proclamez que le royaume des Cieux est proche !… Ne vous procurez ni or, ni argent, ni menue monnaie pour vos ceintures, ni bracelets pour la route, ni deux tuniques, ni sandales, ni bâton. » Francois ôta ses chaussures, mit des habits grossiers et prit la route pour aller prêcher l'Évangile dans le centre de l'Italie.

« *C'est ce que je souhaite ; ce que je recherche… du fond du cœur.* » François d'Assise entendant l'Évangile de saint Matthieu

Ses disciples vivaient dans une ancienne léproserie près d'Assise, consacrant leur vie à prêcher la bonne parole. Comme ils n'étaient pas prêtres, ils s'appelaient frères et vivaient de l'aumône.

En 1209, François se rendit à Rome afin qu'Innocent III approuvât son ordre. Au début, le pape hésita, mais finit en avril 1210 par lui accorder sa bénédiction après avoir vu en rêve un homme pauvre soutenir une église qui s'écroulait. Il réalisa que les franciscains seraient un outil puissant pour l'Église au moment où l'hérésie s'intensifiait et valida la première règle de la fraternité naissante. En 1216, son successeur, le pape Honorius III approuva un autre ordre, celui de l'ordre des Prêcheurs – plus connu sous le nom de l'ordre des dominicains – fondé par saint Dominique, pour lutter contre l'hérésie des Albigeois. **TB**

1209 – 21 JUILLET

Le massacre de Béziers par les croisés

La croisade contre l'hérésie cathare entraîne un massacre qui fait des milliers de morts et des tensions qui dureront plus d'un siècle.

Le 21 juillet 1209, décidées à en finir avec l'hérésie cathare, les forces du pape Innocent III encerclèrent la ville de Béziers, dans le Sud-Ouest de la France. Leurs chefs, Simon de Montfort et le légat pontifical Arnaud Amaury, exigèrent que les catholiques de la cité leur livrent des cathares, mais se heurtèrent à un refus. Des témoins affirmèrent même que des habitants leur lancèrent des copies de l'Ancien Testament en signe de résistance.

Les habitants de Béziers envoyèrent pour se défendre des forces peu nombreuses, mais celles-ci furent repoussées et les croisés entrèrent dans la cité. Le massacre fut terrible. Même les personnes réfugiées dans des églises furent tuées. Incendiée, la cathédrale de Saint-Nazaire s'effondra sur des centaines de personnes. Selon les estimations actuelles, il y aurait eu entre 10 000 et 20 000 morts, dont seulement 200 cathares.

Lorsque la nouvelle se répandit en France, de multiples cités cathares se rendirent. Les habitants furent obligés de partir sans rien emporter. De nombreux cathares choisirent de revenir dans le giron du catholicisme. Ceux qui refusèrent moururent sur le bûcher. Cependant, par la suite, beaucoup de cités cathares se rebellèrent. La lutte entre l'Église catholique romaine et les cathares dura la majeure partie du XIIIe siècle, la dernière exécution ayant lieu en 1321. La croisade appauvrit le Sud-Ouest de la France et détruisit nombre de monuments antiques. **JH**

◐ *L'expulsion des hérétiques cathares* (v. 1390-1430), *Les Chroniques de France*, de maître Boucicaut.

◑ Représentation gothique du XIVe siècle de la croisade contre les cathares.

1212 – 16 JUILLET

La fin de l'Espagne musulmane

La victoire des chrétiens met fin à la domination musulmane en Espagne.

La conquête de l'Espagne par les Arabes et les Maures entre 711 et 713 faillit être totale. Seul un petit territoire de l'extrême Nord-Ouest resta aux mains des chrétiens. La victoire des chrétiens à Covadonga en 719 marqua le début de la Reconquista («Reconquête»), même si en réalité leur position resta précaire jusqu'à la chute du califat des Omeyades, au début du XIe siècle. Par la suite, le pouvoir passa tantôt aux chrétiens, tantôt aux musulmans, mais la balance penchait nettement du côté des chrétiens.

En 1160, l'Espagne musulmane passa sous le contrôle de la dynastie marocaine des Almohades. En 1195, ces derniers remportèrent une victoire écrasante sur le roi chrétien Alphonse VIII de Castille, lors de la bataille d'Alarcos. En 1211, la situation des chrétiens était si critique que le pape Innocent lança une croisade contre les Almohades. Alphonse s'allia aux rois de Navarre, du Portugal et d'Aragon, ainsi qu'aux Templiers et chevaliers de Calatrava. Bien que les Almohades fussent deux fois plus nombreux, il réussit à envahir le territoire musulman sans se faire remarquer. Les croisés attaquèrent par surprise l'armée des Almohades à Las Navas de Tolosa, tuant ou capturant 100 000 musulmans.

Les musulmans ne se remirent jamais de cette défaite. Au cours du siècle, les royaumes chrétiens s'étendirent aux dépens des musulmans, si bien qu'en 1294, il ne restait plus que Grenade. La cité tomba finalement en 1492, tel l'épilogue triomphal de la reconquête. **TB**

Le roi gagne la bataille de Las Navas de Tolosa en 1212, Francisco de Paula van Halen.

1215 – 15 JUIN

La Grande Charte

Ce traité est un jalon déterminant dans le développement de la démocratie.

Avant même de devenir roi d'Angleterre, Jean passait pour un être félon en raison des complots qu'il fomenta contre ses frères Henri, Richard et Geoffroi. Son règne fut l'un des plus calamiteux de l'histoire de l'Angleterre.

Il fut pourtant aussi un administrateur efficace, un dirigeant bien informé et un juge équitable. Mais il est resté célèbre pour ses querelles avec le pape et ses guerres avec la France qui le poussèrent à augmenter les impôts au point de manquer de déclencher une guerre civile. Le 15 juin 1215, il fut obligé de respecter la Grande Charte.

> ***«Jean… reconnut les lois et libertés, et les entérina dans cette charte.»***
>
> Roger de Wendover, *Fleurs de l'histoire*, v. 1215

Celle-ci visait à limiter ses pouvoirs à l'égard des barons et à interdire les emprisonnements arbitraires. Elle contenait peu de clauses nouvelles, car elle était copiée sur la Charte des Libertés d'Henri Ier datant de 1100. Cependant, Jean sans Terre faillit manquer à sa parole après l'avoir signée sous la contrainte. Il mourut en octobre 1216. Son fils, âgé de 9 ans, Henri III, lui succéda.

La Charte fut révisée à plusieurs reprises sous le règne de ce dernier, avant d'être incluse parmi les lois du pays. Considérée comme l'un des documents juridiques les plus importants de l'histoire de la démocratie, elle inspira la constitution des États-Unis et la Déclaration des droits de l'homme. **TB**

1215 – NOVEMBRE

Une nouvelle croisade

Le quatrième concile du Latran est réuni par le pape Innocent III.

Il régnait une certaine excitation au sein de l'Église catholique quand, en novembre 1215, Innocent III prêcha une croisade devant 400 évêques, plus de 70 patriarches et plus de 900 abbés et prieurs. Le concile du Latran qui résultait d'une bulle papale de 1213 officialisa les sept sacrements de l'Église catholique.

Innocent III, par son exhortation à défendre les États des croisés en Palestine, déclencha la cinquième croisade. Celle-ci devait permettre de reprendre la Terre sainte en conquérant l'Égypte alors dominée par les Ayyubides. Les croisés capitulèrent après avoir subi des pertes sévères et essuyé une cuisante défaite face au sultan Al-Kamil.

« *Les croisés se réuniront dans le royaume de Sicile le 1er juin, l'an prochain.* »

Quatrième concile du Latran

Cependant, sur le plan théologique, le concile eut plus de succès. Innocent entendait protéger l'Église catholique européenne en proposant des mesures pour empêcher les hérésies et encadrer la doctrine et la pratique religieuses. Plus de 60 canons furent adoptés et le roi germanique Frédéric II fut sacré empereur romain.

L'aspect le plus important fut l'officialisation des sept sacrements. Les sacrements d'initiation : le baptême, la confirmation et l'eucharistie ; les sacrements de guérison : la réconciliation et l'onction des malades ; les sacrements du service : le mariage et l'ordre (ordination sacerdotale). **JH**

1219 – 5 NOVEMBRE

La cinquième croisade

Damiette est prise lors de la cinquième croisade, mais pas Le Caire.

N'ayant pas réussi à reprendre Jérusalem lors de la troisième croisade (1189-1192), les croisés adoptèrent une stratégie plus sophistiquée en Terre sainte. Ils réalisèrent qu'ils ne pourraient sécuriser Jérusalem tant que l'Égypte serait un centre musulman puissant – sous le contrôle des Ayyubides – d'où la nécessité de contrôler ce pays.

Cet objectif ne put être réalisé lors de la quatrième croisade car, en 1204, les croisés s'étaient arrêtés à Constantinople qu'ils avaient pillée. En mai 1218, les bateaux de la cinquième croisade arrivèrent au port de Damiette, à l'embouchure est du Nil. Le port devait servir de point de départ à l'attaque du Caire. Alors que la garnison de Damiette repoussait leurs assauts, les croisés empêchèrent l'arrivée de renforts égyptiens et le siège de la ville débuta. Il dura jusqu'au jour de 1219 où les croisés ne virent plus personne sur les remparts de la cité. Quand ils entrèrent dans celle-ci le lendemain, ils ne trouvèrent que des malades, des mourants et des morts.

« *S'il y avait eu un chef sage et respecté, Le Caire aurait été occupé.* »

Steven Runciman, *Histoire des croisades*, 1954

Le sultan Al-Kamil proposa de rendre Jérusalem aux chrétiens en échange de Damiette, mais l'offre fut refusée. Au printemps suivant, les croisés marchèrent sur Le Caire, mais ils avancèrent trop lentement et furent piégés par la crue du Nil. Ils furent donc obligés de rendre Damiette pour rentrer chez eux. **SK**

Saint François d'Assise reçoit les stigmates

Des blessures apparaissent sur les mains, les pieds et les côtés de François d'Assise alors qu'il médite sur les souffrances du Christ.

À l'automne 1224, François d'Assise se retira dans un refuge de montagne à La Verna, non loin d'Assise. Le matin du 14 septembre, jour consacré à l'adoration de la Croix, il eut une vision et reçut les stigmates : des marques semblables aux cinq blessures du corps du Christ. Après sa mort, le pape Alexandre IV et d'autres personnes attestèrent avoir vu ces signes de sainteté, signes qui rendirent le nouvel ordre des franciscains très populaire.

Saint François d'Assise fut le premier à présenter des stigmates, ces blessures qui apparaissent spontanément (avec des saignements parfois). Au cours du siècle qui suivit sa mort, plus de 20 cas similaires furent recensés. L'un des plus célèbres est celui de sainte Catherine de Sienne (1347-1380), une mystique qui ressentit la douleur de clous dans ses mains et ses pieds sans lésions apparentes. À ce jour, plus de 400 cas identiques ont été identifiés par l'Église romaine catholique. Dans 60 cas, la personne a été déclarée sainte ou béatifiée. Les stigmates sont presque toujours associés à l'extase religieuse.

François d'Assise vécut encore deux ans après l'apparition des stigmates, souffrant terriblement et presque totalement aveugle. Il demanda pardon à son corps pour l'avoir ainsi maltraité. De nombreuses histoires à son sujet, ses sermons aux oiseaux et la façon dont il apprivoisa un loup, soulignent son amour de la nature, qui transparaît dans son poème *Cantique de frère Soleil* où il loue toutes les créatures de Dieu. **SK**

Saint François d'Assise recevant les stigmates (v. 1240-1270), maître du Bardi Saint-François.

Louis IX fait construire la Sainte-Chapelle

Louis IX, qui deviendra Saint Louis, achète la couronne d'épines du Christ et fait construire pour l'abriter la superbe Sainte-Chapelle.

À l'époque où il devint prestigieux pour des royaumes, des cités, des cathédrales et des abbés de posséder des reliques de saints, Louis IX acheta la plus précieuse : la prétendue couronne d'épines que Jésus portait sur la Croix. Pour elle et pour des parties de la Croix, pour les langes de l'enfant Jésus et une fiole du lait de la Vierge, il offrit à l'empereur latin de Constantinople, Baudouin II, la somme astronomique de 135 000 livres. Il reçut la couronne des mains de deux dominicains lors d'une cérémonie solennelle à Paris.

Aujourd'hui, nous doutons de l'authenticité de ces objets, mais pour les chrétiens du Moyen Âge, un pèlerinage jusqu'au sanctuaire où était conservée une relique sainte constituait une riche expérience spirituelle. Louis IX voulut créer un cadre adapté à la relique. Bâtie entre 1242 et 1248 à Paris, sur l'île de la Cité, la Sainte-Chapelle, chef-d'œuvre de l'architecture gothique avec ses magnifiques vitraux et ses ornements en pierre incrustés de pierres précieuses, devait servir de reliquaire.

Pour les gens de l'époque, Louis IX symbolisait le monarque chrétien par excellence : il rendait la justice avec impartialité et défendait l'Église. Il conduisit deux croisades en Orient, en 1248 et en 1270, et mourut de la dysenterie à Tunis lors de la seconde. Il fut canonisé en 1298. Très abîmée pendant la Révolution, la Sainte-Chapelle fut restaurée en 1846. Les reliques se trouvent à présent dans la cathédrale de Notre-Dame, à Paris. Elles sont exposées à la vénération des fidèles le premier vendredi du mois et chaque vendredi de carême. **SK**

La Sainte-Chapelle dans l'île de la Cité, à Paris, à la fin du XIXe siècle.

1240 – 15 JUILLET

La bataille de la Neva

Le prince Alexandre Nevski triomphe des Suédois.

En juillet 1240, une immense flotte suédoise s'approcha de la Russie. Les bateaux transportaient une armée composée de Suédois, de Norvégiens et de Finnois qui débarqua au confluent de l'Ijora et de la Neva. Les envahisseurs voulaient sans doute s'emparer de l'embouchure de la Neva et de la ville de Ladoga afin de contrôler la route commerciale détenue par Novgorod.

Lorsqu'il apprit l'invasion, le prince Alexandre Iaroslavitch de Novgorod prit la tête d'une petite armée et alla à la rencontre de l'ennemi avant que celui-ci ait pu atteindre Ladoga. Le 15 juillet, il affronta les Suédois au bord de la Neva. Selon des chroniques russes du XIVe siècle, l'armée d'Alexandre infligea de lourdes pertes aux envahisseurs. De nombreux nobles furent tués et leurs corps placés sur des bateaux pour être renvoyés en Suède. Mais beaucoup de corps furent simplement jetés dans une grande fosse et de multiples blessés s'enfuirent dans la campagne. Après cette victoire, le prince Alexandre reçut le surnom de Nevski (« de la Neva »).

« Les corps occupaient deux bateaux… les autres furent jetés dans une fosse. »

Première Chronique de Novgorod, XIVe siècle

La bataille est très peu mentionnée dans les chroniques suédoises. L'influence politique de Nevski fut renforcée et sa victoire considérée comme ayant contribué au développement de la Russie moscovite. Nevski fut considéré comme un héros national et comme un saint de l'Église orthodoxe. **TB**

1241 – 9 AVRIL

Le triomphe des Mongols

L'Europe est menacée par les Mongols après la défaite des chevaliers chrétiens.

Au printemps 1241, les Mongols, dont le territoire s'étendait de la Chine à l'Ukraine, progressèrent en Hongrie et en Pologne. Alors que la Hongrie assurait seule sa défense, Bela IV et le duc de Silésie Henri II le Pieux décidèrent de réunir leurs armées plus au nord. Informés des mouvements des chrétiens, les Mongols, alors en Pologne, attaquèrent l'armée commandée par Henri II et l'arrêtèrent dans sa progression.

La bataille eut lieu à Legnica. Les chevaliers qui appartenaient à des ordres militaires comme les Templiers méprisaient les « barbares » mongols. La tactique de ces derniers sur le champ de bataille était pourtant très sophistiquée. Se déplaçant vite sur leurs chevaux robustes, les Mongols harcelaient les chrétiens, faisant pleuvoir des flèches sur eux, puis faisaient mine de s'enfuir pour qu'on les poursuive. Les mouvements de leurs groupes de cavaliers étaient coordonnés à l'aide de bannières et masqués par des écrans de fumée.

Avec leurs lourdes armures, les chrétiens habitués à charger ensemble l'ennemi étaient décontenancés. Ils étaient protégés par leur armure, mais pas leurs chevaux. Une fois qu'ils avaient perdu leur monture, ils devenaient une proie facile pour les Mongols qui les tuaient avec une lance, une épée ou une massue. La majorité d'entre eux, soit 20 000 hommes, furent massacrés. Henri le Pieux fut décapité et sa tête fichée sur un pieu.

Les Mongols vainquirent aussi l'armée hongroise et eurent le champ libre pour envahir l'Europe de l'Ouest. Mais la mort accidentelle du khan Ogodei les obligea à rentrer à Karakorom, capitale de la Mongolie, afin de lui choisir un successeur. L'Europe occidentale échappa ainsi à la terrible invasion mongole. **RG**

1244 – 23 AOÛT

Jérusalem sous le joug mongol

Jérusalem est reprise par les Mongols de Khorezm.

Prise par Saladin en 1187, Jérusalem repassa sous le contrôle des chrétiens grâce à l'empereur Frédéric II qui négocia avec al-Kamil, le sultan ayyubide d'Égypte, mais ne conquit pas assez de territoires pour protéger la ville en cas d'attaque.

Le 23 août 1244, ce qui devait arriver arriva. Les attaquants ne furent pourtant pas les Ayyubides déchirés par une guerre civile en raison de l'opposition de deux sultans, l'un à Damas, l'autre en Égypte. Quelques années auparavant, les Mongols avaient envahi le Khorezm, région turque englobant la majeure partie de l'Asie centrale et de l'Iran. En juin 1244, près de 10 000 cavaliers de cette région entrèrent à Damas. Comme la ville résistait, ils décidèrent d'attaquer Jérusalem.

« Les Mongols pénétrèrent dans les territoires chrétiens par Safed et Tibériade. »

Manuscrit de Rothelin, v. 1250

Lorsque les chrétiens réalisèrent le danger, il était trop tard. Le gros de leurs forces était parti en Égypte pour soutenir le sultan de Damas. Le 11 juillet, les Mongols pénétrèrent à Jérusalem qu'ils occupèrent pendant près de 20 ans. La petite garnison de Templiers et d'Hospitaliers tint bon jusqu'à ce que les Mongols leur promettent de les laisser gagner la côte. Le 23 août, 6 000 chrétiens quittèrent la ville pour Jaffa, mais furent attaqués en chemin. Seuls 300 d'entre eux parvinrent à destination. Jérusalem ne redevint plus jamais chrétienne. **JH**

1248 – 15 AOÛT

La cathédrale de Cologne

La première pierre est posée ; la construction prendra plus de 600 ans.

Le 15 août 1248, l'archevêque Konrad von Hochstaden jeta les fondations de la nouvelle cathédrale de Cologne, qui devait remplacer la construction comportant cinq allées achevée en 808 et qui avait brûlé en 1248. Le site avait toujours été occupé, car un temple romain s'y dressait à la fin du IIe siècle.

Il était important que la cathédrale soit de grande taille, car elle devait accueillir les reliques offertes par les trois Rois mages à l'enfant Jésus, acquises à Milan par Fréderic Ier Barberousse en 1142. L'archevêque Konrad prévoyait la création d'une cathédrale qui attirerait des pèlerins de toute l'Europe.

L'aile est fut achevée en 1322, permettant la tenue d'offices. L'immense façade ouest fut érigée au milieu du XIVe siècle, mais sa construction fut interrompue en 1473, si bien qu'une immense grue surplomba sa flèche incomplète. Sur une gravure datant du milieu du XIXe siècle, avant que la cathédrale ne soit terminée, la vieille grue médiévale est encore là, 400 ans après.

Après la découverte des plans originaux, la construction reprit en 1842. Achevée en 1880, la cathédrale marqua le triomphe de l'architecture gothique et fut inaugurée en présence de Guillaume Ier. La façade ouest est la plus grande façade de cathédrale existante. Avec ses deux flèches constituant un point de repère à Cologne, la cathédrale devint le plus grand édifice au monde, avant d'être supplantée par le Washington Monument en 1885, et la tour Eiffel en 1889. **TB**

▶ Illustration de 1493 tirée de *Liber Chronicarum* de Hartmann Schedel montrant Cologne et sa cathédrale.

COLONIA

1258 – 13 FÉVRIER

Bagdad brûle

Les Mongols détruisent Bagdad et exécutent le dernier calife abbasside.

Le 13 février 1258, les Mongols prirent d'assaut Bagdad, se livrant pendant une semaine à des massacres, des viols, des pillages et des destructions gratuites. L'armée mongole de Hulagu avait assiégé la ville le 29 janvier. Le calife al-Musta'sim avait averti Hulagu qu'il provoquerait le courroux d'Allah en attaquant Bagdad, mais cela ne découragea pas Hulagu. Le sac de Bagdad et la destruction du califat abbasside furent l'une des pires atrocités commises par les Mongols.

La Maison de la sagesse, grande bibliothèque renfermant depuis 500 ans des textes scientifiques et philosophiques, fut détruite et des dizaines de milliers de livres jetés dans le Tigre dont les eaux devinrent noires.

Il y aurait eu entre 90 000 et 200 000 morts. La calife fut capturé et dut assister au massacre de ses sujets avant d'être exécuté. Très superstitieux, les Mongols, afin de ne pas verser son sang, le roulèrent dans un tapis et le firent piétiner par des chevaux. Hulagu aurait fait dresser son camp contre le vent pour ne pas sentir la puanteur des corps en décomposition.

Même si le califat abbasside n'avait plus la grandeur d'antan, la mort du calife et la destruction de la plus grande ville de l'islam furent un choc terrifiant et un défi pour le monde musulman. Cependant, elles n'eurent pas l'effet désiré. Les Mongols espéraient démoraliser et terrifier les autres dirigeants du Moyen-Orient afin qu'ils capitulent sans combattre. Mais les mamelouks d'Égypte ne se laissèrent pas intimider et infligèrent aux Mongols une sévère défaite lors de la bataille d'Ayn Jalut, en 1260, mettant fin à la progression des troupes mongoles vers l'Occident. **JH**

1260 – 3 SEPTEMBRE

La bataille d'Ayn Jalut

La victoire des musulmans préserve le Moyen-Orient du péril mongol.

En 1256, le chef mongol Möngke ordonna à son frère Hulagu de conquérir les terres des musulmans à l'ouest de l'Empire. En 1260, Hulagu détruisit Bagdad, siège des califes abbassides, et prit la capitale syrienne, Damas. Seule l'Égypte, pays gouverné depuis 1250 par une élite composée d'anciens esclaves devenus soldats, les mamelouks, résistait. Le sultan Said ad-Din Qutuz tua l'émissaire qu'Hulagu lui envoya pour demander aux mamelouks de se rendre.

Puis il lança une offensive audacieuse en Palestine. Entre-temps, Hulagu fut contraint de rentrer en Mongolie avec une partie de son armée. L'autre partie, placée sous la direction de Kitbuqa Noyen, affronta les mamelouks à Ayn Jalut, dans l'est de la Galilée.

« *"Tuez-moi aussi vite que possible." Qutuz ordonna qu'on lui coupe la tête.* »

Mort de Kitbuqa, *Histoire des Mongols*, v. 1300

Il y avait près de 20 000 cavaliers de chaque côté, mais les mamelouks se montrèrent plus rusés. Leur commandant, Baybars, avança avec une partie de ses troupes, l'autre restant tapie à l'arrière. Kitbuqa mordit à l'hameçon et tomba dans l'embuscade. Les Mongols furent taillés en pièces et Kitbuqa décapité. Sur le chemin du retour, Qutuz fut tué, peut-être par Baybars, qui devint sultan à sa place.

La bataille mit un terme à l'expansion mongole et confirma la puissance des mamelouks. Les successeurs de Baybars gouvernèrent l'Égypte jusqu'au XIVe siècle. **RG**

Simon de Monfort convoque un parlement

L'élection de citoyens pour représenter des villes en Angleterre marque le début d'une démocratie parlementaire.

Le parlement convoqué par Simon de Monfort, comte de Leicester (1208-1265), le 20 janvier 1265 fut un jalon important dans l'évolution d'un gouvernement représentatif. Les parlements précédents ne comprenaient que des membres de la noblesse. C'était la première fois que des chevaliers de chaque comté et que les citoyens d'un petit nombre de bourgs élisaient leurs représentants.

Simon de Monfort possédait des domaines importants en Angleterre et en France. Bien qu'il eût épousé la sœur du roi Henri III en 1238, il se montra très critique à l'égard de ce dernier. Il se joignit aux barons qui demandaient une limitation des pouvoirs du roi et souhaitaient avoir davantage voix au chapitre au sein du gouvernement, surtout à propos de la politique étrangère ambitieuse et onéreuse de Henri III. En 1264, il déclencha une insurrection et vainquit l'armée royale lors de la bataille de Lewes, capturant le roi et son fils Édouard. Alors qu'il avait pratiquement la charge du pays, sa morgue lui aliéna les autres barons et il ne fut plus soutenu que par des petits barons, des chevaliers de comtés, et des citoyens dont les représentants renforçaient sa position au parlement.

Quand le dernier baron le soutenant le laissa tomber, Édouard leva une grande armée contre lui. Simon fut tué lors de la bataille d'Evesham en 1265. Quand Édouard devint roi, il s'assura cependant que son parlement comptait des représentants des villes et des comtés. Ce fut le premier pas vers une démocratie parlementaire moderne. **SK**

La révolte de Simon de Monfort hâta la création d'une démocratie parlementaire.

1273 – 24 OCTOBRE

Rodolphe Ier de Habsbourg

Rodolphe de Habsbourg est sacré empereur romain.

La légende veut qu'en rentrant chez lui à cheval, Rodolphe de Habsbourg ait croisé un prêtre qui allait donner l'extrême-onction à un malade. Le prêtre, qui était à pied, s'arrêta près d'un fleuve. Rodolphe descendit de cheval, offrit sa monture au prêtre et l'escorta jusqu'à la maison du malade, puis rentra chez lui à pied. Des années plus tard, le prêtre devenu archevêque de Mayence l'aida à devenir roi d'Allemagne.

Rodolphe fut couronné à cathédrale d'Aix-la-Chapelle le 24 octobre 1273 et son règne consolida le pouvoir de la dynastie des Habsbourg en Allemagne et ailleurs. Cependant, ses relations avec Ottokar II Prémysl, son principal rival, restèrent tendues. En 1274, il ordonna à ce dernier de céder toutes ses possessions autrichiennes acquises depuis le règne de Frédéric II. Ottokar refusa. Il en résulta une guerre au cours de laquelle il fut tué en 1278.

« Son nom suscitait la terreur parmi les barons et la joie parmi le peuple. »

Panégyrique d'un contemporain

Rodolphe passa de nombreuses années à tenter d'asseoir son autorité en Autriche. En 1282, il réussit à inféoder les duchés d'Autriche et de Styrie à ses deux fils, jetant ainsi les fondations de la maison des Habsbourg, mais fut incapable de faire régner durablement la paix en Allemagne. Avant sa mort, en 1291, il essaya de faire monter son fils Albert sur le trône, mais n'y réussit pas ; peut-être parce que l'Allemagne craignait la puissance des Habsbourg. **TB**

1274 – 1ER MAI

La muse de Dante

Béatrice Portinari inspire à Dante son chef-d'œuvre.

Né dans une vieille famille de la noblesse florentine, Dante Alighieri est l'un des plus grands écrivains de l'Italie de la Renaissance. Il écrivit des poésies, ainsi que des essais sur la théorie littéraire, sur la philosophie et la politique. Mais certaines de ses meilleures œuvres n'auraient peut-être jamais vu le jour s'il n'avait rencontré à l'âge de 9 ans Béatrice Portinari.

Dante rencontra la fillette chez ses parents lors d'une réception et l'admira tout le reste de sa vie. Elle épousa cependant un banquier en 1284 et lui-même se maria en 1285. Ils se rencontraient par hasard, observant les règles de « l'amour courtois » médiéval, un amour secret, une forme de respect et d'admiration pour une autre personne.

Quand Béatrice mourut en 1290, Dante trouva le réconfort dans la littérature et composa un recueil d'œuvres poétiques inspirées par sa seconde rencontre avec Béatrice dans les rues de Florence. Ses sonnets présentant la jeune fille le protégeant, comme si elle était divine, devinrent connus sous le nom de *La Vita nuova*. Le recueil fit de l'amour un sujet littéraire à la mode.

Les œuvres ultérieures de Dante furent aussi influencées par le souvenir de Béatrice : la plus fameuse, *La Divine Comédie*, raconte le voyage de Dante guidé par Virgile en enfer et au purgatoire, puis au paradis où il est conduit par Béatrice, « la belle femme de ses pensées ». *La Divine Comédie* fut l'un des premiers ouvrages écrits en italien, faisant de celui-ci une langue littéraire. **TB**

Manuscrit de l'école italienne du XIIIe siècle illustrant la rencontre entre Dante et Béatrice.

Le « vent divin » au secours des Japonais

Un puissant typhon sauve le Japon de l'invasion mongole.

La flotte mongole de Kubilaï Khan est anéantie par la tempête. Les Japonais abattent les survivants.

Modeste tribu des steppes asiatiques, les Mongols étaient pourtant à la tête du plus vaste empire terrestre de l'histoire, puisqu'il s'étendait jusqu'en Europe, dès le début du XIIIe siècle. En 1264, Kubilaï Khan prit Pékin et le contrôle du Nord de la Chine, et lutta contre la dynastie des Song du Sud, avant de se tourner contre l'allié de celle-ci, l'empereur du Japon, Hojo Tokimune.

En novembre 1274, la flotte mongole quitta la Corée pour la baie d'Hakata, près de l'île de Kyushu. Elle battit les Japonais, mais une brusque tempête anéantit en une nuit 200 de ses bateaux et fit périr 15 000 de ses guerriers.

Après avoir complètement anéanti la dynastie des Song en 1279, Kubilaï Khan revint au Japon en 1281 avec 150 000 guerriers. Il triompha des samouraïs et mit le cap sur Takashima, au sud. Un empereur japonais à la retraite fit un pèlerinage dans un temple shintoïste pour implorer la victoire. La nuit suivante, un violent typhon fit couler 4 000 bateaux mongols et noya environ 100 000 hommes. Selon des archéologues, les bateaux plats des Mongols étaient adaptés à la navigation fluviale mais n'étaient pas conçus pour affronter les tempêtes en mer.

Mettant fin aux aspirations des Mongols, cette victoire japonaise fut fêtée comme celle du *kami kaze* (« vent divin ») qui aurait protégé la flotte japonaise. Cette idée d'une protection divine persista jusqu'à la Seconde Guerre mondiale, où le terme de *kamikaze* prit un sens fort différent. **PF**

Les Vêpres siciliennes

Les cloches annonçant les vêpres déclenchent une émeute.

Les Vêpres siciliennes dans une église hors de Palerme, Erulo Eruli, fin du XIXe siècle.

En 1282, le jour de Pâques, les habitants de Palerme organisèrent une fête hors de la cité. Les Français qui occupaient la Sicile alors gouvernée par Charles Ier d'Anjou envoyèrent des soldats vérifier son caractère inoffensif. Ceux-ci se seraient montrés grossiers envers les Siciliens et sous prétexte de chercher des armes auraient violenté des Siciliennes. Furieux, les Siciliens se révoltèrent.

À ce moment-là, les cloches annonçant les vêpres retentirent dans Palerme comme pour signaler la rébellion. La nouvelle se répandit dans toute la Sicile, entraînant une révolte et le massacre des troupes de Charles d'Anjou et de la plupart des Français. La flotte française de Messine brûla. Ce soulèvement populaire contre la domination féodale, appelé « les Vêpres siciliennes », se mua rapidement en guerre. Les Siciliens offrirent le trône de leur royaume à Pierre III d'Aragon. En réponse à cette rébellion, Charles Ier d'Anjou dépêcha des forces à Messine et assiégea la ville. Mais son armée attaquée par celle de Pierre III d'Aragon dut très vite abandonner la Sicile.

Pendant les 20 ans qui suivirent, cette guerre des Vêpres siciliennes opposant, d'une part, les rois angevins, leurs parents et la papauté, et de l'autre, les rois d'Aragon, continua dans toute la Méditerranée. Elle cessa en 1302 quand le traité de Caltabellotta fut signé, donnant naissance à deux entités : l'île de Sicile et l'Italie du Sud, qui allait devenir le royaume de Naples. **TB**

Les contes de Marco Polo

Ses récits sur l'Asie font découvrir un nouveau monde aux Européens.

Carte de l'Asie selon Marco Polo gravée par Jenkinson en 1562 ; British Library, Londres.

Trois ans après son périple de 25 jours en Asie, Marco Polo (1254-1324) fut jeté en prison par les Génois qui s'emparèrent de sa galère. C'est en prison que le voyageur vénitien commença à raconter ses aventures à un codétenu, Rusticien de Pise, qui écrivait des lui-même des romans. *Le Livre des merveilles du monde* (*Il Milione* en italien) devint un livre à succès. Il fut traduit dans plus d'une douzaine de langues, à une époque où l'imprimerie n'existait pas. Chaque exemplaire devait être recopié à la main.

Quelle était donc la raison d'un tel succès ? En fait, le récit de Marco Polo était simplement étonnant. L'homme disait avoir traversé l'Asie centrale jusqu'à la cour du grand khan mongol Kubilaï, à Pékin, pour qui il aurait effectué des missions diplomatiques en Chine, en Birmanie, en Indochine et dans le Sud de l'Inde. Il décrivait la vie à la cour, ainsi que dans les cités et les pays qu'il avait visités.

Pendant des siècles, jusqu'à ce que des Européens se risquent en Asie aux XVIIIe et XIXe siècles, son récit resta la principale source de connaissances sur l'Extrême-Orient. Christophe Colomb y puisa des informations géographiques pour préparer son voyage en 1492. Certains doutent que Marco Polo soit vraiment allé en Chine. Il aurait pu recueillir ses informations auprès de marchands arabes qui empruntaient la route de la Soie. Quoi qu'il en soit, le livre enflamma l'imagination des Européens du Moyen Âge. **SK**

L'Écosse se révolte

Après son exécution à Londres, William Wallace devient une légende en Écosse.

Portrait de sir William Wallace (détail), école écossaise, v. 1870.

La foule ne savait rien de l'Écossais traîné nu dans les rues, le 23 août 1305, hormis que sa mort serait un bon divertissement. Le nœud coulant autour de son cou signalait une lente strangulation, mais le bourreau coupa la corde avant qu'il ait rendu l'âme. Au milieu des hourras de la foule, il émascula le malheureux et entailla son torse pour extraire le cœur et d'autres organes. Sa tête fut tranchée, puis plongée dans de la poix pour retarder la putréfaction et exposée sur le pont de Londres. Ce qui restait du corps fut coupé en quartiers destinés à être envoyés dans le nord pour l'exemple.

Nous ne connaissons pas grand-chose de William Wallace, à part sa mort et les raisons qui poussèrent Édouard Ier à l'exécuter. Fils d'un petit seigneur de l'Ayrshire, il refusa en 1296 d'accepter la conquête de l'Écosse par l'Angleterre. Il leva une armée contre l'occupation par les Anglais et remporta sa célèbre victoire à Stirling, le 11 septembre 1297, tuant plus de 5 000 Anglais. Son armée de paysans nu pieds triompha de la puissante armée anglaise. Édouard le captura en 1305 et le fit juger à Westminster Hall. Wallace se reconnut coupable de tout, sauf de trahison. Comment aurait-il pu être un traître, alors qu'il avait prêté allégeance au roi d'Écosse ?

Sa mort horrible en fit un martyr national et un symbole de l'obstination écossaise. Sa légende inspira d'autres rébellions contre l'ennemi anglais qui aboutiront à l'indépendance de l'Écosse. **RP**

1309

Le pape en Avignon

Clément V décide d'installer la papauté en Avignon.

Au début du XIVe siècle, les querelles intestines et la violence entre les aristocrates romains étaient devenues si dangereuses que le pape Clément V transféra le Saint-Siège en Avignon. Un incendie avait en outre détruit l'ancien siège ecclésiastique à Rome. Ce déménagement marqua le début de la papauté d'Avignon qui dura de 1309 à 1377.

Le fait que les sept papes ayant résidé en Avignon fussent français n'est peut-être pas un hasard. Cependant, la France n'était pas une nation unifiée : le Nord était sous l'influence des rois français, tandis que le Sud dépendait de l'Empire romain. Il fallut attendre Urbain V (1362-1370) pour que la royauté française exerçat une influence sur le pape. Le choix d'Avignon comme cité papale était peut-être dû au fait qu'en 1305, la curie romaine (organisme administratif du Saint-Siège assistant le pape dans sa mission à la tête de l'Église) s'était déjà installée dans la ville pour échapper à une violence semblable à celle qui poussa Clément à faire de même en 1309.

> ***« Je suis ébahi, me rappelant leurs prédécesseurs, de voir ces hommes riches. »***
>
> Pétrarque (1304-1374)

La papauté d'Avignon nuisit au prestige du pape. La cour vivait dans le même luxe qu'une cour royale et ses membres les plus importants ressemblaient à des princes. Le mode de vie fastueux et la partialité d'Urbain V affaiblirent l'autorité de l'Église et accrurent l'influence des ordres religieux prêchant le retour aux vœux de pauvreté et d'humilité. **TB**

1314 – 19 MARS

Le dernier des Templiers

Le roi Philippe IV le Bel provoque la chute de l'ordre des Templiers.

Jacques de Molay, 23e et dernier grand maître des Templiers, est exécuté pour hérésie devant Notre-Dame, à Paris, le 19 mars 1314 ; cette condamnation était injuste mais opportune sur le plan politique. L'ordre des Templiers, qui avait juré de défendre le Temple de Jérusalem, était l'un des ordres militaires et religieux les plus puissants fondés après la première croisade. Détenant de nombreux domaines, il servait aussi de banque. Quand, après la chute de Saint-Jean-d'Acre, en 1291, il quitta la Syrie et abandonna les croisades, sa richesse fit des envieux et des rumeurs de corruption (ou de crimes pires) circulèrent.

Endetté vis-à-vis de l'ordre, Philippe le Bel vit là un bon moyen de se sortir de ses difficultés financières. Le 12 octobre 1307, il fit arrêter tous les Templiers de France, les accusant de blasphèmes, comme d'avoir craché sur la Croix ou de l'avoir foulée aux pieds lors de leurs rites d'initiation secrets. De nombreux Templiers, dont Jacques de Morlay, confessèrent ces crimes sous la torture. Bien qu'ils se soient rétractés par la suite, ils furent des dizaines à périr sur le bûcher en 1310. Le roi exerça une forte pression sur Clément V pour qu'il dissolve l'ordre, ce qu'il fit avec réticence en 1312. Enfin, il condamna au bûcher Jacques de Molay et Geoffrey de Charney, précepteur de Normandie. Les deux hommes proclamèrent leur innocence. De Molay aurait cité le pape et le roi à comparaître avant un an devant le tribunal de Dieu. Or, Clément V mourut un mois plus tard et Philippe le Bel avant la fin de l'année. **SK**

Manuscrit de l'école française du XIVe siècle montrant de Molay sur le bûcher.

1314 – 24 JUIN

Le triomphe des Écossais

Robert Bruce confirme l'indépendance de l'Écosse en battant Édouard II.

En 1314, les Écossais se battaient pour échapper à la domination des rois d'Angleterre. La lutte était menée par le redoutable Robert Bruce, qui s'était emparé par la force du trône d'Écosse. Il évitait les batailles rangées, mais à la fin du mois de juin, il décida d'affronter les chevaliers anglais à Bannockburn.

Confiant dans la supériorité de son armée, Édouard II s'était rendu en Écosse pour lutter contre les hommes de Bruce qui assiégeaient le château de Stirling. Le 23 juin, des escarmouches avaient révélé la pugnacité des Écossais. Bruce montra l'exemple, en désarçonnant le chevalier Henry de Bohun d'un puissant coup de hache. Le jour suivant, les piquiers écossais se présentèrent à pied, en regroupements serrés, piques tendues, constituant une barrière impénétrable pour la cavalerie anglaise. L'atout d'Édouard devait être ses archers, mais ces derniers furent gênés par la cavalerie qui chargea l'ennemi de façon désordonnée. De nombreux chevaliers furent empalés sur des piques. Bruce profita de la confusion pour lancer une contre-attaque qui balaya les Anglais du champ de bataille.

Il fallut encore quatorze ans pour que les Anglais reconnaissent l'indépendance des Écossais, mais la bataille de Bannockburn est considérée comme un tournant dans l'histoire du pays. **RG**

« Tant que nous serons cent en vie, nous refuserons la domination anglaise. »

La Déclaration d'Arbroath adressée au pape, 1320

1325

La création de Tenochtitlan

Un aigle tenant un serpent marque le site de la nouvelle cité aztèque.

En 1325, les Aztèques erraient le long des berges du lac Texcoco, dans la vallée de Mexico, à la recherche d'un lieu où s'établir. Ils étaient arrivés près d'un siècle auparavant et avaient eu la permission de s'installer sur un territoire contrôlé par la cité de Culhuacan. Mais ils furent obligés de le quitter en raison d'un malentendu. Comme ils s'étaient bien comportés au combat, Coxcox, roi de Culhuacan, avait donné en mariage à leur chef l'une de ses filles. Reconnaissants, les Aztèques se hâtèrent de la sacrifier, croyant qu'elle se muerait en déesse de la Guerre.

Ils invitèrent Coxcox à assister à la cérémonie, pensant qu'il serait ravi. Ce dernier, qui s'attendait à une cérémonie de mariage, fut horrifié. Il chassa les Aztèques qui finirent par élire domicile sur une île marécageuse, près de la berge ouest du lac Texcoco. Leur chef ordonna la construction d'une cité (portant son nom, Tenochtitlan), dont le site se trouve à présent sous la ville de Mexico.

Respectant une ancienne prophétie, les Aztèques la bâtirent là où ils virent un aigle juché sur un cactus, un serpent dans le bec. La petite taille de l'île ne permettait pas à la ville de s'étendre. Les Aztèques créèrent des *chinampas* ou îles artificielles à l'aide de plantes aquatiques, qui servirent de base à l'élaboration d'une forme d'agriculture capable de nourrir une importante population urbaine. Elles permirent la naissance d'une formidable machine de guerre, qui allait conquérir la majeure partie de l'Amérique centrale au cours des 150 années suivantes. **JH**

➲ Couverture du *Codex Mendoza*, illustrant la fondation de Tenochtitlan.

acacitli
tenuch
tenochtitlan
colhuacan. pueblo.
tenayucan. pueblo

La mort de Giotto

Le grand peintre dont les innovations annoncèrent la Renaissance s'est éteint.

◐ Portrait de Giotto (détail), XVe siècle, attribué à Paolo Uccello (1397-1475).

◐ *Adoration de saint François* (v. 1320), fresque, Giotto, basilique Saint-Francois-d'Assise, Italie.

« Giotto traduisit l'art de la peinture du grec en latin. »

Cennino Cennini, peintre, v. 1400

Giotto di Bondone fut renommé de son vivant pour avoir dépassé les formes traditionnelles et stylisées de la composition byzantine et médiévale. À sa mort, le 8 janvier 1337, il était riche et avait des relations. Néanmoins, il existe peu de témoignages sur sa vie et l'attribution de certaines de ses œuvres reste incertaine.

Né dans un petit village près de Florence en 1266, Giotto fut l'élève du grand peintre florentin Cimabue. C'est dans l'atelier de celui-ci qu'il acquit son style si proche de la réalité. Au début du XIVe siècle, il exécuta le célèbre cycle de fresques de la chapelle Scrovegni (aussi appelée chapelle de l'Arena), à Padoue. Les personnages de ces scènes religieuses sont remarquables, car ils semblent en trois dimensions. De style naturaliste, ils sont dépeints dans des poses et avec des gestes très réalistes. Les volumes et le dessin sont parfaitement crédibles et les proportions relativement bien respectées. L'œuvre de Giotto était aussi prisée parce qu'elle rendait bien les émotions humaines.

Après Padoue, le peintre voyagea en Italie et travailla à Assise (où il aurait peint la vie de saint François dans l'église haute de la ville, bien que cela soit sujet à caution, car il n'existe aucune preuve), à Florence, à Rome et à Naples. Au milieu des années 1330, il retourna à Florence où il conçut le campanile de la cathédrale. L'influence de son nouveau style commença dès lors à se faire sentir dans la peinture florentine et se perpétua sur les générations d'artistes qui suivirent.

Un grand nombre d'histoires sur la vie de Giotto ont été tirées d'un livre de Giorgio Vasari écrit au milieu des années 1500. À sa mort, Giotto fut probablement enterré dans la cathédrale de Florence dont il avait dessiné les plans du campanile. **PF**

La bataille de Crécy

Les archers anglais et gallois battent l'armée de Philippe VI de France dans la première bataille de la guerre de Cent Ans.

L'après-midi du 26 août 1346, deux armées s'affrontèrent près du village de Crécy, dans le Nord de la France. Le roi Édouard III d'Angleterre revendiquait en effet la couronne de France. Philippe VI disposait de 30 000 hommes. Les Anglais, eux, n'étaient que 12 000. Incapable d'éviter la bataille, Édouard occupa une position défensive sur une colline et attendit l'arrivée des Français.

Après une journée de marche ardue sous une chaleur accablante, les forces de Philippe VI atteignirent le champ de bataille en fin d'après-midi. Le roi aurait préféré se reposer jusqu'au lendemain, mais ses chevaliers insistèrent pour attaquer immédiatement. Ses arbalétriers, des mercenaires génois, commencèrent les hostilités. Ils subirent une pluie de flèches. Alors qu'ils reculaient, le comte d'Alençon, frère du roi, chargea avec ses chevaliers, mais dans le plus grand désordre, car une pluie de flèches s'abattit sur eux. La bataille se transforma en une mêlée sauvage au cours de laquelle les chevaliers désarçonnés luttèrent corps à corps, tandis que l'infanterie anglaise achevait les Français blessés.

À la fin de la journée, les corps des Français s'amoncelaient sur le champ de bataille. Parmi les tués figuraient le duc d'Alençon, le duc de Lorraine et le comte de Flandres. La bataille se solda par la victoire des archers anglais sur la cavalerie. Malgré ce massacre et son triomphe, Édouard n'était pas près de s'emparer du trône de France. **RG**

La victoire d'Édouard III à Crécy, illustration dans *Chroniques de Jean Froissart* (v. 1337-1404).

La bataille de Crécy, détail d'une enluminure, XVe siècle ; les Français sont à gauche et les Anglais à droite.

1347 – OCTOBRE

La peste noire

Lors du siège de Kaffa, des pestiférés servent d'arme de guerre biologique.

Cela faisait près d'un an que l'armée du khanat de la Horde d'Or assiégeait le port génois de Kaffa, situé au bord de la mer Noire, à l'une des extrémités ouest de la route de la Soie. Les quais bondés et le grand marché d'esclaves de la cité étaient toujours animés. En octobre 1347, l'ennemi catapulta les corps de pestiférés par-dessus ses remparts, à la grande horreur des habitants. Il s'agissait des victimes d'une pandémie virulente, la peste noire, qui s'était déclarée en Chine un an auparavant et avait sévi en Asie.

« Aucun glas ne sonna et personne ne pleura… C'était la fin du monde. »

Agnolo di Tura, *La Peste à Sienne*, v. 1349

Le fléau se répandit vite. Presque personne n'y échappa. Les morts étaient empilés contre les murs comme du bois de chauffage. Certains marchands s'enfuirent par la mer, mais peu arrivèrent en vie à Messine, en Sicile.

La maladie se propagea le long des principales routes commerciales d'Asie et du Moyen Orient, jusqu'en Europe du Nord. En quelques semaines, elle atteignit l'Italie et, en juin 1348, la France, l'Espagne et l'Angleterre. En 1351, elle avait tué entre un quart et deux tiers des Européens. Les villages étaient déserts, les villes dévastées. Les effets sociaux et économiques de son passage furent cataclysmiques. Pendant les 300 ans qui suivirent, elle réapparut plus d'une centaine de fois avant d'être éradiquée en 1700. **SK**

1356 – 10 JANVIER

La Bulle d'or

Charles IV redéfinit la constitution du Saint Empire romain.

Le 10 janvier 1356, Charles IV de Luxembourg, empereur germanique (1346-1378), convoqua les princes afin de proposer de nouvelles règles pour élire l'empereur et définir ses prérogatives. Elles furent promulguées dans une Bulle d'or, ainsi nommée car elle portait le sceau doré qui marquait son importance.

À l'époque, quatre familles rivales de princes allemands (les Wittelsbach de Bavière, les Luxembourg, les Wittenberg de Saxe et les Habsbourg d'Autriche) se disputaient le contrôle des élections impériales. Après avoir reçu l'approbation du pape, le candidat choisi était couronné roi des Romains en Allemagne, puis se rendait à Rome pour être proclamé empereur par le pape. Cependant, peu d'empereurs furent sacrés de cette façon.

Charles IV voulait mettre fin à ces querelles entre dynasties qui affaiblissaient l'autorité impériale. Il aspirait aussi à renforcer la position de sa propre famille en désignant comme princes électeurs les archevêques de Mayence, Cologne et Trèves, le roi de Bohême, le comte palatin (un Wittelsbach) et les ducs de Saxe et de Brandebourg (la Bohême et le Brandebourg étaient des possessions du Luxembourg). Ces hommes étaient chargés d'élire l'empereur et leur choix ne devait pas être contesté.

Les élections devaient se tenir à Francfort-sur-le-Main. Le candidat qui aurait la majorité pourrait tout de suite exercer son autorité, sans l'accord du pape. Si les électeurs n'arrivaient pas à choisir quelqu'un au bout de 30 jours, ils seraient mis à l'eau et au pain sec jusqu'à ce qu'ils y parviennent. L'élection de l'empereur se déroula ainsi pendant quatre siècles. Par la suite, les princes de Bavière et de Hanovre furent rajoutés sur la liste des princes électeurs. **SK**

La bataille de Poitiers

Édouard, dit le Prince Noir, et son armée battent le roi de France.

La bataille de Poitiers, gagnée par les Anglais, enluminure d'un manuscrit du XIVe siècle.

« Dieu soit loué, l'ennemi est décontenancé et le roi est pris… »

Lettre d'Édouard le Prince Noir, 1356

À l'aube, le 19 septembre 1356, le calme de la campagne poitevine fut troublé par le son des trompettes et le bruit du métal. L'armée de Jean II le Bon se préparait à la bataille. Sur une colline boisée, les chevaliers et les archers d'Édouard le Prince Noir, fils d'Édouard III, l'observaient avec appréhension. Moins nombreux, ils avaient tout fait pour éviter la lutte.

Trois cents chevaliers français chargèrent. Comme les Anglais étaient retranchés derrière des haies et des fossés, ils durent emprunter une voie dominée par les archers anglais. Ces derniers visèrent les flancs non protégés des chevaux et très vite le sol fut jonché de montures agonisantes et de chevaliers désarçonnés.

Des chevaliers à pied menés par le Dauphin de France, âgé de 19 ans, s'avancèrent alors. Atteignant la ligne de front, ils s'engagèrent dans des combats au corps à corps, faisant beaucoup de victimes parmi les Anglais. Mais quand ils reculèrent pour se regrouper, leur apparente retraite sema la panique parmi le reste de leur bataillon qui s'enfuit. Jean le Bon était à la tête d'un troisième bataillon resté à l'abri. Édouard lança une offensive frontale, ordonnant à quelques chevaliers et à ses soldats de charger, et à d'autres chevaliers d'attaquer les Français par-derrière. La bataille tourna très vite à la déroute française. Nombre de chevaliers furent capturés, d'autres se replièrent lâchement abandonnant leur roi. Jean le Bon se retrouva encerclé. Blessé, il finit par se rendre.

Avec beaucoup d'autres prisonniers nobles, Jean le Bon fut emmené en Angleterre. Des rançons importantes furent exigées pour leur libération. Appauvrie par la guerre et minée par les révoltes paysannes, la France ne trouva jamais l'argent nécessaire pour faire libérer son roi. Jean le Bon mourut en Angleterre en 1364. **RG**

La Hanse, une guilde puissante

La première diète (assemblée) de la Hanse se tient à Lübeck en 1356.

En 1356, la Hanse devint une organisation structurée. Cependant, les historiens lient ses origines à la fondation de la ville de Lübeck, dans le Nord de l'Allemagne, en 1159, quand la région passa sous le contrôle d'Henri le Lion, duc de Saxe. Au cours du siècle qui suivit, Lübeck devint une ville prospère et servit de base aux marchands de la Baltique et de la mer du Nord.

La Hanse domina le commerce dans la région de la Baltique, quand les marchands formèrent des guildes pour protéger leurs intérêts mutuels et se défendre des pirates. Elle ne devint toutefois jamais une institution politique unifiée. Elle tint des réunions régulières, mais toutes les villes n'envoyaient pas toujours de délégués. Avec le temps, elle créa un réseau d'alliances informelles entre plus de 60 cités et villes. Lübeck, souvent appelée la « reine de la Hanse », resta la ville hanséatique la plus importante.

En 1368, le roi du Danemark, Valdemar IV, essaya d'anéantir le pouvoir de la Hanse sur le commerce de la Baltique et de la mer du Nord. Cependant, lors d'une de leurs assemblées, les membres de la ligue décidèrent de lever une armée qui triompha des Danois et permit à la Hanse de contrôler le Danemark durant une courte période.

La Hanse connut son apogée au milieu du XIVe siècle, mais au XVe siècle, les différences régionales commencèrent à affaiblir les liens existant entre ses membres. Au XVIe siècle, l'influence croissante des rivaux hollandais et anglais atténua encore davantage sa puissance. L'essor du commerce avec le Nouveau Monde et la découverte d'une nouvelle route pour les Indes accentuèrent son déclin. En 1630, la guilde était réduite à Lübeck, Brême et Hambourg. Cette union restreinte dura 39 ans. La dernière assemblée eut lieu en 1669. **TB**

Charte de Hambourg du XVe siècle montrant l'importance des ports et du commerce.

« Chaque cité doit, dans la mesure du possible, débarrasser la mer des pirates. »

Premier décret de la ligue hanséatique

1368

Fondation de la dynastie Ming

Le paysan Zhu Yuanzhang unifie la Chine en fondant sa « brillante » dynastie.

La dynastie mongole des Yuan établie par le khan Kubilaï souffrait d'une direction dégénérée et indulgente favorisant les dissensions raciales, le laisser-aller des fonctionnaires et augmentant les impôts. C'est dans ce contexte que Zhu Yuanzhang prit le pouvoir en 1368.

Une révolte avait éclaté à la fin des années 1340, quand des chefs rebelles issus des classes inférieures avaient pris des villes dont ils s'étaient proclamés les rois. La Chine était morcelée par ces seigneurs de guerre rebelles. À Anhui, l'un d'eux nomma Zhu Yuanzhang général. Un érudit dit à ce dernier qu'il parviendrait à conquérir la Chine s'il suivait trois règles : entourer sa ville de murs solides, faire des réserves de céréales et ne pas s'attribuer trop vite de titres. En 1368, Zhu contrôlait tout le Sud de la Chine et fonda l'empire de la dynastie des Ming à Nankin, redonnant le pouvoir aux peuples han originaires de Chine. Il devint Hongwu, l'un des plus grands empereurs de Chine. Le fondateur de la dynastie des Han, Liu Bang, et lui-même furent les deux seuls paysans à avoir atteint un tel rang. En 1369, il chassa les Mongols de Chine, hormis du Sichuan et du Yunnan.

Il réaffirma l'autorité du système impérial, rétablissant un examen pour choisir les fonctionnaires, ne permettant aucune dissidence parmi les érudits et abolissant la fonction de ministre en chef. Sous la dynastie des Ming, l'empire connut son apogée. Il s'étendit à l'ouest et au sud. Des expéditions navales importantes furent entreprises dans l'océan Indien jusqu'en Afrique. **NJ**

Portrait du premier empereur de Chine, Zhu Yuanzhang, aujourd'hui exposé à Nankin.

1378 – 20 SEPTEMBRE

Le grand schisme d'Occident

L'élection de deux papes divise l'Église catholique et l'Europe.

En 1377, Grégoire XI réinstalla la papauté à Rome, mettant fin à une période de 70 ans durant laquelle les papes vécurent en Avignon. Quand il mourut, le peuple romain, dont les luttes intestines avaient été la cause du déménagement du Saint-Siège en 1305, descendit dans la rue, exigeant un pape italien. Le conclave choisit un archevêque de Bari, qui prit le titre d'Urbain VI, mais très vite les cardinaux changèrent d'avis. Le nouveau pape imposait une discipline trop stricte à leur goût et le 20 septembre 1378, ils élirent un autre pape, Clément VII, affirmant que la première élection avait eu lieu sous la contrainte.

« Ils nous obligèrent… par la violence et la menace à élire un Italien. »

Manifeste des cardinaux en révolte, 1378

Il y avait donc maintenant deux papes, l'un à Rome, l'autre en Avignon. Cette situation sans précédent nuisit pendant longtemps à la réputation de l'Église et de la papauté. L'Europe était divisée en deux camps politiques, car ses dirigeants étaient forcés de se prononcer en faveur de l'un ou de l'autre pape. Le schisme ne s'arrêta pas à la mort des deux rivaux. En 1409, le concile de Pise convoqué pour mettre un terme à ces querelles élut même un troisième pape, Alexandre V (qui mourut rapidement et fut remplacé par Jean XXIII), mais comme les deux autres papes refusèrent de démissionner, cet expédient ne fit que prolonger la crise. **SK**

Révolte des paysans en Angleterre

Richard II parvient à disperser la foule des paysans.

Illustration montrant la mort de Wat Tyler et le jeune Richard II parlant aux rebelles.

Le 15 juin 1381, à Smithfield, Richard II, âgé de 14 ans, rencontra les chefs de la révolte paysanne. Celle-ci avait débuté dans l'Essex, où les paysans s'étaient soulevés contre un collecteur d'impôts un peu trop zélé. Les villages voisins, puis les comtés suivirent l'exemple. Des paysans s'étaient rassemblés partout dans le pays et avaient ensuite marché sur Londres puis attaqué les propriétés des riches, dont le palais de Jean de Gand, oncle du roi. Surpris, le gouvernement avait négocié, sans réussir à stopper les violences. Le 14 juin, Wat Tyler avait assiégé avec la foule la tour de Londres, et décapité l'archevêque de Canterbury et le trésorier en chef. Après un échange tendu entre le roi et les émeutiers, le maire de Londres fit tuer nombre de rebelles dont Tyler. Richard II eut la présence d'esprit de s'avancer vers les paysans et leur ordonna de se disperser.

La révolte avait attiré des artisans des villes et des ouvriers agricoles. Leur colère, attisée par les idées égalitaires du prêtre rebelle, John Ball, avait un aspect moral. Le clergé était l'une des cibles visées. Mais tout le problème venait en fait des conditions économiques et sociales qu'avait engendré la peste noire. La population était moins importante, il y avait moins de travail et le *Statute of Laborers* (1351) qui empêchait toute hausse des salaires était impopulaire. Après la mort de Wat Tyler et l'arrestation d'autres meneurs, la révolte cessa. Le 25 juin marqua la fin de la plus grande insurrection populaire de l'histoire de l'Angleterre. **SK**

La bataille d'Aljubarrota

Le roi Jean Ier bat l'armée de Castille et préserve l'indépendance des Portugais.

Enluminure du XVe siècle illustrant la défaite de Jean Ier de Castille face à Jean Ier du Portugal.

La bataille d'Aljubarrota, dans le centre du Portugal, le 14 août 1385, est jugée par les Portugais comme la plus importante de leur histoire, car leur indépendance était en jeu. Mort en 1383, le roi Ferdinand Ier avait pour seul héritier sa fille Béatrice dont le mari, Jean Ier de Castille, voulut annexer le Portugal. De nombreux Portugais soutinrent alors le frère naturel de Ferdinand, Jean, grand maître de l'ordre militaire d'Aviz. La lutte s'inscrivit dans le cadre de la guerre de Cent Ans : l'Angleterre était avec Jean, la France avec Jean de Castille.

L'armée portugaise était soutenue par des soldats anglais, notamment des archers. L'armée des Castillans était épaulée par des chevaliers français, d'où la ressemblance de la bataille avec celles de Crécy et de Poitiers. Le général de Jean Ier, Nuno Alvares Pereira, adopta une position défensive, plaçant ses chevaliers à pied au centre et sur les flancs, les archers. Des fossés avaient été creusés devant le front pour les protéger de la cavalerie, ce qui n'empêcha pas les chevaliers français de charger. Le soir, la balance penchait en faveur des Portugais. La retraite des Castillans se mua en déroute, car des paysans armés d'outils les attaquèrent. Jean monta sur le trône du Portugal, consolida l'indépendance du Portugal et inaugura une longue tradition de coopération avec l'Angleterre. Il fonda la dynastie d'Aviz qui gouverna le pays pendant son âge d'or durant près de 200 ans, jusqu'à ce que Philippe II d'Espagne annexe le Portugal. **RG**

Défaite serbe au Kosovo

Pendant quatre siècles, la Serbie vécut sous le joug ottoman qui attisa le nationalisme serbe encore vif aujourd'hui.

La bataille du Kosovo eut lieu le 28 juin 1389 à Kosovo *Polje* (le «champ des Merles») entre les armées de l'Empire turc ottoman en pleine expansion, commandées par le sultan Murad Ier et une coalition d'armées chrétiennes de différents États des Balkans menées par le prince Lazare de Serbie. Selon les historiens, les forces ottomanes étaient bien supérieures à celles des Serbes.

Les archers ottomans lancèrent une pluie de flèches sur les Serbes, incitant un général à avancer, emportant tout sur son passage. Les Turcs étaient démoralisés par la mort de Murad tué la veille par un Serbe, Milos Obilic, qui s'était s'infiltré parmi eux et avait poignardé le sultan. Ils étaient conduits par son successeur, Bayazid Ier, et après un violent combat, ils finirent par vaincre les Serbes en raison de leur supériorité numérique. Lazare fut décapité sur le champ de bataille.

Les conséquences furent terribles pour les Serbes. Ce fut le début de quatre siècles de joug turc au cours desquels ils conservèrent leur foi orthodoxe. Le Kosovo devint la pierre angulaire du nationalisme serbe. Il n'y a rien d'étonnant à ce que l'assassinat (qui déclencha la Première Guerre mondiale) de l'archiduc François-Ferdinand en 1914 par un nationaliste serbe ait eu lieu un 28 juin.

Le Kosovo devint le berceau spirituel des Serbes. Le conflit du Kosovo qui, dans les années 1990, opposa les Serbes et les Albanais de la région était aussi dû au caractère symbolique du lieu. **NJ**

▶ Le sultan Murad Ier, chef de l'armée turque ottomane, poignardé la veille de la bataille du Kosovo.

◀ *La Bataille du champ des Merles*, gravure du XVIIIe siècle.

1401 – 10 JUILLET

Tamerlan l'impitoyable

Tamerlan met à sac Bagdad et massacre sa population.

Timur le Boiteux – ou Tamerlan – prit Bagdad le 10 juillet 1401, après un siège de six semaines. Il attaqua la ville depuis sept points différents, pulvérisant les défenseurs malgré leur résistance héroïque. Il est souvent considéré comme le dernier grand conquérant mongol. Cependant, bien qu'il eût affirmé descendre de Gengis Khan et fût d'origine nomade, il était sans doute turc et musulman. Devenu émir de Samarcande en 1361, il y créa les bases de son empire éphémère qui engloba la majeure partie de l'Asie centrale, de l'Iran, de l'Irak et de l'Afghanistan.

« Quand il dévastait une grande cité, il bâtissait un palais dans ses jardins… »

Ibn Arabshah, *Tamerlan de Timur*, vers 1420

Après la chute de Bagdad, il ordonna à chacun de ses soldats de rapporter au moins deux têtes tranchées en guise de trophées et fit empiler celles-ci autour de la ville. Près de 90 000 personnes furent tuées au cours du sac, l'un des plus sanglants commis par le cruel Tamerlan. Celui-ci n'épargna que les mosquées. Il donna l'ordre de brûler Bagdad et de la raser.

Cependant, ce n'était pas un barbare. Il laissa la vie sauve aux érudits et aux théologiens. De nombreux astronomes furent envoyés dans son observatoire de Samarcande qui devint un centre culturel florissant sous sa domination. La ville de Bagdad connut un long déclin. Il fallut attendre 1921 pour qu'elle redevienne la capitale de l'Irak alors sous mandat britannique. **JH**

1405

La puissance maritime chinoise

L'amiral Zheng restaure la puissance maritime chinoise.

En 1405, l'amiral Zheng He, un eunuque, quitta Nankin à la tête d'une flotte de 62 bateaux avec plus de 27 000 marins et soldats, et de l'argent. Au cours des deux ans qui suivirent, il alla au Vietnam, au Siam (Thaïlande), à Malacca, à Java, en Inde et à Ceylan (Sri Lanka). Ce n'était ni un explorateur, ni un marin, mais un diplomate. Il était censé montrer aux royaumes « barbares » du Sud-Est de l'Asie et de l'océan Indien qu'après un siècle d'occupation mongole, la Chine était de retour.

Durant la période de la conquête et du joug mongol (1211-1368), l'économie de la Chine avait été dévastée par les guerres et les énormes tributs à payer. Sous l'autorité de l'empereur Hongwu (1368-1398) de la dynastie des Ming, le pays se rétablit rapidement, mais il avait perdu une grande partie de son prestige et de son influence en Asie. Yongle (1403-1424), fils de Hongwu, récolta les fruits de la politique de son père. Ayant la paix chez lui et disposant de richesses, il décida de redorer le prestige de son pays à l'étranger par le biais de ces expéditions militaires et navales.

L'expédition de Zheng He fut un succès. Il en effectua encore six entre 1407 et 1433, établissant un système de tributs jusqu'en Arabie et dans l'Est de l'Afrique, ramenant sur son bateau les diplomates de douzaines d'États souhaitant rendre hommage à l'empereur. Après sa mort en 1435, l'empereur Zhengtong mit fin à ces missions, afin de défendre la frontière nord du pays menacée par les Mongols. Ce fut une décision désastreuse qui laissa la côte chinoise sans défense face aux pirates japonais et aux marchands européens qui arrivèrent au début du XVIe siècle. **JH**

Jan Hus meurt sur le bûcher

Le réformateur tchèque est accusé d'hérésie par le concile de Constance.

Gravure sur bois montrant Jan Hus sur le bûcher, son expression dénotant son innocence.

« Dans la parole de l'Évangile… Je mourrai aujourd'hui avec joie. »

Jan Hus refusant une dernière invitation à se rétracter

Jan Hus (ou Jean Huss), réformateur tchèque controversé, fut convoqué par l'empereur Sigismond de Luxembourg (1410-1437) pour expliquer ses positions religieuses devant les prélats réunis à l'occasion du concile de Constance. Bien qu'un sauf-conduit lui ait été accordé par l'empereur Sigismond, il fut arrêté dès son arrivée dans la ville en novembre 1414 et jugé pour hérésie en juin 1415. Ses accusateurs l'empêchèrent d'expliquer et développer son point de vue. Hus refusa d'abjurer des croyances qu'il n'avait jamais prêchées, parlant de faux témoignages établis contre lui. Le concile le condamna à périr tel un hérétique, par le feu ou par l'eau. Hus mourut sur le bûcher le 6 juillet 1415.

Hus est considéré par certains comme un précurseur du protestantisme. Un siècle avant la Réforme, il avait avancé de nombreux points théologiques qui furent repris par le réformateur allemand Martin Luther. Il s'était fait connaître comme professeur à l'université de Prague, en Bohême (dans l'actuelle République tchèque), dans les années 1390. C'est à cette époque qu'il défia l'autorité de l'Église. Il avait été très influencé par les écrits du réformateur anglais John Wycliffe (v. 1329-1384). Il critiquait la richesse de l'Église et les abus du clergé, notamment la vente des indulgences. Sa défense de la langue tchèque lui valut le soutien du peuple et il est aujourd'hui encore considéré comme un héros.

La mort de Hus suscita l'indignation en Bohême. Ses disciples se nommèrent les hussites et quand, en 1419, après la mort de son frère, Sigismond devint roi de Bohême, une longue guerre débuta. Les hussites résistèrent jusqu'à ce qu'un accord fût conclu en 1436 et qu'ils obtinssent le contrôle de l'Église de Bohême. **SK**

La bataille d'Azincourt

L'armée anglaise bat les Français à plate couture.

Le matin de la Saint-Crépin, tout était prêt pour la victoire de la France. L'idée du roi d'Angleterre, Henri V, d'envahir la Normandie manquait de sagesse. Comme ses forces avaient été décimées par la maladie durant le siège prolongé d'Harfleur, il allait se réfugier à Calais, alors aux mains des Anglais. Mais l'armée française du constable Charles d'Albret bloqua sa voie de retraite, l'obligeant à se battre. Face à 20 000 ou 30 000 Français, les chances des Anglais affamés, exténués et en nombre inférieur, puisqu'ils étaient environ 6 000, étaient maigres.

La bataille eut une issue inattendue en raison du terrain. Le roi disposa ses hommes sur un front étroit bordé de bois touffus. Ses 900 chevaliers et soldats mirent pied à terre tandis que ses archers se placèrent sur les côtés. Contraints de combattre dans cet espace réduit, les Français ne purent compter sur leur nombre ni utiliser leur puissance de charge. La masse compacte de leurs chevaliers aux lourdes armures pataugea dans la boue, sous une pluie de flèches et l'artillerie ne put être déployée dans le terrain détrempé. Les soldats anglais se lancèrent dans des combats au corps à corps, rejoints par les archers qui se jetèrent sur l'ennemi armés de haches et de couteaux. Embourbés, les Français ne pouvaient pas se défendre. La victoire anglaise fut ternie par le massacre des prisonniers français qu'Henri V ordonna par mesure de précaution de peur d'un nouvel assaut.

Azincourt fut une catastrophe pour la France. Près d'une centaine de nobles furent tués, dont trois ducs et sept comtes. Intimidé, Charles VI fit d'Henri l'héritier du trône et lui donna sa fille Catherine de Valois en mariage. La mort d'Henri en 1422, à l'âge de 34 ans, annula tous ces arrangements. La bataille n'eut donc pas de conséquences à long terme. **RG**

Détail d'une représentation médiévale d'Azincourt, montrant les drapeaux français et anglais.

« Les nobles français furent décapités et taillés en pièces de sang-froid. »

Jehan de Wavrin, *Recueil*, v. 1471

1417 – 11 NOVEMBRE

La fin du grand schisme

Le concile de Constance permet l'élection d'un pape unique, Martin V.

Après trois ans de délibérations, le 11 novembre 1417, le concile de Constance finit par élire un nouveau pape, le Romain Oddone Colonna, qui prit le nom de Martin V, le nom du saint dont c'était la fête ce jour-là.

Le schisme (aussi appelé le grand schisme d'Occident) existait depuis 40 ans et avait déjà jeté un profond discrédit sur la papauté. Depuis 1409, trois hommes revendiquaient le titre de pape, chacun avec son collège de cardinaux, sa curie et ses partisans : Jean XXIII soutenu essentiellement par les Allemands, le pape d'Avignon Benoît XIII épaulé par l'Écosse, la Sicile, l'Aragon et la Castille, et le pape romain Grégoire XII.

Pour mettre fin au scandale, l'empereur Sigismond de Luxembourg fit pression sur Jean XXIII pour qu'il convoquât un grand concile de l'Église à Constance, dans le Sud-Ouest de l'Allemagne, qui débuta en novembre 1414. Déclarant son pouvoir supérieur à celui du pape (décret ignoré par les papes qui suivirent), le concile recommanda aux trois papes de démissionner afin de permettre l'élection d'un nouveau pape reconnu et accepté par tous les chrétiens.

Il fallut de longues négociations et une certaine diplomatie pour aboutir finalement au résultat espéré. En mars 1415, Jean XXIII quitta Constance et l'on considéra alors qu'il avait abdiqué. En juillet, Grégoire XII donna sa démission puisque le concile voulait élire un nouveau pontife. Benoît XIII, lui, força le concile à le déposer. Originaire d'Aragon, l'exubérant Pedro de Luna se réfugia dans la forteresse de Peñiscola, près de Valence, où il mourut en 1423, à l'âge de 95 ans, revendiquant toujours le titre de pape. **SK**

VERS 1427

La *Trinité* de Masaccio

Masaccio utilise la perspective pour peindre en trois dimensions.

Fils de notaire, originaire d'un village près de Florence, Tommaso Cassai fut appelé Masaccio, le « grand Thomas » par opposition à son associé Masolino (« le petit Thomas »). Il travailla à Florence. On sait peu de choses sur lui. Il n'avait pas 30 ans quand il mourut, sans doute pauvre, empoisonné, dit-on, par un rival.

Il intégra des éléments classiques dans sa peinture et développa les techniques de la perspective architecturale et du raccourci, d'où la réelle profondeur de ses œuvres. Sa Trinité, fresque de 7,6 m de haut peinte vers 1427 pour Sainte-Marie-Nouvelle, à Florence, l'atteste. L'artiste travailla peut-être avec Brunelleschi, architecte de la cathédrale de Florence dont la connaissance de l'architecture classique transforma l'esthétique de l'époque.

« Il était distrait, fantasque, [et] faisait peu de cas de lui-même. »

Vasari, *Vie des artistes*, 1550

Les personnages de la fresque sont encadrés par un arc classique. Le plafond à caissons et les voûtes en berceau permirent à l'artiste d'explorer la perspective. Le point de fuite est au niveau du regard de l'observateur attiré vers l'intérieur par les personnages sur les côtés. L'œuvre influença notamment Michel-Ange. **PF**

La Trinité (v. 1427) de Masaccio. Son usage de la perspective influença des générations d'artistes.

La naissance de l'Empire aztèque

Itzcoatl fonde l'Empire aztèque à Mexico et se livre à des sacrifices.

Le chef aztèque Itzcoatl portant des peaux et des plumes d'animaux pour bénéficier de leurs aptitudes.

« Ils ôtent le cœur et les entrailles et les brûlent en sacrifice. »

Lettres d'Hernan Cortés

Les Aztèques, qui s'appelaient eux-mêmes les Mexica (du nom de leur capitale), s'installèrent au XIIIe siècle au centre de ce qui est maintenant le Mexique, sur l'ordre, pensaient-ils, de leur dieu, Huitzilopochtli. Vers 1325, ils fondèrent la cité de Tenochtitlan sur une île, dans les marécages du lac Texcoco, là où se dresse l'actuelle ville de Mexico. La cité avait son propre roi, mais les Aztèques faisaient allégeance à la cité-État d'Azcapotzalco qui dominait l'ensemble de la région.

Cependant en 1426, le chef âgé d'Azcapotzalco mourut. Cela entraîna des intrigues complexes et des luttes de pouvoir entre les cités-États, et la mort du chef des Aztèques de Tenochtitlan. Le successeur de ce dernier, Itzcoatl, soutenu par son principal commandant militaire, Moctezuma, se fit des alliés parmi les autres peuples de la région, fomenta une révolte et, en 1428, prit Azcapotzalco après un siège qui aurait duré 114 jours. Le chef vaincu de la cité fut placé sur un rocher sacrificiel, son cœur fut arraché à l'aide d'un couteau en obsidienne et son sang éparpillé aux quatre points cardinaux.

Les Aztèques et leurs alliés dominaient à présent le centre de Mexico. Moctezuma succéda à Itzcoatl en 1440 et les Aztèques construisirent un empire qui, au moment où Cortés et les Espagnols arrivèrent en 1519, couvrait près de 194 000 km^2. Moctezuma régnait sur une population de cinq à six millions de personnes et ils avaient atteint un niveau de civilisation parmi les plus élevés d'Amérique.

Les sacrifices humains faisaient partie de la religion aztèque. Ils empruntaient plusieurs formes – crémation, pendaison – mais la plus utilisée consistait à arracher le cœur d'une victime encore vivante. Des milliers de personnes furent sacrifiées à la gloire d'Huitzilopochtli et autres divinités. **RC**

Jeanne d'Arc brûlée vive

Les Anglais font mourir Jeanne d'Arc sur le bûcher pour hérésie.

Aujourd'hui, une église se dresse sur la place du marché de Rouen, là où une jeune fille de 19 ans fut brûlée vive, le 30 mai 1431. Quand le feu prit, elle demanda à un prêtre de tenir un crucifix à hauteur de ses yeux et de prier d'une voix forte pour qu'elle l'entende malgré le crépitement des flammes. Les soldats anglais dispersèrent ses cendres dans la Seine.

La jeune paysanne de Domrémy affirmait que saint Michel, sainte Catherine et sainte Marguerite lui avaient demandé de délivrer la France, alors occupée par les Anglais. Vêtue d'une armure blanche et portant son propre étendard, elle avait levé une armée et participé en 1429 au siège d'Orléans. Jean de Luxembourg, un Bourguignon, la captura et la vendit aux Anglais. Ceux-ci la firent juger pour hérésie devant un tribunal ecclésiastique présidé par Pierre Cauchon, évêque de Beauvais.

Tout au long du printemps 1431, les débats traînèrent, car le tribunal la tyrannisa pour lui faire reconnaître sa culpabilité. Voici ce qu'on peut lire : « Quand on lui demanda si elle était dans la grâce de Dieu, elle répondit : "Si je n'y suis, Dieu m'y mette, et si j'y suis, Dieu m'y garde. Je serais la plus malheureuse du monde, si je savais ne pas être en la grâce de Dieu ! » Le 29 mai, trois jours après avoir abjuré, elle se rétracta et ôta la robe qu'elle avait été obligée de mettre pour reprendre ses habits d'homme. Cette action scella son destin. Elle fut remise aux Anglais. La Pucelle d'Orléans qui, deux ans auparavant, avait triomphé des Anglais et sacré le Dauphin roi de France, fut exécutée en public.

Vingt-quatre ans plus tard, alors que les Anglais avaient été chassés de France, le pape révoqua la sentence. Symbole de courage pour les Français, Jeanne d'Arc fut canonisée en 1920. **SK**

Jeanne d'Arc sur le bûcher. Illustration réalisée 53 ans après sa mort.

« Si je n'y suis [dans la grâce de Dieu], Dieu m'y mette et si j'y suis, Dieu m'y garde. »

Jeanne d'Arc, lors de son procès

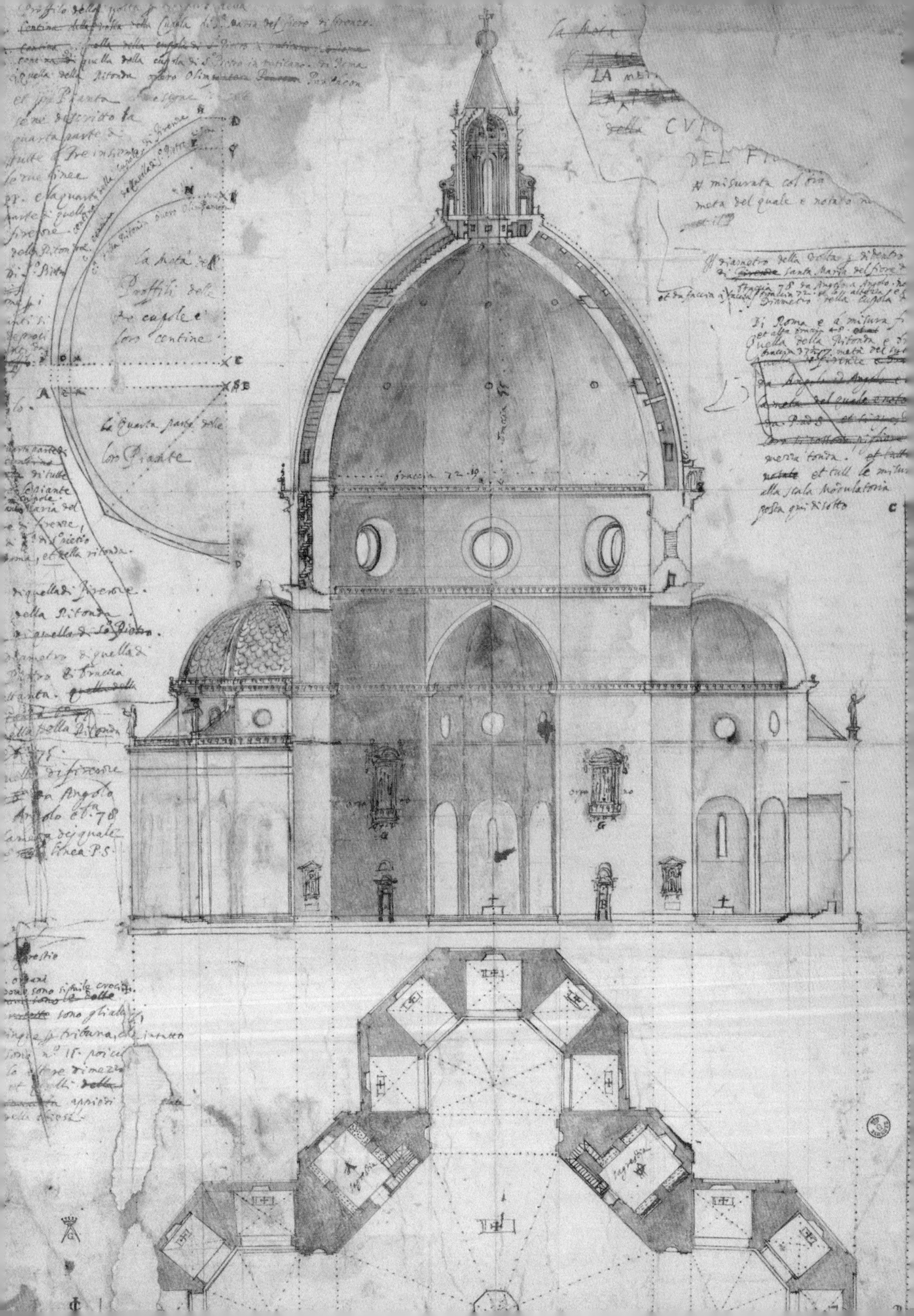

La metà de Proffili delle due cupole e loro centine
la Quarta parte delle lor Piante
santa Maria del fiore
mezza tonda.
alla scala Modulatoria posta qui di sotto

Le dôme de Florence

Le pape Eugène IV consacre la cathédrale de Florence.

Ce fut un défi pour les plus ingénieux. Il fallait placer un dôme au-dessus de l'extrémité est de la cathédrale de Florence. L'édifice bâti en 1296 était de style gothique, mais 70 ans plus tard, il fut décidé de le restaurer dans le style roman afin de refléter l'importance croissante de Florence. Selon les nouveaux plans, le dôme devait être octogonal et avoir un diamètre de 42 m. Les arcs et les voûtes traditionnels étaient fabriqués avec une armature en bois, mais la taille du dôme ne permettait pas d'utiliser cette technique. Il fallut attendre plus d'un demi-siècle pour que le dôme soit construit et consacré par le pape, le 25 mars 1436.

Filippo Brunelleschi (1377-1446), orfèvre et sculpteur, trouva la solution au problème. Après de nombreux voyages à Rome pour étudier la construction des ruines antiques, notamment le vaste dôme du Panthéon, il dit aux autorités qu'il savait ce qu'il fallait faire. Ses plans furent acceptés et les travaux débutèrent en 1420.

Il construisit un dôme interne léger recouvert d'une enveloppe externe afin de réduire le poids de la structure, et conçut des machines élaborées pour monter les matériaux de construction. Il assembla les briques et la maçonnerie en chevrons, technique qu'il avait apprise en observant les édifices romans antiques. Ses concurrents se moquèrent de cette méthode et prédirent un échec. Mais en 1436, il se dressait, splendide, au-dessus de la cathédrale de Florence à 106 m de haut. Il symbolise aujourd'hui l'art et l'esthétique de l'architecture de la Renaissance. **SK**

◀ Deux dessins du dôme de Brunelleschi par l'artiste toscan Ludovico Cigoli (1559-1613).

Victoire inca

Pachacutec fonde l'Empire inca après la défaite des Chanca.

En 1438, les Chanca attaquèrent la capitale inca de Cuzco et menacèrent de la prendre, mais furent battus par Pachacutec (« le transformateur »), principal fondateur de l'empire, qui régna de 1438 à 1471, et ses hommes. Selon la légende, au moment crucial, les pierres de la plaine se transformèrent temporairement en guerriers pour venir en aide à Pachacutec et l'aider à vaincre l'ennemi. Elles furent ensuite placées dans des sanctuaires. Cette bataille conféra un énorme prestige au trône inca et plus particulièrement au prince Kusi Yupanqui. Fort de cette victoire, il alla trouver son père, Viracocha, qui abdiqua en sa faveur. Devenu empereur, il changea son nom en Pachacutec.

Sa victoire servit de tremplin à l'expansion inca. Il réunit en un seul État la plupart des royaumes des Andes. Il étendit son emprise sur les montagnes péruviennes et rebâtit le grand temple du soleil à Cuzco. Machu Picchu fut sans doute sa résidence de campagne. L'histoire de la guerre de Pachacutec et des Chanca fut racontée au XVIe siècle par Juan Betanzos, un Espagnol qui épousa l'une des descendantes de Pachacutec, apprit les traditions incas et les nota. Pachacutec reste renommé au Pérou.

Le terme inca était à l'origine le titre que l'on donnait à un chef de tribu dans les Andes centrales d'Amérique du Sud, au XIe siècle. Ces tribus, apparemment originaires du lac Titicaca, auraient émigré au nord et se seraient fixées près de Cuzco, dans l'actuel Pérou. Elles croyaient que leurs dirigeants descendaient du dieu Soleil. Quand elles dominèrent au XVe siècle, elles créèrent le plus grand État précolombien d'Amérique. Ce dernier s'étendait de l'actuelle Colombie jusqu'au Chili et à l'Argentine. L'empire aurait compté jusqu'à dix millions de sujets. **RC**

1453 – 29 MAI

La chute de Constantinople

Le sultan ottoman Mehmet II s'empare de la capitale de l'Empire byzantin.

L'après-midi du 29 mai 1453, le sultan Mehmet II entra dans Constantinople (Istanbul). À l'âge de 20 ans, il venait de conquérir l'une des plus grandes cités chrétiennes. Alors que les palais des riches étaient pillés par ses soldats et que le sang coulait à flot dans les rues, il pénétra dans la cathédrale Sainte-Sophie, vieille de 900 ans, afin de remercier Allah.

Constantinople, l'ancienne « ville des désirs du monde », était l'ombre de ce qu'elle avait été. Lorsque le siège débuta en avril 1453, elle était encore protégée par des murs qui avaient résisté des milliers d'années. Mehmet avait rassemblé 80 000 Turcs et Serbes et une flotte puissante pour vaincre les 7 000 soldats de l'empereur byzantin, Constantin XI. Devant la réputation de solidité des murs de la ville, Mehmet II fit appel à un Hongrois expert en artillerie pour construire un canon massif, une arme de pointe que les Byzantins ne pouvaient s'offrir.

« Le sang coulait comme de l'eau de pluie dans les gouttières après un orage. »

Nicolo Barbaro, dans son journal

À l'aube du 29 mai, une canonnade annonça l'assaut final. Les soldats d'élite du sultan, les janissaires, escaladèrent les fortifications. Le dernier empereur byzantin mourut, l'épée à la main. Au cours des jours suivants, la majorité de la population fut asservie ou massacrée. La chute de Constantinople choqua le monde chrétien et marqua la fin de l'Empire byzantin. Pour les Ottomans, ce fut un triomphe qui ouvrait une nouvelle ère d'expansion. **RG**

1455

La Bible de Gutenberg

Premier livre imprimé, la Bible à « 42 lignes » marque le début de l'édition.

En 1450, Johannes Gutenberg, artisan et ferronnier de Mayence, en Allemagne, obtint l'aide d'un financier. Il faisait en effet des expériences pour créer des caractères d'imprimerie métalliques mobiles moulés à la main, et avait besoin d'argent pour élaborer de nouveaux outils et équipements, dont une presse en bois et à vis, de l'encre à base d'huile et du papier susceptible d'être imprimé.

Il conçut avec ces éléments une presse typographique qui lui permit, en 1455, d'imprimer son chef-d'œuvre, la Bible de Gutenberg. Appelée Bible à « 42 lignes » – chaque page comporte 42 lignes de texte – ce fut le premier grand livre imprimé en caractères mobiles dans le monde occidental. Elle marqua le début de l'édition.

Il fallut probablement un an pour imprimer 180 copies de cet ouvrage de 1 280 pages. Une fois sortie de l'imprimerie, le livre était relié et enluminé au gré de l'acquéreur. Gutenberg eut vite des imitateurs, et des presses typographiques apparurent dans les villes, offrant la possibilité d'éditer des bibles, des encyclopédies, des ouvrages théologiques, des histoires et des romans pour satisfaire un public friand de lecture.

L'invention de la presse à imprimer fut comparable à celle de l'Internet. Ce fut une grande avancée technologique qui favorisa la propagation des idées durant la Renaissance et l'explosion de l'enseignement au début du XVIe siècle. En 1999, la revue *Time* qualifia la presse à imprimer d'invention la plus importante du millénaire. **SK**

Superbe page enluminée de la Bible de Gutenberg qui annonça le début de la publication de livres.

Incipit prologus sancti iheronimi
presbiteri i parabolas salomonis

Iungat epistola quos iungit sacerdoti-
um: immo carta non dividat: quos
xpi nectit amor. Commentarios in osee.
amos. ⁊ zachariam malachiam. quoq;
poscitis. Scripsissem: si licuisset pre vali-
tudine. Mittitis solacia sumptuum.
notarios nostros et librarios sustenta-
ns: ut vobis potissimum nostrum desudet
ingenium. Et ecce ex latere frequens turba
diversa poscentium: quasi aut equum sit me
vobis esurientibus aliis laborare: aut
in racione dati et accepti. cuiq; preter
vos obnoxius sim. Itaq; longa egrota-
tione fractus. ne penitus hoc anno re-
ticerem. ⁊ apud vos mutus essem. tridui
opus nomini vestro consecravi. interp-
tationem videlicet trium salomonis vo-
luminum: masloth quod hebrei parabolas.
vulgata edicio proverbia vocat: coeleth.
quem grece ecclesiasten. latine concionatorem
possumus dicere: sirasirim. quod in linguam
nostram vertitur canticum canticorum. Fertur et
panaretos. ihesu filii sirach liber: ⁊ alius
pseudographus. qui sapientia salo-
monis inscribitur. Quorum priorem hebra-
icum reperi. non ecclesiasticum ut apud la-
tinos: sed parabolas prenotatum. Cui iuncti
erant ecclesiastes. et canticum canticorum: ut
similitudinem salomonis. non solum nu-
mero librorum: sed etiam materiarum gene-
re coequaret. Secundus apud hebreos
nusq; est: quia et ipse stilus grecam
eloquentiam redolet: et nonnulli scriptorum
veterum hunc esse iudei filonis affirmant.
Sicud ergo iudith ⁊ thobie ⁊ macha-
beorum libros. legit quidem eos ecclesia. sed
inter canonicas scripturas non recipit:
sic ⁊ hec duo volumina legat ad edi-
ficationem plebis: non ad auctoritatem
ecclesiasticorum dogmatum confirmandam.

Si cui sane septuaginta interpretum
magis editio placet: habet eam a nobis
olim emendatam. Neq; enim nova sic cu-
dimus: ut vetera destruamus. Et tamen cum
diligentissime legerit. sciat magis nostra
scripta intelligi: que non in tercium vas
transfusa coacuerit: sed statim de prelo
purissime commendata teste: suum saporem ser-
vaverit. Incipiunt parabole salomonis

Parabole salomonis
filii david regis israel:
ad sciendam sapienti-
am ⁊ disciplinam: ad
intelligenda verba
prudentie et suscipi-
endam eruditationem doctrine: iusticiam
et iudicium ⁊ equitatem: ut detur parvulis
astutia: et adolescenti sciencia et intel-
lectus. Audiens sapiens sapientior erit: ⁊
intelligens gubernacula possidebit. Ani-
advertet parabolam et interpretatio-
nem: verba sapientium ⁊ enigmata eorum.
Timor domini principium sapientie. Sapien-
ciam atq; doctrinam stulti despiciunt.
Audi fili mi disciplinam patris tui et ne
dimittas legem matris tue: ut addatur
gratia capiti tuo: ⁊ torques collo tuo.
Fili mi si te lactaverint peccatores: ne ac-
quiescas eis. Si dixerint veni nobiscum.
insidiemur sanguini. abscondamus tendi-
culas contra insontem frustra. degluti-
amus eum sicud infernus viventem ⁊ inte-
grum. quasi descendentem in lacum: omne
preciosam substanciam reperiemus. implebimus
domus nostras spoliis. sortem mitte no-
biscum. marsupium sit unum omnium
nostrum: fili mi ne ambules cum eis. Pro-
hibe pedem tuum a semitis eorum. Pedes
enim illorum ad malum currunt: ⁊ festinant ut
effundant sanguinem. Frustra autem
iacitur rete ante oculos pennatorum. Ipsi quoque
contra sanguinem suum insidiantur: et

1456 – 22 JUILLET

La défaite des Ottomans à Belgrade

Des paysans alliés à des guerriers et des chevaliers hongrois triomphent des Turcs à Belgrade.

En juillet 1456, le sultan ottoman Mehmet II, qui venait de conquérir l'Empire byzantin, attaqua le royaume chrétien de Hongrie. Celui-ci fut défendu par deux hommes : le guerrier Jean Hunyadi et un moine italien âgé de 70 ans, Jean de Capistran. Prédicateur fougueux, ce dernier mena une féroce campagne contre les juifs et les hérétiques.

Mehmet voulait attaquer Belgrade, puis une forteresse à la frontière hongroise. Malgré ses murs impressionnants, Belgrade ne donnait pas l'impression de devoir tenir longtemps face au sultan qui avait pris Constantinople. Quand elle fut assiégée, Jean de Capistran prêcha une croisade contre les Turcs. Des milliers de paysans armés de faux et de massues rejoignirent les chevaliers et les mercenaires de Hunyadi pour renforcer la défense de Belgrade. Ils descendirent le Danube, percèrent le blocus ottoman et pénétrèrent dans la cité.

Le 21 juillet, les Turcs entrèrent dans Belgrade, mais furent repoussés. Le jour suivant, les paysans ayant répondu à l'appel de Jean de Capistran effectuèrent une sortie pour aller attaquer le camp turc. C'était un acte de pure folie que Jean de Capistran tenta d'empêcher. Miraculeusement, il réussit à dynamiser l'ensemble des troupes et les soldats de Hunyadi se joignirent au combat.

Blessé, Mehmet II fut transporté inconscient hors du champ de bataille. Les Turcs battirent en retraite. Cependant, Hunyadi et Jean de Capistran ne savourèrent pas longtemps leur triomphe. Ils moururent tous deux de maladie avant la fin de l'année. **RG**

Gravure turque du XVIe siècle montrant Mehmet attaquant Belgrade, mais pas sa défaite.

1469 – 3 DÉCEMBRE

L'âge d'or des Médicis

Laurent le Magnifique prend le contrôle de la cité-État de Florence.

Julien était sans nul doute plus beau et plus sportif que son frère aîné. Laurent avait le nez tellement aplati qu'il ne sentait rien et il était constamment malade. Cependant, c'est vers lui que se tournèrent les Florentins quand Pierre de Médicis mourut le 2 décembre 1469, laissant ses deux fils comme héritiers.

Le lendemain de sa mort, près de 700 partisans des Médicis vinrent dans leur palais, dans le centre de Florence, pour demander à Laurent de Médicis de diriger la ville. Une période considérée comme un véritable âge d'or débuta alors. De nombreuses personnes pensèrent vite que « Il Magnifico » n'était pas seulement le dirigeant idéal de la Renaissance, ce qui est discutable, mais aussi le prince de Florence, ce qui est faux.

Les Médicis étaient la famille la plus riche de la ville, mais comme Florence était une république, le pouvoir exécutif était détenu par une seigneurie composée de neuf hommes élus tous les deux mois par les familles les plus importantes. Laurent le Magnifique dut manœuvrer avec adresse pour influencer électeurs et conseillers. Inévitablement, il y eut des familles rivales. Une famille de nobles toscans, les Pazzi, fit assassiner Julien en 1478. Mais Laurent vécut jusqu'en 1492 et mourut paisiblement.

Au moment de sa mort, Florence connaissait un véritable essor artistique, en partie parce que Laurent avait patronné les érudits rassemblés dans son Académie platonique et soutenu de nombreux artistes dont Botticelli, Lippi et Léonard de Vinci. Le jeune Michel-Ange vécut plusieurs années dans le palais des Médicis et fut traité comme un membre de la famille. **RP**

1483 – 17 OCTOBRE

Le début de l'Inquisition espagnole

Ferdinand le Catholique et Isabelle de Castille instaurent l'Inquisition.

Pour Isabelle de Castille et Ferdinand II d'Aragon, dont le mariage en 1469 avait réuni les deux royaumes de l'Espagne médiévale, chasser les hérétiques était un devoir sacré. Isabelle avait déjà obtenu du pape la permission d'introduire l'Inquisition en Castille pour expulser les juifs et les musulmans qui affirmaient faussement être des *conversos* (catholiques convertis). Le 17 octobre 1483, à la demande des Rois catholiques, le pape Sixte IV émit une bulle instaurant l'Inquisition en Aragon. L'Inquisition avait été créée par la papauté pour lutter contre l'hérésie (la première fut dirigée contre les cathares en 1231), mais l'Inquisition espagnole fut un cas à part. Elle s'apparentait à une cour royale, dont les réunions étaient secrètes et elle dépendait surtout des dénonciateurs. Les confessions étaient obtenues sous la torture et les hérétiques brûlés devant une foule immense au cours d'autodafés (actes de foi). La couronne, l'Inquisition et les dénonciateurs se partageaient les biens des victimes.

« S'il n'y avait pas eu l'Inquisition, nous serions dans un état lamentable… »

Philippe II d'Espagne, 1569

L'Inquisition visa ensuite les humanistes et les protestants, notamment sous le règne de Philippe II. Les ennemis de l'Espagne, surtout en Angleterre, la stigmatisèrent. C'est à cette époque qu'elle acquit une réputation de cruauté et de sadisme peut-être exagérée. **SK**

La mort de Richard III d'Angleterre

Henri Tudor gagne la bataille de Bosworth Field, met fin à la guerre des Deux-Roses et fonde une nouvelle dynastie.

L'Angleterre du XVe siècle était déchirée par la guerre civile. En effet, les maisons d'York et de Lancastre revendiquaient toutes deux le trône. Cette lutte appelée la guerre des Deux-Roses s'acheva en août 1485 quand Richard III périt sur le champ de bataille, victime d'une rébellion et d'une trahison.

Le chef rebelle était Henri Tudor, exilé en Bretagne. Ses prétentions à la couronne étaient peu fondées, mais c'était le meilleur candidat qu'avaient trouvé les opposants à Richard III. Il débarqua à Milford Haven, le 7 août, avec 2 000 mercenaires français et progressa dans le centre de l'Angleterre, rassemblant des partisans autour de lui, car les sujets de Richard III n'étaient pas très loyaux. Il faut dire que l'accession au trône de ce dernier était discutable. Il avait fait assassiner ses jeunes neveux Édouard V et Richard, duc d'York. L'allégeance que lui avait prêtée la puissante famille Stanley était, elle, sujette à caution.

Son armée était plus nombreuse que celle d'Henri, mais le 22 août, les hommes de Stanley et le duc de Northumberland se désistèrent. Voulant à tout prix être lui-même l'artisan de la victoire, Richard III chargea, se frayant un chemin parmi les chevaliers. Au moment crucial, sir William Stanley prit le parti des rebelles. Richard fut abattu d'un coup de hache. Henri Tudor devint le roi Henri VII et fonda une dynastie qui régna 118 ans, jusqu'à la mort d'Élisabeth Ire, en 1603. **RG**

▶ Portrait de Richard III, mort sur le champ de bataille de Bosworth Field, anonyme.

◀ Gravure du XIXe siècle montrant le moment précédant la mort de Richard III.

1488 – JANVIER

Le cap de Bonne-Espérance

L'Inde devient accessible par mer et le commerce des épices débute.

La première fois que Bartolomeu Dias contourna le cap de Bonne-Espérance, en janvier 1488, la fameuse pointe sud de l'Afrique était cachée par la tempête et il ne la vit pas. Marin chevronné, navigateur et constructeur de bateaux, il était parti de Lisbonne en août 1487 avec deux petites caravelles et un bateau ravitailleur plus grand. Le *São Cristovão* et le *São Pantaleão* transportaient trois piliers aux armes du Portugal qui devaient être plantés en terre conquise. Le but de l'expédition était de sécuriser une route maritime dans l'océan Indien et de contrôler le commerce des épices asiatiques.

Ayant laissé mouiller leur bateau ravitailleur, Dias et son équipage louvoyèrent le long de la côte sud-ouest de l'Afrique avant de gagner la pleine mer pour trouver des vents propices. Ils se laissèrent porter par le vent d'ouest vers le sud-ouest, mais il y eut une tempête. Quand elle se calma, Dias mit le cap à l'est, espérant apercevoir la côte ouest de l'Afrique. Ne voyant rien, il pensa avoir dépassé la pointe sud de l'Afrique. Il alla vers le nord et atteignit la côte sud à environ 400 km à l'est du cap de Bonne-Espérance, le 3 février 1488.

Bartolomeu Dias réalisa qu'il s'agissait de la limite sud du continent africain et continua vers l'est. Cependant, son équipage était inquiet d'être si loin du bateau ravitailleur, et après une réunion, il fut décidé de faire machine arrière. C'est au cours du voyage de retour que Dias parvint finalement au cap. Il y planta un pilier et appela le lieu Cabo Tormentoso (« le cap des Tempêtes ») en raison des vents qui y sévissaient. Le roi du Portugal, Jean II préféra rebaptiser le promontoire cap de Bonne-Espérance, car il ouvrait enfin la route maritime des Indes. **JJH**

1490

Le roi du Congo se convertit au catholicisme

Les Portugais espèrent étendre leur empire colonial à l'Afrique.

Nzinga Nkuwu était le cinquième roi de la tribu Kongo, dans l'actuel Congo, au centre de l'Afrique de l'Ouest. L'explorateur portugais Diego Cão prit contact avec les Kongo en 1482. Il y retourna deux ou trois ans plus tard avec des présents du roi du Portugal Jean II. Nzinga l'accueillit dans sa capitale Mbanza (plus tard São Salvador) et dépêcha des émissaires à la cour du Portugal pour demander de l'aide. En 1490, l'explorateur Rui de Sousa arriva avec des bateaux transportant des cadeaux, des soldats et des prêtres. Nzinga se convertit au christianisme et se fit baptiser.

« Celui qui a lancé une pierre l'oublie ; celui qui l'a reçue s'en souvient. »

Proverbe angolais

Les troupes portugaises l'aidèrent à imposer le christianisme, réprimant la révolte des opposants. Nzinga prit le titre de Jean Ier en l'honneur du roi et envoya son fils aîné, Nzinga Mvemba, étudier au Portugal. Celui-ci revint dans son pays dix ans plus tard, complètement occidentalisé, sous le nom d'Afonso. Cependant, des tensions entre les « modernisateurs » chrétiens monogames menés par Afonso et les traditionalistes polygames obligèrent Nzinga Nkuwu à envoyer en exil Afonso et à faire de son second fils Mpanzu u Kitima, son héritier. Désenchanté, il renonça au christianisme avant sa mort, en 1506. Afonso monta sur le trône et poursuivit son œuvre de christianisation. **NJ**

1492 – 2 JANVIER

La fin de la Reconquista

La prise de Grenade marque la fin de l'occupation musulmane.

La Reconquista (« Reconquête ») s'acheva le 2 janvier 1492, quand Abu Abdullah Muhammad XII (« Boabdil ») tendit les clés de Grenade au roi Ferdinand, après 800 ans de lutte. Après avoir occupé presque entièrement la péninsule Ibérique, les Maures en furent peu à peu chassés. Dans les années 1400, ils ne contrôlaient déjà plus que la province sud de Grenade.

Déterminés à unifier l'Espagne, Ferdinand II d'Aragon et sa femme, Isabelle de Castille, lancèrent en 1480 une offensive pour reprendre Grenade. Des divisions internes gênèrent les Maures et durant l'été 1490, l'offensive permit aux chrétiens de regagner presque toute la province. Ferdinand parvint à refouler Boabdil à Grenade.

« Tu n'es bon qu'à pleurer… sur ce que tu n'as su défendre comme un homme. » Attribué à la mère de Boabdil lors de l'exil de son fils

Après quelques provocations (la prière Ave Maria fut ainsi clouée sur la porte d'une mosquée, mais les Maures se vengèrent en l'attachant à la queue d'un âne), une bataille décisive eut lieu en juillet 1491. Elle fit 2 000 victimes parmi les Maures, qui se réfugièrent dans la cité.

Les Espagnols assiégèrent Grenade, affamant les Maures. Des négociations débutèrent en janvier 1492. Boabdil capitula, en demandant que la liberté de culte soit respectée ou que les Maures puissent se rendre en Afrique du Nord s'ils refusaient la domination chrétienne. **NJ**

1492 – 31 MARS

L'expulsion des juifs

Un édit d'Isabelle et de Ferdinand oblige les juifs à quitter l'Espagne.

Le 31 mars 1492, moins de trois mois après la prise de Grenade, les Rois catholiques Isabelle et Ferdinand II promulguèrent l'édit de l'Alhambra qui ordonnait l'expulsion de tous les juifs d'Espagne refusant de se convertir au christianisme et la confiscation de tous leurs biens. Son auteur était Tomas de Torquemada, l'inquisiteur général. Une histoire raconte que lorsqu'Isaac Abravanel, riche financier juif et érudit, offrit à Ferdinand II 600 000 couronnes pour qu'il révoque l'édit, Torquemada jeta un crucifix devant le roi et la reine et leur demanda si, comme Judas, ils allaient trahir le Seigneur pour de l'argent. Abravanel fit partie des 165 000 à 800 000 juifs obligés de s'enfuir. Il mourut, épuisé et sans le sou, à Venise en 1508.

Il existait depuis longtemps une importante communauté juive en Espagne. Ses relations avec les dirigeants musulmans étaient bonnes, mais la situation avait changé avec la Reconquista. Vers 1300, les juifs durent porter un insigne et de violentes émeutes antijuives éclatèrent en 1348 et 1391. Des milliers de juifs furent tenus de se convertir au christianisme.

Après l'édit de l'Alhambra, ils furent nombreux à s'enfuir au Portugal ou en Afrique du Nord. Certains s'installèrent dans l'Empire ottoman où ils furent bien accueillis par le sultan qui, sarcastique, remercia Ferdinand II de lui avoir envoyé quelques-uns de ses meilleurs sujets.

Un nombre considérable de juifs s'établit en Europe du Nord, notamment aux Pays-Bas, en Angleterre et en Scandinavie. L'expulsion des juifs fut considérée en Espagne comme le triomphe du catholicisme, mais elle priva le pays de certains de ses citoyens les plus brillants. **SK**

La mort de Laurent le Magnifique

Son décès signale la fin de l'âge d'or de Florence et le début d'une ère de troubles et de dissensions.

Le 9 mai 1492, s'éteint l'un des personnages les plus remarquables de son époque, Laurent de Médicis, âgé à peine de 43 ans. Il fut enterré dans une chapelle conçue par Michel-Ange. Durant son règne, Florence domina la Renaissance italienne. Poète, esthète, banquier et politicien habile, Laurent le Magnifique contrôlait la cité-État depuis les années 1470, la gouvernant à une époque de paix et de grande culture en patronnant les artistes florentins. Léonard de Vinci et Boccace bénéficièrent ainsi de ses largesses. Il ouvrit même une école de sculpture dans son jardin de San Marco, où un jeune pupille de 15 ans, Michel-Ange, fut élevé comme son fils.

« Pauvre de moi !/ Ciel, ciel !/ La foudre a frappé/ notre laurier. » A. Poliziano, *Lamentations sur la mort de Laurent le Magnifique*, 1492

Savonarole était à son chevet quand il mourut. Ce moine dogmatique haïssait les arts que Laurent de Médicis avait soutenus toute sa vie. Il était violemment opposé à ce qu'il considérait comme l'appât du lucre au sein de l'Église, encouragé pensait-il par Laurent. Après la mort de ce dernier, Savonarole instaura une orthodoxie religieuse. Deux ans plus tard, Charles VIII, roi de France, envahit la Toscane et pilla le palais Médicis. Mille ans d'histoire de l'art furent saccagés en quelques heures. Les États italiens furent en proie aux troubles pendant 50 ans. **JJH**

Laurent le Magnifique, détail de fresques (1459-1460) de Benozzo Gozzoli dans le palais Medici Riccardi.

Christophe Colomb découvre l'Amérique

Il ne réalise pas qu'il a découvert un nouveau continent.

Découverte de l'Amérique par Colomb, réédition d'une gravure de Théodore de Bry du XVIIe siècle (1594).

Vendredi 12 octobre 1492, Christophe Colomb atteignit une île des Bahamas. Pensant qu'elle faisait partie de l'Asie, il la nomma San Salvador. Le voyage qui devait permettre la conquête du Nouveau Monde débuta le 3 août à Palos. Chargé par le gouvernement espagnol de « découvrir et d'acquérir des îles et des continents dans l'océan Indien », Colomb partit avec 120 hommes et une flottille de trois caravelles (*Santa Maria*, *Pinta* et *Niña*) en direction de la Chine et de l'Extrême-Orient.

Il prit possession des terres pour Ferdinand II et Isabelle de Castille. Les autochtones apparurent, apportant en guise de présents du fil de coton, des perroquets et du tabac. Colomb alla ensuite à Cuba et Haïti, puis en mars de l'année suivante rentra à Palos où il fut accueilli triomphalement. Colomb prépara une nouvelle expédition, plus ambitieuse que la première, avec 17 navires. Il partit de Cadix en septembre 1493 et ce voyage le mena vers la découverte des Caraïbes.

Les Européens pensaient qu'il avait atteint l'Asie. Ce n'est qu'en voyant le Venezuela au cours de son troisième voyage, de 1498 à 1500, que le navigateur se demanda s'il n'avait pas découvert un nouveau continent. Sa dernière expédition en 1502 le conduisit dans le golfe du Mexique, mais il ne parvint pas à trouver un passage pour se rendre en Chine. Il se retira ensuite en Espagne jusqu'à sa mort en 1506, à l'âge de 55 ans. Sa dépouille fut transférée dans la cathédrale de Saint-Domingue, en 1541. **RC**

Le partage du Nouveau Monde

Le traité de Tordesillas divise le Nouveau Monde encore méconnu.

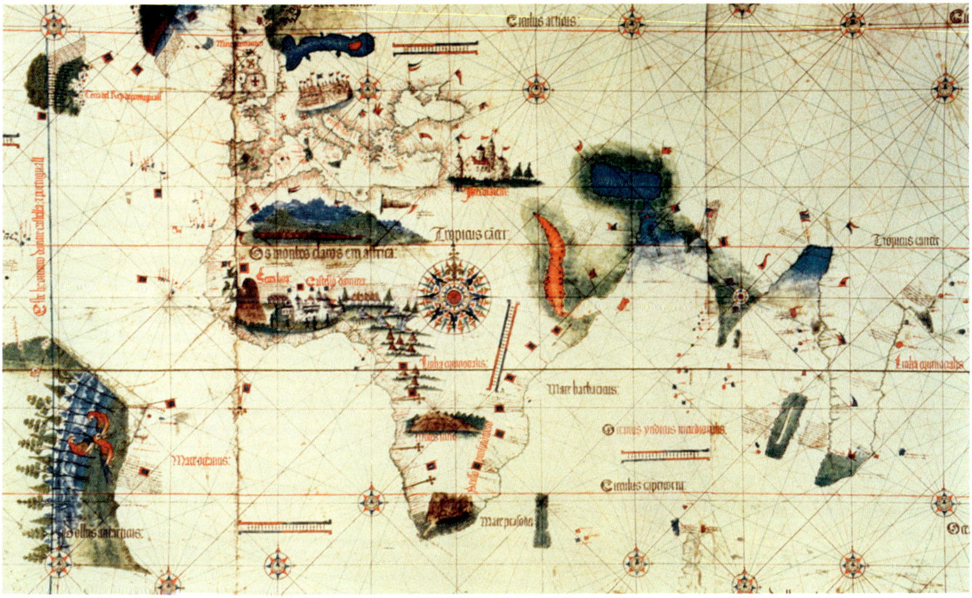

Première carte avec la ligne de démarcation papale entre les terres espagnoles et portugaises, 1502.

Très audacieux par ses ambitions et présomptions, le traité conclu le 7 juin 1494 divisa le Nouveau Monde selon une ligne arbitraire traversant l'Atlantique, d'un pôle à l'autre entre les deux principales puissances coloniales, l'Espagne et le Portugal.

Christophe Colomb en fut l'instigateur. Peu diplomate, il avait laissé Ferdinand et Isabelle d'Espagne, rivaux du roi Jean II du Portugal, patronner son expédition ce qui contraria le roi portugais. Inquiet à l'idée que l'Espagne puisse gêner ses ambitions africaines et trouver la route des épices, Jean II envoya une flotte vers le Nouveau Monde.

Mais Ferdinand et Isabelle déjouèrent ses plans. Le 3 mai 1493, le pape Alexandre VI leur accorda tous les droits sur les terres et mers découverts par Colomb. Il dessina une ligne imaginaire de 480 km, à l'ouest des îles du Cap-Vert, indiquant que les Espagnols étaient les possesseurs des terres à l'ouest de cette ligne. Jean II, furieux, entreprit des pourparlers avec Ferdinand et Isabelle afin de déplacer cette ligne de 270 lieues (1 296 km) à l'ouest.

À Tordesillas, le Portugal se fit représenter par des marins et un cartographe, l'Espagne par des courtisans méconnaissant l'Atlantique. L'accord trouvé permit au Portugal de sauvegarder ses intérêts en Afrique. Le Brésil, dont la découverte fut postérieure à la signature du traité, tomba sous la souveraineté portugaise ; la « théorie du complot » selon laquelle les Portugais avaient déjà découvert ce pays ne fut jamais prouvée. **JJH**

La découverte du Labrador et Terre-Neuve

Jean Cabot découvre une ressource maritime inattendue.

Détail du *Départ de Jean et Sébastien Cabot de Bristol* par Ernest Board, 1906.

Jean Cabot aperçut la côte canadienne le 24 juin 1497, près du détroit de Belle-Isle et de Terre-Neuve, et déclara que c'était le territoire de l'Angleterre et de la chrétienté. Après avoir soigneusement exploré la côte, il revint à Bristol où il fut accueilli par un douanier, Richard a Meyric. Certains habitants de Bristol aiment penser que l'Amérique a été nommée ainsi en l'honneur de ce dernier.

Marin expérimenté, Jean Cabot aurait rencontré Christoph Colomb en Espagne en 1493 et été inspiré par les ambitions transatlantiques de l'explorateur. Arrivé à Bristol en Angleterre, un ou deux ans plus tard, il fit la connaissance de marchands souhaitant trouver de nouveaux lieux de pêche. Henri VII l'autorisa à conquérir les terres « des païens et des infidèles ». Après une tentative avortée, Cabot quitta Bristol le 20 mai 1497 à bord du *Matthew*, avec près de quinze marins.

Alors qu'il pensait atteindre le nord-est de l'Asie, Cabot découvrit d'immenses bancs de morues qui allaient constituer de nouveaux territoires de pêche. Il repartit en 1498, mais se perdit en mer et disparut. Un monument fut élevé à sa mémoire au sommet de Brandon Hill.

Parti du Groenland 500 ans auparavant, l'aventurier norvégien Leif Erikson avait découvert l'Amérique du Nord et installé une petite colonie à Terre-Neuve. La découverte de Cabot permit à l'Angleterre d'inscrire pour la première fois son nom dans l'histoire du Canada et de l'Amérique du Nord. **RC**

Vasco de Gama atteint l'Inde

Les Portugais mettent fin au monopole de Venise sur le commerce des épices.

Arrivée de Vasco de Gama à Calcutta, 20 mai 1498, tapisserie du XVIe siècle, école flamande.

Le 20 mai 1498, Vasco de Gama jeta l'ancre à Calicut, port du sud-ouest de l'Inde, après s'être dirigé vers le nord depuis Malandi. Près d'un an plus tôt, le 8 juillet 1497, il avait paradé sur les quais de Lisbonne avec ses 170 marins. Le roi Manuel du Portugal l'avait chargé d'aller en Inde afin d'y établir des relations amicales avec les dirigeants orientaux et de préparer le terrain pour les missionnaires et marchands portugais.

Le *St. Gabriel* et son navire-jumeau, le *St. Raphael*, avaient été conçus sous le contrôle de Bartolomeu Dias. Ce dernier, après avoir franchi le cap de Bonne-Espérance, avait atteint la côte ouest de l'Afrique et en connaissait les dangers. Les bateaux transportaient des fusils au cas où les musulmans attaqueraient.

Vasco de Gama choisit de naviguer au large, afin de jouir de courants propices. Le 4 novembre 1497, il parvint à la baie Sainte-Hélène, à environ 260 km au nord du Cap. Ce fut la plus longue navigation de marins européens loin des côtes. Se dirigeant vers l'est de l'Afrique encore inconnu, Vasco de Gama passa le jour de Noël près d'un lieu qu'il nomma Natal (Noël, en portugais).

Dans tous les ports, il fut accueilli avec surprise, suspicion ou hostilité par les marchands musulmans. Au Mozambique, des coups de feu furent même tirés. À Malandi, à 80 km au nord de Mombasa, le sultan mit à leur service un guide qui les mena jusqu'en Inde. Vasco de Gama fut ainsi le premier Européen à trouver la route maritime de l'Inde. **JJH**

Savonarole meurt sur le bûcher

Excommunié et livré à l'Inquisition, le moine est pendu et brûlé à Florence.

◆ Pièce en bronze du XVe siècle à l'effigie de Savonarole, de Luca (1400-1482) et d'Ambroglio della Robbia.

◆ *Savonarole sur le bûcher, Piazza della Signoria, Florence,* XVIe siècle, école italienne.

« C'est un infidèle, un hérétique, qui a cessé d'être pape. »

Savonarole à propos du pape Alexandre VI

En 1497, lorsque Savonarole dénonça de façon passionnée les richesses et le laxisme moral, les Florentins réunirent tous les biens impies qu'ils purent trouver : miroirs, livres païens, sculptures immorales, jeux, effets luxueux, instruments de musique, et y mirent le feu sur la Piazza della Signoria. Le 23 mai 1498, ce fut au tour du moine de brûler. Il avait voulu instaurer une république chrétienne à Florence, mais fut jugé coupable de fausses prophéties et d'hérésie. Il fut enchaîné à une croix avec deux de ses plus fidèles adeptes et un énorme bûcher fut dressé à l'endroit des anciens « bûchers des vanités ».

Peu après son arrivée à Florence en 1490, Savonarole attira les foules par ses sermons pessimistes et ardents. Ses attaques contre la corruption plurent à nombre de Florentins indignés par le pouvoir politique exercé par la riche famille Médicis. En 1494, quand Pierre de Médicis fut renversé par les Français, Savonarole mit en place un gouvernement théocratique, marqué par une tyrannie policière et par une réforme des mœurs.

L'esprit du millénarisme était en vogue à l'approche de 1500. Au début, les Florentins réagirent avec enthousiasme au message apocalyptique de Savonarole. Ils se mirent à jeûner et à chanter des hymnes, et adoptèrent des lois très strictes contre le vice et la frivolité. Mais en 1497, ils commencèrent à se lasser. Les tavernes rouvrirent, les danses et le jeu reprirent. Le 8 avril 1498, une foule attaqua le moine qui se trouvait dans son couvent de San Marco. Il y eut plusieurs morts. Le pape Alexandre VI lui interdit alors de prêcher, puis l'excommunia. Savonarole n'en tint pas compte mais ses adversaires se liguèrent contre lui et réussissent à le faire arrêter. Savonarole fut jugé sur l'ordre du pape, qui avait été la cible de ses plus féroces attaques. **SK**

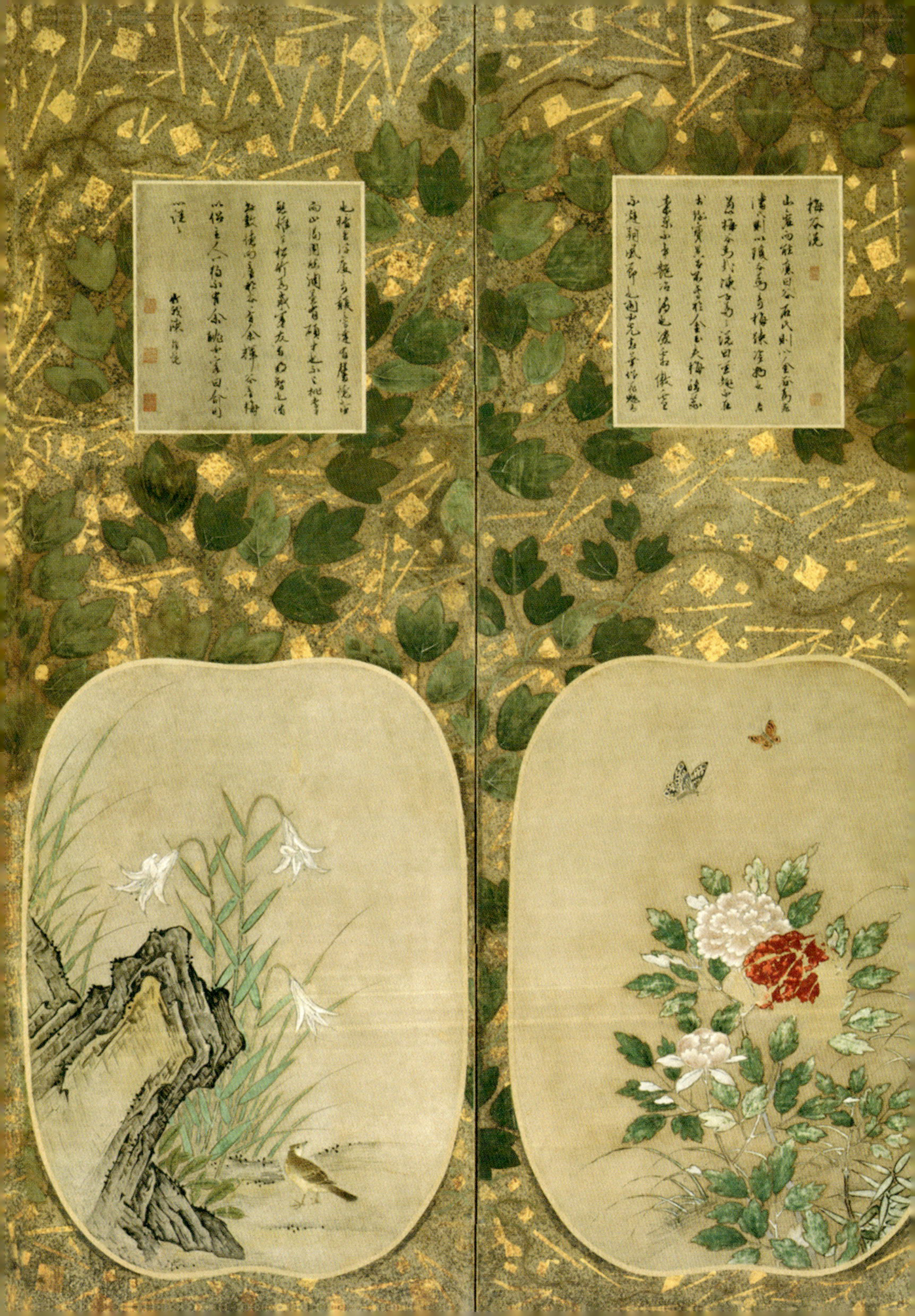

de 1500 à 1699

Ces trois panneaux appartiennent à une série qui représente les douze mois de l'année, peinte au XVIe siècle dans le style de l'école Kano au Japon.

1500 – 23 AVRIL

Cabral découvre le Brésil

Cabral prend possession du Brésil au nom de la couronne portugaise.

Après avoir quitté le Portugal pour l'Inde en mars 1500 avec treize navires et 1 200 hommes, Pedro Álvares Cabral dévia de la route prévue car les vents le poussèrent au sud-ouest au milieu de l'Atlantique et l'amenèrent à débarquer le 23 avril sur le littoral brésilien, à l'endroit où se dresse aujourd'hui Porto Seguro.

Christophe Colomb avait découvert l'Amérique du Sud continentale en 1498 et une expédition espagnole avait eu pour mission d'explorer, dès 1499, ce qui constitue aujourd'hui le Venezuela. La même année, Vasco de Gama était retourné au Portugal après son voyage mythique aux Indes et une seconde expédition fut organisée en 1500 sous le commandement de Cabral.

Celui-ci, en touchant la côte brésilienne, pensait avoir découvert une île qu'il baptisa Vera Cruz (« Vraie Croix »). Il ordonna un service religieux, érigea une croix, puis renvoya un vaisseau rapide vers le Portugal pour annoncer sa découverte. Dix jours plus tard, après avoir laissé à terre quelques anciens prisonniers (les ancêtres des métisses brésiliens), il retraversa l'Atlantique pour contourner le cap de Bonne-Espérance et continuer sa route vers l'Inde.

Amerigo Vespucci soutenait avoir rejoint l'Amérique du Sud dès 1497, avant Colomb, et découvert le Brésil. Or, ce n'est qu'en 1501, au sein d'une expédition portugaise, qu'il rejoignit effectivement ce territoire. Le Portugal tarda à tirer profit de sa découverte et durant un siècle exporta principalement du bois depuis cette colonie. Avec l'introduction des plantations de canne à sucre au XVIIe siècle, l'économie brésilienne se développa, de même que l'importation d'esclaves africains, et la colonie devint l'une des plus importantes du Nouveau Monde. **RC**

1501 – MAI

Vespucci et le Nouveau Monde

Vespucci décrit le premier ce qui se trouve au-delà de l'océan Atlantique.

La passion qu'éprouvait Amerigo Vespucci pour la géographie lui permit de participer à une série d'expéditions espagnoles au Nouveau Monde entre 1499 et 1502. En mai 1501, l'une d'entre elles l'amena le long de la côte sud-américaine. Ses solides connaissances géographiques lui permirent d'émettre l'hypothèse que les îles qu'avait aperçues Christophe Colomb en 1498 formaient en réalité un continent – le Nouveau Monde – et non une partie de l'Asie. Il décrivit sa taille importante et suggéra qu'on pouvait rejoindre les Indes en naviguant vers l'ouest.

« Ils vivent sans roi ni gouverneur et chacun est livré à lui-même et est son propre maître. »

Amerigo Vespucci

On ne sait pas exactement combien de voyages Vespucci entreprit, mais ses explorations couvrirent une grande partie de la côte atlantique sud-américaine, jusqu'à la Patagonie. Ses carnets et cartes auraient été égarés, mais une série de lettres adressées à ses amis Piero Soderini et Piero de' Medici fut publiée. La description de ce qu'il avait vu depuis le navire enflamma l'imagination des hommes de la Renaissance. On conteste parfois qu'il soit l'auteur des missives qui portent son nom mais il est certain que Vespucci effectua ces voyages et que son nom est attaché aux récits de ces expéditions – récits repris par le cartographe Martin Waldseemüller qui, en 1507, produisit un légendaire planisphère où, pour la première fois, le nouveau continent était baptisé Amérique. **JJH**

Les Safavides s'emparent de la Perse

Ismaël Ier, un chiite, s'autoproclame schah et force les Perses à se convertir à sa religion.

Après des siècles de conquête et de domination par des envahisseurs étrangers, une dynastie originaire de Perse, les Safavides, prend finalement le contrôle de ce pays à partir de 1501 : le jeune schah Ismaël Ier renverse la dynastie ottomane des Ak Koyunlu (les Moutons Blancs).

Ismaël, né à Ardabil en Azerbaïdjan, a bénéficié du soutien des farouches tribus turkmènes de l'Anatolie orientale appelées les Têtes Rouges en raison de la couleur de leur turban. Ismaël, qui a perdu son père et son frère durant son enfance, s'autoproclame schah dans la ville de Tabriz en 1501 alors qu'il est encore adolescent. Dès 1510, il adopte le farsi et conquiert l'Iran actuel, puis, plus tard, ce qui constitue aujourd'hui l'Azerbaïdjan, l'Irak, ainsi qu'une grande partie de l'Afghanistan et de l'Anatolie. Fervent chiite, il oblige la majorité des Perses à se convertir, ce qui n'est pas sans alarmer ses voisins sunnites.

La bataille de Chaldiran en Anatolie orientale en 1514, où son armée turkmène est terrassée par les janissaires de la cavalerie et de l'artillerie ottomanes du sultan Selim Ier, met un frein à ses conquêtes. Ismaël, qui manqua d'être capturé au cours de cette bataille qui lui coûta l'Anatolie, continue à combattre les Ottomans et autres sunnites, puis vainc l'Ouzbek Shaybani dont le crâne est transformé en gobelet serti de pierres précieuses.

Le schah sombre dans la mélancolie mais sa dynastie continue de prospérer. À la fin du XVIe siècle, un autre Safavide, Abbas Ier, transfère la capitale à Ispahan, d'où il préside à une splendide renaissance des arts et de l'architecture islamiques perses. **NJ**

Réception princière ; miniature perse du XVIe siècle, musée du Louvre.

David, le chef-d'œuvre de Michel-Ange

Le David *de Michel-Ange est installé sur les marches du Palazzo Vecchio à Florence.*

▲ Esquisse de David avec sa fronde, détail, Michel-Ange, 1503-1504.

▶ Connu dans le monde entier, le *David* de Michel-Ange se dresse aujourd'hui dans la galerie de l'Académie à Florence.

« Après avoir contemplé cela, nul ne désire voir d'autres sculptures… »

Giorgio Vasari, *Vie des artistes*, 1550

La colossale statue de David nu, à laquelle Michel-Ange consacra trois ans, était à l'origine destinée à la cathédrale de Florence. Elle fut finalement placée sur les marches du Palazzo Vecchio. Il fallut pour cela faire appel à 40 hommes qui mirent quatre jours à transporter la sculpture protégée par une charpente spéciale depuis l'atelier de Michel-Ange. Sur le parcours, des passants lui jetèrent des pierres, probablement pour protester contre sa nudité païenne (qui serait plus tard dissimulée sous une ceinture plaquée de bronze). Pendant que l'on plaçait la statue sur les marches, Piero Soderini, le gonfalonier (magistrat suprême) de Florence en 1502, déclara que le nez était trop gros. Michel-Ange s'empara immédiatement d'un burin et fit mine d'affiner l'organe incriminé.

Les Florentins considéraient depuis longtemps que David, le héros biblique qui terrassa le géant Goliath, symbolisait la vertu civique. Michel-Ange n'avait que 26 ans quand, en 1501, il se vit attribuer la réalisation de la statue et l'emporta devant d'autres sculpteurs plus renommés et expérimentés. Il utilisa un bloc de marbre de Carrare de 4,20 m abandonné dans le jardin de la cathédrale qui était à l'origine destiné à une statue qui devait orner l'un des arcs-boutants de l'abside.

Michel-Ange stupéfia ses contemporains en travaillant sans modèle et en choisissant de dessiner directement sur le bloc de marbre avant de le sculpter. Il réalisa toutes ses mesures à l'œil. Premier nu à être sculpté à une telle échelle depuis l'Antiquité, le *David* est simple et élégant malgré sa taille monumentale. Aujourd'hui exposé à la galerie de l'Académie à Florence, c'est un chef-d'œuvre non seulement de la Renaissance mais de tous les temps. **SK**

Le plafond de la chapelle Sixtine

Le pape Jules II charge Michel-Ange de peindre le plafond de la chapelle Sixtine.

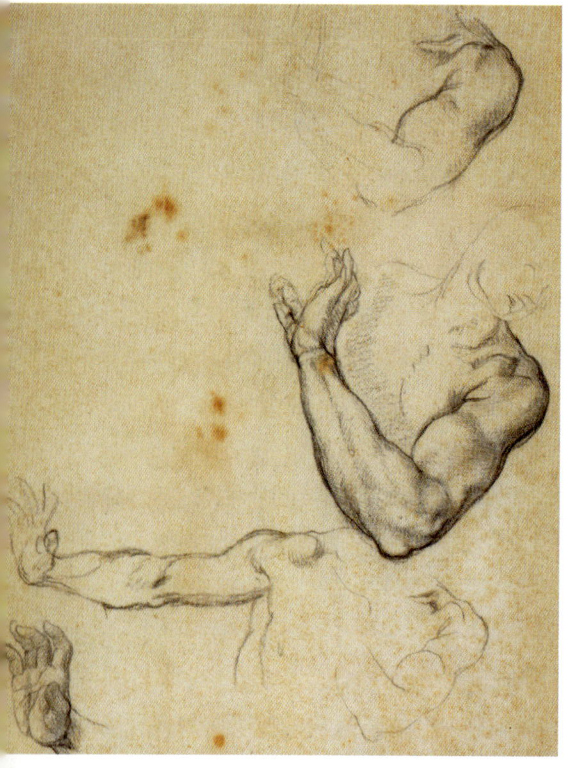

▲ Études de Michel-Ange pour le personnage d'Adam sur le plafond de la chapelle Sixtine.

▶ Le plafond de la chapelle Sixtine avant sa restauration dans les années 1980.

« Quand [la fresque] fut révélée, tout le monde… [la] contempla dans un silence abasourdi. »

Giorgio Vasari, *Vie des artistes*, 1550

C'est un travail dont Michel-Ange ne voulait pas. Il aurait préféré sculpter la tombe de Jules II – autre commande qu'il avait reçue en 1508, d'autant qu'il ne maîtrisait pas la technique de la fresque. Mais le pape insista et, le 10 mai 1508, lui versa des arrhes.

Le thème d'origine devait traiter des douze apôtres, mais Michel-Ange se plaignit que l'œuvre serait alors « médiocre » et réussit à obtenir l'accord du pape pour une composition complexe faite de neuf panneaux alignés tout au long de la voûte, qui illustreraient la Création et la Chute de l'homme ainsi que la promesse de son salut illustrée par la famille de Noé. À l'emplacement des douze apôtres d'origine Michel-Ange peignit douze prophètes et sibylles annonçant l'arrivée du Messie. L'œuvre achevée compte plus de 300 personnages.

Michel-Ange la commença au cours de l'hiver 1508-1509 et l'acheva en 1512. Contrairement à la croyance populaire, il ne peignit pas le plafond allongé sur le dos mais debout, sur une plate-forme soutenue par des corbeaux. C'était un travail difficile, avec une liberté de mouvement réduite. Bien qu'il ait réalisé les principaux personnages lui-même, Michel-Ange chargeait ses assistants de broyer ses couleurs et de préparer le plâtre du segment quotidien (*giornata*) de la fresque. Plus il gagnait en confiance et plus sa facture devenait libre et énergique, ses lignes assurées et majestueuses. Dans sa *Vie des artistes*, Giorgio Vasari raconte avec admiration comment Michel-Ange réalisa le personnage de Dieu tendant la main vers Adam en une journée seulement. Aujourd'hui, c'est sans doute l'image la plus emblématique du plafond. **SK**

Le triomphe de Raphaël

Raphaël achève la plus célèbre de ses fresques, L'École d'Athènes.

L'année 1510 est au centre d'une période d'activité artistique intense à Rome : Donato Bramante, architecte de la Renaissance tardive, réalise la nouvelle basilique Saint-Pierre, Michel-Ange peint le plafond de la chapelle Sixtine et Raffaello Sanzio – plus connu sous le nom de Raphaël – décore une série de salles du Vatican, notamment avec sa fresque intitulée *L'École d'Athènes*. Tous ces artistes ont été engagés par Jules II, un grand défenseur des arts.

Beau, charmant et ambitieux, Raphaël apprit son art à Florence où il fut influencé par Léonard de Vinci et Michel-Ange. C'est Bramante qui le recommanda à Jules II en 1508. La commande, qui consistait à décorer une série de salles (*stanze*) dans les appartements privés du pape, marqua un tournant dans la carrière de Raphaël. Pour la chambre de la Signature (*stanza della signatura*), Jules II avait choisi le thème de la sagesse céleste et de la sagesse terrestre, et c'est cette dernière que Raphaël illustre dans *L'École d'Athènes*, un chef-d'œuvre dans le domaine de la fresque qui relie les philosophes païens de l'Antiquité au néoplatonisme de la Renaissance.

« *Ci-gît Raphaël qui durant toute sa vie fit craindre à la Nature d'être maîtrisée par lui.* »

Épitaphe, tombe de Raphaël, Panthéon, Rome

Au centre de la composition se trouvent Platon et Aristote. Platon a les traits de Léonard de Vinci, que Raphaël admirait. L'artiste s'est également représenté, ainsi que Michel-Ange, parmi les philosophes grecs et romains. **TB**

Érasme et l'Église

Érasme, un humaniste érudit, fustige l'Église dans Éloge de la folie.

Desiderius Erasmus, humaniste hollandais, rédigea l'ouvrage qui fit sa célébrité en une semaine à peine au cours d'un séjour chez Thomas More, homme politique et humaniste anglais à qui il dédia son livre. Son titre, en grec *Morias Engomim*, joue sur le nom de More tandis que le titre latin, *Stultitiae Laus*, est habituellement traduit par *Éloge de la folie*. Rédigé en latin, l'ouvrage rencontra le succès dès sa publication en 1511 et bénéficia de 43 éditions du vivant de l'auteur. Dans son étude satirique des pratiques corrompues de l'Église catholique, Érasme est le précurseur de Martin Luther, réformateur religieux allemand. Il s'y moquait avec esprit de la sottise des pédants, parmi lesquels il se comptait, et concluait en affirmant sa foi chrétienne.

Érasme fut l'humaniste le plus influent de son époque. Ancien moine augustinien, il quitta le cloître déçu par le dogmatisme rigide de la scholastique médiévale et se plongea dans les textes de l'Antiquité. En 1500, il publia *Adages*, un ensemble de proverbes qui rencontra un grand succès. L'amitié qui le liait à More et à d'autres humanistes anglais l'amena à séjourner plusieurs années en Angleterre et c'est là qu'il s'attela à la rédaction du célèbre *Nouveau Testament grec* (1516). Avec ses écrits, Érasme prépara le terrain pour la Réforme de Luther et bien qu'il fût au départ favorable à ce dernier qu'il décrivait au pape Léon X comme « une trompette puissante de vérité d'évangile », il regrettait la fin de l'unité ecclésiastique. Il critiqua très sévèrement Luther, mais fut considéré avec autant de suspicion par les catholiques que par les protestants. **SK**

Érasme de Rotterdam (v. 1466-1530), portrait non daté de Quentin Metsys.

1511

L'Espagne conquiert Cuba

Diego Velázquez fonde plusieurs colonies sur l'île de Cuba, conquête espagnole.

Dès 1510, les Espagnols avaient exploré les Caraïbes au sud de Cuba, mais l'île elle-même et le golfe du Mexique demeuraient *terra incognita*. Christophe Colomb avait débarqué à Cuba près de 20 ans auparavant, mais ce n'est qu'en 1511 que son frère, Diego, ordonna la conquête de l'île.

Des troupes sous le commandement de Diego Velázquez de Cuéllar et d'Hernán Cortés s'installèrent à Asunción de Baracoa. La conquête se déroula sans obstacle : arcs, flèches et lance-pierres des Taïno n'ont pas pesé lourd face à l'artillerie des Espagnols. Velázquez s'enfonça plus à l'intérieur des terres, jusqu'à Bayamo où une centaine de Taïno fut massacrée et le chef de la tribu exécuté ; ces événements annonçaient les massacres impitoyables qui accompagneraient la conquête du continent. Certains indigènes furent épargnés en raison de liens d'amitié, mais la tuerie était généralement considérée comme le moyen le plus efficace de parvenir à la victoire.

Cuba constitua un modèle dans l'édification de l'Empire espagnol. On dressa le plan des villages que contrôleraient les Espagnols et les Indiens furent répartis entre les soldats et les propriétaires terriens, puis contraints de laver le sable aurifère, de planter du manioc, du maïs, des patates douces et du riz en échange de cours d'instruction religieuse. C'était un système esclavagiste paré d'un autre nom car il était officiellement interdit de transformer les Indiens de Cuba en esclaves.

On importa aussi du bétail ainsi que des esclaves africains, et les colons furent rejoints par leur femme. À l'élevage et à la mine s'ajoutèrent des activités commerciales telles que la culture du tabac. Comme *adelantado* (gouverneur), Velázquez devait fonder Santiago de Cuba en 1514 et La Havane en 1515. **JJH**

1513 – 2 AVRIL

La découverte de la Floride

Ponce de León prend possession de la Floride au nom de la couronne espagnole.

Les Espagnols furent parmi les premiers Européens à coloniser l'Amérique. Au début de l'année 1513, Juan Ponce de León, un soldat espagnol qui avait navigué avec Christophe Colomb en 1493 et avait amassé une fortune à Porto Rico, équipa trois navires et quitta cette île en mettant le cap au nord-ouest. Le 27 mars, il aperçut une terre qu'il baptisera Florida en référence au jour où il débarqua – le dimanche de Pâques ou Pascua de Flores en espagnol. Le 2 avril, Ponce de León avait en effet débarqué légèrement au nord de la ville actuelle de Saint Augustine et s'était emparé du territoire au nom de la couronne espagnole. Il reprit ensuite la mer pour explorer une partie de la côte occidentale où il subit des attaques répétées des indigènes, puis retourna à Porto Rico.

« Source d'hilarité générale, Ponce de León est parti à la recherche… du Jourdain. »

Hernando Fontaneda, *Mémoires*, 1575

Il semble que Ponce de León recherchait de l'or et des esclaves, mais selon un récit apocryphe il poursuivait également le Jourdain ou la fontaine de Jouvence qui le guérirait de son impuissance et lui rendrait sa jeunesse. En 1521, il repartit vers la Floride depuis Porto Rico pour y fonder une colonie. Il débarqua sur la côte ouest, peut-être près de Charlotte Harbor. Alors que ses hommes et lui bâtissaient des habitations, il fut attaqué par les Indiens Calusa et une reçut une flèche empoisonnée. Les Espagnols s'enfuirent vers La Havane où Ponce de León mourut de ses blessures. **RC**

La défaite des Écossais à la bataille de Flodden

La bataille de Flodden, où les Écossais sont mis en déroute, constitue l'apogée sanglante de l'hostilité anglo-écossaise.

La bataille de Flodden, où environ 5 000 personnes perdirent la vie, est l'une des plus sévères défaites de l'histoire écossaise. La « fleur de l'Écosse » périt ce jour de septembre 1513, y compris le roi Jacques IV et presque toute l'aristocratie écossaise.

Les Écossais s'alarmèrent lorsque Henri VIII, roi d'Angleterre, déclara le 11 août 1513 qu'il « possédait l'Écosse ». Cependant, la guerre qui l'opposait à la France le préoccupait davantage et il n'envoya des troupes vers le nord que par mesure de précaution. Jacques IV prit toutefois la tête d'une imposante armée de 20 000 hommes, traversa la rivière Tweed et força les châteaux de la frontière anglo-écossaise à se soumettre. Le 8 septembre au soir, les Écossais prirent position sur la crête de Flodden, dans le Northumberland, où ils dominaient les Anglais dans la plaine. Les Écossais ouvrirent les hostilités l'après-midi du 9, mais les pierres qu'ils lançaient survolaient les Anglais. Les armes de ces derniers, moins puissantes mais plus précises, provoquèrent des dégâts considérables jusqu'à ce que le comte de Huntley et Lord Home attaquent les Anglais sur leur flanc droit. Les événements semblaient tourner en faveur des Écossais jusqu'au moment où Huntley et Home se replièrent inexplicablement. Après un rude combat, les Écossais furent finalement écrasés.

Henri VIII savait qu'avec un nouveau roi, Jacques V, âgé de 18 mois et une aristocratie trop réduite pour former une opposition, tout danger écossais était écarté pendant au moins une génération. **RP**

Nouvelles de Flodden, 1513, William Brassey Hole (1846-1917) Une évocation romantique de la bataille.

Jacques IV d'Écosse, tué à la bataille de Flodden ; gravure du XVIe siècle.

La découverte de l'océan Pacifique

La découverte de Balboa laisse espérer un passage à l'ouest vers l'Asie.

Vasco Núñez de Balboa revendiquant les mers du Sud espagnoles, gravure sur cuivre, 1513.

Au sommet d'une colline dominant une épaisse forêt, Vasco de Balboa embrassait du regard la vaste étendue bleue du golfe de San Miguel. Il était 10 heures du matin et le conquistador espagnol était le premier Européen à apercevoir l'océan Pacifique.

Balboa ne pouvait imaginer ses dimensions, mais, comme de nombreux aventuriers, il estima qu'il s'étendait tout le long de la côte ouest américaine. Il comprit rapidement que l'Espagne pouvait désormais envisager une route entièrement navigable vers l'Asie. Balboa, qui se méfiait des aristocrates puissants, n'attendit pas d'autorisation officielle pour explorer cette piste. Il partit à la tête de 190 soldats espagnols dans un brigantin et des canoës suivis par des centaines d'Indiens. Ils débarquèrent à Acla, la partie la plus étroite de l'isthme, puis se frayèrent un chemin à la machette vers l'intérieur des terres, à travers une jungle dense et humide, de larges torrents et des marais envahis de serpents, tout en repoussant les attaques des tribus autochtones.

Balboa, qui s'était avancé dans l'océan jusqu'à mi-cuisse l'étendard royal à la main, prit possession de la Mar del Sur (« mer du Sud ») au nom des « puissants souverains Don Ferdinand et Doña Joanna ». Ceux qui avaient survécu au voyage amoncelèrent des pierres et confectionnèrent une croix qu'ils gravèrent du nom de Ferdinand. Un notaire établit un certificat de découverte où étaient inscrits les noms des présents, dont un ancien porcher qui deviendrait bientôt un conquistador à part entière, François Pizarre. **JJH**

La bataille de Marignan

François Ier bat les Suisses à la bataille de Marignan.

La bataille de Marignan, le 14 septembre 1515, Natale Datti.

Quand François Ier, âgé de 20 ans, accède au trône en 1515, il apporte un nouveau souffle à la cour. Humaniste cultivé qui deviendra célèbre pour son soutien aux artistes tels que Léonard de Vinci et Benvenuto Cellini, le jeune roi est impatient de montrer ce dont il est capable sur un champ de bataille. Au cours du premier été de son règne, il mène une armée jusqu'en Italie – en faisant traverser les Alpes à une cinquantaine de lourds canons de bronze par une voie jugée jusque-là impraticable ; puis il affronte les piquiers suisses, maîtres européens de l'art de la guerre.

Allié à Venise, François Ier désire prendre aux Suisses le prospère duché de Milan. Après une longue période d'attente, les troupes suisses avancent sur Milan et se heurtent à l'armée de François Ier près du village de Marignan. La bataille est sauvage, le résultat serré. Les charges déterminées des piquiers suisses font face à l'implacable résistance des fantassins mercenaires allemands du roi de France, les lansquenets, qui détestaient les Suisses, leurs ennemis mortels. Les canons français ravagent les rangs suisses et François Ier guide ses chevaliers dans des charges de style médiéval. Le combat, éreintant, dure 24 heures et l'arrivée de la cavalerie mercenaire, envoyée avec un certain retard par Venise, en marque le moment décisif, au second matin. Face à ces nouvelles troupes fraîches, les Suisses abandonnent le champ de bataille. Après ce triomphe militaire, François Ier est couvert de gloire. **RG**

Le futur Charles Quint devient roi d'Espagne

L'arrivée sur le trône d'Espagne d'un « étranger » est le début d'une succession problématique.

Charles Quint à cheval (1620), œuvre de l'atelier du maître du baroque, Antony Van Dyck (1599-1641).

« Si mince qu'on peut à peine le croire, pâle, mélancolique, avec toujours la bouche ouverte. »

Courtisan au sujet de Charles, duc de Bourgogne

Peu après la mort de son grand-père Ferdinand II le 23 janvier 1516, Charles de Habsbourg accède au trône espagnol. Son arbre généalogique est impressionnant et trois ans plus tard il devait également prendre la tête du Saint Empire romain germanique. Charles, duc de Bourgogne, est le petit-fils de l'empereur Maximilien Ier ainsi que des Rois Catholiques espagnols, Ferdinand et Isabelle. Il est pieux, pâle et dégingandé mais courageux.

En 1504, à la mort d'Isabelle, la Castille passe aux mains de Jeanne, la fille qu'elle a eue avec Ferdinand qui lui ne pouvait prétendre qu'à la couronne d'Aragon. Jane est mariée à l'archiduc Philippe de Bourgogne, liant ainsi le sort de l'Espagne à la cour de Bourgogne. Les négociations furent tendues entre Philippe et son beau-père, et finalement Ferdinand abdiqua en faveur de ses « enfants adorés ». Cela ne serait pas allé plus loin si Philippe n'était pas décédé soudainement, laissant Jeanne seule héritière du trône espagnol. L'équilibre psychologique de cette dernière donnant lieu à quelques inquiétudes, c'est son frère aîné, Charles, qui fut nommé régent – et parce que ce n'était encore qu'un enfant, l'archevêque Cisneros exerça en réalité le pouvoir.

Le jeune régent devint vite le jouet de son grand chambellan, Chièvres, qui écrit à Cisneros, dès la mort de Ferdinand, pour lui annoncer que ses services ne sont plus nécessaires. Charles, qui ignorait tout des affaires espagnoles, commença mal sa succession et, aux yeux de son peuple, son gouvernement ne valait guère mieux que celui d'un occupant étranger.

En 1518, Charles Ier fut élu empereur du Saint Empire romain germanique sous le nom de Charles Quint. Son royaume s'étend des Philippines au Pérou, comprenant une grande partie de l'Europe centrale et occidentale. **JJH**

L'apogée de l'Empire ottoman

Selim Ier prend le contrôle du monde arabe et agrandit l'Empire ottoman.

Lorsque le dernier sultan mamelouk cède son territoire au sultan ottoman Selim Ier en juillet 1517, la taille de son empire double aussitôt. L'acquisition de tout l'ancien califat musulman, à l'exception de l'Iran et de la Mésopotamie, constitue un immense avantage pour les Ottomans. En offrant au monde arabe une administration efficace, Istanbul peut accéder à des ressources qui vont résoudre ses problèmes financiers au xve siècle et faire de l'Empire ottoman l'un des plus riches et des plus puissants du xvie siècle.

De plus, en prenant le contrôle des lieux saints de l'Islam tels que La Mecque, Selim et ses successeurs ont pu faire valoir que le sultan était le souverain le plus important du monde musulman et ainsi avoir accès au patrimoine intellectuel, artistique et administratif de cette civilisation. En outre, en s'emparant d'un territoire autrefois sous la domination des mamelouks, les Ottomans contrôlent désormais les routes commerciales ancestrales entre l'Europe et l'Asie.

Le vide politique créé à la chute de l'Empire abbasside fut ainsi comblé, les revenus de la trésorerie ottomane doublèrent et c'est le successeur de Selim, Soliman le Magnifique, qui tira pleinement profit de ses conquêtes. Sous le règne de ce dernier, l'Empire ottoman, reconnu comme l'une des grandes puissances européennes, forgea une alliance avec la France, l'Angleterre et les Pays-Bas contre l'Espagne et l'Autriche des Habsbourg. Toutefois, à la mort de Soliman en 1566, l'Empire ottoman dut affronter une Espagne à la supériorité navale croissante et fut vaincu à la bataille de Lépante en 1571. **TB**

Les fidèles devant la Kaaba à La Mecque, tableau du xvie siècle conservé au palais Topkapi à Istanbul.

« La puissance de Dieu et les miracles de Mohammed sont mes compagnons. »

Soliman le Magnifique, inscription, 1538

Les « 95 thèses » de Luther

La diffusion des propositions de Martin Luther marque le début de la Réforme protestante.

Portrait de Martin Luther réalisé en 1543 par Lucas Cranach dit l'Ancien (1472-1553), galerie des Offices, Florence.

« Nous attendons avec impatience un nouveau paradis et une nouvelle terre où la justice régnera. »

Martin Luther à Philippe Melanchthon, 1521

En 1517, Johann Tetzel, un frère dominicain, parcourait l'Allemagne pour y récolter les fonds nécessaires à la reconstruction de Saint-Pierre de Rome. Il suivait pour cela une pratique établie : la vente d'indulgences qui certifiaient à l'acheteur une réduction de son temps au purgatoire en lui pardonnant certains péchés. Cela choqua tellement Martin Luther, un moine augustinien qui enseignait la théologie à l'université de Wittenberg dans la Saxe, qu'il fit parvenir la liste de ses objections à l'archevêque de Mayence, le supérieur hiérarchique de Tetzel. Le même jour, le 31 octobre, Luther aurait affiché ses « 95 Thèses », ou déclarations, sur la porte de l'église du château de Wittenberg pour que tout le monde puisse les lire.

Luther avait tu jusque-là le désenchantement croissant que lui inspirait la hiérarchie ecclésiastique. C'était un érudit zélé qui avait participé à la traduction de la Bible en allemand. Son rejet des indulgences semble s'être cristallisé au cours d'un séjour à Rome, en 1511, où il avait été profondément choqué par la dépravation de la cour papale. Il avait probablement déjà commencé à formuler ses théories de « la justification par la foi » et du « sacerdoce universel des croyants » qui devaient plus tard constituer la base de sa théologie.

Après avoir protesté publiquement contre les indulgences, Luther fit rapidement usage de la presse typographique, une technique relativement récente. Dès la mi-novembre des exemplaires des « 95 Thèses » circulaient dans toute l'Allemagne, puis dans le reste de l'Europe deux mois plus tard. Pour Luther et l'Église catholique, il était désormais impossible de faire marche arrière. Le 25 mai 1521, l'empereur Charles Quint promulguait l'édit de Worms qui mettait au ban le moine allemand. **SK**

Charles Quint approuve l'esclavage

Charles Quint, souverain du Saint Empire, accorde le premier asiento.

L'octroi officiel, en 1518, du premier *asiento* (terme espagnol qui signifie « accord » royal) qui autorisait la traite des esclaves, fut l'un des premiers actes majeurs du jeune Charles Quint lorsqu'il accéda au trône espagnol. L'*asiento* conférait à certains marchands le monopole de capturer des esclaves en Afrique et de les transporter par bateau jusqu'aux colonies espagnoles d'Amérique latine et des Caraïbes, qui exigeaient toujours plus de main-d'œuvre. Le premier bateau d'esclaves noirs africains débarqua dans les Antilles la même année.

En 1542, Charles Quint se rétracta et interdit la traite des esclaves. Il fut influencé par le missionnaire catholique Bartholomé de Las Casas (1474-1566) qui avait décrit de façon frappante la souffrance des esclaves indiens dans les territoires espagnols. La traite continua cependant sans relâche.

Les négriers portugais achetaient leurs esclaves en Afrique occidentale, en haute Guinée et en Sierra Leone, puis les transportaient par bateau jusqu'aux Amériques. Lorsque la colonie portugaise d'Angola fut établie en 1575, son gouverneur, Benta Banha Cardoso, tira pleinement profit de son alliance avec les négriers – une pratique que ses successeurs allaient poursuivre. Dès le début du XVIIe siècle, 85 % des esclaves qui arrivaient dans les ports hispano-américains provenaient d'Angola sur des vaisseaux portugais.

Les Portugais résistèrent aux tentatives espagnoles de s'emparer du commerce négrier, mais la puissance ibère se réduisant à la fin du XVIIe siècle, la traite fut dominée par les nouvelles puissances maritimes, l'Angleterre et les Pays-Bas **NJ**

L'empereur Charles Quint, qui accepta la traite des esclaves – même s'il tenta par la suite de l'interdire.

« Chaque jour les négriers kidnappent nos gens – des fils de ce pays. »

Le roi Alphonse du Congo au roi Jean III, 1526

La mort de Léonard de Vinci

Léonard de Vinci, génie de la Renaissance, s'éteint dans les bras de François Ier.

À la fin de sa vie, Léonard de Vinci était peintre de la cour de François Ier, roi de France, et c'est dans sa résidence du Clos-Lucé, près du château d'Amboise où le roi logeait l'été, que le plus grand artiste de la Renaissance s'éteignit le 2 mai 1519. Selon Giorgio Vasari, dans la *Vie des artistes* (1550), le roi avait pris Léonard mourant dans ses bras.

Né en 1452 près de Florence, ce dernier avait rejoint à l'âge de 18 ans l'atelier de Verrocchio, artiste florentin qui lui enseigna la peinture, la sculpture, l'architecture et le dessin. Léonard montra tout de suite un grand intérêt pour tout ce qui était technique et, en 1482, écrivit à Ludovic Sforza, duc de Milan, pour lui offrir ses services comme ingénieur militaire. Ce n'est qu'à la fin de sa lettre qu'il mentionna qu'il était aussi peintre et sculpteur. Il demeura à la cour du duc jusqu'en 1499, période durant laquelle il réalisa la fresque de *La Cène*, son chef-d'œuvre dans ce domaine. Quand Ludovic fut chassé de Milan, Léonard retourna à Florence où il acheva le plus célèbre de ses tableaux, *La Joconde* (v. 1504). Il travailla avec succès à Milan et à Rome, et en 1515 il fut chargé de réaliser un lion mécanique pour François Ier dont il rejoignit la cour un an plus tard.

Selon Vasari, 60 mendiants suivirent le cercueil de Léonard jusqu'à sa tombe dans la chapelle d'Amboise. L'artiste bénéficia d'une immense réputation de son vivant, réputation qui demeure inchangée à ce jour. Son esprit éternellement curieux et sa quête du savoir guidèrent tout ce qu'il dessinait et étudiait, depuis les articulations de la main ou les verticilles d'une fleur jusqu'aux arbalètes, canons et machines volantes. **SK**

◐ *Autoportrait* (détail), Léonard de Vinci réalisé dans sa vieillesse (v. 1515), sanguine.

◑ L'une des pages des carnets de Léonard montrant le plan d'une machine volante ; les notes vont de droite à gauche.

« Il rendit l'âme… dans les bras du roi, dans sa soixante-quinzième année. »

Giorgio Vasari, *Vie des artistes*, 1550

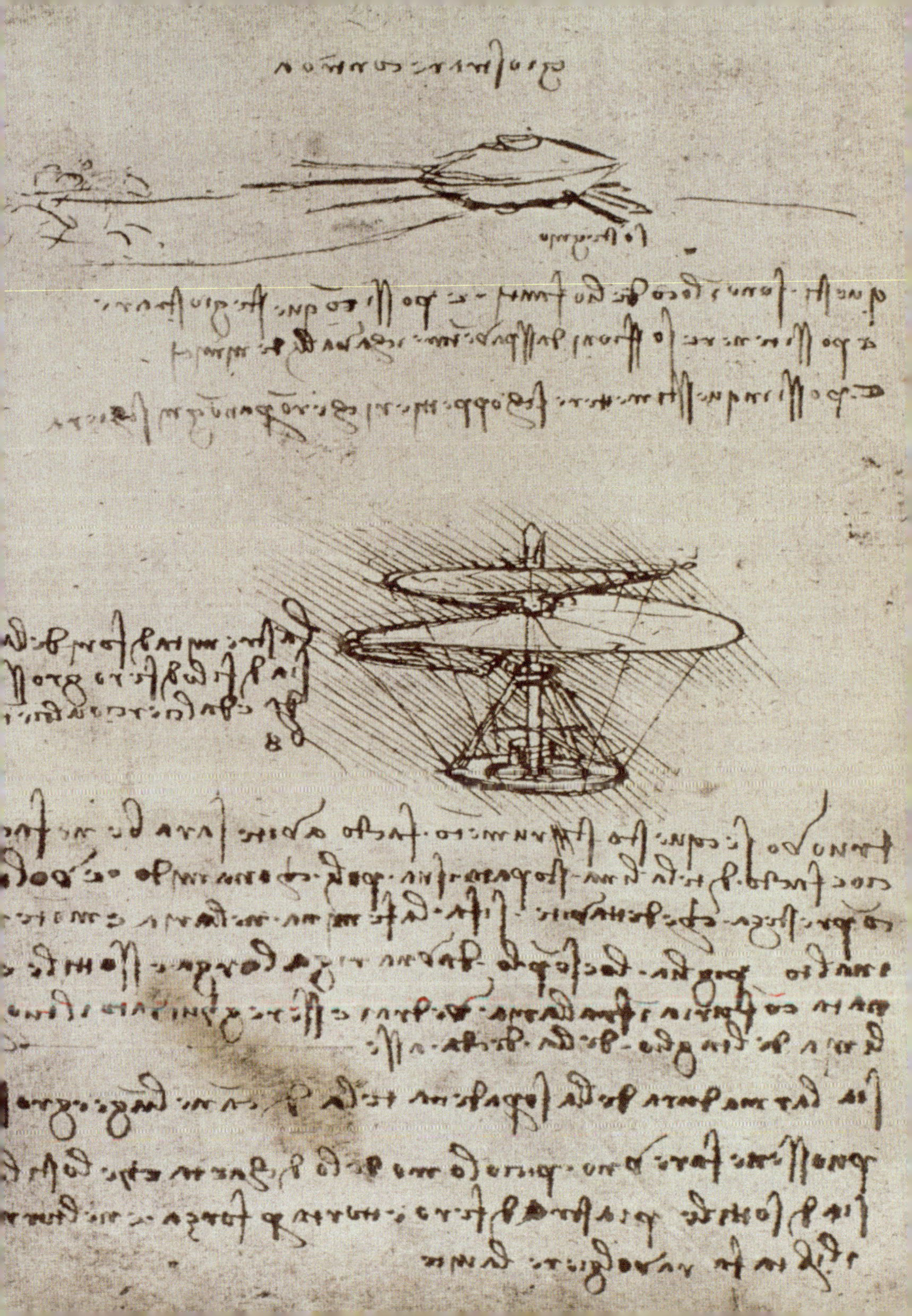

1519 – 26 JUIN

La dispute de Leipzig

De l'opposition entre Luther et Johann Eck naît le protestantisme.

Le 26 juin 1519, à Leipzig, à la demande du pape Léon X, Johann Eck, professeur de théologie à l'université d'Ingolstadt, et Martin Luther entamèrent un débat de 18 jours. Pour le pape, il s'agissait d'éviter le schisme à tout prix et pour cela traiter avec Luther. Il est vrai que certains humanistes avaient qualifié Eck de « sophiste babillard », mais peu d'entre eux doutaient de son intelligence ou de son talent de débatteur. N'avait-il pas défendu avec succès en 1514 la pratique du prêt financier, à la grande satisfaction des Fugger, une dynastie bancaire ?

« Il est érudit… avec à sa disposition une parfaite armée de mots et d'idées. »

Un observateur de Leipzig décrivant Luther

Au cours du débat furent évoqués des sujets aussi variés que les indulgences, la notion de grâce, la pénitence, le purgatoire et la papauté. Eck était convaincu qu'il l'avait emporté. Il força Luther à tirer la conclusion logique de ses idées et déclara que c'était un hérétique.

La critique qu'avait faite Luther des indulgences dans ses « 95 Thèses » avait été mal reçue par l'Église, mais il semblait juste à de nombreux catholiques que l'on ne puisse gagner son salut qu'en se repentant et non en achetant la rémission de ses péchés. Luther n'avait rien outrepassé d'un point de vue doctrinal ; l'obéissance n'était simplement pas son fort. Le pape, convaincu que Luther représentait un danger, publia une bulle qui l'excommuniait en 1520. C'était le début de la Réforme. **RP**

1519 – 8 NOVEMBRE

Cortés rencontre les Aztèques

Cortés et les Espagnols entrent dans Tenochtitlán et rencontrent Moctezuma.

Le conquistador espagnol Hernan Cortés rencontra pour la première fois le souverain aztèque Moctezuma à Tenochtitlán le 8 novembre 1519. Les Espagnols s'étaient rapidement déployés à travers le Nouveau Monde après les découvertes de Colomb. Ils s'étaient installés dans les Caraïbes et au Panama et, à partir de 1517, avaient commencé à explorer le littoral du Yucatan. Ils se rapprochaient de plus en plus du territoire aztèque où circulait semble-t-il la rumeur selon laquelle le roi-prêtre Quetzalcóatl, représenté par le serpent à plumes, s'apprêtait à revenir accompagné de compagnons à la peau blanche pour réclamer son trône. En 1519, un conquistador blanc arriva effectivement de Cuba.

Cortés débarqua sur les côtes mexicaines à la tête de 500 hommes et renvoya immédiatement ses navires afin qu'aucun des soldats ne puisse repartir. Moctezuma leur fit parvenir en offrande des disques d'or et d'argent ainsi que des costumes rituels ornés de plumes et de bijoux comme il sied à des dieux. Les envahisseurs furent bien accueillis par les Aztèques dans la capitale. Cortés descendit de cheval pour saluer Moctezuma. L'Espagnol se défit d'un collier de perles et de verre vénitien et le passa au cou de Moctezuma qui répondit en parant Cortés de colliers d'or. Ils parcoururent ensuite la rue jusqu'au palais préparé pour les Espagnols.

Selon les récits espagnols, Cortés dit à Moctezuma qu'il était venu au nom du vrai dieu, et servait un roi puissant qui régnait sur une grande partie du monde, ce à quoi l'empereur aztèque répondit qu'il était prêt à devenir le vassal du roi. Son choix en la matière était toutefois limité. Son traitement cordial des Espagnols conduirait bientôt à sa mort et à la destruction de son empire. **RC**

La révolte des Comuneros

Accablée de taxes et impôts, la Castille se soulève contre le pouvoir royal. Ce mouvement servit de modèle à d'autres révolutions populaires.

En avril 1520, les communautés de Castille se soulevèrent contre les lourds impôts imposés à l'Espagne par Charles Quint. Les dépenses importantes qu'avaient entraînées les aventures européennes du roi n'auraient pu se produire à pire moment pour la Castille. La région venait en effet d'engranger de maigres récoltes et la noblesse tentait de réaffirmer son pouvoir après le règne d'Isabelle de Castille.

En 1520, Charles Quint quitta l'Espagne pour poursuivre ses ambitions européennes, laissant le pays sous la régence de son allié Adrien d'Utrecht, le futur pape Adrien VI. Toutefois, le niveau d'imposition nécessaire au financement des campagnes militaires provoqua une révolte populaire à Tolède. D'autres villes suivirent rapidement cet exemple et une assemblée révolutionnaire, les *Cortes*, fut établie pour remplacer le conseil royal comme organe de gouvernement. La guerre des Communautés ou révolte des Comuneros avait débuté. Les tentatives pour étouffer cette rebellion échouèrent, les troubles s'étendirent, les paysans rejoignirent bientôt les Comuneros et l'armée d'Adrien s'effondra.

Charles Quint fut obligé d'agir en 1521 en désignant un corégent qui bénéficiait de la fidélité de la noblesse. Bien que vaincue par les Comuneros à Torrelobaton, l'armée de Charles Quint l'emporta finalement à la bataille de Villalar, et certains des meneurs de la révolte furent exécutés. Une par une, les villes se rendirent à l'armée impériale, la dernière étant Tolède où tout avait débuté. **TB**

Détail d'un tableau du pape Adrien VI peint en 1650. L'original était de Jan Van Scorel (1495-1562).

L'Exécution de Padilla et de ses Comuneros à Madrid en 1521 (1860), Antonio Gisbert Pérez (1834-1901).

La fin de l'Empire aztèque

La mort de Moctezuma marque la naissance de la « Nouvelle Espagne ».

Un aigle s'empare de Moctezuma, Théodore de Bry (1528-1598) ; cette gravure était très populaire au XVIIe siècle.

Un an après l'arrivée de Cortés à Tenochtitlán, l'empereur aztèque Moctezuma mourait. Les Espagnols l'avaient rapidement fait prisonnier et convaincu de déclarer sa fidélité au roi d'Espagne. Moctezuma tenta ensuite d'apaiser la colère grandissante de la noblesse aztèque mais son palais fut attaqué. Il appela au calme depuis le toit de l'édifice. Son frère Cuitlahuac fut désigné comme nouvel empereur, mais les attaques reprirent. Moctezuma se rendit à nouveau sur le toit mais fut cette fois accueilli par des volées de pierres et de flèches. Ramené à l'intérieur du palais, il mourut le 30 mai 1520 soit de ses blessures, soit assassiné par les Espagnols.

Cortés et ses hommes, qui craignaient des représailles, quittèrent discrètement la ville au cœur de la nuit. Cependant, les Aztèques les poursuivirent et en tuèrent un grand nombre. Cortés rejoignit, avec les survivants, la ville de Tlaxcala où il établit une alliance avec les peuples asservis aux Aztèques et, suivi de milliers de leurs guerriers, retourna assiéger Tenochtitlán. Ses alliés ne mesuraient pas qu'ils participaient à leur future sujétion aux Espagnols. Trois mois plus tard, en août 1521, les défenseurs de Tenochtitlán déposèrent les armes.

L'empire entier tomba aux mains des Espagnols et, l'année suivante, Cortés fut nommé gouverneur de la Nouvelle Espagne. Les immigrants affluèrent des Caraïbes et d'Espagne pour faire du Mexique le centre principal du pouvoir espagnol dans le Nouveau Monde, rejoint plus tard par le Pérou. **RC**

Luther accusé d'hérésie par Charles Quint

Martin Luther défend ses écrits devant la diète de Worms.

Luther à la diète de Worms (1872), Paul Thumann (1834-1908), artiste allemand.

L'affrontement entre Luther et Charles Quint, souverain du Saint Empire romain germanique âgé de 21 ans mais déjà conscient de ses responsabilités de monarque catholique le plus important d'Europe, semblait inévitable dans la mesure où le moine avait brûlé, en décembre 1520, la bulle papale qui l'excommuniait. Après cet acte irrévocable, Luther fut convoqué devant la diète impériale pour y répondre d'hérésie, le prince électeur Frédéric III de Saxe lui ayant offert un sauf-conduit.

Le 17 avril 1521, Luther se trouvait ainsi devant une table sur laquelle étaient étalés ses écrits. On lui demanda si les livres étaient bien de lui et s'il approuvait toujours leur contenu. Il confirma en être l'auteur mais demanda un temps de réflexion pour répondre à la deuxième question. Le lendemain, il dit ne rien pouvoir nier « puisqu'il n'est ni sûr ni honorable d'agir contre sa conscience ». Le doute demeure cependant quant à la célèbre déclaration qu'il aurait faite : « Me voici. Je ne peux agir autrement. Que Dieu me vienne en aide. Amen. »

Charles Quint déclara Luther hérétique et ordonna son arrestation. Ce fut le premier chapitre de sa guerre contre le protestantisme. Frédéric III de Saxe fit capturer Luther et le cacha, pour sa propre protection, dans son château de Wartburg à Eisenach. Luther y demeura pendant quasiment un an, période durant laquelle il commença à traduire le Nouveau Testament en allemand pour que le message de la Bible soit accessible au plus grand nombre. **SK**

1521 – 27 AVRIL

La mort de Magellan

L'explorateur Fernand de Magellan meurt lors d'une bataille aux Philippines.

Bien qu'on lui attribue souvent cet exploit, Magellan ne fut pas le premier à naviguer autour du monde. Il mourut en réalité à mi-parcours.

Il n'avait pas pour intention de réaliser cet exploit lorsqu'il quitta l'Espagne, le 20 septembre 1520, avec cinq navires et 250 hommes ; le roi l'avait chargé de découvrir une route plus rapide vers les Moluques, qui font aujourd'hui partie de l'Indonésie. Mais après avoir contourné le cap Horn, il se retrouva face à l'immensité du Pacifique. En arrivant aux Philippines, l'équipage ne comptait plus que 150 hommes et le navigateur persuada un souverain de la région, Rajah Huambon, de se convertir au christianisme et de devenir sujet espagnol. En retour, Magellan accepta de mener une attaque contre l'ennemi de Huambon, Lapu-Lapu, qui régnait sur l'île voisine de Mactan.

« Ils ont tué notre miroir, notre lumière, notre consolateur et notre vrai guide. »

Journal d'Antonio Pigafetta

Les barrières de corail empêchèrent Magellan de pointer ses canons et quand il conduisit ses hommes à travers les bas-fonds, ils se retrouvèrent face à une armée de 1 500 hommes munis de lances et de flèches empoisonnées. Magellan, après avoir perdu son casque, fut transpercé d'un coup de lance et taillé en pièces.

Juan Sebastián Elcano prit alors la tête de l'expédition et, après avoir perdu d'autres hommes à cause des tempêtes et de la faim, rentra en Espagne avec 18 hommes, près de deux ans après leur départ. **NJ**

1523 – 1ER JANVIER

La clémence de Soliman

Les chevaliers de Saint-Jean sont poliment chassés de Rhodes par Soliman.

La veille du jour de l'an 1523, 163 chevaliers de l'ordre de Saint-Jean de Jérusalem, revêtus de leur armure et menés par leur grand maître, Philippe Villiers de L'Isle-Adam, sortirent de leur forteresse de Rhodes, au son des tambours, leurs bannières flottant au vent. Soliman le Magnifique et son armée, qui avaient lutté pendant cinq longs mois pour chasser les soldats chrétiens de cette île de la Méditerranée, contemplaient le spectacle. Accompagnés par des soldats ordinaires et des civils qui préféraient l'exil au règne turc, les chevaliers embarquèrent sur les 50 vaisseaux fournis par le sultan et mirent le cap vers la Crète.

Les chevaliers de Saint-Jean (les hospitaliers) appartenaient aux ordres monastiques militaires établis en Palestine au temps des croisades. Ils avaient rejoint Rhodes après la chute de la Palestine en 1291 et étaient demeurés sur l'île plus de 200 ans, jusqu'à ce qu'en 1522 Soliman décidât de ne plus les tolérer dans ses eaux territoriales. Il débarqua à Rhodes fin juillet avec plus de 100 000 hommes armés. Les boulets de canon s'abattirent sur les murailles sous lesquelles les sapeurs creusèrent des tunnels pour y placer des explosifs et les janissaires se précipitèrent sur chaque brèche. En décembre, les chevaliers se défendaient toujours tandis que les soldats de Soliman souffraient de blessures et de maladies.

Le siège prit fin dans un climat de chevalerie et de bons sens. Le sultan et le grand maître négocièrent la reddition de la forteresse ; les chrétiens eurent la vie sauve, leurs possessions et leur honneur également.

Soliman devait plus tard regretter sa générosité car les hospitaliers établirent une nouvelle base à Malte en 1530 et infligèrent, en 1565, une importante défaite aux troupes du sultan. **RG**

Gustave Ier de Suède

Gustav Eriksson devient Gustave Ier Vasa et unit rapidement le pays, établissant ainsi les fondations du protestantisme suédois et de l'État moderne.

Gustav Eriksson réussit à chasser les Danois de son pays en 1521, en échange de quoi il fut proclamé régent, puis roi le 6 juin 1523. Le 24 juin, il était encore relativement inconnu lorsqu'il entra triomphalement dans Stockholm sous le nom de Gustave Ier.

Selon la légende, pendant qu'il menait la campagne suédoise contre les Danois, le jeune Gustave avait dû se cacher dans une ferme. La fermière, qui craignait qu'il ne soit découvert, parvint à détourner l'attention des Danois en le frappant avec une pelle de boulanger, comme si elle réprimandait un valet incompétent. Les soldats danois apprécièrent tant le spectacle qu'ils ne reconnurent pas en ce serviteur apeuré l'homme qu'ils recherchaient.

Les historiens ont plus tard accolé au prénom de Gustave son nom de famille, Vasa. Selon certains, c'était un tyran, selon d'autres, un libérateur. On s'accorde généralement sur le fait que Gustave Ier a établi les fondations d'un État centralisé et stable. En formant la première armée professionnelle, il créa les conditions qui ont permis à la Suède de devenir une puissance de premier plan au XVIIe siècle.

Son héritage ne se limite pas à cela. Le roi entra rapidement en conflit avec le pape car il désirait choisir son archevêque ; le choix du pape s'était porté sur Gustave Trolle, qui, selon lui, était un ami des Danois. Malgré les protestations de Rome, Gustave Ier nomma Laurentius Petri, le frère d'un théologien luthérien. Par ce geste, il mettait en branle une série d'événements qui allaient conduire à l'adoption du protestantisme par la Suède. **TB**

Gustave Ier peint en 1542 par un artiste anonyme, exposé au château de Kalmer en Suède.

La défaite de Pavie

François Ier est fait prisonnier et son armée s'effondre face aux troupes de Charles Quint.

Tapisserie impériale de Bruxelles (détail) : les mercenaires suisses de François Ier tentent de fuir le champ de bataille (v. 1530).

« … de toutes choses ne me sont demeurées que l'honneur et la vie sauve. »

François Ier à sa mère, Louise de Savoie

François Ier était rentré en France auréolé de gloire après sa victoire à Marignan en 1515. Dix ans plus tard, le 24 février 1525, un autre champ de bataille italien, Pavie, était le témoin de sa défaite et de son humiliation. Entre ces deux dates, l'équilibre politique européen avait été radicalement transformé quand le roi Habsbourg Charles Ier d'Espagne réunit les impressionnantes ressources de son royaume à celle de l'Empire romain germanique dont il prit la tête en 1519 sous le nom de Charles Quint.

En octobre 1524, en guerre contre l'empire, François Ier assiégea Pavie. L'empereur envoya une armée libérer la ville et les deux camps se retranchèrent à l'extérieur des murailles, de chaque côté d'un cours d'eau. Durant la nuit du 23 février 1525, l'armée impériale traversa ce dernier dans l'obscurité. À l'aurore, un combat chaotique débuta, le brouillard ajoutant à la confusion. François Ier mena les charges de ses chevaliers et ce faisant bloqua la ligne de feu de son artillerie. Les lansquenets, fantassins mercenaires allemands, qui combattaient des deux côtés s'attaquèrent avec une férocité exceptionnelle. La noblesse française souffrit de lourdes pertes, dont Louis II de La Trémoille, un chevalier expérimenté tué par une balle d'arquebuse (l'une des premières armes à feu). Après quatre heures de combat, les Français étaient vaincus.

François Ier, encerclé, fut fait prisonnier sur le champ de bataille et emmené à Madrid, où il faillit mourir de conditions de captivité très difficiles. Charles Quint le libéra en janvier 1526 après que le roi de France eut signé un traité qui cédait un vaste territoire. Une fois libéré, François Ier dénonça ce traité et la lutte entre la France et le Saint Empire reprit de plus belle. **RG**

La bataille de Frankenhausen

Le soulèvement populaire baptisé Guerre des paysans s'achève par une défaite sanglante.

Le 15 mai 1525, la Guerre des paysans s'acheva par une défaite écrasante à Frankenhausen, avec la capture et l'exécution de son chef anabaptiste, Thomas Müntzer. Au même moment, les villes et la noblesse négociaient la paix avec Charles Quint, souverain du Saint Empire romain germanique.

La rébellion avait éclaté en 1524 en Allemagne et s'était étendue à la Suisse et à l'Autriche actuelles. Elle demeura la révolte populaire la plus importante jusqu'à la Révolution française de 1789, dans laquelle tous les segments de la société, de la noblesse à la paysannerie, furent impliqués, soit 300 000 personnes environ, dont 100 000 moururent. Thomas Müntzer devint l'un des protagonistes de ce soulèvement où la détresse économique et la ferveur religieuse se transformèrent rapidement en lutte contre le féodalisme, définie par une liste de doléances baptisée les Douze Articles.

Différents facteurs économiques, sociaux et religieux sont à la base de cette révolte. Les conditions de vie favorables dont avaient bénéficié les paysans à la fin du XVe siècle s'étaient peu à peu détériorées au début du XVIe siècle à cause de la hausse des prix et de la baisse des revenus. La situation empira quand les propriétaires augmentèrent les loyers des terres qu'ils louaient pour préserver leur niveau de vie.

Certains facteurs religieux jouèrent aussi un rôle, en particulier l'influence grandissante du courant anabaptiste. Müntzer, l'un des meneurs du mouvement, avait beaucoup voyagé en 1524 et ses idées radicales rencontrèrent un vif succès parmi les couches populaires. Sa remise en cause de l'autorité de l'Église et de l'État avait même été critiquée par Martin Luther. **TB**

Lithographie (v. 1861) représentant un épisode de la bataille de Frankenhausen.

« N'oubliez pas que rien n'est plus venimeux… ou diabolique qu'un rebelle. »

Martin Luther, mai 1525

La victoire moghole sur la dynastie des Lodi

La victoire de Babur à la bataille de Panipat marque le début de l'Empire moghol.

⊙ *La Bataille de Panipat en 1526* (v. 1590), Deo Gujarati, une enluminure qui appartient à la British Library, Londres.

« [Khalifas trouva] le corps d'Ibrahim parmi de nombreux cadavres et me rapporta sa tête. »

Babur, *Journal de l'empereur Babur*

En avril 1526, le souverain moghol Babur avança sur Dehli à la tête d'une armée de 15 000 hommes parmi lesquels se trouvaient des archers à cheval issus de tribus nomades et des artilleurs ottomans équipés d'une vingtaine de canons. Pour lui résister, Ibrahim Lodi, réunit une armée de 40 000 hommes et 100 éléphants dépourvue de toute artillerie.

Chassés en 1501 de leur terre ancestrale de Ferghana, en Asie centrale, par les Ouzbeks, les Moghols avaient émigré vers l'est guidés par Babur et fondé la principauté de Kaboul en 1504. En 1515, Babur lança une série d'attaques dans le nord de l'Inde, alors sous le contrôle de la dynastie Lodi, sultans de Dehli. Quand le Pendjab se rebella contre le sultan Ibrahim, Babur en profita pour se saisir de Lahore. Il en fut bientôt chassé, mais revint en 1525 pour conquérir le Pendjab tout entier.

À la bataille de Panipat, au nord de Dehli, Babur prit une position défensive derrière les chariots à bagages. Il plaça ses canons entre les chariots et tendit des chaînes pour arrêter les charges de la cavalerie. Après plusieurs jours où chaque armée resta sur ses positions, Ibrahim passa à l'attaque au petit matin du 20 avril. Les canons de Babur jouèrent un rôle décisif – ils semèrent la panique parmi les éléphants d'Ibrahim qui s'enfuirent en désorganisant l'armée indienne. La cavalerie de Babur attaqua par les flancs et remporta une victoire totale. Ibrahim et plus de 15 000 de ses soldats moururent sur le champ de bataille. Bien que les pertes mogholes aient été également élevées, Babur parvint à s'emparer de Dehli une semaine plus tard avant de fonder l'Empire moghol qui devait dominer l'Inde pendant 200 ans. Babur célébra sa victoire à Agra où lui fut présenté le légendaire diamant Koh-i Nor qui fait aujourd'hui partie des joyaux de la couronne britannique. **JH**

La Hongrie perd son indépendance

Le roi Louis II est vaincu par Soliman à la bataille de Mohács.

Le 29 août 1526, une petite ville à 185 km de Budapest vit se dérouler une bataille qui opposait les troupes de Louis II à celles de Soliman le Magnifique, sultan ottoman. L'indépendance de la Hongrie et même l'avenir de l'Europe étaient en jeu. La bataille fut féroce et malgré les premiers succès au cours desquels les archers hongrois faillirent tuer le sultan, les troupes hongroises furent peu à peu dépassées par la contre-attaque des janissaires, l'élite de l'armée turque. À la tombée du jour, ce qui restait de l'armée hongroise fut encerclé et capturé, et alors que Louis II fuyait le champ de bataille son cheval le jeta à terre et le tua. Soliman ordonna la mise à mort des 2 000 prisonniers parmi lesquels se trouvaient de nombreux membres de la noblesse hongroise.

La défaite fut désastreuse pour la Hongrie qui perdit son indépendance. Le royaume fut immédiatement divisé entre l'Empire ottoman, les Habsbourg autrichiens et la principauté de Transylvanie. Au cours des décennies suivantes, cette séparation entre l'Empire ottoman et la monarchie autrichienne, liée à l'Occident, donna lieu à de nombreuses batailles. La Bohême et la Croatie furent conquises par l'Autriche, mais l'Empire ottoman réussit à garder le contrôle du centre de la Hongrie et de la Transylvanie. Les guerres opposant les Habsbourg et les Ottomans continuèrent pendant plus de deux siècles et dévastèrent la Hongrie.

Mohács représente un traumatisme national pour les Hongrois ; la défaite est si ancrée dans les esprits que, lors de tragédies personnelles, de nombreux Hongrois y font encore référence en déclarant « plus encore a été perdu à Mohács ». **TB**

Manuscrit enluminé du XVIe siècle montrant Soliman le Magnifique à la bataille de Mohács.

« Je suis Soliman… Je me suis emparé de la couronne hongroise et l'ai donnée au dernier de mes esclaves… »

Soliman le Magnifique

Le sac de Rome déshonore Charles Quint

Ses soldats pillent et assassinent sans pitié trois jours durant.

Le sac de Rome de 1527, Johannes Lingelbach (1622-1674), peintre néerlandais.

La prise et le sac de Rome, en 1527, par une armée impériale rebelle qui força le pape Clément VII à fuir le Vatican par un passage secret pour se réfugier dans le Castel Sant' Angelo, choquèrent l'Europe tout entière et furent la honte de l'empereur Charles Quint.

L'armée impériale, composée d'Allemands, d'Espagnols et d'Italiens, et avec à sa tête le duc de Bourbon, était en Italie en réaction à la ligue de Cognac, alliance anti-impériale formée par la France et la papauté. En avril 1527, leur solde n'ayant toujours pas été payée, les troupes se mutinèrent et marchèrent sur Rome. L'attaque fut menée par les lansquenets, fantassins mercenaires allemands, dont beaucoup étaient des luthériens qui se réjouissaient à l'idée de piller la cité papale corrompue.

Ce sont les gardes suisses, sa garde personnelle, qui permirent au pape de s'échapper – 42 gardes, sur 200, survécurent lorsque les troupes impériales envahirent le Vatican le 6 mai. Durant trois jours, églises, monastères et palais furent saccagés, les cardinaux et les prélats attaqués, les religieuses violées. Les troupes ne se retirèrent que le 6 juin lorsque le pape accepta de payer une rançon de 400 000 ducats.

Bien que le pillage eût été condamné par Charles Quint, rares sont ceux qui regrettèrent le sort réservé à Clément VII. Il demeura prisonnier de Charles pendant quelques mois et une fois libre cessa de s'opposer à l'empire. En 1530, il couronna Charles Quint à Bologne, la dernière fois qu'un pape sacra un empereur romain germanique. **SK**

Le siège de Vienne est levé

La résistance autrichienne marque la fin de l'expansion ottomane en Europe.

Détail des fresques (v. 1540) attribuées à Marcello Fogolino qui représentent le siège de Vienne par l'armée turque.

Le siège de Vienne, qui prit fin en 1529, constitua l'apogée des incursions ottomanes en Europe. La rivalité entre François Ier et Charles Quint avait affaibli le continent au XVIe siècle et Soliman le Magnifique avait tiré profit de ces divisions pour prendre Buda et faire de la Hongrie un État vassal. Alarmé, l'archiduc Ferdinand d'Autriche encouragea les Hongrois à se révolter en 1528 pendant que Soliman était en Perse.

En 1529, ce dernier quitta Constantinople à la tête de son armée pour rejoindre Vienne dont les murailles furent réparées à la hâte par le commandant Graf Nicholas zu Salm-Reifferscheidt. Les Autrichiens disposaient de 22 000 fantassins, 2 000 cavaliers et 72 canons. Trois cent mille soldats ottomans environ arrivèrent à Vienne le 26 septembre, mais durent abandonner leurs canons légers qui s'étaient enlisés. Les Turcs placèrent des mines sous les murailles et les piquiers autrichiens repoussèrent les attaques des janissaires (cavalerie turque composée de convertis chrétiens vendus comme esclaves et constituant l'élite guerrière). Le 14 octobre, alors qu'il avait perdu 20 000 hommes, Soliman ordonna une dernière poussée. Mais une énorme mine fit s'écrouler la muraille vers l'extérieur, bloquant l'accès des attaquants. L'assaut était terminé. Salm-Reifferscheidt fut blessé et mourut l'année suivante, les Turcs brûlèrent tout ce qu'ils pouvaient, y compris leurs prisonniers, puis se retirèrent.

Les Ottomans échouèrent à nouveau dans leur tentative d'envahir Vienne au cours du siège de 1683, après quoi leur empire débuta son long déclin. **NJ**

1534 – 24 JUILLET

Jacques Cartier découvre le Canada

Jacques Cartier prend possession du Canada au nom de François Ier.

La traversée a été rapide, 20 jours, grâce à des vents favorables. Jacques Cartier a quitté Saint-Malo le 20 avril 1534, avec deux navires, une soixantaine d'hommes et un ordre royal. François Ier le charge de trouver des « îles et pays » et « une grande quantité d'or ». Un autre objectif est fixé : reconnaître une route nouvelle vers l'Asie, le passage du Nord-Ouest. Cartier est en vue de Terre-Neuve le 10 mai et navigue autour de cette grande île découverte en 1497 par le navigateur génois Jean Cabot, missionné par l'Angleterre.

Le Français entre en contact avec des peuples indiens, signe une alliance avec les Iroquois. Il s'est enfoncé beaucoup plus à l'ouest que ses prédécesseurs, explorant un golfe qu'il nommera Saint-Laurent, sans aller encore jusqu'au fleuve du même nom, mais débarquant sur le continent. Le 24 juillet, à la pointe Penouille, il plante une croix aux armes de France, prenant possession de cette terre au nom de François Ier. Les Iroquois désapprouvent, mais les Français savent user de la force si nécessaire et jouer des rivalités entre tribus. C'est le début d'une aventure coloniale, où Français et Anglais seront bientôt rivaux. Cartier rentre à Saint-Malo en septembre 1534. Il repart l'année suivante avec trois navires. Cette fois-ci, il remonte le fleuve Saint-Laurent et baptise un lieu « Mont-Royal ». Il vient d'atteindre le Canada, mot indien désignant la région autour de la future Québec, fondée par Champlain en 1608.

Jacques Cartier participera encore à une troisième expédition, destinée à transporter des colons. Puis il se retirera dans son manoir du pays malouin, où il mourra en 1554. Quant au fameux passage du Nord-Ouest, bien d'autres marins le chercheront, en vain. **LV**

1533 – 29 AOÛT

L'exécution d'Atahualpa

L'élimination de l'empereur inca permet aux Espagnols d'avoir les mains libres.

En 1533, parce qu'il fut déclaré hérétique, l'empereur inca Atahualpa devait être brûlé vif ; sa conversion de dernière minute lui « permit » d'être étranglé. Atahualpa avait hérité du vaste et riche Empire inca qui dominait le Pérou, en 1525, après avoir mené une guerre contre son demi-frère Huascar. Il avait ensuite fait assassiner toute la famille de ce dernier. En 1532, il affronta François Pizarre. Bien que disposant d'une armée importante, Atahualpa n'attaqua pas la petite troupe espagnole, mais lui fit parvenir des présents et la laissa s'emparer de la ville de Cajamarca, que l'empereur accepta de visiter à l'invitation du conquistador. La plupart des hommes de Pizarre, l'attendaient en embuscade. Un prêtre espagnol expliqua à Atahualpa que son peuple devait se convertir au christianisme et lui offrit une bible que l'Inca jeta à terre.

« Il répétait constamment "Pourquoi me tuent-ils ?... Qu'est-ce que j'ai fait... ?" »

Pedro Cieza de León, *Chroniques du Pérou*, 1553

Face à ce sacrilège, les hommes de Pizarre bondirent de leur cachette, firent Atahualpa prisonnier et tuèrent nombre de ses hommes. L'armée inca ne réagit pas et Pizarre exigea une énorme rançon pour l'empereur, qui ordonna que l'on remplisse une salle une fois d'or, puis deux fois d'argent. Le trésor fut livré, mais Pizarre fit tout de même exécuter Atahualpa. L'Empire inca lui était désormais entièrement accessible et la majorité de l'Amérique du Sud passa sous contrôle espagnol. **RC**

La création de la Société de Jésus

Ignace de Loyola et six compagnons prononcent leurs vœux à Paris et deviennent d'ardents défenseurs de la Contre-Réforme.

Sept amis, étudiants en théologie à l'université de Paris, fondèrent la Compagnie de Jésus, bientôt rebaptisée Société de Jésus, en août 1534 lors d'une retraite. Leur leader, Ignace de Loyola, était un ancien soldat basque qui avait vécu une expérience religieuse alors qu'il se remettait d'une blessure. Après s'être retiré un an à Manresa, près de Barcelone, il s'était consacré à une vie d'étude et d'enseignement, ce qui l'avait amené à Paris. Les amis, qui priaient ensemble, prononcèrent des vœux solennels de pauvreté, de chasteté et d'obéissance, selon l'exemple du Christ, et firent le serment de se rendre à Jérusalem pour y convertir les infidèles musulmans. Mais une fois à Venise, incapables de trouver un bateau qui les conduirait en Palestine, ils se dirigèrent vers Rome où ils déclarèrent leur obédience au pape.

En 1539, Ignace de Loyola rédigea à Rome la constitution d'un ordre religieux qui fut approuvée par le pape, qui stipula néanmoins que le nombre de ses membres ne devait pas dépasser soixante. La Société de Jésus était un ordre missionnaire, prêt à se rendre où le pape l'enverrait, « parmi les Turcs, aux Nouveaux Mondes, chez les luthériens ou toutes sortes de croyants ou de non-croyants », comme l'écrivait Ignace de Loyola.

En 1548, il établit une école à Messine en Sicile. Parce qu'ils mettaient l'accent sur le dévouement et l'obéissance, les jésuites étaient particulièrement efficaces dans leur formation des jeunes esprits catholiques et leurs écoles devaient jouer un rôle essentiel dans la Contre-Réforme, notamment aux Pays-Bas et en Pologne. **SK**

Saint Ignace de Loyola recevant la bulle de l'ordre des jésuites des mains du pape Paul III (détail), Juan de Valdés Leal (1622-1690).

Henri VIII, chef suprême de l'Église anglicane

Le roi rompt avec le pape et Rome et est confirmé comme chef de l'Église par le Parlement.

Henri VIII présente Anne Boleyn à la cour, William Hogarth (1697-1764).

« Le roi… deviendra… le seul chef suprême de l'Église anglicane. »

Acte de suprématie, 1534

Comment combler le vide laissé en Angleterre par le pape qui n'était plus que l'évêque de Rome ? La nouvelle Église anglicane devait-elle s'autogouverner ? De nombreux ecclésiastiques pensaient qu'un laïc ne pouvait en aucun cas en exercer le contrôle. Mais selon Henri VIII, les anciens pouvoirs du pape ne pouvaient résider que dans la Couronne ; l'acte de suprématie, adopté par le Parlement en novembre 1534, précisait que le monarque était le chef suprême de l'Église anglicane.

La tactique qu'Henri VIII avait employée pour assurer sa suprématie pouvait-elle se retourner contre lui et l'obliger à partager son pouvoir avec la Chambre des lords et celle des communes ? Conscient du piège, le monarque prit le soin de préciser, dans l'acte, que le roi était « à juste titre et avec raison » le chef suprême de l'Église, impliquant par là que sa position lui venait de Dieu – la nouvelle loi se contentait de « corroborer et confirmer » ce qui existait déjà. Henri VIII ne souffrirait aucun rival.

En 1521, Léon X avait accordé au roi le titre de « défenseur de la foi » et celui-ci aurait pu demeurer fidèle à la papauté si Clément VII avait autorisé son divorce. Son refus amena Henri VIII à se brouiller avec Rome et à déclarer la suprématie royale, mais il n'avait pas l'intention de provoquer de changement plus profond.

Henri VIII n'était pas protestant mais en séparant l'Église anglicane de Rome, il améliora indubitablement les chances des réformateurs. À sa mort, son fils fit officiellement de l'Angleterre une nation protestante. De même, l'usage considérable que fit Henri du « parlement de la réforme » accrut l'importance de cette institution dans la politique anglaise et ce malgré le fait que la reine Marie, fille d'Henri, ait répudié l'acte de suprématie en 1554. **RP**

Thomas More exécuté à la tour de Londres

Thomas More préfère mourir plutôt que d'approuver la dispense religieuse d'Henri VIII.

C'était l'un des hommes les plus éminents de son époque et il avait été l'un des plus puissants d'Angleterre. Après avoir perdu ses titres et sa liberté, il ne restait plus à Thomas More que ses principes et son courage hors du commun. Le 5 juin 1535, il écrivit à sa fille qu'il lui tardait « de voir Dieu ». Le matin suivant, juste avant 9 heures, alors qu'il montait sur l'échafaud branlant installé dans l'enceinte de la tour de Londres, il demanda sur le ton de la plaisanterie au lieutenant qui l'accompagnait de l'aider à monter « car pour la descente, [il] se débrouillerait ». Il encouragea ensuite le bourreau à « prendre son courage à deux mains » et à accomplir sa tâche sans crainte même s'il ne devait pas « frapper de travers » car son cou était « très court ». Le roi lui avait recommandé de ne pas trop parler lors de son exécution et il s'en abstint. Ses dernières paroles, pleines d'ironie, alors qu'il repoussait sa barbe avant de poser la tête sur le bloc furent : « Ceci n'a pas offensé le roi. » Comme le personnage de Candor dans Macbeth, Thomas More semblait « se défaire de la plus précieuse de ses possessions comme si ce n'était qu'une bagatelle ».

Juriste renommé, humaniste éminent et théologien érudit, More était au service du roi depuis 1518 et avait été nommé grand chancelier en 1529. Il avait démissionné en 1532, incapable d'accepter la décision d'Henri VIII de divorcer de Catherine d'Aragon. Mais c'est son refus de prêter serment et d'accepter la suprématie royale plutôt que papale au sein de l'Église qui décida de son sort. Quand Henri VIII prit la tête de l'Église anglicane, il ouvrit la voie au protestantisme. More, qui incarne pour beaucoup l'archétype du martyr, fut canonisé en 1935. Son histoire inspira une pièce de théâtre à Robert Bolt, traduite en français sous le titre *Un homme pour l'éternité* et adaptée deux fois au cinéma, en 1966 et en 1988. **JJH**

❶ Portrait de Thomas More réalisé en 1527 par Hans Holbein le Jeune, fin XVIe siècle.

« Nous aurions préféré perdre la meilleure des villes… plutôt qu'un conseiller aussi méritant. »

Charles Quint, après l'exécution de More

La disparition de la Nouvelle Jérusalem

La défaite sanglante des anabaptistes de Münster annonce la fin de leur régime.

Jan Bockelson exhibé dans une cage dans les rues de Münster avant son exécution ; gravure de 1890.

« Ce baptême des nouveau-nés est un outrage blasphématoire et stupide, contraire aux Écritures. »

Conrad Grebel, chef des anabaptistes de Zurich

Après avoir contrôlé Münster, en Westphalie, pendant 18 mois, les anabaptistes – des fanatiques religieux qui pensaient que seuls les adultes pouvaient être baptisés après s'être confessés – furent chassés de la ville le 24 juin 1535.

Les divers groupes anabaptistes, apparus en Allemagne et en Suisse dans les années 1520, étaient fréquemment persécutés. Melchior Hoffman, un prédicateur exalté dont les prophéties annonçaient l'imminence du Jugement dernier, attira un grand nombre de fidèles parmi lesquels Jan Matthys, un boulanger d'Amsterdam, et Jan Bockelson qui propagèrent ses idées à Münster qu'ils rebaptisèrent la Nouvelle Jérusalem. Sous leur influence, le Conseil municipal interdit à tout adulte non baptisé de demeurer en ville, ce qui conduisit à des baptêmes collectifs sur la place du marché. Pendant ce temps, une armée de catholiques et de luthériens assiégeait Münster sous le commandement de l'évêque de la ville qui en avait été chassé.

Le dimanche de Pâques 1534, Matthys organisa une sortie militaire, mais fut immédiatement arrêté sous les murs de la ville tandis que Bockelson s'autoproclamait roi. Il légalisa la polygamie et déclara que tous les biens étaient dorénavant propriété commune – une décision que la pénurie alimentaire rendait nécessaire. La fin de son règne, un an plus tard, fut soudaine et violente. La ville fut prise par traîtrise et quasiment aucun homme n'échappa au massacre. Bockelson et les autres meneurs furent exécutés – les cages dans lesquelles leurs corps furent exhibés sont encore suspendues dans le clocher de l'église Saint-Lambert. Le récit de la révolte horrifia le reste de l'Europe et l'on estime que pas moins de 30 000 anabaptistes furent tués aux Pays-Bas au cours des dix années suivantes. **SK**

L'exécution d'Anne Boleyn

La reine Anne Boleyn est conduite à l'échafaud sous de fausses accusations.

Portant un jupon rouge sous son ample robe de damas gris sombre, Anne Boleyn fut menée sur l'échafaud dressé dans l'enceinte de la tour de Londres le 19 mai 1536. On dit que lorsqu'on lui annonça qu'Henri VIII avait commué sa peine et qu'elle serait décapitée plutôt que brûlée vive, elle déclara en plaisantant que le bourreau aurait la tâche facile car son cou était petit. L'exécution fut rapide et n'exigea qu'un coup d'épée.

Le 29 janvier, presque trois ans jour pour jour après avoir épousé Henri VIII, Anne avait perdu un fils lors d'une fausse couche – une parmi d'autres grossesses qui n'étaient pas arrivées à terme. Henri s'était déjà épris de Jane Seymour, la dame d'honneur d'Anne, et avait manigancé la chute de cette dernière. À la fin avril, un musicien flamand, Mark Smeaton, fut arrêté et avoua sous la torture avoir été l'amant d'Anne Boleyn. D'autres arrestations suivirent, dont celle de George Boleyn, son frère, et le 2 mai, Anne fut à son tour emprisonnée à la tour de Londres, accusée d'adultère, d'inceste, de sorcellerie et de haute trahison. Onze jours après son exécution, Henri épousait Jane Seymour.

Les avis sont toujours partagés au sujet d'Anne Boleyn. Beaucoup la croient innocente, simple victime de l'inconstance d'un roi, mais selon d'autres, elle était en relation avec de nombreux réformateurs radicaux anglais et avait poussé Henri à rompre avec Rome. Sa fille Élisabeth, élevée dans la religion protestante, survécut à une enfance pleine de dangers et au règne de sa demi-sœur catholique Marie avant de devenir la plus grande reine d'Angleterre. Jane Seymour, incontestablement l'épouse préférée d'Henri VIII, mourut en couches après lui avoir donné son seul fils, le futur Édouard VI, en 1537. Comme on le sait, Henri VIII devait se remarier encore trois fois. **SK**

Tableau de Pierre Nolasque de Bergeret représentant la condamnation à mort d'Anne Boleyn, 1814.

« Je suis venue ici pour mourir… Je prie Dieu de sauver le roi et de lui accorder un long règne. »

Anne Boleyn, sur l'échafaud

1539 – 22 SEPTEMBRE

La mort du fondateur de la religion sikh

Nanak, le premier gourou sikh, s'éteint à l'âge de 69 ans.

À l'approche du décès de Gurû Nanak, une dispute éclata entre ses fidèles hindous et musulmans. Pour les premiers, il était Rama (septième avatar du dieu Vishnou) et devait être incinéré, pour les seconds, en tant qu'avatar d'Allah, il devait être enterré. Le dernier geste de Nanak fut de proposer un compromis : les deux groupes devaient placer une guirlande de fleurs près de son corps. Le groupe dont la guirlande serait la plus fraîche au bout de trois jours déciderait comment disposer de son corps. Quand les deux groupes vinrent vérifier l'état de leur guirlande, seules les fleurs demeuraient ; le corps de Nanak avait disparu. Les hindous brûlèrent leur guirlande et les musulmans enterrèrent la leur.

Nanak, qui s'était intéressé à la religion dès son plus jeune âge, composait des hymnes avec Mardana, un domestique musulman de la maison où il était comptable. Nanak fonda par la suite une cantine où les musulmans et les hindous de toutes castes pouvaient manger ensemble et écouter ses hymnes. Guru Nanak aurait eu à Saltanpur une vision qui lui aurait ordonné de prêcher parmi les hommes. Il voyagea beaucoup pour répandre son enseignement religieux, mais passa les dernières années de sa vie à Kartarpur, au Pakistan actuel.

Les neufs gourous qui suivirent Nanak développèrent la religion sikh et furent parfois victimes de la persécution brutale des Moghols. Le dernier, Gobind Singh, s'éteignit en 1708 ; c'est le livre sacré sikh, le *Guru Adi-granth Sahib*, qui avait été rédigé de son vivant, qui devint l'autorité spirituelle des sikhs. **TB**

◀ Guru Nanak et Mardana avec le roi Shivanabh, artiste anonyme, début du XVIe siècle.

1541 – 8 MAI

La découverte du Mississippi

Des explorateurs espagnols en quête d'or et d'argent découvrent la « grande rivière ».

Hernando de Soto navigua depuis Cuba jusqu'à la côte occidentale de la Floride, avant de guider ses 600 hommes vers le nord, jusqu'à l'endroit où se trouve actuellement Tallahassee. De là, ils traversèrent la Géorgie pour rejoindre les Carolines, périple au cours duquel ils connurent de violents affrontements avec les autochtones. Après avoir campé durant l'hiver, ils reprirent leur route vers le nord-ouest jusqu'à ce que les éclaireurs de Soto aperçoivent le Mississippi le 8 mai 1541. En algonquin, Mississippi signifie « grande rivière », mais l'explorateur baptisa le fleuve « Rio de Espiritu Santo ». Il était large, profond, boueux, doté d'un débit rapide où tourbillonnait le bois mort.

« De nombreux conquistadors disaient que ce fleuve était plus large que le Danube. »

Rodrigo Rangel, récit contemporain de l'expédition

Les Espagnols traversèrent le Mississippi et continuèrent jusqu'aux monts Ozark, mais, après avoir échoué dans leur quête d'or et d'argent, ils retournèrent passer l'hiver sur la rive du fleuve. De Soto avait alors répandu parmi les Indiens l'idée qu'il était un dieu. Il mourut d'une fièvre au printemps 1542, âgé d'à peine 40 ans. Pour continuer à faire croire à sa nature divine, son cadavre fut secrètement jeté dans le Mississippi au milieu de la nuit. La première exploration espagnole du Sud-Est américain désormais achevée, les hommes de Soto construisirent des embarcations et descendirent le Mississippi jusqu'au Mexique. **RC**

L'assassinat de Pizarre

Le meurtre de François Pizarre dans son palais de Lima pousse les Espagnols à être plus présents en Amérique du Sud.

François Pizarre (Francisco Pizarro, en espagnol) perdit la vie dans son palais de Lima le 26 juin 1541. Il avait réussi à tuer deux de ses attaquants et transpercer un troisième de son épée avant d'être poignardé et de s'effondrer à terre. On dit qu'il dessina une croix sur le sol avec son sang et invoqua Jésus avant de mourir.

Pendant que l'empereur inca était en captivité, Pizarre avait partagé de longues discussions amicales avec lui et découvert la situation politique de l'empire. Le rusé conquistador put utiliser ces informations après l'exécution d'Atahualpa et découvrit que certains nobles aztèques étaient prêts à l'aider. Cela lui permit de s'emparer de nombreuses provinces incas, entreprise où se mêlèrent sa fourberie, sa supériorité en matière d'armement et son caractère impitoyable.

Pizarre s'empara de Cuzco, plaça un Inca fantoche sur le trône et installa son siège à Lima, mais se fâcha avec son bras droit, Diego de Almagro, qui prit Cuzco en 1537. Pizarre ordonna à ses trois frères, Hernando, Juan et Gonzalo de faire rentrer Almagro dans le rang. Celui-ci fut vaincu à la bataille de Las Salinas en 1538 et Pizarre le fit exécuter sur la place principale de Cuzco. Le fils d'Almagro, nommé Diego, et ses partisans se vengèrent trois ans plus tard en forçant les portes du palais de Pizarre et en assassinant ce dernier.

Almagro fils fut exécuté en 1542 quand le gouvernement espagnol décida de faire preuve de plus de poigne dans son empire d'Amérique du Sud. **RC**

François Pizarre assassiné par une armée de conspirateurs, gravure de 1541, Théodore de Bry (1528-1598).

Le *Jugement dernier* de Michel-Ange

Michel-Ange achève sa fresque sur le mur de l'autel de la chapelle Sixtine.

En 1534, le pape Clément VII invita Michel-Ange à revenir à Rome pour peindre une fresque sur le grand mur du fond de la chapelle Sixtine. Il mourut peu de temps après, mais son successeur, Paul III, insista pour que l'artiste s'attelle au projet. On dit que quand le pape vit la fresque achevée en 1541, il fut si impressionné par le désespoir des damnés et par l'intensité psychologique de la composition qu'il s'agenouilla en demandant à Dieu de pardonner ses péchés le jour du Jugement dernier.

Au cours des 25 années qui s'étaient écoulées depuis que l'artiste avait peint le plafond de la chapelle, l'autorité papale avait été ébranlée par la réforme menée par Martin Luther et la rupture entre l'Angleterre et Rome provoquée par Henri VIII. Le nouveau pape, le guide de la Contre-Réforme, était déterminé à réaffirmer le pouvoir de l'église. Une fresque ayant pour thème le Jugement dernier devait montrer aux fidèles de l'époque que le salut ne pouvait venir que de l'Église de Rome.

Au centre de cette fresque qui occupe tout le mur, le Christ lève le bras droit pour indiquer la direction du paradis aux âmes sauvées tandis que le bras gauche, baissé, montre aux damnés celle de l'enfer. Les personnages sont lourds et charnus, leurs membres contorsionnés – même les martyrs, qui portent les instruments de leur torture, semblent pleins d'appréhension. Certains furent choqués par la nudité des personnages, selon eux sacrilège. Paul III défendit Michel-Ange, mais l'un de ses successeurs ordonna à Daniele da Volterra, ancien élève de Michel-Ange, de peindre des drapés sur les parties incriminées. L'artiste gagna ainsi le surnom de *Il Braghettone* (« le Peintre de culottes »). **SK**

Bartolomé de Las Casas

Le prêtre défend la cause des indigènes du Nouveau Monde.

L'arrivée des Espagnols sur le continent américain à partir de 1492 eut des résultats catastrophiques pour les Amérindiens. La variole décima la population, du Mexique jusqu'au Pérou, les religions et les traditions indigènes furent éradiquées, et des peuples entiers massacrés. En 1542, Bartolomé de Las Casas rédigea la *Très Brève Relation de la destruction des Indes* où il dénonçait les atrocités des conquérants. L'ouvrage était dédié à Philippe II d'Espagne et fut publié dix ans plus tard. Largement traduit, il exerça une grande influence dans toute l'Europe.

Bartolomé de Las Casas, originaire de Castille, avait rejoint les Caraïbes en 1504 à l'âge de 18 ans. En 1511, il avait assisté à un sermon du père Antonio de Montesinos qui dénonçait le comportement des Espagnols aux Amériques et, en 1512, il fut le premier prêtre ordonné dans le Nouveau Monde. Après avoir voyagé à Cuba où il fut le témoin de meurtres par les Espagnols, il rentra en Espagne en 1515 pour y plaider la cause des Indiens devant le roi Charles Ier (qui était aussi l'empereur Charles Quint).

Au début des années 1520, avec l'appui du roi, il tenta de construire au Venezuela une communauté où les hommes étaient égaux, mais échoua quand ses voisins incitèrent les indigènes à s'opposer à lui. Il rejoignit alors l'ordre dominicain et, en 1530, retourna une fois de plus en Espagne pour y faire campagne contre l'esclavage au Pérou. Il fut par la suite nommé évêque de Chiapas au Guatemala où il s'opposa au système des *encomiendas*, de grandes exploitations où régnait le travail forcé. Il quitta le Nouveau Monde au cours des années 1540 ; en 1550, il débattit avec Juan Ginés de Sepúlveda sur la capacité d'autogouvernement des indigènes. **PF**

L'Inquisition à Rome

Le pape Paul III accepte de combattre l'hérésie à travers la Sainte Inquisition.

Confronté à ce qu'il considérait comme des actes d'hérésie croissants contre l'Église catholique, le pape Paul III établit un tribunal permanent de cardinaux à Rome pour défendre l'intégrité de la foi. Le 25 juillet 1542, il autorisa ce qui allait devenir l'Inquisition. Ses tribunaux poursuivaient les personnes accusées de crimes tels que la sorcellerie ou le blasphème, et intervenaient dans la majorité du territoire italien ainsi que dans d'autres lieux qui relevaient de la compétence du pape, Avignon par exemple.

Le pape nommait non seulement les cardinaux qui présidaient ces tribunaux, mais aussi des consultants, des spécialistes qui conseillaient ces derniers en matière de droit canon. L'Inquisition fut principalement mise en place pour combattre la propagation d'idées protestantes en Italie, mais à cause de l'influence des États pontificaux, elle survécut jusqu'au XVIIe siècle, époque à laquelle les États italiens commencèrent à supprimer ses assemblées.

Les consultants furent chargés de juger la théorie de Copernic selon laquelle le Soleil est immobile, la Terre tournant autour de lui. Les théologiens soutinrent que l'idée était absurde et mirent son livre, *De revolutionibus orbium caelestium*, à l'index. Le plus célèbre des procès intentés par les cardinaux de l'Inquisition fut celui de Galilée en 1633. Ce dernier fut emprisonné, soupçonné d'hérésie aggravée pour avoir refusé de renoncer à l'héliocentrisme – l'idée selon laquelle le Soleil est au centre du système solaire. L'inquisiteur, le cardinal Bellarmine, cita des psaumes et des passages de la Bible qui « prouvaient » que cela ne pouvait être le cas. Bien que convaincu que le mouvement des marées prouvait le bien-fondé de l'héliocentrisme, Galilée finit par se rétracter et mourut en 1642. **TB**

Copernic et les planètes

Copernic révèle que la Terre et les planètes tournent autour du Soleil.

On dit que Nicolas Copernic, astronome et mathématicien polonais, mourut le 24 mai 1543, quelques heures après qu'on lui eut remis un exemplaire imprimé de l'œuvre dont il avait si longtemps attendu la publication. En 1530, il avait commencé à rédiger *De revolutionibus orbium caelestium* (Des révolutions des sphères célestes) où il exposait sa théorie selon laquelle le Soleil est au centre de l'Univers, la Terre et les autres planètes tournant autour de lui. Mais il avait développé ses idées bien longtemps avant, entre 1508 et 1512, dans son *Commentariolus*.

« Le Soleil assis sur son trône royal dirige la ronde de la famille des astres. »

Copernic, *De revolutionibus orbium caelestium*, 1543

L'Église soutenait que la Terre constituait le centre immobile de l'Univers et acceptait le modèle géocentrique de Ptolémée (v. 83-161), astronome grec. Copernic développa son système pendant qu'il recherchait la solution à des difficultés mathématiques présentées par le modèle de Ptolémée, mais il hésita à présenter publiquement ses découvertes à cause de la controverse religieuse qu'elles pouvaient provoquer et parce qu'il craignait d'être tourné en ridicule par ses collègues mathématiciens.

En 1539, l'astronome George Joachim Rheticus persuada Copernic de publier son ouvrage. Rares furent ceux qui comprirent à quel point ses découvertes allaient révolutionner le monde. La controverse autour de l'héliocentrisme ne naîtrait qu'avec l'œuvre de Kepler et de Galilée 70 ans plus tard. **SK**

Le naufrage du *Mary Rose*

Le navire de guerre, l'un des vaisseaux les plus puissants de la marine royale anglaise, fait naufrage sous les yeux d'Henri VIII.

Le *Mary Rose* comptait parmi les 80 navires de guerre qui quittèrent Portsmouth pour affronter la flotte française. Henri VIII avait pris position au château de Southsea pour observer la bataille, mais la flotte anglaise fut immobilisée par manque de vent cependant que les galères françaises, munies de rames, purent approcher leurs canons. Le vent se leva dans l'après-midi et la flotte anglaise s'avança à la poursuite des Français. C'est alors que le *Mary Rose* chavira et coula en quelques minutes en emportant près de 400 hommes.

Construit en 1509, c'était un grand navire de guerre doté de hauts mâts, et le premier dans lequel des embrasures dans la coque avaient été aménagées pour les fusils. La perte d'un vaisseau puissant, près du littoral et sans dégât visible infligé par l'ennemi, provoqua la consternation, mais l'on se souvient surtout du *Mary Rose* pour ce qui lui arriva 430 ans plus tard, quand une équipe d'archéologues sous-marins explora l'épave, révélée après qu'une tempête eut exposé une partie de la charpente. Des milliers d'objets (canons de bronze, jeux de société, ustensiles de cuisine…) furent rapportés à la surface et le 11 octobre 1982, devant 60 millions de téléspectateurs, la coque du bateau fut soulevée hors de l'eau. Depuis, l'analyse des restes de 200 hommes environ et de leurs possessions ont offert des perspectives inégalées dans l'étude des conditions de vie à bord d'un navire de guerre de l'époque des Tudors. **SK**

Le Mary Rose, *bateau d'Henri VIII* (détail), Richard Willis, XXe siècle.

La coque du *Mary Rose* est remontée le 11 octobre 1982 ; elle se trouve désormais à Portsmouth, Angleterre.

1549 – 15 AOÛT

L'évangélisation au Japon

Le jésuite François Xavier arrive à Kagoshima, au Japon, à bord d'un vaisseau portugais.

L'expansion du commerce maritime portugais dans l'océan Indien et le Pacifique fut accompagnée par celle du christianisme en Asie. En 1542, François Xavier, l'un des six premiers compagnons jésuites d'Ignace de Loyola, se rendit à Goa, un comptoir commercial portugais en Inde, à l'invitation du roi Jean III, et y passa trois ans durant lesquels il convertit de nombreux fidèles, avant de reprendre la mer pour fonder de nouvelles missions aux Moluques, dans l'archipel indonésien. C'est là qu'il fit la rencontre en 1548 d'Anjiro, un commerçant japonais qui le persuada que son pays serait particulièrement propice aux conversions. Ainsi, le 15 août 1549, François Xavier, Anjiro – qui venait d'être baptisé – et plusieurs compagnons débarquèrent dans le port de Kagoshima.

Les Européens ne savaient alors presque rien du Japon – le premier vaisseau portugais n'y avait débarqué que sept ans auparavant. François Xavier demeura quasiment un an à Kagoshima pour y apprendre le japonais et traduire le catéchisme et les Écritures, puis visita Kyoto et Yamaguchi. Il découvrit que les Japonais étaient beaucoup moins ouverts à son enseignement que ne l'avait laissé entendre Anjiro. Cependant, quand il repartit pour Goa en 1551, il avait converti 2 000 Japonais.

François Xavier avait entrepris une nouvelle mission, en Chine cette fois, quand il mourut d'une fièvre le 21 novembre 1552. D'autres suivirent ses traces au cours des décennies suivantes et 30 ans plus tard, Matteo Ricci, un jésuite italien, se rendit à Macao. Durant ses séjours en Chine, il put s'entretenir de mathématiques et d'astronomie avec les savants chinois et apprendre l'écriture chinoise classique. En 1601, ce fut le premier Occidental à pénétrer dans la Cité interdite à Pékin. **SK**

1555 – 5 FÉVRIER

La paix d'Augsbourg

Charles Quint snobe la diète réunie pour mettre fin aux conflits religieux.

En 1552, l'électeur Maurice de Saxe avait pris la tête d'une alliance protestante contre l'empereur. Au cours des négociations, catholiques et protestants exprimèrent le désir de trouver une solution durable, mais Charles Quint n'accorda de trêve que jusqu'à ce que la diète impériale suivante se réunisse à Augsbourg.

Écœuré par les compromis qui devaient suivre, Charles refusa d'assister à la diète où il délégua son frère Ferdinand qui montrait plus de réalisme dans son évaluation de la situation religieuse. Quand la paix d'Augsbourg fut promulguée, elle stipulait que jusqu'à ce que les divisions entre catholiques et protestants soient apaisées, les États allemands ne devaient pas se faire la guerre pour des raisons d'ordre religieux. La religion de chaque État serait déterminée par son souverain selon la formule latine *cuius regio, eius religio* (« tel prince, telle religion »). Tout sujet qui rejetait le choix de son souverain pouvait émigrer.

« La majesté impériale, Nous, ainsi que les électeurs… n'userons de force contre aucun État de l'empire. »

Le traité s'appliquait aux catholiques et aux protestants mais les calvinistes, zwingliens, anabaptistes et mennonites n'étaient pas mentionnés. Pendant plus de 50 ans, le Saint Empire ne connut aucune guerre de religion grâce à la paix d'Augsbourg dont les premiers bénéficiaires furent les princes allemands. **SK**

Charles Quint renonce à sa couronne

Le roi d'Espagne abdique en faveur de son fils Philippe et se prépare à une retraite solitaire.

Aucun monarque n'avait jamais détenu autant de pouvoir que Charles Quint. En tant que roi d'Espagne, il régnait sur l'Empire espagnol au Nouveau Monde, en constante expansion. En tant qu'empereur romain germanique, il contrôlait les territoires Habsbourg en Europe. Son extraordinaire décision de confier la couronne à son fils Philippe II en janvier 1556 suivit son abdication de ses fonctions de souverain des Pays-Bas et de duc de Bourgogne, toujours au profit de son fils, qui eut lieu à la chapelle de la Toison d'or à Bruxelles l'année précédente.

Pourquoi Charles abandonna-t-il volontairement le trône ? Sa santé déclinait et il souffrait souvent de violentes attaques de goutte, mais ce n'était pas la seule raison. Catholique fervent, il considérait que l'expansion du protestantisme durant son règne constituait son plus grand échec. Il regrettait ce qui se passait en Allemagne et avait placé les rênes du Saint Empire entre les mains de son frère Ferdinand à la suite du compromis religieux signé à Augsbourg en 1555. Maintenant qu'il n'était plus roi d'Espagne, il ne lui restait plus qu'à se réconcilier avec Dieu.

Il abdiqua avant de rejoindre le monastère de Yuste, dans les collines isolées d'Estrémadure, en Espagne. Il y vécut jusqu'à sa mort en 1558, entouré de ses livres et tableaux, en s'occupant de son jardin. L'empire de Charles Quint s'était avéré trop important pour un seul homme et à partir de cette date la dynastie des Habsbourg resterait divisée entre la branche espagnole et la branche autrichienne. Neufs membres des Habsbourg autrichiens seraient élus empereurs entre 1558 et 1740. **SK**

Philippe II, roi d'Espagne, Titien et ses assistants, palais Pitti, Florence.

Marie Tudor, reine catholique

Thomas Cranmer, le premier archevêque protestant de Canterbury, est brûlé vif quand Marie Tudor impose la religion catholique en Angleterre.

Thomas Cranmer, ancien archevêque de Canterbury, déclaré hérétique et condamné à mort, fut exhibé dans les rues jusqu'à l'église de Saint Mary à Oxford le 21 mars 1556. Emprisonné pendant plus de deux ans, dépouillé de ses titres et publiquement humilié, il avait été obligé de signer six documents où il admettait son hérésie et devait désormais abjurer en public. À la stupéfaction des spectateurs, il se rétracta et déclara que si sa main droite avait offensé « en écrivant à l'encontre de [son] cœur », il la présenterait aux flammes la première. C'est bien ce qu'il fit lorsqu'on le conduisit au bûcher où il la maintint dans le feu « pour que les gens puissent la voir réduite en cendres ».

Proche des réformateurs européens de par sa formation et son caractère, Cranmer avait été nommé archevêque contre son gré par Henri VIII. Il avait dirigé la traduction de la Bible en anglais, mais c'est comme archevêque d'Édouard VI, le fils maladif d'Henri VIII, qu'il avait établi la liturgie de l'Église anglicane et était le principal responsable de son missel (1552).

La reine Marie Tudor ne lui avait pas pardonné son rôle dans le divorce de sa mère Catherine d'Aragon. Catholique fervente, Marie considérait qu'il était de son devoir divin de ramener l'Angleterre à sa vraie foi et elle avait rétabli les lois contre les hérétiques. Loin de lui ramener les âmes égarées, sa politique brutale créa des martyrs et plus de 300 protestants furent brûlés au cours des dernières années de son règne. **SK**

Portrait de Thomas Cranmer, archevêque de Canterbury entre 1533 et 1556.

Cranmer sur le bûcher, tiré d'un ouvrage de John Foxe, *Actes et Monuments de l'Église* (1563).

1556 – 15 OCTOBRE

L'enfant-empereur

Jalal al-Din Muhammad Akbar devient empereur des Moghols à l'âge de 13 ans.

Le 12 février 1556, l'héritier du trône moghol, Humayun, descendait l'escalier de sa bibliothèque quand il entendit l'appel à la prière. Essayant de se prosterner, il dévala les marches et mourut. À cause de cet accident, son fils Akbar accéda au trône à 13 ans. Il ne fut toutefois couronné que le 15 octobre car une guerre avait opposé son père au schah afghan Sikandar pour le titre de souverain moghol.

Le lendemain de la mort de son père, Akbar revêtit une robe dorée, plaça une tiare sur sa tête et s'autoproclama « roi des rois ». Au cours de son règne long de presque 50 ans, Akbar se montra sage, bienveillant et novateur. Il élimina la menace militaire afghane et établit la domination moghole en Hindoustan. Il obtint le soutien des non-musulmans en annulant des impôts qui leur étaient réservés. Sa tolérance religieuse permit la préservation des temples hindous et l'on pouvait assister à sa cour à des débats entre les érudits musulmans et des représentants des religions sikh et hindoue ou encore des jésuites. Un édifice, l'Ibadat Khana fut bâti spécifiquement pour accueillir ces discussions.

« … comme Alexandre de Macédoine, il était toujours prêt à risquer sa vie. »

Abul al-Fazl, *Livre d'Akbar*, années 1590

L'héritage principal d'Akbar est peut-être artistique. Il commanda des ouvrages de littérature, décora ses palais d'œuvres d'art du monde entier et fit aussi édifier de nombreux et magnifiques bâtiments. **SK**

1556 – 5 NOVEMBRE

L'Empire moghol sauvé

La victoire d'Akbar à Panipat marque un tournant dans l'histoire de l'Empire moghol.

Accompagné de Bairam Khan, aristocrate perse de la cour moghole, l'empereur Akbar se lança dans la bataille de Panipat, au nord de Dehli, en novembre 1556. Âgé de 13 ans seulement, il avait été couronné empereur un mois plus tôt et faisait face à une armée afghane menée par le général hindou Hemu. Quand Humayun, deuxième souverain de la dynastie moghole, était mort, l'avenir du règne moghol en Inde n'avait jamais paru aussi incertain. Au cours du règne d'Humayun, les conquêtes de son père, Bâbur, avaient été balayées et les seuls vestiges qui demeuraient se trouvaient autour de Kaboul et du Pendjab. La victoire était essentielle à Panipat.

« Sa majesté… assure la paix mondiale par ces liens d'harmonie. »

Abul al-Fazl, *Livre d'Akbar*, années 1590

Les troupes d'Hemu étaient sur le point de l'emporter lorsqu'une flèche perdue transperça l'œil du général hindou. Il fut amené devant Bairam Khan et Akbar, puis décapité. Trente ans après la défaite d'Ibrahim Lodi, dernier sultan de Delhi, face à Babur, la victoire des Moghols à Panipat constituait le deuxième tournant de leur histoire. Deux ans après, Akbar contrôlait la partie occidentale de la plaine du Gange, le riche centre du territoire moghol, et à sa mort, en 1605, avait étendu son empire jusqu'au Bengale à l'est et au Deccan au sud. Akbar le Grand consolida la puissance moghole, forma des alliances avec les princes hindous du Rajput et encouragea le débat théologique dans sa capitale de Fatehpur-Sikrî. **SK**

La France reprend Calais

Marie Ire perd « le joyau le plus éclatant de la couronne d'Angleterre ».

Détail de *La Prise de Calais par François, deuxième duc de Guise* (1519-1563), François-Édouard Picot.

L'armée française, placée sous le commandement du duc de Guise, reprit Calais aux Anglais en janvier 1558. Selon la légende, lorsque Marie Ire apprit la nouvelle, elle déclara : « Quand je serai morte et que l'on ouvrira [ma poitrine] on trouvera sur mon cœur [les mots] Philippe et Calais. » Le port était aux mains des Anglais depuis qu'Édouard III l'avait pris en 1347 – la longue résistance que lui avait opposée la ville l'avait enragé à tel point qu'il n'avait accepté d'épargner ses citoyens que quand six de ses principaux bourgeois se rendirent à lui la tête nue et des cordes au cou. Ce n'est que grâce aux suppliques de la reine Philippa qu'il les avait graciés. Le roi installa des marchands anglais dans la ville qui devint l'un des principaux ports d'exportation de laine, tissu, étain et plomb, et était représentée au Parlement anglais. À la fin de la guerre de Cent Ans, en 1453, Calais était la seule possession anglaise en France.

Le mariage de Marie Ire et de Philippe II d'Espagne en 1554 fut un échec. De dix ans son aînée, elle était trop âgée pour lui donner un enfant et il passa très peu de temps en Angleterre. Plus grave encore, ce mariage entraîna l'Angleterre dans une guerre très impopulaire contre la France et les pamphlétaires protestants enflammèrent l'opinion contre cette alliance avec l'ennemi catholique. Après la perte de Calais, la colère était telle contre Marie que l'annonce de sa mort le 17 novembre 1558 fut accueillie par des feux de joie et le carillon des cloches. **SK**

L'étrange décès d'Henri II

Henri II s'éteint dix jours après avoir été blessé dans un tournoi à Paris.

Représentation du tournoi de la rue Saint-Antoine où Henri II fut mortellement blessé.

Pour célébrer la fin de la guerre de la France contre l'Espagne et le mariage d'Élisabeth, fille d'Henri II, au roi Philippe II d'Espagne, un tournoi fut organisé à Paris. Au cours du tournoi, un éclat provenant de la lance brisée de Gabriel, capitaine des gardes écossais du roi, pénétra dans l'œil d'Henri II et s'enfonça dans son cerveau. Il mourut dix jours plus tard, le 10 juillet 1559.

Henri II avait succédé à son père François Ier en 1547, à l'âge de 28 ans. Il avait épousé Catherine de Médicis quand ils avaient tous deux 14 ans, et bien que huit enfants soient nés de leur mariage, dont trois futurs rois de France (François II, Charles IX et Henri III), c'est la maîtresse du roi, Diane de Poitiers, qui exerça le plus d'influence à la cour. En 1559, il était devenu clair que ni la France ni l'Espagne ne pouvaient se permettre de poursuivre la guerre qu'Henri II avait déclarée en 1551 et, selon les termes du traité de Cateau-Cambrésis signé le 3 avril, le roi de France avait renoncé à toute prétention en Italie.

Henri II désirait mettre fin à tout engagement militaire pour pouvoir se consacrer à la lutte contre le protestantisme qui s'était répandu en France. Henri II persécuta les protestants avec acharnement et établit un tribunal, la Chambre ardente, où étaient jugés les hérétiques. Le 2 juin 1559, il publia l'édit d'Écouen qui leur déclarait la guerre. Il ne vécut pas assez longtemps pour le voir promulgue, mais avec ce document s'amorçaient les guerres de Religion qui devaient diviser la France pendant 40 ans. **SK**

Madrid, capitale royale

Philippe II établit sa cour à Madrid, au centre de la péninsule Ibérique.

Vue de la rue d'Alcalá à Madrid, Antonio Joli, v. 1750.

En 1559, Philippe II quitta les Pays-Bas pour rejoindre l'Espagne où il devait passer le restant de ses jours. Deux ans plus tard, il installait sa cour à Madrid, au centre de la péninsule Ibérique. Auparavant la cour suivait le monarque dans ses déplacements, en Castille, en Aragon ou à Naples, mais comme elle devenait plus importante (en 1561, elle comptait environ 15 000 personnes), cela devenait compliqué.

Madrid, au climat rude et aux ressources naturelles limitées, constituait un site peu prometteur pour une capitale. En choisissant cette petite ville peu connue, éloignée des centres les plus peuplés d'Espagne tels que Séville, Cadix ou Barcelone, Philippe s'éloignait du regard de ses sujets. Bourreau de travail qui détestait déléguer, il passait des heures dans son bureau, soucieux de minuscules détails et occupé à perfectionner un système bureaucratique impénétrable. Il tenait les aristocrates éloignés de la capitale en leur offrant des postes militaires ou diplomatiques à l'étranger.

Lors d'une partie de chasse, Philippe II découvrit, à 40 km au nord de Madrid, le site où il édifierait le plus grand monument commémoratif de son règne, le palais d'Escurial. Cet immense complexe architectural qui exigea 20 ans de travaux, de 1563 à 1584, abritait les vastes collections de livres, manuscrits et saintes reliques de Philippe II, ainsi qu'un mausolée réservé aux restes des rois d'Espagne depuis Charles Quint. Philippe II passa une grande partie de son temps à l'Escurial jusqu'à sa mort en 1598. **SK**

Le concile de Trente

Le concile clarifie la doctrine catholique et énonce les fondements doctrinaux.

Le Concile de Trente (1563), attribué à Titien, musée du Louvre

Le concile fut réuni trois fois entre 1545 et 1563, dans la ville de Trente sur l'Adige en Italie, par trois papes successifs – Paul III, Jules III et Pie IV. Dix-sept décrets en résultèrent, signés par les 255 membres du concile dont quatre légats du pape, deux cardinaux, trois patriarches, 25 archevêques ainsi que 168 évêques. Dans sa clarification de la doctrine catholique, sa condamnation des théories protestantes et sa réforme de la discipline ecclésiastique, le concile de Trente devint un instrument puissant de la Contre-Réforme, le mouvement qu'avait établi l'Église catholique en réaction au protestantisme.

Le concile adopta une position intransigeante sur la transsubstantiation – selon laquelle le Christ est présent dans le pain et le vin de l'Eucharistie – et défendit l'idée que le salut est obtenu par la grâce à travers la foi et les bonnes œuvres, ce que Luther et d'autres rejetaient. Il instaura un rite commun de la messe, baptisée messe tridentine (de *Tridentum*, nom latin de Trente) et établit un catéchisme (manuel d'instruction religieuse). Les pratiques telles les indulgences, les pèlerinages ou encore la vénération de la Vierge Marie, des saints et des reliques furent réaffirmées.

Les déclarations du concile renforcèrent l'autorité pontificale et les tendances absolutistes des monarques catholiques. On retrouva cette nouvelle assurance dans les majestueuses églises baroques et dans un zèle missionnaire renouvelé qui se traduisit par l'expansion de nouveaux ordres religieux tels que les jésuites et les capucins. **SK**

Le grand siège de Malte

Les chevaliers de Saint-Jean résistent à l'attaque des Ottomans pour s'emparer de Malte.

Représentation de l'assaut sur Birgu contre le pilier de Castille durant le grand siège de Malte, 1565.

Malte, assiégée, faiblissait quand le 7 septembre 1565 arrivèrent depuis la Sicile de nouvelles troupes chrétiennes. « Cela faisait trois mois que nous n'avions pas entendu de cloche qui ne nous appelle aux armes contre l'ennemi. » C'est avec ces mots que le soldat espagnol Francisco Balbi décrivit le carillon annonçant la messe après que les Ottomans eurent enfin pris la fuite le 8 septembre.

Les chevaliers de l'ordre de Saint-Jean (les hospitaliers) étaient établis à Malte depuis 1530. Située à la croisée des routes maritimes entre Constantinople, la capitale ottomane et les ports d'Afrique du Nord, cette place forte chrétienne constituait la cible inévitable d'une attaque turque. L'armée turque qui débarqua à Malte en 1565 comptait 30 000 hommes. Face à eux se trouvaient 550 chevaliers assistés de 8 000 soldats sous le commandement du grand maître de l'ordre, Jean Parisot de La Valette. Les canons ottomans bombardèrent le fort Saint-Elme mais 600 hommes résistèrent pendant environ un mois. Les Ottomans s'attaquèrent ensuite aux fortifications intérieures du port. Hassan, le pacha d'Alger, mena avec sa flottille un assaut contre les murailles tournées vers la mer, assaut qui fut repoussé non sans de lourdes pertes. Les explosions ouvrirent des brèches dans les murailles intérieures mais les troupes ottomanes ne purent les franchir.

L'échec du siège empêcha l'expansion turque en Méditerranée occidentale et les chevaliers gardèrent le contrôle de l'île jusqu'en 1798. **RG**

La chute de Marie Ire Stuart

Le meurtre de David Rizzio marque le début de la chute de la reine d'Écosse.

Le meurtre de Rizzio, John Opie, 1787, Guildhall Art Gallery, Londres.

La jeune reine soupait dans son palais de Holyrood à Édimbourg, le 9 mars 1566, quand un groupe d'hommes armés fit irruption dans la pièce et poignarda son secrétaire particulier et confident, David Rizzio. C'était le début d'une série d'événements bizarres dans la vie de Marie Ire Stuart, reine d'Écosse, dont la vie avait déjà été marquée par la tragédie.

Reine à l'âge de six jours seulement après le décès de son père Jacques V d'Écosse, Marie grandit à la cour de France à partir de 1542. En 1558, elle épousa le dauphin, un adolescent maladif, et quand Henri II succomba l'année suivante, Marie devint reine de France. Quelques mois plus tard son mari, François II, mourait également et Marie retourna en Écosse en août 1561.

En juillet 1565, elle épousa par amour le comte de Darnley, mais leur relation se dégrada rapidement et ce dernier rejoignit les nobles protestants qui désiraient assassiner Rizzio qu'ils suspectaient d'encourager les sympathies catholiques de Marie. Celle-ci enceinte accoucha en 1566 d'un fils, le futur Jacques VI (Jacques Ier d'Angleterre), avant que Darnley ne soit découvert mort dans de mystérieuses circonstances.

Marie fit ensuite le choix désastreux d'épouser le comte de Bothwell, qui avait été impliqué dans la mort de Darnley. Ce fut une décision fatale et, en juillet 1567, Marie fut contrainte de se rendre et officiellement détrônée. Elle s'échappa peu après de sa prison de Loch Leven et s'enfuit en Angleterre. Elle devait passer le reste de sa vie en exil. **SK**

La victoire des rebelles néerlandais sur l'Espagne

La victoire sur les troupes espagnoles offre aux Néerlandais l'espoir de l'indépendance.

◐ *Persécution par le duc d'Albe* (1568), tableau de la collection de la Cheltenham Art Gallery, Angleterre.

La défaite des troupes espagnoles en 1568, à Heiligerlee dans la province de Groningen, marqua le début de la longue lutte des Néerlandais pour leur indépendance, lutte qui se termina en 1648 quand l'Espagne reconnaîtra officiellement la république des Provinces-Unies (Pays-Bas) dans le traité de Westphalie. La résistance au règne espagnol couvait depuis longtemps aux Pays-Bas, nourrie par l'expansion du calvinisme, les difficultés économiques et des impôts élevés. Lorsqu'en 1566, dans une explosion de violence contre la religion catholique, la foule envahit les églises pour y briser des statues, Philippe II envoya une armée de 10 000 soldats sous le commandement du duc d'Albe qui avait pour ordre d'étouffer la rébellion.

Les pratiques brutales d'Albe provoquèrent l'indignation. Le tribunal spécial qu'il établit pour juger les rebelles fut surnommé « le concile du sang » à cause du nombre d'exécutions. Nul ne fut épargné – pas même les comtes de Hoorne et d'Egmont, nobles catholiques fidèles à la couronne espagnole, arrêtés pour haute trahison et décapités. Guillaume d'Orange, dit Guillaume le Taciturne, le plus puissant des *stathouders* (magistrats de naissance) néerlandais, avait fui le pays à l'arrivée d'Albe. Il revint avec une armée protestante, mais après avoir réussi à Heiligerlee sa campagne militaire périclita par manque d'argent. Alors que la poigne d'Albe se resserrait, seuls les pirates qui attaquaient les navires espagnols permirent aux Néerlandais de garder espoir. **SK**

Le début de la réunification du Japon

La prise de Kyoto marque la volonté de pacification du Japon d'Oda Nobunaga.

Cette peinture sur soie représentant Oda Nobunaga est aujourd'hui au musée de Kobe au Japon

En 1568, Oda Nobunaga, seigneur d'Owari, s'empara de Kyoto, la capitale impériale, et entama ainsi la réunification du Japon. Ce processus ne fut pas achevé de son vivant mais à sa mort, en 1582, il contrôlait environ la moitié du pays.

Au début du XVIe siècle, le pouvoir était tombé entre les mains des daimyos (seigneurs féodaux) et ni l'empereur ni l'armée n'exerçaient de réelle autorité. Les seigneurs les plus puissants luttaient les uns contre les autres dans l'espoir de parvenir à une domination régionale et de commencer à réunifier le pays.

Le premier à y parvenir fut Nobunaga, après avoir vaincu et capturé en 1566, à la bataille d'Okehazama, Imagawa Yoshimo, le seigneur le plus puissant de l'est du Japon. Le secret de sa réussite résidait dans son utilisation du mousquet, introduit par les Portugais au Japon en 1542. Former et équiper un samouraï, statut réservé aux aristocrates, c'était long et onéreux, alors que presque n'importe qui pouvait manier le mousquet après quelques semaines d'entraînement. On faisait alterner trois séries de soldats dans les brigades de 3 000 hommes de façon à pouvoir tirer une salve toutes les dix minutes. Les adversaires de Nobunaga, qui continuaient à s'appuyer sur une cavalerie de samouraïs et sur des piquiers, furent facilement écrasés. Nobunaga conforta aussi son pouvoir en édifiant un nouveau type de château à Azuchi, près de Kyoto, depuis lequel il dominait les rizières, les villages et les routes et pouvait prévenir les révoltes paysannes. **JH**

La bataille de Lépante

La Sainte Ligue l'emporte sur les Ottomans dans la dernière bataille livrée entre galères.

La bataille de Lépante, par Véronèse, peintre italien du XVIe siècle.

« Un bras coupé ne repousse pas mais une barbe rasée n'en repousse que mieux. »

Grand vizir Mehmet Sokollu

Un dimanche matin au mois d'octobre 1571, dans le golfe de Corinthe, 100 000 hommes se préparaient à une bataille opposant deux flottes mais aussi deux religions. S'avançant vers l'ouest à partir de Lépante (aujourd'hui Naupacte), le commandant des galères turques, Ali Pacha, faisait flotter sur son vaisseau un drapeau où le nom d'Allah avait été inscrit 28 900 fois. Son adversaire, don Juan d'Autriche, fils naturel de Charles Quint, naviguait sous une image du Christ sur la croix bénie par le pape.

En formant la Sainte Ligue, les chrétiens avaient pu rassembler 220 galères, principalement originaires d'Espagne, de Venise et de Gênes. Les Turcs avaient 280 bateaux plus petits. Les galères, pleines de soldats et de rameurs, devaient s'approcher suffisamment de l'ennemi pour tirer des balles et des flèches avant que les soldats ne montent à l'abordage. Les galéasses de don Juan d'Autriche attaquèrent l'adversaire au milieu, aidées à droite et à gauche par le Génois Andrea Doria et par le Vénitien Agostino Barbarigo. Dans la gigantesque mêlée, le carnage fut grand. Barbarigo mourut d'une blessure à la tête tandis qu'Ali Pacha fut décapité après que les Espagnols furent montés à bord de son navire. Au cours de cette bataille qui dura 5 heures, les Turcs perdirent 30 000 hommes et la majorité de leur flotte. Les pertes chrétiennes se montèrent à 8 000 hommes environ.

L'Europe chrétienne avait triomphé mais la victoire fut loin d'être décisive. La Sainte Ligue avait été réunie pour empêcher les Turcs de s'emparer de Chypre et pour mettre fin à leur trafic d'esclaves en Méditerranée, mais elle échoua. L'Empire ottoman disposait des ressources nécessaires à la reconstruction de sa flotte dès l'année suivante. La bataille de Lépante demeure surtout le dernier épisode d'un style de bataille navale qui avait duré 2 000 ans. **RG**

Le massacre de la Saint-Barthélemy

Des milliers de morts dans les rues de Paris quand les catholiques attaquent les huguenots.

Peu avant l'aube, le jour de la Saint-Barthélemy en 1572, la cloche de Saint-Germain-l'Auxerrois annonça le début du massacre. Une vague de violence déferla sur Paris : les protestants furent traqués et tués chez eux, leurs échoppes saccagées, des familles entières assassinées. La crème de l'aristocratie protestante était encore à Paris après avoir assisté quelques jours plus tôt au mariage d'Henri de Navarre, prince protestant, à Marguerite de Valois, sœur du roi Charles IX. La tension régnait dans la capitale. Le mariage, arrangé par la mère du roi, Catherine de Médicis, dans l'espoir de réconcilier catholiques et protestants, avait été dénoncé par les prêtres et l'animosité contre les protestants était grande.

La veille, on avait attenté à la vie du chef des huguenots, l'amiral de Coligny. Le récit des événements qui suivirent demeure mal connu, mais il semble que le 23 août au soir, Catherine, qui craignait des représailles contre les catholiques, ait persuadé le roi de se débarrasser de tous les protestants de la ville. Coligny fut tiré de son lit et transpercé d'une épée. D'autres nobles le suivirent bientôt dans la mort. Henri de Navarre échappa au massacre en feignant de se convertir. Charles IX tenta, mais trop tard, d'arrêter la tuerie qui s'étendit à d'autres villes. En octobre, le massacre terminé, on compta les morts : 3 000 huguenots à Paris et jusqu'à 30 000 dans le reste du pays.

Philippe II, roi d'Espagne, se réjouit d'apprendre la nouvelle. Le pape Grégoire XIII fit fondre une médaille commémorative et demanda à Giorgio Vasari de peindre un tableau du massacre. Loin d'étouffer l'opposition protestante, l'événement plongea la France dans une nouvelle guerre civile car les huguenots se préparaient à prendre les armes contre l'État. **SK**

Détail du *Massacre de la Saint Barthélemy* (1572), par François Dubois, peintre français ayant réchappé au massacre.

« Je fus saisi d'horreur… de voir des furieux qui couraient… en criant "Massacrez les huguenots !" »

Mémoires du duc de Sully publiés en 1638

1576 – 27 AOÛT

La mort de Titien

Le chef de file de l'école vénitienne de la Renaissance italienne s'éteint à Venise.

Quand Titien mourut de la peste à Venise en 1576, il était célèbre pour ses œuvres, mais aussi pour son grand âge, qui a depuis été sujet à de nombreux débats. Bien que le peintre ait déclaré être né en 1477 et même si certains de ses contemporains avançaient la date improbable de 1473, les historiens suggèrent aujourd'hui une date plus proche de 1490. En signe de respect, Titien fut la seule victime de la peste à être enterrée, à l'église Santa Maria Gloriosa dei Frari pour être précis. Cela n'empêcha pourtant pas les pillards de s'attaquer à sa luxueuse demeure.

« Comme l'éclat du Soleil l'emporte sur la lumière des étoiles, Titien resplendit plus que tout autre peintre… »

Paolo Lomazzo, 1590

Titien éleva le langage de la tradition picturale vénitienne à une haute capacité expressive. Il excellait dans la représentation des sujets mythologiques où l'interprétation de la culture païenne se pare de coloris subtils et raffinés. Qu'il s'agisse de portraits ou de thèmes religieux, le peintre a su plier son métier aux exigences du sujet.

Sa subtilité chromatique, révélée dès sa fresque illustrant l'assomption de la Vierge de l'église de Santa Maria dei Frari, à Venise, fit de lui l'un des meilleurs peintres au nord de Rome. En 1548, son tableau de *Charles Quint à cheval* lança le genre du portrait équestre et, en 1562, des éléments de *L'Enlèvement d'Europe* annonçaient le style baroque. Titien accepta des commandes jusqu'à sa mort. Sa dernière œuvre, la *Pietà*, fut achevée par Palma le Jeune. **TB**

1576 – 4 NOVEMBRE

Le massacre d'Anvers

Les soldats espagnols empêchent toute réconciliation avec les rebelles néerlandais.

Selon un observateur anglais, après le massacre qui eut lieu à Anvers le 4 novembre 1576, les rues de la ville rappelaient *Le Jugement dernier* de Michel-Ange. On utilisa même le terme de « furie espagnole » pour désigner les ravages infligés par l'armée de Philippe II. Les dix provinces méridionales des Pays-Bas reconnaissaient le monarque espagnol, mais les sept situées au nord avaient résolu de lutter pour leur indépendance – le territoire sera plus tard divisé entre la République néerlandaise au nord et les Pays-Bas espagnols au sud. De là naîtraient la Hollande et la Belgique actuelles.

Au XVIe siècle, Anvers était le centre financier et commercial de l'Europe. On y échangeait la laine anglaise, des épices des Moluques, de l'argent espagnol et des produits originaires de la Baltique comme du Brésil. La ville prospéra jusqu'à ce que les troupes espagnoles tuent 8 000 habitants et incendient le port.

Anvers n'était que l'une des villes ou États que les catholiques francophones ou flamands avaient fédérés en 17 provinces gouvernées par les Habsbourg d'Espagne et Philippe II. L'aristocratie, mal disposée envers le roi, les protestants et les marchands mécontents des taxes imposées par les Habsbourg se révoltèrent. Philippe devait pacifier la ville mais ne pouvait le faire que s'il contrôlait son armée. Mais dans les années 1570, la crise avait touché les échanges commerciaux entre Séville et les Amériques, et Philippe se trouva dans l'impossibilité de payer régulièrement ses troupes aux Pays-Bas. Ses soldats décidèrent de récupérer leur solde en pillant Anvers. **JJH**

Détail de *La Furie espagnole à Anvers le 4 novembre 1576*, artiste anonyme.

1578 – 4 AOÛT

La mort de Sébastien Ier

On présume le roi du Portugal mort à la bataille de Ksar el-Kébir.

Le roi Sébastien Ier n'avait que 24 ans lorsqu'il se lança dans la conquête du royaume du Maroc. Ce n'était pas une sage décision car le 4 août 1578 il disparut au cœur du carnage sur le champ de bataille et son corps ne fut jamais retrouvé.

Mohammad al-Moutaoukil avait supplié Sébastien Ier de le réinstaller sur le trône dont il avait été dépossédé. L'imagination du jeune roi s'enflamma, il se voyait déjà mener l'assaut contre l'islam. La réalité aurait dû s'imposer à lui quand Philippe II d'Espagne lui signifia qu'il ne rejoindrait pas la croisade portugaise. Sébastien Ier refusa de se laisser dissuader. Il engagea des mercenaires en Espagne, en Allemagne et en Irlande, puis s'embarqua à Lisbonne le 25 juin à la tête d'une armée de 18 000 soldats.

Après avoir débarqué à Tanger, l'armée portugaise bataille à travers le Maroc sous la chaleur brûlante de l'été. Les troupes du sultan Abd al-Malik l'attendaient à Ksar el-Kébir. Toute chance de survie qu'auraient pu avoir les chrétiens épuisés disparut face à l'impétuosité indisciplinée des chevaliers portugais qui, à l'instar de Sébastien Ier, chargèrent au cœur des troupes ennemies. Presque tous les soldats chrétiens furent tués ou capturés.

La disparition de Sébastien Ier fut lourde de conséquences. En 1580, le Portugal devint l'un des royaumes de Philippe II d'Espagne et ce, jusqu'en 1640. De nombreux Portugais se raccrochèrent à l'idée que Sébastien Ier reviendrait réclamer son trône et le sébastianisme, le mythe du retour du roi disparu, constitua l'un des courants mystiques de la pensée portugaise jusqu'au XXe siècle. **RG**

Gravure du *Roi Sébastien à la bataille d'Alkassar*, 1578 ; on y voit le roi, blessé et épuisé, qui tombe de cheval.

1579 – 23 JANVIER

L'Union d'Utrecht

Les Provinces-Unies néerlandaises proclament leur indépendance.

L'Union d'Utrecht fut signée le 23 janvier 1579 par les sept provinces septentrionales des Pays-Bas qui déclaraient leur indépendance. Les provinces méridionales s'étaient réconciliées avec Philippe II d'Espagne au sein de l'Union d'Arras quinze jours avant.

Lorsque Charles Quint avait renoncé au trône du Saint Empire en faveur de son fils Philippe II en 1555, ses territoires des Pays-Bas étaient les plus riches et les plus urbanisés de leur époque. Toutefois, quelques années plus tard, les 17 provinces, parmi lesquelles la Hollande, la Zélande et Utrecht ainsi que des villes importantes telles qu'Anvers, Gand et Bruges, s'étaient insurgées contre le gouvernement espagnol, demandant davantage de modération dans l'application des lois religieuses et surtout aucune Inquisition. Philippe II réagit en augmentant la répression qu'il confia au duc d'Albe et à ses troupes. Cependant, sans aide réelle des Français ou des Anglais, les rebelles ne constituaient pas un grand danger pour l'Espagne. L'Union d'Utrecht avait pour objectif de présenter un front uni afin d'obtenir le soutien d'autres pays.

> ***« [Les provinces sont] à jamais comme si elles ne faisaient qu'une seule province. »***
>
> Union d'Utrecht

Alors que la tension s'exacerbait, le chef des rebelles, Guillaume d'Orange, dit le Taciturne, publia son serment d'abjuration, une véritable « déclaration d'indépendance » puisqu'il y reniait le roi d'Espagne, ce que l'Union d'Utrecht s'était abstenue de faire. **JJH**

L'Espagne s'empare du Portugal

La défaite du Portugal face à l'Espagne à Alcántara conduit à l'union des deux pays.

Portrait de Fernando Álvarez de Toledo, duc d'Albe, 1549, Antonis Mor.

« La cause religieuse doit toujours avoir la priorité. »

Philippe II, 1591

Après la victoire décisive de l'Espagne sur le Portugal à la bataille d'Alcántara en août 1580, le Portugal rejoignit l'impressionnante liste de possessions de Philippe II.

Malencontreusement, en 1578, Sébastien Ier du Portugal, dépourvu d'héritier, avait trouvé la mort au cours d'une croisade contre le Maroc. Bien plus âgé que lui, son grand-oncle Henri le Cardinal monta sur le trône, mais sa légitimité fut contestée par de nombreux autres prétendants, dont Philippe II. Ce dernier eut recours aux intrigues de cour pour défendre sa cause, mais cela ne fit qu'endurcir l'opposition portugaise. Avec le décès soudain d'Henri, Philippe envoya le redoutable duc d'Albe remporter par la force ce que la corruption avait échoué à lui donner.

Le 27 juin, une puissante armée de 23 000 hommes partit de Badajoz pour Lisbonne tandis qu'une flotte de 157 navires espagnols quittait Cadix pour bloquer toute retraite portugaise le long du Tage. De fait, le duc n'était qu'à 10 km de Lisbonne quand il rencontra la première tentative de résistance à l'ouest de l'Alcántara, un petit cours d'eau. Dom António, prieur de Crato et prétendant au trône portugais, l'attendait avec son armée, dont 5 000 bourgeois de Lisbonne. Au cours de la bataille qui s'ensuivit, les troupes portugaises furent vaincues de façon décisive, avec un bilan de 1 000 morts et 3 000 prisonniers, les Espagnols ne déplorant que la mort de 500 soldats. Deux jours plus tard, le duc d'Albe s'empara de Lisbonne ainsi que d'un convoi chargé de produits et d'épices d'Inde. Le prieur de Crato parvint à s'enfuir, mais dès la fin 1580 la majorité du Portugal était aux mains des Espagnols. Le 25 mars 1581, Philippe II fut couronné roi du Portugal et l'union des deux pays, qui devait durer 60 ans, ne fit qu'accroître l'hostilité entre la Castille et le Portugal. **JJH**

Le tour du monde de Francis Drake

Francis Drake est fait chevalier à son retour d'un épique voyage autour du globe.

Quand Drake jeta l'ancre à Deptford, à Londres, en septembre 1580, après un voyage de trois ans, Élisabeth Ire monta à bord de son navire pour l'accueillir. C'était un geste calculé qui devait vexer l'Espagne, l'ennemi catholique de l'Angleterre.

À la barre de son vaisseau amiral et accompagné de quatre autres navires et de 164 hommes, Drake leva l'ancre à Plymouth le 15 novembre 1577. Il suivit la route de Magellan jusqu'en Amérique du Sud et le 21 août 1578 pénétra dans le détroit qui serait baptisé en l'honneur de ce dernier. L'Anglais le franchit en seize jours seulement, un record qui ne devait tomber qu'au siècle suivant.

Il avait prévu de traverser le Pacifique pour rejoindre les Moluques où il pourrait participer au lucratif commerce des épices, mais se rendit compte que c'était impossible à la latitude où il se trouvait. Il mit alors le cap plus au nord, le long du littoral chilien puis péruvien, pillant les navires et ports espagnols qu'il rencontrait. Ces derniers n'étaient absolument pas préparés à ces attaques car ils n'avaient jamais rencontré de navire hostile dans ces eaux. La plus grande victoire de Drake fut la capture du *Cacafuego*, un navire chargé d'or, d'argent et de bijoux péruviens. Francis Drake navigua chargé d'un lourd butin jusqu'au site actuel de Vancouver (ce fut ainsi le premier Européen à apercevoir la côte ouest du Canada) avant de finalement jeter l'ancre au nord de la Californie.

Puis il bénéficia des alizés qui lui permirent de traverser le Pacifique jusqu'aux Moluques où il fit cargaison de clous de girofle offerts par un sultan alors en guerre contre le Portugal. Après avoir suivi la route portugaise vers l'Europe en passant par le cap de Bonne Espérance, Drake acheva son remarquable périple avec 56 hommes. **JJH**

Détail d'un portrait de Sir Francis Drake, Samuel Lane (1780-1859).

« Nous découvrîmes… des oiseaux qui ne pouvaient pas voler… nous en tuâmes 3 000 en moins d'un jour. »

Récit d'époque au sujet des manchots

Le calendrier grégorien

Un nouveau calendrier est adopté par les pays catholiques européens.

Dans certains pays catholiques, on alla se coucher le 4 octobre 1582 au soir pour se réveiller, le lendemain, le 15 du même mois. En une nuit, dix jours avaient été supprimés du calendrier. Ce changement avait été institué par le calendrier du pape Grégoire XIII désormais utilisé dans une grande partie du monde.

L'objectif de la réforme grégorienne était de corriger la date de Pâques. Selon une décision du concile de Nicée en 325, le dimanche de Pâques était celui le plus proche de la pleine lune après l'équinoxe du printemps, ce qui correspondait au 21 mars à l'époque, mais seulement au 11 mars au XVIe siècle. Dans le calendrier établi par Jules César en l'an 46 av. J.-C., la durée de l'année solaire avait été mal calculée (365,25 jours au lieu de 365, 2422), d'où une « dérive » des dates d'environ un jour par siècle malgré les années bissextiles. Le calendrier grégorien résolut le problème en éliminant dix jours en 1582 et en stipulant qu'à l'avenir aucune année ne marquant le début d'un siècle ne serait bissextile, sauf si elle était divisible par 400 (comme les ans 1600 et 2000).

Le nouveau calendrier ne fut tout d'abord reconnu que dans les pays catholiques européens. On dit toutefois que son introduction en Grande-Bretagne et dans ses colonies américaines en 1782 suscita la colère de la population. **SK**

« Nous approuvons ce calendrier, maintenant réformé et rendu parfait. »

Pape Grégoire VIII, *Inter Gravissimas*, 1582

L'invasion cosaque en Sibérie

Iermak et ses cosaques s'emparent d'Isker, la résidence du Tatar Kuchum.

Iermak, chef des Cosaques, entra en Sibérie en 1580, à la tête de 1 600 hommes environ et avec le soutien financier et militaire du riche marchand Semyon Stroganov. Il suivit le cours du Toura et du Tobol, et, en 1582, assiégea Isker, la capitale du khanat sibérien et pilla la ville ; Ivan le Terrible offrit alors des terres aux Stroganov pour les récompenser.

L'intention première avait été la conquête de la Sibérie qui permettrait l'expansion russe dans la région dominée par le khan Kuchum. L'expédition était aussi en partie défensive car les Tatars avaient sporadiquement attaqué les territoires des Stroganov dans l'Oural. L'aspect commercial comptait aussi car les incursions en territoire sibérien rapportaient souvent de grandes quantités de fourrures.

Kuchum parvint à regrouper ses troupes. En 1584, il tua Iermak et reprit le contrôle de sa capitale en ruine. Des factions aristocrates rivales l'empêchèrent de régner à nouveau et il transféra son khanat plus au sud, dans la steppe russe. Le démembrement du territoire de Kuchum généra des conflits avec les gouverneurs russes. En 1586, Kuchum tenta de retourner sur ses terres mais échoua et, en 1598, il fut vaincu à la bataille d'Urmin. Le khanat sibérien disparut et Isker ne fut jamais rebâtie car les Russes préférèrent fonder une nouvelle ville, Tobolsk. **TB**

« … le tsar […] organisa un grand festin pour célébrer [la victoire de Iermak]. »

Chronique sibérienne, milieu du XVIIe siècle

La mort d'Ivan le Terrible

Le décès du premier souverain russe à porter le titre de tsar fut aussi mystérieux que son règne fut tumultueux et ambigu.

Ivan le Terrible fut peut-être empoisonné par ses conseillers, Belski et Godounov, lors de la violente querelle qui éclata quand Ivan fut accusé d'avoir tenté de violer la sœur de Godounov. Trois jours après, le tsar « fit apporter un échiquier et disposa les pièces, à l'exception du roi qu'il ne pouvait d'aucune manière placer les autres ». Cela provoqua chez Ivan une dernière crise, fatale, le 18 mars 1584.

Souverain à la poigne de fer dans la tradition que suivraient plus tard Pierre le Grand et Staline, Ivan le Terrible avait apporté stabilité et ordre à la Russie. Il ouvrit son pays au commerce avec l'Occident, introduisit l'imprimerie typographique, établit sa propre police secrète, réduisit le pouvoir des nobles et étendit son royaume jusqu'en Sibérie et au territoire tartare. Mais il était aussi cruel, débauché et imprévisible, notamment à la fin de son règne.

Ivan, qui s'était toujours méfié des atteintes à son pouvoir, devint de plus en plus paranoïaque après une maladie grave en 1553. À la suite du décès de sa première femme, Anastasia, qu'il adorait, son comportement – qui oscillait entre des épisodes de piété maniaque et des orgies – commença à montrer de sérieux signes d'instabilité mentale. En 1581, sa folie le conduisit à battre sa belle-fille qui fit une fausse couche, puis à tuer son propre fils. Dans les années 1960, une analyse des restes du tsar montra un niveau élevé de mercure, suggérant qu'il aurait pu être empoisonné. Il se peut aussi qu'il ait suivi un traitement au mercure contre la syphilis, maladie qui a pu contribuer à son instabilité psychologique. **NJ**

Portrait d'Ivan le Terrible, XXe siècle, collection privée.

L'Opritchnina à la cour d'Ivan IV (1530-1584), Nikolai Vasilievich Nevrev (1830-1904).

Guillaume le Taciturne assassiné à Delft

Philippe II assène une lourde perte à la Réforme.

Gravure sur bois de 1890 réalisée à partir de *L'Assassinat de Guillaume d'Orange à Delft*, de Wilhelm von Lindenschmit.

« Mon Dieu aie pitié de mon âme. Que Dieu ait pitié de ce pauvre peuple. » Guillaume le Taciturne, après avoir été mortellement blessé.

Guillaume le Taciturne fut l'initiateur de la révolte des Pays-Bas espagnols contre le roi d'Espagne, révolte qui mena à l'indépendance des Provinces-Unies. Cet acte lui valut d'être déclaré hérétique par l'Inquisition espagnole et, en 1581, Philippe II promit 25 000 couronnes à qui l'assassinerait.

Guillaume le Taciturne ou Guillaume de Nassau, prince d'Orange, était le défenseur du protestantisme européen alors que la Contre-Réforme était à son apogée. Un ecclésiastique portugais tenta le premier d'assassiner le prince en 1582. Guillaume fut blessé mais survécut. D'autres tentatives incitèrent Guillaume à transférer sa cour d'Anvers à Delft, moins peuplée, mais les assassins, implacables, le suivirent. En avril 1584, Hans Hanzoom fut exécuté pour avoir essayé de tuer le prince avec des explosifs.

Balthazar Gérard, un jeune catholique fanatique, pénétra à Delft en se faisant passer pour un huguenot français dépossédé de tous ses biens. Guillaume lui offrit douze couronnes avec lesquelles il acheta des pistolets – ironiquement, auprès des gardes personnels de Guillaume. Le 10 juillet, Gérard déchargea son pistolet dans les poumons et l'estomac de Guillaume qui mourut quelques minutes après avoir répondu par l'affirmative à sa sœur qui lui demandait avec angoisse : « Meurs-tu réconcilié avec ton sauveur, Jésus-Christ ? »

Gérard fut capturé et torturé – écorché vif avec des pinces brûlantes – avant d'être exécuté. Philippe II paya la récompense promise aux parents du meurtrier en utilisant la rançon qu'il exigea contre la libération du fils de Guillaume, qu'il tenait en otage. Ainsi, ce sont indirectement les Hollandais qui payèrent l'assassin de leur prince. La tête de Gérard fut préservée durant un demi-siècle par des sympathisants qui tentèrent en vain de le faire canoniser. **NJ**

L'exécution de Marie Ire Stuart

Marie Ire Stuart, reine d'Écosse, est décapitée pour trahison envers Élisabeth Ire d'Angleterre.

L'exécution eut lieu dans le grand hall du château de Fotheringhay dans le Northamptonshire en 1587. On dit que le bourreau dut s'y reprendre à deux fois pour décapiter Marie Ire Stuart. Ce personnage romantique dont la vie fut tragique jusqu'à la fin n'avait que 44 ans.

Depuis qu'elle avait fui vers l'Angleterre 20 ans auparavant, Marie avait été une source d'irritation constante pour Élisabeth Ire. Comme arrière-petite-fille d'Henri VII, c'était la l'héritière du trône après Élisabeth Ire. Pour la minorité catholique anglaise, Marie était la reine légitime et tant qu'elle demeurait en liberté, elle était le sujet d'intrigues visant à ramener l'Angleterre sous la coupe de l'Église catholique. Élisabeth Ire utilisa donc pour prétexte l'implication de Marie dans le meurtre du duc de Darnley pour l'enfermer dans une série de prisons.

C'est la découverte en 1586 du projet d'un catholique anglais, Anthony Babington, d'assassiner Élisabeth Ire qui décida du sort de Marie Ire Stuart. Après que le secrétaire d'État d'Élisabeth Ire, Sir Francis Walsingham, eut déclaré pouvoir prouver que Marie Ire Stuart était au courant, celle-ci fut jugée et condamnée à mort. Selon les ministres d'Élisabeth Ire « tant qu'il y a de la vie en elle, il y a de l'espoir ; et pendant qu'ils vivent dans l'espoir, nous vivons dans la peur ». Le fils de Marie Ire Stuart, Jacques VI d'Écosse, n'empêcha pas l'exécution de sa mère qu'il n'avait pas vue depuis sa petite enfance. Après avoir succédé à Élisabeth Ire sous le nom de Jacques Ier d'Angleterre, il fit néanmoins retirer, en 1612, son corps de la cathédrale de Peterborough pour le placer dans le caveau de la chapelle d'Henri VII, à l'abbaye de Westminster, non loin de la tombe d'Élisabeth Ire, sa cousine et rivale qu'elle n'avait jamais rencontrée de son vivant. **SK**

L'Exécution de Marie, reine d'Écosse (1587), Robert Beale, British Library, Londres.

« Elle endura deux coups… de hache… et ne fit que peu de bruit ou pas du tout. » Récit d'un témoin de l'exécution de Marie Ire Stuart.

1588 – JUIN

Publication des *Essais*

Montaigne est l'auteur d'un fascinant autoportrait philosophique.

Après avoir exercé diverses fonctions au parlement de Bordeaux, Michel Eyquem de Montaigne se retire dans son château et commence en 1572 à rédiger l'un des monuments de l'humanisme, les *Essais*. Comme tous les penseurs de son temps, il lit et relit les philosophes de l'Antiquité et médite sur sa propre vie. De là naissent les *Essais*, où il cherche à mieux se connaître pour s'améliorer. Comme Platon, Épicure, les stoïciens ou les sceptiques, il aspire à la sagesse. Vivre dans le présent, aimer la vie sans ressasser inutilement l'idée de la mort, suivre la nature qui est un « doux guide », maîtriser les passions, telles sont quelques-unes des vertus du sage selon lui.

« Chaque homme porte en soi la forme de l'humaine condition. »

Montaigne, *Essais*

« Que sais-je ? » se demande-t-il humblement. Il ne croit pas aux vérités définitives et prône la tolérance. Au fil des 107 chapitres des *Essais*, il aborde des questions variées. Il s'intéresse à l'éducation, fait l'éloge de l'amitié, évoquant le souvenir de son ami disparu Étienne de La Boétie. Il critique la torture ou la colonisation. En se peignant lui-même sans concession, il ne fait pas seulement son propre portrait, mais celui de la condition humaine.

En 1580, Montaigne publie les deux premiers livres des *Essais*. Huit ans plus tard, avec le troisième livre, l'ouvrage est complet. Mais l'auteur continue de l'enrichir jusqu'à sa mort. **LV**

1588 – 25 AOÛT

L'Invincible Armada vaincue

Cette victoire marque l'émergence de l'Angleterre comme superpuissance navale.

L'armada espagnole fut aperçue pour la première fois depuis les côtes de Cornouailles en juillet 1588 et, dès le 25 août, les Anglais avaient remporté une victoire décisive. En mai 1588, une flotte constituée de 128 vaisseaux, 8 000 marins et 19 000 soldats avait quitté l'Espagne pour rejoindre l'armée de Philippe II basée aux Pays-Bas espagnols. La flotte anglaise, commandée par Charles Howard, était plus importante avec ses 197 navires et ses 16 000 marins. Après avoir échappé de peu au désastre en fuyant devant les bateaux espagnols à Portsmouth, la flotte anglaise harcela l'adversaire le long de la Manche grâce à son armement à plus longue portée. Mais les dégâts infligés étaient limités et la formation de l'armada demeura intacte.

« Tu as soufflé avec tes vents et [les bateaux espagnols] se sont dispersés. »

L'évêque de Salisbury s'adressant à Dieu

Le 6 août, l'armada mouilla au large de Calais pour embarquer des hommes qui n'étaient cependant pas prêts et l'armada se retrouva piégée. Le lendemain, Drake envoya six brulôts dans le port de Calais et le résultat fut catastrophique pour les Espagnols qui abandonnèrent leur formation défensive. À cause des vents violents, des bancs de sable et des bateaux anglais, l'armada ne pouvait s'enfuir qu'au nord. La flotte anglaise attaqua les navires espagnols qui se dispersaient et seuls 76 d'entre eux en réchappèrent, tandis que l'Angleterre n'en perdit aucun. **JJH**

Hideyoshi unifie le Japon

La victoire de Toyotomi Hideyoshi au siège d'Odawara met fin à la « guerre entre États » au Japon.

L'unification politique du Japon entreprise par Hideyoshi s'acheva avec la capitulation d'Odawara en août 1590. Ancien fantassin-paysan qui avait été traité de « singe » par le seigneur de guerre Oda Nobunaga, Hideyoshi prit pourtant sa succession.

Hideyoshi avait auparavant mené une série de campagnes militaires contre presque tous les seigneurs locaux pour en faire ses vassaux. Il n'avait pas pris le titre de shogun, mais devint, avec la bénédiction de l'empereur, le commandant suprême du Japon. Cependant, les seigneurs du Nord de l'île principale représentaient toujours un danger et le clan Hojo continuait à ne voir en Hideyoshi qu'un humble servant. Celui-ci attendit son heure à Kyoto et consolida sa position jusqu'en 1590 lorsqu'il s'avança vers le château fortifié des Hojo à Odawara qu'il assiégea avec ses 100 000 soldats. Les faits d'armes furent limités car Hideyoshi décida d'affamer l'ennemi plutôt que de lancer une attaque. Pendant que l'armée attendait, le siège prit des allures de fête foraine avec ses prostituées, ses chanteurs et ses numéros de cirque destinés à distraire la troupe.

Hideyoshi s'enlisa plus tard dans une campagne militaire contre la Corée qu'il voulait conquérir pour pouvoir s'attaquer à la Chine. On dit que cet échec le plongea dans une dépression nerveuse. Le général autrefois si habile n'avait pas compris la vraie nature de la Corée et de sa marine, ni la puissance que représentait la Chine de la dynastie Ming. Il mourut en laissant un fils faible en charge de puissants seigneurs de guerre, ouvrant la voie au troisième grand unificateur du Japon, Tokugawa Ieyasu. **JJH**

Hideyoshi soufflant dans une conque, illustration extraite des *Cent Phases de la lune*, Tsukiota Yoshitoshi, XIXe siècle.

1598 – 13 AVRIL

L'édit de Nantes

Le roi Henri IV garantit la liberté de culte des huguenots français.

Henri IV promulgua l'édit de Nantes qui introduisait la tolérance religieuse en France le 13 avril 1598. On dit que le pape Clément VIII déclara que « cela [le] crucifiait », mais la majorité des catholiques français était heureuse de voir la paix rétablie.

En 1589, Henri, roi de Navarre et chef de file des protestants, avait accédé au trône quand Henri III fut assassiné, ne laissant pas d'héritier direct. Henri IV, qui pouvait prétendre à la couronne par son père Antoine de Bourbon, fonda la lignée des Bourbons. Mais à l'époque, sa succession était loin d'être assurée. La France était en proie aux guerres de Religion et la puissante Ligue catholique, soutenue par Philippe II d'Espagne, s'opposait à Henri. Celui-ci dut gagner son royaume par la force et, en 1593, seul Paris résistait encore. Déclarant que « Paris vaut bien une messe », Henri abjura définitivement sa religion protestante. L'année suivante, il était couronné roi de France.

« Nous sommes tous français et citoyens d'une même patrie. »

Henri IV après sa conversion

En 1598, la Ligue catholique avait été vaincue et Henri confirma que le catholicisme était religion d'État tout en conférant certaines libertés religieuses aux protestants. Ceux-ci étaient autorisés à exercer leur culte en public dans 20 villes « libres », bénéficiaient de droits civils complets, leurs pasteurs étaient payés par l'État et ils pouvaient conserver certaines places fortes telles que La Rochelle où ils seraient en sécurité quoi qu'il advienne. **SK**

1598 – 13 SEPTEMBRE

La mort de Philippe II

Le défenseur de la Contre-Réforme meurt quand l'Empire espagnol est à son apogée.

L'homme qui avait régné sur un empire s'éteignit dans sa modeste demeure le 13 septembre 1598 entouré de ses ouvrages religieux et de petits chefs-d'œuvre flamands. Pour Philippe II, la plume l'avait toujours emporté sur l'épée. Son père, Charles Quint, lui avait laissé de nombreux conseils et instructions couchés sur le papier, et le roi continua à noter par écrit toutes ses décisions. Depuis son bureau au milieu de la splendeur lugubre de l'Escurial, ce personnage solitaire promulguait des décrets et lisait des rapports provenant des quatre coins du monde et de l'empire sur lequel il régna 40 ans, contrôlant toutes les actions de ses conseillers. Philippe ne faisait confiance à personne ; il autorisa même le meurtre d'un secrétaire soupçonné de trahison.

« Le sourire et la dague [de Philippe] sont très proches [l'un de l'autre]. »

Cabrera de Córdoba, historien espagnol

Ses contributions sur la scène internationale furent inégales. Il tenta en vain de soumettre l'Angleterre avec sa malheureuse armada et son fanatisme religieux en fit « le démon du Sud » pour les Néerlandais qui se révoltèrent contre sa politique. Philippe orienta aussi l'économie des colonies d'Amérique de façon à financer son impérialisme agressif, laissant à sa mort des caisses vides et une nation épuisée. Toutefois, la bataille de Lépante avait mis fin à l'offensive ottomane en Méditerranée, il avait unifié l'Espagne et empêché l'hérésie protestante de se répandre dans le Sud de l'Europe et des Pays-Bas. **JJH**

Akbar menace le sud de l'Inde

Dans une dernière tentative d'étendre son empire, Akbar se dirige sur Asirgarh et ouvre la voie aux futures invasions mogholes.

Sous le règne d'Akbar, dont le nom signifiait « le très grand », l'Empire moghol devint plus vaste qu'il ne l'avait jamais été – depuis le Cachemire au nord et l'Afghanistan au nord-ouest, jusqu'au Bengale à l'est et au plateau du Deccan au sud. Le fort d'Asirgarh protégeait l'unique grande voie d'accès entre le nord de l'Inde et le Deccan. Après un long siège, Akbar conquit sa dernière province en 1599 et mit en place un gouverneur qui la dirigerait sous son autorité.

Plus de 40 ans s'étaient écoulés depuis le début du règne d'Akbar à l'âge de 13 ans sous la tutelle d'un régent, Bairam Khan. Ensemble, ils avaient étendu l'influence moghole au nord de l'Inde jusqu'à la région délimitée par l'Indus et le Gange. L'empire était protégé par les forteresses d'Agra, d'Allahabad, d'Ajmer et de Lahore. À sa majorité, en 1560, Akbar se lança dans une série de campagnes militaires contre les descendants afghans de Sher Shah (qui avait évincé son père, Humayun) et vainquit aussi Hemu, le chef hindou.

La splendeur de la cour d'Akbar, qui alternait entre Agra et la nouvelle capitale, Fatehpur Sikri (« Forteresse de la victoire »), devint célèbre dans le monde entier, mais c'est principalement sa centralisation du pouvoir, sa tolérance religieuse et sa défense des arts et de la culture indiennes qui devaient unir 100 millions d'hindous, de musulmans et d'autres croyants sous son règne. Akbar, qui fonda même sa propre religion, était certainement conscient de sa propre valeur car, chaque matin à l'aube, il se tenait devant une fenêtre ouverte pour que son peuple puisse le voir et le vénérer. **JJH**

Akbar à la chasse aux tigres ; illustration tirée de l'ouvrage *Akbarnama* (v. 1590).

L'inauguration du théâtre du Globe à Londres

Ce théâtre circulaire, en plein air, accueille les pièces de William Shakespeare.

▲ Aquarelle représentant le Globe à Southwark, un quartier de Londres, collection privée.

« Dans ce cercle de bois… c'est votre pensée qui doit ici parer nos rois. »

William Shakespeare, *Henri V*, v. 1599

Le Globe, inauguré en 1599, était le plus grand et le plus remarquable des théâtres londoniens de l'ère élisabéthaine. Ce bâtiment circulaire exposé aux éléments se dressait sur la rive sud de la Tamise, dans un quartier animé où se trouvaient aussi des maisons de jeu, des tavernes et des arènes où étaient organisés des combats entre animaux. Les 3 000 places qu'abritait le théâtre étaient prises d'assaut par les spectateurs qui venaient assister aux pièces de Shakespeare.

Le dramaturge de Stratford-upon-Avon était arrivé à Londres plus de dix ans auparavant. Shakespeare avait rejoint les *Chamberlain's Men*, une troupe qui adopta ensuite le nom de *King's Men* et qui jouait régulièrement à la cour, mais il commença surtout à établir sa réputation grâce à ses comédies populaires et ses pièces historiques. À la suite d'une dispute portant sur le loyer de leur théâtre à Shoreditch, dans l'Est londonien, les acteurs démontèrent le vieux bâtiment et en transportèrent les planches de l'autre côté de la Tamise pour y construire le Globe. Shakespeare devint l'un des associés du nouveau théâtre en compagnie de six autres acteurs.

Le peuple londonien venait souvent assister à la dernière pièce de Shakespeare, debout, dans le parterre à ciel ouvert, tandis que ceux qui payaient pouvaient s'asseoir dans les trois galeries superposées. En 1613, le premier Globe brûla intégralement après qu'un canon utilisé dans *Henri VIII* eut mis le feu au toit de chaume. Le théâtre fut immédiatement reconstruit ; cependant, sa fermeture par les puritains en 1642 fut définitive. Aujourd'hui, une réplique se dresse près du site de l'ancien théâtre élisabéthain et attire un vaste public grâce à ses représentations de pièces de Shakespeare. **SK**

Giordano Bruno sur le bûcher

Accusé d'hérésie pour ses croyances philosophiques, le moine italien est brûlé vif.

« Vous qui prononcez contre moi cette sentence, vous avez peut-être plus peur que moi qui la subis » : c'est avec ces mots que Giordano Bruno s'adressa aux juges qui venaient de lui lire sa condamnation à mort. Quelques jours plus tard, le 17 février 1600, il fut emmené bâillonné jusqu'au Campo de' Fiori de Rome et brûlé vif.

Né en 1548 à Nola, près de Naples, Bruno, devenu moine dominicain, était rapidement devenu critique de la théologie orthodoxe et avait été excommunié en 1576. Après avoir quitté les ordres, il se réfugia en Suisse où il adopta le calvinisme pendant une période, mais jugeant que l'Église réformée ne tolérait pas plus ses idées que la hiérarchie catholique, il adopta le mode de vie d'un érudit errant et vécut à Paris, Oxford et Francfort. Il rédigea des traités dans de larges domaines dont les mathématiques, la magie et les sciences occultes. Ses théories philosophiques influencées par un mysticisme panthéiste l'amenèrent à rejeter la cosmologie aristotélicienne qui plaçait la Terre au centre de l'Univers. Il connaissait la théorie héliocentrique de Copernic, mais alla plus loin encore en soutenant que l'Univers était infini et comprenait différents mondes – une idée qui annonçait la science moderne.

En 1591, il se rendit à Venise où il fut dénoncé comme hérétique auprès de l'Inquisition de la ville et, en 1593, il fut livré par les Vénitiens à l'Inquisition romaine. Pendant les sept ans que dura son procès, Bruno ne manifesta aucun intérêt pour les sujets théologiques. Il en appela à la miséricorde du pape Clément VIII, mais refusa de désavouer inconditionnellement ce à quoi il croyait et il fut condamné à mort. Parce qu'il défendit sans relâche ses idées hétérodoxes, il est souvent considéré comme le premier « martyr de la science ». **SK**

Giordano Bruno sur le bûcher, condamné pour hérésie scientifique ; gravure de la fin du XIXe siècle.

« Si la Terre tourne sur son axe, que voulons nous dire par lever et coucher [du Soleil] ? » Giordano Bruno durant son procès, documents du Vatican

Kobayakawa Hideaki trahit ses alliés

La bataille de Sekigahara permet l'émergence d'un Japon unifié.

Gravure japonaise populaire représentant Tokugawa Ieyasu après sa victoire sur le clan Toyotomi à la bataille de Sekigahara.

« Les herbes de l'été / Voici tout ce qui reste / Des rêves de guerriers morts. »

Haïku de Matsuo Basho, 1689

La bataille de Sekigahara constitua l'événement le plus décisif des débuts de l'histoire moderne du Japon car elle établit la prédominance du clan Tokugawa, originaire de l'Est, et inaugura une longue période de paix, de stabilité et d'isolement par rapport au reste du monde et ce jusque dans les années 1860.

Tokugawa Ieyasu, qui, après des décennies d'une guerre civile brutale, tentait de s'emparer du château de Sawayama, propriété stratégique des Toyotomi, un clan rival « occidental », s'avança vers l'ouest à la tête d'une armée de 80 000 hommes à l'automne 1600. Cela força le chef du clan Toyotomi, Ishida Mitsunari, à s'interposer avec une armée d'une force à peu près égale. La bataille eut lieu à l'aube par un jour pluvieux d'octobre à Sekigahara, un petit village de montagne de l'île d'Honshu. Bien que Mitsunari ait été situé plus en hauteur, un réel avantage, il fut trahi par l'un de ses principaux commandants, Kobayakawa Hideaki. Environ 25 000 soldats des clans Mori et Chosokabe décidèrent de ne pas intervenir jusqu'à ce que le résultat de la bataille devienne clair.

Hideaki changea de camp aux environs de midi après plusieurs heures d'un combat violent mais au résultat indécis. Cette trahison renversa le cours des choses et les troupes occidentales battirent en retraite dans le désordre. Environ 60 000 hommes furent tués, dont Ishida après avoir été capturé.

La bataille de Sekigahara mit fin aux prétentions de suprématie du clan Toyotomi. Deux ans après la bataille de Sekigahara, en 1603, Tokugawa Ieyasu accepta le titre de shogun dans un Japon unifié et établit sa capitale à Edo. Exception faite d'une action militaire contre la place forte des Toyotomi (Osaka) en 1615, les 250 ans de la période Edo furent stables sur le plan politique. **NJ**

Le dernier discours d'Élisabeth Ire

La reine, âgée de 68 ans, s'adresse au Parlement anglais pour la dernière fois.

La fin du règne d'Élisabeth Ire fut une période de déclin mélancolique. Elle vieillissait visiblement et le principal sujet de conversation à la cour était celui de sa succession. De plus en plus isolée depuis le décès de son conseiller principal, Lord Burghley, en 1598 – elle n'eut jamais la même relation de confiance avec le fils et successeur de ce dernier, Robert Cecil –, elle semblait avoir perdu son talent pour la politique. En 1599, elle envoya son favori Robert Devereux, duc d'Essex, mettre fin à une révolte en Irlande. Après avoir misérablement échoué, il rentra en Angleterre sans la permission d'Élisabeth Ire qu'il insulta en public. Banni de la cour, il tenta de prendre la tête d'une rébellion et fut exécuté pour trahison le 25 février 1601.

Plus tard cette même année, la reine réunit son Parlement pour la dernière fois. La session fut houleuse car les représentants lui demandaient de mettre fin à son usage des monopoles – il lui était utile de pouvoir récompenser ses servants en leur conférant le droit exclusif de vendre certains produits et elle était réticente à l'idée d'abandonner ce privilège. Le 30 novembre dans l'après-midi, les 140 membres du Parlement et leur président se réunirent pour assister au dernier discours de la reine. Au lieu de la rebuffade à laquelle ils s'attendaient, Élisabeth Ire leur offrit un discours sur la relation entre un monarque et ses sujets. Soucieuse de préserver son image, elle n'avait en rien perdu sa capacité à flatter ses auditeurs.

Depuis, ce discours est entré dans l'histoire sous le nom de « Golden Speech » (Discours d'or). Elle devait s'éteindre moins de deux ans plus tard, le 24 mars 1603.

Son cousin Jacques VI d'Écosse, fils de son ancienne rivale Marie Ire Stuart, lui succéda. **SK**

Portrait d'Élisabeth Ire, Federico Zuccari ; cet artiste italien se rendit en Angleterre en 1574 pour peindre la reine.

« … Ce qui constitue à mes yeux la gloire de ma couronne, c'est que j'ai régné avec votre amour. »

Élisabeth Ire, dernier discours devant le Parlement, 1601

Ieyasu unifie le Japon

Devant la domination de Tokugawa Ieyasu, l'empereur lui décerne la charge de shogun.

Portrait de Tokugawa Ieyasu (1543-1616), école japonaise du XVIIe siècle.

« Pour arriver à connaître son ennemi, on doit d'abord devenir son ami… »

Tokugawa Ieyasu

En 1603, Tokugawa Ieyasu fut nommé shogun par l'empereur Go-yozei, ce qui marqua le début du shogunat Tokugawa qui devait durer jusqu'en 1868. Ce nouveau régime était en gestation depuis longtemps. Chef d'un petit clan de l'Est de l'île de Honshu, Ieyasu avait tout d'abord été l'allié d'Oda Nobunaga, qui avait commencé à unifier le Japon en 1568. Après le décès de ce dernier la même année, Ieyasu s'était opposé à son successeur, Toyotomi Hideyoshi, avant de se rallier à sa cause en 1584.

En 1590, Ieyasu avait rejoint Hideyoshi afin d'écraser Hojo Ujimasa, le dernier seigneur féodal indépendant du Japon. Hideyoshi offrit les terres des Hojo à Ieyasu en échange de celles de sa famille, situées plus au centre. Après s'être établi dans la ville d'Edo, qui allait devenir Tokyo, Ieyasu gagna la fidélité de la population locale grâce à ses réformes économiques et l'isolement relatif d'Edo par rapport à Kyoto lui permit de maintenir une grande autonomie.

Peu avant sa mort, en 1598, Hideyoshi nomma Ieyasu à la tête du conseil de régence qui devait assister son jeune fils Hideyori. En 1599, Ieyasu occupa le château d'Osaka, résidence d'Hideyori, divisa le conseil de régence et provoqua une guerre civile. Après avoir finalement mis en déroute ses adversaires à la bataille de Sekigahara le 21 octobre 1600, il contrôla entièrement le Japon. Lorsqu'il fut nommé shogun, poste resté vacant pendant 40 ans, son pouvoir fut finalement reconnu et légitimé.

Son palais d'Edo devint le centre administratif du Japon. Ieyasu abdiqua en faveur de son fils, Tokugawa Hidetada, en 1605, mais demeura le souverain de fait du Japon jusqu'à sa mort en 1616. Dernier défi à l'unité du Japon, une révolte menée par Hideyori fut écrasée en 1615. **JH**

Don Quichotte de la Mancha

Publication de l'une des plus grandes œuvres de la littérature européenne.

Miguel de Cervantès (1547-1616) écrivit *Don Quichotte* alors qu'il était emprisonné pour dettes. Cela explique peut-être le peu de soin avec lequel ont été rédigées certaines parties, mais l'histoire pleine d'humour de cet *hidalgo* (aristocrate) pauvre de la Manche – qui lit trop de romans de chevalerie et revêt une armure rouillée pour partir en quête d'aventures accompagné de son écuyer quelque peu limité, Sancho Panza, et de Rossinante, sa maigre jument – a immédiatement rencontré le succès. Quelques semaines après sa publication, des éditions pirates étaient déjà en vente dans toute l'Espagne et, sept ans plus tard, le roman avait été traduit en français, en allemand, en italien et en anglais. La popularité de l'œuvre de Cervantès n'a jamais diminué : elle appartient désormais à l'imaginaire européen et l'expression « se battre contre des moulins à vent », passée dans le langage courant, fait allusion à un épisode où Don Quichotte attaque une rangée de moulins qu'il prend pour de féroces géants.

Ancien soldat, Cervantès avait perdu l'usage de la main gauche après avoir été blessé en 1571 au cours de la bataille de Lépante. Il fut ensuite capturé par des corsaires de Barbarie et demeura cinq ans prisonnier à Alger. De retour en Espagne, il vécut difficilement de ses pièces de théâtre et travailla comme percepteur. Après avoir publié *Don Quichotte*, il écrivit d'autres œuvres qui participèrent à sa réputation de plus grand écrivain de l'âge d'or espagnol.

La parution d'un « faux » second volume publié sous un pseudonyme par Alonso Fernandez de Avellaneda en 1614 poussa Cervantès à donner une suite à son *Don Quichotte* l'année suivante. Il mourut à la même date que William Shakespeare, le 23 avril 1616 (mais pas le même jour car l'Angleterre utilisait encore le calendrier julien). **JJH**

EL INGENIOSO
HIDALGO DON QVI-
XOTE DE LA MANCHA,
Compuesto por Miguel de Ceruantes
Saauedra.
DIRIGIDO AL DVQVE DE BEIAR,
Marques de Gibraleon, Conde de Benalcaçar, y Bañares, Vizconde de la Puebla de Alcozer, Señor de las villas de Capilla, Curiel, y Burguillos.
Año, 1605.
CON PRIVILEGIO,
EN MADRID, Por Iuan de la Cuesta.
Vendese en casa de Francisco de Robles, librero del Rey nro señor.

Première édition de *L'Ingénieux Hidalgo Don Quichotte de la Manche* de Cervantès ; bibliothèque nationale de Catalogne.

« … un hidalgo, de ceux qui ont lance au râtelier, rondache antique, bidet maigre et lévrier de chasse. »

Extrait des premières lignes de *Don Quichotte*

La conspiration contre le Parlement anglais

Guy Fawkes échoue à faire exploser le Parlement anglais et à tuer le roi Jacques Ier.

Gravure de Guy Fawkes et des autres conspirateurs qui prévoyaient de faire sauter le Parlement.

À minuit ce jour-là, un groupe d'hommes armés découvrit, dans une cave sous le Parlement, Guy Fawkes recroquevillé et, non loin de là, 30 barils de poudre. Quelques heures plus tard, le roi Jacques Ier, la famille royale et tous les protagonistes de l'État devaient se rassembler pour la séance d'ouverture du Parlement. On venait de découvrir un complot visant à faire exploser le Parlement, tuer le roi et son gouvernement, et provoquer une rébellion.

Même si la conspiration est à jamais associée au nom de Guy Fawkes, ce dernier n'en était pas organisateur, mais avait été recruté pour sa connaissance des explosifs. Les conjurés principaux, menés par Robert Catesby, étaient des catholiques dont l'espoir de voir la religion catholique restaurée ou du moins tolérée par Jacques Ier avait été déçu. Ils avaient élaboré leur plan des mois durant et la poudre avait été placée dans la cave dès juillet alors que la séance d'ouverture ne devait se dérouler que le 3 octobre. Elle fut repoussée lorsque la peste se déclara à Londres et, à cette occasion, l'un des conspirateurs, Francis Tresham, conseilla à son beau-frère, Lord Monteagle, un éminent catholique, d'éviter d'assister à la première séance reprogrammée pour le 5 novembre. Monteagle en informa le gouvernement.

Les britanniques commémorent l'échec de la conspiration chaque 5 novembre, avec des feux de joie et d'artifice, en faisant brûler une effigie de Guy Fawkes. La signification politique de cette fête annuelle a cependant été largement oubliée. **SK**

La fondation de Jamestown en Virginie

Les colons anglais établissent la première colonie britannique, la Virginie.

Gravure (v. 1850) représentant John Smith, fondateur de Jamestown.

Les premiers colons britanniques à s'installer dans le Nouveau Monde avaient l'intention « d'arracher, extraire et rechercher toutes sortes d'or, d'argent et de cuivre » ainsi que de « convertir les infidèles et les sauvages » au christianisme et à la civilisation. Trois vaisseaux, le *Susan Constant*, le *Discovery* et le *Godspeed* qui transportaient une centaine de colons avaient rejoint la baie de Chesapeake, en Virginie, en mai. De là, ils avaient remonté la rivière James jusqu'à un emplacement assez éloigné du littoral pour éviter une attaque surprise des Espagnols. La colonie fut baptisée Jamestown en l'honneur du roi Jacques Ier, mais elle fut rapidement dévastée par la malaria. Elle souffrait aussi de l'incompétence et des querelles interminables des colons

Les colons perdirent beaucoup de temps à chercher des mines d'or inexistantes et une route vers la Chine. Jamestown fut finalement sauvé d'un désastre complet par l'un d'eux, aventurier et soldat expérimenté du nom de John Smith qui fit du troc avec les Amérindiens pour obtenir de la nourriture. Il fut amené devant leur chef, Powhatan, et adopté par la tribu au cours d'une cérémonie dont il ne comprit rien

En 1608, Smith fut nommé président du conseil de la colonie et persuada rapidement les colons de défricher les terres pour y cultiver divers produits. Il repartit pour l'Angleterre un an plus tard, mais il avait réussi à maintenir Jamestown en vie. Il explora plus tard la côte nord-est américaine et c'est à lui que la région doit son nom de Nouvelle-Angleterre. **RC**

La fondation de la Nouvelle-France

Samuel de Champlain, « père de la Nouvelle-France » fonde la place forte de Québec.

Première maison construite à Québec lors de la fondation de la colonie par Champlain ; illustration du XIXe siècle.

Dans un premier temps l'intérêt que les Français portèrent au Nouveau Monde se concentra au nord. En 1524, une de leurs expéditions avait découvert le fleuve Hudson et avait navigué jusqu'en Nouvelle-Écosse pour pénétrer dans le territoire qui deviendrait plus tard l'Acadie. En 1535, Jacques Cartier avait remonté le Saint-Laurent jusqu'à l'endroit où se dresserait Montréal. La colonie que les Français avaient établie en Floride dans les années 1560 avait été anéantie par les Espagnols, mais, à partir de 1603, des expéditions françaises furent organisées dans la région du Saint-Laurent et deux colonies, qui devaient rapidement disparaître, furent établies en Acadie.

Samuel de Champlain avait participé à ces projets qui lui avaient permis de développer des contacts importants avec les Amérindiens, d'explorer la côte de la Nouvelle-Angleterre et de l'Acadie, d'en dresser la carte et de pénétrer à l'intérieur des terres. C'est également lui qui, en 1608, fonda un comptoir à Québec – qui devint la capitale de la Nouvelle-France – pour contrôler le commerce de la fourrure. Champlain forgea une alliance avec les Algonquins et les Hurons contre leurs ennemis, les Iroquois. En 1615, il fit venir les premiers missionnaires à Québec et le cardinal de Richelieu envoya des colons supplémentaires en 1627, mais ils furent capturés par les Anglais qui assiégèrent Québec et affamèrent Champlain jusqu'à ce qu'il se rende en 1629. La colonie française fut toutefois rétablie en 1632. **RC**

Les morisques chassés d'Espagne

Le gouvernement espagnol ordonne aux morisques de quitter l'Espagne.

Gravure de l'école espagnole du XIXe siècle représentant l'expulsion des morisques d'Espagne qui commença en 1609.

Philippe II d'Espagne (1598-1621) ne demandait pas mieux que de laisser les affaires du gouvernement aux mains de son ministre, le duc de Lerme, qui décida en 1609 d'expulser les morisques, les musulmans d'Espagne, convertis au catholicisme après la chute de Grenade en 1492. On estime que 300 000 personnes environ (soit presque 4 % de la population espagnole) furent forcées de partir entre 1609 et 1614. De nombreux morisques qui demeurèrent catholiques s'installèrent en Italie et en France, mais la plupart rejoignirent le Maroc et l'Empire ottoman .

La majorité des Espagnols accueillit cette politique de « purification ethnique » avec enthousiasme. Au début du XVIe siècle, les morisques, bien catholiques, n'avaient été que tolérés – parce qu'ils étaient généralement productifs et travaillaient dur dans les champs, ils étaient protégés par les propriétaires terriens. Mais au fur et à mesure que la guerre entre l'Espagne et l'Empire ottoman gagnait en intensité dans les années 1560, on les suspecta d'être les alliés des ennemis musulmans de l'Espagne, particulièrement les pirates de Barbarie qui attaquaient les navires espagnols en Méditerranée. L'interdiction du style vestimentaire musulman et de la langue arabe ordonnée par Philipp II en 1569-1571 provoqua une révolte chez les morisques d'Andalousie qui furent transférés de force dans d'autres régions de la péninsule. Quarante ans plus tard, le duc de Lerme les déporta, effaçant ainsi les dernières traces de la culture islamique espagnole. **SK**

Les sonnets de Shakespeare

La publication de ce recueil de poèmes est entourée de mystère.

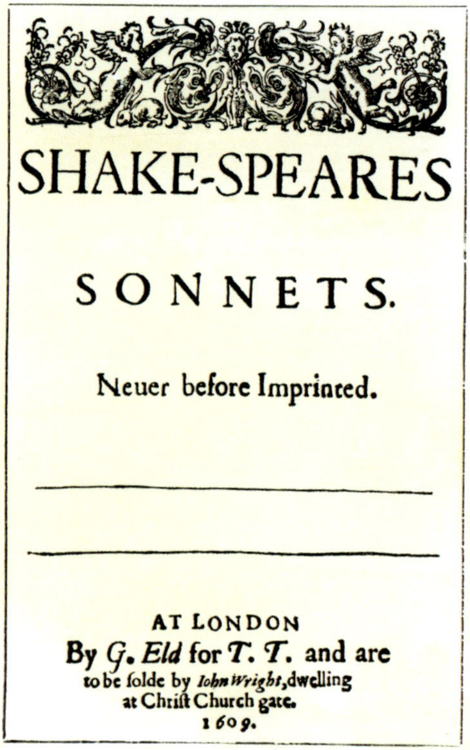
SHAKE-SPEARES

SONNETS.

Neuer before Imprinted.

AT LONDON
By *G.* *Eld* for *T. T.* and are
to be solde by *Iohn Wright*, dwelling
at Christ Church gate.
1609.

▲ La page de titre de la première édition des *Sonnets* de Shakespeare publiée à Londres en 1609.

▶ Portrait dit de Chandos (v. 1610) attribué à John Taylor et qui représenterait dit-on Shakespeare.

« Je ne veux à l'union de deux âmes sincères / Admettre empêchement… »

William Shakespeare, sonnet 116

On ne saura jamais si William Shakespeare autorisa l'imprimeur Thomas Thorpe à publier la seule édition de ses sonnets (des poèmes de quatorze vers) parue de son vivant. Cette série de poèmes qui traitent de l'extase amoureuse et du désespoir, du passage du temps, de la séparation et de la trahison, de la célébrité et de la mort, avaient été écrits plusieurs années auparavant, probablement entre 1592 et 1598. La plupart des 154 sonnets au langage intime et amoureux sont adressés à un jeune homme que l'auteur admire. On en a parfois déduit que Shakespeare avait eu une liaison avec le mystérieux personnage de la dédicace de l'imprimeur « le seul inspirateur des sonnets qui suivent, Monsieur W. H. »

Inversées, les initiales pouvaient correspondre à Henry Wriothesley, duc de Southampton, à qui Shakespeare dédia deux autres poèmes, plus longs, *Vénus et Adonis* et *Le viol de Lucrèce*. D'autres spécialistes ont avancé le nom de William Herbert, duc de Pembroke, mais les théories abondent, y compris celle selon laquelle ce serait une erreur d'impression malheureuse, les initiales correctes, W. S. étant celles de Shakespeare.

Les conjectures n'en restent pas là. Vingt-sept des sonnets sont adressés à une femme, souvent surnommée « la dame brune », dont le poète est ardemment épris et qui éveille sa jalousie. On a tenté de l'identifier à maintes reprises, mais on a probablement tort de rechercher trop d'indices autobiographiques dans les poèmes – il n'est même pas certain que le livre reflète l'ordre dans lequel ils furent écrits. On retrouve toutefois dans les sonnets de Shakespeare, comme dans ses pièces, son extraordinaire génie et sa capacité à révéler la psychologie humaine, avec tous ses chagrins et ses passions, dans un langage qui transporte encore le lecteur aujourd'hui. **SK**

Une découverte de Galilée

Galilée découvre les quatre satellites de Jupiter à l'aide d'un télescope qu'il a réalisé.

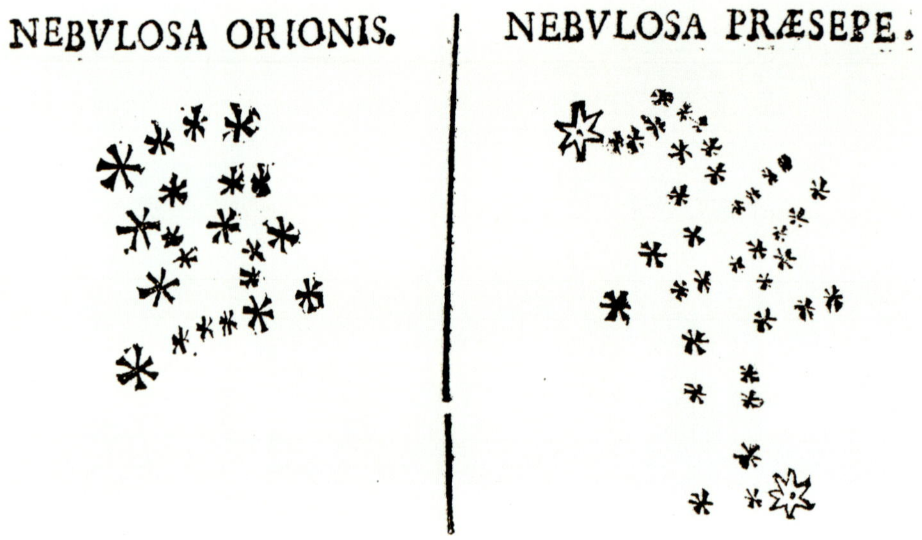

Gravure du XVIIe siècle montrant les constellations d'Orion et de Praesepe telles qu'elles furent observées par Galilée en 1610.

En 1609, Galilée apprit qu'un lunetier flamand, Hans Lipperhey, avait inventé un instrument qui grossissait énormément les objets éloignés. Galilée, qui enseignait alors les mathématiques à l'université de Padoue, était célèbre pour ses contributions à l'étude des mouvements – il avait démontré en laissant tomber des balles depuis la tour de Pise que la vitesse des objets pendant leur chute n'est pas proportionnelle à leur poids. Il entreprit de fabriquer un télescope en polissant ses propres lentilles et celui qu'il produisit pouvait grossir les objets jusqu'à 20 fois.

En pointant son télescope vers la Lune, Galilée découvrit que celle-ci n'était pas la sphère lisse et parfaite qu'avaient décrite Aristote et Ptolémée, mais au contraire que sa surface était « accidentée et inégale, juste comme la surface de la Terre ». Entre le 7 et le 13 janvier, le savant observa la position changeante de quatre corps célestes proches de Jupiter et en conclut que c'étaient des « lunes » tournant autour d'une planète. Il publia ses étonnantes découvertes – qui renversèrent le modèle aristotélicien de l'Univers où tout tournait de façon ordonnée autour de la Terre – dans un court traité, *Le Messager céleste*, en mars.

En 1611, Galilée fit une démonstration d'utilisation de sa lunette aux mathématiciens du collège jésuite de Rome et fut élu à l'Accademia dei Lincei, le plus éminent des instituts scientifiques italiens. Cependant, sa défense du système copernicien, selon lequel les planètes tournent autour du Soleil, lui créait des ennemis au sein de l'Église. **SK**

L'assassinat d'Henri IV

Le roi de France est victime de l'acte d'un fou fanatique

Cette gravure montre Ravaillac se précipitant sur le carrosse d'Henri IV avec un long poignard à la main

François Ravaillac attendait le roi sur son parcours, à l'endroit où la rue, plus étroite, forçait son carrosse à s'arrêter. Ravaillac bondit à bord et poignarda Henri IV qui mourut immédiatement.

L'assassin était un fanatique catholique obsédé par la religion – il avait été rejeté par l'ordre des jésuites parce qu'il était « sujet à des visions ». Même sous la torture, il nia avoir eu des complices, mais il est possible qu'il ait fait partie d'un complot. On savait à Paris qu'Henri IV était sur le point d'envoyer une armée dans le nord de l'Allemagne pour aider un prince calviniste contre l'empereur. Condamné pour régicide, Ravaillac fut emmené sur la place de Grève, brûlé avec du plomb fondu et de l'huile bouillante, mutilé, puis écartelé par des chevaux.

Henri IV, énergique, jovial et doté d'un esprit pratique, était été populaire – on retient surtout sa déclaration selon laquelle chaque Français devrait pouvoir manger une poule au pot le dimanche. Avec l'aide de son ministre Sully, il remit sur pied l'économie française (en friches après des années de guerre de civile) en encourageant le commerce et l'industrie.

On peut encore admirer aujourd'hui le Pont-Neuf qu'il fit ériger sur la Seine. Il épousa, en 1600, en secondes noces Marie de Médicis, mère du futur Louis XIII, mais son plus grand amour demeura Gabrielle d'Estrées, l'une de ses nombreuses maîtresses qui lui valurent le surnom de « Vert Galant ». **SK**

La mort du Caravage

Le plus grand peintre de son époque s'éteint à 38 ans. Son corps n'est jamais retrouvé.

Ce *Bacchus* (v. 1593) du Caravage est peut-être un autoportrait.

Martyre de saint Matthieu (détail), peint entre 1599 et 1600, choqua par sa représentation réaliste du saint.

« Il n'avait aucune idée préconçue de ce qui est beau et ce qui est laid. »

Cardinal del Monte, 1610

Michelangelo Merisi, dit le Caravage, né en 1571 à Milan, partit pour Rome en 1592, après son apprentissage. En deux ans seulement, alors qu'il vivait dans le plus grand dénuement, il commença une remarquable carrière, tout d'abord en représentant les bas-fonds de la société (comme dans *Les Tricheurs*, 1594), puis, à partir de 1597, avec des sujets religieux. Ces derniers étaient souvent dotés de compositions radicales, dépourvues des éléments surnaturels de la fin de la Renaissance et de la Contre-Réforme.

Avec sa remarquable *Vocation de saint Matthieu* et le tableau qui lui fait pendant, *Martyre de saint Matthieu* – tous deux peints en 1600 et qui firent sensation –, il devint l'artiste le plus célèbre de Rome. Les personnages religieux n'avaient jamais été traités comme des personnes ordinaires ni avec autant de réalisme. Bien qu'il ait bénéficié d'une série de commandes, le Caravage continua à choquer ses mécènes et le public en général avec ses œuvres, particulièrement parce qu'il représentait les sujets les plus puissants avec des détails très quotidiens et que l'humanité y était représentée avec toutes ses imperfections, mais aussi parce qu'il savait peindre le moment le plus intense d'un récit.

Dès son arrivée à Rome, il avait fait partie d'un milieu violent, peut-être homoérotique. Il tua un homme après une rixe et s'enfuit pour Naples, puis pour Malte. Arrêté quelques années plus tard, il fut envoyé en Sicile. Il retourna à Naples où il fut grièvement blessé au visage au cours d'une nouvelle rixe. Il représenta deux fois ce défigurement, dans *Salomé avec la tête de Jean-Baptiste* et dans *David avec la tête de Goliath*. Il effectua son dernier voyage comme passager clandestin sur un bateau qui se rendait à Rome, ville où il espérait se faire gracier par le pape. Il mourut seul terrassé par la fièvre. **PF**

1614 – 5 AVRIL

Le mariage de Pocahontas

La fille du chef Powhatan épouse John Rolfe, colon de Jamestown.

Durant l'hiver 1609-1610, les colons qui avaient fondé Jamestown restèrent confinés dans leur fort entouré d'Indiens hostiles et en furent réduits à manger leurs chiens et leurs chats. Un homme mangea même la chair de sa femme morte.

En 1613, Pocahontas, la fille du chef de tribu Powhatan avait environ 17 ans. Elle aida les nouveaux arrivés mais fut capturée par les colons qui tentèrent de soutirer une rançon à son père. Celui-ci refusa ; les colons, qui appréciaient Pocahontas, lui donnèrent des cours de religion et la baptisèrent Rebecca, en référence à la courageuse et ingénieuse femme d'Isaac dans la Bible. L'année suivante, Pocahontas épousa, dans la chapelle de Jamestown, un colon anglais nommé John Rolfe. Powhatan n'assista pas au mariage mais ne s'y opposa pas. Cette union participa à la réconciliation entre les colons les Indiens. Les Anglais espéraient que les Indiens suivraient l'exemple de Pocahontas et se convertiraient. À cet effet, cette dernière se rendit, en 1616, en Angleterre avec son mari et leur jeune fils, Thomas, pour y récolter des fonds et obtenir le soutien des autorités. Les Anglais adorèrent « la belle sauvage », mais elle tomba gravement malade au début du voyage qui devait la ramener en Virginie. Le bateau accosta à Gravesend, dans le Kent, où elle mourut, et l'on peut encore y voir sa tombe, près de l'église Saint George.

Son père, Powhatan, s'éteignit un an plus tard et les futurs colons anglais de Virginie devaient se montrer plus intéressés par la conquête que par une coexistence pacifique avec les tribus indiennes. Le fils de Pocahontas fut élevé en Angleterre et émigra en Virginie en 1640. À travers lui, des milliers de Blancs américains sont aujourd'hui les descendants de Pocahontas. **RC**

1618 – 23 MAI

La défenestration de Prague

Un acte violent commis au château de Prague déclenche la guerre de Trente Ans.

Les gouverneurs impériaux s'étaient réunis à Prague le 23 mai et la noblesse entendait bien y protester contre de récents événements. Non seulement l'archiduc Ferdinand de Styrie, nouveau roi de Bohême désigné par l'empereur, avait réservé toutes les charges du pays aux catholiques, mais l'église protestante de Klostergrab avait été démolie et celle de Braunau fermée. Le pouvoir ordonna aux gouverneurs de se disperser mais ceux-ci suivirent le comte de Thurn et se dirigèrent vers le palais Nradschin où ils s'emparèrent de deux gouverneurs catholiques, Martinic et Slavata, organisèrent leur procès en les accusant d'avoir ignoré les ordres royaux qui avaient reconnu la liberté de culte en Bohême en 1609 et les déclarèrent coupables. Leur punition consista à être jetés d'une haute fenêtre : ils survécurent tous deux, un signe d'intervention divine selon les catholiques mais les protestants furent prompts à faire remarquer qu'ils avaient atterri sur un tas de fumier. Le mot « défenestration » fut ainsi adopté.

Dès la fin du XVIe siècle, 75 % environ de la population allemande était devenue protestante et la plupart pensaient que l'ancienne religion disparaîtrait jusqu'à ce que la Contre-Réforme ne gagne du terrain.

Les événements du 23 mai déclenchèrent un conflit qui dura 30 ans. Guerre de religion au départ, la guerre de Trente Ans se politisa quand le conflit de Bohême devint lié à la guerre entre les Habsbourg espagnols et les Hollandais. Le traité de Westphalie marqua la fin du conflit en 1648. L'Allemagne devint un ensemble de monarchies absolues et l'empereur Habsbourg ne régna plus que sur l'Autriche. **RP**

La défenestration de Prague, peinture à l'huile illustrant les événements qui provoquèrent la guerre de Trente Ans.

L'esclavage en Amérique du Nord

À Jamestown, en Virginie, des Africains sont vendus comme domestiques au plus offrant.

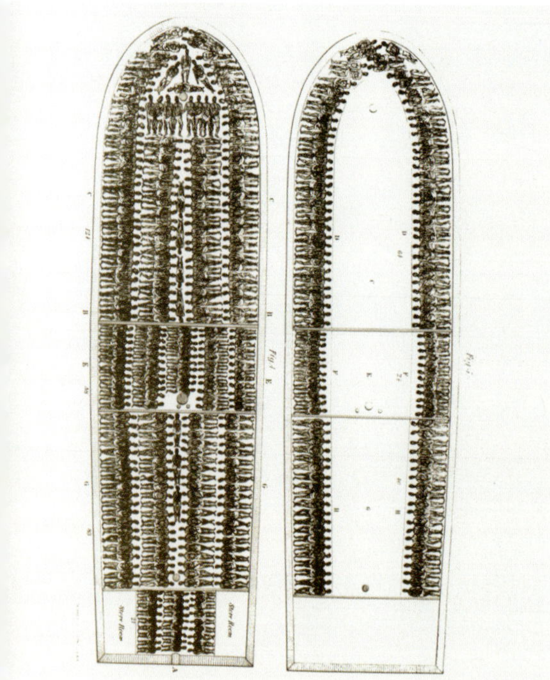

La colonie anglaise de Jamestown, fondée en 1607, se développa rapidement et, en 1620, un millier de personnes avaient déjà émigré en Virginie. Même si l'or tant espéré ne se matérialisa jamais, la culture du tabac devint essentielle pour répondre à une demande importante en Angleterre et ce malgré les restrictions de Jacques Ier (sa *Réfutation du tabac* avait été publiée sans grand effet en 1604). Les plantations de tabac prospérèrent et ce secteur exigea bientôt une main d'œuvre que ne pouvaient fournir les colons.

En août 1619, le *San Juan Bautista*, un vaisseau portugais qui transportait 350 esclaves depuis Luanda en Angola jusqu'au Mexique, fut attaqué et saisi par deux navires, le *Treasurer* et le *White Lion*, l'un sous pavillon hollandais, l'autre anglais. Cinquante esclaves furent débarqués à Jamestown et une vingtaine vendue comme *indentured servants* ou serfs aux colons.

Dans ce système, les Africains devaient travailler pour un employeur durant sept ans en échange d'un logement et de nourriture. C'est la première fois que des documents écrits mentionnaient l'arrivée d'Africains en Amérique du Nord britannique, bien que trente autres aient été mentionnés dans un recensement en Virginie plus tôt dans l'année. Les premières preuves d'esclavagisme datent de 1640, quand John Punch, un serf qui s'était enfui, fut condamné à servir son maître pour le restant de ses jours. En 1662, l'esclavagisme apparaissait dans les statuts juridiques de la colonie. **PF**

▶ Plan de la cale d'un négrier ; de tels bateaux transportèrent des milliers d'Africains jusqu'en Amérique du Nord .

◀ Détail d'*Une carte des parties les plus habitées de la Virginie*, dessinée par Joshua Fry et Peter Jefferson en 1775.

1620 – 16 SEPTEMBRE

Le voyage du *Mayflower*

Une traversée maritime devient l'un des mythes fondateurs des États-Unis.

Le *Mayflower*, un bateau de 160 tonneaux avait à bord un équipage de 30 hommes environ. Avec eux se trouvaient approximativement 102 émigrants – hommes, femmes et enfants. Puritains, ils avaient cherché refuge à Leyde, aux Pays-Bas, pour échapper à la persécution de l'État anglais et appartenaient à l'Église séparatiste de Leyde, qui avait rompu avec l'Église anglicane. Craignant d'être absorbée par la culture néerlandaise, la communauté réunit des fonds à Londres et engagea deux vaisseaux pour la conduire en Virginie.

« Ils rendirent grâce à Dieu qui leur avait fait traverser un vaste et furieux océan. »

William Bradford, Père pèlerin

Après deux faux départs, le plus petit des bateaux, le *Speedwell*, fut abandonné et ses passagers entassés sur le *Mayflower*. Durant cette houleuse traversée de 4 425 km qui dura 66 jours, l'un des passagers ainsi qu'un membre de l'équipage moururent. Une passagère, Elizabeth Hopkins, donna naissance à un enfant qu'elle baptisa Oceanus.

Le *Mayflower* dériva, poussé par les vents, et jeta l'ancre au cap Cod (dans le Massachusetts actuel) le 11 novembre. Une colonie permanente fut établie dès le 21 décembre. Cette traversée réussie conféra aux premières colonies de la Nouvelle-Angleterre un parfum très puritain, un vrai sentiment d'indépendance par rapport au pouvoir central et l'idée qu'elles étaient particulièrement avantagées par Dieu. **NJ**

1621 – SEPTEMBRE/OCTOBRE

Le premier Thanksgiving

Les Pères pèlerins célèbrent leur première année passée dans le Nouveau Monde.

Parmi les émigrants qui quittèrent Plymouth, en Angleterre, à bord du *Mayflower* en 1620, se trouvait une majorité de puritains à la recherche d'un lieu où ils pourraient pratiquer leur religion calviniste. Ils devaient débarquer en Virginie, mais après un voyage traumatisant ils jetèrent l'ancre au cap Cod en novembre et découvrirent un endroit protégé qu'ils baptisèrent New Plymouth, où ils bâtirent des maisons entourées de palissades.

Les colons furent aidés par la tribu indienne voisine – qui voyait en eux des alliés potentiels contre les tribus voisines – et parvinrent à survivre à un premier hiver très rude. Dès l'été, la moitié d'entre eux étaient mortes, mais à l'automne leur chef, William Bradford, invita le chef de la tribu et ses membres à un festin où ils rendraient grâce à Dieu pour l'abondante récolte de maïs, haricots, courges et orge. Bradford voulait marquer la fin de leur première année dans le Nouveau Monde, une année caractérisée par les difficultés, le chagrin et la force morale. Ses hommes partirent chasser des oiseaux et les Indiens apportèrent cinq cerfs ainsi que du maïs soufflé (*popped corn*), selon les descriptions des colons. Au cours de festivités qui durèrent plusieurs jours, puritains et Indiens se régalèrent ensemble de dinde sauvage, d'oie, de canard, de venaison et peut-être aussi de poisson. Les mets avaient été cuits en plein air et dégustés à l'aide de couteaux et des doigts (la fourchette n'avait pas encore été inventée).

Ces festivités sont aujourd'hui commémorées aux États-Unis le jour de Thanksgiving ou jour d'Actions de grâce. Traditionnellement, c'est une fête familiale qui se déroule le quatrième jeudi de novembre. **RC**

Bahia aux mains des Néerlandais

La Compagnie néerlandaise des Indes occidentales s'empare de Bahia.

Prise de la ville de Salvador (Bahia) par la flotte hollandaise, Andries Van Eertvelt (1590-1652), 1624.

Après la découverte du Brésil en 1500, les Portugais tardèrent à y établir une colonie. Ils s'installèrent tout d'abord à Bahia (aujourd'hui Salvador de Bahia) où 400 colons, dont des prêtres et des prostituées, arrivèrent en 1549. Elle devint le principal port du Brésil. La France et les Pays-Bas désiraient posséder leur propre empire. La France s'empara du port de Rio de Janeiro en 1555 avant d'être chassée par les Portugais en 1567, tandis que les navires néerlandais attaquaient les colonies espagnoles dans les Caraïbes ou faisaient clandestinement du commerce avec elles.

En mai 1624, la Compagnie néerlandaise des Indes occidentales monta une expédition qui s'empara de Bahia. L'année suivante, une armée espagnole et portugaise expulsa les Néerlandais mais ceux-ci revinrent au Brésil dès 1630 pour s'emparer de la région de Pernambuco. Maurice de Nassau, prince d'Orange, en fut le gouverneur entre 1637 et 1644, date à laquelle fut fondée la capitale provinciale de Recife. De nombreux juifs néerlandais s'y installèrent et des plantations de sucre furent établies. La bataille qui opposa les Hollandais à la flotte hispano-portugaise en 1640 ne fut pas décisive. Après une longue lutte contre les propriétaires terriens de Pernambuco, les Hollandais furent chassés en 1654 et les Portugais reprirent possession du territoire. Des esclaves furent transportés en grand nombre depuis l'Afrique ; Salvador de Bahia, le principal port négrier du Brésil, est aujourd'hui un centre de culture et traditions afro-brésiliennes. **RC**

L'île de Manhattan achetée aux Indiens

Le Hollandais Peter Minuit fait l'acquisition de l'île de Manhattan auprès des Indiens.

L'acquisition de l'île de Manhattan, illustration d'Alfred Frederick, v. 1892

C'est le navigateur anglais Henry Hudson qui explora le premier le territoire qui constitue aujourd'hui l'État de New York. En 1609, il remonta le fleuve qui porte son nom alors qu'il recherchait un passage au nord-ouest vers l'Asie. Il était à la solde des Néerlandais qui, en 1624, avaient établi des bases aux Nouveaux-Pays-Bas, dont un comptoir destiné au commerce de la fourrure avec les Mohawks à Fort Orange et une colonie agricole sur l'île de Manhattan que le directeur de la Compagnie néerlandaise, un Wallon du nom de Peter Minuit, avait achetée aux chefs des tribus Delaware. Selon une légende apocryphe, il les escroqua en leur offrant des perles d'une valeur de 24 dollars, mais les historiens rejettent cette version des faits. Selon un document d'époque, il « acheta l'île de Manhattes aux Indiens pour une valeur de 60 florins ». Lorsqu'il acquit Staten Island, Minuit paya en étoffes, bouilloires, haches, bêches, poinçons, perles et guimbardes, et on peut penser que Manhattan fut échangé de la même manière. Il est toutefois improbable que les chefs des tribus Delaware aient eu le droit de vendre ces terres.

Minuit fit de la Nouvelle-Amsterdam le centre des opérations néerlandaises dans la région. Il continua à entretenir des relations cordiales avec les Delaware et les Mohawks. En 1627, il établit un contact épistolaire avec le gouverneur William Bradford de New Plymouth, ce qui ouvrit la voie à des échanges commerciaux entre les colonies anglaises et néerlandaises. **RC**

La basilique Saint-Pierre de Rome

Le pape Urbain VIII consacre la plus grande église du catholicisme.

◆ Tableau de l'école romaine, datant de 1665, montrant Saint-Pierre de Rome avec la colonnade du Bernin.

◆ Coupe transversale longitudinale de Saint-Pierre de Rome, gravure de l'école italienne du XIXe siècle.

« Sur cette pierre je bâtirai mon église… je te donnerai les clés du royaume des cieux. »

Matthieu, XVI, 18-19, verset inscrit sur le dôme

La nouvelle basilique Saint-Pierre, coiffée d'un magnifique dôme et dominant Rome, symbolisait la puissance et la splendeur de la papauté dans la période de la Contre-Réforme. Depuis le début des travaux en 1506 sous Jules II, des générations de Romains avaient observé la progression de l'édifice. En 1626, alors même qu'Urbain VIII consacrait solennellement ce dernier, il était loin d'être achevé. La place qui s'étend devant la basilique, conçue par le Bernin, ne fut achevée qu'en 1667.

Le nouveau bâtiment remplaçait la basilique que l'empereur Constantin avait fait édifier au IVe siècle à l'endroit où saint Pierre avait été enterré. À la fin du XVe siècle, elle était tellement délabrée que l'on décida d'en bâtir une autre, plus digne du lieu. C'est la vente d'indulgences destinées à financer sa construction qui amena Luther à prendre publiquement position contre la papauté à Wittenberg en 1517.

Bramante, le grand architecte de la fin de la Renaissance, fut chargé de dessiner la nouvelle basilique. Raphaël et Giuliano da Sangallo, qui lui succédèrent, modifièrent le plan original en forme de croix grecque en une croix latine dont la nef était prolongée. En 1547, le pape Paul III persuada Michel-Ange de prendre la suite des travaux. Alors âgé de plus de 70 ans, ce dernier était réticent mais il devint l'architecte principal d'une grande partie du bâtiment. Il redessina le corps principal de l'église en incorporant les plans précédents et s'attela également au dôme qui fut achevé par Giacomo della Porta. Avec son diamètre intérieur de 42 m, cette remarquable structure s'élève à 120 m au-dessus du maître-autel sous lequel seraient enterrés les restes de saint Pierre. **SK**

MEAM ET TIBI DABO CLAVES REGNICAELORU

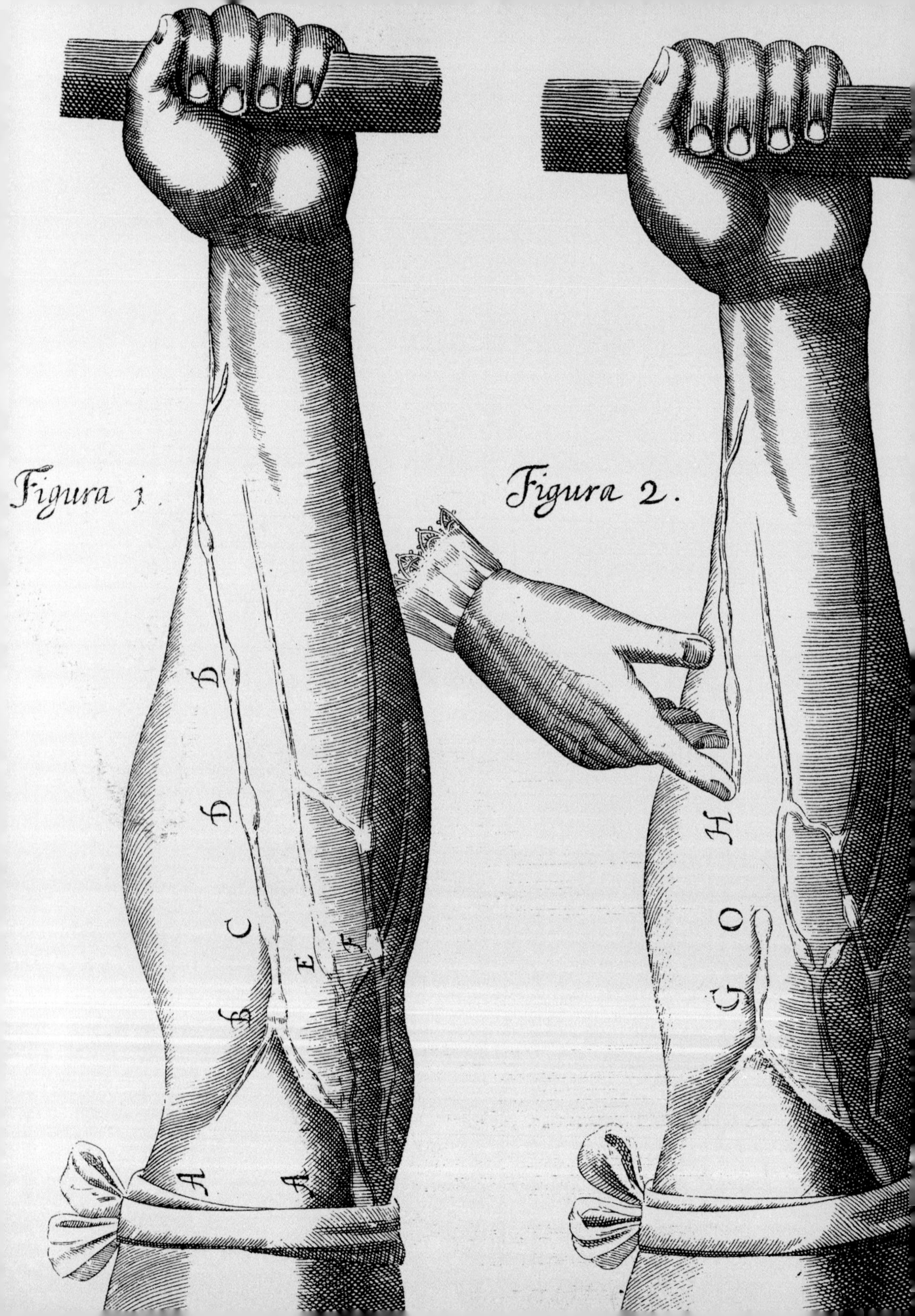
Figura 1.
Figura 2.
D
D
C
E
F
B
A
A
H
O
G

Le cœur expliqué

William Harvey démontre que le cœur pompe le sang à travers tout le corps.

La découverte du médecin anglais William Harvey, publiée dans son ouvrage, *Exercice anatomique sur le mouvement du cœur et du sang chez les animaux*, fut d'une importance capitale : elle révèle que le cœur est une pompe qui permet au sang de circuler dans tout le corps avant de revenir vers cet organe.

Né en 1578 à Folkestone, dans le Kent, Harvey avait étudié la médecine à l'université de Padoue, réputée comme la meilleure faculté de médecine d'Europe (l'Italie était alors considérée comme le centre de l'étude de l'anatomie) et où il avait suivi l'enseignement de Girolamo Fabrici, l'anatomiste le plus important de l'époque. À son retour en Angleterre en 1602, Harvey avait épousé la fille d'un médecin de la famille royale et c'est peut-être grâce à cela qu'il obtint un poste au St Bartholomew's Hospital à Londres.

Harvey était plus que tout passionné d'anatomie. Déterminé à découvrir comment le sang passait dans le cœur, il disséqua toutes sortes de créatures (vers de terre, insectes ou mammifères) et finit par arriver à une description correcte du système circulatoire. Son ouvrage le rendit célèbre dans toute l'Europe, même si les traditionalistes, particulièrement en France, tournèrent ses découvertes en ridicule car elles contredisaient les écrits de Galien (v. 129–216), médecin grec de l'Antiquité. Quelques années après la mort de Harvey en 1657, Marcello Malpighi put confirmer, à l'aide d'un microscope, l'existence des capillaires, trop petits pour être vus à l'œil nu, qui relient le système artériel aux veines et dont Harvey avait deviné l'existence. **SK**

◀ Ce diagramme de 1628 de Harvey, montre l'existence de valves dans les veines.

Boston, capitale

John Winthrop choisit le chef-lieu de la colonie du Massachusetts.

En 1628, la Colonie de la baie du Massachusetts fut constituée en Angleterre. Il s'agissait, à première vue, d'une entreprise commerciale, mais en réalité son objectif était de créer un nouveau centre de population pour les puritains dissidents. L'un de leurs chefs de file était John Winthrop qui désapprouvait l'Église d'Angleterre et pour qui Jacques Ier était un tyran. Winthrop fut choisi comme gouverneur de la colonie et les futurs habitants traversèrent l'Atlantique en 1630 sur onze navires, dont l'*Arbella* où se trouvait Winthrop. Celui-ci choisit un site doté d'un port naturel, sur la rivière Charles, que les colons baptisèrent Boston en hommage à la ville du Lincolnshire anglais. Dans un sermon qu'il délivra à bord de l'*Arbella*, Winthrop déclara à ses compagnons : « Nous serons comme une ville située sur une colline. Tous les yeux sont tournés vers nous. »

« Vous êtes la lumière du monde. Une ville située sur une montagne ne peut pas être cachée. »

Matthieu 5 : 14

Seuls les pieux, les « saints », pouvaient élire le gouvernement de la colonie. Les services religieux étaient obligatoires et Winthrop proclama des édits contre le jeu, le blasphème, l'inconduite sexuelle et l'excès de boisson, mais rejeta la requête selon laquelle les femmes devaient être voilées. Dans les années 1630, les émigrés arrivèrent de plus en plus nombreux et, dès 1643, plus de 20 000 Anglais avaient rejoint la baie du Massachusetts. Boston devint le port le plus important de la région. **RC**

Magdeburg assiégée

Gustave II Adolphe, roi de Suède, échoue à renforcer la ville protestante de Magdeburg, celle-ci est pillée par les troupes du Saint Empire.

La première bataille majeure de la guerre de Trente Ans eut lieu en 1620 lorsque les troupes de la Sainte Ligue de l'empereur Ferdinand II l'emportèrent aux portes de Prague sur celles de Frédéric V et de l'Union évangélique des princes protestants. La cause de ces derniers fut cependant sauvée par l'intervention de Gustave II Adolphe qui désirait préserver un rempart d'États protestants allemands contre l'éventuelle progression du Saint Empire au sud.

En 1630, Magdeburg, une ville protestante dotée d'une position stratégique sur l'Elbe, fut assiégée par le comte Gottfried von Pappenheim, général du Saint Empire. La ville attendit l'aide de Gustave II Adolphe durant tout l'hiver et, finalement, en avril 1631, conscients de l'approche de l'armée suédoise, le comte Johann Tilly et 26 000 soldats rejoignirent Pappenheim. Gustave s'avéra incapable de venir rapidement en aide à Magdeburg à cause des tergiversations des électeurs luthériens de Saxe et du Brandebourg. Finalement, Pappenheim et Till s'élancèrent à l'assaut des murailles de Magdeburg.

Deux jours durant, les soldats impériaux, en majorité des mercenaires, tuèrent et pillèrent jusqu'à ce que la ville devienne la proie des flammes. Choqué par les excès de ses hommes, Tilly demeura inactif au milieu des ruines fumantes de Magdeburg pendant le reste de l'été, ce qui permit aux électeurs de Saxe et du Brandebourg de s'allier à Gustave pour contrer toute attaque impériale. Le nom de Magdeburg est depuis lors associé à la guerre de Trente Ans et à ce massacre ; cet événement retarda le développement de l'Allemagne pendant des siècles. **NJ**

L'armée impériale sous les ordres du général Tilly prend d'assaut la ville de Magdeburg le 20 mai 1631.

1631 – 17 JUIN

Le Taj Mahal

Shah Jahan Ier construit un monument en mémoire de son épouse, Mumtaz-i Mahal.

Mumtaz-i Mahal – nom donné par son époux aimant, qui signifie « ornement adoré du palais » – était la troisième femme (et la préférée) de Shah Jahan Ier, cinquième empereur moghol des Indes. L'immense peine qu'il éprouva lorsqu'elle mourut en accouchant de leur quatorzième enfant – on dit que son chagrin avait prématurément blanchi ses cheveux – le poussa à ordonner la construction du mausolée qu'est le Taj Mahal, à Agra. Il constitue le joyau de l'architecture islamique indienne et l'une des Merveilles du monde.

« Une larme qui scintille d'un éclat pur sur la joue du temps. »

Rabindranath Tagore (1861-1941)

Mumtaz-i Mahal, fille d'un noble perse, était née en 1593 à Agra et fut fiancée à Jahan, alors prince Khurram, à l'âge de 14 ans. Ils se marièrent le 10 mai 1612 et Jahan succéda à son père sur le trône en 1627. Les poètes chantèrent la beauté, la vertu, l'honnêteté et l'absence d'ambition politique de Mumtaz-i. Son mari, qui lui faisait toute confiance, l'emmena avec lui dans ses voyages et campagnes militaires, et lui confia même le sceau impérial, le Muhr Uzah.

Shah Jahan Ier ordonna la construction du Taj Mahal, un immense monument funéraire de 55 m de haut surmonté d'un dôme, après un an de deuil officiel. Vingt mille ouvriers travaillèrent pendant 22 ans pour achever le bâtiment en 1653. À sa mort, en 1666, Jahan se fit enterrer aux côtés de son épouse bien-aimée dans le Taj Mahal. **NJ**

1632 – 16 NOVEMBRE

La mort du « Lion du Nord »

La mort de Gustave II Adolphe refroidit les protestants triomphants à Lützen.

Gustave II Adolphe, roi de Suède, devait son surnom de « Lion du Nord » à son talent de chef militaire. En 1630, il avait mené l'armée suédoise jusqu'en Allemagne et transformé l'issue de la guerre de Trente Ans en donnant un nouveau souffle à la résistance protestante face à l'empire des Habsbourg et à la Sainte Ligue. Sa stratégie militaire était caractérisée par l'attaque et la mobilité.

À Lützen, en Saxe, en 1632, Gustave II avait pour adversaire Wallenstein, commandant des troupes impériales et général arrogant qui s'enorgueillissait d'une série de victoires. Wallenstein était en train de se retirer dans ses quartiers d'hiver à Leipzig quand Gustave II eut l'occasion d'attaquer et força ce dernier à revenir sur ses pas pour lui livrer bataille. Presque 40 000 hommes s'affrontèrent dans la fumée impénétrable que provoquaient les armes à poudre. L'infanterie suédoise subit de graves pertes en s'avançant sous les balles et les boulets de canon des soldats impériaux. Dans le feu de la bataille, la mort de Gustave II passa inaperçue.

« Je suis prêt à risquer ma vie et à verser mon sang pour vous. »

Gustave II Adolphe s'adressant à ses troupes

Les Suédois l'emportèrent ce jour-là. Près de la moitié des troupes impériales périt dans la bataille et Wallenstein fut forcé d'abandonner la Saxe. Cependant, la victoire eut un goût amer pour les Suédois qui se souviendraient de la bataille de Lützen pour la perte de leur roi et de 6 000 soldats. **RG**

Galilée se rétracte sous la torture

L'Inquisition fait amener Galilée à Rome pour y répondre d'accusations d'hérésie.

Galilée devant les membres du Saint-Office au Vatican en 1633, 1847, Joseph-Nicolas Robert-Fleury.

C'est un des procès les plus célèbres de l'histoire : d'un côté, l'Inquisition qui insistait sur la pure vérité de la Bible – selon laquelle Dieu a posé la Terre sur des fondations immobiles – et, de l'autre, Galilée qui défendait la théorie copernicienne selon laquelle la Terre et les autres planètes tournaient autour du Soleil. Sommé de se rétracter sous peine de torture, Galilée obtempéra. Il aurait dit-on murmuré « *Eppur si muove* » (« Et pourtant elle tourne ») alors qu'il se relevait de sa position agenouillée.

Le cardinal Bellarmine avait exigé que Galilée, qui était catholique, cessât de « croire ou défendre » les idées de Copernic, cependant, l'Église n'avait jamais formellement condamné la théorie de ce dernier. Quand en 1623, le cardinal Maffeo Barberini, qui défendait depuis longtemps Galilée, fut désigné pape et pris le nom d'Urbain VIII, il autorisa ce dernier à écrire au sujet des théories de l'Univers à la condition qu'il traite celle de Copernic « comme une simple hypothèse ». Un ouvrage de 1632, *Dialogue sur les deux principaux systèmes du monde*, en est résultat. Il prenait la forme d'un échange plein d'esprit entre Salvatius (qui représentait Galilée) et Simplicius (aristotélicien invétéré).

Galilée fut appelé à Rome où il fut jugé pour hérésie. Sa condamnation à l'emprisonnement à vie fut transformée en assignation à résidence dans sa villa d'Arcetri près de Florence où il continua de travailler et d'écrire même après avoir perdu la vue. Il mourut le 8 janvier 1642. **SK**

Le Japon choisit l'isolement

Le shogun Tokugawa Ieyasu interdit tout contact avec l'étranger.

La Jonque de Sueyoshi, pigments sur bois, tablette votive de 1633 ; avant 1635, ces embarcations servaient pour le commerce.

Au XVIe siècle, le Japon se réjouissait de ses liens commerciaux croissants avec le reste du monde et l'élite au pouvoir appréciait particulièrement des importations telles que les horloges et les armes à feu. Le catholicisme commençait également à influencer la religion traditionnelle japonaise et, dès la fin du siècle, on comptait environ 500 000 convertis dans le pays. Toutefois, à partir de 1600, sous le shogunat Tokugawa, il y eut un revirement : les chrétiens furent persécutés, des milliers de missionnaires catholiques et de convertis furent crucifiés, et la pratique du catholicisme fut interdite aux Japonais.

Dans une série de décrets culminant avec celui du Sakoku (pays fermé) en 1635, le shogunat interdit tout contact avec l'étranger. Les citoyens japonais encouraient la mort s'ils voyageaient à l'étranger ou participaient à des échanges commerciaux avec d'autres pays, et les étrangers n'avaient le droit de débarquer que sur l'île de Deshima, au large de Nagasaki, un port qui avait été jusque-là le centre de la chrétienté et des enclaves étrangères au Japon. Deux Portugais qui se rendaient au Japon pour demander l'assouplissement du décret furent exécutés.

Bien que la culture japonaise (arts martiaux, cérémonie du thé et la religion shinto par exemple) ait prospéré sous ces lois xénophobes, la technologie et l'économie prirent du retard jusqu'à ce que l'amiral américain Perry et la dynastie Meiji n'assouplissent les relations et permettent une ouverture limitée au monde et au commerce international vers 1850. **NJ**

La fondation de l'Académie française

Protectrice officielle de la langue, l'Académie française continue à remplir son rôle presque 400 ans plus tard.

Créée sous le règne de Louis XIII par Richelieu, son ministre, l'Académie française a établi les règles de la grammaire et de l'orthographe au XVIIe siècle, alors que régnait le classicisme en littérature. Un dictionnaire officiel fut publié en 1698 et sept autres éditions ont suivi depuis.

Au XVIIe siècle, les goûts du public dans le domaine des arts étaient définis par ceux du roi. Le ministre des Finances de Louis XIII, Jean-Baptiste Colbert, établit d'autres académies sur le même modèle, dans les domaines de la peinture, la sculpture, les sciences et l'architecture. Abolies pendant la Révolution, elles furent rétablies par Napoléon Bonaparte au sein de l'Institut de France. L'Académie française fait aujourd'hui encore autorité sur l'usage de la langue française, sa grammaire et son vocabulaire. Elle en définit le bon usage. Elle contrôle l'infiltration de mots étrangers dans le langage courant et insiste sur l'utilisation de mots français tels qu'ordinateur, logiciel et courriel là où d'autres langues ont simplement adopté les mots anglais.

Les membres de l'Académie, appelés les immortels, sont au nombre de 40 et sont élus par leurs pairs. Depuis l'époque de Napoléon, ils portent l'habit vert, un uniforme brodé qui est accompagné d'une épée durant les cérémonies. La plupart des membres sont des écrivains même si certains hommes politiques, diplomates, juristes ou membres du clergé peuvent également être élus. On compte 700 immortels depuis la création de l'Académie française dont quatre femmes seulement. **SK**

Portrait d'Armand Jean du Plessis, cardinal de Richelieu, Philippe de Champaigne, v. 1639.

1640 – 7 JUIN

Le soulèvement de la Catalogne

La Catalogne affirme son indépendance et la république est déclarée.

La Catalogne trouvait depuis longtemps la domination castillane oppressive. Le comté de Barcelone, qui avait rejoint le royaume d'Aragon au XIIe siècle tout en conservant des droits propres, était devenu un centre culturel, maritime et commercial prospère à la fin du Moyen Âge. Des problèmes politiques et sociaux survinrent au cours du règne de Philippe II désireux d'en finir avec l'autonomie de la Catalogne. Les tensions entre cette dernière et Madrid furent ravivées au cours de la guerre de Trente Ans, quand le Premier ministre, le comte d'Olivares, imposa de lourdes taxes à la région. La Catalogne dut aussi subvenir aux besoins des troupes espagnoles quand l'Espagne et la France s'opposèrent au sujet du comté du Roussillon qui appartenait alors à la Catalogne.

La révolte éclata le 7 juin 1640, jour de la Fête-Dieu. Cette rébellion paysanne spontanée menée par une milice, les miquelets, marcha sur Barcelone. Plusieurs représentants de la royauté furent tués et leurs maisons saccagées. Face à la menace d'une invasion castillane, en janvier l'année suivante, Pau Claris, président de la Généralité (gouvernement régional) déclara la République catalane sous protection française. Cela fut confirmé par une victoire militaire sur la couronne espagnole à Montjuic, en janvier 1641. Pau Claris mourut peu après et, alors que l'armée espagnole était sur le point de reprendre Barcelone, le roi Louis XIII fut proclamé Louis Ier de Barcelone. Le traité des Pyrénées, en 1659, mit fin au conflit, baptisée guerre des Faucheurs, qui dura douze ans et rattacha le Roussillon à la France, mais confirma la domination de Madrid sur Barcelone. **PF**

1640 – 1ER DÉCEMBRE

Indépendance du Portugal

Le huitième duc de Bragance est proclamé roi du Portugal sous le nom de Jean IV.

Après que Philippe II eut envahi le Portugal en 1581, quelques garnisons espagnoles furent établies dans le pays, mais il ne subit pas d'occupation militaire. La couronne espagnole renforça les défenses de la côte portugaise et sécurisa la route du Brésil. De nombreux Portugais s'enrichirent grâce à leur accès privilégié à l'économie hispano-américaine. Aussi longtemps que la noblesse portugaise reçut des titres, des postes et tira des avantages financiers de l'union des deux couronnes, l'indépendance nationale ne fut pas pour elle une priorité.

La situation changea quand Philippe IV tenta de confier plus de charges portugaises aux Castillans appauvris par le déclin de l'économie hispano-américaine et quand la monarchie des Habsbourg se trouva mêlée à des guerres à l'étranger. Les intérêts du Portugal avaient été abandonnés et, pis encore, les nobles devaient payer des impôts pour soutenir l'effort de guerre espagnol.

Une révolte populaire éclata en 1637 mais fut rapidement écrasée par les troupes castillanes. Craignant d'autres incursions espagnoles, l'aristocratie portugaise organisa un coup d'État en 1640 lorsque le comte d'Olivares poussa le duc de Bragance – nul ne possédait plus de terres que lui au Portugal – à enrôler des milliers de soldats portugais pour écraser la révolte catalane. Les conspirateurs firent assassiner le secrétaire d'État, Miguel de Vasconcelos, et emprisonner Marguerite de Savoie, vice-reine du Portugal. Le duc de Bragance fut proclamé roi et les soldats espagnols expulsés. L'Espagne, dont les troupes étaient occupées à combattre les Hollandais et les Français, ne put rien faire. **JJH**

La Ronde de nuit

Rembrandt termine le plus grand et le plus célèbre de ses tableaux.

Les critiques considèrent depuis longtemps que *La Ronde de nuit* de Rembrandt constitue l'un des plus grands chefs-d'œuvre de l'histoire de l'art. Commandé pour orner le nouveau siège de la milice d'Amsterdam, ce tableau représente la compagnie du capitaine Frans Banning Cocq dont les citoyens-soldats, armés et élégamment vêtus, défilent dans la rue. Le tableau a acquis son titre au XVIIIe siècle parce que, le vernis s'étant assombri, la scène semblait se dérouler de nuit.

Rembrandt Harmenszoon Van Rijn était au sommet de sa gloire lorsqu'il acheva cette œuvre (363 x 437 cm). Né à Leyde en 1606, il s'était installé à Amsterdam où il était connu pour ses portraits et ses sujets bibliques et historiques. Toujours à la recherche de nouveaux effets, dans *La Ronde de nuit*, il transgressa toutes les règles du portrait de groupe. Au lieu d'offrir l'alignement formel habituel, il créa une vaste et complexe scène où un groupe d'hommes armés de mousquets et de lances s'avance sous une arche sombre. Un homme bat le tambour, le porte-drapeau déploie sa bannière tandis qu'à l'avant le personnage de Banning Cocq, qui domine la composition, encourage ses hommes. Avec sa composition dynamique, l'œuvre semble illustrer l'esprit indépendant et la fierté d'Amsterdam, moteur de la prospérité de la nouvelle République néerlandaise. Il s'éteignit en 1669 à l'âge de 63 ans. **SK**

◄ Détail de *La Ronde de nuit* (1642) de Rembrandt, portrait des miliciens du capitaine Frans Banning Cocq.

Guerre civile en Angleterre

Charles Stuart appelle aux armes et déclenche la guerre civile en Angleterre.

À la fin d'une journée d'été orageuse, Charles Ier, roi d'Angleterre, d'Écosse et d'Irlande, un homme de petite taille, distant et impopulaire, se rendit en compagnie d'un groupe d'aristocrates au sommet de la plus haute tour du château de Nottingham où il fit flotter l'étendard royal. Il appela ses fidèles sujets à le rejoindre dans sa lutte contre ceux qui s'opposaient à son règne. C'était un appel aux armes traditionnel.

Rares furent ceux qui décidèrent de rejoindre le roi. Les parlementaires avaient commencé à rassembler leur propre armée quelques semaines auparavant. La « guerre sans ennemi » avait commencé. Elle s'inscrivait dans le cadre de la guerre des Trois Royaumes, ainsi nommée parce que le conflit s'étendit à l'Écosse et à l'Irlande. Ayant prouvé sa détermination, Charles tenta brièvement et sans conviction de rouvrir les négociations avec les parlementaires. Ce n'était pas un militaire dans l'âme, mais il croyait en son droit divin de défier ses opposants. Comme le peuple de Londres lui était très hostile, il établit sa nouvelle capitale à Oxford. Deux mois plus tard, le 23 octobre, la première bataille importante eut lieu à Edgehill dans le Warwickshire sans qu'aucun camp ne l'emporte de façon décisive. Les événements qui suivirent culminèrent avec l'exécution publique du roi, alors sans précédent, devant son palais de Whitehall en janvier 1649. **PF**

« Nul en Angleterre n'est plus ami de la liberté que moi. »

Charles Ier sur l'échafaud le 30 janvier 1649

La découverte de la Nouvelle-Zélande

Après avoir découvert l'île qui sera baptisée Tasmanie en son honneur, Abel Tasman aperçoit un nouveau bloc continental, plus important.

Né en 1603, Abel Tasman fut pendant toute sa carrière au service de la Compagnie néerlandaise des Indes orientales. Il s'était rendu à Formose (Taiwan actuel), au Japon et à Sumatra, et en 1642 il commandait une expédition qui découvrit dans le Pacifique la légendaire « terre australe » dont l'existence n'avait encore jamais été vérifiée.

Tasman aperçut la côte ouest de la Tasmanie le 21 novembre qu'il baptisa « terre de Van Diemen » en l'honneur d'Anthony Van Diemen, gouverneur des Indes orientales néerlandaises. Alors qu'il avait l'intention de mettre le cap au nord, Tasman fut poussé à l'est par les vents dominants et, le 13 décembre, il fut le premier Européen à apercevoir l'île du Sud de la Nouvelle-Zélande, qu'il baptisa Terre de Staten parce qu'il supposait, à tort, qu'elle était liée à l'île de Staten en Argentine. Alors qu'il se dirigeait vers le nord, l'un de ses navires fut attaqué par des Maoris et quatre de ses hommes furent tués. Tasman baptisa le lieu la Baie des assassins (aujourd'hui Golden Bay). Au cours du voyage de retour, il aperçut un troisième groupe d'îles : l'archipel des Tonga.

En 1644, Tasman dressa la carte du littoral nord de l'Australie, puis s'installa à Batavia (aujourd'hui Djakarta) où il s'enrichit et devint l'un des membres les plus éminents de la communauté néerlandaise avant d'y mourir en 1659. Pourtant, ce n'est qu'un siècle plus tard que des Européens visitèrent à nouveau la Tasmanie et la Nouvelle-Zélande. Tasman demeure toutefois l'une des plus grandes figures de l'exploration maritime. **NJ**

◀ Portrait d'Abel Janszoon Tasman (1603-v. 1659) de l'école flamande du XVIIe siècle.

1643 – 19 MAI

La bataille de Rocroi

La France l'emporte sur l'Espagne et consolide sa domination en Europe.

Une armée d'invasion espagnole, forte de 27 000 hommes et commandée par Francisco de Melo, comte de Fuentes, partie des Flandres, pénétra en France par les Ardennes et assiégea la ville de Rocroi. Le duc d'Enghien, alors âgé de 21 ans, partit la libérer à la tête de 23 000 soldats. Ayant appris d'un déserteur que les Espagnols attendaient 6 000 hommes en renfort, Enghien ordonna une attaque à l'aube : les Français emprunteraient un étroit défilé bordé de bois et de marécages impénétrables pour prendre position sur une crête qui dominait la ville. Les Espagnols réagirent rapidement et adoptèrent leur formation en carré classique. Les attaques françaises, au centre et sur la gauche, furent repoussées, mais en exploitant le succès de sa cavalerie sur la droite, Enghien parvint à encercler les Espagnols, puis, en les contournant rapidement, à les attaquer par l'arrière. La cavalerie espagnole fut mise en déroute, mais l'infanterie résista farouchement sous les boulets de canon français. Au total, les pertes espagnoles s'élevèrent à 15 000 hommes et les françaises à 4 000.

« [Les rois d'Espagne ont] essayé de détruire le royaume et non de le préserver. »

Louis XIV

La bataille de Rocroi constitua la première défaite majeure sur terre de l'armée espagnole depuis un siècle et annonçait le début d'une éclatante carrière militaire pour Enghien, plus tard surnommé le Grand Condé. La France était dorénavant une puissance majeure. **NJ**

1644 – 25 AVRIL

La chute de la dynastie Ming

L'empereur Chongzhen se suicide quand des rebelles s'emparent de Pékin.

Lorsqu'il monta sur le trône en 1628, le dernier empereur de la dynastie Ming, Chongzhen, hérita d'une administration corrompue et inefficace, de caisses vides après la reconstruction de la Grande Muraille et d'un pays affamé. La Chine tomba dans l'anarchie à cause du banditisme généralisé et des révoltes paysannes. En 1644, les Mandchous avaient réussi à percer la Grande Muraille et avaient pillé près de 40 villes. En avril, Li Zicheng, un rebelle surnommé le Fringant général, prit Pékin sans rencontrer d'opposition. Chongzhen, ivre, courut à travers le palais en ordonnant à tous ses occupants de se suicider. L'impératrice lui obéit et Chongzhen tua leur fille ainsi que ses concubines. À l'aube du 25 avril, il monta sur une colline derrière le château, ôta ses vêtements et se pendit à un arbre. Li s'autoproclama premier empereur de la dynastie Shun.

« Les rebelles se sont emparés de ma capitale. Honteux face à mes ancêtres, je meurs. »

Dernier message de Chongzhen écrit sur sa robe

Consterné par le fait que Li s'était emparé de sa concubine préférée et par le chaos qui régnait en Chine, Wu Sangui, un général Ming, fit appel à l'empereur mandchou Dorghon pour expulser les rebelles. Les portes de la Grande Muraille furent ouvertes aux Mandchous au col de Shanhai et ceux-ci occupèrent Pékin dès juin, après avoir battu Li qui se suicida à son tour. Dorghon couronna son neveu Fulin empereur, le premier de la dynastie Qing qui gouverna la Chine jusqu'en 1911. **JH**

La fuite des royalistes anglais à Naseby

L'armée parlementaire, commandée par Thomas Fairfax, inflige une défaite aux troupes royalistes de Charles Ier à Naseby, en Angleterre.

La bataille qui se déroula à Naseby, dans le Northamptonshire, en juin 1645 fut un événement décisif de la Grande Rébellion. L'armée récemment établie par le Parlement sous le commandement de Thomas Fairfax quitta Oxford en direction du nord pour intercepter les troupes royalistes qui se dirigeaient au sud après avoir pillé Leicester. Les royalistes ne comptaient que 9 000 hommes, les troupes parlementaires 14 000.

Les deux armées avaient aligné au centre leur infanterie, avec leur cavalerie sur les deux flancs. Le commandant royaliste, le prince Rupert, mena une charge de cavalerie qui balaya la gauche des rangs parlementaires. L'infanterie royaliste se précipita en avant et après une seule volée de balles, les fantassins s'approchèrent avec leurs lances. Si les cavaliers de Rupert avaient pu attaquer l'infanterie parlementaire, il aurait gagné la bataille, mais ses hommes choisirent de charger jusqu'à l'arrière. Sur l'autre flanc, Olivier Cromwell, général de cavalerie, s'avança au trot avec détermination puis se retourna pour attaquer l'infanterie royaliste. Les fantassins du roi furent massacrés et celui-ci, qui ne pouvait entraîner ses réserves dans une bataille déjà perdue, choisit de prendre la fuite.

Les troupes parlementaires ne montrèrent aucune retenue dans la victoire : ils dépouillèrent les morts et les agonisants. La cause royaliste était désormais perdue, mais Charles Ier mettrait encore un peu de temps à le reconnaître. **RG**

Le général Thomas Fairfax v. 1645, détail d'une illustration de 1754.

Illustration d'une scène de la bataille de Naseby au cours de la Grande Rébellion, 1645.

1647 – 28 OCTOBRE

Les débats de Putney

Une première étape vers la démocratie parlementaire est franchie en Angleterre.

Les débats de Putney se déroulèrent dans une église de la paroisse du même nom, à Londres, entre le 28 octobre et le 11 novembre 1647, à la suite de la victoire des troupes parlementaires. Ils opposaient les deux principales factions du Parlement, « l'armée parlementaire » alors au pouvoir et dont le représentant était Henry Ireton, beau-fils d'Oliver Cromwell, et les niveleurs (« levellers »), dont quatre représentants assistèrent aux débats : le colonel Thomas Rainsborough et son frère William, John Wildman et Edward Sexby. Cromwell présidait aux discussions.

« Le plus pauvre des Anglais a une vie à vivre tout autant que le plus éminent. »

Thomas Rainsborough, débats de Putney

Les niveleurs proposaient des réformes radicales : l'autorité du Parlement devait remplacer celle du roi, le suffrage masculin devait être instauré, indépendamment du droit de propriété, le Parlement devait se réunir deux fois par an et les sièges distribués en fonction de la densité de population.

Après deux semaines, les débats furent interrompus quand on apprit que Charles Ier s'était évadé de Hampton Court pour se réfugier sur l'île de Wright. Certains soldats qui se réclamaient des niveleurs se révoltèrent par la suite, mais ces révoltes furent rapidement écrasées par Fairfax, Cromwell et Ireton. Après l'assassinat de Thomas Rainsborough dans de mystérieuses circonstances, la cause des niveleurs s'essouffla. Leurs idées seraient toutefois embrassées par ceux qui défendraient la démocratie. **NJ**

1648 – 26 AOÛT

La Fronde parlementaire

Une période de troubles graves en France est marquée par deux révoltes.

Lorsque la nouvelle de la victoire de l'armée française, placée sous le commandement du Grand Condé, face aux Espagnols, à Lens, le 20 août, parvint à Paris, le cardinal Mazarin, qui gouvernait le pays, se pensa en position de force. Il fit arrêter des parlementaires – le Parlement était alors une assemblée qui protégeait les droits de la noblesse – qui refusaient l'élargissement de l'assiette fiscale destinée à financer la guerre de Trente Ans. Ils avaient appelé le peuple parisien à la révolte et ainsi provoqué « la première Fronde», en référence aux armes utilisées pour briser

« Il est dommage que des personnes décentes comme nous se coupent la gorge pour un vaurien. »

Condé au maréchal de Turenne au sujet de Mazarin

les fenêtres de Mazarin. Le cardinal fut obligé de faire marche arrière.

Après avoir négocié avec succès, en octobre 1648, le traité de Westphalie qui mettait fin à la guerre de Trente Ans et à son fardeau financier, Mazarin réaffirma l'autorité royale. La seconde fronde, la Fronde des princes qui s'acheva en 1653, fut beaucoup plus longue, sanglante et complexe. Elle dressa deux factions de la royauté et de la noblesse l'une contre l'autre, avec à leur tête deux grands généraux, Condé et Turenne. Elle prit fin quand l'armée du roi, en prenant Paris, renforça l'autorité de ce dernier. Louis XIV devait régner avec absolutisme, notamment à cause du souvenir cuisant de la Fronde. **NJ**

La ratification du traité de Westphalie

Ce jalon de l'histoire des relations internationales met fin à la guerre de Trente Ans.

Détail du *Serment de la ratification du traité de Münster en 1648*, Gerard Terborch (1617-1681).

La guerre avait éclaté, au sujet de la liberté de culte, entre l'empereur Ferdinand III et les princes protestants de Bohême, de Saxe et du Palatinat. D'autres puissances furent entraînées dans le conflit, notamment l'Espagne, la Suède et finalement la France.

Le traité de Westphalie restaura le droit des princes allemands à choisir la religion officielle de leur État, garantit la liberté religieuse des minorités et reconnaissait le luthéranisme tout autant que le calvinisme. Il rendait plus difficile l'intervention de puissances étrangères dans les affaires intérieures d'autres pays, donnait à la France un territoire en Alsace-Lorraine et confiait à la Suède le contrôle des ports du nord de l'Allemagne.

Le cardinal Mazarin, qui fit preuve de génie diplomatique, avait agencé ce traité qui comprenait deux parties, signées à cinq mois d'intervalle : le traité d'Osnabrück (15 mai) et celui de Münster (24 octobre), rédigés à la suite d'un long congrès diplomatique qui avait dû se tenir dans deux villes différentes car les délégations catholiques et protestantes refusaient de se retrouver face à face. Y participaient des représentants de l'Espagne, de la France, de la Suède, du Saint Empire, des Provinces-Unies et de la Confédération suisse, ainsi que de nombreux princes allemands. C'était la première conférence diplomatique européenne de ce type et la première fois que l'on trouvait une solution à des conflits aussi profonds. **NJ**

Charles Stuart décapité

Le roi d'Angleterre est exécuté pour trahison et la république remplace la monarchie.

Exécution de Charles Ier d'Angleterre à Whitehall en 1649, gravure de Bernard Picart, 1730.

Par un froid matin de janvier, le roi Charles Ier, qui portait une chemise de soie supplémentaire pour éviter de trembler, fut escorté jusqu'à un échafaud de bois érigé à la hâte à l'extérieur de son palais de Whitehall. Il fit un discours plein de dignité face à la foule, offrit son pardon au bourreau – dont l'identité est toujours contestée – et plaça sa tête sur le billot. Selon les récits de l'époque, la foule grogna quand la tête du roi tomba du premier coup et certains spectateurs trempèrent leur mouchoir dans les flaques de sang. Avec cette décapitation, l'Angleterre devint une république, mais pour les fidèles de la cause monarchique Charles devint un martyr.

La semaine précédente, il avait été jugé pour trahison par un tribunal spécialement établi à Westminster Hall. L'événement était sans précédent. Le roi refusa d'accepter la légalité du procès mais fut déclaré coupable après sept jours de débats et condamné à mort. Cette condamnation fut signée par 59 personnes que l'on surnomma « les régicides ». La première signature était celle de John Bradshaw, président du tribunal, la troisième celle d'Oliver Cromwell.

Dix jours après l'exécution, un ouvrage, *Eikon Basilike*, qu'aurait écrit le roi commença à circuler en Angleterre. En partie grâce à sa popularité, l'idéal monarchique demeura vivant sous la république, jusqu'à ce que Charles II, fils de Charles Ier, montât à nouveau sur le trône en 1660. **PF**

1649 – AVRIL

Vente de la collection royale

Le gouvernement réunit des fonds en vendant la collection d'art de Charles Ier.

Malgré ses défauts manifestes, Charles Ier éprouvait un véritable amour pour l'art, né en 1623 à Madrid, alors qu'il courtisait sans résultat l'infante d'Espagne. Les Espagnols avaient essayé de détourner son attention en lui montrant, en lui prêtant et finalement en lui vendant diverses œuvres de Titien dont beaucoup comportaient d'amples formes féminines à peine recouvertes de fourrures ou de soies. Charles retourna en Angleterre toujours célibataire mais avec un début de collection.

« [Collectionner des œuvres d'art est] immoral, idolâtre et abominable. »

William Prynne, prédicateur puritain, en 1649

Lorsque la guerre civile éclata, il avait réuni plus de 1 200 œuvres, dont des tableaux de Léonard de Vinci, de Véronèse, de Rubens et de Van Dyck, le peintre de la cour d'Angleterre. En 1649, peu après son exécution, la collection fut vendue à la hâte par la république de Cromwell qui avait besoin d'argent. Certains œuvres furent offertes aux veuves des martyrs de la cause parlementaire ; d'autres, dans un geste plein d'ironie, à d'anciens domestiques royaux : le drapier de la cour reçut des tapisseries et un plombier *Le Déluge* de Bassano. Après la restauration en 1660, Charles II fit de son mieux pour réunir la collection de son père, y compris par la force et l'intimidation. Seuls 300 tableaux manquèrent finalement à ce qui constitue aujourd'hui le cœur de la collection royale. **NJ**

1649 – 11 SEPTEMBRE

Le sac de Drogheda

Oliver Cromwell préside au sac d'une ville catholique irlandaise.

En 1649, Drogheda était aux mains des confédérés irlandais – catholiques révoltés contre la domination anglaise – et de leurs alliés, les royalistes anglais. Oliver Cromwell et ses troupes parlementaires furent envoyés réprimer la révolte catholique.

Située sur les rives de la Boyne, Drogheda était entourée d'imposantes murailles. Quand les troupes de Cromwell se présentèrent, le gouverneur royaliste de la ville, sir Arthur Aston, refusa de se rendre. Cromwell bombarda la ville et ordonna à ses soldats de la prendre d'assaut. Ceux-ci massacrèrent les troupes irlandaises et royalistes. Des habitants, réfugiés dans une église, y périrent à la suite d'un incendie provoqué par les Anglais. On dit aussi qu'Aston fut battu à mort avec sa propre jambe de bois.

« Je suis persuadé que c'est le juste jugement de Dieu pour ces misérables barbares. »

Oliver Cromwell à Drogheda

La garnison composée de 3 000 hommes fut quasiment anéantie. Les survivants furent faits prisonniers et envoyés aux Barbades. On ne sait combien de civils moururent. Cromwell justifia cette tuerie en évoquant de précédents massacres de protestants par les catholiques et parce qu'il pensait que la terreur conduirait à une conclusion rapide de la guerre civile. Il réussit à soumettre l'Irlande, mais le sac de Drogheda et les mesures sauvagement anticatholiques de Cromwell restèrent dans la mémoire des Irlandais. **RG**

La mort de Descartes

L'éminent philosophe laisse une œuvre et des connaissances considérables qui ouvrent la voie au siècle des Lumières.

Né en 1596 à La Haye, dans une famille bourgeoise, René Descartes fit ses études chez les jésuites. Enrôlé dans l'armée, c'est lors d'un des sièges en Hollande, qu'il décida de se consacrer à la philosophie et aux sciences. Il entreprit de nombreux voyages en Europe et se mêla parfois aux cercles savants.

En 1646, la jeune reine Christine de Suède, grâce à Chanut, ambassadeur de France, commença une correspondance avec Descartes. Avide de connaissances, elle interrogea le philosophe sur tous les sujets. Invité à la cour par la reine, Descartes arriva à Stockholm à l'hiver 1650. Le philosophe fut reçu par Christine tous les jours à 5 heures du matin, moment où la reine était « tranquille ». Ces horaires inhabituels alliés au rude climat altérèrent la santé de Descartes qui contracta une pneumonie et en mourut.

L'influence de Descartes est immense. « Je pense donc je suis », avait-il déclaré, arguant que la raison, et non la foi, était à la base de toute connaissance, et que l'on devait établir une séparation entre le monde matériel que l'on peut percevoir de manière rationnelle et le monde spirituel, insondable. Sans doute le philosophe français le plus populaire – au point d'avoir donné naissance à l'adjectif « cartésien » – Descartes est l'un des fondateurs de la philosophie moderne et marqua une rupture décisive dans l'histoire de la pensée occidentale.

Descartes fut enterré à Stockholm mais ses restes furent transférés au Panthéon à la Révolution française, puis à l'église de Saint-Germain-des-Prés. **NJ**

Portrait de Descartes, copie d'un original perdu de Frans Hals (v. 1582-1666), v. 1649.

Descartes avec la reine Christine de Suède, Pierre-Louis Dumesnil le Jeune (1698-1781).

La ville du Cap est fondée

Jan Van Riebeeck établit la ville du Cap et s'y installe.

Bien que la pointe de l'Afrique du Sud ait été explorée, notamment par les Portugais, personne n'avait tenté d'y établir une colonie avant l'arrivée en 1650 du Néerlandais Jan Van Riebeeck. Ce dernier conféra à sa colonie un caractère indéniablement hollandais. Manquant de main-d'œuvre, il amena vers la colonie des esclaves d'Asie ou d'Angola, contribuant ainsi à une histoire raciale tourmentée au cours des siècles suivants.

Riebeeck avait été chargé d'établir une colonie qui servirait de point de ravitaillement aux navires en partance ou au retour des Indes néerlandaises. Son vaisseau amiral, le *Dromadaris*, avait jeté l'ancre au Cap le 6 avril. Le groupe que commandait Riebeeck et qui comptait sa femme, Maria de la Quellerie, bâtit des abris de bois et entreprit de cultiver des légumes. La colonie survécut grâce au troc avec les Khoi pour obtenir de la viande. Les guerres anglo-néerlandaises des années 1650 et 1660 poussèrent Riebeeck à construire une forteresse en pisé – Fort Djinhoep – protégée par une haie d'arbustes épineux (*Amygdalus spinosissima*) qui survivent toujours dans les jardins botaniques de la ville du Cap.

En 1657, les colons se virent offrir des terres arables afin d'augmenter la production alimentaire et, l'année suivante, le premier affrontement armé eut lieu entre les Néerlandais et les Khoi inquiets de voir leur territoire envahi. En 1679, le successeur de Riebeeck, Simon Van der Stel, importa les premiers ceps de vigne au Cap et établit ainsi les fondations de l'industrie viticole aujourd'hui fleurissante en Afrique du Sud. La population européenne du Cap s'agrandit en 1688 avec l'arrivée de huguenots français qui fuyaient les persécutions religieuses. **NJ**

L'Extase de sainte Thérèse

Le Bernin achève son extraordinaire chef-d'œuvre de la sculpture baroque.

La sainte, vêtue d'une large bure à capuche, défaille, la tête en arrière, tandis qu'un ange, au-dessus d'elle, pointe une flèche vers son cœur. La lumière zénithale baigne les deux personnages dans la lumière du Saint-Esprit. La scène est située entre ciel et terre. La sculpture du Bernin, l'un des chefs-d'œuvre du baroque, est une composition à la théâtralité intense. Elle fut conçue pour la chapelle Cornaro de l'église Santa Maria della Vittoria à Rome. Elle représente une vision que sainte Thérèse d'Avila, mystique espagnole, avait décrite dans son autobiographie où elle évoquait un ange transperçant son cœur du dard de l'amour divin. C'est un parfait exemple, particulièrement subtil, de l'imbrication de la sensibilité religieuse et esthétique.

Le Bernin, architecte et peintre ainsi que sculpteur, est aussi le génie créateur à qui l'on doit la transformation de Rome en ville baroque. Né à Naples en 1598 et arrivé à Rome à l'âge de 8 ans, il bénéficiait déjà adolescent du mécénat des cardinaux et autres riches Romains. Exception faite d'un séjour rapide et malheureux à Paris en 1665, le Bernin travailla toute sa vie à Rome dont il construisit et embellit églises et palais. Parmi les nombreuses œuvres qu'il a réalisées pour la basilique Saint-Pierre, on compte le magnifique baldaquin de marbre, bronze et dorure au-dessus du maître-autel ainsi que les colonnades qui encerclent le parvis.

Les Romains le connaissent pourtant davantage pour les fontaines ornementées dont il dota la ville – fontaine du Triton de la place Barberini et celle des Quatre-Fleuves de la place Navone. **SK**

➲ *L'Extase de sainte Thérèse*, le Bernin situé dans la chapelle Cornaro de l'église Santa Maria della Vittoria à Rome.

Christine de Suède abdique

La reine Christine se convertit au catholicisme et renonce à son trône.

Née en 1626, Christine est la seule enfant du roi protestant suédois, Gustave II Adolphe, qui ait survécu. Elle fut élevée comme un garçon sur les ordres de son père dans un cadre et selon des règles militaires. Elle ne portait que des habits masculins et on lui apprit à se comporter comme un homme. Peu de concessions furent faites à son sexe quand elle monta sur le trône après le décès de son père, en 1632, à la bataille de Lützen où il défendait la cause protestante. Selon la prescription de Gustave II Adolphe, elle reçut le titre de roi et non de reine. Conseillée par le sage chancelier de son père, Axel Oxenstierna, Christine se préoccupa tout d'abord de son éducation et invita Descartes à devenir son professeur particulier.

C'était une femme très cultivée qui parlait plusieurs langues. Après 1651, toutefois, elle s'intéressa de moins en moins aux affaires d'État et de plus en plus à la religion catholique à laquelle elle se convertit en 1654. Christine abdiqua finalement et quitta la Suède sous le pseudonyme de comte Dohna pour rejoindre Rome où elle fut accueillie à bras ouverts par le pape Alexandre VII.

Après avoir fait faillite à cause de ses extravagances, elle rejoignit la France mais perdit les faveurs du pays quand elle fit assassiner Monaldeschi, un courtisan qui l'avait trahie, alors qu'elle se tenait dans une pièce attenante. Elle tenta de retourner en Suède mais mourut en chemin, à Hambourg, en 1689. Christine compte parmi les quatre femmes enterrées dans la basilique de Saint-Pierre à Rome. Emblème populaire du lesbianisme et héroïne des transsexuels, elle était probablement hétérosexuelle mais, comme Élisabeth Ire, n'éprouva jamais l'envie de partager son pouvoir avec un prince consort. **NJ**

Une scène énigmatique

Les Ménines *de Velázquez reflètent les ambiguïtés de la cour espagnole.*

Diego Velázquez, peintre au talent remarquable né à Séville, était le portraitiste de la cour de Philippe IV durant l'âge d'or espagnol, au milieu du XVIIe siècle. Il s'était attiré les bonnes grâces du roi et avait surmonté avec succès la chute de son protecteur principal, le comte d'Olivares, en 1643.

Velázquez réalisa plusieurs portraits célèbres du roi et de la reine ainsi que des tableaux illustrant les triomphes espagnols comme *La Reddition de Breda*. C'est néanmoins le tableau *Les Menines*, portrait de l'infante et de son entourage, qui est devenu emblématique de cette époque. Dans cette œuvre énigmatique aux nombreux personnages, l'infante Marguerite, âgée de 5 ans, est au centre, entourée de deux ménines (dames d'honneur), deux nains, un chaperon et un chien. À gauche, on aperçoit le peintre (c'est le seul autoportrait de Velázquez) devant une toile dont on ne distingue que le revers. Sur le mur du fond, est accroché un miroir où l'on voit le reflet de Philippe IV et de la reine Marianne d'Autriche. Souvent qualifiée de « peinture qui a pour sujet la peinture », cette scène présente des ambiguïtés qui fascinent depuis des siècles. **PF**

« L'image réfléchie est seulement une réflexion… du chef-d'œuvre véritable ; de l'art de Velázquez. »

J. Snyder et T. Cohen, *Réflexions sur* Les Ménines, 1980.

Le célèbre tableau *Les Ménines* de Velázquez représente la famille de Philippe IV, musée du Prado, Madrid.

Deux frères se disputent la couronne impériale moghole

Après une guerre de succession, Aurangzeb, qui a éliminé ses frères, succède à son père.

En 1657, l'empereur moghol Shah Jahan tomba malade et la fausse nouvelle de son décès se répandit rapidement. Les rumeurs déclenchèrent une guerre de succession entre les fils de l'empereur et, après une série de victoires au nom de son frère cadet Mourad, Aurangzeb accusa son frère aîné Dara d'avoir usurpé le trône. En réaction, Shah Jahan abdiqua en faveur de ce dernier, déterminé à ce que son fils aîné lui succède.

De sanglantes batailles suivirent et culminèrent à Samurgah où les troupes de Dara furent vaincues par celles d'Aurangzeb. L'empereur, encerclé par les soldats d'Aurangzeb, dut se rendre. Aurangzeb cessa alors de soutenir Mourad et le fit exécuter. Les partisans de ce dernier déclarèrent alors leur soutien à Aurangzeb qui fut couronné empereur en juillet 1658.

Il lui fallut encore un an avant de vaincre ses frères aînés, Dara et Shuja. Il fut finalement couronné empereur en 1659 et régna jusqu'en 1707, lorsqu'il s'éteignit à l'âge de 88 ans. Bien que l'empire ait atteint son apogée durant son règne, Aurangzeb finit par perdre une grande partie du Nord-Ouest, conquise par l'Empire maratha alors en pleine expansion.

De nombreux musulmans vénèrent Aurangzeb pour son interprétation sunnite de l'islam et sa tentative d'instaurer la charia dans tout l'empire. Il abandonna la tolérance religieuse de ses prédécesseurs et fut l'instigateur d'une période de répression contre les hindous. Sa politique, source de discordes, provoqua le déclin de l'Empire moghol après sa mort. **TB**

◀ Miniature indienne de l'école moghole du XVIIIe siècle représentant Dara et son armée.

1660 – 29 MAI

Le retour de Charles II

Charles II reprend la couronne en Angleterre : c'est la restauration.

Charles II reçut un magnifique cadeau pour son trentième anniversaire : la restauration de son royaume. Pendant la Grande Rébellion, alors qu'il n'était qu'adolescent, il avait été envoyé en France, mais après l'exécution de son père en 1649, il avait été proclamé roi d'Écosse, pays qu'il avait rejoint dès 1650 pour monter sur le trône. En septembre 1651, son armée avait été vaincue à Worcester et Charles avait dû prendre la fuite, déguisé, et rejoindre Breda, en Hollande, où il attendit que la situation évoluât.

« Le Parlement a ordonné que l'anniversaire du roi devienne un jour d'Action de grâce. »

Journal de Samuel Pepys

En 1660, soit 18 mois après la mort d'Oliver Cromwell et alors que les Anglais étaient dans l'ensemble déçus par le gouvernement de son fils, Richard, Charles sut que son heure était venue. Le général George Monck, qui commandait l'armée d'Écosse, organisa de nouvelles élections parlementaires que remportèrent les royalistes. Le Parlement invita donc Charles à revenir et ce dernier arriva à Douvres le 25 mai, traversa le Kent et entra dans Londres à la tête d'une grande parade le 29, jour de son anniversaire.

Charles fit exécuter douze des 31 hommes qui avaient signé la sentence de mort de son père, et fit exhumer puis pendre les cadavres de Cromwell et de deux autres régicides. Il s'assura durant le reste de son règne de ne plus jamais être forcé à l'exil, quels que soient ses problèmes politiques. **PF**

1661 – 5 SEPTEMBRE

L'arrestation de Fouquet

Les feux d'artifice de Fouquet embrasent la colère de Louis XIV.

Louis XIV, qui accéda au trône à l'âge de 5 ans, régna de 1638 à 1715. Marqué par les troubles politiques et financiers au début de son règne, il s'appuya sur Nicolas Fouquet qui était fabuleusement riche et, depuis 1653, le superintendant des finances.

Fouquet possédait un grand charme et de nombreux talents : beau, bien informé, c'était aussi un brillant conteur. Astucieux sur le plan politique, il avait soutenu Mazarin même pendant l'exil de ce dernier. Il dépensa une fortune pour reconstruire son château de Vaux-le-Vicomte et le meubler avec splendeur cependant que le jeune Louis XIV, à court d'argent, devait dormir dans des draps déchirés et porter de vieux habits. Après la mort de Mazarin en mars 1661, le roi soupçonna Fouquet de le dépouiller et ordonna qu'on le surveillât de près.

Le 17 août 1661, Fouquet provoqua la jalousie du roi en lui offrant un magnifique spectacle à Vaux-le-Vicomte. Le roi arriva à 18 heures et, après s'être reposé, visita le jardin, puis prit un repas au son de 24 violons. Suivirent un hommage à Louis XIV et une comédie-ballet. À une heure du matin, le roi put admirer des feux d'artifice au-dessus du canal et, pendant qu'il retournait au château, il fut accueilli par une pluie de feux supplémentaires tirés depuis la coupole du château.

Trois semaines plus tard, Fouquet était arrêté. Le roi établit un nouveau tribunal chargé de juger les financiers suspectés de corruption. Fouquet se défendit avec talent, mais, au terme d'un procès qui dura trois ans, il fut jugé coupable, condamné à l'exil et ses biens furent confisqués. Louis XIV, non satisfait de cette sentence, aggrava sa peine : Fouquet passa les quinze dernières années de sa vie en prison. **PF**

1664 – 27 AOÛT

La Nouvelle-Amsterdam capitule

La Nouvelle-Amsterdam se rend aux Anglais. Elle sera baptisée New York.

Malgré les efforts de Peter Stuyvesant, gouverneur de la Nouvelle-Amsterdam à partir de 1647, cette colonie ne parvint pas à prospérer. Il avait fait construire une muraille défensive – à l'emplacement actuel de Wall Street – et la petite ville avait attiré des émigrés anglais, français et scandinaves, et avait importé des esclaves africains. Cependant, en 1600, elle n'abritait que 1 500 habitants. Cette même année, la dynastie des Stuarts fut restaurée en Angleterre et le roi décida de s'emparer des colonies néerlandaises situées entre les colonies britanniques de la Nouvelle-Angleterre.

En 1664, il confia à son frère Jacques (futur Jacques II) de vastes territoires en Amérique du Nord, dont certains détenus par les Hollandais. Quatre navires britanniques transportant 300 soldats pénétrèrent dans le port de la Nouvelle-Amsterdam et pointèrent leurs canons vers son fort, un bâtiment qui tombait déjà en ruine. Le colonel Richard Nicolls, vétéran royaliste de la Grande Rébellion, commandait cette expédition. Il exigea la capitulation de la colonie en promettant de protéger la vie et les biens des citoyens, et de continuer les échanges commerciaux avec les Pays-Bas. Le gouverneur Stuyvesant fit de son mieux pour appeler à la résistance, en vain. Il accepta à contrecœur de se rendre quelques jours plus tard. Les Anglais prirent la ville sans tirer le moindre coup de canon.

Stuyvesant mena une vie paisible dans sa ferme de Manhattan jusqu'à sa mort en 1672. L'Angleterre possédait désormais un chapelet de colonies le long de la côte est, du Maine jusqu'en Virginie, et, en juin 1665 la Nouvelle-Amsterdam fut rebaptisée New York. **RC**

1666 – 2 SEPTEMBRE

Londres en flammes

Le grand incendie fait rage pendant des jours et dévaste Londres.

Surpeuplée, chaotique et construite en grande partie en bois, Londres abritait environ 250 000 habitants quand elle commença à brûler le dimanche 2 septembre 1666 après qu'une boulangerie eut pris feu. À cause d'un fort vent d'est, l'incendie se propagea aux maisons voisines, dont beaucoup étaient coiffées de chaume, et devint rapidement incontrôlable. Malgré des efforts désespérés, il fit rage pendant cinq jours.

« Les églises, les maisons et tout en feu en même temps, avec un bruit horrible. »

Journal de Samuel Pepys

Environ 80 % de la ville, 13 000 habitations et 88 églises, dont la cathédrale médiévale Saint-Paul, furent perdues. Des milliers d'habitants prirent la fuite, et malgré l'étendue des dégâts on n'enregistra que peu de morts. La ville fut rebâtie en briques. Divers plans furent proposés, notamment avec des rues régulièrement espacées, mais en raison des titres de propriété établis, l'ancienne disposition des rues fut conservée. Christopher Wren, l'architecte principal de cette nouvelle cité, rebâtit Saint-Paul et 53 églises.

En 1677, on érigea un monument à l'endroit où s'était déclaré le feu – l'inscription d'origine accusait les catholiques de l'avoir déclenché mais elle fut retirée. Le monument existe toujours. **PF**

➲ Gravure sur bois anglaise du XVIIe siècle représentant le grand incendie de Londres en 1666.

1667 – 20 AOÛT

La publication du *Paradis perdu*

John Milton reçoit la coquette somme de cinq livres pour la publication de son poème épique, l'une des plus grandes œuvres de la littérature anglaise.

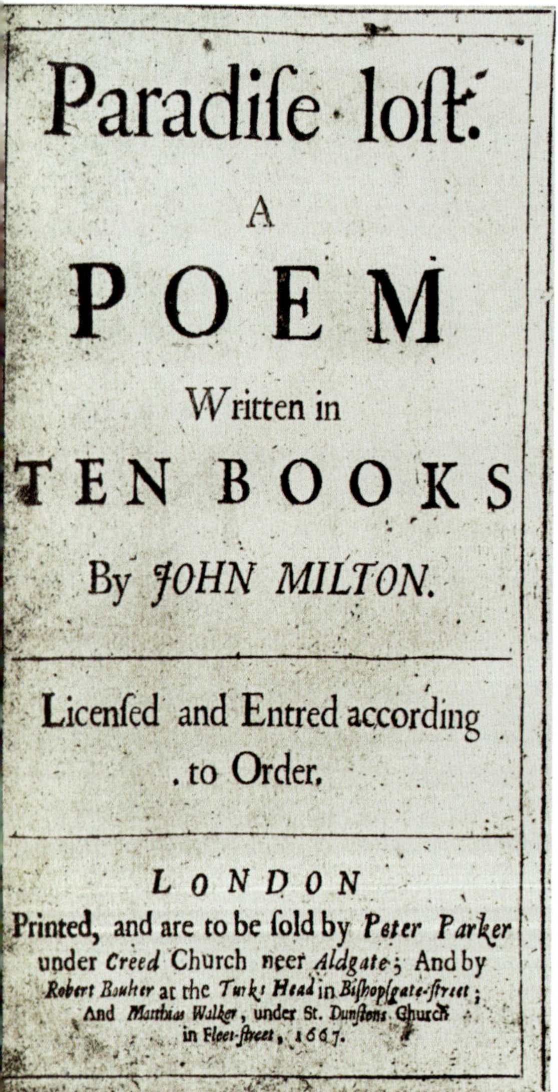

Paradiſe loſt.

A

POEM

Written in

TEN BOOKS

By JOHN MILTON.

Licenſed and Entred according to Order.

LONDON

Printed, and are to be ſold by *Peter Parker* under *Creed* Church neer *Aldgate*; And by *Robert Boulter* at the *Turks Head* in *Biſhopſgate-ſtreet*; And *Matthias Walker*, under St. *Dunſtons* Church in *Fleet-ſtreet*, 1667.

John Milton avait largement soutenu la révolution puritaine d'Oliver Cromwell. Sa réputation politique et son érudition l'introduisirent auprès du Parlement où il fut nommé secrétaire aux Langues étrangères. Devenu aveugle, Milton réduisit peu à peu ses activités politiques et son poste perdit de son importance. À la restauration, il est arrêté puis libéré grâce à l'intervention d'amis influents. Après la mort de sa deuxième femme, Milton vécut dans un certain dénuement et se consacra à la rédaction de ses œuvres les plus célèbres. Il termina le *Paradis perdu* qu'il fit publier en 1667.

Le poète avait pris pour sujet l'Ancien Testament afin de « justifier les voies de Dieu auprès des hommes » dans un poème épique. Le *Paradis perdu*, une représentation saisissante de la chute de l'homme, débute par une scène où Lucifer, déchu, s'empare de l'Enfer. La tentation d'Adam et Ève et leur expulsion du paradis étaient suivies par la venue du Messie et l'assurance qu'il est possible d'atteindre un « paradis intérieur ». Au cœur du poème, se trouve la tentative d'observer la chute depuis le point de vue de Dieu, bien que certains critiques considèrent que Satan est le vrai héros de l'œuvre.

Milton mêla des récits bibliques à des mythes païens pour exposer ses idées protestantes radicales sur des sujets tels que l'idolâtrie – dans laquelle il classait le « droit divin » qu'invoquaient les rois pour régner. Le *Paradis perdu* est considéré comme l'une des plus grandes œuvres de langue anglaise et a inspiré de nombreux écrivains et artistes tels que William Blake. **RP**

Page titre de l'édition originale du *Paradis perdu* de Milton, publié à Londres en 1667.

1668 – 17 SEPTEMBRE

La première banque moderne

Un établissement bancaire acceptant les dépôts et offrant des crédits est créé.

En 1661, les premiers billets de banque furent imprimés par la Stockholms Banco, une banque privée qu'avait fondée quatre ans plus tôt un marchand néerlandais, Johan Palmstruch. La moitié des profits de l'établissement avaient été promis à la couronne suédoise en échange d'un monopole de 30 ans sur les activités bancaires. Palmstruch commença à utiliser des dépôts à court terme pour financer des prêts à long terme, mais rencontra des problèmes quand les déposants demandèrent à être remboursés. Pour améliorer les disponibilités de trésorerie de la banque, il créa des billets de divers montants. Ceux-ci furent très populaires, mais la banque en imprima trop et, en 1664, cessa d'opérer. Palmstruch fut finalement emprisonné.

En septembre 1668, un nouvel établissement, la Ricksens Ständers Bank (Banque des États du royaume) se vit accorder l'ancien monopole de Palmstruch. Elle était gérée par des fonctionnaires sous le contrôle du Parlement. Les questions bancaires constituèrent un aspect essentiel de la politique intérieure suédoise jusqu'au milieu du XIXe siècle. La banque acceptait les dépôts des particuliers à qui elle offrait des prêts, mais quand la grande guerre du Nord éclata au début du XVIIIe siècle, elle dut surtout concéder des prêts importants au gouvernement.

Bien qu'elle n'ait pas été au départ autorisée à imprimer des billets de banque, elle commença à émettre des « billets de transport » à partir de 1701 et autorisa d'autres banques commerciales à émettre des billets dont la valeur était couverte par les dépôts qu'abritait la Banque des États. Rebaptisée *Sveriges Riksbank* en 1866, Banque centrale de Suède en 1897, c'est la plus vieille banque nationale au monde. **PF**

1682 – 9 AVRIL

Les Français prennent possession de la Louisiane

La Salle s'empare de territoires dans le Mississippi mais n'impressionne pas Louis XIV.

En 1666, René Robert Cavelier de La Salle (1643-1687) se rendit au Canada où il établit un village fortifié près de Montréal. À la fin des années 1660, il effectua plusieurs voyages dans le Sud et l'Ouest, durant lesquels il découvrit l'Ohio et explora la région des Grands Lacs.

En descendant le lac Michigan, puis en suivant le cours de l'Illinois gelé, il atteignit en février 1682 le Mississippi qu'il descendit en canoë. Le 9 avril, la petite troupe dont il avait pris la tête atteignit le golfe du Mexique, où il érigea une croix et attacha à un poteau le blason du roi (réalisé à partir d'une marmite fondue). La Salle prit possession au nom de la France de tout le bassin du Mississippi qu'il baptisa Louisiane. Après un terrible voyage de retour vers le Nord, il repartit pour la France où Louis XIV jugea ses découvertes « absolument inutiles ».

La Salle s'embarqua une fois de plus pour le Nouveau Monde en juillet 1684, avec une flotte réduite et 200 hommes, avec l'intention d'établir une colonie près de l'embouchure du Mississippi. Ils débarquèrent néanmoins largement à l'ouest du point prévu et la colonie qu'ils établirent au Texas, dans la baie de Matagorda (Fort Saint Louis) périclita. En mars 1687, La Salle repartit à la recherche du Mississippi dans l'espoir d'entrer en contact avec les colonies françaises du Canada, mais des mutins l'assassinèrent avant qu'il n'achève son périple.

La Louisiane se développa lentement car l'apparition des Français avait provoqué un regain d'activité espagnole le long de la côte nord du golfe du Mexique et parce que les conflits avec les colonies anglaises étaient endémiques. Napoléon vendit l'ensemble du territoire aux États-Unis en 1803. **PF**

La constitution de Penn

William Penn établit les principes de la liberté de conscience en Pennsylvanie.

Dans ce tableau d'Allan Stewart du XIXe siècle, William Penn reçoit la Charte de Pennsylvanie des mains de Charles II.

« Nul ne peut être soumis aux idées politiques d'un autre sans son consentement. »

La Structure du gouvernement, 25 avril 1682

En 1681, Charles II d'Angleterre fit don d'un vaste territoire (quasiment aussi grand que l'Angleterre) au quaker William Penn pour s'acquitter d'une dette envers le père de ce dernier. Le jeune homme baptisa le territoire Pennsylvanie et y établit une colonie pour les quakers et autres dissidents religieux alors persécutés en Angleterre. La ville de Philadelphie, organisée en plan quadrillé que l'on devait retrouver dans de nombreuses villes d'Amérique du Nord, en constituait le cœur. Un an plus tard, près de 2 000 émigrés arrivèrent d'Angleterre, suivis d'Allemands et de Français, entre autres.

Pour s'assurer que la colonie se développerait selon les principes de tolérance de la religion quaker, Penn rédigea *La Structure du gouvernement de Pennsylvanie*, qui définissait les droits des propriétaires terriens et autres citoyens, confirmait la suprématie du droit et établissait un conseil élu dont elle déterminait le rôle. Le document affirmait, de plus, pour la première fois dans l'histoire de l'Occident, le principe de liberté de conscience pour tous ceux qui croyaient en l'Être suprême, quelles que soient leurs croyances ou pratiques religieuses. La peine de mort était réservée aux meurtriers et aux traîtres.

La Structure du gouvernement fut signée le 25 avril 1682, faisant de la Pennsylvanie l'un des premiers États démocratiques. Première constitution au monde à offrir la possibilité de changements politiques pacifiques à travers l'adoption d'amendements – ce qui se produisit effectivement à diverses reprises au cours des dix années suivantes –, elle fut complétée en 1701 par une *Charte des privilèges des habitants* qui réduisait l'autorité du gouverneur. Au fil du temps, le document démontra les bénéfices d'une constitution écrite et devint le modèle des pères fondateurs des États-Unis un siècle plus tard. **PF**

La cour du Roi-Soleil

Louis XIV établit sa cour au château de Versailles.

L'installation officielle de la cour dans le nouveau et splendide palais que Louis XIV avait conçu et fait bâtir dans la campagne boisée au sud-ouest de Paris marqua l'apogée de la monarchie absolue en France. Enfant, il avait assisté aux révoltes de la Fronde et le jour où, en 1661, il prit personnellement les rênes du gouvernement, Louis XIV mit toute son énergie à affirmer son autorité royale sur la noblesse. Il n'a probablement jamais prononcé les mots qu'on lui attribue souvent, « l'État, c'est moi », mais cette déclaration résume toutefois le cœur de son projet : élever la monarchie bien au-dessus de la noblesse, loin du peuple.

C'est ainsi qu'à Versailles Louis XIV employa les plus grands artistes de l'époque : l'architecte Louis Le Vau, le peintre Charles Le Brun et l'architecte-paysagiste André Le Nôtre, pour créer le cadre où se déroulerait le spectacle ostentatoire du pouvoir absolu. Ce n'était pas qu'un château mais aussi le centre du gouvernement royal. Les bals et ballets organisés dans les salles de Versailles ornées de glaces et de dorures, ainsi que les fêtes et feux d'artifice en plein air qui célébraient les victoires militaires de Louis XIV n'avaient qu'un objectif : la glorification du roi.

Le soleil, l'emblème personnel de Louis XIV, était partout en évidence et ce culte de la personnalité en vint à dominer la vie quotidienne du palais ; les courtisans assistaient dans le plus grand sérieux au lever et au coucher du roi, se bousculant même pour avoir l'honneur de tenir la chemise royale.

Le château de Versailles fut le lieu de résidence privilégié de la monarchie française. Embelli par plusieurs générations d'artistes, symbole de puissance, il a été pour les cours européennes, pendant longtemps, le modèle emblématique de ce à quoi devait ressembler une résidence royale. **SK**

Détail de *Promenade de Louis XIV en vue du Parterre du Nord dans les jardins de Versailles*, Étienne Allegrain, v. 1688.

« Il [le roi] aima en tout la splendeur, la magnificence, la profusion. »

Mémoires du duc de Saint-Simon, 1691-1723

Vienne sauvée des Turcs

Jean III Sobieski, roi de Pologne, sauve la capitale des Habsbourg et met fin à la progression ottomane en Europe.

En septembre 1683, Vienne était en péril. Depuis la mi-juillet, la ville était assiégée par les 200 000 soldats de l'Empire ottoman. La majorité des habitants et l'empereur Léopold Ier s'étaient enfuis, en laissant derrière eux une garnison de 12 000 hommes. Le spectacle du campement turc aux tentes de soie sur lequel régnait le pacha Kara Mustafa narguait les défenseurs autrichiens privés de sommeil et affamés.

Le 10 septembre, la prise de la ville semblait imminente, mais le lendemain apparut sur les collines une armée chrétienne sous le commandement de Jean III Sobieski, roi de Pologne. Le 12 septembre, à l'aube, la bataille s'engagea sur deux fronts. Pendant que Sobieski attaquait les Turcs à l'arrière, Kara Mustafa lançait un dernier assaut sur les défenses affaiblies de Vienne. La charge finale des hussards polonais perça les rangs turcs et menaça leur campement. Paniqués, les Ottomans s'enfuirent en abandonnant leur butin.

«C'est une victoire telle qu'on n'en a jamais vue, l'ennemi [est] complètement anéanti.»

Jean III Sobieski dans une lettre à sa femme, 1682

La défaite des Turcs à Vienne marqua la fin de la menace musulmane dans les pays chrétiens d'Europe et le début du déclin de la puissance ottomane. **RG**

La bataille de Kahlenberg durant le second siège de Vienne, Franz Geffels (fin XVIIe siècle).

La révocation de l'édit de Nantes

Louis XIV révoque les privilèges des protestants.

Sous l'influence de Madame de Maintenon, Louis XIV interdit le protestantisme en France en 1685. L'édit de Fontainebleau révoqua tous les privilèges que son grand-père, Henri IV, avait accordés aux protestants avec l'édit de Nantes en 1598. Les pasteurs furent bannis, les écoles protestantes fermées, les lieux de culte détruits et les enfants nés de parents protestants durent être baptisés catholiques.

La révocation de l'édit de Nantes constitua le point culminant d'une politique de répression soutenue. Selon Louis XIV, les huguenots menaçaient l'unité nationale et un gouvernement fort. La résistance protestante fut particulièrement importante dans les Cévennes, où ceux que l'on surnomma les camisards ne furent vaincus qu'en 1705.

« Ils firent entrer leurs chevaux dans le magasin et transformèrent les livres en litière. »

Thomas Bureau, libraire prostestant, 1685

Bien que l'édit de Fontainebleau ait formellement interdit aux protestants de quitter la France, entre 200 000 et 500 000 d'entre eux (soit près de la moitié) s'enfuirent. Les huguenots comptaient parmi les plus qualifiés des artisans français, notamment dans le domaine du tissage de la soie, de la verrerie, de l'ébénisterie et de l'argenterie. En partant, ils offrirent leur talent aux principaux concurrents commerciaux de la France, l'Angleterre, les Pays-Bas ou le Danemark. C'était une « fuite des cerveaux » qui devait coûter cher à la France. **SK**

L'annexion de Bijapur

L'expansion de l'Empire moghol atteint son apogée, mais le déclin se dessine déjà.

Aurangzeb, le fils de Shah Jahan et de Mumtaz-i Mahal, eut très jeune des responsabilités militaires et politiques, mais il se disputa avec son père et une âpre guerre de succession l'opposa à trois de ses frères. Après avoir exécuté deux d'entre eux, Dara et Murad, et forcé un troisième, Shuja, à l'exil, Aurangzeb s'empara du trône en 1659 et emprisonna son père dans la forteresse rouge d'Agra jusqu'à ce qu'il y meure en 1666.

Le long règne d'Aurangzeb fut marqué par sa poigne de fer, sa grande piété (c'était un sunnite) et son application stricte de la charia. Il désapprouvait la musique, la danse et l'art, détruisit les temples hindous et exécuta le chef spirituel des sikhs, Guru Bahadur, qui refusait de se convertir à l'islam. Il fut en guerre durant presque tout son règne, soit pour tenter d'agrandir son empire, soit pour écraser diverses rébellions.

Aurangzeb affronta donc les sikhs, les rajputs, les Marathes mais surtout le Deccan, un royaume rival. Il consacra la seconde moitié de son règne à des campagnes généralement futiles bien que son annexion, en 1686, de Bijapur où il déposa la dynastie d'Adil Shahi constituât un événement important. Il était suivi dans ses campagnes d'une vraie ville mobile de 48 km de circonférence, 500 000 soldats et partisans, 50 000 chameaux et 30 000 éléphants.

Le coût de ces campagnes vida les caisses de l'État. Même s'il se repentit apparemment de ses excès et conseilla à ses fils sur son lit de mort, en 1707, de ne pas suivre son exemple, ceux-ci guerroyèrent entre eux et poursuivirent les conflits avec le Deccan et les Marathes, ce qui provoqua le déclin de l'Empire moghol. **NJ**

1687 – 5 JUILLET

Les lois de Newton

Isaac Newton publie Principes mathématiques de philosophie naturelle.

Les *Principes mathématiques de philosophie naturelle* d'Isaac Newton furent publiés à Londres par la Royal Society (l'équivalent de notre Académie des sciences) bien que Robert Hooke, rival de Newton, ait tout fait pour l'en empêcher. Il semblait toutefois improbable que cette œuvre exerçât une influence car elle était écrite en latin classique, sous forme d'une série de propositions, chacune dépendant de la précédente, et l'on ne pouvait donc pas la feuilleter. L'auteur expliqua en privé qu'il l'avait rendu délibérément ardue afin que seule l'élite puisse suivre son argumentaire.

Ce professeur de mathématiques de Cambridge fut rapidement désigné comme « l'homme qui avait écrit ce livre que personne ne comprenait ». Comme on pouvait s'y attendre, seules quelques centaines d'exemplaires furent vendues au cours des dix ans suivant la parution. L'ouvrage bénéficia pourtant de plus d'une centaine d'éditions et fut traduit dans presque toutes les langues. C'est probablement l'ouvrage scientifique le plus important jamais écrit. Les *Principes* sont une description très sophistiquée et complexe des mécanismes de l'Univers, fondée sur des propositions relativement simples. Newton établit trois lois qui gouvernent les mouvements des corps sur Terre et dans l'espace. Sa théorie de la gravité universelle expliquait à la fois la chute d'une pomme et le mouvement des planètes.

Élu président de la Royal Society en 1703, Newton fut le premier savant fait chevalier (1705). Son œuvre a profondément influencé la pensée scientifique. **RP**

◀ Portrait de Newton (1710) par Gottfried Kneller, collection du Trinity College de Cambridge.

1692 – 13 FÉVRIER

Carnage à Glencoe

Le massacre de Glencoe ravive le nationalisme écossais.

À 5 heures du matin le 13 février 1692, des soldats frappèrent à la porte de John Maclain. Ils quittaient Glencoe après avoir bénéficié de l'hospitalité du village. Pendant que Maclain revêtait à la hâte son pantalon et demandait qu'on apporte du whisky pour leur souhaiter bon voyage, il reçut une balle dans la tête et une autre dans le dos. Deux autres occupants de la maison furent également tués. En tout, 38 habitants de Glencoe furent massacrés, dont le plus jeune n'avait que 4 ou 5 ans. Les soldats avaient reçu l'ordre de tuer tous les villageois.

« Les soldats… avaient été reçus comme des amis par ces pauvres gens. »

Gallienus Redivivus, 1695

Le massacre était la conséquence de la Glorieuse Révolution qui avait remplacé le roi catholique Jacques II par le protestant Guillaume III en 1689. En Écosse, les jacobites (partisans de Jacques II), plus nombreux, se soulevèrent contre les partisans de Guillaume III. Le gouvernement, déterminé à imposer sa loi, ordonna à tous les chefs de clan de lui jurer fidélité avant le 1er janvier 1692. Lorsque le chef du clan des MacDonald fut retardé par une tempête de neige, le secrétaire des Affaires écossaises, sir John Dalrymple, envoya une troupe à Glencoe principalement composée de membres du clan Campbell, les ennemis traditionnels des MacDonald. L'enquête disculpa le roi mais pas Dalrymple et les Jacobites n'oublièrent jamais l'événement de l'histoire écossaise qui enflamme toujours les esprits. **RP**

Les sorcières de Salem

L'hystérie s'empare du Massachusetts avec des conséquences mortelles.

Le procès de George Jacobs le 5 août 1692, Tompkins H. Matteson (1813-1884).

Les premiers colons puritains de Nouvelle-Angleterre croyaient aux pouvoirs pernicieux de Satan et à la magie noire. Ils avaient exécuté cinq sorciers et sorcières entre 1630 et 1690, mais les événements de Salem, en 1692, atteignirent une tout autre dimension.

En février cette année-là, la fille et la nièce du pasteur Samuel Parris commencèrent à souffrir de crises d'hystérie. Les médecins déclarèrent qu'elles avaient été ensorcelées et soupçonnèrent particulièrement la jeune esclave de Parris, Tituba. D'autres filles furent prises d'hystérie et accusèrent non seulement Tituba mais aussi cinq autres femmes, puis d'autres encore. Un tribunal spécial fut établi pour juger les accusés au milieu d'affirmations de toutes sortes.

La crise atteignit son comble à l'été 1692, avec la pendaison, le 19 août, de Martha Carrier, George Jacobs père, George Burroughs, John Willard et John Procter. À son exécution Burroughs, l'ancien pasteur de Salem, récita parfaitement le Notre-Père – acte réputé impossible pour un sorcier – et fut pendu malgré les protestations de la foule.

En octobre, plus d'une centaine de personnes avaient été inculpées et 19 furent pendues. Le phénomène se calma quand certains membres de l'élite furent à leur tour accusés.

Dès 1693, le tribunal spécial refusait de juger toute nouvelle affaire et au fil du temps les événements de Salem contribuèrent au déclin de la croyance en la sorcellerie. **RC**

La « Grande Ambassade » de Pierre le Grand

Pierre le Grand part à la recherche de savoir, d'une flotte et d'armement.

Pierre le Grand sur les quais de Deptford, tableau de Daniel Maclise (1806-1870).

Être à la tête d'une marine nationale à l'époque de Pierre le Grand équivalait à bénéficier de la bombe atomique aujourd'hui, et le nouveau tsar désirait que la Russie rejoigne le « club des grands ». C'est ce désir qui l'incita à entreprendre sa Grande Ambassade, mission diplomatique et éducative. Officiellement, il cherchait à établir une alliance européenne contre la Turquie, ennemie de la Russie.

Cette « ambassade » prit la forme d'un voyage à travers l'Europe ; une telle rupture avec la tradition moscovite impliqua que Pierre voyageât sous un pseudonyme pour éviter toute réaction hostile. Il travailla pendant quatre mois dans les chantiers navals de Saardam, en Hollande, puis embarqua pour l'Angleterre où il fut chaleureusement accueilli par le nouveau roi, Guillaume d'Orange, qui lui offrit un navire de combat conçu par le marquis Peregrine Osborne. Celui-ci devint l'ami du tsar et lui expliqua en détail les techniques de construction navale appliquées dans les chantiers de la marine royale.

L'appétit de Pierre le Grand pour tous les sujets techniques n'avait été qu'aiguisé. Les Européens avaient fait le pari qu'en se montrant accueillants avec le tsar ils auraient accès aux marchés potentiellement lucratifs de la Russie. Pierre engagea finalement 750 constructeurs navals expérimentés, des constructeurs de voiles et de mâts, des capitaines, des pilotes, des artilleurs et des ingénieurs. Vingt-cinq ans plus tard, Pierre le Grand possédait sa « puissance de frappe ». **JJH**

1891
JANUARY.
S M T W T F S
. . . . . 1 2
3 4 5 6 7 8 9
10 11 12 13 14 15 16
17 18 19 20 21 22 23
24 25 26 27 28 29 30
31 . . . . . .
FEBRUARY.
S M T W T F S
. 1 2 3 4 5 6
7 8 9 10 11 12 13
14 15 16 17 18 19 20
21 22 23 24 25 26 27
28 . . . . . .
MARCH.
S M T W T F S
. 1 2 3 4 5 6
7 8 9 10 11 12 13
14 15 16 17 18 19 20
21 22 23 24 25 26 27
28 29 30 31 . . .

de 1700 à 1899

Défilé de chats pour ce calendrier nord-américain dont le style romantique correspondait aux goûts du public en 1897.

Saint-Pétersbourg surgit du néant

Pierre le Grand crée une nouvelle capitale sur un site peu prometteur.

Pierre le Grand en train de superviser la construction de Saint-Pétersbourg, gravure du XVIIIe siècle.

En mai 1703, l'armée russe rejoignit l'embouchure de la Neva. Les deux obsessions de Pierre le Grand, l'art de la guerre et l'occidentalisation de son pays, se complétaient dorénavant parfaitement. Existait-il meilleur endroit pour bâtir un port et offrir à la Russie sa « fenêtre sur l'Europe » ? Le 27 mai, Pierre le Grand posa lui-même les premières pierres de la nouvelle forteresse sur l'île Zaiatchi. Saint-Pétersbourg était né.

Nombreux pourtant furent les sceptiques. Pouvait-il y avoir pire emplacement pour une ville ? La guerre faisait toujours rage entre la Russie et la Suède, et le roi de cette dernière, Charles XII, pouvait encore regagner ce territoire s'il pensait que ces marécages parsemés d'îles en valaient la peine. Les îles étaient régulièrement inondées et la région prise de glace entre novembre et avril. De plus, au cœur de l'hiver, elle ne jouissait que de quelques heures d'ensoleillement par jour.

Environ 25 000 serfs perdirent la vie pendant la construction de la ville et le rythme était si soutenu que les premiers navires purent accoster dans le port dès novembre 1703. Les taxes y étant moitié moins élevées qu'en Suède, le port s'empara rapidement du commerce qui transitait auparavant par celui d'Archangel près de là. Pierre, qui désirait une ville splendide, fit appel à l'architecte Domenico Trezzini qui conféra à Saint-Pétersbourg son style distinctement baroque. Elle devint capitale de la Russie en 1712 et comptait 40 000 habitants en 1725. **RP**

La bataille de Blenheim

La Grande Alliance remporte une bataille clé de la guerre de Succession espagnole.

La bataille de Blenheim sauva Vienne de la domination française.

À l'été 1704, les armées de Louis XIV dominaient l'Europe. L'Angleterre, les Provinces-Unies et le Saint Empire autrichien formèrent la Grande Alliance pour s'opposer au Roi-Soleil, mais les Français menaçaient déjà Vienne avec leurs alliés bavarois. Le duc de Marlborough, un Anglais, et le prince Eugène de Savoie, un Autrichien, prirent la tête de l'offensive et envahirent la Bavière à la tête de 56 000 hommes. Au petit matin, le 13 août, les guetteurs français furent surpris quand la brume se leva et révéla de denses colonnes de soldats s'avançant dans la plaine.

L'armée franco-bavaroise, sous les ordres du comte Camille de Tallard, était légèrement plus importante que celle de la Grande Alliance. Tallard ne s'attendait pas à ce que Marlborough et Eugène de Savoie l'attaquent alors qu'ils avaient moins d'hommes et moins d'armes. Leur infanterie et leur cavalerie durent traverser un cours d'eau marécageux sous les balles puis partir à l'assaut de villages fortifiés – Blenheim, Oberglau et Lutzingen. Ces attaques furent repoussées avec de nombreuses pertes. Marlborough s'efforça de retenir ses hommes mais sa cavalerie poursuivit celle de l'ennemi dans la plaine. Sans leur cavalerie, les fantassins français, exposés dans les villages, furent massacrés. Le soir venu, même ceux qui avaient courageusement défendu Blenheim durent se rendre.

L'armée franco-bavaroise perdit à peu près 40 000 hommes. La Bavière dut abandonner le conflit et Vienne fut sauvée. **RG**

L'union de l'Angleterre et de l'Écosse

Avec l'Acte d'union les deux pays n'en font plus qu'un : la Grande-Bretagne.

Les articles de l'Acte d'union entre l'Angleterre et l'Écosse, signé en 1707, se trouvent au Parlement à Londres.

Même si l'Angleterre et l'Écosse avaient le même monarque depuis 1603, quand Jacques VI d'Écosse succéda à Élisabeth Ire sous le nom de Jacques Ier, les deux pays constituaient deux États distincts. L'Acte d'union, signé le 1er mai 1707 dotait les deux pays d'un seul gouvernement et d'un seul Parlement, à Londres. L'Angleterre désirait s'assurer que le « vieil ennemi » écossais ne choisirait pas un monarque catholique de la lignée des Stuarts à la place de la reine Anne.

Les motifs des Écossais étaient plus vénaux. Les investisseurs du pays avaient subi de lourdes pertes dans le scandale de Darien – un projet de colonie écossaise en Amérique centrale dont les fonds avaient été très mal gérés – et la compensation de ces pertes était incluse dans l'acte. De plus, divers membres de l'élite écossaise dont le comte de Glasgow et le préfet de police de la reine, James Douglas, reçurent d'importantes sommes d'argent qu'ils distribuèrent pour s'assurer que l'acte serait aisément adopté.

L'auteur Daniel Defoe, émissaire du Premier ministre anglais en Écosse, déclara que « pour chaque Écossais en faveur [de l'acte] on en compte 99 contre ». Une certaine amertume demeurait après la défaite des révoltes jacobites de 1715 et de 1745-1746, mais dès le XIXe siècle une prospérité croissante avait amené la plupart des Écossais à se réconcilier avec l'union. Ce consensus perdura jusqu'à la montée du nationalisme écossais et à la création du parlement d'Édimbourg à la fin du XXe siècle. **NJ**

La bataille de Poltava

La bataille est un tournant dans la lutte pour la domination du Nord-Est de l'Europe.

Illustration de la bataille de Poltava au cours de laquelle Pierre le Grand battit Charles XII de Suède.

La Russie de Pierre le Grand éclipsa la Suède comme puissance militaire à la bataille de Poltava le 28 juin 1709. Le jeune roi suédois, Charles XII, était un génie militaire, mais après avoir remporté des victoires contre la Pologne, le Danemark, la Norvège et la Russie, il échoua à mettre fin à la grande guerre du Nord qui avait débuté en 1700. Il envahit donc la Russie en 1707 avec 32 000 soldats dans l'espoir de prendre Moscou. Toutefois, un manque de vivres et de mauvaises conditions climatiques le forcèrent à mettre cap au sud vers l'Ukraine à la recherche de blé. Handicapé par une blessure au pied, il fut incapable de prendre la tête de la bataille qui s'annonçait et dut diriger les opérations depuis sa couche.

Quand Charles XII ordonna l'attaque de la forteresse de Poltava, il espérait que la discipline des soldats suédois compenserait leur infériorité numérique et leur manque d'artillerie. Quelque 18 000 Suédois se lancèrent contre des troupes russes deux fois plus nombreuses qui bénéficiaient de plus de positions fortifiées et d'une centaine de canons. Dès 11 heures du matin, la bataille était terminée. Sept mille Suédois étaient morts et 1 400 Russes. Charles XII s'enfuit en Moldavie, alors sous joug ottoman, où il se morfondit pendant cinq ans avant de pouvoir regagner la Suède, et les prisonniers suédois participèrent de force à la construction de Saint Pétersbourg, symbole approprié de la nouvelle domination russe sur les pays baltes. **NJ**

La nouvelle cathédrale de Londres

Le Parlement ordonne la construction de la cathédrale Saint-Paul par Christopher Wren.

◆ Le chœur et le maître-autel, aux ornements splendides, de la cathédrale Saint-Paul,.

◆ Vue en coupe de la cathédrale selon les plans originaux de Wren.

« Lecteur, si tu recherches son monument, regarde autour de toi. »

Épitaphe de Wren à la cathédrale de Saint-Paul

Christopher Wren, contemporain d'Isaac Newton, Hobbes et Purcell, fut l'un des personnages les plus éminents de la restauration anglaise. Homme de science, mathématicien et astronome, sa plus grande réussite fut la cathédrale Saint-Paul, achevée en 1711 à Londres.

Fils d'un homme d'Église, Wren avait étudié à Oxford puis séjourné à Paris où il avait été influencé par l'œuvre du Bernin. Il se tourna alors vers l'architecture et dessina la chapelle de Pembroke College à Cambridge, ainsi que le Sheldonian Theater à Oxford. Il fut aussi chargé de réparer la façade de l'ancienne cathédrale Saint-Paul en 1661.

Une semaine après qu'il eut soumis ses plans pour la rénovation de la cathédrale, elle fut détruite lors du grand incendie de Londres, ainsi que la majorité de la ville. En 1669, Wren fut chargé de superviser les travaux de reconstruction par Charles II et l'on commença à bâtir la nouvelle cathédrale dès l'année suivante. Les travaux durèrent 36 ans – le plus souvent sous la supervision personnelle de Wren. Le Parlement, qui s'impatientait devant le retard accumulé, retint son salaire pendant quatorze ans, et le clergé ergota sur les trois versions qu'il soumit à son examen. Wren ne se découragea pourtant pas et, en 1697, le premier office eut lieu à la cathédrale. En 1710, le fils de Wren, architecte lui aussi et nommé également Christopher, supervisa la pose du toit. L'année suivante, le Parlement déclarait le bâtiment achevé.

Wren survécut jusqu'en 1723. Parmi ses dernières œuvres, qui furent réalisées sous le règne de William et Marie, se trouvent les plans du palais de Kensington et une nouvelle aile de celui de Hampton Court. Son dernier projet majeur fut l'hôpital de Greenwich. Il mourut après avoir attrapé froid à 90 ans. **NJ**

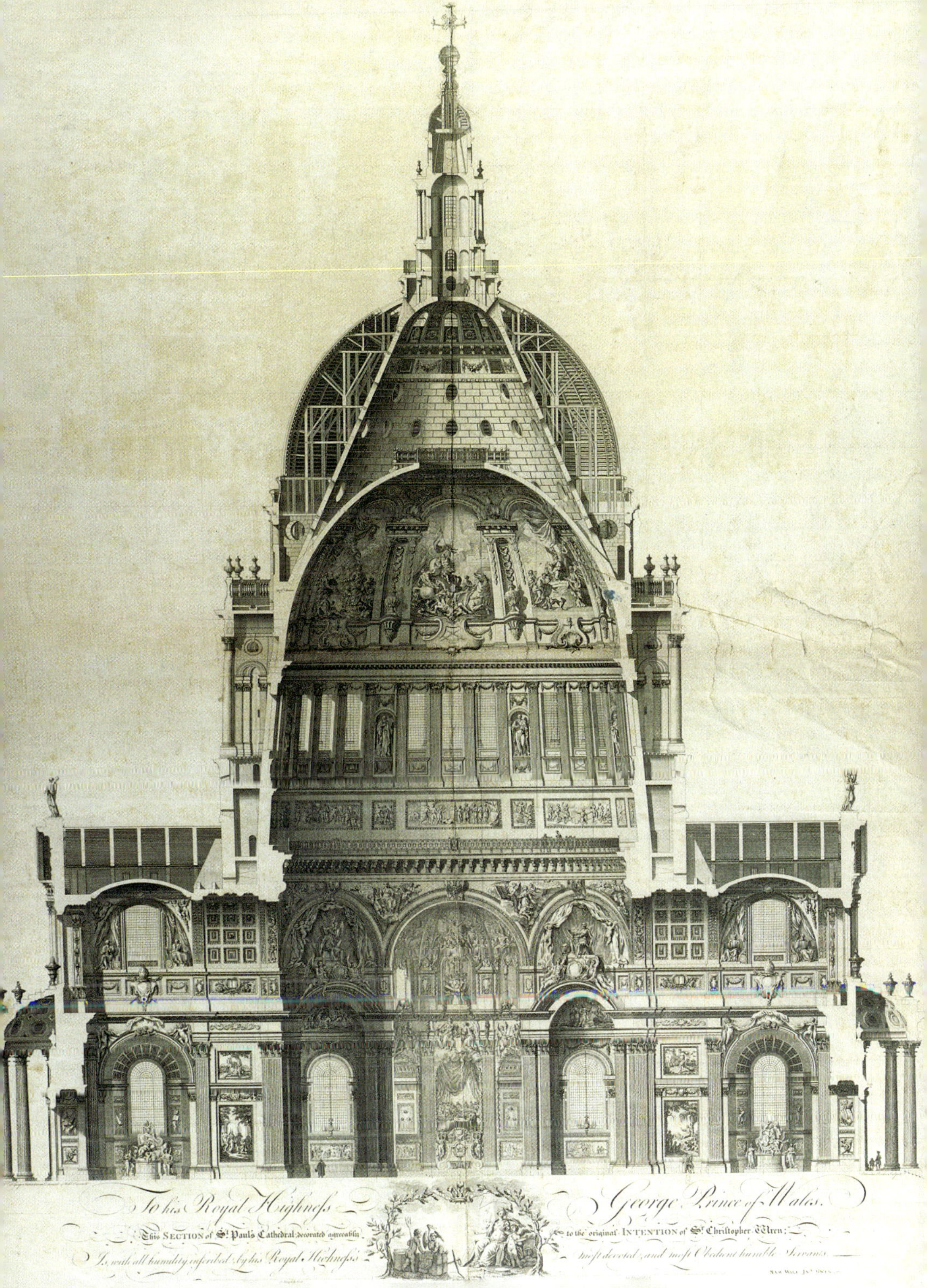
To his Royal Highness George Prince of Wales.
This SECTION of St. Paul's Cathedral decorated agreeably to the original INTENTION of Sr. Christopher Wren;
Is, with all humility, inscribed, by his Royal Highness's most devoted, and most Obedient humble Servants

La signature du traité d'Utrecht

Le traité d'Utrecht met fin à la longue guerre de Succession d'Espagne.

de quatre Semaines, ou plutost, s'il est possible, a compter du jour de la Signature.

30.

En foy de quoy Nous Soussignez Ambassadeurs Extra-ordinaires et Plenipotentiaires du Roy tres Chrestien, et de la Reyne de la Grande Bretagne avons Signé les presens articles de nostre main, et y avons fait apposer les cachets de nos armes. Fait a Utrecht le Unzieme Avril de l'an mil Sept cens treize.

Huxelles — Joh: Bristol C.P.S.

Mesnager — Strafford

Le traité d'Utrecht signé par les ambassadeurs de la reine Anne, Thomas Wentworth et John Robinson.

« L'Europe ne pourrait en aucun cas tolérer l'union de la France et de l'Espagne sous un même roi. »

Traité d'Utrecht

La guerre avait éclaté en 1701 entre Louis XIV et le Saint Empire autrichien au sujet du trône espagnol auquel pouvaient prétendre les Bourbons comme les Habsbourg. Plus de dix ans plus tard, elle durait toujours, mais prit fin avec le traité d'Utrecht signé le 11 avril 1713.

L'Autriche ne voulait pas que le petit-fils de Louis XIV montât sur le trône d'Espagne sous le nom de Philippe V car elle craignait que cela n'accroisse le pouvoir déjà étendu de la France ou qu'elle ne s'unisse avec l'Espagne contre les Habsbourg d'Autriche. Peu à peu, d'autres nations – la Grande-Bretagne, les Provinces-Unies, la Savoie et le Danemark – s'étaient alliées pour s'opposer à la France. Une guerre destructrice s'ensuivit, marquée par les grandes victoires du duc de Marlborough et du prince Eugène de Savoie à Blenheim, Ramillies, Oudenarde et Malplaquet.

Le coût toujours plus important de la guerre, sur le plan financier mais aussi en pertes humaines (400 000 morts), sans de réel gain stratégique, provoqua en Grande-Bretagne un changement de gouvernement et celui-ci commença à négocier secrètement la paix avec la France. Selon les termes du traité d'Utrecht, Philippe V conservait sa couronne, mais la France et l'Espagne ne pourraient jamais s'unir. L'Autriche gagna les Pays-Bas du Sud, auparavant sous domination espagnole (à peu près la Belgique actuelle) et la France abandonna officiellement son soutien aux Stuarts, rivaux catholiques des Hanovre pour le trône d'Angleterre. Elle céda aussi la baie d'Hudson, l'Acadie et Terre-Neuve à la Grande-Bretagne. L'Espagne abandonna Gibraltar, Minorque mais aussi le lucratif monopole de la traite transatlantique des esclaves (l'asiento). **JJH**

Les jacobites en déroute

Le prince Jacques revendique le trône et le comte de Mar lance la révolte jacobite.

Même si la deuxième révolte jacobite menée par Charles Édouard Stuart (1745), aux accents romantiques et à la conclusion tragique, est plus célèbre que la première déclenchée en 1715 par son père, le prince Jacques Édouard, ce fut la première qui mit nettement en danger le règne des Hanovre car elle bénéficiait du soutien de certains Anglais en plus de celui des Écossais.

Déposés par la Glorieuse Révolution de 1689, Jacques II et son fils Jacques Édouard avaient trouvé refuge en France où ils se morfondaient en attendant que leurs partisans (généralement catholiques et surnommés jacobites) restaurassent leur pouvoir. L'accession au trône en 1714 du hanovrien George Ier, très impopulaire, permit aux jacobites anglais et écossais d'organiser une révolte. John Erskine, duc de Mar, déclara formellement la souveraineté du prince Jacques le 9 septembre, réunit une armée de 12 000 hommes et s'empara de Perth le 14 avant d'envoyer 1 500 Écossais à l'aide des jacobites du nord de l'Angleterre.

Loin d'être bien accueillis dans le Lancashire, à majorité catholique, les jacobites furent bloqués à Preston. Après deux jours de combat, ils durent se rendre aux troupes hanovriennes supérieures en nombre. Mar avait échoué de son côté à s'emparer de l'Écosse. Après une bataille sanglante à Sherrifmuir, le 13 novembre, où rien ne fut résolu, le soutien dont avait bénéficié Mar s'évapora. L'arrivée tardive à Perth de Jacques Édouard en décembre échoua à rassembler les jacobites. Menacés par les troupes du duc d'Argyll et par de rudes conditions hivernales, Jacques et Mar firent à nouveau voile vers la France en laissant leurs partisans se défendre par eux-mêmes. Plusieurs des chefs jacobites furent emprisonnés à la tour de Londres puis exécutés. **JJH**

L'Ordre de libération, 1746, montre un soldat jacobite rendu à sa famille, John Everett Millais, 1852-1853.

« Il est temps que tous les hommes de bonne volonté montrent leur zèle au service de sa majesté. »

Déclaration du comte de Mar, le 9 septembre 1715

Les Turcs repoussés des Balkans

Le prince Eugène de Savoie s'empare de Belgrade après une contre-offensive turque ratée.

Portrait du prince Eugène de Savoie (XVIII siècle), dans lequel le globe et l'atlas symbolisent sa carrière.

« Une armée autrichienne audacieusement / avec sa batterie assiégea Belgrade. »

Poème anonyme paru en 1817 dans *The Trifler*

Le siège de Belgrade que mena Eugène de Savoie et qui s'acheva le 5 août 1715 marqua la fin de l'influence ottomane dans les Balkans. Cette victoire décisive garantissait que l'Empire ottoman ne menacerait plus un État européen.

Les Turcs avaient soif de revanche contre l'Autriche depuis leur défaite au cours du second siège de Vienne en 1683. L'occasion se présenta en 1716 : ils déclarèrent la guerre à l'Autriche affaiblie par la guerre de Succession d'Espagne (1701-1713). Le grand vizir ottoman, Damad Ali, réunit 150 000 soldats à Belgrade, puis s'avança vers le Nord. Eugène avait cependant renforcé ses défenses – déjà importantes – à Petrovaradin, une forteresse sur le Danube. Depuis cette position stratégique, il put vaincre l'armée de Damad et tuer ce dernier.

Les Turcs se replièrent rapidement sur Belgrade où, en juin 1717, une armée de 30 000 soldats commandée par le pacha Mustapha fut assiégée par Eugène et ses 100 000 hommes. Cependant, le 5 août, les assiégeants devinrent les assiégés quand 200 000 hommes des troupes ottomanes venues en renfort les encerclèrent. Les troupes d'Eugène étaient alors réduites à 60 000 hommes environ, mais il décida de tenter une percée audacieuse. Aidés par l'épais brouillard matinal, ses soldats infligèrent une cuisante défaite aux Turcs, rapidement suivie de la capitulation de Belgrade. L'année suivante, la Turquie demandait la paix.

Bien que les capacités militaires du prince Eugène soient parfois sous-estimées par rapport à celle du grand stratège que fut le duc de Marlborough, Eugène de Savoie, grâce à sa victoire décisive sur l'armée ottomane, prouva qu'il était au moins son égal et il contribua certainement plus durablement à l'histoire européenne. **JJH**

Le génie baroque de Bach

Les Concertos brandebourgeois *de Bach établissent un nouveau modèle de musique.*

Le margrave de Brandebourg fut-il heureux de recevoir le manuscrit des six *Concerts avec plusieurs instruments* accompagnés de la dédicace du compositeur le 24 mars 1721 ? L'histoire ne le dit pas, mais l'on sait que le prince ne disposait pas d'assez de musiciens pour jouer ces œuvres et que les partitions attendirent dans sa bibliothèque. Jean-Sébastien Bach ne se laissa pourtant pas troubler. Il était souvent considéré comme un homme grincheux et dépourvu d'humour, mais ces concertos furent composés durant l'une des périodes les plus heureuses de sa vie ; il était alors organiste à la cour de Cöthen, en Allemagne, où le prince Léopold était un réel amateur de musique. Comme il était calviniste, la musique ne jouait pas un rôle important lors des services religieux. Léopold encouragea donc Bach à composer de la musique de divertissement et de fait les *Concertos brandebourgeois* sont magnifiquement divertissants – élégants, vigoureux, exubérants et pleins d'humour – de même qu'étonnamment novateurs.

Bach était influencé par les concertos orchestraux de Vivaldi et d'autres compositeurs italiens, mais il utilisait une plus grande variété d'instruments dans les solos, dont la flûte à bec et la trompette, l'une accompagnant souvent l'autre, et ses textures étaient plus riches et plus contrapuntiques. Parmi ses innovations, citons l'utilisation du clavecin comme instrument de solo : le *Cinquième Concerto brandebourgeois* est ainsi le premier au monde pour clavier cependant que le sixième est entièrement dépourvu de violons. Jean-Sébastien Bach, sans doute la plus grande figure de la musique baroque, dote d'une merveilleuse technique et d'un superbe sens de l'harmonie, brisa toutes les règles ou plutôt en inventa de nouvelles et de meilleures. **RP**

Portrait de Bach, un manuscrit à la main, peint en 1746 par Elias Gottlob Haussmann (1695-1774).

« Toute musique ne devrait avoir pour objectif que [de célébrer] la gloire de Dieu. »

Jean-Sébastien Bach (1685-1750)

La Table des rangs est promulguée

Pierre le Grand tente d'instaurer la modernité en Russie en transformant son organisation militaire et en basant les promotions sur le mérite.

Le règne de Pierre le Grand ne fut qu'une longue tentative pour réformer la Russie. C'est cependant sa promulgation de la Table des rangs en janvier 1722 qui constitua son effort le plus radical pour régler ses comptes avec la vieille noblesse réactionnaire – les boyards – et garantir que les promotions au sein de l'armée et de l'administration se fassent en fonction du mérite et non des privilèges héréditaires.

Influencé par le long séjour qu'il avait effectué en Europe occidentale au début de son règne, Pierre le Grand avait créé une flotte russe et modernisé son armée. Il avait conçu une table de quatorze rangs pour tous les officiers – à chaque rang correspondait un uniforme – et il décréta que quiconque atteignait le huitième serait automatiquement anobli, même s'il était fils de serf.

Il ne réussit qu'en partie à moderniser la Russie car, à long terme, le nouveau système créa une nouvelle classe de bureaucrates de pères en fils qui supprimèrent toute initiative parmi les rangs inférieurs. Cette situation continua jusqu'à l'abdication de Nicolas II en 1917. Pierre le Grand eut un règne productif : il construisit une nouvelle capitale, Saint-Pétersbourg, ouverte sur l'Occident, vainquit les rivales de la Russie – la Suède et la Turquie –, réforma le gouvernement central et régional, créa un Sénat et un Conseil des ministres, abolit le port de la barbe pour les nobles et imposa la mode vestimentaire et les coutumes de l'Occident. Il encouragea l'émancipation des femmes. **NJ**

Pierre le Grand, qui consacra son règne à la modernisation du vaste territoire russe.

1722 – 5 AVRIL

L'île de Pâques

Jakob Roggeveen part à la recherche de l'Australasie et découvre l'île de Pâques.

Jakob Roggeveen avait 62 ans quand il entreprit de découvrir l'Australasie, projet qui remontait à l'enfance car son père, astronome, projetait de la trouver. En août 1721, la Compagnie néerlandaise des Indes occidentales confia trois navires – l'*Arend*, le *Thienhoven* et l'*Afrikaansche Galey* – à Roggeveen qui, après avoir contourné la pointe de l'Amérique du Sud pour pénétrer dans le Pacifique, découvrit l'île de Rapa Nui le 5 avril 1722, un dimanche de Pâques.

Il la rebaptisa île de Pâques. Bien qu'impressionné par les *moaï* – des têtes gigantesques sculptées dans de la roche volcanique –, il n'explora pas l'île en détail. Il nota qu'elle comptait 2 000 à 3 000 habitants, que probablement leur nombre était de 10 000 quelques années plus tôt, jusqu'à ce que la déforestation et d'autres problèmes environnementaux entraînassent une baisse de population. Quand Roggeveen arriva à Batavia (aujourd'hui Djakarta), il fut jeté en prison par la Compagnie néerlandaise pour avoir brisé son monopole dans la région. Une fois libéré, il retourna aux Pays-Bas où il écrivit le récit de son voyage.

« Cette tête primitive / Si ambitieusement vaste / Et pourtant si rude dans son art… »

Robert Frost, *The Bad Island-Easter*

La population de l'île de Pâques continua à décliner à cause d'épidémies et d'attaques de négriers espagnols. Elle était descendue à 100 quand l'île fut annexée par le Chili en 1888. Depuis, le tourisme l'a aidée à se rétablir lentement. **NJ**

1722 – 12 OCTOBRE

La chute d'Ispahan

L'armée afghane inflige un horrible siège à la ville et renverse l'Empire perse.

En 1719, le féroce chef afghan Mir Mahmoud Hotaki envahit la Perse et, dès mars 1722, il avait vaincu l'armée perse, deux fois plus importante que la sienne, à la bataille de Gulnabad. Mahmud s'empara de la ville de Farahabad et assiégea Ispahan dont la population était passée à 600 000 habitants quand les Afghans avaient dévasté la région et repoussé les habitants vers la ville où ils les affamèrent. Après sept mois de siège, les Perses en furent réduits au cannibalisme et Ispahan dut capituler le 12 octobre.

Du XVIe au XVIIIe siècle, sous le règne des shahs de la dynastie safavide, la Perse (l'Iran actuel) avait joui d'une stabilité et d'une prospérité qu'elle n'avait plus connues depuis l'époque de Darius et de Xerxès, dans l'Antiquité. Ispahan constituait le joyau de la couronne safavide : avec ses mosquées, ses minarets, ses ponts et ses rues ombragées, elle constituait un chef-d'œuvre de l'art et de l'architecture chiites.

Après sa tentative catastrophique d'envahir l'Afghanistan en 1709, dont 1 000 soldats perses seulement revinrent, la dynastie safavide avait rapidement décliné, notamment sous le règne du sultan Hussein Ier qui avait déserté Ispahan et passait la plupart de son temps dans son harem. Quand la ville tomba aux mains des Afghans en 1722, Hussein fut capturé et dut abdiquer. Son fils put toutefois s'échapper et rejoindre Tabriz où il s'autoproclama shah Tahmasp II. En 1725, Mir Mahmoud Hotaki fut pris de folie et mystérieusement assassiné et, dès 1729, Tahmasp reprenait le contrôle de la plus grande partie de la Perse, mais il fut déposé et assassiné à son tour par un nouveau souverain, Nader, un génie militaire qui devint shah en 1736. Le règne des Safavides était terminé. **JJH**

1733 – 26 MAI

La navette volante

John Kay dépose le brevet d'une invention qui va révolutionner l'industrie textile.

John Kay naquit en 1704 près de Bury dans le Lancashire où était implantée l'industrie du coton. Dès 1730, ce jeune inventeur avait déposé le brevet d'une machine qui cardait et tordait la laine. Trois ans plus tard, apparaissait son invention révolutionnaire, la navette volante, un instrument qui constituait la première étape vers la mécanisation du tissage.

Jusqu'à la découverte de Kay, produire une étoffe de coton sur un métier à tisser s'avérait long et pénible. Une navette contenant la trame du tissu devait passer dans l'espace créé par les fils de la chaîne alternativement baissés et relevés. La largeur de l'étoffe ne pouvait ainsi dépasser la longueur du bras du tisserand qui faisait passer la navette d'une extrémité à l'autre.

L'innovation de Kay consista à augmenter la vitesse de la navette et la distance qu'elle parcourait. Il installa de chaque côté une raquette en bois qu'il relia par une tringle en bois. La navette glissait sur cette dernière en un mouvement de va-et-vient rapide, propulsée par les raquettes que le tisserand actionnait en tirant sur une ficelle.

Le succès de l'invention de Kay transforma l'industrie textile et traça la voie aux inventions futures qui participeraient à la mécanisation de l'industrie. Malheureusement les fabricants, cupides, refusèrent de payer à Kay une redevance pour l'utilisation de sa navette et, en 1753, des tisserands inquiets que la mécanisation ne les mette au chômage le chassèrent de sa maison. Il rejoignit la France où il mourut dans la misère. Son fils, Robert, qui était demeuré en Angleterre, hérita de son talent d'inventeur et créa la « boîte montante », un appareil qui permettait de tisser une étoffe complexe et colorée. **NJ**

1735

L'œuvre de Linné

La publication de Systema Naturae *marque le début de la taxinomie.*

Doté de onze pages seulement, publié en latin en 1735 et pourvu du redoutable titre *Systema Naturae per regna tria naturae, secundum classes, ordines, genera, species, cum characteribus, differentiis, synonymis, locis*, l'ouvrage de Carl von Linné offre une classification majeure de la nature en trois règnes : animal, végétal et minéral.

Linné – qui avait collecté des centaines de nouvelles espèces végétales – aimait se comparer à Adam, qui, dans le jardin d'Éden, avait nommé les plantes et les animaux. Le botaniste suédois leur conféra un nouveau nom scientifique qui reflétait la relation entre les différents groupes et ordres. Il classa les plantes en fonction de leur nombre d'étamines et plaça l'*Homo sapiens* parmi les singes, décision qui fut critiquée.

Linné révisa et allongea régulièrement son ouvrage qui avait rencontré un succès immédiat. En 1770, sa treizième et dernière édition classifiait 4 400 espèces animales et 7 700 végétales à l'aide d'une nomenclature binaire qu'il avait inventée en 1749. Chaque organisme est doté d'un nom en deux parties, la première indiquant son genre, la deuxième son espèce. Cette taxinomie est toujours utilisée. Linné put aussi corriger certaines erreurs : les baleines furent classées dans la catégorie mammifères plutôt que dans celle des poissons.

L'œuvre de Linné eut une immense influence et son travail s'avéra très utile aux évolutionnistes. On a désormais identifié trop d'espèces pour pouvoir les inclure dans un seul ouvrage, mais sa classification hiérarchisée et sa nomenclature binaire bien que modifiées, demeurent indispensables. **RP**

Wesley prêche le méthodisme

John Wesley délivre son premier sermon à Bristol, en Angleterre, puis parcourt le pays pour convertir des dizaines de milliers de personnes à la pensée méthodiste.

Le fondateur du méthodisme, John Wesley, donna son premier sermon en plein air le 2 avril 1739 et parcourut inlassablement l'Angleterre pour y répandre son message de salut et de justification par la foi, convertissant ainsi plus de 150 000 personnes. À sa mort en 1791, le méthodisme était devenu le courant principal de l'Église anglicane même s'il était destiné, contre la volonté de son fondateur, à faire sécession.

Wesley était un révolutionnaire improbable. Homme doux imprégné d'anglicanisme, il avait la même tendance naturelle que Luther à voir dans l'expérience personnelle l'intervention de Dieu – à l'âge de 5 ans il fut sauvé d'une maison en flammes. Étudiant à Oxford, il fonda un club religieux avec son frère Charles et le calviniste George Whitefield. Une fois ordonné prêtre, il fut envoyé à Savannah, en Géorgie, et fut profondément impressionné durant la traversée de l'Atlantique par la foi tranquille des membres de l'Église morave alors que le bateau menaçait de faire naufrage. Une fois rentré à Londres, il assista à une de leurs réunions où il ressentit l'appel de Dieu, puis Whitefield l'invita à Bristol où il donna son premier sermon en plein air.

La grande vague méthodiste qui balaya l'Angleterre et le monde chrétien à la fin du XVIIIe siècle constituait un renouveau religieux comparable à la Réforme. Il revitalisa le protestantisme et le ramena à la simplicité des premiers chrétiens avec des conséquences toujours vivantes aujourd'hui. **JJH**

◀ John Wesley apporta son message directement au peuple en prêchant devant d'immenses foules.

▶ John Wesley prononce son sermon devant la tombe de son père dans le cimetière de l'église d'Epworth.

Frédéric le Grand annexe la Silésie

Sa campagne militaire marque l'émergence de la Prusse comme grande puissance militaire.

Frédéric le Grand de Prusse, portrait en chef militaire suprême datant de 1746, Antoine Pesne.

« Je commence par prendre. Je trouverai plus tard des érudits pour démontrer [que j'en avais] le droit. »

Frédéric le Grand (1712-1786)

La prise de la Silésie, une province allemande sous domination autrichienne, par le nouveau roi de Prusse, Frédéric II, dit Frédéric le Grand, était un acte de pur opportunisme qui déclencha la guerre de Succession d'Autriche (1740-1748). Frédéric II pouvait ainsi ajouter des terres et une population d'un million et demi d'habitants, en majorité protestante, à son royaume jusque-là pauvre et peu peuplé. Il avait tiré profit du fait que l'impératrice Marie-Thérèse, tout aussi inexpérimentée que lui, venait d'accéder au trône autrichien pour s'emparer de la province avec l'aide de 27 000 soldats au cours d'une campagne hivernale audacieuse. Les garnisons de Neisse et de Glogau lui résistèrent toutefois et, au printemps 1741, une armée autrichienne commandée par le maréchal Adam Niepperg contre-attaqua et sauva Neisse (Glogau était déjà tombé aux mains de Frédéric II).

Commandant inexpérimenté, le roi de Prusse se laissa dominer dans sa première bataille rangée à Mollwitz le 10 avril. Les armées étaient à forces égales (20 000 soldats chacune) et les Autrichiens furent tout d'abord victorieux. Ils mirent en fuite la cavalerie prussienne et forcèrent même Frédéric II à quitter le champ de bataille. Mais l'infanterie prussienne, à la discipline extraordinaire, se regroupa sous le commandement de Kurt von Schwerin et remporta de justesse la victoire. La victoire de Mollwitz sauva les conquêtes de la Prusse en Silésie et même si une coalition européenne s'opposa à Frédéric II, son règne fut marqué par une série quasi ininterrompue de victoires contre l'Autriche et la France. Cela renforça la tradition militariste de la Prusse et révolutionna les tactiques militaires en Europe pendant le demi-siècle suivant, jusqu'à l'arrivée de Napoléon. **NJ**

Robert Walpole démissionne

Fin de parcours pour l'un des Premiers ministres les plus controversés de l'histoire anglaise.

Robert Walpole bâtit sa carrière grâce à son réseau familial et aux Hobereaux du parti whig dont il ménageait les intérêts. C'est la nature corrompue de sa façon de gouverner qui le força à démissionner en février 1742.

Un séjour à la tour de Londres, orchestré par ses ennemis tories à la fin du règne de la reine Anne, n'avait pas entravé son ascension politique et, à partir de 1721, il devint le membre le plus éminent du gouvernement. Le terme de Premier ministre n'était pas encore en usage, mais c'est celui qu'utilisent les historiens qui considèrent qu'il fut le premier à occuper ce poste et à habiter au 10 Downing Street.

Son pouvoir s'appuyait principalement sur la manipulation de la corruption – « Chaque homme a son prix », disait-il – et bénéficia de la prospérité née de la stabilité économique, d'impôts peu élevés et de l'absence de guerre à l'étranger. Le déclin de Walpole débuta dans les années 1730, à cause d'émeutes provoquées par l'augmentation de la taxe sur le gin et avec la guerre de « l'oreille de Jenkins ». En 1731, Robert Jenkins, capitaine du vaisseau Rebecca, fut intercepté près de La Havane par les gardes-côtes espagnols qui, selon l'Anglais, lui coupèrent l'oreille. En 1738, il se présenta à la Chambre des communes avec son oreille dans un bocal. Des sentiments belliqueux contre l'Espagne apparurent et Walpole lui déclara la guerre le 23 octobre 1739.

C'est une élection législative partielle truquée, que Walpole voulut transformer en une motion de confiance et qu'il perdit, qui entraîna sa chute. Nommé comte d'Orford, Walpole se retira dans son manoir meublé grâce aux fruits pas toujours légitimes de sa longue occupation du pouvoir. **NJ**

Robert Walpole revêtu de la robe de comte, peint en 1743 par John Heins (1732-1771), un an après sa démission.

« Vous et moi sommes aussi insignifiants que n'importe quel autre homme en Angleterre. »

Walpole s'adressant au comte de Bath

La bataille de Culloden

Le duc de Cumberland étouffe la dernière révolte jacobite contre le règne hanovrien grâce à une victoire décisive à Culloden en Écosse.

La bataille de Culloden se déroula le 16 avril 1746 entre l'armée jacobite du prince Charles Édouard Stuart et les troupes hanovriennes, plus nombreuses, mieux armées et mieux nourries, du duc de Cumberland. Elle dura moins d'une heure.

Le prince avait débarqué en Écosse en août 1745 avec une poignée de partisans. Soutenu par les clans des Highlands, en majorité catholiques, il avait pris Édimbourg et vaincu les Anglais à Prestonpans avant de marcher sur Derby au sud. Après avoir échoué à soulever les jacobites anglais, il se replia sur l'Écosse où il vainquit d'autres troupes anglaises à Falkirk.

À la mi-avril 1746, l'armée jacobite avait dû se rabattre sur Inverness. Le prince ordonna une dangereuse attaque de nuit mais ses soldats se perdirent dans la lande et revinrent, épuisés, à leur position initiale. La bataille de Culloden débuta par une immense canonnade hanovrienne. Alors que le prince hésitait, le plus capable de ses commandants, lord George Murray, ordonna une charge de cavalerie à laquelle se joignirent les fantassins jacobites brandissant leur lourde épée, mais ils s'embourbèrent, perdirent de la vitesse et les Hanovriens les encerclèrent pour l'estocade finale. À l'approche des dragons hanovriens et de leurs chevaux, Charles Édouard s'enfuit du champ de bataille. Cumberland pratiqua la politique de la terre brûlée qui mit fin au système de clans des Highlands et provoqua chez les Écossais une amertume durable. La cause jacobite était morte. **NJ**

William, duc de Cumberland – surnommé le Boucher de Cumberland – domine le champ de bataille.

Le prince Charles Édouard se cachant après Culloden – Flora Macdonald est parmi ceux qui veillent sur lui.

1748 – 23 MARS

Les premières fouilles de Pompéi

Charles III ordonne les fouilles complètes de la ville ensevelie de Pompéi.

En 1738, un paysan qui creusait un puits redécouvrit la cité ensevelie de Pompéi et dix ans plus tard, le roi de Naples, le Bourbon Charles III, ordonna des fouilles complètes sous la direction de Karl Weber, un ingénieur militaire né en Suisse.

Pompéi était une ville portuaire romaine prospère, près de Naples, qui abritait environ 20 000 habitants quand, le 24 août de l'an 79, elle fut détruite par l'éruption du Vésuve. Des couches de cendres et de pierres ponces d'une épaisseur de près de 4 m recouvrirent la ville et les habitants qui n'avaient pu s'échapper. Peu à peu, Pompéi et la ville voisine, Herculanum qui avait été submergée par un torrent de boue, tombèrent dans l'oubli, ne survivant que dans les récits de Pline le Jeune et d'autres écrivains de l'Antiquité.

« Mon hôte, j'ai mouillé mon lit. Pourquoi demandez-vous ? Par manque de pot de chambre. »

Graffiti sur le mur d'une chambre de Pompéi

Les fouilles se sont poursuivies de façon sporadique depuis 1748 et ont peu à peu révélé les vestiges de l'une des villes romaines les plus complètes jamais découvertes : amphithéâtre, théâtres, forum, rues bordées d'échoppes et de maisons, bars, auberge, amphores, fresques, nombreux graffiti – dont des dessins érotiques – et des objets liés au culte du phallus. Plus poignants encore sont les nombreux moulages des habitants de Pompéi dont la vie s'interrompit abruptement il y a 2 000 ans. **NJ**

1751

L'*Encyclopédie* de Diderot

L'œuvre imposante de Diderot et d'Alembert devient la « bible du Siècle des lumières ».

L'*Encyclopédie*, ou *Dictionnaire raisonné des sciences, des arts et des métiers*, est l'une des plus grandes entreprises éditoriales de tous les temps. Pour la mener à bien il fallait un homme de vaste culture et d'une curiosité insatiable. Diderot fut cet homme-là, épaulé par le mathématicien d'Alembert. Son œuvre reflète l'étendue de son savoir et ses intérêts : le théâtre, dont il est l'un des grands théoriciens, la peinture, les sciences, la philosophie, le roman… L'auteur de Jacques le Fataliste est représentatif de ce XVIIIe siècle avide de connaissances nouvelles.

Né à Langres, éduqué chez les jésuites, Diderot mène une vie de labeur acharné, sans fortune. Il se consacre à l'*Encyclopédie* de 1747 à 1766. Il s'agit au départ d'adapter la *Cyclopaedia* d'Ephraïme Chambers, dont les deux volumes sont parus à Londres en 1728. Mais le projet prend de l'ampleur. Diderot et d'Alembert sont chargés par des libraires parisiens d'en assurer l'édition, qui comprendra 28 volumes. Un travail titanesque, auquel s'associe un collectif d'auteurs, parmi lesquels Voltaire, Rousseau, Montesquieu ou Condorcet. Par un jeu subtil de renvois, les articles de l'*Encyclopédie* insèrent des critiques de l'absolutisme, de la religion, de la société d'Ancien Régime. L'ouvrage, et c'est l'une de ses originalités, fait une place importante aux « arts mécaniques », c'est-à-dire à l'artisanat, à l'industrie, et aux questions économiques.

L'*Encyclopédie*, dont le succès est immédiat, suscite l'hostilité des jésuites, qui obtiennent son interdiction. La protection de quelques hauts personnages et la pugnacité de Diderot, qui y laisse sa santé, permettent son achèvement en 1772. Elle symbolise le triomphe de l'esprit critique sur le dogme, l'espoir du progrès grâce à la raison humaine. **NJ**

Franklin invente le paratonnerre

Benjamin Franklin réalise des expériences d'électricité au cours d'un orage à Philadelphie.

Benjamin Franklin attire l'électricité du ciel, v. 1816, par le célèbre peintre, Benjamin West (1738-1820)

« Il a arraché le feu des cieux et le sceptre des mains des tyrans. »

Jacques Turgot à la mort de Franklin en 1790

Né à Boston dans le Massachusetts en 1706, Benjamin Franklin, qui avait quitté l'école à l'âge de 10 ans, rencontra un extraordinaire succès comme journaliste, éditeur, diplomate, inventeur et savant. Il contribua de façon remarquable aux recherches sur l'électricité. Il est surtout célèbre pour son étude de la foudre et pour son invention du paratonnerre. En juin 1752, il se livra à la plus spectaculaire de ses expériences.

Franklin attira l'électricité d'un nuage orageux jusqu'à une clé métallique attachée à la ficelle d'un cerf-volant. Le processus fut décrit des années plus tard par son ami intime Joseph Priestley, un autre pionnier scientifique. Franklin attendait que l'on achève la flèche de l'église de Christ Church à Philadelphie, où il vivait, pour mettre à l'épreuve sa théorie visant à prouver la nature électrique des éclairs mais il s'aperçut qu'un cerf-volant lui donnerait « un meilleur accès aux régions du tonnerre » que n'importe quelle flèche.

Il attendit, avec son fils, qu'un orage s'approche, puis ils lancèrent leur cerf-volant, un simple grand mouchoir de soie attaché à deux bâtons croisés, le tout complété d'une longue cordelette de chanvre. Rien se sembla se produire au début, mais Franklin remarqua que lorsqu'un nuage orageux passait au-dessus de leur tête, les fils qui s'étaient échappés de la ficelle se raidissaient. Quand il toucha la clé du doigt, une étincelle se produisit.

Franklin publia un bref récit de l'expérience en octobre 1752, démontrant la nature électrique des éclairs. Il offrit ainsi au monde entier des informations très utiles sur la foudre contre laquelle il fut enfin possible se protéger. Les premiers exemplaires de paratonnerre furent installés sur sa maison, l'Académie de Philadelphie et l'Independance Hall. **RC**

L'Angleterre adopte le calendrier grégorien

L'Angleterre perd onze jours en une nuit quand elle adopte le calendrier grégorien.

L'Angleterre (et ses colonies d'Amérique du Nord) s'aligna finalement sur le reste de l'Europe quand elle décida en 1750 d'adopter le calendrier grégorien. L'année 1751 ne fut ainsi composée que de 282 jours, du 25 mars au 31 décembre. En 1752, le premier jour de l'année passa du 25 mars au 1er janvier. et onze jours furent supprimés – le 2 septembre fut suivi du 14 du même mois.

Jusque-là l'Angleterre avait suivi le calendrier établi par Jules César en 45 av. J.-C. selon lequel une année avait une durée moyenne de 365,25 jours. C'était en réalité légèrement trop long. Des siècles plus tard, le calendrier était en retard de plusieurs jours et la fête de Pâques ne tombait plus l'équinoxe de printemps. En 1582, le pape Grégoire XIII imposa un nouveau calendrier qui « perdit » dix jours et selon lequel la règle des années bissextiles était plus complexe pour pouvoir prendre en compte la « dérive » des dates.

La plupart des pays d'Europe continentale l'avait adopté au XVIe siècle mais pas l'Angleterre. En 1750 toutefois, le Parlement anglais déclara que l'ancien calendrier était « affligé de plusieurs inconvénients, non seulement parce qu'il diffère de l'usage des nations voisines mais aussi de la méthode légale de calcul en Écosse et de l'usage courant dans tout le royaume, ce qui entraîne couramment des erreurs… et des disputes ».

Le changement fut accueilli par un certain mécontentement comme le montre le tableau de William Hogarth où le candidat du parti whig, le comte de Macclesfield, partisan du changement de calendrier, est puni pour avoir dérobé onze jours au pays et du coup avoir empêché ceux qui payaient leur loyer par trimestre de pouvoir gagner leur salaire habituel. **NJ**

Détail d'une gravure de William Hogarth qui montre ceux qui veulent qu'on leur rende les onze jours qu'ils ont perdus.

« En haut de votre journal jeudi 14 septembre. Ai-je dormi onze jours en sept heures ? »

Gentleman's Magazine en septembre 1752

Vers l'unité et la confédération

Benjamin Franklin présente un plan pour l'union des colonies britanniques en Amérique.

Portrait de Benjamin Franklin au milieu de sa vie, 1767, par l'artiste anglais Joseph Wright de Derby (1734-1797).

« Nos ennemis ont le grand avantage d'être sous une même direction. » Benjamin Franklin, *La Gazette de Pennsylvanie*, mai 1754

Benjamin Franklin n'inventa pas seulement le paratonnerre, les lunettes à double foyer et un odomètre, il participa également à l'idée d'une nation américaine. En juin 1754, il élabora un projet où les colonies britanniques seraient unies sous un gouvernement général. Ses termes étaient toutefois trop ambitieux pour le gouvernement britannique comme pour chacune des colonies : tous craignaient de perdre une partie de leur autorité.

Dans les années 1750, les colonies britanniques de la côte atlantique étaient contenues dans leur progression vers l'ouest par les Français. La situation était de plus compliquée par les rivalités et divisions qui régnaient entre elles. Le gouvernement britannique leur recommanda de former « une union et une confédération » qui leur permettrait de se défendre mutuellement et de gagner le soutien des Amérindiens. Elles pouvaient établir un fond de guerre commun pour payer les dépenses encourues.

Le plan de Franklin fut examiné par les représentants de sept colonies au cours du congrès d'Albany, décrit comme « un jalon de la coopération coloniale ». Franklin proposait la nomination d'un général-président, désigné par la couronne britannique, et d'une assemblée de 48 délégués des colonies qui se réunirait au moins une fois par an. Cette assemblée pourrait adopter des lois, recruter sa propre armée et lever des impôts. Le nombre de délégués de chaque colonie dépendrait de sa population. Le grand conseil serait chargé de la défense, des relations avec les Indiens et des territoires en dehors des limites des colonies, et serait financé par les charges perçues lors de l'octroi de terres dans les territoires encore vierges. Le plan était cependant trop en avance sur son temps. **RC**

Parution du *Dictionnaire de la langue anglaise*

Le dictionnaire de Samuel Johnson est un pilier de l'histoire de la langue anglaise.

Il traînait des pieds, était presque aveugle d'un œil, son ouïe était faible, il souffrait de tics et parfois, selon l'expression de James Boswell, « caquetait comme une poule » à cause de son syndrome Gilles de la Tourette. Ceux qui ne le connaissaient pas prenaient Samuel Johnson pour un fou. Même ses amis pensaient qu'il était absurde de vouloir écrire seul un dictionnaire. Cependant, le 15 avril 1755, il vint à bout de son immense tâche. Deux mille exemplaires de son *Dictionnaire de la langue anglaise* furent publiés en deux énormes in-folio, constitués de 2 300 pages et 42 773 définitions accompagnées de plus de 100 000 citations. Ce n'était pas le premier dictionnaire de la sorte mais c'était le plus complet et le plus original. La langue anglaise en fut changée à jamais.

C'est un groupe de libraires qui, en 1476, eut l'idée d'un dictionnaire de la langue qui deviendrait une référence. Les libraires offrirent 1 575 livres à Samuel Johnson pour qu'il puisse mener à bien cette tache. Johnson disposait pour cela de trois ans. Peu importe que l'Académie française ait employé 40 spécialistes pendant 40 ans pour un projet similaire !

Johnson engagea une équipe de copistes et se mit au travail. En réalité, l'entreprise prit neuf ans. D'une grande rigueur, Johnson ne voulait pas se limiter à définir le sens des mots ; il donnait leur étymologie et ajoutait parfois des citations provenant de la littérature pour illustrer leurs usages.

Johnson avait résolu d'apporter de l'ordre au chaos qu'était la langue mais se rendit rapidement compte qu'une langue était vivante : elle peut être cataloguée mais pas contrôlée. Il entreprit quatre révisions de son dictionnaire de son vivant. *L'Oxford English Dictionnary* contient encore aujourd'hui 1 700 de ses définitions. **RP**

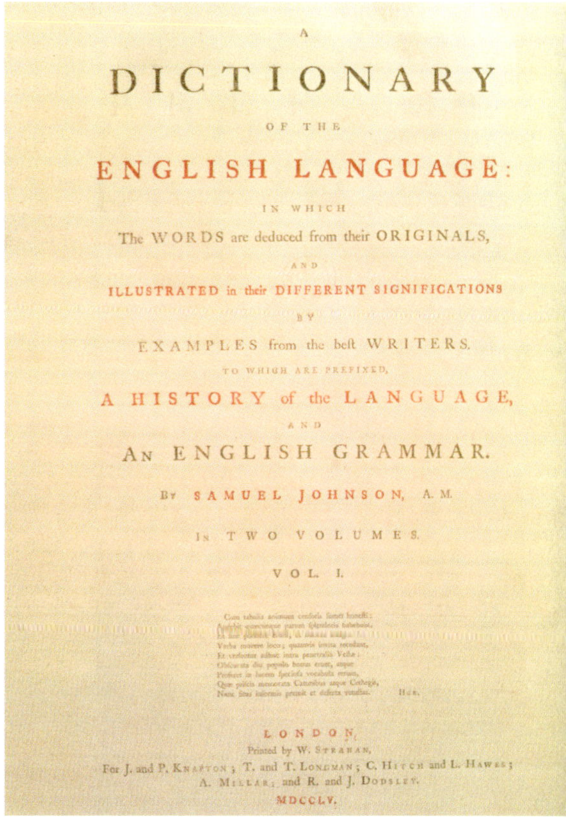

A
DICTIONARY
OF THE
ENGLISH LANGUAGE:
IN WHICH
The WORDS are deduced from their ORIGINALS,
AND
ILLUSTRATED in their DIFFERENT SIGNIFICATIONS
BY
EXAMPLES from the best WRITERS.
TO WHICH ARE PREFIXED,
A HISTORY of the LANGUAGE,
AND
AN ENGLISH GRAMMAR.
BY SAMUEL JOHNSON, A.M.
IN TWO VOLUMES.
VOL. I.

LONDON,
Printed by W. STRAHAN,
For J. and P. KNAPTON; T. and T. LONGMAN; C. HITCH and L. HAWES;
A. MILLAR; and R. and J. DODSLEY.
MDCCLV.

Page titre du premier volume du *Dictionnaire de la langue anglaise* de Samuel Johnson, publié en 1755.

« Les dictionnaires sont comme les montres... les meilleurs ne peuvent pas être totalement exacts. »

Samuel Johnson, 1784

Un tremblement de terre détruit Lisbonne

L'un des pires tremblements de terre jamais enregistrés influence de manière décisive la pensée de certains philosophes des Lumières.

Le tremblement de terre frappa Lisbonne à 9 h 40 le 1er novembre 1755, jour de la Toussaint. La première secousse dura environ cinq minutes et détruisit la majorité des bâtiments. Elle dut atteindre 9 sur l'échelle de Richter et son épicentre était situé à 320 km, près des îles du Cap-Vert. Le tremblement de terre fut suivi, 40 minutes plus tard, d'un raz de marée qui remonta le Tage et provoqua plus de morts et de destruction encore. (La vague toucha tout le littoral atlantique européen, alla jusqu'à Galway en Irlande et s'abattit sur la majorité de la côte anglaise.) Dans les parties qui ne furent pas inondées, les incendies firent rage pendant cinq jours.

Sur une population de 275 000 habitants, 60 000 et 90 000 moururent à la suite des deux catastrophes naturelles. De plus, 85 % des bâtiments de Lisbonne furent détruits dont le Palais royal qui, en s'effondrant, emporta une magnifique bibliothèque de 70 000 volumes ainsi que des tableaux de Titien, de Rubens et du Caravage.

Le tremblement de terre provoqua la consternation dans toute l'Europe. Il inspira à Voltaire son *Candide*, une satire de la suffisance intellectuelle de l'époque, incita Rousseau à proposer un retour à la vie « sauvage » et Kant à inventer la sismologie – l'étude des tremblements de terre. Le roi du Portugal Joseph Ier et sa cour dormirent sous des tentes durant le reste de son règne. Néanmoins, en un an à peine, son énergique ministre, le marquis de Pombal, avait lancé la reconstruction de Lisbonne. **NJ**

Illustration de Georg Ludwig Hartwig (1813-1880), évoquant l'effondrement des bâtiments de Lisbonne.

1756 – 8 JANVIER

La guerre de Sept Ans

Un prodigieux renversement d'alliances bouleverse l'équilibre européen.

L'année 1756 est riche en rebondissements diplomatiques. Cela commence par la volte-face de Frédéric II, en janvier. Le roi de Prusse, jusque-là allié de la France, signe le traité de Westminster avec l'Angleterre. Celle-ci veut attaquer l'empire colonial français, mais elle a besoin de se prémunir en Europe. Isolé, Louis XV doit se rapprocher de l'impératrice Marie-Thérèse d'Autriche. Le traité de Versailles de mai 1756 opère un spectaculaire renversement d'alliances. L'union entre les Bourbons et les Habsbourg, jusque-là ennemis, remet en cause la politique extérieure de la France telle que l'avait définie Richelieu un siècle plus tôt.

La France déclare la guerre à l'Angleterre le 9 juin 1756. Les opérations se déroulent surtout en Allemagne. Les Prussiens lancent une attaque éclair contre l'Autriche, qui espère pourtant récupérer la Silésie. Les Français se jettent sur le Hanovre, possession du roi d'Angleterre. Longtemps indécis, le conflit démontre le génie militaire de Frédéric II, tandis que les généraux français font pâle figure. L'un d'eux, Soubise, est battu à Rossbach en novembre 1757, malgré une supériorité numérique écrasante. Le roi de Prusse est ensuite moins heureux. À deux doigts de la défaite en 1762, il est sauvé par la mort de la tsarine Élisabeth, dont le successeur abandonne l'alliance franco-autrichienne. La paix est signée à Paris en 1763. Elle est désastreuse pour la France. Pendant que les armées de Louis XV combattaient en Allemagne, essentiellement au profit des Autrichiens, les Anglais l'emportaient sur les Français en Amérique du Nord. Ainsi fut perdu le Canada français, abandonné par Louis XV, autrefois surnommé le Bien-Aimé, devenu si impopulaire qu'il fallut à sa mort l'enterrer de nuit. **LV**

1757 – 23 JUIN

La bataille de Plassey

Les soldats de Siraj, soudoyés par Clive, se rendent sans combattre.

Après s'être emparé de Calcutta, Robert Clive, commandant de l'armée de la Compagnie des Indes orientales au Bengale, se dirigea au nord vers Murshidabad, la capitale du souverain de la région, Siraj ud-Daulah, qui s'était allié avec les Français. Quand les 800 soldats anglais et les 2 200 soldats indiens de Clive arrivèrent avec neuf canons dans le petit village de Plassey au milieu des manguiers, ils se retrouvèrent face à l'armée de Siraj, forte de 50 000 hommes, onze canons et 40 canonniers français. Bien qu'il ait soudoyé Mir Jafar, oncle et commandant militaire de Siraj, afin qu'il dépose les armes sans se battre, Clive hésita à passer à l'attaque.

« Je suis abasourdi par ma propre modération. »

Robert Clive alors qu'il était accusé de corruption

Son lieutenant principal, Eyre Coote, le persuada de changer d'avis après que les pluies de la mousson eurent désarmé les canons indiens (leur poudre était mouillée). L'armée de Siraj, comme prévu, prit la fuite. Clive remporta la victoire avec seulement 50 morts et blessés. Mir Jafar fit exécuter Siraj et la Compagnie des Indes s'empara du Bengale. Clive décida de prendre 160 000 livres anglaises dans les caisses de Siraj en guise de butin.

La conquête de l'Inde s'avéra très profitable pour la Compagnie des Indes orientales, dont la production principale était l'opium, produit qu'elle expédiait en grandes quantités en Chine où elle bénéficiait d'un monopole sur ce commerce illégal. **NJ**

Wolfe est tué, les troupes françaises vaincues

Les Britanniques remportent la bataille à Québec et prennent possession du Canada.

Détail de *La Mort du général Wolfe* (1771), Benjamin West (1738-1820), dans lequel le héros succombe à ses blessures.

« Ne me pleurez pas. Je serai heureux dans quelques minutes. »

Le général Wolfe alors qu'il mourait

La victoire de Québec offrit l'ensemble du Canada aux Anglais, selon les termes du traité de paix de 1763, et fit du général James Wolfe un héros. La guerre de Sept Ans (1756-1763, parfois qualifiée de vraie première guerre mondiale) opposa l'Angleterre à la France sur trois continents : en Europe, en Inde et en Amérique du Nord.

Wolfe arriva à Louisbourg sur l'île du Cap-Breton en mai 1759 pour prendre le commandement de l'invasion britannique du Canada. Soldat depuis l'âge de 13 ans, Wolfe était sensible, nerveux, hyperactif et imprévisible : il détonnait dans l'armée. Quand on dit à George III que Wolfe était fou, le roi riposta que dans ce cas il souhaitait que Wolfe morde certains de ses généraux.

L'expédition britannique remonta le Saint-Laurent et débarqua au nord de la ville de Québec à la fin juin. Située sur un promontoire, celle-ci dominait le fleuve et le commandant français, le marquis de Montcalm, l'avait fait fortifier du côté de la rive nord du fleuve, selon lui la seule ligne d'approche possible. Après une longue attente, due aux hésitations habituelles de Wolfe, les troupes anglaises débarquèrent sur l'autre rive. Leurs attaques répétées échouèrent si misérablement que le 19 août Wolfe, au bord de la crise de nerfs, décida de s'aliter. Il avait recouvré l'esprit en septembre quand il découvrit, lors de ses explorations, l'Anse au Foulon où ses soldats pourraient gravir de nuit un étroit chemin abrupt, peu gardé, qui traversait les bois jusqu'aux plaines d'Abraham, un plateau au nord de Québec. C'est là que se déroula finalement la bataille contre les Français qui furent rapidement vaincus. Wolfe, qui reçut une balle dans la poitrine, mourut cinq jours après la capitulation de Montcalm . **RC**

Catherine II devient impératrice de Russie

Une princesse allemande, Catherine, devient l'un des plus grands monarques de la Russie.

Née à Stettin (aujourd'hui Szczecin en Pologne) sous le nom de princesse Sophie d'Anhalt-Zerbst, Catherine fut fiancée au prince héritier Pierre de Russie. Son mariage avec cet homme têtu et inexpérimenté ne fut pas réussi mais elle remporta les bonnes grâces de sa belle-mère, l'impératrice Élisabeth. Elle apprit rapidement le russe et embrassa la religion orthodoxe.

Dès son accession au trône, en janvier 1762, Pierre III s'aliéna l'armée russe en signant la paix avec la Prusse, en tentant de forcer ses officiers à adopter coutumes et uniformes de ce pays. Catherine soutint le complot des adversaires du tsar, les frères Alexeï et Grégory Orlov, qui désiraient le déposer. En juillet 1762, à la suite du coup d'État militaire, Catherine devint impératrice de Russie.

Catherine obtint le soutien du régiment Ismailovski, le meilleur, en demandant personnellement sa protection. Elle déclara publiquement que la politique de Pierre III mettait la Russie en danger et partit pour la capitale en uniforme à la tête de son armée. Pierre abdiqua et, quelques jours plus tard, il fut assassiné sous la garde d'Alexeï Orlov.

Après s'être emparée du pouvoir, Catherine II la Grande étendit l'empire au sud jusqu'à la mer Noire et accrut le prestige de la Russie avec une collection d'œuvres d'art exceptionnelle. Ce fut néanmoins aux dépens d'une grande partie de la population. L'impératrice songea un moment libérer les serfs mais s'aperçut vite qu'il était plus opportun de renforcer leur servitude qui lui permettait de financer ses ambitions culturelles et impériales. Elle ne se remaria jamais, mais prit une série de jeunes amants tout en maintenant une relation de travail étroite avec le prince Potemkine. **NJ**

Portrait de Catherine II en costume de législatrice dans le temple de la Justice, Dimitri Levitzki (1735-1822).

« Je serai une autocrate ; c'est mon commerce et Dieu me pardonnera – c'est le sien. »

Catherine la Grande

Gibbon écrit un chef-d'œuvre

Au milieu des ruines du Capitole, Edward Gibbon écrit Histoire du déclin et de la chute de l'Empire romain.

Gibbon appréciait le grand voyage qu'il avait entrepris sur le continent européen, mais dut admettre que l'architecture de Turin était « insipide et ennuyeuse » et que les palais de marbre de Gênes étaient loin de l'intéresser. Et qui pouvait être impressionné par Milan après avoir vu Londres ? Il se sentait pourtant très ému à l'approche de la cité éternelle. Il ne fut pas déçu. Il vécut « plusieurs jours de griserie » notamment parmi les ruines du Capitole. Il avait l'impression d'un passé vivant : les endroits où Romulus s'était tenu, où Cicéron avait parlé, où César tomba à terre étaient « immédiatement présents à [ses] yeux ». C'est là que le 15 octobre 1764 il eut l'idée de rédiger une histoire de la ville qui se transformerait finalement en histoire de l'Empire romain.

Son passé pourtant ne le destinait pas à cette tâche. « Enfant chétif négligé par [sa] mère et affamé par [sa] nourrice », il passa ensuite à Oxford la période « la plus désœuvrée et stérile de [sa] vie ». Il s'entendait mal avec son père qui avait empêché le seul amour de sa vie et les discussions théologiques avaient été sa principale source de stimulation intellectuelle. On aurait pu le qualifier de dilettante s'il n'avait réalisé son rêve avec une détermination hors du commun.

L'*Histoire du déclin et de la chute de l'Empire romain* fut publiée en six volumes entre 1776 et 1788. Sa publication est un événement marquant de l'histoire des connaissances et grâce à son envergure, à son sens des détails et à son esprit, c'est peut-être le meilleur livre d'histoire jamais écrit. **RP**

Série de portraits d'empereurs romains par Henry Cook, extraite de *Histoire du déclin et de la chute de l'Empire romain*

1765 – 12 MARS

Calas réhabilité

Voltaire prend la défense de Jean Calas, un protestant injustement condamné.

Fêtée dans les salons parisiens, reçue à Versailles par la reine, la veuve de Jean Calas assiste avec dignité au dénouement d'un combat de quatre ans. Enfin, l'honneur de sa famille est rétabli. Son calvaire a commencé le 13 octobre 1761, à Toulouse. Ce soir-là, Marc-Antoine Calas est retrouvé mort par ses parents. Suicide ou assassinat ? Les curieux s'assemblent dans la rue des Filatiers. La police arrive. Aussitôt la rumeur publique et les autorités concluent à la culpabilité de cette famille calviniste : ses membres auraient commis un meurtre pour empêcher la conversion au catholicisme de Marc-Antoine. Depuis la révocation de l'édit de Nantes, le protestantisme est interdit et cruellement réprimé. Les malheurs de la guerre de Sept Ans, la rigueur des temps, favorisent la recherche de boucs émissaires.

Profitant de contradictions dans les déclarations de Jean Calas, père de Marc-Antoine, les juges de Toulouse le condamnent à mort. Mais le présumé coupable n'avouera jamais. Soumis à la torture le jour même de son exécution, le 10 mars 1762, il clame son innocence jusqu'au bout.

Apprenant les détails de l'affaire, Voltaire, à Ferney, fulmine. Il décide de « remuer le ciel et la terre ». Il écrit à Paris, à Versailles, il s'adresse à la Pompadour, aux souverains d'Europe, il diffuse des brochures. Louis XV et Choiseul finissent par s'émouvoir. L'opinion se retourne.

Le 7 mars 1763, le Conseil du roi exige du parlement de Toulouse toutes les pièces du dossier. Un an plus tard le jugement est cassé. Enfin, le 12 mars 1765, Jean Calas est réhabilité, sa femme et ses enfants dédommagés. Voltaire publie le *Traité sur la tolérance*. Mais il faut attendre 1787 pour voir le protestantisme autorisé en France. **LV**

1768 – 1ER AVRIL

Bougainville à Tahiti

Chargé par Louis XV d'effectuer un tour du monde, Bougainville fait escale à Tahiti.

Un an et demi après avoir quitté Brest, avec pour mission de rétrocéder les Malouines aux Espagnols, puis d'explorer le Pacifique, Bougainville mouille à Tahiti, dont les habitants l'accueillent à bras ouverts, chargés de colliers de fleurs. Pour l'équipage de *La Boudeuse* et de *L'Étoile*, épuisé par des semaines de pleine mer, le moment est venu de goûter aux fruits du paradis. Les Tahitiens semblent vivre en harmonie avec la nature. Ils ignorent la propriété et… l'infidélité. Les femmes s'offrent aux marins français subjugués. Bougainville lui-même est troublé par ces beautés lascives. Ce qui ne l'empêche pas de noter dans son journal quantité d'informations ethnographiques sur les habitants de l'île, comme il l'avait fait sur les Patagons en franchissant le détroit de Magellan.

Après avoir reconnu de nombreuses îles dans le Pacifique sud, dont l'une porte son nom, Bougainville regagne l'Europe par le cap de Bonne-Espérance. Le 16 mars 1769, il fait son entrée dans le port de Saint-Malo. Il ramène avec lui un jeune Tahitien, Aotourou, qui se taille un franc succès dans les salons parisiens.

Le navigateur publie deux ans tard le récit de son *Voyage autour du monde*, chef-d'œuvre de la littérature maritime. Il inspire à Diderot un conte philosophique sur les mérites de la vie naturelle et les méfaits de la civilisation européenne. Cela contribue à diffuser le mythe du « bon sauvage ».

La Boudeuse avait aussi embarqué un naturaliste, Commerson, et un astronome, Véron. Ce dernier améliora la méthode des distances lunaires pour calculer la longitude. De ce fait, le voyage de Bougainville inaugure l'ère des grandes explorations scientifiques, où s'illustreront l'Anglais Cook et l'infortuné La Pérouse. **LV**

La découverte de la Terre australe

Le capitaine Cook aperçoit l'Australie et dresse la carte de sa côte orientale.

◆ Détail de la Peinture d'Algernon Talmadge montrant Cook hissant le drapeau du Royaume-Uni sur la côte australienne.

◆ Gravure sur cuivre de la carte de Botany Bay, à partir d'un original de Cook.

« Aucun Européen avant nous n'avait vu ni visité la côte orientale. »

James Cook, 21 août 1770

James Cook avait reçu des instructions de l'Amirauté selon lesquelles, après avoir visité Tahiti, il devait continuer son voyage d'exploration dans le Pacifique à la recherche de la légendaire *Terra Australis*. Il avait pour ordre de prendre possession au nom du roi George III, et du Royaume-Uni de tout territoire qu'il découvrirait. Le 19 avril 1770, il aperçut la côte orientale de l'Australie (la côte occidentale, découverte et baptisée Nouvelle-Hollande par les Néerlandais, était connue depuis plus d'un siècle).

Cook avait quitté Tahiti le 13 juillet 1769 et mis cap au sud sud-ouest. Le 7 octobre, il atteignit la côte orientale de la Nouvelle-Zélande que le navigateur hollandais Abel Tasman avait explorée en 1642. Cook demeura six mois en Nouvelle-Zélande, dressa la carte de tout le littoral des deux îles de manière assez détaillée avant de repartir, cap à l'ouest, le 31 mars 1770. Deux semaines et demie plus tard, il aperçut pour la première fois l'Australie et décida de suivre la côte au nord.

Le 29 avril, son navire pénétra dans une vaste crique où Joseph Banks et d'autres naturalistes collectèrent tellement de plantes que Cook baptisa le lieu Botany Bay (baie botanique). Là, l'équipage rencontra pour la première fois un groupe d'aborigènes qui refusa ses cadeaux et lui jeta des lances. Les explorateurs furent obligés de les chasser à coups de mousquet. Le 11 juin, l'*Endeavour* toucha par accident la Grande Barrière de corail et Cook dut l'échouer pendant presque sept semaines pour faire les réparations nécessaires. Finalement le 21 août, Cook contourna la péninsule du Cap York et débarqua sur l'île de la Possession, dans le détroit de Torres, où il déclara formellement que les 5 000 km de côte qu'il venait d'explorer appartenaient désormais à la couronne anglaise. **SK**

Fresh Water
Fresh Water
Fresh Water
Fresh Water
Fresh Water
Pt Sutherland
Pt Solander

Un Allemand à la tête du gouvernement danois

Le docteur Johann Friedrich Struensee gouverne le Danemark, en despote.

Gravure de Joseph Friedrich Rein (1720-1785) représentant Johann Friedrich Graf von dän Struensee.

« J'aurais aimé les sauver tous les deux. »

Christian VII de Danemark

L'extraordinaire carrière de Struensee – médecin allemand qui, en décembre 1770, se rendit maître d'un pays dont il ne parlait pas la langue et dont il méprisait le peuple afin d'y imposer les réformes des Lumières – est une histoire classique d'ambition débridée et de soif du pouvoir qui ne pouvait que mal se terminer.

Fils d'un pasteur et théologien allemand, Struensee était imprégné dans sa jeunesse par la philosophie des Lumières, les idées égalitaires et athées de Rousseau. Il était médecin à Altona, lorsqu'il fut nommé archiatre (médecin officiel) du jeune roi danois, Christian VII, qui souffrait de schizophrénie. Struensee traita le monarque avec même un certain succès, mais prit aussi l'ascendant sur son patient qui très rapidement lui abandonna les rênes du pouvoir. Cette situation ne fit que se renforcer quand la jeune reine, Caroline-Mathilde – sœur de George III – délaissée par son époux, s'intéressa à Struensee et devint sa maîtresse.

Struensee, qui gouverna tout d'abord à travers des hommes politiques fantoches, devint ministre d'État avec pleins pouvoirs en décembre 1770. Il proposa des milliers de réformes, certaines progressistes (création d'hôpitaux pour les orphelins, abolition de la peine de mort et de la torture), d'autres excentriques (réduction des salaires des fonctionnaires pour financer des bals masqués).

Le règne de Struensee offensa profondément l'aristocratie danoise et un complot fut organisé pour l'arrêter ainsi que la reine et le gardien du roi, Brandt, allié du médecin. Les conspirateurs passèrent à l'action quand la reine donna naissance à une fille dont Struensee était probablement le père. En janvier 1771, tous trois furent arrêtés, Struensee et Brandt torturés et exécutés. **NJ**

L'Alliance des trois aigles noirs

La Russie, la Prusse et l'Autriche se partagent la Pologne.

Au milieu du XVIIIe siècle, l'Union polono-lituanienne était arrivée à une paralysie politique totale, en grande partie à cause de la loi du *liberum veto* qui autorisait tout aristocrate polonais à empêcher l'adoption d'une loi qu'il désapprouvait. Les trois puissances voisines de l'Union – la Russie, la Prusse et l'Autriche – mirent cette situation à profit pour se partager ses territoires. L'accord de partition, surnommé l'Alliance des trois aigles noirs car cet animal était l'emblème des trois pays, fut signé à Vienne le 19 février 1772.

Les Russes avaient étouffé le soulèvement d'un groupe de nobles polonais qui s'opposaient à son ingérence croissante dans les affaires de l'Union. Les aristocrates polonais avaient recherché le soutien d'autres nations mais le perdirent quand il fut clair qu'ils agissaient indépendamment de leur roi. Les troupes des trois puissances pénétrèrent en Pologne en août et bien que les Polonais eussent farouchement résisté, Cracovie tomba en avril 1773 face au général Souvorov qui déporta en Sibérie tous les militaires polonais qui avaient survécu. Environ 100 000 Polonais moururent en résistant.

Selon le traité ratifié en septembre, l'Autriche s'empara de la Galice et de la région de Cracovie, riche en mines de sel. La Prusse reçut la côte nord autour de Gdansk (Dantzig) et les régions d'Ermland et de Thorn. La Russie de Catherine la Grande eut droit à la Livonie (États baltes actuels) et à la Biélorussie. La Pologne avait perdu un tiers de son territoire et 4 millions d'habitants.

Cette humiliation eut cependant une conséquence positive : la formation d'un mouvement intellectuel d'importance et un regain de patriotisme qui devait poser des problèmes aux conquérants pour les siècles à venir. **NJ**

Le Gâteau des rois, gravure de Noël Le Mire montrant Catherine II, Frédéric II et Joseph II d'Autriche.

« L'impératrice Catherine et moi sommes de simples voleurs… elle a pleuré en volant. »

Frédéric le Grand au sujet de la partition

1772 – 22 JUIN

Un esclave gagne sa liberté

Lord Mansfield aide le mouvement abolitionniste.

En mai 1772, James Somersett, un esclave de Virginie qui avait accompagné son maître en Angleterre, lui intenta un procès pour gagner sa liberté. Somersett s'était enfui pendant son séjour en Angleterre mais avait été capturé et embarqué de force sur un navire qui devait se rendre à la Jamaïque. Des amis obtinrent du tribunal un ordre d'*habeas corpus* l'empêchant de quitter le territoire et le juge, lord Mansfield, rendit un jugement en faveur de Somersett en citant un dicton élisabéthain né d'un cas similaire : « L'air d'Angleterre est trop pur pour être respiré par un esclave. » Selon Mansfield, l'esclavage était une institution si « odieuse » que Somersett, même s'il « appartenait » à Stewart en Virginie, était libre par le seul fait de fouler le sol de Grande-Bretagne.

« Fiat justitia ruat coelum (Que justice soit faite même si les cieux s'écroulent). »

Lord Mansfield, citant Lucius Calpurnius

L'affaire provoqua un immense intérêt car la richesse de la Grande-Bretagne était alors bâtie sur la traite des esclaves même si le mouvement des abolitionnistes gagnait en importance. Mansfield savait que son jugement allait faire jurisprudence et aurait de grandes conséquences sociales et politiques. Ce fut, en effet, l'une des étapes importantes du mouvement abolitionniste qui devait conduire à l'interdiction de la traite des esclaves en 1807 et, en 1833, une loi mit totalement fin à l'abolition de l'esclavage dans l'Empire britannique. **NJ**

1773 – 16 DÉCEMBRE

La « Boston Tea Party »

En rejetant la loi sur le thé, les Bostoniens montrent leur opposition à l'Angleterre.

La Boston Tea Party (« partie de thé de Boston »), le 16 décembre 1773, est l'un des événements les plus célèbres de l'histoire américaine. Après la loi britannique imposant le timbre fiscal à tout document officiel (*Stamp Act*), tout autre projet de loi était considéré suspect. La ville de Boston faisait, en général, preuve d'une grande indépendance et la tentative britannique de s'accaparer une partie des bénéfices de son commerce n'engendra que ressentiment et résistance. En 1770, les gardes du poste de douane avaient tiré sur la foule qui les attaquait et avaient tué cinq personnes, événement appelé « le massacre de Boston ».

En 1773, le 5 novembre, les habitants décidèrent de s'élever contre la nouvelle loi sur le thé (le Tea Act) qui conférait à la Compagnie anglaise des Indes le monopole de sa vente en Amérique. Les premiers navires arrivèrent le 28 novembre et lors d'une manifestation le 16 décembre, un homme nommé John Rowe demanda : « Qui sait ce que donne le thé mélangé à de l'eau salée ? » Un cri s'éleva alors d'un groupe déguisé en Amérindiens : « Le port de Boston est une théière ce soir ! » Poussant des cris de guerre et armés de pistolets et de haches, ils montèrent à l'abordage de trois navires marchands anglais ancrés dans le port. Ils défoncèrent les coffres de thé dont ils lancèrent les feuilles à la mer. À 21 heures, l'eau du port était recouverte d'une épaisse couche de thé. Personne ne fut blessé et les Bostoniens, triomphants, défilèrent dans les rues. La nouvelle de la « partie de thé » se répandit rapidement dans les autres colonies et renforça la résistance. **RC**

▶ Les insurgés bostoniens vident des caisses de thé dans le port de Boston, gravure du XVIIIe siècle.

Un inventeur reconnu par le roi

Le roi George III récompense John Harrison, l'inventeur du chronomètre de marine.

Détail du portrait de l'horloger John Harrison avec une montre, symbole de sa profession.

« Notre guide fidèle parmi toutes les vicissitudes climatiques. »

Cook au sujet du chronomètre de Harrison

John Harrison (1693-1776) était un horloger anglais qui révolutionna le transport maritime en inventant un chronomètre qui mesurait avec précision la longitude. Jusque-là, les marins se servaient de l'horloge à pendule qui était constamment déréglée par le roulis du bateau. Johnson résolut ce problème en utilisant une roue oscillante – le balancier – thermocompensée.

À la fin de sa vie, il reçut enfin une partie de la récompense offerte par le Parlement britannique à quiconque résoudrait cette énigme. Cette récompense s'élevait à près de 20 000 livres, une fortune à l'époque. Harrison s'intéressa au problème pendant 30 ans et conçut trois instruments très originaux avant de réaliser un prototype du chronomètre, le H4, qui ne se dérégla que de cinq secondes au cours de sa première traversée de l'Atlantique et de 39 pendant la suivante. Une telle précision permettrait une navigation bien plus exacte.

Harrison se heurta à un grand scepticisme. Il reçut 10 000 livres pour son invention, mais dut affronter l'opposition de Nevil Maskelyne, astronome du roi, qui proposait une solution différente, fondée sur l'étude des planètes, pour mesurer la longitude. Ce dernier soutenait, de façon erronée, que la dérive temporelle naturellement provoquée par la rotation de la Terre constituait le défaut intrinsèque du chronomètre. Harrison en appela personnellement au roi qui, après avoir testé lui-même le chronomètre, persuada en 1773 le Parlement de donner 8 750 livres supplémentaires à l'inventeur, somme qu'il reçut à 80 ans, soit trois ans avant sa mort. On reconnut finalement l'immense valeur de son invention quand Cook emporta cet instrument dans ses voyages d'exploration et dès le XIXe siècle aucun navire ne pouvait s'en passer. **NJ**

L'homme providentiel

George Washington devient commandant de l'armée continentale.

Après les premières escarmouches de la guerre d'Indépendance américaine, à Lexington et à Concord, les Britanniques furent harcelés à Boston, où sous les ordres du général Howe, ils attaquèrent les insurgés américains sur la colline de Bunker Hill. Les Anglais l'emportèrent mais leurs pertes furent considérables. Le Congrès continental, réuni à Philadelphie, créa sa propre armée dont il confia le commandement à George Washington en juin 1775. Celui-ci accepta ce poste sans solde car il pensait que le conflit serait terminé dès Noël.

De fait, le Congrès ne pouvait faire un meilleur choix. Washington, âgé de 43 ans, provenait d'une riche famille de Virginie. Militaire de carrière, il avait servi dans l'armée britannique contre les Français. Direct, d'un calme rassurant, c'était un homme peu loquace, au jugement solide, qui mesurait 1,90 m. Son meilleur atout politique, selon l'un de ses contemporains, était son « don du silence ». Il se rendit à Boston et jugea les habitants du Massachusetts « extrêmement sales et désagréables », mais il fit venir de l'artillerie et des renforts d'autres États, et rendit la situation intenable pour les Anglais. Ceux-ci battirent finalement en retraite en mars, suivis de nombreux loyalistes américains.

L'indépendance était cependant loin d'être acquise. La menace anglaise se fit ensuite sentir à New York et Washington alla occuper Manhattan et Brooklyn. Une armée anglaise de plus de 30 000 hommes, accompagnée d'une flotte gigantesque, arriva en juillet. Washington fut presque capturé et ses hommes durent se replier, le cœur lourd, vers le New Jersey puis la Pennsylvanie. Le courage, la ténacité et le patriotisme de George Washington jouèrent un rôle primordial dans les batailles qu'il mena, fussent-elles victoire ou défaite. **RC**

George Washington prend fièrement la tête de l'armée continentale.

« L'heure est venue [de déterminer] si les Américains seront des hommes libres ou des esclaves. »

George Washington, « Ordres généraux », 1776

Werther, le premier chef-d'œuvre de Goethe

Les Souffrances du jeune Werther *de Goethe enfièvrent les jeunes esprits et entraînent des milliers de suicides.*

En 1775, la parution des *Souffrances du jeune Werther* fit sensation, au point que son auteur, Johann Wolfgang von Goethe, devint immédiatement une célébrité littéraire. Son roman, vaguement autobiographique, raconte l'histoire d'amour non partagé de Werther pour la belle Lotte, fiancée à Albert qui avait onze ans de plus qu'elle.

Dans le roman, après son mariage, Lotte informe Werther que leurs rencontres doivent s'espacer, mais lors de leur dernière visite, ils se laissent aller à un baiser. Homme d'honneur, Werther comprend que la situation est impossible et ne voit pas d'autre issue que le suicide. Il utilise les pistolets qui lui avaient été offerts par Lotte.

Le roman est une belle illustration du courant *Sturm und Drang* (tempête et passion) de la littérature allemande où les sentiments extrêmes étaient explorés en réaction aux limites rationnelles qu'imposaient les Lumières. Ce livre influença de nombreux jeunes gens à tel point qu'on qualifia le phénomène de « fièvre de Werther » : des milliers d'entre eux s'habillèrent à la manière du jeune héros et l'on compta jusqu'à 2 000 suicides inspirés par le roman.

Même si Goethe renia son œuvre, on ne peut sous-estimer son rôle dans la carrière du jeune écrivain. Il devint l'une des figures littéraires les plus importantes d'Allemagne et l'un des derniers à intervenir dans des domaines aussi variés que la littérature, l'art, les sciences et la politique. **TB**

Affiche annonçant une représentation de *Werther* de Jules Massenet à l'Opéra-Comique de Paris.

Goethe dans la campagne romaine (1787) de Johann Heinrich Wilhelm Tischbein, musée de Francfort.

1776 – 4 JUILLET

La Déclaration d'indépendance

Le Congrès américain signe la Déclaration d'indépendance.

Le document le plus célèbre de l'histoire des États-Unis fut signé le 4 juillet 1776 après un débat sur l'avenir des colonies au Congrès : devaient-elles déclarer leur indépendance ou trouver un compromis avec les Anglais ? Thomas Paine avait défendu l'indépendance dans son pamphlet *Le Sens commun* où il traitait George III de « brute royale».

La Déclaration fut approuvée par le Congrès continental à Philadelphie, mais après que le passage qui dénonçait l'esclavage eut été éliminé, non seulement pour apaiser les colonies du Sud mais aussi parce qu'il était loin d'éveiller l'enthousiasme de bon nombre de représentants du Nord. Principalement rédigée par Thomas Jefferson, ses mots résonnent encore aujourd'hui. Le document proclamait ces « vérités évidentes » : « Tous les hommes sont créés egaux ; ils sont dotés par le Créateur de certains droits inaliénables ; parmi ces droits se trouvent la vie, la liberté et la recherche du bonheur. » Tous les maux des colonies étaient imputés à George III sans que mention soit faite du Parlement britannique.

Le document déclarait que les colonies étaient « dégagées de toute obéissance envers la couronne ». Bien qu'il ait été difficile d'appliquer les principes de la Déclaration, elle a encore aujourd'hui un profond impact sur les idéaux américains. **RC**

« Le Dieu qui nous a donné la vie nous a donné la liberté en même temps. »

Thomas Jefferson, 1774

1776 – 25 DÉCEMBRE

Washington contre-attaque

Washington traverse la Delaware et transforme la défaite en victoire.

Après plusieurs défaites dans le New Jersey, George Washington prépara la contre-attaque. La nuit de Noël 1776, il lança une attaque surprise sur les Britanniques.

Washington avait été « las presque à en mourir » et craignait que l'affaire ne soit perdue, mais le général anglais William Howe, qui n'approuvait pas la politique britannique dans les colonies américaines, désirait signer un accord de paix en persuadant les Américains qu'ils ne pouvaient pas l'emporter. Un grand nombre d'insurgents désertèrent l'armée continentale et acceptèrent l'amnistie que leur offrait Howe, pendant que des groupes de loyalistes armés affrontaient les patriotes avec succès dans le New Jersey.

Washington regroupa les troupes américaines et leur fit traverser la rivière Delaware pour rejoindre le New Jersey. Sous une tempête de grêle, ils attaquèrent et vainquirent rapidement des mercenaires allemands à Trenton. Le 3 janvier, Washington traversa à nouveau la Delaware et chassa les Anglais de Princeton et de la majorité du New Jersey.

Le moral des patriotes remonta, ils reprirent le New Jersey aux loyalistes et envoyèrent Benjamin Franklin à Paris pour inciter les Français, qui soutenaient secrètement la rébellion, à entrer ouvertement en guerre avec les Anglais. **RC**

« La hâte, la peur et la confusion… apparaîtront à l'heure du Jugement dernier. »

Henry Knox, général

Victoire américaine à la bataille de Saratoga

La capitulation du général Burgoyne à Saratoga donne l'avantage aux insurgés.

Carte postale commémorant la reddition de Saratoga d'après un tableau de John Trumbull.

La capitulation de Saratoga, le 17 octobre 1777, fut l'un des moments décisifs de la guerre d'Indépendance américaine. On ne pouvait plus présumer que les Britanniques, plus puissants, vaincraient les Américains désormais alliés à la France.

Selon une nouvelle stratégie imposée en 1777 par un gouvernement britannique impatient, une armée sous les ordres de général Burgoyne, un homme courageux mais impétueux et à la compétence discutable, devait se diriger vers le sud pour prendre la Nouvelle-Angleterre et rejoindre le général Howe. Ce dernier ne tint toutefois pas compte du plan et partit le 17 septembre vers le sud pour prendre Philadelphie. L'armée de Burgoyne, composée de Britanniques, d'Allemands, de Canadiens, de loyalistes américains et d'Amérindiens se dirigea très lentement vers le sud, harcelée par des tireurs rebelles. En octobre, Burgoyne fit construire un camp fortifié à Saratoga mais faisait face à une armée américaine nettement plus nombreuse. Deux féroces batailles entraînèrent de lourdes pertes dans le camp anglais qui manquait d'hommes, de vivres et de munitions, et dont la retraite était barrée. Burgoyne dut se rendre.

En 1778, les Anglais abandonnèrent Philadelphie et envoyèrent une délégation négocier avec le Congrès. Leur offre de paix fut rejetée car elle ne prévoyait pas une indépendance totale. En février, la France signa une alliance militaire avec les États-Unis et l'Espagne suivit bientôt son exemple. **RC**

Nouvelle ère dans l'art de la céramique

Josiah Wedgwood établit les ateliers d'Etruria et fabrique des faïences en série.

Gravure : Wedgwood au travail dans son usine d'Etruria dans le Staffordshire.

Josiah Wedgwood fut le premier magnat anglais. Né dans une famille de potiers du Staffordshire, il transforma la fabrication artisanale de faïences en une industrie et, à partir de 1779, son nom de famille fut celui d'une dynastie industrielle et politique.

Josiah Wedgwood, issu d'une famille de dissidents religieux, inaugura la tradition paternaliste et philanthrope qu'adoptèrent également les Cadbury, Rowntree et Fry, familles quaker pour qui prendre soin de ses employés était un devoir social. Même s'il comptait des monarques parmi ses clients – dont Catherine la Grande –, Wedgwood était un progressiste qui défendait l'abolition de l'esclavage et distribuait des camées montrant un esclave se défaisant de ses chaînes, symbole des abolitionnistes. En 1769, il finança en partie son usine d'Etruria avec les bénéfices de la construction du canal de Manchester, projet où il était associé à Erasmus Darwin. Les Wedgwood et les Darwin se marièrent entre eux et créèrent une dynastie puissante qui comptait Charles Darwin parmi ses membres.

En 1782, l'installation de moteurs à vapeur, due à l'initiative de Darwin, permit de démarrer la production en série dans ses ateliers de Stoke, qui fonctionnèrent pendant 180 ans, jusqu'à ce que des affaissements de terrain oblige la compagnie à déménager. Cependant, Wedgwood resta intransigeant sur la qualité de ses produits. Il mourut en 1795 dans son manoir d'Etruria Hall, en face de l'usine qu'il avait fondée. **NJ**

La mort de James Cook

Le capitaine Cook est tué au cours d'une violente dispute avec les habitants d'Hawaii.

La Mort de Cook (1779) de John Webber montre l'explorateur encerclé.

La tension montait depuis la veille au sujet du vol d'outils sur la plage où les membres de l'expédition anglaise réparaient le mât de misaine du *Resolution*. Cette même nuit, un grand cotre, l'un des canots du vaisseau, fut à son tour volé. C'était une perte importante et le lendemain le capitaine Cook se rendit à terre pour protester. Les esprits s'enflammèrent et les Hawaiiens qui l'entouraient commencèrent à lui jeter des pierres. Alors que Cook repartait à la hâte vers le navire, des marins tirèrent une volée depuis leur canot. Il leur cria d'arrêter mais fut matraqué par ses assaillants. Tombé sur le sable, il fut poignardé à mort par un Hawaiien.

Cook était retourné à Hawaii dans le cadre de son troisième voyage d'exploration durant lequel il avait exploré la côte ouest de l'Amérique du Nord, de la Californie à l'Alaska, dans l'espoir de découvrir un passage arctique vers l'Atlantique, et il se peut qu'il ait été déprimé par son manque de succès et par des mois d'un régime alimentaire limité. Cela expliquerait son irritabilité inhabituelle envers son équipage. Mais le comportement des Hawaiiens est également difficile à expliquer dans la mesure où il avait été reçu comme un dieu.

Les exploits de Cook furent reconnus de son vivant. Même si les colonies américaines étaient en guerre contre l'Angleterre en 1779, Benjamin Franklin avait écrit aux capitaines des vaisseaux américains pour leur demander de traiter « le capitaine Cook et ses gens avec courtoisie et amabilité ». **SK**

La première course du Derby

La célèbre course de chevaux du comte de Derby se tient pour la première fois.

Éclipse, gagnant du Derby en 1781, est ici représenté avec son jockey.

Edward Smith Stanley, 12e comte de Derby, adorait les courses de chevaux, les combats de coq et le jeu. En 1779, il organisa une course à Epsom Downs, dans le Surrey, où ses amis et lui firent courir leurs pouliches de 3 ans sur 2,4 km. Le 4 mai 1780, il organisa une course pour poulains et pouliches pour désigner le meilleur cheval de course de l'année. Le nom de la course fut choisi à pile ou face entre le comte et son ami Charles Bunbury. Derby l'emporta.

La première course fut remportée par Diomède, le cheval de Bunbury, et deux autres de ses chevaux gagnèrent au cours des années suivantes. Derby remporta la course en 1787 avec son cheval Sir Peter Teazle.

Les premiers Derby se disputaient le jeudi sur une distance de 1,6 km, le point de départ étant situé dans une ligne droite. Le virage prononcé de Tattenham Corner fut ajouté en 1784, quand la distance courue passa à 2,4 km. Le parcours dorénavant en fer à cheval et ses inclinaisons importantes mettaient à l'épreuve l'endurance des jeunes chevaux.

Le Derby devint la course la plus populaire et la plus richement dotée au monde. Au XIXe siècle, on décida de la courir le mercredi et cela devint un jour de sortie pour tous les Londoniens, le souverain y compris. La course eut même lieu pendant les deux guerres mondiales. Aujourd'hui, ce sont en majorité des poulains qui y participent. **PF**

Les émeutes de Gordon à Londres

L'assouplissement des mesures contre les catholiques attire la colère des protestants.

Des émeutiers mettent le feu à la prison de King's Bench.

Le 2 juin 1780, une manifestation rassemblant 50 000 protestants qui brandissaient des pancartes « À bas le pape » se transforma en un déchaînement de violence. Les manifestants, soûls, incendièrent des églises catholiques, la Banque d'Angleterre et les trois principales prisons de Londres. Ils s'élevaient contre le refus du roi d'abroger une loi, le Catholic Relief Act, qui éliminait la plupart des obstacles imposés aux catholiques britanniques depuis 1689.

En 1778, une pénurie sévère de soldats nécessaires à la guerre d'Indépendance américaine incita le gouvernement à adopter cette loi pour augmenter le recrutement du nombre de catholiques. George III avait donné son accord.

Lord George Gordon, un pair du royaume écossais, rédigea une pétition contre la loi, qui reçut un large soutien. Gordon se vit refuser le droit de présenter la pétition au Parlement et essuya aussi le refus du roi lors d'audiences privées. Cela provoqua une semaine de violences au cours de laquelle Londres fut submergée par l'anarchie.

Le 7 juin, le roi ordonna à ses troupes de réprimer les émeutes (Gordon Riots). Des centaines de personnes perdirent la vie au cours de ces événements et 21 émeutiers furent exécutés. Gordon fut accusé de haute trahison pour son implication dans les émeutes et emprisonné. En 1787, il se convertit au judaïsme. L'épisode est évoqué dans le roman de Charles Dickens, *Barnaby Rudge*. **NJ**

L'inauguration du premier pont en fer

Érigé dans le Shropshire, le pont en fer a bénéficié de nouvelles techniques de construction.

Plan montrant une coupe transversale du pont de fer (encre et aquarelle).

L'Iron Bridge (littéralement, pont en fer), le premier pont de ce type, fut inauguré le 1er janvier 1781. Il enjambait la gorge de la Severn près de Coalbrookdale en Angleterre et avait été imaginé par le jeune architecte Thomas Pritchard. Il chargea Abraham Darby, un industriel du fer qui n'avait alors que 29 ans – et dont le grand-père avait lancé la révolution industrielle en découvrant qu'on pouvait faire fondre de la poudre de coke pour obtenir du fer –, de construire ce pont à travée unique, de 37 m et de 378 tonnes, à l'aide de pièces massives dont la plus grande mesurait 21 m de long.

Le fer était utilisé de façon à imiter les techniques traditionnelles de la sculpture sur bois – telles les mortaise et tenon, queues d'aronde et coins pour ajuster les jointures. Même si Pritchard décéda en 1777, les travaux continuèrent, financés par un autre industriel de la région, John Wilkinson. L'ouvrage fut achevé en 1779, mais les routes d'accès exigèrent deux ans de plus. Il n'existe aucune documentation au sujet de la construction et les détails demeurèrent mystérieux jusqu'à la découverte, en 2002, d'une aquarelle d'Elias Martin où ils étaient révélés. Le pont devint si célèbre qu'une nouvelle ville, Ironbrigde (« pont de fer »), fut créée autour.

Darby dépassa le budget prévu et demeura endetté pour le reste de ses jours, mais le pont a survécu et constitue aujourd'hui l'un des emblèmes de l'industrialisation. Il est depuis 1987 classé au Patrimoine de l'humanité. **NJ**

Les Espagnols exécutent Tupac Amaru II

Au Pérou, celui qui s'était révolté au nom des Incas trouve la mort de façon effroyable quand les Espagnols imposent à nouveau leur autorité.

José Gabriel Condorcanqui, l'arrière-petit-fils du dernier empereur inca, fut exécuté le 18 mai 1781. Après que l'Espagne eut détruit l'Empire inca au Pérou et quasiment réduit les indigènes en esclavage, l'ancienne aristocratie inca fut maintenue en place dans certaines régions pour contrôler la population.

Condorcanqui, seigneur de la province de Tinta, avait adopté le nom inca de Tupac Amaru II. Le 4 novembre 1780, il prit la tête d'une immense révolte dans la région de Cuzco et assassina le gouverneur espagnol. Le 16 novembre, il proclama par écrit que tous les esclaves étaient désormais libres, enferma 600 soldats dans une église à Sangara, y mit le feu (seuls 28 d'entre eux en réchappèrent) et exigea une réforme fiscale. Des milliers de personnes le rejoignirent, attirés par son rêve d'harmonie entre les Indiens, les métisses et les créoles. Il assiégea Cuzco en janvier 1781, mais fut trahi et capturé en avril. Les Espagnols lui arrachèrent la langue et réservèrent le même sort aux membres de sa famille. Tupac Amaru dut ensuite assister à l'exécution de sa famille avant d'être mis à mort par pendaison et écartelé par des chevaux devant la foule, sur la place principale de Cuzco.

Son frère poursuivit la révolte pendant deux ans jusqu'à ce qu'il se rende et soit lui aussi exécuté. Les autorités espagnoles, secouées, tentèrent d'éradiquer l'identité inca et d'éliminer tous les descendants de la famille royale inca. La révolte fut source d'inspiration pour de nombreux libérateurs et marxistes sud-américains jusqu'à la fin du XXe siècle. **PF**

◀ *Portrait de Tupac Amaru II*, Augusto Diaz Mori, XXe siècle.

1781 – 19 OCTOBRE

Défaite à Yorktown

Cornwallis capitule à la fin de la dernière bataille pour l'indépendance des États-Unis.

Si elle ne marqua pas la fin de la guerre, la bataille de Yorktown, en octobre 1781, fut bien la dernière d'importance sur le sol américain. Les Anglais avaient déjà remplacé le général Howe par Henry Clinton à la tête de leur armée dans la guerre d'Indépendance américaine quand un détachement anglais commandé par lord Cornwallis envahit la Géorgie et les Caroline. Avec lui, se trouvaient Benedict Arnold, ancien général rebelle, et Banastre Tarleton, un cavalier qui commandait la légion britannique des loyalistes américains et dont le nom était synonyme de sauvagerie tout autant que celui d'Arnold de trahison.

Quand Corwallis se dirigea vers le nord, Washington se saisit de l'occasion pour marcher vers le sud avec son armée accrue de renforts français. Conscient du danger, Cornwallis se retrancha à Yorktown en Virginie, sur les bords de la York, et attendit d'être secouru par la marine royale. Le comte de Grasse, un amiral français qui avait rassemblé une flotte importante depuis les Caraïbes, bloqua la baie de Chesapeake et empêcha ainsi la marine anglaise de parvenir jusqu'à la garnison de Yorktown.

Pris au piège, assiégé, bombardé, Cornwallis tenta de faire passer ses troupes sur la rive opposée de la York dans la nuit du 16 octobre, mais une tempête sévère l'en empêcha. Le 17 octobre, un tambour anglais apparut sur les remparts pour donner le signal des pourparlers et un officier anglais agita un mouchoir blanc. Les deux camps discutèrent des termes et Cornwallis se rendit formellement deux jours plus tard. On dit que les Anglais jouaient un air intitulé «Le Monde à l'envers» quand ils abandonnèrent leur campement à 14 heures ce jour-là. **RC**

1783 – 4 MARS

Les Britanniques demandent la paix

Le traité de Paris reconnaît l'indépendance des États-Unis.

Les victoires navales des Britanniques après la capitulation de Cornwallis leur permit de négocier la paix sans perdre la face. En 1783, les représentants de la ville de Londres avaient demandé à la Chambre des communes d'empêcher la poursuite de la guerre. Le 4 mars, une motion fut adoptée en ce sens et il ne restait plus qu'à négocier la paix.

Le Congrès avait désigné Benjamin Franklin, respecté à Londres et à Paris, comme principal représentant des États-Unis pour ces négociations. La France et l'Espagne avaient toutes deux des intérêts en Amérique du Nord, et Franklin devait s'assurer que les Américains ne seraient pas perdants. Il négocia séparément avec les Anglais en jouant sur leur méfiance vis-à-vis des Français pour les amener à accepter l'idée de céder aux États-Unis un territoire plus étendu que ce que souhaitaient la France et l'Espagne. Les Français furent ensuite persuadés d'accepter cet accord anglo-américain préliminaire sous motif qu'ils ne pouvaient montrer aux Anglais aucun désaccord avec les Américains. Le traité signé à Paris le 3 septembre 1783 reconnaissait l'indépendance des États-Unis dont le territoire s'étendait de l'Atlantique au Mississippi, la Grande-Bretagne conservant le Canada. Le document fut ratifié par le Congrès américain le 14 janvier 1784. **RC**

« Je vous félicite comme ami de l'Amérique et non, j'espère, comme ennemi de l'Angleterre. »

Edmund Burke à Benjamin Franklin, 1782

1783 – 4 JUIN

Le premier vol de montgolfière

Le ballon des frères Montgolfier s'envole au-dessus d'Annonay.

Le premier vol de montgolfière eut lieu en juin 1783 : un aérostat inventé par les frères Joseph et Jacques Montgolfier, héritiers d'une riche famille de papetiers. C'est Joseph, l'aîné, un inventeur reclus, qui en avait eu l'idée lorsqu'il avait remarqué que le linge se gonflait et s'élevait en séchant au-dessus du feu, mais la montgolfière fut construite par Jacques qui dirigeait l'entreprise familiale. Les deux frères pensaient, de façon erronée, que la fumée contenait un gaz qui permettait la lévitation.

Le premier ballon fut détruit par des paysans apeurés lors de son vol d'essai en décembre 1782. Au mois de juin suivant, une nouvelle démonstration eut lieu à Annonay avec un ballon en toile doublée de papier, de 225 kilos et contenant 79 m^3 d'air. Il s'éleva à 180 m et parcourut 2 km.

Les Montgolfier construisirent ensuite des ballons plus imposants et de meilleure qualité ; l'un d'entre eux vola à Versailles devant la cour, Louis XVI et Marie-Antoinette. Le roi avait suggéré de faire monter à bord des criminels, mais les Montgolfier, par souci humanitaire, préférèrent faire voler un mouton, un canard et un coq. Tous survécurent. Le premier vol « habité » se déroula le 21 novembre 1783 quand Pilâtre de Rozier et le marquis d'Arlandes décollèrent du bois de Boulogne. Ils volèrent sur 9 km au-dessus de Paris à 900 m d'altitude avant d'être obligés d'atterrir après que la toile eut été endommagée. Seul Joseph Montgolfier osa monter en ballon, mais une seule fois et alors qu'il était attaché au sol. **NJ**

◐ Détail d'une gravure réalisée à partir d'une œuvre de Claude Louis Desrais montrant le premier vol de montgolfière.

1787 – 17 SEPTEMBRE

La Constitution des États-Unis

Les États fédérés d'Amérique s'unissent pour créer une seule nation.

Les États-Unis avaient gagné leur indépendance et devaient se doter d'un gouvernement. Une convention constitutionnelle où chaque État était représenté – excepté Rhode Island – fut réunie en mai 1787 à Philadelphie. Un accord fut trouvé après des mois de négociations et de compromis, et la Constitution signée le 17 septembre 1787 par George Washington et 38 autres délégués présents.

Washington fut choisi à l'unanimité comme président de la convention, mais pour le reste le consensus fut loin de régner. Les partisans d'un gouvernement central fort s'opposaient aux défenseurs des droits des États. Ils acceptèrent finalement tous la séparation des fonctions législatives, exécutives et judiciaires afin de les protéger des caprices de l'électorat.

« Chaque mot … tranche entre le pouvoir et la liberté. »

James Madison

La branche exécutive serait dirigée par un président, la branche législative serait bicamérale et la branche judiciaire fédérale serait présidée par la Cour suprême. On se mit d'accord sur les procédures à suivre pour amender la Constitution et pour organiser des élections. Les discussions furent agitées (notamment sur le poids électoral des esclaves et sur les relations commerciales entre États), mais tous les États ratifièrent finalement la Constitution, le dernier étant le Vermont en 1791. **RC**

1788 – 7 FÉVRIER

La disparition de La Pérouse

La dernière lettre de La Pérouse est datée de Botany Bay en Australie.

Lorsque La Pérouse mouille à Botany Bay, près de Sydney, cela fait plus de deux ans qu'il a quitté Brest sur ordre de Louis XVI. Dans la foulée de Cook, il entreprend un voyage scientifique de découverte du monde, qui n'est pas exempt de visées commerciales et politiques. Il a déjà parcouru l'Atlantique et franchi le cap Horn le 8 février 1786, et le Pacifique en plusieurs sens, faisant escale en Californie, en Alaska, au Kamtchatka, à Macao. Le détroit entre Sakhaline et Hokkaido, qu'il a reconnu, porte son nom.

La Pérouse traite les peuples croisés avec douceur. Sous l'influence des Lumières, les instructions royales préconisent d'apporter le progrès sans violence. Le massacre de Cook à Hawaii reste dans les mémoires. Mais La Pérouse ne peut éviter les incidents. Sur l'île de Tutuila, dans l'archipel des Samoa, dix hommes d'équipage, un officier et un scientifique sont tués par les habitants.

Le 7 février 1788, il laisse à des marins anglais des lettres et son journal. Ce seront les dernières nouvelles que la France aura de lui. *La Boussole* et *L'Astrolabe* remontent ensuite vers le nord, passent au large de la Nouvelle-Calédonie, avant de faire naufrage à Vanikoro. Passionné de géographie, inconsolable de cette disparition, Louis XVI demanda des nouvelles de l'intrépide navigateur avant de mourir sur l'échafaud. Les premières traces du naufrage seront découvertes en 1826 par un Irlandais. Une expédition commandée par Dumont d'Urville se rendra à Vanikoro deux ans plus tard. Elle est la première d'une longue série. De nombreux objets ont été remontés des épaves, tandis qu'était recueillie la tradition orale des habitants de l'île. Le mystère La Pérouse est aujourd'hui en grande partie éclairci. **LV**

1788 – 8 AOÛT

La convocation des états généraux

Pour la première fois depuis 1614, les états généraux vont se réunir.

Depuis son accession au trône en 1774, Louis XVI est confronté à une crise politique et financière. Soucieux de bien faire, attaché à ses prérogatives royales mais dépourvu d'autorité, le roi soutient puis renvoie plusieurs ministres. Le déficit s'aggrave après la guerre de l'Indépendance américaine. Les dépenses de la cour sont montrées du doigt, notamment celles de la reine Marie-Antoinette.

En 1788, la monarchie est acculée. La banqueroute guette. Des troubles éclatent. À Grenoble, les habitants bombardent l'armée royale de tuiles.

« Qu'est-ce que le tiers état ? Tout. Qu'a-t-il été jusqu'à présent dans l'ordre politique ? Rien. »

Abbé Sieyès, *Qu'est-ce que le tiers état ?*, 1789

Cédant à la pression de l'opinion publique, Louis XVI signe le 8 août un édit convoquant les états généraux. Cette assemblée, seule habilitée à créer de nouveaux impôts, est composée de représentants des trois ordres : les privilégiés, clergé et noblesse, qui bénéficient d'exemptions fiscales, et le tiers état, l'immense majorité de la population sur laquelle pèse l'essentiel des charges. Décision est prise d'accorder au tiers état deux fois plus de députés.

Au printemps 1789, pendant la rédaction des cahiers de doléances et l'élection des députés, la France est en ébullition. Le 5 mai, Louis XVI ouvre les états généraux à Versailles. Cinq semaines plus tard le tiers état se proclame Assemblée nationale et jure de donner une constitution à la France. **LV**

Le premier président des États-Unis d'Amérique

George Washington est élu président des États-Unis à l'unanimité, poste qu'il accepte par sens du devoir plus que par ambition personnelle.

Nul n'aurait pu mieux remplir la fonction de président que cet homme de 56 ans qui avait mené son pays à la victoire. Il avait la confiance de tout le pays mais n'envisageait ces nouvelles responsabilités qu'avec morosité. C'était, disait-il, « le plus grand sacrifice personnel » qu'il ait jamais eu à faire. Personne ne s'étant présenté contre lui, il reçut le 4 février tous les votes du collège électoral. La procédure de ratification de l'élection par chaque État était compliquée et ce n'est que le 14 avril que Washington fut officiellement informé que la décision avait été prise. Sur son parcours depuis la Virginie jusqu'à New York, il fut salué par la foule rassemblée pour l'acclamer, réciter des vers en son honneur ou le couvrir de fleurs.

Sur le balcon du Sénat à New York, coiffé d'une perruque et vêtu d'un costume noir, Washington jura de « préserver, protéger et défendre fidèlement la Constitution des États-Unis ». Une immense clameur s'éleva de la foule. On fit hisser le drapeau fédéral, les cloches d'église sonnèrent et treize coups de fusil furent tirés.

Le discours du nouveau président fut soigneusement évasif et laissa le sentiment qu'il aurait aimé se trouver ailleurs. Évoquant « le sourire propice des cieux » et les « mesures sages dont le succès de ce gouvernement doit dépendre », il s'abstint de préciser ce que seraient ces dernières. Après tout, expliqua-t-il par la suite, il était en territoire inconnu. Le mandat présidentiel de George Washington fut reconduit en 1792. Il se retira de la vie politique en 1797. **RC**

George Washington à Princeton (1779) peint avant de devenir président, Charles Willson Peale.

La prise de la Bastille

Le peuple de Paris entre en scène et devient le personnage principal de la Révolution.

La prison de la Bastille le 14 juillet 1789, Jean Dubois (1789-1849).

« C'est une révolte ?
Non sire,
c'est une révolution. »

Louis XVI et La Rochefoucauld-Liancourt

Acculé par la crise financière, Louis XVI a dû accepter la réunion des États-Généraux, transformés en Assemblée nationale constituante sous la pression des députés du Tiers Etat. Jusque-là les événements se sont déroulés sans violence et dans la légalité. Mais à Paris règne une grande agitation, alimentée par la hausse des prix du pain et le chômage.

Le 12 juillet, les Parisiens apprennent le renvoi du ministre Necker, très populaire. Par ailleurs, la rumeur se répand que des troupes ont été massées autour de Paris. Des milices se forment pour résister à un coup de force éventuel de la cour. Le 14 juillet, les Invalides, où se trouvent armes et munitions, sont pillés. Une longue colonne marche sur la Bastille, dont la silhouette massive et anachronique domine l'est de la capitale. Il s'agit là aussi d'aller chercher des armes. Mais la forteresse, qui n'abrite plus guère de prisonniers (sept en juillet 1789), est aussi un symbole de l'arbitraire royal. Une simple lettre de cachet signée du roi peut en effet « embastiller » n'importe quelle personne jugée indésirable. La foule abat les grilles, pénètre dans la première enceinte. Des coups de feu retentissent. Le gouverneur de la Bastille, de Launay, négocie puis choisit de résister. Les combats s'engagent. Les insurgés font tirer au canon. Launay capitule. Il est lynché par la foule, et sa tête promenée au bout d'une pique.

Louis XVI rappelle Necker. Cette entrée en scène du peuple, qui marque le vrai début de la Révolution, s'il suscite beaucoup d'espoir d'un côté, effraie de hauts personnages à la cour. Le 17 juillet, le comte d'Artois, frère du roi, quitte Versailles et donne le signal de l'émigration des privilégiés.

En 1880, le 14 juillet est déclarée fête nationale par le gouvernement de la IIIe République. **PF**

La Déclaration des Droits de l'Homme

Cette déclaration historique est un moment-clé de la Révolution française.

Au lendemain de la prise de la Bastille, alors que des troubles éclatent en province, l'Assemblée constituante accélère ses travaux sur la Déclaration des Droits de l'Homme et du citoyen, qui servira de préambule à la future constitution. Le modèle vient d'Angleterre et des Etats-Unis. Là où les législateurs anglo-saxons, pragmatiques, entendaient surtout offrir des garanties juridiques, les députés français donnent à leur texte une portée universelle. De fait, la Déclaration votée le 26 août 1789 a un grand retentissement considérable en Europe. Si elle indispose les monarques, elle suscite des espoirs parmi les peuples.

Plusieurs projets sont élaborés par des commissions de l'Assemblée, ou par des personnalités éminentes comme La Fayette et Sieyès, tandis que Mirabeau joue un rôle essentiel dans les discussions. Dans la nuit du 4 août, l'abolition des privilèges marque une étape importante. La pression des événements conduit les députés à travailler vite. Au final, les dix-sept articles de la Déclaration mettent à bas la société d'Ancien Régime et la monarchie absolue. Ils font écho aux écrits de Montesquieu, de Voltaire et de Rousseau. L'article premier, le plus célèbre, consacre la liberté et l'égalité des hommes. Les suivants énoncent quantité de nouveaux droits et de nouvelles libertés : liberté de conscience et d'expression, justice équitable, souveraineté nationale, séparation des pouvoirs, inviolabilité de la propriété… Certains regrettent que les droits des femmes ou l'abolition de l'esclavage ne soient pas mentionnés, sans compter que les révolutionnaires eux-mêmes ont souvent violé les principes qu'ils avaient énoncés. Mais la Déclaration de 1789 sera complétée au fil du temps, notamment en 1946. La constitution de 1958 s'y réfère dans son préambule. **NJ**

La Déclaration universelle des droits de l'homme et du citoyen apparaît toujours en préambule à la Constitution.

« Les hommes naissent et demeurent libres et égaux en droits. »

Premier article de la Déclaration

La mort de Wolfgang « Amadeus » Mozart

Mozart, un génie musical, est enterré à l'âge de 35 ans.

Aquarelle de Louis Carrogis (1717-1806) montre Léopold Mozart, au violon, accompagnant le jeune Wolfgang.

Portrait de Wolfgang Amadeus Mozart, XVIIIe siècle, artiste autrichien anonyme.

« Son dernier souffle fut comme s'il voulait imiter avec la bouche les timbales de son* Requiem. *»

Sophie Weber, belle-sœur de Mozart

Mozart se demandait-il si sa vie n'avait été qu'un long déclin depuis l'âge de 8 ans, quand il jouait devant un public admiratif dans les salles de concert de toute l'Europe ? Brillant et célèbre, c'était l'enfant prodige par excellence. À 35 ans, c'était peut-être encore un prodige (qui d'autre que lui pouvait transcrire un morceau de musique complexe tout en en inventant mentalement un autre ?), mais ses derniers concerts s'étaient révélés des échecs financiers. Les musicologues considèrent aujourd'hui qu'il n'écrivit que des chefs-d'œuvre après 1780, mais pas ses contemporains. « Trop beau pour nos oreilles », faisait remarquer l'empereur Joseph II au sujet d'une œuvre et ajoutant : « Et trop de notes mon cher Mozart. »

Alité à partir de la mi-novembre 1791 après avoir pris froid (la maladie se transformerait bientôt en rhumatisme articulaire aigu), Wolfgang Amadeus Mozart était peut-être agité de sombres pensées, notamment parce qu'il éprouvait des difficultés à terminer son *Requiem*. Il était bloqué sur le *Dies Irae* (« jour de courroux »). Avait-il la prémonition qu'il mourrait bientôt ? C'est ce que disent certains ; pourtant sa situation financière s'était légèrement améliorée et, avant même sa maladie, on commençait à reconnaître son talent : même son grand rival Salieri avait applaudi *La Flûte enchantée*.

Le 4 décembre, quatre chanteurs encerclaient le lit de Mozart pour répéter une partie du *Requiem*. Ils atteignirent le *Dies Irae* mais ne purent dépasser le vers *Lacrymosa dies illa* : Mozart repoussa la partition et éclata en sanglots. Plus tard ce même jour, un prêtre lui donna l'extrême-onction. Il tomba dans le coma et mourut le 5 décembre 1791 ; il fut enterré dans une fosse commune, dans l'anonymat le plus total. **RP**

1792 – 9 JANVIER

L'annexion de la Crimée

Selon les termes du traité de Jassy, les Ottomans cèdent la Crimée à la Russie.

La Crimée, une péninsule sauvage en forme de losange qui s'avance dans la mer Noire au sud de l'Ukraine, a toujours été convoitée pour son climat doux et ses ports. En venant à bout de l'Empire ottoman au cours de la sixième guerre russo-turque (1768-1774), la Russie put s'en emparer. Les Ottomans perdirent aussi leur septième guerre contre la Russie (1787-1792) et la Crimée fut alors formellement annexée par la Russie avec le traité de Jassy. Les Turcs durent accepter de céder la péninsule en échange du retrait des troupes russes des Balkans.

« Sans la confiance d'une nation, le pouvoir n'est rien… »

Attribué à Catherine la Grande

L'annexion de la Crimée faisait partie du projet d'expansion impériale de Catherine II la Grande. Elle comptait avancer jusqu'au sud de Constantinople et lança, pour cela, une campagne de purification ethnique contre les Tartares de Crimée, peuple musulman, qu'elle remplaça par une population immigrée, dont des chrétiens suisses et allemands. La population tartare passa de 5 millions à 300 000 personnes.

L'objectif de la guerre de Crimée (1853-1856), qui opposa la Russie à une coalition formée par la Grande-Bretagne, la France, la Sardaigne et la Turquie, fut d'empêcher les Russes d'atteindre les Balkans et d'accroître leur empire. La Russie dut renoncer à ses possessions à l'embouchure du Danube ainsi qu'à son protectorat sur la Moldavie. **NJ**

1792 – 16 MARS

La défaite de Tippou

Le sultan du Mysore capitule devant Cornwallis après la victoire des Anglais.

Tippou Sahib, qui avait succédé à son père comme sultan en 1782, avait gagné son surnom de « Tigre du Mysore » lors des combats qui l'avaient opposé à la Compagnie des Indes orientales. Celle-ci ne cessant de gagner du territoire, il lui avait livré deux guerres et lorsqu'en 1789, allié aux Français, il envahit le Travacore, un protectorat britannique, il en déclencha une troisième.

Son adversaire était lord Charles Cornwallis, gouverneur-général de l'Inde célèbre pour avoir capitulé à Yorktown face aux Américains pendant la guerre d'Indépendance. Corwallis vainquit Tippou en 1792, s'empara de la ville de Bangalore et obligea le sultan à signer la paix. Tippou perdit alors la moitié de son territoire et fut forcé de confier ses deux fils aux Anglais qui pensaient ainsi s'assurer de sa bonne conduite.

« La foi dont fait preuve Tippou ne peut être mesurée par aucun juge sur cette terre. »

Henry Newbolt, *Seringapatam*, 1898

Cela n'empêcha pas le sultan de s'allier à nouveau avec la France, et d'offrir à lord Arthur Wellesley, qui avait remplacé Cornwallis, le parfait prétexte pour déclarer la quatrième guerre de Mysore. Celle-ci s'acheva par le siège et la prise de la capitale, Seringapatam, en 1799, et la mort de Tippou. Les Anglais découvrirent dans son palais un tigre mécanique mangeant un soldat britannique, le symbole emblématique de ce héros indien qui résista à la colonisation de son pays. **NJ**

La prise des Tuileries

L'expérience de la monarchie constitutionnelle s'effondre et Louis XVI se retrouve prisonnier.

Depuis l'arrestation du roi à Varennes et l'échec de sa fuite, la méfiance s'est installée, accentuée par la guerre avec l'Autriche et la Prusse. Louis XVI et Marie-Antoinette sont soupçonnés de désirer secrètement la victoire de l'ennemi. Ils pratiquent effectivement un double jeu et optent pour la politique du pire, ce qui va leur être fatal. Lorsque le chef des armées austro-prussiennes, le duc de Brunswick, menace le peuple de Paris des pires représailles si la famille royale subit des outrages, la colère éclate. Au club des jacobins, on réclame l'abolition de la monarchie. Le 10 août, des milliers d'habitants des quartiers populaires, auxquels se joignent des Fédérés venus des provinces, convergent vers le palais des Tuileries, où réside le roi depuis qu'il a quitté Versailles contraint et forcé en octobre 1789. L'édifice est défendu par 900 gardes suisses, dont la loyauté est sans faille, et 2 000 gardes nationaux, qui fraternisent avec la foule sitôt la cour du palais envahie. La famille royale se réfugie à l'Assemblée, tout près de là. Les députés délibèrent, pendant que les gardes suisses, qui défendent héroïquement la résidence royale, sont massacrés.

L'Assemblée suspend le roi, remplacé par un conseil exécutif provisoire. Elle le fait emprisonner au Temple. Au début de septembre, la peur d'un complot aristocratique et les défaites militaires provoquent le massacre de centaines prisonniers, surtout des nobles et des prêtres. Le 21 septembre, la Convention nouvellement élue proclame la République. **NJ**

Portrait du XVIIIe siècle de Robespierre, surnommé l'Incorruptible par ses partisans.

Cette illustration d'époque de la prise des Tuileries donne une idée du chaos et de la violence qui régnaient.

Louis XVI monte sur l'échafaud

L'exécution du roi entraîne une rupture entre la France et les monarchies européennes, et inaugure la phase la plus sanglante de la Révolution.

Louis Capet est emprisonné avec sa famille au Temple depuis le mois d'août lorsqu'il est appelé devant la Convention le 11 décembre 1792. Il est accusé de vouloir rétablir « la tyrannie sur les ruines de la liberté ». Le roi et ses trois avocats réfutent ces accusations, mais la Convention le déclare coupable à une forte majorité.

Cependant, les députés sont divisés sur le châtiment à infliger au « ci-devant roi des Français ». Les girondins, plus modérés, défendent l'emprisonnement ou le bannissement, ou du moins le report de la sentence jusqu'à l'organisation d'un référendum. Les jacobins, plus radicaux, et qui bénéficient du soutien des sans-culottes parisiens, réclament la peine de mort. Celle-ci est finalement votée à une faible majorité, chaque député devant exprimer son choix à voix haute devant des spectateurs souvent hostiles au souverain déchu.

Le 21 janvier, le roi se lève à 5 heures du matin. Il s'entretient avec son confesseur, le prêtre irlandais Edgeworth de Firmont, qui l'accompagne jusqu'à l'échafaud. Des milliers de soldats ont été placés sur le parcours et sur la place de la Révolution (aujourd'hui place de la Concorde), où doit avoir lieu l'exécution. Le roi, les mains liées dans le dos et la nuque rasée, tente de s'adresser à la foule, mais sa voix est étouffée par le roulement des tambours. Une fois le couperet tombé, Danton déclare que la France régicide défie par son audace l'Europe entière. **NJ**

L'Adieu de Louis XVI à sa famille au Temple, le 20 janvier 1793, Jean-Jacques Hauer (1751-1829).

Gravure anonyme montrant l'exécution de Louis XVI à la guillotine.

1793 – 12 FÉVRIER

La loi sur les esclaves fugitifs

Le gouvernement américain punit ceux qui aident les esclaves à s'échapper.

La Constitution américaine garantissait implicitement le droit de posséder des esclaves et de reprendre possession de ceux qui s'échapperaient. Mais aucun mécanisme n'avait été établi à cet effet et l'on pouvait aider les esclaves à s'échapper en toute impunité. La loi sur les esclaves fugitifs combla cette lacune.

Dans les années 1790, le cas de John Davis, qui s'était enfui de Virginie pour rejoindre la Pennsylvanie, un État abolitionniste, provoqua de vifs débats. Trois Virginiens vinrent le chercher et le ramenèrent à son maître. Le gouverneur de Pennsylvanie, Thomas Mifflin, demanda leur extradition pour cause de rapt ; mais le gouverneur de Virginie refusa.

« … Ou protéger dans leur État des fugitifs criminels, des servants ou des esclaves. »

Article 4 de la *Fugitive Slave Act*, 1793

Selon la nouvelle loi que le président Washington signa le 12 février 1793, les juges de circonscription ou de district pouvaient décider du statut de ceux qu'on suspectait d'être des fugitifs. Elle criminalisait aussi l'aide aux esclaves et provoqua l'apparition de professionnels spécialistes de la capture des fugitifs. Avec la reconnaissance des droits des esclavagistes par la loi fédérale, les États du Nord adoptèrent des lois pour entraver son application, notamment en conférant des droits supplémentaires aux accusés. L'Underground Railroad, un réseau secret, fut aussi établi pour aider les esclaves à rejoindre les États du Nord et le Canada. **PF**

1793 – 6 AVRIL

Création du Comité de salut public

Robespierre et les montagnards prennent le contrôle de la Révolution.

Le Comité de salut public n'est que l'un des comités institués par la Convention, mais il devient l'organe central du gouvernement révolutionnaire. Réclamé par Danton, il est imposé aux Girondins, plus modérés, qui en sont éliminés en juin 1793.

Il s'agit de créer un pouvoir fort susceptible de faire face aux circonstances exceptionnelles : invasion autrichienne, guerre de Vendée, révoltes fédéralistes en province, pénuries alimentaires. Le comité organise la levée en masse, fait voter la loi des suspects, qui débouche sur la Terreur, décrète le maximum des prix. Des représentants spéciaux sont envoyés dans les départements et aux armées pour galvaniser les troupes et écraser toute rébellion.

« J'ai pu percevoir des crimes qui se commettent quotidiennement… »

Robespierre, juillet 1793

Robespierre domine le Comité de salut public, où se distinguent également Saint-Just et Couthon. Il dispose d'un pouvoir dictatorial, exerçant de véritables purges, y compris au sein des montagnards. Danton, de plus en plus critique, et qui réclame la fin de la Terreur, est ainsi guillotiné en avril 1794. Mais au même moment, le Comité de salut public entre en conflit avec le Comité de sûreté générale, chargé de poursuivre les suspects, tandis que Robespierre et ses partisans sont contestés et finalement renversés en juillet.

Devenu le symbole des excès de la Révolution, le Comité de salut public est dissout en 1795. **NJ**

La Constitution de l'An I

La Convention adopte une constitution très démocratique, jamais appliquée.

Célébration de l'adoption de la Constitution le 10 août 1793, gravure de Jonnard d'après H. de La Charlerie.

Élaborée par les montagnards, la constitution de 1793 confie le pouvoir législatif à une assemblée élue au suffrage universel et le pouvoir exécutif à un conseil de 24 membres. Elle succède au projet assez décentralisateur rédigé par Condorcet, que les Girondins, écartés du pouvoir, n'ont pu faire adopter.

En guise de préambule, une nouvelle version de la déclaration des Droits de l'Homme et du Citoyen ajoute aux droits individuels reconnus en 1789, des « droits sociaux », comme le droit à l'instruction, ou le droit aux « secours publics » et au travail. Le peuple souverain se voit reconnu un droit à l'insurrection, qui est un devoir lorsque le gouvernement s'exonère des garanties protégeant les citoyens.

Un référendum est organisé durant l'été 1793, alors que le pays est en guerre. L'abstention est énorme (cinq millions sur sept millions de votants), mais la constitution est approuvée à une forte majorité. Elle est placée dans une arche en bois de cèdre et déposée à la Convention. Son application est immédiatement ajournée. Attaquée par toute l'Europe, la France révolutionnaire a besoin d'un pouvoir fort et ne peut mettre en pratique une démocratie aussi aboutie, qui prévoit de consulter constamment le peuple. Après la chute de Robespierre, les thermidoriens optent pour de nouvelles institutions et créent le Directoire. La constitution de 1793 continuera d'influencer les idées républicaines et révolutionnaires. **NJ**

La France sous la Terreur

Pour Robespierre et ses partisans, seule la Terreur peut sauver la Révolution.

Les victimes de la Terreur attendent leur sort à la Conciergerie dans ce tableau de Charles-Louis Müller (1815-1892).

La Terreur reste l'épisode le plus sombre de la Révolution française. En mars 1793, la Convention a établi des comités révolutionnaires dotés de larges pouvoirs, ainsi qu'un Tribunal révolutionnaire. L'objectif est d'intimider les ennemis réels ou supposés de la Révolution, de lutter contre les périls extérieurs et intérieurs. Les montagnards imposent ainsi leur vision radicale de la Révolution.

Le 17 septembre 1793, la Convention adopte la loi des Suspects, qui permet d'arrêter toute personne liée de près ou de loin aux idées contre-révolutionnaires. A compter de cette date, les exécutions se succèdent, au point que les Parisiens se plaignent de l'odeur du sang.

Le comité de Sûreté général traque ces « suspects », internés et jugés de façon expéditive par le Tribunal révolutionnaire, où s'illustre l'impitoyable accusateur public Fouquier-Tinville. Les prisons sont pleines, et trois mille personnes sont guillotinées à Paris en quelques semaines, parmi lesquelles Marie Antoinette, Madame du Barry, Bailly, ancien maire de Paris, le chimiste Lavoisier. Les principaux dirigeants girondins sont également exécutés. En province, la Terreur fait 14 000 victimes.

Madame Roland, égérie des girondins, qu'elle accueillait dans son salon, monte sur l'échafaud le 8 novembre 1793 et s'exclame : « Ô liberté, que de crimes on commet en ton nom ! » **NJ**

L'exécution de Marie-Antoinette

La reine, accusée de haute trahison, est guillotinée.

▲ Portrait de Marie-Antoinette pendant les premières années de son règne par Jacques Gautier d'Agoty (1710-1781).

▶ Après son exécution, la tête de la reine est exhibée devant la foule en liesse, œuvre anonyme.

« La mort de la reine fut un crime pire que le régicide. »

Napoléon à propos de Marie-Antoinette

Après la prise des Tuileries et l'emprisonnement de la famille royale en août 1792, la vie privilégiée de Marie-Antoinette laissa place aux privations et aux souffrances. Elle demeura isolée et séparée de son mari pendant son emprisonnement et, après la mort de ce dernier, on lui enleva aussi son fils, Louis Charles, âgé de 8 ans, qui fut obligé d'insulter sa mère et de l'accuser de toute une série d'atrocités.

Transférée du Temple à la Conciergerie, une prison humide sur l'île de la Cité, elle dut répondre devant le tribunal de divers crimes, qu'ils soient politiques – elle aurait conspiré avec son frère, l'empereur d'Autriche, pour envahir la France – ou privés – elle fut accusée d'inceste. Elle refusa de répondre sur ce dernier point en déclarant que « la nature se refuse à répondre à une pareille accusation faite à une mère. J'en appelle à toutes celles qui peuvent se trouver ici. » Fouquier-Tinville réclama au tribunal la mort de l'accusée, pour haute trahison. La reine quitta la salle « sans que son visage ne trahisse la moindre émotion ».

Le 16 octobre, Marie-Antoinette revêtit une robe blanche, un bonnet de la même couleur, des bas noirs et des souliers rouges. Le fils de son bourreau, Henri Sanson, lui attacha les mains dans le dos et lui coupa les cheveux. Elle fut ensuite conduite sur une charrette vers la guillotine, là où son mari était mort dix mois plus tôt. D'après ses historiens, elle subit avec dignité les sarcasmes et les insultes lancés par la foule massée sur son passage. Jacques-Louis David, éminent jacobin et allié de Robespierre, qui assista à la scène, dessina un croquis de la reine resté légendaire. Les derniers mots de Marie-Antoinette furent pour s'excuser auprès du bourreau dont elle avait accidentellement écrasé le pied en montant sur l'échafaud. **NJ**

Thomas Jefferson démissionne

Adversaire avéré du pouvoir fédéral, Jefferson abandonne son poste de secrétaire d'État.

Portrait de Jefferson réalisé durant sa présidence par le peintre américain Gilbert Stuart (1755-1828).

« L'esprit de résistance au gouvernement est si valable… il le sera souvent. »

Thomas Jefferson à Abigail Adams, 1787

George Washington savait déléguer les responsabilités et, comme président des États-Unis, il sut recruter des talents tels qu'Alexander Hamilton aux Finances, Thomas Jefferson aux Affaires étrangères et James Madison comme président de la Chambre des représentants. Thomas Jefferson accepta le poste de secrétaire d'État (l'équivalent français des Affaires étrangères) non sans hésitation. Il admirait Washington mais reconnaissait leurs différences.

Ministre à Paris, Jefferson avait assisté aux débuts de la Révolution française qui, pensait-il, devait être soutenue car elle pouvait importer les idéaux libertaires de la révolution américaine en Europe. Washington était plus prudent et plus isolationniste. Selon lui, la politique étrangère de l'Amérique devait avoir pour objectif la promotion des intérêts nationaux. Jefferson était effrayé de voir à quel point Hamilton et les partisans d'un gouvernement fédéral central fort semblaient vouloir transformer la présidence en une sorte de monarchie américaine. Jefferson désapprouva fortement la création d'une banque centrale par Hamilton car elle lui paraissait « contraire à la liberté » ; il tenta en vain de persuader Washington de mettre son veto.

Deux partis politiques se développaient à l'époque aux États-Unis : celui d'Hamilton, les fédéralistes, et les républicains (ou démocrates républicains) qui défendaient les droits des États, voulaient limiter le pouvoir fédéral et trouvèrent en Jefferson leur porte-parole. Ces derniers sont les ancêtres des démocrates actuels (le parti républicain moderne ne fut fondé que plus tard). Minoritaire au sein du gouvernement, Jefferson démissionna puis rejoignit sa propriété de Monticello, en Virginie. Il accédera à la présidence des États-Unis en 1800, pour deux mandats. **RC**

Robespierre guillotiné

L'architecte de la Terreur monte à son tour sur l'échafaud.

L'ancien avocat d'Arras, élu député du tiers-état en 1789, est devenu au fil du temps une des principales figures du club des Jacobins. Après la chute de la monarchie, il s'est imposé comme la tête pensante de la Révolution. Esprit rigoureux au point d'être rigide, admirateur de Rousseau, Maximilien Robespierre croit à une démocratie intégrale basée sur la vertu. Il va jusqu'à instituer une religion nouvelle dont il est grand prêtre, le culte de l'Être suprême, ce qui lui vaut quelques sarcasmes.

Après avoir prôné la Terreur contre les « ennemis de la Révolution », aristocrates, royalistes, girondins, Robespierre finit par s'attaquer à ses propres amis politiques, soit qu'il les juge trop extrémistes, soit qu'il les sente trop modérés, tels Danton et Desmoulins, exécutés au printemps 1794. Mais l'été venu, l'Incorruptible lui-même se retrouve en position d'accusé. La Terreur effraie nombre de députés de la Convention, tandis qu'elle trouve moins de justifications, à présent que les armées révolutionnaires ont remporté des victoires dans la guerre contre l'Autriche et dans la guerre de Vendée.

Le 27 juillet 1794, 9 thermidor an II dans le calendrier républicain, Robespierre est empêché de parler à la Convention. Sa voix est couverte par les cris de ses opposants, qui le déclarent hors la loi et ordonnent son arrestation. Il trouve refuge à l'Hôtel de Ville, où la Commune de Paris lui est acquise. Mais il est capturé après avoir tenté de se suicider. Blessé à la mâchoire, il est guillotiné avec ses partisans, dont son propre frère, sur la place de la Révolution. Le Comité de Salut public, où Robespierre exerçait son autorité, disparaît quelque temps plus tard. Les Thermidoriens entendent créer une république plus conservatrice, garantissant la paix civile. Ils fondent le Directoire. **PF**

Robespierre est victime de la politique de la Terreur qu'il a lui-même promulguée : il est guillotiné place de la Révolution.

« La Terreur n'est autre que la justice prompte ; elle est donc l'émanation de la vertu. »

Robespierre devant la Convention nationale

1795 – 7 AVRIL

Adoption du système métrique décimal

La Révolution institue un système de poids et de mesures universel.

Sous l'Ancien Régime une multitude d'unités de mesure sont utilisées : lignes, pouces, pieds, toises, lieues… Et tout peut varier d'une province à l'autre. De même que les révolutionnaires souhaitent rendre cohérents les statuts administratifs ou judiciaires, ils veulent adopter un système de poids et de mesures unique. Le principe en est arrêté en 1790. Une commission est créée, où siègent Condorcet et Lavoisier.

Péripéties révolutionnaires et études scientifiques nécessaires ralentissent le processus. Mais le 7 avril 1795,

« Il y a dans la République uniformité de poids et de mesures… »

Article 371 de la Constitution de l'an III (1795)

la Convention vote la loi sur le système métrique décimal. Un mètre représentera 1/40 000 000 du méridien terrestre. Les multiples et les sous-multiples seront exprimés en base 10, ce qui rompt avec les anciennes mesures, où une toise valait par exemple six pieds et un pied douze pouces. Les mesures du méridien sont effectuées par les astronomes Delambre et Méchain entre Dunkerque et Barcelone. L'étalon mètre définitif est fabriqué par Étienne Lenoir, spécialiste réputé des instruments scientifiques. Il est présenté aux députés le 22 juin 1799. Un exemplaire en platine est déposé aux Archives nationales. Il fait loi.

Les armées de l'Empire diffuseront le système métrique décimal en Europe. Mais il cohabitera longtemps avec les anciennes mesures, avant de s'imposer à la fin du XIXe siècle. **LV**

1795 – 24 OCTOBRE

Troisième partage polonais

Déjà réduite par deux partages, la Pologne perd son indépendance avec le troisième.

Fondée en 1569, la République des Deux Nations (royaume de Pologne et Grand-Duché de Lituanie) était l'un des États les plus grands d'Europe. Au début du XVIIIe siècle, le pays dut affronter nombre de problèmes internes, ce qui le rendit vulnérable aux influences étrangères. Après sa victoire sur l'Empire ottoman, la Russie, l'Autriche et la Prusse signent un traité, en 1772, qui ampute la Pologne d'une partie de son territoire. C'est le premier partage. Effrayée à l'idée d'une révolution imminente, la noblesse polonaise forma la Confédération de Targowica et réclama l'aide de la Russie. Catherine la Grande envoya une armée de 100 000 hommes en 1793, qui, avec la Prusse, battit les Polonais et permit le deuxième partage du territoire : la Russie s'octroie la Biélorussie, la Prusse, le reste de la Grande-Pologne.

« Il faut parfois tout sacrifier pour tout sauver. »

Tadeusz Kosciuszko

Les patriotes polonais se soulevèrent, menés par Tadeusz Kosciuszko. Cette révolte échoua face à la supériorité numérique des Russes et Kosciuszko fut emprisonné en Russie avec 20 000 de ses soldats. Le troisième partage de la Pologne, proclamé le 24 octobre 1795, offrit à la Russie 120 000 km^2, 1,2 million d'habitants et Vilnius. La Prusse s'empara de 55 000 km^2, d'un million d'habitants et de Varsovie, l'Autriche de 47 000 km^2, 1,2 million d'habitants et les villes de Cracovie et de Lublin. **NJ**

Le vaccin contre la variole

Le médecin anglais Edward Jenner découvre qu'en inoculant la vaccine (maladie de la vache) à l'homme, il l'immunise contre la variole.

Edward Jenner était un médecin de campagne qui pratiquait près de son lieu de naissance à Berkeley dans le Gloucestershire. La plupart de ses patients étaient des ouvriers agricoles et il remarqua que ceux qui avaient attrapé la vaccine, une maladie bénigne de la vache, ne souffraient jamais de la variole, un fléau qui défigurait les malades et était souvent mortel.

Le 14 mai 1796, durant une épidémie de variole dans la région, une jeune femme, Sarah Nelmes, vint se plaindre de cloques que la vaccine avait provoquées sur ses mains. Jenner les vida et en préserva le liquide.

Il persuada ensuite un fermier, James Phipps, de « vacciner » son jeune fils, James. Il réalisa deux petites incisions sur le bras de James, y fit couler du pus de vaccine et banda le tout. James contracta bien la vaccine. Six semaines plus tard Jenner lui injecta audacieusement le « virus » (autre mot qu'on lui doit) de la variole, et comme il l'avait prévu, le garçon, immunisé, ne tomba pas malade. Jenner avait découvert par hasard que le virus de la vaccine était proche de celui de la variole, et que si l'on était vacciné avec l'un, on était immunisé contre l'autre.

Après des tests supplémentaires, Jenner publia ses découvertes en 1798 et malgré une opposition intense et parfois hystérique, la vaccination contre la variole était pratiquée dans toute l'Europe dès 1800. Jenner reçut 30 000 livres du Parlement en récompense et s'éteignit le 26 janvier 1823, à l'âge de 74 ans. **NJ**

Peinture à l'huile de Gaston Melingue (1840-1914) : Jenner procède à la première vaccination contre la variole.

L'exploration du fleuve Niger

Mungo Park, médecin et botaniste écossais, est le premier Européen à découvrir le fleuve Niger au cours d'une expédition pour l'African Association.

Après avoir effectué un voyage à Sumatra comme médecin sur un bateau d'expédition en 1795, Mungo Park proposa à l'African Association d'explorer le fleuve Niger. Il remonta la Gambie jusqu'au comptoir britannique de Pisania avant de s'enfoncer dans des territoires inconnus, en décembre. Il traversa le Sénégal supérieur et le royaume du Kaarta avant d'être capturé et retenu prisonnier pendant quatre mois par un chef maure. Le 1er juillet 1796, il s'échappa à cheval et, à l'aide de sa seule boussole, atteignit le Niger à Ségou le 21 juillet. Park suivit le cours du fleuve sur 130 km avant de faire demi-tour à Silla et de retourner à Pisania.

Il fit sensation à son retour en Angleterre quand il annonça sa découverte. Il publia le journal de son expédition, se maria, fonda une famille et s'installa à Peebles où il apprit l'arabe en préparation de son retour sur le Niger. Au cours de sa seconde expédition, financée par le gouvernement anglais en 1806, Park tenta de retracer le cours du Niger qui, pensait-il, rejoignait le Congo. Il le remonta en compagnie d'autres Européens sur des centaines de kilomètres, mais plusieurs membres de l'expédition moururent de maladie ou furent tués par des indigènes hostiles, et Park se noya dans les rapides du fleuve qu'il aimait tant au cours d'une attaque. La fin de sa vie fut racontée par le seul survivant de l'expédition, un guide africain, et confirmée en 1825 par les explorateurs Richard Lander et Hugh Clapperton. **NJ**

Mungo Park se voit offrir des rafraîchissements par les Africains au cours de son expédition dans le bassin du fleuve Niger.

Esquisse de la main de Mungo Park (qui s'est représenté en bas à droite) montrant un pont sur le Bafing au Sénégal.

1796 – 15 NOVEMBRE

La victoire d'Arcole

Brandissant le drapeau tricolore, Bonaparte entraîne ses soldats sur le pont d'Arcole.

Napoléon Bonaparte s'est déjà distingué en chassant les Anglais de Toulon et en écrasant une émeute royaliste. En mars 1796, à 26 ans, il est placé à la tête de l'armée d'Italie. Pour attaquer l'Autriche, le Directoire lance deux offensives à travers l'Allemagne, conduites par Moreau et Jourdan, auxquelles s'ajoute une opération secondaire en Italie du Nord. Bonaparte rejoint son armée à Nice, 40 000 hommes mal équipés et peu disciplinés. Il mise sur des déplacements rapides, des attaques foudroyantes et concentrées. En trois semaines, il prive les Autrichiens de leur allié piémontais et les écrase à Lodi. Le 15 mai, il entre triomphalement à Milan, où il tient une véritable cour avec Joséphine. Il ignore les ordres du Directoire, qu'il amadoue avec le produit de ses pillages, des œuvres d'art et beaucoup d'or.

La guerre, toutefois, n'est pas terminée. En Allemagne, Moreau et Jourdan battent en retraite. En Italie, les Autrichiens sont retranchés à Mantoue, au nord du Pô. Autour de la ville, Bonaparte livre plusieurs combats, mais rien de décisif. Ses troupes sont fatiguées. Le 15 novembre, devant le pont d'Arcole, elles flanchent. Alors le général monte au feu : il s'avance avec l'étendard tricolore, manque d'être tué, tombe dans la rivière, est sauvé de la noyade et remporte la victoire. L'épisode, enjolivé, sert la propagande du vainqueur. Ses exploits sont relatés dans un journal distribué jusqu'à Paris.

Après la bataille de Rivoli, au début de 1797, Mantoue capitule. L'armée d'Italie traverse les Alpes et marche sur Vienne. Le 18 avril, un armistice est signé. Bonaparte redessine la carte de l'Italie du Nord, imposant ses conditions aux Autrichiens comme au Directoire, qui s'inquiète de l'ambition de ce jeune général. **LV**

1798 – 19 MAI

Bonaparte en Égypte

Échec militaire, la campagne d'Égypte est néanmoins un succès scientifique.

Bonaparte quitta Toulon, le 19 mai, pour l'Égypte, accompagné de 400 navires et 35 000 hommes, dont cinq officiers qui seraient plus tard nommés maréchaux. Il rêvait de devenir un second Alexandre et de bâtir un empire qui allierait la technique européenne et la sagesse de l'Orient. À cette fin, à ses troupes s'ajoutèrent 167 artistes et savants qui rentreraient d'Égypte avec des trésors (entre autres, la pierre de Rosette dont Jean-François Champollion traduirait les hiéroglyphes) et qui s'avéreraient les vrais gagnants de la campagne. Leurs travaux furent publiés dans les 22 volumes de la *Description de l'Égypte* qui marquèrent le début d'une histoire d'amour entre l'Europe et le Proche-Orient.

« Nous devons aller en Orient – toute la gloire y réside. »

Napoléon Bonaparte

Militairement cependant, la campagne de Bonaparte n'eut qu'un succès mitigé. Après avoir dispersé les Mamelouks (l'élite qui régnait sur l'Egypte) à la bataille des Pyramides en juillet, Bonaparte vit sa flotte anéantie par Nelson lors de la bataille du Nil. Le général français se dirigea vers la Palestine, pilla Jaffa et assiégea Acre avant que la maladie ne décime ses troupes. Il regagna la France en 1799 sur un navire solitaire. Lorsque les vestiges de son armée se rendirent aux Anglais trois ans plus tard, Napoléon était empereur mais seul un homme sur trois avait survécu parmi ceux qu'il avait emmenés en Égypte. **NJ**

La défaite des Irlandais Unis

Les autorités britanniques affrontent la Société des Irlandais Unis et les troupes françaises qui la soutiennent, et écrasent la rébellion irlandaise.

La Société des Irlandais Unis était une assemblée de débat et de propagande inspirée par les révolutions américaine et française. Elle désirait instaurer une réforme parlementaire qui encouragerait le peuple irlandais, qu'il soit catholique ou protestant, à s'unir pour se défaire de la domination anglicane et britannique. Une armée commandée par le général Hoche, un Français, et par Theobald Wolfe Tone, chef des Irlandais Unis, avait tenté en vain de débarquer à Bantry Bay en 1796. Le gouvernement anglais, qui craignait que la Révolution française ne « contamine » l'Irlande, prit des mesures répressives contre la Société, forçant ainsi ses chefs à lancer prématurément la rébellion à Dublin. Battus dans cette ville, les insurgents parvinrent cependant à s'emparer de diverses zones rurales, notamment dans les comtés d'Ulster et de Wexford, où ils établirent durant trois semaines un gouvernement révolutionnaire. Au nord, des résistants en majorité presbytériens infligèrent des défaites aux Anglais avant d'être dépassés. Les dernières troupes d'insurgés, comptant 20 000 hommes, furent battues à Vinegar Hill, au nord de Wexford le 21 juin.

En août et en octobre, des troupes françaises débarquèrent dans les comtés de Mayo et de Donegal mais furent repoussées, et Wolfe Tone se suicida en prison avant que l'on puisse l'exécuter. La rébellion et sa répression furent caractérisées par des atrocités dans les deux camps et firent jusqu'à 30 000 morts. **NJ**

Bataille de Vinegar Hill, le 21 juin 1798 près d'Enniscorthy dans le Wexford.

Entraînement militaire des Irlandais Unis. Caricature de James Gillray, pour encourager le recrutement de soldats anglais, 1798.

1798 – 1er AOÛT

La bataille d'Aboukir

Nelson détruit la flotte française qui avait escorté Bonaparte jusqu'en Égypte.

La flotte française avait jeté l'ancre dans la baie d'Aboukir près d'Alexandrie en eau peu profonde. Pour se protéger d'une attaque, les navires étaient liés par des chaînes afin que leur alignement ne puisse être rompu.

Horatio Nelson, commandant de la flotte britannique dans la Méditerranée, était à la recherche des Français depuis que ceux-ci avaient quitté Toulon. Convaincu qu'ils avaient mis le cap sur l'Égypte, Nelson trouva leur flotte le 1er août au soir. Il entreprit immédiatement d'attaquer les Français et s'aperçut

« J'ai eu le bonheur de commander une bande de frères. »

Nelson au sujet des capitaines de sa flotte

que son vaisseau amiral, le *Goliath*, pouvait franchir les chaînes et attaquer les Français depuis la terre. L'habileté et le sens de l'initiative des Britanniques vinrent à bout de la stratégie défensive française. Même si les flottes étaient égales, les Français ne purent manœuvrer tandis que les Britanniques longeaient leurs vaisseaux alignés et leur tiraient dessus des deux côtés. À l'aube, la flotte française était anéantie – 1 700 marins moururent et 3 000 autres furent faits prisonniers. Les pertes des Britanniques s'élevaient à 200 morts et 700 blessés. Aucun navire anglais ne fut coulé.

Une telle victoire garantit l'échec des Français en Égypte, établit la supériorité de la marine britannique et confirma la réputation de Nelson dans toute l'Europe. **NK**

1798 – 14 OCTOBRE

Une nouvelle poésie

Ballades lyriques *marque le début du mouvement romantique en littérature.*

Dans *Ballades lyriques*, William Wordsworth et Samuel Taylor Coleridge, dénommés les lakistes, s'éloignaient volontairement de la poésie habituelle – aux couleurs voyantes et à la phraséologie inepte selon Wordsworth – pour parler des plus humbles et des opprimés, de l'humanité, de la fraternité et de la nature, ainsi que de tous les aspects extraordinaires de la vie quotidienne. Ils se débarrassèrent des formules artificielles et du lyrisme guindé des générations précédentes pour utiliser un langage simple. La plupart des critiques s'indignèrent, mais il devint

« La poésie est le déversement spontané de sentiments puissants. »

Préface des *Ballades lyriques*, édition de 1802

rapidement évident que *Ballades lyriques* marquait le début d'une nouvelle ère.

Wordsworth et Coleridge collaborèrent après leur rencontre en 1797. Ils avaient baptisé en plaisantant leur duo L'affaire, comme s'ils constituaient une manufacture de vers. *Ballades lyriques* comprend *La Ballade du vieux marin* et trois poèmes plus courts de Coleridge, mais c'est Wordsworth qui rédigea la majorité de l'ouvrage dont *Lines written a few miles above Tintern Anney* (« Vers écrits quelques kilomètres au-dessus de l'abbaye de Tintern »).

Le recueil ne fut pas un succès financier ; il fut néanmoins réédité en 1801 et 1802. La production poétique de Coleridge fut limitée par la suite car il s'adonnait à l'opium. Celle de Wordsworth fut immense mais de qualité inégale. **RP**

1799 – 9 JANVIER

L'impôt sur le revenu

Cette nouvelle forme de taxation doit financer les guerres napoléoniennes.

L'impôt sur le revenu est apparu pour la première fois en Angleterre, dans le budget annuel de William Pitt fils, proposé en décembre 1798 et adopté le 9 janvier suivant. Pitt proposait un impôt gradué, de moins de 1 % sur les revenus inférieurs à 60 livres par an et de 10 % sur ceux qui dépassaient 200 livres. Il appliquait ainsi le principe de l'imposition progressive défendue par Adam Smith dans la *Richesse des nations* paru 20 ans auparavant.

Avec cette mesure, Pitt espérait obtenir 10 millions de livres, mais en 1799 le total des impôts perçus ne s'élevait qu'à 6 millions. L'Angleterre avait besoin de ces revenus pour financer de nombreuses dépenses militaires : flotte qui protégeait les intérêts mondiaux du pays, les défenses côtières contre la menace d'invasion française, le service d'espionnage ou le soutien à ses alliés sur le continent européen.

« La pauvreté n'est bien sûr pas une honte mais elle est très ennuyeuse. »

William Pitt fils

L'impôt fut si combattu qu'on dut l'abolir durant la brève paix d'Amiens que signèrent la France et la Grande-Bretagne en 1802. Il réapparut avec le retour de la guerre en 1803, mais fut de nouveau aboli à la fin des guerres napoléoniennes en 1816. Il fut réintroduit, définitivement cette fois, par le gouvernement de Robert Peel en 1842, même si, contrairement à Pitt, Peel n'imposa pas les revenus annuels inférieurs à 150 livres. **NJ**

1799 – 19 JUILLET

La pierre de Rosette

La découverte d'une stèle égyptienne permet de déchiffrer des hiéroglyphes.

Quand Bonaparte envahit l'Égypte en 1798, il était accompagné de savants et d'artistes venus faire des fouilles, puis classer et étudier les vestiges impénétrables de la grande civilisation qui avait prospéré sur le Nil durant l'Antiquité. Le déchiffrage de la mystérieuse écriture hiéroglyphique était essentiel à la compréhension de cette culture.

Le 19 juillet 1799, une unité du corps d'ingénieurs fouillait les fondations d'une forteresse sur la rive ouest du Nil, dans le port de Rachid – ou Rosette en français –, quand elle découvrit une stèle de basalte de plus d'un mètre de long gravée en trois écritures : grec, démotique (une forme ancienne d'égyptien) et hiéroglyphes. Le texte grec révéla que la pierre datait de 196 av. J.-C. Son importance fut rapidement reconnue et elle fut rapportée au Caire sous la protection du général Jacques-François de Menou. On fit des copies des inscriptions que l'on fit parvenir à divers spécialistes européens.

Deux ans plus tard, l'armée britannique chassa les Français d'Égypte. Menou tenta de cacher la pierre mais les Anglais s'en emparèrent et l'envoyèrent à Londres. Elle est aujourd'hui conservée au British Museum.

Les savants se rendirent rapidement compte que les trois textes étaient similaires. La pierre décrivait une série de décrets ordonnés par la dynastie ptolémaïque hellénistique d'Égypte qui régna de 305 à 30 av. J.-C., et sachant cela Jean-François Champollion put annoncer en 1822 qu'il avait réussi à déchiffrer les hiéroglyphes. **PF**

La pierre de Rosette, déchiffrée entre 1822 et 1824, fut un outil essentiel pour la compréhension des hiéroglyphes.

Coup d'État du 18 brumaire an VIII

Bonaparte accède au pouvoir dans des circonstances tumultueuses.

Après que Bonaparte fut rentré d'Égypte sans gloire en septembre 1799, son avenir ne semblait pas prometteur. Cependant, l'abbé Sieyès, qui avait survécu à la Terreur et était désormais l'un des cinq membres du Directoire qui gouvernait alors la France, était aussi un conspirateur invétéré. Il était déterminé à user de Bonaparte pour imposer un renouveau jacobin.

Le 9 novembre, soit le 18 Brumaire selon le calendrier révolutionnaire, Sieyès et deux autres directeurs, Duclos et Barras, démissionnèrent. Les deux derniers, Gohier et Moulin, refusèrent de suivre leur exemple et Bonaparte fut chahuté quand il s'engouffra, escorté de soldats, dans le Conseil des anciens et tenta de forcer ces derniers à lui céder le pouvoir. Il fut encore plus mal accueilli par le Conseil des Cinq-Cents puisqu'il fut agressé physiquement. Son jeune frère, Lucien, président de ce conseil et ancien jacobin, sauva l'affaire en s'emparant d'une épée et en menaçant d'en transpercer Napoléon s'il trahissait les principes de la Révolution. Les grenadiers de Bonaparte, sous le commandement du futur maréchal Murat, chassèrent les délégués de l'Orangerie, et un Consulat fut créé pour gouverner la France : Napoléon Bonaparte était premier consul et Sieyès deuxième.

Quand Napoléon devint empereur, Lucien s'exila tandis que Sieyès, battu à son propre jeu, se retira de la vie publique. Ils rejoignirent cependant tous deux l'empereur au cours des Cent-Jours de 1815 et demeurèrent à ses côtes jusqu'à la défaite de Waterloo. **NJ**

◀ *Le coup d'État du 18 Brumaire, 1840,* François Bouchot (1800-1842). Musée national du château de Versailles.

Les Caprices de Goya

80 planches dans lesquelles Goya critique les classes politique, sociale et religieuse.

Né à Saragosse en 1746, Francisco de Goya devint peintre de la cour espagnole dans les années 1780 et, dès 1790, il était l'artiste préféré du roi Charles IV. En 1792, il perdit complètement l'ouïe et, dans son isolement, se dédia de plus en plus à ses œuvres. *Les Caprices* constituent une série de gravures et de dessins qui livrent observations et réflexions satiriques contemporaines sur la condition humaine. L'Église catholique, particulièrement l'Inquisition, compte parmi les thèmes préférés de l'artiste, de même que la sorcellerie et les défauts de l'homme.

« [Les Caprices] décrivent les folies que l'on trouve dans toute société civilisée. »

Goya, 1799

Goya explorait également dans ses *Caprices* les nouvelles possibilités artistiques de la gravure, notamment la technique de l'aquatinte qui permettait d'obtenir un effet plus doux, similaire à celui de la peinture. Il imprima la série en 300 exemplaires et en vendit 27 en deux jours avant de la retirer de la vente. On ne sait si c'est à cause de la réaction négative du public ou par peur d'être poursuivi par l'Inquisition.

Avec l'invasion de l'Espagne par Napoléon en 1808 et la guerre qui s'ensuivit, Goya produisit ses *Désastres de la guerre*, une série de gravures qui ne furent publiées que longtemps après sa mort. Entre 1819 et 1823, il réalisa ses légendaires quatorze peintures noires directement sur les murs de sa maison où il explorait des thèmes tout aussi sombres. **PF**

1799 – JUILLET

La découverte du gaz hilarant

Humphrey Davy démontre les propriétés de l'oxyde d'azote.

Bien que Joseph Priestley ait découvert l'oxyde d'azote dès 1793, ce n'est que quand le chimiste britannique Humphrey Davy démontra ses caractéristiques, qu'on lui trouva un usage pratique. Né en Cornouailles, Davy avait rejoint l'Institut pneumatique de Bristol où il se livrait à des expériences sur les gaz. Il fit respirer des bouffées d'oxyde d'azote aux visiteurs du laboratoire pour démontrer ses effets agréables, faisant remarquer qu'il avait « tous les bénéfices de l'alcool sans aucun de ses inconvénients ». Il baptisa la substance « gaz hilarant » et annonça qu'il pouvait être utilisé comme anesthésique. « Il paraît capable d'éliminer la douleur et peut probablement être utilisé avantageusement pendant les opérations chirurgicales où l'effusion de sang est réduite », écrivait-il en 1800.

« Je suis sûr que l'air au paradis est fait de ce gaz miraculeux. »

Robert Southey en juillet 1799

Davy devint président de la Royal Society (Académie des sciences) et inventa la lampe de sûreté Davy, destinée aux mineurs, dans laquelle la flamme était protégée par une toile métallique qui empêchait les explosions. En 1813, il se rendit en France et en Italie en compagnie de son assistant Michael Faraday, isola l'iode comme élément, et démontra que le diamant était du carbone pur. Il s'abîma les yeux lors d'une explosion en laboratoire et tous les produits chimiques qu'il avait respirés contribuèrent à sa mort, à Genève, en 1829. **NJ**

1800 – 17 NOVEMBRE

Une nouvelle capitale pour les États-Unis

Malgré les protestations, Washington devient la nouvelle capitale américaine.

On avait décidé de transférer la capitale de Philadelphie à Washington dix ans plus tôt, mais beaucoup regrettaient ce choix. Les représentants étaient souvent retardés par les fréquentes et lourdes chutes de neige qui rendaient les voyages difficiles le long de la côte est, mais les nouveaux bâtiments étaient loin d'être terminés à Washington. La Maison-Blanche, dont la première pierre avait été posée en 1792, était achevée mais pas le Capitole. Les sénateurs se plaignaient de l'infériorité de leur nouvel environnement par rapport aux « arrangements élégants et pratiques » de Philadelphie. Seule l'aile nord du Capitole était terminée et elle devait abriter le Sénat, la Chambre des députés, la Cour suprême, la bibliothèque du Congrès et les cours fédérales. C'est toutefois bien là que le Congrès se réunit le 17 novembre 1800.

« Les locaux sont désormais aussi achevés qu'on pourrait l'espérer. »

Le président John Adams s'adressant au Congrès

La nouvelle capitale fut baptisée en l'honneur du président Washington qui avait choisi l'emplacement de ce qu'il appelait encore « la ville fédérale ». Le plan d'ensemble fut conçu par le Français Pierre Charles L'Enfant. Les travaux progressèrent lentement mais la ville prospérait. Elle comptait 5 millions d'habitants à la fin du XXe siècle. Aujourd'hui, elle abrite la présidence, le Congrès, la Banque mondiale et le FMI. **RP**

La création du Royaume-Uni

L'Acte d'union entre la Grande-Bretagne et l'Irlande, loin de promouvoir l'harmonie, renforce les divisions religieuses et politiques.

Le 1er janvier 1801, l'Acte d'union établit le « Royaume-Uni de Grande-Bretagne et d'Irlande ». Le Parlement irlandais disparut et l'Irlande élut 100 représentants à la Chambre des communes tandis que 30 Irlandais siégeaient à la Chambre des lords. On espérait que cet acte marquerait la fin des conflits entre les deux pays.

L'Union était née de la révolte de 1798, lorsque la Société des Irlandais Unis, inspirée par la Révolution française, avait tenté de tarir « la source inépuisable de tous [les] maux politiques » et de couper les relations avec l'Angleterre. Cette « année de libération » convainquit les deux camps de la nécessité du changement. Selon le Premier ministre, William Pitt, l'union devait apporter la prospérité à l'Irlande et la sécurité à l'Angleterre. De même, les protestants irlandais devaient se sentir tellement plus tranquilles dans un Royaume-Uni à majorité protestante qu'ils accepteraient l'égalité des droits pour les catholiques. Pitt avait promis d'inclure dans l'Acte le droit des catholiques de siéger au Parlement et d'occuper des fonctions officielles, mais le roi George III refusa. La loi fut finalement adoptée grâce aux votes des parlementaires irlandais que le gouvernement avait achetés.

Rien ne sembla changer après cette adoption : le vice-roi logeait encore dans le château de Dublin et les protestants dominaient toujours l'Irlande. Les catholiques se sentirent trahis et les divisions politiques religieuses furent renforcées. **RP**

William Pitt fils (v. 1785), fils cadet de William Pitt, le plus jeune Premier ministre anglais.

Fin de la farce irlandaise de l'émancipation catholique, caricature de James Gillray (1757-1815).

L'assassinat du tsar Paul Ier

Avec ce meurtre, les querelles des Romanov n'en finissent pas de blesser la Russie.

Portrait de Paul Ier en grand maître de l'ordre de Malte (1800) par Borovikovski.

« Mon père n'a pas de plan. Il annulera dans un mois ce qu'il ordonne aujourd'hui. »

Le grand-duc Alexandre à son tuteur en 1797

La vie de Paul Ier, assassiné dans la nuit du 23 mars 1801, ne fut jamais facile. Quand il n'avait que 8 ans, sa mère avait fait tuer son père, Pierre III, considéré comme un faible d'esprit. Elle régna ensuite sous le nom de Catherine la Grande et n'avait que peu de temps à consacrer à ce fils qu'elle semblait détester. Elle l'exila dans le domaine de Gatchina puis se chargea de l'éducation du fils unique de Paul, Alexandre, dont elle voulait faire son héritier. Paul devint finalement tsar en 1796, mais son règne fut bref à cause de son incompétence et de son inconstance.

Les complots le visant avaient échoué dans le passé, mais, en 1801, une nouvelle conspiration, menée par le gouverneur général de Saint-Pétersbourg, le comte Pierre von der Pahlen, bénéficia du soutien d'Alexandre, le fils de Paul qui envisageait qu'il fût seulement déposé. Le meurtre eut lieu par un froid lundi au palais Mikhaïlovski de Saint-Pétersbourg. Le tsar s'était retiré dans ses appartements après le dîner quand les conspirateurs immobilisèrent deux valets, abattirent la porte de sa chambre et l'étranglèrent avec une écharpe. Ils n'avaient peut-être pas l'intention de le tuer car ils avaient en leur possession un document que Paul devait signer pour abdiquer.

Le tsar s'était montré progressiste au début de son règne : il avait libéré les prisonniers politiques, allégé le fardeau des serfs et diminué les privilèges de la noblesse. Mais il était rarement constant et avait le don d'aliéner les puissances étrangères. Son humeur pouvait passer très rapidement de la douceur à la brutalité. Son fils et successeur, Alexandre Ier, ne put jamais se défaire de son sentiment de culpabilité et suivit une voie similaire, des réformes progressistes vers la répression. **RP**

La république des esclaves

Toussaint Louverture rédige une nouvelle constitution pour Saint-Domingue.

Toussaint Louverture organisa la première révolte réussie des Noirs contre les Blancs dans l'hémisphère occidental et fit brièvement d'Haïti un État libéré par ses anciens esclaves. En 1801, il prit possession de la dernière province espagnole de l'île, Santo Domingo, et, le 7 juillet, il offrit à l'ensemble du territoire une constitution égalitaire qui prenait pour modèle celle que les jacobins avaient rédigée en France.

Toussaint et ses ancêtres étaient des esclaves. Né à la plantation Breda, à Haïti (alors appelé Saint-Domingue), Toussaint parlait, dans son enfance, le dialecte africain de ses ancêtres qui étaient arrivés enchaînés depuis le Dahomey. Intelligent, éduqué, meneur d'hommes, c'était aussi un catholique et un franc-maçon qui, à la suite d'une révolte d'esclaves en 1791, commanda pour la première fois 4 000 soldats noirs au sein de l'armée espagnole. Quand l'Assemblée déclara en France que les Noirs d'Haïti étaient égaux aux Blancs, Toussaint déclara sa fidélité à ce pays dont les idéaux révolutionnaires l'influencèrent beaucoup et combattit les Anglais et les Espagnols qui luttaient contre la France pour le contrôle de l'île. L'Espagne céda Haïti à la France en 1795.

Toussaint accéda rapidement au sommet de l'armée rebelle grâce à ses capacités militaires et il adopta officiellement le surnom de Louverture en référence à son don d'en découvrir une parmi les rangs ennemis. Il força les Anglais à prendre la fuite en 1798 quand il remporta sept batailles en autant de jours. En 1802, la Révolution française ayant pris fin, Napoléon envoya une expédition reprendre Haïti. Pendant les négociations du traité de paix, Toussaint fut enlevé et amené en France où il mourut dans sa cellule du château de Joux, dans le Jura, en avril 1803. **NJ**

Toussaint Louverture, surnommé le Napoléon noir. Gravure d'un artiste français,1797.

« Tes amis sont les jubilations, les agonies / Et l'amour et l'esprit indomptable de l'homme. »

Wordsworth, *Sonnet sur Toussaint*, 1803

Convention

Entre les États unis d'Amérique Et la République Française.

Le Président des États unis d'Amérique, et le Premier Consul de la République française au nom du peuple français, par suite du traité de cession de la Louisiane qui a été signé aujourd'hui, et voulant régler définitivement tout ce qui est relatif à cette affaire, ont autorisé à cet effet des Plénipotentiaires,

Savoir :

Le Président des États unis, par et avec l'avis et le consentement du Sénat des dits États, a nommé pour leurs plénipotentiaires Robert R. Livingston, Ministre plénipotentiaire des États unis et James Monroe, Ministre plénipotentiaire et envoyé extraordinaire des dits États unis, auprès du Gouvernement de la République française ;

et Le Premier Consul de la République française, au nom du peuple français, a nommé pour plénipotentiaire de la dite République le Citoyen François Barbé-Marbois, Ministre du Trésor public ; lesquels en vertu de leurs pleins pouvoirs, dont l'échange a été fait aujourd'hui, sont convenus des articles suivants :

Art. 1er

Le Gouvernement des États unis s'engage à payer au Gouvernement français de la manière qui sera spécifiée en l'article suivant, la somme de Soixante millions de francs, indépendamment de ce qui sera fixé par une autre convention pour le paiement des sommes dues par la france à des Citoyens des États unis.

Art. 2.

Le paiement des Soixante millions de francs mentionnés au

RRL   B. M.

1803 – 30 AVRIL

L'expansion américaine

L'achat de la Louisiane double la taille des États-Unis.

L'achat de la Louisiane aux Français en avril 1803 permit aux États-Unis de développer leur territoire vers la côte Pacifique. Outre la Lousiane, l'achat emglobait les États de l'Arkansas, de l'Iowa, du Kansas, du Missouri, du Nebraska, de l'Oklahoma et certaines parties du Colorado, des deux Dakotas, du Minnesota, du Montana, du Texas et du Wyoming. À ce prix (60 millions de francs), c'était une affaire extraordinaire.

Cet achat fut la plus grande réussite de Thomas Jefferson, premier président américain dont l'investiture avait eu lieu en 1801 dans la nouvelle capitale américaine, Washington. Ironiquement, pour quelqu'un qui s'opposait à un gouvernement fédéral fort, cela exigea un exercice du pouvoir présidentiel sans précédent.

Le traité de paix de 1783, qui reconnaissait l'indépendance des États-Unis, faisait du Mississippi leur frontière occidentale. Napoléon, qui envisageait de bâtir un empire français en Amérique du Nord, avait incité l'Espagne à lui céder La Nouvelle-Orléans et la Louisiane à l'ouest du fleuve, mais il changea d'avis à cause de la situation politique européenne. Les émissaires de Jefferson à Paris se virent alors offrir un immense territoire, de plus de 2 millions de km², qui allait du Mississippi aux Rocheuses et du golfe du Mexique au Canada, et qui doublait la taille des États-Unis.

La Constitution n'avait pas prévu l'acquisition de nouveaux territoires, mais Jefferson considéra qu'il en allait de l'intérêt national et, malgré l'opposition du Congrès, ordonna à ses émissaires de signer l'acte d'achat. **RC**

Document autorisant le paiement de 60 millions de francs à la France pour l'achat de la Louisiane.

1803 – 20 SEPTEMBRE

La révolte irlandaise

L'exécution de Robert Emmet en fait un martyr de la cause nationaliste.

Chaque héros a besoin d'une cause; chaque cause a besoin d'un héros. La mort de Robert Emmet, le 20 septembre, offrit le sien à celle de l'indépendance irlandaise. Emmet était un protagoniste improbable – généralement éclipsé par son frère, Thomas, qui avait participé à la rébellion des Irlandais Unis de 1798. Les actes de Robert Emmet, le 23 juillet 1803, relevaient plus de l'émeute de rue que de la rébellion.

En 1803, Emmet attendait son heure tout en accumulant des armes et en espérant obtenir le soutien de la France quand une explosion dans un dépôt d'armes lui força la main. À la tête d'une petite troupe de rebelles, il se dirigea vers le château de Dublin en espérant bénéficier de renforts. Il ne parvint qu'à tuer lord Kilwarden, un juge, et son neveu. Emmet fut capturé et pendu pour trahison à l'âge de 25 ans.

« Les mots les plus mémorables jamais proférés par un Irlandais. »

Patrick Pearse au sujet du discours d'Emmet pendant son procès.

Au cours de son procès, Emmet fit l'un des plus grands discours de l'histoire du nationalisme irlandais. Il demanda à ce qu'on n'écrive pas d'épitaphe sur sa tombe, car aucun de ceux qui connaissaient ses motivations n'auraient le courage de les mettre en paroles. « Quand mon pays prendra sa place parmi les nations de la Terre, alors, et seulement alors, que l'on écrive mon épitaphe. » Une légende était née, qui devait inspirer les futurs nationalistes irlandais, dont Patrick Pearse. **RP**

1804 – 21 FÉVRIER

La première locomotive

Le moteur à vapeur ouvre la voie à l'expansion ferroviaire.

Richard Trevithick avait reçu un enseignement scolaire court, mais on lui doit de remarquables exploits d'ingénierie, nés de sa fascination pour les mécanismes et les engins à vapeur qu'il avait pu observer enfant en Cornouailles. Ingénieur des mines, Trevithick améliora le moteur à vapeur de James Watt en utilisant une « vapeur forte » qui générait encore plus de puissance. En 1801, il fabriqua un prototype de locomotive ; c'était la première fois que des passagers embarquaient sur un engin autopropulsé. Elle se renversa sur les routes caillouteuses, mais il réalisa bientôt une autre version. Sa plus grande réussite fut la première locomotive sur rail, dévoilée le 21 février 1804. Elle pouvait tirer une charge de 9 tonnes et transporter 70 personnes sur presque 14 km. Le moteur utilisait la masse pour agripper les rails, le piston reliait les roues et la cheminée était équipée d'un système de tirage pour aviver le feu.

« Nous avons porté 9 tonnes de fer, cinq wagons et 70 hommes. »

Lettre de Richard Trevithick, 1804

L'invention n'éveilla toutefois aucun intérêt commercial et Trevithick en fut réduit à faire de sa locomotive une attraction londonienne à bord de laquelle on pouvait faire un tour. Il partit pour le Pérou en 1816 et rentra en Angleterre dix ans plus tard pour y découvrir que le transport à vapeur était en train de se développer. Il mourut dans la pauvreté en 1833. **RP**

1804 – MARS

Le Code Napoléon

Ce code élaboré à partir de divers systèmes judiciaires entre en vigueur en France.

Œuvre de juristes français, le Code civil de 1804, qui comprend plus de 2 281 articles, fut débattu par le Conseil d'État sous la présidence de Napoléon Bonaparte et finalement baptisé en l'honneur de ce dernier. C'était la première fois qu'un pays codifiait son droit civil. Compromis entre les idéaux de la Révolution et ceux de l'Ancien Régime, ce code associait le rationalisme révolutionnaire et des principes autoritaires. Il confirmait l'abolition récente du féodalisme et reconnaissait l'individualité de la propriété immobilière. Il instaurait le partage de l'héritage entre les héritiers mâles, principe révolutionnaire opposé à la pratique de l'Ancien Régime dans laquelle était appliqué le droit d'aînesse. Mais il faisait également des femmes des mineures, permettait aux parents d'empêcher le mariage de leurs enfants jusqu'à leurs 20 ans révolus, interdisait les syndicats, permettait à nouveau l'esclavage dans les colonies et soumettait les travailleurs à la surveillance policière.

« Le mari doit protection à sa femme, la femme obéissance à son mari. »

Article 213 du Code civil, 1804

Avant la Révolution, il n'existait pas en France de système juridique uniforme. Les lois coutumières dominaient dans le Nord, la loi romaine dans le Sud. Grâce au nouveau Code civil, la France était régie par des lois claires. Un code commercial et un code criminel suivirent, mais c'est le Code Napoléon qui exerça le plus d'influence, et ce dans toute l'Europe. **RP**

Le sacre de Napoléon

Pour son couronnement, Napoléon ne recule devant aucune dépense et de petit général se transforme en un imposant empereur.

Rien ne fut laissé au hasard et aucune dépense ne fut épargnée pour le sacre de Napoléon le 2 décembre 1804. L'église des Invalides était trop petite, on réserva donc celle de Notre-Dame. On abattit tous les bâtiments environnants qui détonnaient et parce que la cathédrale n'était pas assez belle, on ajouta une annexe pseudo-gothique sur sa façade occidentale tandis qu'à l'intérieur le jubé et deux autels furent remplacés par une imposante estrade. L'empereur fit faire de nouveaux carrosses et costumes, et fit rapporter les plus beaux objets royaux, dont l'épée de Charlemagne qui se trouvait à Aix-la-Chapelle.

Il y eut indubitablement quelques problèmes. Le pape Pie VII insista pour que Joséphine et Napoléon se marient à l'église avant la cérémonie, et Napoléon regimba à l'idée de se faire couronner par le pape, de prononcer un serment qui mettait l'accent sur sa sujétion à ce dernier et de communier pendant la messe. On ne ferait pas de lui un « bon catholique ». Mais la cérémonie fut solennelle et magnifique, Napoléon plaçant lui-même la couronne sur sa tête. Le Premier consul devint ainsi empereur.

C'était un « coup » réussi. Napoléon chargea Jacques-Louis David de peindre une version « améliorée » du sacre où l'empereur, plus grand, place une couronne sur la tête de Joséphine (ce qui ne se produisit jamais) tandis que le pape lève la main pour une bénédiction qu'il n'accorda jamais. Le Corse était dorénavant une figure surhumaine et son pouvoir lui était de toute évidence monté à la tête. Il chuta dix ans plus tard. **RP**

Napoléon Ier en costume de sacre (1804), François Gérard, musée du Louvre, Paris.

La *Symphonie héroïque* de Beethoven

La première symphonie de Beethoven reçoit un accueil mitigé.

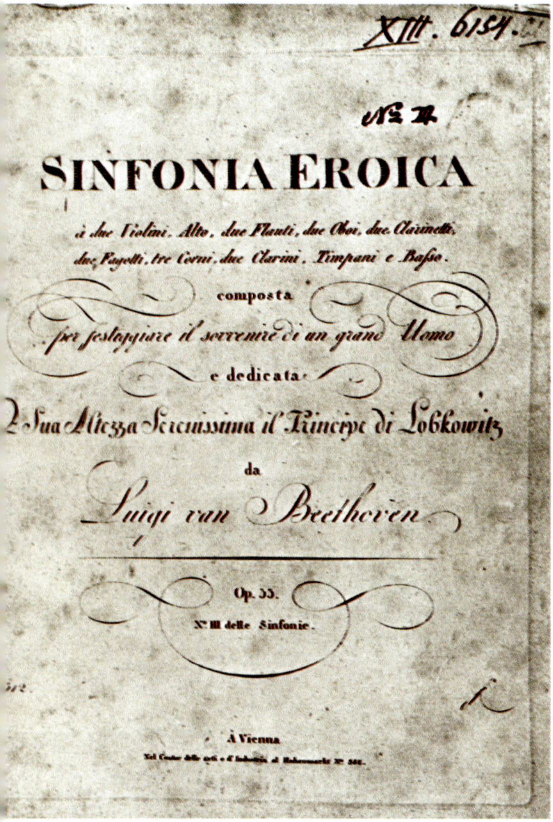

⭘ La couverture de la première édition de la *Sinfonia Eroica* porte une dédicace au prince Lobkowitz.

« Ainsi ce n'est qu'un mortel ! Maintenant il deviendra un tyran. »

Beethoven au sujet du sacre de Napoléon

Ceux qui connaissent aujourd'hui la symphonie n° 3 de Beethoven (dite la *Symphonie héroïque*) ont peut-être du mal à imaginer son impact lorsqu'elle fut jouée pour la première fois en public le 7 avril 1805, à Vienne. Sa longueur, sa structure, son émotion directe et son dynamisme étaient alors sans précédent. Elle dépassait les œuvres symphoniques de Haydn et bien qu'elle respectât la structure de symphonies précédentes, elle renfermait de nombreux éléments nouveaux : un énergique scherzo remplaçait le menuet habituel dans le troisième mouvement, traditionnellement plus calme et contrôlé, cependant qu'un quatrième mouvement apparaissait, constitué d'un thème mélodique et de ses variations. Ce fut néanmoins le deuxième mouvement qui frappa le plus ; c'était une marche funèbre inédite dans la musique symphonique. Beethoven, qui dirigea lui-même la première, avait sciemment entrepris de créer un nouveau style.

L'Héroïque fut au départ dédiée à Napoléon Bonaparte, Premier consul de France, que le compositeur admirait pour ses valeurs incarnant la Révolution française et pour ses talents de réformateur. Il fut toutefois si furieux quand le consul se fit sacrer empereur qu'il arracha la page titre de sa partition pour la doter d'une nouvelle dédicace à la « mémoire d'un grand homme. » L'œuvre fut publiée sous le titre de *Sinfonia Eroica*.

Le public viennois réagit de façon mitigée. Certains acclamèrent cette œuvre originale et puissante, d'autres la jugèrent grandiloquente. On admit cependant rapidement qu'il s'agissait d'un véritable chef-d'œuvre, voire l'un des éléments marquant le début du mouvement romantique qui reflétait, dans le domaine des arts, les transformations sociales et politiques de la Révolution. **NK**

La bataille de Trafalgar

La marine britannique renforce sa domination en Europe.

Depuis la reprise des hostilités entre la Grande-Bretagne et la France en 1803, la marine anglaise cherchait à affirmer sa domination, notamment parce que l'alliance franco-espagnole avait donné un avantage numérique à ces deux pays. On pouvait craindre que leurs flottes ne se concentrent dans la Manche pour permettre à la France d'envahir l'Angleterre. Avec la terrible défaite de sa flotte à Trafalgar, le 21 octobre 1805, la France abandonna sa suprématie sur les mers à l'Angleterre dont la domination maritime devait durer un siècle.

Les flottes anglaise, française et espagnole s'affrontèrent dans l'Atlantique au large du cap de Trafalgar, près du port espagnol de Cadix. Nelson, l'amiral britannique, voulait obtenir un résultat décisif, même si cela signifiait que ses vaisseaux essuieraient le feu de l'ennemi pendant qu'ils s'en approchaient. « Au cas où l'on ne pourrait pas voir ni comprendre parfaitement les signaux, aucun capitaine ne peut se tromper s'il place son navire le long de celui de l'ennemi », avait-il expliqué à ses capitaines avant la bataille. Cela leur permettait de ne pas respecter la formation de combat si nécessaire. Nelson savait que ses vaisseaux étaient plus maniables et que leur armement leur permettrait d'infliger davantage de dégâts de près et ce malgré le nombre supérieur de navires ennemis.

Le plan réussit, mais Nelson, aisément reconnaissable à ses étoiles et décorations sur son vaisseau amiral, le *Victory*, fut visé par un tireur français. Il survécut assez longtemps pour apprendre que ses marins avaient été victorieux. Les survivants de la flotte franco-espagnole retournèrent à Cadix et Villeneuve, l'amiral français, mourut dans de mystérieuses circonstances avant de pouvoir faire son rapport à l'empereur. **NK**

Le naufrage du vaisseau de l'amiral Villeneuve, l'une des nombreuses pertes que subirent les Français.

« Embrasse-moi Hardy. Me voilà satisfait. Dieu merci j'ai fait mon devoir. »

Derniers mots de Nelson avant de mourir

La route vers l'Ouest

L'expédition de Lewis et Clark traverse les Rocheuses et rejoint le Pacifique.

Meriwether Lewis et William Clark dans leur expédition transcontinentale, tableau de Thomas Burnham.

Immédiatement après l'achat de la Louisiane en 1803, le président Jefferson chargea Meriwether Lewis de prendre la tête d'une expédition qui se rendrait jusqu'au Pacifique. Il serait accompagné de William Clark. Le 7 novembre 1805, Lewis aperçut pour la première fois le Pacifique et nota dans son journal « Océan en vue ! Oh joie ! ».

Après avoir passé l'hiver près de Saint Louis, en mai 1804, les 40 hommes (en majorité des soldats) de l'expédition et le servant noir de Clark avaient commencé à remonter le cours du Missouri sous une « douce brise » selon ce dernier. Après avoir passé l'hiver suivant avec les Indiens de la tribu mandan, dans le Dakota du Nord actuel, ils fabriquèrent des pirogues et, accompagnés d'une guide indienne de la tribu des Shoshone, s'avancèrent dans les Rocheuses, le long des rivières Clearwater, Snake et Columbia, jusqu'à l'Oregon et au Pacifique où ils battirent un fort près d'Astoria pour y passer l'hiver suivant. Ils repartirent en mars 1806 et furent accueillis en héros à Saint Louis.

Jefferson leur avait demandé de noter tous les renseignements possibles au sujet des territoires qu'ils traversaient. C'est ce qu'ils firent dans une orthographe « pittoresque » ; ils rapportèrent des informations sur les Amérindiens, la géographie, la géologie, la faune et la flore. Le grizzly fut découvert au cours de cette expédition qui ouvrit la voie à la conquête de l'Ouest américain. Lewis se suicida probablement à l'âge de 35 ans et Clark devint gouverneur du Missouri. **RC**

La bataille d'Austerlitz

Napoléon bat les empereurs d'Autriche et de Russie.

Napoléon et l'empereur François Ier après la bataille d'Austerlitz (1806-1812) par Antoine Gros.

Sous le soleil d'Austerlitz, le 2 décembre 1805, l'infanterie française commandée par Nicolas Soult s'élança vers le plateau de Pratzen depuis lequel elle pouvait dominer le champ de bataille. Depuis l'aube, les Français, en nombre inférieur, avaient résisté avec entêtement aux armées impériales autrichienne et russe. Maintenant qu'ils pouvaient tirer depuis le plateau, ils transformèrent le cours de la bataille. Plus de 20 000 Russes et Autrichiens moururent, tout autant furent faits prisonniers. François Ier d'Autriche et Alexandre de Russie durent s'entendre avec Napoléon qui dominait désormais l'Europe politiquement et militairement. Seul le roi de Prusse n'avait pas capitulé et les Anglais, triomphants sur mer, étaient impuissants et sans alliés. Le 26 décembre, l'Autriche signa un traité de paix humiliant à Presbourg et les Russes quittèrent le territoire autrichien.

Dans l'un des mouvements les plus remarquables de l'histoire militaire moderne, Napoléon avait fait marcher sa Grande Armée depuis Boulogne-sur-Mer, où elle préparait l'invasion de l'Angleterre, jusqu'au sud de l'Allemagne où elle captura quelque 30 000 soldats autrichiens à Ulm. Elle envahit l'Autriche avant de venir à bout des armées les plus importantes des deux empires. Cette virtuosité militaire ébahit l'Europe. Napoléon était désormais maître du continent et son armée la plus admirée. Il commença à redessiner la carte de l'Europe en créant, pour ses frères, de nouveaux royaumes en Italie, en Allemagne et aux Pays-Bas. **NK**

1807 – 25 MARS

L'abolition du commerce des esclaves

La Grande-Bretagne interdit la traite des esclaves, mais l'esclavage demeure légal.

Défilé à Wootton Bassett, en Angleterre, après l'interdiction de la traite transatlantique.

Il existait un fort courant abolitionniste en Grande-Bretagne. En 1805, la Chambre des communes avait approuvé une loi contre la traite des Noirs, mais celle des lords l'avait rejetée. Deux ans plus tard, le Premier ministre, lord Grenville, affirma que la traite était « contraire aux principes de justice, d'humanité et de politique de bon sens » ; son abolition fut adoptée par 41 votes contre 20. Elle prit effet le 25 mars, dans tout l'Empire britannique, mais n'interdisait pas l'esclavage. Une amende de 100 livres serait infligée pour chaque esclave trouvé à bord d'un bateau anglais.

Les motifs n'étaient pas seulement d'ordre éthique. Cette loi offrait une occasion en or à la Grande-Bretagne de démontrer sa supériorité morale sur Napoléon qui avait rétabli le commerce des esclaves dans les colonies françaises.

En 1771, la Grande-Bretagne avait aboli dans les faits l'esclavage sur son sol. Les abolitionnistes se concentrèrent alors sur la traite et inventèrent ce faisant l'art du lobbying. William Wilberforce ne cessa d'aborder le sujet au Parlement jusqu'à réussir en 1807. La loi eut cependant des conséquences imprévues : le prix d'un esclave mâle quadrupla aux États-Unis au début du XIXe siècle et certains capitaines anglais furent alors tentés de défier la loi. Si leurs navires couraient le risque d'être fouillés, ils jetaient les esclaves par-dessus bord. La traite des Noirs fut par conséquent assimilée à de la piraterie. L'esclavage fut enfin aboli dans tout l'empire en 1833. **RP**

Napoléon, maître de l'Europe

Alexandre de Russie rencontre Napoléon pour déterminer l'avenir de l'Europe.

Rencontre entre Napoléon Ier et le tsar Alexandre Ier sur le Niémen, gravure du XIXe siècle.

En juin 1807, Napoléon rencontre l'empereur Alexandre Ier de Russie dans une baraque flottante construite au milieu du Niémen, à Tilsit, en Lituanie. Cette réunion marqua l'apogée de la domination du Français sur le continent européen.

Napoléon avait vaincu les Autrichiens à Austerlitz en 1805, les Prussiens à Iéna en 1806 et il venait juste d'infliger une humiliante défaite à l'armée russe à Friedland. C'était le maître de l'Europe, des Pyrénées et de l'Italie jusqu'à la mer Baltique, de la Manche jusqu'à la frontière russe. Lorsque les deux empereurs se rencontrèrent pour déterminer l'avenir du continent, Alexandre accepta que les Français redessinent les frontières des États européens et rejoignit leur embargo économique contre la Grande-Bretagne. En retour, Napoléon promit de soutenir la Russie face à l'Empire ottoman.

Deux jours plus tard, un autre traité fut signé avec la Prusse qui perdit la moitié de son territoire et dut se contenter d'une armée de 100 000 hommes. Napoléon n'obtint pas tout ce qu'il voulait. Pour cimenter son amitié avec la Russie, il proposa de divorcer pour épouser la sœur d'Alexandre, ce qui lui fut refusé. Cette réussite apparente allait provoquer de réels problèmes pour Napoléon. En humiliant la Prusse, il s'était créé un ennemi implacable et l'embargo économique de l'Angleterre ne correspondait pas aux intérêts de la Russie. Les relations cordiales ne durèrent pas et, en 1812, Napoléon décida que la seule façon de traiter avec la Russie était de l'envahir et la conquérir. **NK**

L'armée française entre dans Madrid

Napoléon force Charles IV et Ferdinand VII à abdiquer en faveur de son frère Joseph.

L'agitation régnait en Espagne, théoriquement alliée de la France, et ni son roi, Charles IV, ni son ministre, Godoy, n'avaient la confiance de Napoléon. Au cours de l'hiver 1807-1808, des troupes françaises supplémentaires furent envoyées dans le Nord du pays, soi-disant pour soutenir celles du Portugal. Une révolution de palais déposa Charles IV et Godoy le 19 mars, et le prince héritier, Ferdinand, devint le nouveau roi. Napoléon ordonna alors à son beau-frère, Murat, de rejoindre Madrid et ce dernier arriva avec ses soldats le 23 mars.

Charles et Ferdinand furent appelés en France où on leur ordonna d'abdiquer en faveur du frère aîné de Napoléon, Joseph. Ferdinand refusa. Le 2 mai, le peuple de Madrid se révolta contre les Français. Murat réprima cette rébellion avec violence au cours d'événements illustrés de façon frappante par les tableaux de Goya. Ferdinand VII recula devant les menaces de Napoléon et Joseph Bonaparte fut proclamé roi d'Espagne.

Le 25 mai, la principauté des Asturies, dans le Nord-Ouest du pays, déclara la guerre aux envahisseurs français, suivie par la Galice, l'Estrémadure, la Castille, l'Aragon et l'Andalousie. Près de 17 000 soldats français se rendirent aux insurgés à Bailén en Andalousie. Joseph perdit son sang-froid et s'enfuit de Madrid. Les Français reprirent finalement le contrôle de Madrid et des autres grandes villes, mais les Espagnols n'acceptèrent jamais la domination de Napoléon. **NK**

Détail de *L'Insurrection de Madrid*, gravure d'un dessin de Paul Girardet.

Exécution des défenseurs de Madrid, le 3 mai 1808, Francisco de Goya,1814, musée du Prado.

1811 – 1er MARS

Le massacre des Mamelouks

Mehmet Ali consolide son pouvoir en massacrant ses concurrents.

Le vide politique que créa la victoire de Bonaparte sur les Mamelouks en Égypte donna l'occasion à Mehmet Ali, un soldat né en Albanie au service de l'Empire ottoman, de s'emparer du pouvoir. Il fut récompensé du titre de vice-roi d'Égypte en 1805 par l'Empire ottoman pour avoir chassé les vestiges de l'armée française. Après avoir conclu une trêve avec les Mamelouks, Ali invita leurs émirs à une fête, le 1er mars 1811, au cours de laquelle ils furent assassinés. Ces meurtres, même s'ils furent condamnés, marquèrent bien la fin d'une dynastie.

Ali accrut sa domination tout au long de son règne. Il s'accorda le monopole de la principale production agricole de l'Égypte, le coton, construisit des routes, des chantiers navals, des écoles et des hôpitaux publics, et imposa la conscription chez les paysans. Ses fils conquirent la Syrie et menacèrent le califat ottoman jusqu'à ce que la convention de Londres, en 1839, rétablisse la paix en reconnaissant un titre héréditaire à la dynastie d'Ali. Ses dernières années furent marquées par une sénilité et une paranoïa croissantes qui conduisirent à un véritable chaos financier. Après sa mort le 2 aout 1849, son neveu Abbas lui succéda. Protectorat anglais, l'Égypte fut gouvernée par la dynastie qu'avait fondée Ali jusqu'à la révolution républicaine de Nasser en 1953. **NJ**

« En vérité, la confusion et les horreurs de cette journée sont indescriptibles. »

Vie et aventure de Giovanni Finati, 1830

1812 – 24 JUIN

La campagne de Russie

Napoléon envahit la Russie, mais doit se replier avec une armée très diminuée.

Après la rupture des accords de Tilsit en 1807, Napoléon décida que seule la défaite de l'Empire russe garantirait sa collaboration contre l'Angleterre, ennemie de l'empereur français. Ainsi, le 24 juin 1812, l'armée de Napoléon traversa le Niémen, la frontière occidentale de la Russie, et marcha sur Moscou.

C'était la plus grande armée jamais réunie par l'empereur. Parmi ses 690 000 soldats, principalement français, se trouvaient aussi 90 000 Polonais sous le commandement du prince Poniatowski et 35 000 Autrichiens sous celui du prince Schwarzenberg. Napoléon était accompagné de certains des plus expérimentés et des plus talentueux de ses officiers, dont les maréchaux Davout, Ney et Soult.

Les troupes russes commandées par Barclay de Tolly et Koutousov se replièrent tout d'abord devant l'offensive française. Ils savaient qu'il était essentiel de conserver l'armée russe intacte et que la distance, le manque de vivres et le froid viendraient à bout des Français. En septembre, la bataille de Borodino eut un résultat indécis et, quand Napoléon entra dans Moscou, les Russes n'offrirent ni capitulation ni négociations. Quand la ville fut incendiée, Napoléon fut forcé de se replier car ses soldats étaient malades, affamés et avaient froid. Seuls 22 000 d'entre eux purent quitter la Russie dans des conditions décentes en décembre. **NK**

« Les grenadiers lui lancèrent un regard. "César, ceux qui vont mourir te saluent." »

Heinrich Heine, *Tableaux de voyage*, 1826-1831

La bataille de la Moskova

Napoléon échoue à écraser l'armée russe au cours de cette bataille sanglante.

La Bataille de la Moskova (Borodino), 1913, Franz Alekseyevich Roubaud, musée de l'Artillerie, Moscou.

Appelé par les Russes « bataille de Borodino », l'affrontement eut lieu le 7 septembre 1812, sur la route de Moscou, près du village de Borodino. Pour arrêter l'armée française dans sa progression vers Moscou, les Russes construisirent rapidement, aux abords de Borodino, une série de retranchements où l'artillerie et l'infanterie pouvaient trouver refuge.

Soutenues par l'artillerie, les troupes napoléoniennes se lancèrent à l'assaut des défenses russes toute la journée. Le matin, alors que le soleil perçait les nuages, Napoléon s'était exclamé « C'est le soleil d'Austerlitz », en se souvenant de sa grande victoire contre les Autrichiens en 1805.

Mais il avait tort et il ne remporta pas la victoire qu'il souhaitait. L'armée russe abandonna le champ de bataille aux Français. Koutousov avait perdu 52 000 hommes, dont 22 généraux tués ou blessés. Du côté français, 29 généraux et 28 000 soldats étaient blessés ou morts et les Français ne furent donc pas en état de poursuivre l'armée russe. L'armée française calcula qu'elle avait tiré 60 000 cartouches et 2 millions de balles de mousquets et que, chaque minute, 140 hommes (russes ou français) avaient été touchés.

La bataille de la Moskova, sans doute la plus sanglante de toute la carrière de Napoléon, ne produisit pas de résultat décisif et les Français continuèrent à s'avancer sur Moscou. Quatre mois plus tard, ils faisaient exactement le même chemin en sens inverse, vers l'Allemagne. **NK**

La bataille de Vitoria

Wellington poursuit l'armée de Napoléon en retraite et l'écrase en Espagne.

La bataille de Vitoria de John Augustus Atkinson, collection privée

La bataille de Vitoria marqua la fin de la guerre de la péninsule et fut célébrée dans toute l'Europe. On éleva un monument à la gloire de l'indépendance de l'Espagne sur la place centrale de Vitoria tandis qu'à Vienne Beethoven composait *La Victoire de Wellington*, un morceau instrumental.

L'empire de Napoléon éprouvait de plus en plus de difficultés et pendant que son armée se repliait en 1813, après la retraite de Russie, il n'était plus dans la capacité d'engager de ressources en Espagne pour combattre les Anglais. Ceux-ci entreprirent alors de chasser ses troupes du pays.

Sous l'escorte de armée commandée par le maréchal Jourdan, Joseph Bonaparte, le « roi d'Espagne », quitta Madrid en emportant un véritable butin – œuvres d'art et objets de valeur – pour se diriger vers le nord et la frontière française.

Poursuivi par Wellington, le maréchal Jourdan plaça ses soldats en arc de cercle dans les collines près de Vitoria, sur la route des Pyrénées. Wellington attaqua avec trois colonnes et perça les lignes ennemies au centre. Les troupes françaises furent dans l'obligation de combattre, mais après une série de durs affrontements s'enfuirent en abandonnant 151 canons, quantité d'équipements, des pièces de monnaie et des bijoux. L'armée britannique abandonna la poursuite des Français et s'empara de tout ce qu'elle trouva, ce qui contraria Wellington. Une fois l'ordre restauré, ils s'avancèrent vers la frontière et les soldats pénétrèrent sur le sol français. **NK**

La capitulation de Paris

Napoléon, incapable d'empêcher les alliés d'entrer dans Paris, est contraint d'abdiquer.

Les souverains alliés passant devant la porte Saint-Denis ; l'empereur russe et le commandant autrichien sont au centre.

Alexandre Ier de Russie, Frédéric-Guillaume III de Prusse, le prince Schwarzenberg, commandant autrichien, et leurs armées respectives entrèrent dans Paris, sans rencontrer de résistance, le 31 mars 1814. Les clés de la ville leur furent remises par le prince Talleyrand, ancien ministre des Affaires étrangères de Napoléon.

Les défenses de la ville, commandées par Joseph Bonaparte depuis Montmartre, avaient été affaiblies par le maréchal Marmont. Vieux compagnon d'armes de Napoléon et son ami depuis l'académie militaire, Marmont, après des contacts secrets avec les commandants alliés, avait convenu de placer ses troupes dans des positions où elles pourraient aisément être encerclées et obligées de se rendre. Malgré une brillante campagne contre les envahisseurs, Napoléon avait été incapable d'empêcher les Russes, les Prussiens et les Autrichiens de marcher sur la capitale pendant qu'il organisait d'autres opérations depuis le château de Fontainebleau au sud de Paris. Comprenant que ses commandants ne le suivaient plus, Napoléon fit ses adieux à sa garde et abdiqua le 6 avril. Il voulait que son fils, le roi de Rome, lui succédât, mais les gouvernements alliés rétablirent la dynastie des Bourbons. Le jeune frère de Louis XVI monta sur le trône sous le nom de Louis XVIII.

Le prince Blücher, commandant de l'armée prussienne, voulait détruire le pont d'Iéna qui célébrait la victoire de Napoléon sur son pays en 1807, mais il en fut dissuadé. **NK**

La Grande-Bretagne envahit les États-Unis

L'attaque de Baltimore inspire l'hymne « The Star-Spangled Banner ».

La Maison-Blanche est engloutie par les flammes lors de l'attaque de Washington par les Anglais.

La guerre anglo-américaine de 1812 fut une conséquence directe des guerres napoléoniennes qui avaient englouti l'Europe. Elle fut aussi provoquée par la marine royale britannique qui entravait le commerce des États-Unis, se saisissait de leurs vaisseaux et faisait pression sur leurs marins. En 1813, les Américains envahirent le Canada et incendièrent les bâtiments publics de Toronto. Par mesure de représailles, les Anglais entrèrent dans la baie de Chesapeake en 1814, débarquèrent 4 000 soldats et entreprirent de détruire Washington. Ses rares défenseurs étaient éparpillés en dehors de la ville et comprenaient le président Madison, qui fit parvenir un message à la hâte à sa femme pour lui demander de fuir la résidence présidentielle (plus tard baptisée Maison-Blanche). Elle emporta avec elle le portrait que Gilbert Stuart avait fait de George Washington, juste avant que les soldats britanniques n'incendient le bâtiment.

Ils transformèrent aussi en ruine le Capitole, le ministère des Finances et d'autres bâtiments publics. Un témoin, George Gleig, décrivit l'événement ainsi : « Les flammes s'échappant des maisons, des bateaux et des magasins, les détonations des dépôts d'armes et le fracas des toits qui s'effondrent. » Les Anglais échouèrent cependant à démoraliser les Américains et perdirent peu après leur commandant, le général Robert Ross, au cours d'un combat à Baltimore. La défense réussie du fort de cette ville par les Américains inspira l'hymne de *La Bannière étoilée* (*The Star-Spangled Banner*) à Francis Scott Key. **RC**

Napoléon s'évade de l'île d'Elbe

L'empereur trompe ses gardes et retourne en France.

Le Retour de Napoléon de l'île d'Elbe, Charles Baron von Steuben (1788-1856), 1818.

Quand Napoléon abdiqua en avril 1814, les gouvernements alliés lui imposèrent l'exil sur l'île d'Elbe. Il conserva son titre d'empereur et, sous la surveillance vigilante des Autrichiens et des Français, il régna sur son minuscule État. Toutefois, l'organisation des écoles et des hôpitaux ou l'amélioration de l'alimentation en eau d'une population qui comptait 12 000 personnes ne suffisaient à nourrir son esprit. Sachant que la monarchie restaurée était confrontée à des troubles en France, il décida de rentrer sur le continent.

Le 26 février, il trompa ses gardes, s'embarqua sur un navire qui échappa également à la surveillance de la marine royale britannique et débarqua à Golfe-Juan, près de Cannes. Napoléon ne rencontra aucune résistance sur le port. Les soldats qui avaient été envoyés pour l'arrêter se joignirent à lui et, durant sa marche vers le nord, un nombre croissant de partisans se rallièrent à sa cause. Le maréchal Ney, l'un des anciens militaires impériaux les plus importants désormais au service de Louis XVIII, promit de ramener Napoléon à Paris dans une cage. Mais quand il s'aperçut que ses propres troupes préféraient l'empereur déposé au roi, lui aussi rejoignit son ancien maître. Le 20 mars, Napoléon dormit aux Tuileries car Louis XVIII s'était enfui pour la Belgique. Il gouverna la France pendant cent jours jusqu'à la défaite de Waterloo, période appelée les Cent-Jours. Il finit sa vie à Sainte-Hélène, une petite île isolée et inhospitalière dans l'Atlantique. **NK**

Le congrès de Vienne

Les vainqueurs de Napoléon décident de l'avenir de l'Europe.

Le Renard et l'Oie, caricature de 1815 illustrant le congrès de Vienne et l'évasion de Napoléon.

Lorsque le congrès de Vienne débuta en novembre 1814, Napoléon était en exil sur l'île d'Elbe et les armées françaises étaient partout en retraite. Les grandes puissances, soit la Grande-Bretagne, la Russie, l'Autriche et la Prusse, se réunirent à Vienne pour s'accorder sur la future structure du continent et pour tenter d'empêcher que les troubles qui l'avaient agité depuis 1793 ne se répètent.

Leurs solutions, adoptées le 8 juin 1815 alors que Napoléon était rentré en France, étaient profondément conservatrices. La France était réduite à ses frontières de 1792. Les nouveaux États créés par Napoléon – le royaume d'Italie, la confédération du Rhin et le grand duché de Varsovie – furent éliminés et absorbés par l'Autriche, la Prusse et la Russie. Effrayées par la France et sachant que celle-ci avait besoin de pays forts à ses frontières, les puissances acceptèrent de former un seul royaume de Hollande qui voyait son territoire s'accroître en absorbant les anciens Pays-Bas autrichiens. Elles réduisirent aussi le nombre d'États allemands (ils passèrent de 300 à 38) et formèrent une nouvelle confédération allemande sous la présidence de l'Autriche et de la Prusse. Cette dernière gagna de nouveaux territoires dans le Rhin et en Westphalie.

Cet accord garantit la paix en Europe pendant 40 ans. Cependant, en favorisant le conservatisme et la légitimité politique, il ne tenait aucun compte des désirs progressistes et révolutionnaires exprimés au cours des dernières années. **NK**

La bataille de Waterloo

L'armée de Napoléon est écrasée par celles de Wellington et de Blücher.

Plan de la glorieuse bataille de Waterloo, gravure anglaise du XIXe siècle.

La Bataille de Waterloo, le 18 juin 1815, Denis Dighton (1792-1827).

« Ô, Waterloo !
Je pleure et
je m'arrête hélas ! »

Victor Hugo, *Les Châtiments*

Le 18 juin 1815, le duc de Wellington déploya son armée de soldats anglais, belges, hollandais et hanovriens sur le plateau du Mont Saint-Jean, au sud du village de Waterloo, pour stopper l'avancée de Napoléon sur Bruxelles et sa possible conquête des Pays-Bas. Wellington avait moins de soldats, mais il avait exploré plus tôt le plateau et savait qu'il pouvait y arrêter les armées de l'empereur. Il attendit donc leur assaut à cet emplacement.

Quand Napoléon était rentré de l'île d'Elbe, la majorité de ses anciens soldats et officiers s'était immédiatement ralliée à lui. Il s'était rapidement dirigé vers Bruxelles en repoussant l'armée de Wellington au lieu-dit des Quatre-Bras, puis l'armée prussienne à la bataille de Ligny.

Il plut de façon soutenue toute la nuit précédant l'affrontement et Napoléon retint ses troupes jusqu'en milieu de matinée pour permettre au sol de sécher. Il débuta la bataille par un lourd bombardement d'artillerie, lança ensuite son infanterie, puis sa cavalerie qu'il dirigea sur les positions britanniques. Les Anglais, aidés par leurs alliés, affrontèrent ces assauts sans céder de terrain toute la journée. Ils conservèrent ainsi deux fermes essentielles, Hougoumont et La Haye Sainte. Tard dans la journée, celle-ci tomba quand ses défenseurs se trouvèrent à court de munitions et il sembla que la ligne de Wellington succomberait à son tour. Mais Napoléon fut attaqué sur le flanc gauche par les Prussiens de Blücher qui avaient manœuvré pour venir à la rescousse de Wellington. Napoléon lança sa dernière réserve, la garde impériale constituée de ses soldats les plus expérimentés, à l'assaut des alliés, mais elle ne put rien contre la combinaison de l'artillerie, de l'infanterie et de la cavalerie de Wellington. Napoléon perdit sa dernière bataille. **NK**

1816 – 2 JUILLET

Le naufrage de la *Méduse*

Théodore Géricault peint Le Radeau de la Méduse *après un désastre en mer.*

La *Méduse* était une frégate française qui devait guider une flottille jusqu'au port de Saint-Louis, au Sénégal, dont la France devait reprendre possession. Après la défaite de Waterloo, la monarchie avait été restaurée et le commandant de la *Méduse*, Hugues Duroy de Chaumareys, était un vieux royaliste qui n'avait jamais commandé de vaisseau. Le 2 juillet, il s'échoua sur un banc de sable.

Les privilégiés prirent place dans des canots, mais 150 autres passagers s'entassèrent sur un radeau assemblé à la hâte. Chaumareys promit de remorquer ce dernier, mais l'envoya délibérément à la dérive. Les malheureux qui y étaient entassés durent se nourrir de cuir, de tissu et finalement de chair humaine. L'assassinat des plus faibles et le cannibalisme devinrent la norme dans les terrifiantes deux semaines suivantes avant que les quinze survivants ne soient secourus par un navire britannique.

« Du délire de la joie, nous passâmes à celui de l'abattement et de la douleur. »

Alexandre Corréard, survivant

Frappé par les récits terrifiants de deux survivants, Alexandre Corréard et Henri Savigny, Géricault entreprit de peindre un tableau du drame en utilisant des cadavres pour modèles. L'immense œuvre au réalisme romantique fit sensation au Salon de 1819. Avec ce tableau, Géricault dénonçait la nature réactionnaire du règne des Bourbons et l'incompétence de ses responsables, mais offrait également une lecture sombre de la nature humaine. **NJ**

1819 – 16 AOÛT

Le massacre de Peterloo

Cette tuerie devient le symbole de la résistance ouvrière en Grande-Bretagne.

Ce lundi-là, plus de 60 000 personnes défilèrent avec des banderoles jusqu'à St Peter's Field, à Manchester, pour entendre le discours galvanisant de Henry Hunt qui avait écrit que le pouvoir « ne pensait à rien d'autre qu'à opprimer le peuple et à vivre du butin tiré de ses misères ». Les magistrats envoyèrent un régiment de cavalerie arrêter Hunt, mais quand ces soldats dépourvus d'armes n'y parvinrent pas, ils en dépêchèrent d'autres, porteurs de sabres cette fois-ci. La lutte qui s'ensuivit fit onze morts et plus de 400 blessés.

Cet événement constitue l'apogée de quatre années de troubles en Grande-Bretagne provoqués par une dépression économique, un taux de chômage élevé et des salaires bas. Le Premier ministre, lord Liverpool, avait peur que les idées révolutionnaires ne traversent la Manche. Le massacre n'avait pas été autorisé par son gouvernement, mais il reflétait sa détermination à étouffer l'agitation politique. Les ministres félicitèrent les magistrats, Hunt fut emprisonné pendant deux ans et le gouvernement limita les réunions publiques. Selon la presse, le gouvernement de Liverpool avait remporté une victoire déshonorante contre des citoyens non armés à « Peterloo » (jeu de mot avec Waterloo). Le massacre renforça la cause de la réforme progressiste pendant de nombreuses décennies. **RP**

« La cavalerie était désorientée… et l'on vit des membres coupés. »

Samuel Bamford, *Passages de la vie d'un radical*

Bolivar fonde la Colombie

Simon Bolivar bat les Espagnols et les loyalistes en Colombie où il proclame la république de Grande-Colombie.

En 1800, la plus grande partie de l'Amérique du Sud était sous domination espagnole ou portugaise. Les mouvements indépendantistes naissants furent encouragés par la conquête de la péninsule Ibérique par Napoléon qui coupa les relations avec les colonies sud-américaines. Après la chute de l'empereur, la monarchie espagnole était déterminée à reprendre le contrôle de son empire, mais dut faire face à Simon Bolivar et ses guerres de libération

Bolivar était un riche créole vénézuélien, qui avait été éduqué à l'étranger et était retourné en Amérique du Sud en 1807 pour y lancer une croisade contre la domination espagnole. Il se proclama dictateur du Venezuela, mais fut chassé et s'enfuit vers les Caraïbes. Il retourna en Colombie en 1819 à la tête d'une armée et vainquit les Espagnols et les loyalistes. Il se proclama à nouveau dictateur de la Grande-Colombie, qui comprenait la Colombie, le Venezuela et l'Équateur (le fait que ces deux derniers soient toujours sous domination espagnole n'était qu'un détail à ses yeux). En 1820, Bolivar et Antonio José de Sucre, son second, s'emparèrent finalement de ces deux pays avant de gagner l'indépendance du Pérou et de la Bolivie.

Par la suite, quand Bolivar gouverna en tyran la Grande-Colombie et le Pérou, il dut faire face à des opposants et, en 1828, il échappa à une tentative d'assassinat. Sucre fut tué en 1830. La santé de Bolivar déclina, son plan d'une fédération sud-américaine échoua et le Venezuela et l'Équateur firent sécession. Il mourut de la tuberculose en 1830 à l'âge de 47 ans. **RC**

Portrait de Simon Bolivar (1783-1830) en uniforme, Arturo Michelena (1863-1898).

Le Missouri rejoint les États-Unis

Le compromis du Missouri apaise les tensions entre les États esclavagistes et les États abolitionnistes.

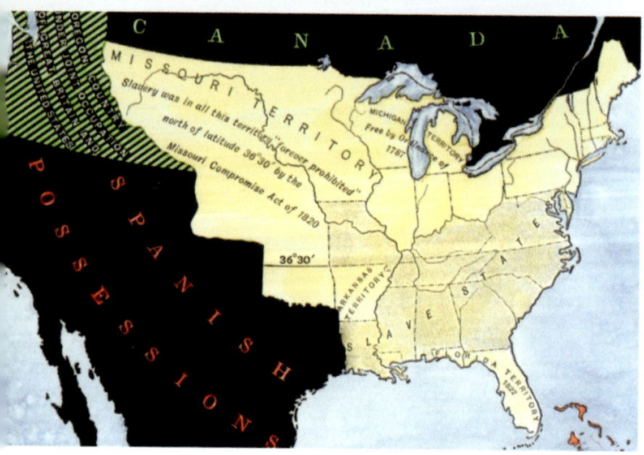

L'esclavage s'avéra un problème épineux dès la naissance des États-Unis. Après 1803, de nouveaux territoires s'ouvrant à la colonisation à l'ouest du Mississippi, le pays dut se poser la question de l'autorisation de l'esclavage dans ces nouveaux États. Le Nord y était généralement opposé, mais le Sud favorable car ces nouveaux votes esclavagistes rendraient d'autant plus difficile l'amendement de la Constitution et la suppression totale de l'esclavage aux États-Unis. Dès 1819, l'esclavage était légal dans la moitié des 22 États que comptait le pays.

Cette même année, le Missouri demanda à être inclus comme État esclavagiste, à la grande fureur des abolitionnistes du Nord. James Tallmadge, représentant de New York, suggéra que le Missouri ne fût admis qu'à la condition qu'il accepte un programme d'émancipation progressive. De violentes disputes éclatèrent entre représentants, mais Henry Clay, président de la Chambre des représentants, proposa l'admission du Missouri comme État esclavagiste contre la création du Maine, dans la partie nord du Massachusetts, État non esclavagiste. On décida aussi que l'esclavage ne serait accepté dans les nouveaux États qu'au sud d'une ligne de latitude 36° 30′ nord. Ce compromis ne constituait pas une solution à long terme, mais préservait la paix provisoirement.

En 1857, la Cour suprême déclara ce compromis inconstitutionnel et la guerre civile sembla de plus en plus inévitable. **RC**

Portrait de Henry Clay (1777-1852) par Samuel Osgood (1808-1885).

États-Unis au XIXe siècle ; carte montrant l'expansion de l'esclavagisme à la suite du compromis du Missouri.

1820 – 18 NOVEMBRE

La péninsule Antarctique

Nathaniel Brown Palmer déclare avoir découvert l'Antarctique.

La péninsule Antarctique fut baptisée de différents noms, en fonction des pays. Aux États-Unis, elle fut appelée Palmer en l'honneur de l'un de ceux ayant déclaré avoir découvert l'Antarctique. En 1812, un navire anglais avait été dévié de sa route au sud du cap Horn et aperçu les îles Shetland du Sud, situées au nord de l'Antarctique. Elles attirèrent l'attention des chasseurs de phoques car l'animal était déjà au bord de l'extinction en Patagonie et aux Falkland. Les navires américains et britanniques parcoururent alors les eaux de ces îles et tuèrent des milliers de phoques pour leur fourrure.

« C'est vous, monsieur, qui avez découvert ce nouveau territoire que l'on nommera Terre de Palmer. »

L'amiral Bellinghausen à Palmer

À la même époque, l'amirauté britannique chargea Edward Bransfield et William Smith de faire le relevé de la région; ils auraient aperçu les montagnes de la péninsule Antarctique en janvier 1820. Le tsar envoya à son tour deux vaisseaux sous le commandement de Thaddeus Bellinghausen qui affirma avoir aperçu le continent en janvier 1821. En février, les Russes rencontrèrent le capitaine américain Nathaniel Brown Palmer qui soutint avoir vu le premier cette terre au mois de novembre précédent. Les premiers à avoir posé le pied en Antarctique furent probablement des marins du *Cecilia*, bateau américain spécialisé dans la chasse au phoque, commandé par John Davis, mais c'est Palmer que l'histoire reconnut. **RC**

1821 – 25 MARS

La Révolution grecque

Soutenus par les grandes puissances, les Grecs se libèrent de l'Empire ottoman.

La révolte n'éclata pas en Grèce, mais parmi les Grecs de l'Empire ottoman. Quand l'archevêque de Patras, Germanos, brandit la bannière de la Vierge Marie dans l'église d'Hagia Lavra (située en Roumanie aujourd'hui), il appela tous les Grecs à se révolter contre les Turcs, leurs suzerains. Le 22 février, Alexandre Ypsilantis, membre de la société secrète Filiki Eteria (Confrérie des amis) dans le sud de la Russie, avait traversé le Prout avec 3 000 hommes avant d'être vaincu par les troupes ottomanes. Les nationalistes grecs n'avaient que peu de chances de réussir avec un effectif aussi réduit. La révolte se répandit ensuite dans le Péloponnèse et, après des massacres des deux côtés, les Turcs se replièrent dans leurs forteresses sur la côte. La guerre d'indépendance de la Grèce venait vraiment de commencer.

« Le monde est las du passé / Ô, qu'il meure ou repose enfin ! »

Percy Bysshe Shelley, *Hellas*, 1822

Les doléances n'avaient fait qu'augmenter depuis la conquête de la Grèce par les Ottomans en 1453. L'appel à l'indépendance avait cependant été influencé par les révolutions américaine et française. La cause des Grecs fut adoptée à travers l'Europe. En 1824, le sultan fit appel à Mehmet Ali, pacha d'Égypte, et les Grecs auraient pu être écrasés si le massacre de chrétiens n'avait incité les grandes puissances à intervenir. En 1832, la Crète et la Thessalie étaient encore sous domination turque, mais le reste de la Grèce était indépendant. **RP**

Mort de Napoléon

Napoléon, qui a profondément transformé la France, meurt à Sainte-Hélène.

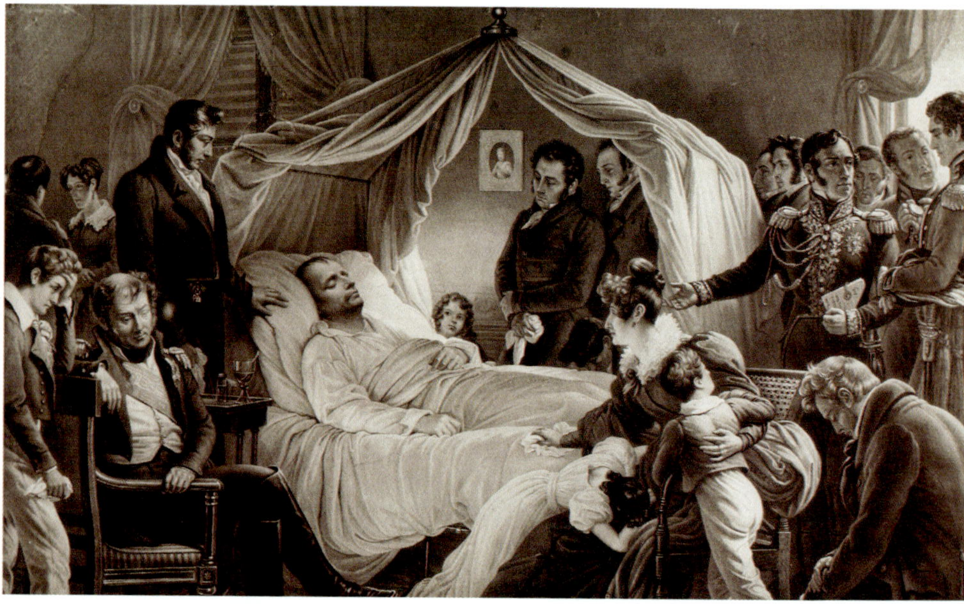

Mort de Napoléon Bonaparte (1769-1821), empereur de France, gravure, Charles Baron von Steuben (1788-1856).

Les cris de « Vive l'Empereur ! » l'avaient entouré si longtemps que Napoléon avait insisté pour qu'on s'adresse encore à lui sous ce titre à Sainte-Hélène et qu'on se lève en sa présence. Même en exil, il avait fait remarquer : « Le monde entier nous regarde ; nous sommes les martyrs d'une cause immortelle. » Le 5 mai 1821, il était toutefois clair qu'il ne lui restait plus que quelques heures à vivre. Napoléon avait mis à jour son testament, léguant 500 livres à celui qui assassinerait le duc de Wellington. Le 1er mai, il reçut l'extrême-onction et, quatre jours plus tard, il était dans un état cadavérique. À 17 h 49, il mourut après avoir soupiré quatre fois.

Il venait de passer cinq ans en exil sur l'île Sainte-Hélène. Située à 1 930 km de l'Afrique et à 2 895 km de l'Amérique du Sud, elle constituait une excellente prison dont il était impossible de s'échapper. Napoléon y composa ses mémoires : il était désormais « l'Empereur du peuple » qui luttait contre des régimes réactionnaires et recherchait la paix à travers la création d'États-Unis d'Europe, mais avec le temps il resta de plus en plus au lit, fatigué et malade.

Le débat fit rage quant aux causes de sa mort, les Français et les Anglais s'accusant mutuellement, bien qu'aucuns n'aient su diagnostiquer un ulcère à l'estomac qui se transforma en tumeur.

On l'enterra le 9 mai dans la vallée du Géranium. On pouvait déjà prévoir que son corps serait ramené en France et que son image hanterait le pays pour longtemps. **RP**

Une nouvelle ère pour le Pérou

L'indépendance du Pérou est proclamée même si la lutte continue trois ans encore.

José de San Martín proclame l'indépendance du Pérou le 28 juillet 1821 sur la Plaza de Armas de Lima (anonyme).

José de San Martín était un général argentin, formé par les Espagnols, qui libéra l'Argentine en 1816, puis traversa les Andes avec son armée pour rejoindre son allié chilien, Bernardo O'Higgins, et libérer le Chili. Pour garantir la sécurité des deux pays, il partit vers le nord à la tête de 4 500 Noirs et métisses pour chasser les Espagnols du Pérou en 1820.

San Martín débarqua à Pisco et marcha vers le nord pour assiéger Lima. Il ne bénéficiait pas du soutien de la population créole blanche accoutumée à la domination espagnole. Il entra en pourparlers avec José de la Serna, commandant espagnol, mais ils n'arrivèrent pas à se mettre d'accord sur la création d'une monarchie constitutionnelle péruvienne et Serna quitta Lima pour rejoindre ses quartiers de Cuzco.

San Martín put ainsi occuper Lima et déclarer solennellement l'indépendance au cours d'une cérémonie sur la place centrale. Chaque année, l'indépendance du Pérou est fêtée à cette date, mais en réalité il fallut trois ans de combats supplémentaires avant que Simon Bolivar et Sucre, qui remportèrent une série de victoires contre les Espagnols, puissent réellement établir cette indépendance et ce malgré l'opposition de la classe supérieure créole. Bolivar tenta d'améliorer le sort des Noirs et des Indiens, mais échoua à cause de la résistance des créoles. L'indépendance du Pérou était néanmoins symboliquement importante car le pays était historiquement au cœur de l'impérialisme espagnol en Amérique du Sud. **RC**

Pierre Ier défie Lisbonne

Pierre Ier est couronné empereur d'un Brésil indépendant et fier.

Le roi Pierre II est acclamé à Santa Ana, lithographie du XIXe siècle d'après Jean-Baptiste Debret.

L'histoire suivit un autre cours au Brésil que dans le reste de l'Amérique du Sud. Quand Napoléon avait envahi le Portugal en 1807, le pays était en réalité gouverné par le futur Jean VI de Bragance, car sa mère, la reine Maria, souffrait de problèmes psychologiques. Face à l'invasion française, Jean quitta le Portugal pour Rio de Janeiro qui devint une ville cosmopolite prospère, notamment grâce au trésor royal (évalué aujourd'hui à plus d'un milliard d'euros) que Jean avait apporté avec lui .

La fierté nationale brésilienne fut astucieusement encouragée par le futur Pierre Ier, qui favorisa le développement de la culture brésilienne, introduisit les bains de mer et, en 1815, déclara la création d'un nouveau royaume du Portugal et du Brésil. La reine Maria mourut en 1816 et, en 1821, Jean rentra au Portugal pour y être couronné, laissant son fils Pierre au Brésil comme régent. Le Parlement portugais demanda que le Brésil retrouvât son statut colonial, mais Pierre refusa de rentrer au Portugal comme le lui demandait Lisbonne. En agitant son épée de façon dramatique, il cria « l'indépendance ou la mort » et fut bientôt couronné empereur.

Pierre n'était pas particulièrement apprécié par les Brésiliens qui lui reprochaient ses tendances autoritaires. Il dut abdiquer cinq ans plus tard en faveur de son fils, Pierre II qui, en 1836, après une série de régences, fut déclaré empereur et défenseur perpétuel du Brésil. Il présida à l'une des périodes les plus prospères de l'histoire brésilienne. **RC**

Aux origines de la diplomatie américaine

La doctrine Monroe établit une nouvelle politique extérieure américaine.

Les créateurs de la doctrine Monroe, Clyde De Land (1912).

James Monroe présida les États-Unis de 1817 à 1825 et collabora étroitement avec son secrétaire d'État, John Quincy Adams, qui, comme lui, était favorable aux mouvements indépendantistes d'Amérique du Sud. En 1823, le gouvernement britannique, qui désirait protéger ses intérêts commerciaux en Amérique du Sud, suggéra au président américain d'adopter une déclaration commune mettant en garde les puissances européennes qui songeraient à intervenir dans les affaires sud-américaines. Adams persuada Monroe d'agir seul.

Dans son message annuel au Congrès, Monroe déclara que « les nations sud-américaines sont libres et indépendantes et en conséquence ne peuvent être le sujet d'une future colonisation par aucune puissance européenne ». Il ajouta que le système politique européen était différent de celui des Amériques et que les États-Unis considéreraient toute tentative par les puissances européennes d'exporter le leur aux Amériques comme « dangereux pour la paix et la sécurité [des États-Unis] ». En parallèle, les États-Unis n'interviendraient pas dans les colonies ou protectorats européens déjà existants, ni dans les affaires internes de l'Europe. Le doctrine Monroe ne devint importante que plus tard dans le siècle. C'est la marine britannique et non les États-Unis qui protégea l'indépendance de l'Amérique du Sud, mais on trouvait déjà dans la doctrine Monroe le début des ambitions hégémoniques des États-Unis sur le Nouveau Monde. **RC**

Mort de lord Byron

Ostracisé en Angleterre, lord Byron meurt en Grèce sans avoir pu réaliser son rêve : chasser les Turcs.

George Gordon Byron était davantage connu en Angleterre par sa vie personnelle qu'en tant qu'auteur du *Pèlerinage de Childe Harold*. Il avait quitté son pays natal en 1816, après un mariage raté et après avoir été accusé d'inceste. Sur le continent européen, il était adoré par les libertaires et fut accueilli en héros à son arrivée en Grèce en janvier 1824. Il forma la « brigade Byron » et prévoyait d'attaquer le forteresse de Lépante et d'en chasser les Turcs car il était obsédé par l'idée de libérer la Grèce depuis qu'il avait traversé l'Hellespont à la nage en 1810.

La réalité fut bien différente de ce qu'il avait imaginé. C'étaient principalement des marins qui lui avaient réservé cet accueil triomphal et seulement parce qu'il leur apportait leur salaire. De plus, les Grecs ne pouvaient cesser de se disputer assez longtemps pour s'allier contre les Turcs. Il pleuvait continuellement et la santé de Byron se détériora. Il souffrait probablement de paludisme et fut ensuite pris de toux et de vomissements. Les médecins le saignèrent, mais il commença bientôt à délirer. Le 9 avril, alors que le sang coulait de son front où l'on avait posé des sangsues, Byron mourut.

La permission de l'enterrer dans la cathédrale de Saint-Paul ou à l'abbaye de Westminster à Londres fut refusée, mais cette fin terriblement romantique, du moins telle qu'elle fut rapportée par ses amis, ne pouvait qu'accroître la légende byronienne et aider la cause de l'indépendance grecque. **RP**

Portrait de Byron (1813), sixième baron du nom, Richard Westall (1765-1836).

Lord Byron sur son lit de mort (à Missolonghi, en Grèce, le 19 avril 1824), Joseph-Denis Odevaer, (1778-1830), 1826.

1824 – 17 JUIN

Les droits des animaux

En Grande-Bretagne, la première société de défense des animaux est créée.

Richard Martin s'inquiétait du sort des animaux utilitaires en Angleterre qui étaient maltraités durant leur vie de labeur puis tués dans des conditions atroces. Il s'opposait également à ce qu'on utilisât des animaux pour se divertir, dans les combats de coqs par exemple. Il était riche, possédant notamment 81 000 hectares en Irlande, et avait assez d'influence comme membre du Parlement et ami de George IV pour pouvoir changer l'ordre des choses. En 1822, la loi Richard Martin sur la cruauté envers le bétail fut adoptée. Le révérend Arthur Broome fit en sorte que la loi soit appliquée. Il réclama des poursuites judiciaires lorsque nécessaire, lança une campagne de publicité et, le 17 juin 1824, créa avec ses amis (dont l'abolitionniste Wilberforce) la Société pour la prévention de la cruauté envers les animaux.

« L'important n'est pas de savoir s'ils peuvent raisonner ou parler, mais s'ils peuvent souffrir. »

Jeremy Bentham, 1789

Cet organisme dénonça rapidement les délinquants et les poursuivit en justice. Au cours de la décennie suivante, il engagea des inspecteurs et, en 1835, incita le Parlement à adopter une loi plus complète. En 1840, la société bénéficia du soutien de la reine Victoria et son influence s'étendit à tout le Commonwealth. Des lois contre la cruauté furent aussi adoptées aux États-Unis dans les années 1830 et la SPA fut créée en France en 1846. C'était une étape essentielle de la reconnaissance des droits des animaux. **RP**

1825 – 6 AOÛT

La Bolivie indépendante

Après de nombreuses révoltes, l'indépendance de la Bolivie est déclarée.

Le nom de Bolivar est immortalisé par un pays qu'il aurait préféré ne jamais voir exister. La Bolivie, le pays des Incas, fut conquise par les Espagnols qui s'enrichirent considérablement grâce aux mines d'argent dans ce qui s'appelait encore le Haut Pérou. La lutte pour son indépendance débuta dès les premières années du XIXe siècle et, en 1809, les Espagnols écrasèrent une révolte dont ils pendirent aussi le protagoniste, Pedro Domingo Murillo.

Au cours des dix années suivantes, de nombreuses révoltes établirent des républiques indépendantes, de courte durée, dans le Haut Pérou. Dans les années 1820, Bolivar et Sucre offrirent son indépendance au Pérou. Sucre informa Bolivar que le Haut Pérou désirait s'autogouverner, mais le libérateur voulait établir une confédération sud-américaine. En 1825, Sucre réunit une assemblée pour décider du sort de la région.

« Je peux mourir mais le flambeau de la liberté que je laisse ne peut jamais être éteint. »

Pedro Domingo Murillo, 1809

Miguel Lanza, chef des rebelles, présida aux discussions où furent débattues trois possibilités : l'indépendance, l'union avec le Pérou et l'union avec l'Argentine. Il y eut 45 votes en faveur de l'indépendance, deux pour la deuxième proposition et aucun pour la troisième. Les délégués signèrent une Déclaration d'indépendance, baptisèrent le nouvel État Bolivie. Depuis, toutefois, ses voisins ont réduit le territoire originel de plus de la moitié. **RC**

Le premier train de voyageurs

La ligne Stockton-Darlington de George Stephenson est la première à rencontrer le succès.

Inauguration du chemin de fer entre Darlington et Stockton ; lithographies anglaises, XIXe siècle.

George Stephenson était l'exemple même du self-made man, qui avait travaillé dur depuis l'âge de 8 ans et était un ingénieur né. Dès 1812, il était responsable des machines d'un groupe de houillères. Il se passionna très tôt pour les chemins de fer miniers. Pour remplacer les chevaux, il imagina un moyen de traction plus rapide : c'est ainsi qu'il inventa la première machine à tracter des charges lourdes qui fut utilisée par les propriétaires de mines de charbon de Darlington, dans le nord-est de l'Angleterre, pour transporter la marchandise jusqu'au port de Stockton-on-Tees, à 40 km de là. En 1817, Stephenson créa la première locomotive et en 1825 le premier train de voyageurs fut inauguré. Il conduisit lui-même une locomotive qui pouvait tirer 75 tonnes à une vitesse de 8 km/h. Elle allait deux fois plus vite dans les descentes, à la grande frayeur des passagers. Voyager en train coûtait 30 % moins cher qu'en bateau. Les pannes étant fréquentes, les chevaux n'étaient pas inutiles, mais les locomotives de Stephenson fonctionnèrent tout de même pendant 25 ans sur ce qui constitua le premier chemin de fer commercial.

Sur la ligne Stockton-Darlington, Stephenson utilisa du fer forgé pour les rails plutôt que de la fonte, plus cassante, et choisit un écartement de 1,43 m qui devint bientôt standard. Dans toute la Grande-Bretagne, les compagnies de transport sur canaux et en diligence baissèrent leurs prix, mais en vain. La fièvre du rail était sur le point de débuter. **RP**

Mort de deux anciens présidents américains

John Adams et Thomas Jefferson meurent tous deux le jour de la fête nationale.

La Déclaration d'indépendance le 4 juillet 1776, John Trumbull (1756-1843).

Par une remarquable coïncidence, le deuxième et le troisième président des États-Unis moururent tous deux le jour du 50e anniversaire de la Déclaration d'indépendance. John Adams, originaire du Massachusetts, l'un des principaux artisans de la naissance des États-Unis, avait été président de 1797 à 1801. Thomas Jefferson avait vertement critiqué le président Adams, mais quand ils prirent leur retraite, ils redevinrent amis. Adams jouissait d'une santé vigoureuse même après avoir dépassé 80 ans. Il vit son fils, John Quincy Adams, accéder à son tour à la présidence et mourut, à l'âge de 90 ans, le 4 juillet 1826. Ses derniers mots furent «Thomas Jefferson survit». Ce fut le cas, mais à peine. Jefferson s'était retiré à Monticello, son domaine adoré de Virginie, en 1809. Sa femme était morte en 1782 et lui avait demandé sur son lit de mort de ne jamais se remarier.

Il tint sa promesse, mais ses dernières années furent assombries par des problèmes de santé (une prostate élargie, peut-être un cancer du côlon) et par les dettes.

Le 1er juillet, Jefferson perdit conscience, mais émergea à plusieurs reprises pour demander si on était bien le jour de l'indépendance. Il passa la plus grande partie du 3 à dormir et, le soir, demanda à son docteur «Sommes-nous le 4 ?». Ce dernier lui apporta sa dose habituelle de laudanum pour l'aider à dormir, mais il refusa. Il s'éteignit peu avant 13 heures le lendemain, à l'âge de 83 ans. **RC**

La première photographie

Niépce prend la première photographie après avoir longtemps cherché un fixatif d'image.

Reproduction de la première photographie fixée, développée et conservée ; Nicéphore Niépce.

La photographie, l'une des grandes inventions du début du XIXe siècle, fut créée par un Français, Nicéphore Niépce, alors âgé de 62 ans. Son frère et lui étaient inventeurs et avaient conçu en 1798 un prototype de moteur à explosion, le *pyréolophore*. Dès 1816, Niépce avait essayé de « fixer » une image ; il obtint de bons résultats sous la lumière du soleil mais échoua lorsqu'il voulut reproduire l'expérience en chambre noire. Les ultraviolets, filtrés par la lentille de la chambre, ne permettaient pas de fixer l'image.

Il parvint à obtenir une image positive en 1822 quand il imprima une épreuve par contact sur une feuille de papier : il s'était servi de l'effet de la lumière sur une plaque de verre enduite de bitume de Judée. Deux ans plus tard, il produisit les premières images permanentes dans une chambre noire, mais cela exigeait un temps de pose très long et plusieurs heures d'exposition.

En 1827, il se rendit en Angleterre pour y démontrer sa technique à l'étain devant la Royal Society, mais il ne remporta pas de prix car il refusait de révéler les produits chimiques utilisés. À la même époque, il obtint un cliché – une vue de sa fenêtre, exposée pendant plus de 8 heures – gravé sur une plaque en fer blanc, aujourd'hui considéré comme la première photographie au monde. À partir de 1829, il collabora avec Daguerre ; Niépce mourut en juillet 1833 et Daguerre inventa le daguerréotype (procédé photographique) en 1839. **PF**

La bataille de Navarin

La victoire des flottes alliées contre la marine ottomane offre à la Grèce son indépendance.

La bataille de Navarin le 20 octobre 1827, au cours de la guerre d'indépendance de la Grèce.

Après avoir vaincu Napoléon, les hommes d'Etat européens aspiraient à la stabilité, la légitimité et l'ordre dans les relations internationales comme dans les affaires intérieures. Mais un mouvement indépendantiste captiva l'imagination des peuples d'Europe : celui des Grecs contre l'Empire ottoman. La Grande-Bretagne refusait d'intervenir, mais Nicolas Ier de Russie désirait aider les Grecs qui étaient comme lui des chrétiens orthodoxes.

La rébellion avait débuté en 1821, mais dès 1827 le mouvement indépendantiste grec semblait sur le point de s'effondrer. Le sultan ottoman avait persuadé le souverain égyptien, Mehmet Ali, d'envoyer son armée en Grèce pour écraser les insurgés, en échange de quoi le fils de ce dernier recevrait une principauté. Les Russes intervenant de plus en plus, les gouvernements français et britannique jugèrent qu'ils auraient plus d'influence s'ils se joignaient à eux.

Le 20 octobre 1827, un escadron anglo-russo-français, sous le commandement de l'amiral Codrington, pénétra dans la baie de Navarin, en Grèce, où était ancrée la flotte turque, bien supérieure numériquement. Celle-ci ouvrit le feu, mais fut détruite par les alliés qui, bien que moins armés, étaient persuadés de leur victoire. Ils réussirent même à encercler les troupes égyptiennes les privant de toute possibilité de recevoir du ravitaillement ou des renforts. Cinq ans après, les puissances européennes et l'Empire ottoman avaient reconnu l'indépendance de la Grèce. **NK**

Assassinat de Chaka, roi des Zoulous

Ce meurtre amorce une période de déclin pour les Zoulous.

Chaka roi des Zoulous, illustration de William Bagg, artiste anglais, 1836.

« C'est Chaka l'inébranlable, Celui-qui-tonne-assis, fils de Menzi. »

Chant d'éloge traditionnel zoulou

Peu d'hommes ont été aussi admirés, haïs et craints. Admiré parce qu'il était le roi Chaka qui avait transformé le clan zoulou, jusque-là insignifiant, en une nation guerrière puissante comprenant 250 000 personnes qui régna sur de larges territoires d'Afrique australe ; haï à cause de sa soif de pouvoir, son caractère destructeur et cruel. Ceux qui osaient la moindre protestation finissaient généralement le crâne fendu. Quand sa mère mourut en 1827, elle fut enterrée avec dix femmes vivantes et Chaka ordonna que 7 000 personnes soient matraquées jusqu'à en mourir. En signe de deuil, il interdit aux gens mariés de vivre ensemble et à tous, de boire du lait, pendant un an.

Chaka était craint de tous, y compris de ses demi-frères Dingane et Mhlangana. Ces derniers décidèrent de l'affronter l'année suivante, en septembre, quand les guerriers seraient occupés dans le Nord et que la sécurité serait relâchée. Chaka était dans l'enclos royal où il attendait une délégation de Tswanas et le soleil était sur le point de se coucher. C'était un homme imposant – sa force était légendaire –, mais ses frères avaient l'avantage de la surprise. Un complice fit diversion et ils poignardèrent Chaka à mort. Son corps fut enveloppé dans une peau de bœuf et jeté dans une fosse, et il ne fut visiblement pas pleuré par la nation qu'il avait créée.

Il avait 30 ans environ quand il accéda au trône en 1816. Chef charismatique, son règne connut des épisodes sanglants et fut marqué par la tyrannie, ce qui lui valut l'opposition de son peuple. Grand organisateur et stratège de génie, Chaka conçut de nouvelles armes et tactiques qui firent des Zoulous une armée forte et redoutable. Le successeur de Chaka, Dingane, défia les Boers, mais fut vaincu en 1838 et son neveu, Cetawayo, fut battu de façon décisive par les Anglais à Ulundi en 1879. **RP**

Création de la police de Londres

Sir Robert Peel, ministre de l'Intérieur, crée la première police professionnelle anglaise.

Dans les années 1820, l'anarchie régnait dans certains quartiers anglais où la loi n'était ni appliquée ni respectée. Robert Peel, ministre de l'Intérieur, fit remarquer que dans le quartier de Kensington à Londres « trois huissiers saouls » ne pouvaient empêcher les vols et cambriolages alors en augmentation. De fait « trois anges, dans de telles circonstances, offraient une piètre protection ». Peel présenta un premier projet de loi visant à la création d'un service de police qui fut rejeté par le Parlement en 1822 car jugé contraire aux principes de liberté. Finalement, en 1829, une loi fut adoptée qui conduisit à la création de la police métropolitaine du grand Londres, constituée des premiers agents professionnels, disciplinés et en uniforme. Deux préfets (ou commissioners) étaient responsables des 1 000 agents qui recevaient un salaire régulier et dont le recrutement dépendait « exclusivement de [leur] caractère, qualifications et états de service ».

Dans l'ancien système, la police de la Tamise, créée en 1798, ne combattait le crime que dans le port de Londres tandis que les Bow Street Runners, établis en 1748 pour surveiller les grand-routes, étaient mal payés et corrompus. C'étaient donc les responsables de chaque paroisse et des agents non payés qui étaient chargés de faire respecter la loi. Les réformes de Peel furent capitales. Il élimina les lois obsolètes du code pénal et abolit la peine de mort pour une centaine de crimes. Mais la création de cette nouvelle police fut sa plus grande réussite.

Les nouveaux agents surnommés *bobbies*, en référence au prénom du fondateur de la police londonienne, subirent tout d'abord les railleries du public, mais ce modèle fut suivi dans toute l'Angleterre – et dans d'autres pays. De fait,il entraîna une diminution du nombre de crimes. **RP**

Pierce The Peeler, v. 1850, Monsieur Pierce, l'un des agents de police du nouveau corps créé par Robert Peel.

« La liberté ne consiste pas à voir sa maison cambriolée par des bandes de voleurs organisés. »

Robert Peel, duc de Wellington, 1829

La *Fusée* de Stephenson

Avec cette locomotive à vapeur, l'inventeur Stephenson encourage le développement du chemin de fer.

Le succès de la ligne Stockton-Darlington en 1825 démontra aux entrepreneurs britanniques que le chemin de fer était viable. Des hommes d'affaires de Liverpool et de Manchester décidèrent alors que le canal qui reliait les deux villes était trop onéreux et trop lent, et financèrent une nouvelle voie ferrée que George Stephenson acheva en 1829. Une compétition devait décider des locomotives qu'on y ferait rouler : le gagnant recevrait 500 livres et fournirait les locomotives de la ligne. Plus de 10 000 personnes vinrent assister au spectacle.

Chaque locomotive devait tirer trois fois son poids et atteindre une vitesse moyenne de 16 km/h sur un court segment de voie ferrée, à Rainhill, qu'elle parcourrait autant de fois qu'il le fallait pour couvrir l'équivalent des 112 km de l'aller-retour entre Liverpool et Manchester. À la fin, il ne restait que quatre concurrents, mais c'est la *Fusée* (*Rocket* en anglais) de Stephenson qui était la mieux conçue : sa chaudière abritait 25 tubes séparés qui permettaient de produire deux fois plus de vapeur que le moteur standard de Trevithick. Elle gagna aisément. Le 8 octobre, sa moyenne fut de 22 km/h et presque le double en vitesse de pointe.

Stephenson conduisit lui-même sa locomotive lors de l'inauguration officielle de la voie ferrée en septembre 1830. C'était la première ligne entièrement parcourue par des locomotives à vapeur et son succès annonçait l'âge d'or du chemin de fer. **RP**

▶ La *Fusée* ou *Rocket* de Stephenson, photographiée ici en 1860, remporta le concours de la nouvelle voie ferrée.

◀ *Le Concours de Rainhill* montrant la locomotive *Rocket* en compétition avec la *Sans-Pareil* ; gravure du XIXe siècle.

1830 – 25 FÉVRIER

La révolution romantique

*La première d'*Hernani *donne lieu à une bataille entre classiques et modernes.*

C'est l'histoire de doña Sol, aimée de trois hommes : son vieil oncle Ruy Gomez, don Carlos, roi d'Espagne, et le bandit Hernani, dont l'intrigue révèle l'origine aristocratique. La fatalité est au rendez-vous de ce drame en cinq actes, écrit par le jeune Victor Hugo en un mois, où tout le monde meurt à la fin.

La première d'*Hernani ou l'honneur castillan* à la Comédie-Française s'annonce mouvementée. La jeunesse littéraire serre les rangs, prête à répliquer par ses applaudissements aux sifflets du public bourgeois, pétri de classicisme. Théophile Gautier, qui porte un gilet rouge que chacun remarque, défend son ami Hugo. L'enjeu est de taille : il s'agit ni plus ni moins d'abattre le théâtre classique, de faire exploser la règle des trois unités, de temps, de lieu, d'action. Comme l'exprimait déjà Hugo dans la préface de *Cromwell*, il faut un nouveau théâtre au siècle nouveau. La frontière entre tragédie et comédie s'estompe, comme chez Shakespeare, l'héroïsme côtoie le ridicule. L'émotion et les sentiments l'emportent, comme dans la vie. La forme est libre et variée, ce qui scandalise particulièrement les partisans de l'alexandrin classique. Le sujet est si grave que le soir de la première d'*Hernani* ces messieurs en viennent aux mains. Mais rien n'arrête la vague romantique, qui déferle bientôt sur tous les genres littéraires et sur tous les arts. **LV**

« Ce mot… semblait un spadassin… donnant une pichenette sur le nez du classicisme. »

Théophile Gautier, *Histoire du romantisme*

1830 – 2 AOÛT

Abdication de Charles X

Charles X s'avère trop réactionnaire et est obligé de renoncer au trône.

Le jeudi 29 juillet fut la troisième journée des Trois Glorieuses. Mille personnes environ étaient mortes. Plusieurs douzaines avaient été tuées le mardi quand les émeutiers avaient attaqué les gardes de Paris. La deuxième journée avait été plus calme car les libéraux devaient présenter une pétition à l'obstiné Charles X. La plupart des personnes tuées le furent au cours de la troisième journée où régnèrent les barricades, les émeutes et la violence. La ville tomba quartier après quartier jusqu'à ce que l'hôtel de ville soit pris à son tour. Les hommes politiques installèrent très rapidement un gouvernement provisoire. La révolution était terminée : ne manquait que l'abdication de Charles X, formalité qui eut lieu le 2 août.

Celui-ci, qui régnait depuis 1824, était ultraroyaliste. Il se fit sacrer à Reims, ordonna que le blasphème soit passible de mort et défendait « le droit divin des rois », comme si la Révolution et le règne de Napoléon n'avaient jamais existé. Après que les élections de 1830 eurent renforcé la majorité libérale à la Chambre des députés, Charles avait muselé la presse et réduit le nombre des députés et des électeurs. La dynastie des Bourbons était arrivée à sa fin. Certains désiraient la remplacer par une autocratie bonapartiste ou une république, mais c'est finalement Louis-Philippe qui devint roi. **RP**

« … Le son du canon et de la fusillade devient encore plus fort. »

Juste Olivier, *Journal de Paris*, 28 juillet 1830

Faraday invente la dynamo

La découverte de Faraday est capitale dans le domaine de l'électricité.

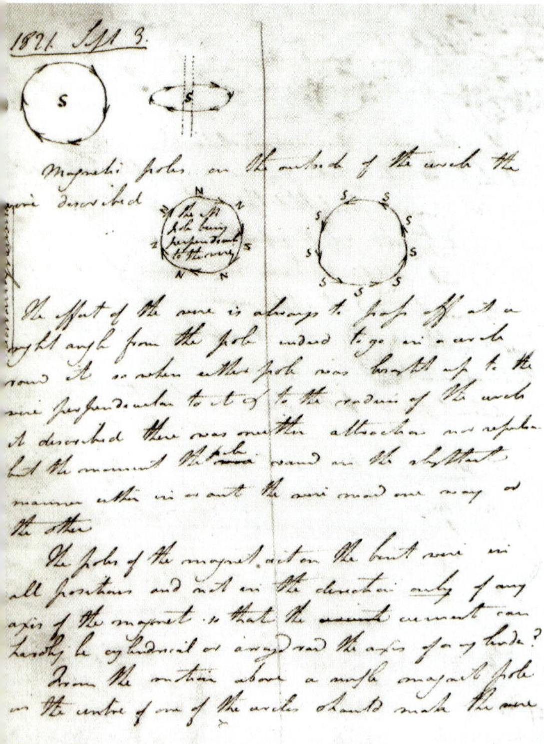
1821. Sept 3.

▲ Page 74 du carnet de Faraday sur la rotation du courant, 3 septembre 1821.

▶ Michael Faraday découvrit les lois de l'électrolyse et de l'induction électromagnétique ; photographie, 1860.

« Découvrir un élément est une chose… trouver sa composition… est une découverte importante. »

Michael Faraday

En 1830, le salaire de Michael Faraday comme consultant scientifique s'élevait à 1 000 livres (une somme extraordinaire), mais en 1831 il se consacrait exclusivement à la recherche et vivait avec moins d'un dixième de ce montant. Depuis longtemps convaincu que le magnétisme et l'électricité étaient liés, Faraday prouva que le magnétisme produisait de l'électricité, le 24 août 1831, alors qu'il réalisait des expériences à la Royal Society. À l'aide d'un matériel très simple (un aimant, une bobine de cuivre et un ampèremètre), il démontra qu'en faisant passer un fil métallique dans un champ magnétique, un courant électrique était produit dont la tension est proportionnelle à la vitesse du mouvement. C'était en réalité la première dynamo.

Le principe qu'avait découvert Faraday est à la base de toutes les opérations des machines électriques, même les plus modernes. Non seulement c'était un brillant savant, mais il était aussi doté d'un esprit remarquablement pratique.

Né en 1791, dans une famille très modeste du Yorkshire (son père était forgeron), Faraday avait bénéficié d'une éducation très simple. Apprenti relieur, il avait attiré l'attention de Humphrey Davy et était devenu un chimiste et un physicien enthousiaste. C'était aussi un extraordinaire conférencier. Il découvrit le benzène ; inventa le système du nombre d'oxydation, conçut le premier bec Bunsen, développa les lois de l'électrolyse et participa à la naissance de la nanoscience. On lui doit aussi la cage de Faraday, la constante de Faraday et l'effet de Faraday.

Plus que n'importe qui il a contribué à rendre la production d'électricité possible. Il fallut attendre une génération pour que ses découvertes trouvent leur application pratique, mais l'humanité lui doit beaucoup. **RP**

Darwin élabore sa théorie de l'évolution

Darwin découvre sa véritable vocation lors de son voyage sur le Beagle, *où ses découvertes constituent le fondement de la théorie de l'évolution.*

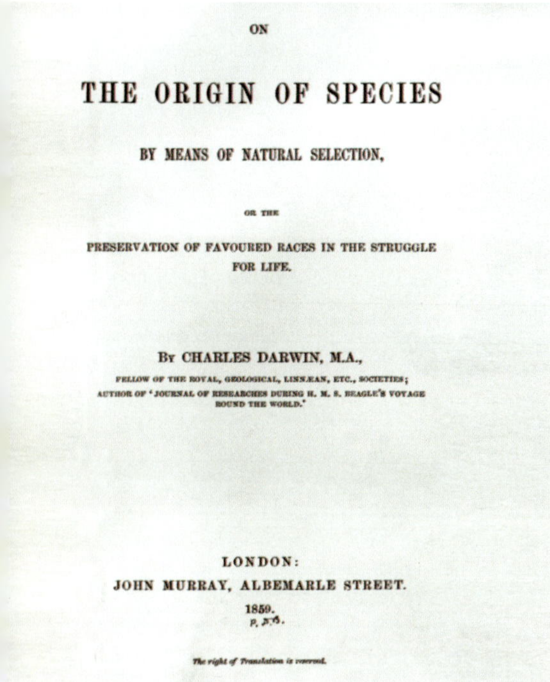
ON

THE ORIGIN OF SPECIES

BY MEANS OF NATURAL SELECTION,

OR THE

PRESERVATION OF FAVOURED RACES IN THE STRUGGLE FOR LIFE.

BY CHARLES DARWIN, M.A.,

FELLOW OF THE ROYAL, GEOLOGICAL, LINNÆAN, ETC., SOCIETIES;
AUTHOR OF 'JOURNAL OF RESEARCHES DURING H. M. S. BEAGLE'S VOYAGE ROUND THE WORLD.'

LONDON:
JOHN MURRAY, ALBEMARLE STREET.
1859.

The right of Translation is reserved.

Le *Beagle*, dont la mission était d'explorer pendant cinq ans les côtes d'Amérique du Sud et des îles du Pacifique, quitta Davenport en Angleterre le 27 décembre 1831 et, grâce à la présence à bord du botaniste, Charles Darwin, les découvertes ne manquèrent pas. Ce dernier cherchait encore sa vocation. Il avait étudié la médecine puis s'était fait homme d'Église, mais était en réalité plus intéressé par les créatures marines et les insectes.

Malgré son mal de mer, il profita pleinement de son aventure. Il chassa et pêcha, chevaucha une tortue géante, escalada des sommets et rencontra des indigènes hostiles. Darwin affina son don de l'observation, acquit « l'habitude de s'affairer énergiquement et de [se] concentrer sur tout ce qu'[il était] en train de faire » et réunit les renseignements et des spécimens qu'il utiliserait plus tard pour développer ses théories. La science s'empara de sa vie.

Après avoir lu les œuvres d'Alfred Lyell, il adhéra à la théorie selon laquelle les continents s'étaient formés peu à peu. Ses propres observations le conduisirent à penser que les oiseaux et les animaux en général avaient aussi évolué au fil du temps. Comment expliquer sinon le fait que les îles des Galápagos abritent chacune un type de pinson différent ?

Darwin n'avait pas encore de théorie qui puisse expliquer ses observations et son récit, *Le Voyage du Beagle* (1839), était caractérisé par sa richesse d'informations plutôt que par ses explications. Ce n'était qu'un début, mais d'une importance significative. **RP**

Page titre de l'ouvrage révolutionnaire de Darwin, *L'Origine des espèces*, publié à Londres en 1859.

Gravure du vaisseau de Darwin, le *Beagle*, au large de l'Amérique du Sud.

1833 – 24 AOÛT

La réglementation du travail

Une loi anglaise tente de limiter les aspects les plus néfastes du capitalisme.

Les propriétaires d'usines trouvaient scandaleuses les nouvelles propositions du Parlement anglais. Selon eux, les métiers à tisser mécaniques étaient synonymes de progrès et le gouvernement ne pouvait entraver les usines textiles. Pourtant pour d'autres, tels le philanthrope Antony Cooper, le vrai scandale était d'autoriser un système industriel qui exploitait les enfants en les forçant à travailler de longues heures pour un salaire de misère. La loi sur le travail en usine fut adoptée en 1833 : elle interdisait le travail pour les enfants de moins de 9 ans ; jusqu'à 13 ans, ils ne pouvaient effectuer plus de 8 heures par jour et 12 heures pour les adolescents de 13 à 18 ans. Les travailleurs de moins de 13 ans recevraient deux heures d'enseignement par jour à l'usine.

« Les enfants subissent ces blessures à cause de leur travail. » Commission d'enquête sur le travail en usine, 1833

L'emploi des enfants dans l'industrie textile avait explosé depuis 1819. Un rapport de 1832 avait accepté comme normales des conditions extrêmes ; un autre expliquait que les conditions de travail n'étaient pas plus déplorables en Angleterre qu'ailleurs. On décida que le marché régulerait le travail des adultes mais que les enfants devaient être protégés. Les lois de 1844, 1847 et 1867 augmentèrent les heures d'enseignement obligatoire et réduisirent le nombre d'heures de travail pour les enfants ainsi que pour les femmes. **RP**

1833 – 24 AOÛT

L'abolition de l'esclavage au Royaume-Uni

L'esclavage est déclaré illégal dans tout l'Empire britannique.

C'était la fin de ce que l'on a appelé la traite triangulaire entre l'Afrique occidentale, les Amériques et la Grande-Bretagne, au cours de laquelle plus de 10 millions d'Africains avaient été enlevés et asservis. La loi stipulait désormais que tous les esclaves de l'Empire britannique devaient être « affranchis et libérés », et que « les personnes qui bénéficiaient jusque-là de leurs services [devaient] recevoir une juste compensation ». Jusqu'à 668 000 esclaves furent libérés dans les Caraïbes et 20 millions de livres furent versées.

« L'Angleterre est prête à offrir 20 millions de livres pour l'abolition de l'esclavage. »

William Wilberforce en 1833

Ce jour était attendu depuis longtemps. En 1787, William Wilberforce et Thomas Clarkson avaient fondé la Société pour l'abolition de la traite des esclaves et, deux ans plus tard, Wilberforce avait délivré une critique passionnée de ce commerce, durant quatre heures, devant la Chambre des communes. Ce ne fut finalement qu'en 1807 que la traite fut interdite. Cependant, les marchands d'esclaves ne tirent pas compte de cette loi. On décida donc qu'il fallait interdire l'esclavage pour que cesse la traite. Wilberforce mourut trois jours après l'adoption de la loi.

Les conséquences furent profondes. Les États-Unis abolirent l'esclavage en 1862 et, plus tard, les suffragettes et les mouvements des droits civils s'inspirèrent des stratégies des abolitionnistes. **RP**

L'incendie du Parlement britannique

La majorité du palais de Westminster est détruite par les flammes.

Incendie du Parlement britannique le 16 octobre 1834, P. T. Cameron, 1834.

Le Parlement britannique avait survécu au complot de 1605, qui visait à le faire sauter, et au grand incendie de Londres en 1666, mais un feu en vint à bout en 1834. Selon un témoin, on pouvait voir les flammes dès 18 h 20 depuis l'étage supérieur de la Chambre des lords. La foule se rassembla rapidement sur les ponts et les rives de la Tamise pour assister à l'impressionnant spectacle. Parmi elle, le peintre Turner entreprit une série d'aquarelles qui donnerait naissance à ses légendaires tableaux à l'huile sur ce même sujet. Au petit matin, l'incendie fut maîtrisé.

Seuls demeuraient la crypte de la chapelle Saint-Étienne, la tour des Joyaux et la grande salle de Westminster Hall, sauvée par le Premier ministre, lord Melbourne, qui y avait fait pénétrer plusieurs voitures de pompiers.

Les travaux du nouveau palais de Westminster, qui comprenait 1 200 pièces, 100 escaliers, onze cours et plus de 3 km de couloirs et passages, commencèrent en 1840 pour s'achever en 1860. C'était principalement l'œuvre de Charles Barry, dont le plan de style gothique fut sélectionné parmi 97 propositions. Ses bâtiments s'accordaient parfaitement aux vestiges de l'ancien palais et à l'abbaye de Westminster près de là. L'intérieur était surtout l'œuvre de son assistant, Augustus Pugin. Leur chef-d'œuvre survit à ce jour même si la Chambre des communes fut reconstruite après les bombardements de 1941. **RP**

Le siège de fort Alamo

Cette bataille légendaire est l'un des mythes fondateurs des États-Unis.

La Bataille de fort Alamo, illustration du siège à San Antonio au Texas où presque tous les colons américains masculins furent tués.

En 1835, le Texas était un territoire peu peuplé de la République mexicaine quand des colons américains récemment arrivés réclamèrent son autonomie. Le Mexique répondit par la force et envoya une armée de 5 000 soldats commandés par le général Santa Anna assiéger les 200 Texans qui s'étaient réfugiés au fort Alamo, à San Antonio. Parmi les défenseurs se trouvaient William Travis, Jim Bowie – inventeur du couteau du même nom – et Davy Crockett, né dans le Tennessee et porteur d'une légendaire casquette en raton laveur, immortalisé en chanson et à l'écran. Le siège dura deux semaines jusqu'à l'assaut final par presque 2 000 soldats mexicains. L'assaut ne dura que peu de temps mais fut d'une extrême violence. Les Mexicains massacrèrent presque tous les Américains, sauf quelques esclaves, femmes et enfants.

Selon la légende, un ou deux jours auparavant, William Travis aurait dessiné une ligne dans le sable et demandé à ceux qui étaient prêts à se battre jusqu'au bout de la franchir. Seul l'un d'entre eux s'y refusa, ce qui lui permit de survivre, et c'est à lui que l'on doit le récit du siège.

La prise du fort s'avéra une victoire à la Pyrrhus pour les Mexicains, car le siège donna le temps au chef des rebelles texans, Sam Houston, de réunir des troupes qu'il mènerait ensuite victorieusement à la bataille de San Jacinto contre le Mexique. Le Texas gagnerait alors son indépendance, mais rejoindrait bientôt les États-Unis. **NJ**

Premier feuilleton de Dickens

Les Aventures de M. Pickwick, *publiées en feuilleton, transforment les modes de lecture.*

Les *Aventures de M. Pickwick*, couverture de la première édition illustrée par Seymour.

« Si je devais vivre 100 ans, je ne serais jamais plus fier que je ne le suis aujourd'hui de Pickwick. »

Charles Dickens à son éditeur, 1836

Le premier épisode des *Aventures de M. Pickwick* parut le 31 mars 1836. Long de 32 pages et illustré de quatre gravures, il était enveloppé de papier vert et vendu pour un shilling. Les éditeurs, Chapman et Hall, firent preuve de prudence et n'imprimèrent d'abord que 400 exemplaires. Des livres déjà célèbres avaient été publiés sous cette forme auparavant, mais il s'agissait là d'un roman qui n'était pas encore terminé et dont l'auteur était inconnu. Les 40 exemplaires se vendirent mal et l'entreprise semblait un échec, notamment quand l'illustrateur se suicida après le deuxième chapitre.

Charles Dickens, alors âgé de 24 ans, avait accepté la commande pour l'argent. Il commença à écrire le 18 février et termina son premier épisode en une journée. Cela lui permit de se marier, mais il ne put s'arrêter d'écrire. Malgré les ventes initiales réduites, le bouche à oreille fonctionna, aidé par les illustrations du nouvel artiste, Phiz. Les *Aventures de M. Pickwick* comptèrent finalement 20 épisodes dont le dernier, publié en novembre 1837, fut vendu à 40 000 exemplaires. Le premier biographe de Dickens décrivit 20 illettrés écoutant avec avidité un ouvrier leur lisant un exemplaire emprunté à la bibliothèque. Les épisodes furent réunis en un seul ouvrage en 1837.

Les *Aventures de M. Pickwick* étaient exubérantes, burlesques et réconfortantes ; c'était l'un des livres les plus drôles du siècle. Écrivain engagé, Dickens sut concilier la condamnation de la misère et de l'exploitation industrielle avec des scènes quotidiennes pleines d'humour. Les personnages inoubliables de *M. Pickwick* ont fait de Dickens un écrivain populaire. Il put abandonner ses fonctions de journaliste pour se dédier entièrement à son art. Ses lecteurs et la littérature en seraient transformés à jamais. **RP**

Pouchkine meurt après un duel

Le décès prématuré d'Alexandre Pouchkine prive la littérature russe de son génie.

Les sangsues qu'on lui appliqua sur l'estomac le soulagèrent un peu, l'opium aussi, mais il était clair qu'Alexandre Pouchkine, indubitablement le plus grand poète russe, auteur de *Boris Godounov* (1824-1825) et d'*Eugène Onéguine* (1833), un roman en vers, mourait dans la plus grande souffrance. Il demanda même un pistolet pour pouvoir se tuer, mais reçut à la place l'extrême-onction. Il rédigea à la hâte un testament où il laissait tous ses biens à sa femme, Natalia, et à leurs quatre enfants. Pouchkine fut pris de convulsions au cours de sa dernière nuit et, au matin, eut du mal à reconnaître Natalia. Il attendit la mort étendu sur un sofa, un genou surélevé, les mains derrière la tête, la position dans laquelle il avait rédigé tant de poèmes. Il semblait dormir quand il réclama soudain des framboises. Il murmura peu après « la vie est finie » et rendit son dernier souffle le 28 janvier 1837 à 14 h 45.

Deux jours plus tôt, il s'était battu en duel avec un officier français, le baron d'Anthès, qui, selon la rumeur, était l'amant de sa femme, la belle Natalia. Pouchkine avait reçu une balle le premier et, repoussant l'aide de son second, avait tiré à son tour et touché d'Anthès au bras.

Pouchkine avait été le premier à écrire en russe, établissant ainsi la tradition littéraire moderne de ce pays dont la noblesse avait jusque-là le français pour langue maternelle. Pouchkine avait appris le russe auprès des domestiques dans son enfance et l'usage de cette langue sous une forme poétique était révolutionnaire. Après sa mort, en reconnaissance de sa contribution à la littérature, le tsar Nicolas Ier remboursa les dettes du poète, versa une pension à Natalia et exila d'Anthès. Sa mort si mémorable et si prématurée ainsi que son talent ont fait de Pouchkine le fondateur romantique de la littérature russe. **RP**

Portrait d'Alexandre Pouchkine, Vassili Andreevich Tropinine, Musée national, Saint-Pétersbourg.

« Et où le sort voudra-t-il que je meure ? / Dans la bataille, au cours de mes voyages ou sur les mers ? »

Alexandre Pouchkine, poème sans titre, 1829

L'avènement de la reine Victoria

Victoria entame le règne le plus long de l'histoire britannique.

Victoria apprenant qu'elle devient reine ; tableau du XIXe siècle.

« Je ferai tout mon possible pour remplir mon devoir envers mon pays. »

Journal intime de Victoria, 20 juin 1837

Le 20 juin 1837, Victoria fut réveillée par le baiser de sa mère à 6 heures et informée que l'archevêque de Canterbury et le grand chambellan désiraient la voir. Elle se rendit en robe de chambre et pantoufles dans son salon où les deux hommes lui apprirent que son oncle, le roi Guillaume IV, était mort et que, par conséquence, elle était reine. Le grand chambellan s'agenouilla et lui baisa la main. Victoria n'avait que 18 ans et était consciente de son manque d'expérience, comme elle le nota dans son journal intime. Mais elle ne manquait pas d'assurance. Elle était l'héritière du trône depuis 1830 et avait attendu ce jour avec une impatience contenue.

Ainsi débuta le plus long règne de l'histoire anglaise, durant lequel se produisirent de remarquables changements. C'était une période de progrès technologique rapide, d'amélioration des conditions de vie du peuple, de développement de l'empire et de démocratisation – le droit de vote ayant été élargi – et la monarchie perdit une grande partie de son pouvoir. Peu importe que Victoria n'ait montré aucun intérêt pour les machines ou le bien-être des masses populaires, ou encore qu'elle ait été déterminée à préserver son pouvoir. Elle détestait aussi être enceinte et n'aimait pas les enfants, mais cela ne l'empêcha pas d'en avoir neuf. L'apogée de la révolution industrielle britannique fut baptisée de son nom – ère victorienne – et certains pensaient profondément que Victoria en était l'emblème.

À un égard en particulier son accession au trône fut essentielle : l'institution qu'était la monarchie avait été discréditée par la folie du roi George III et les extravagances de ses successeurs, George IV et Guillaume IV. Cette jeune femme, ni dépravée ni corrompue, restaura la dignité et le prestige de la royauté. **RP**

1838 – 6 JANVIER

Naissance du télégraphe électrique

Samuel Morse démontre le fonctionnement de son code télégraphique.

Rares sont les vraies vocations, mais certains hommes, comme Samuel Morse, parviennent à en avoir deux dans leur vie. Portraitiste célèbre, il devint professeur d'art à New York en 1835. Il était cependant aussi passionné d'électricité et persuadé qu'elle trouverait un jour une application dans le domaine de la communication. Il prouva finalement qu'il avait raison le 6 janvier 1838, quand il démontra le fonctionnement de son code télégraphique.

Morse s'était rendu compte du besoin urgent d'un moyen de communication plus rapide quand, en 1825, sa femme Lucretia s'était éteinte avant même qu'il ait été informé de sa maladie. Quelques années plus tard, il eut l'idée d'utiliser l'électromagnétisme, une découverte récente, pour construire un télégraphe électrique. Morse et Léonard Gale avaient déjà inventé un télégraphe dont les signaux pouvaient parcourir de courtes distances. En 1836, ils firent une découverte essentielle en utilisant un circuit en relais – une batterie envoie un signal à une autre qui le transmet à son tour – qui permettrait à un câble de transporter des signaux sur de longues distances. Morse perfectionna ensuite un code fait de signaux courts (points) et longs (traits) qui représentaient les lettres de l'alphabet, chiffres et signes de ponctuation, et étaient envoyés sous forme d'impulsions électriques courtes ou longues. Son collaborateur Albert Vail inventa un appareil qui imprimait ces traits et points sur une bande de papier.

Lorsque Samuel Morse voulut déposer le brevet de son télégraphe, il ne put le faire, les Européens l'ayant devancé. En revanche, il put le faire pour son code en octobre 1837 et offrit une démonstration réussie à New York en janvier 1838, à la vitesse de dix mots par minute. Une révolution s'annonçait dans le domaine de la communication. **RP**

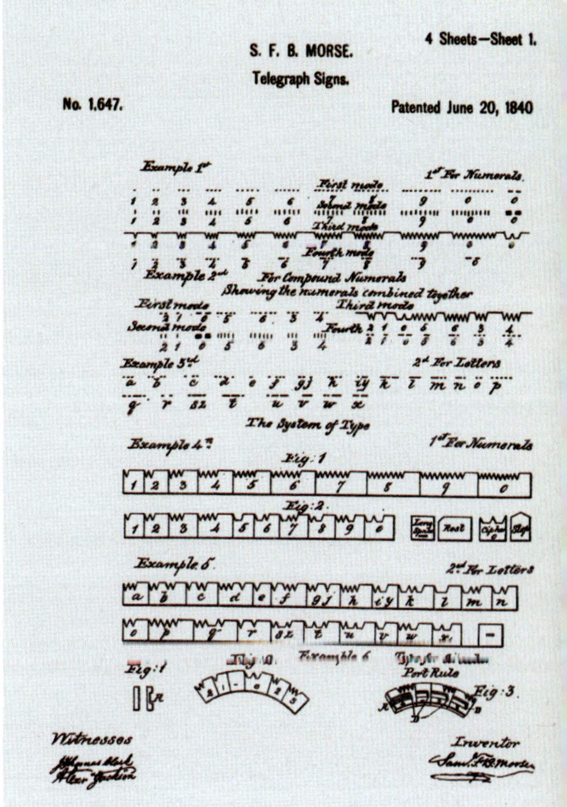

Diagramme représentant les signaux du code Morse breveté en 1840.

« Mon ambition est d'être compté parmi les génies qui surgissent aujourd'hui dans ce pays. »

Samuel Morse, 2 mai 1815

L'assassinat de Retief en Afrique australe

Les Boers s'enfoncent à l'intérieur du continent à la recherche de nouvelles terres, mais leur aventure se termine dans un bain de sang.

Le 6 février 1838, Pieter Retief et les colons boers qui l'accompagnaient furent tués par les Zoulous. Ils avaient quitté la colonie du Cap en Afrique du Sud et désiraient acquérir des terres en signant un traité avec les Zoulous. Pour venger le meurtre de Retief, les Boers, qui avaient placé leurs chariots en position défensive circulaire, tuèrent des milliers de Zoulous à la bataille de Blood River («rivière de sang»). Mais après ce massacre, les Britanniques, rivaux des Boers, prirent possession du Natal et forcèrent ces derniers à s'enfoncer plus avant dans les terres.

Retief et ses colons étaient partis du district de Winterberg avec 32 chariots tirés par des bœufs et s'étaient dirigés vers les montagnes à l'horizon. Retief pensait peut-être guider un nouveau peuple élu vers la Terre promise, mais ses compagnons recherchaient simplement une existence paisible loin du joug britannique. Dans un manifeste, Retief expliquait qu'ils n'harcèleraient personne, ne s'empareraient pas de la propriété d'autrui, mais que s'ils étaient attaqués, ils défendraient leur personne et leurs biens du mieux qu'ils pouvaient.

Avant de parvenir en territoire zoulou, les colons avaient rencontré d'autres convois et Retief avait été brièvement élu gouverneur de la Nouvelle-Hollande en Afrique du Sud-Est. Après sa mort, les Boers fondèrent deux autres républiques: l'État libre d'Orange et le Transvaal. **RP**

Portrait de Pieter (ou Piet) Retief, chef des pionniers boers en Afrique australe.

Les fermiers boers qui voulaient échapper au joug britannique émigrèrent au nord vers le Transvaal.

1838 – 8 AVRIL

La traversée de l'Atlantique

Le Great Western *quitte Bristol pour rejoindre New York.*

Isambard Brunel avait construit le chemin de fer entre Bristol et Londres. Pourquoi ne pas prolonger le chemin à l'ouest, à travers l'Atlantique, jusqu'à New York, par bateau à vapeur? Jusque-là, les bateaux à voiles dominaient le transport maritime car ceux à vapeur exigeaient tellement de charbon qu'il ne restait plus assez d'espace pour le fret ou les passagers, mais Brunel était ambitieux.

Long de presque 65 m, le *Great Western* était le plus grand bateau à vapeur et le plus lourd (1 341 tonnes). Équipé d'un moteur de 450 chevaux, à deux cylindres et quatre chaudières, il était pourvu d'une coque en chêne recouverte de cuivre et renforcée de boulons en fer. À la fin mars, un incendie se déclara dans la salle des machines et blessa Brunel. Seuls 57 passagers étaient enregistrés et 50 d'entre eux demandèrent à être remboursés. Le *Sirius*, un bateau de 713 tonnes, avait entrepris la traversée de l'Atlantique quatre jours plus tôt, à partir de Cork.

« Pourquoi ne pas …
faire voyager un bateau à vapeur
de Bristol à New York ? »

Isambard Brunel, octobre 1835

Le *Great Western* quitta Bristol le 8 avril 1838. Sa chaudière consommait 50 kilos de charbon par minute. Il atteignit New York quinze jours plus tard, quelques heures après son concurrent, qui s'était échoué. La traversée avait été deux fois plus courte qu'en bateau à voile. À partir de cette date, on traversa régulièrement l'Atlantique en bateau à vapeur. **RP**

1839 – 3 NOVEMBRE

Abd el-Kader contre les Français

L'émir algérien proclame la guerre sainte.

Depuis le XVIe siècle, l'Algérie était une province turque dominée par des corsaires, redoutés pour leurs coups de main en Méditerranée. En 1830, à la suite d'un incident avec le dey d'Alger, Charles X entreprend la conquête du pays, poursuivie sous le règne de Louis-Philippe. Mais le contrôle de ce vaste territoire s'avère difficile, au-delà de la côte et d'Alger. Ainsi, dans la région d'Oran, la résistance s'organise autour d'Abd el-Kader, personnage religieux que des tribus reconnaissent comme sultan. Les généraux français préfèrent un moment traiter avec lui, tant son prestige est grand.

Mais en novembre 1839, Abd el-Kader reprend les armes et proclame la guerre sainte. Le gouverneur général, Bugeaud, décide de mener une lutte acharnée contre celui avec lequel il avait, deux ans plus tôt, signé un traité. Il définit une nouvelle stratégie: des colonnes légères et mobiles, mieux adaptées au terrain. Il s'agit désormais de soumettre la totalité du pays. Abd el-Kader se révèle un redoutable adversaire pour l'armée française d'Afrique, au sein de laquelle se distingue le propre fils du roi, le duc d'Aumale. Celui-ci s'empare en 1843 de la smala du chef algérien, contraint de se réfugier au Maroc. Un an plus tard, à la bataille d'Isly, les Marocains sont défaits à leur tour. La rébellion dure encore quelque temps, mais Abd el-Kader doit se rendre en 1847. Il comprend alors que la lutte est inégale. Un temps prisonnier, puis libéré par Napoléon III, il termine ses jours en Syrie, où il protège les chrétiens lorsqu'ils sont persécutés, ce qui lui vaut d'être décoré de la Légion d'honneur.

Conquise et pacifiée, l'Algérie se peuple de colons européens. Divisée en trois départements, elle reste 132 ans sous domination française. **LV**

La guerre de l'opium

L'expulsion des Britanniques par les Chinois conduit à la première guerre de l'opium.

Les forts et défenses de Chuenpee au cours des guerres de l'opium ; lithographie de F. J. White.

Lin Zexu était l'homme fort de la Chine. Il avait bâti sa réputation alors qu'il était gouverneur général du Hunan et du Hupeh où il avait détruit d'énormes quantités d'opium. Quand l'empereur lui demanda de remettre de l'ordre dans le port de Canton, il força les commerçants étrangers à s'engager par écrit à ne pas se livrer au commerce de l'opium et le capitaine Charles Elliot, représentant officiel de la couronne britannique, à lui remettre 20 282 caisses de ce produit destinées à être détruites. Lorsqu'un Cantonais fut tué par des marins étrangers et qu'Elliot refusa de livrer les coupables, Lin expulsa les Britanniques qui trouvèrent refuge sur l'île de Hong Kong.

Les combats éclatèrent et, en novembre, les vaisseaux britanniques affrontèrent la marine chinoise. La première guerre de l'opium avait commencé. Selon les Britanniques, le libre-échange entraînerait l'interdépendance économique au niveau mondial et ferait cesser les guerres. Le fait que l'exportation de l'opium depuis le Bengale contribuât aux recettes britanniques paraissait presque fortuit. Pour les Chinois, ce commerce relevait de l'impérialisme pur. Ils savaient que l'opium créait une dépendance et voulaient l'éliminer.

Les Anglais envoyèrent des bateaux à vapeur et des armes en Chine. Les forces n'étaient pas égales et, en 1842, le traité de Nankin fut imposé aux Chinois. Après une deuxième guerre, de 1856 à 1860, il semblait inévitable que la Chine, affaiblie, serait bientôt divisée entre les grandes puissances occidentales. **RP**

Le premier négatif photographique

Daguerre révèle le premier processus photographique pratique.

Les premiers daguerréotypes datant de 1837 constituèrent une immense avancée dans le domaine de la photographie.

Louis Daguerre expliquait qu'une exposition de 20 minutes sur une plaque de cuivre recouverte d'une couche d'argent produisait une image permanente quand elle était exposée à la vapeur de mercure puis fixée à l'aide d'une solution de sel. Les images qui apparaissaient sur la vitre recouvrant la plaque ou daguerréotypes étaient parfaitement définies. Il réalisa ainsi les daguerréotypes de la Lune à travers un télescope, d'une araignée sous un microscope, ou encore de coquillages, fossiles et moulages de plâtre. Sa découverte capitale avait été révélée devant l'Académie des sciences en janvier 1839 et fut présentée au reste du monde, ébahi, au mois d'août suivant. Daguerre avait été amené à acheter une chambre noire quand il était décorateur de théâtre, puis avait fait la connaissance de Niépce qui saisissait des images sur des plaques d'étain enduites de bitume de Judée avec un temps de pose de près de 8 heures. Les deux hommes cherchèrent obstinément à raccourcir ce procédé et à la mort de Niépce en 1833 Daguerre continua seul.

Son succès lui valut une rente annuelle de 6 000 francs et les honneurs internationaux. Le daguerréotype était particulièrement adapté au portrait, mais son inconvénient majeur était que la lumière et l'ombre étaient inversées sur l'image et que l'on devait donc refléter celle-ci dans un miroir pour la corriger. En traitant le daguerréotype comme un « négatif » placé sur du papier sensible, William Talbot résolut le problème. **RP**

1840 – 6 FÉVRIER

Le traité de Waitangi

Les Anglais prennent possession de la Nouvelle-Zélande.

Après avoir débarqué sur l'île Nord de la Nouvelle-Zélande le 29 janvier 1840, le capitaine William Hobson invita immédiatement les chefs maoris à se réunir car il désirait leur présenter un traité. Prêt en quelques jours, ce document avait été traduit en maori dès le 4 février par le missionnaire Henry Williams et son fils Edward. Deux jours plus tard, 40 chefs y apposèrent leur signature à Waitangi. D'après ce document, les Maoris gardaient le contrôle de leurs terres et autres propriétés, mais en échange ils reconnaissaient la souveraineté de la reine Victoria. Au cours des mois suivants, 500 chefs maoris signèrent des copies du traité et les Britanniques annoncèrent qu'il s'appliquait même à ceux qui n'avaient pas signé. Une nouvelle colonie venait d'être ajoutée à l'Empire britannique.

Les premiers Européens avaient visité les îles d'Aotearoa dès 1642, mais en 1830 seul un nombre réduit de Britanniques y vivait, toléré par les Maoris. Cela changea quand le nombre de colons s'accrut, que des disputes éclatèrent au sujet des titres de propriété et que la population maorie déclina à cause des maladies rapportées par les Européens. La rumeur disait que la France voulait annexer la Nouvelle-Zélande. Il était temps d'agir pour la Grande-Bretagne. Le traité de Waitangi est généralement considéré comme le document fondateur de la Nouvelle-Zélande, mais sa signification est depuis longtemps sujette à controverse. Les Maoris prirent les armes cinq fois entre 1845 et 1872 pour protester contre son non-respect, mais en vain. À partir du milieu du XXe siècle, leurs protestations commencèrent à être entendues et, en 1975, ils eurent accès à un tribunal pour pouvoir dénoncer les infractions au traité et recevoir des compensations. **RP**

1840 – 1ER MAI

Le premier timbre

Le premier timbre adhésif au monde est noir, d'une valeur d'un penny.

Quelques années auparavant, le ministre des Postes anglais s'était moqué du « plan fou et visionnaire » de Rowland Hill, mais le service postal était si lamentable en Grande-Bretagne et les réclamations des hommes d'affaires si nombreuses que Hill fut chargé de le réformer. C'est ainsi que le premier timbre adhésif fut émis le 1er mai 1840. Une lettre ordinaire de 30 g ou moins pouvait être envoyée munie de ce timbre, noir, orné du portrait de la reine Victoria et indiquant la somme d'un penny. Une pâte gluante avait été appliquée au dos. Le système postal moderne était né.

La poste était un monopole royal en Angleterre depuis le XVIIe siècle et à la fin du XVIIIe siècle un bon réseau routier permettait des livraisons rapides dans les villes principales. Le coût dépendait toutefois de la distance parcourue et du nombre de feuilles envoyées et c'est le destinataire qui devait payer, sauf évidemment s'il refusait la réception de la lettre, auquel cas ce refus devait être consigné. Le système était complexe et cher.

Les réformes que Hill avait proposées dès 1837 comprenaient le paiement du port par l'envoyeur ainsi qu'un coût uniforme déterminé par le poids du courrier et non par la distance parcourue. En dix ans à peine, le nombre de lettres envoyées quadrupla et les services postaux se développèrent rapidement. En France, le premier timbre fut émis le 1er janvier 1849 ; il représentait Cérès, la déesse de la fertilité, coiffée d'une couronne d'épis de blé, d'une grappe de raisin et d'un rameau d'olivier ; sa valeur était de 20 centimes. **RP**

▶ Le premier timbre adhésif anglais, affranchi ici en 1840.

POSTAGE
C
ONE PENNY.
K

1842 – 6 JANVIER

La bataille de Gandamak

Massacre des troupes britanniques par les Afghans.

Les Britanniques n'admirent jamais qu'ils avaient envahi ou occupé l'Afghanistan en 1839. Selon eux, ils avaient simplement aidé le chah Shuja à reprendre ce qui lui revenait de droit et envoyé son rival, Dost Mohammad, prorusse, en exil en Inde. Mais les Afghans, qui voyaient les choses autrement, se révoltèrent et demeurèrent hostiles bien que le général Elphinstone ait négocié le retrait des Britanniques et de ses troupes, non armées, de Kaboul le 6 janvier 1842. Des guerriers commencèrent à attaquer les 4 500 soldats anglais et indiens ainsi que les 10 000 femmes, enfants et fonctionnaires qui traversaient les cols et empruntaient les gorges du fleuve Kaboul. Ces attaques se transformèrent en massacre le 13 janvier, au col de Gandamak. Seuls 40 hommes survécurent et ils durent encore affronter la neige, le manque de nourriture et l'exposition aux éléments. Un seul survivant, le docteur William Brydon, parvint à rejoindre Djalalabad.

« Brydon est arrivé seul et nous a fait un récit épouvantable. »

Capitaine Julius Brockman

Le prestige des Britanniques en Orient en fut affecté – jusque-là leurs soldats étaient jugés invulnérables. Le chah Shuja fut assassiné en 1842 et Dost Mohammad prit sa place. La Grande-Bretagne envahit à nouveau l'Afghanistan, qui devait servir de tampon entre ses colonies indiennes et la Russie, en 1879 et 1919 : le pays était facile à vaincre ; le conquérir était une autre affaire. **RP**

1842 – 30 MARS

L'anesthésie à l'éther

L'éther est utilisé comme anesthésiant pour la première fois en chirurgie.

On cherchait depuis des siècles à atténuer la douleur pendant les opérations chirurgicales ou dentaires. L'alcool, l'opium et la marijuana avaient été testés avec un succès limité, et l'on tenta même l'hypnose ! Cependant, l'histoire moderne des anesthésiants débute réellement avec les amis d'un chirurgien de Géorgie, Crawford Williamson Long, qui voulaient s'amuser. Ils lui demandèrent de leur procurer du protoxyde d'azote (gaz hilarant), mais Long leur suggéra d'essayer plutôt l'éther, puis remarqua que sous son emprise ses amis ne ressentaient pas la douleur. Long venait d'inventer l'anesthésie à l'éther.

En mars 1842, Long décida d'essayer d'anesthésier à l'éther un patient qu'il devait opérer d'un kyste au cou. Satisfait du résultat, il utilisa ce produit à plusieurs reprises au cours des années suivantes, pour des amputations et des accouchements, y compris en 1845 quand sa femme donna naissance à leur deuxième enfant. Il ne publia ses résultats qu'à l'occasion d'une conférence à la faculté de médecine de Géorgie en 1848. L'année suivante un article fut publié dans une revue scientifique, le *Southern Medical and Surgical Journal*.

Parce qu'il avait attendu aussi longtemps avant de publier ses travaux, d'autres déclarèrent avoir été les premiers à découvrir l'utilisation de l'éther. Horace Wells, un dentiste du Connecticut, affirmait l'avoir fait avec succès dès 1844. Deux autres, William Morton et John Warren de Boston, réclamaient aussi la paternité de ce procédé. Il semble aujourd'hui que Long fut bien le premier à utiliser l'éther au cours d'une opération chirurgicale. Sa statue se dresse dans la crypte du Capitole à Washington, l'une des deux qui représentent la Géorgie. **RC**

Le traité de Nankin

La Chine se retrouve asservie à l'Occident quand le premier des « traités inégalitaires » lui est imposé par les puissances européennes.

Ce traité suivit la défaite de la Chine lors de la première guerre de l'opium qui avait éclaté en 1839 entre la Grande-Bretagne, qui exportait cette drogue depuis ses colonies indiennes, et la Chine impériale qui ne parvenait pas à la stopper. L'importation d'opium était interdite en Chine depuis 1729, mais la Grande-Bretagne passait outre cette interdiction car elle avait le monopole (ô combien lucratif) de sa culture à travers la Compagnie des Indes orientales. Quand, en 1839, la Chine confisqua de l'opium dans le port de Canton, la guerre éclata. Les Britanniques bombardèrent Canton, s'emparèrent de Hong Kong et occupèrent Shanghai.

Les Chinois furent obligés de demander la paix et le traité fut négocié entre Henry Pottinger et Qi Ying à bord du *Cornwallis*, un vaisseau de guerre anglais, dans le port de Nankin. Selon les treize articles du traité signé le 29 août 1842, la Chine dut ouvrir cinq ports – Canton, Shanghai, Amoy, Fuzhou et Ningbo – au commerce étranger, y compris à celui de l'opium. L'Empire chinois renonça à son monopole commercial et accepta le libre-échange avec la Grande-Bretagne. La Chine dut par ailleurs payer de lourdes indemnités en compensation de l'opium qu'elle avait confisqué. Finalement, elle céda Hong Kong à la Grande-Bretagne qui y entreposa ses exportations, notamment de l'opium. Les puissances occidentales se livrèrent alors à une lutte d'influence le long du littoral chinois et des lignes de chemin de fer. **NJ**

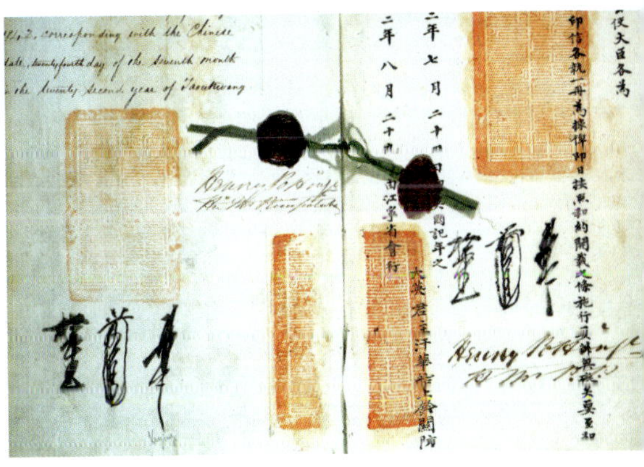

Bombardement de Canton par les troupes du capitaine Charles Elliot en 1841.

Deux pages du traité de paix, d'amitié, de commerce et d'indemnités de guerre de Nankin, signé le 29 août 1842.

Publication du premier cartoon

La revue Punch *baptise cartoons ses dessins humoristiques critiquant l'injustice sociale.*

Lecture dominicale utile aux masses populaires, dessin humoristique (cartoon) paru dans *Punch* en 1849.

« Les pauvres réclament du pain et l'État philanthrope leur accorde une exposition. »

Punch, 15 juillet 1843

Qui a dessiné le premier cartoon ? Cela dépend de la définition que l'on choisit pour ce mot anglais qui peut se traduire par « croquis ou esquisse » et dans un sens plus large, « peinture, mosaïque ». Léonard de Vinci nous a légué plusieurs croquis qui pourraient être qualifiés de « dessins animés ». Selon le dictionnaire de Johnson de 1755, cartoon signifierait « peinture ou dessin sur une grande feuille de papier ». Au XVIIIe siècle, le mot vint à désigner un dessin humoristique et satirique, notamment dans l'œuvre de William Hogarth. Le premier dessin ainsi qualifié est toutefois de la main de John Leech et parut dans l'hebdomadaire anglais *Punch* le 15 juillet 1843.

Il avait pour sujet une exposition de cartons de fresques qui se tenait à Westminster Hall, à Londres, œuvres parmi lesquelles devaient être choisies celles qui orneraient les murs du nouveau parlement alors en construction. Le gouvernement organisa même une journée de visite gratuite pour les pauvres. Les rédacteurs de *Punch* pensaient qu'en ces temps de grande pauvreté cette exposition n'était qu'un gaspillage d'argent public. Leech illustra parfaitement ce point de vue dans un dessin où plusieurs personnes, maigres et pauvrement vêtues, contemplent d'un air abattu la représentation de personnages bien en chair. Le gouvernement, selon *Punch*, « ayant déterminé qu'il ne pouvait se permettre d'offrir aux affamés la substance qu'ils convoitent, leur donnera au moins son apparence ».

C'était le premier des six dessins intitulés *cartoons* s'attaquant l'injustice sociale dans cette revue. Le terme devint bientôt si familier dans la langue anglaise qu'il s'applique aujourd'hui à toute caricature politique. **RP**

1844 – 24 MAI

Premier message par télégraphe

Morse lance le premier service de télégraphe et révolutionne la communication.

Plusieurs personnes avaient tenté d'inventer le télégraphe en Europe au début du XIXe siècle, mais le père de la télégraphie moderne est bien l'Américain Samuel Morse. Il avait déposé le brevet de son code télégraphique en 1837 et, dès 1844, il établit un service télégraphique entre Baltimore et Washington. Il envoya son premier message depuis la Cour suprême, à Washington, vers le dépôt de chemin de fer de Baltimore. Le système fut ensuite étendu jusqu'au New Jersey et attira des clients qui appréciaient le caractère instantané de ce type de communication.

« J'ai sacrifié ma profession [d'artiste] pour établir une invention… »

Samuel Morse, 20 janvier 1864

Des inventeurs rivaux poursuivirent Morse en justice, mais son système se développa rapidement et, en 1852, les États de l'Est américain abritaient plus de 29 000 km de fils télégraphiques. En 1861, le réseau fut étendu jusqu'en Californie, les messages coûtant alors à l'expéditeur un dollar par mot. Le développement des chemins de fer sur tout le territoire américain permit de planter partout des poteaux reliés par des fils télégraphiques. En 1858, le vaisseau britannique *Agamemnon* installa un câble au fond de l'Atlantique, mais il se rompit rapidement. En 1866, un autre, fabriqué en Grande-Bretagne, fut installé par le *Great Easter*, l'un des bateaux à vapeur de Brunel. Les liaisons télégraphiques entre l'Europe et l'Amérique étaient enfin fiables. **RP**

1846 – 19 FÉVRIER

Annexion du Texas

Le Texas rejoint les États-Unis dont il devient le 28e État.

Bien que le Mexique ait gagné son indépendance en 1821, il était nettement moins puissant que son voisin septentrional. À partir des années 1830, le désir d'expansion des États-Unis, à l'ouest et au sud, rendit inévitable l'affrontement entre les deux pays. Des colons américains s'installèrent dans la province mexicaine du Texas où leur nombre dépassa bientôt celui de la population mexicaine et quand le dictateur Santa Anna exigea leur départ en 1834, la guerre éclata.

Malgré la légendaire défaite de fort Alamo en mars 1836, les Texans firent sécession et proclamèrent la République indépendante du Texas. Le mois suivant, ils battirent Santa Anna à la bataille de San Jacinto. La nouvelle république fut reconnue par les États-Unis et la Grande-Bretagne, mais pas par le Mexique.

En février 1845, le Congrès américain adopta une résolution qui permettait au Texas de rejoindre les États Unis et les Texans approuvèrent une nouvelle constitution qui autorisait spécifiquement l'esclavage. L'annexion du Texas fut ratifiée par le Congrès en décembre. Il devenait ainsi le 28e État américain (et comprenait une partie du Nouveau-Mexique et du Colorado). Le transfert d'autorité fut célébré le 19 février 1846.

Au printemps suivant, les États-Unis envahirent, sur ordre du président Polk, une partie du Texas que le Mexique considérait toujours sienne et déclenchèrent ainsi la guerre du Mexique qui s'acheva en 1848 avec le transfert de territoires supplémentaires du Mexique vers les États-Unis. L'enthousiasme qu'avait provoqué l'annexion à Washington amena le journaliste John O'Sullivan à évoquer « la destinée manifeste des Américains de dominer le continent ». **PF**

Abolition de la loi anglaise sur les céréales

Le Parlement renforce le poids des libéraux et met fin à la carrière de Peel.

Caricature du magazine *Punch* dans laquelle Peel est représenté en boulanger devant sa boutique, v. 1846.

« Mon nom sera détesté par tous les monopolistes. »

Robert Peel devant la Chambre des communes le 29 juin 1846

Membre du Parlement à 21 ans, ministre à 24 et Premier ministre à 46, Robert Peel dépassait les autres membres du parti conservateur anglais en expérience comme en talent. Il savait que la loi sur les céréales devait être abolie. Pourquoi le prix du blé devait-il être maintenu artificiellement élevé alors que la famine régnait en Irlande à cause du mildiou de la pomme de terre ? Pourquoi les revenus des fermiers devaient-il être stimulés au détriment du reste de la population qui devait acheter des denrées au prix fort, ou à celui des industriels qui devaient payer des salaires plus élevés ? Les débats furent longs et tendus, mais Peel remporta le vote, malgré l'opposition des deux tiers des conservateurs. La loi sur les céréales ne fut abrogée qu'avec le soutien des libéraux.

Ces droits de douane sur les céréales importées étaient logiques en 1815. La production avait augmenté au cours des guerres napoléoniennes et le libre-échange aurait pu entraîner un effondrement de l'agriculture. Mais l'argument ne fonctionnait plus et la loi semblait désormais le fruit d'un complot des propriétaires terriens contre les industriels et le peuple. Peel baissa les droits de douane en 1842 avant de les abolir entièrement en juin 1846. Il n'avait jamais été très aimé par les membres de son parti : certains se moquaient de son accent du Lancashire, d'autres critiquaient sa réserve et son manque d'humour.

L'abolition de la loi sur les céréales conduisit à une baisse des prix alimentaires, au développement industriel et au libre-échange, mais Peel perdit son poste de Premier ministre. Il mourut en 1850 et bon nombre de ses partisans rejoignirent le parti libéral. Ce n'est que 30 ans plus tard que les conservateurs retrouvèrent le pouvoir. **RP**

La fondation de Salt Lake City

Brigham Young et ses fidèles, les Mormons, bâtissent une nouvelle ville.

Joseph Smith, fondateur et prophète des Mormons, tenta à plusieurs reprises de trouver un endroit où s'installer avec ses fidèles pour attendre la venue du Christ en Amérique, mais les Mormons faisaient face à une profonde hostilité et Smith fut tué par une foule en colère à Nauvoo, dans l'Illinois, en 1844. Son successeur, le très efficace Brigham Young, entreprit de conduire les Mormons vers l'ouest. Les convois étaient composés de charrettes tirées par des bœufs ; une fanfare les accompagnait et chants et musique déferlaient le soir venu. Ils arrivèrent dans l'Utah, théoriquement encore en territoire mexicain, où ils devaient fonder une colonie. C'est là qu'ils bâtirent une nouvelle ville et une société à la discipline stricte, isolée du reste du monde.

Le voyage se déroula en deux étapes, séparées par l'hiver 1846-1847 que les Mormons passèrent près d'Omaha, dans le Nebraska, dans des cabanes de rondins. Au printemps, ils repartirent vers le « grand lac salé » (le plus grand de son genre dans l'hémisphère occidental), dans l'Utah. Certains suggérèrent de continuer jusqu'en Californie, mais lorsqu'ils atteignirent l'emplacement actuel de Salt Lake City le 24 juillet 1847, Young déclara : « C'est ici. »

Les colons creusèrent immédiatement des canaux d'irrigation et réalisèrent des plantations dans ce qui n'était alors qu'un désert, construisirent un fort et établirent le plan de la ville. Un nombre croissant d'émigrés les rejoignit tandis qu'un nouveau et immense temple commençait à se dresser au cœur de la ville alors appelée Deseret. Les colons explorèrent rapidement les alentours pour y établir d'autres colonies et Young fut nommé gouverneur du nouveau territoire de l'Utah en 1850. Quand il mourut en 1877, il avait 20 femmes et une descendance nombreuse qui poursuivit sa mission. **RC**

Ⓞ Construction de la ville de Salt Lake City, dans l'Utah, par les Mormons, v. 1850.

« J'honore et je vénère le nom de Joseph Smith. J'aime à l'entendre, je l'adore. »

Discours de Brigham Young

1847 – 26 JUILLET

Le Liberia indépendant

C'est la première nation d'Afrique qui obtient son indépendance.

Le Liberia, en Afrique sub-saharienne, fut établi par d'anciens esclaves rentrés en Afrique après avoir été affranchis aux États-Unis. En 1821, un navire de guerre américain commandé par Richard Field Stockton avait fait route vers l'Afrique occidentale au nom de la Société de colonisation américaine (SCA), un organisme établi par des Blancs idéalistes qui voulaient ramener d'anciens esclaves à leur terre natale. Stockton persuada des chefs de tribu de lui vendre 60 km de côte autour de l'île de Providence, site de la future capitale du Liberia, Monrovia.

« Ne pouvons-nous espérer que le bonheur sourie enfin à ces gens depuis si longtemps maltraités ? »

H. L. Ellsworth devant la SCA, 8 mai 1842

Dès le début, il y eut des heurts entre colons et indigènes. Des maladies mortelles, dont la fièvre jaune, décimaient régulièrement les rangs des nouveaux arrivants. Seule la moitié des 4 500 émigrants survécut aux 20 premières années de la colonie. Les Blancs qui avaient fondé le pays en cédèrent le contrôle aux émigrés noirs en 1839. Joseph Jenkins Roberts devint son premier gouverneur noir et, encouragé par la SCA qui était proche de la banqueroute, il proclama l'indépendance du Liberia en 1847.

La reconnaissance du pays par l'Angleterre (en 1848) et par la France (en 1852) garantit sa survie, mais les tensions continuèrent entre les Afro-Américains et les Africains, plus nombreux, jusqu'à provoquer plusieurs guerres civiles. **NJ**

1848 – 24 JANVIER

La ruée vers l'or

La découverte d'or en Californie attire des aventuriers du monde entier.

John A. Sutter, qui avait pris le titre de capitaine, était un drapier suisse qui avait émigré en Amérique en 1834 pour échapper à ses créanciers et à sa femme. En Californie, les autorités mexicaines lui avaient cédé un site où il avait fondé un ranch et une colonie agricole baptisée Nouvelle Helvétie, près de l'emplacement actuel de Sacramento. Sutter bâtit une forteresse gardée par des Indiens qu'il vêtit d'uniformes russes d'occasion et par quelques Blancs. À la grande surprise du Suisse, on découvrit des traces d'or sur ses terres. Il essaya en vain de garder l'information secrète, mais sa colonie fut bientôt détruite au cours de la ruée vers l'or qui s'ensuivit, quand des milliers de personnes arrivèrent pour prospecter torrents et parcelles.

« Quel grand malheur fut pour moi cette soudaine découverte d'or. »

John A. Sutter, *California*, 1857

Les premiers chercheurs d'or étaient des Américains de l'Est. Arrivèrent ensuite les Mexicains et autres Latino-Américains, suivis par des Hawaiiens, des Chinois, des Australiens, des Néo-Zélandais et des Européens. Commerçants, hommes d'affaires et escrocs qui les talonnaient réussirent généralement mieux qu'eux. Levi Strauss vendit, par exemple, ses premiers pantalons aux mineurs. La Californie prospéra dès 1850 et, en 1860, sa population était passée de 14 000 à 380 000. Des villes furent fondées, des routes et chemins de fer construits. La ruée vers l'or ouvrit l'Ouest américain à la colonisation. **RC**

Expansion américaine en territoire mexicain

Le traité de Guadalupe Hidalgo permet aux États-Unis d'annexer plus de la moitié du Mexique.

Les États-Unis gagnèrent en taille et en richesse après avoir remporté la guerre qui les opposa au Mexique entre 1846 et 1848. Le traité qui y mettait fin fut signé dans le village de Guadalupe Hidalgo, près de Mexico, le 2 février. Selon ses termes, le Rio Grande et le fleuve Gila constituaient la frontière entre les deux pays et les États-Unis acquéraient plus de 1 356 000 km², environ 55 % du Mexique. La Californie, le Nevada, l'Utah, ainsi que certaines parties du Colorado, du Nouveau-Mexique, de l'Arizona et du Wyoming étaient dorénavant américains. Les Mexicains reçurent 15 millions de dollars en compensation et 3 autres millions, correspondant à des dettes, furent annulés. La guerre résolut aussi le statut du Texas, dont l'annexion avait déclenché le conflit. En janvier 1846, le président Polk avait ordonné à Zachary Taylor de marcher vers le Sud et celui-ci avait remporté une série de victoires. La plupart des villes du Mexique furent occupées et les combats ralentirent avec la prise de Mexico le 14 septembre 1847. Les termes du traité furent ensuite dictés par les Américains.

Les États-Unis s'étendaient dorénavant de l'Atlantique au Pacifique et le commerce avec l'Orient se développa grâce aux nouveaux ports de la côte ouest. En 1853, les États-Unis acquirent le reste de l'Arizona et du Nouveau-Mexique. La perte de territoires aussi importants nuisit indubitablement au Mexique et les relations entre les deux pays demeurèrent très tendues, notamment avec l'arrivée au pouvoir de Benito Juarez dans les années 1850. **RP**

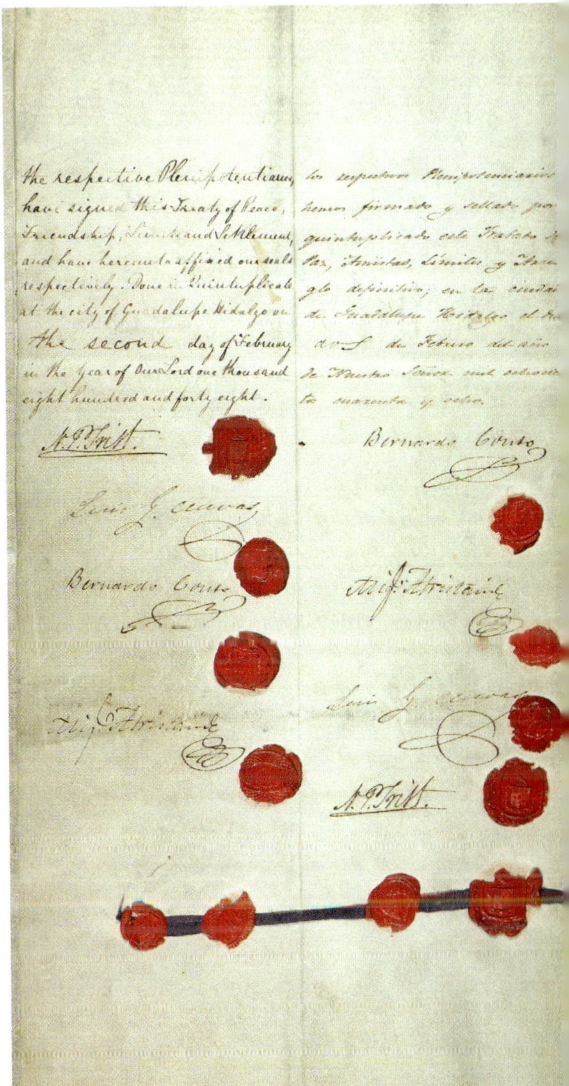
the respective Plenipotentiaries have signed this Treaty of Peace, Friendship, Limits and Settlement, and have hereunto affixed our seals respectively. Done in Quintuplicate at the city of Guadalupe Hidalgo on the second day of February in the Year of Our Lord one thousand eight hundred and forty eight.

N. P. Trist

Luis G. Cuevas

Bernardo Couto

Migl. Atristain

los respectivos Plenipotenciarios hemos firmado y sellado por quintuplicado este Tratado de Paz, Amistad, Límites y Arreglo definitivo; en la ciudad de Guadalupe Hidalgo el dia dos de Febrero del año de Nuestro Señor mil ochocientos cuarenta y ocho.

Bernardo Couto

Migl. Atristain

Luis G. Cuevas

N. P. Trist

Page du traité de Guadalupe Hidalgo qui mit fin à la guerre entre les États-Unis et le Mexique.

Marx et Engels redéfinissent l'histoire

La publication du Manifeste du parti communiste *sème le germe des futurs mouvements révolutionnaires.*

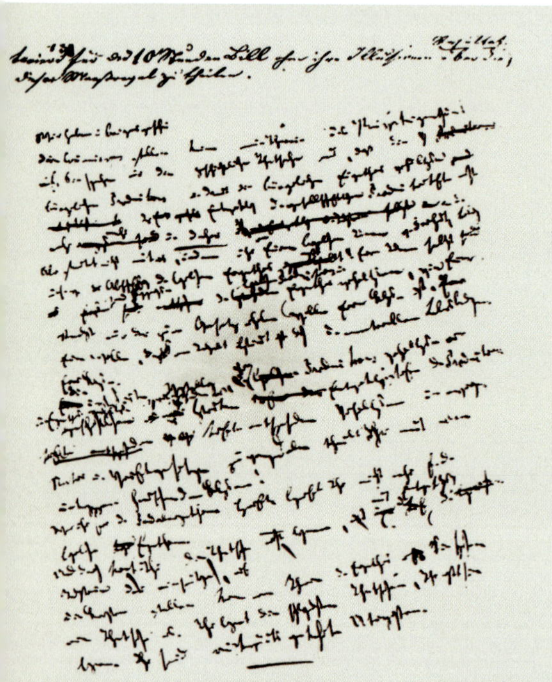

« L'histoire de toute société jusqu'à nos jours est l'histoire de luttes des classes. » La première phrase du *Manifeste du parti communiste* était d'une envergure et d'une nouveauté considérables. Les détenteurs des moyens de production avaient pour adversaires ceux qui travaillaient pour eux. Les moyens de domination d'une classe sur une autre se résumaient essentiellement à l'État (armée, police et système judiciaire alliés au système scolaire qui endoctrinait le peuple et à l'Église qui préservait les inégalités en promettant des récompenses dans l'au-delà). Aucun système politique pourtant n'était stable. Le féodalisme avait été remplacé par le capitalisme et les capitalistes étaient en train de creuser leur propre tombe en exploitant les travailleurs jusqu'à ce que ceux-ci se révoltent et inaugurent une nouvelle phase dans l'histoire de l'humanité : le communisme.

Le manifeste avait été ébauché par l'Allemand Friedrich Engels en 1847 et révisé par son compatriote Karl Marx. Il fut ensuite présenté à la Ligue des communistes de Londres et publié en allemand en février 1848.

L'ouvrage livrait une analyse sociologique de la société capitaliste et constituait un appel à la révolution. De plus, il était facile à lire. Les critiques exposèrent rapidement ses défauts – il sous-estimait l'importance de l'identité nationale ainsi que les tensions au sein d'une même classe. Il devint néanmoins le texte révolutionnaire le plus important du XXe siècle et la bible des marxistes. **RP**

Dernière page de la première ébauche du *Manifeste du parti communiste* (1848).

Karl Marx (à droite) avec ses filles Jenny, Laura et Eléonore, et Friedrich Engels, v. 1865.

1848 – 24 FÉVRIER

La Révolution de 1848

Des manifestations populaires amènent en France une révolution inattendue.

Louis-Philippe Ier, qui avait accédé au pouvoir grâce à une révolution, était déterminé à ne pas périr dans une autre. Il devint le roi-citoyen, un monarque bourgeois qui réduisit la censure, étendit le droit de vote et permit à l'assemblée élue de proposer des projets de lois. Le 22 février, des manifestants affrontèrent les soldats à Paris, renversèrent des omnibus et érigèrent des barricades. Au matin suivant, la foule était plus nombreuse encore et de nombreux gardes nationaux refusèrent d'obéir aux ordres. Dans l'après-midi, Guizot démissionna et, dans la soirée, la troupe paniqua et tira sur les manifestants, faisant 56 morts boulevard des Capucines. Le 24 février, 1 500 barricades furent dressées. Le roi essaya de nommer certains hommes politiques de l'opposition au gouvernement mais ils refusèrent. Après avoir abdiqué, Louis-Philippe s'exila.

« Nous nous endormons… sur un volcan. Un vent révolutionnaire se lève. »

Alexis de Tocqueville, Chambre des députés, 1848

Les tensions politiques existaient bien dans les années 1840, mais ce sont surtout les problèmes économiques et sociaux qui provoquèrent les troubles. L'abdication de Louis-Philippe donna espoir aux révolutionnaires de toute l'Europe et, en France, après avoir élu une Assemblée constituante, des élections législatives furent organisées en juin. Louis Napoléon Bonaparte, neveu de l'empereur, fut alors élu. Il jura de « rester fidèle à la République et de remplir les devoirs que lui impose la Constitution ». **RP**

1848 – 13 MARS

Troubles en Autriche

La démission de Metternich donne de l'espoir aux libéraux et aux nationalistes.

Les étudiants manifestaient à Vienne pour réclamer une nouvelle constitution et plus de libertés. On avait fait venir des soldats sous le commandement de l'archiduc Albrecht par mesure de précaution, mais des coups partirent et quatre personnes furent tuées. La manifestation se transforma en émeute. Les Viennois exigèrent le retrait des troupes et la démission du Premier ministre, Metternich. L'empereur Ferdinand s'inclina sur les recommandations de son Conseil d'État.

« Nous ne pouvons entreprendre de grands changements internes sans danger. »

Metternich, 29 février 1848

La nouvelle d'une révolution en France avait rendu la classe dirigeante autrichienne assez nerveuse, mais il semblait impossible de reculer face aux demandes de réforme. Metternich, ministre des Affaires étrangères depuis 1809, fut sacrifié dans l'espoir d'arrêter la poussée révolutionnaire et de sauver l'empire.

Un personnage fort émergea rapidement. Ce n'était ni un révolutionnaire ni un autre Metternich mais Sophie de Bavière. Elle prit la tête de la restauration du pouvoir impérial en Italie, à Prague et en Hongrie de même qu'à Vienne. Elle fit couronner son fils, l'empereur François Joseph, en décembre 1848. L'empire des Habsbourg, source de stabilité à l'époque de Metternich, deviendrait bientôt la cause de conflit dans les affaires européennes, jusqu'à ce qu'éclate la Première Guerre mondiale. **RP**

Préparatifs révolutionnaires en Italie

La révolte des Milanais contre les Autrichiens s'achève par une victoire illusoire.

Épisodes des Cinque Gionarte : les insurgés à l'assaut de la porte Tosa (22 mars 1848), Musée de Milan.

La révolution était dans l'air. Elle avait éclaté en France en février et c'était désormais le tour de la péninsule italienne. Les libéraux réclamaient des droits politiques et les nationalistes l'indépendance par rapport à l'Autriche. À Milan, les libéraux furent encouragés par le succès d'autres États de la péninsule et, le 17 mars, apprirent que Vienne s'était révoltée. Le maire de Milan, le comte Gabrio Casati, organisa immédiatement une manifestation et 10 000 personnes environ encerclèrent rapidement les bâtiments du gouvernement. Lorsque deux gardes furent tués, le vice-gouverneur satisfit rapidement les exigences des manifestants.

Ce n'était que le premier jour des célèbres Cinque Gionarte (« cinq jours ») de Milan, car le général Radetzky, un Autrichien octogénaire, était déterminé à se battre et reprit divers endroits stratégiques de la ville, avant toutefois de se replier le 22 mars. Les Milanais établirent un gouvernement provisoire qui fit appel à Charles-Albert du Piémont pour repousser les Autrichiens du Nord de l'Italie. À la fin du mois de mai, les Italiens remportèrent une célèbre victoire.

C'était trop beau pour être vrai. Radetzky s'était replié parce qu'on avait besoin de lui en Autriche et il revint avec des renforts en juillet pour remporter la victoire de Custozza. Les Italiens avaient reçu une importante leçon : ils avaient besoin du peuple et de l'intervention d'une grande puissance pour vaincre l'Autriche et préparer l'unification de l'Italie, qu'ils obtiendraient en 1861. **RP**

La bataille de Gujarat

Cette victoire britannique conduit à l'intégration des Sikhs dans les colonies indiennes.

La Bataille de Gujarat le 21 février 1849, gravure de John Harris d'après Henry Martens.

La bataille de Gujarat du 21 février 1849 s'avéra décisive au cours de la deuxième guerre anglo-sikh. Les sikhs avaient construit un puissant royaume au Pendjab sous le règne de Ranjit Singh ; les successeurs de ce dernier, alarmés par l'expansion de la Compagnie des Indes orientales, avaient attaqué les Britanniques en 1845. La première guerre anglo-sikh fut remportée par l'Angleterre, mais la puissante armée sikh demeura intacte. Le conflit reprit en 1848 et la bataille de Chillianwala, en janvier 1849, bien que sanglante, ne changea rien.

Les sikhs ne disposaient que de 60 000 hommes face aux 230 000 soldats britanniques du général Gough qui bénéficiaient d'un armement nettement supérieur, dont des canons et obusiers. Les sikhs ouvrirent le feu quand les Anglais s'avancèrent, révélant ainsi leurs positions. Gough stoppa ses divisions et ordonna à son artillerie de tirer. Leur canonnade se poursuivit ininterrompue pendant deux heures, après quoi l'infanterie s'avança et prit les positions sikhs. La bataille fut achevée en trois heures. Les sikhs avaient perdu entre 3 000 et 5 000 soldats, les Britanniques 96 seulement.

Après cette débâcle, les hostilités cessèrent le 11 mars 1849. Trois jours après, l'armée sikh se rendit au général Gilbert. Le Pendjab fut annexé et son souverain, Duleep Singh, qui n'était encore qu'un enfant, déposé. Les sikhs devinrent cependant de loyaux sujets et de redoutables soldats de la couronne britannique. **RP**

La première machine à coudre domestique

Singer révèle sa nouvelle machine à coudre, sa première réussite commerciale.

Publicité parue dans le magazine *Harper's Bazaar* pour les machines à coudre Singer.

« J'aimerais que la navette fasse un mouvement de va-et-vient au lieu de dessiner un cercle. »

Isaac Singer au sujet de sa machine, 1850

On associe aujourd'hui le nom de Singer à la machine à coudre car Isaac Merrit Singer fut le premier à en fabriquer en série, et à usage domestique, même si d'autres inventeurs le précédèrent. En 1775, un Allemand du nom de Charles Weisenthal avait breveté l'aiguille à deux pointes – un développement essentiel. Un Français, Barthélemy Thimonnier, commença à fabriquer des machines à coudre en 1830, mais sa manufacture fut détruite lors d'une émeute de tailleurs d'habits qui craignaient pour leur emploi.

Isaac Merrit Singer, issu d'une famille allemande qui avait émigré en Amérique dans les années 1760, n'avait bénéficié que d'une scolarité limitée, mais adorait le théâtre. Il essaya de gagner sa vie comme acteur et directeur mais sans grand succès. Ses talents de mécanicien et d'inventeur furent cependant nettement plus récompensés. Il fabriqua des foreuses et des machines à tailler la pierre avant de quitter New York pour Boston et de s'intéresser à la machine à coudre.

En 1850, il créa une machine pratique et efficace que l'on actionnait grâce à une pédale et où l'aiguille montait et descendait (au lieu de se déplacer d'un côté à l'autre), mais il fut rapidement confronté à des problèmes juridiques car d'autres inventeurs l'accusaient d'avoir violé leur brevet. L'affaire fut finalement réglée en 1856 et Singer, un homme d'affaires redoutable, finit par dominer le très lucratif marché de la machine à coudre.

Il avait aussi une vie amoureuse extraordinairement compliquée et, selon la rumeur, était le père d'au moins 28 enfants. Il mourut en 1875, à plus de 60 ans, et légua à ses héritiers plus de 13 millions de dollars. Sa compagnie fabriqua la première machine à coudre électrique en 1889. **RC**

La première Exposition universelle

La Grande Exposition permet à la Grande-Bretagne de présenter sa technologie.

C'était la «Grande Exposition des industries de toutes les nations» et de fait, elle accueillait des machines et des produits manufacturés venus du monde entier illustrant le développement industriel. Cependant, rares étaient les Britanniques qui doutaient de la supériorité de leur pays. Ils savaient que la Grande-Bretagne dominerait l'immense exposition qui devait ouvrir ses portes à Hyde Park, à Londres, par une douce journée de printemps. Le hall d'exposition, baptisé Palais de cristal par la revue satirique *Punch*, qui mesurait 563 m de long, 124 m de large et 20 m de haut, soit quatre fois la superficie de Saint-Pierre de Rome, valait à lui seul le déplacement.

Conçu par Joseph Paxton, ancien jardinier en chef de Chatsworth, célèbre château du Derbyshire, c'était le premier bâtiment préfabriqué au monde. Inspiré par les immenses serres de Chatsworth, il était constitué d'une structure porteuse en fer recouverte de vitres éblouissantes et abritait trois grands ormes. Plus de six millions de personnes, soit le tiers de la population britannique, visitèrent l'exposition entre le 1er mai et le 15 octobre, souvent dans le cadre d'une excursion en train. Cette célébration de la technologie fut couronnée de succès et son équipe organisatrice, dirigée par le prince Albert, mari de la reine Victoria, fut très fière de sa réussite. La Grande Exposition fut bientôt suivie d'autres Expositions universelles.

Les bénéfices de l'événement permirent d'acheter des terres à Londres sur lesquelles furent érigés divers bâtiments d'utilité publique, dont le Victoria & Albert Museum, le musée d'Histoire naturelle et le musée des Sciences. En 1854, le Palais de cristal fut reconstitué à Sydenham Hill, alors dans le comté de Kent, où il demeura jusqu'à sa destruction lors d'un incendie en 1936. **RP**

La grande exposition de Hyde Park: l'avenue principale est bordée de galeries soutenues par de fines colonnes de fer.

« Ce jour est l'un des plus radieux de notre vie. »

Journal de la reine Victoria, 1er mai 1851

Parution de *Moby Dick*

Devenu un classique, le roman de Melville ne séduit pas le public à l'époque.

Illustration d'A. Burnham Shute pour *Moby Dick* de Melville, v. 1851.

« Qui aurait pensé à rechercher la philosophie parmi les baleines ? »

London Magazine, 1851

Aujourd'hui récit épique de la littérature américaine et œuvre d'un auteur vénéré, Herman Melville, le roman alors intitulé *La Baleine blanche* fut publié pour la première fois en trois volumes à Londres par Richard Bentley, puis, le 14 novembre 1851, en un seul volume sous le titre de *Moby Dick*, à New York, par Harpers & Brothers. On reprochait, à l'époque, à Melville de plaquer ses réflexions philosophiques sur les aventures des chasseurs de baleine au lieu de les entremêler plus subtilement. L'histoire d'Ismaël et de son ami Queequeg, originaire des îles du Pacifique, qui chassent la baleine à bord du *Péquod* commandé par le sinistre capitaine Achab, était plombée dans l'esprit des lecteurs par ses références bibliques et accéléra le déclin de la réputation littéraire de Melville.

Cet ancien instituteur avait déjà publié une série de récits (*Taïpi* en 1846, *Omoo* en 1847 et *La Vareuse blanche* en 1850) inspirés par ses aventures dans les mers du Sud où il avait manié le harpon, été le témoin de cannibalisme et travaillé comme matelot. Son succès littéraire lui avait permis d'acheter une ferme dans le Massachusetts où il vécut pendant treize ans, se plongea dans l'œuvre de Shakespeare et se lia d'amitié avec son voisin, l'auteur Nathaniel Hawthorne.

Mais les dettes s'accumulant, Melville fut obligé de vendre sa propriété et de devenir inspecteur des douanes à New York. L'écrivain vagabond qui avait navigué tout autour de la terre se retrouva ainsi prisonnier d'un bureau, gagnant 4 dollars par jour pendant 20 ans.

L'importance de *Moby Dick* échappe peut-être à certains de ceux qui fréquentent la chaîne de cafés américains baptisée en hommage à Starbuck, le second du *Péquod* dans le roman. **JJH**

Le coup d'État de Louis Napoléon Bonaparte

Le neveu de Napoléon sape la démocratie française.

Les ouvriers de l'Imprimerie nationale n'eurent d'autre choix que de travailler toute la nuit du 1er décembre 1851, la police ayant reçu l'ordre de faire feu sur quiconque essayerait de partir plus tôt. Ils imprimaient une proclamation si secrète que personne ne fut autorisé à composer plus de quelques phrases. Leur mission s'acheva à 5 heures du matin le 2 décembre et, en quelques heures, la ville entière était recouverte d'affiches.

Les Parisiens apprirent ainsi que l'Assemblée nationale était dissoute et la loi martiale entrée en vigueur, mais aussi que le suffrage universel était restauré et qu'une nouvelle constitution serait bientôt votée. L'organisateur de ce coup d'État du 2 décembre, date anniversaire de la victoire de Napoléon à Austerlitz, n'était autre que son neveu, Louis Napoléon Bonaparte. Élu président en décembre 1848, il n'avait pas l'intention de céder le pouvoir au terme de son mandat. À l'heure où les affiches furent placardées, il avait déjà fait arrêter 78 hommes politiques de premier plan – parmi lesquels royalistes, généraux, responsables de partis de gauche. Cinq cents dissidents allaient bientôt mourir.

Le coup d'État avait été remarquablement organisé. Louis Napoléon s'était employé à améliorer son image et à gagner des partisans à l'Assemblée et au dehors. Plus important encore, il disposait de 50 000 soldats loyaux dans la capitale. Il fut bientôt élu président pour dix ans supplémentaires et, l'année suivante, il s'autoproclama empereur et prit le nom de Napoléon III.

L'Europe ne serait plus jamais la même, car avec sa politique extérieure maladroite, Napoléon III aida l'Italie et l'Allemagne à s'unifier et mina la position de la France. Sans compter qu'il montra la voie aux futurs dictateurs. **RP**

RÉPUBLIQUE FRANÇAISE.
LIBERTÉ, ÉGALITÉ, FRATERNITÉ.
DÉCRET
ET PROCLAMATION
DU PRÉSIDENT DE LA RÉPUBLIQUE.
DÉCRET.
APPEL AU PEUPLE.
PROCLAMATION A L'ARMÉE.

Le décret et les proclamations de Louis Napoléon du 2 décembre 1851 firent de lui un dictateur.

« Mon devoir est de […] maintenir la République et de sauver le pays. »

Proclamation de Louis Napoléon Bonaparte, 1851

提督ペルリ省像
寅六十才

1853 – 8 JUILLET

Le Japon s'ouvre à l'Occident

Le commodore Perry force les Japonais à signer un traité.

Avant que les quatre vaisseaux de guerre du commodore Perry ne pénètrent dans la baie de Tokyo en dégageant de telles volutes de fumée qu'ils rappelaient des volcans flottants aux Japonais qui les observaient depuis le rivage, le Japon avait été fermé aux étrangers. Les États-Unis du président Fillmore, qui avaient une autre idée en tête, envoyèrent Perry exiger la signature d'un traité qui garantirait l'ouverture de relations commerciales et politiques entre le Japon et l'Amérique.

Matthew Calbraith Perry, âgé de 57 ans, avait fait une carrière brillante et soutenait l'impérialisme expansionniste américain. Il avait accepté en 1852 de commander une première expédition au Japon qui fut un échec. Perry se replia en annonçant qu'il reviendrait bientôt.

Il tint sa promesse et se présenta au mois de février suivant accompagné de vaisseaux de guerre. Les autorités japonaises, impressionnées, signèrent en mars 1854 le traité de Kanagawa qui offrait un statut préférentiel aux États-Unis dans son commerce avec le Japon, ouvrait deux ports japonais où les Américains pourraient se ravitailler en charbon et garantissait que leurs marins qui feraient naufrage leur seraient retournés sains et saufs. Des traités similaires furent bientôt signés avec les Anglais, les Russes et les Hollandais. Perry reçut les remerciements du Congrès et demanda publiquement aux Américains « d'étendre leur domination et leur puissance de l'autre côté de l'Atlantique » et dans le Pacifique. Il mourut à New York en 1858. **RC**

◀ Gravure sur bois représentant le commodore Perry par Miki Kosai (v. 1854).

1854 – 6 JUILLET

Naissance du parti républicain

Aux États-Unis, les opposants à l'esclavage forment un nouveau parti.

Le compromis du Missouri, qui avait préservé l'équilibre entre les États esclavagistes et les autres aux États-Unis, fut rompu en 1854 par l'Acte du Kansas-Nebraska. Grâce à cette loi fédérale, les habitants de ces deux nouveaux territoires pouvaient décider s'ils autorisaient ou non l'esclavage. Les opposants à « l'esclavocratie » du Sud créèrent alors un parti qui défendait le principe selon lequel tout homme devait avoir une vie décente. Il demandait aussi l'ouverture de l'Ouest aux pionniers.

« Aucun homme ne peut en gouverner un autre sans son consentement. »

Abraham Lincoln, discours de Peoria, 1854

Le parti républicain fut donc officiellement fondé à Jackson, dans le Michigan, lors d'une réunion rassemblant 10 000 personnes et sa réputation s'accrut rapidement. L'un de ses chefs de file était Abraham Lincoln qui avait accusé l'esclavage d'être contraire à la Déclaration d'indépendance.

Lors des élections législatives de 1854, les républicains obtinrent la majorité et, en 1856, leur candidat, John C. Frémont, remporta la victoire dans onze États. En 1860, le parti choisit Lincoln comme candidat à l'élection présidentielle, tandis que les démocrates, divisés, en présentèrent deux. Lincoln remporta tous les votes des États du Nord, mais 40 % du vote populaire seulement. Le parti démocrate et le parti républicain allaient dorénavant dominer la scène politique américaine. **RC**

La charge de la brigade légère

La débâcle d'une charge à Balaklava montre les déficiences de l'armée britannique.

Illustration de la légendaire charge de la brigade légère à la bataille de Balaklava.

« C'est magnifique mais ça ne relève pas de la guerre. C'est de la folie. »

Général Pierre Bosquet, témoin

La guerre de Crimée avait été déclarée à la Russie par la France et l'Angleterre qui désiraient freiner son expansion dans les Balkans. Le conflit avait été accompagné du long siège de Sébastopol et de diverses batailles sanglantes dans les environs. Le 25 octobre 1854, à la bataille de Balaklava, le général Cardigan, qui commandait la brigade légère britannique composée de cinq régiments de cavalerie, reçut l'ordre d'attaquer une batterie de cannons russes au fond d'une vallée. Prenant la tête de la formation composée de 673 dragons, lanciers et hussards, il s'élança dans la vallée en direction des canons, à plus d'un kilomètre de là. Au pas, puis au trot et finalement au galop, les cavaliers britanniques chassèrent les artilleurs russes. Leur tâche accomplie, ils parcoururent la vallée en sens inverse, mais reçurent alors des salves de balles des deux côtés. L'issue de la bataille demeurait encore indécise.

Quand la brigade légère se rassembla après la charge, seuls 195 cavaliers chevauchaient encore leur monture ; 118 étaient morts et 127 blessés. Les autres repartirent à pied. Elle fut sauvée de la destruction totale grâce à l'intervention de l'armée française. Le général Cardigan rentra du champ de bataille, se retira sur son yacht et dîna selon son habitude.

L'héroïsme des officiers et des soldats de la brigade légère leur valut l'admiration de tous, mais à cause de malentendus et d'ordres peu clairs, ils avaient chargé les mauvais canons et leur action ne fut donc pas très utile.

Cette victoire à la Pyrrhus démontra toutes les faiblesses de l'armée britannique, principalement liées au commandement des officiers, désormais âgés, qui devaient leur promotion à leur argent, leur influence et leur classe sociale. Une réforme urgente était nécessaire. **NK**

Florence Nightingale, une infirmière pionnière

La célèbre infirmière impose ses mesures d'hygiène pendant la guerre de Crimée.

Dans les baraques de Scutari, en Turquie, converties en hôpital militaire anglais pendant la guerre de Crimée, les conditions sanitaires étaient déplorables : des soldats, malades et agonisants, étaient allongés partout et la vermine abondait. Dans cet hôpital de fortune, la mort n'était due aux blessures de guerre qu'une fois sur six. Dans les cinq autres cas, elle relevait des conséquences d'un manque d'hygiène. Les médecins militaires n'étaient pas particulièrement heureux de voir arriver les infirmières, notamment quand Florence Nightingale ordonna à son équipe de 38 infirmières de nettoyer les lieux de fond en comble et réorganisa les soins des patients – elle critiquait, pensaient-ils, leur professionnalisme.

Née en 1820 dans une famille aisée en Italie, Florence Nightingale était une « battante » : elle avait dû s'opposer à ses parents pour suivre ses études d'infirmière, métier alors réservé aux classes sociales inférieures. Elle bénéficiait du soutien du *Times* qui, le premier, avait alerté l'opinion publique britannique sur l'épidémie de choléra en Turquie et avait lancé une souscription pour aider l'infirmière dans son entreprise. La Nightingale Fondation pour la formation des infirmières vit rapidement le jour.

Grâce à ses mesures d'hygiène, le taux de mortalité décrut rapidement et quand Florence Nightingale rentra en Angleterre en 1856, elle fut accueillie en héroïne et reçue par la reine Victoria – contrairement à Mary Seacole, née à la Jamaïque, qui avait soigné des malades du choléra sur le front en Crimée mais dont le nom demeura inconnu du public. Nightingale usa de son influence pour réformer les hôpitaux militaires, améliorer les normes de soins et fonder une école d'infirmières à l'hôpital Saint Thomas à Londres en 1860. Ce fut la première femme à recevoir l'ordre du Mérite en 1907. **NK**

Portrait de Florence Nightingale, qui modernisa les pratiques des infirmières.

« On peut l'observer une lampe à la main, faisant ses rondes solitaires. »

The Times, 1854

La révolte des Cipayes

Les soldats indiens se révoltent contre leurs officiers britanniques.

Quand les mutins indiens perdirent Dehli, les Britanniques passèrent aux représailles et pendirent les chefs de la rébellion.

Le 9 mai 1857, dans le cantonnement de Meerut au nord de Dehli, le commandant de la 3e cavalerie légère du Bengale condamna 85 soldats indiens – les Cipayes – à dix ans de travaux forcés pour avoir refusé d'exécuter leurs exercices de tir. Le lendemain, les régiments indiens de Meerut se mutinèrent, libérèrent les condamnés et entreprirent de tuer les officiers britanniques. Ils marchèrent ensuite sur Dehli dont les régiments indiens rejoignirent la mutinerie qui s'étendit dans tout le nord de l'Inde.

Les troubles étaient apparus avec l'introduction d'un nouveau fusil dont les cartouches enduites de graisse devaient être mordues par les soldats. Les hindous étaient convaincus qu'ils seraient souillés par la graisse de bœuf qu'elles contenaient, les musulmans par celle de porc. La méfiance que leur inspiraient leurs officiers britanniques était symptomatique de la distance grandissante entre l'élite régnante et ses sujets.

Le respect des cultures indiennes qui avait autrefois animé soldats et administrateurs anglais avait été remplacé par une conception réformiste et ouvertement chrétienne, qui ne tenait plus compte des structures sociales traditionnelles.

Tous les régiments indiens ne se mutinèrent pas, mais la violente répression et les atrocités, réelles ou imaginaires, commises des deux côtés creusèrent plus encore le fossé entre les deux communautés et accrurent le sentiment de supériorité des Britanniques. **NK**

Notre-Dame de Lourdes

Les visions de Bernadette Soubirous font de Lourdes un lieu de pèlerinage.

La foule se rassemble pour contempler Bernadette Soubirous lors d'une de ses visions de la Vierge à la grotte de Massabielle à Lourdes.

Le temps qu'il faisait ne pouvait qu'aggraver son asthme, mais Bernadette Soubirous, âgée de 14 ans, insista pour sortir ramasser du bois. Elle désirait s'échapper du « cachot », la pièce qu'elle partageait avec sa famille dans une ancienne prison de Lourdes. L'adolescente était près d'une falaise dans laquelle était creusée une grotte naturelle quand elle entendit « un bruit comme un coup de vent ». Lorsqu'elle se retourna, elle vit une femme, très belle et vêtue de blanc, qui lui ouvrait les bras en signe de bienvenue. Bernadette essaya de se signer, mais avait perdu le contrôle de ses mains. L'apparition fit le signe de la croix puis disparut.

Malgré la désapprobation de ses parents, Bernadette retourna à la grotte où elle eut des visions supplémentaires et, le 25 mars, l'apparition lui révéla être l'Immaculée Conception.

On accusa Bernadette d'être une rêveuse, une menteuse ou simplement une malade mentale, mais, en 1862, le pape déclara ses visions authentiques, autorisa le culte de Notre-Dame de Lourdes et reconnu les propriétés miraculeuses de la source souterraine qui avait surgi dans la grotte.

Lourdes devint rapidement un lieu de pèlerinage qui accueille aujourd'hui trois millions de visiteurs par an. Bernadette se fit religieuse, passa le restant de ses jours dans la prière et l'isolement; aimée pour son esprit, sa gentillesse et son stoïcisme face à la douleur, elle mourut en 1879 et fut canonisée en 1933. **RP**

Origines de la théorie des microbes

Louis Pasteur démontre que la théorie de la génération spontanée est erronée.

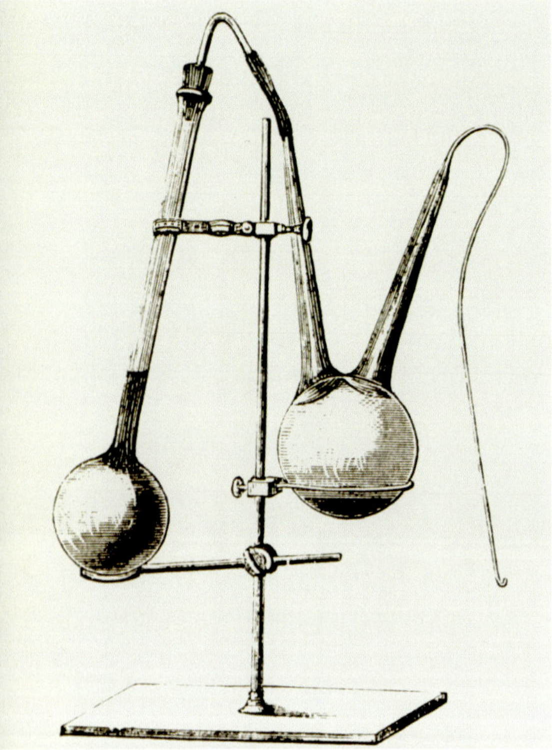

◘ Gravure de l'appareil que Pasteur utilisa pour étudier les maladies de la bière.

◘ Le chimiste Louis Pasteur dans son laboratoire.

« Il ne suffit pas de connaître la vérité, il faut encore la proclamer. »

Louis Pasteur

Tout le monde savait que le vin ou le lait stagnant dans un flacon « tournaient » et que des micro-organismes apparaissaient alors à la surface. Quelle en était la cause?

Louis Pasteur, récemment nommé à l'École normale supérieure de Paris, était convaincu que la théorie de la génération spontanée de Félix Pouchet, généralement acceptée, était erronée. Selon ce dernier, la fermentation étant un processus chimique, elle prouvait que la vie (celle de minuscules organismes en tout cas) pouvait naître du néant. Pasteur pensait pouvoir réfuter cette théorie. Il fit passer de l'air dans une éprouvette à travers un tampon de coton qu'il entreprit ensuite de dissoudre; il trouva les mêmes micro-organismes que ceux qui apparaissaient lors de la fermentation. Cependant, s'il chauffait suffisamment l'air, ces micro-organismes n'apparaissaient pas. Pasteur soutint que les organismes présents dans l'air provoquaient la fermentation ou la putréfaction et que la chaleur les tuait.

Ce fut une découverte capitale. Pasteur démontra ensuite que le *Mycoderma aceti* faisait tourner le vin, mais que si l'on portait le liquide à une température élevée, on pouvait résoudre le problème. La « pasteurisation » fut une découverte essentielle dans la purification des aliments.

Pasteur avait démontré qu'il existait une différence fondamentale entre un phénomène chimique et des organismes vivants. Parce que l'on savait désormais que dans l'air abondaient des bactéries, on savait quelle voie suivre pour s'attaquer aux maladies et développer des vaccins. Pasteur créa celui contre la maladie du charbon en 1881, avant de s'intéresser à la rage. À sa mort, le 28 septembre 1985, il fut inhumé à l'Institut Pasteur à Paris, une crypte fut aménagée pour accueillir son tombeau. **RP**

Un funambule au-dessus des chutes du Niagara

L'acrobate français Charles Blondin traverse les chutes du Niagara sur une corde tendue.

Charles Blondin, funambule français, sur une corde tendue au-dessus du Niagara en 1859.

Le Grand Blondin, le plus célèbre des funambules, né Jean-François Gravelet en 1824, était fasciné par le cirque et commença à s'entraîner au funambulisme avec la canne à pêche de son père comme balancier. Il apparut pour la première fois en public à l'âge de 5 ans et choisit lui-même son surnom, Blondin, en référence à la couleur de ses cheveux

Sa première traversée du Niagara, à 35 ans, est le plus connu de ses exploits. La corde avait été tendue au-dessus du fleuve à l'aide d'un canoë. La distance à parcourir était de 305 m et la corde fléchissait sous son propre poids au milieu.

L'événement fut annoncé dans les journaux, ainsi que par des affiches et prospectus. Les hôtels de la région augmentèrent leurs tarifs et une immense foule se rassembla pour voir Blondin parcourir la corde vêtu d'une veste violette et de culottes blanches. Il débuta à 17 h 15 après avoir proposé de transporter un volontaire sur son dos, mais personne ne voulut tenter l'aventure. Il prit tout son temps (17 minutes et 30 secondes) pour cette traversée qu'il considérait aisée car la corde faisait plus de 7,5 cm d'épaisseur.

Le 4 juillet, Blondin répéta son exploit en s'allongeant pour une brève sieste sur la corde. Il traversa à nouveau le fleuve avec des variations: les yeux bandés, avec son manager en haut-de-forme sur le dos, en poussant une brouette et même sur des échasses. Il continua à se produire presque jusqu'à sa mort en 1897. **RC**

Insurrection à Harpers Ferry

L'attaque de Harpers Ferry échoue à déclencher l'insurrection des esclaves.

Brown, qui recherchait des armes, attaqua cette manufacture de mousquets dans l'arsenal de Harpers Ferry.

Une loi de 1854 avait conféré aux habitants du Kansas et du Nebraska la liberté de choisir l'introduction ou non de l'esclavage sur leur territoire. Des propriétaires d'esclaves quittèrent alors le Missouri pour gagner le Kansas, où d'autres pionniers récemment installés – des fermiers du Kentucky, du Tennessee ou d'ailleurs – étaient formellement antiesclavagistes. Les tensions entre les deux augmentèrent créant de sanglants affrontements.

John Brown, un fervent abolitionniste selon qui l'autorisation de l'esclavage aux États-Unis empêchait le retour du Christ, appela à l'insurrection pour abolir l'esclavage. Cinq de ses fils avaient emménagé au Kansas et, en 1855, il les rejoignit avec une cargaison d'armes. L'année suivante, il organisa le massacre de soi-disant « chasseurs d'esclaves » à Pottawatomie Creek, meurtre pour lequel personne ne fut jamais poursuivi.

Brown espérait inciter les esclaves à se révolter en leur fournissant des armes et en les guidant à travers les Appalaches où, pensait-il, tous les esclaves du Sud les rejoindraient.

Accompagné de quinze Blancs et cinq Noirs, il attaqua l'arsenal de Harpers Ferry en Virginie. Il y emprisonna plusieurs propriétaires d'esclaves et distribua des armes aux Noirs, mais le lendemain l'arsenal fut repris par un régiment américain commandé par le futur général sudiste Lee. Brown, blessé, fut finalement pendu, mais devint le martyr de la cause abolitionniste. **RC**

1859 – 24 NOVEMBRE

La sélection naturelle

Darwin publie son principal ouvrage De l'origine des espèces.

L'ouvrage, recouvert d'une toile verte, faisait 502 pages et, au prix de quatorze shillings, s'avérait onéreux. Il fut publié à Londres par John Muray sous le titre *De l'origine des espèces au moyen de la sélection naturelle ou la préservation des races favorisées dans la lutte pour la vie*. Il fut tiré à 1 250 exemplaires seulement et tous furent vendus dès le premier jour. Charles Darwin avait écrit un succès de librairie qui devait entraîner une révolution intellectuelle.

Darwin n'était jamais plus heureux que quand il se dédiait à sa recherche ; il rechignait à coucher sa théorie de l'évolution biologique des espèces sur le papier car il était conscient qu'elle serait explosive et un sujet controversé.

> **« *J'admets que de nombreuses difficultés ne sont pas expliquées de manière satisfaisante…* »**
>
> Charles Darwin sur *De l'origine des espèces*

Selon celle-ci, les animaux luttent intensément pour leur survie. Ceux qui possèdent des avantages naturels qui les rendent plus adaptés à leur environnement ont plus de chances de survivre et de se reproduire. Ils transmettent ainsi ces avantages à leur progéniture qui évolue finalement en une nouvelle espèce. Pour ses critiques, il s'attaquait à Dieu et réduisait l'homme à un simple animal. L'ouvrage fut accueilli par une intense opposition. Les preuves en faveur de la théorie de l'évolution s'accumulèrent rapidement, mais il fallut attendre la génétique moderne pour expliquer le mécanisme de la sélection naturelle. **RP**

1860 – 11 MAI

L'Italie de Garibaldi

Garibaldi rejoint la Sicile pour tenter d'étendre l'unification italienne.

L'unification de l'Italie était le plus grand projet de Garibaldi, mais il faillit échouer. Il désirait en effet arracher sa ville natale, Nice, aux Français, mais les architectes de l'unité du nord de l'Italie, Victor Emmanuel et Cavour, lui recommandèrent la plus grande prudence. Giuseppe Garibaldi s'embarqua pour la Sicile où une révolte avait éclaté contre le roi de Naples. Il quitta Gênes le 6 mai 1860 avec ses hommes à bord de deux vieux bateaux à vapeur, le *Lombardo* et le *Piedmonte*. Ils atteignirent Marsala le 11 mai et leur mission aurait pu se terminer là car deux vaisseaux napolitains, plus puissants, leur faisaient face, mais leur commandant hésita car il pensait que Garibaldi bénéficiait de la protection de deux vaisseaux de guerre britanniques ancrés dans le port. Quand il se décida à tirer, les hommes de Garibaldi avaient déjà débarqué. Tous les éléments étaient réunis pour l'apogée de l'unification italienne.

Palerme tomba aux mains des « mille chemises rouges de Garibaldi » (en réalité, il y en avait 1 200 à bord des deux navires) qui bénéficièrent à partir de cette victoire du soutien des Siciliens.

Après la Sicile, ce fut le tour de Naples et, en octobre, Garibaldi offrit ces nouveaux territoires à Victor Emmanuel qui fut couronné roi d'Italie l'année suivante. Quant au héros national italien, il se retira sur l'île de Caprera avec assez de macaroni pour un an mais pas grand-chose d'autre. Personne ne serait autorisé à éclipser le roi. **RP**

▶ *Garibaldi devant Capoue*, peinture de Domenico Induno (1815-1878) aujourd'hui à Milan.

1860 – 17 JUIN

Un monstre de fer

Le plus grand bateau du monde traverse l'Atlantique.

Isambard Brunel avait déjà accompli un exploit en construisant le premier navire à vapeur (le *Great Western*) qui traversa l'Atlantique en quinze jours. Il se lança alors, avec succès, dans la construction d'un paquebot géant, avec une capacité d'embarquement de 4 000 passagers, qu'il appela le *Great Eastern*, un navire long de 189 m et pesant 8 915 tonnes. Certes, le vaisseau manquait d'élégance, mais était propulsé par des aubes et une hélice en acier et n'avait pas besoin de se réapprovisionner durant la traversée. Sa coque en fer était dotée d'une double épaisseur qui devait le rendre insubmersible.

Selon le *New York Times*, « toute la carrière de ce gigantesque bateau ne semble avoir été qu'une immense erreur ». Ce n'était pas une exagération. Les problèmes financiers étaient innombrables et le lancement fut un fiasco : le bateau plongea d'abord vers l'avant, tuant un homme, puis demeura complètement immobile. Ce n'est que plusieurs mois plus tard qu'il s'élança enfin sur l'eau avant que le 9 septembre 1859 une explosion dans la salle des machines ne tue cinq hommes. Le bateau ne fit pas naufrage, mais c'en était trop pour Brunel qui avait déjà eu une crise cardiaque et mourut.

Le *Great Eastern* quitta enfin Southampton le 17 juin 1860. Quels autres problèmes pouvait-on imaginer ? D'intrépides journalistes furent du premier voyage pour les découvrir, mais la traversée de l'Atlantique se déroula sans incident. Il y eut un peu de mauvais temps au milieu de l'océan. Le 27 juin, l'arrimage fut réussi même si le bateau heurta le quai.

Le *Great Eastern* ne rencontra jamais le succès, il demeura néanmoins le plus grand paquebot jusqu'au *Lusitania* (lancé en 1906) et le prototype de ceux du XXe siècle. **RP**

1861 – 18 FÉVRIER

La réunification de l'Italie

Le premier Parlement représentant toute l'Italie est réuni.

La réunification de l'Italie fut l'œuvre de quatre hommes très différents : Giuseppe Mazzini, l'idéaliste froid et austère, Giuseppe Garibaldi, patriote charismatique et chef militaire, Victor Emmanuel, roi du Piémont à qui se rallièrent les autres et son Premier ministre, le comte Camilo Cavour, homme rusé pour qui la fin justifiait souvent les moyens.

La nationalisme italien était né dans un pays divisé entre le Nord-Est, occupé par l'Autriche, les États pontificaux qui entouraient Rome et le royaume des Deux-Siciles sur lequel régnaient les Bourbons. La conquête de certains territoires autrichiens par Napoléon III et son soutien à la cause italienne avaient redonné espoir aux nationalistes. En accord avec Cavour, les Français envahirent le nord de l'Italie et combattirent les Autrichiens, mais le traité de paix qu'ils signèrent déçut les Italiens car il était loin de réunir tout le nord et le centre de l'Italie.

En 1860, Garibaldi envahit la Sicile avec sa minuscule armée de chemises rouges (événement connu sous le nom de « l'expédition des Mille ») et libéra l'île, puis il décida de poursuivre son expédition vers Naples. Les anciens républicains s'unirent à Victor Emmanuel et reconnurent en ce dernier le roi d'une nation unie – seuls les États pontificaux et Venise en étaient absents.

Un Parlement représentant les différentes régions d'Italie fut réuni en février et ratifia la nouvelle union en mars. Garibaldi prit la tête des troupes italiennes pour expulser les Autrichiens de Venise en 1866 et, en 1871, les États pontificaux capitulèrent face à la nouvelle armée italienne. L'Italie n'était alors plus « une expression géographique » (selon les mots de Metternich) mais – avec l'aide de ses amis – une nation à part entière. **NJ**

L'abolition du servage en Russie

Malgré l'opposition de la noblesse, Alexandre II émancipe les serfs dans un effort de modernisation de son pays.

Le tsar Alexandre II était un personnage contradictoire. Connu aujourd'hui encore pour ses vastes réformes – principalement l'abolition du servage –, il était si déterminé à conserver son pouvoir qu'il réprima la révolte polonaise dans le sang en 1863-1864, avant d'être finalement assassiné par des révolutionnaires.

Il avait accédé au trône alors que la guerre de Crimée faisait rage et, au cours de la sixième année de son règne, il décida d'abolir entièrement le servage car ce système féodal, dans lequel des millions de paysans russes étaient considérés comme de simples biens, constituait un obstacle à la modernisation de la Russie.

On put toutefois apercevoir un autre aspect de sa personnalité deux ans plus tard, quand il réprima d'une main de fer la révolte des Polonais qui cherchaient à se libérer de la domination russe. Des milliers d'entre eux furent exilés en Sibérie. Les autres réformes entreprises par le tsar (construction de chemins de fer et introduction d'entreprises capitalistes) ne firent qu'encourager des révolutionnaires déçus par ses réformes politiques trop timides. Après avoir survécu à plusieurs tentatives d'assassinat – une bombe détruisit même un étage entier de son palais d'Hiver –, le tsar mourut finalement en mars 1881, sous les bombes lancées par de jeunes révolutionnaires (qui avaient baptisé leur groupe La volonté du peuple). Cela faisait exactement 20 ans qu'Alexandre II avait signé le décret qui lui avait valu le titre de « libérateur ».

Son fils, Alexandre III, qui assista à sa longue et pénible agonie, décida que seules la répression et une main de fer pouvaient éloigner le danger révolutionnaire. **NJ**

Alexandre II de Russie, un réformateur, abolit le servage en 1861.

« Il vaut mieux abolir le servage d'en haut plutôt que d'attendre le moment où il commencera à s'abolir d'en bas. » Alexandre II

Fort Sumter attaqué par les confédérés

La garnison américaine de fort Sumter tombe aux mains des États confédérés.

Photomontage réalisé par un confédéré en avril 1861, montrant les dégâts infligés au fort Sumter.

« Le futur ne connaîtra jamais l'enfer bouillonnant de la guerre de Sécession. »

Walt Whitman, *Prose Works*, 1892

La guerre civile devint inévitable aux États-Unis quand, en 1860, Abraham Lincoln fut élu président et que la Caroline du Sud fit sécession, suivie par d'autres États du Sud l'année suivante. Les États confédérés d'Amérique furent créés lors d'une convention à Montgomery, dans l'Alabama, en février 1861 et Jefferson Davis élu président de la Confédération.

Le Sud ne pouvait accepter que le fort Sumter, situé dans le port de Charleston en Caroline du Sud, soit géré par le gouvernement de Washington. Doté d'une garnison de 70 soldats environ, il était loin de menacer les États confédérés, mais il défiait la fierté sudiste. Les autorités de Charleston refusèrent de vendre des denrées aux occupants du fort et, le 5 mars, le lendemain de l'investiture de Lincoln à Washington, le président apprit que la garnison mourrait de faim si elle ne recevait pas de nouveaux vivres avant le 15 avril. Il chargea alors une expédition de lui apporter aliments et autres produits de base par la mer, mais la tentative échoua.

Jefferson Davis ordonna alors au commandant du fort, Robert Anderson, de se livrer mais il refusa. Au petit matin, le 12 avril, les confédérés commencèrent à bombarder pendant 33 heures. La garnison du fort répliqua, sans grand effet. Dépourvu de munitions et de vivres, Anderson se rendit. Le drapeau de l'Union (la « bannière étoilée ») fut abaissé et déchiré. Les soldats quittèrent le fort avec les honneurs et il n'y eut aucune perte humaine à déplorer.

Ni Abraham Lincoln ni Jefferson Davis ne voulaient frapper le premier, mais le président américain décida de faire appel à 75 000 volontaires pour aller réprimer « l'insurrection » du Sud et, le 6 mai, le Congrès confédéré déclara l'état de guerre. La guerre de Sécession venait de commencer. **RC**

Le premier vélocipède

Un forgeron parisien invente le moyen de transport le plus pratique jamais inventé.

On connaissait, depuis la fin des années 1810, la draisienne, un engin dont les deux roues étaient reliées à une pièce en bois sur laquelle on montait à califourchon et que l'on faisait avancer en poussant avec les pieds. Elle demeurait toutefois une rareté. En 1839, un forgeron écossais, Kirkpatrick Macmillan, conçut un système révolutionnaire où des pédales propulsaient la roue arrière, mais il ne rencontra pas le succès.

En 1861, Pierre Michaux – ou, selon certains, Pierre Lallemont, à Nancy – ajouta des pédales pour que celui qui chevauchait l'engin puisse faire tourner la roue avant « comme une meule ». Il ajouta un petit poids à la pédale pour qu'elle reste toujours horizontale. Michaux baptisa « vélocipède » cette machine généralement considérée comme la première vraie bicyclette. Dans son plan original, le cadre était en fonte. Lallemont, qui travailla brièvement pour lui, préférait le fer forgé, plus solide. Il émigra en 1865 aux États-Unis où il déposa le brevet du vélocipède en novembre 1866, mais faute de trouver un fabricant intéressé par son invention, il retourna en France deux ans plus tard.

L'invention du vélocipède assura pendant un certain temps le succès de l'entreprise familiale et provoqua un immense intérêt dans toute l'Europe. Michaux dut produire ses machines en masse allant jusqu'à en fabriquer 200 par jour. Affectueusement surnommé « tape-cul » à cause de l'inconfort de son cadre de fer et de bois, et son manque de ressorts, le vélocipède est à l'origine de courses, dont une, en 1869, de 120 km entre Paris et Rouen qui furent parcourus en moins de 11 heures par le vainqueur. La machine passa vite de mode et la guerre franco-prussienne de 1870 impliqua pour les forgerons, dont Michaux, d'autres priorités. **PF**

O Le vélocipède de Michaux, aquarelle, 1869 ; réalisé en fonte, la roue avant était directement actionnée par des pédales.

« Même les puces déserteraient le coyote pour un vélocipède. »

Mark Twain, *Roughing it* (*À la dure*), 1871

1861 – 14 DÉCEMBRE

Le décès du prince Albert

La reine Victoria prend le deuil pour 40 ans à la mort du prince Albert.

Le 1er décembre 1861, le prince Albert, mari de la reine Victoria, se sentait si faible qu'il se plaignit de ne pouvoir soulever un stylo. Le lendemain, son médecin, William Jenner, lui promit qu'il n'y avait pas lieu de s'inquiéter, mais l'avertit qu'il serait bientôt pris de fièvre.

La fièvre se présenta effectivement, mais il y avait tout lieu de s'inquiéter car la typhoïde, provoquée par l'eau contaminée, ne respectait pas les titres de noblesse. Le samedi 14 décembre fut pour la reine Victoria une journée affreuse. Dans la matinée, elle avait été effrayée de voir les yeux d'Albert si brillants, sa respiration si rapide. Dans l'après-midi, consciente que la fin était proche, elle se pencha vers lui pour lui murmurer en allemand: «C'est votre petite femme.» Elle lui demanda de l'embrasser, ce qu'il fit à grand-peine. Le soir, sa respiration était plus libre mais ses mains froides. Victoria, agenouillée près de lui, tenait sa main gauche tandis que médecins et membres de la famille se regroupaient autour du lit. Albert prit deux ou trois respirations puis s'éteignit.

Il avait 42 ans et avait épousé Victoria 21 ans auparavant. Il s'était montré intelligent et assidu au travail, c'était un bon administrateur et un fin connaisseur des arts. Il était indubitablement dévoué à sa famille et Victoria l'adorait. «C'est comme si je perdais la moitié de mon corps et de mon âme qu'on m'aurait arrachés», déclara-t-elle après sa mort. La reine, veuve inconsolable, se retira de la vie publique.

Les hommes politiques firent rapidement d'elle le symbole glorieux de la majesté impériale britannique, mais elle ne se remit jamais de la mort de son époux et porta le deuil pour le restant de ses jours. Personne ne sut lui rendre sa joie de vivre. **RP**

1862 – 20 MAI

La réforme agraire aux États-Unis

Une nouvelle loi entraîne une migration massive vers le Midwest.

Dans les années 1840-1850, un nombre croissant de pionniers américains avait émigré à l'ouest du Missouri pour établir de nouvelles fermes. Ils vivaient souvent dans des maisons faites de mottes de gazon avant de construire des cabanes de rondins. Le sénateur Thomas Hart Benton n'avait cessé de demander que de petites parcelles soient cédées à prix raisonnable à ces pionniers. Le chef des démocrates, Stephen A. Douglas, reprit cette idée qui rencontra toutefois l'opposition des États du Sud. Les petits fermiers n'avaient pas besoin d'esclaves et le Sud se sentait menacé par les votes des nouveaux États de l'Ouest.

Le parti républicain s'appropria la proposition de Douglas et, une fois la guerre de Sécession déclarée, le Congrès adopta la réforme agraire de 1862. Elle offrait 65 hectares, gratuitement ou presque, à tout citoyen américain qui y résiderait de façon continue pendant cinq ans. Elle permettait aussi d'acquérir des terres au prix de 1,25 dollar par acre après six mois seulement, ce qui permit aux spéculateurs d'acheter d'immenses propriétés grâce à des intermédiaires se prétendant fermiers. Le Congrès adopta aussi une loi qui réservait 52 millions d'hectares à la construction de chemin de fer.

Ces mesures entraînèrent une migration de masse vers le cœur du pays et le développement du Midwest moderne, depuis le Missouri jusqu'aux Rocheuses. Les Amérindiens en souffrirent considérablement. Entre 1870 et 1920, le nombre de fermes américaines passa de 2,7 à 6,5 millions, pour une superficie moyenne de 60 hectares environ. La réforme agraire permit aussi au parti républicain de dominer la vie politique aux États-Unis pendant 50 ans. **RC**

Tragiques pertes en territoire nordiste

La bataille d'Antietam cause les plus grosses pertes de la guerre de Sécession et les plus importantes en un seul jour de toute l'histoire militaire américaine.

Durant l'été 1862, les confédérés déclenchèrent une offensive depuis la Virginie et, sous le commandement du général Lee, s'avancèrent vers le Nord, traversant le fleuve Potomac pour pénétrer dans l'État du Maryland. Lee avait l'intention d'envahir la Pennsylvanie, mais la bataille la plus sanglante de toute la guerre mit fin à son avancée.

Il adopta une position défensive sur un tertre derrière le ruisseau d'Antietam à Sharpsburg. L'armée nordiste arriva dans l'après-midi du 15 septembre, mais le général McClellan, qui la commandait, était un homme prudent et ne vit pas à quel point il était numériquement supérieur à son adversaire. Il hésita et la bataille ne débuta vraiment que deux jours plus tard. S'il avait d'emblée lancé toutes ses forces, il aurait sans doute pu gagner facilement.

Les pertes des nordistes furent plus importantes mais celles des confédérés proportionnellement plus graves : au total, près de 4 000 morts et 17 000 blessés. Le lendemain, cadavres, agonisants et blessés gisaient sur le champ de bataille. Lee s'attendait à une nouvelle attaque, mais elle ne vint pas et il se replia sur la Virginie. McClellan tarda tant à le poursuivre qu'il fut renvoyé en novembre par Lincoln. Bien qu'apparemment indécise, la bataille d'Antietam incita ce dernier à déclarer l'abolition de l'esclavage et empêcha la reconnaissance des États confédérés par l'Europe. **RC**

Le président Lincoln rencontre le major Allan Pinkerton et le général McClellan à Antietam

Les soldats de la brigade de Louisiane le long de la route de Hagerstown qu'ils avaient défendue lors de la bataille.

La libération des esclaves du Sud

Le président Lincoln proclame l'émancipation des esclaves.

En 1862, Lincoln réunit les membres de son cabinet pour leur présenter son projet d'émancipation des esclaves.

L'objectif premier du Nord durant la guerre de Sécession était de préserver l'unité du pays, mais c'était bien l'esclavage qui avait fondamentalement provoqué ce conflit. En juillet 1862, le Congrès avait adopté une loi à Washington qui libérait automatiquement les esclaves appartenant à quiconque soutenait la « rébellion » sudiste. Elle ne pouvait évidemment pas être appliquée. Malgré un important sentiment abolitionniste dans le Nord, les Noirs étaient encore largement méprisés voire craints. Quelques jours après la défaite des confédérés à Antietam, Lincoln rédigea une proclamation d'émancipation dans laquelle il affirmait que si les États confédérés n'abandonnaient pas leur rébellion, il déclarerait le 1er janvier 1863 que « toutes les personnes tenues en esclavage » en territoire confédéré seraient définitivement libérées.

La proclamation lança le processus d'abolition de l'esclavage aux États-Unis. Elle autorisait aussi le recrutement de soldats noirs dans l'armée nordiste. Des esclaves en fuite servaient déjà dans ses rangs comme conducteurs de chariot, cuisiniers ou infirmiers, et l'on trouvait même quelques soldats noirs, mais, à partir de 1863, un nombre important de Noirs s'enrôlèrent dans l'armée et la marine. Ils servaient au sein de bataillons séparés, toujours commandés par des Blancs, et leur solde était inférieure. Le courage dont ils firent preuve dans de féroces batailles commença à transformer l'attitude des nordistes. **RC**

Le premier métro inauguré à Londres

Le premier chemin de fer souterrain marque l'âge d'or de la technologie victorienne.

Un groupe de passagers inaugure le premier métro de Londres.

C'est en 1851 que la possibilité de transporter des passagers sous terre à Londres fut évoquée pour la première fois. La tâche incomba à une compagnie nouvellement formée, la North Metropolitan Railway, et la nouvelle ligne fut autorisée en 1854.

Il fallut dix ans pour éliminer les problèmes techniques, creuser et construire le premier segment de voie ferrée entre Farrington et Paddington, le terminus de la compagnie ferroviaire d'Isambard Brunel, la Great Western Railway. La nouvelle voie fut conçue de manière à pouvoir accommoder les trains de Brunel, dont les roues étaient plus écartées, avec les autres. Le public brûlait d'impatience d'inaugurer cette nouvelle ligne et, le 10 janvier, 41 000 passagers empruntèrent des trains qui roulaient toutes les dix minutes. On ouvrit rapidement un nouveau segment et, 20 ans plus tard, le métropolitain transportait 40 millions de passagers par an. En 1884, le Circle, la ligne de métro qui fait le tour de Londres, était achevé.

À l'origine, les trains étaient composés de wagons ouverts tirés par des locomotives à vapeur et le Premier ministre, William Gladstone, compta parmi les premiers usagers.

La première voie entièrement souterraine fut inaugurée en 1890. Le métro londonien fut rapidement copié dans d'autres capitales, notamment Paris et Moscou. Une nouvelle ère s'ouvrait dans le domaine des transports urbains, caractérisée par la vitesse et la mobilité. **NJ**

Le Salon des refusés

Napoléon III ordonne la création d'un « salon des refusés ».

Le Déjeuner sur l'herbe (détail), Édouard Manet (1863), musée d'Orsay, Paris.

Le monde de l'art était depuis longtemps dominé en France par le Salon que l'Académie organisait tous les ans à Paris depuis 1667. Pour un artiste, exposer au Salon était signe de réussite et garantie de son succès financier. L'institution rejetait les œuvres dépourvues d'intérêt, mais pouvait tout aussi bien freiner les innovations.

En 1863, plus de 5 000 œuvres furent refusées par le jury. Napoléon III, qui aimait passer pour un progressiste, visita le Salon et déclara que les œuvres refusées étaient tout aussi bonnes que celles qui avaient été acceptées.

Il ordonna qu'on les expose dans le palais de l'Industrie sous le nom de Salon des refusés. De nombreux artistes, qui craignaient la colère du jury ou le ridicule, refusèrent d'y participer mais d'autres se saisirent de cette chance. On parvenait au Salon des refusés en empruntant un tourniquet installé dans le Salon officiel, comme si, selon un critique de l'époque, « on pénétrait dans la salle des horreurs [du musée] de Madame Tussaud ».

Le Salon comptait des œuvres de Manet, Whistler, Pissarro, Cézanne et d'autres encore.

L'œuvre la plus controversée fut *Le Déjeuner sur l'herbe* de Manet. Certains critiques la détestèrent pour son réalisme, qui constituait selon eux une menace à l'ordre moral. D'autres défendirent sa nouveauté. L'exposition porta un coup à l'autorité du Salon, mais l'art pouvait désormais explorer de nouvelles voies. **RP**

Une bataille décisive dans la guerre de Sécession

L'armée du Nord stoppe l'avancée des confédérés à Gettysburg.

La Bataille de Gettysburg du 1er au 3 juillet 1863, John Richards.

À la fin du printemps 1863, l'armée confédérée lança une impressionnante offensive. Les troupes de Lee avaient vaincu l'armée du Potomac à Chancellorsville en Virginie – mais Lee avait perdu son bras droit et Stonewall Jackson fut tué par erreur par ses propres sentinelles. Lee s'avança alors vers l'ouest de la Pennsylvanie avec l'intention de prendre Harrisburg, un embranchement de chemin de fer essentiel, et d'interrompre ainsi le ravitaillement de l'armée du Nord, commandée par le général George D. Meade. Aucune des deux armées ne connaissait la position de l'autre jusqu'à ce qu'elles se rencontrent par hasard à Gettysburg, non loin du champ de bataille d'Antietam. Les confédérés chassèrent l'armée de Meade de la ville et, malheureusement pour eux, la repoussèrent vers le sud jusqu'à une excellente position défensive.

Les confédérés n'étaient que 75 000 contre 90 000 pour l'armée du Nord. La situation était inversée par rapport à Antietam car Lee dut cette fois-ci lancer une série d'attaques à l'assaut d'une colline, attaques qui furent repoussées pendant deux jours. Les deux camps se battirent courageusement et les pertes furent énormes. Sous une pluie battante, alors que les deux camps étaient épuisés, Lee se replia vers le Sud.

La bataille s'avéra décisive dans le cours de la guerre bien que ce fût pas évident à l'époque et même si de nombreuses et sanglantes batailles suivraient encore. **RC**

Le discours de Gettysburg

Lincoln prononce l'un des discours les plus importants de l'Histoire – et l'un des plus courts.

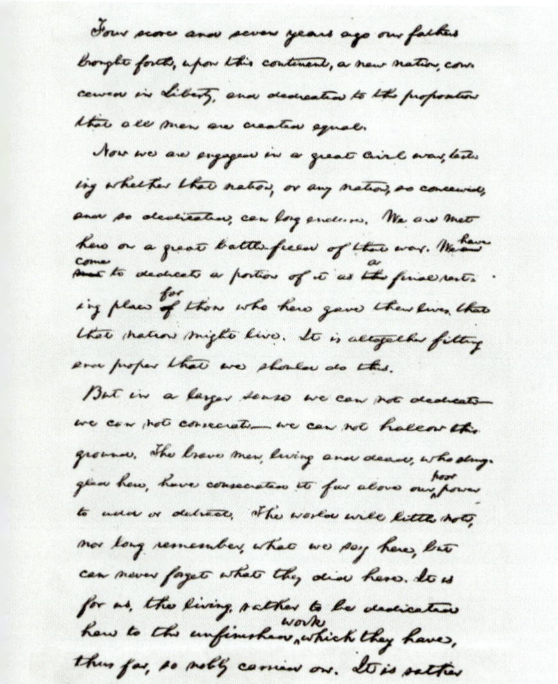
Four score and seven years ago our fathers
brought forth, upon this continent, a new nation, con-
ceived in Liberty, and dedicated to the proposition
that all men are created equal.
Now we are engaged in a great civil war, test-
ing whether that nation, or any nation, so conceived,
and so dedicated, can long endure. We are met
here on a great battle-field of that war. We have
come to dedicate a portion of it as a final rest-
ing place for those who here gave their lives that
that nation might live. It is altogether fitting
and proper that we should do this.
But in a larger sense we can not dedicate—
we can not consecrate— we can not hallow this
ground. The brave men, living and dead, who strug-
gled here, have consecrated it far above our poor power
to add or detract. The world will little note,
nor long remember, what we say here; but
can never forget what they did here. It is
for us, the living, rather to be dedicated
here to the unfinished work which they have,
thus far, so nobly carried on. It is rather

Malgré plusieurs victoires, les habitants du Nord commençaient à se lasser de la guerre et acceptaient mal la conscription. Au mois de juillet, des centaines de personnes avaient été tuées à New York au cours d'émeutes provoquées par l'enrôlement obligatoire. C'est principalement la population noire qui fut prise pour cible : des Noirs furent pendus aux lampadaires et un orphelinat pour enfants noirs fut incendié.

Lincoln avait tout cela à l'esprit quand il fut invité à prononcer un discours lors de l'inauguration du monument aux morts de Gettysburg. Musique, hymnes et prières étaient inscrits au programme et l'ancien gouverneur du Massachusetts, Edward Everett, parla pendant deux heures, mais fut éclipsé par Lincoln qui offrit l'un des plus beaux discours de tous les temps en moins de deux minutes et 300 mots. Il y exposait les causes pour lesquelles le Nord se battait et rappelait la raison d'être fondamentale des États-Unis.

Les pères fondateurs, expliqua Lincoln « apportèrent à ce continent une nation nouvelle, conçue dans la liberté et vouée au principe selon lequel tous les hommes sont créés égaux ». Les hommes courageux qui étaient morts à Gettysburg avaient « donné leur vie pour la survie de la nation ». Il concluait en affirmant « que ces morts n'[étaient] pas morts en vain – que cette nation, sous l'égide de Dieu, renaî[trait] à la liberté – et [que] le gouvernement du peuple, par le peuple, pour le peuple, ne péri[rait] pas sur cette terre ». **RC**

◗ Première page du légendaire discours de Gettysburg, de la main même du président Lincoln.

◖ On aperçoit Lincoln, au fond, assistant à la consécration du cimetière national de Gettysburg.

1864 – 21 JUILLET

La révolte des Taiping

La défaite des rebelles taiping consolide la dynastie Qing en Chine.

Les pertes humaines furent énormes lors de l'intervention des troupes impériales à Nankin, mais la rébellion des Taiping, qui avait débuté quatorze ans auparavant, avait déjà provoqué le massacre de 20 millions de personnes environ. Le troisième jour de cette intervention (et le dernier), 100 000 environ moururent dans de féroces batailles de rue. Le chef des rebelles, Hong Xiuquan, qui déclarait être le frère cadet de Jésus-Christ chargé d'établir le « Royaume céleste de la grande paix » (ou Taiping en chinois) en opposition à l'inefficace dynastie Qing et aux étrangers rapaces, avait fait de Nankin sa capitale pendant dix ans, mais était mort d'intoxication alimentaire un mois plus tôt.

Les troupes impériales victorieuses devaient beaucoup aux Britanniques qui avaient combattu à leurs côtés, notamment à Charles Gordon et son « armée toujours victorieuse ».

Les rebelles étaient sur la défensive depuis 1860, quand l'armée impériale avait été réorganisée par Zeng Guofan et Li Hongzhang. Ces derniers bénéficièrent ensuite de l'aide des Européens désireux de protéger leurs investissements dans le pays. Gordon avait demandé à rejoindre l'armée britannique en Chine dès 1860 et quand le fondateur américain de « l'armée toujours victorieuse » s'éteignit, Li persuada les Britanniques d'en offrir le commandement à Gordon en mars 1863. Prenant la tête de ses hommes, il remporta une série de victoires qui permirent le succès des troupes impériales à Nankin et lui valurent le surnom de Gordon le Chinois.

Le conflit, l'un des plus sanglants de l'histoire, n'était pas terminé car plus de 250 000 guerriers taiping étaient encore en liberté, mais le succès des Qing était assuré pour des décennies. **RP**

1864 – 22 AOÛT

L'aide aux blessés

La Convention de Genève de 1864 renforce le rôle de la Croix-Rouge.

En 1864, les délégués de seize pays se réunirent en Suisse et, le 22 août, douze d'entre eux adoptèrent la Convention de Genève pour l'amélioration du sort des blessés et des malades dans les forces armées en campagne. Pour la première fois, un ensemble de règles engageait les signataires et garantissait la neutralité et la protection des blessés et du personnel médical sur le champ de bataille. Un drapeau blanc orné d'une croix rouge identifierait hôpitaux, ambulances et centres d'évacuation. Le rêve de l'homme d'affaires suisse Henri Dunant venait de se réaliser.

En juin 1859, il avait vu les dégâts humains infligés par la bataille de Solferino entre la France et l'Autriche. Aucune aide médicale n'était disponible et des milliers de soldats gisaient mutilés sur le champ de bataille. Pendant plusieurs jours, il fit son possible pour aider les blessés et, une fois rentré à Genève, il écrivit *Un Souvenir de Solferino* dans lequel il défendait la formation d'organismes bénévoles d'aide aux blessés. En 1863, il participa à la création du Comité international de la Croix-Rouge. Il lutta aussi en faveur de traités internationaux garantissant la protection des non-combattants, une proposition que le gouvernement suisse défendit avec succès l'année suivante.

Henri Dunant négligea tant ses affaires qu'il fit faillite en 1867 et vécut par la suite dans la plus grande pauvreté. Il reçut toutefois le prix Nobel en 1901 et son travail produisit de remarquables résultats au XXe siècle.

Le Mouvement international de la Croix-Rouge et du Croissant-Rouge est désormais un organisme florissant et la quatrième convention de Genève a été signée par plus de 190 États. **RP**

La fondation de la Ire Internationale

Création d'une organisation qui doit accélérer l'avènement d'une révolution communiste.

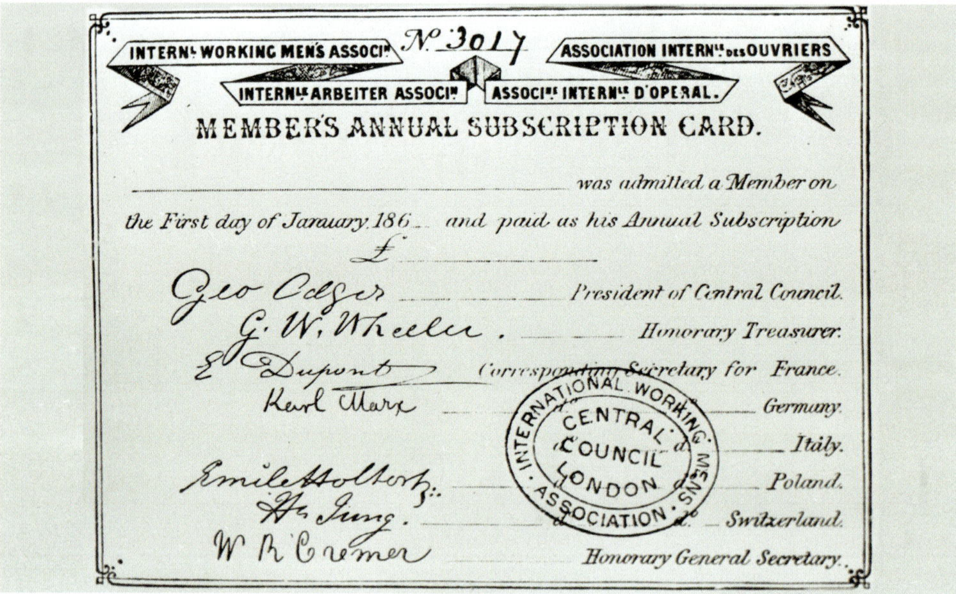
INTERN^L^ WORKING MEN'S ASSOCI^N^ — N° 3017 — ASSOCIATION INTERN^LE^ DES OUVRIERS
INTERN^LE^ ARBEITER ASSOCI^N^ — ASSOCI^NE^ INTERN^LE^ D'OPERAI.

MEMBER'S ANNUAL SUBSCRIPTION CARD.

.... was admitted a Member on the First day of January 186.. and paid as his Annual Subscription £ ....

Geo Odger .... President of Central Council.
G. W. Wheeler .... Honorary Treasurer.
E. Dupont .... Corresponding Secretary for France.
Karl Marx .... Germany.
.... Italy.
Emile Holtorp .... Poland.
H. Jung .... Switzerland.
W R Cremer .... Honorary General Secretary.

INTERNATIONAL WORKING MEN'S ASSOCIATION — CENTRAL COUNCIL LONDON

Carte d'adhérent de l'Association internationale des ouvriers (ou Première Internationale) dont Marx était l'un des fondateurs.

Karl Marx était convaincu que la fin du capitalisme était proche. Les prolétaires, quand ils n'auraient plus que leurs chaînes à perdre, se soulèveraient pour lancer une révolution sanglante. C'est dans cet esprit que Marx assista, en 1864, à une rencontre entre socialistes et communistes européens à Londres où il résidait depuis 1849. Il y approuva le discours du professeur Edward Spencer Beesley qui défendait la création d'une organisation qui réunirait tous les travailleurs du monde, de même que les syndicalistes.

La création de l'Association internationale des ouvriers ou Ire Internationale fut votée à l'unanimité. Son comité comprenait 21 membres élus, dont Marx qui appartenait aussi au sous-comité chargé de rédiger le programme et les règles d'adhésion au nouvel organisme. Les membres du comité se réunirent chez lui et Marx devint rapidement la figure dominante du mouvement. Il rédigea l'adresse aux classes travailleuses qui exposait la raison d'être de l'Internationale et fut élu à chaque comité directeur.

Fonder l'Internationale était facile, la faire fonctionner beaucoup moins car ses divers groupes aux positions doctrinales différentes s'affrontaient parfois violemment. Après s'être heurté d'innombrables fois à l'anarchiste Bakounine, Marx reconnut l'impossibilité de l'exercice. L'Internationale disparut en 1876. Une deuxième fut formée en 1889, mais ne réussit guère mieux. **RP**

La défaite des sudistes

En capitulant à Appomattox, Robert E. Lee met fin à la guerre de Sécession.

Des soldats campent devant le tribunal d'Appomattox, village où le général Lee capitula.

À la fin mars 1865, l'armée du Potomac commandée par Ulysses S. Grant mena une offensive contre les confédérés de Robert E. Lee à Petersburg en Virginie. Lee essaya de s'échapper vers l'ouest, mais Grant l'en empêcha. Les sudistes manquaient d'hommes, de munitions et de ravitaillement, et une autre armée nordiste arrivait du Sud. Le 7 avril, Grant envoya un message à Lee dans lequel il lui suggérait de se rendre pour éviter de verser davantage de sang.

Les deux hommes se rencontrèrent à Appomattox. Étonnamment, ils s'apprécièrent et conversèrent agréablement avant d'en venir à ce qui les avait amenés là. Les termes que proposait Grant étaient généreux. Il ne désirait pas humilier ses adversaires, mais ramener le Sud au sein de l'Union. Les soldats de Lee pouvaient déposer les armes et rentrer chez eux. Ils pouvaient conserver leur cheval et l'armée du Nord partagerait ses rations avec eux.

Après avoir accepté ces conditions, Lee monta sur son cheval. Grant le salua, Lee fit de même puis s'éloigna pour informer ses hommes de ce qui avait été décidé. Les autres armées confédérées se rendirent bientôt à leur tour. Le Sud avait perdu environ 260 000 soldats, le Nord 360 000, mais sa population bien plus importante lui avait conféré un avantage certain. Plus industrialisé, il était aussi mieux équipé que le Sud. Inévitablement, plus le conflit durait et moins les confédérés avaient de chances de l'emporter. **RC**

La mort de Lincoln

Le président est assassiné après la victoire du Nord dans la guerre de Sécession.

◆ John Wilkes Booth, photographié quelques années avant qu'il n'assassine le président Lincoln.

◆ À l'hôtel de ville de New York, le cercueil de Lincoln reste ouvert ; le public peut ainsi lui rendre un dernier hommage.

« À la fin, ce qui compte, ce n'est pas tant le nombre d'années vécues mais comment on les a vécues. »

Attribué à Lincoln

Cinq jours après la capitulation des confédérés à Appomattox, le président Abraham Lincoln, principal artisan de la victoire du Nord, fut assassiné. Il avait fait un cauchemar quelques jours auparavant dans lequel il apercevait un linceul à l'intérieur de la Maison-Blanche et était informé que le président était mort. Il se contenta de dire à sa femme Mary que, dans l'avenir, ils devaient tous deux se montrer plus gais. Le vendredi suivant, le couple devait assister à un spectacle au théâtre Ford, en soirée. Mary se montra réticente, mais Lincoln la persuada de sortir en lui disant qu'il avait besoin de rire.

L'acteur John Wilkes Booth, un partisan fanatique de la cause sudiste, avait pendant ce temps pris la tête d'un complot visant à assassiner le président et divers membres de son gouvernement. Très apprécié et admiré par le peuple américain, le président Lincoln et sa famille furent ovationnés à leur arrivée au théâtre. Ils prirent place dans leur loge et leur garde du corps s'éclipsa pour que les Lincoln puissent assister tranquillement à la pièce. Booth s'introduisit dans la loge et tira une seule balle, visant Lincoln à la tête. Il sauta ensuite sur scène, s'écria « Sic semper tyrannis » (« Voilà le sort des tyrans », devise de la Virginie) et s'échappa.

Le président, inconscient, fut transporté jusqu'à une pension de l'autre côté de la rue. Il s'éteignit quelques heures après, le 15 avril, à 7 h 22. Une vague de chagrin et de furie vengeresse submergea le Nord. Booth fut pourchassé et tué par balle. Ses complices furent pour la plupart arrêtés et pendus. Avec la mort de Lincoln, s'éteignait également l'espoir de voir le Nord et le Sud se réconcilier, de voir les Américains noirs et les Américains blancs cohabiter dans l'égalité. Andrew Johnson, le vice-président, succéda à Lincoln . **RC**

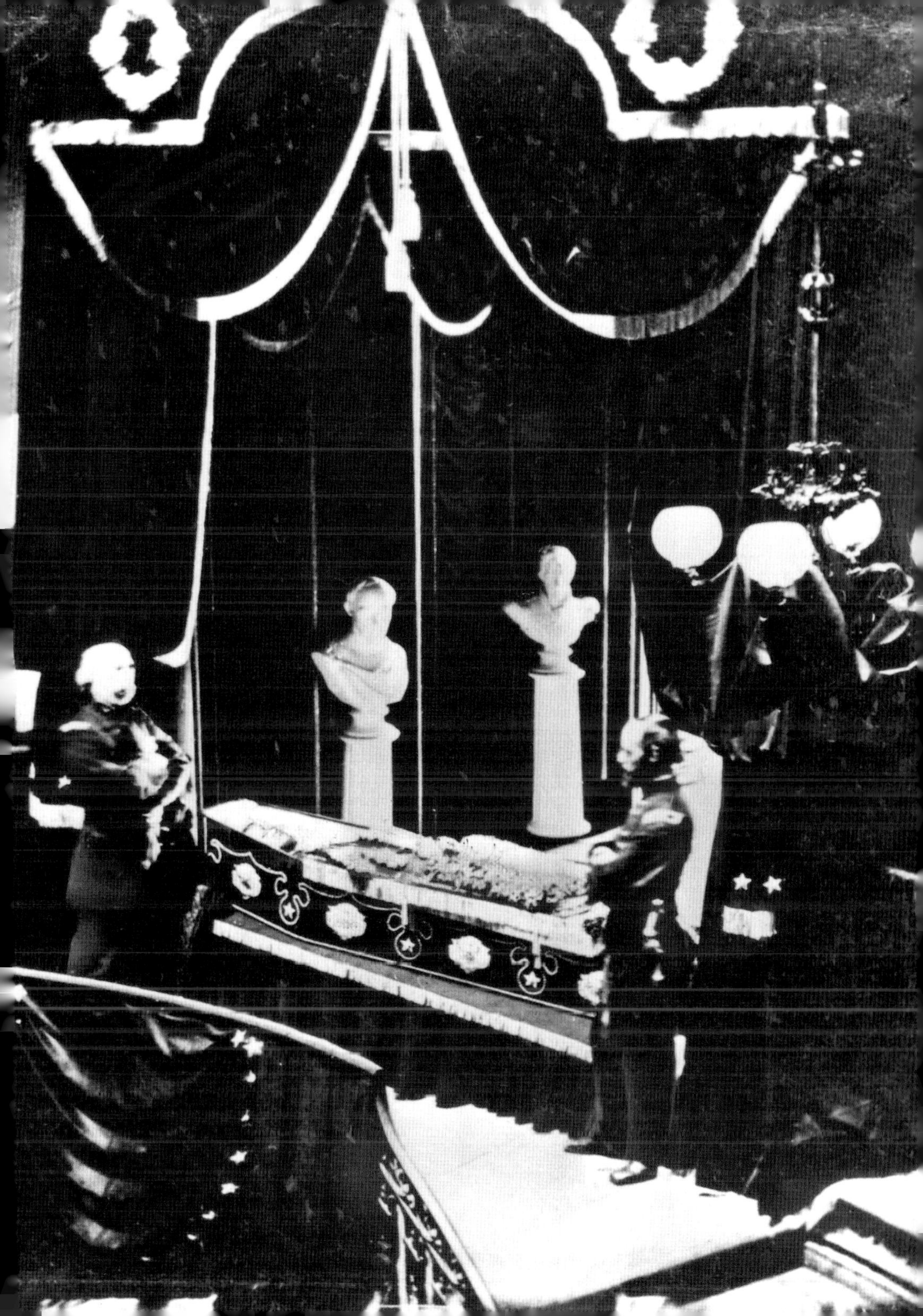

Publication de *Guerre et Paix*

La parution de la première partie de Guerre et Paix *de Léon Tolstoï transforme la littérature russe et européenne.*

Léon Tolstoï consacra cinq ans à la première partie de *Guerre et Paix*. Il révisa son manuscrit sept fois jusqu'à ce qu'il paraisse sous forme de feuilleton en 1865. Les six volumes qui composent le roman furent publiés en 1869. Récit épique à dimension humaine, il révolutionna la littérature russe et européenne. On n'avait jamais vu une œuvre de ce type où presque 500 personnages, qui vont du serf au tsar, sont évoqués dans de multiples intrigues sur fond de champs de bataille sanglants, soirées raffinées et masures paysannes. À tout cela, s'ajoutait une analyse perspicace de la condition humaine dans laquelle Tolstoï réfléchissait sur l'idée du libre arbitre et de la prédestination.

Le roman dresse le portrait de deux familles russes – les Rostov, propriétaires terriens appauvris, et les Bolkonski, aristocrates – au cours de l'invasion de la Russie par Napoléon en 1812. Tolstoï avait participé à la guerre de Crimée dans un régiment d'artillerie. Il décrit de façon très précise le chaos et le carnage de la guerre dans les scènes de bataille, et illustre sa vision fataliste du monde, vision selon laquelle les hommes sont ballottés par les grands courants de l'Histoire. Comme les aristocrates russes, Tolstoï possédait des serfs dans son vaste domaine des steppes de la Volga, mais il se souciait de leurs conditions de vie et de leur éducation. Il tenta de se défaire de toutes ses possessions pour mener une vie plus simple. **JJH**

▶ Le grand auteur russe Léon Tolstoï à Iasnaïa Poliana, le domaine où il naquit et vécut jusqu'à sa mort.

◀ Illustration de *Guerre et Paix* de Tolstoï par Aleksandr Petrovich Apsit.

1865 – 6 DÉCEMBRE

L'abolition de l'esclavage

Le 13e amendement de la Constitution protège les droits des anciens esclaves.

En septembre 1862, alors que la guerre de Sécession faisait rage, Lincoln avait proclamé l'émancipation des esclaves vivant dans les États confédérés et interdit l'esclavage dans ceux du Nord. Il ne s'agissait cependant que d'un décret présidentiel, qui ne s'appliquait que partiellement. Ainsi, les esclaves des États frontaliers qu'étaient le Kentucky, le Missouri, le Maryland, le Delaware et la Virginie occidentale n'étaient pas libérés, ni ceux du Tennessee, État déjà repris par le Nord.

Plusieurs de ces États entreprirent d'abolir l'esclavage alors que la guerre était toujours en vigueur, mais le Kentucky et le Delaware s'en abstinrent. L'esclavage ne pouvait être légalement aboli qu'une fois la Constitution amendée et Lincoln en fit l'un des thèmes principaux de sa campagne présidentielle en 1864. Premier amendement depuis 1804, cette mesure fut passée en force au Congrès par Lincoln début 1865 et les États la ratifièrent malgré la disparition du président.

Quand ce fut le tour de la Géorgie, le 6 décembre, 27 des 36 États qui composaient alors le pays avaient ratifié cet amendement. Les votes des trois quarts des États requis par la Constitution étaient donc atteints et le secrétaire d'État, William Henry Seward, put proclamer, le 18 décembre 1865, l'abolition de l'esclavage aux États-Unis et dans leurs territoires. Le Kentucky, qui comptait sur son territoire encore 40 000 esclaves en 1865, s'abstint de ratifier l'amendement jusqu'en 1976, le Delaware jusqu'en 1901 et le Mississippi en 1995.

Le 13e amendement et deux autres traitant de la protection des droits civils des anciens esclaves constituent ce qu'on appelle les « amendements de la reconstruction ». **PF**

1866 – 3 JUILLET

La bataille de Sadowa

La Prusse écrase l'Autriche à Sadowa, en Bohême.

Pendant l'été 1866, 400 000 hommes se préparèrent à la guerre : l'avenir de l'Allemagne était en jeu. À l'époque, 39 États composaient la Confédération allemande dominée par l'Empire autrichien et le royaume de Prusse. Le chancelier de ce dernier, Otto von Bismarck, fit en sorte que l'Autriche acceptât de livrer une guerre que l'armée prussienne pouvait selon lui remporter.

Très professionnelle, celle-ci utilisa le chemin de fer pour déployer un nombre extraordinaire d'appelés avec une rapidité sans précédent. Les Prussiens s'avancèrent au sein de trois armées, deux consacrées aux assauts frontaux, la troisième manoeuvrant pour attaquer les Autrichiens sur le flanc. L'avance frontale relevait du désespoir et si le commandant autrichien Ludwig Benedek avait été moins hésitant, il aurait pu livrer une contre-attaque décisive. Mais les Prussiens étaient armés de fusils Dreyse, capables de tirer cinq fois plus vite que les armes autrichiennes. Les Autrichiens avaient déjà subi de lourdes pertes quand l'assaut des Prussiens sur leur flanc réussit. À partir de ce moment, la partie fut jouée. L'Autriche, qui avait perdu 45 000 hommes contre 9 000 seulement pour la Prusse, ne pouvait continuer et l'armistice fut négocié. La Prusse prit le contrôle du nord de l'Allemagne et l'Autriche fut exclue des affaires de l'Allemagne. **RG**

« Je ne rechercherai jamais un conflit extérieur pour régler des problèmes internes. »

Otto von Bismarck, chancelier de Prusse, 1862

Les faiblesses du capitalisme

Karl Marx publie le premier volume du Capital.

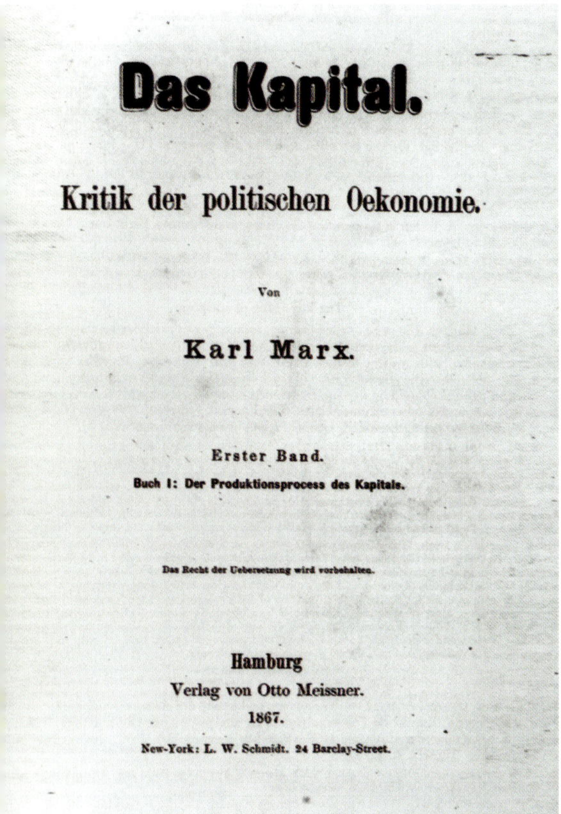

Das Kapital.

Kritik der politischen Oekonomie.

Von

Karl Marx.

Erster Band.

Buch I: Der Produktionsprocess des Kapitals.

Das Recht der Uebersetzung wird vorbehalten.

Hamburg

Verlag von Otto Meissner.

1867.

New-York: L. W. Schmidt. 24 Barclay-Street.

Page titre du *Capital*, ouvrage de Marx publié à Hambourg en 1867.

« Le capital est semblable au vampire, [il] ne s'anime qu'en suçant le travail vivant. »

Karl Marx, *Le Capital*

En 1867, le premier volume du *Capital* de Marx fut publié en allemand. C'était un long traité d'économie politique qui déclarait que le moteur du capitalisme était l'aliénation et l'exploitation des travailleurs. Marx soutenait que les employeurs payaient le travail des ouvriers à sa valeur marchande alors que la valeur finale des marchandises produites excédait la valeur accordée aux travailleurs. Les employeurs s'emparaient de cette plus-value en arguant du fait que comme propriétaires du capital ils avaient droit aux profits. Cela augmentait le capital détenu par les employeurs et perpétuait les conditions dans lesquelles le capitalisme continuerait à exploiter les travailleurs.

Le Capital met l'accent sur la structure et les contradictions internes du système capitaliste. Ce faisant, il ne pousse pas à la révolution. Selon Marx, si les conditions appropriées sont réunies, les cycles successifs de croissance et d'effondrement peuvent créer les conditions de la révolution ou, tout du moins, de la transition vers un nouveau mode de production. *Le Capital* est une tentative d'analyser l'économie politique jusqu'à pouvoir en donner une représentation dialectique et offrir ainsi une justification scientifique au mouvement ouvrier moderne. L'objectif de Marx était de montrer comment le capitalisme pourrait être le précurseur naturel d'une nouvelle forme de production, socialiste, dans laquelle les travailleurs contrôleraient les moyens de production.

Karl Marx mourut avant que les deux autres volumes du *Capital* ne soient publiés en 1883 et 1885, mais l'œuvre majeure du philosophe et théoricien allemand est toujours considérée comme l'apogée scientifique des arguments exposés dans *Le Manifeste du parti communiste*. **TB**

L'exécution de Maximilien

L'empereur du Mexique est assassiné après un coup d'État raté.

Frère cadet de l'empereur d'Autriche, l'archiduc Maximilien arriva plein de bonne volonté en 1864 au Mexique avec sa jeune femme Charlotte pour y être couronné empereur. Il pensait, à tort, qu'il était accepté par « son peuple » (c'est ainsi qu'il considérait les Mexicains). En réalité, il avait été infiltré dans le pays avec l'aide de l'armée française, au service des ambitions impérialistes de Napoléon III, et avec le soutien des riches propriétaires terriens mexicains et de l'Église catholique qui désiraient se défaire du président Benito Juárez car il menaçait leur pouvoir et leurs richesses.

À la grande indignation de ses partenaires, Maximilien se préoccupa grandement du bien-être des paysans opprimés et refusa d'annuler les réformes de Juárez. L'armée française repoussa cependant ce dernier presque jusqu'à la frontière texane avant que le gouvernement américain ne lui demande de se retirer au nom de la doctrine Monroe. En 1866, Napoléon III annonça que ses troupes quitteraient le Mexique. Charlotte se rendit en Europe pour plaider la cause de son mari, mais en vain. Les Français partirent l'année suivante. Maximilien refusa d'abdiquer et de s'enfuir car cela serait contraire à son honneur. Son armée de 9 000 soldats fut cernée par les partisans de Juárez à Querétaro, au nord de Mexico, et affamée jusqu'à ce qu'elle se rende.

Pendant que Maximilien était emprisonné dans un couvent, un complot fut organisé pour le libérer, qui supposait que la princesse Agnès zu Salm-Salm séduise un officier mexicain, mais elle échoua et le complot avec elle. Maximilien fut condamné à mort à l'âge de 34 ans et fusillé. Benito Juárez rentra à Mexico le mois suivant et le pays retrouva son statut de république. **RC**

Quand Napoléon III retira ses troupes du Mexique en 1867, Maximilien fut évincé du pouvoir et finalement exécuté.

« Personne n'a le droit d'écraser le Mexique, sauf les États-Unis. »

Artemus Ward, 1865

1868 – 3 JANVIER

La restauration du pouvoir impérial

L'ère Meiji marque le début de la modernisation du Japon.

Lecture du journal (1877) par Yoshitoshi ; le texte de ce dessin satirique compare la jeune femme à une chatte en chaleur.

L'ouverture au reste du monde à laquelle le commodore américain Perry força le Japon en 1853 fut suivie par quinze ans de conflit politique entre les traditionalistes et les partisans de la modernisation. Dans les années 1850, le Japon était encore une société féodale gouvernée par les shoguns Tokugawa d'Edo (Tokyo). L'empereur, un personnage respecté mais au rôle purement honorifique, régnait depuis le palais impérial de Kyoto.

N'ayant pu empêcher les États-Unis de violer l'isolement officiel du Japon, le shogunat vit son autorité minée. Quand les lourdes dépenses liées à la consolidation des défenses côtières et l'ouverture de l'économie japonaise au commerce étranger plongèrent le pays dans de grandes difficultés, diverses révoltes éclatèrent. En 1863, le shogun Iemochi fut obligé de demander son soutien à l'empereur, la première fois depuis 200 ans. À la fin de l'année 1867, le shogun abdiqua et des rebelles samouraïs, armés de fusils occidentaux, renversèrent le gouvernement militaire pour redonner le pouvoir au jeune empereur Meiji qui régnerait jusqu'en 1912.

Le coup d'État fut officialisé par une proclamation impériale le 3 janvier 1868 et suivi d'une vague de changements. Les prérogatives féodales et le statut privilégié des samouraïs furent abolis. En 20 ans à peine, furent adoptés un système éducatif moderne, une armée et une marine d'appelés, une constitution écrite, la mode vestimentaire occidentale, l'électricité, le chemin de fer, l'impôt sur le revenu, le service postal et le système parlementaire. L'occidentalisation fut imposée par un gouvernement qui demeura autocratique et militariste, et qui utilisa la religion shinto pour créer le culte de la divinité de l'empereur. **JH**

« Toutes les classes sociales seront unies dans la conduite des affaires. »

Serment de la charte Meiji, avril 1868

Classification des éléments chimiques

Mendeleïev publie son tableau périodique des éléments.

Dimitri Ivanovitch Mendeleïev présenta en 1869 sa classification périodique des éléments à la Société de chimie russe. Certains membres se moquèrent de son affirmation selon laquelle on découvrirait des liquides radioactifs supplémentaires. Mendeleïev dut se réjouir quand le gallium fut découvert en 1875 et le germanium en 1886.

Son tableau démontrait les propriétés récurrentes ou périodiques des éléments chimiques. Ceux-ci étaient présentés par nombre atomique croissant et les éléments dotés de caractéristiques chimiques similaires étaient rangés au sein de colonnes verticales.

Bien que l'on attribue généralement la conception de la première classification périodique à Mendeleïev, au moins deux autres savants élaboraient en même temps leur propre version de ce tableau. Lothar Meyer avait publié en 1864 une version décrivant 28 éléments, puis, en 1865, John Newlands publia sa *Loi des octaves* où il remarquait que des éléments dotés de propriétés physiques et chimiques similaires apparaissaient par intervalle de huit, ce qui l'amena à utiliser une analogie musicale. Sa théorie était cependant erronée à deux points de vue : elle ne fonctionnait pas pour les éléments dont la masse est plus élevée que celle du calcium et elle ne pouvait pas accommoder les nouveaux éléments tels que les gaz nobles.

La classification périodique est une découverte importante de la chimie moderne car elle offre un cadre précieux dans lequel classer et comparer le comportement des composés chimiques. En perpétuelle révision grâce aux découvertes de nouveaux éléments et nouvelles théories, elle a aussi donné lieu à d'importantes applications dans de nombreuses branches scientifiques et industrielles. **TB**

Photographie de Dimitri Mendeleïev (1834-1907) prise au début du XXe siècle à la fin de sa brillante carrière de chimiste.

« La masse atomique n'appartient pas au charbon ni au diamant mais au carbone. » Dimitri Mendeleïev au sujet de sa classification périodique

La première voie ferrée transcontinentale

Le premier chemin de fer transcontinental est créé aux États-Unis.

La « Cérémonie du clou d'or » en Utah marqua l'achèvement de la première voie ferrée transcontinentale.

Certains ont suggéré que le chemin de fer avait joué un rôle tout aussi essentiel que les partis politiques dans le développement des États-Unis. Ce fut certainement un facteur important dans l'unification d'un territoire aussi vaste. Les premières voies ferrées furent posées dans les années 1820-1830 et, dans les années 1850, elles commençaient à se diriger vers l'ouest à partir de la côte est. Au cours de la décennie suivante, la Central Pacific Railroad commença à installer des voies vers l'est à partir de la Californie, et l'Union Pacific Railroad à construire vers l'ouest à partir d'Omaha dans le Nebraska, employant respectivement des ouvriers chinois et irlandais.

Le moment le plus théâtral de l'histoire du rail américain se produisit quand les deux lignes se rejoignirent à Promontory Summit dans l'Utah. Leur construction fut un travail de longue haleine demandant des efforts considérables pour traverser montagnes et canyons. Pour compléter la dernière liaison, on avait fondu un gros clou en or qui devait être enfoncé dans une traverse spéciale, en bois de laurier de Californie. Deux locomotives se rejoignirent jusqu'à ce qu'une traverse les sépare ; le clou d'or fut enfoncé soigneusement dans le trou prévu à cet effet pour donner naissance au premier chemin de fer transcontinental américain.

On estime que 3 000 personnes environ assistèrent à l'événement. Le clou d'or et la traverse de laurier furent immédiatement retirés et remplacés par des matériaux classiques. **RC**

Inauguration du canal de Suez

Le rêve d'une voie commerciale plus courte entre l'Europe et l'Asie devient réalité.

Les bateaux pénètrent dans le canal de Suez lors de son inauguration le 17 novembre 1869.

La réalisation du canal de Suez qui reliait la mer Rouge et la Méditerranée fut l'œuvre d'un seul homme, le visionnaire Ferdinand de Lesseps, un ancien diplomate français. Inspiré par des récits de voyage de l'Antiquité qui évoquaient un ancien canal creusé dans le désert et avec l'aide de l'une de ses anciennes connaissances, Muhammad Sa'id qui devint le khédive (vice-roi) d'Égypte, il obtint la permission de réaliser son rêve. Lesseps entreprit de réunir les fonds nécessaires, notamment avec l'aide d'une souscription nationale.

Lesseps souleva la première pelletée de sable en 1859 et, dix ans plus tard, grâce au travail forcé de milliers de paysans égyptiens, le canal fut achevé à Suez. Long de 163 km, il réduisit considérablement la durée du voyage entre l'Europe et l'Orient car on n'avait désormais plus besoin de contourner l'Afrique par le cap de Bonne-Espérance. Il fut inauguré en fanfare en novembre 1869.

Malgré l'opposition initiale des Britanniques à cette entreprise française, le Premier ministre Benjamin Disraeli acheta finalement les parts des Égyptiens et le canal devint alors un partenariat franco-anglais. Il continua à enrichir l'Angleterre et la France jusqu'à sa nationalisation par Nasser en 1956. Fermé pendant la courte opération militaire de ces deux pays contre l'Égypte cette même année, puis en 1967 et 1973 pendant les guerres arabo-israéliennes, c'est aujourd'hui une voie internationale. **NJ**

Le concile Vatican I déclare le pape infaillible

La doctrine de l'infaillibilité du pape renforce sa lutte contre les forces démocrates et libérales.

« Ne vous conformez pas au siècle présent », avait conseillé saint Paul et le pape Pie IX avait bien l'intention de lui obéir, particulièrement parce le monde qui l'entourait était en train de devenir de plus en plus séculaire, nationaliste et opposé à la papauté. Pie IX avait déjà, en 1864, condamné les erreurs pernicieuses qu'étaient « le progrès [...] et la civilisation moderne » et, le 18 juillet 1870, il fit adopter au cours du premier concile de Vatican la doctrine de l'infaillibilité du pape, présentée comme vérité intemporelle. C'est un dogme que l'on peut aisément dénaturer. Il ne signifie pas que le pape a toujours raison, mais que lorsqu'il s'exprime *ex cathedra* – du haut de la chaire, comme pasteur et guide des chrétiens, et en vertu de son autorité apostolique suprême – au sujet de la foi et de la morale, son opinion doit être respectée et appliquée.

Pie IX avait été élu pape en 1846, à la surprise générale. « Nous étions préparés à tout sauf à un pape libéral », avait plaisanté Metternich. Après les révolutions de 1848 et la perte des États pontificaux qui rejoignirent le nouveau royaume italien en 1861, Pie IX abandonna ses idées progressistes. Lorsque les soldats français quittèrent Rome en juillet 1870, la Ville Éternelle devint la nouvelle capitale de l'Italie.

En 1871, le Vatican n'occupait plus que 44 ha à Rome et le pouvoir temporel du pape avait diminué, mais son pouvoir spirituel sur les fidèles avait augmenté grâce à la doctrine de l'infaillibilité. **RP**

Pie IX avant que la perte de territoire pontifical et de pouvoir ne conduise au premier concile du Vatican, v. 1860.

1871 – 18 JANVIER

Le triomphe de Bismarck

L'Empire allemand est proclamé et l'unité politique de l'Allemagne est assurée.

À midi ce jour-là, au son du roulement des tambours, Guillaume Ier de Prusse pénétra dans la galerie des Glaces du palais de Versailles, suivi d'autres dirigeants et généraux allemands. Après une courte cérémonie religieuse, son ministre, Otto von Bismarck, lut une proclamation. Guillaume de Prusse était désormais Guillaume Ier, empereur d'Allemagne, et Bismarck son chancelier. Volontairement, le jour choisi correspondait à la date anniversaire du couronnement de l'ancêtre de Guillaume, Frédéric Ier. La proclamation du nouvel empire allemand avait eu lieu en France parce qu'il avait été improvisé à la hâte au cours de la récente guerre entre la France et la Prusse. C'est la déclaration de guerre de la France, en juillet 1870, qui permit à Bismarck de faire accepter le nouveau Reich que n'avaient souhaité ni le nouvel empereur, ni les princes, ni les libéraux allemands.

Guillaume n'était pas certain que la constitution de l'empire constituât un progrès. De toute évidence, il ne pouvait accepter cette couronne si elle lui était offerte par le caniveau (le peuple) et Bismarck dut soudoyer le roi de Bavière pour qu'il la lui présente. Même ainsi, Guillaume n'adressa pas la parole à Bismarck le jour de la cérémonie. Quant aux princes, inévitablement, ils sacrifiaient une partie de leur pouvoir, mais au moins ils préservaient leurs titres dans cette nouvelle structure fédérale. Ce sont les libéraux qui y perdirent le plus : le suffrage serait universel, mais le pouvoir résiderait réellement entre les mains des ministres de l'empereur et non au Parlement.

Unie par la guerre, l'Allemagne était dorénavant un colosse militaire, mais elle demeurait immature sur le plan politique et continuerait à rechercher l'expansion en Europe. **RP**

1871 – 28 MAI

Fin de la Commune

La Commune de Paris, âgée de deux mois, est écrasée par le gouvernement.

Dans la banlieue est de Paris, le 28 mai 1871, un défenseur solitaire tira ses derniers coups de fusil puis s'éloigna à pied alors que les troupes gouvernementales s'emparaient des dernières barricades de la Commune.

Après la défaite de Napoléon III et le siège de Paris par l'armée prussienne en 1870, et alors que l'incertitude entourait la future organisation politique du pays, une partie de la population de la capitale avait créé son gouvernement, la Commune de Paris, le 28 mars 1871. Rappelant les révolutions de 1792 et 1845 aux origines jacobines, socialistes et anarchistes, la Commune instaura le droit de vote pour les femmes et la séparation de l'Église et de l'État.

« C'est une guerre totale entre les parasites et les travailleurs, les exploiteurs et les producteurs. »

Comité central de la garde nationale

Ces actes étaient inacceptables pour le gouvernement, réfugié à Versailles, selon qui l'unité de la nation et l'autorité de la classe dirigeante étaient menacées. Adolphe Thiers, chef de ce gouvernement, ordonna à l'armée de reprendre Paris. Durant les affrontements violents entre Versaillais et communards, certains quartiers furent incendiés et il y eut des otages et des morts. Après la défaite de la Commune, 25 000 communards furent exécutés et de nombreux autres déportés. Le bain de sang, sans précédent dans l'histoire récente du pays, polarisa la gauche et la droite françaises durant de nombreuses décennies. **NK**

1871 – 8 OCTOBRE

L'incendie de Chicago

À Chicago, le feu, attisé par le vent, devient incontrôlable.

L'un des désastres les plus importants du XIXe siècle, l'incendie de Chicago, débuta le 8 octobre 1871. Sa cause demeure inconnue ; selon un journaliste, une émigrée, Catherine O'Leary, aurait renversé une lanterne. D'autres théories ont été avancées mais sans convaincre davantage.

Les pompiers, qui avaient déjà combattu 20 feux au cours de la semaine précédente, mirent du temps à s'occuper de celui-ci. Quand ils arrivèrent sur place, un grand nombre de maisons et de granges en bois étaient déjà en flammes, et le vent attisait un incendie devenu incontrôlable. Les bâtiments et les trottoirs en bois, sans parler des tas de bois de charpente entreposés ça et là, nourrirent le feu qui enjamba la rivière et détruisit la station hydraulique de la ville, entravant plus encore les efforts des pompiers. Au petit matin, le 9 octobre, l'incendie avait ravagé le quartier commercial du centre et détruit l'opéra et le palais de justice. Des milliers de personnes fuirent devant les flammes qui engloutirent un tiers de la ville et provoquèrent près de 300 morts. Cent mille personnes se retrouvèrent sans abri. La partie de la ville incendiée mesurait plus de 6 km de long, 1 km de large, comprenait 34 pâtés de maisons dont 45 km de rue et 190 km de trottoir.

Les travaux de reconstruction débutèrent immédiatement et marquèrent une période de croissance à Chicago qui dura jusqu'à la fin du XIXe siècle. Quinze ans plus tard, rares étaient les signes de l'incendie dans la ville. **PF**

◀ Le magasin Field, Leiter and Co., incendié, au milieu d'un desert de gravats et de détritus après le grand incendie de Chicago.

1871 – 10 NOVEMBRE

Stanley sauve Livingstone

Stanley trouve David Livingstone et lui sauve la vie.

C'était la troisième expédition africaine de David Livingstone dont l'objectif était de découvrir la source du Nil et de prêcher l'abolition de l'esclavage. Les nouvelles concernant sa mort étaient exagérées, mais il était en mauvaise posture : il souffrait d'hémorroïdes, d'ulcères tropicaux aux pieds, de saignements intestinaux, de diarrhée et d'une pneumonie. Il s'était reposé plusieurs mois à Bambarre et était parvenu à traverser le lac Tanganika pour rejoindre Ujiji le 5 novembre 1871. Son avenir ne semblait pas brillant jusqu'à ce qu'il rencontre, le 10 novembre, Henry Morton Stanley du *New York Herald*.

« Je m'avançai, retirai mon chapeau et dis : "Docteur Livingstone, je présume ?" »

Henry Morton Stanley, explorateur

Après s'être échappé d'un hospice gallois à l'âge de 15 ans et avoir rejoint les États-Unis, celui-ci était devenu journaliste. Il partit pour Zanzibar, décidé à trouver le missionnaire disparu, en compagnie de deux autres Européens qui moururent et de 192 porteurs africains dont la grande majorité mourut également. Alors qu'il s'avançait vers Livingstone, il vit que ce dernier « était pâle et qu'il avait l'air las. » Stanley se chargea de le nourrir et il reprit peu à peu des forces. Ils s'entendirent étonnamment bien, mais Livingstone refusa de repartir en Angleterre. Ils se séparèrent le 14 mars 1872, Livingstone poursuivant sa mission en Afrique jusqu'à sa mort en mai 1873. **RP**

L'énigme du *Mary Celeste*

Les circonstances de l'abandon du Mary Celeste *constituent l'un des grands mystères.*

Selon Abel Fosdyk, tout l'équipage, sauf lui, serait tombé à la mer et aurait été dévoré par les requins.

« Le fourneau était renversé et les ustensiles éparpillés. » Oliver Deveau après la découverte du *Mary Celeste*.

Le *Mary Celeste*, un petit cargo à deux mâts, quitta New York en direction de Gênes, en Italie, le 7 novembre 1872. Il transportait de l'alcool industriel et dix personnes, dont le capitaine Benjamin Briggs, sa femme Sarah et leur fille de 2 ans, Sophie, que l'on ne revit plus jamais.

Le bateau fut aperçu près du détroit de Gibraltar, le 4 décembre, par le *Dei Gratia*, un navire anglais qui avait quitté New York une semaine après le *Mary Celeste*. Son capitaine, David Morehouse, qui connaissait Briggs, saisit un porte-voix pour demander au *Mary Celeste* s'ils avaient besoin d'aide. Il n'y eut aucune réponse, le bateau semblait abandonné, toutes voiles dehors. Il envoya des hommes à bord qui découvrirent que le cargo était navigable même s'il avait pris l'eau et qu'un canot de sauvetage manquait. Le bateau avait de toute évidence été évacué à la hâte, mais il n'y avait pas de signe de panique ou de violence. Un équipage réduit l'amena jusqu'à Gibraltar où une commission d'enquête suggéra que l'équipage du *Dei Gratia* était responsable de la disparition de celui du *Mary Celeste* – hypothèse que la plupart des historiens rejettent.

Les théories sur le sort du *Mary Celeste* vont de la mutinerie à une tempête soudaine. On suggéra également que le capitaine Briggs avait ordonné à son équipage d'abandonner le navire car il craignait que sa cargaison, devenue instable, ne fût sur le point d'exploser.

Conan Doyle, qui n'avait pas encore inventé le personnage de Sherlock Holmes, s'empara du mystère. Dans la nouvelle qu'il lui consacra, il baptisa le bateau *La Marie Céleste* et raconta que des tasses de thé encore chaudes et un chat endormi avaient été découverts à son bord. Ces détails, comme d'autres, relevaient de la plus pure imagination. **NJ**

Première traversée de la Manche à la nage

L'exploit du capitaine Matthew Webb en fait instantanément une célébrité.

Matthew Webb, l'un des douze enfants d'un médecin de Dawley, en Angleterre, avait appris à nager dans la rivière Severn, mais il démontra réellement ses capacités aquatiques quand, alors qu'il était second du *Russia*, un paquebot de la Cunnard, il plongea dans l'Atlantique pour secourir un homme tombé à la mer – un geste qui lui valut 100 livres de récompense et une médaille.

En 1873, il lut un article au sujet de la tentative ratée de J.B. Johnson de traverser la Manche à la nage et, décidé à faire mieux, il quitta la marine marchande et commença à s'entraîner à Londres. Le 12 août 1875, il fit une première tentative, mais dut faire demi-tour à cause de vents violents.

Le 24 août, il plongea du quai de Douvres et, profitant de la marée descendante, nagea d'un rythme régulier toute la nuit. Enduit de graisse de tortue et se nourrissant de bouillon de bœuf, Webb fut piqué par des méduses, mais finit sa traversée près de Calais après avoir nagé pendant 21 heures et 45 minutes sans demander de l'aide ni même toucher les trois bateaux qui l'accompagnaient. Il venait de réaliser la première traversée de la Manche à la nage, sans aide ni équipement.

Matthew Webb accéda immédiatement à la célébrité et son image (avec moustache et maillot de bain à rayures tendu sur un torse puissant) fut utilisée sur toute une série de produits commerciaux, depuis les boîtes d'allumettes jusqu'à celles de médicaments. Il voyagea à travers les États-Unis pour s'y livrer à des prouesses aquatiques rémunérées et rédigea même un ouvrage, *L'Art de la nage*.

Le 24 juillet 1883, alors qu'il tentait de traverser les rapides en aval des chutes du Niagara à la nage pour une récompense de 48 000 dollars, il fut entraîné dans un tourbillon et se noya. **NJ**

Après son exploit, Webb devint « probablement l'homme le plus connu et le plus populaire au monde ».

« J'éprouve dans les poumons la même sensation que celle que j'ai le premier jour de la saison de cricket. »

Le capitaine Webb après avoir traversé la Manche

La première conversation téléphonique

Le brevet du téléphone est déposé et l'univers de la communication transformé.

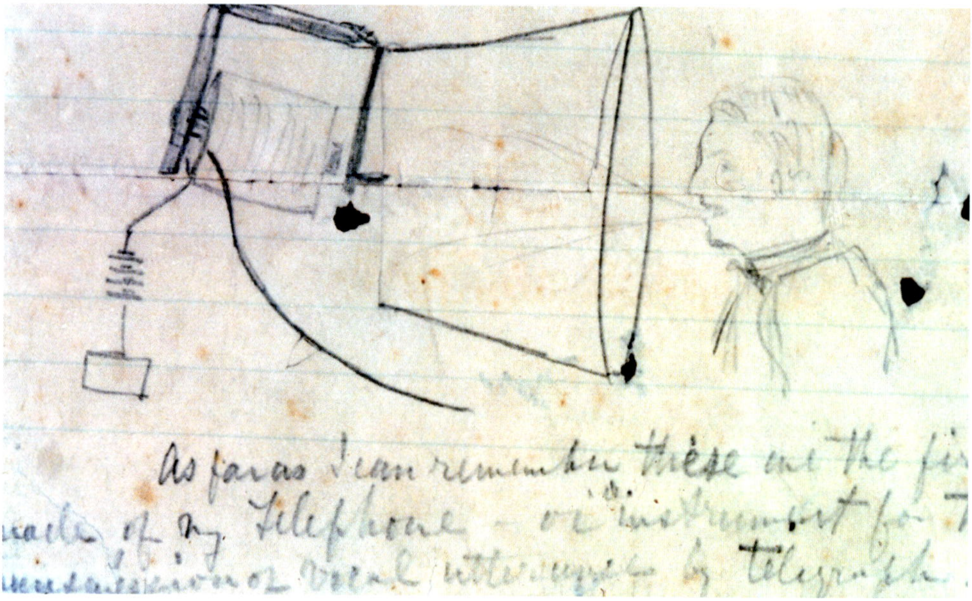

Esquisse d'Alexandre Graham Bell expliquant le fonctionnement de son appareil.

Le brevet n° 175 465 déposé le 7 mars 1876 par Alexandre Graham Bell est à ce jour le plus rentable au monde. Originaire d'Édimbourg, fasciné par la communication, Bell venait juste de fêter ses 29 ans. Enfant, il avait essayé d'apprendre à parler à son chien et, avec son frère, avait fabriqué « une machine parlante ». Elle avait pour modèle le larynx d'un agneau et, quand on soufflait dans un tube, il émettait des sons qui, bien que dépourvus de sens, rappelaient la voix humaine.

Alexandre Graham Bell et ses parents émigrèrent au Canada en 1870 où il devint enseignant dans un institut pour sourds-muets, occupation qu'il continua jusqu'à la fin de sa vie. En 1871, il emménagea à Boston où, après avoir enseigné la physiologie vocale durant la journée, il se livrait le soir à des expériences. Dès 1874, il avait imaginé une transmission électrique perfectionnée des sons et, en 1875, encouragé par les travaux similaires d'Elisha Gray, un inventeur de Chicago, il engagea un assistant du nom de Thomas A. Watson.

En 1876, il déposa le brevet du téléphone et, trois jours plus tard, il prononça les premiers mots transmis par téléphone avec Watson pour interlocuteur dans la pièce voisine. Des années de disputes avec Elisha Gray et d'autres inventeurs l'attendaient, mais la compagnie de téléphone Bell fut créée en 1877 par l'homme d'affaires bostonien Gardiner Greene Hubbard. On communiquait alors par téléphone sur une distance de plus de 160 km **RC**

Victoire indienne à Little Big Horn

Les Amérindiens tuent le général Custer, mais leur sort est déjà scellé.

Dessin de Cheval Rouge, un chef sioux, représentant la bataille de Little Big Horn.

Les Indiens des plaines remportèrent une brillante victoire contre les Blancs à Little Big Horn. Leur monde était en train de disparaître sous la pression des fermiers blancs, de la construction de plus en plus de villes, du chemin de fer qui se profilait, de l'extermination des bisons et de l'arrivée massive de chercheurs d'or. C'est en effet la découverte d'or dans la région des Black Hills et l'invasion de mineurs blancs qui déclenchèrent une guerre généralisée. Le colonel Custer, ivre d'ambitions politiques, et qui s'était illustré au cours de la guerre de Sécession, était désormais à la tête du 7e régiment de cavalerie. Trois mille guerriers sioux et cheyennes dont les chefs étaient principalement Sitting Bull (Tatanka Iyotake) et Crazy Horse (Ta-Sunko-Witko) lui faisaient face.

Bien qu'en infériorité numérique, Custer ordonna à un escadron d'attaquer le campement indien sur les bords de la Little Big Horn, tandis qu'accompagné de cinq compagnies il effraierait les chevaux des guerriers. C'était exactement l'occasion qu'attendaient les Indiens. Les guerriers de Crazy Horse attaquèrent Custer et ses hommes de front tandis que d'autres, menés par le chef sioux Gall, bloquaient leur retraite. Piégés, Custer et ses hommes furent tués et les soldats de l'escadron s'enfuirent dans les collines après avoir subi de lourdes pertes. Malgré la défaite de Custer, les Indiens étaient condamnés. La plupart seraient parqués dans des réserves et leurs chefs, dont Sitting Bull, forcés de gagner leur vie en travaillant pour les spectacles de Buffalo Bill. **RC**

La première représentation du cycle de *L'Anneau*

L'œuvre de Wagner, L'anneau du Nibelung, *composée de quatre opéras, est jouée dans son intégralité pour la première fois au festival de Bayreuth.*

À Bayreuth en Bavière, le palais des Festivals construit selon les plans de Richard Wagner était plein à craquer quand le rideau se leva sur le premier acte de *L'Or du Rhin*. Au cours des deux soirées suivantes, le public assisterait à *La Walkyrie* et à *Siegfried*, et, le 16 août, au *Crépuscule des dieux*, un opéra de cinq heures, conclusion triomphale de l'intégrale du cycle de *L'Anneau* de Wagner.

Le compositeur avait eu l'idée d'un cycle d'opéras librement inspirés des mythes nordiques et d'un poème épique du Moyen Âge allemand, *La Chanson du Nibelung*, 25 ans plus tôt à Zurich, quand il fut obligé de quitter l'Allemagne après avoir participé à la révolte de 1849. Après de longues années d'exil, il était au bord de la faillite quand, en 1864, le roi Ludwig II l'invita à Munich. Ce dernier, passionné de littérature médiévale (il devait construire le château de Neuschwanstein dans les Alpes bavaroises), devint le mécène du compositeur et lui permit d'achever son cycle, même quand Wagner dut quitter Munich après une aventure avec Cosima von Bülow, alors mariée à un autre. Wagner épousa Cosima en 1870, s'installa à Bayreuth et se consacra à la collecte des fonds nécessaires à la construction du théâtre où il jouerait ses opéras. Il mourut à Venise en 1883, quelques mois après la création de *Parsifal* à Bayreuth. Un festival a lieu chaque été dans cette ville, entièrement consacré aux opéras de Wagner. **NK**

Amalie Materna, soprano autrichienne, créa le rôle de Brünnhilde, l'une des walkyries du cycle de *L'Anneau*.

Le palais des Festivals de Bayreuth fut conçu par Wagner et inauguré en 1876 avec la représentation de ses quatre opéras.

1879 – 22 JANVIER

Le triomphe zoulou

Les Britanniques, pourtant bien armées, subissent une défaite à Isandhlwana.

La défaite des Anglais à Isandhlwana s'explique tant par leur orgueil démesuré et l'incompétence de leur commandant, lord Chemsford, qu'au courage des Zoulous, leurs compétences tactiques et leur supériorité numérique.

Chaka, fondateur de la nation zouloue, avait formé de redoutables guerriers dans les années 1820. Quand son neveu, Cetawayo, accéda au pouvoir en 1873, le territoire zoulou était menacé par les Anglais qui désiraient unifier l'Afrique du Sud. Cetawayo rejeta l'ultimatum anglais et la Grande-Bretagne envahit son royaume. Chemsford et ses hommes installèrent leur camp au pied du mont Isandhlwana, mais négligèrent de placer leurs chariots en cercle protecteur. Chemsford envoya ensuite des renforts à ses éclaireurs qui avaient rencontré une troupe de 1 500 guerriers zoulous et ne laissa que 1 700 hommes au campement d'Isandhlwana.

« Faire preuve de clémence… alors que vous êtes venus prendre notre pays et nous dévorer ? »

Saul David, *Zoulou*, 2004

Le 22 janvier, 20 000 guerriers zoulous s'abattirent sur les Anglais à Isandhlwana et les écrasèrent, ne laissant la vie qu'à 350 d'entre eux. Les morts furent éviscérés par les vainqueurs selon les rituels zoulous pour libérer leur âme. Isandhlwana fut un rude coup à l'impérialisme victorien qui n'avait jamais été plus pompeux, mais la défaite était presque entièrement attribuable à Chelmsford qui avait sous-estimé l'ennemi. **NJ**

1879 – 14 FÉVRIER

La guerre du guano

Conflit entre le Chili, le Pérou et la Bolivie au sujet de cette source de richesse.

La libération de l'Amérique latine dans les années 1820 s'était déroulée à une telle rapidité que de nombreux conflits frontaliers demeurèrent irrésolus jusqu'à la fin du siècle. Par exemple, le désert d'Atacama, situé entre le Pérou et le Chili, constituait la seule façade maritime de la Bolivie. La région était riche en salpêtre et en gisements de guano, utilisés dans la production de fertilisants.

Quand la Bolivie exigea que la compagnie chilienne Antofagasta, qui possédait des chemins de fer et produisait des nitrates, paie des impôts plus élevés, l'armée chilienne riposta en février 1879. Le Pérou, qui avait signé une alliance secrète avec la Bolivie en 1873, fut entraîné dans le conflit, forçant le Chili à déclarer la guerre aux deux pays.

L'armée bolivienne n'était pas en état d'affronter le Chili, mais le contrôle de l'accès au Pacifique devint rapidement un facteur essentiel du conflit. Pendant six mois, la marine péruvienne infligea des dégâts considérables aux forces armées beaucoup plus importantes du Chili. Le 8 octobre, cependant, le Chili put contrôler l'accès à l'océan après avoir vaincu l'amiral Grau du Pérou, puis il envahit le Pérou dont il prit la capitale, Lima, en janvier 1881.

Le conflit se prolongea pendant plusieurs années, la résistance péruvienne bénéficiant du soutien tacite des Américains, jusqu'à ce qu'un traité de paix entérinant le nouveau découpage géographique soit signé en 1883. La Bolivie et le Pérou, qui avaient déjà énormément souffert, devaient ainsi céder certains territoires riches en minéraux au Chili et les provinces de Tacna et d'Arica voteraient dix ans plus tard pour décider de leur nationalité. Cette guerre, connue aussi sous le nom de guerre du Pacifique, fit 25 000 morts. **PF**

La première ampoule électrique

L'ampoule incandescente est peut-être la plus grande invention d'Edison.

Thomas Edison montre une réplique de sa première ampoule à incandescence dont la lumière équivalait à celle de seize bougies.

Thomas Edison, suprême inventeur de son époque, né dans l'Ohio en 1847, n'avait bénéficié que d'une scolarité limitée, mais avait installé un laboratoire dans son sous-sol dès l'âge de 10 ans. Il déposa son premier brevet – à la fin de sa vie, il en avait présenté plus de 1 000 – pour un enregistreur électrique de votes à 19 ans.

Le téléimprimeur qu'il inventa pour communiquer le prix des valeurs boursières lui rapporta assez d'argent pour monter son propre laboratoire de recherche. Même si Bell lui souffla l'invention du téléphone en 1876, Edison apporta d'importantes améliorations à l'appareil et, en 1877, il inventa le phonographe (puis le gramophone, puis le tourne-disque).

L'inventeur s'attaqua ensuite à l'ampoule électrique, à une époque où la principale source de lumière artificielle était le gaz. Il s'aperçut qu'un filament de coton carbonisé monté sur une électrode pouvait éclairer une ampoule 45 heures sans surchauffer. Il testa 6 000 autres matériaux avant de découvrir une fibre de bambou qui conférait à l'ampoule une durée de vie de 1 000 heures. Edison et ses assistants développèrent ensuite générateurs et câbles électriques capables de transmettre le courant, puis inventèrent un compteur électrique.

Edison participa aussi à l'invention du projecteur de cinéma. Quand il mourut à l'âge de 84 ans en 1931, le récit de sa vie et de ses exploits occupa quatre pages et demie dans le *New York Times*. **RC**

L'assassinat d'Alexandre II

Le meurtre de l'empereur russe en 1881 accélère l'avènement de la révolution.

L'assassinat d'Alexandre II fut l'acte terroriste le plus ambitieux du XIXe siècle.

Pour certains, le tsar était le « grand libérateur » qui avait émancipé les serfs en 1861, mais pour les révolutionnaires ce n'était qu'un Romanov de plus, qui exploitait les pauvres. Alexandre II savait que des complots visaient à l'assassiner et était en train de préparer des réformes, dont une assemblée élue, la douma, pour apaiser l'opposition. Mais le 13 mars, près du palais d'hiver, un homme jeta une bombe sous son carrosse cuirassé.

Certains membres de son entourage furent blessés et l'assassin, Nicolaï Rysakoff, arrêté. Le tsar s'approchait de lui quand un autre attaquant, Ignacy Nryniewiecki, jeta une deuxième bombe. Des cadets qui revenaient de la parade soulevèrent le tsar gisant dans la neige, le posèrent sur un traîneau et le recouvrirent de leurs tuniques. Il mourut quelques heures après.

La Volonté du peuple, mouvement révolutionnaire organisé en cellules secrètes et dont les membres obéissaient aveuglément à leurs chefs, désirait détruire l'État et rendre la Russie à son peuple. L'assassinat d'Alexandre II fut la plus « réussie » de ses attaques.

Réformateur timide, celui-ci avait été cependant le plus progressiste des souverains russes du XIXe siècle. Son fils abandonna l'idée d'une réforme parlementaire et plus aucun tsar n'introduisit volontairement de réformes. La révolution serait en Russie le fait de groupes mieux organisés, aux objectifs précis, et elle n'allait pas tarder… **RP**

1881 – 16 JUIN

L'école de Jules Ferry

La religion est bannie des écoles publiques, qui deviennent gratuites.

Jeune député républicain sous le Second Empire, Jules Ferry avait juré de consacrer toute son énergie à l'éducation du peuple. Au début de la IIIe République, il devient ministre de l'Instruction publique puis président du Conseil. Il peut alors faire voter les grandes lois scolaires qui portent son nom. La loi du 16 juin 1881 et celle du 28 mars 1882 instaurent l'enseignement primaire gratuit, laïque et obligatoire. Toute éducation religieuse est bannie des écoles, où les crucifix sont décrochés. Les nouveaux programmes mettent davantage l'accent sur les sciences.

Les républicains veulent ainsi continuer l'œuvre de la Révolution et diminuer le rôle de l'Église, proche des monarchistes. Ils entendent unifier une nation où les particularismes régionaux restent vivaces. L'instituteur reçoit une mission patriotique, celle de préparer ses élèves à la revanche contre l'Allemagne. Mais surtout, la République reposant sur le suffrage universel, chaque commune doit avoir une école pour donner aux futurs électeurs l'instruction nécessaire au plein exercice du droit de vote. Aux enfants de milieux modestes, l'école républicaine offre aussi un espoir de promotion sociale.

Prudent, Jules Ferry sait que la plupart des Français, même républicains, restent catholiques. Aussi refuse-t-il d'aller jusqu'à la séparation des Églises et de l'État, qui attendra encore un quart de siècle. Sa politique n'en a pas moins marqué plusieurs générations de jeunes Français. L'instituteur, ce « hussard noir de la République », comme l'appelait Charles Péguy, devient un personnage central dans chaque village. Les Françaises n'ont pas été oubliées par les réformes, puisque les lycées et les écoles normales de jeunes filles ont été créés à la même époque. **LV**

1882 – 11 JUILLET

Alexandrie bombardée

Son bombardement marque le début de la domination britannique en Égypte.

L'attaque se produisit alors que la tension entre les troupes nationalistes d'Arabi Pacha, qui bénéficiaient du soutien de la population musulmane, et les minorités chrétiennes européennes et coptes, protégées par la Grande-Bretagne et la France, était à son comble. Le vice-roi d'Égypte, le khédive Toufik, était pris au piège entre les deux. L'achèvement du canal de Suez en 1869 avait accru les intérêts français et britanniques en Égypte, et l'influence grandissante d'Arabi Pacha était apparue en réaction à celle des étrangers.

« L'apparence d'une ville morte. Elle rappelle presque Pompéi. »

William Gill, voyageur anglais à Alexandrie

En 1882, sa milice occupa Alexandrie et renforça les défenses de la ville tandis qu'une flotte franco-britannique pénétrait dans le port. Au cours de sanglantes émeutes en juin, des musulmans attaquèrent les quartiers chrétiens de la ville et tuèrent plus de 50 Européens et 125 Égyptiens. L'amiral britannique Seymour exigea que les Égyptiens cessassent de fortifier la ville.

Sans réponse de leur part, les Anglais bombardèrent Alexandrie le 7 juillet. Les Français ne participèrent pas aux combats qui s'ensuivirent. Les Égyptiens, qui avaient perdu environ 700 personnes, incendièrent en représailles les quartiers étrangers d'Alexandrie. Quand les Anglais débarquèrent, ils établirent la loi martiale, qui mena à la proclamation du nouveau statut de l'Égypte, désormais protectorat britannique. **NJ**

Mort du cricket anglais

La plus vieille rivalité en cricket naît quand l'équipe australienne bat l'Angleterre sur son sol pour la première fois.

Les deux nations s'étaient déjà affrontées au cours des cinq années précédentes quand un match du tournoi de 1882, joué sur le terrain de Kennington, au sud de Londres, scella la défaite de l'Angleterre. Après une malheureuse série de lancers de Fred Spufford, l'Angleterre, qui venait de perdre six guichets en douze courses, dut admettre qu'elle était battue. Le public fut choqué et, selon la presse, le match avait constitué le pire spectacle sportif de mémoire d'homme. Deux jours après, le *Sporting Times* publia une fausse nécrologie: «En souvenir affectueux du cricket anglais, mort sur l'Oval [de Kennington] le 29 août 1882, profondément regretté par un vaste cercle d'amis et de connaissances. NB: Le corps sera incinéré et les cendres transportées en Australie.»

Au cours du tournoi suivant en Australie, le capitaine de l'équipe anglaise, Ivo Bligh, mentionna qu'il allait «reprendre les cendres» (ce qu'il fit) et une compétition était née, appelée The Ashes, qui oppose, tous les deux ans, les équipes de cricket anglaise et australienne. Pendant son voyage en Australie en 1882-1883, Bligh se vit remettre un sac de velours contenant ces «cendres imaginaires» et Florence Murphy, sa future femme, lui fit cadeau d'une urne en terre cuite de 15 cm de haut environ. Un court poème publié dans le *Melbourne Punch* et célébrant le succès de Bligh, est toujours collé à l'urne.

Bligh la conserva jusqu'à sa mort et, en 1927, sa femme en fit don au club de Marylebone, l'instance dirigeante du cricket anglais. Parce que l'objet ne constitue pas un trophée officiel, c'est une réplique que l'on offre chaque année à l'équipe gagnante. **PF**

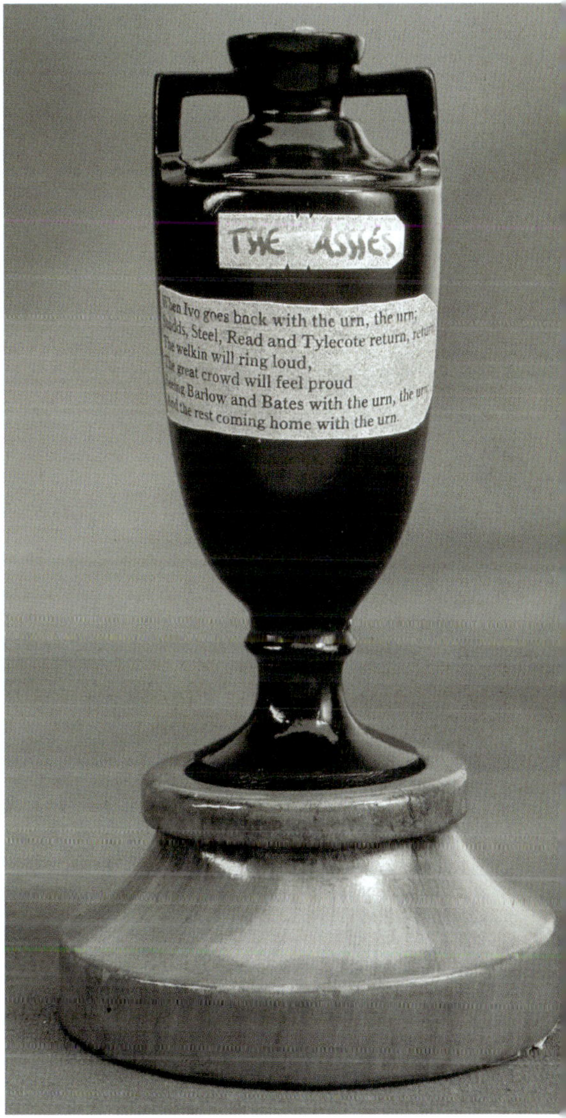

➲ Divers récits suggèrent que l'urne contient les cendres d'un des éléments utilisés pour jouer au cricket.

L'éruption du Krakatoa

L'éruption volcanique est si énorme qu'on en ressent les effets tout autour du monde.

L'Éruption du Krakatoa et phénomènes ultérieurs (1888), lithographie, Royal Society.

**« *Je me tins immobile…*
et sentis un cri interminable
traversant la nature. »**

Edvard Munch après l'éruption de Krakatoa

L'île de Krakatoa, située entre Java et Sumatra, était une île à la végétation luxuriante propre aux régions tropicales. Son activité sismique était connue depuis longtemps et elle avait déjà subi de violentes éruptions volcaniques en 416, en 535 et dans les années 1680. Depuis lors, le volcan était resté inactif. Rien toutefois n'aurait pu préparer à l'explosion qui fit disparaître l'île en août 1883 et produisit le bruit le plus fort entendu par des oreilles humaines, estimé 13 000 fois plus important que celui de la bombe atomique larguée sur Hiroshima.

Après des mois de grondements, d'émissions de vapeur et de petites explosions produites par les trois cônes volcaniques de l'île, quatre puissantes déflagrations entraînèrent des tsunamis de plus de 30 m de haut. Les explosions furent perçues à 3 500 km de là, à Perth, en Australie, et provoquèrent des colonnes de fumée et de cendres qui montèrent jusqu'à 80 km dans l'atmosphère. Une pluie de cendres brûlantes s'abattit sur Sumatra et tua un millier de personnes. La majorité de l'île de Krakatoa s'effondra dans la mer en une vaste caldera et toutes les créatures vivantes moururent sur ce qui restait de l'île. Les tsunamis tuèrent 35 000 personnes, rasèrent 165 villages et en endommagèrent autant.

L'immense éruption provoqua d'importants changements climatiques à l'échelle de la planète. L'année suivante, la température moyenne du globe baissa de plus d'un degré et il fallut attendre la fin de la décennie pour que les tendances climatiques reviennent à la normale. Les cendres et les gaz projetés dans la stratosphère provoquèrent de spectaculaires couchers de soleil dans le monde – notamment à Oslo, comme le montre le chef-d'œuvre de Munch, *Le Cri*. L'éruption a inspiré de nombreux ouvrages et films. **NJ**

La chute de Khartoum

La mort de Gordon le Chinois à Khartoum provoque la colère de la reine Victoria.

Le général Charles Gordon, capable et énergique bien qu'excentrique et mystique, bénéficiait du soutien du public anglais pour avoir écrasé la sanglante rébellion des Taiping en Chine et pour son œuvre évangélique auprès des garçons des quartiers pauvres de Londres. Il fut envoyé au Soudan en 1884 où il avait pour mission d'évacuer les femmes et les enfants de Khartoum que menaçaient les troupes du charismatique chef religieux Mohammed Ahmed, le Mahdi (« celui qui montre le chemin »).

Gordon réussit à évacuer plus de 2 000 civils par le Nil avant que Khartoum ne soit assiégée par les Mahdistes. Le gouvernement britannique pensait qu'il quitterait alors la ville, mais Gordon décida de rester pour organiser sa défense. Khartoum fut transformée en une forteresse, avec une tour de guet en son centre où Gordon prenait souvent son tour de garde. Sous la pression de l'opinion publique, le gouvernement organisa une expédition de secours commandée par le général Wolseley, mais après avoir traversé le désert à toute allure, celle-ci arriva trop tard.

Deux jours auparavant, après un siège de plus de 320 jours, l'un des officiers égyptiens de Gordon avait ouvert la ville aux Mahdistes. Gordon fut tué par balle ou transpercé par une lance, et sa tête fut exhibée triomphalement. La reine Victoria, furieuse, accusa le Premier ministre Gladstone d'avoir trop tardé à porter secours à Gordon qui devint un martyr.

Cet incident se déroulait dans un contexte où les puissances européennes se livraient à une « course à la colonisation » en Afrique et constitue un événement essentiel du conflit entre l'impérialisme occidental arrogant et l'islam renaissant. Totalement ravagée, la ville de Khartoum fut reconstruite à partir de 1898. **NJ**

La Dernière Lutte du général Gordon (1885) par George William Joy symbolise l'interprétation de l'événement par les Anglais.

« Je crains la trahison de la garnison et que tout soit terminé d'ici Noël. »

Général Gordon, décembre 1884

Invention de la première automobile

Karl Benz fait breveter l'ancêtre de la voiture moderne.

L'automobile de Benz était dotée de trois roues, d'un moteur à combustion interne et faisait du 14 km/heure.

Les pères de l'automobile sont deux Allemands que 100 km et dix ans séparaient, et qui travaillèrent simultanément à l'invention de l'automobile sans rien savoir l'un de l'autre, au début des années 1880. Les voitures à moteur à combustion interne que développèrent Gottfried Daimler et Karl Benz n'étaient pas les premiers véhicules propulsés par une source d'énergie: les engins électriques ou à vapeur existaient depuis un siècle. Cependant, en démontrant le caractère pratique d'un moteur fonctionnant à l'essence ou au diesel, Benz et Daimler lancèrent la production en série de l'automobile, le véhicule qui révolutionna le plus les modes de transport. Il est donc logique que les noms de ces deux génies aient été réunis en 1926 quand leurs entreprises fusionnèrent pour former Daimler-Benz, la plus grande compagnie allemande à l'heure actuelle.

Daimler inventa, dans le plus grand secret, le moteur à combustion interne avec son assistant, Wilhelm Maybach, dans une serre près de Stuttgart. En 1885, il attacha leur moteur à deux temps, d'un demi cheval-vapeur, à une bicyclette, créant ainsi la première moto.

Quelques mois plus tard, Karl Benz, à quelques kilomètres de là, dévoilait la première automobile à trois roues, la *motorwagen*. Il inventa également de nombreux mécanismes qui sont aujourd'hui encore nécessaires à la construction d'une voiture: batterie, bougies, accélérateur, boîte à vitesse et embrayage. **NJ**

1886 – 1-4 MAI

Violence à Chicago

Les tensions du système capitaliste entraînent des émeutes à Chicago.

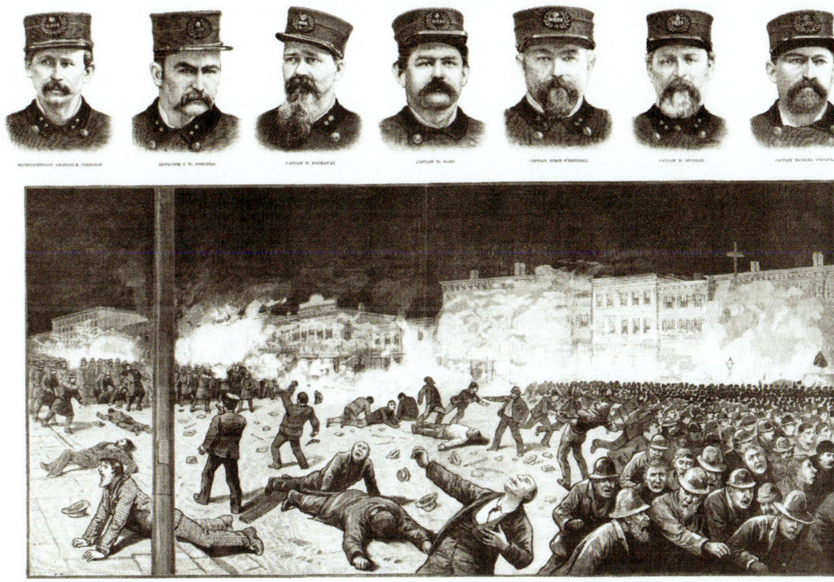

En haut, portrait des sept policiers tués à Chicago ; en bas, la police chargeant les manifestants.

Le syndicalisme s'était développé aux États-Unis avec l'industrialisation, l'urbanisation et l'immigration européenne, mais ses meneurs étaient suspectés d'être des révolutionnaires étrangers déterminés à détruire le système américain. Le 1er mai 1886, de nombreuses manifestations se déroulèrent dans les villes américaines pour demander une journée de travail de 8 heures ; les travailleurs étaient prêts pour la grève générale.

À Chicago, les grévistes de la McCormick Company affrontèrent les « jaunes » (travailleurs refusant la grève) qui tentaient de franchir les piquets de grève. Le 3 mai, la police intervint avec violence. Le lendemain, une manifestation pacifiste fut organisée contre les brutalités, mais quand les policiers s'avancèrent pour disperser la foule, une bombe tua l'un d'entre eux. Ils ouvrirent alors le feu, provoquant des émeutes qui entraînèrent la mort de six autres policiers et en blessèrent 60. On ne sait quel fut le bilan parmi les manifestants.

Malgré l'absence de preuves, huit syndicalistes furent jugés coupables de conspiration avec un meurtrier. Ils étaient tous socialistes ou anarchistes, la plupart nés à l'étranger, ce qui influença de toute évidence les jurés. Quatre d'entre eux furent pendus en novembre 1887 et un autre se suicida. Les trois autres furent graciés en 1893. Pendant ce temps, la Fédération américaine du travail avait été fondée et les syndicats feraient partie intégrante de l'économie et de la politique aux États Unis. **RC**

L'inauguration de la statue de la Liberté

Symbole de liberté et de démocratie, la statue est un don des Français.

Frédéric Auguste Bartholdi a d'abord créé ce modèle d'argile. Sa mère aurait servi de modèle pour le visage.

Les différents éléments de la statue furent assemblés à Paris puis transportés par bateau jusqu'à New York.

« Donnez-moi vos pauvres, vos exténués, vos masses innombrables aspirant à vivre libres. »

Emma Lazarus, *Le Nouveau Colosse*

La statue la plus célèbre d'Amérique, l'un des symboles les plus reconnus dans le monde entier, se dresse sur l'île de Liberty Island, à l'entrée du port de New York. Figure de liberté et de démocratie – la Liberté éclairant le monde – c'est aussi un hommage à tous les émigrés européens qui affluèrent aux États-Unis au XIXe siècle. Sur les tablettes qu'elle tient dans sa main gauche, on peut lire « 4 juillet 1776 », jour de l'indépendance américaine. Emma Lazarus, dans le célèbre poème gravé au pied de la statue, appelait celle-ci « mère des exilés ».

Ce personnage de 45 m de haut brandissant une torche fut imaginé par un groupe d'intellectuels français qui admiraient les États-Unis et désiraient commémorer le centenaire de leur Déclaration d'indépendance. Édouard René Lefebvre de Laboulaye, auteur de trois riches volumes sur l'histoire des États-Unis et qui voulait établir en France une république fondée sur les principes américains, avait pris la tête de ce groupe. En 1875, il participa à l'adoption de la IIIe République. Il comparait la torche de la statue à « un phare qui éclaire ».

La statue fut construite à Paris par le sculpteur Auguste Bartholdi qui commença par un modèle en terre cuite qu'il agrandit en quatre étapes jusqu'au format définitif. L'œuvre était soutenue par une structure métallique conçue par Gustave Eiffel. Le gouvernement américain accepta officiellement ce don en 1884 et la statue fut alors démantelée, puis envoyée dans des caisses jusqu'à New York. C'est Joseph Pulitzer, magnat de la presse, qui organisa la collecte de fonds nécessaires à la construction du socle de la statue ; celle-ci fut inaugurée en 1886 par le président Grover Cleveland. On peut emprunter 354 marches pour accéder à son diadème et six millions de personnes la visitent chaque année. **RC**

1888 – 31 AOÛT

Jack l'Éventreur

Mary Ann Nichols est la première victime de l'assassin.

Au petit matin, le 31 août 1888, Charles Cross qui se rendait au travail emprunta une rue derrière la gare de Whitechapel à Londres : il y découvrit le corps de Mary Ann Nichols. Elle mesurait 1,57 m, avait les yeux marron et il lui manquait cinq dents. Elle portait des contusions au visage et au cou ainsi que de profondes entailles au ventre. Selon le rapport d'autopsie, elle avait probablement été assassinée au cours d'une attaque de cinq minutes perpétrée par un gaucher qui possédait des connaissances en anatomie.

« Une terrible entaille… jusqu'au diaphragme depuis lequel sortaient les entrailles. »

East London Observer, 1er septembre 1888

Surnommée Polly, Mary Ann était née en 1845. Après l'échec de son mariage, ses enfants avaient été confiés à leur père. Elle travaillait parfois comme domestique et prostituée, et on l'avait vue marcher le long de Whitechapel Road le 30 août et au pub après minuit. Plus tard, elle avait été éconduite d'un asile de nuit parce qu'elle ne pouvait payer le prix d'une nuitée. Quelques heures plus tard, elle était morte.

C'est probablement le premier meurtre de Jack l'Éventreur qui tua au moins cinq femmes entre août et novembre 1888. La presse s'empara du fait divers qui fit sensation dans le monde entier, inspira des romans, des comédies musicales et même un opéra. Le mystère de son identité demeure, même si les spécialistes ont avancé plusieurs hypothèses. **RP**

1889 – 6 MAI

La tour Eiffel inaugurée

Elle est le monument vedette de l'Exposition universelle de Paris.

Environ 30 millions de personnes visitèrent l'Exposition universelle organisée à Paris, en mai 1889, à l'occasion du centenaire de la Révolution, où une attraction faisait l'objet de toutes les conversations : la tour Eiffel. Plus haute structure jamais érigée par l'homme avec ses 320 m, elle était illuminée par 2 000 lampes à gaz, constituée de 15 000 pièces métalliques soudées et pesait près de 7 000 tonnes. Depuis son sommet, on jouissait d'une vue à 45 km à la ronde.

Quel meilleur symbole du passé glorieux de la France et de son avenir tout aussi prometteur ? demandait Gustave Eiffel, l'ingénieur qui dessina la tour et l'inaugura officiellement en plantant un drapeau tricolore à son sommet. Incarnation d'une nouvelle ère – celle de la modernité industrielle, scientifique et laïque –, elle constituait également un défi lancé aux rivaux de la France. Cependant, tout le monde n'était pas convaincu, même à Paris. Les sceptiques annoncèrent que les visiteurs seraient pris de vertige, voire frappés par la foudre, tandis que certains artistes protestèrent « avec toute [leur énergie] contre l'érection dans [leur] capitale de l'inutile et monstrueuse tour Eiffel. » Ce fut pourtant le clou de l'Exposition universelle.

La tour devait être démolie en 1909, mais elle s'avéra le support idéal d'une antenne radio. Au fils des décennies, elle devint le symbole universel de Paris et elle demeure aujourd'hui l'une des plus grandes attractions touristiques au monde. **RP**

La tour, photographiée ici le 17 octobre 1888, fut achevée le 31 mars 1889 et parée d'un drapeau.

Vincent Van Gogh se suicide

À 37 ans, Van Gogh se donne la mort dans les champs de blé d'Auvers-sur-Oise privant, prématurément, l'impressionnisme d'un de ses grands maîtres.

Il avala rapidement son déjeuner ce dimanche-là car le travail l'attendait. Considéré par beaucoup comme un artiste raté qui n'avait vendu qu'un seul tableau, il ne paraissait pas découragé quand il se dirigea vers le château d'Auvers-sur-Oise où il avait laissé son chevalet. Il suivit un chemin qui contournait les murailles du château, sortit un revolver qu'il pointa sur sa poitrine et tira.

La vie du Hollandais avait toujours été tumultueuse. Dans les années 1870, il avait fait don de toutes ses possessions et tenté de vivre comme le Christ. À partir de 1880, il fit de la peinture sa « mission » et produisit des centaines de toiles avec une extraordinaire rapidité et des couleurs d'une grande intensité. Il était néanmoins sujet à de sévères dépressions et hallucinations, et était volontairement entré à l'asile psychiatrique après s'être mutilé l'oreille en décembre 1888.

Van Gogh, blessé, rentra en titubant à Auvers. Les médecins, voyant que la balle avait raté le cœur et les organes vitaux, ne l'envoyèrent pas à l'hôpital. Le lendemain, son frère et mécène, Théo, le rejoignit. Vincent avait du mal à respirer et une infection se développait. Théo prit la tête de Vincent au creux de son bras. « J'aimerais pouvoir mourir comme cela », dit Vincent qui s'éteignit une demi-heure plus tard, le 29 juillet 1890, à l'âge de 37 ans.

Van Gogh devait bientôt être reconnu comme l'un des plus grands postimpressionnistes et l'un des héros des temps modernes. **RP**

Van Gogh peignit cet *Autoportrait à l'oreille bandée* (1889) après s'être coupé l'oreille dans un accès de folie.

Champ de blé aux corbeaux (1890) ; le ciel foncé et le vol de corbeaux évoquent une menace imminente.

1890 – 29 DÉCEMBRE

Le massacre de Wounded Knee

Un terrible massacre marque la fin de la guerre contre les Amérindiens.

L'une des conséquences de la destruction du mode de vie des Indiens d'Amérique fut l'émergence du culte de la danse des esprits. Ceux qui le pratiquaient pensaient qu'il restaurerait leur univers, ramènerait les bisons et les morts. Les Sioux de la région des Black Hills dans le Dakota du Sud croyaient qu'une fois ce jour venu les Blancs disparaîtraient. Certains revêtaient des chemises dotées selon eux de pouvoirs surnaturels qui rendaient les guerriers insensibles aux balles de l'ennemi. Ce culte effrayait les pionniers et le bureau des affaires indiennes.

« Notre sécurité dépend de l'extermination totale des Indiens. »

L. Frank Baum, *Aberdeen Saturday Pioneer*, 1891

Le 15 décembre, le grand chef sioux, Sitting Bull, fut tué dans la réserve de Standing Rock par la police indienne lors de son arrestation. Près du ruisseau de Wounded Knee, le 29 décembre, un bataillon du 7e régiment de cavalerie encercla un campement de 350 Sioux qu'ils voulaient envoyer au Nebraska. Lorsque l'un d'entre eux refusa de rendre son arme sauf s'il était payé, les tirs retentirent soudainement, la cavalerie tirant sur le campement à la mitrailleuse.

Le bilan était terrible : 25 soldats américains ainsi que 150 Sioux étaient morts. On pense que certains soldats américains furent tués par des tirs de leur propre camp. Vingt médailles d'honneur furent accordées à la cavalerie. **RC**

1893 – 19 SEPTEMBRE

Droit de vote pour les femmes

La Nouvelle-Zélande est le premier pays à accorder le droit de vote aux femmes.

Au XIXe siècle, le système politique néo-zélandais était le plus avancé au monde. Il comprenait une Chambre des représentants, élue dès 1853, et bien que seuls les propriétaires blancs aient le droit de vote, les trois quarts de la population répondaient à ces critères. La ruée vers l'or en 1860 provoqua l'arrivée de milliers de prospecteurs qui reçurent le droit de vote alors que les Maoris se virent accorder quatre sièges. Tous les hommes adultes jouirent du suffrage en 1879 et la loi électorale de 1893 conféra le droit de vote aux femmes.

« Les dames et leurs visages souriants illuminèrent les bureaux de vote. »

The Christchurch Press, 1893

C'était le résultat d'une longue campagne. Les femmes participaient aux élections locales depuis les années 1860 et avaient presque réussi à obtenir le vote pour les élections législatives dans les années 1870.

Kate Stoppard, qui dirigeait la Ligue féminine antialcoolique, organisa une série de pétitions – l'une d'entre elles, en 1893, récolta près de 32 000 signatures, ce qui représentait le quart de la population féminine blanche adulte de la Nouvelle-Zélande.

Les femmes purent enfin voter pour la première fois le 28 novembre 1893. Certaines d'entre elles, effrayées à l'idée de pénétrer seules dans l'isoloir, demandèrent à voter par correspondance. Ce fut l'élection « la mieux organisée et la plus ordonnée » que le pays avait jamais connue. **PF**

L'affaire Dreyfus

Le procès du capitaine Dreyfus exacerbe les clivages de la IIIe République.

Le capitaine Dreyfus (debout, à droite, près de sa chaise) face au conseil de guerre de Rennes qui devait l'exiler à l'île du Diable.

Le 22 décembre 1894, Alfred Dreyfus, un officier juif de l'armée française, fut condamné à la déportation perpétuelle pour avoir livré des secrets militaires. Malgré ses protestations (« Je suis innocent ! Vive la France ! Vive l'armée ! »), il fut dépouillé de son grade sous les insultes antisémites des spectateurs et envoyé à l'île du Diable, en Guyane, où il était le seul prisonnier et à qui ses gardes avaient ordre de ne pas adresser la parole. L'Affaire divisa la France comme aucun autre événement ne l'avait fait depuis la Révolution.

La famille de Dreyfus était convaincue de son innocence tout comme le journaliste Bernard Lazare, qui voyait en lui une victime de l'antisémitisme. Le lieutenant-colonel Picquart découvrit les preuves d'un complot et révéla le nom du véritable espion : le commandant Esterhazy. On fit taire Picquart en l'envoyant en Tunisie et la cour martiale déclara Esterhazy innocent en 1898. Le mois suivant, Émile Zola publia une lettre ouverte au président intitulée « J'accuse ! » qui déclencha une véritable croisade entre dreyfusards et antidreyfusards.

Dreyfus fut gracié en 1899 et déclaré innocent en 1906, mais les tensions demeuraient latentes. Les Français réussirent à s'unir lors de la Première Guerre mondiale au cours de laquelle Dreyfus quitta sa retraite et gagna la Légion d'honneur.

En 1946, quand le maréchal Pétain fut condamné pour haute trahison, il s'écria : « C'est la vengeance de Dreyfus ! » **RP**

Oscar Wilde déclaré coupable

Dramaturge, romancier et poète, Oscar Wilde est emprisonné pour attentat à la pudeur.

Le style et le mode de vie flamboyants d'Oscar Wilde furent critiqués car supposés encourager le dandysme efféminé des jeunes gens.

Le 25 mai 1895, on étouffait dans le tribunal de l'Old Bailey plein à craquer, à Londres. Le célèbre dramaturge et humoriste Oscar Wilde était accusé d'attentat à la pudeur et le public suivait fiévreusement son procès. Le jury se retira à 15 h 30 pour délibérer; il revint deux heures plus tard et le déclara coupable de chacun des sept chefs d'accusation. Le juge affirma que c'était le pire cas qu'il ait jamais eu à présider et que Wilde avait été au centre d'un cercle de corruption «de la sorte la plus hideuse parmi les jeunes hommes». Il décida de ne pas le sermonner sur les conséquences funestes de sa conduite car «ceux qui se livrent à ce genre de choses ont perdu toute honte», puis le condamna à la peine maximale, soit deux ans de travaux forcés.

La chute de Wilde avait été vertigineuse. Il avait connu son plus grand triomphe en février avec son chef-d'œuvre, *De l'importance d'être constant*, mais la plus spirituelle et scintillante des pièces écrites en anglais avait été créée durant une crise personnelle. Le père de son amant le menaçait de révéler publiquement son homosexualité et Oscar Wilde se laissa persuader de le poursuivre pour diffamation. Il perdit son procès. Refusant de s'enfuir comme le lui conseillaient ses amis, il fut arrêté et condamné à deux ans de travaux forcés pour délit d'homosexualité. Son meilleur poème, *Ballade de la geôle de Reading*, ainsi que sa remarquable confession épistolaire, *De Profundis*, naquirent de cette souffrance. Il mourut à Paris, en 1900, dans la solitude. **RP**

La découverte des rayons X

Le physicien Wilhelm Röntgen révolutionne l'art du diagnostic avec sa découverte.

Ⓐ Wilhelm Röntgen refusa de tirer des bénéfices de sa découverte qu'il voulait accessible à tous.

Ⓑ Radiographie de la main de Bertha Röntgen ; son alliance et d'autres objets bloquent le passage des rayons X.

Wilhelm Conrad Röntgen (1845-1923), professeur de physique à l'université de Würzburg, en Bavière, ouvrit de nouveaux horizons en médecine quand il permit pour la première fois d'explorer la structure interne du corps. Comme de nombreuses découvertes révolutionnaires, celle-ci fut accidentelle.

Röntgen avait découvert cette nouvelle forme de radiation alors qu'il se livrait à des expériences sur les rayons cathodiques dans son laboratoire. Il faisait passer un courant électrique à travers un tube cathodique recouvert d'un épais papier noir quand il aperçut une lueur verte inattendue sur un petit écran posé sur sa paillasse. Il comprit rapidement que des rayons invisibles étaient émis depuis le tube, traversaient le papier et illuminaient l'écran.

Il les baptisa rayons X, en référence à la lettre qui, en mathématiques et dans d'autres domaines, désigne un(e) inconnu(e). Il démontra rapidement que si les rayons pouvaient traverser le bois, le tissu et le papier, ce n'était pas le cas avec des matériaux plus denses. L'une de ses premières expériences fut de radiographier la main de sa femme Bertha et de montrer ainsi que les rayons X pouvaient traverser la peau pour révéler les os. En revanche, ils ne traversaient pas les objets qui figuraient sur sa main.

La nouvelle se répandit rapidement et les savants du monde entier répliquèrent aisément son expérience. Un an après, l'hôpital royal de Glasgow abritait déjà un département de radiographie qui produisit la première image d'un calcul rénal ou encore celle d'une pièce coincée dans la gorge d'un enfant. La même année, un Américain, Walter Cannon, utilisa une bouillie de sulfate de baryum pour suivre le passage de la nourriture à travers le système digestif. Röntgen serait probablement fier de voir l'évolution de sa découverte. **JJH**

« J'ai l'impression de contempler ma propre mort. »

Mme Röntgen devant la radiographie de sa main

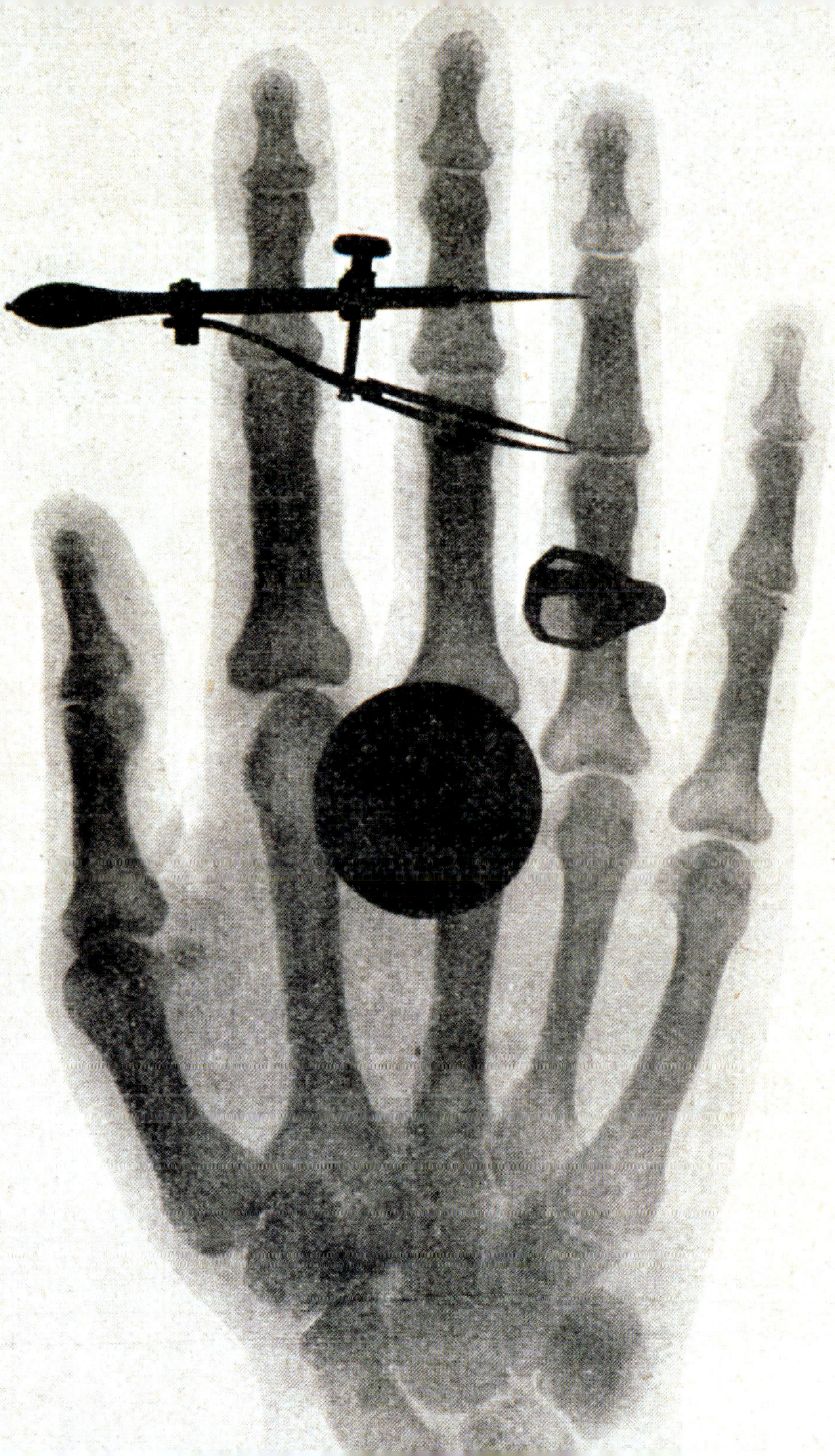

Première projection cinématographique

Les frères Lumière montrent les premiers films de l'histoire.

▲ Auguste (à gauche) et Louis Lumière, inventeurs du cinéma et de la photographie autochrome.

▶ L'un des premiers films des frères Lumière montrait une locomotive arrivant en gare de La Ciotat.

« Le cinéma divertit le monde entier. Que pourrions-nous faire de mieux ? »

Louis Lumière, pionnier du cinéma

Le sous-sol du Grand Café, sur le boulevard des Capucins à Paris, accueillit le 28 décembre 1895 des spectateurs qui avaient payé pour voir dix films de 40 secondes environ chacun, sur des thèmes tels que le repas de bébé ou les bains de mer qui alliaient observation directe et burlesque. La soirée fut un triomphe et, dans les jours suivants, on fit la queue tout autour du pâté de maisons pour assister au spectacle. Un film réalisé peu après cette projection historique montrait une locomotive à vapeur en action, semblant foncer sur le public et provoqua dans la salle les hurlements des spectateurs qui tentaient de se mettre à l'abri. Cela assura le succès de *Arrivée d'un train en gare de La Ciotat*.

Auguste et Louis Lumière étaient les organisateurs de ces projections. Fils d'un photographe et portraitiste de Lyon, ils avaient juste dépassé la trentaine. Leur père, inspiré par le kinétoscope d'Edison, les avait encouragés à s'intéresser aux images en mouvement. Ils imaginèrent rapidement de perforer les deux côtés de la pellicule pour qu'elle puisse être entraînée plus rapidement dans la caméra. Au début de l'année 1895, ils brevetèrent leur cinématographe, une caméra compacte qui était aussi tireuse et visionneuse. Leur premier film, qui avait pour sujet la sortie de l'usine de leur père, fut projeté en privé le 22 mars 1895, mais la première présentation publique eut lieu au Grand Café.

Les frères Lumière engagèrent des assistants et formèrent plusieurs opérateurs chargés de recueillir des documents d'actualité et de présenter leur invention dans le monde. Louis Lumière déclara pourtant que le cinématographe n'avait pas d'avenir et les frères vendirent les droits de leur invention pour se consacrer à la photographie en couleur. **PF**

1895 – 15 FÉVRIER

La naissance du sionisme

Theodor Herzl publie L'État juif, *manifeste fondateur du sionisme.*

Correspondant à Paris du journal autrichien *Neue Freie Presse*, Theodor Herzl assiste en 1895 à la dégradation du capitaine Dreyfus. Les manifestations de haine antisémite qui se multiplient alors inquiètent ce jeune juif hongrois, né à Budapest dans une famille libérale. Il ne croit plus à l'assimilation.

Les juifs ne sont en sécurité nulle part, même lorsqu'ils sont installés dans un pays depuis plusieurs générations. Il leur faut donc un « foyer national », une terre où ils puissent vivre en paix, sans risquer les insultes, les persécutions, les pogroms.

Pendant plusieurs semaines, enfermé dans une chambre d'hôtel, Herzl écrit ce qui deviendra le livre fondateur du sionisme, *L'État juif*, qui paraît à Vienne le 15 février 1896. L'année suivante, un journal, *Die Welt*, est créé et le premier congrès sioniste mondial se réunit à Bâle. Les 204 délégués y proclament leur volonté de ressusciter la nation juive sur la terre d'Israël. À l'époque, la Palestine est une province de l'Empire ottoman, peuplée d'Arabes, musulmans mais aussi chrétiens, et de quelques dizaines de milliers de juifs, dont certains ont immigré récemment, par exemple de Russie.

Herzl poursuit avec acharnement ce qui est devenu le combat de sa vie et un véritable projet politique. Il frappe à toutes les portes, rencontre le sultan, le Kaiser, le pape. En 1903, le ministre anglais des Colonies, Joseph Chamberlain, lui propose de donner l'Ouganda au peuple juif, ce qui divise le mouvement sioniste. Theodor Herzl meurt en 1904 à l'âge de 44 ans, mais son projet, que d'aucuns croyaient utopiques, prend de l'ampleur. Il aboutira moins d'un demi-siècle plus tard à la naissance de l'État d'Israël. **LV**

1896 – 6 AVRIL

Les Jeux olympiques

Les premières olympiades modernes ravivent une grande tradition sportive.

Le baron Pierre de Coubertin désirait promouvoir l'excellence athlétique et la paix mondiale. Inspiré par des fouilles archéologiques récentes à Olympie, il décida de reprendre le modèle des Jeux olympiques qui se déroulaient dans l'Antiquité grecque. Il établit, en 1894, un comité qui devait organiser ces jeux à Athènes. Les premières olympiades se déroulèrent pendant dix jours en avril 1896 ; 241 athlètes originaires de quatorze pays y participèrent et concoururent pour eux-mêmes et non pour une nation. Amateurs, ils avaient payé leurs propres frais.

Le stade, datant du IVe siècle av. J.-C., fut restauré grâce aux fonds récoltés à Alexandrie par l'homme d'affaires Georgios Averoff qui finança également des équipements sportifs. La cérémonie d'ouverture se déroula le 25 mars et fut suivie par 80 000 spectateurs entassés sur les gradins. Les concurrents étaient rassemblés par pays au centre du stade, et les fanfares et les chœurs jouaient et chantaient l'hymne olympien sous les yeux du roi Georges de Grèce.

La flamme olympique ne faisait pas encore partie de la cérémonie, elle ne fut introduite qu'en 1928. La première épreuve, le triple saut, fut remportée par James Connolly, un Américain, le marathon par un coureur grec, Spiridon Louis, qui était berger.

Les premiers Jeux olympiques modernes connurent un franc succès. Les athlètes grecs ne remportèrent qu'une médaille de moins que les États-Unis ; les médailles des premiers étaient alors en argent et non en or. **PF**

Le gymnaste allemand Hermann Weingärtner s'entraîne aux anneaux lors des premiers Jeux olympiques à Athènes.

Découverte d'or dans le Klondike

Les chercheurs d'or américains se ruent dans le Nord du Canada.

Chercheurs d'or près du pic du Chilkoot pendant la ruée vers l'or du Klondike entre 1896 et 1898.

« Les hommes qui ont creusé à la recherche d'or font d'étranges choses sous le soleil de minuit. »

Robert Service, *The Cremation of Sam MCGee*

En août 1896, trois personnes qui pêchaient dans la rivière Klondike aperçurent le reflet caractéristique de l'or. Dès le lendemain, George Carmack, sa femme Kate et son beau-frère, Skookum Jim Mason Keish, un Amérindien, enregistrèrent une concession au nom de Carmack. La nouvelle de leur découverte se répandit et près de 1 500 personnes s'embarquèrent de Seattle dix jours à peine après l'avoir apprise, cap au nord.

À San Francisco, le voyage à bord d'un bateau à vapeur rejoignant les glaces du Nord se négociait à 1 000 dollars. Dès 1898, la population de Dawson City, ville champignon qui avait poussé autour des premières concessions, avait atteint 40 000 habitants, mais dans cette région isolée, les ressources étaient limitées et l'on frisa parfois la famine ; le sel s'y vendait presque au prix de l'or.

Certains amassèrent des fortunes – un barbier de Dawson City trouva l'équivalent en or de 40 000 dollars en un seul jour – et, dans le salon d'Harry Ash, un prospecteur plein d'initiative en gagna 250 en ramassant la poussière d'or tombée à terre. Parmi les 100 000 personnes qui partirent pour le Klondike, seule la moitié arriva. Presque 5 000 d'entre eux obtinrent une concession et quelques centaines seulement firent fortune. Beaucoup furent victimes d'épuisement, de maladie, de famine et de prédateurs à visage humain.

Selon la légende, le shérif de Skagway, à la frontière canadienne, « escroquait tous les arrivants, prenait possession de leurs biens et tuait tous ceux qui protestaient ». La police montée laissait passer uniquement ceux qui avaient assez de provisions pour une année. La ruée prit fin aussi rapidement qu'elle avait commencé. Dès 1900, la majorité de l'or avait été ramassée. **NJ**

La mort d'Alfred Nobel

L'inventeur de la dynamite légua sa fortune à une fondation chargée de créer le Prix Nobel.

Quand l'homme d'affaire, chimiste et philanthrope suédois Alfred Nobel mourut d'une attaque dans sa villa de San Remo, en Italie, il pouvait contempler une vie extraordinairement réussie d'un point de vue professionnel mais qui ne l'avait pas vraiment rendu heureux.

Comme industriel, Nobel avait transformé l'aciérie de Bofors en manufacture d'armes fructueuse et, comme chimiste, il avait créé en 1867 la dynamite, une forme plus sûre de la nitroglycérine. Après qu'une explosion eut tué dans son usine son jeune frère Emil et quatre ouvriers, il inventa un explosif plus sûr encore et plus puissant, le plastic. Âme sensible, Nobel trouva également le temps d'écrire des pièces de théâtre et de la poésie tandis qu'il amassait une importante fortune.

Ébranlé par une nécrologie parue prématurément en 1888, intitulée « Le marchand de mort est décédé » et qui le décrivait comme un homme qui s'était enrichi en inventant un système pour tuer plus de personnes et plus rapidement, et influencé par sa correspondance avec Bertha von Suttner, auteur pacifiste autrichienne, Alfred Nobel prit une décision. À sa mort, sa fortune serait consacrée au financement de prix portant son nom qui encourageraient la paix et le progrès dans le domaine des arts et des sciences.

Parmi les lauréats des prix de littérature, physique, chimie, médecine, économie et paix, on peut citer Winston Churchill, Albert Camus et Samuel Beckett (littérature), Albert Einstein (physique), Linus Pauling (chimie), les présidents Roosevelt et Wilson, mère Teresa, Henry Kissinger et Martin Luther King (paix). Le fondateur de la Croix-Rouge, Henri Dunant, et Bertha von Suttner furent parmi les premiers lauréats du prix Nobel pour la paix. **NJ**

La nitroglycérine fut inventée par Ascanio Sobrero en 1846, mais Nobel découvrit le moyen de l'utiliser de manière plus sûre.

« Alfred Nobel – une demi-créature pitoyable qui aurait dû être étouffée. »

Nobel dans une lettre à son frère Ludwig, 1887

Victoria fête ses 60 ans de règne

Le 60e anniversaire du règne de Victoria est marqué par des ovations populaires.

◐ La reine Victoria, photographiée lors du 60e anniversaire de son règne, inspirait une fervente dévotion à ses sujets.

◑ La calèche de Victoria passe devant la National Gallery à Trafalgar Square à Londres.

« Les acclamations étaient assourdissantes et chaque visage empli de joie. »

Journal de la reine Victoria

Les festivités du 60e anniversaire de l'accession au trône de Victoria pouvaient-elles égaler celles de son jubilé de 1887 ? Cela paraissait improbable car la reine, âgée de 78 ans et de plus en plus grincheuse, déclara qu'en aucun cas elle ne quitterait sa calèche durant la procession, qu'elle ne dépenserait pas le moindre centime et qu'aucune tête couronnée européenne ne serait invitée.

Le 20 juin, jour de l'anniversaire, les festivités furent, selon ses ordres, discrètes. Chaque église, chapelle et synagogue de Grande-Bretagne organisa un service religieux à 11 heures en l'honneur de Victoria qui assista à celui de la chapelle Saint-Georges à Windsor. Elle confessa dans son journal « se sentir assez nerveuse quant aux jours suivants et espérer que tout se passerait bien. » Elle n'aurait pas dû s'inquiéter car le spectacle impérial qui suivit fut éblouissant.

La reine Victoria décrivit le 22 juin, apogée des festivités, comme « une journée inoubliable ». Depuis le moment où elle appuya sur le bouton qui télégraphia son message à tout l'empire, tout se déroula à merveille. Le soleil apparut alors que les coups de fusil annonçaient dans Hyde Park son départ du palais et la procession qui traversa des quartiers très pauvres de la ville reçut un accueil extraordinaire. « Personne, je crois, n'a jamais rencontré une ovation telle que celle qui me fut donnée au long de ces 10 km », écrivit Victoria.

Selon le socialiste Keir Hardie, c'était « du pain et des jeux sans le pain. » Une autre socialiste, Beatrice Webb, fit remarquer que les citoyens étaient « enivrés de loyauté hystérique. »

La Grande-Bretagne se transformait certes en démocratie, mais la monarchie n'avait jamais été aussi populaire. **RP**

Cinq Centimes

JEUDI 13 JANVIER 18

Directeur
ERNEST VAUGHAN

ABONNEMENTS

	Un an	Six mois	Trois mois
Paris	20 »	10 »	5 »
Départements et Algérie	24 »	12 »	6 »
Étranger (Union Postale)	35 »	18 »	10 »

POUR LA RÉDACTION :
S'adresser à M. A. BERTHIER
Secrétaire de la Rédaction

Adresse télégraphique : AURORE-PARIS

L'AURORE

Littéraire, Artistique, Sociale

Directeur
ERNEST VAUGHA

LES ANNONCES SONT REÇUES
142 — Rue Montmartre —
AUX BUREAUX DU JOURNAL

Les manuscrits non insérés ne sont pas r

ADRESSER LETTRES ET MANDATS
à M. A. BOUIT, Administrat

Téléphone : 102-88

J'Accuse...!

LETTRE AU PRÉSIDENT DE LA RÉPUBLIQU

Par ÉMILE ZOLA

LETTRE
A M. FÉLIX FAURE
Président de la République

Monsieur le Président,

Me permettez-vous, dans ma gratitude pour le bienveillant accueil que vous m'avez fait un jour, d'avoir le souci de votre juste gloire et de vous dire que votre étoile, si heureuse jusqu'ici, est menacée de la plus honteuse, de la plus ineffaçable des taches?

Vous êtes sorti sain et sauf des basses calomnies, vous avez conquis les cœurs. Vous apparaissez rayonnant dans l'apothéose de cette fête patriotique que l'alliance russe a été pour la France, et vous vous préparez à présider au solennel triomphe de notre Exposition universelle, qui couronnera notre grand siècle de travail, de vérité et de liberté. Mais quelle tache de boue sur votre nom — j'allais dire sur votre règne — que cette abominable affaire Dreyfus! Un conseil de guerre vient, par ordre, d'oser acquitter un Esterhazy, soufflet suprême à toute vérité, à toute justice. Et c'est fini, la France a sur la joue cette souillure, l'histoire écrira que c'est sous votre présidence qu'un tel crime social a pu être commis.

Puisqu'ils ont osé, j'oserai aussi, moi. La vérité, je la dirai, car j'ai promis de la dire, si la justice, régulièrement saisie, ne la faisait pas, pleine et entière. Mon devoir est de parler, je ne veux pas être complice. Mes nuits seraient hantées par le spectre de l'innocent qui expie là-bas, dans la plus affreuse des tortures, un crime qu'il n'a pas commis.

Et c'est à vous, monsieur le Président, que je la crierai, cette vérité, de toute la force de ma révolte d'honnête homme. Pour votre honneur, je suis convaincu que vous l'ignorez. Et à qui donc dénoncerai-je la tourbe malfaisante des vrais coupables, si ce n'est à vous, le premier magistrat du pays?

⁂

La vérité d'abord sur le procès et sur la condamnation de Dreyfus.

Un homme néfaste a tout mené, a tout fait, c'est le colonel du Paty de Clam, alors simple commandant. Il est l'affaire Dreyfus tout entière, on ne la connaîtra que lorsqu'une enquête loyale aura établi nettement ses actes et ses responsabilités. Il apparaît comme l'esprit le plus fumeux, le plus compliqué, hanté d'intrigues romanesques, se complaisant aux moyens des romans-feuilletons, les papiers volés, les lettres anonymes, les rendez-vous dans les endroits déserts, les femmes mystérieuses qui colportent, de nuit, des preuves accablantes. C'est lui qui imagina de dicter le bordereau à Dreyfus; c'est lui qui rêva de l'étudier dans une pièce entièrement revêtue de glaces; c'est lui que le commandant Forzinetti nous représente armé d'une lanterne sourde, voulant se faire introduire près de l'accusé endormi, pour projeter sur son visage un brusque flot de lumière et surprendre ainsi son crime, dans l'émoi du réveil. Et je n'ai pas à tout dire, qu'on cherche, on trouvera. Je déclare simplement que le commandant du Paty de Clam, chargé d'instruire l'affaire Dreyfus, comme officier judiciaire, est, dans l'ordre des dates et des responsabilités, le premier coupable de l'effroyable erreur judiciaire qui a été commise.

Le bordereau était depuis quelque temps déjà entre les mains du colonel Sandherr, directeur du bureau des renseignements, mort depuis de paralysie générale. Des « fuites » avaient lieu, des papiers disparaissaient, comme il en disparaît aujourd'hui encore; et l'auteur du bordereau était recherché, lorsqu'un *a priori* se fit peu à peu que cet auteur ne pouvait être qu'un officier de l'état-major, et un officier d'artillerie : double erreur manifeste, qui montre avec quel esprit superficiel on avait étudié ce bordereau, car un examen raisonné démontre qu'il ne pouvait s'agir que d'un officier de troupe. On cherchait donc dans la maison, on examinait les écritures, c'était comme une affaire de famille, un traître à surprendre dans les bureaux mêmes, pour l'en expulser. Et, sans que je veuille refaire ici une histoire connue en partie, le commandant du Paty de Clam entre en scène, dès qu'un premier soupçon tombe sur Dreyfus. A partir de ce moment, c'est lui qui a inventé Dreyfus, l'affaire devient son affaire, il se fait fort de confondre le traître, de l'amener à des aveux complets. Il y a bien le ministre de la guerre, le général Mercier, dont l'intelligence semble médiocre; il y a bien le chef de l'état-major, le général de Boisdeffre, qui paraît avoir cédé à sa passion cléricale, et le sous-chef de l'état-major, le général Gonse, dont la conscience a pu s'accommoder de beaucoup de choses. Mais, au fond, il n'y a d'abord que le commandant du Paty de Clam, qui les mène tous, qui les hypnotise, car il s'occupe aussi de spiritisme, d'occultisme, il converse avec les esprits. On ne croira jamais les expériences auxquelles il a soumis le malheureux Dreyfus, les pièges dans lesquels il a voulu le faire tomber, les enquêtes folles, les imaginations monstrueuses, toute une démence torturante.

Ah! cette première affaire, elle est un cauchemar, pour qui la connaît dans ses détails vrais! Le commandant du Paty de Clam arrête Dreyfus, le met au secret. Il court chez madame Dreyfus, la terrorise, lui dit que, si elle parle, son mari est perdu. Pendant ce temps, le malheureux s'arrachait la chair, hurlait son innocence. Et l'instruction a été faite ainsi, comme dans une chronique du quinzième siècle, au milieu du mystère, avec une complication d'expédients farouches, tout cela basé sur une seule charge enfantine, ce bordereau imbécile, qui n'était pas seulement une trahison vulgaire, qui était aussi la plus impudente des escroqueries, car les fameux secrets livrés se trouvaient presque tous sans valeur. Si j'insiste, c'est que l'œuf est ici, d'où va sortir plus tard le vrai crime, l'épouvantable déni de justice dont la France est malade. Je voudrais faire toucher du doigt comment l'erreur judiciaire a pu être possible, comment elle est née des machinations du commandant du Paty de Clam, comment le général Mercier, les généraux de Boisdeffre et Gonse ont pu s'y laisser prendre, engager peu à peu leur responsabilité dans cette erreur, qu'ils ont cru devoir, plus tard, imposer comme la vérité sainte, une vérité qui ne se discute même pas. Au début, il n'y a donc de leur part que de l'incurie et de l'inintelligence. Tout au plus, les sent-on céder aux passions religieuses du milieu et aux préjugés de l'esprit de corps. Ils ont laissé faire la sottise.

Mais voici Dreyfus devant le conseil de guerre. Le huis clos le plus absolu est exigé. Un traître aurait ouvert la frontière à l'ennemi, pour conduire l'empereur allemand jusqu'à Notre-Dame, qu'on ne prendrait pas des mesures de silence et de mystère plus étroites. La nation est frappée de stupeur, on chuchote des faits terribles, de ces trahisons monstrueuses qui indignent l'Histoire, et naturellement la nation s'incline. Il n'y a pas de châtiment assez sévère, elle applaudira à la dégradation publique, elle voudra que le coupable reste sur son rocher d'infamie, dévoré par le remords. Est-ce donc vrai, les choses indicibles, les choses dangereuses, capables de mettre l'Europe en flammes, qu'on a dû enterrer soigneusement derrière ce huis clos? Non! il n'y a eu, derrière, que les imaginations romanesques et démentes du commandant du Paty de Clam. Tout cela n'a été fait que pour cacher le plus saugrenu des romans-feuilletons. Et il suffit, pour s'en assurer, d'étudier attentivement l'acte d'accusation lu devant le conseil de guerre.

Ah! le néant de cet acte d'accusation! Qu'un homme ait pu être condamné sur cet acte, c'est un prodige d'iniquité. Je défie les honnêtes gens de le lire, sans que leur cœur bondisse d'indignation et crie leur révolte, en pensant à l'expiation démesurée, là-bas, à l'île du Diable. Dreyfus sait plusieurs langues, crime; on n'a trouvé chez lui aucun papier compromettant, crime; il va parfois dans son pays d'origine, crime; il est laborieux, il a le souci de tout savoir, crime; il ne se trouble pas, crime; il se trouble, crime. Et les naïvetés de rédaction, les formelles assertions dans le vide! On nous avait parlé de quatorze chefs d'accusation : nous n'en trouvons qu'une seule en fin de compte, celle du bordereau; et nous apprenons même que les experts n'étaient pas d'accord, qu'un d'eux, M. Gobert, a été bousculé militairement, parce qu'il se permettait de ne pas conclure dans le sens désiré. On parlait aussi de vingt-trois officiers qui étaient venus accabler Dreyfus de leurs témoignages. Nous ignorons encore leurs interrogatoires, mais il est certain que tous ne l'avaient pas chargé; et il est à remarquer, en outre, que tous appartenaient aux bureaux de la guerre. C'est un procès de famille, on est là entre soi, et il faut s'en souvenir : l'état-major a voulu le procès, l'a jugé, et il vient de le juger une seconde fois.

Donc, il ne restait que le bordereau, sur lequel les experts ne s'étaient pas entendus. On raconte que, dans la chambre du conseil, les juges allaient naturellement acquitter. Et, dès lors, comme l'on comprend l'obstination désespérée avec laquelle, pour justifier la condamnation, on affirme aujourd'hui l'existence d'une pièce secrète, accablante, la pièce qu'on ne peut montrer, qui légitime tout, devant laquelle nous devons nous incliner, le bon dieu invisible et inconnaissable. Je la nie, cette pièce, je la nie de toute ma puissance! Une pièce ridicule, oui, peut-être la pièce où il est question de petites femmes, et où il est parlé d'un certain D... qui devient trop exigeant, quelque mari sans doute trouvant qu'on ne lui payait pas sa femme assez cher. Mais une pièce intéressant la défense nationale, qu'on ne saurait produire sans que la guerre fût déclarée demain, non, non! C'est un mensonge; et cela est d'autant plus odieux et cynique qu'ils mentent impunément sans qu'on puisse les en convaincre. Ils ameutent la France, ils se cachent derrière sa légitime émotion, ils ferment les bouches en troublant les cœurs, en pervertissant les esprits. Je ne connais pas de plus grand crime civique.

Voilà donc, monsieur le Président, les faits qui expliquent comment une erreur judiciaire a pu être commise; et les preuves morales, la situation de fortune de Dreyfus, l'absence de motifs, son continuel cri d'innocence, achèvent de le montrer comme une victime des extraordinaires imaginations du commandant du Paty de Clam, du milieu clérical où il se trouvait, de la chasse aux « sales juifs », qui déshonore notre époque.

⁂

Et nous arrivons à l'affaire Esterhazy. Trois ans se sont passés, beaucoup de consciences restent troublées profondément, s'inquiètent, cherchent, finissent par se convaincre de l'innocence de Dreyfus.

Je ne ferai pas l'historique des doutes, puis de la conviction de M. Scheurer-Kestner. Mais, pendant qu'il fouillait de son côté, il se passait des faits graves à l'état-major même. Le colonel Sandherr était mort, et le lieutenant-colonel Picquart lui avait succédé comme chef du bureau des renseignements. Et c'est à ce titre, dans l'exercice de ses fonctions, que ce dernier eut un jour entre les mains une lettre-télégramme, adressée au commandant Esterhazy, par un agent d'une puissance étrangère. Son devoir strict était d'ouvrir une enquête. La certitude est qu'il n'a jamais agi en dehors de la volonté de ses supérieurs. Il soumit donc ses soupçons à ses supérieurs hiérarchiques, le général Gonse, puis le général de Boisdeffre, puis le général Billot, qui avait succédé au général Mercier comme ministre de la guerre. Le fameux dossier Picquart, dont il a été tant parlé, n'a jamais été que le dossier Billot, j'entends le dossier fait par un subordonné pour son ministre, le dossier qui doit exister encore au ministère de la guerre. Les recherches durèrent de mai à septembre 1896, et ce qu'il faut affirmer bien haut, c'est que le général Gonse était convaincu de la culpabilité d'Esterhazy, c'est que le général de Boisdeffre et le général Billot ne mettaient pas en doute que le fameux bordereau fût de l'écriture d'Esterhazy. L'enquête du lieutenant-colonel Picquart avait abouti à cette constatation certaine. Mais l'émoi était grand, car la condamnation d'Esterhazy entraînait inévitablement la revision du procès Dreyfus; et c'était ce que l'état-major ne voulait à aucun prix.

Il dut y avoir là une minute psychologique pleine d'angoisse. Remarquez que le général Billot n'était compromis dans rien, il arrivait tout frais, il pouvait faire la vérité. Il n'osa pas, dans la terreur sans doute de l'opinion publique, certainement aussi dans la crainte de livrer tout l'état-major, le général de Boisdeffre, le général Gonse, sans compter les sous-ordres. Puis, ce ne fut là qu'une minute de combat entre sa conscience et ce qu'il croyait être l'intérêt militaire. Quand cette minute fut passée, il était déjà trop tard. Il s'était engagé, il était compromis. Et, depuis lors, sa responsabilité n'a fait que grandir, il a pris à sa charge le crime des autres, il est aussi coupable que les autres, il est plus coupable qu'eux, car il a été le maître de faire justice, et il n'a rien fait. Comprenez-vous cela! voici un an que le général Billot, que les généraux de Boisdeffre et Gonse savent que Dreyfus est innocent, et ils ont gardé pour eux cette effroyable chose. Et ces gens-là dorment, et ils ont des femmes et des enfants qu'ils aiment!

Le colonel Picquart avait rempli son devoir d'honnête homme. Il insistait auprès de ses supérieurs, au nom de la justice. Il les suppliait même, il leur disait combien leurs délais étaient impolitiques devant le terrible orage qui s'amoncelait, qui devait éclater, lorsque la vérité serait connue. Ce fut, plus tard, le langage que M. Scheurer-Kestner tint également au général Billot, l'adjurant par patriotisme de prendre en main l'affaire, de ne pas la laisser s'aggraver, au point de devenir un désastre public. Non! le crime était commis, l'état-major ne pouvait plus avouer son crime. Et le lieutenant-colonel Picquart fut envoyé en mission, on l'éloigna de plus loin en plus loin, jusqu'en Tunisie, où l'on voulut même un jour honorer sa bravoure, en le chargeant d'une mission qui l'aurait fait sûrement massacrer, dans les parages où le marquis de Morès a trouvé la mort. Il n'était pas en disgrâce, le général Gonse entretenait avec lui une correspondance amicale. Seulement, il est des secrets qu'il ne fait pas bon d'avoir surpris.

A Paris, la vérité marchait, irrésistible, et l'on sait de quelle façon l'orage attendu éclata. M. Mathieu Dreyfus dénonça le commandant Esterhazy comme le véritable auteur du bordereau, au moment où M. Scheurer-Kestner allait déposer, entre les mains du garde des sceaux, une demande en revision du procès. Et c'est ici que le commandant Esterhazy paraît. Des témoignages le montrent d'abord affolé, prêt au suicide ou à la fuite. Puis, tout d'un coup, il paye d'audace, il étonne Paris par la violence de son attitude. C'est que du secours lui était venu, il avait reçu une lettre anonyme l'avertissant des menées de ses ennemis, une dame mystérieuse s'était même dérangée de nuit pour lui remettre une pièce volée à l'état-major, qui devait le sauver. Et je ne puis m'empêcher de retrouver là le lieutenant-colonel du Paty de Clam, en reconnaissant les expédients de son imagination fertile. Son œuvre, la culpabilité de Dreyfus, était en péril, et il a voulu sûrement défendre son œuvre. La revision du procès, mais c'était l'écroulement du roman-feuilleton si extravagant, si tragique, dont le dénouement abominable a lieu à l'île du Diable! C'est ce qu'il ne pouvait permettre. Dès lors, le duel va avoir lieu entre le lieutenant-colonel Picquart et le lieutenant-colonel du Paty de Clam, l'un le visage découvert, l'autre masqué. On les retrouvera prochainement tous deux devant la justice civile. Au fond, c'est toujours l'état-major qui se défend, qui ne veut pas avouer son crime, dont l'abomination grandit d'heure en heure.

On s'est demandé avec stupeur quels étaient les protecteurs du commandant Esterhazy. C'est d'abord, dans l'ombre, le lieutenant-colonel du Paty de Clam qui a tout machiné, qui a tout conduit. Sa main se trahit aux moyens saugrenus. Puis, c'est le général de Boisdeffre, c'est le général Gonse, c'est le général Billot lui-même, qui sont bien obligés de faire acquitter le commandant, puisqu'ils ne peuvent laisser reconnaître l'innocence de Dreyfus, sans que les bureaux de la guerre croulent sous le mépris public. Et le beau résultat de cette situation prodigieuse, c'est que l'honnête homme là-dedans, le lieutenant-colonel Picquart, qui seul a fait son devoir, va être la victime, celui qu'on bafouera et qu'on punira. O justice, quelle affreuse désespérance serre le cœur! On va jusqu'à dire que c'est lui le faussaire, qu'il a fabriqué la carte-télégramme pour perdre Esterhazy. Mais, grand Dieu! pourquoi? dans quel but? Donnez un motif. Est-ce que celui-là aussi est payé par les juifs? Le joli de l'histoire est qu'il était justement antisémite. Oui! nous assistons à ce spectacle infâme, des hommes perdus de dettes et de crimes dont on proclame l'innocence, tandis qu'on frappe l'honneur même, un homme à la vie sans tache! Quand une société en est là, elle tombe en décomposition.

Voilà donc, monsieur le Président, l'affaire Esterhazy : un coupable qu'il s'agissait d'innocenter. Depuis bientôt deux mois, nous pouvons suivre heure par heure la belle besogne. J'abrège, car ce n'est ici, en gros, que le résumé de l'histoire dont les brûlantes pages seront un jour écrites tout au long. Et nous avons donc vu le général de Pellieux, puis le commandant Ravary, conduire une enquête scélérate d'où les coquins sortent transfigurés et les honnêtes gens salis. Puis, on a convoqué le conseil de guerre.

⁂

Comment a-t-on pu espérer qu'un conseil de guerre déferait ce qu'u
seil de guerre avait fait?

Je ne parle même pas du cho
jours possible des juges. L'idé
rieure de discipline, qui est d
sang de ces soldats, ne suffit-el
firmer leur pouvoir même d'
Qui dit discipline dit obéi
Lorsque le ministère de la
le grand chef, a établi publiqu
aux acclamations de la représe
nationale, l'autorité absolue de l
jugée, vous voulez qu'un con
guerre lui donne un formel dé
Hiérarchiquement, cela est imp
Le général Billot a suggestion
juges par sa déclaration, et ils
comme ils doivent aller au fe
raisonner. L'opinion préconçu
ont apportée sur leur siège est
ment celle-ci : « Dreyfus a é
damné pour crime de trahison
conseil de guerre; il est donc co
et nous, conseil de guerre, n
pouvons le déclarer innocent;
savons que reconnaître la cul
d'Esterhazy, ce serait proclam
nocence de Dreyfus. » Rien ne
les faire sortir de là.

Ils ont rendu une sentence ini
à jamais pèsera sur nos cons
guerre, qui entachera désorm
suspicion tous leurs arrêts. Le
conseil de guerre a pu être in
gent, le second est forcément cr
Son excuse, je le répète, est que
suprême avait parlé, déclarant l
jugée inattaquable, sainte e
rieure aux hommes, de sorte
inférieurs ne pouvaient dire
traire. On nous parle de l'hon
l'armée, on veut que nous l'ai
que nous la respections. Ah!
oui, l'armée qui se lèverait à
mière menace, qui défendrait
française, elle est tout le pe
nous n'avons pour elle que te
et respect. Mais il ne s'agit pas
dont nous voulons justement
gnité, dans notre besoin de ju
s'agit du sabre, le maître qu'o
donnera demain peut-être. Et
dévotement la poignée du sa
dieu, non!

Je l'ai démontré d'autre par
faire Dreyfus était l'affaire des b
de la guerre, un officier de l'éta
dénoncé par ses camarades de
major, condamné sous la press
chefs de l'état-major. Encore u
il ne peut revenir innocent, sa
tout l'état-major soit coupable
les bureaux, par tous les moye
ginables, par des campagnes de
par des communications, par
fluences, n'ont-ils couvert Es
que pour perdre une second
Dreyfus. Ah! quel coup de b
gouvernement républicain devr
ner dans cette jésuitière, ainsi
appelle le général Billot lui-mê
est-il, le ministère vraiment
d'un patriotisme sage, qui os
y refondre et tout y renouvel
de gens je connais qui, deva
guerre possible, tremblent d'a
en sachant dans quelles main
défense nationale! et quel
basses intrigues, de commérag
dilapidations, est devenu c
sacré, où se décide le sort de la
On s'épouvante devant le jour
que vient d'y jeter l'affaire D
ce sacrifice humain d'un malh
d'un « sale juif »! Ah! tout ce q
agité là de démence et de sott
imaginations folles, des prati
basse police, des mœurs d'inq
et de tyrannie, le bon plaisir d
ques galonnés mettant leurs bo
la nation, lui rentrant dans l
son cri de vérité et de justice,
prétexte menteur et sacrilège
raison d'État!

Et c'est un crime encore que
tre appuyé sur la presse immo
de s'être laissé défendre par t
fripouille de Paris, de sorte q
la fripouille qui triomphe insole

1898 – 13 JANVIER

J'accuse !

L'article de Zola révèle les vrais coupables de l'affaire Dreyfus.

Le célèbre article de Zola publié dans *L'Aurore* et dont le titre explosif était une trouvaille de Georges Clemenceau fit scandale. Cette lettre ouverte au président Félix Faure accusait d'éminents officiers d'avoir conspiré contre Alfred Dreyfus, officier juif accusé d'espionnage pour le compte de l'Allemagne, d'avoir envoyé un innocent à l'île du Diable, puis d'avoir délibérément caché leur crime.

Cette lettre, associée dans les esprits à la gauche et à l'anticléricalisme, fit éclater les rouages de l'affaire Dreyfus au grand jour et déclencha le long processus de la révision judiciaire qui, malgré des divisions internes et la chute de plusieurs gouvernements, parvint finalement à innocenter Dreyfus et à exposer Esterhazy comme le vrai coupable, qui avait été protégé par la hiérarchie militaire et administrative.

Cette lettre eut de terribles conséquences pour Zola qui, en 1899, fut condamné pour diffamation et dut fuir à Londres pour échapper à l'emprisonnement. Il y passa un an avec sa maîtresse et leurs enfants avant que les preuves de l'innocence de Dreyfus ne lui permettent de rentrer en France. Selon les mots de Zola : « La vérité [était] en marche et rien ne [pouvait] l'arrêter. »

Zola mourut en 1902 chez lui, intoxiqué au gaz carbonique à cause d'un poêle défectueux. On affirma plus tard que les antidreyfusards en avaient bloqué le tuyau pour tuer l'hommes de lettres. Après la réhabilitation de Dreyfus, les restes de Zola furent transférés au Panthéon en 1908. **NJ**

◀ La lettre ouverte de Zola au président de la République occupait la première page de *L'Aurore* le 13 janvier 1898.

1898 – 15 FÉVRIER

Le Maine coule

La perte de ce navire offre un casus belli *aux États-Unis contre l'Espagne.*

Le Maine, un vaisseau de guerre américain vieillissant, avait été envoyé par le président McKinley à La Havane pour protéger les citoyens américains des émeutes qui s'y déroulaient contre les autorités espagnoles. Les nationalistes cubains se livraient alors à une guérilla dans laquelle 100 000 d'entre eux étaient déjà morts.

Le vaisseau arriva le 25 janvier et la violence retomba. Le 15 février, cependant, il coula quelques minutes après qu'une immense explosion se fût produite à la proue. Environ 260 marins moururent sur le coup, les officiers, dont les quartiers se trouvaient à l'arrière, survécurent.

« Restez s'il vous plaît.
Vous fournirez les images.
Je fournirai la guerre. »

William Randolph Hearst, magnat de la presse

L'opinion publique américaine, enflammée par la presse, rejeta la responsabilité de l'événement sur l'Espagne. Cette fièvre belliqueuse fut encouragée par les deux magnats de la presse, Hearst et Pulitzer, et après qu'une enquête de la marine eut déterminé qu'une mine avait fait couler *Le Maine*, la guerre fut déclarée à l'Espagne.

Ce conflit mit fin à la domination espagnole à Cuba, remplacée par une présence américaine qui dura jusqu'à la révolution de 1959. La cause de l'explosion demeure mystérieuse, mais une enquête de l'amiral Rickover en 1976 conclut qu'une combustion spontanée dans la soute à charbon avait mit le feu à la poudrière du vaisseau. **NJ**

1898 – 2 SEPTEMBRE

Une nouvelle arme mortelle

La bataille d'Omdurman démontre les capacités de destruction de la mitrailleuse.

Après l'assassinat du général Gordon à Khartoum en 1885 et la mort du Mahdi la même année, les Britanniques attendirent quatorze ans avant de tenter de reprendre le contrôle du Soudan. En 1898, à la tête d'une armée de 27 600 soldats égyptiens et de 8 000 soldats britanniques, et accompagnée d'une flottille de douze canonnières sur le Nil, Herbert Kitchener s'avança sur la capitale mahdiste, Omdurman, établie non loin de Khartoum par le successeur du Mahdi. Les canonnières bombardèrent la ville et réduisirent symboliquement la tombe du Mahdi à un tas de gravats.

« Quoi qu'il arrive nous avons / La mitrailleuse Maxim et eux non. »

Hilaire Belloc, poète et historien

Les guerriers mahdistes se rassemblèrent sur les collines qui dessinaient un arc au nord de la ville et, armés de lances et de fusils, attaquèrent les Anglais à l'aube. Ils furent fauchés par les mitrailleuses Maxim, nouvellement livrées, et leur défaite fut complétée par la charge – la dernière de ce genre effectuée par une armée européenne – du 21e régiment de lanciers parmi lesquels se trouvait le jeune Winston Churchill. Près de 20 000 Mahdistes moururent, les Britanniques ne subissant quasiment pas de pertes.

Le récit que fit Churchill de la campagne – dans lequel il se donnait le beau rôle – transforma la bataille d'Omdurman en un événement essentiel de l'impérialisme britannique. **NJ**

1898 – 19 SEPTEMBRE

La crise de Fachoda

La dernière rivalité coloniale entre la France et l'Angleterre est résolue pacifiquement.

Fachoda, un village sur les rives du Nil dans le Soudan oriental, était situé à l'intersection des deux lignes représentant les ambitions antagonistes de la France et de l'Angleterre. Les Anglais désiraient plus que tout relier Le Cap au Caire, soit leurs territoires d'Afrique australe et centrale à l'Égypte et au Soudan. Les Français voulaient tout autant relier, à travers le Sahara, leur empire d'Afrique occidentale à leurs possessions dans la corne du continent.

Parti de Brazzaville au Congo quatorze mois plus tôt en compagnie de 150 soldats, le capitaine Marchand arriva le 10 juillet 1898 à Fachoda qu'il proclama rapidement territoire français. Deux mois après son arrivée, des troupes britanniques plus nombreuses et commandées par sir Herbert Kitchener remontèrent le Nil pour débarquer à Fachoda le 19 septembre. Moins de trois semaines après avoir triomphé à Omdurman, Kitchener ne voulait pas d'un compromis avec un concurrent colonial et, après des semaines de tension, Marchand obéit à contrecœur aux ordres de Paris : les troupes françaises se retirèrent de Fachoda le 3 novembre.

Le nouveau ministre des Affaires étrangères, Théophile Delcassé, avait résisté à l'appel à la guerre contre l'Angleterre car il savait la France en position de faiblesse, divisée au sujet de l'affaire Dreyfus. Delcassé, qui voulait construire une alliance anti-germanique, désamorça discrètement la crise et proposa, en mars 1899, un accord qui limitait les sphères d'influence britannique et française en Afrique. Sa stratégie diplomatique permit la naissance de l'Entente cordiale, alliance qui s'avéra finalement victorieuse lors de la Première Guerre mondiale. **NJ**

Découverte de l'inconscient

Les théories de Sigmund Freud révolutionnent la perception de la psychologie et de la sexualité, et influencent encore la pensée contemporaine.

L'ouvrage fut achevé en septembre 1899 et publié plus rapidement que prévu, le 4 novembre, sans que l'éditeur ait pu corriger la page de titre qui indiquait la date de 1900. Non pas que cette erreur fût importante car *L'Interprétation des rêves*, rédigée par un neurologue viennois peu connu, fut un vrai échec commercial. Le premier tirage à 600 exemplaires se vendit en huit ans, mais Sigmund Freud était ravi de son livre. Depuis longtemps fasciné par les rêves, il les pensait dotés d'une profonde signification psychologique. Après des années d'expérience et de recherche médicale, il était prêt à publier ses découvertes. Selon lui, « les rêves nocturnes sont, de la même façon que nos pensées diurnes, des réalisations du désir ». Loin d'être un phénomène magique, ils recèlent un sens, un moyen pour le rêveur d'accomplir un désir refoulé.

Freud était convaincu que les êtres humains sont gouvernés par des passions sexuelles telles que le complexe d'Œdipe, dont ils sont peu conscients. Même pendant le sommeil, la libido cherche à se décharger et donc chaque rêve naît de la tentative de concrétiser une envie, même si notre censure mentale les rend parfois confus.

Freud élabora des théories qui jetaient un jour nouveau non seulement sur les névroses, mais aussi sur l'esprit humain et donc sur tous les aspects de la culture. Ses théories révolutionnèrent la perception de la psychologie et de la sexualité. Dix ans plus tard, son œuvre était bien mieux connue, une deuxième édition de *L'Interprétation des rêves* fut préparée et des traductions vendues dans le monde entier. Le public avait découvert que Freud était un brillant écrivain que tous pouvaient lire, débattre, voire simplifier et déformer. **RP**

Quand on lui demanda si fumer le cigare avait une signification, Freud répondit : « Parfois un cigare c'est juste un cigare. »

« Par tempérament je ne suis qu'un conquistador – un aventurier… »

Sigmund Freud à Wilhelm Fliess, février 1890

DECEMBER

A Merry Christmas to you all!
I'm off to join the WAACs,
And serve the country that I love
Until the Axis cracks!

S	M	T	W	T	F	S
			1	2	3	4
5	6	7	8	9	10	11
12	13	14		16	17	18
19	20	21	22	23	24	25
26	27	28	29	30	31	

de 1900 à 1949

Dans ce calendrier de l'année 1943, l'artiste Alberto Vargas associe le charme d'une pin-up à un message patriotique :

Décembre
Joyeux Noël à tous !
Je suis prête à rejoindre les WAACs
Et à servir le pays que j'aime
Jusqu'à ce que l'Axe craque !

Le premier vol en dirigeable

Les dirigeables du comte Zeppelin transforment l'aviation.

Le premier zeppelin LZ1 s'élevant dans les airs, à Bodensee, Allemagne.

Aristocrate de l'armée prussienne, le comte Ferdinand von Zeppelin s'intéressa aux ballons en 1863, durant la guerre de Sécession, en qualité d'observateur de l'armée de l'Union. De retour en Allemagne en 1891, il prit sa retraite et créa une usine à Friedrichshafen, finançant avec la fortune de sa femme afin de construire des dirigeables à usage civil et militaire.

Le 2 juillet 1900, le premier zeppelin effectua son baptême de l'air au-dessus du lac de Constance. Il mesurait 128 m de long et 11,50 m de diamètre. Il avait une structure métallique légère sous une enveloppe en coton et renfermait 11 298 m^3 d'hydrogène répartis dans 17 cellules indépendantes recouvertes de tissu caoutchouteux. Dirigé à l'aide de deux gouvernails avant, le zeppelin comprenait deux moteurs Daimler de 215 CV, qui faisaient tourner ses hélices, et comportait deux nacelles.

Le premier vol du zeppelin dura 18 minutes pendant lesquelles les cinq membres d'équipage parcoururent 6 km à 396 m d'altitude. Au début de la Première Guerre mondiale, les zeppelins transportèrent plus de 35 000 personnes en Allemagne, sans qu'aucun accident ne soit provoqué. Utilisés pour bombarder la Grande-Bretagne et la France, ils se révélèrent vulnérables aux attaques. Après la mort du comte en 1917, l'accident du R101 en 1924, puis du *Hindenburg* en 1936, ils furent supplantés par les avions. Mais l'usine de Friedrichshafen en fabriqua jusqu'en 1997. **NJ**

La mort de la reine Victoria

Deuil national en Grande-Bretagne après la mort de la reine Victoria.

Une foule nombreuse assiste au défilé du cortège funèbre.

En 1900, à 81 ans, malgré sa vue faible et sa mobilité réduite, la reine Victoria s'occupait encore pleinement des affaires de l'État. Elle écrivait abondamment à ses ministres, notamment pour leur dire que l'idée d'une autonomie de l'Irlande lui déplaisait. S'intéressant beaucoup à son empire, elle jugeait les Boers « horribles, cruels et arrogants » et soutenait l'action de son pays en Afrique du Sud.

Dans sa maison d'Osborne, sur l'île de Wight, elle vécut un mois de décembre éprouvant. Le 12 janvier, elle nota dans son journal qu'elle avait passé une « bonne nuit ». Quelques jours plus tard, elle avait du mal à parler et ses enfants et petits-enfants vinrent à son chevet. Elle mourut à 18 h 30, le 22 janvier 1901. Dix jours plus tard, ses funérailles furent célébrées en grande pompe. Des milliers de soldats et marins participèrent au majestueux cortège funèbre qui, parti d'Osborne, traversa Solent, puis Portsmouth pour arriver à Londres où la foule massée à Hyde Park s'étendait sur plus 800 m. Le 2 février, la cérémonie se tint au château de Windsor, dans la chapelle St. George. Deux jours plus tard, la reine fut inhumée à Frogmore, aux côtés de son mari, le prince Albert, mort 40 ans plus tôt.

Victoria, une femme simple, avec les défauts et les qualités de n'importe quel être humain, fut élevée au rang de divinité. C'est sans doute la révérence et l'admiration qu'elle suscitait parmi ses sujets qui permit le maintien de la monarchie en Grande-Bretagne. **RP**

1901 – 6 SEPTEMBRE

L'assassinat de McKinley

Le président McKinley est tué par un anarchiste. La balle reste introuvable.

Élu gouverneur de l'Ohio en 1891, William McKinley, 25e président des États-Unis, remporta largement les élections de 1896 pour le parti républicain. Durant son premier mandat, la guerre avec l'Espagne s'acheva par la destruction de la flotte espagnole à Cuba et l'annexion des Philippines et de Porto Rico. Réélu avec une majorité encore plus forte en 1900, McKinley fut assassiné l'année suivante alors qu'il était à Buffalo, près des chutes de Niagara, pour assister à l'Exposition pan-américaine. Il saluait la foule lorsque le coup de feu fut tiré.

Parmi les personnes attendant de lui serrer la main dans le temple de la Musique se trouvait Leon Czolgosz, un anarchiste de 28 ans originaire de Cleveland, Ohio, que d'autres anarchistes tenaient pour un fou dangereux. Il cachait sous le bandage épais de son bras droit un pistolet. Quand le président, souriant, lui tendit la main, il fit feu. La trajectoire de la balle fut déviée par un bouton de gilet. Un second coup de feu retentit. Quand la balle toucha le président à l'estomac, Czolgosz s'écria : « Je n'ai fait que mon devoir. » Les gardes du corps du président le désarmèrent et se mirent à le battre violemment. William McKinley leur commanda d'une voix faible de ne pas le brutaliser.

Le président mourut à Buffalo, le 14 septembre, à l'âge de 58 ans. Les chirurgiens ne purent extraire la balle de son abdomen en raison de sa forte corpulence. Le vice-président Théodore Roosevelt lui succéda comme le prévoyait la Constitution. Jugé et déclaré coupable, Czolgosz passa sur la chaise électrique le mois suivant. Parfaitement calme, il déclara : « J'ai tué le président car il était l'ennemi du peuple, l'ennemi du peuple des travailleurs. » **RC**

1901 – 12 DÉCEMBRE

La naissance du télégraphe

Marconi transmet le premier message par télégraphie sans fil.

En 1899, Guglielmo Marconi envoya le premier message par télégraphie sans fil au-dessus de la Manche. La même année, grâce à cette technologie, un navire qui coulait dans la mer du Nord lança un SOS et fut secouru. En décembre 1901, Marconi transmit en morse la lettre « S », de Poldhu, en Cornouailles, à une personne se trouvant à St. John's, Terre-Neuve. Il avait utilisé une antenne radio de 121 m de long et des cerfs-volants cellulaires. C'était l'aube d'une révolution en matière de communication qui allait se poursuivre pendant plus d'un siècle et transformer le monde.

Né à Bologne, d'un père italien et d'une mère écossaise, Marconi eut du mal à développer la télégraphie sans fil dans son pays natal. (Adolescent, il avait déjà tenté d'envoyer des signaux électriques avec des antennes dans le jardin de ses parents.) À l'âge de seulement 21 ans, il partit en Grande-Bretagne avec sa mère afin de trouver des sponsors. Sir William Pierce, ingénieur électricien des Postes, l'aida à promouvoir son système de « télégraphie sans fil ». Marconi essaya également de transmettre des messages codés en morse au-dessus de la terre et de l'eau.

Son invention le rendit riche, mais fut peu commercialisée en raison de litiges sur le plan technique et commercial avec des concurrents. Un délit d'initiés impliquant les actions Marconi manqua d'entraîner la chute du gouvernement britannique en 1912. Marconi rentra en Italie, où il devint un ardent partisan du fascisme. Le dictateur Benito Mussolini fut son témoin lors de son second mariage, en 1927. Il mourut d'un cancer à Rome en 1937, à l'âge de 63 ans. **NJ**

Caruso enregistre son premier disque

Caruso fut l'un des premiers chanteurs à enregistrer sa voix sur un disque Gramophone, contribuant à l'essor d'une nouvelle façon d'écouter la musique.

Enrico Caruso effectua son premier enregistrement en 1902, dans un studio appartenant à la société new-yorkaise *Gramophon and Typewriter*. En 1907, son enregistrement de *Vesti la Giubba* fut le premier à se vendre à un million d'exemplaires, assurant la suprématie du Gramophone sur les autres procédés d'enregistrement.

Né à Naples en 1873, Caruso fut le meilleur ténor de son époque. Pendant 17 ans, il régna sur le Metropolitan Opera de New York. Alors qu'il répétait le rôle de Rodolfo dans *La Bohème*, il rendit visite au compositeur Puccini afin de savoir ce que celui-ci pensait de son interprétation. Après avoir entendu quelques mesures, le compositeur lui aurait demandé s'il était un envoyé de Dieu.

Caruso doit sa renommée au fait qu'il enregistra ses interprétations. Depuis le premier enregistrement d'Edison – *Mary Had a Little Lamb* – sur un cylindre en cire en 1877, d'autres procédés d'enregistrement avaient été inventés. Emile Berliner, de Gramophone, avait développé un système permettant des enregistrements vocaux sur un disque, ce qui offrait des avantages par rapport au cylindre et au phonographe. La qualité de l'enregistrement n'était pas meilleure, mais il était plus facile de réaliser des copies en moulant et en pressant les disques. Le Gramophone avait besoin de moins de réglages et il était possible d'enregistrer des morceaux sur les deux faces des disques. Les enregistrements de Caruso, plus de 450 en tout, furent effectués grâce à ce système. Ces précieux documents ne donnent toutefois qu'une idée incomplète de la finesse de la voix de ce grand interprète. **NK**

Photographie de Caruso dans le costume du duc de *Rigoletto*, prise vers 1903.

Le premier Tour de France

Une course acharnée pour sauver un journal.

Le Français Maurice Garin, vainqueur du premier Tour en 1903.

Souvent décrit comme l'un des plus grands événements sportifs du monde, le Tour de France servit à promouvoir le journal *L'Auto*. Son éditeur, Henri Desgranges, un champion de cyclisme, se mesurait dans une concurrence acharnée avec le journal *Le Vélo*. Son assistant, Henri Lefèvre, eut l'idée du Tour et prit en charge toute l'organisation et la logistique de l'événement.

Ce dernier débuta le 1er juillet 1903 à Paris, au café Le Réveil-Matin. Il fallait parcourir 2 400 km en 19 jours, au cours de six étapes redoutables, parfois de nuit. La première, de 467 km, menait les cyclistes à Lyon. Puis ils allaient à Marseille, Toulouse, Bordeaux, Nantes et Paris. Des jours de repos étaient prévus entre chaque étape. Seuls 21 des 60 concurrents venus de France, de Belgique, d'Allemagne et de Suisse, professionnels ou amateurs, finirent cette course éreintante. Près de 10 000 spectateurs assistèrent à l'arrivée du Français Maurice Garin au parc des Princes. Crédité de trois heures d'avance sur ses concurrents, après avoir roulé en moyenne à 25 km/h, il gagna 6 000 francs. Le dernier coureur franchit la ligne d'arrivée deux jours après.

L'Auto se vendit à des centaines de milliers d'exemplaires, et l'année suivante, *Le Vélo* cessa de paraître. Le deuxième Tour fut terni par des émeutes et des actes de corruption. De nouveau vainqueur, Maurice Garin fut disqualifié de même que les trois cyclistes arrivés après lui, accusés de tricherie. Il avait parcouru en train une partie du trajet. **PF**

Le premier vol des frères Wright

Deux frères effectuent le premier vol motorisé et contrôlé.

Dans le cockpit, Orville réussit son premier vol sous le regard de son frère Wilbur.

Ingénieurs à Dayton (Ohio), Orville et Wilbur Wright réparaient des bicyclettes avant de construire en 1890 des aéroplanes. Leur grande invention, une aile souple pouvant être abaissée, était inspirée des mouettes. En décembre 1903, après avoir expérimenté des planeurs et des tunnels aérodynamiques, ils équipèrent d'un moteur leur engin en bois, papier et fil de fer, avec un budget inférieur à un millier de dollars, et allèrent à Kitty Hawk, au milieu des dunes, en Caroline du Nord. Le 14 décembre, Wilbur fit un premier essai, mais le Flyer (appelé plus tard *Kitty Hawk*) cala au décollage. Trois jours plus tard, à 10 h 35 du matin, alors que le vent soufflait en rafales, ce fut Orville qui s'envola, parcourant 39 m en 12 secondes. Lors du quatrième vol de la journée, Wilbur parcourut 279 m en 59 secondes, à environ 3 m du sol. Puis le vent retourna le *Flyer*, qui se fracassa, heureusement sans dommages pour Wilbur. Seuls cinq passants furent témoins de l'exploit auquel un journal local consacra à peine quelques lignes, le lendemain de l'événement.

En 1904, les frères Wright firent d'autres expériences, avec des succès mitigés, mais apprirent à contrôler leur engin en vol et à utiliser des catapultes pour résoudre le problème du décollage. Par peur d'être copiés, ils travaillaient dans le plus grand secret ; leur travail, méconnu, ne suscitait pas d'intérêt dans leur pays. Ce n'est donc qu'en 1908, lors d'une exhibition au Mans, qu'ils obtinrent une reconnaissance méritée. **PF**

La reprise de la construction du canal de Panamá

Les États-Unis achèvent la construction du canal.

L'*Ohio* (à gauche) dépasse le *Missouri* dans le canal de Panamá, en juillet 1915.

Dès le XVIe siècle, on envisagea la création d'un canal traversant l'isthme de Panamá afin d'éviter les 12 875 km nécessaires au contournement du cap Horn. Après le naufrage du *Maine* près de Cuba en 1898, les États-Unis étaient pressés de voir sa réalisation. La tentative de la France pour construire le canal était au point mort en 1902 et incita le président Roosevelt à ouvrir des négociations avec la Colombie qui contrôlait le Panamá, afin d'acheter la concession.

En novembre 1903, les Panaméens déclarèrent leur indépendance, et vendirent le canal aux Américains pour 10 millions de dollars. L'accord fut ratifié en février 1904, et les États-Unis prirent possession la même année du canal inachevé par les Français. Près de 40 000 hommes déplacèrent plus de 2 millions de mètres cubes de roche par mois, déployant des efforts titanesques pour créer des logements et assécher les marécages infestés de moustiques. (La fièvre jaune et la malaria avaient décimé la main-d'œuvre française et plus de 5 500 hommes avaient péri.)

Terminé à la fin de l'année 1913, un an plus tôt que prévu, le canal de 82 km devait être inauguré officiellement – et en grande pompe – en 1914. Cependant, la cérémonie fut annulée en raison du début de la guerre en Europe. Le premier navire qui l'emprunta, le 15 août 1914, fut le cargo Ancon. Le dernier jour de 1999, les États-Unis rendirent le contrôle du canal au Panamá. **PF**

Dimanche sanglant à Saint-Pétersbourg

Le massacre de travailleurs près du palais d'Hiver déclenche la révolution.

Soldats ouvrant le feu sur les manifestants, place du Palais.

Durant la guerre russo-japonaise entre 1904 et 1905, la vie était dure à Saint-Pétersbourg, surtout pour les ouvriers. Une grève débuta à l'usine Poutilov. À la mi-janvier, la ville, privée d'électricité et de journaux, comptait 80 000 grévistes. En janvier 1905, le prêtre orthodoxe Gueorgui Gapon, qui se battait aux côtés des ouvriers, annonça une manifestation devant le palais d'Hiver du tsar, pour demander l'arrêt de la guerre et le rétablissement de la journée de travail de huit heures.

Ce personnage ambigu, agent de l'Okhrana, la police secrète, semblait vraiment souhaiter de meilleures conditions de vie pour les pauvres. La manifestation fut pacifique. Les ouvriers, leurs femmes et leurs enfants brandissaient des icônes en chantant des louanges au tsar. Les hommes de Gapon, chargés d'assurer la sécurité de la manifestation, chassaient les extrémistes hors du cortège.

Quand ils s'approchèrent du palais, la garde impériale, paniquée, tira. Quatre-vingt-dix (selon les données officielles) à 4 000 (selon les estimations de Gapone) manifestants furent tués ou piétinés, 1 000 selon les historiens. Le massacre suscita l'indignation et entraîna des grèves, déclenchant la révolution de 1905. Il discrédita le tsar Nicolas II et accrut la haine du peuple envers le régime.

Gapone s'enfuit en Suisse. Il rentra en octobre, mais son rôle d'agent de l'Okhrana fut découvert : un tribunal « fantoche » de sociaux-révolutionnaires le jugea et le condamna à la pendaison. **NJ**

1905 – 3 JUILLET

Une République laïque

La loi de séparation des Églises et de l'État est adoptée en France.

Depuis l'affaire Dreyfus les rapports entre le gouvernement français et l'Église catholique se sont envenimés. La gauche radicale et socialiste, majoritaire à la Chambre des députés, décide de mettre fin au concordat de 1801, qui reconnaissait au catholicisme une place prépondérante et faisait des ministres du culte des fonctionnaires. Le président du Conseil, Émile Combes, est un anticlérical virulent. En juillet 1904, la France et le Vatican rompent leurs relations diplomatiques. À l'automne, Combes présente un projet de loi très dur de séparation des Églises et de l'État, mais il est désavoué par les parlementaires et démissionne. Aristide Briand, rapporteur de la commission sur le sujet, sera l'âme du nouveau projet, plus modéré. La loi est votée le 3 juillet 1905 par 341 voix contre 233. La liberté de conscience est assurée. Mais la République « ne reconnaît, ne subventionne ni ne salarie aucun culte ». Les églises deviennent la propriété de l'État, qui les confie à des associations cultuelles où les laïcs sont majoritaires.

« *La neutralité de l'État en matière confessionnelle est l'idéal de toutes les sociétés modernes.* » Aristide Briand, à la Chambre des députés, 4 mars 1905

Les protestants et les israélites, également concernés par la Séparation, l'acceptent. Mais le pape Pie X la condamne. L'inventaire des biens des églises prévu par la loi donne lieu à des incidents sérieux entre fidèles et forces de l'ordre, sans remettre en question une réforme qui reste un des fondements de la République française. **LV**

1905 – 30 JUIN

Albert Einstein

La théorie de la relativité d'Einstein change notre perception de l'espace et du temps.

Albert Einstein décrivit sa théorie comme une tentative pour réconcilier les lois de la gravité et de l'électromagnétisme. Publiée en juin 1905, elle modifia la vision de l'Univers de Newton. La vision linéaire du temps fut remplacée par un modèle plus complexe. Einstein postulait que la vitesse de la lumière devait être une constante fixe qui ne dépendait pas de la source d'émission. La lumière se propage de la même manière dans les directions parallèle et perpendiculaire au mouvement de la Terre et sa vitesse est donc identique dans les deux directions. Ainsi, tous les observateurs devaient mesurer la même valeur et ce, indépendamment de leurs mouvements. Les mesures étaient proches du modèle mécaniste de la physique de Newton quand la vitesse était faible, mais très différentes quand la vitesse était élevée.

Aucun corps physique ne pouvait se déplacer à la vitesse de la lumière ou plus vite, et la matière et l'énergie étaient interchangeables. Cela fut la base du développement de l'énergie nucléaire.

Publiée en 1905 comme d'autres articles révolutionnaires d'Einstein, cette théorie passa presque inaperçue quand elle parut dans une revue de physique suisse. Son auteur n'occupait qu'un poste peu élevé à l'Office des brevets de Berne et ce n'est qu'en 1916 qu'il devint célèbre et formula sa théorie générale de la relativité.

Étant juif, il quitta l'Allemagne pour les États-Unis, après la prise du pouvoir par les nazis en 1933. Il resta longtemps à l'université de Princeton, œuvrant pour la paix dans le monde et l'État d'Israël, continuant ses travaux qui avaient changé le monde. **NJ**

Albert Einstein, l'un des plus grands physiciens, photographié « au travail » en 1905.

La domination navale britannique

Le Dreadnought *assoit la suprématie de la Grande-Bretagne.*

Carte postale montrant le formidable vaisseau de la Royal Navy, 1906.

La mise à l'eau à Portsmouth en 1906, du *Dreadnought*, un navire de guerre de la Royal Navy, changea les marines militaires dans le monde. Les autres cuirassés devinrent obsolètes. Ce navire à l'esthétique très particulière donna son nom à un style de bateau. Sa conception – due à l'amiral Fisher, ex-commandant en chef de la flotte de la Méditerranée devenu chef de la Royal Navy – tirait parti des dernières avancées en matière de propulsion, de blindage et d'artillerie. Capable de détruire n'importe quel autre navire, il servit de modèle aux autres vaisseaux de guerre britanniques.

Les puissances maritimes comme les États-Unis, la France, le Japon, l'Italie et la Russie furent obligées de créer des navires similaires. Ces progrès eurent surtout des répercussions en Allemagne, où Guillaume II voulait, avec l'appui de son ministre de la Marine de guerre, l'amiral Tirpitz, défier la suprématie de la Grande-Bretagne. Ils voulaient devenir les maîtres des océans. Les deux nations financèrent la création de navires de plus en plus sophistiqués. Le programme allemand de construction inquiétait beaucoup les Britanniques. Durant la Première Guerre mondiale, la bataille du Jütland opposa les deux flottes, sans être décisive.

Ce style de navire prédomina jusqu'à l'apparition de nouveaux types de sous-marins, d'avions et de porte-avions. À la fin de la Seconde Guerre mondiale, le *Dreadnought* était devenu obsolète. **NK**

Le tremblement de terre à San Francisco

La pire catastrophe naturelle du XXe siècle aux États-Unis.

Les résidents du Golden Gate, près de Hyde, vaquent à leurs occupations après le séisme de 1906.

À 5 h 12, le 18 avril, des secousses furent ressenties près de la faille de San Andreas. Deux minutes après, le séisme, dont l'épicentre se trouvait dans la baie, à 3 km du centre de San Francisco, dévasta la cité. Un témoin le compara aux vagues de l'océan, rapides et variables, déferlant en grondant comme un énorme train. Les édifices en bois s'effondrèrent, les rails des funiculaires se disloquèrent et les rues s'affaissèrent. Les canalisations de gaz explosèrent, provoquant des incendies qui durèrent quatre jours, détruisant 500 immeubles et tuant plus de gens que le séisme lui-même – 20 000 peut-être (en tout cas, probablement plus que les 567 annoncés par le gouvernement de l'époque). Les bâtiments étant souvent assurés seulement contre le feu, certains furent incendiés volontairement. La municipalité prit les choses en main, les pompiers dynamitant les édifices afin d'empêcher la propagation du feu. Des centaines de pillards furent abattus. Entre la moitié et les deux tiers des 400 000 habitants restèrent sans toit et s'installèrent dans les parcs. La reconstruction prit des mois.

Pour la première fois, des photos du séisme (souvent retouchées pour masquer l'ampleur des dégâts) furent publiées dans le monde entier. La sismologie, science nouvelle, disposait d'un grand nombre de données qui lui permit de localiser la faille de 483 km, et de déterminer que l'amplitude du séisme était d'environ 7,8 sur l'échelle de Richter. **PF**

1906 – 12 JUILLET

Dreyfus innocenté

Les détails du scandale politique qui divisa la France sont révélés.

Trois cours siégeant à Paris disculpèrent Dreyfus – accusé d'espionnage au profit de l'Allemagne et de haute trahison, crime pour lequel il avait été envoyé sur l'île du Diable en 1894.

Les ennemis puissants de Dreyfus dans l'armée et l'Église, ainsi que la presse antisémite, s'opposèrent au réexamen de son cas, malgré les preuves flagrantes de son innocence. Le scandale causa la chute de nombreux gouvernements. Dreyfus rentra en France quand ses partisans eurent prouvé que les faits lui étant reprochés étaient faux et qu'il s'agissait d'une conspiration fomentée par des officiers de haut rang, parce qu'il était un officier juif et également pour dissimuler l'identité du véritable espion, Charles Esterhazy.

« Non, messieurs. Je vous en prie. "Vive la France !" »

Dreyfus reprenant ses partisans criant « Vive Dreyfus ! »

Après le verdict de la Cour, la Chambre des Députés et le sénat votèrent la réhabilitation au sein de l'armée du capitaine Dreyfus et du lieutenant-colonel Georges Picquart, qui avait été limogé après avoir prouvé le premier l'innocence de Dreyfus. Dreyfus reçut la Légion d'honneur dans une cour adjacente au terrain où il avait été dégradé onze ans plus tôt devant une foule le huant. Cette fois, la foule l'acclama aux cris de : « Vive Dreyfus ! Vive Picquart ! » Le 15 octobre, douze ans après sa première arrestation, Dreyfus prit son service au fort de Vincennes. Ce fut la fin de « l'affaire ». **NJ**

1907 – 20 FÉVRIER

Contrôles de l'immigration

Aux États-Unis, une loi endigue le flux migratoire.

Au cours du siècle qui suivit 1815, près de 35 millions de personnes s'établirent aux États-Unis. Ce fut, selon Hugh Brogan, « la plus grande migration pacifique ». Se sentant menacés, les Américains voulurent plus de contrôles. La loi de 1907 créa une nouvelle zone frontière en Arizona et au Nouveau-Mexique, et fit du Texas une véritable barrière. Elle permit de refouler les travailleurs chinois et japonais.

D'après le recensement de 1890, 9 millions des 63 millions d'Américains étaient nés à l'étranger. L'immigration d'Européens de l'Est et du Sud suscita une certaine anxiété, comme celle des Mexicains et de milliers de coolies chinois et japonais franchissant les frontières sous des sacs de pommes de terre ou dans des balles de foin. Celle de personnes souffrant de tares mentales ou inaptes au travail en raison de handicaps physiques et d'enfants seuls fut interdite. Un amendement donna au président Roosevelt les pleins pouvoirs.

« Donner le droit de vote au rebut atténuera-t-il nos difficultés ? »

Henry George, économiste américain, 1883

En 1917, une loi exigea que les immigrants sachent lire et écrire au moins dans leur propre langue. Dans les années 1920, un système de quotas fut instauré en fonction de leur nationalité et du nombre de leurs compatriotes déjà installés. Les nouveaux venus se considérèrent néanmoins comme des Américains, tout en préservant leurs traditions nationales. **RC**

La découverte de puits de pétrole en Perse

Les énormes gisements de pétrole découverts auront des effets divers sur la politique et l'économie mondiales.

En mai 1901, l'entrepreneur britannique William Knox d'Arcy, l'un des fondateurs de la Compagnie pétrolière anglo-perse (APOC), aujourd'hui connue sous le nom de British Petroleum (BP) avait obtenu du chah de Perse (l'Iran actuel) le droit d'exploiter une concession pétrolière et les travaux de forage débutèrent. Ce fut au départ une entreprise onéreuse et vaine, qui en 1903 coûta à Knox d'Arcy 500 000 livres sterling. L'année suivante, il fut contraint, pour financer son projet, d'emprunter 100 000 livres sterling à Burmah Oil, qui exigea en échange la majeure partie de ses actions.

En 1908, des recherches furent entreprises à Masjid-i-Sulaiman, dans le sud de la Perse. En mai, elles n'avaient toujours rien donné et la société était au bord de la faillite. Mais, le 26, les foreurs finirent par trouver de vastes champs de pétrole, les plus grands après ceux d'Arabie Saoudite, à 360 m de profondeur. En 1911, un oléoduc reliait ce puits de pétrole à la raffinerie d'Abadan, dans le golfe Persique.

Cette manne pétrolière dictera en grande partie la politique de l'Iran pendant plus d'un siècle. Lorsque l'APOC fut nationalisée par le gouvernement du Premier ministre Mossadegh dans les années 1950, les Américains et les Anglais fomentèrent un coup d'État qui porta le chah Reza Pahlavi, pro-occidental, au pouvoir. Le chah fut renversé par la Révolution islamique de 1979, qui donna naissance à une République islamique anti-occidentale et rendit l'exploitation des puits de pétrole iraniens plus problématique. **NJ**

Le pétrole jaillit après un forage réussi à Masjid-i-Sulaiman, en Perse, au début des années 1900.

Explosion d'une météorite en Sibérie

L'explosion la plus violente de l'histoire géologique moderne.

Cette photographie de 1910 montre les dégâts deux ans après, dans la région de Toungouska.

À environ 7 h 15, près du fleuve Toungouska en Sibérie centrale, des chasseurs virent une traînée bleu vif dans le ciel, suivie par un éclat de lumière et un fracas assourdissant. Puis ils entendirent des explosions qui furent suivies d'un gigantesque incendie. Près de 100 millions d'arbres furent incendiés dans un rayon de 80 km. De loin, le phénomène fut perçu comme un séisme important et le ciel resta illuminé la nuit plusieurs jours en Europe.

Selon certains calculs, l'explosion fut 1 000 fois plus forte que celle de la bombe de Hiroshima. Ce fut la plus violente de l'histoire géologique moderne. Heureusement, elle eut lieu dans une région éloignée de toute population. Les Sibériens pensèrent que la fin du monde était proche. De nombreuses explications fleurirent, mêlant ovnis et phénomènes astronomiques exotiques, comme la présence de petits trous noirs. Des romanciers échafaudèrent diverses hypothèses.

Dans les années 1920, des scientifiques tentèrent de savoir ce qui s'était réellement passé. Ils conclurent qu'il s'agissait de l'impact d'une immense météorite, mais pendant des décennies ne trouvèrent pas le cratère, malgré la présence de traces de minéraux pouvant provenir de la météorite. Selon eux, la météorite (ou encore une comète de glace ou un astéroïde) aurait explosé à quelques kilomètres de la surface de la Terre. Certaines des traces visibles sur le sol évoquaient, cependant, celles laissées par une explosion nucléaire. **PF**

La commercialisation de la Ford T

Henry Ford crée la première voiture universelle.

Un des premiers modèles T fabriqués en 1908.

L'automobile fut l'un des grands progrès du XXe siècle. Henry Ford rendit cet objet de luxe accessible à tous. Ce garçon de ferme quasi illettré du Michigan apprit le métier comme apprenti. Il fabriqua sa première voiture dans le jardin de sa maison, à Detroit. En 1896, ce premier modèle doté d'un moteur à essence deux-cylindres, d'un châssis en bois, d'un siège et de pneus de bicyclette atteignait 30 km/h, tandis que les voitures dépassaient alors rarement 8 km/h.

En 1905, Henry Ford créa la Ford Motor Company. En 1908, il lança le modèle T au prix de 825 dollars. Avec son moteur de 20 CV et son châssis en acier, l'engin roulait à 40 km/h. Ford assura qu'il s'agissait véritablement d'une « voiture universelle » destinée aux couches populaires et qu'aucun véhicule de plus de 2 000 dollars n'offrait autant d'atouts.

Bien fait, le modèle eut du succès. Ford améliora ses méthodes de production en série, faisant du travailleur un simple rouage, diminuant le temps de fabrication d'une voiture (à la fin de 1913, l'assemblage d'un châssis ne demandait plus que 2 heures et 40 minutes contre 12,5 heures auparavant) et faisant baisser les prix. Il haussa les salaires et réduisit le temps de travail. Un modèle T était produit toutes les 24 secondes. Quand sa fabrication cessa en 1927, il coûtait 290 dollars. Plus de quinze millions d'exemplaires avaient été vendus. L'histoire de l'automobile avait débuté et le « fordisme » était devenu le modèle de production industrielle. **RC**

Peary atteint le pôle Nord

L'explorateur américain Robert Peary affirme avoir atteint le premier le pôle Nord, mais sa parole est mise en doute.

Robert Edwin Peary, officier de la marine américaine, qui explora le Groenland dans les années 1890 et 1900 (et perdit, à cette occasion, huit orteils en raison du gel) était déterminé à atteindre le pôle Nord. Après plusieurs échecs, il partit de cap Columbia, sur l'île d'Ellesmere, le 1er mars 1909, avec un assistant, Matthew Henson, et 20 autres personnes, dont plusieurs Inuits. Ils se déplaçaient sur des traîneaux de bois tirés par des chiens. Trente-sept jours après son départ, il parvint au pôle Nord. Il avait effectué la dernière étape de son parcours avec Henson et quatre Inuits.

Revenu au Labrador en septembre, il annonça qu'il était parvenu à son but, mais se querella avec un autre Américain, Frederick Cook, qui assurait être arrivé au pôle Nord un an plus tôt. La version de Cook fut contestée, mais celle de Peary aussi, car il semblait impossible d'accomplir un tel exploit en 37 jours. En 1926, une expédition parvint au pôle Nord en avion. À sa tête se trouvait Roald Amundsen, l'explorateur norvégien qui avait découvert le pôle Sud.

En 2005, les cinq membres d'une équipe britannique retentèrent l'expédition de Peary, partant du poteau indicateur qu'il avait laissé derrière lui. À l'aide de chiens et du même type de traîneaux, ils atteignirent aussi le Pôle en 37 jours, mettant quelques heures de moins que Peary et touchant leur objectif par une température de moins 27 °C. La réputation de Peary semble donc avoir été lavée de tout soupçon, près de 65 ans après sa mort. **RC**

▶ L'explorateur Robert Peary photographié pendant son périple.

◀ Quelques membres de l'expédition : Oogueah, Ootah, Henson, Equinquah et Seegloo.

1909 – 27 AVRIL

Chute de l'Empire ottoman

Le sultan Abdülhamid est déposé et conduit en captivité.

Évincé du pouvoir en 1909, Abdülhamid II laissa le souvenir d'un tyran cruel, qui hâta la fin de l'Empire ottoman. En réalité, il ne réussit qu'à retarder son effondrement, en dressant les puissances européennes les unes contre les autres. Il tenta de moderniser son pays sans perdre le pouvoir. Selon l'historien F. A. Yasamee, « son esprit pratique lui permettait d'allier timidité, perspicacité et imagination ».

En 1875, Abdülhamid écrasa durement les révoltes de la Bulgarie, de la Bosnie et de la Macédoine, alors provinces ottomanes, mais ses défaites contre la Russie entre 1877 et 1878 aboutirent au traité de San Stefano, qui accorda leur indépendance aux Balkans. Il fut incapable d'empêcher la Grande-Bretagne d'asseoir sa domination sur l'Égypte, le Soudan et Chypre.

« Dieu me prit par la main en ces temps troublés. Dieu étant mon soutien… »

Poème d'Abdülhamid

Peu de temps après, des étudiants et des jeunes officiers de l'armée, les Jeunes-Turcs, demandèrent le retour à la Constitution qu'il avait octroyée en 1876, puis suspendue. En 1909, ils marchèrent sur Istanbul et à la place d'Abdülhamid portèrent au pouvoir son frère, Mehmet, qui était leur marionnette. La Turquie s'allia ensuite à l'Allemagne contre les forces de l'Entente cordiale franco-britannique. Elle fut donc du côté des vaincus pendant la Première Guerre mondiale, qui entraîna la dissolution de l'Empire ottoman. **NJ**

1909 – 25 JUILLET

Au-dessus de la Manche

Blériot réussit la première traversée aérienne entre la France et l'Angleterre.

Au cœur de l'été 1909, le Daily Mail promet 25 000 francs or à celui qui traversera la Manche en aéroplane. Ils sont une poignée à pouvoir réaliser cet exploit. Le 19 juillet, Hubert Latham relève le défi. Mais son moteur tombe en panne, et l'appareil s'abîme en mer. Le pilote, sain et sauf, n'entrera pas dans l'histoire. Six jours plus tard, Louis Blériot décolle à son tour du Pas-de-Calais, très exactement des Baraques, hameau de la commune de Sangatte. Il est 4 h 35 du matin.

Ingénieur, Louis Blériot s'est abord intéressé à l'automobile. En 1900, il se lance dans l'aventure de l'aviation. Après huit années d'expériences et d'accidents, de vols d'essai sur des appareils plus ou moins performants, il met au point le Blériot XI, un monoplan d'une envergure de 7,20 m, équipé d'un moteur de 25 CV. C'est avec ce petit aéroplane qu'il va vaincre la Manche.

« Le monoplan est l'appareil de l'avenir. Ce sera le plus stable grâce à sa rapidité. »

Louis Blériot, 1909

Le vol dure 38 minutes. Blériot utilise les vents favorables, préférant rallonger son parcours de quelques kilomètres. À 5 h 13, il atterrit à Northfall Meadow, près de Douvres. Le jour se lève à peine. Les journalistes du monde entier relatent l'événement. L'ambassadeur de France félicite l'aviateur, héros de l'Entente cordiale. Blériot saura utiliser avec profit cette publicité et devenir l'un des acteurs de cette industrie nouvelle qu'est l'aviation. **LV**

L'arrestation du docteur Crippen

Le dénouement d'un meurtre est le triomphe de la technologie moderne.

Crippen (à droite, mains menottées et masqué) est arrêté dans sa fuite.

Les Crippen étaient mal assortis. D'origine russe, polonaise et allemande, Cora Turner Crippen, qui préférait son nom de scène, Belle Elmore, était une actrice médiocre ; Crippen un homéopathe américain du Midwest, myope et timide. Le 31 juillet 1910, il fut arrêté pour crime, et le 23 novembre, pendu à la prison de Pentonville, à Londres. Le jury mit moins d'une demi-heure pour le déclarer coupable.

Les Crippen vivaient au 39 Hilldrop Crescent, à Holloway, au nord de Londres. Cora torturait son mari en lui contant ses infidélités jusqu'à ce qu'Ethel Le Neve, une belle brune, devienne la secrétaire et l'amante de Crippen. Cora disparut. Son mari dit qu'elle était rentrée aux États-Unis et y était morte. La police et l'inspecteur Walter Dew fouillèrent trois fois en vain la maison du couple. Paniquant, Crippen s'embarqua avec sa maîtresse déguisée en garçon sur le *Montrose* pour gagner New York. Dew fouilla à nouveau la maison et trouva des morceaux du corps de Cora dans la cave. L'invention du télégraphe sans fil moins de dix ans auparavant permit l'arrestation du meurtrier. C'est par ce moyen que le capitaine du *Montrose*, George Kendall, signala que Crippen était à son bord ; le médecin avait éveillé les soupçons des passagers et du capitaine en enlaçant son compagnon.

Dew rattrapa le *Montrose* à bord d'un bateau plus petit, arriva au golfe du Saint-Laurent et démasqua Crippen. Docile, Crippen leva les mains pour être menotté. **NJ**

Le début de la révolution mexicaine

Le président Diaz est renversé au début d'une révolution désordonnée.

Pancho Villa et Emiliano Zapata entourés de leurs partisans.

Sous Porfirio Diaz, président depuis 1876, l'industrie mexicaine se développa et les projets d'infrastructures financés par des investisseurs étrangers se multiplièrent. La société déplorait, elle, l'injustice, l'inégalité sociale, et la violence de l'État. L'écart entre les riches et les pauvres ne cessait de s'agrandir. Diaz prônait « l'ordre suivi par le progrès ».

Lors de la présidentielle, l'opposant Francisco I. Madero fut emprisonné. Il s'échappa et s'enfuit aux États-Unis. Le 20 novembre 1910, il appela au renversement de Diaz et à la réforme agraire. Il gagna les élections de 1911, mais ne réalisa pas ses réformes sociales et économiques, car il fut renversé en 1913 par Victoriano Huerta, militaire et partisan de Diaz. Les conflits s'intensifièrent. Des groupes armés, au sein desquels figuraient Pancho Villa, le conservateur Venustiano Carranza et les guérilleros d'Emiliano Zapata, Indien aspirant à la réforme de la propriété de la terre, tentèrent des coups d'État. En 1914, Huerta s'exila. Carranza, qui souhaitait procéder à des réformes politiques, économiques et sociales, devint président. Mais ne put entreprendre aucune de ses réformes. Son meurtre en 1920 est souvent jugé comme la fin de la révolution. L'instabilité et la violence durèrent jusque dans les années 1940.

La révolution favorisa le nationalisme, l'opposition à l'ingérence étrangère dans la politique et l'économie, ainsi qu'à l'Église catholique. Par ailleurs, les objectifs réels des différents protagonistes étaient rarement explicites. **PF**

La cité inca de Machu Picchu

La « cité perdue » est découverte au Pérou, dans les Andes.

La découverte, très haut dans les Andes, au Pérou, de Machu Picchu, cité inca, fit sensation. Elle rendit célèbre son auteur : Hiram Bingham, un Américain de 35 ans, spécialiste de l'histoire de l'Amérique latine à l'université de Yale. Issu d'une famille de missionnaires d'Hawaï, il avait épousé l'héritière de Tiffany et disposait donc d'assez d'argent pour ses recherches. Après s'être rendu en Colombie et au Venezuela, il s'intéressa au Pérou et eut la chance de disposer de guides locaux qui le menèrent jusqu'aux vestiges d'une forteresse étonnante et mystérieuse, d'un palais et d'un temple oubliés depuis des siècles.

Bingham envisagea diverses théories pour expliquer l'origine de la « cité perdue ». Il pensa qu'il s'agissait peut-être du centre de la civilisation inca ou du légendaire « royaume perdu des Incas », Vilcabamba, lieu où les Incas se seraient réfugiés après l'invasion des Espagnols, ou encore de la demeure des vierges sacrées incas. Machu Picchu aurait été la résidence de Pachacutec ; elle perdit de son importance après la mort de l'empereur. C'est un superbe exemple de l'architecture et de l'art incas, le site le plus célèbre en Amérique du Sud, inscrit au Patrimoine mondial de l'Unesco.

Hiram Bingham effectua bien d'autres expéditions en Amérique du Sud. Il ne découvrit rien d'aussi important que Machu Picchu, mais devint un spécialiste respecté dans le domaine de l'histoire et de la géographie de l'Amérique latine. Il fut également gouverneur puis sénateur républicain du Connecticut dans les années 1920 et 1930. En 1948, il publia *Lost City of the Inca* (« La cité perdue des Incas ») relatant son expédition. Sa découverte accrut l'intérêt suscité par l'histoire de l'Amérique du Sud aux États-Unis, et plus tard dans le monde entier. **RC**

▲ Bingham à son bureau, en 1925, après avoir prêté serment pour devenir sénateur du Connecticut.

◀ L'expédition suivit le canyon d'Urubamba, en direction de Machu Picchu.

« Ce mur et ce temple […] étaient aussi beaux que le plus bel ouvrage de pierre. »

Hiram Bingham, *La Cité perdue des Incas*, 1948

Amundsen atteint le pôle Sud

Roald Amundsen, habillé comme un Inuit, atteint le pôle Sud 35 jours avant ses concurrents britanniques.

Roald Amundsen n'avait pas l'intention d'être le premier à atteindre le pôle Sud. Lorsqu'il affréta le *Fram*, bateau de l'explorateur norvégien Fridtjof Nansen, il avait pour objectif de se rendre au pôle Nord. Quand il apprit que l'Américain Robert Peary y était parvenu en 1909, il prit la direction du sud.

Ce n'est qu'en arrivant à Madère qu'il informa son équipage de son projet, et envoya au capitaine Robert Scott, explorateur britannique ayant le même but, son célèbre télégramme. Arrivé le 14 janvier 1911 dans la baie des Baleines, sur la barrière de Ross, il y installa son camp de base et commença les préparatifs pour partir à l'assaut du Pôle. Le 19 octobre 1911, il quitta la baie des Baleines avec 4 compagnons et 52 huskies. Progressant le long du glacier Axel Heiberg, les Norvégiens n'avaient plus que 16 chiens quand ils parvinrent au Pôle. Ayant laissé une tente, une lettre derrière eux et planté le drapeau norvégien, ils rentrèrent à la base le 25 janvier 1912, après 90 jours.

Amundsen devança Scott, car il ne fit pas d'observations scientifiques. Il était vêtu d'habits en fourrure comme les Inuits, emprunta un itinéraire plus court et ne subit pas les terribles blizzards que l'équipe britannique affronta sur le chemin du retour. Scott, lui, épargna ses chiens et dut donc traîner un ravitaillement plus lourd. Amundsen continua à explorer les régions polaires en avion jusqu'en 1928. Son appareil s'écrasa alors qu'il participait à une mission de recherche et de sauvetage au-dessus de la mer de Béring. **NJ**

Arrivé au pôle Sud, Amundsen plante le drapeau norvégien.

Prise le 17 janvier 1912, cette photographie montre Scott et son équipe près de la tente d'Amundsen.

1912 – 12 FÉVRIER

Le dernier empereur

Après la prison, l'ex-empereur de Chine finit ses jours comme jardinier.

Né en 1906, Puyi (ou Xuantong) fut le douzième et dernier empereur de la dynastie mandchoue des Qing à la tête de la Chine depuis 1644. Il était bébé quand, agonisante, l'impératrice douairière l'envoya avec sa nourrice Wang dans la Cité interdite, parmi eunuques et mandarins. Il resta six ans sans sa mère.

En 1912, l'impératrice régente Longyu abdiqua sous la pression d'un mouvement révolutionnaire du sud de la Chine, celui de Sun Yat-sen. Puyi garda son titre et sa résidence à Pékin. Son précepteur écossais, Reginald Johnson, veilla sur lui.

« Je n'ai personne au monde hormis toi ; tu es toute ma vie. »

Puyi à sa dernière femme, Li Xin

En 1917, un seigneur de la guerre le remit sur le trône quelques jours seulement. Dans les années 1920, il partit en Mandchourie – alors sous contrôle japonais. Dans les années 1930, il devint empereur du protectorat japonais de Mandchoukouo, sous le nom de Kangde. Emmené au Japon, il fut capturé par les Soviétiques après la Seconde Guerre mondiale et emprisonné dans une datcha, et livré aux Chinois par Staline. Mao Zedong le fit condamner à quinze ans de prison pour collaboration avec le Japon.

Libéré en 1959 et considéré comme une curiosité par les communistes de Mao, il fut le jardinier de la Cité interdite. Autorisé à épouser une infirmière chinoise « ordinaire », Li Xin, après de nombreuses unions malheureuses et imposées, il mourut d'un cancer le 16 octobre 1967. **NJ**

1912 – 29 MARS

La mort d'un explorateur

Arrivé second au pôle Sud, le capitaine Scott meurt en héros.

La deuxième expédition en Antarctique du capitaine Robert Scott, officier de la marine britannique, fut marquée par une déception, pour tourner ensuite au tragique. Ayant appris que le Norvégien Roald Amundsen était déjà au pôle Sud, Scott renonça à se hâter, réalisant des recherches scientifiques – but déclaré de son expédition.

Il persista à vouloir utiliser une grande variété de moyens de transport, ses traîneaux étant tirés par des poneys, des hommes et des huskies. Mais contrairement aux Norvégiens, il ne sacrifia pas les chiens pour se nourrir, et dut donc emporter plus de ravitaillement, ce qui le ralentit.

« Je ne pense pas que je puisse écrire encore. Dieu prends pitié de nous... »

Dernière ligne de Scott dans son journal.

Le dernier facteur qui joua contre lui fut le temps, anormalement rigoureux, qu'il dut affronter avec son équipe (Edward Wilson, Henry Bowers, Lawrence Oates et Edgar Evans) à l'aller comme au retour. Ces hommes durent résister aux blessures, aux engelures et au blizzard, avec, de plus, un moral affaibli car sachant qu'ils avaient été distancés.

Après la mort d'Evans et celle d'Oates qui, complètement épuisé, préféra quitter l'équipe et aller seul au-devant de la mort plutôt que de la ralentir, ils restèrent bloqués sous leur tente, ignorant qu'ils n'étaient qu'à quelques kilomètres de leur base. Ils périrent de faim et de froid. Le journal que Scott laissa fit de lui un héros. **NJ**

Le naufrage du *Titanic*

Le Titanic *heurte un iceberg et coule avec 1 517 passagers.*

Vendeur de journaux diffusant la nouvelle devant le siège social de la White Star Line, à Londres.

Cette carte postale peinte à l'aquarelle montre le Titanic en route pour son premier et dernier voyage.

« L'événement ôta [au monde] la paix, la satisfaction et la joie. »

Jack B. Thayer, un survivant du *Titanic*

Flambant neuf, le *Titanic* – un 52 000 tonnes de la White Star Line – était le plus grand navire en circulation. Le 10 avril 1912, il quitta Southampton, au sud de l'Angleterre, pour son premier voyage jusqu'à New York. Il n'y parvint jamais. Quatre jours plus tard, à 23 h 40, l'énorme bateau de luxe, symbole du progrès, heurta un iceberg alors qu'il voguait à vive allure sur une mer calme, par une nuit claire. La collision entailla profondément sa coque, et l'eau s'infiltra lentement dans ses compartiments étanches censés le rendre insubmersible.

Au bout de 2 heures et 40 minutes de panique croissante, le *Titanic* se renversa selon un angle de 65 degrés, et sa proue s'enfonça dans l'eau glacée de l'Atlantique. Le *Titanic* disposait de 20 canots de sauvetage, parfois mis à l'eau à moitié vides, qui ne pouvaient contenir que la moitié des 2 200 passagers et membres d'équipage. Le lendemain matin, le *Carpathia* secourut 705 survivants, mais 1 517 passagers, dont le capitaine Edward Smith, périrent. L'équipage du *California*, dans le voisinage au moment du drame, fut amplement critiqué pour avoir confondu le SOS lancé par le *Titanic* avec un feu d'artifice. Certains des hommes survivants, dont le directeur général de la White Star, Bruce Ismay, furent blâmés pour ne pas avoir cédé leur place aux femmes et aux enfants. De nombreux voyageurs de troisième classe émigrant aux États-Unis pour y trouver une vie meilleure figuraient parmi les victimes.

En 1985, l'équipe franco-américaine de Robert Ballard localisa l'épave à près de 4 km de profondeur. Depuis, des milliers d'objets furent récupérés près du lieu où gît une grosse partie de la coque. Il existe de nombreuses photographies de l'épave ainsi que plusieurs films. Aucune autre tragédie navale (en temps de paix) n'aura fait autant de victimes. **NJ**

WHITE STAR
LINE

Un ballet scandaleux

À Paris, la première du Sacre du printemps, *d'Igor Stravinski, tourne à l'émeute.*

Le Sacre du printemps d'Igor Stravinski, interprété pour la première fois par les Ballets russes.

À la fin de la première décennie du XXe siècle, Igor Stravinski, compositeur russe en exil de 28 ans, était la coqueluche de Paris. Malgré son modernisme, son œuvre était ancrée dans la tradition tonale de Tchaïkovski, comme le prouvaient ses ballets populaires *L'Oiseau de feu* et *Pétrouchka*. En mai 1913, il fut à l'origine d'une révolution musicale qui eut une influence sur tout le XXe siècle et qui reste d'actualité.

Quand Serge Diaghilev, l'extravagant imprésario des Ballets russes qui avait enchanté l'Occident avec ses spectacles originaux et les sauts quasi surhumains de son danseur étoile, Nijinski, lui demanda un nouveau ballet, personne ne s'attendait à un tel choc. La musique était si complexe qu'elle nécessita une centaine de répétitions, et la première fut retardée d'un an. La première représentation, qui eut lieu le 29 mai au Théâtre des Champs-Élysées, à Paris, suscita un tollé général. Ses tons discordants et son thème, le sacrifice païen d'une vierge par des paysans afin de saluer le retour du printemps, scandalisèrent le public parisien dont les hurlements et les sifflets couvrirent la musique, Stravinski sortit en hâte du théâtre et le spectacle finit dans le chaos le plus complet. Quelques semaines plus tard, *Le Sacre du printemps* fut joué à Londres, où il fut accueilli sans scandale mais sans enthousiasme. L'année suivante, la représentation se déroula dans le calme et connut un triomphe. Le musicien fut porté dans les rues, à bout de bras, par ses admirateurs. La musique révolutionnaire devint un classique. **NJ**

La mort d'une suffragette

La mort d'Emily Davison prouve la détermination des suffragettes.

Emily Davison fut mortellement blessée en tentant d'attraper les rênes du cheval.

En 1913, les spectateurs du derby virent, ébahis, une femme d'âge moyen, sobrement vêtue, se glisser sous les barrières du champ de course d'Epsom, se ruer vers le cheval du roi, Ammer, et se faire piétiner. Quant au jockey, il fut légèrement blessé. La police étancha avec des journaux le sang s'écoulant du crâne de la femme qui ne revint pas à elle. Deux fanions de l'Union féminine sociale et politique des femmes étaient épinglés au revers de son manteau. Emily Wilding Davison fut la première martyre des suffragettes.

Née en 1872, elle étudia à Oxford et devint perceptrice. En 1906, elle adhéra à l'Union d'Emmeline Pankhurst et devint l'un de ses principaux membres. Au cours des années qui suivirent, elle fut arrêtée plusieurs fois et fit des grèves de la faim. Il lui arriva de se barricader dans sa cellule, refusant d'en sortir, même après avoir été aspergée par un tuyau d'arrosage. Sa précédente arrestation eut lieu en 1912. Elle avait cinglé avec une cravache quelqu'un qu'elle avait pris pour le chancelier de l'Échiquier.

Pour beaucoup, Emily Davison était déséquilibrée et s'était suicidée. Mais il est aussi possible qu'elle ait voulu attirer l'attention sur le mouvement qu'elle défendait en essayant de stopper le cheval du roi. L'enquête judiciaire conclut à une « mort accidentelle ». Davison avait voué sa vie à sa cause et était sûrement prête à la sacrifier. C'est grâce à sa détermination, entre autres, que les femmes britanniques obtinrent le droit de vote en 1918. **RP**

La mort de l'archiduc François-Ferdinand

Son assassinat à Sarajevo déclenche la Première Guerre mondiale.

L'archiduc François-Ferdinand et sa femme Sophie, une heure avant l'attentat.

À 10 h 50, dans une rue de Sarajevo, Gavrilo Princip s'approcha de la voiture de l'archiduc François-Ferdinand, héritier présomptif de l'Empire austro-hongrois, et tira. Ce nationaliste serbe de 19 ans appartenait à l'organisation terroriste La Main noire, qui luttait pour l'indépendance des Slaves du Sud et dont le chef était un colonel des services secrets serbes. Une bombe avait déjà été lancée sur l'archiduc et sa femme alors qu'ils allaient à une réception : elle avait rebondi et explosé sous le véhicule qui suivait.

Malgré le choc causé par ces défaillances des services de sécurité, les mesures prises pour le retour de la réception se révélèrent insuffisantes. Le conducteur rata son virage, s'arrêtant près de Princip et d'un de ses camarades. Princip tira, atteignant l'archiduc au cou et la duchesse au ventre. Il tenta de retourner l'arme contre lui, mais des badauds l'attrapèrent. Condamné à perpétuité, il mourut de la tuberculose dans une prison autrichienne, quatre ans plus tard.

L'Empire austro-hongrois accusa la Serbie de complicité et, après avoir obtenu le soutien de l'Allemagne, délivra un ultimatum à la Serbie exigeant de participer aux recherches pour trouver l'auteur de l'attentat. La Serbie refusa mais deux minutes avant la fin du délai de 48 heures, les Serbes cédèrent : ils décrétèrent la mobilisation générale et acceptèrent les autres termes de l'ultimatum. L'Autriche-Hongrie déclara une guerre « préventive » à la Serbie ; ce fut le début de la Première Guerre mondiale. **JJH**

L'Allemagne envahit la Belgique

La violation de la neutralité belge est le prélude à la Première Guerre mondiale.

L'armée allemande entre à Bruxelles au début de la Grande Guerre.

Le cauchemar de la Première Guerre mondiale débuta le 4 août, quand l'armée allemande franchit la frontière belge. La Grande-Bretagne exigea son retrait, puis déclara la guerre à l'Allemagne à 23 h.

En 1914, l'Europe était déjà divisée en deux. Craignant l'encerclement et la force militaire croissante de la Russie, les Empires d'Allemagne et d'Autriche-Hongrie étaient convaincus de pouvoir vaincre la France et la Russie alors alliées, sans que la Grande-Bretagne s'en mêle.

Mais la Grande-Bretagne était préoccupée par l'agressivité de l'Allemagne, évidente lors des crises d'Agadir et de Tanger, et par l'essor de ses forces navales. L'Entente cordiale conclue en 1904 entre la Grande-Bretagne et la France prévoyait l'aide et le support militaire anglais en cas d'invasion de la France par l'armée allemande.

Quand l'Allemagne saisit l'occasion du meurtre de l'archiduc François-Ferdinand, héritier présomptif du trône d'Autriche, par un nationaliste serbe, pour pousser la Russie, alliée des Serbes, à entrer en guerre, elle était prête au conflit. Elle comptait passer par la Belgique, envahir la France et contrôler les ports de la Manche. Avec la Grande-Bretagne, l'Allemagne était garante de la neutralité belge fixée par un traité que le chanceller allemand Bethmann-Hollweg taxait avec dédain de « brouillon ». Elle espérait que la Grande-Bretagne n'entrerait pas en guerre, et qu'elle écraserait la France avant la réaction britannique. **NJ**

La trêve de Noël dans les tranchées

Football et discussions apaisent les tensions.

Les troupes britanniques et allemandes ensemble lors de la trêve de Noël 1914.

Le premier hiver de la guerre, la trêve spontanée dans le no man's land entre les tranchées fut l'un des moments les plus émouvants de ce conflit tragique. Après la guerre de mouvement du début, les lignes de front ne bougèrent plus. En 1914, à Noël, des appels furent lancés en faveur d'une trêve, entre autres par le pape Benoît XV fraîchement élu. Rejetés par les gouvernements, ils furent entendus dans les tranchées où un membre du Parlement devenu soldat, le capitaine Valentine Fleming, dit à son ami Winston Churchill : « Des deux côtés, chaque homme veut qu'elle [la guerre] cesse immédiatement. » Ce fut le cas la veille de Noël.

Le futur écrivain Henry Williamson, qui servait au sud d'Ypres, vit les Allemands mettre un arbre de Noël sur leur parapet. Puis le chant de Noël « *Stille Nacht* » (*Nuit silencieuse*) retentit. Après avoir échangé les vœux d'usage, des soldats intrépides s'aventurèrent dans le « no man's land » pour serrer la main de l'ennemi et partager un moment, s'offrant des cigarettes. La trêve continua dans la matinée de Noël sur presque tout le front. Les régiments de la Saxe, de la Souabe et de la Bavière observèrent ce cessez-le-feu plus volontiers que les Prussiens, plus militaristes. L'après-midi de Noël, un match improvisé de football fut disputé entre ennemis. La trêve continua encore le lendemain, et à certains endroits, dura même jusqu'au Nouvel An. Quand il le sut, le haut commandement des deux camps interdit formellement ces fraternisations. **NJ**

Les Alliés attaquent dans les Dardanelles

Les forces alliées débarquent dans la baie d'Anzac, en Turquie.

Troupes débarquant dans la baie d'Anzac, sur une plage étroite dont elles s'éloigneront peu.

Audacieuse sur le plan stratégique, ce qui était typique de Winston Churchill, la campagne fut désastreuse. Il s'agissait de contrôler la péninsule de Gallipoli, d'isoler la Turquie de ses alliés allemands et autrichiens, et de la forcer à cesser la guerre, permettant aux forces alliées d'ouvrir un nouveau front dans les Balkans et d'attaquer le « point névralgique » des Empires centraux. Le Cabinet britannique approuva le plan en janvier, mais l'élément de surprise, crucial, fut anéanti par l'explosion de mines dans les Dardanelles. Les Turcs eurent le temps de renforcer leur défense.

Le corps armé australien et néo-zélandais ainsi que la division navale britannique débarquèrent dans la baie d'Anzac, le 25 avril 1915. Les Turcs résistèrent et des combats sanglants eurent lieu sur les falaises abruptes, sous un soleil de plomb et dans des conditions atroces. Un débarquement franco-anglais au cap Helles fut pareillement stoppé. Un troisième, dans la baie de Suvla, échoua, et en novembre 1915 le Cabinet ordonna l'évacuation qui fut, elle, exemplaire.

La bataille des Dardanelles causa 205 000 morts, blessés et disparus parmi les Britanniques ; dans le camp français les pertes s'élevèrent à 47 000 hommes ; 250 000 Turcs périrent.

La campagne laissa un goût amer chez les Australiens qui s'aperçurent de l'incompétence militaire britannique ; elle couta aussi (brièvement) à Churchill sa carrière. **NJ**

1915 – 24 AVRIL

Le génocide arménien

Le gouvernement ottoman décide d'exterminer les Arméniens.

Allié de l'Allemagne, l'Empire ottoman est gouverné depuis 1909 par les Jeunes-Turcs. Libéraux à l'origine, ils ont instauré une dictature nationaliste. Ils organisent le premier génocide du XXe siècle.

Entre 1,2 et 2 millions d'Arméniens vivent dans l'Empire ottoman lorsque la Première Guerre mondiale éclate. Ils forment d'importantes minorités à Constantinople et dans l'ouest de l'Asie Mineure. Selon les Jeunes-Turcs, ils représentent une menace pour l'intégrité de la Turquie, surtout en temps de guerre. Dès janvier 1915, les conscrits arméniens de l'armée ottomane sont désarmés et pour beaucoup fusillés. Trois mois tard, le 24 avril 1915, le signal de l'extermination à venir est donné. Les intellectuels et les notables arméniens de Constantinople sont arrêtés et bientôt éliminés. Viennent ensuite les exécutions, les déportations en Syrie et en Mésopotamie, dans des conditions inhumaines, les camps de concentration, les massacres. Si les populations arméniennes ont déjà été victimes d'atrocités, entre 1894 et 1896, ou en 1909, jamais elles n'ont subi une telle violence. La volonté de les faire disparaître est claire. Elle est d'ailleurs dénoncée par les Alliés, qui menacent les dirigeants ottomans de les traduire devant un tribunal international. Ce grand procès n'aura jamais lieu, mais certains responsables seront jugés par une cour martiale turque.

Plus d'un million d'Arméniens ont péri en 1915 et 1916. Ceux qui ont survécu se sont réfugiés en France, aux États-Unis ou en Russie. En 1989, l'Arménie soviétique a proclamé son indépendance. Son gouvernement et la diaspora exigent la reconnaissance du génocide par les autorités turques. La question est également sensible aux yeux de l'Union européenne, à laquelle la Turquie souhaite adhérer. **LV**

1915 – 7 MAI

Le naufrage du *Lusitania*

Le torpillage du sous-marin incite les États-Unis à entrer en guerre.

La Première Guerre mondiale était dans sa deuxième année. Partis de Kiel et de Bremerhaven, les sous-marins allemands coulaient des navires alliés, notamment dans l'Atlantique. Les États-Unis continuaient à prôner la neutralité. Cependant, le 7 mai 1915, le torpillage du *Lusitania* les poussa à entrer en guerre, ce qu'ils firent en 1917.

L'ambassade d'Allemagne à Washington connaissait bien les règles en matière d'opérations navales. Les vaisseaux naviguant sous le drapeau britannique, ou sous celui de ses alliés, risquaient d'être coulés dans la zone de guerre incluant les eaux proches des îles Britanniques. Le *Lusitania*, navire de 31 500 tonnes assurant la liaison entre New York et Liverpool, comptait près de 2 000 passagers et membres d'équipage. Ayant eu vent d'une activité accrue des sous-marins allemands, l'Amirauté britannique envoya des télégrammes d'avertissement au paquebot pour qu'il zigzague et use de manœuvres dilatoires ; ils furent ignorés.

> ***« Il m'aurait été impossible d'envoyer une seconde torpille… »***
>
> Walter Schwieger, note de son journal de guerre.

Le capitaine Walther Schwieger ordonna à l'équipage du sous-marin *U-20* de lancer une torpille. Elle explosa au milieu du bateau et entraîna l'explosion des chaudières. À peine 20 minutes plus tard, le *Lusitania* coulait avec ses 1 198 passagers, dont 128 Américains. **JJH**

Les Allemands attaquent Verdun

Terriblement meurtrière, la bataille de Verdun durera dix mois. Ce fut la plus longue de l'histoire et l'une des plus sanglantes.

L'attaque était dirigée contre la France, mais l'objectif des Allemands à Verdun était, selon son architecte le général Erich von Falkenhayn, « d'ôter à la Grande-Bretagne son meilleur bras droit », en entraînant la France dans une guerre d'usure qui « la laisserait exsangue ». Falkenhayn choisit pour la lancer la ville fortifiée de Verdun, près de la Meuse. Elle était entourée d'un anneau de forts, mais beaucoup d'entre eux étaient désarmés.

L'attaque commença lorsque 1 220 artilleurs allemands pilonnèrent les 13 km de l'étroite ligne de front. D'après le plan de Falkenhayn, cette partie du front occidental devait être passée au « hachoir » par l'artillerie. Cependant, les Allemands déplorèrent vite autant de pertes que les Français, et bien qu'ils eussent pris deux forts, Verdun ne capitula pas. Plus la ville résista, plus la bataille devint symbolique pour les deux camps. La France envoya des troupes fraîches et du ravitaillement, et nomma un commandant expérimenté, Pétain, pour défendre la ville. À l'automne, la pression allemande s'étant atténuée après la principale offensive britannique dans la Somme, deux commandants français entreprenants, Nivelle et Mangin, contre-attaquèrent et reprirent le terrain perdu.

Le plan de Falkenhayn échoua, mais Verdun eut pour effet de saper le moral des troupes françaises. Les mutineries se multiplièrent l'année qui suivit. À long terme, la bataille ôta aussi aux Français toute velléité de se battre contre l'Allemagne en 1940. **NJ**

Soldats allemands tués dans une tranchée prise par les Français durant une attaque.

Sous les explosions, les troupes françaises progressent sur le champ de bataille jonché d'obus.

1916 – 16 MARS

Le partage des terres arabes

Les accords Sykes-Picot entre la France et la Grande-Bretagne sont scellés en secret.

Conclus entre la France et la Grande-Bretagne, les accords Sykes-Picot négociés au milieu de la Grande Guerre divisaient les territoires de l'Empire turc ottoman en sphères d'influences britannique, française et russe. Ce « partage » cynique des terres arabes entre les puissances européennes explique encore aujourd'hui la défiance du Moyen-Orient à l'égard de l'Occident.

Négocié à Londres entre sir Mark Sykes, un diplomate pro-turc, et son homologue français François Georges-Picot, oncle du futur président Giscard d'Estaing, l'accord prévoyait que la Syrie, le Liban, le sud de la Turquie et le nord (kurde) de l'Irak actuels dépendraient de la France, tandis que la Grande-Bretagne contrôlerait le sud de l'Irak, la Jordanie et la Palestine. Selon une clause de l'accord qui deviendra le traité de San Remo lors de sa ratification en 1922, la Russie avait accès au golfe Persique.

« Je reconnais qu'il faut parfois trahir les petits alliés pour garder les grands… »

T. E. Lawrence, lettre à sir Mark Sykes

Tenu secret pour ne pas heurter les Arabes que les Britanniques avaient dressés contre les Turcs, l'accord fut dévoilé après la révolution par Lénine afin de gêner les Alliés. Blâmé pour son impérialisme et son refus de reconnaître l'aspiration des Arabes à se gouverner eux-mêmes, l'accord établit le plan de la colonisation du Moyen-Orient. **NJ**

1916 – 24 AVRIL

L'insurrection de Pâques

La révolte ouvre la voie à l'indépendance de l'Irlande.

L'insurrection de Pâques à Dublin contre la domination britannique fut l'œuvre de la Fraternité républicaine irlandaise (IRB), organisation clandestine souhaitant créer par la force la république d'Irlande. Elle était influente parmi les Volontaires irlandais, aile paramilitaire légale du parti du Parlement irlandais désirant obtenir l'autonomie par des moyens constitutionnels.

L'insurrection avait été planifiée dès le début de la Grande Guerre, l'Allemagne ayant promis son soutien. La minuscule armée des citoyens irlandais du socialiste James Connolly fit partie du complot. Connolly fut coopté dans le conseil militaire de sept personnes dirigeant la révolte.

Le 24 avril 1916, près de 1 250 insurgés se soulevèrent, s'emparant de la poste centrale dont ils firent leur quartier général, et d'autres points clés. Le chef de l'IRB, Padraig Pearse, proclama l'indépendance. Suivirent six jours de violents combats dans le centre-ville, matés par l'artillerie britannique. Des centaines de personnes périrent des deux côtés. Après l'inévitable capitulation, quatorze des meneurs, dont Pearse et Connolly, furent fusillés. Blessé lors des combats, Connolly était dans un fauteuil roulant. Ces exécutions suscitèrent de la sympathie à l'égard des rebelles jusque-là méprisés. En 1918, après la guerre, les insurgés restés en vie après leur internement en Grande-Bretagne, dont Eamonn De Valera et Michael Collins, furent élus. Formant leur propre parlement, le Dail Eireann, ils entamèrent la dernière campagne pour l'indépendance. Bien que maîtrisée au bout d'une semaine, l'insurrection de Pâques accéléra le processus d'indépendance. **NJ**

La bataille du Jütland

La marine allemande ne brise pas la domination britannique, mais la bataille du Jütland provoque de lourdes pertes au sein des deux flottes.

Le 31 mai 1916, l'amiral John Jellicoe, commandant de la flotte britannique de haute mer, livra la seule et unique bataille navale de la Première Guerre mondiale contre la flotte impériale allemande de l'amiral von Scheer. Avant la guerre, l'Empire allemand avait rivalisé pendant 20 ans avec les Britanniques, surtout en mer du Nord, grâce à un programme de construction navale offensif.

Au cours d'une bataille de harcèlement près des côtes danoises, la marine britannique perdit trois de ses grosses unités de guerre, 3 croiseurs et 8 destroyers. Plus de 6 000 marins périrent. La marine allemande perdit 2 cuirassés, 3 croiseurs, 4 destroyers et 2 500 hommes. Guillaume II parla d'une grande victoire. En effet, la bataille ne fut pas aussi décisive que les Britanniques, héritiers de Nelson, le vainqueur de Trafalgar, l'espéraient. La faiblesse de leurs bateaux, de leurs armes et de leurs signaux fut flagrante.

Cela n'empêcha pas Jellicoe d'annoncer le 2 juin que sa flotte quitterait sa base des Orcades avec quatre heures d'avance sur l'horaire prévu. Scheer avait dit à l'empereur que la flotte allemande ne serait pas opérationnelle avant le début du mois d'août. Mais elle sortit encore deux fois en mer cette année-là, regagnant sa base dès que la présence des Britanniques était signalée. Grâce à la bataille du Jütland, la Grande-Bretagne continua à dominer sur la mer du Nord durant la Première Guerre mondiale. **NK**

Convoi de bateaux britanniques durant la bataille du Jütland, le 31 mai 1916.

Un navire de guerre allemand fait feu de tous ses canons au cœur de la bataille.

La bataille de la Somme

L'une des plus sanglantes batailles de la Première Guerre mondiale.

Le 1er juillet 1916 fut le jour le plus sombre de l'histoire militaire britannique depuis Hastings, en 1066. Malgré des mois de préparation, l'offensive britannique contre les positions allemandes au nord de la Somme fut un échec quasi total. Au crépuscule, il y avait 57 000 victimes, et plus de 19 000 morts, tombés principalement sous les tirs des mitrailleuses allemandes. Silencieuses lors des bombardements préliminaires, celles-ci avaient surgi des tranchées et fauché l'infanterie britannique qui avançait lentement. La plupart des victimes faisaient partie des nouvelles armées de Kitchener, composées de volontaires ayant répondu à son appel en 1914.

Le 1er juillet, les principaux succès se déroulèrent dans le secteur français. Ayant tiré une leçon de Verdun, les Français montèrent des attaques limitées avec de petits groupes de soldats couverts par l'artillerie. Les Britanniques adoptèrent plus tard cette tactique. La bataille de la Somme devait alléger la pression sur Verdun et affaiblir les Allemands par une guerre d'usure. Malgré les pertes, le commandant britannique, Douglas Haig, ordonna la poursuite de l'offensive, qui dura quatre mois, permettant de conquérir quelques kilomètres carrés de bois et de terrain, et une poignée de villages au prix de nombreuses autres pertes.

Les dernières étapes de la bataille furent marquées par l'arrivée des premiers chars, dont le succès fut limité. Des renforts arrivèrent d'Afrique du Sud, d'Australie, du Canada et de Nouvelle-Zélande. Lorsque Haig interrompit l'offensive à la mi-novembre, ses armées n'avaient toujours pas atteint Bapaume, leur objectif. L'Empire britannique avait perdu 414 000 hommes, les Français 195 000 et les Allemands à peu près autant. **NJ**

▲ Soldat allemand prêt à lancer une grenade sur des Britanniques qui avancent, le premier jour de la bataille.

◀ Britanniques quittant leurs tranchées et « se ruant à l'assaut », beaucoup tombant sous les balles ennemies.

« Les forces ennemies engagées sur le front ont été sérieusement secouées. »

Sir Douglas Haig, le 23 décembre 1916

1916 – 30 AOÛT

Shackleton en Antarctique

Shackleton revient sur l'île de l'Éléphant pour sauver son équipage !

Ernest Shackleton avait le sens de la mise en scène. Cet aventurier imprudent était aussi un meneur d'hommes extraordinaire. Il personnifiait l'enthousiasme suscité par l'exploration des Pôles au début du xxe siècle, et l'esprit sportif. Même après la conquête du pôle Sud par Amundsen et la mort de Scott, il trouva des fonds et des hommes pour effectuer une autre expédition en Antarctique en pleine guerre mondiale.

Il avait le don d'attirer ses hommes dans des situations difficiles, mais aussi de les en sortir. Son bateau l'*Endurance* fut pris dans les glaces de la mer de Weddell avant qu'il ait atteint la côte antarctique. Abandonnés sur l'île déserte de l'Éléphant, Shackleton et quelques-uns de ses compagnons partirent chercher de l'aide à bord d'un canot, le *James Caird*. Après avoir parcouru 1 126 km, ils parvinrent sur l'île de Géorgie du Sud et durent se frayer un chemin à travers les montagnes pour gagner le port baleinier le plus proche. Shackleton se rendit alors au Chili, trouva un autre bateau, le *Yelcho*, et entreprit un autre voyage périlleux jusqu'à l'île de l'Éléphant. Il sauva les 22 membres d'équipage qui l'attendaient et n'avaient presque plus de victuailles, mais gardaient l'espoir que leur « chef » viendrait à leur secours. Ironie du sort, beaucoup périrent dans les tranchées à leur retour en Europe alors en guerre.

Ernest Shackleton mourut d'une crise cardiaque en 1921 alors qu'il tentait de contourner l'Antarctique. Il fut enterré sur l'île de Géorgie du Sud, à la demande de sa femme. **NJ**

◀ Shackleton abandonne son bateau, l'*Endurance*, pris par les glaces.

1916 – 31 DÉCEMBRE

L'assassinat de Raspoutine

Après avoir échappé à plusieurs tentatives d'assassinat, le « moine fou » est tué.

Grigori Iefimovitch Raspoutine, paysan illettré de Sibérie, censé avoir des dons de guérisseur et de prophète, avait une forte emprise sur la famille impériale russe. Il était très résistant et plusieurs tentatives pour l'assassiner échouèrent avant le 31 décembre 1916.

Malgré sa ferveur religieuse, il passait à juste titre pour être un ivrogne et un débauché. Arrivé à Saint-Pétersbourg en 1904, il acquit grâce à des prêtres orthodoxes la réputation d'être un saint homme et, malgré (ou à cause) de ses manières frustes, eut parmi ses disciples des femmes de la noblesse. Ayant réussi à stopper l'hémorragie interne du tsarévitch Alexeï atteint d'hémophilie et sur le point de mourir, il accrut son emprise sur la tsarine Alexandra, femme volontaire mais stupide, et par elle, sur son mari le tsar Nicolas II.

« *Il y avait quelque chose de monstrueux dans son refus diabolique de mourir.* »

Le prince Félix Ioussoupov

Quand la Russie entra en guerre, son influence s'accentua. Les inimitiés contre les Romanov se cristallisèrent sur lui et il devint alors la cible du clan conservateur, qui avait à sa tête Félix Ioussoupov et l'homme politique, Vladimir Pourichkevitch. Les conspirateurs l'attirèrent dans le palais de Ioussoupov et le tuèrent (avec beaucoup de difficultés). Ils lui firent manger des gâteaux au cyanure, tirèrent sur lui et le frappèrent à plusieurs reprises avant de le jeter vivant dans les eaux glacés de la Neva. **NJ**

1917 – 1er MARS

Le code est déchiffré

La tentative d'entraîner le Mexique dans la guerre se retourne contre l'Allemagne.

Le télégramme de Zimmerman fut une bévue sur le plan diplomatique et permit aux services secrets une prouesse technique. Émis par le ministre des Affaires étrangères allemandes Arthur Zimmerman, il était destiné à Heinrich von Eckardt, ambassadeur d'Allemagne au Mexique. Le département des renseignements de la chambre 40 du ministère de la Marine à Londres ne mit pas longtemps à le déchiffrer. La tentative allemande d'inciter le Mexique à s'opposer aux États-Unis était donc connue des Alliés avant que l'ambassadeur von Eckardt ne lise le télégramme.

L'Allemagne avait pris ce risque, car elle souhaitait désespérément que les États-Unis n'entrent pas en guerre. Elle savait que la guerre sous-marine illimitée qu'elle avait déclarée et qui détruisait des bateaux de pays neutres (y compris ceux des États-Unis) mettait la patience des Américains à rude épreuve. Le télégramme fut la goutte d'eau qui fit déborder le vase. Zimmerman, fraîchement nommé, annonçait que si les Américains entraient en guerre, l'Allemagne encouragerait le Mexique à leur déclarer la guerre en lui promettant la restitution des « territoires perdus » conquis ou annexés par les États-Unis : le Texas, le Nouveau-Mexique et l'Arizona.

L'amiral Reginald Hall, chef des services secrets britanniques, remit le message déchiffré au secrétaire des Affaires étrangères, Arthur Balfour. Ravi, ce dernier le transmit à Walter Page, ambassadeur américain à Londres, qui le fit parvenir à Washington. En avril, le président Woodrow Wilson, indigné, déclara la guerre à l'Allemagne.

Les historiens sont persuadés que ce télégramme eut un rôle décisif dans la décision de l'entrée en guerre des États-Unis. **NJ**

1917 – 16 AVRIL

Le retour de Lénine

Lénine rentre à Saint-Pétersbourg et prend la tête de la révolution.

La révolution russe de février 1917 en surprit plus d'un, y compris Vladimir Ilitch Oulianov (Lénine). Le chef du mouvement révolutionnaire marxiste « bolchevique » la prédisait, mais n'était pas sûr de la voir de son vivant.

Durant la « première » révolution, il se trouvait à Zurich, attendant patiemment la fin de la guerre en exil, participant à des conférences de socialistes sur la paix, et écrivant des articles polémiques contre la guerre, tout en rongeant son frein. Après le renversement du régime tsariste et la formation d'un gouvernement socialiste modéré, il commença à négocier avec les Allemands son passage en fraude en Russie avec des camarades bolcheviques, dans le but de fomenter une seconde révolution, et de stopper la guerre.

Les Allemands acceptèrent qu'ils voyagent dans un « train plombé » jusqu'à Saint-Pétersbourg. Le marché fut conclu entre de riches sympathisants bolcheviques et le gouvernement. Celui-ci détestait les plans révolutionnaires de Lénine, mais voulait que la Russie signe la paix avant l'entrée en guerre des États-Unis.

Après un voyage difficile, Lénine arriva à la gare de Finlande, à Saint-Pétersbourg, dans la nuit du 16 avril. Négligeant les bouquets de fleurs et les paroles affectueuses de ses camarades, il se lança dans une virulente diatribe contre son propre parti, tançant sévèrement les chefs bolcheviques, dont Staline, qui avaient coopéré avec le régime parlementaire de Kerenski. Selon lui, ils auraient dû revendiquer « la terre, la paix et le pain ». Tournées en ridicule dans un premier temps, ses « thèses d'avril » menèrent à la prise du pouvoir violente des bolcheviques six mois plus tard. **NJ**

Mata Hari exécutée

Agent secret, agent double ou bouc émissaire, la femme fatale est finalement rattrapée par le destin.

Pour nombre d'historiens, Mata Hari fut un bouc émissaire. Elle fut exécutée le 15 octobre 1917, quand la France, minée par des revers militaires et des mutineries, avait cruellement besoin de trouver un coupable.

Née en août 1876, Margarethe Zelle, dite Mata Hari, se maria avec Rudolf McLeod, officier hollandais, à l'âge de 18 ans, et quitta Amsterdam pour Java, dans les Indes néerlandaises. Son mariage fut un échec. En 1905, elle se produisait dans un cirque à Paris. Se faisant appeler Mata Hari (« le soleil », en javanais), elle y exécutait un strip-tease érotique en interprétant des danses indonésiennes, très appréciées par la presse.

Son audace et le caractère sensuel de ses danses osées lui valurent sa notoriété et une foule d'amants haut placés. Au début de la guerre, ses amants militaires et sa nationalité néerlandaise qui lui permettait de se déplacer librement dans les pays belligérants l'entraînèrent dans le monde trouble de l'espionnage. Elle fut peut-être un agent secret français, ou un agent double travaillant pour l'Allemagne. Arrêtée et interrogée par les services secrets britanniques, elle affirma être une espionne au service de la France et fut libérée. En février 1917, les Français qui avaient prétendument intercepté des messages de l'attaché militaire allemand à Madrid prouvant qu'elle travaillait pour l'Allemagne l'appréhendèrent à Paris. Elle nia les faits avec virulence, mais, accusée de haute trahison, fut fusillée à Vincennes. **NJ**

◄ Mata Hari : profil sur une photo d'identité judiciaire avant son exécution, le 15 octobre 1917.

▼ Joueurs de sitar indiens accompagnant Mata Hari en train d'interpréter une danse javanaise.

La déclaration Balfour

Le gouvernement britannique propose un « foyer » juif en Palestine.

Colonie juive apparue en Palestine après la déclaration Balfour.

Peu de documents importants furent aussi brefs que cette lettre d'une page adressée en 1917 par lord Balfour (ministre des Affaires étrangères) à lord Rothschild, chef de la communauté juive britannique, l'avertissant que le ministère soutiendrait l'existence d'un « foyer » juif (pas d'un État) en Palestine : « Le gouvernement de Sa Majesté envisage favorablement l'établissement en Palestine d'un foyer national pour le peuple juif [...], étant clairement entendu que rien ne sera fait qui pourrait porter préjudice aux droits civils et religieux des communautés non juives en Palestine, ainsi qu'aux droits et au statut politique dont les juifs pourraient jouir dans tout autre pays. »

La déclaration survint à un moment crucial de la guerre, puisque la Grande-Bretagne était en pourparlers avec les chefs arabes, les dressant contre les Turcs de l'Empire ottoman, ainsi qu'avec le président de la Fédération sioniste, Chaïm Weizmann, l'inventeur d'un procédé pour synthétiser l'acétone, constituant de la cordite, poudre explosive recherchée durant la guerre.

Elle avait aussi pour contexte l'effort de guerre considérable des Britanniques et la nécessité pour le gouvernement de gagner le soutien des banquiers anglais et américains de confession juive. Après celle-ci, la Grande-Bretagne favorisa sous l'égide de la Société des Nations l'émigration juive en Palestine, qui s'accrut dans les années 1930 avec la montée de l'antisémitisme en Europe. Elle tenta ensuite de la limiter face à la révolte des Arabes. **NJ**

Les bolcheviks prennent le pouvoir

La révolution d'Octobre est le coup d'État d'une minorité armée.

Panique au cours de violents combats de rue à Saint-Pétersbourg.

Depuis le retour d'exil de Lénine en avril 1917, les bolcheviks, aile extrémiste du parti ouvrier social-démocrate, étaient décidés à renverser le gouvernement provisoire de Kerenski. Après une tentative ratée en juillet – connue sous le nom de « journées de juillet » –, ils en préparèrent une autre. Le coup d'État eut lieu le 7 novembre et fut le déclenchement de la révolution d'Octobre. Le croiseur *Aurore* tira un seul coup de canon – à blanc – contre le Palais. Marins, soldats et ouvriers bolcheviques s'emparèrent des points clés de Saint-Pétersbourg.

Le gouvernement provisoire était de plus en plus impopulaire, car il n'avait pas réussi à stopper la guerre et à améliorer l'économie de la Russie. Soutenu par les sociaux-révolutionnaires de gauche, le comité central des bolcheviks vota à une majorité de dix contre deux pour une autre tentative de prise du pouvoir. Léon Trotski, ancien menchevik charismatique passé dans le camp des bolcheviks, fut chargé de diriger les opérations. Il prit la tête d'un comité révolutionnaire militaire et dirigea les événements depuis son quartier général de Smolny, ancien pensionnat de jeunes filles.

Le plus grand moment de la révolution fut la prise du palais d'Hiver, siège du gouvernement provisoire, gardé par un millier de soldats, dont un bataillon de femmes. À la fin de la journée, le gouvernement provisoire était renversé et la ville était aux mains des bolcheviks. La première étape du coup d'État s'était bien déroulée. **NJ**

La catastrophe d'Halifax

La plus grande explosion due à l'homme a lieu au Canada.

Avançant péniblement dans la neige, les dockers constatent les dégâts après l'explosion.

Le port d'Halifax, en Nouvelle-Écosse, regorgeait de navires marchands durant la Première Guerre mondiale. Le paquebot *Imo* allait à New York chercher des vivres pour la Belgique. Le 6 décembre 1917, il quitta en retard et peut-être trop vite l'arrière-port et entra en collision avec un bateau français venant de New York, le *Mont Blanc*. Celui-ci était chargé d'un gaz mortel, le TNT, de coton-poudre, de munitions et d'acide picrique (utilisé dans la fabrication des obus). Des barils de pétrole à indice d'octane élevé se trouvaient sur son pont.

Le choc provoqua des étincelles et les barils prirent feu. L'équipage laissa le capitaine seul à bord. Le paquebot dériva et heurta la jetée, avant d'exploser en projetant une lumière aveuglante. La déflagration souffla tout ce qui était à côté, dévastant 132 ha de terrain et faisant voler en éclats la plupart des vitres de la ville.

Elle causa la formation d'une énorme vague, qui fit couler des bateaux. Les éclats d'obus firent des blessés. La rumeur selon laquelle Halifax avait été bombardé par des zeppelins allemands se propagea. Les équipes de secours firent un excellent travail, mais durant la nuit une tempête de neige d'une rare violence fit de nouvelles victimes. Une grande partie de la ville fut anéantie. En tout, la catastrophe d'Halifax causa plus de 2 000 morts et des milliers de personnes furent blessées. On entendit l'explosion à des centaines de kilomètres. **RC**

La signature du traité de Brest-Litovsk

Les bolcheviks paient au prix fort l'arrêt de la guerre.

Militaires se saluant à Brest-Litovsk, en Biélorussie, après la signature du traité de paix.

Signé le 3 mars 1918, le traité imposait des conditions très dures à la Russie, qui perdait un quart de son territoire, la moitié de son industrie et 90 % de ses ressources en charbon.

Au pouvoir depuis novembre 1917, les bolcheviks voulaient à tout prix que la Russie ne prenne plus part à la Grande Guerre. Les Allemands désiraient tout autant faire payer cette attitude très cher, au régime révolutionnaire, qui tirait le diable par la queue. Leur rencontre à Brest-Litovsk ne donna rien. Le général allemand Max Hoffmann posa des conditions si sévères (la perte de la Pologne, de l'Ukraine, de la Finlande et des États baltes entre autres) que le nouveau commissaire des Affaires étrangères, Léon Trostki, rompit les pourparlers, déclarant que l'armée russe ne se battrait pas contre l'Allemagne, mais ne ferait pas la paix.

Les Allemands reprirent leur avancée en Russie, s'emparant en moins de quinze jours des territoires demandés tout en menaçant le régime bolchevique. Les nouveaux maîtres de la Russie signèrent en toute hâte le traité.

Au bout de neuf mois, celui-ci fut annulé. Battue, l'Allemagne, elle-même minée par la révolution, abandonna les territoires conquis. Une guerre civile débuta entre Blancs, Rouges et nationalistes. Les Rouges s'emparèrent de l'Ukraine et de la Biélorussie. La Pologne, la Finlande et les pays baltes réussirent à maintenir leur indépendance. **NJ**

La mort du Baron rouge

La mort de Richthofen atténue la menace pesant sur l'aviation alliée.

Richthofen était un petit aristocrate prussien. Une importante foule prit part au cortège funèbre.

Manfred von Richthofen – surnommé le Baron rouge par ses ennemis, en raison de la couleur des avions de ses escadrilles – était un as. Après sa mort, le 21 avril 1918, ses adversaires britanniques l'inhumèrent en lui rendant les honneurs militaires.

Richthofen utilisa ses talents de chasseur en tant que pilote durant la Première Guerre mondiale, abattant un grand nombre d'avions. Chef charismatique haut en couleur, il prenait souvent avec lui sa mascotte, son danois Moritz. Avant son dernier vol, il avait subi quelques revers. En juillet 1917, il avait été touché et gravement blessé à la tête. Revenu en août au commandement de sa célèbre escadrille baptisée « le cirque volant », il continua à descendre des avions ennemis.

Il fut tué en raison d'une erreur de jugement de sa part et du savoir-faire de ses adversaires. Wilfred May, pilote britannique inexpérimenté, abandonna le combat quand les mitrailleuses de son Sopwith Camel s'enrayèrent. Manfred von Richthofen le prit en chasse en rasant le sol prenant de gros risques. Le capitaine canadien Roy Brown le suivit dans son propre Camel. Voici ce qu'il dit : « Je suis descendu en piqué en direction du triplan rouge qui tirait sur le lieutenant May. J'ai tiré. Il s'est écrasé. » Une unité de mitrailleurs australiens affirma également avoir tué le Baron rouge, en tirant sur son avion qui volait près du sol. **NJ**

Le tsar et sa famille assassinés

L'exécution de la famille impériale est une page sanglante de l'histoire russe.

Photographie de Nicolas II et d'Alexandra avec leurs cinq enfants en 1915.

Depuis la révolution de février 1917, la famille impériale était détenue à la campagne. Quand les bolcheviques prirent le pouvoir, ses conditions de détention devinrent plus dures. Transférée dans la maison Ipatiev, près d'Iekatérinbourg, elle fut assassinée en juillet 1918.

Pendant la guerre civile, comme les forces anti bolcheviques s'approchaient du lieu de détention, Lénine et Sverdlov ordonnèrent par télégramme d'exécuter les Romanov. Le 17 juillet, à 12 h 30, ceux-ci furent menés à la cave pour y être photographiés. Un peloton d'exécution fit feu. Les balles rebondirent sur les bijoux cousus dans les habits des princesses, qui furent achevées à coups de baïonnettes. Les corps, mutilés afin de ne pas etre identifiables, furent jetés dans un puits, puis transférés plus tard dans une tombe peu profonde à proximité. En 1991, les dépouilles du tsar, de la tsarine et de trois enfants furent retrouvées et identifiées grâce à de l'ADN prélevé sur d'autres membres de la famille impériale. Elles furent inhumées en 1998 dans la forteresse Pierre et Paul, à Saint Pétersbourg. En août 2007, les os du tsarévitch Alexeï, hémophile, et de sa sœur Maria furent découverts à Iekatérinbourg.

Craignant que le site ne devienne un lieu de pèlerinage, Boris Eltsine ordonna la démolition de la maison Ipatev, où fut assassinée la famille royale et fit ériger deux croix sur cet emplacement. **NJ**

Allenby prend Damas

La prise de la capitale syrienne par les forces alliées met fin à la domination turque.

Entrée officielle du général Allenby à Jérusalem en janvier 1918, sept mois avant la prise de Damas.

« … nous avons tué comme si la mort et le sang pouvaient arrêter notre agonie. »

T. E. Lawrence, *Les Sept Piliers de la sagesse*

Le général Allenby, commandant des forces alliées au Moyen-Orient, mena l'offensive finale contre la Palestine et la Syrie sous contrôle turc, le 20 septembre 1918. Le 1er octobre, les alliés confortèrent leur victoire. Allenby, lui, n'entra à Damas que le 3 octobre.

Il fut devancé par la colonne arabe à cheval du colonel T. E. Lawrence et de l'émir Fayçal, que le premier souhaitait voir sur le trône, au mépris des accords Sykes-Picot. Lawrence avait donné l'ordre de s'emparer de Dera et de couper la retraite aux Turcs. Il comptait occuper Damas afin de montrer l'indépendance des Arabes et permettre à Fayçal de prendre le pouvoir.

Mais son armée était faible et manquait de cohésion. Exaspérée par les atrocités des Turcs, elle massacra ces derniers sans faire de distinction. Pendant ce temps, Allenby marchait sur Damas afin de prendre en tenailles les troupes turques avec l'aide de l'aviation et la cavalerie, en attaquant à la fois depuis le sud et l'est. Les soldats de la 3e cavalerie légère australienne entrèrent à Damas le 30 septembre. Ils furent acclamés par les habitants. Le jour suivant, les Arabes de Lawrence arrivèrent, mais ils n'étaient pas assez pour faire régner l'ordre et se préoccupaient surtout de chasser les Turcs. Le 2 octobre, les Australiens mirent fin à l'anarchie, et les Alliés organisèrent une parade pour célébrer la victoire, qui marquait la fin de la guerre pour la Turquie et de cinq siècles de domination ottomane pour les pays arabes.

Désappointé mais décidé à soutenir la cause des Arabes qui était aussi la sienne, Lawrence – connu désormais sous le nom de Lawrence d'Arabie – demanda à Allenby la permission de rentrer en Grande-Bretagne. **NJ**

L'abdication de Guillaume II

Elle marque la fin de l'Empire allemand.

« Je renonce pour toujours au trône de la Prusse et à celui de l'Allemagne impériale. » Ces paroles furent bien prononcées le 9 novembre 1918, mais Guillaume II n'abdiqua pas ce jour-là. La décision fut annoncée officiellement comme étant la sienne, mais elle était le fait d'un lointain cousin, le prince Max de Baden, qui fut le dernier chancelier de l'Empire allemand et lutta pour éviter une révolution à Berlin, au cours des derniers jours de la Grande Guerre. Guillaume II se trouvait quant à lui loin, à Spa, petite ville boisée de Belgique devenue le grand quartier général allemand pendant la guerre.

Guillaume II ne savait quelle attitude adopter au moment où ses armées battaient partout en retraite. Les équipages de sa flotte de haute mer qu'il chérissait se mutinaient, et à Berlin, les ouvriers en grève et les révolutionnaires prenaient d'assaut des bâtiments officiels. Au début, il songea à réprimer la révolution par la force à l'aide de l'armée. Il changea vite d'avis lorsqu'il fut informé que seuls deux de ses 20 commandants répondaient de la loyauté de leurs hommes. Lorsqu'il rappela à ses généraux le serment prêté, le général Wilhelm Groener lui rétorqua : « Sire, dans de telles circonstances les serments ne sont que des mots. » Même le commandant en chef von Hindenburg reconnut tacitement que la présence de l'empereur gênait la paix et la stabilité.

Guillaume II se retira dans son train impérial et partit durant la nuit aux Pays-Bas, alors neutre. Le 28 novembre, il « suspendit l'usage de ses prérogatives royales ».

Il demeura en exil jusqu'à sa mort, en juin 1941, pendant la Seconde Guerre mondiale, et ne revit plus jamais l'Allemagne. À ses funérailles, il reçut les honneurs militaires allemands. **NJ**

Photographie officielle de Guillaume II en costume militaire.

« … Il s'agit de l'acte le plus répugnant jamais commis par un peuple. »

Guillaume II lors de son abdication forcée

La signature de l'armistice

L'armistice mettant fin à la guerre est signé en France, dans un train, près de Rethondes.

Foules en liesse se pressant dans le centre de Paris pour célébrer l'armistice.

Camion militaire transportant des troupes dans Londres, peu avant l'entrée en vigueur de l'armistice.

« Peu importe que vous signiez, je ne m'arrêterai que lorsque j'aurai atteint le Rhin. »

Le maréchal Foch à la délégation allemande

L'armistice fut signé dans un train, sur une voie de garage, près de Rethondes, dans la forêt de Compiègne, au nord-ouest de Paris, peu après 5 h du matin, le 11 novembre 1918. Il prit effet à 11 h du matin (« la onzième heure du onzième jour du onzième mois »). Il marqua la fin de la Première Guerre mondiale et la capitulation de l'Allemagne.

Il avait été demandé le 7 novembre par le Haut Commandement allemand sous la direction de Paul von Hindenburg. L'armée allemande était invaincue, l'Allemagne n'était pas envahie, mais son économie dans un piètre état et le gouvernement confronté à des risques de mutineries dans l'armée et la marine, ainsi qu'à la menace d'une révolution. La délégation allemande, avec à sa tête Matthias Erzberger, chef du Centre catholique, franchit en voiture la ligne du front près de La Capelle, puis traversa en train le nord de la France.

Le maréchal Ferdinand Foch pour la France et l'amiral Rosslyn Wemyss pour la Grande-Bretagne, fixèrent des conditions non négociables, dont le retrait des Allemands de la France et de la Belgique, la démilitarisation de la Rhénanie et la capitulation de la flotte allemande. Erzberger tergiversa, mais sous la pression du nouveau gouvernement social-démocrate au pouvoir depuis le départ de l'empereur, signa. L'armistice devait durer 30 jours, mais fut renouvelé régulièrement jusqu'au traité de Versailles, le 28 juin 1919.

Les alliés l'encensèrent, mais beaucoup d'Allemands, comme Hitler (alors caporal) l'écrivit plus tard, se sentirent trahis. En effet, les territoires conquis furent abandonnés et les traités signés avec la Russie (à Brest-Litovsk) et la Roumanie annulés. L'Allemagne subit d'importants dommages matériels et perdit toute sa flotte sous-marine. **NJ**

LEYLAND
LP

L'insurrection spartakiste de Berlin

La révolte inspirée par les bolcheviks est rapidement écrasée par le gouvernement et les Freikorps décidés à mater la révolution.

Le 5 janvier 1919 était censé être une répétition de la révolution russe bolchevique de 1917, mais se solda par un massacre. La faiblesse du communisme en Allemagne permit aux forces paramilitaires des Freikorps d'écraser la gauche allemande.

Après l'effondrement de l'Allemagne à l'issue de la guerre, les forces révolutionnaires revendiquèrent le pouvoir. Elles réunissaient des soldats qui s'étaient mutinés, des marins et des ouvriers en grève, et un petit nombre de militants communistes regroupés sous le mouvement Spartakus. Elles s'opposaient au nouveau gouvernement social-démocrate qui avait scellé une alliance tactique avec l'armée et les formations paramilitaires comme les Freikorps.

Des membres de Spartakus fondèrent le Parti communiste allemand (KPD). Leur chef, Karl Liebknecht – malgré le conseil de Rosa Luxemburg, plus prudente – proclama la création d'un gouvernement le 5 janvier et occupa les points stratégiques de Berlin. En réponse, le ministre de la Guerre Gustav Noske encercla la ville avec 5 000 soldats de l'armée et des Freikorps, qui avancèrent vers le centre, écrasant la résistance du mouvement Spartakus au moyen de lance-flammes, d'artillerie et de mitrailleuses. Le 11 janvier, Noske écrivait : « Le cauchemar qui menaçait la ville a été dissipé. » Après cette semaine, des membres de la gauche, dont Liebknecht et Luxemburg, furent pourchassés et assassinés de sang-froid, présage sinistre de ce qui allait arriver plus tard en Allemagne. **NJ**

Karl Liebknecht à l'enterrement d'émeutiers tués à Berlin.

Membres de la ligue face aux troupes gouvernementales dans les rues de Berlin.

1919 – 13 AVRIL

Le massacre d'Amritsar

Les Britanniques tuent des manifestants et attisent le nationalisme indien.

Jallianwalla Bagh était une place de la ville sainte d'Amritsar, dans le Pendjab. Nombre d'Indiens quittaient les bazars surpeuplés pour se reposer dans ses jardins. Le 13 avril, 10 000 d'entre eux s'y massèrent, défiant les Britanniques qui interdisaient les rassemblements. L'arrivée du général Dyer et de ses soldats gurkhas provoqua une panique indescriptible et une tuerie.

Dyer ordonna de tirer sur la foule. La fusillade dura dix minutes, jusqu'à ce que les munitions diminuent. Elle fit 397 morts selon les Britanniques, 800, voire plus, selon les Indiens. Âgé de 46 ans, le général Dyer souhaitait restaurer l'autorité britannique, alors que le nationalisme était en plein essor, notamment à Amritsar où cinq Anglais venaient d'être tués et où une missionnaire anglaise, miss Sherwood, avait été maltraitée. Il aurait affirmé vouloir réduire la cité rebelle à un tas de cendres. Contraint de prendre sa retraite, il ne fut pas poursuivi en justice.

« Oui, je pense que j'aurais peut-être pu les disperser sans tirer. »

Le général Dyer lors de l'enquête

La nouvelle du massacre anéantit les efforts britanniques en vue d'une réforme constitutionnelle. De nombreux Indiens modérés de la classe moyenne devinrent nationalistes, car la base morale de l'autorité britannique avait été sapée. Il s'agissait, selon Gandhi, d'un « régime satanique ». Les jours de l'Empire britannique des Indes étaient comptés. **RP**

1919 – 20 MAI

La théorie d'Einstein est prouvée

Arthur Eddington démontre la théorie d'Einstein sur la relativité.

La fameuse théorie d'Einstein exposée pour la première fois avant la Première Guerre mondiale resta non démontrée jusqu'à ce qu'un astrophysicien britannique, Arthur Eddington, la vérifie en mai 1919 en observant les étoiles près du Soleil lors d'une éclipse solaire.

Né en 1882 dans une modeste famille de quakers, Eddington, qui perdit son père très jeune, fit des études grâce à une bourse qu'il reçut pour ses talents scientifiques précoces. Diplômé du Trinity College de Cambridge, il devint directeur de l'observatoire de l'université de Cambridge en 1913. Il refusa de servir durant la Première Guerre mondiale en raison de ses croyances.

L'année qui suivit la guerre, il se rendit sur l'île de Principe, dans l'océan Indien, afin d'observer, le 29 mai, une éclipse solaire. Ses photographies confirmèrent l'hypothèse d'Einstein sur la courbure des rayons lumineux issus des étoiles dans le champ de gravitation du Soleil : effet visible uniquement durant une éclipse quand la luminosité du Soleil ne masque pas les étoiles voisines. Ses conclusions furent abondamment diffusées et la théorie d'Einstein portée à la connaissance d'un large public. Eddington l'expliquait en des termes très simples. Einstein lui-même affirma qu'il s'agissait de la meilleure présentation de sa théorie.

Eddington essaya par la suite de formuler une « théorie fondamentale » unissant la physique quantique, la relativité et la gravitation, qui, pensait-il, obéissaient aux mêmes lois fondamentales. Il mourut en novembre 1944. **NJ**

Le premier vol transatlantique

Alcock et Brown survolent l'Atlantique sans escale.

Alcock et Brown photographiés au-dessus de Terre-Neuve, le 15 juin 1919.

John Alcock et Arthur Whitten Brown survolèrent pour la première fois l'Atlantique sans faire d'escale à bord d'un bombardier Vickers Vimy équipé de deux moteurs Rolls Royce. Alcock, le pilote, avait persuadé la compagnie Vickers de lui donner un avion. Pilote de bombardier lors de la Grande Guerre, cet Anglais de 36 ans avait été prisonnier comme son copilote écossais Brown, qui avait six ans de plus.

Le 14 juin 1919, ils décollèrent de St. John's, Terre-Neuve, avec des sandwichs, un peu de whisky et une bouteille de bière. Après avoir parcouru difficilement 3 040 km, en presque 16 heures, ils atterrirent accidentellement dans un marécage, près de Clifden, dans le Connemara, en Irlande. Ils volèrent à la vitesse moyenne de 185 km/h, à une altitude comprise entre le niveau de la mer et 3 658 m. En route, ils eurent des problèmes de moteur, affrontant le brouillard, la neige et la glace, qui obstruait les soupapes et que Brown dut ôter en montant sur les ailes de l'appareil. Dans le cockpit rempli de neige, Alcock prit, en raison de la visibilité réduite, un marécage pour un champ, mais fort heureusement, aucun des pilotes ne fut blessé à l'atterrissage. Ils furent accueillis en héros par les habitants de la région.

Quelques jours après, ils ont été faits chevaliers au palais de Buckingham par le roi Georges V. John Alcock s'écrasa en France avec son avion avant la fin de l'année. Arthur W. Brown vécut jusqu'en 1948. Il n'a plus jamais volé. **RC**

Le traité de Versailles

L'Allemagne signe avec réticence un traité qui la paralyse financièrement.

Georges Clemenceau signe le traité dans la galerie des Glaces, à Versailles.

Le traité de Versailles est le traité de paix conclu entre l'Allemagne et les Alliés de la Première Guerre mondiale. Imposé à l'Allemagne au printemps 1919, il était jugé trop ou pas assez sévère. Dictées par les chefs des Forces alliées – le président américain Wilson, le Premier ministre britannique Lloyd George et le Premier ministre français, Clemenceau –, ses principales clauses privaient l'Allemagne de ses colonies, d'une partie de ses territoires, de sa flotte et de son aviation, son armée de terre ne devant pas excéder 100 000 hommes. Elle n'avait pas le droit de fabriquer et d'utiliser de l'artillerie lourde ou des chars. Elle devait verser de très importantes réparations financières. Comble de l'humiliation, elle était déclarée seule responsable de la guerre.

Les termes du traité provoquèrent l'indignation et des manifestations massives en Allemagne. Le ministre des Affaires étrangères démissionna. Seule la menace des Alliés de reprendre les hostilités obligea l'Assemblée nationale à voter en faveur de la signature. Les Allemands signèrent le traité le 28 juin, date anniversaire de l'attentat de Sarajevo qui avait entraîné la guerre. Aux États-Unis et en Grande-Bretagne, l'opinion publique trouva qu'il était trop dur, mais pas en France, où l'amertume après quatre ans d'occupation allemande restait forte. Le ressentiment porta Hitler au pouvoir. Les clauses furent annulées une par une, le pays réarmé et Hitler déclencha la Seconde Guerre mondiale. **NJ**

Deux minutes de silence

Un temps de silence annuel en hommage aux morts de la guerre est réclamé.

À la gare de Paddington, à Londres, les voyageurs observent, immobiles, deux minutes de silence.

La commémoration solennelle des morts de guerre, par le biais des mémoriaux, des monuments aux « soldats inconnus » et des cérémonies du souvenir est un héritage important de la Première Guerre mondiale commun à beaucoup de pays. Cette pratique débuta un an après l'armistice.

L'idée d'instituer un temps de silence en souvenir des victimes de la guerre fut celle du journaliste et vétéran australien Edward George Honey. Choqué par les célébrations irrévérencieuses de l'armistice du 11 novembre 1918, il publia, le 8 mai 1919, dans le *London Evening News* une lettre pour réclamer chaque année cinq minutes de silence en souvenir des morts : « Cinq minutes pas plus. Cinq minutes de souvenir national. » Son idée fut reprise par sir Percy Fitzpatrick, homme d'État sud-africain, qui écrivit à George V en octobre, en indiquant qu'un silence « ferait comprendre à nos descendants la signification, la noblesse et le désintéressement du sacrifice qui permit la liberté ». Les conseillers du roi approuvèrent l'idée, mais limitèrent le silence à deux minutes.

Aux États-Unis, un temps de silence fut instauré en 1921 lors des funérailles d'un soldat inconnu au cimetière d'Arlington ; en 1954, le 11 novembre fut rebaptisé le « Veterans Day ». En France, ce fut le 11 novembre 1920, que le corps d'un soldat inconnu fut transféré sous l'Arc de Triomphe ; le 11 novembre 1923, la « Flamme » du souvenir fut allumée pour la première fois par André Maginot, ministre des Pensions. Ce cérémonial perdure toujours. **NJ**

La prohibition aux États-Unis

Fabrication, importation, exportation et vente d'alcool sont interdites.

Des agents fédéraux vident des bouteilles de whisky en public.

Le 18e amendement de la Constitution américaine, ratifié en 1919 et qui entra en vigueur le 20 janvier 1920 interdisait la fabrication, la vente, le troc, le transport, l'exportation ou l'importation d'alcool.

C'était l'œuvre d'un mouvement antialcoolique en essor depuis le XIXe siècle, qui avait rallié à sa cause les protestants des États du Sud, des hommes d'affaires et des citoyens qui pensaient que l'ivresse de la classe ouvrière entraînait la pauvreté, la perte d'heures de travail et une violence alarmante. Les premiers appels à la modération se muèrent en appels au bannissement de l'alcool. En 1861, l'alcool était prohibé par treize États. Le parti de la prohibition prit part, pour la première fois, à une élection présidentielle en 1880.

La Première Guerre mondiale rendit ses partisans encore plus enragés. Ils faisaient de la sobriété un élément essentiel à la victoire. Pour les historiens, la prohibition fut un désastre, même s'ils restent divisés quant à ses effets sur la consommation d'alcool. La criminalité augmenta. L'alcool fabriqué dans les caves des particuliers était importé en contrebande et vendu dans des bars clandestins. Des millions de dollars finirent ainsi dans les poches des contrebandiers et des criminels et le crime organisé acquit une puissance qu'il conserva. La prohibition dura jusqu'à l'entrée en vigueur en 1933 du 21e amendement légalisant la vente et la consommation d'alcool. Après le retrait de la loi fédérale, certains États continuèrent à imposer la prohibition. **RC**

La ratification du traité anglo-irlandais

Le traité divise l'île en deux, envenimant la politique irlandaise.

Le discours de De Valera contre le traité attire la foule à Dublin.

Les débats qui ont abouti à la ratification du traité pour un État irlandais libre mirent fin à la guerre entre la Grande-Bretagne et l'Irlande ; mais ils furent aussi le déclencheur de la guerre civile irlandaise qui opposa les partisans et les adversaires du traité et coûta la vie à plus de 4 000 Irlandais.

Négocié à Londres par le Premier ministre Lloyd George et le ministre de la Guerre Winston Churchill et par les plénipotentiaires Arthur Griffith et Michael Collins, le traité anglo-irlandais reconnaissant l'État libre d'Irlande fut ratifié en janvier 1922. Il garantissait l'indépendance de l'Irlande, qui devenait un dominion (État autonome au sein de l'Empire britannique) et donnait aux comtés protestants du Nord la possibilité de ne pas faire partie du nouvel État.

Les républicains irlandais de De Valera virent dans ce traité une trahison. D'autres affirmaient qu'il ouvrait la voie à l'indépendance. Après une semaine de débats passionnés à la Chambre des députés (assemblée non officielle des parlementaires irlandais refusant de siéger à la Chambre des communes), il fut ratifié (64 voix pour et 57 contre).

Collins et Griffith périrent durant la guerre civile gagnée par les partisans du traité. Au cours des 20 années qui suivirent, De Valera fit sortir les républicains de l'illégalité et usa adroitement des institutions de l'État libre pour créer une république irlandaise non unifiée. Les factions pour et contre le traité donnèrent naissance à deux partis : le Fine Gael et le Fianna Fail. **NJ**

La propagande mussolinienne

La marche sur Rome n'est pas l'héroïque coup d'État de la légende fasciste.

Mussolini (au centre) et ses Chemises noires durant la Marche sur Rome.

Le 28 octobre 1922 fut un jour historique important, marquant le début du fascisme en Italie. Selon la propagande fasciste, les partisans de Mussolini marchèrent sur Rome et prirent le pouvoir, renversant un régime démocratique décadent, 3 000 d'entre eux ayant donné leur vie afin que l'Italie retrouve sa grandeur passée et qu'un nouvel Empire romain soit fondé par Mussolini. La réalité fut, cependant, bien différente.

La marche sur Rome avait bien été planifiée, mais le mouvement fasciste était faible et Mussolini prêt à s'enfuir si Victor Emmanuel III déclarait la loi martiale. Craignant une guerre civile, le roi préféra l'inviter à Rome le 28 octobre. Il semblait impensable que Mussolini eût un ministère, car son parti n'avait remporte que 35 sièges aux élections générales précédentes, et lui-même ne semblait pas avoir beaucoup d'influence au sein de son propre parti. Pourtant, le 29 octobre, le roi propose à Mussolini de prendre la tête du gouvernement et le nomme Premier ministre. Le jour suivant, près de 30 000 Chemises noires entrèrent dans la capitale. La prétendue « marche sur Rome » eut donc lieu après l'arrivée au pouvoir de Mussolini, et ne fut pas sanglante.

En 1926, Mussolini devint le dictateur de l'Italie, son « sauveur » suivant ses partisans. Sa grande erreur fut de s'engager dans la Seconde Guerre mondiale. La propagande inventa des victoires, mais ne put cacher la défaite de l'Italie et la mort ignominieuse de son chef, tué par des partisans italiens. **RP**

La tombe de Toutankhamon

Howard Carter ouvre la porte de la tombe de Toutankhamon et découvre des trésors restés intacts.

La tombe fut en fait découverte trois semaines plus tôt, mais son ouverture fut retardée jusqu'à l'arrivée de lord Carnavon dans la Vallée des Rois, à Louxor. En 1899, Howard Carter avait mis au jour le tombeau pillé de la reine Hatshepsout. La nouvelle tombe allait-elle être vide ? Vers 14 h, ce dimanche de 1922, Carter ouvrit une minuscule brèche dans l'angle gauche supérieur de la porte. Il alluma des bougies, éclairant faiblement la chambre funéraire. Il fut frappé de stupeur. La brèche fut élargie afin que les deux hommes puissent contempler, éblouis, « la merveilleuse collection de trésors ». Aucun doute n'était possible. Il s'agissait bien de la tombe de Toutankhamon.

Enfant, Howard Carter était déjà fasciné par les objets d'art égyptiens. Depuis 1907, ses fouilles étaient financées par l'archéologue amateur lord Carnavon. En 1922, il eut droit à des fonds pour une saison de plus. Après la découverte du tombeau, les deux hommes dressèrent le catalogue du contenu de l'antichambre, et le 16 février 1923, ouvrirent le sarcophage de Toutankhamon.

Carnavon avait accordé au *Times* le droit exclusif de narrer l'histoire du tombeau. Pour se venger, les autres journaux propagèrent la rumeur d'une malédiction que Carter taxa de bêtise. Mais, au printemps, il mourut d'une septicémie et le mythe de la « malédiction de Toutankhamon » débuta. **RP**

Archéologues distinguant pour la première fois le sarcophage dans le sanctuaire.

Howard Carter sur le point de soulever le couvercle du sarcophage et de dévoiler la momie.

1922 – 30 DÉCEMBRE

Naissance de l'URSS

Proclamation à Moscou de l'Union des républiques socialistes soviétiques.

La décision en 1922 de créer l'URSS ou l'Union soviétique mit fin à un débat sur l'autonomie à accorder aux nationalités gouvernées par la Russie. Elle ressuscitait l'Empire tsariste sans la Pologne et la Finlande, devenues indépendantes durant la guerre civile ayant suivi la révolution bolchevique de 1917.

Dominée par la Russie, l'URSS était au départ composée de quatre républiques : la Russie, l'Ukraine, la Biélorussie et la Transcaucasie, rejointes quand les bolcheviks consolidèrent leur pouvoir par l'Arménie, l'Azerbaïdjan, la Géorgie, le Kazakhstan, la Moldavie, l'Ouzbékistan, le Tadjikistan et le Turkménistan, puis durant la Seconde Guerre mondiale par les républiques baltes d'Estonie, de Lettonie et de Lituanie.

« *Nous voulons […] une union excluant la coercition d'une nation par une autre.* »

V. I. Lénine proposant la création de l'URSS

En 1929, sous la dictature de Staline, l'URSS devint la deuxième superpuissance malgré la famine, la collectivisation, l'industrialisation et les dévastations de la Seconde Guerre mondiale. Après avoir étendu son contrôle sur l'Europe de l'Est, elle fit progresser le communisme dans le monde entier. Elle fut minée par la course aux armements et l'inefficacité de l'économie planifiée. Dans les années 1980, la tentative de Gorbatchev de réformer le système économique soviétique échoua. Son successeur Boris Eltsine démantela l'Union des républiques socialistes soviétiques. **NJ**

1923 – 1ER SEPTEMBRE

Un séisme au Japon

Secousses, incendies et tsunamis détruisent Yokohama et Tokyo.

Dans le port de Yokohama, des milliers de pousse-pousse se hâtaient dans les rues grouillantes de dockers, de diplomates, de marins, de négociants et de touristes. Dans les quartiers regorgeant de restaurants et de maisons en bois fragiles, les habitants allumaient les fourneaux pour déjeuner. Deux minutes avant midi, se produisit un séisme de 7,9 sur l'échelle de Richter. Son épicentre se trouvait dans la baie de Sagami, au sud-ouest de la baie de Tokyo.

Des monts Hakone à la baie de Yokohama et au nord de Tokyo, les ondes de choc déclenchèrent une série de désastres. Les gazoducs se fendirent, le charbon de bois se répandit dans les cuisines, causant des centaines d'incendies dans les vieux quartiers bondés. La rupture des conduites d'eau gêna l'extinction des feux, les parcs publics et lieux dégagés étant trop petits et trop rares pour servir de barrières. Les incendies durèrent trois jours, les vents chauds générant des typhons et attisant les flammes.

« *La ville était en feu [et] brûla toute la journée et toute la nuit.* »

Témoignage

Ce ne fut pas le plus grand séisme au Japon, mais sa proximité de Tokyo et Yokohama eut des effets dévastateurs. Plus de trois millions d'habitants furent privés de foyer. Il y eut 104 500 morts et 52 000 blessés. La reconstruction débuta vite, et en 1932 Tokyo et Yokohama étaient des villes modernes et animées. **JJH**

Le mark allemand perd de sa valeur

En 1923, l'hyperinflation entraîne la dévaluation du mark et l'instabilité politique.

◐ En 1923, le mark allemand avait la valeur du papier brouillon.

◑ Enfants allemands se servant de billets dévalués pour jouer.

« L'Allemagne s'effondre de manière sinistre, petit à petit... »

Journal de Victor Klemperer, 9 octobre 1923

Les économistes sont incapables de dire quand l'inflation se mua en hyperinflation, mais les Allemands n'eurent aucun mal à constater que leur monnaie et leur épargne avaient perdu leur valeur. En novembre, un pain qui valait un peu plus d'un demi-mark en 1918 coûtait près de 100 milliards de marks. Le dollar s'échangeait contre 4 trillions de marks, et montait toujours. Cela frisait le ridicule. Ceux qui prenaient une tasse de café découvraient que son prix avait doublé pendant qu'ils la buvaient ! Le mark ne valait que le papier servant à l'imprimer. Le troc devint courant. Une coupe de cheveux se monnayait en œufs, un ticket de cinéma en charbon. Les mendiants se multipliaient.

Quelle cause invoquer ? Pour nombre d'Allemands, tout venait du traité de Versailles et de l'obligation de verser des réparations aux vainqueurs de la Première Guerre mondiale. Les nazis montraient du doigt les financiers juifs, mais les coupables étaient les gouvernements successifs et la politique économique menée. Ils avaient prélevé trop peu d'impôts et imprimé trop de billets de banque pendant la guerre et continuèrent après 1918. En janvier 1923, quand les Français occupèrent la Ruhr, le gouvernement appela à la résistance passive et imprima des billets pour payer les grévistes, transformant l'inflation en hyperinflation.

Avec la coalition de Gustav Stresemann en septembre 1923, une solution fut trouvée. La résistance passive fut stoppée, et en 1924, avec l'entrée en vigueur du plan Dawes, les Allemands acceptèrent de bonne grâce de verser des réparations et instaurèrent une nouvelle monnaie.

La crise fut surmontée, mais le traumatisme et l'incertitude politique subsistèrent, déstabilisant la république de Weimar. **RP**

Le roi George V s'exprime à la BBC

La première émission de radio de George V accroît la popularité de la monarchie britannique.

George V avant son allocution de Noël en 1934, dans le château de Sandringham.

« La diffusion eut du succès […] et ce fut une de nos grandes réussites. »

Journal de John Reith, le 23 avril 1924

L'exposition de l'Empire britannique, sur un site spécialement construit à cet effet à Wembley, fut plus importante que la grande exposition de 1851, attirant quatre fois plus de personnes. Elle fut inaugurée le jour de la Saint-Georges, le 23 avril, par un discours de George V. « Nous croyons que l'exposition amènera les peuples de l'Empire à mieux satisfaire leurs désirs et leurs aspirations réciproques, dit-il, et nous espérons que son succès profitera non seulement à l'Empire, mais à l'humanité en général. » Ce discours, malgré sa banalité, suscita beaucoup d'intérêt, car c'était le premier du roi à être diffusé à la radio. La foule se massa dans la rue pour l'entendre, des cours solennelles suspendirent leur séance. Dix millions de personnes l'écoutèrent. Ce fut un grand succès, bien que George V détestât ce nouveau système.

Lors des fêtes, le roi avait une allure aussi royale que ses prédécesseurs, mais n'avait jamais essayé de devenir populaire, résistant à ceux qui l'incitaient à parler à la radio. En octobre 1923, John Reith, chef de la BBC (British Broadcasting Company), créée un an plus tôt, lui conseilla de prononcer à la radio son discours de Noël. Le roi déclina l'invitation, mais ne put refuser de laisser transmettre son allocution à l'occasion de l'ouverture de la prestigieuse exposition impériale britannique.

Ce fut la première de nombreuses retransmissions à l'occasion de cérémonies. Devant ce succès, le roi se laissa fléchir et permit à la BBC de diffuser son message de Noël en 1932. Ce message devint une tradition, qui perdure. La royauté pouvait être entendue aussi bien que vue. Plus aucun personnage politique ne pouvait se permettre d'ignorer le pouvoir de la radio. **RP**

La prise de La Mecque

Ibn Saud entre dans la ville sainte et fonde le royaume d'Arabie Saoudite.

La prise de La Mecque, la ville sainte de l'islam, en 1924 par les forces d'Abd al-Aziz ibn Saud, dit Ibn Séoud, ne fut pas jugée très importante à l'époque. Cependant, au XXIe siècle et avec le recul, face à la résurgence de l'islam et à l'importance du pétrole, la prise de La Mecque apparaît comme l'un des événements majeurs des cent dernières années.

Ibn Saud naquit dans une famille de gouvernants de Riyad, dans la province du Nedjd, en 1880. En 1891, alors qu'il n'avait que 11 ans, sa famille fut chassée par les ibn Rashid, famille rivale qui contestait son pouvoir, et il vécut en exil au Koweït. En 1902, à l'âge de 21 ans, il se rendit près de son lieu de naissance à la tête d'un groupe de 60 guerriers. Avec seulement 20 hommes, il s'empara de Riyad et prit sa revanche en abattant lui-même le chef de la famille des Rashid.

Il consolida son pouvoir, assurant la domination de son clan dans la péninsule arabe en s'alliant avec le groupe extrémiste des wahhabites. Il créa avec ses partisans une armée bien entraînée, l'Ikhwan. En décembre 1915, la Grande-Bretagne qui espérait l'attirer dans sa lutte contre les Turcs ottomans, conclut une alliance avec lui. Après la guerre, Ibn Saud attaqua le clan hachémite rival, lui faisant quitter la province du Hedjaz. Pour parachever son triomphe, il prit La Mecque en octobre 1924.

Ibn Saud se proclama premier roi d'Arabie Saoudite en 1932. Son pouvoir fut renforcé par la découverte d'énormes réserves de pétrole dans le royaume à la fin des années 1930. Il accorda à la compagnie pétrolière américaine Aramco le droit de les exploiter en échange d'énormes sommes d'argent. Il mourut en 1953. Ses fils gouvernent toujours le royaume qu'il fonda. **NJ**

Abd al-Aziz ibn Saud, ici en 1917, s'allia à la Grande-Bretagne et respecta ses protectorats.

« Il fonda un royaume là où auparavant régnait [...] le chaos. »

Leslie McLoughlin, écrivain

L'expansion de l'Univers

Edwin Hubble annonce la découverte d'autres galaxies, révélant que l'Univers est plus vaste que nous le pensions.

Jusque dans les années 1920, on supposait que la galaxie des étoiles dont le Soleil faisait partie était l'unique galaxie. Toutefois, les astronomes suspectaient déjà l'existence d'autres structures plus lointaines. L'un d'eux était un jeune Américain du Missouri, Edwin Hubble. Il s'intéressa aux nébuleuses, nuages de matière interstellaire et de gaz, et, à partir de 1919, les étudia à l'observatoire du mont Wilson, en Californie. Il découvrit que des objets pris pour des nébuleuses étaient en fait d'énormes agrégats d'étoiles ou des galaxies comme la nôtre. En 1923, il trouva 36 étoiles dans la nébuleuse d'Andromède, située d'après ses calculs à 900 000 années-lumière de nous et extrêmement loin de l'extrémité de notre galaxie. Il publia les résultats de ses recherches le premier jour de 1925.

Il classa les galaxies en trois types principaux : spirales, elliptiques ou irrégulières. Il démontra que l'Univers était beaucoup plus grand qu'on ne le pensait, mais aussi qu'il était en expansion, ce qui signifiait que les autres galaxies s'éloignaient de la nôtre. En 1929, il découvrit que leur vitesse de récession augmentait en fonction de leur éloignement (loi de Hubble) et établit un rapport (constante de Hubble) entre leur vitesse et leur distance. Des recherches ultérieures laissèrent supposer que ce rapport n'avait pas toujours été identique, qu'il y avait eu des décélérations et des accélérations.

Hubble continua à travailler sur le mont Wilson jusqu'à sa mort, en 1953. Le télescope spatial fut baptisé Hubble en son honneur. **RC**

◀ Au début de sa carrière, Hubble posant près d'un télescope chez John Roberts, à Silver Hills, Indiana.

1925 – 10 JUILLET

Le procès du singe

Un procès opposant la théorie de l'évolution au livre de la Genèse.

L'enseignement de l'évolution était illégal dans le Tennessee jusqu'au jour où John Scopes, professeur de biologie à Dayton, soutenu par l'Union des libertés civiles américaines, affirma que cette interdiction était anticonstitutionnelle. Le procès qui eut lieu en juillet 1925 fut très suivi aux États-Unis.

Il opposa en effet deux figures de l'époque : pour la défense, Clarence Darrow, avocat renommé, et pour l'accusation, William Jennings Bryan, ancien candidat démocrate à la présidentielle, qui militait contre la théorie de l'évolution. Le premier discours de Bryan, le 16 juillet, fut salué par une ovation. Cependant, il ne faisait pas le poids face à Darrow qui l'appela à la barre des témoins en tant que spécialiste de la Bible et le tourna en dérision, montrant sans pitié combien il ignorait la géologie, l'archéologie et les avancées récentes de la critique biblique. Bryan dut admettre qu'il n'était pas sûr que, lors du combat livré par Josué, le Soleil était resté immobile dans le ciel. Un reporter témoigna : « Darrow le charcuta. Ce fut magistral, mais pitoyable. »

« Mieux vaut croire dans le rocher des âges que connaître l'âge des rochers. »

William Jennings Bryan

Néanmoins, le 26 janvier, le jury déclara Scopes coupable. Bryan mourut à Dayton cinq jours plus tard. La Cour suprême du Tennessee confirma la constitutionnalité de la loi et l'amendement en faveur des créationnistes resta en vigueur jusqu'en 1967. **RC**

1925 – 18 JUILLET

Mein Kampf

Ce livre révèle la pensée confuse et malveillante de Hitler.

« Sur cette terre chaque grand mouvement doit sa grandeur aux grands orateurs, non aux grands écrivains. » Cette phrase de l'autobiographie de Hitler, *Mein Kampf* (« Mon combat »), est-elle une excuse voilée pour sa prose ampoulée, décousue, parfois illisible ? Non. Dans *Mein Kampf* l'autobiographie n'est ni exacte ni fidèle. Les idées manquent de cohérence, et ne sont pas étayées de preuves, se résumant à des affirmations véhémentes. Hitler haïssait les Juifs, le communisme et la démocratie. L'électorat allemand était « dans sa majorité stupide et avait la mémoire courte ». Mais Hitler croyait dans la destinée d'une Allemagne pure sur le plan racial. Les Allemands devaient être réunis dans un seul État et accroître leur *Lebensraum* (espace vital) à l'est, en déclenchant une guerre massive qui déciderait du futur du monde.

Mein Kampf était dédié aux « héros tombés au champ d'honneur » lors du putsch de Munich de novembre 1923. La première tentative de Hitler pour prendre le pouvoir s'était terminée par un bain de sang et par son incarcération dans la forteresse de Landsberg. Il y réexamina alors la tactique nazie : « Nous devons dresser la tête et entrer au Reichstag » et écrivit son autobiographie. Le premier volume, dont les lecteurs furent essentiellement les fidèles de Hitler, fut imprimé à 500 exemplaires en juillet 1925. Le second volume sortit l'année suivante et comporte une dédicace à son mentor, Dietrich Eckart.

Avec la montée du nazisme, *Mein Kampf* devint un best-seller, faisant connaître les idées de Hitler, même auprès de ses éventuels ennemis, dévoilant ses intentions les plus destructrices sans donner de ligne politique très précise. **RP**

L'invention de la télévision

John Logie Baird produit les premières images télévisées en mouvement.

Assistant montrant les poupées qui servirent de sujets à la retransmission télévisée.

Baird devant l'appareil qu'il présenta aux membres du Royal Institute, dans l'obscurité la plus totale.

« … L'image […] apparut sur l'écran avec une formidable clarté. J'avais réussi ! »

John Logie Baird, *The Memoirs*

L'invention de la télévision est revendiquée par plusieurs personnes, mais c'est à l'ingénieur écossais John Logie Baird qu'elle doit être attribuée. Le 26 janvier 1926, celui-ci fit sa première démonstration publique de transmission d'image dans son laboratoire de Londres, 22 Frith Street, à Soho, devant 50 scientifiques du Royal Institute et un reporter du *Times*. Les images furent transmises à la vitesse de 12,5 secondes.

Presque un an plus tôt dans sa maison de Bexhill-on-Sea, il avait mis au point un système de télévision en construisant son premier poste avec un carton à chapeau, des ciseaux, des aiguilles à tricoter, des feux de bicyclette, une caisse à thé, et de grandes quantités de cire à cacheter et de colle. Utilisant un système analogique semi-mécanique, il montra des silhouettes dans le magasin Selfridges de Londres en mars 1925. En octobre, il transmit dans son laboratoire les images de la poupée d'un ventriloque nommée Stooky Bill. Un voisin, William Taynton, fut le premier à les voir sur un écran.

En 1927, il envoya à l'aide de fils téléphoniques un signal télévisé entre Londres et Glasgow, et en 1928, transmit le premier signal transatlantique entre Londres et New York. En juillet de la même année, il fit la première démonstration de la télévision en couleur. Sa méthode mécanique fut vite supplantée par le tube cathodique de la société américaine Marconi, adopté par la BBC en 1935, après des essais comparatifs. John Logie Baird fonda sa propre compagnie de télévision, mais tira peu de profit de son invention.

Inventeur invétéré, il créa également un radar, un rasoir en verre, des chaussures pneumatiques et des chaussettes thermiques. **RP**

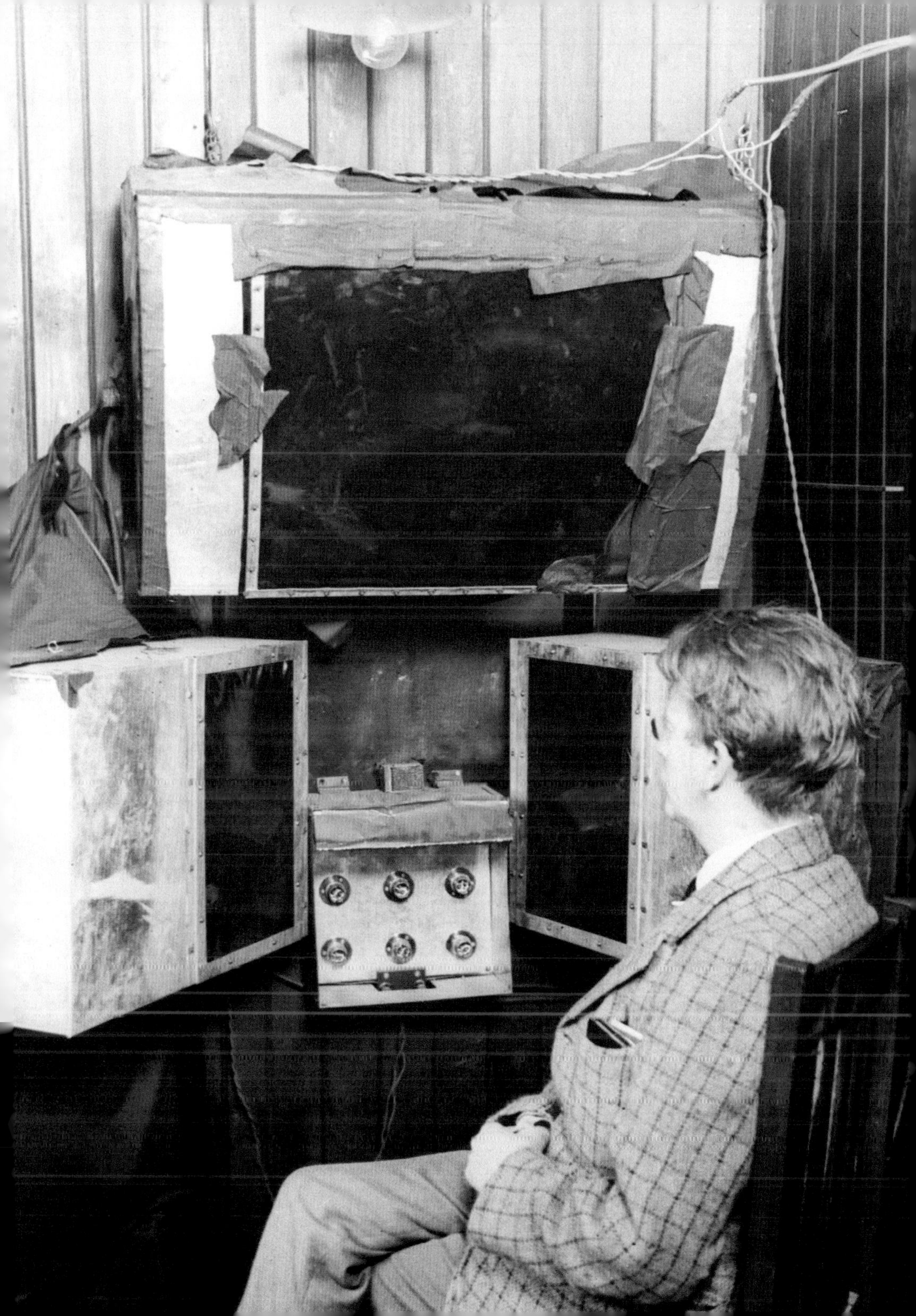

1926 – 16 MARS

Le lancement de la première fusée

La perspective de voyager dans l'espace devient réelle grâce à cette fusée.

Certes, les premières fusées apparurent en Chine dès le Moyen Âge. Ce fut cependant Constantin Tsiolkovski, mathématicien russe, qui les entrevit comme moyen pour atteindre l'espace. En 1903, il publia un traité sur les voyages spatiaux à bord de fusée, le premier écrit scientifique sur le sujet. Cependant, son travail était presque inconnu hors de son pays, et ce fut Robert Goddard qui lança la première fusée à combustible liquide en mars 1926.

Goddard était un physicien américain timide, professeur à l'université de Clark, Massachusetts. Il travailla durant des années sur la technologie des fusées et les vols spatiaux, déposant près de 200 brevets. En 1919, la Smithsonian Institution publia l'un de ses articles – « Méthode pour atteindre les altitudes extrêmes » – qui prouvait mathématiquement que les fusées pouvaient envoyer des objets dans l'atmosphère. La publication ne passa pas inaperçue, suscitant à la fois louanges et railleries. Le *New York Times* accusa Goddard de raconter des sornettes, car il avait dit qu'une fusée pourrait atteindre la Lune. En 1926, le physicien avait déjà expérimenté l'oxygène liquide et l'essence en guise de propergol. Il lança sa première fusée à combustible liquide d'un site proche d'Auburn, Massachusetts. Mesurant 3 m de long, celle-ci mit 2,5 secondes pour parcourir horizontalement 56 m, s'élevant à 12 m.

Encouragé par l'aviateur Charles Lindbergh et aidé financièrement par Daniel Guggenheim, Goddard créa son propre site d'essais à Roswell, Nouveau-Mexique, dans les années 1930. En 1935, sa meilleure fusée fut propulsée à 2 210 m à la vitesse de 885 km/h. Il travailla jusqu'à sa mort en 1945, à 62 ans. **RC**

1926 – 3 MAI

Grève générale en Grande-Bretagne

La grève la plus dure et la plus longue qu'a connue le pays.

La « grève nationale » fut lancée par la Confédération des syndicats britanniques (TUC) à minuit moins une minute, le lundi 3 mai 1926. Un million de mineurs avaient déjà stoppé le travail. Les cheminots, les dockers, les routiers, les imprimeurs, les électriciens, puis les ingénieurs et les ouvriers de la construction navale les rejoignirent. Il y eut donc 2,5 millions de grévistes de plus. Ce fut la plus grande grève de Grande-Bretagne. Le premier jour, la circulation des trains, bus et tramways cessa. Des milliers de bénévoles assurèrent les services essentiels. Le gouvernement, soucieux de son image, prit le contrôle des médias, créant son propre journal.

« Quelle solidarité ! Partout, les travailleurs répondirent à l'appel… »

A. J. Cook, chef des mineurs, le 4 mai 1926

La grève générale fut l'aboutissement de tensions dans les mines. Devant la baisse des salaires et l'allongement de la journée de travail, les syndicats avaient promis d'agir. Ils furent pris au mot quand le gouvernement cessa de négocier, leur laissant sur les bras une grève dont ils ne voulaient pas et à laquelle ils n'étaient pas prêts. Le gouvernement voyait là un défi à la démocratie ; les syndicats, eux, craignaient une révolution. La grève resta massive, mais fut stoppée le 12 mai par la confédération qui abandonna les mineurs. Le gouvernement entérina sa victoire en 1927 en réglementant le droit de grève de façon drastique. **RP**

La mort de Rudolph Valentino

La mort du séduisant acteur italien provoque des scènes d'hystérie.

La réaction intense suscitée par la mort de Rudolph Valentino après sa brève carrière en dit long sur Hollywood à l'époque du cinéma muet. Qualifié par le *New York Daily News* de « l'homme type de l'après-guerre », Valentino arriva d'Italie à New York en 1913 et travailla comme danseur. Entré à Hollywood en 1917, il acquit la réputation de latin lover. En 1921, les femmes se pâmaient en le voyant dans *Le Cheikh*. Le *Chicago Tribune* résuma la réaction de beaucoup d'hommes en l'appelant « le petit minet ».

Tombé soudainement malade, Valentino fut transporté à l'hôpital et opéré pour une appendicite aiguë et un ulcère de l'estomac perforé. Une fois rétabli, il demanda à un ami : « Me suis-je comporté comme un minet ou comme un homme ? » Des foules d'admiratrices étaient massées près de l'hôpital, qui engagea plus de standardistes pour répondre aux appels. Mais, brusquement, l'état de santé de Valentino se détériora.

Près de 50 000 personnes défilèrent devant son cercueil dans le salon funéraire de Broadway. Le 30 août, ils furent des milliers à regarder le corbillard se diriger vers St. Malachy's. Les vedettes de l'époque Pola Negri, Mary Pickford et Constance Talmadge étaient présentes. La dépouille fut transportée à Los Angeles pour de prestigieuses funérailles. Un avion laissa tomber des roses sur le mausolée de l'acteur tué, selon la rumeur, par une maîtresse jalouse. Un véritable culte se développa autour de Valentino et l'anniversaire de sa mort fut célébré pendant des années à Hollywood. **RC**

Valentino en lieutenant de l'armée russe dans le film muet *The Eagle* (1925) de Clarence Brown.

Le *Spirit of Saint Louis*

Charles Lindbergh effectue seul la traversée de l'Atlantique en monoplan et atterrit à Paris.

Ce fut un nouveau jalon dans l'histoire de l'aviation, huit ans après la première traversée de l'Atlantique sans escale d'Alcock et de Brown. Lindbergh, surnommé par les médias l'Aigle solitaire, effectua son premier vol solo de New York à Paris en mai 1927. Il devint mondialement célèbre et gagna 25 000 £. À l'âge de 20 ans, alors aviateur de haute voltige, il avait été baptisé Lindbergh le Téméraire. Devenu pilote de l'Aéropostale, il assurait la liaison entre Saint Louis, dans le Missouri, et Chicago. Il trouva à Saint Louis des hommes d'affaires pour financer son vol héroïque.

Lindbergh décolla de l'aérodrome Roosevelt, à Long Island, le 20 mai, sur un monoplan à un moteur, le *Spirit of Saint Louis*. Celui-ci était si chargé en combustible qu'il put à peine décoller. C'était un « réservoir à essence volant de 2 tonnes ». Lindbergh avait cinq sandwichs, mais pas de radio, ni de parachute. Après avoir parcouru 5 794 km en 33,5 heures au-dessus de l'Atlantique, principalement dans le brouillard et la neige fondue, il fut accueilli en héros à l'aéroport du Bourget, à Paris. Le président français lui remit la Légion d'honneur et la ville de New York organisa pour lui une parade sur la 5e Avenue.

Le vol et la publicité qui l'entoura stimulèrent le développement de l'aéronautique et le goût pour les voyages en avion, mais Lindbergh souffrit de son statut de vedette. Sa femme, Ann Morrow, et lui étaient assaillis par les journalistes et les admirateurs. En 1932, ils vécurent une tragédie. Leur fils aîné fut kidnappé et tué. **RC**

◐ Photomontage montrant Lindbergh à bord du *Spirit of Saint Louis*, près de la tour Eiffel, à Paris.

1927 – 23 AOÛT

Sacco et Vanzetti

Les deux anarchistes sont exécutés dans des circonstances douteuses.

La culpabilité de Nicola Sacco et Bartolomeo Vanzetti reste sujette à caution. Leur exécution sept ans après leur condamnation à mort suscita un tollé général. Ayant émigré aux États-Unis en 1908, ces Italiens d'origine paysanne devinrent des anarchistes convaincus et des disciples de Luigi Galleani, qui prônait les assassinats et la violence au nom de la révolution. En 1919, les autorités américaines déportèrent Galleani et certains de ses associés. Ses partisans se vengèrent par des actes terroristes contre des hommes politiques, des juges et des fonctionnaires. En 1919, la maison du procureur général fut plastiquée, et en 1920 l'explosion d'une bombe à Wall Street fit plus de 30 morts.

La participation de Sacco et Vanzetti à ces actes reste incertaine, mais en avril 1920 deux employés furent tués au cours d'un vol dans une usine de South Braintree, Massachusetts. La police arrêta des anarchistes suspects. Sacco et Vanzetti furent traduits devant le juge Webster Thayer. L'avocat de la défense ne fut pas à la hauteur et certains témoignages de l'accusation se révélèrent faux.

À l'époque, beaucoup de gens pensaient que les deux hommes avaient surtout été condamnés en raison de leurs convictions politiques. Déclarés coupables en juillet 1921, ils furent condamnés à mort. Le juge Thayer rejeta de nombreux appels en faveur d'un nouveau procès, et un comité nommé par le gouverneur du Massachusetts confirma la légalité du procès. Les deux hommes passèrent sur la chaise électrique dans la prison de Charleston. Sacco avait 36 ans, Vanzetti 39 ans. **RC**

1927 – 6 OCTOBRE

Le premier film parlant

C'est à Al Johson que revient la première réplique du premier film parlant.

Le premier film parlant, du moins en partie parlant, distribué aux États-Unis fut *Jazz Singer*, pièce de Broadway filmée par Warner Brothers à l'aide du procédé sonore Vitaphone. Le film était en grande partie muet, hormis les séquences musicales et certains dialogues. Dans les vieux films muets, les paroles étaient simplement projetées sur le mur.

Il s'agissait de l'histoire d'un garçon juif joué par Al Jolson, qui devenait une vedette en chantant des chansons populaires et sentimentales, à la grande horreur de son grand-père, chantre à la synagogue, qui aurait souhaité qu'il suive ses traces. Jolson était l'un des acteurs les plus fascinants de l'époque. Il transformait l'art plutôt sobre du music-hall au moyen de gestes, de mouvements et de conversations avec le public. Il avait une présence galvanisante sur scène. Dans les superproductions de Broadway, il s'arrêtait pour demander aux spectateurs s'ils préféraient l'entendre plutôt que de regarder le reste de la pièce. Lorsque le public criait « oui », ce qu'il faisait toujours, il passait l'heure à interpréter des chansons. En 1928, il fut la vedette de *The Singing Fool*, dans lequel il chantait *Sonny Boy*, premier disque américain vendu à un million d'exemplaires. **RC**

« Attendez une minute, vous n'avez encore rien entendu ! Juste une minute ! » La première réplique sonore d'Al Jolson dans *The Jazz Singer*

Sortie du dessin animé *Steamboat Willie*

Le film de Walt Disney qui marque la naissance de Mickey Mouse.

Steamboat Willie, le film qui fit connaître Mickey Mouse.

Une animation en noir et blanc de moins de huit minutes avec pour vedette une souris nommée Mickey Mouse rendit en un an le cinéma « parlant ». *Steamboat Willie* n'était ni le premier dessin animé de Mickey (il y eut d'abord *Plane Crazy*), ni le premier court métrage animé sonore (le créateur de Betty Boop, Max Fleisher, avait utilisé le son, et le *Dinner Time* de Paul Terry avait lancé la technique quelques mois auparavant). Mais l'imagination du public fut frappée par la souris futée, semblable à un être humain, et par ses aventures loufoques. L'animation sur cellulo, supprimant la nécessité de redessiner les personnages, la scène et le décor de chaque cadre, accrut la les possibilités techniques des dessins animés, dont le succès finançait les longs métrages.

Walt Disney créa un studio avec Ub Iwerks, mais fit faillite. Les deux hommes décidèrent alors de se séparer et de tenter leur chance à Hollywood. Disney imagina un nouveau personnage dans le train : Mickey Mouse. Avec Iwerks pour l'animation et une petite équipe pour les cellulos, il réalisa vite trois dessins animés de Mickey. N'ayant pas réussi à vendre les deux premiers, muets, il ajouta le son synchronisé au troisième. Outre son merveilleux personnage, son film montra l'effet que la musique pouvait avoir lorsqu'elle ne servait pas seulement de toile de fond, mais aussi de force dramatique renforçant l'effet visuel du film. **JJH**

Massacre à Chicago

Le massacre de la Saint-Valentin est le crime crapuleux le plus célèbre des États-Unis.

La police de Chicago attribua la tuerie aux gangs rivaux contrôlant la contrebande d'alcool alors prohibé.

Sept hommes alignés contre le mur d'un entrepôt de boissons alcoolisées furent abattus par une rafale de balles tirées par quatre hommes, dont deux étaient armés de mitraillettes Thompson. Les malfrats avaient été recrutés par le célèbre gangster Jack McGurn *alias* la Mitrailleuse. Deux d'entre eux portaient des uniformes de policiers et arrivèrent dans des voitures semblables à des berlines de la police. Cela trompa les victimes qui crurent à une arrestation (et énerva beaucoup le commissaire de la police de Chicago). Après la fusillade, les tueurs en civil sortirent les mains en l'air avec les deux « flics ». Six des victimes étaient membres d'un gang irlandais dont le chef était George « Bugs » Moran. La septième était un mécanicien étranger au gang.

Bugs Moran échappa au massacre, car il arriva en retard. Il devait son surnom, Bugs, à son humeur instable et avait longtemps été en guerre avec le gang italien rival d'Al Capone. Au moment du meurtre, Al Capone se trouvait dans sa maison de Miami Beach, en Floride et Jack McGurn à l'hôtel en compagnie de sa petite amie ; mais même s'il n'existait pas de preuves tangibles, tout le monde (journaux, police...) était persuadé qu'ils étaient les commanditaires de l'opération. Jack McGurn était un membre apprécié du gang d'Al Capone, tandis que le gang de Moran avait tenté de le tuer peu de temps auparavant. Moran garda le contrôle de son territoire jusqu'au début des années 1930. **RC**

Les premiers oscars

Douglas Fairbanks remet les quinze statuettes dorées, qui deviendront des oscars.

Douglas Fairbanks sacre Janet Gaynor meilleure actrice. Il manque le faste de la nuit des oscars.

« Il avait la moitié du crâne qui contient le cerveau complètement tranchée. »

Frances Marion à propos de la statuette

Créés par l'Académie des arts et des sciences du cinéma, les oscars censés promouvoir les films devinrent l'une des récompenses les plus prestigieuses. Chaque année, la cérémonie de leur remise était un événement très attendu. Les premiers furent décernés par une figure respectée de Hollywood, l'acteur Douglas Fairbanks, au cours d'un dîner qui réunissait 200 personnes à l'hôtel Hollywood Roosevelt de Los Angeles. Quinze statuettes dorées à l'effigie d'un homme armé d'une épée de chevalier et juché sur une bobine de film récompensèrent les films tournés entre 1927 et 1928. Jusqu'en 1931, elles furent appelées les « statuettes ». Elles devinrent des oscars quand, dit-on, la bibliothécaire de l'Académie, Margaret Herrick, affirma que l'effigie ressemblait à son oncle Oscar.

Wings, film muet, fut sacré meilleur film. Il racontait l'expérience, en France, pendant la Première Guerre mondiale de deux pilotes des forces aériennes américaines qui frôlaient la mort au cours de séquences de voltige spectaculaires et rivalisaient d'audace pour séduire Clara Bow. Le jeune Gary Cooper faisait une brève apparition dans ce film de William Wellman qui comprenait des effets sonores et une musique de fond, mais pas de dialogues. Ce fut le seul film muet jamais récompensé. Les deux films qui remportèrent l'oscar par la suite furent la comédie musicale *Broadway Melody*, et le superbe *All Quiet on the Western Front*.

En 1929, Emil Jannings fut déclaré meilleur acteur pour son rôle dans *The Way of All Flesh* et *The Last Command*. Janet Gaynor remporta l'oscar de la meilleure actrice pour ses rôles dans *Seventh Heaven*, *Street Angel* et *Sunrise*. **RC**

Le krach de Wall Street

Avec l'effondrement de la Bourse, la dépression succède aux Années folles.

Le jeudi 24 octobre 1929, il faisait plutôt sombre et froid (10 °C à 10 h) à l'ouverture de la Bourse de New York. Néanmoins, les traders étaient optimistes. Le prix des actions avait baissé depuis le taux record du Dow Jones qui était à 381 en septembre, mais le pire moment de la crise semblait passé. Ceux qui avaient vendu leurs actions se félicitaient, en les rachetant bien meilleur marché.

À l'ouverture, les cours ne changèrent pas beaucoup. Il y eut des baisses modérées lors de la première demi-heure, puis ce fut l'effondrement. Les ordres de vente se multiplièrent. Anxieuse, la foule se pressa près de la Bourse, à l'angle de Broad Street et de Wall Street. Les grands banquiers se concertèrent et promirent de stimuler le marché des échanges, mais la confiance était déjà perdue. Il ne s'agissait pas d'une correction temporaire, mais du début d'une baisse sans précédent, qui continua jusqu'en juillet 1932. Les actions américaines perdirent 90 % de leur valeur.

Dans les années 1920, les plus tapageuses de l'histoire selon le romancier F. Scott Fitzgerald, la spéculation avait fait monter le prix des actions de façon exagérée. Cela n'avait pas d'importance tant que la confiance était élevée et que l'on achetait des actions, mais une fois la confiance perdue, les gens paniqués se sont mis à tout vendre.

Le krach de Wall Street généra dépression et chômage aux États-Unis puis en Europe. À partir de 1933, Roosevelt instaura le *New Deal*, qui relança (difficilement) l'économie. Les exportations américaines vers l'Europe cessèrent ; les capitaux investis furent rapatriés. En Europe, les démocraties encore fragiles s'effondrèrent, causant la montée du nazisme et la guerre. **RP**

La foule devant la Bourse de New York, lorsque la nouvelle du krach se répand

« La crise ruine les spéculateurs, grands et petits, dans tout le pays… »

New York Times, 25 octobre 1929

1930 – 6 AVRIL

La marche du sel

Le défi lancé par Gandhi est un pas en avant vers l'indépendance.

Les 5 et 6 avril, Dandi, village de pêcheurs ordinaire de la côte ouest de l'Inde, fut le théâtre d'événements extraordinaires. Le premier jour, Mohandas Karamchand Gandhi arriva en saluant, un bâton dans la main, les pieds meurtris après une longue marche depuis Ahmedabad, s'exclamant que la boue de Gujarati était du velours. Fait remarquable, alors qu'il était parti avec 68 camarades, il était à présent accompagné de milliers d'hommes, de femmes, de garçons, de filles, de piétons, de cyclistes, d'automobilistes, de colporteurs, de photographes, et de journalistes. Tous étaient venus assister à un acte historique important. Tôt le lendemain, à marée basse, Gandhi prit un peu de sel déposé par la mer, défiant la puissance de l'Empire britannique des Indes.

Le Congrès national indien avait voté en 1929 en faveur de l'indépendance au bout d'un an, laissant à Gandhi le soin de l'obtenir. Celui-ci choisit de défier la loi qui obligeait les Indiens à acheter du sel. C'était un acte que tout le monde pouvait comprendre. Pour Gandhi, si les Indiens refusaient l'impôt sur le sel, l'Empire s'effondrerait. Le *satyagraha* – ou la campagne de désobéissance civile sans violence – mettrait donc un terme à la domination britannique. Gandhi fut arrêté, et les prisons se remplirent.

La « marche du sel » n'entraîna pas la fin de l'Empire. Mais l'opinion mondiale fut si frappée que le vice-roi, le chef de l'administration britannique, s'entretint avec Gandhi dès l'année suivante. Les Britanniques reconnurent en lui un adversaire doux mais étaient convaincus qu'il leur causerait du souci jusqu'à l'indépendance. **RP**

1930 – 24 MAI

Le premier vol féminin en solitaire

Amy Johnson devient célèbre avec son vol de la Grande-Bretagne à l'Australie.

L'avion *Jason* était un Moth de seconde main au cockpit ouvert, en bois et en tissu, équipé d'un moteur Gypsy. Il contenait seulement quatre instruments : un altimètre, un compte-tours, un compas et un indicateur pour tourner et virer sur l'aile. Il n'y avait pas de radio. Amy Johnson, première femme de Grande-Bretagne à avoir obtenu une licence d'ingénieur au sol, était un pilote débutant. Elle n'emporta que le strict nécessaire – dont une hélice de secours, un revolver et un couteau. Partie le 5 mai 1930, elle arriva le 24 mai après un voyage épique de 17 600 km, devenant la première femme à effectuer seule un vol entre la Grande-Bretagne et Australie, en 19 jours.

« Je n'avais jamais traversé la Manche. J'étais surprise par mon audace. »

Amy Johnson

La Première Guerre mondiale avait donné son essor à l'aviation, et les exploits aéronautiques se multiplièrent à l'époque. Amy Johnson voulait battre Bert Hinkler qui avait mis 16 jours pour gagner l'Australie, et montrer qu'une femme pouvait réussir dans un monde dominé par les hommes. Son vol suscita un grand intérêt dans le monde entier. Elle fut décorée par George V, et le *Daily Mail* lui offrit 10 000 £. À son retour, près d'un million de personnes se massèrent dans les rues pour la saluer. **RP**

Amy Johnson photographiée le 5 mai 1930, juste avant son vol historique.

DH
MOTH

L'Empire State Building

Inauguration du plus grand gratte-ciel du monde.

La construction de l'Empire State Building modifie la ligne d'horizon de New York.

« C'était "l'Empty" – vide – State Building [...]. Personne ne pouvait louer ses locaux. »

Irven Jack Brod, président de Empire Diamond Corp

S'élevant à 382 m au-dessus des rues de Manhattan, l'Empire State Building est un superbe édifice Art déco, symbole de confiance dans un pays plongé à l'époque de sa construction dans la dépression. À l'angle de la 5e Avenue et de la 34e Rue, il reçut le nom de l'État de New York, et fut inauguré par l'ancien gouverneur Al Smith (ses petits-enfants coupèrent le ruban). Un autre ancien gouverneur de l'État, Alfred Neumann, était président de la compagnie de construction. Le président Herbert Hoover illumina l'édifice en appuyant sur un interrupteur.

Commencée le jour de la Saint-Patrick, en 1930, la construction du bâtiment nécessita plus de 3 000 ouvriers, 400 tonnes d'acier et 10 millions de briques. Une tourelle de métal et de verre (remplacée depuis par un pylône) était prévue pour l'amarrage des dirigeables, mais cela se révéla impossible en raison des forts vents ascendants. Conçu par Gregory Johnson du cabinet d'architectes Shreve, Lamb and Harmon, le gratte-ciel devait résister à des bourrasques de plus de 160 km/h à son sommet. Avec ses 640 fenêtres et plus de 70 ascenseurs, il abrite des bureaux pouvant accueillir près de 20 000 personnes et resta la plus haute construction du monde jusqu'en 1954.

En 1945, par un épais brouillard, un bombardier B-25 Mitchell percuta le gratte-ciel, causant la mort de quatorze personnes. Un ascenseur fit une chute de 75 étages et le liftier qui se trouvait à l'intérieur survécut. Plus de 30 personnes choisirent l'Empire State Building pour se suicider en se jetant dans le vide. En 1979, une femme qui avait sauté du 86e étage tomba à l'étage inférieur et en fut quitte pour une hanche cassée. **RC**

Al Capone arrêté et condamné

Le gangster surnommé Scarface *(le Balafré) est accusé de fraude fiscale.*

Le gouvernement du président Hoover voulait faire tomber Al Capone. Il y parvint en le condamnant pour fraude fiscale en 1931.

Le gangster américain le plus célèbre était surnommé *Scarface* par la presse, car il avait été blessé au couteau au visage alors qu'il travaillait comme videur dans un bar de Coney Island, en 1917 et en gardait la cicatrice. Ses amis l'appelaient Snorky (« le ronfleur »). Il devint célèbre lorsqu'il déménagea à Chicago vers 1920 pour rejoindre un autre Italien de New York, John Torrio, qui contrôlait la prostitution dans la partie sud de Chicago. Torrio profita de la prohibition pour faire fortune grâce à l'alcool de contrebande. Il se retira vite des affaires, et dès 1925 Al Capone prit sa place. Il étendit son activité aux jeux d'argent et devint de plus en plus impliqué dans la vie politique de Chicago.

Al Capone parlait volontiers aux journalistes, certains étaient même ses amis. En 1928, il acheta un hôtel particulier à Miami, en Floride, et ses séjours à Chicago s'espacèrent.

En 1929, après avoir assisté à une conférence du crime organisé à Atlantic City, il fut arrêté et emprisonné pendant un an pour port d'armes. Mais ce fut cependant une enquête du service des impôts qui causa sa perte. En 1931, il fut en effet accusé de fraude fiscale. Jugé coupable, le tribunal le condamna à onze ans de prison. La Cour suprême des États-Unis refusa son pourvoi en cassation. Al Capone commença à purger sa peine à Atlanta avant d'être transféré à la prison d'Alcatraz, à San Francisco. En 1938, les médecins découvrirent qu'il était atteint de syphilis. Il fut donc relâché l'année suivante et se retira en Floride jusqu'à sa mort en 1947. **RC**

Accusé de fraude fiscale, Al Capone fait un clin d'œil aux journalistes en quittant la Cour.

« Symbole d'une époque déplorable […], Al Capone était une créature du démon. »

New York Times, à la mort d'Al Capone en 1947

Hitler devient chancelier

La nomination de Hitler au poste de chancelier marque la fin de la démocratie allemande.

Le chancelier Hitler rallie ses troupes à Erfurt, en juin 1933.

La rencontre était prévue à 11 h. Le président Hindenburg était un habitué de ce type de rencontres et avait au cours des cinq dernières années nommé cinq chanceliers différents. Appréciant peu le « caporal de Bohême », il s'irrita du retard. La délégation arriva un peu après midi. Il fit un bref discours et le nouvel homme fort prêta serment, assurant d'accomplir son devoir en toute indépendance pour le bien de la nation. Hindenburg donna son assentiment. Adolf Hitler prononça immédiatement un discours, dans lequel il promit de respecter la Constitution. Hindenburg se contenta d'un simple : « Et maintenant messieurs, en avant avec Dieu. » Cette nomination était somme toute attendue. Après tout, le parti nazi totalisait un tiers des voix au Reichstag. Hitler devait se débrouiller avec un système démocratique inopérant et une économie chancelante. En fait, c'était un ennemi déclaré de la démocratie et ses Chemises brunes fomentaient la violence dans les rues depuis des années. Rien d'étonnant donc à ce que Hindenburg fût réticent à le nommer chancelier, mais les industriels effarés par le système économique du communisme réclamaient cette nomination.

Après tout, quel mal pouvait-il faire ? Ses collaborateurs les plus proches étaient minoritaires au Parlement et au ministère. Quelques mois plus tard, il devint un dictateur, et très vite le monde entier comprit ce dont il était capable. **RP**

L'incendie du Reichstag

Exploité à des fins politiques il permet à Hitler d'instaurer la dictature.

L'incendie du Reichstag marqua la montée en puissance de Hitler et la fin de la démocratie.

À 21 h 45, les pompiers apprirent que le Reichstag brûlait. En quelques minutes, ils furent sur la Köningsplatz, mais quand l'incendie fut éteint, vers 12 h 30, il ne restait plus rien de l'édifice. La coupole en verre que les Berlinois appelaient « le grand fromage rond d'Europe » s'était brisée sous l'effet de la chaleur et l'amphithéatre lambrissé de chêne avait flambé de manière spectaculaire.

Hermann Göring fut le premier nazi sur place, suivi d'Adolf Hitler. Il dit au nouveau chancelier que l'incendie devait être le résultat d'un complot communiste. L'idée plut à Hitler. Une campagne électorale démocratique était en cours, et les Rouges tentaient de prendre le pouvoir. Il fallait les écraser d'une main de fer.

L'incendie tombait à point et fut exploité à des fins politiques par les partisans de Hitler. Certains pensaient même qu'il avait été l'œuvre des nazis. L'incendiaire était pourtant Marinus Van der Lubbe, Hollandais et homme de gauche, qui voulait pousser la classe ouvrière à se révolter.

Dès le jour suivant, les libertés civiques furent suspendues et les principaux communistes arrêtés. Dans cette atmosphère de panique et de répression, les nazis gagnèrent l'élection générale du 5 mars, et obtinrent même la majorité pour faire adopter le projet de loi octroyant à Hitler des pouvoirs dictatoriaux. Le Reichstag et la démocratie allemande étaient partis en fumée. **RP**

1933 – 4 MARS

Roosevelt président

Avec l'élection de Roosevelt, une période de changements importants débute.

Malgré la dépression, la cérémonie au Capitole se déroula comme en des temps plus prospères ou presque. Le 4 mars 1933, à midi, quand le clairon retentit, le président atteint de la poliomyélite douze ans plus tôt ne put se rendre à pied du Comité des affaires militaires au Sénat sans l'aide de son fils. Il prêta serment sur une bible hollandaise que sa famille détenait depuis 300 ans. « La seule chose que nous devons redouter, disait-il, c'est la peur elle-même. » Il promit ensuite d'entreprendre des actions hardies, immédiates, et si nécessaire peu orthodoxes, pour lutter contre la dépression et la pauvreté croissante dans le pays. Sa voix ferme, sonore et assurée redonna espoir à des millions d'Américains qui en avaient bien besoin. Plus de treize millions d'entre eux étaient en effet au chômage.

« La nation exige des actions […] maintenant. Nous devons agir vite. »

Franklin D. Roosevelt

La plupart des banques étaient fermées et les fermiers dans une situation critique. La production avait baissé de moitié par rapport à 1929. Si certains craignaient l'instauration d'une dictature, la plupart espéraient que le président empêcherait la famine et éradiquerait le chômage.

Ce fut le début d'un plan en « 100 jours » très audacieux qui permit le retour de la prospérité et la victoire lors de la Seconde Guerre mondiale. Le 32e président des États-Unis resta douze ans au pouvoir, ce qui constitue un record inégalé. **RP**

1934 – 30 JUIN

La Nuit des longs couteaux

Hitler assassine ses derniers rivaux et prend le contrôle de l'Allemagne.

En vacances en Bavière, à Bad Wiessee, Ernst Röhm et d'autres membres des Chemises brunes ou SA (Sections d'assaut) furent tirés du lit à 6 h 30 quand Hitler et son garde du corps firent irruption dans leur hôtel. Hitler braqua son pistolet sur Röhm qui fut emprisonné avec les autres dans la prison de Stadelheim, à Munich, en attendant d'être fixé sur son sort. Le ministre de la Propagande, Goebbels, envoya un message codé à Berlin, ordonnant à ses hommes de main d'envoyer des escouades se charger d'autres membres des SA. Hitler avait donné les noms de l'ancien député Gregor Strasser, de l'ex-chancelier von Schleicher, de Röhm et d'une centaine d'autres. Il craignait les ambitions des Chemises brunes qui l'avaient pourtant aidé à prendre le pouvoir.

« Un brave gars, cet Hitler ! Il nous a montré le sort à réserver aux opposants. »

Joseph Staline

Certains aspiraient à une révolution socialiste, d'autres au contrôle de l'armée et leur chef, l'homosexuel Ernst Röhm, un homme redoutable, l'avait critiqué. De surcroît, Hitler avait appris que les SA fomentaient une révolte. Il décida d'intervenir.

Il fut applaudi au Reichstag quand il annonça que le traître Röhm et ses acolytes avaient été exécutés. À la mort du président Hindenburg, il devint le chef du Reich, celui auquel l'armée allemande jura « obéissance ». Plus personne ne pouvait l'arrêter. **RP**

Mussolini envahit l'Éthiopie

Les forces mussoliniennes attaquent l'Éthiopie, qui avait échappé jusque-là à toute forme de colonisation, et en chassent Hailé Sélassié.

Le 3 octobre 1935, les habitants d'Addis-Abeba, en Éthiopie, se ruèrent, au son d'un tambour de guerre, vers le palais de l'empereur Hailé Sélassié. Un chambellan les somma de se battre. « Si vous ne versez pas votre sang, leur dit-il, le Créateur vous le reprochera et vous serez maudits par vos descendants. » À 5 h du matin, 100 000 soldats italiens pénétrèrent en Éthiopie depuis l'Érythrée et la Somalie qu'ils gouvernaient, afin d'étendre l'empire du dictateur fasciste Mussolini en Afrique.

L'armée d'Hailé Sélassié disposait d'armes modernes, mais la plupart des volontaires étaient armés de vieux fusils ou de lances. Les Italiens avaient la maîtrise des airs et attaquèrent les soldats et les civils avec des bombes puissantes et des gaz toxiques. Les fils de Mussolini, Vittorio et Bruno, et son gendre Galeazzo Ciano s'illustrèrent en tant que pilotes. Les Éthiopiens combattirent avec courage, mais Addis-Abeba tomba en mai 1936 et Hailé Sélassié dut partir en Grande-Bretagne.

L'Éthiopie était membre de la Société des Nations. Le fait qu'aucune action militaire conjointe n'ait été entreprise pour aider un pays africain agressé, conformément au principe de « sécurité collective » inscrit dans la charte de l'organisation, discrédita cette dernière. Des sanctions économiques tardives incitèrent Mussolini à s'allier à Hitler. Les Italiens restèrent cinq ans en Éthiopie. Hailé Sélassié y revint en 1941, une fois les Italiens battus par les Britanniques en Afrique de l'Est. **RG**

Des volontaires de tribus éthiopiennes recevant des armes pour repousser les Italiens.

Dans le Nord de l'Éthiopie, les Italiens marchant vers Adigrat, l'une des premières cités à se rendre.

La fin de la Longue Marche

La première armée de Mao traverse la Chine pendant un an pour rejoindre Yan'an.

Chou En-lai, un des chefs communistes, dans la province de Shanxi, après la Longue Marche.

« La Longue Marche […] a montré que l'armée Rouge était une armée de héros. »

Mao Zedong, 1935

La longue Marche fut un moment épique dans la longue guerre civile qui opposa le parti communiste chinois et son armée au gouvernement nationaliste du Kuo-min-tang de Chiang Kai-shek. Après avoir parcouru 10 000 à 12 000 km, les 8 000 survivants de la première armée de Mao arrivèrent à Yen-an en octobre 1935 et s'installèrent dans cette région reculée.

Au cours de l'été 1934, après cinq offensives successives des nationalistes, les chefs communistes ordonnèrent à leurs 84 000 troupes placées sous la direction du maréchal Chu Teh de quitter la province de Jiangxi, dans le Sud-Est, et de se diriger vers l'ouest, puis de se réfugier dans la province de Shanxi, dans le Nord-Ouest du pays, afin de s'y regrouper. D'autres forces communistes effectuèrent des marches similaires sous la contrainte pour rejoindre Shanxi.

La longue Marche fut éreintante. Subissant continuellement les attaques des nationalistes, les communistes en butte aux maladies, à la faim et à l'hostilité des paysans dont ils réquisitionnaient les maigres ressources traversèrent des déserts, des fleuves et des montagnes. Cette année-là, Mao Zedong devint le chef incontesté des communistes chinois. Tout au long de sa vie, il n'hésitera pas à utiliser les mêmes tactiques sournoises et à écarter sans pitié ses rivaux comme Chou En-lai, Lin Biao, Liu Shao Lin et Deng Xiaoping. Il laissa mourir sa femme et deux de ses enfants au cours de la marche.

Bien qu'elle ait été amplifiée par la propagande communiste et ses apologistes occidentaux, sans cette marche, Mao ne serait pas parvenu à contrôler le pays et à proclamer, triomphal, la naissance de la République populaire de Chine, en 1949. **NJ**

Franco prend la tête du soulèvement espagnol

Sa participation à la guerre civile lui permet de dominer l'Espagne pendant 40 ans.

Originaire de Galicie, le général Franco avait l'impénétrabilité des gens de cette région. C'est peut-être pour cela que personne ne peut vraiment dire pourquoi il hésita à soutenir le coup d'État du général Emilio Mola. Il en voulait certainement au gouvernement, qui l'avait déchu de son poste de chef d'état-major de l'armée pour le nommer gouverneur militaire des Canaries. Pensait-il que la révolte échouerait ou que le gouvernement le rappellerait pour sauver l'Espagne ?

Quels que fussent ses doutes, quand Mola donna l'ordre de déclencher la révolte, le 17 juillet 1936, il avait pris une décision. À 6 h 30, le 18 juillet, il lui envoya un télégramme de soutien et ordonna à ses troupes d'assiéger les édifices gouvernementaux de Las Palmas. Puis à 15 heures, il prit un avion venant de Grande-Bretagne, le *Dragon Rapide*, et gagna le Maroc espagnol. Il n'y rencontra pas de grande résistance. Il n'y eut que 189 morts.

Deux ans après être entré dans l'armée espagnole en 1910, Franco avait servi au Maroc. Il s'était fait rapidement un nom au sein de l'Armée de l'Afrique, dont le professionnalisme devait beaucoup à son expérience et à sa discipline.

À présent, il était crucial que les unités marocaines passent en Espagne. La flotte était aux mains des républicains, mais avec l'aide de Mussolini et d'Hitler, Franco parvint à faire traverser le détroit à toutes ses troupes.

Le coup d'État se mua vite en guerre civile. C'est cet échec de la rébellion qui permit à Franco de prendre la tête des nationalistes et de remporter la victoire en mai 1939, après une guerre civile sanglante. Il mit en place un gouvernement autoritaire et dictatorial – le franquisme – qu'il présida jusqu'à sa mort en 1975. **RP**

Les troupes de Franco cherchant des armes parmi les prisonniers de Torrejon.

« Mes compliments enthousiastes… Croyons en la victoire. Vive l'Espagne. »

Franco à Mola, 18 juillet 1936

SA
31
31

1936 – 3 AOÛT

Jesse Owens remporte la médaille d'or à Berlin

La victoire du sprinteur noir-américain dément la prétendue suprématie aryenne.

Les Jeux étaient indubitablement une opération de prestige pour le régime nazi. Jamais la cérémonie d'ouverture n'avait été aussi splendide. Le film *Olympia*, de Leni Riefenstahl, souligna la combativité de la jeunesse aryenne et la grandeur d'Adolf Hitler : « L'être suprême qui forgea une nation et son peuple. » Rien d'étonnant donc à ce que l'Allemagne ait obtenu le plus de médailles. Malheureusement pour les nazis, J. C. Owens, un Américain noir, décrocha quatre fois l'or et fut le plus éblouissant des 5 000 athlètes des 53 nations représentées. Il gagna le 100 m en 10,3 secondes, puis le 200 m en 20,7 secondes (nouveau record olympique), le saut en longueur avec un bond de 8,06 m (autre record olympique obtenu devant l'Allemand Lutz Long), et permit à son pays de remporter le 4 x 100 m.

Les images montrant Hitler vexé quittant le stade après la victoire d'Owens furent présentées de manière trompeuse. Owens crut qu'il lui faisait un signe de la main et fut plutôt content de l'accueil reçu en Allemagne. De nombreux sportifs et citoyens allemands l'avaient sans doute félicité avec enthousiasme.

Par ses exploits sportifs, mais aussi son charme, sa modestie et ses bonnes manières, il fit mentir l'idée allemande d'une race supérieure et de l'infériorité des Noirs. Mais Hitler ne permit pas à la réalité de désavouer sa pensée. Sa croyance en l'existence d'une race supérieure entraîna la Seconde Guerre mondiale et la destruction de l'Allemagne. **RP**

◀ Owens décroche l'or au saut en longueur ; Naoto Tajima l'argent et Wilhelm Leichum le bronze.

1936 – 19 AOÛT

Les procès de Moscou

Les « procès » staliniens instaurent la terreur en Union soviétique.

Les séances du premier simulacre de procès se déroulèrent dans la salle dite d'Octobre de la Maison des syndicats, à Moscou, en août 1936. Seize hommes accusés de trahison, trois juges de la Cour suprême en uniforme, le procureur Andreï Vychinski, divers fonctionnaires de justice et un public de 350 personnes prirent place sur les bancs rembourrés, sous les lustres en cristal. La presse mondiale était là, ainsi que le chef du régime, Joseph Staline.

« J'exige que les chiens enragés soient tous fusillés ! »

Andreï Vychinski

La justice sera rendue. Cependant, les Occidentaux furent choqués d'entendre Vychinski traiter les accusés de « menteurs et de pitres » ou de « Pygmées abjects », et de constater l'absence de preuves. Mais les accusés « avouèrent », se dénonçant parfois mutuellement. Le *New York Times* parla d'un discours libre à l'ombre du bourreau. Grigori Zinoviev et Lev Kamenev, qui avaient joué un rôle crucial lors de la révolution de 1917, ainsi que quatorze autres bolcheviques figuraient parmi les figures influentes exécutées.

Durant le procès, un autre « nid de trotskistes » sera dénoncé. D'autres procès et purges suivirent. La répression devint monnaie courante. Des aveux étaient nécessaires mais il existait des moyens pour les obtenir. En 1956, le régime finit par confesser les crimes de Staline contre son peuple. **RP**

1937 – 13 FÉVRIER

Le Front populaire

Le gouvernement de Léon Blum est confronté à la crise économique.

Après avoir instauré la semaine de 40 heures et deux semaines de congés payés, après avoir augmenté les salaires, nationalisé la Banque de France, la SNCF et les industries d'armement, le Front populaire se heurte aux difficultés économiques. Le chômage et l'inflation augmentent. Le 13 février 1937, dans une allocution radiodiffusée, Léon Blum, président du Conseil, explique la nécessité d'une pause dans les réformes.

Tout a commencé le 6 février 1934, lorsqu'une manifestation des ligues d'extrême droite a dégénéré. Les radicaux, les socialistes et les communistes décident alors de s'unir pour barrer la route au fascisme. Ils constituent ensemble le Front populaire, qui remporte les élections législatives du 26 avril 1936. Léon Blum, leader de la SFIO, est appelé à former le gouvernement, dans lequel entrent les radicaux mais pas les communistes, qui optent pour le soutien sans participation. Le printemps 1936 est marqué par de nombreuses grèves. Employés et ouvriers célèbrent ainsi la victoire de la gauche et font pression sur le patronat pour qu'il accepte les réformes sociales figurant dans le programme du Front populaire.

Durant l'été, les routes et les chemins de fer voient défiler les premiers bénéficiaires des congés payés. Mais à la joie succède bientôt l'inquiétude. La crise économique ne se résorbe pas, le gouvernement doit faire face à des difficultés financières. L'extrême droite multiplie les attaques antisémites contre Blum et agite le spectre du communisme. De plus, la situation internationale se tend. La guerre civile espagnole provoque des dissensions au sein du Front populaire. Les communistes réclament une intervention aux côtés des républicains espagnols. En juin 1937, quatre mois après avoir annoncé une pause, Léon Blum démissionne. **LV**

1937 – 27 AVRIL

Guernica bombardée

L'horreur de Guernica révèle la cruauté de Franco envers les Basques.

Le 27 avril 1937 était un jour de marché. La place de la cité médiévale espagnole était bondée. À 16 h 30, la cloche de l'église avertit la population d'une attaque aérienne. Les gens se cachèrent dans les caves servant d'abris. Un seul avion, un bombardier Heinkel 51 de la légion Condor arriva, largua des bombes, puis s'en alla. Guernica s'en tirait bien, du moins semblait-il. Les gens sortirent des abris et aidèrent les blessés, mais soudain une escadrille survint et fit pleuvoir des bombes sur la population ; même les caves ne résistèrent pas à leur puissance. Les civils s'enfuirent dans les champs. L'escadrille les prit en chasse en rasant le sol et les mitrailla. Pour finir, à 17 h 15, trois escadrilles de bombardiers Junker 52 allemands bombardèrent la cité sans relâche durant 2 h 30. Le gouvernement basque fit état de 1 654 morts et 889 blessés.

Le bombardement de Guernica n'avait aucun but stratégique dans le cadre de la guerre civile. Franco voulait anéantir le nationalisme basque car Guernica était le cœur du Pays basque – Euskal Herria – et il s'agissait d'un excellent exercice pour l'aviation d'Hitler.

Le général Franco nia l'attaque, puis l'imputa aux Basques. Mais quatre journalistes étrangers se trouvaient dans la région et la vérité éclata, choquant l'opinion mondiale. Manifestement horrifié, Picasso termina son chef-d'œuvre sanglant deux moins plus tard. Pour beaucoup, ce massacre de civils qui furent sciemment pris pour cibles marqua une progression dans l'horreur de la barbarie du XXe siècle. **RP**

Les rues désolées de Guernica après le bombardement. Un chien est le seul signe de vie.

BILBAO
LEQUEITIO

Un zeppelin prend feu

*L'explosion spectaculaire de l'*Hindenburg *met fin à la fabrication de dirigeables.*

Il est difficile de croire que deux tiers des passagers aient pu survivre à une telle explosion.

Pendant la Première Guerre mondiale, la vue d'un zeppelin était inquiétante, car ce dirigeable rempli de gaz servait à effectuer des raids. À présent, c'était un moyen de transport ordinaire. Le luxueux *Graf zeppelin* avait traversé l'Atlantique en 1928, fait le tour du monde en 1929 et parcourut des milliers de kilomètres sans accident.

Quand l'*Hindenburg*, le plus gros dirigeable jamais construit, s'approcha le 6 mai 1937 de Lakehurst, dans le New Jersey, une foule était venue admirer cette nouvelle merveille technologique. Son atterrissage était commenté à la radio. La catastrophe qui suivit fut décrite par un passager comme « une scène d'un tableau médiéval sur l'enfer ». Un orage retarda l'atterrissage. L'*Hindenburg* tournoya au-dessus de la piste en attendant une amélioration, puis largua ses amarres. Il y eut une explosion assourdie, puis une énorme boule de feu se forma, visible à des kilomètres. En 30 secondes, le dirigeable s'écrasa au sol. Au total, 33 personnes périrent ; 64 passagers furent sauvés de manière spectaculaire au milieu des débris en feu de l'appareil. Cet accident mit fin au transport de passagers par ballon dirigeable.

Hitler crut à un sabotage, mais il est plus probable que l'électricité statique ait enflammé l'hydrogène de l'*Hindenburg*. Cette catastrophe, alliée à la grande dépression et à la montée du nazisme en Allemagne, mit un terme à la fabrication de dirigeables. Le métal des appareils fut fondu et utilisé pour créer des avions de combat. **RP**

Staline s'en prend aux militaires

L'exécution de huit officiers marque le début des « purges » dans l'armée Rouge.

Staline en 1937 avec ses hommes de confiance : Molotov, Mikoïan, Vorochilov et Kalinine.

Après un procès secret, le maréchal Mikhaïl Toukhatchevski, commissaire du peuple adjoint à la Défense, et sept autres officiers de l'armée Rouge furent accusés de trahison au profit de l'Allemagne et passés au peloton d'exécution.

Toukhatchevski, ancien officier de l'armée tsariste ayant adhéré au parti communiste en 1918, joua un rôle-clé dans la formation d'une armée Rouge moderne et mécanisée.

Il fut promu maréchal en 1935. Paranoïaque, Staline décapita son armée, s'en prenant aux meilleurs officiers supérieurs. N'hésitant pas à utiliser la torture, les passages à tabac et la privation de sommeil pour obtenir des confessions lors des fameux procès de Moscou entre 1936 et 1938, il purgea l'armée de ses « éléments peu fiables sur le plan politique », en commençant par l'élite.

Les purges furent terribles. Elles touchèrent 5 maréchaux, 13 des 15 commandants, 8 des 9 amiraux, 156 des 186 commandants de divisions, 16 commissaires et 25 des 28 commissaires de corps d'armée. En tout, près de 30 000 cadres furent exécutés ou envoyés dans des camps.

La faiblesse de l'armée Rouge qui résulta de ces purges incita peut-être Hitler à lancer l'opération Barbarossa en juin 1941. L'absence d'officiers chevronnés explique sans doute les défaites soviétiques au début de l'invasion allemande. En effet, les jeunes officiers n'avaient pas encore acquis suffisamment d'expérience au début de la guerre. **NK**

1937 – 8 JUILLET

La Guerre sino-japonaise

L'arrêt des Japonais aux portes de Pékin déclenche la guerre sino-japonaise.

La bataille qui déclencha la guerre et empêcha finalement le Japon de conquérir la Chine dans les années 1930 et 1940 eut lieu en juillet 1937, au sud de Pékin, près du pont médiéval en marbre enjambant le fleuve Yongding. Ce pont avait été baptisé pont de Marco-Polo, car l'explorateur vénitien avait loué sa beauté dans son journal.

Après l'incident de Mukden en 1931, le Japon avait régulièrement étendu son emprise sur le Nord de la Chine depuis son État vassal de Manchoukuo (Mandchourie). De 1932 à 1933, il prit le contrôle de la province de Rehe, près de la Grande Muraille, puis au milieu de 1937, celui des abords nord, est et ouest de l'ancienne capitale chinoise. Seule la cité et la voie d'accès située au sud du pont Marco-Polo restaient aux mains des Chinois. L'armée japonaise soutenue par son aviation et ses blindés occupait l'extrémité ouest du pont ; les Chinois, plus nombreux mais mal entraînés et sous-équipés, contrôlaient l'extrémité est.

À l'aube, le 7 juillet, les Japonais envoyèrent aux Chinois un message pour leur demander la permission de traverser le pont Marco-Polo (au sud-ouest de Pékin) afin de secourir un de leurs soldats. Ayant essuyé un refus, les Japonais saisirent ce prétexte et à minuit ils bombardèrent les 1 000 membres des troupes chinoises qui défendaient le pont et prirent ce dernier. Le lendemain, les Chinois reçurent des renforts et le reprirent. Une trêve fut ensuite conclue.

Au cours des négociations, le commandant japonais, le général Hashimoto fixa un ultimatum au général chinois Zhang : ce dernier devait laisser les Japonais entrer à Pékin et présenter des excuses. Zhang interrompit les pourparlers. Les Japonais attaquèrent la ville, qui tomba le 18 août. **NJ**

1937 – 13 DÉCEMBRE

Le massacre de Nankin

L'armée japonaise massacre des civils et viole des femmes.

Au cours d'un siècle marqué par les atrocités, le massacre de civils perpétré par l'armée japonaise après la chute de Nankin, alors capitale de la Chine, fut peut-être le plus bestial.

Après avoir pris la ville portuaire de Shanghai, les troupes japonaises du général Iwane Matsui marchèrent sur Nankin, capitale du gouvernement nationaliste de Tchang Kaï-chek, qui pratiqua la politique de la terre brûlée lorsqu'il battit en retraite. Les Japonais tuèrent beaucoup de Chinois dans la vallée du Yangzi Jiang. Le 13 décembre, lorsque Nankin tomba sans résistance, un massacre sans précédent débuta. Les Japonais s'en prirent d'abord aux soldats, puis tuèrent très vite les civils et violèrent les femmes, des plus jeunes aux plus âgées. En tout, 20 000 à 80 000 femmes ont été victimes de ces violences.

Les gens étaient fusillés, décapités, enterrés vivants, crucifiés ou pendus par la langue. Les bébés étaient jetés en l'air et transpercés par des baïonnettes, et des membres d'une même famille obligés d'avoir des relations incestueuses avant d'être tués. Des missionnaires et des journalistes occidentaux furent témoins de ces horreurs. L'homme d'affaires allemand John Rabe qui travaillait pour Siemens sauva des gens en créant une zone de sûreté à l'ouest de la cité réservée prétendument aux étrangers, mais abritant aussi des Chinois.

Les meurtres et les viols durèrent plus de six semaines – jusqu'en février 1938 –, faisant 300 000 morts. Matsui et deux généraux de corps d'armée furent pendus pour crimes de guerre, mais peu de Japonais rendirent de comptes. La Chine continue en vain à demander au Japon des excuses et des réparations pour le comportement bestial de son armée à Nankin. Tokyo nie toute responsabilité. **NJ**

L'Anschluss

Hitler rattache l'Autriche à l'Allemagne et montre son mépris pour le traité de Versailles.

À la fin de la Première Guerre mondiale, l'Empire austro-hongrois fut démantelé par le traité de Versailles et l'Autriche devint un petit pays à la frontière allemande. Pour les nationalistes allemands, tous les germanophones devaient être unis. En 1938, Hitler, né en Autriche, créa l'Anschluss (union). Interdite par les accords du traité de Versailles, cette union entre l'Allemagne et l'Autriche était soutenue par les deux pays. En 1938, Hitler fit pression sur le chancelier autrichien Kurt Schuschnigg pour qu'il levât l'interdit frappant le parti nazi autrichien, nommât des ministres

« Dieu merci, l'Autriche est isolée. »

Alexander Cadogan, du ministère britannique des Affaires étrangères

nazis et destituât le chef de l'état major. Schuschnigg demanda un plébiscite sur l'indépendance de l'Autriche. Menaçant d'envahir le pays, Hitler exigea l'instauration d'un gouvernement nazi. Schuschnigg démissionna. Les nazis s'emparèrent alors des postes gouvernementaux. Le 12 mars, l'armée allemande entra en Autriche et organisa un référendum demandant au peuple de ratifier le rattachement de l'Autriche au Reich. Plus de 99 % de la population fut favorable à l'annexion. L'Autriche devient l'Östmark, une province de la Grande Allemagne. **NK**

- Kraft durch Freude (KdF : la Force dans la Joie), des partisans autrichiens à Berlin, le 4 avril 1938.
- Des Allemands résidant en Grande-Bretagne, sur un ferry pour aller voter pour l'Anschluss.

Les accords de Munich

Le Premier ministre britannique permet à Hitler d'annexer le territoire sudète.

Neville Chamberlain (en long manteau noir) arrivant en Allemagne pour rencontrer Hitler à Munich.

Le Premier ministre britannique Neville Chamberlain fut acclamé lorsqu'il revint en Angleterre après avoir rencontré Hitler à Munich. Brandissant le document relatif au territoire sudète, il déclara avoir obtenu « la paix avec honneur » et la « paix pour notre temps ».

Après le rattachement de l'Autriche à l'Allemagne en mars 1938, Hitler demanda à annexer le territoire tchécoslovaque des Sudètes, peuplé de germanophones. La plupart des Britanniques et des Français voulaient éviter un conflit armé avec l'Allemagne nazie. Ils ne se sentaient pas prêts militairement à affronter son armée reconstruite et réarmée. Les accords de Munich entre l'Allemagne, l'Italie, la Grande-Bretagne et la France prévoyaient la cession à l'Allemagne de la majeure partie de l'industrie tchécoslovaque, dont l'usine d'armement Skoda et les défenses situées à l'ouest. Ne disposant d'aucun soutien international, le gouvernement tchécoslovaque fut contraint de laisser les Allemands occuper le territoire sudète. Six mois plus tard, les armées du Reich entrèrent à Prague et firent de la Tchécoslovaquie un protectorat, violant délibérément les accords passés à Munich.

Opposé à toute conciliation, Churchill pensait qu'il était urgent pour la Grande-Bretagne de se réarmer afin de battre Hitler et Mussolini. Même si aucune décision concrète ne fut prise, la Grande-Bretagne et la France entreprirent la mobilisation de leurs troupes. **NK**

La Guerre des mondes

L'émission d'Orson Welles sème la panique parmi les auditeurs.

Orson Welles dirigeant une répétition de l'émission de radio consacrée à *La Guerre des mondes*.

L'une des plus célèbres émissions de radio fut une adaptation de *La Guerre des mondes*, roman d'H. G. Wells racontant l'invasion de la Terre par des martiens. Elle fut diffusée aux États-Unis pendant halloween. La mise en scène et les propos d'Orson Welles semblèrent tellement réalistes que nombre d'auditeurs y crurent. Il s'agissait d'une émission de musique d'orchestre d'une heure, interrompue par un nombre croissant de flashs et de bulletins faisant état de rumeurs sur des explosions étranges sur Mars, puis sur une météorite tombée sur une ferme du New Jersey qui en fait se révélait être la fusée des martiens. Ceux-ci (décrits comme « indescriptibles ») braquaient des rayons sur les badauds. Puis d'autres vaisseaux atterrissaient, des gaz toxiques étaient repandus et des lignes à haute tension arrachées. Un soi-disant professeur de Princeton et un supposé porte-parole du gouvernement commentaient les événements. Les troupes chargées d'attaquer les martiens étaient anéanties, et les gens, paniqués, fuyaient. Les martiens se ruaient à New York, mais finissaient par mourir, victimes de bactéries.

Les journaux exagérèrent la panique suscitée par l'émission, qui rendit Orson Welles célèbre et qui eut lieu à un moment où la radio servait d'outil de propagande aux régimes totalitaires. Welles prouva que les moyens de communication modernes pouvaient servir à propager des mensonges fort convaincants. **RC**

1938 – 9 NOVEMBRE

La Nuit de cristal

La communauté juive d'Allemagne et d'Autriche est la cible d'attaques nazies.

Les éclats de vitres brisées jonchant les rues le 9 novembre 1938 donnèrent son nom à la nuit, Kristallnacht (« Nuit de cristal »).

Lors d'un dîner entre vieux camarades, Hitler apprit la mort d'Ernst von Rath, diplomate allemand à Paris abattu par Herschel Grynspan qui était furieux de l'échec de ses protestations contre la déportation de 12 000 juifs polonais d'Allemagne vers leur pays d'origine. Parlant à la place d'Hitler, Goebbels dit que celui-ci n'autorisait pas les manifestations, mais ne se mêlait pas des émeutes spontanées. Ce fut le signal qui entraîna un déchaînement de violence contre la communauté juive. Habillés en civil, les membres des organisations nazies SA et SS armés de haches et de marteaux de forgeron attaquèrent les lieux habités par des juifs.

Sept mille entreprises, 29 magasins et de nombreuses maisons furent saccagés. Les synagogues d'Allemagne et d'Autriche furent pillées et les cimetières juifs profanés. Plus de 30 000 juifs furent envoyés dans les camps de concentration de Dachau, Buchenwald et Sachsenhausen.

L'Allemagne prétendit que la Nuit de cristal était l'expression d'une colère spontanée, mais des documents montrent qu'elle avait été planifiée par le ministre de la Propagande du Reich, sous le contrôle d'Hitler et faisait partie d'une campagne visant à éliminer la communauté juive. Ces événements accélérèrent le départ des juifs. **NK**

◀ À Berlin, le 10 novembre 1938 au matin : une synagogue juive toujours en flammes.

1938 – 17 DÉCEMBRE

Hahn découvre la fission nucléaire

Otto Hahn contribue à la naissance du nucléaire civil et de la bombe atomique.

Le physicien allemand Otto Hahn découvrit la fission nucléaire en 1939, au début de la Seconde Guerre mondiale. Heureusement, il était antinazi et son génie ne fut pas utilisé par Hitler.

Né en 1879, diplômé de l'université de Marburg en 1904, il travailla à l'University College de Londres, où il découvrit le radiothorium (thorium 228). Muté à l'université McGill de Montréal, en 1905, il travailla sous la direction de lord Ernest Rutherford avant de devenir professeur à l'université de Berlin en 1906. C'est là qu'il découvrit l'ionium, la substance mère du radium, se maria et eut un fils avec la chimiste autrichienne Lise Meitner. Après avoir élaboré des gaz toxiques pendant la Première Guerre mondiale, il écrivit un livre (*Applied radiochemistry*), qui devint la « bible » du projet américain de développement de la bombe atomique.

Poursuivant les recherches du physicien italien Enrico Fermi, Otto Hahn découvrit la fission nucléaire après une expérience qui avait consisté à bombarder l'uranium avec des neutrons. Il s'aperçut ainsi que le noyau d'uranium, un atome lourd, s'était divisé en des nucléides plus légers. Cette découverte démontrait que l'uranium avait subi une fission.

En 1934, il avait démissionné de l'université de Berlin en raison des persécutions que Lise Meitner et d'autres collègues juifs subissaient, et obtenu un passeport pour sa femme qui émigra. À la fin de la guerre, quand la bombe fut lancée sur Hiroshima, il fut interné près de Cambridge. Lauréat du prix Nobel de chimie pour ses travaux sur la fission nucléaire, en 1945, il avertit des dangers d'une course aux armes atomiques et de la pollution radioactive jusqu'à sa mort en 1968. **NJ**

Hitler envahit Prague

Les nazis détruisent une république démocratique et leur chef étend son pouvoir.

La Tchécoslovaquie, république démocratique indépendante formée de parties de l'ex-Empire autrichien, avait été forcée en mars 1938 à céder le territoire des Sudètes peuplé en majorité de germanophones à l'Allemagne, et d'autres régions plus petites à la Hongrie et à la Pologne. Un an plus tard, c'est à elle que s'intéressèrent Hitler et ses troupes. Le 15 mars, ils occupèrent Prague.

La république tchécoslovaque avait fatalement été affaiblie en 1938, et le nouveau président Emil Hácha, dut accepter une plus grande autonomie des Slovaques. Hitler, pressé d'étendre son contrôle sur toute l'Europe centrale, souhaitait détruire la Pologne afin d'intégrer certains de ses territoires à l'Allemagne. Il avait donc besoin d'anéantir ce qui restait de la Tchécoslovaquie. Celle-ci ne put résister. Elle avait perdu ses postes de défense frontaliers l'année précédente et la majeure partie de son industrie après l'annexion du territoire des Sudètes. La Slovaquie déclara son indépendance le 13 mars et deux jours plus tard, les forces allemandes prirent Prague. Emil Hácha, face à la menace d'une attaque aérienne massive de la Luftwaffe, ordonna aux militaires tchèques de ne pas résister.

Le jour suivant, Hitler fit du pays un protectorat allemand et reconnut l'indépendance de la Slovaquie. Libérées par l'armée russe, les parties tchèque et slovaque furent réunies en 1945 et dirigées par un régime communiste. **NK**

Les troupes d'élite d'Hitler entrent à Prague. L'armée tchécoslovaque avait reçu l'ordre de ne pas résister.

En mars 1939, plusieurs mois avant le début de la guerre, l'armée allemande entre dans Prague.

1939 – 28 MARS

Franco s'empare de Madrid

La chute de Madrid marque la fin de la guerre civile et légitime Franco.

L'entrée à Madrid des forces nationalistes du général Franco mit fin à la guerre civile qui divisait le pays depuis près de trois ans. Le 1er avril, Franco et son gouvernement – qui était reconnu par l'Allemagne, l'Italie, la France et la Grande-Bretagne – diffusèrent à la radio un discours de victoire. Les hostilités prirent fin. Madrid était assiégée depuis 1936. Le général nationaliste Mola s'était targué de prendre la ville avec ses quatre colonnes soutenues par « la cinquième colonne » de ses partisans. Cependant, les combattants républicains peu entraînés, mais aidés par des commandants soviétiques et des unités des Brigades internationales, chassèrent les soldats de l'armée régulière.

« Madrid est tombée… une victoire formidable pour le fascisme. » Le comte Ciano, ministre italien des Affaires étrangères

Le blocus n'était pas total, mais les conditions de vie étaient difficiles. Les vivres, l'essence et les munitions manquaient. La capitale était régulièrement bombardée par les forces aériennes nationalistes, qui avaient l'ordre d'épargner les banlieues riches pouvant abriter des sympathisants nationalistes. En 1939, l'étau se resserra autour de la ville. En mars, le Premier ministre républicain et ses conseillers soviétiques partirent, laissant le général Casado négocier la capitulation. Franco exigea que celle ci fût totale. Au cours des quatre années qui suivirent, Franco continua la terrible répression, multipliant les exécutions sommaires et les internements dans les prisons. **NK**

1939 – 2 AOÛT

La menace nucléaire

Albert Einstein avertit Roosevelt d'un avenir destructeur.

Einstein était le scientifique le plus célèbre de son temps. Pacifiste, il espérait que la Société des Nations éliminerait la guerre. Cependant, dans les années 1930, l'Allemagne nazie le fit changer d'attitude. Il renonça à sa nationalité allemande et s'installa aux États-Unis. En juillet 1939, le physicien hongrois Leo Szilard lui dit que les Allemands allaient fabriquer une bombe nucléaire. Einstein répliqua : « *Daran habe ich gar nicht gedacht* » (« Ça, je n'y avais jamais pensé »). Il jugea cependant l'affaire suffisamment urgente pour en informer le président américain.

« Allons-nous supprimer la race humaine ou l'humanité renoncera-t-elle à la guerre ? »

Albert Einstein

Szilard avait écrit un brouillon de lettre à Franklin Roosevelt et en avait parlé à Einstein et à un autre physicien hongrois Edward Teller. Elle fut envoyée le 2 août 1939 comme si elle émanait d'Einstein. Elle expliquait que les scientifiques pouvaient créer des bombes terriblement destructrices et suggérait d'augmenter les fonds consacrés à la recherche sur le nucléaire, laissant entendre que les Allemands avaient commencé à développer cette énergie. Tel était bien le cas. En septembre, Roosevelt constitua un comité consultatif sur l'uranium. C'est à cause de cette action que la première bombe atomique fut mise au point. Sous le nom de code Projet Manhattan, des recherches furent menées pendant la Seconde Guerre mondiale aboutirent à la réalisation de la première bombe A. **RC**

Le pacte germano-soviétique

Le rapprochement entre l'Allemagne et l'Union soviétique stupéfie l'Europe.

Au cours des années 1930, l'Allemagne nazie et l'Union soviétique étaient connues pour être ennemies. Staline vit d'un mauvais œil l'annexion de l'Autriche, du territoire des Sudètes et l'invasion de la Tchécoslovaquie en mars 1939. Il tenta d'abord un premier rapprochement avec les Français et les Britanniques qui lui refusèrent le droit d'entrer en Pologne en cas de besoin. Staline modifia sa politique et conclut un accord avec l'Allemagne d'Hitler. La signature du pacte germano-soviétique en août 1939 choqua profondément le reste de l'Europe.

« Hitler pense qu'il s'est montré plus malin, mais en fait c'est moi. »

Staline à Nikita Khrouchtchev

Le pacte incluait un accord commercial valable sept ans et un pacte de non-agression valable dix ans, ainsi que des protocoles secrets concernant la partition de certains pays. Les États baltes comme l'Estonie, la Lettonie et la Lituanie passaient sous le contrôle des Russes, et la Pologne était démembrée entre l'Allemagne et l'URSS.

Ce pacte permettait à l'Allemagne d'accéder aux matières premières et d'éviter une réaction de la Russie quand elle envahirait la Pologne. Pour Staline, c'était un moyen d'intégrer à l'URSS des régions qui appartenaient à l'Empire russe avant la révolution de 1917. Peut-être espérait-il aussi que cette guerre entre les démocraties libérales et les États fascistes leur serait préjudiciable et favoriserait l'essor du communisme en Europe occidentale. **NK**

Hitler envahit la Pologne

La Grande-Bretagne et la France entrent en guerre après l'invasion de la Pologne.

La politique étrangère d'Hitler consistait à corriger ce qu'il appelait les injustices du traité de Versailles, en intégrant les territoires européens germanophones à l'Allemagne, puis en contrôlant les populations slaves d'Europe centrale. En 1939, après ses succès en Autriche et en Tchécoslovaquie, Hitler s'intéressa à la Pologne. Il souhaitait notamment occuper la ville de Danzig sur la Baltique, ainsi que le couloir de Danzig séparant l'Allemagne de l'Est de la Prusse.

Les négociations menées avec les Britanniques et les Français lui avaient montré que ceux-ci ne voulaient pas la guerre. En mars 1939, la Grande-Bretagne et la France s'étaient engagées à soutenir la Pologne, mais n'avaient pas parlé de son intégrité territoriale. Hitler crut qu'il pourrait arriver à ses fins sans guerre à ses frontières occidentales.

Quand la tension monta, il signa un pacte de non-agression avec l'URSS pensant éviter ainsi son entrée en guerre.

Quand la Pologne rejeta ses demandes, l'Allemagne prétendit une violation de ses frontières pour l'attaquer sur trois fronts et marcher sur Varsovie. Face à la supériorité de l'aviation, des blindés et de l'artillerie allemands, les forces polonaises se replièrent vers leur frontière sud-est. Le 17 septembre, conformément à une clause secrète du pacte germano-soviétique, l'armée soviétique envahit l'Est de la Pologne et établit une frontière avec l'Allemagne à l'intérieur du territoire polonais, mettant fin à l'indépendance de la Pologne.

Le 3 septembre, la Grande-Bretagne et la France déclarèrent la guerre à l'Allemagne conformément à leurs engagements, mais n'entreprirent aucune action militaire immédiate pour aider les Polonais. **NK**

Autant en emporte le vent

Une histoire d'amour et de passion sur fond de guerre de Sécession ; le film réalisé par Victor Fleming remporta un immense succès.

Le film, une fresque épique d'après le roman de Margaret Mitchell, était très attendu au cours d'une année qui fut faste pour Hollywood avec la sortie du *Magicien d'Oz* et de *Mr. Smith Goes to Washington*. En 1936, le producteur David O. Selznick avait acheté ses droits pour 50 000 $. Il contacta quinze scénaristes, y compris F. Scott Fitzgerald, et trois réalisateurs, pour porter le roman à l'écran.

Un sondage désigna Clark Gable pour jouer le rôle de Rhett Butler, mais la « recherche de Scarlett » (la belle et impertinente O'Hara du Sud) fut plus problématique. De nombreuses vedettes firent des bouts d'essai, dont Bette Davis et Katharine Hepburn, mais ce fut l'actrice de théâtre anglaise Vivien Leigh qui obtint le rôle.

« Où vais-je aller ? »
« Franchement, ma chérie, je m'en fiche pas mal. »

Scarlett O'Hara et Rhett Butler

Le producteur prit un risque mais le jeu en valait la chandelle. La fresque de 3 h 42 rapporta plus de 390 millions de dollars. L'idylle entre Gable et Leigh contribua à son succès, ainsi que les scènes comme l'incendie d'Atlanta, qui exigea un plateau de 12 ha et sept caméras Technicolor. **JJH**

Scène passionnée entre Clark Gable et Vivien Leigh.

Le public américain faisant la queue pendant de longues heures pour avoir un aperçu du film le plus attendu de l'année.

Churchill devient Premier ministre

Sorti de son isolement politique, Churchill forme un gouvernement national.

Winston Churchill avec son fameux trois-pièces et son chapeau, quelques jours avant sa nomination.

« Nous devons défendre notre île, quel que soit le prix à payer… »

Churchill, Chambre des communes, 4 juin 1940

Winston Churchill devint Premier ministre de Grande-Bretagne quand les Allemands attaquèrent la Hollande et la Belgique, mettant fin à la « drôle de guerre » (celle-ci avait été déclarée, mais aucun combat sérieux n'avait encore débuté). Premier ministre depuis 1937, Chamberlain jouissait de l'estime de nombreux collègues, mais après six mois de guerre, il semblait ne pas avoir l'énergie nécessaire. Après la désastreuse campagne de Norvège, l'insatisfaction était vive. Lors d'un débat à la Chambre des communes, l'un des anciens collègues de Chamberlain, Leo Amery, cita Oliver Cromwell : « Vous êtes resté trop longtemps ici en regard des résultats obtenus. Partez, vous dis-je. Au nom de Dieu, allez-vous en. »

Le 10 mai, Neville Chamberlain démissionna et le roi demanda à Churchill de former un nouveau gouvernement, ce qu'il fit en faisant appel aux membres d'autres partis comme Clement Attlee du parti travailliste.

Ancien ministre de l'Intérieur, chancelier de l'Échiquier et ancien chef de l'amirauté, Churchill avait été marginalisé politiquement plusieurs années avant le début de la guerre. Refusant tout laxisme à l'égard des dictatures fascistes d'Hitler et Mussolini, il avait été exclu des postes ministériels. Cependant, en septembre, il redevint chef suprême de l'amirauté, poste qu'il occupait avant la Première Guerre mondiale et où il avait prouvé son énergie et sa détermination à attaquer les flottes allemandes et italiennes. Prenant en charge la direction de la guerre, il résista à toute tentative de conciliation avec l'ennemi. Il devint l'incarnation de la farouche résistance britannique aux nazis. Certes, il ne berça pas les Britanniques de belles promesses, mais il était convaincu de la victoire. **NK**

L'Allemagne envahit la Hollande et la Belgique

Les combats s'intensifient tandis que l'Allemagne entreprend une guerre éclair.

Sept mois après la déclaration de guerre de l'Angleterre et de la France à l'Allemagne, Hitler rompit le front occidental et lança ses armées sur les Pays-Bas et la Belgique. À 21 heures, le 9 mai 1940, le haut commandement des forces armées allemandes envoya le mot de passe « Danzig », qui devait signaler le début d'une offensive à l'ouest à 5 h 35, le lendemain matin. Violant la neutralité des Pays-Bas et de la Belgique, les forces allemandes avancèrent vers le front avec de puissantes divisions blindées. Les forces britanniques et françaises pénétrèrent, elles, en Belgique pour les combattre.

À l'origine, l'attaque devait permettre à l'Allemagne de repousser les forces françaises et britanniques vers la Somme et, ainsi, de redéployer ses troupes au sud, afin de progresser dans le centre de la France. Mais comme le plan était tombé aux mains des Alliés, après qu'un avion transportant des officiers de l'état-major eut atterri par erreur en Hollande, l'état-major allemand avait dû le modifier. Le chef d'état-major de Rundstedt, von Manstein proposa de concentrer les blindés sur le flanc gauche de l'attaque dans la forêt des Ardennes. Franchissant la frontière belge, les blindés allemands devaient pénétrer dans le Nord de la France et gagner les ports de la Manche, séparant ainsi les Alliés. Hitler approuva.

Ce plan de fortune réussit au-delà de toute espérance. Traversant la Meuse à Sedan, les divisions blindées allemandes lancèrent une attaque et brisèrent la défense française. Dix jours après le début de la campagne, la 2e division de blindés du général Guderian atteignit la Manche, à Noyelles. L'armée française située au nord et le corps expéditionnaire britannique furent isolés du gros de l'armée française située au sud. **NK**

Soldats regardant Rotterdam brûler après l'attaque allemande.

« Nos soldats sont maintenant habitués aux méthodes d'attaque allemandes… »

Paris-Soir, journal français, le mai 1940

L'opération Dynamo

Gort évacue le corps expéditionnaire du continent.

En mai 1940, l'armée allemande franchit la frontière française et se dirigea directement vers l'ouest en direction de la Manche, scindant les forces ennemies et coupant la retraite des divisions britanniques, menacées d'encerclement. Le commandant britannique, le maréchal Gort décida que son principal devoir était de préserver son armée et organisa son évacuation des plages du Nord de la France et de Belgique.

Exigeant que les villes et ports du flanc sud, Calais et Boulogne, soient défendus malgré les lourdes pertes que cela impliquait, afin d'empêcher les chars allemands d'envahir les plages, il détermina avec l'armée française un périmètre d'évacuation, qui ne cessait de diminuer, depuis le port de Dunkerque et les plages voisines. En dépit des attaques incessantes de l'aviation allemande et bien que les unités qui évacuaient et les bateaux fussent peu couverts, l'opération Dynamo permit entre le 28 mai et le 4 juin le départ de plus de 338 000 soldats dont 120 000 Français vers l'Angleterre.

Les « petits bateaux », ces voiliers et ces bateaux de pêche qui contribuèrent à l'évacuation, reflétèrent « l'esprit de Dunkerque » à cette époque. L'armée dut abandonner ses chars, ses moyens de transport, son artillerie et ses armes lourdes, et ne réussissait même pas à résister à l'invasion allemande, mais la décision de Gort sauva l'armée britannique et permit sa reconstruction et son réarmement. **NK**

Soldats évacuant à pied la plage de Dunkerque, les bateaux de sauvetage ne pouvant s'approcher davantage.

L'appel du 18 Juin

Sur les ondes de la BBC le général de Gaulle appelle les Français à la résistance.

Au matin du 17 juin 1940, un avion décolle de Bordeaux, où le gouvernement, confié au maréchal Pétain, s'apprête à demander l'armistice. Quelques heures plus tard l'avion atterrit à Londres. Le général de Gaulle en descend. Une voiture le conduit au 10 Downing Street, où Churchill lui offre son appui. Le lendemain, il se rend à la BBC. Un temps d'antenne lui est accordé pour qu'il puisse s'adresser aux Français. À 18 heures, il parle. « L'espérance doit-elle disparaître ? La défaite est-elle définitive ? Non ! »

« Quoi qu'il arrive, la flamme de la résistance française ne doit pas s'éteindre et ne s'éteindra pas. »

Appel du général de Gaulle à la BBC

De Gaulle incarne la résistance française, contre Pétain qui veut « cesser le combat ». Pour lui, la responsabilité de la débâcle incombe d'abord aux chefs militaires qui n'ont pas compris la guerre moderne, et non à « l'esprit de jouissance » derrière lequel se retranche le maréchal. De Gaulle pressent ce que les responsables de Vichy refusent de voir : le caractère mondial d'un conflit de longue durée. « La France a perdu une bataille mais elle n'a pas perdu la guerre. » D'autres batailles viendront. L'homme du 18 juin entend que la France y tienne son rang.

En basculant dans la rébellion, ce général inconnu de 49 ans gagne un destin. Son appel a été peu entendu le jour même. Mais les Français apprendront bientôt à reconnaître la voix impérieuse de l'homme qui a eu raison contre tous **LV**

L'assassinat de Trotski

Le dernier rival de Staline est éliminé.

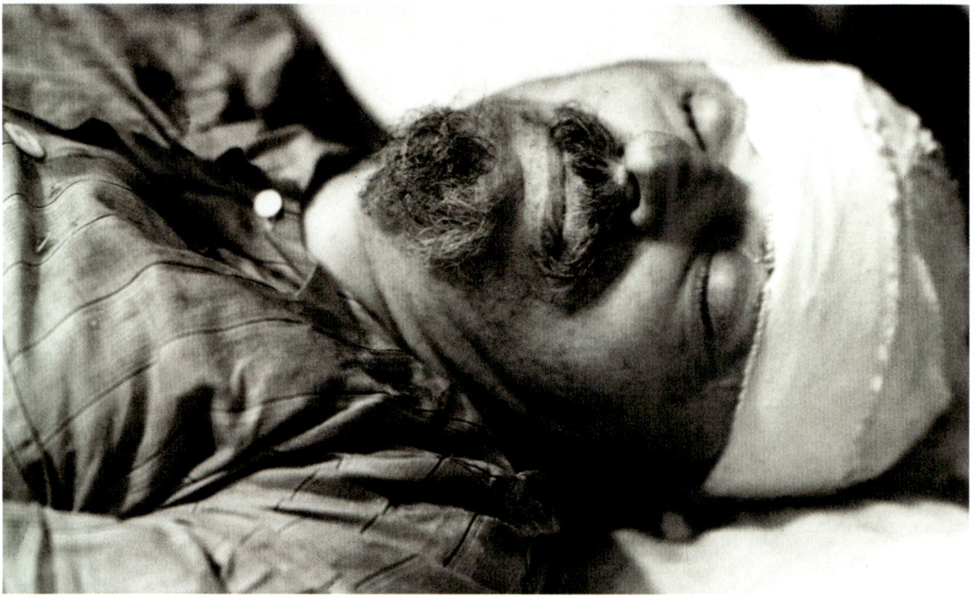

Un agent de Staline abat un piolet sur le crâne de Trotski, qui meurt dans un hôpital de Mexico.

Staline disait qu'il ne dormait jamais aussi bien qu'après avoir organisé l'assassinat d'un ennemi. Il dut faire de beaux rêves le 20 août 1940, lorsqu'il apprit que l'un de ses hommes, Ramon Mercader, avait tué Léon Trotski, son plus coriace rival et le lieutenant de Lénine.

Trotski, le révolutionnaire non-conformiste, l'organisateur du coup d'État de 1917 et l'artisan de la victoire des bolcheviks lors de la guerre civile, fut écarté du pouvoir par Staline après la mort de Lénine. En exil depuis 1928, il continua son combat politique contre le régime stalinien. Il passa des années à changer de cachette afin de fuir l'implacable vengeance de son adversaire et à inciter ses partisans à mettre en œuvre la théorie de la « Révolution permanente ». Vivant dans une maison fortifiée, hors de Mexico, il échappa à plusieurs tentatives d'assassinat – sa chambre avait été la cible de tirs à la mitrailleuse. En 1937, son fils fut tué par un agent de Staline.

Un autre agent stalinien, d'origine espagnole, réussit à pénétrer dans l'entourage de Trotski, en se liant à une de ses secrétaires, Sylvie Ageloff. Ayant demandé à Trotski de corriger un de ses articles, l'homme lui asséna un coup de piolet sur le crâne. Trotski eut le temps d'accuser Staline avant de tomber dans le coma. Il mourut le lendemain. Condamné à 20 ans de prison, Mercader fut libéré en 1960 et sacré héros d'Union soviétique. Mort à Cuba en 1978, il fut enterré à Moscou. **NJ**

La découverte de la grotte de Lascaux

Des peintures de l'âge de pierre sont découvertes dans une grotte de Lascaux.

Des représentations d'animaux se détachent sur les murs des grottes préhistoriques de Lascaux.

Ce jour-là, à Lascaux, en Dordogne, dans le Sud-Ouest de la France, quatre adolescents se promenaient sur un coteau rendu glissant par la pluie, quand leur chien, Robot, tomba dans un trou. En le cherchant, ils pénétrèrent dans une grotte. L'un d'eux, en promenant le halo de sa lampe de poche sur les murs et le plafond, vit de la couleur. Ils étaient dans l'une des plus belles galeries de peintures rupestres du paléolithique (âge de pierre).

La grotte (baptisée « salle des Taureaux ») faisait partie d'un réseau plus grand de sept galeries et passages ornés de 600 peintures et d'environ 1 500 gravures. Parfaitement conservées, celles-ci furent réalisées par des hommes qui vivaient il y a 15 000 à 17 000 ans. Des frises, représentant de grandes vaches rouges, des chevaux jaunes, des taureaux et des cerfs noirs, animés de mouvements désordonnés, décoraient les murs. Les quatre figures noires de taureaux, de plus de 5 m de long, les plus grandes de l'art du paléolithique, sont stupéfiantes. Sur une autre paroi, les adolescents découvrirent l'homme à la tête d'oiseau de la scène du Puits.

La nouvelle de la découverte se répandit très vite et, dès le lendemain, les villageois se rendirent sur les lieux. Ouvertes au public en 1948, les grottes furent fermées en 1963. Des taches vertes inquiétantes et des cristaux blancs sur les murs dus à la présence chaque année de 100 000 visiteurs étaient apparues sur les murs. Un centre contenant des reproductions ouvrit en 1983. L'accès aux grottes est limité. **SK**

La pire nuit du Blitz

Londres subit trois heures de bombardements intensifs quelques jours après Noël.

◆ Des travailleurs de la City se fraient un chemin au milieu des décombres.

◆ L'emblématique cathédrale Saint-Paul resta par miracle intacte après avoir été bombardée.

« Comme tant de gens, je sentis que si Saint-Paul tenait, nous survivrions. »

Dorothy Barton, Wartime Britain, 1939-1945

Dès le 7 septembre 1940, quand la Luftwaffe lança des attaques aériennes sur les villes britanniques, Londres subit presque chaque nuit des bombardements. Les habitants s'habituèrent aux sirènes des raids aériens, aux abris, à l'interruption de leurs activités et des transports, à la disparition d'édifices et de personnes.

Après un bref répit à Noël, le dimanche 29 décembre, le raid le plus destructeur frappa le cœur historique de Londres, la City. Durant trois heures, les Allemands lancèrent 120 tonnes d'explosifs puissants et 22 000 bombes incendiaires.

Les conduites d'eau furent cassées et comme le niveau de la Tamise était particulièrement bas cette nuit-là, les pompiers ne purent utiliser son eau. Les édifices de Christopher Wren, architecte qui avait rebâti la ville en pierre après l'incendie de 1666, souffrirent particulièrement. Huit des églises furent détruites, dont la superbe aiguille de Saint-Bride dans Fleet Street. Par miracle et grâce aux mesures préventives prises par le clergé, la cathédrale St. Paul, chef-d'œuvre de Wren, fut sauvée bien qu'elle eût été touchée.

D'autres bâtiments n'eurent pas la même chance, l'hôpital de Guy fut évacué et la Cannon Street entièrement rasée. Cinq cents personnes, dont la moitié étaient des pompiers, furent blessées et il y eut plus de 160 morts. Huit des seize pompiers furent écrasés sous un mur alors qu'ils éteignaient un feu près de Fleet Street.

Ce raid fut le pire du Blitz (« éclair », nom donné au bombardement de Londres ordonné par Hitler) et constitua une terrible épreuve pour Londres et la Grande-Bretagne. À la mi-mai 1941, les Allemands répétèrent l'opération en Europe centrale afin de préparer l'offensive contre la Russie. **NJ**

Les codes allemands déchiffrés

Les marins britanniques récupèrent un encodeur et un manuel de codes dans un sous-marin allemand.

Les forces allemandes utilisaient des encodeurs Enigma pour coder et déchiffrer leurs messages radio. Tout au long de la guerre, ils crurent que leur système était parfaitement sûr. Cependant, des officiers des services secrets polonais savaient décrypter certains de leurs messages avant le début de la guerre et l'avaient dit à leurs partenaires britanniques et français. Le programme Ultra, comme on l'appelait, fournit des informations essentielles aux Alliés sur l'ordre de bataille et les opérations allemandes.

Il permit d'avertir les convois de la présence de sous-marins durant la bataille de l'Atlantique. Mais le type d'Enigma utilisé par la marine allemande rendait la tâche des déchiffreurs de codes de Bletchey Park particulièrement ardue. Au plus fort de la bataille, les messages entre les sous-marins et leur commandement à terre étaient indéchiffrables.

Le 9 mai 1941, l'U-110 du capitaine de corvette Fritz-Julius Lemp fut touché par une grenade sous-marine alors qu'il attaquait un convoi dans l'Atlantique nord. Forcé de remonter à la surface, Lemp ordonna à l'équipage de quitter le sous-marin, pensant que ce dernier allait couler. C'est ainsi que les marins du Bulldog, navire britannique, purent pénétrer dans le sous-marin et s'emparer d'encodeurs Enigma et des manuels de codes.

Le déchiffrage des codes allemands permit aux Britanniques de gagner la bataille de l'Atlantique et de continuer à se battre. **NK**

Troupes allemandes utilisant un encodeur : les zéros et les un servaient au cryptage des messages.

Il fallait en moyenne une heure pour décrypter le message d'un Enigma, des jours pour les autres.

Hess se rend en Écosse

Parti négocier la paix, l'adjoint d'Hitler est désavoué par le IIIe Reich.

La raison qui poussa, le 10 mai 1941, Rudolf Hess, le troisième plus vieux chef nazi et l'adjoint d'Hitler, à aller en Grande-Bretagne reste un mystère. Son avion, un Bf 110, atterrit sur des terres cultivées au sud de Glasgow, en Écosse. Hess se cassa une cheville. Découvert par des habitants, il fut fait prisonnier par l'armée et resta cloîtré dans une maison de campagne anglaise jusqu'à la fin de la guerre.

Il était venu proposer la paix : Hitler était sur le point d'envahir l'URSS. et sa position géopolitique aurait été meilleure si la Grande-Bretagne n'avait pas été en guerre. Hess promettait que l'Allemagne et ses alliés se retireraient de tous les pays occupés, si la Grande-Bretagne restait neutre durant le conflit avec la Russie.

« Hess fut envoyé dans un lieu ultra secret et… condamné au silence. »

Auteur anonyme de l'*American Mercury*, 1943

Obéissait-il à un ordre d'Hitler ? Ce dernier le désavoua immédiatement, le déclarant fou. Il est possible qu'il ait été incité par les services secrets britanniques à négocier avec le duc d'Hamilton, sympathisant nazi avant la guerre. Mais le duc de Kent, frère du roi George V, autre sympathisant nazi avant la guerre, joua-t-il aussi un rôle ? Les archives officielles sont closes. Il est donc impossible d'en savoir plus. Pour Churchill, il était impensable de conclure la paix avec les nazis. Condamné au procès de Nuremberg, Hess mourut en prison à Spandau en 1987. C'était l'un des derniers chefs nazis. **NK**

L'opération Barbarossa

Hitler lance une attaque surprise contre l'Union soviétique.

Le plan Barbarossa devait assujettir la Russie de Staline. À l'aube, plus de quatre millions de soldats allemands franchirent les frontières de l'URSS. Divisés en trois groupes, ils avaient des buts précis. Le groupe du nord, commandé par le maréchal Ritter von Leeb, traversa les provinces baltes en direction de Leningrad. Celui du centre, mené par le maréchal von Bosch, mit le cap sur Moscou, tandis que le groupe du sud, sous la direction du maréchal von Rundstedt, se dirigea vers les champs de pétrole et les zones industrielles et agricoles du Sud de la Russie.

« Nous n'avons qu'à ébranler la structure pour que tout s'effondre. »

Adolf Hitler à propos de l'invasion de la Russie

Les armées soviétiques n'étaient pas préparées. Staline pensait qu'Hitler n'attaquerait pas avant d'avoir battu les Britanniques et refusait d'imaginer la possibilité d'une invasion. Les Russes détenaient plus de chars, d'artillerie et d'avions, mais leur entraînement et leur stratégie ne valaient pas ceux des Allemands. Les colonnes d'Hitler progressèrent dans le Sud de la Russie et jusqu'aux portes de Leningrad et Moscou.

Barbarossa était l'un des fruits de l'idéologie et de la politique expansionniste d'Hitler qui voulait accroître l'espace vital – le *Lebensraum* – des Allemands et utiliser les Slaves, des êtres inférieurs selon eux, pour améliorer leur économie. Mais les Russes résistèrent et l'hiver empêcha les armées d'Hitler d'atteindre leurs objectifs. **NK**

Début du siège de Leningrad

Le plan Barbarossa prévoit le blocus de Leningrad.

Léningradois quittant leurs maisons. La faim, le froid et les bombes tuèrent 650 000 civils.

Le plan Barbarossa qui prépara l'invasion de la Russie en juin 1941 avait pour principal objectif la prise de Léningrad, l'ancienne capitale de la Russie tsariste Saint-Pétersbourg. Le 31 août, l'armée allemande du nord coupa la dernière ligne ferroviaire qui reliait la ville au reste du pays. Le lendemain, le blocus, qui allait durer 29 mois, commença. Une semaine plus tard, les forces allemandes et finnoises encerclaient la ville. Staline pensa alors que celle-ci était perdue.

Léningrad subit des tirs d'artillerie et des bombardements aériens incessants. Les destructions auraient été plus importantes qu'à Hiroshima et Nagasaki après les attaques nucléaires. Les transports publics cessèrent de fonctionner et les conduites d'eau furent détruites. Les vivres manquaient. Un civil inactif avait droit à 125 g de pain par jour. Les stocks de charbon et d'essence furent épuisés avant le début de l'hiver.

Le blocus ne fut cependant pas complet. En effet, un grand nombre de civils parvinrent à s'enfuir sur le lac Ladoga gelé, en empruntant la « Route de la vie ». Les ouvriers des industries purent ainsi être évacués vers les zones inoccupées du pays. À la fin du siège, sur les 3,5 millions d'habitants, il n'en restait plus que 750 000, la moitié étant des soldats. Cependant, tous les civils qui le purent contribuèrent à la survie de la ville. Le pessimisme de Staline n'était pas fondé. La ville tint bon jusqu'à la fin du blocus en juin 1944. **NK**

Le massacre de Babi Yar

Pendant 36 heures, les nazis tuent des milliers de juifs dans la banlieue de Kiev.

Les nazis choisirent le site de Babi Yar afin que les juifs de Kiev ne soient pas avertis du massacre.

Le 19 septembre 1941, l'armée allemande, qui se dirigeait vers l'Est de l'Union soviétique, entra à Kiev, en Ukraine, après une bataille de 45 jours. Accueillie par des bombes dans le centre-ville, elle perdit beaucoup d'hommes.

Imputant à la population juive une série d'explosions visant des installations allemandes – ce qui était probablement l'œuvre des membres du NKVD –, les SS décidèrent de lancer une action de représailles contre elle.

Les juifs reçurent l'ordre de se présenter lundi 29 septembre, le matin, à l'angle des rues Melnikovski et Dokhtourov près du cimetière juif, avec leurs papiers, leur argent et objets précieux, et des vêtements chauds. Croyant qu'ils allaient être déportés, hommes, femmes et enfants passèrent la journée à faire la queue aux portes du cimetière pour y laisser leurs bagages. Plus tard, ils furent emmenés par groupes de dix jusqu'au grand ravin de Babi Yar, à la périphérie de Kiev, pour y être tués.

La tuerie – qui dura 36 heures – fit près de 34 000 morts. Les corps furent entassés pêle-mêle. Certaines victimes étaient encore vivantes quand le charnier fut recouvert de terre à la hâte. Il n'y eut qu'une poignée de rescapés.

Ce fut l'un des pires massacres commis par les Einsatzgruppen, ces escadrons de la mort mobiles des SS, qui auraient tué jusqu'à 1,5 million de juifs, tsiganes, communistes et activistes politiques en Europe de l'Est et en URSS. **NK**

1941 – 7 DÉCEMBRE

Pearl Harbor

La neutralité des États-Unis cesse quand les Japonais coulent une partie de leur flotte.

À 7 h 48, heure de Hawaii, une première vague d'avions torpilleurs et de bombardiers japonais attaqua la flotte, les installations au sol, et les bases aériennes des États-Unis à Pearl Harbor, base de la flotte américaine du Pacifique. Quand la seconde attaque eut lieu, 90 minutes plus tard, 8 cuirassés, 3 croiseurs et 3 destroyers avaient déjà été détruits ou endommagés. Au total, 188 avions furent détruits et 155 abîmés. Les Japonais en revanche ne perdirent que 29 de leurs avions et 5 petits sous-marins.

L'amiral Isoroku Yamamoto, commandant de la «flotte combinée», dirigea l'attaque. Connaissant bien les États-Unis, il craignait que cette provocation ne réveillât le géant endormi. Cependant, l'attaque de la base navale américaine devait justement empêcher une intervention des États-Unis lorsque le Japon envahirait les colonies britanniques et néerlandaises. Les Japonais avaient besoin des réserves en pétrole et en caoutchouc de ces dernières pour asseoir sa domination sur l'Est de l'Asie.

Très réussie sur le plan tactique, l'attaque se révéla désastreuse sur le plan stratégique pour le Japon, car elle entraîna l'entrée en guerre des États-Unis aux côtés de la Grande-Bretagne et des Alliés. Elle ne permit pas de détruire les moyens de transports des Américains qui se trouvaient en mer au moment de l'attaque, ni leurs sous-marins. Or ce furent eux qui jouèrent un rôle décisif dans la victoire des États-Unis. deux atouts des USA contribueront à la défaite du Japon. La production industrielle américaine compensa vite les pertes subies. **NK**

Canot venu sauver les marins du *West Virginia* touché par un tir japonais à Pearl Harbor.

1942 – 20 JANVIER

La « solution finale »

La conférence de Wannsee entérine l'extermination de la « race juive ».

Présidée par Reinhard Heydrich, chef des services de sécurité du IIIe Reich, la conférence de Wannsee, près de Berlin, dura 90 minutes et confirma la décision des nazis d'évacuer et d'exterminer les juifs d'Europe dans les régions occupées de l'Europe de l'Est et de l'URSS.

Quinze représentants des SS, du ministère des Affaires étrangères et des autorités régionales écoutèrent Heydrich prôner le durcissement des mesures antisémites et affirmer qu'en raison de la guerre et de la baisse des ressources, il était impossible que les onze millions de juifs européens restent en Europe ou émigrent. Sans utiliser les mots «extermination» ou «élimination», il annonça que les juifs seraient déportés vers l'Est pour travailler ou subir un «traitement approprié», selon son euphémisme, afin de ne plus pouvoir se reproduire. Selon Adolf Eichmann, qui rapporta la séance, les langues se délièrent lorsqu'on servit du cognac. On discuta alors des méthodes qui permettraient d'exterminer les juifs. Heydrich fut tué six mois plus tard par des patriotes tchèques à Prague. Plusieurs autres participants à la conférence moururent, se suicidèrent ou furent exécutés à la fin de la guerre. Les deux derniers moururent en 1982. La conférence marqua l'adoption par les nazis de l'extermination comme «solution finale au problème juif». **NJ**

« Heydrich [...] boit du cognac. Je ne l'avais plus vu boire depuis des années. »

Adolf Eichmann, lors de la conférence.

Humiliation pour l'Empire britannique

La base navale de Singapour capitule devant l'attaque de l'armée japonaise.

Soldats faits prisonniers, mains en l'air, tandis que les Japonais braquent leurs baïonnettes sur eux.

Le 15 février 1942, à Singapour, les soldats japonais virent le général de corps d'armée Arthur Percival s'approcher accompagné d'officiers agitant un drapeau blanc de l'usine Ford de Bukit Timah. Il allait signer « la plus grande capitulation britannique », selon Churchill.

Bien défendue en cas d'attaques maritimes, Singapour l'était moins en cas d'attaques terrestres. À partir de décembre 1941, les troupes japonaises pénétrèrent en Malaisie, dominant les troupes britanniques, australiennes et indiennes. Le 31 janvier 1942, les survivants se refugièrent à Singapour. Dans la nuit du 8 février, les Japonais gagnèrent l'île sur des radeaux et commencèrent à infiltrer les défenses. Churchill exigea que l'on se batte jusqu'au bout. Cependant, l'île était bombardée par l'artillerie et l'aviation japonaises, et la moitié des réserves d'eau se trouvaient aux mains des Japonais. Les officiers de Percival décidèrent donc de capituler à la grande joie du général Yamashita Tomoyuki, dont les effectifs étaient moins nombreux et manquaient de munitions.

Hormis les Indiens qui se rallièrent à l'armée nationale indienne pro-japonaise, 80 000 hommes furent capturés. Beaucoup de prisonniers périrent. Près de 30 000 Chinois furent tués au cours des deux premières semaines d'occupation. Fait prisonnier, Percival survécut, mais la chute de l'île anéantit le prestige de l'Empire britannique et le mythe d'une supériorité raciale blanche. **RG**

La bataille de Midway

La flotte américaine remporte sa première victoire sur les Japonais dans le Pacifique.

En juin 1942, le *Yorktown*, seul porte-avions américain détruit à Midway, essuie un tir.

Le 6 juin 1942, Chester Nimitz, l'amiral des forces américaines du Pacifique, remporta une victoire importante. À Pearl Harbor, l'attaque japonaise avait détruit la flotte de guerre des États-Unis, sans toucher aux moyens permettant le transport de troupes. L'amiral japonais Isoroku Yamamoto avait justement pour objectif essentiel de détruire les moyens de transport des Américains.

Il prévoyait d'attaquer l'île de Midway, l'île de Hawaii située le plus à l'ouest, sachant que les États-Unis devraient la défendre. Il ignorait cependant que les cryptographes américains connaissaient les codes navals secrets japonais et donc ses intentions. La bataille dura trois jours. Les deux marines lancèrent des attaques de longue portée depuis leurs porte-avions, sans que leurs bateaux soient jamais en vue. Les Japonais perdirent quatre porte-avions, les Américains un seul. Fait plus significatif, les Japonais déplorèrent aussi la perte de 200 avions et d'équipages expérimentés.

À cause de la faiblesse relative de leur industrie, il fut impossible pour les Japonais de remplacer aussi vite que les Américains les bateaux et les avions perdus. Les pilotes et les équipages étaient, eux, irremplaçables.

Même s'il fallut encore trois ans pour obtenir la capitulation des Japonais, la bataille de Midway donna un avantage aux États-Unis dans la guerre navale du Pacifique et anéantit les espoirs japonais d'une victoire rapide et décisive. **NK**

Le premier missile V2

Hitler menace le monde avec un missile contre lequel il n'existe aucune défense.

Images du V2 en vol en 1946. Son créateur travaillait alors pour le gouvernement américain.

Wernher von Braun, jeune ingénieur de talent, se passionnait pour les fusées depuis l'enfance. À partir de 1936, ses compétences permirent aux nazis de développer le premier missile balistique, le V2. Le premier prototype fut lancé avec succès à l'automne 1942 depuis la base d'essais de la Baltique, à Peenemünde. Même si des problèmes techniques de propulsion, d'aérodynamique et de guidage subsistaient encore, en septembre 1944, cette arme meurtrière était opérationnelle. Lancée depuis des sites mobiles, elle atterrissait à une vitesse supersonique.

Cette nouvelle arme visait surtout Anvers, principale base de ravitaillement de l'armée britannique dans le Nord de l'Europe. Plus de 1 500 missiles s'abattirent aussi sur Londres, tuant plus de 2 700 civils et en blessant 6 000. Les Britanniques n'eurent d'autre solution que de repousser la ligne de front allemande le plus loin possible pour être hors de portée des V2. Hitler espérait que ces nouveaux missiles, ainsi que l'avion-fusée V1 sans équipage, les chasseurs à réaction et les nouveaux sous-marins mis au point joueraient un rôle décisif contre les Alliés et lui permettraient de gagner la guerre. Tel ne fut pourtant pas le cas.

En 1945, Wernher von Braun se rendit avec la majeure partie de son équipe aux Américains. Il développa le programme de missiles et la force de dissuasion nucléaire de ces derniers. Il contribua également à la création des fusées qui emmenèrent les astronautes sur la Lune. **NK**

La capitulation de l'armée allemande à Stalingrad

Malgré les protestations d'Hitler, l'armée allemande se rend aux Russes.

Après la terrible bataille de Stalingrad, de nombreux soldats allemands restèrent longtemps en prison.

Encerclée par les Soviétiques à Stalingrad depuis le 22 novembre, sans pouvoir compter sur aucun ravitaillement et sur aucune aide, la 4e armée du commandant Friedrich Paulus finit par capituler. Pour les Russes comme pour les Allemands, la bataille était devenue hautement symbolique. Jusqu'à sa capitulation, l'armée allemande n'avait jamais été vaincue par les Russes. Cependant, elle n'était pas parvenue non plus à réaliser ses principaux objectifs : prendre une grande ville russe et renverser le régime.

Hitler avait décidé que la 4e armée ne devait pas se rendre. Il avait nommé Paulus Generalfeldmarschall, c'est-à-dire maréchal, car aucun officier de ce rang n'avait jamais capitulé dans toute l'histoire de l'Allemagne. Mais l'infériorité numérique, le climat rigoureux, l'absence d'habits chauds, la faim et les maladies rendirent toute résistance inutile. Près de 91 000 prisonniers, dont 22 généraux, furent contraints de traverser la Sibérie à pied. Les survivants furent les derniers prisonniers de guerre allemands libérés par les Soviétiques en 1955, douze ans après la capitulation. Ils n'étaient plus que 5 000.

La bataille de Stalingrad fut l'une des plus violentes du siècle. Pendant le combat, l'espérance de vie d'un soldat était inférieure à 24 heures et celle d'un jeune officier à trois jours. Une division russe fut décimée en une seule journée durant la bataille livrée par les deux armées pour occuper la colline de Mamaïev. Il y eut au moins 750 000 blessés de chaque côté. **NK**

La bataille de Koursk

Les forces soviétiques mettent fin à la terreur de la guerre éclair allemande.

Attaque soviétique nocturne à Koursk durant la plus grande bataille de chars, 6 000 en tout.

Il fallait que le haut commandement allemand reprenne l'initiative après la bataille de Stalingrad. Mobilisant la plus importante quantité de forces de toute la guerre – 800 000 hommes, 2 700 blindés et 1 800 avions –, il décida donc de lancer une double attaque contre la ville de Koursk.

Parfaitement au courant de ses intentions, les Russes construisirent de profondes lignes de défense, installèrent de grands champs de mines et déployèrent un nombre sans précédent de canons antichars, surpassant avec 3 600 chars et 2 400 avions les capacités de leurs adversaires. La 4e armée allemande attaqua le 4 juillet, dans le secteur sud ; la 9e armée, le 5 juillet, dans le secteur nord. Au cours de ces batailles, qui furent les batailles de blindés les plus intenses du front est, les blindés et l'infanterie allemands progressèrent sans pouvoir néanmoins franchir les lignes russes. Le combat le plus violent, près du village de Prokhorovka, opposa le 12 juillet le 2e corps de blindés allemands et la 5e armée russe.

Le 20 juillet, Hitler stoppa la bataille afin d'envoyer des renforts à ses alliés italiens, car les divisions américaines et britanniques avaient envahi la Sicile. La bataille de Koursk ne fut donc remportée par aucune des deux armées, mais les commandants soviétiques montrèrent qu'ils savaient stopper une attaque éclair. Tout au long de l'année 1943, leurs contre-attaques repoussèrent l'armée allemande dans le centre et le Sud de la Russie. **NK**

La fin du blocus de Leningrad

La résistance russe est victorieuse : Leningrad n'est plus encerclée.

Submergés par l'émotion, les héros de Leningrad s'embrassent à la fin de 879 jours de siège.

Les Allemands assiégeaient Leningrad, seconde ville d'Union soviétique, depuis l'hiver 1941. Au cours du premier mois de 1944, les Soviétiques reçurent d'importantes quantités d'armes provenant des usines de l'Oural et lancèrent l'attaque, obligeant les Allemands à lever le blocus et à battre en retraite.

Les vivres furent vite épuisés et les écoles, les hôpitaux, l'alimentation en eau et en électricité et tous les transports publics détruits sous des bombardements incessants. Les maladies se propagèrent. Plus d'1,2 million de civils moururent. La cité ne fut pourtant jamais totalement isolée. L'hiver, une route aménagée sur le lac Ladoga gelé permit l'évacuation d'un million de civils et la livraison de vivres, de carburant et d'équipements. En été, les canaux servirent de moyens de locomotion. Les civils de tous âges participèrent à l'effort de guerre ; 15 000 enfants furent ainsi décorés pour avoir défendu leur cité. La vie culturelle continua malgré le blocus : l'orchestre de la radio de Leningrad donna et diffusa des concerts. En août 1942, la *VIIe symphonie* de Chostakovitch, que celui ci avait dédiée à la ville en 1941, fut jouée et diffusée par des haut parleurs. Des rations supplémentaires furent distribuées aux musiciens.

Leningrad devint le symbole de la résistance russe à l'envahisseur allemand. La levée du blocus fut célébrée dans tout le pays. En 1945, la ville reçut l'ordre de Lénine et, en 1965, devint une « ville heros de l'Union soviétique ». **NK**

Le débarquement

Le jour J, la plus grande opération amphibie de l'histoire a lieu sur les côtes françaises.

Les premières troupes américaines à Omaha Beach, en Normandie, immortalisées par Robert Capa.

Le 6 juin, sur les 105 km du front, les cinq divisions transportées par mer et les trois divisions aéroportées du corps expéditionnaire allié, placées sous le commandement du général américain Dwight D. Eisenhower, attaquèrent les Allemands le long de la côte française dans la baie de Seine, en Normandie.

À la fin de la journée, soutenus par la plus grande flotte jamais réunie, plus de 120 000 soldats américains, britanniques et canadiens parvinrent à débarquer. Ils prirent pied sur le rivage quatre ans après l'évacuation des Britanniques de Dunkerque.

Au cours des six mois précédents, les commandants allemands qui contrôlaient les côtes françaises, avaient renforcé sous la direction énergique du maréchal Rommel le mur de l'Atlantique, comme l'appelait la propagande nazie, notamment sur les plages où le combat était censé avoir lieu. Rommel savait que ses armées seraient désavantagées. Afin de suppléer le manque d'effectifs, de chars, de fusils, de transports et d'avions, il décida de contrer l'ennemi dès qu'il débarquerait.

Cependant, malgré les pertes colossales qu'ils infligèrent aux Alliés, les soldats de Rommel furent incapables de les repousser et, le soir, ces derniers occupaient les côtes.

Au cours des dix semaines qui suivirent, l'armée allemande perdit 450 000 soldats en Normandie, puis le contrôle de la France et de la Belgique. Le IIIe Reich finit par s'effondrer. **NK**

Échec d'un attentat à la bombe contre Hitler

Hitler survit à une tentative d'assassinat dans son QG.

Benito Mussolini, dans la « tanière du loup », constate les dégâts causés par l'attentat contre Hitler.

Le 20 juillet, en raison de la chaleur, Hitler ne tint pas sa conférence journalière dans son bunker, mais dans un chalet en bois, à Rastenberg. La bombe posée par le colonel Klaus von Stauffenberg, officier d'état-major de Berlin, aurait eu plus de puissance si elle avait explosé dans le bunker. La cabane s'effondra, mais Hitler s'en sortit.

Les Allemands, malgré les pertes subies, restaient dans leur majorité fidèles à Hitler et au national-socialisme.

Mais un petit nombre d'officiers, d'ecclésiastiques et de fonctionnaires, pensaient qu'il fallait éliminer Hitler, organiser un coup d'État et faire la paix avec les Britanniques et les Américains. Si beaucoup connaissaient l'existence d'un complot, peu désiraient s'impliquer, mais en revanche tous étaient prêts à soutenir un putsch.

Le colonel Klaus von Stauffenberg crut qu'Hitler était mort et partit à Berlin rapidement pour déclencher l'opération Walkyrie, un coup d'État visant à reprendre le pouvoir. La nuit même, il fut exécuté avec ses acolytes.

Hitler n'avait jamais fait totalement confiance au corps des officiers et à l'establishment. Il ordonna des purges contre les conspirateurs, leur famille et leurs sympathisants. Le plus célèbre général allemand, Rommel, au courant du complot, fut contraint au suicide. De nombreux officiers furent arrêtés à la moindre suspicion et tués de façon souvent humiliante. **NK**

Ik begin met de foto
van Margot en eindig
met mijn eigen.
Dit is ook Januari
1942. Deze foto is
afschuwelijk, en ik
lijk er absoluut niet op.

1944 – 4 AOÛT

Anne Frank est arrêtée

La tragédie d'une famille révèle un message d'espoir au monde entier.

Tôt le matin, le 4 août 1944, averties par une dénonciation anonyme, les forces de sécurité allemandes fouillèrent un immeuble de bureaux d'Amsterdam. Huit juifs furent arrêtés, dont les familles Frank et Van Pels, qui vivaient dans la clandestinité depuis deux ans. Tous furent envoyés dans des camps de concentration. Jugée apte au travail, Anne Frank, âgée de quinze ans, échappa à la chambre à gaz. Ce n'était cependant qu'un sursis étant donné le traitement réservé aux travailleurs dans ce genre de lieux. Elle mourut à Bergen-Belsen, probablement de la typhoïde, quelques semaines seulement avant l'arrivée des Alliés. Son père, Otto, survécut. À son retour à Amsterdam, il découvrit le journal qu'Anne avait tenu à partir de juin 1942 et que des amis avaient conservé.

Frappé par la maturité et la perspicacité de sa fille, Otto Frank parvint à faire publier l'œuvre en 1947. Le livre fit sensation. Il s'agissait de l'histoire d'une jeune fille, angoissée par sa vie de clandestine, qui faisait le tableau de son existence, parlait de ses premiers sentiments amoureux à l'égard du jeune Peter Van Pels et de ses espoirs. Son innocence, son optimisme et sa foi en l'humanité malgré l'horreur de l'époque conféraient à son journal une grande force. Le livre donnait la parole aux innocents et aux opprimés, magnifiant la grandeur des faibles dans un monde impitoyable. Traduit en plusieurs langues et porté à l'écran, le journal d'Anne Frank et le nom de son auteur sont synonymes dans le monde entier d'une opposition à l'intolérance et à la discrimination. **JS**

◀ Otto Frank ne savait rien du journal de sa fille, de la profondeur des sentiments exprimés.

1944 – 26 AOÛT

La libération de Paris

La 2ᵉ division blindée française entre dans la capitale.

Le 26 août, Paris fêta sa libération après quatre longues années d'occupation, quand l'armée allemande se replia en Normandie. Hitler avait ordonné au général von Choltitz, commandant de garnison, de détruire la ville. La résistance était prête à une insurrection pour libérer celle-ci. Le général Patton, lui, voulait être le premier à entrer à Paris pour la gloire de son armée.

La ville avait une grande importance sur le plan politique. Le général Eisenhower, commandant en chef des forces alliées, décida qu'elle serait libérée par une unité française sous son commandement, la 2ᵉ division blindée française, qui avait combattu en Afrique du Nord et en Normandie. Se heurtant à la résistance des Allemands dans les banlieues ouest et sud, trois groupes d'infanterie et des chars entrèrent à Paris le 25 août et occupèrent l'Arc de triomphe, le ministère de la Défense et l'hôtel de ville. La population civile était en liesse alors que certaines unités allemandes luttaient encore. Von Choltitz n'obéit pas aux ordres d'Hitler, qui exigeait la destruction des ponts et des grands édifices publics. La cité était intacte quand le général Leclerc, commandant de la division française, y pénétra.

> **« *Paris ne doit pas tomber entre les mains de l'ennemi sauf… sous l'aspect d'un champ de ruine.* »**
>
> Hitler à von Choltitz, le 23 août 1944

Suivi par ses soldats, Charles de Gaulle se rendit de l'Arc de triomphe à la cathédrale Notre-Dame pour une action de grâce. **NK**

La disparition de Glenn Miller

Le musicien de jazz est présumé mort. Il a eu un accident d'avion alors qu'il se rendait à Paris.

La disparition du musicien américain Glenn Miller alors qu'il était en route vers Paris reste un mystère. Il était au sommet de la gloire quand son avion disparut au-dessus de la Manche. Sa musique swing et des succès comme *In the Mood*, *Little Brown Jug* et *Moonlight Serenade* l'avaient rendu célèbre. Quand la guerre éclata, il s'enrôla dans l'armée américaine. Il organisa des concerts avec son groupe de l'armée de l'air afin de remonter le moral des troupes américaines en Grande-Bretagne.

Le lieutenant-colonel Norman Baessel lui avait offert une place dans un avion léger, un Noorduyn Norseman, pour aller à Paris. La veille du vol, Miller avait joué au poker près de l'aérodrome de la Royal Air Force, à Bedforshire. La présence d'un brouillard épais à l'aube l'avait inquiété, mais Baessell et le pilote, John Morgan, lui avaient affirmé qu'il n'y avait aucun danger. Le trio avait décollé pour ne plus jamais réapparaître.

En 1985, le plongeur britannique Cleve Ward trouva les restes d'un Noordyun Norseman près des côtes françaises, mais l'absence du numéro de série et de squelettes ne permit pas de certifier qu'il s'agissait bien de l'avion de l'artiste. Officiellement, la disparition fut attribuée à la formation de glace sur les ailes de l'appareil. Cependant, toutes sortes d'hypothèses furent échafaudées. Selon certaines, Miller ne serait mort dans un accident d'avion, mais dans une maison close ou d'un cancer du poumon. Selon une version plus plausible, son avion aurait été la cible de tirs « amis » de la part de bombardiers de la RAF revenant d'un raid. **NJ**

Le hit de Miller *Chattanooga Choo Choo* se vendit à plus d'un million d'exemplaires en trois mois.

1945 – 27 JANVIER

Les camps d'extermination

L'armée Rouge découvre des preuves des atrocités des camps polonais.

Une unité des troupes soviétiques commandée par Anatoly Shapiro découvrit près de la ville polonaise d'Oswiecim et du village de Brzezinka l'un des plus grands camps d'extermination, preuve horrible de l'existence des camps de la mort de l'Holocauste. Au départ, un camp de prisonniers polonais, allemands et soviétiques occupait les lieux.

Mais en octobre 1941, les Allemands créèrent à Birkenau, Auschwitz II, un camp doté de chambres à gaz et de fours crématoires pour exterminer les juifs. Situé juste à côté, Auschwitz III était un camp de travail où les juifs finissaient par mourir de faim, de maladies ou de mauvais traitements. Ils furent entre un et quatre millions à y périr.

« J'ai vu le visage de ceux que nous libérions, ils avaient vécu l'enfer. »

Anatoly Shapiro, janvier 2005

Devant l'avancée des Russes, les nazis tentèrent en vain de cacher leurs crimes. Les fours crématoires et les chambres à gaz furent peut-être détruits par des Soviétiques furieux. Les Allemands forcèrent la plupart des détenus à marcher vers l'ouest, mais en abandonnèrent quelques milliers, les plus faibles. Ceux-ci parlèrent d'expériences médicales réalisées par des médecins comme Josef Mengele. Des amas de lunettes, des cheveux et de chaussures étaient encore visibles. En 1947, le gouvernement polonais créa un musée sur les lieux. En 1979, le site, en raison de son importance, fut inscrit sur la liste du patrimoine mondial de l'Unesco. **JS**

1945 – 11 FÉVRIER

La conférence de Yalta

Les chefs alliés se rencontrent et décident du futur de l'Europe après la guerre.

Les trois alliés, le président des États-Unis, Franklin Roosevelt, le chef de l'Union Soviétique, Joseph Staline, et le Premier ministre britannique, Winston Churchill, se rencontrèrent à Yalta pour décider de l'avenir de l'Europe après la capitulation allemande.

Roosevelt et Churchill avait des exigences particulières : le premier voulait que la Russie déclare la guerre au Japon, le second souhaitait restaurer l'intégrité territoriale et politique de la Pologne. Staline désirait accroître l'influence de l'Union soviétique en Europe de l'Est.

L'accord conclu divisait l'Allemagne en trois zones occupées (quatre plus tard, une zone ayant été attribuée à la France). Les Russes contrôlaient l'est, les Britanniques le nord et les Américains et les Français le centre et le sud. Berlin, situé dans la zone russe, dépendait des quatre puissances. En Europe de l'Ouest, les frontières redevenaient celles d'avant la guerre. L'Autriche retrouvait son indépendance, l'Allemagne perdait, elle, la majeure partie de ses terres à l'est, la ligne Oder-Neisse constituant la nouvelle frontière. La Pologne était reconstituée et agrandie à l'ouest au détriment de l'Allemagne, mais la majeure partie de ses territoires situés à l'est était annexée par l'URSS.

La conférence permit à Staline d'imposer des régimes communistes en Europe de l'Est, souvent contre le gré des populations. Il n'autorisa pas le retour à Varsovie du gouvernement polonais qui se trouvait en exil à Londres depuis 1939 et qui était jugé par les gouvernements britannique et américains, et la majorité des Polonais, comme le véritable gouvernement. L'Europe définie à Yalta resta inchangée jusqu'à l'effondrement de l'Union soviétique dans les années 1980. **NK**

Le bombardement de Dresde

Un incendie dévaste le centre de l'une des plus belles cités historiques allemandes.

Un tramway continue de fonctionner au milieu des ruines.

Le bombardement nocturne de Dresde, dans l'Est de l'Allemagne, par la Royal Air Force avait pour but de déclencher un incendie. Pour cela, les bombardiers larguèrent des bombes de forte puissance et des bombes incendiaires. L'U.S. Air Force effectua d'autres raids le lendemain et la ville fut détruite sur 33 km^2. Entre 25 000 et 40 000 personnes furent tuées. Épargnée jusque-là par les bombardements, la cité, capitale de l'ancien royaume de Saxe, était l'un des joyaux de l'architecture du XVIIIe siècle et un chef-d'œuvre de l'art baroque.

L'attaque, quatorze semaines avant la capitulation allemande, causa la fureur. Le ministre de la Propagande nazie Joseph Goebbels utilisa la destruction de la cité, prétendument dépourvue d'industries militaires, et le nombre impressionnant des victimes civiles (200 000 selon lui) pour stigmatiser l'inhumanité des Alliés.

La destruction de la cité et les pertes humaines qu'elle engendra poussèrent les Britanniques à s'interroger sur la moralité de ces bombardements. Un débat eut lieu au parlement. Winston Churchill questionna ses conseillers sur la nécessité de l'attaque. Pour les militaires, Dresde possédait bien des industries et était un centre de communications et de commande pour l'armée allemande. C'était donc une cible légitime.

Le débat continua cependant après la guerre. À partir de 1945, Dresde fut reconstruite et retrouva tout son éclat. **NK**

La prise de Iwo Jima par les Américains

Pour la première fois, la Bannière étoilée est plantée sur le sol japonais.

Le cliché de Rosenthal apparut sur la couverture de nombreuses revues et lui valut le prix Pulitzer.

Dès la fin 1944, les commandants américains du Pacifique se rendirent compte qu'afin d'emporter la guerre dans l'Extrême-Orient, une attaque de grande envergure contre le Japon se révélait d'une impérieuse nécessité. Alors qu'elle prenait une île du Pacifique après une autre, la marine américaine reçut l'ordre d'assiéger Iwo Jima, petite île volcanique du Japon, afin d'en faire une base aérienne pour bombarder les villes japonaises.

La garnison de défense japonaise sur l'île comptait 22 000 hommes décidés à infliger de lourdes pertes aux assaillants et à combattre de toutes leurs forces aussi longtemps que possible.

Le 19 février 1945, à 9 heures, l'aviation américaine bombarda l'île. Les 3e, 4e et 5e divisions de marines débarquèrent. Elles ne rencontrèrent pas tout de suite de résistance, mais essuyèrent les tirs nourris de l'infanterie et de l'artillerie japonaises quand elles progressèrent vers l'intérieur de l'île. L'un des plus violents combats de la campagne du Pacifique s'engagea. Il fit en 35 jours 28 000 victimes du côté américain. Plus de 20 000 Japonais périrent.

Le mont Suribachi dominait l'extrémité sud de l'île. Le quatrième jour, les marines réussirent à l'isoler et, le 23 février, une petite patrouille, plus tard rejointe par un peloton, le gravit pour y planter la Bannière étoilée, premier drapeau étranger hissé sur le sol japonais. Le photographe Joe Rosenthal saisit ce moment historique. C'est le cliché le plus célèbre de la guerre du Pacifique. **NK**

La mort de Franklin Roosevelt

La Maison Blanche annonce la mort du président Roosevelt.

Le président fut enterré dans la roseraie de sa propriété de Hyde Park, à New York.

Le 1er mars, à son retour de la conférence de Yalta, le président Roosevelt s'adressa au Congrès. Il prononça son discours, assis. Un grand nombre de personnes dans l'audience furent choquées par son apparence frêle. Le stress dû à la guerre l'avait miné. C'était un homme fatigué qui s'adressait à eux. Cependant, peu s'attendaient à ce qu'il meure un mois plus tard, le 12 avril 1945, d'une hémorragie cérébrale dans sa résidence de vacances de Warm Springs, au Canada. Il avait été réélu en novembre pour un quatrième mandat, fait sans précédent.

Lucy Mercer Rutherfurd, son ancienne maîtresse, était à ses côtés quand il mourut deux heures après s'être effondré en se plaignant d'un terrible mal de tête. À la Maison Blanche, Eleanor Roosevelt annonça son décès au vice-président Harry S. Truman, qui devint le 33e président des États-Unis.

La nouvelle se propagea en quelques secondes dans tout le pays. Un journal écrivit : « Ne sachant comment exprimer leur peine, les gens sortaient de chez eux, se mettaient à parler avec leurs voisins, dans les bars, le silence régnait, les hommes et les femmes avaient du mal à réaliser qu'il était mort. » Pour des millions de gens, Américains ou non, il était impossible de concevoir les États-Unis sans Franklin Roosevelt. Trois semaines plus tard, Harry S. Truman dédia les cérémonies organisées à l'occasion de la capitulation des Allemands à la mémoire du président décédé et à sa farouche volonté de faire cesser la guerre en Europe. **NK**

Hitler se suicide

Le Führer et sa femme se tuent dans leur bunker à l'approche de soldats russes.

Le corps d'Hitler aurait été inhumé dans le jardin situé derrière la chancellerie, à Berlin.

Alors que les Alliés progressaient dans l'Ouest et le centre de l'Allemagne, Adolf Hitler demeura à Berlin entouré de son état-major, de ses gardes, de ses secrétaires, de ses cuisiniers, de ses médecins, de sa maîtresse Eva Braun et de son chien. Dans son bunker en béton situé sous la chancellerie, au centre de la capitale, il attendit l'assaut de l'armée soviétique. Ignorant les conseils de ses proches, il refusa de quitter Berlin, décidé à lutter ou mourir là où il était devenu tout-puissant. Il ordonna à ses forces désorganisées ou inexistantes de décimer les armées sur le point d'entrer dans la ville.

Le 29 avril, lorsque les soldats soviétiques approchèrent, il dicta son dernier testament, nomma comme successeur l'amiral Dönitz, chef de la marine allemande, épousa Eva Braun et se prépara à mourir. Le jour suivant, il fit piquer son chien. Après avoir déjeuné avec son diététicien et ses secrétaires, il se retira avec sa femme dans leur salon et se tira une balle dans la bouche. Eva Braun s'empoisonna.

Hitler laissa des instructions précises pour faire disparaître son corps après sa mort, ne voulant surtout pas qu'il tombe aux mains de l'ennemi. Les gardes du corps emportèrent la dépouille du Führer et celle de sa femme, les aspergèrent d'essence, les brûlèrent, puis les placèrent dans un trou d'obus au milieu des édifices en feu alors que les tirs de l'artillerie soviétique pleuvaient sur la cité. Les corps ne furent jamais retrouvés. Neuf jours plus tard, les forces allemandes d'Europe capitulèrent. **NK**

La première bombe atomique est testée

L'explosion d'une bombe nucléaire au Nouveau-Mexique prouve la puissance de l'arme.

▲ Le conteneur en acier géant censé recueillir le plutonium en cas d'explosion nucléaire resta inutilisé.

▶ Champignon atomique dû à l'explosion de la première bombe nucléaire à Trinity, au Nouveau-Mexique.

« La bombe atomique rendit la perspective d'une guerre intolérable. »

Robert Oppenheimer

Robert Oppenheimer, scientifique à la tête du projet américain de construction d'une bombe nucléaire, jugeait que même si la théorie était fiable, il avait besoin de tester la première arme nucléaire pour vérifier son fonctionnement.

Le 16 juillet, sous le nom de code Trinity, la bombe au plutonium explosa dans le désert reculé du Nouveau-Mexique, à Alamogordo, près du laboratoire d'armement de Los Alamos.

Au cours des années 1930, les physiciens d'Europe et d'Amérique du Nord, avaient étudié la fission nucléaire et ses applications potentielles comme source d'énergie ou arme de destruction. L'essor du fascisme poussa de nombreux scientifiques qui travaillaient en Allemagne à émigrer aux États-Unis. Ils pensaient qu'il fallait absolument que les démocraties détiennent l'arme nucléaire avant les régimes de Mussolini et d'Hitler.

Avec la Grande-Bretagne et le Canada, les États-Unis élaborèrent un programme urgent et top secret pour développer la théorie, la technologie et les industries nécessaires à la fabrication d'armes nucléaires. Cent trente mille personnes travaillèrent à la réalisation du projet Manhattan. Celui-ci permit la création de nouvelles techniques de production du plutonium 235 qui servait de matériau de fission, ainsi que de méthodes permettant un fonctionnement très précis de la bombe.

Inquiètes à l'idée que les nazis élaboraient aussi des armes nucléaires, les autorités chargèrent le général Leslie Groves du corps d'ingénieurs de l'armée américaine de superviser le projet et l'emploi des ressources industrielles. Groves nomma Robert Oppenheimer directeur scientifique du programme chargé de s'occuper des travaux théoriques et des laboratoires. **NK**

1945 – 23 JUILLET

Le procès de Pétain

Hier adulé, Pétain est jugé pour haute trahison et intelligence avec l'ennemi.

C'est un vieillard déchu qui se présente le 23 juillet 1945 devant la Haute Cour de justice. Le vainqueur de Verdun, le chef de l'État français, expose sa défense : il a sauvé la France en 1940, il lui a épargné de plus grands malheurs pendant l'Occupation, il a contribué par son action souterraine à la victoire des Alliés. Après cette déclaration, il s'enferme dans le silence. Ses avocats accablent Pierre Laval, chef du gouvernement, pour mieux exonérer leur client. Certes, Pétain avait plus de 80 ans en 1940, lorsque les parlementaires lui ont accordé les pleins pouvoirs.

« J'entre aujourd'hui dans la voie de la collaboration… C'est moi seul que l'Histoire jugera »

Philippe Pétain, 30 octobre 1940

Mais il n'était ni faible ni sénile. La politique de collaboration est la sienne. Il a utilisé son prestige pour promouvoir une idéologie en totale contradiction avec les idéaux républicains. Les lois antisémites promulguées par lui ont abouti à la déportation de 76 000 Juifs, dont 11 000 enfants.

Le 15 août 1945, Pétain est frappé d'indignité nationale et condamné à mort. Gracié par de Gaulle en raison de son grand âge, il est emprisonné à l'île d'Yeu où il meurt en 1951.

La mémoire de Vichy aura tendance à s'effacer de la conscience nationale. Il faut attendre les années 1970 pour voir ressurgir cette page sombre de l'histoire de France, avec la sortie du film *Le Chagrin et la Pitié* de Marcel Ophuls et la publication du livre *La France de Vichy* de l'historien américain Robert Paxton. **LV**

1945 – 6 AOÛT

La bombe d'Hiroshima

Un avion américain détruit la cité japonaise en larguant une bombe nucléaire.

À 8 h 15 heure locale, Little Boy, la première bombe nucléaire, explosa à 580 m au-dessus d'Hiroshima, sur l'île japonaise d'Honshu. La cité avait été prise pour cible, car elle n'avait subi aucune attaque aérienne jusque-là. *Enola Gay*, le bombardier B-29 du colonel Paul Tibbets, largua la bombe. Il avait décollé de la base américaine de l'île de Tinian avec deux autres avions. L'un des appareils devait prendre clichés, l'autre était équipé dispositifs de contrôle. L'arme fut activée en vol et l'équipage ôta les dispositifs de sûreté une demi-heure avant que la cible soit atteinte. Les Japonais, qui avaient vu les avions approcher de leur territoire, avaient déclenché une alerte aérienne, mais l'avaient vite stoppée, pensant qu'une aussi petite unité ne représentait pas une grande menace. Aucun chasseur n'avait été envoyé à la rencontre des bombardiers.

Lancée à 9 750 m d'altitude, la bombe mit 57 secondes pour tomber à la hauteur où elle devait exploser automatiquement. Un nuage de 18 km se forma dans le ciel aussitôt après. L'explosion détruisit tout dans un rayon de 1,6 km et causa des incendies sur une superficie de 11 km^2. Quatre-vingt-dix pour cent des édifices furent partiellement ou complètement détruits. Selon les autorités japonaises, sur les 255 000 personnes qui habitaient à Hiroshima à l'époque, 70 000 furent tuées par l'explosion. À la fin de l'année 1945, le nombre des décès dus aux effets des radiations était similaire. L'attaque continue de faire des morts et de causer des maladies encore aujourd'hui. **NK**

La ville d'Hiroshima fut rasée. Seuls restèrent debout les édifices censés résister aux séismes.

J.CERABINO · SHOP
ITALIAN OLIVE OIL
PASTENE
FANCY GROCERIES
DRINK
White Rose Tea
IT'S GOOD
GROCERIES

1945 – 2 SEPTEMBRE

La guerre est finie

La Seconde Guerre mondiale prit fin avec la capitulation du Japon.

Le gouvernement et les militaires japonais signèrent la capitulation à bord du cuirassé américain *Missouri*. Les Japonais cessèrent les hostilités le 15 août. Le 26 juillet, le président Truman leur avait dit que s'ils n'acceptaient pas la déclaration de Potsdam, qui incluait les termes de la capitulation, leur pays serait complètement détruit. Les Japonais la refusèrent, mais après les dévastations d'Hiroshima le 6 août, et de Nagasaki le 9 août, ils firent savoir qu'ils acceptaient les clauses de la déclaration et se rendirent aux Américains.

Deux semaines plus tard, dans la baie de Tokyo où étaient réunies les flottes américaine et britannique, le ministre des Affaires étrangères, Mamoru Shigemitsu, et le chef de l'état-major général impérial, Yoshijiro Umezu, signèrent sur le *Missouri* l'acte formel de la capitulation. Ils rencontrèrent les commandants alliés avec à leur tête le général Douglas MacArthur, le général Wainright, acteur de la résistance héroïque des Américains aux Philippines, et le général Percival, commandant britannique de Singapour (les deux derniers ayant été récemment libérés). Le document de la capitulation fut signé par les commandants de toutes les puissances alliées : la Grande-Bretagne, la France, les Pays-Bas, l'Australie, la Nouvelle-Zélande, le Canada, la Chine et l'Union soviétique. Le Japon était un pays en ruine, son économie détruite et deux de ses plus grandes villes rasées. Le général MacArthur prit le contrôle du pays. Il contribua à la mise en place d'une nouvelle constitution démocratique et à la reconstruction économique. **NK**

New-Yorkais de Little Italy fêtant la fin de la guerre avec confettis, drapeaux et bannières.

1945 – 9 OCTOBRE

La Sécurité sociale

Les soins médicaux seront remboursés et chacun aura droit à la retraite.

Alors qu'en Allemagne un système de protection sociale a été mis en place dès l'époque bismarckienne, la France a pris du retard sous la IIIe République. Certes, il existe des mutuelles, dont les pouvoirs publics encouragent le développement. Certaines professions bénéficient de droits à la retraite. En 1932 une loi crée les allocations familiales. Mais le système reste disparate, incomplet, et ne bénéficie pas à toute la population.

Pendant la Seconde Guerre mondiale, le Conseil national de la Résistance, où sont représentés les partis politiques et les syndicats, élabore un programme de réformes à effectuer après la libération du pays. La création de la Sécurité sociale y figure en bonne place. Elle se concrétise le 9 octobre 1945 par une ordonnance du Gouvernement provisoire, présidé par le général de Gaulle. Pierre Laroque en est le grand inspirateur et devient le premier directeur général de la Sécurité sociale. Ce conseiller d'État, spécialiste des problèmes sociaux, est un exemple de ces hauts fonctionnaires qui ont transformé la France de l'après-guerre. D'autres textes préciseront et enrichiront le dispositif. L'objectif est de créer une Sécurité sociale unique, qui touche toute la population et couvre le maximum de risques. Les Français de toutes conditions accéderont ainsi aux soins médicaux et à la retraite. Ils seront protégés en cas d'invalidité, de chômage ou d'accidents du travail. Les cotisations des patrons et des travailleurs financeront l'ensemble.

L'unification du système se révèle difficile à réaliser, car il existe des régimes spécifiques. La Sécurité sociale n'en demeure pas moins un des signes spectaculaires du progrès des conditions de vie dans la France des Trente Glorieuses. **LV**

La première réunion des Nations unies

Cette première réunion de l'assemblée générale exprime l'espoir d'une coopération pacifique, malgré le durcissement de la guerre froide.

Les dégâts causés par la guerre étaient encore visible et les tickets de rationnement n'avaient pas disparu, mais Londres fit tout son possible pour loger des milliers de visiteurs. L'assemblée se tint au Central Hall de Westminster, une des plus grandes églises méthodistes de Grande-Bretagne transformée pour l'occasion en salle de conférences. À 16 heures, le président temporaire, le Dr Zuleta Angel, de Colombie, annonça par deux petits coups de marteau secs l'ouverture de la première séance de l'assemblée générale des Nations unies aux 224 délégués présents. Le Premier ministre britannique, Clement Attlee, affirma à ces derniers et à la presse que les Nations unies devaient jouer un « rôle crucial en politique étrangère » afin de mettre le monde à l'abri de la guerre et de la pauvreté. Envisagée à la fin de la guerre, la création des Nations unies eut lieu le 24 octobre 1945. Beaucoup espéraient une ère de justice, de liberté et de paix. La première séance à Londres exprima cet espoir mais se solda par une confrontation inattendue. Les Occidentaux pensaient que l'élection de Paul-Henri Spaak au poste de président ne poserait aucun problème, mais les Soviétiques proposèrent un autre candidat. Spaak fut finalement élu avec 28 voix contre 23. Quand le Conseil de sécurité se réunit pour la première fois, le 19 janvier, des divisions similaires surgirent.

L'ONU proposa des solutions qui ne furent pas toujours faciles à appliquer. Son installation à New York en 1949 accrut considérablement les tensions de la guerre froide. L'organisation existe cependant encore aujourd'hui et compte 192 membres. **RP**

Andreï Gromyko, ambassadeur de l'URSS aux États-Unis, s'adressant aux délégués de l'assemblée des Nations unies.

1946 – 24 FÉVRIER

Perón président

Épaulé par sa maîtresse Eva, Perón prend la tête de l'Argentine.

Pays neutre durant la Seconde Guerre mondiale, l'Argentine était bien disposée à l'égard des États-Unis et de la Grande-Bretagne, qui y avaient des intérêts économiques. Cependant, le coup d'État de 1943 porta au pouvoir une junte militaire qui, favorable à l'indépendance économique et politique du pays, adopta des mesures totalitaires pour assurer l'unité nationale. Un de ses membres, le général Juan Perón, fut élu en février 1946 président de l'Argentine.

Alors qu'il était ministre du Travail, il avait augmenté les salaires, encouragé le syndicalisme et introduit des réformes sociales. La présence à ses côtés de l'actrice Eva, qu'il épousa peu après sa victoire, le rendit extrêmement populaire.

« Tenir des comptes est une absurdité capitaliste. Je donne l'argent aux pauvres. »

Eva Perón

Perón nationalisa les intérêts étrangers et favorisa l'adoption de mesures sociales. Sa femme s'occupa du programme d'aides sociales. Cependant, en 1950, en raison d'une crise financière, la répression augmenta dans le pays et des élections furent fixées en 1951. Eva mourut d'un cancer en juillet 1952. Un putsch sanglant contraignit Perón à se réfugier au Paraguay, puis à s'exiler en 1955 en Espagne.

En 1973, son secrétaire Hector Campora fut élu, mais démissionna quand Perón revint pour remporter les élections en octobre. Le mandat de ce dernier fut marqué par des conflits au sein de son parti. Il mourut en juillet 1974. **PF**

1946 – 5 MARS

Le rideau de fer

Churchill appelle à la force et à l'unité des Anglais et des Américains.

Churchill dit qu'il s'agissait du discours d'un citoyen souhaitant donner un conseil en « ces temps angoissants et déconcertants ». Il évoqua deux menaces : la guerre et la tyrannie, la dernière régnant dans « un nombre considérable de pays ». Il fallait que les États-Unis et la Grande-Bretagne conservent leurs « liens privilégiés » et contribuent à la « pacification » de l'Europe, continent partagé par un « rideau de fer ». Les partis communistes contrôlaient de façon totalitaire l'Europe de l'Est. La cinquième colonne communiste était de plus en plus influente en France et en Italie. Les États-Unis et la Grande-Bretagne devaient rester unis et forts, et respecter la Charte des Nations unies.

« Ce n'est certainement pas l'Europe libérée pour laquelle nous avons lutté. »

Winston Churchill à Fulton, Missouri

Après son échec surprenant aux élections de 1945, Churchill se mit à faire des discours sur les affaires du monde. Son message reflétait la situation en Europe, ainsi que sa vision des années 1930. Il fallait proscrire tout esprit de conciliation et toute faiblesse militaire. Le président Harry Truman était entièrement d'accord.

Pour Staline, ce discours s'apparentait à une déclaration de guerre voilée de la part des Américains et des Britanniques. Les relations entre l'Occident et l'Union soviétique se tendirent. Mais si le discours de Churchill hâta le début de la guerre froide, il prévint peut-être une catastrophe bien plus grave. **RP**

Le Bikini est créé à Paris

L'apparition du Bikini signale une libéralisation des mœurs après la guerre.

Le Bikini conçu par Louis Reard est présenté à des reporters et des photographes attentifs.

« Un Bikini n'est pas un Bikini s'il ne passe pas à travers une alliance. »

Son inventeur, Louis Reard

Comme le prouvent les fresques romaines datant d'il y a 1 700 ans, de la villa Casale de Romana, en Sicile, les femmes de l'Antiquité portaient déjà des deux-pièces très suggestifs. Le premier maillot de bain deux-pièces avait fait son apparition dans les années trente, mais le bikini, maillot de bain deux pièces constitué d'un soutien gorge très échancré et d'une culotte triangulaire très réduite, fut présenté le 5 juillet 1946 à Paris, au cours d'un défilé de mode, à une époque où le monde s'efforçait d'échapper à l'austérité de l'après-guerre.

Il fut inventé par deux Français, l'ingénieur Louis Reard et le styliste Jacques Heim, qui lui donna le nom de l'un des atolls de l'archipel Marshall où des tests nucléaires américains avaient eu lieu le même mois. Heim pensait qu'il aurait un effet aussi explosif qu'une bombe atomique et n'eut pas tort. Les deux hommes jugèrent que les mannequins professionnels étaient trop pudiques pour un maillot aussi sexy. Reard choisit donc Micheline Bernardini, une célèbre danseuse nue, au Casino de Paris pour le présenter à la piscine Molitor.

La mode féminine changea brusquement l'année suivante quand Christian Dior présenta sa première collection « new look » qui privilégiant des épaules arrondies, une taille fine et des jupes amples en forme de corolle à 20 cm du sol.

En Occident, au cours des décennies qui suivirent, le bikini séduisit de plus en plus les jeunes femmes (et les moins jeunes). Jugé scandaleux par les conservateurs et banni des pays catholiques comme l'Espagne et Malte, il devint très populaire grâce à des films comme *Et Dieu créa la femme* (1957) – avec en vedette Brigitte Bardot –, et *Docteur No* (1963) – où Ursula Andress, sculpturale, émerge de l'eau en bikini blanc. **NJ**

L'attentat contre l'hôtel King David

Le plasticage de l'hôtel pousse la Grande-Bretagne à quitter la Palestine.

Le King David passait pour être l'un des plus beaux hôtels du monde. Il était presque comparable au Ritz, à Paris. Cependant en 1946, peu de gens souhaitaient y séjourner en raison des attentats de plus en plus violents qui secouaient Jérusalem. Une aile de l'hôtel était occupée par le personnel administratif et militaire britannique. Les sept bidons de lait livrés aux cuisines à midi lui étaient destinés. Ils étaient remplis d'explosifs et les livreurs déguisés en Arabes étaient des membres d'une organisation paramilitaire juive, l'Irgoun.

À 12 h 37, l'explosion entraîna l'effondrement de six étages et la mort de 91 personnes dont 41 Arabes, 28 Britanniques, 17 juifs et 5 autres ressortissants. La plupart travaillaient à l'hôtel, très peu faisaient partie de l'administration britannique haïe.

Les Arabes se plaignaient de l'émigration massive de juifs en Palestine. Les sionistes et leurs partisans étaient, eux, atterrés de voir que les Britanniques n'autorisaient pas la venue de tous les survivants de l'Holocauste et d'autres juifs. La situation était inextricable pour les Britanniques qui assistaient à une escalade de la violence qu'ils ne pouvaient pas vraiment combattre.

Le chef sioniste Chaim Weizmann mit tout en place pour dissuader de son mieux les terroristes d'accomplir l'attentat spectaculaire qu'ils projetaient. Mais Menahem Begin, le chef de l'Irgoun (Premier ministre d'Israël de 1977 à 1983) se montra inflexible.

L'attentat accrut encore les tensions dans toute la Palestine. Il influença certainement la décision de la Grande Bretagne qui se déchargea de son mandat sur le pays. En février 1947, le problème de l'avenir de la Palestine fut porté devant les Nations unies. L'année suivante, l'État d'Israël fut proclamé. **RP**

Un coup de téléphone signala que l'hôtel allait exploser, mais fut ignoré

« L'un des crimes les plus ignobles et les plus lâches […] a eu lieu. »

Le Premier ministre britannique Clement Attlee

1946 – 30 SEPTEMBRE

Le procès de Nuremberg

Les criminels de guerre nazis les plus hauts placés sont condamnés à mort.

Le procès de Nuremberg débuta au palais de justice de Nuremberg. Il réunit des juges et des plaignants venus des États-Unis, d'Union soviétique, de Grande-Bretagne et de France. Parmi les inculpés figuraient 23 des plus importants dirigeants nazis. Ils étaient accusés de crimes de guerre et de crimes contre l'humanité. Ce fut, comme l'avait prédit un délégué britannique, « le plus grand procès de l'histoire », un procès très controversé aussi, car la cour ne fut guère impartiale. Néanmoins, trois des accusés furent acquittés, onze condamnés à mort et tous les autres à des peines de prison.

« Plaider non coupable reviendrait à dire qu'il n'y a pas eu de guerre. »

Robert H. Jackson, avocat général américain

Les accusés se défendirent en disant qu'ils avaient seulement obéi aux ordres sans comprendre ce qui se passait. Hermann Göring affirma ne rien savoir du génocide commis par le Reich. Tout était de la faute des nazis déjà morts. Hitler était, selon Hans Frank, le vrai coupable, « le diable » qui les avait par conséquent dévoyés.

Göring se suicida en avalant du cyanure. Les dix autres condamnés furent pendus. Les nazis ayant joué un rôle secondaire furent poursuivis en justice jusqu'en 1949. Les procès ne furent pas parfaits (les accusés n'avaient pas tort de reprocher aux vainqueurs des destructions gratuites), mais servirent néanmoins d'exemples. **RP**

1947 – FÉVRIER

Les manuscrits de la mer Morte

Cette découverte modifie l'étude de l'Ancien Testament et du judaïsme dans l'Antiquité.

Mohammed Ahmed el-Hamed, jeune Bédouin, trouva en cherchant sa chèvre égarée au milieu des falaises, au nord-ouest de la mer Morte, des jarres en terre cuite entreposées dans une grotte. Certaines contenaient des rouleaux de parchemins et des papyrus. Au cours des dix années qui suivirent, on en découvrit 800 dans cette même grotte et celles situées à côté.

Il y avait des manuscrits des livres de l'Ancien Testament qui avaient des milliers d'années de plus que ceux connus jusque-là. La plupart étaient en hébreu, quelques-uns en araméen, la langue de Judée au Ier siècle. Écrits par une communauté de Qumran, entre 200 av. J.-C. et le Ier siècle, ils auraient été cachés dans les grottes par les juifs, quand ceux-ci se révoltèrent contre les Romains dans les années 70, ce qui entraîna la destruction de Jérusalem. Qumran aurait abrité une secte juive, qui vivait dans le désert : les Esséniens. Mais certains pensent qu'il s'agissait plutôt de prêtres saducéens.

« Ne renoncez jamais à croire en moi. Je suis avec vous, éternellement. »

Fragment trouvé dans la 3e grotte

Les manuscrits apportèrent un nouvel éclairage à l'Ancien Testament et au judaïsme du temps du Christ, bien qu'aucun ne fasse directement référence à Jésus et à ses disciples. Pour beaucoup, ils sont le signe d'une continuité entre l'enseignement de Jésus et celui prêché par des chefs religieux juifs aujourd'hui. **PF**

Le lancement du plan Marshall

Le secrétaire d'État américain, George C. Marshall, offre une aide financière pour reconstruire l'Europe et lutter contre le communisme.

Au cours de la 296e cérémonie de remise des diplômes à Harvard, un titre honorifique fut remis à T. S. Eliot, le poète qui avait écrit que le monde ne finirait pas « dans un boum, mais dans un gémissement ». Le secrétaire d'État américain George C. Marshall était, lui, d'un autre avis. Présenté comme l'homme « auquel le monde libre devait être profondément reconnaissant », il souligna l'état inquiétant du monde et l'appauvrissement de l'Europe de l'Ouest après la guerre. Les États-Unis se disaient prêts à offrir une aide généreuse aux nations européennes pourvu qu'elles acceptent leurs exigences et œuvrent ensemble au redressement économique. Le plan Marshall était né.

Il était d'ordre humanitaire bien sûr, mais aussi stratégique : la santé économique des Européens était indispensable à l'industrie américaine. Mais il était surtout motivé par la peur que l'Europe de l'Ouest ne finisse par succomber au communisme si les États-Unis gardaient pour eux toutes leurs richesses. Il complétait la doctrine que Truman avait formulée quelques mois plus tôt : l'Amérique aiderait les « peuples libres … qui résistaient à la tentation ». Le plan Marshall était en fait une arme de la guerre froide.

Le secrétaire des Affaires étrangères britannique, Ernest Bevin, s'empressa d'accepter l'offre des Américains et contribua à créer l'Organisation européenne de coopération économique. Il considérait ce plan comme une bouée de sauvetage providentielle. Seize nations se partagèrent plus de treize milliards de dollars entre 1948 et 1951. **RP**

« La prospérité est le fruit de la coopération » : affiche en faveur de l'unité de l'Europe et des États-Unis.

La fin de l'Empire britannique des Indes

En 1947, la Grande-Bretagne quitte un pays divisé en proie aux tensions et à la violence.

La scission de l'Inde déracina des millions d'hindous et de musulmans.

Lors d'une cérémonie fastueuse à la résidence du gouverneur à Delhi, lord Mountbatten, dernier vice-roi de l'Inde, devint le premier gouverneur du pays. À 8 h 30, le drapeau indien fut hissé à la place de l'Union Jack. George VI cessa d'être empereur. Ce fut la fin de l'Empire britannique des Indes. Des feux d'artifice furent tirés et la fête se poursuivit jusqu'au lendemain. Les actualités parlèrent d'une foule immense « déchaînée mais radieuse ».

Selon les Britanniques l'indépendance était l'aboutissement de la politique de leur empire créé lorsqu'ils prirent officiellement le contrôle de la Compagnie des Indes en 1857. Il fallut en fait deux guerres mondiales et l'essor du nationalisme indien pour les chasser. Ils ne se retirèrent pas tout de suite en raison des divisions qui existaient entre les hommes politiques indiens. Finalement, l'opposition entre le Parti du congrès et la Ligue musulmane entraîna la scission du pays. Dans le nouvel État islamique du Pakistan, le drapeau pakistanais remplaça l'Union Jack. L'apparente dignité du transfert du pouvoir masqua d'importantes tensions entre les diverses communautés, des émeutes et des massacres, notamment lorsque des millions de personnes se ruèrent de part et d'autre de la frontière.

Les anciens États princiers semi-indépendants rejoignirent l'un des deux pays. L'Inde devint la plus vaste démocratie du monde. La situation fut plus complexe au Pakistan. En 1971, sa partie situé à l'est devint le Bangladesh. **RP**

La mort de Gandhi

Un fanatique hindou tue Gandhi, le père de la désobéissance civile non-violente.

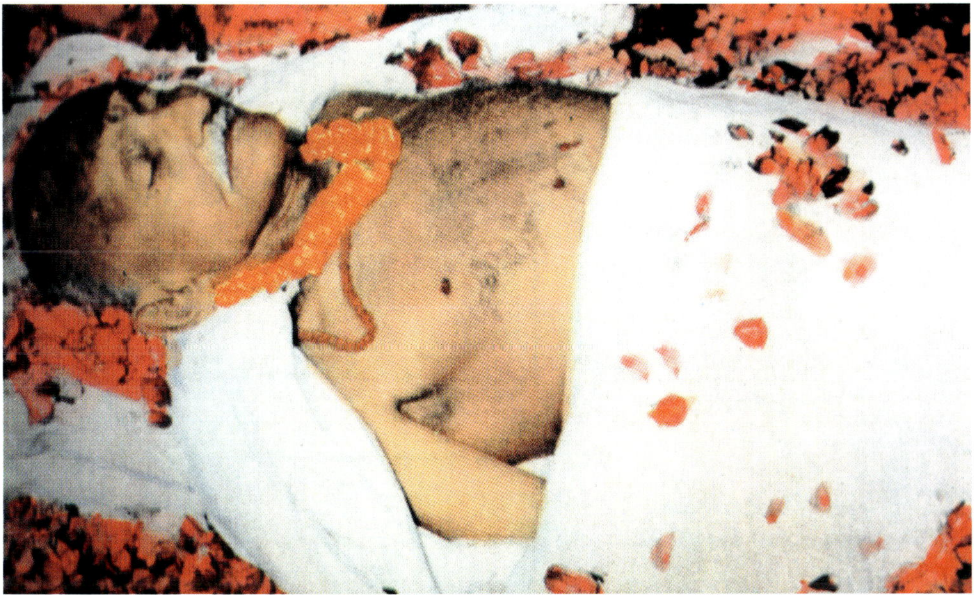

Gandhi sur son lit de mort, entouré de fleurs et parsemé de pétales.

Mohandas dit le Mahatma Gandhi était en retard en quittant la maison Birla, à Delhi, pour sa réunion de prière habituelle. En tant qu'homme politique chevronné, il servait de médiateur au Premier ministre et vice-Premier ministre de l'État indien qui venait d'accéder à l'indépendance. Âgé de 78 ans et affaibli par un dernier jeûne en faveur d'une réconciliation entre hindous et musulmans, il allait lentement. Deux petites-nièces l'aidaient à traverser la foule quand un homme surgit, se courbant pour lui toucher les pieds. Gandhi joignit les mains et sourit. L'homme sortit alors un revolver et tira trois coups à bout portant. Gandhi dit le nom du dieu – Rama – et son corps frêle s'écroula sur le sol. Il se savait en danger, car dix jours plus tôt une bombe avait explosé lors de la prière. Depuis sa campagne de désobéissance civile non-violente en 1919, celui qui cherchait « la paix au milieu du désordre » était menacé. Après l'indépendance, les tensions entre les diverses communautés étaient à leur comble. On craignait qu'un musulman n'assassinât Gandhi. Son meurtrier fut en fait Nathuram Godse, membre du Mahasabha, organisation extrémiste hindoue.

Le monde entier fut sous le choc. Les grands dirigeants rendirent hommage à cet homme impartial qui ne possédait pratiquement rien. Le Premier ministre Nehru lança un appel au calme qui fut entendu. Toute effusion de sang aurait en effet été une insulte à la mémoire du saint homme qui incarnait la non-violence. **RP**

1948 – 14 MAI

Naissance de l'État d'Israël

La proclamation de l'État d'Israël entraîne une escalade de violence au Moyen-Orient.

Le service de sécurité était très important boulevard Rothschild et la police militaire omniprésente dans la salle du musée de Tel-Aviv. Les juifs attendaient ce jour depuis 600 générations. À l'intérieur de la salle bondée, il faisait chaud. À 16 heures, David Ben Gourion entra et donna un coup de marteau sur la table pour demander l'attention. Après avoir entonné l'hymne national, le *Hatikvah*, il lut la déclaration d'indépendance. Celle-ci fut signée par les 37 membres du Conseil national. Israël venait de naître et Ben Gourion devenait son Premier ministre. La Grande-Bretagne, qui contrôlait la Palestine depuis la fin de la Première Guerre mondiale, avait prôné en 1917 l'établissement d'un « foyer juif ». Elle avait toutefois refusé une immigration illimitée des juifs même après l'Holocauste face à l'inquiétude de la population arabe et des alliés. Quand la violence éclata entre les deux communautés, le problème fut porté devant les Nations unies qui recommandèrent une partition du pays acceptée par les juifs, mais pas par les Arabes. La naissance d'Israël fut donc traumatisante.

« […] par la présente, nous proclamons la création de […] l'État d'Israël. »

David Ben Gourion

Le président américain Truman reconnut le nouvel État, juste avant l'Union soviétique, mais pas les Arabes du Moyen-Orient. La guerre déterminera la géographie politique d'Israël et minera la région pendant des générations. **RP**

1948 – 26 MAI

L'apartheid

La victoire du parti national afrikaner ouvre la porte à l'apartheid.

Ce fut l'une des élections générales les plus serrées de l'histoire de l'Afrique du Sud avec d'un côté, le Parti de l'union de Jan Christian Smuts, Premier ministre depuis 1939, et un Afrikaner pro-britannique, et de l'autre le Parti Herengde Nasionale (parti national réuni) parlant l'afrikaans du Dr Malan, ouvertement pro-nazi durant la guerre, maintenant républicain. Tous deux étaient pour la suprématie des Blancs, mais Malan prit fait et cause pour une *native policy* et l'apartheid, pensant que seuls les Blancs pouvaient devenir citoyens.

Les nationalistes remportèrent la plupart des sièges dans cette élection exclusivement entre Blancs. Leur parti obtint la majorité avec cinq sièges d'avance seulement. Mais ce fut décisif.

« Nous nous sentions étrangers, mais aujourd'hui l'Afrique du Sud nous appartient. »

Dr Malan, Premier ministre en 1948

Uniquement afrikaner, le gouvernement fit en sorte d'accroître le nombre des Afrikaners dans l'armée, la police, la justice et l'administration. Malan était ainsi sûr que ses lois seraient appliquées. Celles de 1949 et 1950 n'étaient pas sans rappeler les lois de Nuremberg de 1935 contre les juifs et furent complétées en 1951 par la création de *homelands* pour dix tribus noires.

La ségrégation raciale fut étendue à l'ensemble de l'Union d'Afrique du Sud. Malan mourut en 1959, mais l'apartheid continua jusqu'à la tenue d'élections multiraciales en 1994. **RP**

Les premiers immigrants jamaïcains en Grande-Bretagne

*L'arrivée de l'*Empire Windrush *inquiète et marque la naissance d'une société multiculturelle et multiraciale en Grande-Bretagne.*

Parti de Palestine, l'*Empire Windrush*, ancien bateau de transport nazi s'arrêta au Mexique, en Jamaïque, à Trinidad, Cuba et aux Bermudes. Quand il entra dans l'estuaire de la Tamise, son lieu de destination, plusieurs passagers clandestins sautèrent pardessus bord. Cela ne l'empêcha de continuer son chemin jusqu'à Tilbury. Une flottille l'entoura. Des touristes et des journalistes étaient massés sur des bateaux afin d'assister à l'arrivée du bateau qui transportait 492 Jamaïcains. Aldwyn (lord Kitchener) Roberts chanta devant les caméras son dernier calypso : « London is the Place for Me. »

Ces hommes venaient en Angleterre pour des raisons diverses. Parmi eux figuraient des pilotes de la Royal Air Force revenant de permission, et des jeunes gens optimistes espérant un travail bien payé. Élevés comme des citoyens britanniques, ils souhaitaient voir « la mère patrie ». Cela inquiéta beaucoup d'hommes politiques britanniques car l'ordre naturel des choses était renversé. Jusque-là, si les Britanniques se rendaient dans les colonies, les Noirs, eux, ne venaient jamais en Angleterre. C'est pour cette raison qu'en 1962, les citoyens du Commonwealth cessèrent de disposer d'un droit d'entrée automatique en Grande-Bretagne. Les migrants trouvèrent vite un travail même si ce dernier ne correspondait pas toujours à leurs qualifications. La fièvre suscitée par leur arrivée retomba. Cette immigration marqua le début du processus qui fit de la société britannique une société multiculturelle et multiraciale. **RP**

Arrivée de l'*Empire Windrush* à Tilbury avec à son bord 492 Jamaïcains émigrant en Grande-Bretagne.

Émigrants venant de débarquer de l'*Empire Windrush* sur le quai de Tilbury.

1948 – 24 JUIN

Le blocus de Berlin-Ouest

Un pont aérien massif permet à Berlin de survivre au blocus des Soviétiques et prépare la création de l'OTAN.

Jeudi 24 juin 1948, l'opération Knicker fut la réponse anglo-américaine à l'interruption soviétique des liaisons routières et ferroviaires entre les zones occidentales allemandes et Berlin-Ouest. Elle prévoyait la création d'un « pont aérien » afin d'acheminer des vivres le long des trois trajectoires de vol allouées aux Alliés en 1945. Chaque jour, il fallait au minimum 2 000 tonnes de vivres aux habitants de Berlin-Ouest, qui auparavant en importaient quotidiennement 12 000. Seuls 100 C47 américains et six Dakota britanniques étaient disponibles, chacun ne pouvant contenir plus de 2,5 tonnes de vivres. Et que dire du ravitaillement en carburant et en charbon ? Les réserves ne pourraient durer que quelques mois.

Le premier jour du blocus, les Berlinois reçurent de belles promesses, mais seulement quelques tonnes de vivres.

Ernest Bevin, secrétaire d'État aux Affaires étrangères britannique, souligna que le pont devait fonctionner. À la fin du mois de juillet, les alliés acheminaient chaque jour 2 000 tonnes de vivres, et en avril 1949, 8 000 tonnes. 1 000 avions empruntaient les couloirs aériens. En mai 1949, Staline finit par lever le blocus. Il avait voulu dissuader l'Occident de créer une Allemagne de l'Ouest démocratique, mais en 1949, il fut obligé d'accepter la création de la République fédérale d'Allemagne. L'Occident ne se laissa pas intimider. L'Organisation du Traité de l'Atlantique Nord fut créée la même année prouvant la détermination des Occidentaux. **RP**

▶ Berlinois attendant au milieu des ruines les vivres apportés par un C46 américain.

◀ Habillé en Père Noël, le lieutenant John Konop distribue des cadeaux de Noël.

1948 – 5 JUILLET

La Sécurité sociale britannique

La Sécurité sociale permet aux Britanniques de se soigner gratuitement.

La loi fut sanctionnée par le roi en novembre 1946. Tous les Britanniques seraient soignés gratuitement par les médecins des hôpitaux, les généralistes, les dentistes et les oculistes. Les frais seraient payés par les impôts. La pauvreté ne serait plus un obstacle aux soins. Les consultations, les traitements, les séjours en hôpital, les médicaments, les fausses dents, les lunettes seraient gratuites.

L'inauguration le 5 juillet de la Sécurité sociale changea énormément la vie des gens. Auparavant, le financement des soins médicaux était incomplet et inégal. L'assurance publique permettait à la plupart des travailleurs, mais pas à leur famille, d'être soignés gratuitement, mais les soins hospitaliers étaient payés par les assurances privées, les autorités locales ou les œuvres de bienfaisance. Aneurin Bevan, secrétaire d'État à la Santé, fit des compromis : il y aurait encore une médecine privée, d'où la présence de « lits payants » dans les hôpitaux.

« Ce service doit toujours être amélioré. Il doit toujours sembler insuffisant. »

Aneurin Bevan, 25 juin 1948

La Grande-Bretagne fut le premier pays occidental à offrir des soins médicaux gratuits. La demande était énorme et la Sécurité sociale coûta régulièrement plus cher que prévu. À partir de 1951, certains prix furent imposés. Cependant, la médecine privée ne disparut pas en Grande-Bretagne comme l'assurait Bevan. **RP**

1948 – 10 DÉCEMBRE

Les Droits de l'homme

Les Nations unies proclament la Déclaration des droits de l'homme.

Les Nations unies réunirent la Déclaration des droits de l'homme formulée par la France en 1789 et celle formulée par les Américains en 1791 dans une charte internationale. Après la Seconde Guerre mondiale, celle-ci était nécessaire, mais ne définissait pas de droits individuels.

La déclaration fut l'œuvre du directeur de la chambre des Droits de l'homme au secrétariat des Nations unies, John Peters Humphrey, et d'Eleanor Roosevelt, qui présidait la commission chargée des droits de l'homme. Ses 30 articles définissent des droits comme l'égalité devant la loi, la liberté, l'éducation et la liberté de conscience. Elle propose une série de buts et de principes que les gouvernements doivent respecter et constitue une forme de pression morale.

« L'une des plus hautes expressions de la conscience humaine de notre époque. »

Le pape Jean-Paul II, 1995

Elle fut adoptée à l'unanimité. Six pays du bloc soviétique, l'Arabie saoudite et l'Afrique du Sud s'abstinrent. Elle devint une loi internationale en 1976. Elle est parfois critiquée pour son manque de souplesse (elle n'autorise pas l'application de la charia dans les pays islamiques par exemple). Néanmoins, symbolisant l'acceptation mondiale des droits de l'homme et la lutte contre les régimes oppressifs, elle a eu des résultats positifs et permis l'application de la loi sur les droits de l'homme. **PF**

Le procès des criminels de guerre japonais

Le général Tojo et d'autres dirigeants sont exécutés comme criminels de guerre.

Dans la salle d'audience bondée de Tokyo, le général Hideki Tojo, accusé de crimes de guerre atroces.

Surnommé Le Rasoir pour son extrême cruauté, Hideki Tojo prôna l'expansion en Chine dans les années trente, conclut un pacte tripartite avec l'Allemagne et l'Italie, devint Premier ministre en 1941, bombarda Pearl Harbor et mena une guerre très offensive. Ses revers militaires l'obligèrent à démissionner en juillet 1944.

Son seul mérite fut peut-être d'avoir eu le courage de répondre aux accusations qui furent portées contre lui dans la salle d'audience de Tokyo. Le 23 décembre 1948, il fut pendu avec six autres criminels dans la prison de Sugamo.

Les alliés occupèrent le Japon en septembre 1945. Les procès débutèrent en mai 1946. Vingt-huit criminels de guerre furent traduits devant le tribunal militaire international pour « meurtre, mutilation et mauvais traitement de prisonniers de guerre et de civils », « destruction gratuite de villes et villages sans justification militaire », « massacres, viols, pillages, brigandage, torture et autres cruautés barbares ».

Le procureur américain Joseph Kennan présenta les accusés comme des « criminels ordinaires ». Deux moururent durant le procès, un autre perdit la tête, sept furent condamnés à mort, seize à la prison à vie et deux à des peines de prison.

À la fin de l'occupation en 1952, le Japon était démocratique, l'empereur n'était plus divin, et le militarisme était révolu. Tojo était devenu un souvenir gênant. **RP**

La naissance de la République populaire de Chine

La victoire de Mao en 1949 aboutit à la création d'un second État communiste.

Sur le balcon du palais impérial de Pékin, Mao marque une pause en lisant la proclamation.

Le 1er octobre 1949, à Pékin, sur la place Tian'anmen, Mao Zedong proclama la République populaire de Chine. Une affiche géante sur laquelle il levait en souriant la main gauche vers le ciel, avec en toile de fond des avions modernes, et des hommes, des femmes et des enfants aux habits immaculés, commémora l'événement.

La réalité était bien plus prosaïque. La Chine était à genoux après vingt ans de guerre, sa population considérablement appauvrie, et l'ennemi Chiang Kai-shek n'avait toujours pas été vaincu, bien qu'il se fût réfugié sur l'île de Taïwan.

Date arbitraire, le 1er octobre marqua la naissance d'un Etat. Vingt-huit ans après la création du Parti communiste chinois, Mao devint le chef de la Chine communiste. S'il avait été un marxiste orthodoxe, l'histoire aurait pu être différente car, selon Moscou, les paysans étaient des petits bourgeois, presque des contre-révolutionnaires. S'il avait été un chef de guérilla moins compétent, le communisme n'aurait pas survécu face aux nationalistes qui firent de leur mieux pour l'éradiquer. Les deux camps coopérèrent contre le Japon, mais une fois ce dernier battu, la guerre civile reprit. Il existait encore des poches de nationalisme en Chine après octobre 1949.

L'URSS et la Grande-Bretagne furent les premières à reconnaître la république. La création de la Chine fut un moment important. La Chine nationaliste continua d'exister, mais à Taïwan. **RP**

5:27 PM
Today
List
Day
Mo
October 200
Sun
Mon
Tue
Wed
Thu
30 1 2 3 4
7 8 9 10 11
14 15 16 17
21 22 23 24
28 29 30 31 1

de 1950 à nos jours

Un calendrier immédiatement accessible est une fonctionnalité de base sur les smartphones du XXIe siècle.

La liste McCarthy

Le sénateur McCarthy mène une campagne anticommuniste.

Joseph McCarthy, garçon de ferme du Minnesota, se tourna vers le droit et la politique. Républicain, il fut élu sénateur en 1946. En 1950, au cours d'un discours destiné à un groupe de femmes de Wheeling, en Virginie-Occidentale, il brandit une liste de personnes qui étaient selon lui des agents communistes travaillant au sein du gouvernement. Un comité sénatorial ouvrit une enquête et ne trouva aucune preuve de ces allégations.

À l'époque, les succès remportés par le communisme dans le monde entier atteignaient la politique du gouvernement américain, soupçonné d'être sous l'influence de sympathisants communistes. La Commission des activités anti-américaines de la Chambre des représentants, créée en 1938, connut un nouveau souffle et organisa des audiences en ayant recours à des informateurs douteux. Son action aboutit à une « chasse aux sorcières ». Des organisations, des personnalités libérales et de gauche furent présentées comme « rouges » et accusées de traîtrise. En janvier 1950, un ancien membre officiel du département d'État, Alger Hiss, fut accusé de parjure pour avoir nié avoir été un agent russe, sous serment, devant le comité.

En 1953, McCarthy devint président du sous-comité permanent chargé des enquêtes et utilisa sa position pour renforcer la chasse aux sorcières contre les sympathisants communistes. Certains de ses soupçons se révélèrent sans fondement mais, tout comme l'avocat principal de son comité, le New-Yorkais Roy Cohn, il n'accordait aucune importance aux preuves et détruisit impitoyablement la réputation de personnes innocentes. Cette politique de délation et de persécution, et la période où elle s'exerça, sont connues sous le nom de maccarthysme. **RC**

La Corée du Nord attaque

Les Nations unies ont une occasion unique d'intervenir.

À l'aube, les forces nord-coréennes entreprirent une invasion à grande échelle de la Corée du Sud avec des tirs d'artillerie dévastateurs. Le dirigeant du Nord, Kim Il-sung, affirma répondre à une agression du Sud, menée par le Premier ministre Syngman Rhee. Mais l'ampleur de l'offensive prouvait qu'il s'agissait d'une campagne planifiée de longue date. La division du pays en 1945 était une solution temporaire : les États-Unis et l'Union soviétique devaient ensuite s'entendre sur l'avenir du pays. Deux gouvernements séparés s'étaient formés, chacun affirmant sa légitimité. Les communistes dirigeaient le Nord, tandis que dans le Sud une dictature corrompue et impopulaire, foncièrement anticommuniste, était soutenue par les États-Unis.

Washington ne pouvait accepter que le Sud soit détruit et disposait d'une occasion unique d'intervenir. À l'époque, l'Union soviétique disposait d'un siège permanent au Conseil de sécurité des Nations unies, mais elle boycottait le Conseil parce que le siège réservé à la Chine était occupé par un représentant de Taiwan. Washington put alors faire adopter les résolutions du Conseil qui condamnaient l'action de la Corée du Nord et appelaient les États membres à envoyer leurs forces armées contre elle. Plus ou moins réticents et motivés plus par leur dépendance vis-à-vis des États-Unis que par leur enthousiasme envers la Corée du Sud, quinze pays intervinrent dans le cadre d'une coalition américaine en théorie sous l'égide des Nations unies. Cinq autres envoyèrent des équipes médicales. Ce fut le premier conflit officiel de la guerre froide. **JS**

Deux soldats sud-coréens sortent un soldat nord-coréen de sa cachette tout en guettant d'éventuels snipers.

1950 – 22 OCTOBRE

La Chine envahit le Tibet

Les forces communistes chinoises déferlent sur un territoire isolé et mal connu.

Au lendemain de la fondation de la République populaire de Chine, le gouvernement central adopta le principe de « libération pacifique » du Tibet. C'est ainsi que, prétendant exercer ses droits souverains et libérer le peuple, l'Armée populaire de libération de la Chine envahit le Tibet à l'automne 1950. Les empereurs chinois avaient déclaré leur suzeraineté sur le Tibet dès le XIIIe siècle et, pour la République populaire de Chine, cela suffisait à justifier son invasion. Le régime de Mao Zedong tentait de légitimer son pouvoir en procédant à la réunification de la Chine. Le Tibet, une théocratie dirigée par le dalaï-lama, était trop fragile pour résister. C'est ainsi que l'Armée populaire emporta aisément la victoire sur les forces tibétaines, affaiblies et dépassées en nombre, lors de l'assaut à Chamdo.

Au début, des progressistes espérèrent que l'occupation bénéficierait au Tibet. Mettre fin au pouvoir féodal pourrait s'avérer avantageux pour une grande partie de la population, la plus pauvre, et permettre le développement économique. Cependant, ces espoirs s'évanouirent rapidement. Les Chinois construisirent des ponts, des routes et des écoles, mais parallèlement ils s'efforcèrent de réformer la société tibétaine, en s'attaquant au bouddhisme et en menant une campagne destinée à miner l'autorité hiérarchique bouddhiste. La culture traditionnelle et l'élite nationale subirent des attaques, et les droits de l'homme firent l'objet de graves violations. En mai 1951, le Tibet signa un traité avec Pékin, ratifié quelques mois plus tard à Lhassa. En 1959, le ressentiment aboutit à une révolte qui fut brutalement réprimée, ce qui contraignit le dalaï-lama à fuir. Aujourd'hui, la religion demeure le symbole des aspirations nationales du Tibet et de son rejet de la Chine. **JS**

1951 – 25 MAI

Les espions de Cambridge

Burgess et Maclean, agents soviétiques de Cambridge, passent en Union soviétique.

Ce vendredi-là, comme toujours, Donald Maclean passa la journée au ministère des Affaires étrangères à Londres et quitta les lieux à 17 h 30 pour prendre son train habituel. En fait, les services secrets avaient découvert que Maclean était certainement Homer, l'espion qui avait fourni des renseignements aux Soviétiques. L'homme devait être interrogé le lundi matin suivant et des agents du MI5 le suivirent jusqu'à la gare, mais pas plus loin ; en raison de la grossesse avancée de sa femme, il n'était pas supposé fuir. Ce même soir, un autre espion, Guy Burgess, se rendit à la demeure des Maclean. Donald dit à sa femme qu'il était appelé pour un rendez-vous important et emportait un nécessaire de voyage, au cas où. Les deux hommes gagnèrent rapidement la côte, firent la traversée jusqu'en France puis disparurent. Bientôt, on apprit qu'ils étaient passés en URSS.

Burgess et Maclean avaient été recrutés comme agents soviétiques à l'université de Cambridge dans les années 1930, en même temps qu'un autre homme, Kim Philby. Maclean avait travaillé à l'ambassade de Washington de 1944 à 1948 et transmis des informations permettant à Staline d'évaluer la puissance de l'arsenal nucléaire occidental. Ce fut Philby, à Washington, qui apprit que la couverture de Maclean était sur le point de tomber et envoya Burgess le prévenir.

Il y eut plusieurs scandales célèbres concernant des espions en Grande-Bretagne. Cette affaire conduisit à des enquêtes plus approfondies sur les personnes occupant de hautes fonctions. Malgré tout, Philby ne prit la fuite qu'en 1963 et un autre espion de Cambridge, Anthony Blunt, ne fut repéré qu'en 1979. Maclean et Burgess finirent leur vie en Russie. **RP**

La mort d'Evita

Vénérée par l'Argentine, Eva Perón disparaît et, avec elle, le soutien du peuple à son époux, le président du pays.

Maria Eva Duarte de Perón, affectueusement surnommée Evita, était âgée d'à peine plus de 30 ans lorsqu'elle mourut d'un cancer. Irrésistiblement glamour et séduisante, épouse du dictateur Juan Perón, elle eut une forte influence sur la politique de l'Argentine. Elle s'était aussi fait un nom en tant qu'actrice à la radio et au cinéma. En 1943, elle rencontra le colonel Perón et devint sa deuxième femme en 1945. À ses côtés, lorsque celui-ci devint président en 1946, elle créa sa propre organisation caritative pour la protection sociale, une œuvre généreuse qui convainquit les Argentins des milieux pauvres qu'elle se souciait de leur bien-être. Ainsi, elle soutint la carrière de son mari. Grâce à son influence, les femmes du pays obtinrent le droit de vote en 1950. Immensément populaire et voyageant fréquemment dans le pays, elle constituait un lien crucial entre Perón et ses appuis en province.

Eva fut la première personne en Argentine à subir une chimiothérapie. Après sa mort, son corps fut embaumé et ses partisans fidèles prièrent en vain le Vatican de la faire canoniser. Sans elle, Perón perdit vite ses partisans et fut contraint de fuir le pays en 1955 ; il reviendra et sera de nouveau président en 1973. Le corps d'Evita disparut, et durant des années on ne sut où il se trouvait. Selon certaines rumeurs, il avait été placé dans un camion ou était conservé dans un grenier. En 1971, il fut déposé par une camionnette devant la maison où Perón vivait en Espagne. Rapatrié en Argentine en 1976, il fut enterré au cimetière La Recoleta de Buenos Aires. **RC**

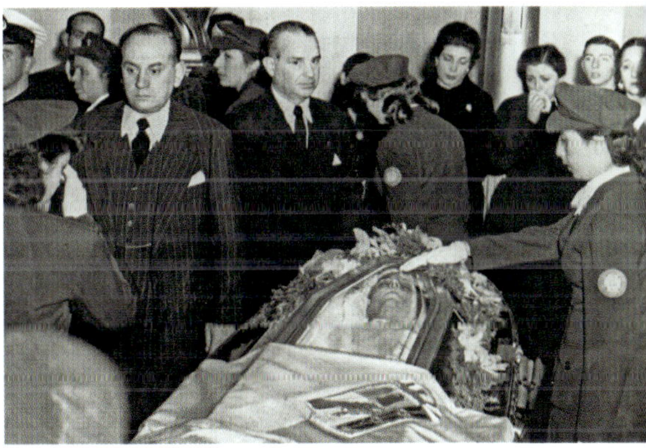

Affiche sur la maison d'Evita, après sa mort, avec ces mots : « Éternelle dans le cœur de son peuple. »

Des proches autour du cercueil au couvercle de verre abritant le corps embaumé d'Eva Duarte de Perón.

L'explosion de la première bombe H dans le Pacifique

La bombe à hydrogène est testée sur une île inhabitée de l'atoll d'Eniwetok.

La première explosion d'une bombe à hydrogène – baptisée Mike – détruisit complètement l'îlot d'Elugelab.

Le projet américain consistant à réaliser une bombe à hydrogène fut approuvé par le président Truman en 1950 car l'URSS avait commencé à tester ses propres armes nucléaires. Le physicien Edward Teller, qui avait déjà travaillé sur la première bombe atomique, était une figure essentielle de ce programme. Le premier essai considéré comme réussi de la nouvelle arme eut lieu dans le cadre de l'opération Ivy sur l'atoll d'Eniwetok, un groupe d'îlots du Pacifique dont la population avait été évacuée des années auparavant.

Cet essai qui impliqua plus de 11 000 militaires et civils, eut lieu à 19 h 15, heure locale sur l'îlot d'Elugelab, qui fut complètement détruit. L'explosion atteignit une puissance de 10,4 mégatonnes, provoquant une boule de feu de plus de 5 km de large et un nuage atteignant 37 km d'altitude et 161 km de largeur au sommet. Des morceaux de coraux tombèrent sur des bateaux éloignés de 48 km, et l'atoll fut très contaminé par des retombées radioactives.

L'Atomic Energy Commission américaine publia un rapport, le 16 novembre, annonçant prudemment le succès de l'essai : « En présence de menaces vis-à-vis de la paix mondiale et en l'absence d'accords effectifs et exécutoires concernant le contrôle des armements, le gouvernement américain doit poursuivre ses recherches sur le développement de puissantes énergies permettant de défendre le monde libre. »

L'atoll fut finalement déclaré assaini en 1980 et certains de ses habitants vinrent s'y réinstaller. **RC**

La mort de Staline

Un des personnages emblématiques du xxe siècle disparaît.

Dernier hommage à Staline ; en raison de l'immense foule, certaines personnes furent écrasées.

Le 28 février, Joseph Staline, après avoir regardé un film avec des proches, était allé se coucher en donnant l'ordre de ne pas le déranger. Le lendemain, il fut découvert sans connaissance dans sa chambre. Il reçut des soins médicaux, mais mourut le 5 mars, dans un contexte de rivalités politiques et de rumeurs d'empoisonnement. Des millions de personnes défilèrent devant sa dépouille exposée au public.

Pour la plupart des citoyens soviétiques, la mort de Staline, après 25 ans de règne sur l'URSS, était synonyme d'incertitude et de crainte pour l'avenir. Certains prisonniers de camps sibériens auraient même pleuré. Nikita Khrouchtchev sortit victorieux de la lutte de pouvoir qui s'ensuivit. Il se vit confier la mission de restaurer la légitimité d'un État trop longtemps soumis aux caprices d'un seul homme. Le culte et le mythe de Staline devaient être démantelés.

Il y eut une période de relative libéralisation des lois soviétiques, au cours de laquelle beaucoup de prisonniers politiques furent libérés et la mainmise sur la culture assouplie. Son point culminant fut un discours secret de Khrouchtchev devant le congrès du Parti communiste en 1956, afin de dénoncer Staline, un homme qu'il avait servilement assisté durant 30 ans, comme criminel. Khrouchtchev ne mentionna pas les crimes auxquels il avait participé lui-même, mais le discours fit l'effet d'une telle bombe qu'il ne resta pas longtemps secret. Khrouchtchev, cependant, n'obtint jamais les pleins pouvoirs qu'avait eus Staline. **JS**

La découverte de l'ADN

Crick et Watson présentent un modèle de la structure moléculaire de l'ADN.

James Watson (à gauche) et Francis Crick avec leur maquette d'une partie de molécule ADN, en 1953.

Le 25 avril 1953, deux scientifiques, le Britannique Francis Crick et l'Américain James Watson, présentèrent une maquette composée de deux brins hélicoïdaux entremêlés correspondant à la structure moléculaire de l'acide désoxyribonucléique (ADN), qui montrait comment les caractéristiques étaient copiées et transmises d'une génération à une autre.

Crick avait 36 ans et Watson, 25 ans. Crick, d'abord physicien, s'était orienté vers la biochimie ; Watson fut d'abord ornithologue, puis se tourna vers l'étude des virus. Leur découverte eut lieu lorsque Watson observa l'image cristallographique aux rayons X de la molécule d'ADN.

Ce fut l'aube des biotechnologies et les chercheurs, dans ce domaine, purent s'appuyer sur les travaux de Crick et Watson. Dans les années 1970, les biochimistes Paul Berg et Herbert Boyer découvrirent l'« ADN de recombinaison » en sélectionnant les molécules d'ADN de deux organismes différents. Ce fut le premier pas vers le génie génétique. Les travaux de Crick et Watson facilitèrent également le décodage ultérieur de génomes entiers (séquence génétique d'une espèce), d'abord chez les bactéries, puis, grâce aux progrès de la technique, chez l'être humain. Cela donna naissance à la cartographie génétique qui permet notamment d'identifier certains gènes porteurs d'anomalies ; les thérapies géniques envisagent de modifier le patrimoine génétique *in vitro* et apportent un espoir à certains malades. **JS**

La première ascension réussie de l'Everest

Hillary et Tensing escaladent la plus haute montagne du monde.

Tensing Norgay et Edmund Hillary, à leur bivouac, sur l'Everest.

Ils se frayaient un chemin depuis tant d'heures dans la neige qu'ils pouvaient à peine encore marcher. Leur enthousiasme initial avait disparu ; désormais, la lutte était sinistre. Puis Hillary réalisa que l'arête devant eux, au lieu de s'élever, descendait abruptement. Encore quelques coups de piolet et ils étaient arrivés. Il était 11 h 30 et Hillary put déceler sur le visage de Tensing, malgré son équipement, « un sourire contagieux de pur ravissement ». Les deux hommes prirent des photographies avant de planter le drapeau britannique, celui du Népal et celui des Nations unies.

Les Tibétains l'appelèrent Chomolungma et les Népalais Sagarmatha, deux termes signifiant « Mère déesse du monde ». À l'origine, les Britanniques le baptisèrent Peak XV, puis Sir George Everest, nom d'un géographe en fonction aux Indes. Culminant à 8 848 m, avec des variations dues aux changements de niveau de la couche supérieure de neige, l'Everest est le plus haut sommet du monde et un défi pour les alpinistes. Une douzaine d'expéditions avaient déjà échoué. Malgré l'utilisation de matériel à oxygène de pointe et de vêtements isolants spécifiques, une ascension avait échoué quelques jours plus tôt en raison de vents violents. Heureusement pour le Néo-Zélandais Hillary et le sherpa Tensing Norgay (partis dans le cadre d'une expédition britannique), le temps fut parfait. La nouvelle parvint en Grande-Bretagne la veille du couronnement d'Élisabeth II, et l'on parla d'un « nouvel âge élisabéthain ». **RP**

1953 – 17 JUIN

Révolte ouvrière à Berlin-Est

En Allemagne de l'Est, des ouvriers protestent contre le régime communiste.

Le soulèvement des ouvriers contre le système communiste en Allemagne de l'Est, en juin 1953, fut le premier d'une série d'événements similaires (Hongrie en 1956, Tchécoslovaquie en 1968 et Pologne en 1970).

Il eut lieu après que la direction du parti socialiste unifié (SED) eut imposé une augmentation de 10 % des normes de productivité tout en gelant les salaires, à titre de « présent pour le soixantième anniversaire » du dirigeant communiste de l'Allemagne de l'Est, Walther Ulbricht. Le 16 juin 1953, près de 70 ouvriers firent spontanément grève sur un site en construction à Berlin. La nouvelle se répandit rapidement et le jour suivant 100 000 grévistes se rassemblèrent dans la capitale, criant parfois « mort au communisme ». Le mouvement s'amplifia et gagna environ 400 villes et villages.

Les autorités soviétiques réagirent rapidement et brutalement, ordonnant à seize divisions armées (20 000 hommes) et à 10 000 Allemands de l'Est de la police populaire (Volkspolizei) d'écraser l'insurrection par tous les moyens. Des tanks pénétrèrent dans les rues de Berlin-Est et dans les quartiers centraux d'Unter den Linden et de Postdamer Platz.

L'armée et la police ouvrirent le feu sur des manifestants ; au moins 55 d'entre eux furent tués. Ensuite, plus d'une centaine de peines de mort furent prononcées et plusieurs milliers de personnes furent condamnées à de longues peines, en prison et dans des camps de travail.

Trois mois après la mort de Staline, le soulèvement de Berlin ébranla gravement les dirigeants de la République démocratique allemande. Leur réponse fut la répression – provoquant une fuite des cerveaux à l'ouest et la construction du mur de Berlin en 1961. **NJ**

1953 – 19 AOÛT

Mossadegh congédié

La CIA fomente un coup d'État en Iran et le chah revient à Téhéran.

En 1951, Mohammad Mossadegh est nommé Premier ministre du gouvernement iranien. Avec l'appui des forces religieuses, il mena une politique anti-impérialiste contre les Américains et les Britanniques, nationalisant l'énorme compagnie pétrolière anglo-iranienne Oil Company. L'année suivante, à la suite d'un conflit constitutionnel avec le chah d'Iran, Mossadegh démissionna. La colère de la foule fut immédiate, des manifestations se déroulèrent à Téhéran, au cours desquelles les statues du chah furent brisées : le peuple réclamait le retour de Mossadegh.

Mais le 19 août 1953, on apprit que le chah avait nommé au poste de Premier ministre le général Fazollah Zahedi. La violence des manifestations s'amplifia causant la mort de 300 personnes. Cependant, un mandat d'arrêt fut lancé contre Mohammad Mossadegh. L'armée bombarda la résidence du Premier ministre qui fut arrêté. Condamné à trois années de prison, il fut ensuite assigné à résidence sous la surveillance de la police secrète du chah. Mossadegh décéda en 1967.

L'évincement de Mossadegh put se faire grâce à la participation active de la CIA et des services secrets britanniques qui n'appréciaient pas la politique du ministre. Ils achetèrent la complicité de plusieurs Iraniens, dont Zahed. La CIA considérait le chah comme « un personnage indécis, assailli par des doutes et des craintes indéfinis » qu'il fallait « pousser à jouer son rôle », ce qu'elle fit. Le nouveau régime reçut 5 millions de dollars, Oil Company retourna entre des mains britanniques. Le chah régna jusqu'en 1979, date à laquelle il fut destitué en faveur de l'ayatollah Khomeini, un fondamentaliste islamiste. **RP**

Succès du rock and roll

« Rock Around the Clock », enregistré par Bill Haley et ses Comets, arrive en tête du hit-parade américain.

Le rock and roll, baptisé ainsi au début des années 1950, est issu de la musique country et du rhythm and blues. Destiné à l'origine à un public noir, il plut également aux Blancs, en raison de son style innovant, jeune et rebelle. En 1951, le chanteur et guitariste Bill Haley et son groupe, les Saddlemen, réalisèrent ce que Haley considéra comme le premier disque de rock and roll, « Rock the Joint ». En 1952, le groupe fut rebaptisé The Comets (jeu de mots sur la comète de Halley) et, en 1953, son disque devint le premier disque de rock and roll à figurer au top 20 du hit-parade (*Crazy, Man, Crazy*), ce qui lui permit de signer un contrat avec Decca.

Le single Rock Around the Clock fit peu de bruit à sa sortie, mais lorsqu'on l'entendit dans *Graine de violence*, en 1955, film qui traitait de l'aliénation de la jeunesse, ce fut un triomphe. Single le plus vendu aux États-Unis durant huit semaines, il obtint un franc succès chez les jeunes. Au cours des années 1950, Bill Haley & His Comets enregistrèrent tube après tube – dont *See You Later Alligator* – et, en 1956, ils apparurent dans les films *Rock Around the Clock* et *Don't Knock the Rock*.

Dès la fin des années 1950, la jeunesse se tourna vers des nouvelles vedettes comme Elvis Presley et Little Richard, le succès de Haley déclina. Désespérément dépensier et criblé de dettes, Haley se mit à boire et mourut en 1981. À cette époque, les ventes de *Rock Around the Clock* dépassaient les 25 millions d'exemplaires. **RC**

The Comets : Joey d'Ambroso, Johnny Grande, Bill Haley (au fond), Billy Williamson, Marshall Lyte, Dick Richards.

Graine de violence, réalisé par Richard Brooks, fut nommé pour quatre oscars.

Un exploit mythique en athlétisme

Le Britannique Roger Bannister est le premier athlète à courir le mile en moins de quatre minutes à l'université d'Oxford.

Les coureurs de demi-fond cherchaient depuis des années à parcourir un mile (1 609 m) en moins de quatre minutes. En 1923, le Finlandais Paavo Nurmi couvrit cette distance en un peu plus de 4'10''. Durant les années 1930 et 1940, les athlètes gagnèrent encore quelques secondes et, en 1945, un Suédois, Gunder Haag, abaissa le record à 4'01''3, à peine plus que l'objectif.

À Oxford, un après-midi de mai 1954, eut lieu une nouvelle tentative de battre le record, opposant l'université et l'Amateur Athletic Association (AAA) devant une foule importante dans le stade d'athlétisme de l'université. Les trois principaux coureurs de l'AAA étaient Roger Bannister, Chris Chataway et Chris Brasher, qui avaient minutieusement préparé leur tactique. Brasher devança les autres durant deux tours et parvint à mi-parcours en 1'58''. À la moitié du troisième tour, Chataway, un tout petit gabarit, prit la tête, talonné de près par la silhouette longiligne de Bannister. Il resta en tête jusqu'à la moitié du dernier tour, puis Bannister allongea sa foulée, le dépassa avec facilité sembla-t-il et se rua dans le dernier virage avant de franchir la ligne d'arrivée. Chataway le suivait de près.

La foule attendait avec excitation tandis que l'annonceur prenait délibérément son temps pour déclarer « Temps… », faire une pause pour faire monter la tension et annoncer « trois minutes… ». Le reste fut noyé par un tonnerre d'acclamations. Le temps était de 3'59''4. Ce fut l'un des événements les plus passionnants de toute l'histoire de l'athlétisme. **RC**

Roger Bannister, au moment où il bat le record du mile en moins de quatre minutes.

1954 – 7 MAI

Dien Bien Phu

La victoire des communistes marque la fin de l'hégémonie française en Indochine.

Ho Chi Minh compara la bataille entre la puissance coloniale française et les guérilleros du Vietminh à celle « d'un éléphant et d'une sauterelle ». Le général français Henri Navarre, en novembre 1953, installa un camp retranché à Dien Bien Phu, dans le but d'attirer les guérilleros. Le général vietnamien Giap releva le défi. Près de 50 000 paysans constituèrent une chaîne d'approvisionnement, fournissant des armes chinoises au nord, et ses hommes assiégèrent le village, bombardèrent les deux pistes aériennes et abattirent impitoyablement les troupes ennemies. Le siège dura 57 jours, jusqu'au 7 mai, date à laquelle le dernier bastion français tomba. Seuls 3 000 soldats français sur une garnison de 16 000 hommes survécurent.

« Une pauvre nation féodale a battu une grande puissance coloniale… »

Général Vo Nguyen Giap

La défaite marqua la fin d'une guerre de huit ans menée par la France pour récupérer son ancienne colonie. Les Français appelaient cette guerre « la sale guerre » d'Indochine. L'Algérie devint ensuite prioritaire. Les accords de Genève qui s'ensuivirent consacrèrent la fin des hostilités et de l'hégémonie française en Indochine, et le Vietnam fut divisé. Les communistes, sous la direction d'Ho Chi Minh et de Giap, prirent le contrôle du Nord, et une République anticommuniste, soutenue par les États-Unis, fut instaurée au Sud. Cette situation allait aboutir à la sanglante guerre du Vietnam des années 1960. **RP**

1954 – 2 DÉCEMBRE

La fin du maccarthysme

Le sénateur McCarthy est désavoué par le Sénat des États-Unis.

Joseph McCarthy inspira ce qui fut appelé la « grande peur » aux États-Unis. Il causa un tort profond à l'administration américaine et favorisa la propagande soviétique. En 1954, il commit l'erreur de s'en prendre à l'armée américaine.

En 1953, son comité enquêtait sur un réseau soupçonné d'espionnage au sein du réseau d'espionnage le Army Signal Corps. Non seulement le sénateur ne put apporter la preuve de l'existence de ce réseau, mais la façon dont il traita un héros de guerre, le général Ralps Zwicker, offensa les patriotes américains, dont le président Eisenhower.

« Le maccarthysme, c'est l'américanisme aux manches relevées. »

Joseph McCarthy, sénateur, 1952

En mars 1954, McCarthy fit l'objet d'une émission au cours de laquelle il subit une attaque cinglante de la part du respecté Edward R. Murrow. Entre avril et juin, au cours d'émissions télévisées à laquelle assistèrent environ 20 millions de téléspectateurs, Joseph N. Welch, avocat de l'armée, présenta McCarthy comme une brute et un menteur. Ses reproches déclenchèrent les applaudissements des spectateurs et finirent d'anéantir la réputation du sénateur.

En septembre, le rapport unanime d'un comité du Sénat qualifia le comportement de McCarthy d'inexcusable et d'inqualifiable, et, en décembre, le Sénat condamna formellement ses actes par 67 voix contre 22. Il resta sénateur, mais ses jours étaient comptés et il mourut en 1957 d'une hépatite aiguë. **RC**

Disneyland ouvre ses portes

Walt Disney ouvre son premier parc à thème en Californie.

La construction d'un rêve, celle du célèbre château de Disneyland, à Anaheim, en Californie.

Walt Disney, longtemps maître du dessin animé aux États-Unis et dans le monde entier, mais aussi célèbre dans le milieu de la bande dessinée, des livres et de la télévision, projetait la construction d'un parc près de ses studios de Los Angeles. Afin que les familles puissent y découvrir l'univers de Disney et sa « magie ». Il acquit du terrain à Anaheim, au sud de Los Angeles, et la construction débuta en 1954. D'un coût de 17 millions de dollars, le parc fut ouvert en avant-première pour la presse internationale le 17 juillet 1955. Ronald Reagan, le futur président du pays, prit part à la couverture télévisée de l'événement. Il y eut des problèmes techniques et l'eau vint à manquer alors qu'il faisait très chaud (une grande partie de l'asphalte fondit).

Disneyland ouvrit au public le jour suivant, et une foule excitée se mit à faire la queue dès 2 heures du matin. Le premier client n'eut que le ticket n° 2 – le frère de Walt, Roy, avait pris le ticket n° 1. Le parc devint rapidement très populaire ; à ce jour, il a attiré plus de 500 millions de personnes. On y trouve le château de la Belle au Bois dormant, Mickey, Donald et d'autres personnages en costume… Lorsque le parc fut ouvert, il comptait cinq univers principaux : Main Street, une ville du Far West ; Adventureland, sur le thème de la jungle ; Frontierland ; Fantasyland ; et Tomorrowland. La formule de Disneyland remporta un grand succès et, plus tard, d'autres parcs seront ouverts en Floride, puis aux environs de Paris, de Tokyo et d'autres villes. **RC**

La mort de James Dean

James Dean, star de l'écran et acteur emblématique, meurt dans un accident de voiture.

Little Bastard, nom donné par James Dean à sa Porsche Spyder 550 argentée, après l'accident.

James Byron Dean fut le premier à remporter un oscar du meilleur acteur à titre posthume. Il mourut à 24 ans, après être devenu l'incarnation de la jeunesse rebelle des années 1950 suite à son rôle d'adolescent perturbé dans *La Fureur de vivre* en 1955. Le film, qui met en scène des gangs d'adolescents, des jeunes qui s'adonnent à des jeux dangereux, alcool, courses de voitures, eut beaucoup de succès auprès de la jeunesse. Dean avait aussi été l'acteur principal de deux autres films, *À l'est d'Éden* (1954) et *Géant* (1956).

James Dean aimait les voitures rapides et les courses. En septembre 1955, il prit la route avec son mécanicien dans une Porsche Spyder 550 pour participer à une course à Salinas. En route, il reçut une contravention parce qu'il roulait à 105 km/h dans une zone limitée à 90 km/h. Plus tard, alors qu'il roulait vers l'ouest sur la route 466, une Ford conduite par un homme de 23 ans du nom de Turnupseed lui coupa la route pour bifurquer sur une route latérale. La collision entre les deux voitures fut presque frontale. Dean respirait encore lorsque l'ambulance arriva. Le mécanicien avait été éjecté de la voiture et avait la mâchoire cassée. Turnupseed n'eut que des coupures et des bleus superficiels, et ne fit l'objet d'aucune poursuite. Dean fut déclaré mort à son arrivée à l'hôpital de Paso Robles, peu avant 18 heures. Il fut inhumé à Fairmount, dans l'Indiana, où il avait vécu enfant. Sa mort provoqua une hystérie collective identique à celle qui avait suivi la mort de Rudolph Valentino. **RC**

1955 – 1er DÉCEMBRE

Ségrégation dans le bus

Rosa Parks refuse de donner son siège, provoquant le boycott des bus.

Le mouvement des droits civiques des Noirs américains aux États-Unis eut des conséquences dans le Sud, où, à Montgomery, les passagers de couleur n'étaient pas autorisés à s'asseoir à l'avant des bus mais devaient aller au fond. En décembre 1955, une femme noire respectable d'âge moyen, Rosa Parks, qui militait au sein du mouvement pour les droits civiques, ignora la loi. Elle refusa de céder son siège à un homme blanc dans le bus de Cleveland Avenue, disant qu'elle avait mal aux pieds. Le bus stoppa, elle fut arrêtée et emprisonnée.

Planifié à l'avance ou non, cet incident eut des conséquences. Les personnalités noires de la ville chargèrent un pasteur baptiste alors inconnu, le révérend Martin Luther King, d'organiser un boycott des bus de la ville. Le choix était inspiré. Les principes de résistance non violente du pasteur fonctionnèrent. Plus de 90 % des Noirs de la ville boycottèrent les bus et se rendirent à leur travail par d'autres moyens, entraînant de grosses pertes de revenus pour la compagnie de bus et les magasins du centre-ville. En avril 1956, la Cour suprême des États-Unis se prononça contre la ségrégation dans les bus, mais la compagnie de bus locale ne put appliquer la loi en raison d'une décision du chef de la police municipale. En juin, la cour fédérale de district déclara que les ordonnances de ségrégation de la ville étaient inconstitutionnelles, ce que confirma la Cour suprême en novembre. La ville céda et Rosa Parks posa pour les photographes devant un bus de la ville.

Cette victoire fut favorable au mouvement des droits civiques dans l'ensemble des États-Unis et permit à Martin Luther King d'entrer dans l'Histoire, aux États-Unis comme dans le monde entier. **RC**

1956 – 25 FÉVRIER

Khrouchtchev accuse Staline

Khrouchtchev tente de rompre avec le passé en dénonçant Staline.

Les 1 355 délégués votants et les 81 non votants réunis au palais du Kremlin en février 1956 ne savaient qu'attendre du 20e congrès du Parti communiste de l'URSS, le premier depuis la mort de Staline en 1953. Ils en surent davantage lorsque, à l'ouverture, le premier secrétaire, Nikita Khrouchtchev, leur demanda de se lever en mémoire des dirigeants communistes morts récemment. Staline était placé au même rang que Gottwald et Toduka.

Cependant personne n'était préparé à cette session secrète de quatre heures. Khrouchtchev critiqua le culte de la personnalité mis en place par Staline, révéla l'hostilité montrée par Lénine à son encontre en 1924 et dénonça les purges organisées par Staline, qui causèrent la mort de tant d'innocents. Il affirma que malgré son infaillibilité apparente, l'homme était un despote coupable de crimes contre le peuple soviétique. Les délégués étaient stupéfaits.

Des milliers de prisonniers furent libérés du goulag et les statues de Staline furent démontées. Ce renouveau apparent suscita toutefois des réactions. Beaucoup considérèrent le discours de Khrouchtchev comme un moyen malhonnête et cynique de poursuivre sa carrière. Lorsqu'il envoya des troupes en Hongrie, déclarant qu'il était stalinien dans sa détermination de combattre l'ennemi, il parut d'ailleurs faire marche arrière.

Le discours de Khrouchtchev était trompeur. Les dirigeants occidentaux attendaient une accalmie de la guerre froide. Mais les relations diplomatiques avec Berlin-Est et Cuba se tendirent. Ce discours ternit définitivement la réputation de Staline et Khrouchtchev apparut comme un précurseur de la glasnost et de la perestroïka des années 1980. **RP**

Elvis numéro un au hit-parade

Le succès de Heartbreak Hotel *transforme la réussite locale du chanteur en un phénomène national, et donne au rock and roll le statut d'une véritable musique.*

Heartbreak Hotel fut le single qui fit le succès d'Elvis Presley. Il fut écrit par Mae Axton et devint numéro un au hit-parade le 21 avril 1956, une place qu'il conserva huit semaines. Axton aurait dit à Elvis : « Tu as besoin d'une vente d'un million et je vais l'écrire pour toi. » Le single sortit le 27 janvier.

Elvis Aaron Presley vit le jour le 8 janvier 1935. Les gospels de l'église, le rhythm and blues de ses voisins noirs, la musique country et western blanche à la radio et à l'école furent ses premières influences. En 1954, chauffeur de camion, il réalisa son premier enregistrement – un disque personnel pour l'anniversaire de sa mère. Deux ans après ses 21 ans, en 1956, il fit ses premiers enregistrements aux studios RCA de Nashville. Le colonel Tom Parker, son manager, avait racheté son contrat 40 000 dollars. Elvis était au sommet.

Heartbreak Hotel était inspiré d'un article de journal sur un jeune homme qui s'était suicidé. Le 3 avril, Elvis chanta le titre devant une immense audience télévisée (25 % de la population américaine semble-t-il) au cours du Milton Berle Show. Il devint bientôt l'icône d'un public adolescent blanc et celle du rock and roll. Sans doute était-il soigné et désireux de plaire, mais il n'était pas terne et banal comme d'autres chanteurs passant à la télévision, habillés en smoking ou en cow boy. Ses déhanchés et ses moues furent cependant qualifiés d'obscènes et de vulgaires. « Elvis le pelvis » choqua le pays. Si le « King » n'a jamais été interdit d'antenne, les réalisateurs reçurent des instructions pour ne filmer l'artiste qu'au-dessus de la ceinture ! **JJH**

Elvis et son disque d'or *Heartbreak Hotel*, avril 1956.

Nasser nationalise le canal de Suez

La nationalisation du canal provoque un conflit avec la Grande-Bretagne et la France.

Un soldat indien des Nations unies surveille le canal durant la crise de Suez en 1956.

Pour le quatrième anniversaire de l'exil du roi Farouk, le discours de Nasser fut très suivi. Certains pensaient que Nasser ferait profil bas car son projet, le haut barrage d'Assouan, n'allait peut-être pas voir le jour. En réalité, son discours fut très déterminé. Il expliqua que la Compagnie du canal de Suez de Ferdinand de Lesseps avait délesté les Égyptiens d'une richesse nationale. Il allait y remédier en nationalisant le canal et en employant ses bénéfices pour financer le barrage. « Ils peuvent bien s'étrangler de colère », dit-il à la foule au grand dam des nations impérialistes. Lorsqu'il se tut, le canal était aux mains des forces égyptiennes. L'opération « Ferdinand de Lesseps » – c'est son nom de code – leur avait permis de s'emparer du canal et des bureaux de la compagnie.

Le canal avait été achevé en 1869, ouvrant un passage entre la Méditerranée et l'Asie. La Grande-Bretagne en était devenue l'actionnaire principal en 1875 et avait envahi l'Égypte en 1882 pour préserver son investissement. La présence de ses troupes près du canal devint un sujet de discorde après un coup d'État mené par des officiers nationalistes de l'armée en 1952. Ce n'est qu'en juin 1956 que les dernières troupes britanniques partirent. Le même mois, l'entente de Nasser avec l'URSS conduisit à l'interruption de l'aide financière des États-Unis pour la construction du barrage. La décision de Nasser provoqua une réaction instantanée de la Grande-Bretagne et de la France. Nasser devint, cette année-là, un héros au Moyen-Orient. **RP**

L'insurrection hongroise contre les Soviétiques

La révolte d'octobre 1956 en Hongrie laisse faussement espérer la fin du contrôle soviétique.

Des combattants hongrois, en liesse, agitent le drapeau national après s'être emparé d'un tank soviétique.

Le gouvernement hongrois avait interdit les manifestations, ce qui n'arrêta ni les étudiants, ni les ouvriers, ni les soldats. En octobre 1956, ceux-ci défièrent ouvertement l'occupant soviétique, demandant le renvoi de l'Armée rouge et l'organisation d'élections. Le nouveau dictateur, Erno Gero, dénonça les manifestants à la radio, ce qui provoqua le siège d'une station de radio locale. La monumentale statue de Staline fut abattue par la foule. Était-ce une nouvelle aube pour la Hongrie et pour l'Europe de l'Est, contrôlée par les Soviétiques ?

L'Armée rouge de Staline avait pris le contrôle de la Hongrie après la Seconde Guerre mondiale. La mainmise de l'URSS semblait s'être assouplie après la dénonciation de Staline par Khrouchtchev et l'introduction de réformes en Hongrie par Imre Nagy, le Premier ministre. Malheureusement, Nagy fut exclu du parti. C'était le chaos. Khrouchtchev retira les troupes soviétiques de Budapest, espérant que cela mettrait fin à l'agitation.

Nagy forma un nouveau gouvernement, mais lorsqu'il annonça le retrait imminent de la Hongrie du pacte de Varsovie, Moscou réagit. Le 4 novembre, 200 000 soldats soviétiques et 2 500 tanks vinrent imposer leur autorité.

L'insurrection hongroise fit 3 000 morts et 13 000 blessés. Nagy fut capturé par le KGB, jugé et exécuté. Le 23 octobre ne fut pas un nouveau départ, mais annonçait peut-être le renversement du communisme en Hongrie, en 1989-1990. **RP**

Le conflit du canal de Suez

L'invasion de l'Égypte par Israël faisait partie d'un plan pour destituer Nasser.

Les troupes des Nations unies arrivent à Port-Saïd pour rétablir l'ordre dans la région.

Les troupes israéliennes attaquèrent de nuit le 29 octobre 1956. Elles pénétrèrent dans la région du Sinaï en Égypte puis se dirigèrent vers le canal de Suez. Le même jour, Anthony Eden, Premier ministre britannique, insista sur la gravité de la situation. Selon lui, lorsque le président Nasser avait nationalisé le canal, il avait asphyxié la Grande-Bretagne, mais avec le conflit israélo-égyptien actuel, la navigation internationale et la sécurité du canal étaient menacées. La Grande-Bretagne se réservait le droit d'intervenir ; Eden affirma qu'il était indispensable d'envoyer des troupes pour restaurer l'ordre. La France allait contribuer à cette application de la loi internationale.

La Royal Air Force bombarda ainsi les aérodromes égyptiens ; le 5 novembre, plus de 8 000 soldats britanniques et français furent parachutés en Égypte. Les Américains appelèrent à un cessez-le feu par l'intermédiaire des Nations unies. Nasser bloqua le canal en coulant des bateaux remplis de béton. Eden affirma qu'il n'avait pas été prévenu de l'attaque israélienne, mais beaucoup soupçonnèrent la Grande-Bretagne, la France et Israël d'avoir trouvé un prétexte pour envahir l'Égypte. Eden souhaitait destituer Nasser et porter un coup au mouvement nationaliste arabe au Moyen-Orient.

L'Organisation des Nations unies mit fin au conflit en obtenant le retrait des troupes occidentales des rives du canal. Ni Eden ni l'impérialisme britannique ne sortirent indemnes de cette débâcle. Nasser, en revanche, sortit grandi de cette crise politique. **RP**

L'indépendance du Ghana

La création d'un Ghana indépendant annonce le retrait européen de l'Afrique.

Kwame Nkrumah porté en triomphe par les membres officiels du gouvernement au milieu de la foule.

En 1957, à Accra, devant des représentants du monde entier, à minuit, le drapeau britannique fut abaissé et l'Étoile noire fut hissée. La Côte-de-l'Or n'était plus : le Ghana, première colonie africaine à devenir indépendante, était né. « Avec le vacarme joyeux causé par l'enthousiasme explosif et la jubilation de cinq millions de personnes triomphantes se sont éteintes 113 années de domination impériale », lisait-on dans la presse.

Le pouvoir avait été transféré pacifiquement après une série d'élections démocratiques. Les Britanniques et les Ghanéens étaient fiers du travail accompli. Le dernier gouverneur, Sir Charles Arden-Clarke, félicita le Premier ministre, Kwame Nkrumah : « Voici la fin de ce pour quoi vous vous êtes battus. » Le ministre le corrigea : « Voici la fin de ce pourquoi nous nous sommes battus, Sir Charles. » Il y avait là un modèle pour l'Afrique, voire pour le monde.

La Côte-de-l'Or était bien différente avant la Seconde Guerre mondiale, lorsqu'il semblait inconcevable aux Britanniques qu'une colonie africaine soit prête à se gouverner elle-même. Différente aussi en 1948, lorsque des émeutes à Accra avaient entraîné l'arrestation de Nkrumah et d'autres nationalistes. Depuis, les progrès politiques avaient été fulgurants. Mais les choses se passèrent différemment en 1966. À l'époque, la plupart des colonies d'Afrique étaient devenues indépendantes, mais le Ghana était appauvri par la corruption et son dictateur, Nkrumah, fut renversé par le peuple. **RP**

Libre-échange en Europe

Le traité de Rome instaure la Communauté économique européenne.

La signature du traité de Rome par la délégation allemande.

Le désir d'une unité européenne est ancien, mais prit réellement forme en 1957 à Rome. Les hommes politiques comme les peuples étaient douloureusement conscients des effets dévastateurs de la guerre. Le passé devait être exorcisé. Des représentants de la France, de l'Allemagne de l'Ouest, de l'Italie, de la Belgique, des Pays-Bas et du Luxembourg signèrent un traité dont l'objectif était de « renforcer l'union ». Il y aurait désormais une Communauté économique européenne. Toutes les restrictions douanières entre les six États membres allaient être abolies et une libre circulation des biens, des capitaux et des personnes allait être instaurée.

Le traité de Rome était l'aboutissement d'une série d'événements qui débutèrent en 1944 lorsque la Belgique, les Pays-Bas et le Luxembourg créèrent le Benelux, une union économique et commerciale. En 1951, le traité de Paris instaura la Communauté européenne du charbon et de l'acier, un Conseil des ministres, une Assemblée parlementaire et une Cour de justice. Les fondations du traité de Rome furent établies en 1955, à Messine en Sicile. L'objectif était d'abolir la guerre entre les États membres et d'assurer la prospérité à l'avenir. Le sacrifice de la souveraineté nationale semblait être un petit prix à payer.

Les six premiers membres furent bientôt rejoints par d'autres. Appelée Union européenne depuis 1992, l'institution compte désormais 27 membres. Son avenir constitue l'une des questions les plus passionnantes de la politique mondiale. **RP**

Les Soviétiques lancent le premier satellite

Le monde est surpris par la prouesse scientifique de l'Union soviétique.

Spoutnik I, photographié en 1957, constitua un point crucial de la carrière du dirigeant soviétique Nikita Khrouchtchev.

En 1957, le monde acquit son premier satellite artificiel, *Spoutnik 1*, grâce à l'URSS. Immense triomphe pour Khrouchtchev, son lancement causa la consternation à l'Ouest. La supériorité technologique des États-Unis était remise en cause et les implications stratégiques de cette avancée parurent désastreuses : l'URSS semblait posséder une nette avance dans le développement de missiles balistiques intercontinentaux. Le président américain Eisenhower fut accusé de gâcher les atouts scientifiques du pays.

Celui-ci savait pourtant grâce aux renseignements fournis par l'avion espion U-2 que la balance stratégique penchait largement en faveur de son pays. Mais il ne put l'annoncer car ces informations étaient secrètes. Son argument que les États-Unis n'étaient pas en danger et que la recherche spatiale se portait bien ne fut pas concluant. Khrouchtchev utilisa sa supériorité supposée pour bénéficier d'avantages en traitant avec l'Ouest. Il désirait une existence pacifique et la diminution des dépenses militaires soviétiques, mais ne put s'empêcher d'exagérer la puissance de ses missiles. Ses voyages à l'étranger étaient habituellement associés à un nouveau lancement spatial. Il voulait donner le change, mais parut crédible. Cela finit par se retourner contre lui. Convaincus que les défenses américaines étaient inadaptées et qu'elles comptaient moins de missiles, les Américains exigèrent de remédier à la situation. Un écart se creusa alors réellement, en faveur des Américains **JS**

Mao proclame le Grand Bond en avant

Mao décrète une industrialisation rapide du pays grâce à l'énergie du peuple.

Le Grand Bond en avant appauvrit notamment les communautés agricoles et causa une famine dévastatrice.

La nouvelle politique économique annoncée par le président chinois Mao Zedong en 1958 était ambitieuse. Baptisée Grand Bond en avant, elle consistait à industrialiser la Chine en mobilisant le zèle révolutionnaire des masses. En réalité, le leader chinois reconnaissait ainsi que l'industrialisation de l'URSS, qui exigeait des paysans un surplus de grains pour l'exportation et pour le financement de machines, ne convenait pas à la Chine. La population chinoise était si nombreuse que toute la production était consommée. Le financement de machines étant impossible, les paysans restaient la seule ressource exploitable. Ils furent organisés en communes et en brigades de travail. Au début, le projet suscita l'enthousiasme, car on pensait obtenir des changements immédiats. Malheureusement, le zèle ne put se substituer efficacement à la technologie. Des fourneaux de fortune devaient produire de vastes quantités d'acier, mais l'acier était généralement de si mauvaise qualité qu'il était inutilisable. La production de biens comme le ciment, les produits chimiques et le coton augmenta, mais leur qualité était souvent exécrable. Les ressources, notamment humaines, étaient allouées à d'autres domaines que l'agriculture. Avec le mauvais temps, cela provoqua une famine qui, en 1960, avait causé la mort de 20 millions de personnes. Mao abandonna donc son projet. Ce coup porté à son prestige le contraignit à réaffirmer son autorité par le biais de la Révolution culturelle et de ses horreurs en 1966. **JS**

Castro devient le Premier ministre de Cuba

L'armée de Castro entre à La Havane, un fait bien accueilli par la plupart des Cubains.

Fidel Castro et des membres de sa guérilla dans les rues de La Havane après leur coup d'État réussi.

Fidel Castro devient Premier ministre en janvier 1959, mais sa carrière politique cubaine avait débuté dans des circonstances difficiles. Il avait débarqué sur la côte sud-ouest du pays fin 1956 avec 80 hommes seulement. Le plan avait été révélé au régime cubain de sorte que la plupart furent tués ou capturés. Quelques-uns, dont Castro, son frère Raul et Ernesto « Che » Guevara, sont parvenus à s'enfuir dans les montagnes de la sierra Maestra. Là, Castro leur a dit : « Maintenant, nous allons gagner. »

Les faits lui donnèrent raison. Les révolutionnaires menèrent une propagande efficace contre le régime de Batista grâce à leur émetteur radio et suscitèrent la sympathie pour leur cause à l'étranger. Ils organisèrent une guérilla contre le gouvernement et l'opposition au régime progressa. En juillet 1958, des opposants se réunirent à Caracas et choisirent Castro pour leader. Une attaque des troupes gouvernementales contre les rebelles de la sierra Maestra échoua et les hommes de Castro lancèrent une contre-offensive. Lorsque le gouvernement américain se prononça contre Batista, l'armée révolutionnaire comptait déjà 50 000 hommes et était fortement soutenue par la population.

La veille du Nouvel An, Batista s'enfuit. Il fut remplacé par une junte militaire, qui s'effondra bientôt. Les troupes armées cessèrent le combat et les hommes de Castro entrèrent à La Havane. Devenu Premier ministre, Castro instaura un régime marxiste-léniniste et s'allia à l'URSS. **RC**

Mort de Buddy Holly dans un accident d'avion

L'avion privé s'écrasa sans un champ de l'Iowa quelques minutes après le décollage, tuant la star de rock and roll Buddy Holly et son groupe.

Un monument en métal représentant une guitare et trois disques fut élevé sur le site où la première grande légende du rock périt dans un accident d'avion. Âgé de 22 ans seulement, Buddy Holly avait créé une musique qui influença tous les artistes, des Beatles à Bob Dylan et Bruce Springsteen.

Durant le mois de février extrêmement froid de 1959, le Winter Dance Party Tour accueillit 1 000 personnes dans l'Iowa. C'étaient les débuts du rock and roll et Buddy Holly tenait le haut de l'affiche avec Big Popper (Richardson) et Ritchie Valens. Lassé de voyager en bus, il avait loué un petit avion privé pour se rendre à son prochain concert avec son groupe, le bassiste Waylon Jennings et le guitariste Tommy Allsup. Mais Valens et Richardson prirent la place de ces derniers. L'avion décolla à une heure du matin durant une tempête de neige. Holly était assis près du pilote (un débutant). Quelques minutes plus tard, le contact visuel fut perdu. Personne ne survécut au crash.

Comme Elvis, qu'il avait rencontré en faisant l'ouverture d'un de ses spectacles à Lubbock au Texas en 1955, Holly était influencé par le blues, le rhythm and blues et la musique country et western. En 1957, il se rendit au Nouveau-Mexique pour réaliser un enregistrement avec Norman Petty, un producteur montant. Il commença à être connu et produisit une série de singles populaires. Le titre *It Doesn't Matter Any More* fut un grand succès posthume dans le monde entier **JJH**

Les restes de l'avion de Holly après le crash ; un passager a été éjecté dans la neige.

Bien que sa carrière n'ait duré que 18 mois, Holly eut une influence durable sur les débuts du rock.

1959 – 8 JANVIER

De Gaulle président

En pleine guerre d'Algérie, le général de Gaulle fonde la Vᵉ République.

Deux semaines plus tôt, Charles de Gaulle avait été élu président de la République par un collège de 80 000 grands électeurs. Ce 8 janvier 1959, il entra officiellement à l'Élysée, succédant au dernier chef de l'État de la IVᵉ République, René Coty. Pour l'homme du 18 Juin, c'est la fin d'une longue traversée du désert, durant laquelle il s'était retiré à Colombey-les-Deux-Églises pour y écrire ses *Mémoires de guerre*. À la faveur des circonstances, il venait d'imposer les institutions dont il rêvait depuis la Libération. La Vᵉ République sera dominée par un pouvoir exécutif fort, incarné par le président de la République, tandis que le Parlement verra son influence réduite.

La guerre d'Algérie est à l'origine de ce changement de régime, de Gaulle apparaissant comme le sauveur de la nation face à une IVᵉ République rongée par l'instabilité ministérielle, incapable de gérer la décolonisation. Le 13 mai 1958, les Français d'Algérie formèrent un Comité de salut public, qui réclamait le retour de de Gaulle. Ce dernier, investi le 1ᵉʳ juin comme président du Conseil, était chargé de rédiger une nouvelle constitution, approuvée par référendum le 28 septembre. Pierre Mendès-France, François Mitterrand, les communistes, parlent de coup d'État. Le général s'en défend. « Est-ce que j'ai jamais attenté aux libertés publiques fondamentales ? Je les ai rétablies ! Pourquoi voulez-vous qu'à 67 ans je commence une carrière de dictateur ? »

Premier président de la Vᵉ République, de Gaulle accorde l'indépendance aux pays d'Afrique et finalement à l'Algérie en 1962. La même année, il réforme la Constitution, instaurant l'élection présidentielle au suffrage universel direct qui rythmera désormais la vie politique française. **LV**

1959 – 31 MARS

La fuite du dalaï-lama

Le chef spirituel et politique du Tibet est contraint de s'exiler en Inde.

Lors de l'occupation chinoise du Tibet début 1959, une rumeur se propagea sur l'arrestation imminente du dalaï-lama. Des milliers de Tibétains s'assemblèrent alors autour de son palais à Lhassa pour le protéger. Bientôt, la confrontation prit une tournure violente. Des renforts écrasèrent rapidement l'insurrection tibétaine et laissèrent les Chinois déterminés à réprimer toute opposition.

Le dalaï-lama fut contraint de fuir avec 100 000 compatriotes environ. Il reçut asile en Inde et établit son gouvernement à Dharamsala, sur le versant indien de l'Himalaya. Ses appels aux Nations unies furent suivis de résolutions incitant la Chine à respecter les droits de l'homme au Tibet, mais rien ne fut fait pour qu'elles soient appliquées. Le dalaï-lama parcourut le monde pour évoquer la situation du Tibet et reçut le prix Nobel de la paix en 1989 pour sa campagne non violente visant à mettre fin à la domination chinoise au Tibet. Le gouvernement chinois tenta de diviser les Tibétains en chantant les louanges du 17ᵉ karmapa (considéré comme un Bouddha vivant). Or celui-ci s'enfuit aussi en Inde en 2000 et la Chine fut très embarrassée. Tant que le dalaï-lama demeure hors du contrôle chinois, l'emprise de la Chine sur le Tibet est incertaine. Mais le départ de celle-ci est improbable. **JS**

« La réincarnation du dalaï-lama apparaîtra dans un pays libre et non entre les mains des Chinois. »

Dalaï-lama, juillet 1999

1960 – 21 MARS

Drame de la répression policière

Les meurtres commis par la police à Sharpeville sont condamnés.

Les tensions raciales étaient courantes à l'ère de l'apartheid, mais les événements de Sharpeville furent d'une violence inouïe. Cela commença par une manifestation contre le port d'un pass pour les Noirs, sorte de carte d'identité, et contre l'interdiction de passer la nuit dans un quartier « blanc » même s'il s'agissait de leur lieu de travail. Il y eut certes des intimidations, de la violence et du vandalisme, mais personne ne s'attendait à un massacre.

Au plus fort de la manifestation, plusieurs milliers de personnes s'assemblèrent autour du poste de police local. Elles n'étaient pas armées, mais les 75 policiers possédaient des armes automatiques. La foule refusa de se disperser, mais n'était pas menaçante. La police fit feu. Elle tua 69 personnes et en blessa presque 200. Des hommes, des femmes et des enfants furent touchés en essayant de fuir. Un policier raconta aux reporters que la scène du carnage ressemblait « au champ de bataille d'une guerre mondiale, avec des corps étendus partout ».

Le gouvernement insista sur le fait que l'incident avait été provoqué par le Congrès panafricain (PAC), créé en 1959, et beaucoup plus radical que le Congrès national africain (ANC) ; 20 000 Africains armés auraient encerclé le poste de police et auraient tiré les premiers. Personne n'y crut. Le 1er avril, le Conseil de sécurité des Nations unies appela l'Afrique du Sud à mettre fin à la ségrégation. Qu'allait faire le gouvernement ? « Nous résisterons comme des murs de granit », répondit le Premier ministre Verwoerd. Son gouvernement interdit l'ANC et le PAC, expulsa l'évêque de Johannesburg et quitta le Commonwealth. Isolée, l'Afrique du Sud blanche survécut en radicalisant son combat. **RP**

1960 – 2 NOVEMBRE

Le procès de *Lady Chatterley*

Le jury décide que le roman de Lawrence n'est pas obscène et peut être publié.

Les témoins de la défense exagérèrent, décrivant *L'Amant de lady Chatterley* comme un roman « sain » et « hygiénique ». L'évêque de Woolwich qualifia l'adultère entre lady Chatterley et le garde-chasse d'« acte de communion sacré ». Mervyn Griffith-Jones, le procureur, fut, lui, ridicule. Il n'appela aucun témoin et tenta de démontrer que le livre n'était pas racheté par ses qualités littéraires. En trois heures, le jury décida que le roman n'était pas obscène et que Penguin Books n'avait commis aucun crime en le publiant.

« Est-ce un livre que vous aimeriez que votre femme ou même vos domestiques lisent ? »

Mervyn Griffith-Jones

D. H. Lawrence avait achevé son livre en 1928, le décrivant comme le « roman le plus inconvenant jamais écrit ». Il ne s'agissait pas de pornographie, simplement d'une « déclaration de la réalité phallique ». Cette précision s'avéra excessive aux yeux des autorités de Grande-Bretagne, qui interdirent le livre. En 1955, un libraire fut emprisonné parce qu'il l'avait en stock. Lorsque Penguin en imprima 200 000 exemplaires en 1959, pour le 30e anniversaire de la mort de Lawrence, le procureur général organisa un procès-spectacle.

Évidemment, la publicité entourant le procès fit du roman un best-seller. En deux ans, Penguin en vendit plus de trois millions d'exemplaires. L'attitude envers la sexualité évoluait en Grande-Bretagne et le livre marqua le début des *Swinging Sixties*. **RP**

Eichmann jugé pour crimes de guerre

Le procès d'Eichmann prouva qu'il n'y avait pas de prescription pour les crimes de guerre et les crimes contre l'humanité.

Tous les regards se concentraient sur le nazi, qui, âgé d'environ 55 ans, petit avec des cheveux clairsemés, semblait tout à fait ordinaire. Cet homme était accusé d'avoir commis des crimes contre les Juifs, des crimes contre l'humanité et des crimes de guerre. Il faisait l'objet de quinze chefs d'accusation, chacun passible de la peine de mort. À chaque accusation, il plaida non coupable.

Le procès avait longtemps été retardé, car Adolf Eichmann s'était échappé de prison en 1946. Il n'avait été appréhendé qu'en 1960 par des agents secrets israéliens. Mesure d'exception à la justice israélienne, ce procès était présidé par trois juges et fut diffusé en direct dans le monde entier. Les juges tenaient à ce que le droit soit scrupuleusement respecté, même si le procès était public. L'accusation était bien entendu représentée par le ministère public. L'accusé avait un avocat. Environ 1 500 documents furent examinés, et plus d'une centaine de témoins se présentèrent, en général des survivants de camps de concentration qui confirmèrent qu'Eichmann les y avait envoyés.

Eichmann insista sur le fait qu'il n'était pas personnellement hostile aux juifs ; il n'avait, disait-il, tué aucun juif, ni ordonné de le faire. Il n'avait fait que « suivre les ordres ». Cette ligne de défense fut jugée inacceptable. Il fut déclaré coupable de tous les chefs d'accusation et pendu en mai 1962. Le message était clair : les criminels de guerre nazis seraient pourchassés. **RP**

◐ Pour beaucoup, l'ampleur du programme nazi contre les juifs ne fut connue qu'au cours du procès d'Eichmann.

◑ À l'extérieur du tribunal, des Juifs s'assemblent pour avoir des nouvelles du procès de leur persécuteur.

1961 – 12 AVRIL

Le premier homme dans l'espace

Gagarine et l'Union soviétique entraînent les États-Unis dans une course à l'espace.

Vostok 1, le vaisseau spatial dont la mission était d'emmener le premier astronaute dans l'espace, fut lancé depuis Baïkonour au Kazakhstan. Iouri Gagarine était à son bord et allait parcourir une orbite en 89 minutes à une altitude maximale de 300 km. Le vaisseau ne devait pas atterrir. Gagarine utilisa un parachute une fois revenu dans l'atmosphère et prouva que le voyage dans l'espace n'était pas fatal pour l'homme. Avec sa physionomie agréable et souriante, il devint une star dans le monde entier.

Son exploit posa un réel problème au président Kennedy. Depuis le lancement de *Spoutnik 1* en 1957, les États-Unis donnaient l'impression d'avoir pris du retard sur l'URSS dans le domaine spatial. Certains craignaient que la maîtrise de l'espace ne permette le contrôle de la planète, par exemple par le biais d'une action sur le temps ou le climat. Durant sa campagne électorale, Kennedy avait fustigé ses adversaires républicains pour leur retard dans ce domaine. Il était désormais tenu de réagir. C'est ce qu'il fit en mai, en annonçant un programme destiné à mener l'homme sur la Lune d'ici à 1970. Il y avait des doutes quant à l'utilité scientifique de cette mission et certains suggérèrent que l'argent investi aurait été mieux dépensé ailleurs. Mais le projet était indéniablement spectaculaire. La valeur politique de la mission était beaucoup plus importante que sa valeur scientifique. De plus, le programme spatial soviétique ne comportait aucune mission sur la Lune. Les États-Unis étaient donc assurés de leur victoire. **JS**

Iouri Gagarine se prépare au décollage à bord du *Vostok 3KA* sur l'aire de lancement de Baïkonour.

1961 – 17 AVRIL

Cuba repousse l'invasion

Les troupes de Castro repoussent l'invasion des exilés cubains dans la baie des Cochons.

Le triomphe de Fidel Castro à Cuba avait fourni un allié fiable à l'URSS dans la zone américaine. La perspective d'une base militaire soviétique établie à proximité ne pouvait être tolérée par aucune administration américaine, et les Américains craignirent que d'autres pays d'Amérique latine ne suivent l'exemple de Castro.

Beaucoup d'exilés cubains avaient trouvé refuge aux États-Unis, qui rompirent les relations diplomatiques avec Cuba en janvier 1961. En avril, le nouveau président, Kennedy, approuva et accepta de financer une invasion de Cuba par des exilés anticastristes. Il présenta l'affaire comme une offensive contre l'équipement militaire soviétique de Cuba. Organisé par la CIA dans le cadre de la précédente administration, ce plan fut un échec. Les Cubains s'attendaient à cette attaque et si les avions américains pilotés par des Cubains exilés bombardèrent plusieurs aérodromes le 15 avril, l'effet fut minime. Deux jours plus tard, un régiment cubain partit en bateau du Nicaragua pour aborder dans la baie des Cochons sur la côte sud. L'insurrection anticastriste attendue n'eut pas lieu, et les troupes cubaines, dirigées d'une façon personnelle et énergique par Castro, mirent en échec les envahisseurs en 48 heures. Elles capturèrent plus de 1 000 prisonniers, qui seront échangés aux États-Unis en 1962 contre rançon.

L'échec complet de l'invasion embarrassa beaucoup Kennedy, d'autant qu'il rendit Castro plus populaire et le rapprocha de Moscou. Finalement, l'issue du combat poussa peut-être Khrouchtchev à la surenchère en faisant livrer des ogives nucléaires à Cuba. **RC**

Début de la construction du mur de Berlin

Le mur est destiné à enfermer les Allemands de l'Est, non à exclure ceux de l'Ouest.

Les troupes est-allemandes commencent la construction du mur qui finira par encercler Berlin-Ouest.

Aux premières heures du 13 août, les fêtards découvrirent qu'aucun métro ne circulait ; les habitants de la Bernauer Strasse furent réveillés par le bruit de camions militaires ; des ouvriers cassaient les rues à l'aide de marteaux-piqueurs. Bientôt, une clôture barbelée zigzagua dans les rues de Berlin entourant Berlin-Ouest de 182 km de fil barbelé. « La frontière est fermée », annoncèrent les soldats armés de mitrailleuses. Puis le mur fut construit, passant à travers des immeubles dont la porte donnait sur un secteur et dont les fenêtres ouvraient sur l'autre – jusqu'à ce qu'elles soient murées.

En 1958, le dirigeant soviétique, Nikita Khrouchtchev, avait déclaré : « [Berlin c'est] les testicules de l'Ouest. Chaque fois que je veux faire crier l'Ouest, je pince Berlin. » En 1949, l'Ouest avait effectivement protesté, lorsque Staline avait bloqué les secteurs ouest de la ville conduisant les Américains à forcer ce blocus par un pont aérien. À nouveau, les Soviétiques s'agitaient. Près de trois millions de citoyens avaient quitté l'Allemagne de l'Est *via* Berlin entre 1949 et 1960 et le mouvement alla s'amplifiant. Khrouchtchev déclara que le mur était destiné à éviter l'espionnage de l'Ouest, mais il servait en réalité à empêcher l'exode des déçus du communisme.

L'Ouest ne pouvait faire grand-chose à part protester et, avec le temps, les deux parties apprirent à vivre avec le nouveau régime. Le mur demeura un symbole de la guerre froide, de même que sa démolition, en 1989, en symbolisa la fin. **RP**

Les débuts de Bob Dylan à New York

Le garçon du Minnesota trouve ses marques dans la grande ville en tant qu'artiste solo.

Bob Dylan (au centre), avec les Greenbriar Boys, était instrumentiste avant de faire ses débuts en solo.

Au début des années 1960, Greenwich Village possédait déjà le statut de « rive gauche » de New York. Là, des poètes, des militants pour les droits civiques et des pacifistes de la *beat generation* se rendaient dans les clubs folks – ou les « maisons à corbeille », appelées ainsi car les artistes faisaient passer une corbeille dans le public. Le Gaslight, club sombre et souterrain, ouvert en 1958, était le plus important. C'est là que le jeune Dylan chanta, joua de l'harmonica et de la guitare acoustique, affûta son jeu de scène et créa de nouvelles chansons. Le 6 septembre, il interpréta son premier répertoire, incluant *Man on the Street*, *He Was a Friend of Mine*, *Talking Bear Mountain Picnic Massacre Blues* et *Song to Woody*.

D'après certains récits (et une cassette pirate), Dylan chanta de façon très inspirée, notamment quand il rendit hommage au chanteur Woody, de l'époque de la dépression. Le désir de rencontrer Woody Guthrie avait conduit Dylan du Minnesota à la scène et aux studios. Au début, il imitait consciemment Guthrie. Ensuite, il s'inspira d'autres artistes, affinant son personnage de scène et son élocution nasale.

C'est une critique de Robert Shelton parue dans le *New York Times* en septembre 1961 qui le rendit célèbre. Cet article élogieux permit à Dylan de décrocher un important contrat avec Columbia Records, qui fut déterminant dans le lancement de sa carrière. **JJH**

1961 – 18 SEPTEMBRE

La mort du secrétaire des Nations unies

Avec la mort de Dag Hammarskjöld, les Nations unies perdent leur leader.

L'avion n'était pas loin de Ndola en actuelle Zambie quand l'explosion eut lieu. Il s'écrasa immédiatement au sol, tuant quatorze des passagers. Parmi eux se trouvait la figure la plus remarquable à avoir occupé le poste de secrétaire général des Nations unies, et la plus controversée. Ardent défenseur de la paix, Hammarskjöld estimait que les Nations unies, et leur secrétaire général, devaient jouer un rôle actif. L'Union soviétique venait de réclamer sa démission et certains pensèrent que son avion avait été saboté.

Dag Hammarskjöld avait un doctorat de l'université de Stockholm et de nombreux diplômes honoraires. Beaucoup considéraient cet homme multilingue aux multiples talents comme un homme de la Renaissance moderne. Il avait été universitaire, banquier et fonctionnaire avant de faire partie du cabinet des ministres suédois en 1951. Il assista à l'Assemblée générale des Nations unies pour la première fois en 1949 et en devint secrétaire général en avril 1953, puis fut réélu à l'unanimité en septembre 1957. Il était très actif et obtenait des résultats. En 1955, il négocia personnellement la libération de soldats américains capturés durant la guerre de Corée et commença à utiliser la Force d'urgence et le Groupe d'observation des Nations unies. Il s'impliqua intensément dans la guerre civile du Congo dès 1960 et mourut en s'y rendant pour la quatrième fois.

En novembre 1961, il reçut le prix Nobel de la paix « en remerciement de ce qu'il avait fait, obtenu, de ce pour quoi il s'était battu : créer la paix et la bonne volonté parmi les nations et les hommes ». Des monuments sont dédiés à sa mémoire, mais les Nations unies ont dû continuer sans ses conseils. **RP**

1962 – 3 JUILLET

L'Algérie indépendante

Au bout de 132 ans, l'Algérie devient enfin indépendante.

La France envahit l'Algérie en 1830 et l'intégra à la nation française, mais ses habitants n'obtinrent aucun droit politique. En Algérie, les premières manifestations nationalistes eurent lieu entre les deux guerres mondiales et s'accélérèrent fortement après 1945, conduisant à une première insurrection le 1er novembre 1954, par le Front de libération nationale (FLN) récemment créé. En France, les socialistes et communistes soutenaient les aspirations arabes, tandis que les radicaux prônaient le maintien de l'unité franco-algérienne. Cependant, le gouvernement de Guy Mollet mena une politique contraire à ses engagements, les troupes sur le terrain passant de 200 000 à 400 000 soldats. Durant huit ans, l'armée française mena une campagne de pacification marquée par une brutalité croissante entre les deux parties et aboutissant à une guerre contre l'aile militaire du FLN. L'armée reprit le contrôle, mais la bataille politique ne put être remportée. En 1958, le général de Gaulle fut rappelé au pouvoir pour résoudre la crise algérienne. Il comprit que l'indépendance de l'Algérie était inévitable et négocia avec le FLN à Évian. Plus d'un million de citoyens français retournèrent en France métropolitaine. Le nouveau gouvernement algérien commença les représailles contre les citoyens qui avaient combattu aux côtés des Français. **NK**

« Les Algériens auront le libre choix de leur destin… »

Charles de Gaulle, 29 janvier 1960

Les débuts de la télévision par satellite

Le lancement de Telstar 1 *permet les transmissions télévisées et fait paraître le monde un peu plus petit.*

La communication par satellite spatial, aujourd'hui à l'origine d'une activité commerciale prospère, et essentielle dans les opérations militaires, fut d'abord imaginée par l'écrivain Arthur C. Clarke en 1945. Dans les années 1950, John R. Pierce, un ingénieur américain travaillant pour les téléphones Bell, joua un rôle majeur dans la préparation du lancement du satellite de communication *Echo* en 1960 et de *Telstar 1* en 1962.

Echo renvoyait des signaux radio micro-ondes vers la Terre grâce à sa surface en aluminium, mais *Telstar*, plus perfectionné, permit la mondovision. Il fut lancé par American Telephone and Telegraph, Bell Telephones et les Postes britannique et française. Une gigantesque antenne construite dans le Maine près d'Andover fut fixée sur le satellite, et les images télévisées reçues furent relayées au-delà de l'Atlantique afin d'être transmises à des stations anglaises et françaises.

Les premières images de *Telstar* montrèrent le drapeau de la station d'Andover, durant la transmission d'un match de base-ball entre les Chicago Cubs et les Philadelphia Phillies, et le président Kennedy l'utilisa pour donner une conférence de presse transatlantique en direct. *Telstar 1* cessa de fonctionner en février 1963, sans doute affecté par des radiations issues d'essais d'armes nucléaires. Il fut remplacé par *Telstar 2*. En 1964, le satellite *Syncom 3* transmit au-delà du Pacifique des images des Jeux olympiques de Tokyo. **RC**

Telstar 1, 88 cm de diamètre et 77 kg, fut conçu pour être placé dans une fusée Delta.

Le vice-président Lyndon Johnson regardant la première transmission télévisée émise de France via *Telstar*.

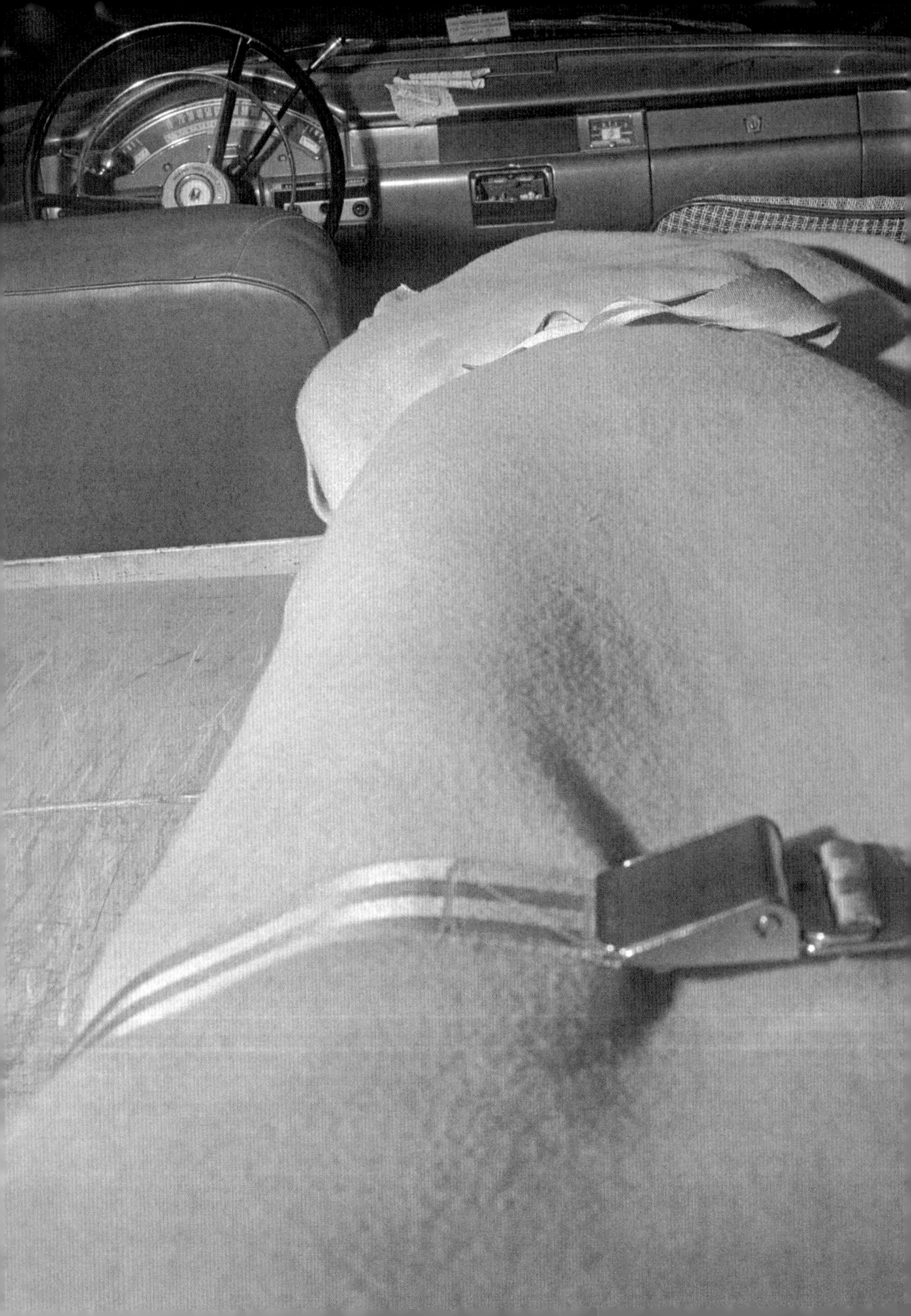

1962 – 5 AOÛT

Mort de Marilyn Monroe

L'actrice américaine meurt d'une overdose dans sa maison de Los Angeles.

Celle qui s'appelait en réalité Norma Jean Baker passa son enfance dans des foyers et un orphelinat avant de devenir l'une des plus grandes célébrités du monde. Découverte par un photographe alors qu'elle travaillait dans une usine en Californie, elle fut engagée par le studio Twentieth Century Fox en 1946. Après avoir joué une série de rôles mineurs de blondes évaporées, elle changea son nom en Marilyn Monroe et obtint le rôle titre dans un certain nombre de films à succès, tels *Bus Stop* (1956), *Le Prince et la Danseuse* (1957) et *Certains l'aiment chaud* (1959). Elle accéda au statut de star hollywoodienne et devint un sex-symbol, mais sa vie privée fut un échec.

Après un premier mariage de courte durée, Marilyn épousa le grand joueur de base-ball Joe DiMaggio, puis le dramaturge Arthur Miller, qui écrivit son dernier film, *The Misfits* (1961). Sa dernière apparition publique importante eut lieu lorsqu'elle chanta « Happy Birthday, Mister President » pour John Kennedy en 1962, dans une robe moulante sous laquelle elle ne portait rien. À l'époque, elle fut engagée dans un film intitulé *Something's Got to Give.* Son comportement devint impossible – elle prenait une quantité énorme de médicaments – et elle fut renvoyée. Peu après, elle fut trouvée morte dans son lit, dans sa maison de Brentwood à Los Angeles. Elle avait 36 ans. On ne sait avec certitude si elle s'est suicidée ou est morte d'une overdose accidentelle. Selon certaines théories, Marilyn Monroe a été assassinée par le FBI ou la CIA sur l'ordre des Kennedy. **RC**

◐ Marilyn Monroe est morte d'une overdose de barbituriques ; son corps arrivant à la morgue.

1962 – 11 OCTOBRE

Le pape précipite la réforme

Le concile Vatican II révèle des tensions dans l'Église catholique.

Les temps changeaient, même pour l'Église catholique. En janvier 1959, le pape Jean XXIII insista sur le fait qu'il souhaitait « ouvrir les fenêtres de l'Église ». Le 11 octobre 1962, il convoqua le second concile du Vatican. Devant 2 400 évêques catholiques romains, dignitaires de l'Église et observateurs d'autres branches du christianisme assemblés, ainsi que des représentants des 86 gouvernements ou organismes internationaux également présents à Saint-Pierre de Rome, il lut une allocution. Il rejeta les « prophètes du malheur », annonçant constamment un désastre pour le monde et l'Église. L'ancienne façon de penser devait changer, l'ancienne doctrine être reformulée, l'unité chrétienne encouragée. Le problème essentiel, insista-t-il, était pastoral – comment mieux enseigner le message intemporel du Christ dans un monde toujours changeant.

Vatican II était le 21e concile œcuménique, le premier depuis 1870 et le plus important de l'histoire de l'Église. Il dura jusqu'à sa clôture, non par Jean XXIII, qui mourut en juin 1963, mais par Paul VI en décembre 1965. Cependant les réformes ne furent pas aussi capitales que certains l'espéraient, car les conservateurs s'opposèrent aux progressistes.

Les pères du concile promulguèrent quatre constitutions, neuf décrets et trois déclarations. Des regrets furent émis pour les erreurs passées et il fut admis que « beaucoup d'éléments de sanctification et de vérité » pouvaient être trouvés en dehors du catholicisme. Des traductions de certaines parties de la messe furent effectuées dans des langues locales. Vatican II montra assurément que le catholicisme avait abandonné l'esprit de réserve adopté depuis la réforme protestante du XVIe siècle. **RP**

Kennedy et la crise des missiles

La découverte de missiles soviétiques à Cuba provoque un blocus naval.

◐ Des Américains regardant sur les téléviseurs le président Kennedy annoncer le blocus de Cuba.

◑ Un avion de la Navy surveille le navire soviétique *Potzunov*, chargé d'un missile, quittant Cuba après la crise.

« J'appelle le président Khrouchtchev à mettre fin à cette… menace pour la paix mondiale. »

J. F. Kennedy, allocution télévisée, 22 octobre 1962

Des rumeurs circulaient depuis un certain temps. Désormais, en ce dimanche matin, un 14 octobre, les faits étaient prouvés. Le directeur de la CIA, John McCone, avait ordonné une série de vols de reconnaissance à des avions espions américains U-2. Leurs photographies de la zone de San Cristobal prouvèrent que les Soviétiques construisaient des sites de lancement de missiles balistiques à portée intermédiaire et moyenne à Cuba, l'île dirigée par l'ennemi numéro un des États-Unis, le communiste Fidel Castro. Les missiles, dotés chacun d'une puissance équivalente à un million de tonnes de TNT, étaient rendus opérationnels à 145 km seulement de la côte des États-Unis, à une distance de frappe de villes américaines.

Le président Kennedy fut stupéfait lorsqu'il entendit les nouvelles – comme si les États-Unis avaient décidé de placer des missiles en Turquie ! En réalité, fut-il rappelé à Kennedy, c'est ce qui avait été fait. Beaucoup de gens pensèrent que Kennedy devait détruire les missiles en lançant une attaque aérienne préventive, même au risque d'une riposte soviétique. Le monde retint son souffle.

Le 24 octobre, Kennedy institua un blocus naval, rejetant la responsabilité d'une guerre sur les Russes. Trois jours plus tard, des bateaux soviétiques transportant des équipements militaires partirent de Cuba et, le 28 octobre, Khrouchtchev accepta de retirer les missiles. L'année suivante, selon un accord passé secrètement, les missiles américains furent enlevés de Turquie. La menace terrifiante d'une catastrophe nucléaire apprit aux superpuissances que la survie nécessitait de la fermeté ainsi que des négociations. Quelles que soient les circonstances, elles devaient s'abstenir de toute action militaire unilatérale. **RP**

150498
NAVY
8

1962 – 6 NOVEMBRE

La fin de l'esclavage en Arabie Saoudite

L'Arabie Saoudite devient le dernier grand pays à abolir l'esclavage.

L'édit du prince Faysal abolissant l'esclavage fit partie d'une politique de modernisation mettant en place l'éducation pour les filles. Environ 10 000 esclaves furent libérés, soit un tiers ; 70 % travaillaient pour la famille royale et les autres pour des familles aisées, la plupart accomplissant des travaux domestiques.

Les premiers esclaves libérés (32 hommes et 50 concubines) appartenaient au prince Talal. Faysal avait libéré ses esclaves en 1956, dépensant des dizaines de millions pour indemniser les « propriétaires ».

« La charia exige l'émancipation des esclaves et l'abolition de l'esclavage actuel… »

Faysal, novembre 1962

L'esclavage était pratiqué dans le Golfe après la Seconde Guerre mondiale, mais les esclaves au service des compagnies de pétrole internationales voulurent être rémunérés. L'esclavage fut aboli au Qatar contre dédommagement en 1952, mais sans indemnité dans les Émirats arabes unis. Dans le protectorat d'Aden, il fut aboli par le régime communiste succédant aux Britanniques, et au sultanat d'Oman, en 1970 après un coup d'État soutenu par les Britanniques.

Aujourd'hui, beaucoup d'émigrants travaillent dans des conditions d'esclavage en Arabie Saoudite. En 2005, un rapport du gouvernement américain déclara à propos de ce pays et de quatorze autres que leurs « gouvernements ne respectaient pas un minimum de principes et ne faisaient pas d'efforts significatifs en ce sens ». **PF**

1963 – 16 JUIN

La première femme dans l'espace

Valentina Terechkova est la première femme à aller dans l'espace.

Le 16 juin, Valentina Terechkova pénétra dans *Vostok 6*. Après les vérifications d'usage, elle décolla. Elle parcourut 48 fois l'orbite terrestre, passant trois jours dans l'espace. Surnommée la Mouette, elle passa plus de temps en vol lors de sa mission que tous les astronautes américains, assurant la propagande de l'Union soviétique durant la guerre froide.

C'est son intérêt pour le parachutisme qui permit à Terechkova d'intégrer le programme spatial soviétique lorsqu'il fut décidé d'envoyer une femme dans l'espace en 1961. Elle fut choisie avec quatre autres femmes parmi 400 candidates ayant toutes un même intérêt pour le parachutisme. Terechkova convenait à la mission car elle était d'origine ouvrière et son père était mort en héros durant la guerre soviéto-finlandaise en 1939.

« Après être allé dans l'espace, vous réalisez comme la Terre est petite et fragile. »

Valentina Terechkova

Elle suivit un entraînement intensif de plusieurs mois comprenant des vols en apesanteur, un isolement prolongé, des séjours en centrifugeuse, plus de 120 sauts en parachute et une formation de pilotage en jet MiG. Elle fut sélectionnée mais les autres cosmonautes ne se rendirent jamais dans l'espace. Dix-neuf ans plus tard, Svetlana Savitskaya devint la deuxième femme à aller dans l'espace en réponse au projet américain d'envoyer une astronaute à bord de la navette spatiale. **TB**

« Ich bin ein Berliner »

Le soutien sans réserve du président Kennedy à Berlin-Ouest empêche les Soviétiques d'occuper entièrement la ville.

Environ 120 000 personnes attendaient depuis des heures lorsque le président Kennedy apparut au balcon de la mairie de Schöneberg à Berlin-Ouest. Elles l'acclamèrent de plus en plus fort durant son discours, réconfortées par ses paroles. Leur ville avait été divisée et assiégée pendant 18 ans et un mur la séparait en deux. Kennedy affirma que c'était une offense pour l'histoire et pour l'humanité. Pourtant, le peuple de Berlin n'avait pas été oublié. Leur îlot de liberté n'était pas isolé et leur lutte symbolisait celle du monde libre contre la tyrannie du communisme. La liberté était indivisible et tous les hommes libres, dont Kennedy lui-même, pourraient être fiers d'affirmer « *Ich bin ein Berliner* » (« Je suis un Berlinois »). C'était une provocation que d'affirmer que l'Ouest resterait aux côtés de Berlin jusqu'à ce que la ville et le pays soient réunifiés. Le discours de Kennedy fut suivi d'une allocution du maire et du retentissement de la cloche de la liberté. Puis la foule se tut.

Ce fut l'un des plus beaux coups d'éclat de Kennedy. Il décida juste avant son discours d'y inclure la phrase « *Ich bin ein Berliner* », des mots qui résumaient sa position.

Kennedy remonta le moral de Berlin-Ouest et coupa court à la tentative soviétique d'occuper la ville entière. Il ne fut pas directement à l'origine de la réunification allemande en 1990, mais sans une telle prise de position publique de l'Ouest, cette réunification aurait été plus improbable. **RP**

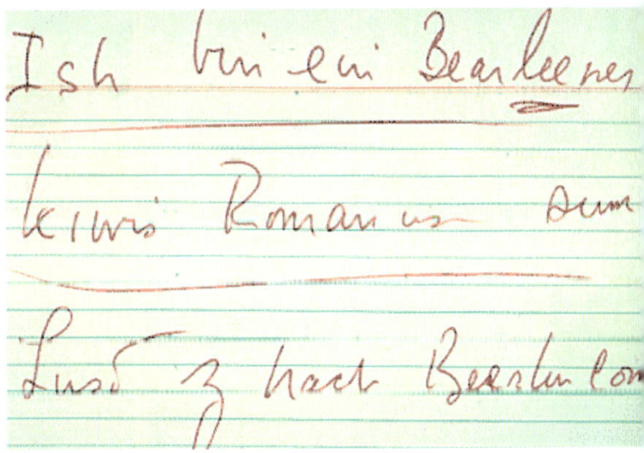

J. F. Kennedy plaide avec passion pour la liberté politique de milliers de Berlinois avides de changement.

La célèbre phrase du discours avait été écrite phonétiquement pour éviter une erreur de prononciation.

« I have a dream »

Martin Luther King et les militants pour les droits civiques marchent sur Washington.

◆ Devant le Lincoln Memorial, Martin Luther King prononce le discours qui l'a rendu célèbre.

◆ Le bassin est entouré de milliers de personnes venues manifester à Washington pour le travail et la liberté.

« Si un homme n'a pas découvert ce pour quoi il serait prêt à mourir, il n'est pas prêt à vivre. »

Martin Luther King, 1963

L'importance du mouvement pour les droits civiques aux États-Unis devint évidente lorsque 200 000 manifestants se réunirent à Washington. L'événement avait été soigneusement préparé par le leader du mouvement afin qu'il soit soutenu par les Blancs comme par les Noirs. De plus, l'événement ne devait pas être exploité par le parti communiste ou d'autres mouvements de gauche. Tout devait se dérouler dans le cadre des organisations pour les droits civiques, des grands groupes religieux et fraternels et des syndicats. Martin Luther King et les autres dirigeants du groupe, six Noirs et quatre Blancs, devaient prendre la tête de la manifestation en direction du Lincoln Memorial, puis y tenir un discours, avant de rencontrer le président Kennedy à la Maison Blanche.

Des exemplaires des discours avaient été distribués à la presse, mais au dernier moment King improvisa. Chaque fois qu'il répétait « J'ai fait un rêve », l'immense foule l'acclamait. « Je vous dis aujourd'hui, mes amis, que même si nous rencontrons des difficultés aujourd'hui et demain, j'ai fait un rêve. Ce rêve est profondément enraciné dans le rêve américain. Je rêve qu'un jour cette nation se lèvera et qu'elle exprimera le vrai sens de sa philosophie : "Nous tenons ces vérités pour évidentes, celles que tous les hommes ont été créés égaux." » King imaginait une Amérique où Blancs et Noirs seraient frères et où tous les enfants de Dieu chanteraient qu'ils sont « libres enfin, libres enfin, merci Dieu tout-puissant, nous sommes enfin libres ».

Ses auditeurs réagirent avec une grande ferveur à ce discours, l'un des plus célèbres du siècle. Pour le meilleur ou pour le pire, King avait marqué les esprits. **RC**

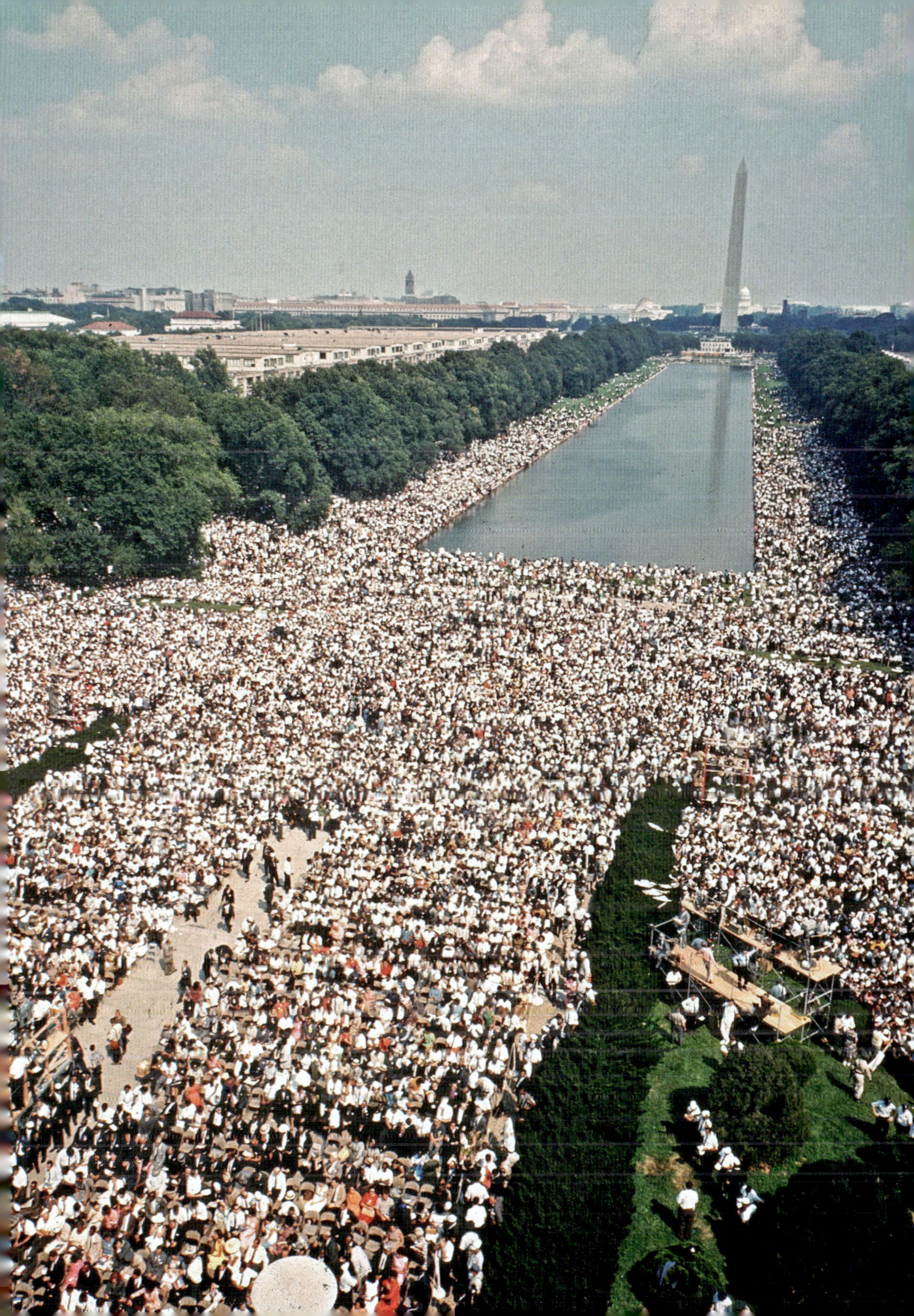

L'assassinat du président John F. Kennedy

Le président Kennedy est assassiné dans sa limousine à Dallas au Texas.

▲ La famille du président Kennedy durant ses funérailles, à Washington, trois jours après l'assassinat.

▶ Un agent des services secrets protège les Kennedy tandis que la limousine du président accélère.

« Le sentiment d'une sorte d'espoir exceptionnel… soudain interrompu en plein vol. »

Isaiah Berlin à Arthur Schlesinger, 28 nov. 1963

Depuis cette sombre journée, des théories relatives à une conspiration fleurissent, attribuant l'assassinat à la Mafia, à la CIA, à l'Union soviétique ou au régime castriste de Cuba. L'enquête officielle, menée par Earl Warren, le président de la Cour suprême, concluait que, comme tous les autres présidents américains assassinés, Kennedy le fut par un fanatique isolé. Toutefois, l'existence de complices n'est pas improbable.

Le président et son épouse, Jacqueline, étaient dans le cortège roulant dans le centre de Dallas au milieu d'une foule accueillante, avec le gouverneur John Connally du Texas et son épouse, lorsque trois coups de fusil retentirent, provenant apparemment d'un dépôt de livres scolaires situé dans la rue. Une balle toucha le président dans le dos, une autre à la tête et le gouverneur Connally fut également blessé. Des spectateurs se dispersèrent en criant tandis que la limousine présidentielle se précipita vers le Parkland Memorial Hospital, à 5 km. Le décès du président fut prononcé à 13 heures. À 14 h 41, démontrant l'efficacité du système américain, le vice-président Lyndon Johnson, présent lui aussi dans le cortège, prêta serment pour être président à bord de l'avion présidentiel, l'Air Force One, qui retournait à Washington ; Jackie Kennedy se trouvait à ses côtés, les vêtements encore tachés du sang de son mari.

Le deuil national fut sans précédent et l'on dit que tout le monde se rappelle exactement ce qu'il faisait en entendant la nouvelle. Le président fut enterré le 25 novembre au cimetière national d'Arlington près de Washington. La police de Dallas avait entre-temps arrêté Lee Harvey Oswald pour le meurtre, puis celui-ci fut à son tour assassiné par un autre fanatique, Jack Ruby. **RC**

GG 300

Ruby tue Oswald

Lee Harvey Oswald est abattu devant des millions de téléspectateurs.

En tuant Kennedy, Oswald désirait devenir célèbre. Ce fut peut-être ce qui le motiva. Faisant constamment l'école buissonnière, Oswald arrêta ses études à 16 ans, entra quelque temps chez les marines et adhéra au marxisme. En 1959, il se rendit en Union soviétique et essaya en vain d'obtenir la nationalité soviétique. Il revint aux États-Unis en 1962 avec son épouse soviétique, vécut à La Nouvelle-Orléans et soutint ouvertement le régime communiste cubain. En mars 1963, il acheta un fusil Mannlicher-Carcano par correspondance.

En octobre 1963, il trouva un emploi au dépôt de livres scolaires de Dallas. C'est d'une fenêtre du sixième étage du bâtiment, selon la commission d'enquête du président de la Cour suprême Earl Warren, qu'il tira à 12 h 30 sur le président Kennedy et blessa le gouverneur Connally. Son fusil fut découvert sur le sol du dépôt. Il tua un officier de police de Dallas qui tentait de l'arrêter, mais fut arrêté vers 14 heures dans un cinéma.

Le 24 novembre, il était transféré d'une prison de Dallas à une autre lorsque Jack Ruby, le propriétaire d'une boîte de nuit, tira sur lui à bout portant devant les policiers qui l'escortaient et des millions de téléspectateurs. Oswald mourut à l'hôpital dans la journée. Ruby fut arrêté mais mourut quelques années plus tard, en 1967. Oswald ne confessa pas son meurtre, et l'on soupçonna qu'il avait été tué pour ne pas révéler qu'il faisait partie d'une conspiration. **RC**

Jack Ruby s'avance et tire sur Oswald, à bout portant.

Paul VI à Jérusalem

Le pape tente de dissiper des siècles de rancune catholique-orthodoxe.

Sur le mont des Oliviers à Jérusalem, le pape Paul VI étreignit le patriarche œcuménique Athenagoras, symbolisant la réconciliation entre les Églises catholique et orthodoxe, séparées depuis le grand schisme de 1054 et la mise à sac de Constantinople par les croisés en 1204. Plutôt conservateur, Paul VI réaffirma la suprématie papale sur des questions comme la contraception, le célibat des prêtres et le rôle des femmes dans l'Église, mais fut progressiste sur les questions œcuméniques. Il fut le premier pape à quitter l'Italie en l'espace de 150 ans et à tendre la main au judaïsme et à l'orthodoxie. Il rendit visite au roi Hussein de Jordanie et tenta de trouver des accords avec les anglicans et les luthériens. Il alla plus tard en Afrique et en Asie du Sud-Est et permit l'amélioration des relations entre Rome et le monde communiste.

« Ils sont persuadés… de dépasser leurs différences afin d'être à nouveau unis. » Déclaration catholique-orthodoxe conjointe, déc. 1965

La rencontre signifiait le rapprochement de l'orthodoxie et du catholicisme sur les plans spirituels et symboliques. Elle conduisit à l'annulation des excommunications du patriarche œcuménique et de grands ecclésiastiques catholiques romains en 1054. En décembre 1965, les catholiques et les orthodoxes s'engagèrent conjointement à atténuer les différences entre les deux Églises. Cela ne mit pas fin au schisme, et mécontenta certains chrétiens orthodoxes, mais montra un désir de réconciliation. **JS**

Les Beatles à la télévision américaine

Le retentissement du groupe aux États-Unis augure l'« invasion britannique » et leur 45 tours est en tête de part et d'autre de l'Atlantique.

Déjà très populaires en Europe, les Beatles devaient conquérir les États-Unis. Mais leur label américain, Capitol, refusait de passer leurs enregistrements britanniques. Fin 1963, Brian Epstein, le manager, traversa l'Atlantique pour résoudre ce problème. Le quatrième 45 tours des Beatles, *I Want to Hold Your Hand*, passa sur les ondes américaines grâce à un DJ américain qui en avait obtenu un exemplaire britannique auprès d'une hôtesse de l'air anglaise. Epstein obtint un budget publicitaire de 56 000 dollars de la part de Capitol et la présence en direct du groupe dans l'Ed Sullivan Show les 9 et 16 février 1964. Capitol, poussé par une forte demande, sortit le disque avant que le groupe n'arrive à New York pour rencontrer 3 000 fans le 7 février 1964.

Deux jours plus tard, les Beatles interprétèrent *All My Loving*, *She Loves You*, *I Saw Her Standing There*, *I Want to Hold Your Hand* et *Till There Was You*, l'audience fut estimée à 73 millions de personnes. Il y eut 50 000 demandes pour les 728 places du studio. Ce fut la plus grande émission des Beatles aux États-Unis. L'Ed Sullivan Show était l'émission favorite et les Beatles y apportèrent de la fantaisie à une période assombrie par l'assassinat de Kennedy et la guerre du Vietnam.

En avril, *I Want to Hold Your Hand* fut le premier titre à atteindre simultanément le sommet des hit-parades américains et anglais, et la compilation atteignit la quatrième place au Top Ten américain. **JJH**

Le passage à Ed Sullivan Show permit de consolider le succès croissant des Beatles aux États-Unis.

La présentation des Beatles par Ed Sullivan le 9 février marqua le début du succès des groupes britanniques.

1964 – 12 JUIN

Mandela condamné

Nelson Mandela est condamné à la réclusion à perpétuité.

Ce jour-là, à Pretoria, huit hommes, dont Nelson Mandela, l'ancien secrétaire général du Congrès national africain (ANC) désormais interdit, furent accusés de sabotage et d'avoir fomenté un renversement de l'État. Tous furent condamnés à la réclusion à perpétuité. Mandela, opposant à l'apartheid depuis des années, avait à l'origine prôné la résistance non violente. Or, après le massacre de Sharpeville en 1960, où 69 manifestants furent tués, Mandela fonda l'aile militaire de l'ANC, Umkhonto we Sizwe, et une campagne de sabotage fut organisée. Mandela était déjà en prison pour avoir quitté le pays illégalement lorsqu'un raid de la police à Rivonia, près de Johannesburg, conduisit à la cache d'armes, qui aboutit au procès.

« L'affranchissement de tous n'aboutira pas à la domination raciale. »

Nelson Mandela, au tribunal

Mandela adopta une attitude de défi empreinte de dignité tout au long du procès, affirmant que la résistance à l'oppression était inévitable. Son emprisonnement devint le symbole des frustrations de tous les Noirs d'Afrique du Sud et son importance s'amplifia au cours des 27 années qu'il passa en prison. Il refusa toute libération qui irait à l'encontre de ses convictions. Depuis sa cellule, il devint le représentant des opprimés. Le nom de Mandela fut à l'origine d'une campagne mondiale contre l'apartheid qui allait entraîner la chute du gouvernement sud-africain et de sa politique raciste. **JS**

1965 – 4 JANVIER

Lyndon Johnson, président

Le président Lyndon Johnson prononce son discours sur l'état de l'Union.

Issu d'un milieu modeste, Lyndon Baines Johnson devint un leader démocrate au Sénat puis candidat à la vice-présidence auprès de John Kennedy durant la présidentielle de 1960. Lorsque Kennedy fut assassiné, Johnson lui succéda. Il souhaita poursuivre son initiative, New Frontier, pour combattre la pauvreté et le racisme. Dans un discours de 1964, il annonça son intention de mettre en place une Grande Société (« *Great Society* ») pour le peuple américain.

Cette année, Johnson remporta la présidence avec une forte majorité, 61 % des voix. Dans son discours au Congrès sur l'état de l'Union, il affirma ses idéaux : « La Grande Société repose sur une abondance de liberté pour tous. Elle exige de mettre fin à la pauvreté et à l'injustice raciale – qui nous concernent tous. »

« La tâche la plus difficile n'est pas de faire ce qui est juste, mais de savoir ce qui est juste. »

Johnson, état de l'Union, 1965

Le succès de Johnson dans ce domaine est controversé. Sa loi sur les droits civiques fut favorable aux Noirs américains et aux Amérindiens, des milliards de dollars furent dépensés pour lutter contre la pauvreté, les subventions fédérales pour l'éducation augmentèrent et il créa des programmes de santé que certains présentèrent comme une introduction au socialisme. Mais le coût de la guerre du Vietnam limita le financement de la Grande Société et rendit Johnson impopulaire. Profondément déçu, il ne se présenta pas en 1968 et Richard Nixon fut élu. **RC**

Les bombardements au Nord-Vietnam

Les États-Unis tentent d'empêcher l'effondrement du Sud-Vietnam en bombardant le Nord du pays.

Le bombardement du Nord-Vietnam par l'US Air Force était destiné à empêcher que les ravitaillements et les renforts n'atteignent les guérilleros du Vietcong. À l'origine, l'opération devait durer huit semaines, mais elle se poursuivit trois ans, son objectif étant de forcer le gouvernement nord-vietnamien à mettre fin à la guerre selon les conditions des Américains. En réalité, le Vietcong était soutenu par les paysans sud-vietnamiens et ne dépendait pas des approvisionnements du Nord. La frustration croissante des Américains devant la résistance du Vietcong grandit rapidement.

Au Nord-Vietnam, un système de défense civile élaboré et des défenses aériennes de plus en plus étendues (mises en place avec l'aide soviétique) coûtèrent très cher aux États-Unis ; environ 700 avions américains furent abattus. Dans le Nord, le moral resta solide et les militaires, qui n'avaient que peu de besoins matériels, demeurèrent efficaces. Au sud, le Vietcong réagit en attaquant les bases aériennes américaines et un renfort massif de troupes terrestres devint indispensable afin de les protéger. La guerre s'accéléra à une cadence inattendue et, de surcroît, s'américanisa. Plus les États-Unis prenaient en charge les combats, plus les Sud-Vietnamiens souhaitaient rester à l'écart. Dans le cadre des bombardements, un million de tonnes de munitions furent employées, dont du napalm et des bombes antipersonnel. Le carnage transforma l'opinion aux États-Unis et dans le monde, sapant le soutien à la guerre de la population. **JS**

Vue aérienne des impacts d'un bombardement par des B-52 américains au nord de Dai Teng.

La Rhodésie du Sud déclare son indépendance

La minorité blanche déclare l'indépendance provoquant des sanctions diplomatiques et économiques de la part de la Grande-Bretagne.

La déclaration unilatérale d'indépendance du gouvernement rhodésien de Ian Smith fut programmée pour coïncider avec la fête de l'armistice en Grande-Bretagne. C'était un rappel de l'ancienne loyauté de la colonie et s'adressait en particulier aux Britanniques qui approuvaient le refus des colons blancs – en grande partie de souche britannique – d'accepter le gouvernement d'une majorité noire.

Cependant, le gouvernement travailliste britannique et une grande partie de la population considérèrent que c'était un acte de rébellion et affirmèrent que l'indépendance de la Rhodésie ne serait jamais reconnue tant que la démocratie n'y régnerait pas. Des sanctions diplomatiques et économiques furent imposées sur-le-champ. Le Conseil de sécurité des Nations unies condamna également l'acte de la Rhodésie. Mais l'intervention militaire britannique, réclamée par de nombreux nationalistes africains, était improbable.

Les sanctions eurent un effet immédiat. La Rhodésie reçut le soutien du Portugal, déterminé à défier les nationalistes africains et à conserver sa colonie voisine du Mozambique. Le gouvernement sud-africain considérait en outre la Rhodésie comme un rempart protégeant le régime de l'apartheid contre le nationalisme africain. Mais en 1975 le Mozambique devint indépendant et l'Afrique du Sud, subissant des sanctions et une opposition des Africains, ne put subventionner la Rhodésie plus longtemps. En 1979, isolée et menacée, la minorité blanche n'eut d'autre choix que de négocier sa soumission au gouvernement majoritaire. **PF**

Sous l'œil d'officiels de la Rhodésie, Ian Smith signe la controversée déclaration unilatérale d'indépendance.

La Révolution culturelle en marche

Un nouveau bouleversement révolutionnaire balaie la Chine tandis que Mao Zedong dresse la jeunesse zélée contre quiconque ayant des idées ou une érudition bourgeoises.

En invitant la jeunesse chinoise à former des unités de « gardes rouges » et à critiquer l'autorité, le président Mao Zedong déclara la guerre au Parti communiste chinois (CCP). Humilié par l'échec du Grand Bond en avant de 1958, il décida de relancer la dynamique révolutionnaire. Le parti devait inclure trop d'éléments bourgeois et, comme le parti soviétique, perdait le contact avec le prolétariat et la paysannerie, plus préoccupé par ses privilèges que par ses devoirs. Pressentant le potentiel réellement révolutionnaire des jeunes, Mao décida de les mobiliser. Les gardes rouges furent poussés à dénoncer professeurs, écrivains, artistes et membres du parti ayant des idées bourgeoises. Les dénonciations furent bientôt suivies d'humiliations, d'emprisonnements, de tortures et de meurtres. La Chine tomba rapidement dans le chaos.

Le CCP tenta de se défendre mais quiconque essayait d'imposer la discipline était dénoncé comme contre-révolutionnaire. Il mobilisa donc ses propres gardes rouges. Ce fut le début d'une guerre civile, des factions de gardes rouges s'engageant dans des batailles rangées. Le CCP et la Chine semblaient sur le point de s'effondrer. Seule l'armée pouvait mettre fin au chaos et si Mao souhaitait qu'elle soutienne ses gardes rouges, celle-ci s'attela à rétablir l'ordre dès 1967. Mais la Révolution culturelle ne prit fin qu'après la mort de Mao en 1976. À cette date, tout désir révolutionnaire en Chine s'était éteint. **JS**

Le président Mao serre la main d'un jeune garde rouge l'encourageant à ranimer la révolution en Chine.

Gardes rouges et étudiants brandissent *Le Petit Livre rouge* durant une manifestation à Pékin.

1966 – 6 SEPTEMBRE

L'assassinat de Verwoerd

L'homme fort du régime de l'apartheid en Afrique du Sud est poignardé.

Le Premier ministre d'Afrique du Sud, Hendrik Frensch Verwoerd, est poignardé à mort en plein parlement au Cap, devant des centaines de témoins. Membre du Parti nationaliste purifié, souvent dépeint comme l'architecte de l'apartheid moderne en Afrique du Sud, l'homme devint ministre des Affaires indigènes en 1950 et Premier ministre en 1958. Il avait supervisé une grande partie de la législation qui mettait en place l'apartheid et organisé un référendum réservé aux Blancs établissant la République d'Afrique du Sud, qui fut dès lors exclue du Commonwealth. Après la mise en place d'une répression de l'opposition interne, au moins 69 manifestants non armés furent tués par la police en mars 1960 à Sharpeville, le Congrès national africain fut interdit et Nelson Mandela fut emprisonné à perpétuité en juin 1964.

Étrangement, malgré le nombre de ses ennemis, l'assassinat de Verwoerd pourrait ne pas avoir été un acte politique. La motivation de son agresseur, Demetrio Tsafendas, était obscure. Né d'un père grec et d'une mère swazi, il avait été classé parmi les Blancs. Il était donc illégal pour lui d'épouser la femme qu'il avait choisie, officiellement classée comme personne de couleur, à moins d'être lui-même reclassé. Tsafendas devait avoir des griefs contre l'apartheid, mais il affirma lui-même qu'un gros ver présent dans son estomac lui avait donné l'ordre d'accomplir ce meurtre. Un assassinat politique aurait été embarrassant pour le pays, aussi Tsafendas fut-il déclaré fou et enfermé en institution psychiatrique jusqu'à sa mort en 1999. Quelles qu'aient été ses véritables motivations, son acte montra que la loi de l'apartheid avait des opposants et serait toujours menacée. **JS**

1967 – 30 MAI

La sécession du Biafra

L'annonce de la république dissidente déclenche des affrontements au Nigeria.

Le colonel Emeka Ojukwu, chef militaire de l'Est du Nigeria, émit une déclaration d'indépendance du Biafra. Or cette région étant la source de l'unique produit exporté par le Nigeria, le pétrole, le gouvernement central était déterminé à s'y opposer.

Les origines du conflit résidaient dans le passé colonial du Nigeria. En morcelant le territoire, les Britanniques n'avaient pas tenu compte des ethnies. Lors de son indépendance en 1960, le Nigeria réunissait des musulmans, des chrétiens et des animistes et avait déjà essuyé des tensions ethniques. Le gouvernement civil ne résista pas longtemps, en 1966 les militaires prirent le pouvoir. Mais les problèmes économiques et ethniques empirèrent. Les pires frictions survinrent entre les Haoussas musulmans au nord et les Ibos chrétiens au sud-est. Ce sont ces derniers, affirmant être les victimes de nombreuses années de discrimination et d'atrocités, qui tentèrent de faire du Biafra leur nation.

« Dieu bénisse le Biafra…
Nous avons émergé, triomphants,
au milieu de tous nos ennemis. »

Extrait du chant patriotique *All Hail Biafra*

Ce fut l'une des premières et des plus sanglantes guerres africaines pour l'indépendance. En 30 mois de guerre, on dénombra un million de réfugiés et plus d'un million de personnes mortes dans les combats ou de faim. Le Biafra fut vaincu, mais les problèmes demeurèrent. Des décennies plus tard, les Ibos se plaignent toujours de discrimination et un nouveau conflit n'est pas impossible. **JS**

Les Israéliens envahissent Jérusalem-Est

Le monde est ébranlé par les victoires israéliennes durant la guerre des Six-Jours.

Un convoi israélien en route vers le Sinaï croise un camion avec des soldats égyptiens dépouillés de leur uniforme.

Le troisième jour des combats, dans cette nouvelle guerre avec leurs voisins arabes, les forces israéliennes écrasèrent les Jordaniens pour prendre la vieille ville de Jérusalem, le site du Dôme du Rocher et le seul vestige du Temple, le Mur des lamentations. Une coalition arabe imbattable avait écrasé l'assaut israélien. Réalisant qu'une attaque combinée était imminente, les Israéliens avaient lancé une première attaque éclair, détruisant au sol une grande partie des forces aériennes ennemies et obtenant un avantage vital. Au cours de la guerre des Six-Jours, Israël déferla à travers trois frontières, conquérant la rive ouest de la Jordanie, les hauteurs du Golan en Syrie, la bande de Gaza et la totalité de la péninsule du Sinaï en Égypte. Sa victoire semblait décisive.

Les États-Unis avaient annoncé leur neutralité, mais cette annonce était stratégique, leur soutien à Israël allait devenir inconditionnel. Les Égyptiens et les Syriens allaient se battre de nouveau au cours de la guerre du Kippour en 1973, mais le nouveau leader égyptien, Anouar al-Sadate, désirait renoncer à la destruction d'Israël et négocier la restitution du Sinaï. Toutefois, Israël dominait désormais un grand nombre de Palestiniens. La rive ouest étant considérée comme une part inaliénable d'Israël et ayant été conquise par les armes, un compromis semblait improbable. Mais une résistance allait être opposée à l'occupation israélienne et l'escalade de la violence allait rendre apparemment impossible un règlement définitif du conflit. **JS**

L'assassinat de Che Guevara

Le héros communiste est pourchassé et tué en Bolivie.

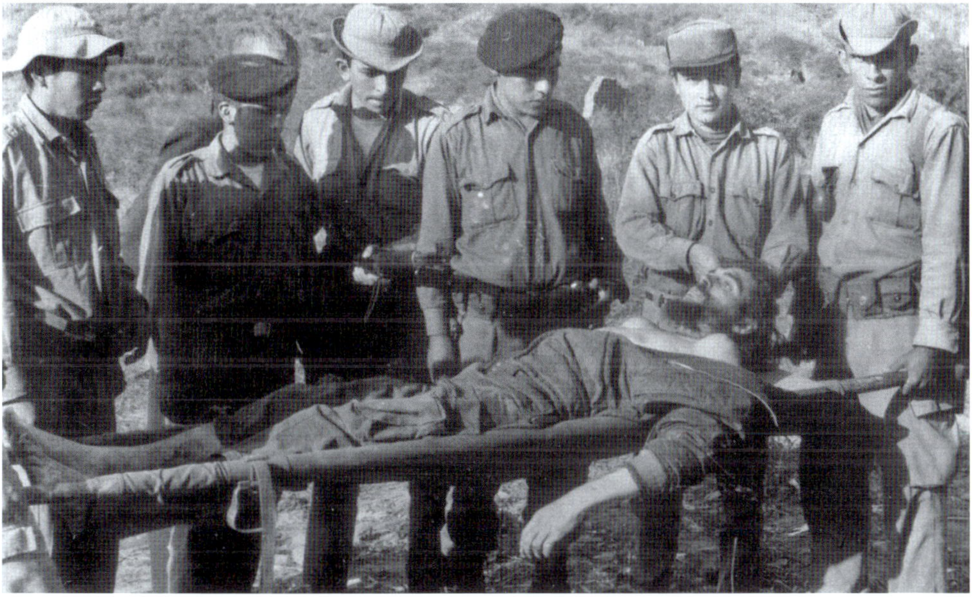

Le corps de Che Guevara est présenté à la caméra après son exécution par une troupe de l'armée bolivienne.

Ernesto « Che » Guevara avait 39 ans lorsqu'il fut tué par un sergent bolivien dans un village appelé La Higuera. Né en Argentine, il avait fait des études de médecine et obtenu son diplôme à Buenos Aires, mais était plus intéressé par la révolution. Il rencontra Fidel Castro au Mexique, contribua à instaurer le communisme à Cuba en 1959 et occupa des postes importants dans le gouvernement de Castro. Il désapprouva le fait que l'Union soviétique ait cédé à la pression durant la crise des missiles. L'Union soviétique, elle, désapprouvait ses sympathies maoïstes. En 1965, Guevara quitta Cuba pour exporter sa conception du communisme au Congo. Il revint en Amérique du Sud en 1966. Avec une petite bande de guérilleros, il organisa un camp d'entraînement dans la région de Nancahuazu en Bolivie, puis s'installa dans la région de Vallegrande.

Il ne trouva guère de recrues, cependant. La population locale était suspicieuse et hostile, et ses troupes n'excédèrent jamais 50 hommes. Soutenues par les États-Unis, les forces armées boliviennes l'encerclèrent avec ses hommes dans un canyon près de La Higuera. Il fut blessé et gardé prisonnier dans l'école locale. Là, les soldats boliviens tirèrent au sort pour choisir qui l'exécuterait. Ses derniers mots auraient été : « Vous savez, vous tuez un homme. » Son corps fut transporté par hélicoptère jusqu'à Vallegrande et sa mort fut annoncée aux médias. On trouve toujours son effigie sur des tee-shirts dans le monde entier. **RC**

La première transplantation cardiaque réussie

Le chirurgien Christian Barnard accomplit la première transplantation cardiaque réussie et devient aussitôt une référence.

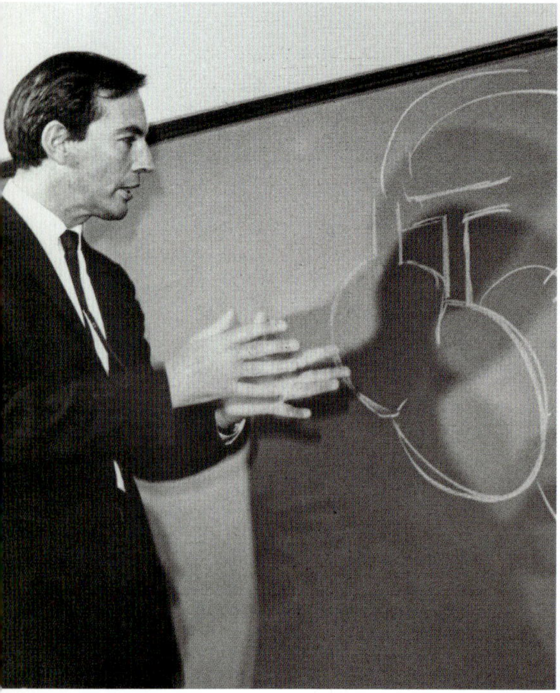

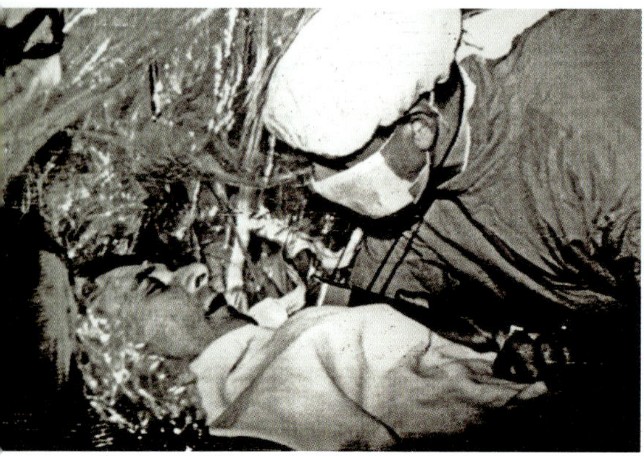

Le chirurgien Christian Barnard étudia la médecine à l'université du Cap et la chirurgie cardiaque à celle du Minnesota. Il expérimentait la transplantation d'organes sur des animaux depuis plusieurs années et décida de la mettre en pratique. Le receveur fut un homme de 55 ans, Louis Washkansky ; la donneuse, Denise Darvall, une femme de 25 ans tuée dans un accident de voiture. L'opération, qui dura neuf heures, impliqua une équipe chirurgicale de 30 personnes. Barnard, qui ne s'attendait pas à ce que l'opération suscite beaucoup d'intérêt, n'avait même pas informé le responsable de l'hôpital de ses intentions. À l'époque, la chirurgie du cœur était très risquée et son succès fit l'objet d'un énorme battage. Il fut surpris de devenir célèbre dans le monde entier, et fut honoré par des stars de cinéma, des hommes politiques et même par le pape.

Washkansky ne survécut que 18 jours. Le traitement contre le rejet de la greffe diminua sa résistance aux infections et il contracta une pneumonie. La cyclosporine ne fut créée qu'en 1974 par un chercheur norvégien, elle évitait cette complication. L'intervention de Barnard permit de perfectionner la technique de transplantation cardiaque. Il poursuivit ses recherches et réalisa la première double transplantation du monde en 1974. D'ailleurs, en 20 ans, cette opération devint courante. Barnard cessa d'opérer en 1983 car il avait de l'arthrite et mourut curieusement d'une maladie cardiaque en 2001. **JS**

Christian Barnard explique comment il a réalisé la première transplantation.

Barnard surveille l'état de santé de Washkansky après sa transplantation.

1968 – 31 JANVIER

L'offensive du Têt

L'offensive du Têt dans le Sud-Vietnam fait vaciller les forces américaines.

La fête du Nouvel An vietnamien, ou Têt, fut célébrée par les guérilleros du Vietcong par des attaques coordonnées sur chaque ville du Sud-Vietnam. Les forces américaines furent stupéfaites de l'ampleur et de la férocité des combats. Une bataille se déroula même au sein de l'ambassade américaine à Saigon et des milliers de civils périrent. L'offensive du Têt avait été planifiée depuis longtemps et était destinée à détruire totalement le Sud du pays. Jusqu'alors, les leaders américains pensaient gagner la guerre et se sentaient en sécurité dans les villes, à défaut de l'être dans les campagnes. Le général nord-vietnamien Giap leur montra qu'ils avaient tort. Au mieux, il espérait que cette offensive créerait une insurrection populaire qui chasserait les Américains du Vietnam, à tout le moins que ceux-ci négocieraient.

« Il est de plus en plus clair… que la seule manière de s'en sortir… sera de négocier. »

Walter Cronkite, journaliste américain

Sur le plan militaire, les États-Unis sortirent vainqueurs. Le Vietcong enregistra de grosses pertes et l'armée du Nord-Vietnam dut donc assumer la plupart des combats. Aux États-Unis, l'offensive du Têt fut perçue comme une défaite et l'opinion publique devint défavorable à cette cause, considérée comme perdue. Si l'effusion de sang allait durer jusqu'à l'accord de paix de 1973, les Américains essayèrent dès cette offensive de chercher un moyen de sortir du conflit sans perdre exagérément la face. **JS**

1968 – 21 MARS

Le massacre de My Lai

Les atrocités contre des civils suscitent l'indignation mondiale.

Les troupes américaines, commandées par le lieutenant William Calley furent envoyées pour débarrasser le pays des guérilleros du Vietcong, supposés se cacher dans le village de My Lai. Le massacre fut systématique et gratuit. Des hommes âgés, des femmes et des enfants furent tués. Des enquêtes militaires conclurent ultérieurement à l'assassinat de 347 personnes, les Vietnamiens parlèrent de 504. L'incident fut couvert et décrit comme une opération militaire dans laquelle 128 combattants ennemis avaient été tués. Mais des rumeurs se répandirent et un soldat, Ron Ridenhour, raconta les atrocités commises à plusieurs figures politiques, dont le président Nixon. C'était impossible à dissimuler, pourtant seul Calley fut tenu pour responsable. Initialement condamné à la prison à vie pour meurtre avec préméditation, il n'y resta que trois ans et demi.

Les Américains utilisèrent des défoliants, du napalm et procédèrent à des bombardements de grande ampleur, et parurent, aux yeux de nombreux Vietnamiens, vouloir détruire le Sud-Vietnam afin de le sauver. Les troupes américaines, confrontées à l'hostilité de la population, supposèrent que tout Vietnamien tué était systématiquement un Vietcong. Incapables d'identifier leurs ennemis et soupçonnant tous les paysans d'être leurs complices, les soldats en vinrent à détester la population. Les atrocités commises à My Lai n'étaient donc pas surprenantes, et l'horrible massacre, lorsqu'il fut connu, stimula et unifia le mouvement antimilitariste américain. Il modifia l'opinion publique envers cette guerre et convainquit également beaucoup de Vietnamiens du Sud que le communisme était peut-être préférable au champ de bataille créé par les Américains. **JS**

L'assassinat de Martin Luther King

Les États-Unis perdent un formidable meneur, une perte qui soulève la colère.

Cinq jours après l'assassinat de King, plus de 50 000 personnes assistent à ses funérailles à Atlanta.

Le leader le plus célèbre et le plus influent du mouvement pour les droits civiques américain, qui avait adopté le principe de non violence de Gandhi et obtenu le prix Nobel de la paix en 1964, est assassiné à Memphis dans le Tennessee. Il s'y était rendu plusieurs fois pour soutenir une grève des éboueurs noirs et, au cours d'une réunion le 3 avril, évoquant des menaces contre sa vie, il déclara : « Comme tout un chacun, j'aimerais vivre une longue vie. La longévité est importante. Mais je ne suis pas inquiet à ce sujet, à présent. Je veux juste accomplir la volonté de Dieu. »

Le soir suivant, King se tenait sur le balcon du motel Lorraine lorsqu'il y eut une explosion évoquant la détonation d'une voiture. Il s'agissait en réalité d'un coup de fusil, tiré depuis une fenêtre d'une maison voisine. Peu après, King fut découvert allongé sur son balcon, avec une blessure fatale à la tête. Il vivait encore et ses amis le placèrent sur un couvre-lit de l'une des chambres, mais il mourut avant l'arrivée de l'ambulance. Il avait 39 ans.

La nouvelle de sa mort causa une vague de chagrin et de colère. Au cours d'émeutes à Washington et dans d'autres villes, des Noirs issus des ghettos se livrèrent à des saccages, des pillages et des incendies. Il fallut des milliers de soldats pour rétablir l'ordre.

L'assassin était un sudiste blanc et un criminel sans envergure du Tennessee, James Earl Ray. Il fut arrêté à Londres et ramené à Memphis où il fut condamné, en 1969, à 99 ans de prison. Il mourut en 1998. **RC**

Mai 68

Des manifestations révolutionnaires touchent de nouveau la capitale française.

Des étudiants en colère manifestent à Paris – déclenchant une grève générale de plusieurs semaines.

Après plusieurs jours d'affrontements entre des étudiants et la police à Paris, la situation empira car des ouvriers grévistes se joignirent aux manifestants. Tout avait commencé en mars par des confrontations entre les directions des universités et des grandes écoles et les étudiants au sujet de leurs règlements intrusifs et des valeurs archaïques et bourgeoises qui y étaient enseignées. Le gouvernement reagit fermement et la Sorbonne fut encerclee par la police. Des étudiants furent arrêtés, frappés et aspergés de gaz lacrymogène. Les batailles de rue dans le Quartier latin causèrent l'indignation de la classe ouvrière et un mouvement de grève générale se propagea, impliquant plus de dix millions d'ouvriers. La France fut paralysée durant plusieurs semaines. Le gouvernement sembla près de s'effondrer.

Le gouvernement, évaluant la loyauté de ses troupes et positionnant des tanks en banlieue parisienne, se préparait au pire. Mais des divergences apparurent. Les ouvriers avaient peu de sympathie pour les discours révolutionnaires des étudiants. D'importantes concessions en matière de salaires, de conditions de travail et de droits syndicaux mirent fin a la greve et désamorcèrent l'insurrection. La crise aboutit à un renforcement du régime après la victoire gaulliste aux élections législatives laissant les étudiants isolés. Mais la remise en question des valeurs traditionnelles eut des conséquences et provoqua des changements en France et dans toute l'Europe. **JS**

1968 – 5 JUIN

L'assassinat de Robert Kennedy

Le sénateur Robert Kennedy est assassiné à Los Angeles, en Californie.

En cinq ans aux États-Unis, trois assassinats : John Kennedy, Martin Luther King et Robert Kennedy. En 1957, ce dernier, le conseiller principal du comité du Sénat, enquêtait sur le racket au travail. En 1960, il organisa la campagne présidentielle de son frère. Ministre de la Justice au sein du gouvernement de son frère, il soutint la campagne pour les droits civiques et mena un combat énergique contre le crime organisé. En 1964, après la mort de John Kennedy, il fut élu sénateur démocrate de l'État de New York et devint lui-même une figure politique importante et un opposant majeur à la guerre du Vietnam.

« Mon frère n'a pas besoin d'être plus idéalisé… dans la mort qu'au cours de sa vie. »

Edward Kennedy, sénateur

Kennedy annonça sa candidature à la présidence en 1968 et, le 4 juin il avait remporté cinq primaires démocrates sur six, dont celle qui eut lieu ce jour-là en Californie. Tandis qu'il parlait à ses partisans à l'Ambassador Hotel de Los Angeles, il paraissait possible qu'il fut le second de sa famille à accéder à la Maison Blanche. Pourtant, en passant dans un couloir bondé, il fut assassiné et il mourut le lendemain, il avait 42 ans.

Le meurtrier était un immigrant né en Palestine, Sirhan Sirhan, qui désapprouvait la sympathie de Kennedy pour Israël. Il fut condamné à mort en 1969, mais un plaidoyer du sénateur Edward Kennedy permit de commuer sa peine en emprisonnement à vie.. **RC**

1968 – 25 JUILLET

L'Église et la contraception

La condamnation de la contraception par le pape affaiblit l'autorité de l'Église.

L'encyclique du pape Paul VI, *Humanae Vitae*, qui consternait les catholiques romains libéraux de l'époque, condamnait tous les moyens artificiels de contraception. Affirmant qu'ils constituaient une violation de la loi de la nature et étaient mauvais par essence, le pape avertit que leur utilisation accroîtrait l'infidélité conjugale, déprécierait les valeurs morales et abaisserait les femmes au rang d'instruments de plaisir. Selon lui, les relations sexuelles dans le mariage qui excluaient leur objectif de procréation n'étaient pas naturelles.

Ces propos choquèrent beaucoup de personnes qui espéraient une position plus libérale de l'Église face à la pilule. Le contrôle des naissances semblait vital, afin de réduire la pauvreté dans le monde, notamment dans les pays les moins développés. L'épidémie de sida, ensuite, donna du poids à ces arguments. Dans le monde occidental, la contraception fut de plus en plus souvent considérée comme un cas de conscience personnel, plutôt que comme une question concernant le Vatican. La procréation n'était pas le seul objectif du mariage. L'influence du pape alla en diminuant.

Même si de nombreux catholiques étaient d'accord avec le pape et affirmèrent que ses craintes étaient fondées puisque les avortements et l'infidélité augmentaient, les réactions furent si hostiles que Paul VI fut consterné et ne publia jamais d'autre encyclique. Mais le pape Jean-Paul II exprima le même avis en 1984. Les arguments en faveur de la contraception allaient à l'encontre du respect de l'autorité catholique. En réalité, l'Église perdit sa crédibilité dans le domaine de la morale sexuelle et de manière plus générale également. **JS**

Les troupes soviétiques en Tchécoslovaquie

Les troupes soviétiques interviennent pour supprimer les réformes du gouvernement tchèque de Dubcek, jugé menaçant pour la stabilité de l'Europe communiste.

L'invasion de la Tchécoslovaquie par une coalition soviétique mit fin au printemps de Prague, une période de réformes libérales menées par le gouvernement de Dubcek. La stagnation économique et l'exigence généralisée d'une réforme politique avaient conduit à l'éviction du leader stalinien, Antonin Novotny, en janvier. Il fut remplacé par Dubcek, qui annonça une foule de réformes. S'il n'eut jamais l'intention de laisser le Parti perdre le contrôle de la Tchécoslovaquie, de menacer la sécurité soviétique ou de se retirer du pacte de Varsovie, il prôna un socialisme à visage humain. Il proposa la légalisation des partis d'opposition, mit fin à la censure et voulut normaliser les relations diplomatiques et commerciales avec l'Allemagne de l'Ouest. Mais malheureusement, ces réformes menaçaient le monde communiste.

En Pologne, il y eut des manifestations pour obtenir des réformes similaires. Moscou craignait que cette agitation ne touchât l'Ukraine. C'était inacceptable et Dubcek fut prié de mettre un frein à ses réformes, ce qu'il ne fit pas. Il pensait que la garantie de loyauté donnée aux dirigeants du pacte de Varsovie lors d'un sommet en juillet apaiserait les inquiétudes soviétiques. La réponse soviétique fut l'invasion. L'Ouest condamna, mais n'intervint pas. Au sein du monde communiste, le message fut clair : un réel changement était impossible dans un régime communiste, la réforme n'était donc envisageable qu'en se débarrassant du communisme. **JS**

◐ Les Praguois, désireux d'adopter la politique plus libérale de Dubcek, protestent contre l'invasion militaire.

◐ Les tanks soviétiques envahissent les rues de Prague pour reprendre le contrôle de la Tchécoslovaquie.

La Terre vue de la Lune

Cette photographie du lever de la Terre fut prise huit mois avant le premier alunissage.

Earthrise (Lever de Terre), superbe photographie de William Anders prise en orbite lunaire.

La mission Apollo 8 amena les astronautes Frank Borman, William Anders et Jim Lovell sur l'orbite lunaire. Pour la première fois, des êtres humains sortaient de l'orbite terrestre pour s'approcher de la Lune dont ils devaient photographier la surface. En déplaçant le vaisseau vers l'autre face, ils virent la Terre émerger au-dessus de la vaste surface lunaire inerte. Borman, le commandant, et Anders prirent des photographies. Borman obtint une vue monochrome de la Terre, tandis qu'elle pointait au-dessus de l'horizon lunaire ; Anders, alors qu'elle s'était élevée de quelques degrés dans le ciel noir, obtint une photographie en couleur, un tourbillon de bleu et de blanc. La photographie montra pour la première fois la Terre vue depuis l'espace, une petite planète partiellement plongée dans le noir ; un monde intégré, fragile et liquide, fascinant et attirant, contrastant avec la Lune monolithique, grise et sans vie, décrite par Lovell comme « ressemblant à du plâtre ou à une espèce de sable grisâtre ». « Son immense isolement est impressionnant et permet de réaliser la fragilité de la Terre », ajouta-t-il.

En réalité, la Lune et la Terre tournant de manière synchrone, on n'observa jamais de « lever de Terre » depuis la surface lunaire – c'est le déplacement du vaisseau qui permit ce phénomène.

Les astronautes accomplirent encore plusieurs révolutions autour de la Lune prenant les photos qui devaient permettre de sélectionner les futurs sites d'alunissage. La mission Apollo 8 marqua une étape capitale dans la conquête de la Lune. **PF**

Le premier vol du Concorde

Ce premier avion de ligne supersonique, effectue son premier vol.

Premier vol du Concorde, piloté par le pilote d'essai André Turcat dans le ciel de Toulouse.

Le premier vol du Concorde franco-britannique à Toulouse fut un vol court et l'avion n'atteignit pas des vitesses supersoniques. Projet technologique européen le plus ambitieux à ce jour, il suscita un immense enthousiasme. Les recherches avaient débuté dans les années 1950, mais le projet, très coûteux, nécessita une coopération internationale. Les gouvernements britannique et français signèrent un traité en novembre 1962. Les coûts du projet s'envolèrent et l'on douta de sa réussite. La publicité autour du premier vol devait montrer aux contribuables franco-britanniques que leur argent n'était pas dépensé en vain.

En fait le projet enregistra de très lourdes pertes et dépassa plusieurs fois le budget prévu. Seuls quatorze avions furent construits à des fins commerciales et British Airways ne put en acheter sept (Air France acquit les autres) que grâce à une subvention gouvernementale. En raison des délais de construction, les appareils n'entrèrent en service qu'en 1976. Le Concorde pouvait franchir l'Atlantique en moins de 3 h 30 et devint un emblème de l'aviation. Toutefois, la capacité limitée de son réservoir ne lui permit pas de desservir le Pacifique, une destination lucrative, et les défenseurs de l'environnement s'opposèrent à son atterrissage dans plusieurs aéroports américains à cause de la pollution sonore. Le Concorde vola jusqu'en octobre 2003, mais en raison de son coût croissant et de la baisse des bénéfices après le 11 septembre son exploitation n'était plus rentable. **JS**

Les premiers pas sur la Lune

Neil Armstrong devient le premier homme à poser le pied sur la Lune.

⭘ L'empreinte de Buzz Aldrin, le pilote du module lunaire, sur la surface de la Lune, durant la mission Apollo 11.

⭘ L'astronaute Buzz Aldrin marchant sur la Lune photographié par Neil Armstrong.

« Houston, ici la base de la Tranquillité. L'Aigle a atterri. »

Neil Armstrong, se posant sur la Lune

Observées par 450 millions de personnes dans le monde à 2 h 56 GMT, les images floues en noir et blanc montrèrent un personnage descendant une échelle. Une voix mécanique disait : « C'est un petit pas pour l'homme, un bond de géant pour l'humanité. »

Neil Armstrong, 38 ans, pilote d'essai de la NASA, posa le pied gauche sur la Lune. Pour la première fois, un homme foulait un autre sol que celui de la Terre. Il prit des photographies et préleva des échantillons de poussière ; 20 minutes plus tard, il fut rejoint par Buzz Aldrin, qui s'exclama : « Superbe. Superbe. Une magnifique désolation. » Les astronautes s'exercèrent à bondir en raison de la faible gravité et plantèrent le drapeau américain et une plaque avec la signature du président Nixon et l'inscription : « Ici, des hommes de la planète Terre posèrent le pied sur la Lune en juillet 1969 de notre ère. Nous venons en paix au nom de l'humanité. » Peu après, Armstrong reçut un appel téléphonique de Nixon.

Apollo 11 avait décollé le 16 juillet du Centre spatial Kennedy et atteint l'orbite lunaire en trois jours. Armstrong et Aldrin embraquèrent dans le module lunaire *Aigle*, qui devait rejoindre la mer de la Tranquillité, tandis que le troisième équipier, Michael Collins, demeura en orbite sur un module de commande, *Columbia*. Après avoir manqué le site d'alunissage prévu, Armstrong, frôlant la panne de carburant, délaissa les ordinateurs et alunit manuellement.

Après 24 heures sur la Lune, l'Aigle rejoignit le Columbia et commença son voyage de retour. Il tomba dans le Pacifique le 24 juillet. Armstrong continue sa carrière à l'université de Cincinnati comme professeur en génie aéronautique, refusant d'utiliser son expérience pour exploiter sa célébrité ou jouer un rôle politique. **PF**

Festival de musique rock à Woodstock

Plus de 450 000 personnes assistent à l'événement le plus célèbre de la décennie.

Un couple se repose sur sa voiture tandis que l'immense foule commence à quitter le site du festival.

Le festival international de musique pop de Monterey en 1967 est considéré comme le début du *Summer of Love* («Été de l'amour») et Woodstock constitua le paroxysme de la culture hippie. La *Woodstock nation* suscita l'espoir et l'optimisme malgré les émeutes raciales, les assassinats politiques et l'interminable guerre du Vietnam.

Les organisateurs de l'événement, âgés d'une vingtaine d'années, étaient les fondateurs du mouvement pop, Artie Kornfeld et Michael Lang, John Roberts, un riche fils d'industriel, et l'avocat Joel Rosenman. Ils se rendirent dans la petite ville de Bethel, hôte involontaire du festival, pour y organiser la sécurité, légère, y donner de mauvais conseils sur le LSD, installer des tentes médicales, des toilettes mobiles et des points d'eau. Ils surveillèrent l'installation de la plus grande scène extérieure du monde à l'époque, supposée tourner, mais qui se cassa. Face aux nombreux problèmes, les organisateurs durent rendre le festival gratuit (près de 186 000 tickets avaient déjà été vendus).

Les 31 artistes reçurent un cachet allant de 18 000 dollars (Jimi Hendrix) à 2 500 (Grateful Dead). Certains devinrent célèbres, d'autres confirmèrent leur talent, mais tous triomphèrent de la mauvaise sonorisation en créant l'un des grands moments de l'histoire du rock. Si l'on frôla le désastre tout le week-end – pluie, embouteillages, manque d'eau et de sanitaires, et trois décès et deux naissances – Woodstock fut « trois jours de paix et de musique ». **JJH**

L'alunissage impossible d'*Apollo 13*

La mission lunaire est annulée après une explosion à bord.

Les astronautes F. Haise, J. Swigert et J. Lovell attendent d'être récupérés dans l'océan Pacifique.

Le premier alunissage, en 1969, fut suivi d'autres missions spatiales qui explorèrent la surface de la Lune et en rapportèrent des échantillons de sols et de roches.

La plupart se déroulèrent sans encombre, mais la mission d'*Apollo 13* posa des problèmes après son décollage du cap Kennedy le 11 avril 1970.

Deux jours plus tard, alors que le vaisseau se trouvait à environ 322 000 km de la Terre, près de la Lune, une explosion sonore se produisit. Un réservoir d'oxygène avait explosé dans le module de commande, réduisant considérablement les réserves d'oxygène, ainsi que d'électricité et d'eau (produites à partir du réservoir). L'alunissage fut annulé par Houston.

Le vaisseau continua son trajet autour de la Lune avant d'entreprendre le trajet de retour de 250 000 km vers la Terre. Les trois astronautes vécurent dans le module lunaire. Ils regagnèrent l'atmosphère terrestre le 17 avril et, au profond soulagement de tous, le vaisseau atterrit dans le Pacifique, à 6,5 km du vaisseau de récupération, *USS Iwo Jima*.

Les missions lunaires avaient souvent lieu pour des raisons politiques, car les États-Unis semblaient être surpassés par l'Union soviétique en matière d'exploration spatiale. L'amélioration des relations américano-soviétiques et le coût du programme spatial entraînèrent cependant une réévaluation de ce dernier. Les missions lunaires cessèrent après le retour réussi d'*Apollo 17* en 1972. **RC**

Mort de Jimi Hendrix

Le guitariste laisse une œuvre de blues électrique très originale et reste une figure caractéristique des années 1960.

Hendrix, guitariste noir gaucher, créa un vocabulaire entièrement nouveau d'effets sonores. Il ne fut toutefois jamais entièrement à sa place, conjuguant un style de rock qui plaisait aux Blancs et une absence de connivence avec son public d'origine noire.

James Marshall Hendrix, né le 27 novembre 1942 à Seattle, eut sa première guitare à 12 ans. Ses premiers enregistrements et concerts se firent avec des groupes de rhythm and blues du Sud et de soul (B. B. King, The Isley Brothers et Little Richard). Il en tira un style de rock ensorcelant, flamboyant et inimaginable destiné essentiellement à un public blanc.

Après l'avoir vu dans un night-club de New York, Chas Chandler, ancien bassiste des Animals, l'accompagna en Angleterre, lui adjoignit Mitch Mitchell aux percussions et Noel Reading à la basse, constituant la Jimi Hendrix Experience. La performance en direct de Hendrix, qui jouait de la guitare avec ses dents et derrière son cou, dérouta les autres guitaristes anglais. Son style de jeu fluide, fait d'une grande part d'improvisation, associé à un son unique qui cherchait souvent à maîtriser les parasites de l'amplificateur, modifia complètement le paysage sonore du rock.

Sa mort prématurée fut sordide, liée à un mélange fatal de drogues et d'alcool. Il mourut sur la route de l'hôpital en s'étouffant avec son propre vomi, triste fin pour le guitariste électrique le plus novateur de l'ère du rock, dont l'influence est toujours présente aujourd'hui. **JJH**

▶ Hendrix au festival de l'île de Wight, au mois d'août 1970, deux semaines avant sa mort.

◀ Miles Davis, présent au festival de l'île de Wight, aux funérailles de Hendrix avec son épouse (à gauche) et un ami.

Un cyclone dévastateur

Un cyclone et de fortes inondations causent d'immenses pertes au Pakistan oriental.

Avec des vents atteignant 185 km/h, le cyclone qui toucha le Pakistan oriental – actuel Bangladesh – équivalait à un ouragan de catégorie 3. Plus de 300 000 personnes périrent à cause d'une tempête qui inonda le delta du Gange, très peuplé. L'alerte avait été donnée, mais elle ne mentionnait pas l'inondation. Dans le district de Tazumin, 45 % de la population fut décimée. Dans l'île de Bhola on dénombra plus de 100 000 victimes.

Au total, 3,6 millions de personnes furent touchées par le cyclone. Une grande partie de la flotte de pêche, qui fournissait au Pakistan oriental sa principale source de protéines, fut dévastée. Avec une tragédie de cette ampleur, la rapidité des secours était cruciale. Or le gouvernement, basé au Pakistan occidental, fut sévèrement critiqué. Il n'y avait qu'un hélicoptère et le gouvernement se montra lent à en procurer d'autres. Il blâma l'Inde pour son retard, mais le gouvernement indien rejeta toute responsabilité. Le gouvernement pakistanais refusa l'entrée des secours indiens par avion dans le pays, et l'aide fut acheminée par voie de terre. Il mit deux jours à accepter l'aide d'un avion de pulvérisation. Une telle incompétence donna une nette avance électorale aux partis séparatistes politiques tels que l'Awami League. Cela allait conduire à terme le Pakistan oriental à se battre pour sa libération et à créer un Bangladesh indépendant. **JS**

« Je suis très satisfait du fait que tout soit mis en œuvre et sera mis en œuvre. »

Yahya Khan, président, novembre 1970

L'hommage de Willy Brandt

L'Allemagne reconnaît son passé nazi par le biais d'un acte symbolique du chancelier.

L'attitude de Willy Brandt à genoux en hommage aux victimes du nazisme à Varsovie marqua la rupture décisive de l'Allemagne avec l'époque de Hitler et – malgré la controverse suscitée en Allemagne – permit un rapprochement qui aboutira à la réunification du pays en 1989.

Brandt, né Herbert Frahm à Lubeck en 1913, s'était opposé au nazisme lorsqu'il était jeune socialiste. À l'avènement du nazisme en 1933, il s'exila en Norvège, devint citoyen norvégien sous le nom de Willy Brandt. De retour en Allemagne, il reprit sa nationalité allemande et devint membre du parti social-démocrate. Maire de Berlin, il reçut Kennedy dans la ville divisée, en 1961.

Brandt devint chancelier de la RFA en 1969 et pratiqua une politique controversée, ouverte sur l'Est (*Ostpolitik*). Il établit des contacts avec l'Allemagne de l'Est et d'autres pays communistes afin de propager la démocratie. L'*Ostpolitik* faillit provoquer la chute de son gouvernement. Selon une division parlementaire, seuls des dessous de table distribués par les services secrets de la Stasi est-allemande permirent d'obtenir les votes dont Brandt avait besoin.

Le point culminant de l'*Ostpolitik* fut un traité qui assouplit les relations entre les deux États allemands. Brandt expia symboliquement les crimes nazis lorsqu'il s'agenouilla à Varsovie devant le mémorial des victimes du soulèvement de la ville en 1944 une révolte des patriotes polonais écrasée dans le sang par les nazis. Certains Allemands considérèrent cet acte comme une humiliation nationale. Même le *Spiegel*, plutôt de gauche, s'interrogea : « Brandt devait-il s'agenouiller ? » En revanche, le *Time* le nomma Homme de l'année 1970, et le prix Nobel de la paix lui fut décerné l'année suivante. **NJ**

Le Bangladesh proclame son indépendance

Le Pakistan oriental fait sécession, provoquant une réponse militaire du Pakistan occidental.

Les troupes indiennes entrant à Dacca, acclamées par le peuple du nouvel État baptisé Bangladesh.

La déclaration d'indépendance du Pakistan oriental vis-à-vis du Pakistan ne fut pas une grande surprise. Depuis sa création en 1947, le Pakistan était une entité politique incertaine, comptant deux territoires séparés par plus de 1 600 km de terres indiennes. Hormis la religion, l'islam, les deux parties du pays avaient peu de choses en commun. Le Pakistan occidental dominait.

Pourtant plus peuplée, la partie orientale recevait moins de la moitié des dépenses du gouvernement, était sous-représentée dans l'armée, subissait une discrimination dans les contrats gouvernementaux et ses dirigeants politiques étaient marginalisés. Le manque de réactivité du gouvernement face au cyclone de 1970 fut mal jugé. Durant les élections, la ligue séparatiste Awami du Pakistan oriental remporta une victoire écrasante et obtint la majorité absolue à l'Assemblée nationale. Mais les militaires refusèrent d'accepter les résultats, ce qui conduisit à la déclaration d'indépendance.

Le gouvernement du Pakistan occidental n'était pas prêt à céder. La répression fut brutale. La première victime en fut la minorité hindoue. La Mukti Bahini (Force de libération), aussitôt créée, répliqua en organisant une guérilla. L'Inde allait trancher. Outrée par les attaques contre les Hindous et de la réponse militaire de l'Est, elle intervint en décembre. Ses troupes prirent Dacca en l'espace de quelques jours. La nouvelle nation du Bangladesh devint une réalité. **JS**

Dimanche sanglant en Irlande du Nord

En ce Bloody Sunday, *les tirs des soldats britanniques provoquent un tollé international.*

Des jeunes jetant des pierres sur un véhicule de l'armée britannique durant le *Bloody Sunday*.

Dans la ville de Derry (Londonderry), les parachutistes britanniques ouvrirent le feu sur des manifestants pour les droits civiques. Quatorze personnes furent tuées. L'armée britannique déclara avoir riposté à des tirs et à une attaque de bombes à clous de la part de l'IRA (Armée républicaine irlandaise). Mais aucun soldat n'était blessé et selon les militants, les parachutistes avaient délibérément tiré sur des manifestants non armés. Le rapport judiciaire du procureur Lord Widgery, en avril, blanchissant les parachutistes, fut reçu avec scepticisme, même en Grande-Bretagne.

L'armée britannique, déployée en Irlande du Nord en 1969 pour canaliser la violence, fut initialement bien reçue par la population républicaine catholique désireuse d'être protégée, mais les relations s'envenimèrent. Début 1972, les manifestations pour les droits civiques soutenues par les catholiques aboutirent à des confrontations. À Derry, l'altercation s'épuisait lorsque des parachutistes furent envoyés pour procéder à des arrestations. Ils furent prévenus que l'IRA se servait des manifestations pour couvrir des snipers, mais l'ampleur de la violence qui s'ensuivit reste inexplicable. Les conséquences furent désastreuses. Le monde entier condamna leur action et une foule enragée incendia l'ambassade britannique à Dublin. Les hostilités sectaires se durcirent et l'IRA reçut un soutien accru. Ce jour allait conduire à une impasse politique et à un engrenage d'attentats terroristes durant des décennies. **JS**

1972 – 21 FÉVRIER

Nixon rencontre Mao

Le président américain accomplit une opération diplomatique stupéfiante.

Lorsque le président Richard Nixon rencontra Mao Zedong, les États-Unis ne reconnaissaient pas la République populaire de Chine sur le plan diplomatique. Anticommuniste convaincu, Nixon avait néanmoins conscience que le monde communiste n'était pas le bloc monolithique aux ordres de Moscou qu'il semblait être. Les tensions entre Moscou et Pékin avaient été révélées par des combats le long de la frontière sino-soviétique sur le fleuve Oussouri en mars 1969. Ce conflit aurait pu être exploité par les États-Unis. En outre, Mao pouvait apprécier les avantages d'une superpuissance amie pour compenser l'hostilité soviétique. En avril 1971, les premiers signes d'un changement apparurent quand Pékin invita l'équipe de tennis de table américaine à visiter la Chine. Les porte-parole américains étaient convaincus que la prochaine étape verrait le président Nixon invité en Chine par Mao.

Naturellement, les relations diplomatiques n'allaient pas de soi. Le conseiller de la sécurité nationale américaine Henry Kissinger ouvrit de vives discussions avec les Chinois. Taiwan posait un problème majeur, la province étant considérée légitime par les États-Unis et rebelle par Mao. Aucune partie ne voulant faire de concession, il fallut trouver une solution commune. Ce fut la reconnaissance officielle de la République populaire, qui permit à la Chine de gagner un siège permanent au Conseil de sécurité des Nations unies. Moscou fut le grand perdant de cet affrontement diplomatique, et se vit soudain isolé et contraint de faire des concessions face aux États-Unis, comme la limitation des armes stratégiques. L'action diplomatique de Nixon permit donc de réduire nettement les tensions liées à la guerre froide. **JS**

1972 – 17 JUIN

Le scandale du Watergate

Le cambriolage du Watergate conduira à la chute du président Nixon.

L'étroite victoire de Nixon à l'élection présidentielle américaine de 1968 fut accueillie avec consternation par de nombreuses personnes de gauche ou opposées à la guerre du Vietnam. Nixon et ses proches associés avaient une attitude de suspicion à l'encontre de l'opposition et, en 1971, une unité spéciale, *The plumbers* («les plombiers»), fut mise en place pour espionner et entraver les opérations des ennemis du régime. Gordon Liddy et Howard Hunt, qui avaient travaillé pour la CIA, faisaient partie des espions. En juin 1972, les États-Unis furent plongés dans une crise internationale lorsque plusieurs *plumbers* furent arrêtés au siège du Democratic National Committee dans l'immeuble du Watergate, à Washington, où ils avaient installé du matériel d'espionnage ; Liddy et Hunt furent impliqués.

« La Maison Blanche n'est impliquée en aucune manière dans cet incident. »

Déclaration du président Nixon

Certains supposèrent que le président n'était pas au courant et, en novembre Nixon fut réélu avec une forte majorité. Toutefois, des enquêtes du *Washington Post* fournirent des informations terrifiantes sur les agissements de l'administration. Les espions du Watergate avouèrent le cambriolage et furent reconnus coupables en janvier 1973, mais l'un d'eux écrivit au juge pour dénoncer le rôle de la Maison Blanche dans cette affaire. L'implication de la Maison Blanche devint en effet de plus en plus évidente et, le scandale allait finalement provoquer la chute de Nixon. **RC**

Le massacre de Munich

Les Jeux olympiques deviennent la scène d'un drame : des athlètes sont pris en otage et leur libération échoue de manière catastrophique.

Les Jeux olympiques de Munich furent l'objet d'un carnage lorsqu'une fusillade entre la police et des terroristes palestiniens firent neuf victimes parmi les athlètes israéliens pris en otage. Huit membres de l'organisation Septembre noir avaient pénétré dans le village olympique, aux mesures de sécurité légères, et attaqué les résidences des Israéliens, tuant deux athlètes avant de prendre des otages. Les terroristes demandaient la libération de plus de 200 Palestiniens détenus dans des prisons israéliennes. Les autorités ouest-allemandes, inquiètes que le sang juif soit encore répandu sur le sol allemand, souhaitèrent offrir une échappatoire, puis finirent par intervenir. Mais, comme la plupart des forces de police européennes, la police de Munich avait peu d'expérience du terrorisme et aucune en matière de libération d'otages. L'intervention fut mal dirigée, les tireurs mal placés. Une équipe de police sur la base aérienne rencontra des problèmes de communication. Les otages, un policier et cinq terroristes, furent tués. Trois terroristes furent capturés, mais ne restèrent pas longtemps en détention, quelques semaines plus tard ils furent libérés, Septembre noir ayant détourné un avion allemand.

Les Jeux continuèrent cependant, mais la tragédie avertit l'Occident des dangers du terrorisme moderne et conduisit à l'adoption de mesures de protection. La question palestinienne devint cruciale dans les relations entre l'Occident et le monde arabe. **JS**

Un membre de l'organisation de libération de la Palestine sur le balcon du dortoir des athlètes israéliens.

Les parents en deuil des onze athlètes assassinés arrivant à Munich pour recevoir leur dépouille.

1973 – 2 JANVIER

L'avortement légalisé aux États-Unis

La Cour suprême légalise l'avortement dans l'affaire Roe contre Wade.

Le mouvement féministe gagna régulièrement du terrain aux États-Unis dans les années 1960, parallèlement au mouvement pour les droits civiques. C'était dû à la plus grande indépendance des femmes, bien plus nombreuses à travailler désormais. En outre, il était plus facile d'aborder, dans le climat permissif de l'époque, les questions relatives à la sexualité comme l'avortement et l'homosexualité.

En 1971 et 1972, la Cour suprême soutint l'égalité juridique des femmes conformément à la loi sur les droits civiques de 1964. L'année suivante, la Cour émit un jugement controversé dans l'affaire Roe contre Wade. La loi, au Texas, comme dans la plupart des États, interdisait l'avortement, excepté pour sauver la mère en cas de complication médicale. Jane Roe était le pseudonyme d'une jeune femme de Dallas, célibataire et enceinte, qui défia la constitutionnalité de la loi du Texas. Aux côtés d'autres plaignants, elle fit appel auprès de la Cour suprême contre la décision du procureur de district de Dallas, Henry Wade, de maintenir des poursuites en cas d'avortement. La Cour, consciente de la difficulté du problème et de l'émotion qui régnait, légiféra afin que, conformément au quatorzième amendement garantissant le droit au respect de la vie privée, une femme ne puisse être empêchée d'avorter au cours des six premiers mois de sa grossesse, même si sa vie n'était pas en danger.

Le président Carter affirma plus tard que, bien qu'il soit opposé à l'avortement, il ne voulait pas interférer avec la décision de la Cour suprême. Il subit de violentes critiques de la part de ceux qui aux États-Unis considéraient l'avortement comme un meurtre. Cette question conduisit à la victoire des républicains et de Ronald Reagan en 1980. **RC**

1973 – 28 JANVIER

Cessez-le-feu au Vietnam

Les États-Unis et le Nord-Vietnam parviennent à un accord.

Les pourparlers de paix entre les États-Unis et les représentants officiels du Nord-Vietnam portèrent leurs fruits au bout de cinq longues années. Les Américains avaient procédé à des bombardements massifs et les pertes étaient lourdes de part et d'autre. Poussé par des manifestations antimilitaristes aux États-Unis, le président Nixon était pressé d'obtenir un accord. Les États-Unis avaient toujours souhaité se retirer du Sud-Vietnam en garantissant sa stabilité et son indépendance. Les Nord-Vietnamiens souhaitaient eux le départ des Américains, pour être libres de décider du sort de tout le pays. L'accord semblait toutefois être en faveur des États-Unis. Un cessez-le-feu fut immédiatement instauré. Les deux parties convinrent que les Sud-Vietnamiens disposaient d'un droit absolu à l'autodétermination et au régime de leur choix. La réunification du Nord et du Sud n'aurait lieu que par le biais de négociations.

> ***« Nous avons conclu un accord pour mettre fin à la guerre et instaurer la paix avec honneur. »***
>
> Richard Nixon, président, janvier 1973

Cependant, dans l'accord, il ne fut pas fait mention des troupes nord-vietnamiennes présentes dans le Sud. Cela signifiait qu'elles pouvaient y demeurer, en y menaçant la stabilité et la sécurité. Une fois convaincus du départ définitif des Américains, les Nord-Vietnamiens se sentirent libres de rompre l'accord et de réunifier la nation de force. C'est exactement ce qui se produisit en avril 1975. **JS**

Putsch au Chili

Le président socialiste Allende est renversé et la dictature du général Pinochet s'installe au Chili.

Salvador Allende, fondateur du Parti socialiste chilien en 1933, se présenta plusieurs fois à la présidentielle dans les années 1950 et 1960 avant d'être élu en 1970, par une coalition d'Unité populaire. Allende permit au Chili de nouer de bonnes relations avec les régimes communistes de Cuba et de la Chine, et Fidel Castro se rendit longuement dans le pays en 1971. Mais la politique socialiste d'Allende affaiblit sérieusement l'économie et souleva une opposition et une telle violence que le président déclara en août 1973 que le pays était au bord de la guerre civile. On ne sait le rôle exact des États-Unis dans l'éviction d'Allende, mais la CIA dut disposer de gros moyens financiers pour se débarrasser de lui.

Début septembre, après de grandes manifestations de l'opposition à Santiago, l'armée chilienne, la marine, les forces aéroportées et la police nationale entreprirent un putsch militaire. Annonçant la libération de la patrie du joug marxiste, elles arrêtèrent de nombreux leaders de gauche, prirent le contrôle militaire des usines et des zones ouvrières dans les villes et déclarèrent la loi martiale. Piégé dans le palais présidentiel, Allende se fit apporter un drapeau blanc pour indiquer qu'il se rendait. Deux coups de fusil retentirent et il fut découvert mort, tenant une mitraillette peut-être offerte par Fidel Castro. Toute résistance cessa dans le palais et le général Augusto Pinochet, chef de l'armée, fut proclamé président. **RC**

Le président Allende, en février 1973, sept mois avant son suicide.

La dernière journée d'Allende en tant que président, quelques heures avant qu'il ne soit renversé.

La guerre du Kippour

Une attaque surprise durant la fête juive laisse Israël sous le choc.

Soldats égyptiens prisonniers sous surveillance de l'armée israélienne durant la guerre du Kippour.

Les forces égyptiennes et syriennes profitèrent de la fête religieuse juive du Yom Kippour (Grand Pardon) pour lancer une attaque surprise sur Israël. Les troupes syriennes parvinrent sur les hauteurs du Golan et les Égyptiens déferlèrent sur le Sinaï via le canal de Suez. Les Israéliens, qui avaient subi de lourdes pertes, furent en partie épargnés grâce à une mauvaise coordination de leurs ennemis, un approvisionnement massif par pont aérien en matériel américain et la rapidité des renseignements américains sur la disposition de leurs ennemis. Les Syriens furent repoussés et une contre-attaque de l'autre côté du canal de Suez piégea le troisième corps égyptien. Un accord de cessez-le-feu favorable à Israël fut obtenu trois semaines après le début des hostilités.

La guerre du Kippour, bien que brève, montra à Israël que la victoire n'était pas toujours aisée. Les Arabes avaient espéré récupérer des territoires perdus en 1967, et leur échec fut cuisant. Toutefois, ils avaient mis fin à l'impasse stratégique et diplomatique qui bloquait la région depuis 1967. La guerre aurait pu provoquer un conflit majeur entre Moscou et Washington, qui souhaitèrent prévenir le risque de nouvelles hostilités dans la région. L'Organisation des pays exportateurs de pétrole (OPEP) imposa de dures sanctions envers l'Occident, convainquant les Européens de la nécessité de la paix. Même les Israéliens intransigeants comprirent qu'un accord, au moins avec l'Égypte, devait être négocié. **JS**

Le premier choc pétrolier

L'OPEP fait payer aux Occidentaux le prix fort pour leur soutien à Israël.

Une file de voitures près d'une station-service à Brooklyn, New York, durant l'embargo de l'OPEP.

Suite à la victoire d'Israël durant la guerre du Kippour, les pays arabes membres de l'OPEP utilisèrent leur pétrole comme moyen de pression, annonçant un embargo total sur la livraison de pétrole brut aux États-Unis. L'embargo fut étendu aux alliés occidentaux qui subirent une augmentation de 70 % du prix du pétrole, enclenchant une récession économique. Mais l'action de l'OPEP n'était pas qu'une démonstration de solidarité envers l'Égypte et la Syrie, elle résultait d'un ressentiment contre l'Occident. La croissance économique occidentale s'appuyait sur le prix peu élevé de l'énergie. Les fournisseurs de pétrole brut étaient très mal rétribués. L'OPEP avait été créée pour permettre à ses membres de résister collectivement à la pression occidentale sur les cours du pétrole. Une augmentation importante des prix leur paraissait justifiée depuis longtemps.

Les conséquences immédiates de l'embargo sur l'Occident furent sévères : inflation et stagnation économique. Le chômage augmenta et les prix du pétrole quadruplèrent. Les exportateurs firent d'énormes bénéfices, qui revinrent en grande partie entre les mains de l'élite politique ou pour le financement d'achat d'armes. Mais le soutien américain à Israël resta indéfectible et d'autres sources d'approvisionnement en pétrole furent créées. En moins d'un mois, le Congrès approuva la construction de l'oléoduc trans-Alaska, capable de fournir deux millions de barils par jour ; en moins d'une décennie, le pouvoir de l'OPEP déclina. **JS**

La Révolution des œillets

Un coup d'État mené par un mouvement armé de gauche met fin à la dictature au Portugal.

Soldats du MFA, après le coup d'État, portant un œillet rouge, symbole d'une révolution pacifique.

Peu après minuit, le 25 avril 1974, la radio nationale contrôlée par l'État diffusa *Grandola, Vila Morena*, de Zeca Afonso, un chanteur contestataire. Fait surprenant car Afonso, prétendu communiste, était censuré par le régime autoritaire du Premier ministre Marcelo Caetano. Les capitaines de l'armée portugaise attendaient cette occasion depuis longtemps : la chanson était le signal du début d'un coup d'État.

Durant la nuit, le Mouvement des forces armées (MFA) s'empara de points stratégiques dans tout le pays. Le peuple apprit la nouvelle au réveil et entendit un appel au calme. Malgré les appels à la radio du MFA incitant la population à rester chez elle, une foule se rassembla dans le centre de Lisbonne. Beaucoup de gens portaient des œillets rouges trouvés sur le marché aux fleurs, et des centaines d'entre eux furent glissés dans les canons des fusils des soldats. Les fleurs finirent par symboliser la révolution, qui se déroula sans aucune violence. Caetano s'enfuit au Brésil et laissa le pouvoir au général Antonio Spinola.

Depuis plus de 40 ans le Portugal subissait le « Nouvel État », régime politique autoritaire et conservateur d'Antonio Salazar, attaché à son empire africain et menant de coûteuses guerres contre l'Angola, le Mozambique et la Guinée-Bissau. Une transition vers un nouveau régime semblait être difficile. Spinola eut rapidement des désaccords avec le MFA, mais après une période agitée, le pays devint une démocratie libérale en 1976. **RG**

Nixon démissionne après l'affaire du Watergate

Confronté à sa destitution imminente, le président Nixon démissionne.

Le président Richard Nixon présentant sa démission à la télévision.

Le comité d'enquête mis en place par le Sénat sur l'affaire du Watergate avait découvert que le président Nixon détenait des enregistrements révélant son implication personnelle. Le président refusa de les remettre et tenta d'empêcher l'interrogatoire de personnages officiels, mais John Dean, l'un de ses conseillers, révéla ce qu'il savait et mit en cause deux des assistants du président, John D. Ehrlichmann et H. R. Haldeman. Les deux hommes tentèrent de démentir leur implication et celle du président, mais il devint évident que le président Nixon mentait. En juillet 1974, la commission judiciaire de la Chambre des représentants lança contre lui une procédure de mise en accusation. Menacé de destitution, Nixon préféra démissionner. Le vice-président, Gerald Ford, lui succéda et déclara accorder un pardon total au président. Parallèlement, des enquêtes menées par le Congrès, le FBI et les médias avaient révélé une série d'activités illégales – trafics de campagne, fraudes, mises sur écoute – impliquant le FBI, la CIA et les organismes fiscaux contre les « ennemis » du régime. D'autres illégalités passées furent également mises au jour, ainsi que des projets d'assassinat de la CIA visant des hommes politiques étrangers, tel Fidel Castro, et la complicité de celle-ci avec la mafia. Il apparut que des opérations souterraines illégales avaient cours au sommet de l'État depuis des années dans le pays. Le mécontentement public entraîna la défaite de Ford face à Jimmy Carter en 1976. **RC**

La création de Microsoft

Ainsi démarrèrent une fortune et un monopole sur le marché des logiciels.

Paul Allen et Bill Gates, après avoir signé un contrat avec IBM, en 1981.

Tout commença en 1975 lorsqu'un étudiant de Harvard de 19 ans et un camarade d'école créèrent un interprète BASIC pour un nouvel ordinateur, l'Altair 8800. Pour le concevoir tranquillement, ils s'installèrent à Albuquerque, au Nouveau-Mexique, et créèrent leur société, Micro-soft. Celle-ci fut immatriculée (sans le trait d'union) en novembre 1976.

La situation évolua en 1980, lorsque le géant de l'informatique qu'était International Business Machine (IBM) s'adressa à Microsoft pour la mise au point d'un interprète pour son nouveau micro-ordinateur (PC). Finalement, un contrat fut passé avec Microsoft concernant son système d'exploitation, MS-DOS. La popularité des PC IBM et de ses clones fit de Microsoft un monopole dans le domaine du logiciel, une position confirmée lorsque sortit la première version de Windows en 1985. Ses produits étaient souvent fournis avec les PC. Bientôt, Microsoft domina une très grande part du marché mondial des systèmes d'exploitation informatique et des logiciels utilisés sur les ordinateurs personnels et d'entreprise. En dépit de plaintes concernant sa mainmise sur le marché et des défauts de ses produits, Microsoft devint omniprésent sur le plan mondial.

La société avait été fondée par Bill Gates et Paul Allen, qui, en raison de sa mauvaise santé, cessa de jouer un rôle important au cours des années 1980 mais devint actionnaire majoritaire. Gates allait devenir l'homme le plus riche du monde, alors qu'Allen ne serait que l'un des plus riches des États-Unis. **PF**

Pol Pot prend le contrôle du Cambodge

Les Khmers rouges s'emparent de Phnom Penh et exercent des représailles.

Des Khmers rouges en Jeep dans les rues de Phnom Penh le jour où ils prennent le contrôle du Cambodge.

Le bombardement intensif des forces américaines sur le territoire cambodgien pour couper les itinéraires d'approvisionnement des guérilleros du Vietcong contre le Sud-Vietnam déstabilisa sérieusement le pays au début des années 1970. Cela, et la fin de l'aide américaine versée au gouvernement cambodgien après le cessez-le-feu au Vietnam en 1973, permit aux Khmers rouges de s'emparer de la capitale, Phnom Penh. Ils entreprirent leur offensive en janvier et la résistance s'effondra peu après. En février, ils prirent le contrôle des rives du Mékong et bloquèrent l'approvisionnement de la capitale. Par manque de nourriture et de munitions, la résistance du gouvernement s'effondra. Au début, le peuple espéra des Khmers rouges un régime modéré, mais leur leader, Pol Pot, instaura l'Année zéro, constituant une rupture complète avec le passé. Le peuple cambodgien dut mettre en place une société révolutionnaire parfaite, une société paysanne. Les villes furent vidées de leurs habitants, qui furent réduits en esclavage et moururent de faim dans de gigantesques fermes collectives. L'argent, l'éducation, la propriété privée et la religion furent éradiqués. Bien que bref, le régime de Pol Pot fut à l'origine de l'assassinat d'un à trois millions de personnes. Or ce ne fut pas sa criminalité meurtrière qui le fit disparaître, mais son hostilité envers les Vietnamiens. En décembre 1978, leur invasion contraignit les Khmers rouges à fuir dans la montagne, où ils entreprirent une nouvelle guérilla. **JS**

1975 – 30 AVRIL

La chute de Saigon

Les États-Unis évacuent Saigon, abandonnant le Sud-Vietnam à son sort.

Une évacuation par hélicoptère sans précédent eut lieu quand les États-Unis se retirèrent de Saigon alors que les troupes nord-vietnamiennes se rapprochaient de la ville. Des milliers de Sud-Vietnamiens qui avaient soutenu la présence américaine furent également évacués, mais des milliers d'autres furent abandonnés sur place. Les jours du Sud-Vietnam étaient comptés. Depuis le cessez-le-feu de janvier 1973, la menace d'un retour américain retenait les troupes nord-vietnamiennes déployées dans le Sud de procéder à la réunification du pays, mais quand en 1974 les États-Unis réduisirent leur aide au Sud, leur désengagement fut évident. L'offensive du Nord démarra alors en décembre 1974, et le Sud se trouva rapidement dans une position critique.

« Les choix qui s'offrent à nous sont restreints… Nous ne pouvons… abandonner nos amis. »

Gerald Ford, président, avril 1975

Malgré les appels du président Gerald Ford, il était clair que le Congrès n'approuverait jamais le redéploiement des forces américaines, ce qui anéantit le moral des Sud-Vietnamiens. Bien que les forces nord-vietnamiennes ne fissent rien pour empêcher l'évacuation des Américains, les images d'une foule frénétique de Sud-Vietnamiens essayant désespérément d'entrer dans l'ambassade américaine et d'obtenir une place pour partir devinrent le symbole d'une superpuissance humiliée. La force militaire la plus puissante du monde avait été vaincue par une armée de paysans mal armés. **JS**

1975 – 1ER OCTOBRE

Frisson à Manila

Muhammad Ali réécrit les règles de la boxe professionnelle.

L'un des plus célèbres matchs de boxe fut le troisième combat entre deux anciens champions du monde, Joe Frazier et Muhammad Ali, âgé de 33 ans. L'un des deux combats précédents, en 1971 et 1974, avait été remporté par Ali et l'autre par Frazier.

Ali était considéré comme un boxeur exceptionnel depuis qu'il avait remporté une médaille d'or olympique en 1960 sous son ancien nom, Cassius Clay. Néanmoins, sa personnalité présomptueuse et son franc-parler furent critiqués par certains Blancs, critiques renforcées lorsqu'il se convertit à l'islam et abandonna son « nom d'esclave ». Il refusa ensuite de servir dans l'armée américaine, ce qui lui valut de perdre son titre en 1967.

La rivalité entre les deux combattants était bien antérieure au premier combat, Ali représentant les opposants à la guerre du Vietnam et Frazier, ses partisans. Ali arriva au match avec une préparation légèrement insuffisante. Frazier était en colère à cause d'une insulte d'Ali – il l'avait appelé le « champion des Blancs » et suggéré qu'il n'avait pas plus de valeur qu'un gorille. Il s'était entraîné avec détermination.

Le combat débuta par une attaque d'Ali, mais Frazier résista et continua d'avancer alors qu'Ali commençait à se fatiguer. Après le dixième round, toutefois, alors que les deux boxeurs étaient épuisés, Ali reprit le dessus. Au quatorzième round, Frazier boxait sans presque rien voir, refusant de jeter l'éponge, mais le combat fut arrêté à la fin du round. Après sa victoire historique, Ali s'évanouit lui-même d'épuisement. **PF**

➊ Frazier prend un coup à la tête, tandis qu'Ali entreprend l'attaque qui provoquera la fin du combat.

EVERLAST

L'Espagne s'engage dans la démocratie

Juan Carlos est couronné roi d'Espagne et les années de dictature prennent fin.

Madrilènes lisant le journal ; sur son lit de mort, Franco demanda aux Espagnols de soutenir le nouveau roi.

« [Pour restaurer la démocratie et devenir] le roi de tous les Espagnols sans exception. »

Juan Carlos, premier discours au Parlement, 1975

Dès son accession au trône en 1975, deux jours après la mort de Franco, Juan Carlos entreprit des réformes démocratiques, à la grande surprise des forces conservatrices. L'Espagne avait connu une période d'expansion économique rapide et de création d'emplois. Mais en 1975, elle subissait de plein fouet la crise liée au choc pétrolier et souffrit davantage lorsque la Grande-Bretagne, son principal partenaire commercial, rejoignit l'Union européenne en 1973. L'inflation intérieure en forte hausse toucha durement la classe moyenne. Les étudiants et les ouvriers protestaient avec véhémence, ces derniers créèrent des syndicats pour protéger leurs droits face aux syndicats contrôlés par l'État. On protesta aussi contre la présence de bases aériennes américaines en Espagne (les États-Unis avaient intérêt au maintien du fascisme contre le communisme). Un grand nombre de prêtres soutinrent les manifestations des ouvriers, encouragés par le discours social du pape Jean XXIII. Pendant ce temps, l'ETA, le mouvement séparatiste basque, multiplia les actions violentes et aurait même assassiné le vice-président de Franco, Carrero Blanco, en 1973. Ce meurtre, parallèlement au renversement du régime fasciste au Portugal, fragilisa encore Franco, dont la santé était précaire. Le Premier ministre, Carlos Arias Navarro, très conservateur, en hésitant à réformer le pays, aggrava la situation.

Franco avait écarté du trône le père de Juan Carlos, préférant désigner comme son successeur Juan Carlos lui-même. Franco était convaincu que le nouveau roi maintiendrait son régime. Mais Juan Carlos Ier désirait conduire son pays vers la voie de la démocratie ; il promulgua la loi de la réforme politique qui créa les bases nécessaires à la réforme des institutions franquistes. **JJH**

La création de la société Apple

Apple brave le monopole de Microsoft sur le monde de l'informatique.

Apple fut créé en 1976 par Steve Wozniak, un passionné d'électronique travaillant chez Hewlett-Packard dans la Silicon Valley, près de San Francisco, et Steve Jobs, un concepteur de jeux vidéo. Wozniak conçut un ordinateur pour son usage personnel sur une plaquette de circuit intégré et Jobs le persuada d'en réaliser un modèle commercialisable. En avril 1976, tous deux créèrent la société Apple Computer Co.

Le nom fut choisi pour figurer en tête de la liste alphabétique des sociétés d'informatique, au-dessus d'Atari, bien plus important. Le premier ordinateur, l'Apple I, fut créé dans la chambre et le garage de Jobs, et fut l'un des premiers ordinateurs personnels commercialisés. Il comportait de nouvelles caractéristiques, dont un écran de téléviseur et un clavier, et coûtait 666,66 dollars. Une version actualisée, l'Apple II, sortit l'année suivante, avec une meilleure résolution permettant d'afficher des images.

Le Macintosh, un ordinateur avec un écran dans un boîtier intégré, sortit en janvier 1984. Il comportait une interface graphique et une souris à une époque où les ordinateurs utilisaient le système d'exploitation DOS, moins convivial. C'était un concurrent direct et plus stylé que le PC, mais plus cher. Apple acquit depuis la réputation de réaliser des ordinateurs bien conçus, utilisant la stratégie de l'intégration verticale pour le matériel et les logiciels, ce qui les rendit particulièrement attractifs pour les secteurs industriels de la création.

En avril 1981, suite à un accident d'avion, Wozniak, atteint d'une amnésie temporaire, dut céder son poste à la tête du développement de produits. Il cessa d'être employé à plein temps dans la société en 1987. Jobs, qui avait quitté Apple en 1986, reprit le poste de président-directeur général en 1997. **PF**

Steve Jobs présente un jeu d'échecs sur l'écran de l'Apple II en 1979

« … tout ce qu'une pomme représente de sain, de personnel, à la maison. »

Steve Wozniak

Les émeutes de Soweto

La police sud-africaine ouvre le feu sur des adolescents manifestant contre l'usage de l'afrikaans dans les écoles.

Ce qui devait être un rassemblement pacifique d'étudiants à Soweto s'acheva dans la violence, avec officiellement 23 personnes tuées. Les jeunes protestaient contre le décret de 1974 sur l'afrikaans – la langue des colons blancs néerlandais. Le gouvernement d'Afrique du Sud avait ordonné que la moitié des matières scolaires soit enseignée dans cette langue. Or l'afrikaans avait une utilité limitée dans le pays et était identifiée à l'oppresseur. En avril, les élèves de l'école primaire d'Orlando West avaient fait grève et les manifestations s'étaient multipliées. Le rassemblement, planifié secrètement, surprit la police. Des gaz lacrymogènes furent employés, auxquels les enfants répondirent par des jets de pierre. La police tira au hasard.

C'était un défi contre l'apartheid. Les victoires des mouvements nationalistes, comme le Frelimo au Mozambique en 1975, avaient montré que les Africains pouvaient vaincre les colons blancs. Un nouvel esprit de défi et de confiance apparaissait chez la jeunesse sud-africaine. Le problème de la langue, qui faisait ressortir les frustrations et les ressentiments, mobilisa une génération entière. Les forces de sécurité sud-africaines ne purent jamais ramener la paix et la stabilité passées. La lutte pour la liberté était devenue des plus sérieuses. À la fin de l'année, 700 personnes avaient été tuées au cours d'émeutes civiles. Le pays faisait face à des critiques du monde entier, à des boycotts et à une instabilité économique croissante. **JS**

Des pierres dans la main, des écoliers de Soweto sortent dans la rue pour se joindre aux émeutes.

1976 – 4 JUILLET

Victoire à Entebbe

Les Israéliens montrent comment ils opèrent avec les preneurs d'otages.

Des commandos israéliens mirent fin à la prise d'otages à l'aéroport d'Entebbe, en Ouganda. Une semaine plus tôt, quatre preneurs d'otages, deux du Front populaire de libération de la Palestine (FPLP) et deux Allemands de la Fraction Armée rouge, avaient détourné un avion Air France reliant Israël à Paris. Arrivés à Entebbe, ils obtinrent le soutien des forces propalestiniennes du dictateur ougandais Idi Amin Dada. Ils libérèrent la plupart des passagers, mais gardèrent les citoyens israéliens et ceux portant des noms juifs. Ils exigèrent la libération de 53 militants détenus dans cinq pays différents, menaçant de tuer les otages, désormais détenus dans l'aéroport. Les militaires israéliens organisèrent rapidement une intervention.

> ***« Cette opération figurera certainement dans les annales de l'histoire militaire… »***
>
> Yitzhak Rabin, Premier ministre israélien, juil. 1976

Trois avions de transport Hercules déposèrent environ 200 soldats à l'aéroport, qui déferlèrent dans le bâtiment. Tous les militants et une vingtaine de soldats ougandais furent tués. Les Israéliens ne subirent qu'une seule perte, celle de leur commandant, le colonel Jonathan Nétanyahou. Ils détruisirent onze chasseurs MiG-17 au sol pour ne pas être poursuivis et regagnèrent Israël via Nairobi, où certains blessés furent hospitalisés. L'éblouissant succès du raid fit la fierté des Israéliens, et contribua à la chute du dictateur ougandais. **JS**

1977 – 31 JANVIER

Le Centre Pompidou

Voué à la création contemporaine, le Centre ouvre ses portes à Paris.

Le Centre national d'art et de culture Georges-Pompidou, appelé Centre Pompidou, très attendu et très critiqué, ouvert dans le quartier de Beaubourg à Paris en 1977, est dû à la volonté de Georges Pompidou, président de la République de 1969 à 1974, de créer un espace moderne réunissant arts visuels, musique, théâtre, cinéma et littérature. Les principaux architectes, Renzo Piano et Richard Rogers, étaient peu connus, mais leur projet était innovant.

Pour optimiser l'espace dans le bâtiment de sept étages, ils placèrent les câbles électriques, les conduites d'eau et tous les éléments techniques dans des tuyaux de couleurs vives situés à l'extérieur. Des Escalator furent aussi placés dehors, dans des tubes en plastique transparent offrant un magnifique point de vue sur Paris. Les détracteurs du projet critiquèrent la structure du bâtiment, mais ses admirateurs firent l'éloge de son originalité.

Le Centre abrite aujourd'hui une immense bibliothèque de trois étages, un musée national d'Art moderne contenant plus de 60 000 œuvres, un centre musical, un centre de conférence, ainsi que des restaurants, des espaces dédiés aux enfants… La place à l'extérieur est un lieu de rendez-vous des Parisiens, connu pour les artistes de rue qui s'y produisent. Le Centre a été conçu pour permettre à toute personne, quel que soit son âge ou son milieu, de découvrir la culture moderne. Avec quelque 25 000 visiteurs par jour, c'est l'un des monuments les plus fréquentés de Paris. Son succès entraîna sa fermeture durant plus de deux ans dans les années 1990 pour rénovation. Les bureaux furent transférés ailleurs pour agrandir les lieux d'exposition. Le bâtiment est devenu un emblème international du monde moderne. **JS**

1977 – 25 MAI

La Guerre des étoiles

Le premier épisode de la saga épique de George Lucas sort sur les écrans américains.

George Lucas, l'un des jeunes réalisateurs ambitieux d'Hollywood, au même titre que Steven Spielberg et Francis Ford Coppola, écrivit et réalisa l'un des films de science-fiction les plus réussis et les plus influents. Il s'agissait du premier de six épisodes (et du quatrième dans l'ordre narratif). Les films sortirent sous la forme de deux trilogies, la première étant composée des épisodes *La Guerre des étoiles : Un nouvel espoir*, *L'Empire contre-attaque* (1980) et *Le Retour du Jedi* (1983) ; la seconde sortit sur les écrans entre 1999 et 2005.

Lucas, s'inspirant d'un grand nombre de récits mythologiques et d'aventures écrits ou filmés, imagina *La Guerre des étoiles* en 1974, mais eut des difficultés à trouver un studio hollywoodien prêt à investir dans son projet, jusqu'à ce que la Twentieth Century Fox accepte de le faire. Avant tout des films d'aventures, les histoires sont émaillées de psychologie populaire et de pseudo-mythologie. Elles sont centrées sur l'idée d'une mystérieuse Force omniprésente, sur un conflit épique entre le bien (incarné par le personnage principal, Luke Skywalker) et le mal (Dark Vador, qui est en réalité le père de Skywalker) et sur le culte des chevaliers Jedi, capables de maîtriser la Force pour faire le bien.

Le concept de la guerre des étoiles devint partie intégrante de la politique internationale en mars 1983, lorsque le président américain, Ronald Reagan, annonça la mise en place d'un futur bouclier spatial appelé Initiative de défense stratégique, pour repousser les missiles soviétiques. Comme il utilisait de nouvelles technologies, certains baptisèrent ce projet « guerre des étoiles », pensant qu'il relevait de la science-fiction. **PF**

1977 – 16 AOÛT

La mort d'Elvis Presley

Le King meurt d'un infarctus chez lui, à Graceland.

Le King perdit la vie à 42 ans, suite à des excès de nourriture de mauvaise qualité, d'antalgiques, de somnifères et de sédatifs, sur le sol de sa salle de bains, à Graceland, dans sa propriété de Memphis, au Tennessee. La cause annoncée fut l'arythmie cardiaque. Durant des années, il avait souffert de problèmes d'intestin et de foie.

Le jour suivant, 50 000 personnes affluèrent dans sa maison, où elles furent autorisées à voir le corps de l'artiste dans son cercueil de cuivre. Le même jour, 20 millions de ses disques furent vendus. Elvis Presley fut d'abord enterré près de sa mère, puis la tombe fut profanée et transférée ensuite à l'intérieur de Graceland. Cependant, certains de ses admirateurs dirent qu'il n'était pas mort mais qu'il se cachait, et durant des années des personnes affirmèrent l'avoir vu aux États-Unis.

« La mort d'Elvis Presley prive notre pays d'une part de lui-même. »

Jimmy Carter, président, 1977

L'artiste enregistrait et chantait encore peu de temps avant sa mort. Cet enfant du Mississippi avait été le symbole ultime de la rébellion adolescente et d'une sexualité libérée dans les années 1950. Il avait fait connaître la musique noire à des millions de jeunes Blancs et était devenu une icône flamboyante de l'Amérique conservatrice, luttant contre l'influence des Beatles qu'il jugeait dangereuse. Sa présence dans une émission télévisée en 1973 aurait suscité une audience plus large que le voyage sur la Lune. **PF**

La mort de Steve Biko

La police sud-africaine dément avoir tué le militant anti-apartheid durant sa garde à vue à Pretoria.

La mort du militant anti-apartheid Steve Biko, internationalement respecté, à Pretoria durant sa garde à vue, fut le vingtième décès de ce type en 18 mois. Biko s'intéressa à la politique quand il était étudiant en médecine à l'université du Natal et fut exclu pour cette raison. Orateur et écrivain de talent, il prêchait une résistance non violente à l'apartheid, mais n'était guère apprécié des services de sécurité. En mars 1973, il fut assigné à résidence, ses mouvements étaient restreints, il n'avait pas le droit de publier, de parler à plus d'une personne à la fois, et personne ne pouvait le citer. Toutefois, son influence était telle qu'il est considéré comme l'inspirateur des manifestations qui conduisirent aux émeutes de Soweto en 1976.

En août 1977, il fut arrêté à un barrage routier de police et accusé d'infractions terroristes. Il fut enfermé nu et enchaîné dans une cellule à Port Elizabeth, jusqu'à ce qu'il soit emmené d'urgence à Pretoria pour y être soigné mais il y mourut. Officiellement, sa mort était due à une grève de la faim, mais il avait des blessures à la tête indiquant qu'il avait été sauvagement battu. La police affirma qu'il s'était infligé lui-même ces blessures. Le procureur d'Afrique du Sud jugea que, sans témoin, il n'y avait pas de motif d'accuser un officier de police. Toutefois, l'Afrique du Sud fut internationalement condamnée. En outre, les tentatives sud-africaines d'intimider l'opposition échouèrent. Le principal message de Biko, à savoir que les Africains devaient être fiers, continua d'inspirer la résistance après sa mort. **JS**

Une manifestante aux portes du palais de justice de Pretoria, où une enquête fut menée sur la mort de Biko.

1977 – 25 OCTOBRE

L'éradication de la variole

Le dernier cas de variole apparu naturellement est isolé et guéri.

La variole, maladie infectieuse grave, fut la première maladie à avoir été éradiquée de la surface du monde. Ce fut une grande réussite médicale au cours d'un siècle marqué par d'extraordinaires progrès.

Vingt ans plus tôt, la variole était endémique dans environ 25 pays et dix millions de nouveaux cas se déclaraient chaque année dans le monde, dont la moitié en Inde. En 1958, l'Organisation mondiale de la santé (OMS) lança une campagne contre la maladie, mise en œuvre en 1967 et consistant à repérer rapidement les nouveaux foyers, puis à isoler les personnes atteintes tout en vaccinant les populations à grande échelle. Les progrès furent rapides en Amérique latine, en Afrique centrale et de l'Ouest, mais l'Asie du Sud, notamment l'Inde, se montrèrent réticentes, en partie à cause du coût de l'opération. Les obstacles furent surmontés au début des années 1970, et en 1975 l'Inde avait déjà éradiqué la variole. En octobre 1977, le dernier cas se déclara en Afrique, en Somalie, chez Ali Maow Maalin, un homme âgé de 23 ans cuisinier dans un hôpital. Près de 55 000 personnes furent vaccinées dans les deux semaines qui suivirent le diagnostic ; le foyer fut maîtrisé et Maalin guérit.

L'OMS déclara en mai 1980 que le monde était débarrassé de la maladie. Le programme avait coûté un peu plus de 300 millions de dollars et les économies réalisées étaient colossales. Curieusement, plusieurs pays conservèrent de petits stocks du virus de la variole, pour pouvoir fabriquer des vaccins si elle réapparaissait, ou créer des armes biologiques. Au début des années 2000, la crainte qu'ils ne soient utilisés par des organisations terroristes ou des États voyous était fréquente. **PF**

1978 – 17 SEPTEMBRE

Camp David

À Camp David, un accord semble offrir une solution au conflit du Moyen-Orient.

Jimmy Carter, président des États-Unis en janvier 1977, fit de la paix au Moyen-Orient sa priorité. La visite du président égyptien Anouar al-Sadate en Israël en novembre 1977 concrétisa la reconnaissance diplomatique du pays, ouvrant la voie à des négociations bilatérales. Des pourparlers eurent lieu à Camp David en septembre 1978, et Carter joua un rôle crucial en refusant de laisser les négociations échouer. Les territoires palestiniens de la rive ouest et de la bande de Gaza constituaient les plus gros obstacles. Le Premier ministre israélien, Menahem Begin, souhaitait restituer la péninsule du Sinaï à l'Égypte en échange d'un traité de paix, mais refusa obstinément de quitter ces territoires occupés. Finalement, Sadate décida de privilégier les intérêts égyptiens par rapport aux intérêts arabes. Deux accords-cadres furent rédigés. L'un offrait un cadre à la paix entre l'Égypte et Israël, et prévoyait la restitution du Sinaï en 1979 contre un traité de paix.

« … cette zone peut devenir un modèle de coexistence et de coopération entre les nations. »

Accords de Camp David, septembre 1978

Un cadre pour le Moyen-Orient évoquait une forme d'autonomie transitoire pour les Palestiniens. Les Israéliens obtinrent beaucoup – sans l'Égypte, aucune coalition ne pourrait les menacer –, mais la paix n'était pas assurée sur leurs autres frontières. Sadate fut accusé de trahir la cause arabe et fut assassiné par des islamistes en octobre 1981. **JS**

Suicide collectif à Jonestown

Au Guyana, un suicide collectif d'adeptes de la secte du Temple du Peuple choque les États-Unis.

À Jonestown au Guyana, sous les directives de Jim Jones, 913 Américains commirent un suicide collectif, soit la quasi-totalité des adeptes du Temple du Peuple, dont 276 enfants. Le Temple du Peuple était en déclin jusqu'à ce que Jones s'installe à San Francisco en 1972, où la secte accomplit d'importantes actions charitables. Toutefois, ce renouveau s'accompagna de scandales, puis la secte fit l'objet d'une enquête fiscale. Jones loua donc un terrain dans la jungle au Guyana et construisit Jonestown.

Le travail harassant et une alimentation inadaptée firent des mécontents parmi les adeptes. Jones aurait rétabli l'ordre en utilisant drogues, mesures d'intimidation et violence physique. Des membres auraient été tués pour avoir voulu s'enfuir. Du fait de ces rumeurs, Leo Ryan, un membre du Congrès américain, se rendit à Jonestown pour mener une enquête avec des journalistes, des membres du gouvernement et des parents des adeptes.

Ce qui se passa reste confus, mais plusieurs adeptes auraient voulu partir avec Ryan. Or lorsque le groupe atteignit l'aérodrome local, il fut attaqué. Ryan et quatre autres personnes furent tués. Ensuite, la plupart des adeptes s'alignèrent docilement et se suicidèrent à l'aide d'un cocktail de Valium et de cyanure. Seule une poignée d'entre eux s'enfuirent, et certains furent abattus. Que le chef d'une secte puisse avoir une telle emprise horrifia les États-Unis et suscita partout une méfiance envers les sectes. **JS**

Larry Layton, adepte du Temple du Peuple, est arrêté par la police après la fusillade à l'aérodrome.

Les circonstances des décès restent obscures ; ce fut le plus grand suicide collectif de l'histoire moderne.

Le retour de l'ayatollah Khomeyni

Le chef religieux Khomeyni revient pour diriger la révolution iranienne.

Après quinze ans d'exil, l'ayatollah Khomeyni revient à Téhéran.

L'ayatollah Ruhollah Khomeyni reçut un accueil délirant à son retour à Téhéran. Il avait longtemps été à l'avant-scène de l'opposition islamique au chah Mohammad Reza Pahlavi. Il avait dénoncé la « révolution blanche » du chah en 1963, qui incluait des réformes agricoles, accordait le droit de vote aux femmes et permettait aux non-musulmans d'exercer des fonctions au gouvernement. Il s'exila en novembre 1964, puis finit par vivre à Paris. Il ne cessa d'émettre des tracts et des sermons contre le chah, interdits en Iran mais qui circulaient largement avec une influence croissante. Vers la fin des années 1970, l'opposition politique s'était étendue, et le chah eut de plus en plus recours à l'oppression pour rester en poste. Mais en janvier 1979, au milieu de protestations de grande ampleur et d'un chaos croissant, le chah quitta le pays pour prendre des vacances avec sa famille ; en réalité, il abdiquait.

On ne savait quelle tournure prendrait la révolution iranienne. Les islamistes étaient les premiers opposants, mais les libéraux, les socialistes et les communistes l'étaient aussi, et ils aspiraient à la démocratie et à un État laïque. Le départ du chah avait laissé place à un gouvernement provisoire dirigé par un laïque, Shapour Bakhtiar. Mais Khomeyni était déterminé à être le seul arbitre du sort de l'Iran. Il nomma son propre partisan, Mehdi Bazargan, Premier ministre et annonça que quiconque le défiait défiait Allah. Il évinça Bakhtiar et plaça l'Iran sur la voie de la théocratie islamique. **JS**

L'accident nucléaire de Three Mile Island

Une série de pannes provoque le plus grave accident nucléaire de l'histoire américaine.

◆ Grande confusion à propos de l'évacuation ; ici, femmes et enfants installés dans un centre sportif local.

À 4 heures du matin, les pompes principales d'alimentation en eau du réacteur n° 2 de l'usine de Three Mile Island, près de Middletown en Pennsylvanie tombèrent en panne. Les pompes de secours ne fonctionnèrent pas non plus et le circuit de refroidissement du cœur du réacteur s'arrêta. Le cœur se coupa automatiquement, mais une succession de dysfonctionnements des instruments et d'erreurs humaines entraîna une perte substantielle de l'eau refroidissant le cœur, qui commença à fondre et à laisser échapper des gaz radioactifs.

Curieusement, peu de substances radioactives s'échappèrent dans l'atmosphère, et l'accident n'eut pas d'effets sanitaires immédiats. Aucun employé de la centrale ni aucune des 25 000 personnes vivant dans un rayon de 8 km ne fut touché et les plans d'évacuation furent jugés inutiles. Mais l'accident était effrayant et sept autres réacteurs nucléaires similaires furent aussitôt fermés temporairement. Le président Carter ordonna une enquête, ainsi que la Chambre des représentants de Pennsylvanie. La construction de nouveaux réacteurs nucléaires fut momentanément suspendue et l'incident affecta l'industrie nucléaire américaine durant des années. Le réacteur n° 1 de Three Mile Island, non touché, ne fut remis en service qu'en 1985, et la réparation du réacteur n° 2 fut abandonnée en 1990 car jugée trop dangereuse.

L'accident raviva les craintes provoquées par le nucléaire. Il renforça les arguments des opposants au nucléaire. **RC**

L'élection de Margaret Thatcher

Margaret Thatcher, élue Premier ministre du Royaume-Uni, devient la première femme à s'installer à Downing Street.

Lorsque Margaret Thatcher accéda à la direction du parti conservateur en 1975, elle devint la première femme à diriger un parti politique britannique. Quatre ans plus tard, à 53 ans, elle réussit un plus grand tour de force encore en amenant les conservateurs au pouvoir et en devenant la première femme Premier ministre de l'histoire de l'Europe.

Avec le soutien de son époux, le riche homme d'affaires Dennis Thatcher, elle s'était lancée avec ténacité dans la politique, finissant par être élue au Parlement en 1959. Elle connut une ascension rapide, devenant ministre de l'Éducation et de la Science dans le gouvernement de Ted Heath dans les années 1970.

Désormais, elle devait l'emporter sur le Premier ministre Callaghan et le parti travailliste. Margaret Thatcher appuya sa campagne sur le désespoir des classes moyennes face au pouvoir des syndicats, sur l'inflation élevée, le chômage croissant et le déclin de l'image de superpuissance de la Grande-Bretagne. Son affiche de campagne représentait une longue file de chômeurs marchant sous le slogan « *Labour is not working* » (Le parti travailliste est inefficace). La candidate promit également de réduire les impôts sur le revenu, les dépenses publiques, de faciliter l'accès à la propriété et de diminuer le pouvoir des syndicats.

Malgré cette campagne sophistiquée, sa cote de popularité chuta. Elle gagna semble-t-il plutôt les élections à cause de l'impopularité du parti travailliste. **JJH**

▶ Margaret Thatcher, souriante en arrivant au pouvoir, se forge déjà sa réputation de Dame de fer.

◀ À Londres, la candidate célèbre la première de ses trois victoires aux élections générales.

1979 – 2 JUIN

Jean-Paul II en Pologne

Le pape polonais effectue un retour triomphant dans son pays.

Le pape Jean-Paul II, premier pape polonais et non italien à occuper cette fonction depuis 1522, s'agenouilla et embrassa le sol lorsqu'il arriva à la base aérienne militaire d'Okecie, dans son pays natal. Deux millions de Polonais l'attendaient le long de son itinéraire jusqu'à Varsovie, où il célébra une messe devant plus de 250 000 personnes.

Karol Josef Wotjyla, né à Wadowice près de Cracovie en 1920, était un sportif talentueux souhaitant devenir acteur et dramaturge. L'occupation allemande, en 1939, lui permit de trouver sa vocation et il entreprit secrètement des études théologiques en 1942. Il fut ordonné en 1946, et rapidement promu, devint cardinal en 1967.

« C'était un carnaval… une campagne, une croisade et un énorme mariage polonais. »

Time Magazine, juin 1979

L'élection d'un pape polonais à cette période était une décision de poids. Les peuples d'Europe de l'Est, las de la stagnation économique et politique des régimes communistes, aspiraient au changement. L'accueil du pape par le gouvernement polonais fut ambivalent. Le régime ne souhaitait pas l'accueillir en héros, mais ne pouvait refuser de le recevoir. Le pape affirma que sa visite était purement religieuse, mais évidemment comprit son importance politique. L'Église catholique connut un regain de popularité. La visite du pape aurait en outre inspiré la création du syndicat indépendant Solidarnosc en août 1980. **JS**

1979 – 4 NOVEMBRE

La crise iranienne des otages

Les partisans de Khomeyni prennent l'ambassade américaine en Iran.

Une foule d'étudiants iraniens, adeptes fanatiques de l'ayatollah Khomeyni, pénétrèrent dans l'ambassade américaine de Téhéran et prirent en otage 66 diplomates et membres de l'administration. Jimmy Carter avait accordé au chah destitué Muhammad Reza Pahlavi, allié fidèle de Washington, l'autorisation de suivre un traitement contre le cancer aux États-Unis, mais le peuple iranien demandait son extradition afin qu'il soit jugé et exécuté.

Les étudiants, soutenus publiquement par l'ayatollah une fois certain qu'il n'y aurait pas de réponse militaire, demandèrent le retour du chah avec sa fortune et une reconnaissance des fautes des États-Unis envers l'Iran, assortie d'excuses et d'un engagement à ne pas les répéter. La plupart des femmes et des Afro-Américains furent relâchés, mais 52 personnes restèrent en otage durant 444 jours.

L'humiliation fut terrible pour Carter, qui ne put que geler les fonds iraniens placés aux États-Unis. En avril 1980, les forces spéciales américaines lancèrent l'opération Eagle Claw, une tentative de sauvetage mal préparée qui se termina dans la confusion et la tragédie. Un avion s'écrasa et huit militaires américains furent tués. Pour les Iraniens, c'était une intervention divine.

L'ayatollah profita de cette crise pour éliminer ses adversaires et établir une théocratie islamique en Iran. Ce fut le coup final à la crédibilité de Carter, qui subit une écrasante défaite aux élections, quelques mois plus tard. Pour garantir la sécurité des otages, les Américains promirent de ne plus interférer dans les affaires iraniennes et de dégeler les fonds iraniens. Les otages furent libérés le 20 janvier 1981, dernier jour de la fonction présidentielle de Carter. **JS**

L'intervention soviétique en Afghanistan

L'invasion de l'Afghanistan par les Soviétiques a de graves conséquences.

Des moudjahidines sur un hélicoptère soviétique abandonné.

L'invasion de l'Afghanistan par les Soviétiques raviva la guerre froide. L'implication de l'URSS dans le pays datait de 1978, au moment où le Parti démocratique populaire d'Afghanistan (PDPA) prit le pouvoir suite à un coup d'État. Désireux d'éliminer le féodalisme, le Parti passa outre les sensibilités religieuses et les traditions des Afghans ruraux. Une violente réaction des islamistes mena bientôt le pays au chaos et sembla menacer la survie du PDPA. Ce fut un problème pour Moscou. La révolution iranienne de 1979 avait mis en garde contre les dangers du fondamentalisme islamique, qui pourrait toucher les musulmans des républiques soviétiques comme l'Ouzbékistan et le Turkménistan. L'intervention était risquée, mais un régime prosoviétique en Afghanistan serait une protection contre l'islam. Les Soviétiques optèrent donc pour l'invasion, souhaitant installer Babrak Karmal au pouvoir et se retirer.

Les opérations militaires furent réussies, mais Moscou avait fait un mauvais calcul. Les premiers moudjahidines apparurent, et les États-Unis voulurent les armer. Des volontaires venus du monde islamique (comme Oussama Ben Laden) vinrent participer au djihad (guerre sainte). Les forces soviétiques se retrouvèrent plongées dans une guérilla, mais leur échec discrédita Moscou et joua un rôle crucial dans l'effondrement ultérieur de l'URSS. La guerre s'étendit et favorisa l'unification du fondamentalisme islamique, aussi hostile aux Américains qu'aux Soviétiques. **JS**

La grève éclate à Gdansk

La solidarité des ouvriers polonais défie de façon spectaculaire le régime communiste.

Le leader des grévistes, Lech Walesa, devant ses partisans à l'entrée du chantier naval de Gdansk.

Au chantier naval Lénine de Gdansk, le mécontentement sourd qui régnait aboutit à une grève générale. Les ouvriers demandèrent une hausse des salaires et des allocations familiales. Un électricien, Lech Walesa, apparut bientôt comme le leader des grévistes. Il les persuada d'occuper le chantier, et avec l'aide de l'Église catholique transforma la grève en une campagne nationale associée à la création d'un syndicat indépendant, Solidarnosc (Solidarité). Une grève générale s'ensuivit et des exigences de liberté politique furent exprimées parallèlement aux griefs économiques. Le gouvernement, désemparé, commença à négocier.

La simple existence de Solidarité était un défi au régime communiste. Le Parti communiste avait pour devise la défense de la classe ouvrière, qui le désavouait désormais. C'était inacceptable et les dirigeants soviétiques demandèrent au gouvernement polonais de rétablir l'ordre. Craignant une intervention soviétique, le général Jaruzelski, chef de l'armée, devint Premier ministre en décembre et instaura la loi martiale. Solidarité fut interdit, des milliers de personnes furent arrêtées et d'autres tuées dans des affrontements avec les services de sécurité. Mais le syndicat poursuivit une existence clandestine, conservant la loyauté des Polonais. Le gouvernement de Jaruzelski était peu apprécié. En 1989, incapable d'appliquer les réformes nécessaires, il commença à négocier avec Solidarité, ce qui marqua le début du démantèlement du communisme en Pologne. **JS**

L'assassinat de John Lennon à New York

L'ancien fondateur des Beatles et célèbre militant pour la paix mondiale est assassiné.

Des milliers de fans et de militants pacifistes dans une manifestation silencieuse pour John Lennon à New York.

John Lennon tentait de se libérer de sa relation frustrante avec Paul McCartney, militait pour la paix, pratiquait une thérapie basée sur le cri primal et vivait en couple, lorsqu'il fut assassiné par un fan. Il avait fait partie de l'un des plus fructueux partenariats d'auteurs-compositeurs-interprètes et, avec les Beatles, avait fait de la musique pop un phénomène mondial.

Il avait commencé à saper sa propre réussite avec sa relation avec l'artiste d'avant-garde américano-japonaise Yoko Ono. Face au groupe masculin, celle-ci apparut comme une intruse, et au moment où les Beatles se séparèrent en 1970, Lennon et Ono s'étaient mariés et formaient un nouveau partenariat tant sur le plan privé qu'artistique.

À 22 h 50, le 8 décembre 1980, Lennon rejoignit le Dakota Building, où il vivait à New York, et fut interpellé par un fan, Mark David Chapman, à qui il avait signé un autographe quelques heures auparavant. L'homme tira dans son dos à quatre reprises. Le chanteur mourut avant d'arriver à l'hôpital.

Chapman affirma avoir entendu des voix lui dire de tuer Lennon. Il lisait un exemplaire de *L'Attrape-cœurs* de Salinger en attendant l'arrivée de la police et expliqua s'être fortement identifié au personnage principal du livre, Holden Caulfield. Il plaida coupable et fut condamné à la réclusion à perpétuité. Trois semaines après la mort de Lennon, *(Just Like) Starting Over* atteignait le sommet des hit-parades. **PF**

Le procès de la Bande des Quatre

Le procès des quatre partisans de Mao en Chine marque la fin de la Révolution culturelle.

Wang Hongwen admet ses crimes devant la cour, tandis que Jiang Qing clame son innocence.

La Bande des Quatre, jugée en 1981 pour ses activités allant à l'encontre du Parti, se composait de la veuve de Mao, Jiang Qing, et de ses associés, Wang Hongwen, Zhang Chunqiao et Yao Wenuyan. Ils furent des partisans indéfectibles de Mao durant la Révolution culturelle, qui commença en 1966, et furent étroitement associés à la violence et au chaos. Ils persécutèrent des responsables hiérarchiques du Parti, comme Deng Xiaoping, qui fut limogé tandis que son fils Deng Pufang fut torturé. Deng était rancunier et réintégra la direction du Parti en 1973 alors que la santé de Mao déclinait. Il sortit victorieux des luttes politiques qui s'ensuivirent. Les Quatre furent arrêtés en octobre 1976, après la mort de Mao, pour avoir tenté de prendre le pouvoir. Durant le procès, Jiang adopta une attitude de défi, et comme Zhang, rejeta tous les chefs d'accusation. Wang et Yao avouèrent et se repentirent, mais cela ne changea pas grand-chose. Tous furent condamnés à de longues peines de prison mais libérés quelques années plus tard, n'ayant plus d'influence.

Le procès cautionna le rejet d'une révolution permanente en Chine. Deng admit que le pays avait besoin de stabilité et de prospérité. Dès 1978, il introduisit une économie de marché socialiste, qui dénotait l'abandon de l'idéologie maoïste, et laissait le pouvoir politique entre les mains du Parti. Les critiques contre Mao furent autorisées, et la Chine connut la croissance économique la plus rapide du monde. Toutefois, la liberté politique reste exclue. **JS**

Mitterrand président

Pour la première fois sous la Ve République, un président de gauche entre à l'Élysée.

Au soir du 10 mai 1981, les Français découvrent à la télévision le visage de leur nouveau président de la République. Après avoir échoué deux fois, François Mitterrand l'emporte sur Valéry Giscard d'Estaing avec 51,75 % des voix. La campagne a été rude, et le débat télévisé avant le second tour a montré un Mitterrand combatif, décidé à prendre sa revanche. Le candidat du Parti socialiste promet de « changer la vie ». Son slogan, « la force tranquille », présente aussi l'image d'un homme rassurant et d'expérience.

Cette victoire du 10 mai est l'aboutissement d'une longue carrière politique. Durant sa jeunesse un peu trouble, Mitterrand a côtoyé l'extrême droite et servi Vichy, ce qui n'apparaîtra en pleine lumière qu'à la fin de son second septennat. Authentique résistant par ailleurs, figure en vue de la IVe République, opposant au général de Gaulle, il est parvenu en 1971 à refonder un Parti socialiste puissant, à s'imposer comme la grande voix de la gauche, face à un Parti communiste dont il accompagne méthodiquement le déclin.

Après avoir obtenu une majorité absolue aux législatives de juin 1981, Mitterrand applique son programme : nationalisations, hausse des salaires et des prestations sociales, cinquième semaine de congés payés, réduction de la durée hebdomadaire du travail. Mais le chômage augmente et le franc est attaqué. Le président opte finalement pour une politique de rigueur et pro-européenne en 1983.

Le premier septennat de François Mitterrand est également marqué par des lois emblématiques, comme l'abolition de la peine de mort, défendue par le garde des Sceaux Robert Badinter, ou la décentralisation, véritable rupture dans l'histoire politique et administrative de la France. **LV**

L'Argentine envahit les Malouines

L'invasion par l'Argentine d'une colonie britannique était un pari désespéré.

Pour la junte militaire argentine, sous le dictateur Leopoldo Galtieri, l'invasion des Malouines en 1982 était une occasion idéale de détourner l'attention des graves difficultés économiques du pays et de l'agitation civile. La souveraineté des Britanniques sur leur colonie des Malouines, au sud de l'Atlantique, était contestée depuis le XIXe siècle. Des négociations entre l'Argentine et la Grande-Bretagne avaient commencé à ce sujet en 1965, mais les Britanniques ne semblaient pas désireux de trouver une solution. Toutefois, en 1981, la Grande-Bretagne renonça à sa présence navale, et un projet de loi du Parlement suggéra l'annulation de la citoyenneté britannique intégrale pour les 1 800 habitants. La reconquête des Malouines aurait conféré une immense popularité à la junte. Les Britanniques semblaient ne pas s'intéresser aux îles et accepteraient sans doute le fait accompli. Or ce ne fut pas le cas. Margaret Thatcher, alors Premier ministre, était très impopulaire en raison de ses réformes économiques diversement appréciées. Une opération militaire réussie lui serait favorable. Elle envoya donc un corps expéditionnaire naval reconquérir les îles.

Le conflit de 74 jours se solda par une défaite de l'Argentine. Plus de 900 soldats britanniques et argentins furent tués et 2 000 furent blessés ; 11 000 soldats argentins se rendirent. La junte ne survécut pas à cette humiliation, et la démocratie fut rétablie en 1983. Et Thatcher gagna les élections cette année-là. **JS**

➲ Explosion de l'*Antelope*, lors du désamorçage d'une bombe non explosée ; image emblématique de cette guerre.

Le massacre de Sabra et Chatila

Israël nie sa responsabilité dans les massacres de Palestiniens des camps de réfugiés.

Des victimes abattues, poignardées ou battues impitoyablement à mort, baignant dans leur sang.

La guerre civile au Liban, qui commença en 1975, prit une tournure terrible en 1982. Les troupes israéliennes envahirent le pays et firent le siège de Beyrouth pour expulser l'Organisation de libération de la Palestine (OLP) du Liban. Sous le regard complice des soldats israéliens, et selon certains témoins, avec leur participation, des milices chrétiennes du parti phalangiste libanais se livrèrent au massacre des réfugiés des camps de Chatila et de Sabra, causant la mort de 3 500 civils sans défense. Les phalangistes croyaient que les Palestiniens avaient assassiné leur chef, Bachir Gemayel, alors que ce meurtre avait eu lieu en Syrie. Le ministre de la Défense israélien, Ariel Sharon, affirma que l'OLP, qui s'était retirée de Beyrouth, avait laissé des hommes derrière elle. Les militaires israéliens dirent ne pas avoir été informés du massacre qui se déroulait, mais des survivants les accusèrent de complicité active. Il fut supposé que Sharon voulait exclure non seulement l'OLP, mais aussi la totalité des réfugiés palestiniens du Liban.

Les massacres soulevèrent un tollé international, notamment en Europe. À Tel Aviv, 300 000 Israéliens manifestèrent, horrifiés. En décembre, l'Assemblée générale des Nations unies condamna le massacre, qualifié de génocide. En février 1983, la commission Kahan, en Israël, exonéra l'armée israélienne de toute responsabilité mais attribua celle-ci à Sharon. Celui-ci dut démissionner, mais redevint Premier ministre en 2001. En 2002, les tentatives de poursuite à son encontre échouèrent. **JS**

La « guerre des étoiles » de Reagan

Les États-Unis envisagent un système de défense sophistiqué.

La proposition de Reagan contraint Gorbatchev à négocier pour mettre fin à la guerre froide.

En mars 1983, Ronald Reagan annonça la mise en place de l'Initiative de défense stratégique, populairement appelée « guerre des étoiles », qui proposait l'usage d'antimissiles pour constituer un bouclier aérien. Ancien acteur à Hollywood, Reagan fut un gouverneur efficace en Californie, puis gagna l'élection présidentielle au nom du Parti républicain en 1980, alors que beaucoup d'électeurs pensaient que le pays était en position de faiblesse et qu'une défense efficace était essentielle.

Le nouveau gouvernement croyait qu'une guerre non déclarée se profilait contre l'Union soviétique et ses alliés. Reagan était déterminé à lutter contre le communisme à l'échelle planétaire et envisageait de créer une grande puissance militaire américaine. Le budget du département de la Défense passa de 136 milliards de dollars en 1980 à 244 milliards cinq ans plus tard. Des missiles et des armes nucléaires très puissants furent créés, et certains furent installés en Europe. La faisabilité technique du programme était incertaine, mais celui-ci inquiéta les dirigeants de l'URSS.

Le monde sembla sur le point d'entamer une guerre nucléaire, mais l'effet dissuasif fonctionna et les Soviétiques revinrent en arrière, avec l'arrivée de Mikhaïl Gorbatchev, qui réalisa que l'URSS ne pouvait plus assumer les dépenses colossales liées à la course aux armements. Il négocia avec Reagan, mettant fin à la guerre froide, tandis que le système soviétique déclinait. **RC**

1983 – 22 OCTOBRE

Manifestations contre les missiles de croisière

Des manifestations en Europe dénoncent le déploiement de missiles de croisière.

Des millions de personnes défilèrent contre la décision de déployer des missiles de croisière américains Pershing II en Europe. Environ 1,2 million de personnes formèrent une chaîne humaine de 102 km de Stuttgart à Ulm, en Allemagne. À Londres, ils furent un million de manifestants. D'autres manifestations eurent lieu à Rome, Vienne, Stockholm, Paris, Bruxelles, Madrid et Dublin. Le mouvement atteignit également les États-Unis, mais y fut moins important. Les protestations commencèrent début 1982 ; la décision américaine de déployer 96 missiles à Greenham Common, en Angleterre, conduisit à la création d'un campement permanent pour la paix, composé de femmes et d'enfants, ce qui inquiéta le gouvernement anglais. Les Pershing II étaient petits (10 m de long), transportés sur des véhicules de lancement mobile, et bon marché (environ 2 millions de dollars sans l'ogive nucléaire). Il était donc difficile de contrôler leur nombre et leur emplacement, ce qui compliquait la mise en œuvre des accords de contrôle des armements. L'Europe devait en accueillir 572. Mais Ronald Reagan et Margaret Thatcher, intransigeants en matière de défense, étaient trop belliqueux pour être dignes de confiance dans ce domaine.

Les manifestations européennes démontrèrent un rejet de la poursuite de la guerre froide. Cependant, les gouvernements ne réagirent pas. Le déploiement de missiles Pershing II continua. Ils furent finalement démantelés en mars 1991, grâce au traité sur les forces nucléaires à portée intermédiaire de 1987 passé entre les États-Unis et l'Union soviétique et négocié par Reagan. Le camp pour la paix de Greenham Common resta toutefois en place jusqu'en 2000, inspirant tous les militants pacifistes du monde. **JS**

1983 – 23 OCTOBRE

L'attentat du Drakkar

Le Hezbollah, auteur d'attentats suicides à Beyrouth, contrarie les efforts occidentaux.

Deux Libanais chiites provoquèrent un carnage parmi les troupes américaines et françaises déployées au Liban pour apporter la stabilité au pays et mettre fin à une guerre civile ruineuse. Certains militants chiites, qui formeraient plus tard le Hezbollah, pensaient que les troupes étrangères étaient impérialistes et défendaient Israël.

Durant la guerre du Liban, les soldats français avaient installé une de leurs bases dans l'immeuble Drakkar, un immeuble de neuf étages, situé dans le quartier de Ramlet El Baida, à Beyrouth. Le 23 octobre 1983, un camion chargé de plusieurs tonnes d'explosifs fut lancé par un kamikaze contre l'immeuble, provoquant la mort de 58 parachutistes français. Quelques minutes plus tôt, un attentat identique avait été perpétré contre la base militaire du contingent américain basée à l'aéroport international de Beyrouth ; il fit 242 victimes.

Caspar Weinberger, ministre américain de la Défense, affirma que les États-Unis ne se laisseraient pas intimider par les terroristes et ne modifieraient pas leur politique au Moyen-Orient. Le président français François Mitterrand tint le même discours, assurant que l'assassinat des soldats français ne resterait pas impuni. Il s'envola pour Beyrouth, où il rendit hommage aux victimes des attentats et exprima sa solidarité envers la force multinationale. À la demande du gouvernement libanais, les marines américains se retirèrent en février 1984, et les autres membres de la force multinationale firent de même en avril. Des représailles auraient accru l'hostilité du monde arabe envers les Américains. En 2003, une cour américaine jugea le gouvernement iranien responsable, mais personne ne fut tenu d'assumer ces meurtres. **JS**

Le Temple d'or est pris d'assaut

Une violente attaque contre un temple indien sacré au Pendjab pourrait entraîner une réplique des sikhs en Inde et ailleurs.

Lorsque l'armée indienne donna l'assaut au Temple d'or d'Amritsar, le plus sacré de la religion sikhe dans l'État indien du Pendjab, elle poursuivait des militants séparatistes sikhs du Damdami Taksal et son dirigeant, Jarnail Singh Bhindranwale, qui s'y étaient réfugiés. Celui-ci appelait à la création d'un État sikh indépendant, et sa popularité et son influence croissantes devenaient une menace pour le gouvernement indien. L'opération Blue Star fut donc autorisée par Indira Gandhi, alors Premier ministre, après un siège de plusieurs jours empêchant les militants de s'approvisionner, tandis que des milliers de pèlerins sikhs étaient bloqués dans le temple. Lorsque l'armée y entra, le combat fut rude, faisant de nombreuses victimes et d'importants dégâts.

Les journalistes ayant été évacués, on ne sut exactement ce qui se passa. L'armée parla de 83 soldats tués et de 492 victimes dans le temple, dont Bhindranwale. Des sikhs racontèrent que la plupart des habitants furent massacrés et que des parties du bâtiment, dont la bibliothèque sikhe de référence et l'Akal Takhat (siège traditionnel du pouvoir séculaire des sikhs), furent délibérément détruites. Tous les sikhs éprouvèrent une rage immense. Beaucoup de modérés en Inde furent consternés par cet acte qui ne pouvait que renforcer l'extrémisme. Après l'assaut, des milliers de sikhs furent arrêtés. Il s'ensuivit un cycle d'actes terroristes et de répression qui dura des années, dont Indira Gandhi fut également victime. Elle fut assassinée par ses propres gardes du corps sikhs. **JS**

Manifestations très virulentes de sikhs après l'attaque du Temple d'or.

L'assassinat d'Indira Gandhi

Le Premier ministre de l'Inde paie le prix d'un sacrilège commis contre un temple sikh.

Si la foule devint violente après l'assassinat d'Indira Gandhi, ses funérailles furent solennelles et dignes.

Beant Singh et Satwant Singh, les deux hommes qui assassinèrent Indira Gandhi, Premier ministre de l'Inde, faisaient partie de ses gardes du corps. Sikhs, ils s'étaient sentis insultés lorsque Indira Gandhi avait autorisé l'assaut contre le Temple d'or d'Amritsar, leur sanctuaire le plus sacré, au mois de juin précédent. Indira Gandhi avait jugé l'opération nécessaire pour mettre fin à l'activisme des séparatistes sikhs du Damdami Taksal et de leur chef, Bhindranwale, qui avaient trouvé refuge dans le Temple d'or. L'opération s'était soldée par de nombreuses victimes et de lourds dégâts infligés au temple. Beaucoup de sikhs prêtèrent foi à des récits selon lesquels l'armée avait tué des milliers d'entre eux et délibérément détruit des parties du bâtiment.

La répression à l'encontre du séparatisme sikh qui s'ensuivit précéda un cycle de terrorisme et de représailles. Gandhi montrait beaucoup de calme et de fatalisme vis-à-vis des menaces qui pesaient sur elle. Lorsqu'elle fut interrogée sur le fait d'avoir des gardes sikhs, elle désigna Beant Singh, qui la protégeait depuis dix ans, et dit qu'elle avait entièrement confiance en lui.

Alors qu'elle se trouvait dans son jardin, ses deux gardes tirèrent 31 fois sur elle. Beant Singh fut abattu sur place ; Satwant Singh fut exécuté par la suite. La nouvelle de l'assassinat déclencha des émeutes sectaires en Inde. Des hindous en colère traquèrent les sikhs sans relâche. Cela ne fit que renforcer la lutte séparatiste sikh. **JS**

La catastrophe de Bhopal

Des milliers d'Indiens tués par la fuite d'un gaz empoisonné d'une usine d'Union Carbide.

Les ouvriers rassemblant les corps eurent vite des difficultés à dénombrer les victimes.

Une fuite de gaz empoisonné survint à Bhopal en Inde dans une usine de pesticides d'une multinationale américaine, Union Carbide, causant la mort de milliers de personnes en une nuit. Environ 39 tonnes d'un gaz toxique, l'isocyanate de méthyle, peut-être mélangé à du cyanure et au gaz le plus mortel de la Grande Guerre, le phosgène, s'échappèrent accidentellement. Le nombre de victimes définitif est incertain, mais 30 000 personnes auraient péri dans cet accident. Quelque 150 000 personnes furent mutilées et 500 000 autres souffrirent d'empoisonnement. La contamination de réserves d'eau potable provoqua cancers, troubles respiratoires et anomalies congénitales. Pour des raisons de coût, Union Carbide avait refusé de bâtir l'usine loin de la ville. Dans les années 1980, la demande de pesticides diminuant, l'usine réduisit drastiquement les dépenses, ce qui aurait eu des impacts sur la maintenance et la sécurité.

Union Carbide voulut éviter de verser des dommages et intérêts et finit par accepter un accord à l'amiable en 1989. Beaucoup de familles endeuillées ne reçurent que 2 200 dollars et de nombreuses personnes mutilées ne furent pas indemnisées, ou très peu. En 1992, la cour de justice de Bhopal lança un mandat d'arrêt pour homicide volontaire contre Warren Anderson, président-directeur général de l'usine à l'époque de l'accident. Les autorités américaines ne l'extradèrent pas. L'incident remit cependant en question le comportement des multinationales occidentales dans les pays moins développés. **JS**

L'échec de la grève des mineurs britanniques

Le syndicat des mineurs britanniques vote la fin de son action en Grande-Bretagne.

Arthur Scargill annonçant l'échec de la grève destinée à trouver un accord sur la fermeture des puits.

Après 51 semaines, le syndicat des mineurs britanniques, l'Union nationale des mineurs (NUM), interrompit sa grève nationale. Une assemblée de délégués décida de la fin de la grève à 98 voix contre 91. Dans beaucoup de houillères, les mineurs tentèrent de faire contre mauvaise fortune bon cœur, retournant au travail accompagnés de fanfares. Mais cela n'atténua pas l'ampleur de la défaite du plus puissant syndicat britannique, qui avait pourtant causé la chute du gouvernement conservateur en 1974.

En réalité, le gouvernement de Margaret Thatcher avait préparé cette confrontation ; une victoire écraserait les syndicats. Des stocks de charbon avaient été constitués et la police disposait de ressources illimitées pour combattre les piquets de grève volants, impliquant le blocage soudain et massif de cibles spécifiques. Arthur Scargill, leader du NUM, craignant un vote contre la grève, la déclara sans organiser d'élection : cette illégalité servit la cause du gouvernement.

Les conséquences de la défaite furent sévères. En l'espace de 20 ans, un secteur qui employait 187 000 mineurs fut réduit à six houillères employant moins de 4 000 personnes. Même dans les East Midlands, où les houillères étaient modernes et bénéficiaires, et où il y eut peu de contestation, les mineurs ne furent pas épargnés. Dans tout le pays, des communautés entières, extrêmement dépendantes des houillères sur le plan économique, furent dévastées. Mais Thatcher put célébrer la défaite de tous les syndicats. **PF**

Le sabordage du *Rainbow Warrior*

Un acte de sabotage de la France signe la fin de son programme d'essais nucléaires.

David Lange, Premier ministre néo-zélandais, décria cet « acte sordide de terrorisme international cautionné par un État ».

À 23 h 45, un flash bleu électrique fut observé dans le port d'Auckland, en Nouvelle-Zélande, suivi de deux explosions. Quatre minutes plus tard, un bateau de 40 m sombra. Dix personnes de l'équipage purent s'échapper, mais l'un d'eux, le photographe portugais Fernando Pereira, se noya dans sa cabine en allant chercher son matériel. Le bateau, le *Rainbow Warrior*, appartenait à Greenpeace, l'association de défense de l'environnement qui protestait contre le programme nucléaire français sur l'atoll polynésien de Mururoa. Il devait partir de Nouvelle-Zélande, un pays allié de la France mais sans politique nucléaire, et rejoindre Mururoa pour interrompre l'essai.

Quelques jours plus tôt, deux agents secrets français avaient effectué des repérages près du *Rainbow Warrior* et prévu de le couler en plaçant deux mines sous sa coque. Le but n'était pas de tuer. Plaidant coupables pour homicide involontaire, ils affirmèrent que le *Rainbow Warrior* transportait du matériel d'espionnage et que Pereira était un espion du KGB. Ils furent condamnés à dix ans de prison, mais ils retournèrent en France quelques années plus tard.

L'affaire provoqua un tollé et une flottille de bateaux privés se rendit de Nouvelle-Zélande vers l'atoll de Mururoa, contraignant la France à abandonner ses essais durant dix ans. La Nouvelle-Zélande renforça sa politique antinucléaire et la popularité internationale de Greenpeace s'accentua. Plus tard, il fut révélé que le président français, François Mitterrand, avait autorisé l'attentat. **PF**

Le concert pour l'Éthiopie

Bob Geldof invite des musiciens à se produire dans un concert à vocation humanitaire.

Immense foule au concert historique Live Aid, au Wembley Stadium de Londres, retransmis intégralement.

À 12 h 02, au Wembley Stadium à Londres, Francis Rossi, de Status Quo, ouvrit les festivités devant 72 000 fans. À 13 h 51 de l'autre côté de l'Atlantique, 90 000 fans présents au JFK Stadium de Philadelphie assistèrent au début du concert américain ; 1,5 milliard de personnes auraient regardé les concerts à la télévision à travers 160 pays. Cet événement fut appelé Live Aid, et était destiné à réunir des fonds pour résoudre la famine en Éthiopie.

L'atmosphère était euphorique : Bono de U2 se mêla à la foule et choisit une partenaire de danse, Freddy Mercury et Queen interprétèrent leurs plus grands succès. Mais d'autres moments restèrent également gravés dans la conscience collective, comme les images d'enfants éthiopiens affamés, et les interventions chargées d'émotion de l'Irlandais Bob Geldof, âgé de 32 ans, tandis qu'il appelait au don.

Sans Geldof, Live Aid n'aurait pas eu lieu. Après avoir vu des reportages sur des enfants éthiopiens mourants en octobre 1984, le chanteur principal des Boomtown Rats avait suscité une compassion jusque-là absente dans l'opinion publique. Des gouvernements indifférents cédèrent aux demandes d'intervention de l'artiste. Live Aid fut un immense succès. En France, le concert pour l'Éthiopie eut lieu en octobre à La Courneuve, auquel participèrent de nombreux artistes. Des personnes du monde entier firent des dons ou proposèrent leurs services gratuitement : 62 millions de dollars furent réunis pour les Éthiopiens. **PF**

La mort de Rock Hudson

La mort de la célèbre star de cinéma attire l'attention sur la menace croissante du sida.

Le nom de Rock Hudson sur un patchwork fabriqué à Washington en 1996 en mémoire des victimes du sida.

Rock Hudson était un acteur exceptionnellement beau, et qui semblait être hétérosexuel. Sa réussite à Hollywood était due à son agent et aux studios. Même son nom avait été choisi pour lui – Rock désignait le rocher de Gibraltar et Hudson le fleuve Hudson. Selon une légende hollywoodienne, il eut besoin de 38 prises pour son unique réplique dans le film *Les Géants du ciel*, en 1948, mais dans les années 1950 et 1960, il parut à son avantage dans une série de comédies agréables, où apparaissait souvent Doris Day.

Calme et timide en privé, Hudson avait l'habitude de dire qu'il n'aimait pas se voir à l'écran. Très peu de gens connaissaient son homosexualité, le public n'en savait rien et son mariage avec la secrétaire de son agent en 1955 avait été un subterfuge organisé par le studio pour détourner les soupçons. Ce mariage avait duré trois ans. Les préférences sexuelles de l'acteur ne furent révélées que lorsqu'il fut sur le point de mourir du sida. Il s'éteignit avec dignité dans sa maison de Beverly Hills, peu avant son soixantième anniversaire.

Il fut la première figure importante du monde du spectacle à mourir de cette maladie. Beaucoup de médias en firent un compte-rendu cruel, mais cela permit une plus grande acceptation de l'homosexualité. L'événement encouragea le mouvement pour les droits des homosexuels, qui gagnait de l'ampleur depuis les années 1970, et favorisa une prise de conscience du nombre de victimes que cette terrible nouvelle maladie causait. **RC**

L'explosion de la navette *Challenger* au décollage

Une mission à bord de la navette spatiale s'achève tragiquement.

▲ La navette spatiale *Challenger* décolla du Centre spatial Kennedy, en Floride.

▶ Les propulseurs d'appoint et le réservoir externe se désintégrèrent 73 secondes après le lancement.

« … un signe d'adieu et ils échappèrent au lien terrestre pour toucher le visage de Dieu. »

Ronald Reagan, citant le poème *High Flight*

La navette spatiale *Challenger* décolla à 11 h 30 et se désintégra environ 70 secondes plus tard. Elle avait atteint une altitude de 14,5 km et une vitesse proche de 3 220 km/h. Les sept membres d'équipage furent tués. Il s'agissait des premiers Américains à mourir après un décollage, alors que trois astronautes avaient péri en 1967 dans l'incendie d'une plate-forme de lancement.

L'équipage comptait une enseignante, Christa McAuliffe, la première personne à être choisie dans le cadre d'un programme consistant à envoyer des civils dans l'espace. La tragédie fut d'autant plus déchirante que son mari et ses enfants, ainsi que les familles des astronautes, assistèrent au décollage. Elle eut un grand retentissement dans les médias et auprès du public, et une étude montre que 85 % des Américains interrogés connaissaient les faits une heure après l'événement.

Le lancement depuis le Centre spatial Kennedy, en Floride, avait été retardé plusieurs fois en raison du mauvais temps et de problèmes mécaniques. Il faisait très froid, et il avait fallu gratter la glace sur la navette. Presque immédiatement après le décollage, des flammes et de la fumée furent observées sur l'un des propulseurs d'appoint externes, et bientôt celui-ci fut entouré de flammes. Il y eut ensuite une explosion. L'équipage n'avait auparavant rien remarqué d'anormal. Une enquête montra que les propulseurs d'appoint étaient dépourvus de capteurs susceptibles de signaler les problèmes. Les difficultés commencèrent lorsqu'un joint torique du propulseur droit se rompit au décollage.

L'accident porta un rude coup au programme spatial, déjà en difficulté à cause de son coût excessif. Les lancements de navette furent suspendus pendant près de trois ans. **RC**

L'assassinat du Premier ministre suédois

Olof Palme, sortant d'un cinéma, est tué en rentrant chez lui.

Le sang d'Olof Palme sur la chaussée ; aujourd'hui, on peut y voir une plaque commémorative.

Par une froide nuit d'hiver, Olof Palme, le Premier ministre suédois, et son épouse, Lisbet, rentraient chez eux après une soirée au cinéma. Soudain, un homme s'approcha d'eux par-derrière, sortit un pistolet et tira à plusieurs reprises. Palme fut mortellement touché dans le dos et Lisbet fut également touchée, mais elle survécut.

Un chauffeur de taxi qui se trouvait à proximité appela une ambulance tandis que deux jeunes filles se précipitèrent pour porter secours au couple. Palme fut conduit à l'hôpital, mais on ne put que constater sa mort à son arrivée, juste après minuit, le 1er mars 1986. Aucun garde du corps n'était présent sur les lieux, ce qui n'avait rien d'inhabituel. L'assassin du ministre disparut dans la nuit. Un certain Christer Pettersson fut accusé du meurtre deux ans plus tard, mais fut libéré après avoir fait appel. Nombre de théories ont été mises en avant. Cet assassinat, qui choqua la nation, reste aujourd'hui encore irrésolu.

Plus de 20 ans plus tard, l'héritage de Palme fait débat. Si la majorité des Suédois ont l'impression qu'il défendait les aspirations sociales et économiques, beaucoup déclarent le haïr. L'homme était un dirigeant radical, franc et charismatique, qui s'opposa à la guerre du Vietnam et se battit avec ardeur pour les droits de nombreuses personnes opprimées dans le monde. En tant que Premier ministre, il défendit l'État providence et introduisit un certain nombre de lois du ressort de « la démocratie économique ». **TB**

Les mesures de rétorsion de Reagan contre la Libye

Les États-Unis bombardent des cibles libyennes en représailles d'une attaque terroriste.

Maison de Tripoli endommagée après une attaque aérienne prétendument dirigée contre des cibles militaires.

Les États-Unis, sous la présidence de Ronald Reagan, bombardent Tripoli et Benghazi au cours d'une opération baptisée El Dorado Canyon. Les attaques, censées toucher des cibles militaires, comme l'académie navale, l'aéroport militaire et les casernes de Tripoli, firent des victimes civiles, notamment la fille adoptive du dictateur libyen, le colonel Muammar Kadhafi.

Les tensions entre les États Unis et la Libye s'étaient accrues. Quelques semaines plus tôt, un conflit naval entre la Libye et les forces navales américaines, dans le golfe de Sidra, avait causé la mort de 35 marins libyens. Deux semaines plus tard, une bombe explosa dans une discothèque de Berlin-Ouest fréquentée par des militaires américains. Trois Américains et une Turque furent tués, et 50 Américains se trouvaient parmi les 230 personnes blessées. Les États-Unis affirmèrent avoir des preuves impliquant la Libye. Les frappes aériennes américaines furent justifiées par l'article 51 de la charte de l'ONU, qui autorise l'autodéfense.

Beaucoup d'Européens se montrèrent sceptiques. Les attaques provoquèrent l'indignation en Libye et de la sympathie pour le monde arabe. En représailles, un groupe militant, les Cellules révolutionnaires arabes, tua trois otages britanniques et américains au Liban. En 2001, quatre personnes, dont un diplomate libyen, furent accusées de l'attentat, mais il fut difficile de ralentir l'ascension du terrorisme au Moyen-Orient.. **JS**

Explosion nucléaire à Tchernobyl

En Ukraine, le réacteur nucléaire de Tchernobyl explose, émettant un nuage radioactif aux nombreuses conséquences.

Aux premières heures du matin, une explosion se produisit dans le réacteur n° 4 de la centrale nucléaire de Tchernobyl, en Ukraine. L'accident eut lieu lorsque l'équipe de nuit, inexpérimentée, testa les systèmes de sécurité du réacteur. Ceux-ci tombèrent en panne et l'explosion qui en résulta perça les parois et le plafond du réacteur et projeta son lourd couvercle dans les airs. Un nuage radioactif mortel s'échappa dans l'atmosphère. Au début, l'équipe ne saisit pas l'ampleur du désastre et resta à son poste, tentant de reprendre le contrôle du réacteur. Des pompiers locaux essayèrent de maîtriser les flammes. Aucun ne portait de tenue protectrice et beaucoup moururent des conséquences des radiations.

Le nuage radioactif contamina une grande partie de l'Europe. Les autorités soviétiques furent très lentes à réagir. Un sentiment collectif d'incrédulité semble les avoir paralysées. La décision d'évacuer les 50 000 habitants de la ville voisine de Prypiat ne fut prise que 36 heures après et la mesure fut déclarée temporaire. Les parades du 1er mai organisées à Kiev, la capitale, ne furent pas interrompues. Il n'y eut aucune mise en garde. Finalement, une vaste zone fut mise en quarantaine autour de Tchernobyl et un sarcophage fut construit autour du réacteur afin de contenir temporairement la radioactivité. La réponse tardive, la décontamination inadéquate et les effets sanitaires à long terme qui survinrent discréditèrent les dirigeants soviétiques, notamment en Ukraine et en Biélorussie. **JS**

À bord d'un hélicoptère, des experts mesurent la radioactivité du réacteur n° 4, à ciel ouvert.

1987 – 11 AVRIL

Le décès de Primo Levi

Des spécialistes contestent le fait que le survivant de la Shoah se soit suicidé.

L'écrivain italien juif Primo Levi fut retrouvé mort dans la cage d'escalier de l'immeuble où il habitait à Turin ; le médecin légiste conclut à un suicide, peut-être dû à une dépression, mais certains spécialistes en doutèrent. L'absence de lettre conduisit à penser que cette chute du troisième étage était peut-être accidentelle.

La façon dont il mourut a une importance, car Levi était connu pour son affirmation ouverte et positive des valeurs de la vie face à la violence et à l'oppression, et pour avoir évoqué dans ses écrits son expérience de survivant d'Auschwitz. Ayant étudié la chimie à l'université de Turin, il obtint son diplôme en 1941 et rallia en 1943 le mouvement partisan italien combattant le gouvernement fantoche de la république de Salo de Mussolini. Capturé, il fut envoyé à Auschwitz en février 1944 et y resta jusqu'à la libération, onze mois plus tard. Il fut le seul survivant parmi 20 juifs italiens.

> ***« Pour que la roue tourne, que la vie vive, les impuretés sont nécessaires… »***
>
> Primo Levi, *Le Système périodique*, 1975

Après la guerre, ses livres, notamment *Si c'est un homme* (1947) et *La Trêve* (1963), furent reconnus dans le monde entier, parce qu'ils évoquaient la valeur de la vie humaine dans des environnements inhumains, témoignant des horreurs commises par les nazis pour détruire le peuple juif. Levi devint une voix prépondérante de l'antifascisme italien et s'opposa à ceux qui tentaient de nier l'Holocauste. **PF**

1987 – 25 JUIN

Les réformes de Gorbatchev

Gorbatchev consolide la perestroïka, *un programme de réformes radical et risqué.*

En introduisant la *perestroïka* (restructuration), basée sur la *glasnost* (liberté d'expression), le dirigeant soviétique Mikhaïl Gorbatchev indiqua comment il souhaitait résoudre les problèmes de l'Union soviétique et assurer sa survie à long terme. Dans les années 1980, la course aux armements soviéto-américaine exerçait une pression presque insoutenable sur l'économie et la société soviétiques. Beaucoup de secteurs étaient en récession, l'alcoolisme devenait endémique, et si la population ne rejetait pas le système soviétique, ses défauts lui pesaient. Pour Gorbatchev, la seule solution était de réformer complètement l'État et le Parti, qui devaient mieux répondre aux désirs des citoyens en tenant compte de leurs critiques. L'économie devait être modernisée et l'intervention de l'État allégée. Or les conservateurs du Parti s'opposèrent aux réformes, craignant qu'elles n'entraînent sa chute, ainsi qu'à la *perestroïka* et entravèrent lourdement les efforts de Gorbatchev. C'était une bataille pour la vie et l'âme du Parti.

> ***« La* perestroïka *– processus de changement de notre pays – commença en haut… »***
>
> Mikhaïl Gorbatchev, *Mémoires*, 1995

Il en résulta une série de demi-mesures qui provoquèrent la fureur des conservateurs et échouèrent à satisfaire les réformateurs. La *perestroïka* mit fin à la répression, base de l'ancien système économique, mais échoua à mettre en place un véritable État de droit. **JS**

La première Intifada, la guerre des pierres

Le début de l'Intifada palestinienne pose un défi majeur à l'occupation israélienne.

Un jeune armé de pierres, le visage caché, exprime son opposition à la domination israélienne.

Un accident de la circulation dû à un véhicule de l'armée israélienne, tuant quatre Palestiniens du camp de Jabalia, entraîna une multitude d'émeutes dans les Territoires occupés. Mais les causes de l'Intifada (soulèvement) sont diverses. Depuis les accords de Camp David entre Israël et l'Égypte en 1978, la perspective d'une nouvelle guerre du Moyen-Orient pour mettre fin à l'occupation s'était évanouie. La croissance rapide de la population, le chômage élevé et les mesures de sécurité humiliantes imposées par les Israéliens nourrissaient les frustrations des Palestiniens. En 1987, des émeutes eurent lieu à Jabalia et aboutirent à un soulèvement national aux formes multiples – simple désobéissance civile, comme le refus de payer les taxes israéliennes, attaques de soldats israéliens ou meurtre de personnes soupçonnées de collaboration. En juillet 1989, Israël subit son premier attentat suicide.

En six ans, des Palestiniens tuèrent 160 Israéliens et 1 000 personnes furent soupçonnées de collaboration ; les israéliens tuèrent 1 162 Palestiniens. Les Israéliens ayant peu d'expérience du contrôle des foules furent critiqués pour avoir répondu par les armes aux jets de pierres des jeunes. L'Intifada convainquit les Israéliens de la nécessité de négocier avec les Palestiniens, qui avaient affirmé leur identité et aspiraient à un statut national. En 1993, les négociations mirent fin à l'Intifada, mais beaucoup de questions sur le statut palestinien restèrent sans réponse. **JS**

Le massacre de Halabja

L'utilisation d'armes chimiques par l'Irak contre ses civils démontre une barbarie sans nom.

À Halabja, des Kurdes étendus à terre victimes de l'utilisation d'armes chimiques par Saddam Hussein.

Au cours d'une journée que les Kurdes appellent le Vendredi sanglant, l'armée irakienne utilisa des armes chimiques sur Halabja, ville irakienne kurde de 70 000 habitants ; 5 000 personnes périrent et 7 000 furent atteintes de désordres pathologiques sur le long terme. Le nuage mortel était un mélange d'agents neurotoxiques de sarin, tabun et VX. Les nationalistes kurdes étaient depuis longtemps opposés au régime irakien. Durant la guerre Iran-Irak (1980-1988), la réponse à cette opposition fut l'opération Anfal qui aboutit au génocide kurde dirigé par le cousin du dictateur Saddam Hussein, Ali Hassan al-Majid, avec plus de 180 000 victimes.

En 1988, les États-Unis soutenant l'Irak pour faire contrepoids au fondamentalisme islamique iranien, la guerre tourna en défaveur de l'Iran. Des troupes iraniennes avaient soutenu les combattants Peshmerga du front nationaliste kurde quand ils avaient pris Halabja. L'artillerie classique ayant échoué, l'Irak utilisa des armes chimiques. Lorsque la nouvelle des atrocités parvint en Occident, l'Agence du renseignement pour la défense américaine affirma que l'attaque venait de l'Iran.

Mais les preuves de la responsabilité de Saddam Hussein s'accumulèrent et celui-ci fut condamné par le Conseil de sécurité des Nations unies. Personne, cependant, ne voulut à l'époque traduire en justice les responsables. Pourtant, en 2003, la présence d'armes chimiques en Irak fut l'argument utilisé par les États-Unis pour justifier leur invasion. **JS**

Un avion de ligne iranien est abattu

*Les tirs de l'*USS Vincennes *sur un avion de ligne iranien accroissent les tensions.*

Quinzième anniversaire du drame, des parents des victimes devant un tableau de l'avion touché.

« Une chose est sûre,
le* Vincennes *a agi
en état de légitime défense. »

George H. W. Bush, vice-président, juil. 1988

Le vol 655 d'Iran Air fut abattu par des missiles du croiseur américain USS Vincennes alors qu'il effectuait un vol commercial entre Bandar Abbas en Iran et Dubaï. Les 290 personnes à bord de l'avion périrent ; 38 d'entre elles n'avaient pas la nationalité iranienne et 66 passagers étaient des enfants. Le *Vincennes* prenait part à une mission de la Navy destinée à protéger les pétroliers partant du Koweït, menacés par l'Iran durant la première guerre du Golfe. L'équipage du *Vincennes* détecta l'avion et pensait avoir affaire à un F14 Tomcat qui les attaquait. Le *Vincennes* aurait tenté de contacter l'avion pour le sommer de s'éloigner, mais sans réponse. Deux missiles sol-air furent donc lancés sur l'avion. L'équipage ne réalisa qu'après l'avoir abattu qu'il s'agissait d'un avion civil.

Le gouvernement iranien refusa de croire que les Américains pouvaient confondre un avion de ligne et un avion de combat : soit les Américains avaient fait preuve d'une négligence criminelle et d'imprudence, soit ils avaient tué délibérément et de sang froid des civils. Les États-Unis déclarèrent que la tragédie ne pouvait être reprochée à l'équipage. Le *Vincennes* venait de mener un bref combat contre des canonnières iraniennes, et son capitaine, William C. Rogers III, était réputé être un officier agressif. Son équipage s'attendait à une attaque de ce type, et la force aérienne iranienne utilisait les infrastructures de Bandar Abbas.

Finalement, en février 1996, les États-Unis versèrent 61,8 millions de dollars de compensation aux familles des Iraniens tués lors de l'accident, mais ils n'acceptèrent jamais la responsabilité de la tragédie et ne firent pas d'excuses publiques. Cela ne fit qu'envenimer davantage les relations américano-iraniennes. **JS**

Mandela atteint l'âge de 70 ans en prison

Le monde proteste tandis que le militant célèbre son anniversaire derrière les barreaux.

Lorsque le militant anti-apartheid Nelson Mandela, emprisonné en Afrique du Sud depuis juin 1964, atteignit 70 ans derrière les barreaux, des personnes du monde entier demandèrent sa libération. Le régime sud-africain espérait que Mandela et les autres prisonniers politiques tomberaient dans l'oubli. Mais plus Mandela restait en prison, plus il devenait charismatique. Il était considéré comme le porte-parole du Congrès national africain, mais aussi comme le représentant de toutes les victimes du racisme dans le monde. Il devint le prisonnier politique le plus adulé et le plus célèbre de l'histoire. L'ONU, le Congrès américain, des parlements et des assemblées nationales, des syndicats et des organismes religieux demandèrent sa libération. Il reçut la clé de plusieurs villes et beaucoup d'universités lui remirent des diplômes honoraires. Une particule nucléaire reçut le nom de Mandela, de même que de nombreuses rues, des édifices et des cafés. En août 1981, 2 264 maires de 56 pays signèrent une pétition pour sa libération.

Winnie Madikizela-Mandela, à Johannesburg, devant elle les cartes d'anniversaire adressées à son époux.

Chaque année, son anniversaire était célébré. Mandela devint embarrassant pour le gouvernement qui lui offrit la liberté à condition qu'il renonce à la violence et obéisse à la loi de l'apartheid. Il refusa ces compromis. Son soixante-dixième anniversaire fut l'occasion d'un effort international accru pour le libérer. L'Afrique du Sud souffrait de récession économique et l'apartheid faisait l'objet d'attaques. En Grande-Bretagne, le mouvement anti-apartheid organisa un concert au Wembley Stadium visionné par 200 millions de téléspectateurs dans le monde. Même l'Afrique du Sud ne pouvait indéfiniment résister à cette pression, et Mandela fut finalement libéré en février 1990. Le processus de démantèlement de l'apartheid avait commencé. **JS**

« Son corps maltraité mais son esprit encore libre / Êtes-vous si aveugles que vous ne voyez pas ? »

The Specials, *Nelson Mandela*, 1984

Ben Johnson disqualifié pour dopage

Le célèbre sprinter canadien perd sa médaille d'or après un test positif aux anabolisants.

Ben Johnson près de la victoire – obtenue grâce au dopage – aux Jeux olympiques de Séoul.

La photo d'un sprinteur canadien franchissant la ligne de la finale du 100 m aux Jeux olympiques de Séoul fit sensation. Johnson avait établi un nouveau record du monde de 9,79 secondes, finissant plus d'un mètre devant ses rivaux dans une épreuve où quelques centimètres séparent l'or du bronze.

La finale du 100 m atteignit une intensité inhabituelle avec la rivalité entre Johnson et Carl Lewis, légende du sprint américain. Johnson avait réalisé un record avec 9,87 secondes à Rome en septembre 1987. Mais l'échantillon d'urine donné par le sprinteur immédiatement après la course à Séoul fut contrôlé positif au stéroïde anabolisant Stanazolol, et Johnson rentra chez lui déshonoré. La compétition lui fut interdite pendant deux ans. Le titre fut remis à Lewis et le Britannique Linford Christie remporta l'argent. Ces deux hommes firent aussi l'objet de contrôles positifs aux produits dopants au cours de leurs carrières sportives. (Lewis avait été positif à trois contrôles effectués aux États-Unis pour les Jeux de 1988 en raison de stimulants présents dans des médicaments contre le rhume, mais avait pu concourir en affirmant les avoir pris par inadvertance.) En 1993, Johnson fut de nouveau contrôlé positif à des substances illicites puis suspendu à vie.

Le cas de Johnson fut une réussite en matière de lutte antidopage, et attira l'attention sur la prise de produits dopants par les athlètes de haut niveau. Les accusations de coups montés, qui continuent de salir l'image du sport, se multiplièrent. **PF**

Explosion d'un avion américain au-dessus de Lockerbie

Une bombe placée par des terroristes non identifiés détruit un Boeing de la Pan Am.

▲ L'avion détruit par une bombe placée dans une radio alerta les autorités sur les menaces terroristes.

Le Boeing 747 du vol 103 de la Pan Am, ralliant l'aéroport londonien de Heathrow à l'aéroport Kennedy de New York, explosa en plein vol à cause d'une bombe terroriste. Les 259 personnes à bord périrent lorsque la charge plastique de 450 g explosa au bout de 38 minutes de vol dans la soute avant. L'avion se désintégra : les débris et les victimes furent dispersés le long d'un couloir de 103 km. Un morceau d'aile de l'avion tomba sur la ville écossaise de Lockerbie, creusant un cratère de 47 m de long, et fit onze victimes supplémentaires.

L'enquête conclut rapidement que le colonel Kadhafi était à l'origine de l'attentat, ayant agi en représailles contre les bombardements américains sur Tripoli en avril 1986. Deux agents des services secrets libyens, Abdelbaset Ali Mohmed al-Megrahi et Al Amin Khalifa Fhimah, furent accusés du crime. Au bout de plusieurs années de sanctions et de menaces de représailles plus sévères encore, Kadhafi, continuant de clamer l'innocence de la Libye, accepta de remettre les deux hommes à la justice. Ils furent finalement jugés aux Pays-Bas selon la loi écossaise. En janvier 2001, après un procès de 84 jours, Fhimah fut acquitté, mais al-Megrahi fut reconnu coupable et condamné à la réclusion à perpétuité. Il continua de clamer son innocence, et en juin 2007 un second appel fut accepté par la justice écossaise. L'argument était que l'Iran était aussi un suspect potentiel, depuis que le *Vincennes* avait abattu un avion de ligne iranien, en juillet 1988. **JS**

1989 – 14 FÉVRIER

Une fatwa est lancée sur Salman Rushdie

L'ayatollah Khomeyni ordonne le meurtre de Salman Rushdie pour ses Versets sataniques.

À Bradford, des musulmans brûlent un exemplaire des *Versets sataniques* après l'annonce de la fatwa par Khomeyni.

L'auteur indo-britannique Salman Rushdie fut condamné à mort par le chef religieux de l'Iran, l'ayatollah Khomeyni, par une fatwa qui appelait les musulmans à le tuer pour ses blasphèmes contre l'islam et son apostasie. Dans *Les Versets sataniques*, où il examinait les relations entre Orient et Occident, ses commentaires sur le prophète Mahomet furent jugés offensants par beaucoup de musulmans. Le gouvernement iranien promit une récompense à son meurtrier et dans le monde entier des musulmans manifestèrent leur indignation. Leur fureur s'accrut lorsque la justice britannique n'interdit pas le livre. Rushdie se cacha et la Grande-Bretagne rompit les relations diplomatiques avec l'Iran en raison de l'incitation au meurtre d'un citoyen britannique.

Rushdie passa dix ans sous protection de la police. Les relations diplomatiques furent rétablies en septembre 1998, quand le gouvernement iranien se dissocia de la sentence de mort. Mais la fatwa ne peut être annulée que par la personne qui l'émet, et Khomeyni mourut en juin 1989. Son successeur, l'ayatollah Ali Khamenei, l'énonça à nouveau, et les musulmans radicaux dirent qu'ils l'exécuteraient s'ils en avaient l'occasion. La controverse ressurgit en juin 2007, lorsque Rushdie reçut le titre de chevalier et souligna les tensions entre le monde islamique et occidental. Le fait que la liberté d'expression traditionnelle en Occident permette de justifier des attaques à l'encontre de l'islam entraîna la politisation et la radicalisation d'une génération de musulmans. **JS**

Le naufrage de l'*Exxon Valdez*

Une importante marée noire en Alaska alerte le monde sur la fragilité de l'environnement.

Une opération de récupération du pétrole de l'*Exxon Valdez* dans le détroit du Prince-William.

Lorsque 42 millions de litres de pétrole brut s'échappèrent d'un pétrolier échoué dans le détroit du Prince-William, la question de l'exploitation du pétrole en Alaska, assortie à l'usage d'oléoducs et aux risques de fuite, était déjà très controversée.

L'*Exxon Valdez* quitta la station pétrolière Valdez le soir du 23 mars pour rejoindre Washington avec 200 millions de litres de pétrole. Trois heures plus tard, le navire heurta un récif. Du pétrole se répandit dans le détroit, et les tentatives pour stopper la fuite échouèrent. L'embrasement du pétrole et l'utilisation de barrages pour limiter son expansion eurent une certaine utilité. Mais une tempête se leva quelques jours plus tard et poussa la nappe vers la côte rocheuse, déchiquetée et éloignée, qui nécessita une vaste opération de nettoyage. Un demi-million d'oiseaux de mer et des centaines de phoques moururent, et de nombreuses zones de reproduction des saumons furent détruites. Les pertes en palourdes, harengs et phoques furent désastreuses pour l'industrie locale de la pêche.

L'impact sur l'environnement du pétrole et de l'opération de nettoyage fit l'objet d'études intensives, permettant la mise au point de nouvelles techniques. Les traces du pétrole n'étaient plus visibles au bout d'un an, mais il en reste beaucoup dans le sol. Exxon fut critiqué pour sa trop lente réaction, mais géra l'ensemble de l'opération de nettoyage. Le litige au sujet du montant des dommages et intérêts est toujours en cours. **PF**

Place Tiananmen

Le massacre de manifestants anéantit l'espoir démocratique en Chine.

Des soldats de l'Armée de libération du peuple attaquèrent des manifestants pacifiques sur la place Tiananmen, à Pékin. Des centaines, peut-être des milliers de personnes furent massacrées par les soldats tirant sans discrimination et dirigeant leurs véhicules blindés sur les manifestants. La confrontation avait commencé sept semaines plus tôt, par une marche étudiante en mémoire d'un leader du Parti communiste chinois récemment décédé, Hu Yaobang, un réformateur. Cette occasion rassembla beaucoup de Chinois mécontents et leur permit d'exprimer leurs griefs. Depuis 1978, les réformes du dirigeant Deng Xiaoping avaient introduit une économie de marché en Chine, mais sans aucune réforme politique sérieuse. Impatients de la visite à venir du leader soviétique Mikhaïl Gorbatchev, les manifestants occupèrent la place Tiananmen et refusèrent de partir en l'absence de promesse de réformes démocratiques.

La réponse du Parti fut confuse. Les manifestants furent priés de partir, recevant la promesse qu'aucune violence ne serait commise. Environ 1 000 manifestants firent une grève de la faim, qui leur apporta un soutien considérable en Chine. C'était un défi que le PCC ne pouvait ignorer. Dès le départ de Gorbatchev, des troupes furent envoyées. Elles attaquèrent par surprise. Des militants furent arrêtés, paralysant le mouvement démocratique. Les Chinois et le monde furent choqués par la férocité de la répression. Des sanctions internationales furent imposées, mais la Chine était un partenaire trop lucratif pour qu'elles persistent. Le PCC conserva un strict contrôle du pays. **JS**

Un citoyen tout seul devant les tanks sur l'avenue de la Paix-Éternelle, à Pékin, durant la répression.

Une chaîne pour la liberté

Les républiques Baltes se donnent la main pour demander la fin du régime soviétique.

Près de deux millions de personnes des républiques Baltes de Lettonie, Lituanie et Estonie – soit un quart de leur population totale – se donnèrent la main le 23 août, formant la plus longue chaîne de l'histoire ; elle s'étendait sur 600 km dans trois républiques. C'était une manifestation entièrement pacifique marquant le quinzième anniversaire du pacte de 1939 entre nazis et Soviétiques, dont des protocoles secrets permettaient aux Soviétiques d'annexer ces républiques, jusqu'alors indépendantes. Son but était de rappeler au monde des injustices persistantes.

Les premières manifestations des républiques contre l'intégration à l'URSS commencèrent après l'introduction de la *perestroïka* et de la *glasnost* par Mikhaïl Gorbatchev. Elles furent interrompues par la police, mais les manifestants s'enhardirent au fur et à mesure que le système soviétique se fragilisait.

Gorbatchev se dit choqué par la manifestation. S'il était prêt à admettre qu'il existait des protocoles secrets, il affirma que les républiques Baltes avaient rejoint volontairement l'URSS et n'avaient donc pas de raison de faire sécession. Mais les populations locales se souvenaient des arrestations et des déportations massives de 1939, de leur accueil des Allemands en libérateurs en 1941, de la brutale reprise du pouvoir par les Soviétiques après la défaite allemande et de l'arrivée massive de colons russes. Elles étaient autant déterminées à devenir indépendantes que Moscou l'était à les garder au sein de l'Union. Gorbatchev tenta d'en garder le contrôle par le biais de sanctions économiques et d'interventions militaires, mais le coup d'État de Moscou en 1991 permit aux républiques de recouvrer leur indépendance. **JS**

La chute du mur de Berlin

Les Allemands contraignent la nation à la réunification.

Sous l'œil d'autres manifestants, un homme tape sur le mur avec une masse.

Des Berlinois de l'est et de l'ouest célèbrent le Nouvel An 1990 devant la porte de Brandebourg, symbole de la ville.

« Un amalgame de la prise de la Bastille et d'un réveillon de Nouvel An… »

Time Magazine, novembre 1989

Le mur de Berlin, symbole de la guerre froide, fut détruit par des citoyens des deux côtés de la ville, tout juste 28 ans après sa construction. Le gouvernement communiste d'Allemagne de l'Est (RDA) avait affirmé qu'il s'agissait d'un « mur antifasciste » protégeant les Allemands de l'Est. Personne ne fut dupe : il était destiné à empêcher ces derniers de migrer en l'Allemagne de l'Ouest (RFA), plus prospère. Cette migration était d'une telle ampleur qu'elle menaçait l'existence de la RDA. Si des personnes réussirent à franchir le mur de temps à autre, beaucoup furent tuées au cours de leur tentative. Le mur garantissait la stabilité de l'Est.

À la fin des années 1980, cette stabilité fut menacée. Les réformes que conduisait Mikhaïl Gorbatchev en URSS avaient provoqué une volonté de changement en RDA. Toutefois, le dirigeant communiste, Erich Honecker, conscient que les réformes ne pourraient qu'aboutir à la dissolution du régime communiste, refusa de suivre l'exemple de Gorbatchev. Un mécontentement croissant conduisit à d'immenses manifestations et des milliers de personnes gagnèrent la RFA par la Hongrie, dont la frontière avec l'Autriche avait été ouverte. En octobre 1989, le Parti communiste, dans un effort désespéré pour sauver la RDA, remplaça Honecker par Egon Krenz.

Le régime de Krenz annonça que les réglementations permettant de se rendre à l'Ouest seraient assouplies, sans donner plus de détails. Des rumeurs circulèrent selon lesquelles le mur allait être ouvert, et des milliers de personnes se rendirent aux points de contrôle, demandant à passer. Les gardes, faute de consignes, les laissèrent traverser. L'autorité du régime est-allemand s'effondra, et en octobre 1990, l'État lui-même cessa d'exister. **JS**

ME OF THE PE

L'exécution de Ceausescu

Le dictateur roumain est jugé et reconnu coupable de génocide.

Après 24 années à la tête de la Roumanie, Nicolae Ceausescu et son épouse, Elena, furent exécutés pour avoir refusé d'appliquer les réformes du leader soviétique Mikhaïl Gorbatchev. Ceausescu s'était longtemps fié à la redoutée Securitate, sa police secrète, pour réprimer l'opposition. Quelques jours auparavant, sa position semblait toujours aussi sûre, mais il faisait l'objet de nombreux reproches. De durs rationnements, une sévère répression culturelle et l'urbanisation forcée d'une grande partie de la population rurale avaient laissé le peuple roumain appauvri et désespéré. Pour soutenir son régime, Ceausescu organisa un rassemblement à Bucarest. Le public présent était choisi et fidèle. Tandis qu'il parlait, le dictateur fut hué. Ce fut le début de la révolution.

« Ils ont commis des actes incompatibles avec la dignité humaine et la pensée sociale. »

Procureur du procès de Ceausescu, 1989

Ceausescu s'enfuit tandis que Bucarest plongeait dans le chaos. Un Front de salut national fut rapidement constitué. Il promit d'introduire la démocratie et de demander la loyauté des services armés. Après quelques jours agités, l'armée s'engagea elle-même dans la révolution. Ceausescu fut capturé et jugé sommairement par un tribunal militaire. Reconnu coupable de crimes contre l'État, de génocide et d'avoir fragilisé l'économie nationale, il fut exécuté. Toute résistance à la révolution s'effondra et la Roumanie entreprit son long voyage vers la démocratie. **JS**

L'élection de Vaclav Havel

Vaclav Havel est élu à la tête de la Tchécoslovaquie postcommuniste.

Vaclav Havel, auteur dramatique et dissident politique, fut unanimement élu par le Parlement de Tchécoslovaquie. Il devint le premier président post-communiste du pays. Pourtant, il n'y avait pas eu d'élections démocratiques, et le Parlement était encore dominé par les communistes.

Havel, né dans une famille capitaliste prospère en 1936, fit toujours l'objet de soupçons au temps du communisme. Il acquit une formidable réputation d'auteur dramatique en 1968, mais critiquait le régime communiste. Il soutint les réformes de Dubcek au cours du printemps de Prague en 1968 et critiqua avec virulence l'invasion soviétique consécutive. Il fut interdit de publication, et devint donc encore plus actif sur le plan politique. Il fit plusieurs séjours en prison et acquit un renom national et international. Durant la « révolution de velours » en 1989, il devint un important porte-parole de la réforme démocratique.

De 1989 à 1992, président de la Tchécoslovaquie, devenue République fédérative tchèque et slovaque en 1990, puis de la République tchèque de 1993 à 2003, Havel était estimé sur le plan international.

Dans son pays, les sentiments étaient plus mitigés. Il ne parvint pas à persuader les Slovaques de maintenir une union fédérale avec les Tchèques. Il organisa la privatisation de l'économie tchèque, même s'il préférait un modèle économique mixte, privé et étatique. L'amnistie des prisonniers, l'abolition de la peine capitale et des excuses présentées aux Sudètes pour leur expulsion après 1945 déplurent à certains. Il dirigea aussi la transition vers la démocratie et permit l'intégration du pays dans l'OTAN. Dans l'ensemble, sa présidence fut considérée comme positive. **JS**

La libération de Nelson Mandela

Après 27 ans d'incarcération, Nelson Mandela est libéré par les autorités sud-africaines.

À 16 h 14, la main dans celle de son épouse, Winnie Madikizela, la menue silhouette d'un homme de 71 ans dont le nom était connu dans le monde entier, et dont le visage et la voix avaient été cachés durant presque trois décennies, longea la longue allée de la prison Victor-Verster à Paarl, près du Cap. Lorsqu'il atteignit la porte, il dressa le poing en l'air et s'éloigna sans un mot. Plus tard, le même jour, il fit un discours d'une heure sur le balcon de la mairie du Cap. Ce ne fut peut-être pas l'allocution éclatante que le monde attendait, mais il confirma la poursuite de son engagement au sein du Congrès national africain, le bannissement, prononcé il y a 34 ans, étant annulé. Il insista également sur l'importance de continuer la lutte contre le régime de l'apartheid qui l'avait envoyé en prison en 1964, sous les chefs d'accusation de trahison et de sabotage.

Nelson Mandela, qui passa 18 de ses 27 années de détention dans la prison de Robben Island, était devenu le symbole de la lutte contre l'apartheid. Ses principes et son refus du compromis, personnel ou politique, avec le régime, qui lui avait proposé la libération contre le renoncement à ses idéaux, en firent le héros du mouvement. Dans les mois suivants, il négocia la fin du régime de l'apartheid avec le Premier ministre F. W. de Klerk, offrit au pays ses premières élections multiethniques et, président de 1994 à 1999, conduisit l'Afrique du Sud d'une manière étonnamment pacifique à un gouvernement majoritaire, devenant ainsi l'homme d'État le plus respecté du monde. **JS**

Nelson Mandela et Winnie, son épouse à l'époque, saluent en serrant le poing à la sortie de la prison.

1990 – 20 AVRIL

La mise en orbite de Hubble

L'Europe et les États-Unis s'allient pour lancer le télescope spatial Hubble.

La recherche et l'exploration spatiales marquèrent l'histoire de la seconde moitié du XXe siècle. L'URSS expédia en orbite le premier satellite spatial en 1957, et l'année suivante le président Eisenhower créa la National Aeronautics and Space Administration (NASA), responsable du programme spatial. En 1975, le Conseil européen de recherches spatiales et le Centre européen pour la construction de lanceurs d'engins spatiaux furent associés au sein de l'Agence spatiale européenne (ASE) par treize pays européens (Autriche, Belgique, Danemark, France, Allemagne, Irlande, Italie, Pays-Bas, Norvège, Espagne, Suède, Suisse et Royaume-Uni, associé à la Finlande), afin de promouvoir la recherche et la technologie spatiales.

Après de nombreux retards et obstacles financiers, la NASA et l'ASE s'associèrent pour placer un observatoire en orbite dans l'espace. Celui-ci, du nom de l'astronome américain Edwin Hubble qui fut le premier à découvrir d'autres galaxies, inclut un télescope d'un diamètre de 241 cm, destiné à montrer des images non modifiées par l'atmosphère terrestre. Il s'agit du seul télescope conçu pour être utilisé par des astronautes. Peu après sa mise en orbite à environ 580 km de la Terre, un défaut fut découvert dans son miroir principal, ce qui limita ses possibilités. La première mission de réparation, en 1993, remédia au problème. Depuis, Hubble a permis nombre de découvertes. Il offre des images profondes et claires de l'Univers, de notre propre système solaire aux galaxies éloignées formées il y a des milliards d'années. **RC**

Le télescope spatial Hubble serait 50 fois plus sensible que les télescopes terrestres.

1990 – 2 AOÛT

L'invasion du Koweït

L'invasion du riche pays pétrolier qu'est le Koweït par l'Irak alerte le monde entier.

Aux premières heures du matin, 100 000 soldats irakiens et 700 tanks passèrent la frontière du Koweït voisin. Pris par surprise, le Koweït s'effondra en une journée. Des centaines de personnes furent tuées et des milliers d'étrangers piégés. Saddam Hussein, le dictateur irakien, menaça de transformer la ville de Koweït en un cimetière s'il ne pouvait conquérir et annexer le pays. Le gouvernement irakien avait depuis longtemps déclaré sa souveraineté sur le Koweït, qu'il considérait comme une partie du territoire national.

Les causes de l'invasion étaient plus triviales. L'Irak était sorti de la première guerre du Golfe économiquement affaibli. Un prix élevé pour le pétrole, principal produit d'exportation, était vital. Le Koweït fut accusé de submerger le marché mondial, faisant baisser les prix, de voler le pétrole du champ irakien Ramailah et d'avoir des troupes stationnant sur le territoire irakien. En réalité, Saddam Hussein, en s'emparant des réserves pétrolières koweïtiennes, détiendrait un immense pouvoir sur le marché. Mais la communauté internationale en était également consciente.

La majorité des gouvernements de la région désapprouva cette invasion. Le Conseil de sécurité des Nations unies condamna l'agression de l'Irak et demanda son retrait immédiat. L'indignation internationale fut nourrie par des récits des atrocités irakiennes commises. Une coalition internationale, dirigée par les États-Unis, commença à réunir une immense armée en Arabie Saoudite – provoquant la colère du fondamentaliste islamique Oussama Ben Laden – afin d'expulser les Irakiens du Koweït si les négociations échouaient. En janvier 1991, l'expulsion (opération Tempête du désert) commença. **JS**

1990 – 19 NOVEMBRE

La fin de la guerre froide

Le traité sur les Forces conventionnelles provoque un dégel de la guerre froide.

À Paris, 22 pays signèrent le traité sur les Forces conventionnelles en Europe (FCE), marquant la fin de la guerre froide. Les négociations entre l'Est et l'Ouest débutèrent en 1969 et permirent une série d'accords de réduction des armes stratégiques. Il était difficile de parvenir à un accord. L'URSS souhaitait garder son avantage numérique, les États-Unis souhaitaient une réduction à égalité, pour éliminer cette supériorité. La question de savoir si le retrait des armes soviétiques d'Oural, situées techniquement hors de l'Europe mais faciles à restituer, serait une application acceptable des obligations du traité, resta sans réponse.

À la fin des années 1980, les réformes de Mikhaïl Gorbatchev ayant causé une crise économique, ce dernier accepta des réductions majeures des dépenses militaires. Il annonça une immense diminution unilatérale de ses forces armées en Europe. Cela conduisit à un accord final. Le traité FCE fixa des limites en matière d'effectifs des forces armées et d'armements dans les pays de l'OTAN et du pacte de Varsovie. Les deux parties, par exemple, purent conserver 20 000 tanks, 20 000 pièces d'artillerie, 6 800 avions et 2 000 hélicoptères de combat. Tous les autres armements devaient être détruits selon des procédures de vérification strictes. L'effondrement de l'URSS en décembre 1991 nécessita que les États qui lui succédaient ratifient le traité. Après, celui-ci suscita l'espoir d'une nouvelle ère dans les relations Est-Ouest.

En juillet 2007, le président russe Vladimir Poutine se dégagea des obligations liées à ce traité pour protester contre le projet de bouclier antimissile américain prévoyant l'installation de radars en Europe centrale. **JS**

1991 – 27 FÉVRIER

Tempête du Désert

Les forces de la coalition expulsent les Irakiens du Koweït.

Après plusieurs semaines de bombardements aériens et des combats au sol, l'opération Tempête du désert libère le Koweït de l'occupation irakienne. Saddam Hussein avait espéré que la communauté internationale n'interviendrait pas après son annexion du Koweït en 1990. Mais craignant le contrôle du pétrole par un seul pays, l'ONU approuva la constitution d'une coalition multinationale assemblée en Arabie Saoudite, afin de contrôler, puis d'expulser le leader irakien. Saddam Hussein espérait briser la coalition. Il envisagea de diviser les pays arabes en transformant la guerre en une lutte des Arabes contre leur ennemi commun, Israël. Il lança des missiles Scud soviétiques sur des villes israéliennes. Si Israël ripostait, des pays arabes, espérait-il, se retireraient de la coalition. Des pressions considérables des États-Unis évitèrent la riposte.

« Il paniqua, ordonnant le retrait de son armée. Ce n'était pas assez pour les alliés. »

The Guardian, nécrologie de Saddam Hussein

La victoire sur les Irakiens ne fut pas simple. Ils causèrent d'énormes dégâts environnementaux dans la région. Du fait d'un acte de sabotage des soldats irakiens, des millions de litres de pétrole brut se répandirent dans le golfe Persique et 600 puits de pétrole furent incendiés. Pensant que la coalition envahirait l'Irak et renverserait le dictateur, des Irakiens chiites dans le Sud et des Kurdes dans le Nord se soulevèrent. La coalition décida qu'une invasion serait préjudiciable et fit peu pour les aider. **JS**

La coalition au secours des Kurdes

Tandis que l'hiver s'installe, la coalition internationale est contrainte d'intervenir et aide les réfugiés kurdes du nord de l'Irak.

Il y avait 1,7 million de réfugiés kurdes dans le nord de l'Irak. L'opération Provide Comfort reconnut tardivement la situation et commença à fournir nourriture et protection aux victimes du régime de Saddam Hussein.

Les Kurdes avaient longtemps été violemment opprimés. Ils n'obtinrent jamais l'État souhaité du Kurdistan après la Première Guerre mondiale et furent dispersés entre l'Iran, l'Irak, la Turquie et la Syrie, qui les traitèrent avec suspicion. En Irak, ils furent considérés comme des traîtres durant la première guerre du Golfe, et leur souffrance fut épouvantable. L'opération Anfal, destinée à écraser les combattants kurdes Peshmerga, avait abouti à un génocide. Lors de la libération du Koweït par la coalition multinationale, le peuple kurde avait espéré le renversement du dictateur irakien. Mais la coalition s'était arrêtée à l'expulsion, laissant les Kurdes dans une position désespérée. Les réfugiés s'enfuirent vers la frontière turque nord. Les Turcs, qui combattaient les séparatistes kurdes depuis 1984, leur refusèrent l'entrée.

Le peuple kurde se retrouva sans abris, sans eau potable, sans nourriture ni médicaments au milieu des montagnes en plein hiver. La coalition n'intervint que lorsque la situation des réfugiés parvint aux yeux du monde. Les Irakiens furent frappés de l'interdiction de se rendre en avion dans le nord de l'Irak. Trente pays apportèrent leur aide. La protection de la coalition apporta toutefois pour la première fois aux Kurdes l'espoir d'obtenir une certaine forme d'autonomie ou de constituer un État. **JS**

Un soldat turc aide une petite fille à accéder au camp Yek Mal pour les réfugiés kurdes.

L'effondrement d'un pays

La Croatie et la Slovénie déclarent leur indépendance vis-à-vis de la Yougoslavie, réveillant la crainte d'une guerre civile avec la Serbie.

La Yougoslavie et son régime communiste étaient fragilisés depuis la mort de Tito en 1980, qui avait conduit les partisans communistes à la victoire en 1945. À la fin des années 1980, l'économie stagnait et le Parti communiste fut discrédité. Cela permit à un fonctionnaire, Slobodan Milosevic, de se présenter comme un ultranationaliste serbe. En exploitant d'anciennes hostilités et craintes entre ethnies, Milosevic gravit les échelons du pouvoir en Serbie. Il fit en sorte que l'armée fédérale soit proserbe et infirma l'autonomie des provinces du Kosovo et de Vojvodine. Il tentait de créer une Yougoslavie serbe, ou du moins de mettre en place une grande Serbie. La Croatie et la Slovénie se préparèrent à résister. Milosevic accusa les Croates de préparer un génocide contre la minorité serbe de Croatie.

L'indépendance de la Croatie et de la Slovénie fut suivie d'une guerre immédiate. L'armée fédérale fit l'objet d'une défaite inattendue en Slovénie, et en Croatie la bataille fut amère et destructrice. Un nouveau terme de « nettoyage ethnique » vit le jour, afin de décrire le déplacement brutal de la population de certaines villes. Un cessez-le-feu eut finalement lieu en janvier 1992. Puis les Serbes s'intéressèrent à la Bosnie-Herzégovine, et le monde assista aux multiples atrocités commises. Cette situation dura jusqu'en 1995, moment où une offensive croate regagna tout le territoire perdu jusqu'alors par les Croates. Enfin, les accords de Dayton mirent fin aux combats en Bosnie. **JS**

▶ Des soldats avec un nouvel uniforme et un drapeau de la Slovénie répètent pour la cérémonie de l'indépendance.

◀ Les funérailles de Tito en mai 1980 à Belgrade furent pour beaucoup un signal de la fin de la Yougoslavie.

1991 – 19 AOÛT

Le putsch de Moscou

Un coup d'État par des communistes intransigeants échoue à Moscou.

Pour contenir la vague des réformes, la ligne dure du Parti communiste de l'Union soviétique (PCUS) fit arrêter Mikhaïl Gorbatchev et tenta de prendre le pouvoir à Moscou. Un Comité d'État de situation d'urgence fut constitué pour gouverner, alors que Gorbatchev était supposé être « malade ». Les réformes de celui-ci avaient produit un chaos économique, et les hostilités ethniques étaient violentes. Des partisans des réformes, comme Boris Eltsine, en demandaient plus, alors que les partisans de la ligne dure appelèrent à un état d'urgence, la nation risquant de s'effondrer. Gorbatchev ne pouvant utiliser la coercition pour résoudre les problèmes de la nation, les communistes décidèrent de se débarrasser de lui pour sauver la nation.

« *Un grand danger plane au-dessus de l'URSS ; [elle] est devenue ingouvernable.* »

Comité d'État de situation d'urgence, août 1991

Les conspirateurs ne tentèrent jamais d'utiliser les forces considérables dont ils disposaient ni d'écraser l'opposition. Eltsine devint le héros. Il défia publiquement le Comité d'urgence du sommet d'un char et une grève générale entraîna l'échec du coup d'État au bout de deux jours. Mais il était trop tard pour l'Union soviétique. Les personnages de haut rang dirigeant le coup d'État et le nombre important de leaders du Parti qui l'avaient soutenu signifiaient que le PCUS était désespérément compromis. Si Gorbatchev retrouva sa position, le régime du PCUS s'effondra. En décembre, l'URSS elle-même disparut. **JS**

1991 – 25 DÉCEMBRE

La fin de l'URSS

L'Union des républiques socialistes soviétiques cesse d'exister.

Dans un communiqué commun le président russe, Boris Eltsine, le président de l'Ukraine, Leonid Kravtchouk ; et celui de la Biélorussie, Stanislas Chouchkevitch, déclarèrent la dissolution de l'Union des républiques socialistes soviétiques. Depuis le coup d'État manqué à Moscou en août, le Parti communiste de l'URSS était compromis et son prestige comme son pouvoir s'étaient effondrés.

L'URSS et son dirigeant, Mikhaïl Gorbatchev, demeuraient gênants pour Eltsine. Réduire à néant l'une permettrait de se débarrasser de l'autre et d'assurer son pouvoir au sein de la Fédération de Russie. La Communauté des États indépendants (CEI) remplaça l'URSS tout en conservant un même statut mondial. La plupart des anciennes républiques soviétiques, notamment l'Ukraine, considéraient la CEI comme un moyen de mettre un terme à l'asservissement à la Russie. Les pays Baltes, Estonie, Lettonie et Lituanie, refusèrent de l'intégrer.

Beaucoup de Russes regrettèrent de perdre le pouvoir en Union soviétique et ne purent accepter une scission permanente avec l'Ukraine. Les anciennes républiques soviétiques avaient toujours eu des relations difficiles avec la Russie et ne souhaitaient plus d'interférence dans leurs affaires internes. Environ 25 millions de Russes se retrouvèrent dans des nations étrangères, où ils subirent des discriminations. Au sein de la Fédération de Russie, certains peuples réclamèrent leur indépendance également. En 1994, ce fut le tour des Tchétchènes et une guerre éclata. Des groupes ultranationalistes apparurent en Russie et des violences d'ordre racial furent commises. D'anciennes républiques soviétiques ont aujourd'hui conscience du désir de nombreux Russes de retrouver leur empire perdu. **JS**

1993 – 13 SEPTEMBRE

Perspectives de paix

Les accords d'Oslo tentent de mettre fin au conflit entre l'OLP et Israël.

Les accords d'Oslo furent signés à Washington par le Premier ministre israélien, Yitzhak Rabin, et le dirigeant de l'OLP, Yasser Arafat. Rabin avait été ministre de la Défense durant la première Intifada (1987-1993) et avait conclu qu'Israël n'avait pas d'autre choix que de négocier avec les Palestiniens. Lorsqu'il devint Premier ministre en 1992, une majorité d'Israéliens l'approuvaient, mais pas ses opposants. L'OLP accepta de renoncer à la violence et de reconnaître le droit à l'existence d'Israël. Israël reconnut l'OLP en tant que représentante du peuple palestinien et le droit des Palestiniens à se gouverner eux-mêmes. Les militaires israéliens devaient se retirer de certaines parties de la bande de Gaza et de la rive ouest, où serait établie une Autorité palestinienne (AP). Un accord permanent devait être négocié au cours des cinq années suivantes.

Yasser Arafat fut élu président de l'Autorité palestinienne, mais peu de progrès furent réalisés en vue d'établir un accord permanent. Bien trop d'éléments avaient été laissés en suspens dans les accords d'Oslo. Quelles seraient les frontières d'un nouvel État palestinien ? Jérusalem-Est en ferait-elle partie ? Quel serait le sort des colons des Territoires occupés, et des réfugiés ?

Un consensus sur ces questions semblait improbable. Les lents progrès accomplis aboutirent à une désillusion. Les colonies israéliennes des Territoires occupés s'étendirent rapidement. Il y eut de nouvelles attaques de combattants palestiniens et l'AP ne put ou ne voulut y mettre fin. En 1996, un nouveau Premier ministre, Benyamin Nétanyahou, conditionna toute progression des accords d'Oslo à l'arrêt de la violence, ce qui y mit effectivement un point final. **JS**

1994 – 6 AVRIL

Le génocide rwandais

L'assassinat du président déclenche un génocide au Rwanda.

Le président rwandais Juvenal Habyarimana périt lorsque son avion fut abattu au-dessus de la capitale, Kigali. Habyarimana, un Hutu, avait négocié un difficile accord de paix avec le Front patriotique rwandais (FPR), représentant la minorité tutsie. Blâmant les Tutsis pour cet assassinat, la garde présidentielle s'adonna à un massacre de Tutsis qui se propagea au-delà de la capitale. Encouragés par des figures politiques et militaires, les Hutus massacrèrent des Tutsis et des Hutus modérés, faisant 800 000 victimes. Les escadrons de la mort hutus matraquaient ou frappaient à mort leurs victimes avec des machettes.

« Nous avons vu que le diable prenait le contrôle du paradis sur Terre… »

Roméo Dallaire, lieutenant à la Minuar

Le conflit entre Tutsis et Hutus n'était pas récent. Lorsque le massacre commença, la communauté internationale ne bougea guère. Beaucoup de pays occidentaux refusèrent de fournir des troupes au service du maintien de la paix des Nations unies. En réalité, les casques bleus furent évacués après la mort de certains d'entre eux. L'ONU tenta de négocier un cessez-le-feu. Les meurtres ne cessèrent que quand le FPR prit Kigali et mit au pouvoir un nouveau président, Pasteur Bizimungu. Le leader tutsi du FPR, Paul Kagame, devint vice-président. Deux millions de Hutus s'enfuirent. Les conflits ethniques étaient loin d'être résolus. Le génocide rwandais est l'un des génocides du XXe siècle reconnus par les institutions internationales. **JS**

Triomphe de la démocratie en Afrique du Sud

L'Afrique du Sud organise ses premières élections multiraciales et le nouveau gouvernement de coalition compte sur les Africains ayant reçu le droit de vote.

Le régime des Blancs prit finalement fin en Afrique du Sud, non dans une révolution sanglante mais dans le calme, au sein des isoloirs. Les négociations entre Frederik Willem de Klerk, le leader du Parti national (NP) et président, et le leader de l'ANC, Nelson Mandela, avaient finalement précipité la démocratie en Afrique du Sud. Une passation de pouvoir pacifique était loin d'être garantie. La population blanche n'apprécia qu'en partie la perspective d'un gouvernement noir majoritaire. Les extrémistes blancs risquaient de prendre les armes, ou un conflit ouvert pouvait se produire entre l'ANC et le Parti de la liberté Inkatha (IFP). Les bureaux de vote restèrent ouverts trois jours, afin que tous puissent s'exprimer.

L'ANC l'emporta, avec plus de douze millions de voix, le NP en obtint près de quatre millions et l'IFP environ deux millions. Un ensemble de petits partis en réunirent quelques milliers chacun. Comme prévu, les trois principaux partis formèrent un gouvernement de coalition d'unité nationale, qui suscita d'immenses attentes. L'Afrique du Sud faisait face à un chômage massif et à de sérieux problèmes de pauvreté et d'inégalités. Les Africains, qui venaient de recevoir le droit de vote, attendaient des élections des améliorations rapides et spectaculaires de leur niveau de vie, en matière de logement, d'emploi et d'éducation. Le nouveau gouvernement ne put répondre à toutes ces attentes, mais il parvint à établir et à maintenir la démocratie. **JS**

Trombinoscope des partis présents lors de l'élection de 1994 en Afrique du Sud, musée de l'Apartheid à Johannesburg.

Le naufrage d'un ferry

L'Estonia sombre dans la mer Baltique, faisant 852 victimes.

L'étrave du ferry *Estonia* est sortie des eaux après le naufrage du bateau en mer Baltique.

Le 27 septembre 1994, à 19 h 15, le ferry *Estonia* quitta Tallinn, la capitale de l'Estonie, pour se rendre à Stockholm. À bord du bateau se trouvaient 989 personnes, dont 803 passagers. Au début du voyage, la mer n'était pas très agitée, mais lorsque le bateau quitta les eaux protégées, les conditions devinrent plus rudes et le capitaine ordonna d'abaisser les stabilisateurs. Au matin, on entendit un bruit sonore, et l'ordre d'inspecter le bateau fut donné. Rien ne fut découvert, mais il semble que le pont de voitures n'aurait pas été examiné.

Quinze minutes plus tard, le bateau bascula soudain vers tribord et les passagers paniquèrent. Des gilets de sauvetage furent rapidement distribués, mais les canots de sauvetage ne purent être mis à l'eau en raison de la vitesse d'inclinaison du bateau et des conditions météorologiques. Vers 1 h 30, le bateau était couché sur le côté, et 20 minutes plus tard il sombra, de nombreux passagers étant encore piégés dans leurs cabines.

Une enquête fut menée pour connaître les causes de ce naufrage, mais les familles des victimes ne sont toujours pas satisfaites des réponses apportées. Cette catastrophe conduisit à un examen approfondi de la sécurité de ces bateaux et à une étude des raisons pour lesquelles les canots de sauvetage ne purent être mis à l'eau. Un nouveau type de bossoirs fut installé sur de nombreux bateaux, afin que les canots puissent être abaissés à des angles extrêmes et dans de mauvaises conditions climatiques. **TB**

Attaque au gaz dans le métro

Des membres de Aum Shinrikyo lancent une attaque au sarin dans le métro de Tokyo.

Des services d'urgence de Tokyo se préparent à entrer dans le métro après l'attaque au sarin.

Le métro de Tokyo, connu pour être très fréquenté, fut la cible d'une attaque utilisant un gaz mortel durant l'heure de pointe du matin. Cinq trains différents furent attaqués. Dans chacun d'eux, un sac en plastique rempli de gaz sarin fut percé juste au moment où la porte se fermait, avant que le train ne quitte la station. Douze personnes moururent et plus de 1 000 furent blessées, dont 50 très gravement. Beaucoup d'autres souffrirent de cécité partielle. Les hôpitaux furent envahis de victimes, et il fallut plusieurs heures pour identifier le gaz.

Les auteurs de cet acte appartenaient à une secte appelée Aum Shinrikyo (Religion de la Vérité), un groupe de méditation fondé en 1984 par Shoko Asahara. Au cours de la décennie suivante, la secte gagna de nombreux adeptes au Japon, malgré les polémiques concernant ses méthodes de recrutement et de financement. Au début des années 1990, elle établit des liens puissants avec la Russie. Elle déclara aussi la guerre à la Constitution japonaise et commença à réunir un arsenal d'armes conventionnelles tout en créant ses propres armes chimiques et biologiques. En 1994, elle commit un attentat au sarin sur la ville de Matsumoto. L'attaque de Tokyo aurait été lancée pour anticiper une descente de police dans les locaux de la secte.

Asahara s'enfuit après l'attaque, mais d'autres attentats furent commis. Asahara fut finalement capturé et condamné à mort pour meurtre collectif. La secte existe toujours, sous le nom d'Aleph. **PF**

L'attentat d'Oklahoma City

Les extrémistes de droite McVeigh et Nichols font exploser les locaux du gouvernement fédéral à Oklahoma.

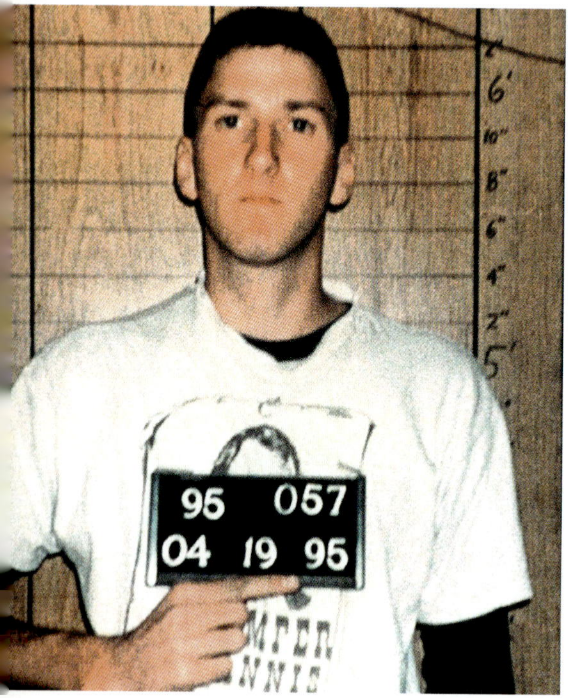

En 1993, la tragédie du siège de Waco, au Texas, avait causé la mort de 82 personnes dont le leader des Davidiens. Deux ans plus tard, une bombe, placée dans un camion, explosa devant les bureaux du gouvernement fédéral à Oklahoma City, en représailles. Le bâtiment fut troué par l'explosion et des dizaines de personnes furent enterrées sous les décombres. Le nombre de victimes aurait été de 168, mais il est fort possible que d'autres victimes n'aient jamais été retrouvées. Il y eut plus de 800 blessés.

Plusieurs milliers d'Américains, en majorité blancs, appartenaient à des groupes fanatiques s'opposant avec virulence au gouvernement fédéral. Les soupçons se dirigèrent sur deux d'entre eux : Timothy McVeigh et Terry Nichols. McVeigh aurait loué un camion au Kansas le 15 avril, et le jour suivant les deux hommes avaient abandonné une voiture volée à Oklahoma City. Ils étaient retournés au Kansas, où ils avaient utilisé des seaux en plastique et un pèse-personne pour fabriquer une bombe (à l'aide d'engrais au nitrate d'ammonium et de nitrométhane liquide) de 2,3 kg, qu'ils placèrent dans le camion. McVeigh se rendit tôt à Oklahoma le 19 avril, portant un T-shirt *Sic semper tyrannis* (Pour toujours aux tyrans), des mots prononcés par John Wilkes Booth lorsqu'il assassina Abraham Lincoln. Il déclencha un détonateur de deux minutes avant de garer le camion près du bâtiment et de partir.

McVeigh fut exécuté en 2001 et Nichols emprisonné à vie. Cette affaire affaiblit l'extrême droite. **RC**

▶ Timothy McVeigh, arrêté et finalement exécuté pour l'attentat d'Oklahoma City.

◀ La bombe placée par McVeigh était assez puissante pour détruire un côté de la façade de l'immeuble fédéral.

Massacre de musulmans en Bosnie

L'ONU semble impuissante tandis que les troupes serbes massacrent des milliers de musulmans à Srebrenica.

En avril 1993, la ville de Srebrenica fut déclarée « zone protégée » par l'ONU, mais en juillet 1995, l'armée de la Republika Srpska (armée des Serbes de Bosnie) s'en empara. Plus de 8 000 musulmans furent massacrés.

La zone située autour de Srebrenica formait une enclave musulmane au sein d'un territoire conquis par les Serbes, et était assiégée depuis mars 1993. Un représentant de l'ONU, le général Philippe Morillon, assura à la population assiégée qu'elle était sous protection. Une zone de sûreté fut constituée avec des casques bleus hollandais. Début 1995, le leader des Serbes de Bosnie, Radovan Karadzic, faisait l'objet de fortes pressions pour mettre fin à la guerre et était déterminé à éliminer cette enclave avant de se soumettre. Ses troupes, commandées par Ratko Mladic, s'en approchèrent.

Au sein de l'enclave, il y avait de sévères restrictions, et les militaires musulmans étaient peu armés et mal organisés. Ils ne pouvaient repousser une attaque importante, les casques bleus eux-mêmes étaient peu armés et n'avaient pas reçu d'instructions en cas d'attaque. Comme les premières attaques rencontrèrent peu de résistance, les Serbes s'approchèrent de la ville. L'OTAN menaçant de lancer des attaques aériennes, les Serbes émirent des menaces contre les casques bleus hollandais, qui assistèrent passifs au début des massacres. Malgré cet atroce massacre, les tentatives de présentation en justice de Karadzic et de Mladic s'avérèrent infructueuses. **JS**

Victimes dans un abri souterrain transformé en fosse commune dans la zone de Srebrenica.

Un mur garde la mémoire des hommes et des garçons massacrés à Tuzla.

FORD

1995 – 3 OCTOBRE

O. J. Simpson acquitté

Après un procès télévisé de neuf mois, O. J. Simpson est acquitté.

Orenthal James Simpson fut l'un des joueurs de football américain les plus brillants de sa génération. Ayant passé l'essentiel de sa carrière chez les Buffalo Bills, c'était un héros national, considéré comme « l'homme noir préféré de tous les Blancs ». Il interrompit sa carrière en 1978, affaibli par une opération du genou. En 1985, il épousa une femme blanche, Nicole Brown, mais ils divorcèrent en 1992 et elle l'accusa d'être violent. En 1994, Nicole et son ami Ronald Goldman furent poignardés à mort. Simpson fut arrêté et jugé pour les meurtres dans le cadre de l'une des affaires criminelles les plus médiatisées du siècle.

« … Ça ne colle pas. Si ça ne colle pas, vous devez l'acquitter. »

Johnnie Cochran, devant le jury

La plupart des Américains blancs ne douterent pas de la culpabilité de Simpson, mais certains Noirs affirmèrent qu'il avait été arrêté par des policiers sectaires et racistes de Los Angeles. Au cours de l'affaire, le témoignage de l'un des officiers de police jeta un doute raisonnable, sur lequel le jury s'appuya pour l'acquittement.

Les familles des victimes poursuivirent par la suite Simpson devant le tribunal civil. En 1997, un jury civil le déclara unanimement coupable de mort arbitraire et de coups et blessures, modifiant la décision de la cour criminelle. **RC**

◀ Poursuite de Simpson en fuite (voiture blanche à gauche), le 17 juin 1994. Il se rendit un peu plus tard.

1997 – 1ER JUILLET

Hong Kong rendu à la Chine

La Grande-Bretagne restitue Hong Kong à la République populaire de Chine.

Hong Kong était en 1997 l'un des derniers vestiges de l'Empire britannique. La Chine fut contrainte de céder l'île en 1842 après la première guerre de l'Opium (1839-1842) et la péninsule de Kowloon en 1860, après la seconde guerre de l'Opium (1856-1860). Les nouveaux territoires furent loués pour 99 ans en 1898. Ils étaient gouvernés comme une colonie de la Couronne. Port et centre de commerce de l'Empire britannique, la colonie permit d'enrichir les plus gros commerçants. Ils vivaient dans l'abondance, mais n'avaient que peu de contact, voire aucun, avec la population chinoise. Plus tard, la main-d'œuvre bon marché permit de faire de la colonie un grand centre industriel.

La présence britannique constituait un affront à la fierté nationale chinoise. Dans les années 1960, le risque d'une invasion chinoise était probable. En 1967, un incident à la frontière entraîna la mort de cinq policiers, tués par les troupes chinoises. Toutefois, la colonie prit de l'importance pour la République populaire, en tant que marché pour les exportations chinoises. En 1979, la Chine créa une zone économique spéciale à proximité pour en tirer le meilleur parti. Hong Kong devint donc un centre financier et bancaire important. Dans les années 1980, alors que le terme de la location des nouveaux territoires approchait, Margaret Thatcher se rendit à Pékin pour débattre de l'avenir de Hong Kong. En 1984, la colonie entière fut cédée à la Chine, à la grande fierté des Chinois, mais elle devait conserver son système juridique, sa monnaie, ses lois et habitudes pendant au moins 50 ans. La Grande-Bretagne introduisit des réformes démocratiques, laissant peu d'occasions à la population de Hong Kong de choisir sa propre destinée. **JS**

Mort de la princesse Diana

La voiture transportant la princesse Diana et Dodi al-Fayed s'écrase sous un tunnel à Paris.

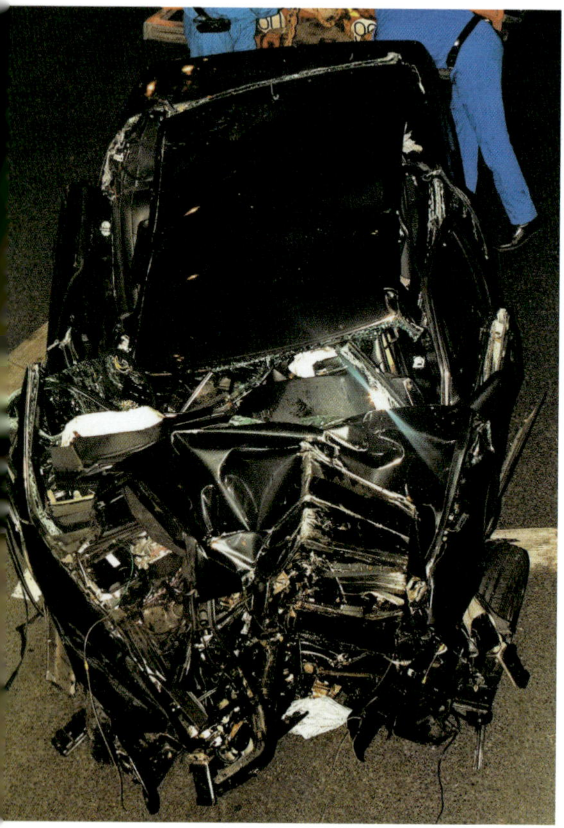

Épave de la voiture dans laquelle la princesse Diana et al-Fayed sont morts.

« Il n'y a pas eu de complot contre un occupant de la voiture. »

Stevens, décembre 2006

Diana, la princesse de Galles, était célèbre pour son engagement auprès d'organisations humanitaires s'occupant d'enfants, de sans-abri, de personnes atteintes du sida. Son charme et son charisme touchèrent le cœur de millions de personnes, mais elle était constamment poursuivie par les médias. Depuis ses fiançailles avec le prince Charles en 1981, la presse la suivait sans arrêt pour connaître les détails de sa vie privée.

Elle mourut dans un accident de voiture avec son compagnon, Dodi al-Fayed, le fils de l'homme d'affaires d'origine égyptienne Mohammed al-Fayed, et son chauffeur, Henri Paul. Son garde du corps, Trevor Rees, survécut. Tous quatre rejoignaient tardivement l'appartement d'al-Fayed.

Le chauffeur conduisait vite pour échapper aux paparazzi lorsque la Mercedes heurta un pilier du tunnel du pont de l'Alma. Selon l'enquête, le chauffeur avait bu. La nouvelle de la mort de Diana provoqua une grande émotion en Grande-Bretagne, et des monceaux de fleurs furent spontanément déposés à sa mémoire dans tout le pays. Dans le monde entier, quelque 2,5 milliards de personnes assistèrent à ses funérailles à la télévision, organisées à l'abbaye de Westminster.

Des théories de complot firent rapidement leur apparition, nourries en partie par Mohammed al-Fayed. Certains pensèrent même que des agents britanniques avaient assassiné Diana parce qu'elle constituait une menace pour la monarchie – elle portait l'enfant illégitime de Dodi al-Fayed, allait l'épouser ou se convertir à l'islam, ou pour toutes ces raisons à la fois. En avril 2008, l'enquête conclut cependant que la mort de Diana était imputable au manque d'attention du chauffeur et à l'acharnement des paparazzi qui les poursuivaient. **JS**

Mort de Mère Teresa

Le monde pleure Mère Teresa.

Mère Teresa, qui passa 40 années à secourir les personnes les plus démunies d'Inde, mourut à l'âge de 99 ans d'un arrêt cardiaque à Calcutta.

Son nom de baptême était Agnes Gonxha Bojaxhiu. Elle naquit en 1910 à Skopje, actuelle capitale de la Macédoine. À 18 ans, elle entra chez les sœurs de Loreto pour devenir une religieuse catholique et missionnaire en Inde. Elle ne revit jamais sa famille. Après un bref séjour dans un couvent en Irlande, où elle apprit l'anglais, elle arriva en Inde en 1929. En 1949, après avoir enseigné de nombreuses années à l'abri des murs d'un couvent, elle choisit d'aller vivre parmi les habitants des bidonvilles de Calcutta. Elle transforma d'abord un temple hindou à l'abandon en un établissement gratuit de soins palliatifs, où les pauvres pouvaient mourir dans la dignité. Elle s'occupa ensuite de lépreux, puis d'orphelins.

En 1950, elle reçut l'autorisation du Vatican de créer la Congrégation des missionnaires de la Charité. Au début, la congrégation ne comptait que treize religieuses, au moment de sa mort, 4 000 missionnaires, assistées de 100 000 bénévoles laïques, géraient de nombreux établissements de soins palliatifs, orphelinats et organisations caritatives dans le monde. Son dévouement la rendit célèbre, et elle reçut de multiples récompenses internationales, dont le prix Nobel de la paix en 1979, et devint citoyen honoraire des États-Unis en 1996.

Mère Teresa fit l'objet de critiques – les aiguilles hypodermiques n'auraient pas été à usage unique dans ses cliniques –, mais elles étaient peu nombreuses. Son altruisme, sa générosité, sont restés dans tous les esprits. Beaucoup la considéraient comme une sainte. Après sa mort, elle fut béatifiée par le pape Jean-Paul II et devint la Bienheureuse Mère Teresa de Calcutta. **JS**

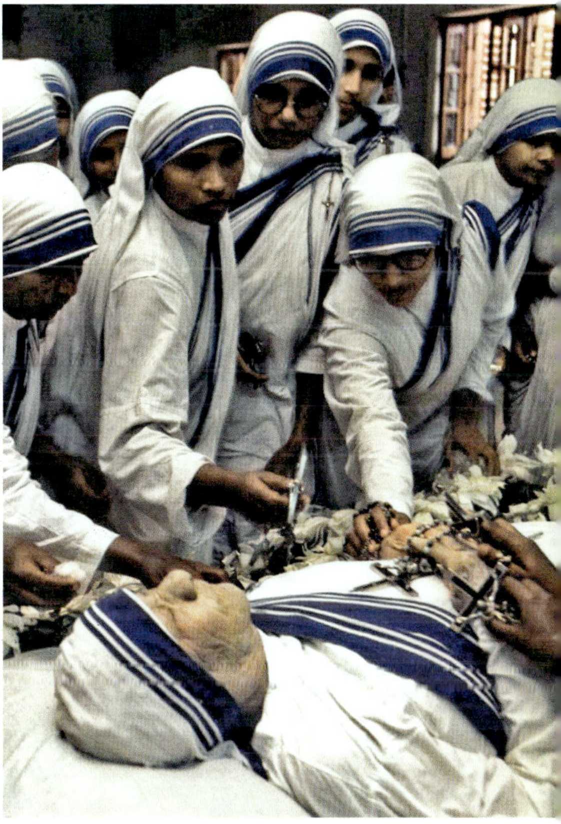

Hommage des missionnaires de la Charité à Mère Teresa, qui fonda leur congrégation de religieuses.

« Je vois Dieu dans chaque être humain… N'est-ce pas une belle expérience ? »

Mère Teresa, 1974

Signature de l'accord de Belfast

L'accord de paix signé à Belfast offre une occasion historique de mettre fin à la violence entre protestants et catholiques en Irlande du Nord.

Après 30 années de violence et deux ans de négociations en Irlande du Nord, un accord fut signé par le Premier ministre Tony Blair et l'Irlandais Bertie Ahern. Le document traitait de nombreuses questions épineuses comme la création d'un gouvernement décentré et l'élection d'une nouvelle assemblée, l'établissement de nouvelles institutions transfrontalières avec la république d'Irlande. La Constitution de la république allait être modifiée et sa revendication de souveraineté sur le Nord annulée. La police d'Irlande du Nord devait aussi faire l'objet de réformes, et les corps paramilitaires seraient désarmés.

Les partis politiques d'Irlande du Nord accueillirent favorablement l'accord, mais le leader du Parti unioniste démocrate (DUP), Ian Paisley, le qualifia de « perfide ». Cet accord fut approuvé par un référendum organisé de part et d'autre de la frontière irlandaise en mai. En juin, le chef du Parti unioniste d'Ulster (UUP), David Trimble, devint le Premier ministre d'Irlande du Nord. Des problèmes surgirent presque immédiatement. Le point d'achoppement concernait le désarmement des groupes paramilitaires. Les unionistes accusèrent le parti nationaliste et républicain, le Sinn Féin, de ne pas désarmer l'armée républicaine irlandaise (IRA). Le Sinn Féin affirma n'en avoir ni le pouvoir ni la responsabilité, et reprocha aux Britanniques ne pas avoir démilitarisé la province. Malgré la méfiance et l'hésitation qui régnaient entre les Britanniques et les Irlandais, l'accord finit par être signé. **JS**

Des peintures murales soutenant les causes loyalistes ou républicaines étaient courantes en Irlande du Nord.

Poignée de main historique entre Ahern, Blair et le sénateur George Mitchell après l'accord.

1998 – 28 OCTOBRE

Enquête sur l'apartheid

Le rapport de la TRC pourrait permettre une transition vers la démocratie.

La Commission Vérité et Réconciliation (TRC), en Afrique du Sud, avait pour mission de révéler les crimes commis depuis la mise en place de l'apartheid en 1960 et de privilégier la réconciliation plutôt que la vengeance. Basée au Cap et présidée par l'archevêque Desmond Tutu, prix Nobel de la paix, cette commission se composait de trois comités. L'un examinait les violations des droits de l'homme et permettait aux victimes de violences politiques et à leurs auteurs d'être entendus ; un autre s'occupait des demandes d'amnistie de ces auteurs de violences ; le dernier tentait de réhabiliter les victimes. Créée en 1995, la TRC enregistra en deux ans 20 000 éclarations, refusa 5 392 amnisties et en accorda 849. Les auditions étaient publiques et des comptes -endus passaient à la télévision chaque semaine.

La TRC montra que l'État sud-africain était responsable des principaux abus relatifs aux droits de l'homme, dans le cadre de l'application de l'apartheid. Elle légitima la résistance à l'apartheid du Congrès national africain, mais constata que celui-ci avait aussi bafoué les droits de l'homme. Certains individus, comme l'ancien président P. W. Botha, le leader du Parti de la liberté Inkatha, Mangosuthu Buthelezi, et Winnie Madikizela-Mandela, l'ex-épouse de Nelson Mandela, furent la cible de critiques. La commission accusa les médias d'Afrique du Sud d'avoir fait preuve de racisme pendant l'apartheid. Elle recommanda aussi de taxer les entreprises afin de résoudre les problèmes de pauvreté engendrés par l'apartheid.

Bien que n'étant pas infaillible, la TRC fut considérée comme utile, mais certains lui reprochèrent néanmoins de privilégier la réconciliation par rapport à la justice. **JS**

2000 – 1ER JANVIER

Pas de bug du millénaire

La panne de grande ampleur envisagée n'a pas lieu.

Les avions devaient tomber du ciel, les centrales s'arrêter, les marchés financiers connaître une chute libre et le système mondial de crédit s'effondrer ; les ordinateurs devaient perdre toutes leurs données, les gouvernements être soudain bloqués, et les systèmes de communication cesser de fonctionner. Mille ans auparavant, des personnes redoutaient la fin du monde. L'apocalypse, cette fois, devait être technologique.

La crainte était liée au codage d'anciens ordinateurs dans lesquels les années étaient écrites sous forme binaire (92, 93, etc.). Il était impossible qu'une année 00 suive l'année 99. Les gouvernements et des entreprises de toutes tailles dépensèrent une fortune pour que des spécialistes traquent tous les reliquats du code, appelé Y2K, et modifient celui-ci pour que les années comportent quatre chiffres. Tous les problèmes ne furent pas nécessairement détectés, mais les spécialistes en informatique du monde entier s'enrichirent.

Le monde aborda le nouveau millénaire – qui débuta sur la Ligne internationale de changement de date en Australasie et en Asie orientale, avant de toucher l'Europe et l'Afrique puis l'Amérique 18 heures plus tard – en observant la succession des feux d'artifice, mais aussi en surveillant l'effondrement de certains systèmes. Tandis que chaque fuseau horaire rentrait progressivement dans le nouveau millénaire, il y eut un grand soulagement. Les messages écrits de quelques téléphones mobiles furent effacés au Japon, et certaines machines à parier se détraquèrent aux États-Unis, mais rien de notable ne se produisit par ailleurs – même dans des pays comme la Russie et l'Italie, pas très bien préparés. Le monde resta identique. **PF**

Achèvement du séquençage du génome humain

La carte du génome est complète.

Cette étude a permis de comparer le génome humain à celui d'autres espèces plus ou moins proches de l'homme.

Depuis les années 1980, James Watson, qui, avec Crick, avait au début des années 1950, découvert la structure de l'ADN, voulait cartographier la totalité du génome, de l'espèce humaine. Le projet, initié essentiellement par le Département de l'énergie et l'Institut américain de la santé, démarra officiellement en 1990. Plusieurs équipes y participèrent dans le monde.

Un projet rival financé par des fonds privés débuta en 1998, dirigé par Craig Venter, de Celera Genomics. Il employait une méthode plus rapide et laissait l'entreprise garder un certain contrôle sur l'utilisation des informations découvertes. La rivalité entre les deux projets accélérant peut-être le travail, le quasi-achèvement du séquençage par l'Institut national de recherche sur le génome humain, financé par des fonds publics, fut annoncé le 26 juin 2000 – deux ans avant le délai prévu – par Bill Clinton et Tony Blair.

Étaient identifiées quelque 97 % des trois milliards de paires de bases assemblées en 20 000 gènes réunis dans les 23 paires de chromosomes de chaque cellule humaine et fournissant les informations nécessaires au fonctionnement du corps.. Clinton et Blair insistèrent sur les retombées médicales qu'on pouvait en attendre.

Le génome complet fut présenté trois ans plus tard, et le projet totalement achevé en 2006. Il a permis d'étudier plus en détail l'interaction des gènes et de leur environnement. **PF**

Bulletins de vote recomptés en Floride

La défaillance du système de poinçonnage donne lieu à un nouveau décompte.

Nouveau contrôle des bulletins de vote au centre gouvernemental du comté de Miami-Dade, en Floride.

L'élection présidentielle de 2000 ne fut que la troisième de l'histoire américaine à être remportée par le candidat ayant le moins de voix. George W. Bush, le gouverneur du Texas, candidat des Républicains, était opposé au candidat démocrate Al Gore, vice-président sous Clinton. Au début, Bush était largement majoritaire dans les sondages ; ensuite, il sembla que Gore allait gagner. Durant trois débats télévisés en octobre, cependant, Bush regagna du terrain.

L'élection du 7 novembre fut extrêmement serrée. Le 8 novembre, en début de journée, Gore faisait l'objet de 255 suffrages et Bush de 246 suffrages, mais trois États – l'Oregon, le Nouveau-Mexique et la Floride – étaient imprévisibles. Le candidat remportant les 25 voix de la Floride remporterait les élections. Le résultat était si serré dans cet État, dont le gouverneur était le plus jeune frère de George Bush, Jeb, qu'il fallut recompter les voix, en raison du problème épineux des machines à poinçonnage. Une carte informatique est poinçonnée, ce qui crée un confetti. Dans certains cas, des confettis restés accrochés ou mal poinçonnés entraînèrent la falsification des résultats.

Après un nouveau comptage, Bush aurait obtenu 537 votes de plus que Gore, sur plus de 5,8 millions de suffrages. L'affaire passa devant les tribunaux, et le 12 décembre la Cour suprême, avec une marge de cinq voix contre quatre, déclara Bush vainqueur. Celui-ci rentra en fonction le 20 janvier. **RC**

Le 11 septembre

Des terroristes attaquent les États-Unis, faisant plus de 3 000 victimes.

Ⓐ Des pompiers de New York dans les décombres après l'effondrement des deux tours.

Ⓑ La tour nord brûle encore, la tour sud s'effondre lorsque le second avion la percute.

« Ces actes brisent l'acier, mais ne peuvent entamer l'acier de la détermination américaine. »

George W. Bush, président

Les États-Unis ont subi, ce 11 septembre 2001, la pire attaque de leur histoire. Des terroristes du réseau islamiste al-Qaida firent environ 3 000 victimes. Le matin du 11 septembre, quatre groupes de terroristes, comptant chacun un pilote entraîné, détournèrent quatre avions à destination de la Californie depuis différents aéroports. Deux d'entre eux furent dirigés sur New York et délibérément écrasés contre les tours jumelles du World Trade Center. Le Boeing d'American Airlines frappa la tour nord à 8 h 46 du matin en temps universel et celui d'United Airlines s'écrasa sur la tour sud à 9 h 03. Beaucoup de gens travaillant dans les tours furent tués instantanément, alors que d'autres, comme les services de secours, moururent ou furent piégés à l'intérieur lorsque le bâtiment s'effondra. Des images télévisées des tours en flammes et entourées de fumée, avec des personnes désespérées sautant dans le vide, et vouées à une mort certaine, horrifièrent le monde entier.

Un troisième avion dirigé vers Washington s'écrasa sur le Pentagone. Dans le quatrième avion, qui aurait été lancé sur le Capitole à Washington, des passagers résistèrent aux terroristes et tentèrent de reprendre le contrôle de l'avion. Dans la lutte qui s'ensuivit, l'avion s'écrasa dans un champ en Pennsylvanie. Il n'y eut aucun rescapé.

La plupart des terroristes venaient d'Arabie Saoudite. Le mouvement al-Qaida est né durant l'invasion de l'Afghanistan par l'URSS en 1979. Il fut créé par Oussama Ben Laden, un riche Saoudien, qui combattit les Russes aux côtés de troupes anti-soviétiques financées par les États-Unis. En 1998, Ben Laden donna l'ordre à ses partisans de « tuer des Américains ». Après le 11 septembre, les États-Unis se lancèrent dans une guerre contre le terrorisme islamiste. **RC**

2002 – 1er JANVIER

Avènement de l'euro

La monnaie unique est le symbole le plus fort de la construction européenne.

L'idée de créer une monnaie unique date du début de la construction européenne. Mais le traité de Rome ne prévoyait rien à ce sujet. En 1969, les six pays membres de la CEE se fixent comme objectif de constituer une union économique et monétaire. Cela prendra 30 ans. Sous l'impulsion de Valéry Giscard d'Estaing est organisé en 1979 le Système monétaire européen (SME), qui vise à stabiliser les devises nationales. Plus de dix ans s'écoulent encore, puis le traité de Maastricht programme la naissance d'une véritable monnaie européenne. François Mitterrand, Helmut Kohl et Jacques Delors en sont les principaux inspirateurs. Les pays qui vont adopter la monnaie unique doivent se conformer aux célèbres « critères de Maastricht » : déficit et endettement publics limités, inflation faible, taux d'intérêt contrôlés.

En 1995, le Conseil européen de Madrid adopte le nom euro. Trois ans plus tard, la Banque centrale européenne (BCE), qui siège à Francfort, est fondée. L'euro naît officiellement en 1999, mais il n'est encore qu'une monnaie scripturale, utilisée seulement dans les transactions bancaires. La parité entre les devises nationales et l'euro est désormais fixe.

Le grand jour pour les 300 millions de citoyens des douze pays concernés, c'est le 1er janvier 2002 : les pièces et les billets font leur apparition. Leur forme est le résultat d'un compromis. Les pièces comprennent une face européenne commune et une face nationale, où chaque pays fait figurer ses symboles. Les billets, tous identiques, ont pour thème l'ouverture sur le monde à travers l'architecture. Pour ne fâcher personne, les ponts, fenêtres et portes représentés sont imaginaires. La naissance de l'euro reste la plus extraordinaire opération monétaire de tous les temps. **LV**

2002 – 14 FÉVRIER

Le procès de Milosevic

Le leader serbe est jugé pour crimes de guerre.

Slobodan Milosevic, ancien président de la Serbie, dut faire face à 70 accusations au cours de son procès à La Haye, crimes de guerre, crimes contre l'humanité, génocide liés aux atrocités commises au Kosovo (1991), en Croatie (1991-1992) et en Bosnie (1992-1995), en particulier le massacre de Srebrenica.

Ancien fonctionnaire du Parti communiste, Milosevic se fit connaître pour son nationalisme et sa démagogie, encourageant les aspirations nationalistes serbes et recherchant une expansion territoriale aux dépens de ses anciens voisins yougoslaves. Il fut adulé dans sa patrie, mais en 2000 les Serbes furent confrontés à la défaite et aux problèmes économiques. En automne, il perdit les élections mais se retira avec mauvaise grâce. Le nouveau président, Vojislav Kostnica, souhaitait débarrasser la Serbie de cet homme. Milosevic fut présenté au Tribunal pénal international de l'ex-Yougoslavie, un organisme mis en place par le Conseil de sécurité de l'ONU.

Le procès, en réalité, fut beaucoup plus complexe que prévu. Milosevic refusa d'être défendu et se défendit lui-même, tout en niant la légitimité du tribunal et en refusant de plaider. Son état de santé imposa de longues interruptions. Carla del Ponte, le procureur général, eut rapidement de grandes difficultés à prouver que Milosevic avait une responsabilité personnelle dans les crimes commis. Les poursuites risquaient d'échouer en raison d'un manque de preuves et de témoins fiables. Le procès prit toutefois fin en mars 2006, car Milosevic mourut d'une crise cardiaque. Ses partisans affirmèrent qu'il avait été empoisonné par l'OTAN, mais la majorité des Serbes se montrèrent alors indifférents à son sort. **JS**

Attentat terroriste à Bali

Une attaque terroriste dans le paradis tropical de Bali choque le monde par son ampleur et porte un coup à l'industrie touristique.

Ce fut l'attaque terroriste la plus meurtrière de l'histoire indonésienne, tuant 202 personnes et en blessant 209 ; 38 Indonésiens furent tués, et la majorité des victimes étaient des touristes – 88 Australiens, 26 Britanniques et 7 Américains. Les attaques eurent lieu dans le quartier surpeuplé de Kuta Beach. Un kamikaze fit exploser la bombe de son sac à dos dans le night-club Paddy's Pub, tandis qu'une bombe explosa simultanément dans une voiture devant le Sari Club. Les dégâts matériels furent considérables et les blessés eurent des brûlures si terribles qu'ils furent envoyés en Australie pour être traités par des spécialistes.

Les auteurs des attentats appartenaient à un groupe de fondamentalistes islamiques, Jemaah Islamiah (JI). Les gouvernements américain et australien affirmèrent immédiatement que le JI avait des liens avec al-Qaida. D'autres remirent ces liens en question, car certaines pistes remontaient jusqu'à des fondamentalistes islamiques indonésiens. Le leader du JI, Bakar Bashir, fut jugé mais nia tout lien avec les attaques. Sa peine de 30 mois fut considérée comme un outrage aux États-Unis et en Australie. Trois autres personnes furent condamnées à mort pour les attentats. L'un d'eux, leur organisateur, Amrozi bin Haji Nurhasyim, sembla heureux de recevoir sa sentence en 2003. Manifestement, pour le JI, comme pour d'autres mouvements de ce type, la mort n'était pas un obstacle. **JS**

↑ Recueillement sur les lieux de l'attentat, un mois après la destruction des deux night-clubs à Kuta.

↓ L'explosion d'une voiture piégée devant le Sari Club met le feu aux voitures et aux bâtiments.

L'explosion de *Columbia*

La navette se désintègre et les sept membres de l'équipage disparaissent.

Le programme spatial américain constitua l'un des progrès les plus remarquables du XXe siècle, mais inévitablement des catastrophes se produisirent. L'une fut la destruction de la navette *Challenger* en 1986, et la désintégration de *Columbia* en fut une autre. Celle-ci fut causée par un petit morceau de 1 m de long de mousse isolante qui tomba du réservoir externe de carburant au moment du lancement et provoqua une série de problèmes. *Columbia* avait déjà perdu de la mousse auparavant, et les ingénieurs de la NASA y étaient accoutumés et ne s'en inquiétaient guère, appelant ce phénomène « normalisation de l'écart ».

« La cause pour laquelle ils sont morts continue. Notre voyage dans l'espace se poursuivra. »

George W. Bush, président, 1er février 2003

Lorsque l'équipe chargée du retour prit ses fonctions au centre de contrôle ce 1er février, à 2 h 30 du matin, elle ne vit aucune raison de s'inquiéter ; l'équipage était également serein et confiant. À 8 h 15, la navette quitta son orbite à 282 km au-dessus de l'océan Indien, et *Columbia* ralentit de 28 164 km/h pour revenir dans l'atmosphère, dans laquelle elle pénétra à 122 km au-dessus du Pacifique, à 8 h 44, avant de traverser la côte californienne et de passer au-dessus du Texas vers 9 heures. Certains témoins rapportèrent avoir entendu une explosion sonore et avoir observé des traînées de fumée et des débris dans le ciel. Les sept membres de l'équipage furent tués. **RC**

La chute de Bagdad

Le pouvoir de Saddam Hussein s'effondre et la coalition s'empare de Bagdad.

L'invasion de l'Irak par une coalition internationale (sans la France qui s'y était opposée) dirigée par les États-Unis entraîna la chute de Bagdad. La coalition avait rencontré une forte résistance. Les intervenants avaient espéré être reçus en libérateurs, mais la population chiite du Sud, abandonnée après son soulèvement consécutif à la libération du Koweït en février 1991, ne leur apporta aucune aide. Les troupes britanniques avaient déjà sécurisé Basra ; un affrontement difficile était attendu à Bagdad. Toutefois, la chute rapide de la capitale suscita l'espoir d'un effondrement de la résistance. Saddam Hussein avait fui, avec ses plus vieux partisans. On nota une certaine allégresse dans les rues de Bagdad, mais peut-être pas autant que les journalistes le suggérèrent. La foule poussa des vivats lorsqu'un véhicule blindé américain fit tomber la statue de Saddam Hussein sur la place Firdus, mais fut moins enthousiaste lorsqu'un drapeau américain fut placé à sa place.

Peu d'Irakiens regrettèrent la chute de Saddam Hussein, mais l'intervention étrangère et l'occupation ne furent pas facilement acceptées. Une reprise rapide et une hausse du niveau de vie ainsi qu'un retour à un gouvernement civil étaient essentiels. Presque immédiatement, des problèmes jaillirent et des pillages eurent lieu, comme au Musée national ; la bibliothèque et les archives nationales brûlèrent. Les Américains n'intervinrent rapidement que pour protéger le ministère du Pétrole. Bientôt ce fut le chaos, et l'occupation se vit opposer une résistance armée. **JS**

➔ Les soldats américains renversent l'imposante statue de Saddam Hussein.

TV

2003 – AOÛT

La canicule en Europe

Tous les records de température sont battus pendant plusieurs jours.

La vague de chaleur qui s'abat sur l'Europe touche particulièrement l'Espagne, le Portugal, la France et l'Italie. Cependant, même les pays du Nord, comme l'Angleterre ou le Danemark, sont affectés par le phénomène. Depuis que des relevés météorologiques sont effectués, c'est-à-dire depuis les années 1860, jamais les températures n'ont été aussi élevées, surtout sur une durée aussi longue. Le 1er août, il fait 47 °C dans le sud du Portugal. Dans la nuit du 10 au 11 août, à Paris, la température ne descend pas en dessous de 25,5 °C. Partout les stations météorologiques enregistrent des records.

La France connaît un véritable drame humain. Dès le 4 août, le nombre de décès est supérieur à la moyenne constatée habituellement à cette période de l'année. Les urgences voient affluer un grand nombre de personnes fragiles. Si les enfants sont épargnés, sans doute parce que leurs parents veillent sur eux, les plus âgés, souvent isolés pendant les vacances, payent le prix fort. Au total, la canicule tue 15 000 personnes en France entre le 1er et le 20 août. Le ministre de la Santé, Jean-François Mattei, est accusé d'avoir mal géré la crise. Il est vivement attaqué dans les médias et sera écarté du gouvernement quelques mois plus tard. Cependant, la France n'est pas la seule touchée par cette surmortalité. Les fortes températures d'août 2003 ont fait 30 000 morts dans les autres pays d'Europe de l'Ouest.

Un tel épisode caniculaire est-il lié au réchauffement climatique ? Son caractère exceptionnel incite à la prudence. La hausse de la température moyenne sur l'ensemble du globe est indéniable. Depuis le milieu du XIXe siècle, la température s'est élevée de 1 °C en France. Cela a pour conséquence d'augmenter le nombre de jours de fortes chaleurs en été. **LV**

2004 – 11 MARS

L'attentat de Madrid

Un acte terroriste menace la survie du gouvernement espagnol.

Une série d'explosions toucha la capitale espagnole. Les bombes – il y aurait eu dix déflagrations – explosèrent à l'intérieur et autour de trois gares ferroviaires : la gare principale d'Atocha et les deux gares de Santa Eugenia et El Pozo. Les poseurs de bombes frappèrent durant l'heure de pointe. Au total, 191 personnes furent tuées et plus de 1 800 blessées. Les blessures étaient si terribles que les hôpitaux firent appel à des donneurs de sang. La police avertit qu'il ne serait peut-être pas possible de reconstituer entièrement les corps des victimes.

Le gouvernement espagnol, par la voix de son ministre de l'Intérieur Angel Acebes, attribua d'abord les attentats aux séparatistes basques de l'ETA. Cependant, l'étendue des atrocités et l'absence d'appel téléphonique, habituel avant tout attentat, rendaient cette hypothèse improbable. Le gouvernement espagnol était alors un allié important des États-Unis dans l'intervention en Irak, rendant plus plausible l'hypothèse d'un acte terroriste islamiste. Le jour suivant, une camionnette suspecte fut fouillée près de Madrid, contenant des preuves d'une implication des islamistes. Le gouvernement aurait accusé l'ETA pour dissimuler le fait qu'il n'avait pas pris la menace islamique au sérieux. Au cours des élections générales organisées trois jours après les explosions, le parti populaire fut battu, contre toute attente, et le nouveau Premier ministre socialiste, José Luis Rodriguez Zapatero, confirma immédiatement sa promesse électorale de retirer d'Irak les troupes espagnoles. **JS**

Les Madrilènes participent à la plus grande manifestation jamais organisée contre le terrorisme.

2004 – 3 SEPTEMBRE

La crise des otages tchétchènes

La crise des otages de Beslan s'achève dans le chaos et par un carnage.

Le personnel et les enfants fêtaient la nouvelle année scolaire quand des terroristes tchétchènes pénétrèrent dans l'école de Beslan, en Ossétie du Nord. Environ 1 200 otages furent emmenés dans le gymnase, rempli d'explosifs. Les terroristes réclamaient la libération de Tchétchènes capturés au cours d'un raid dans l'Ingouchie et menaçaient de tuer tous les otages en cas de tentative d'intervention. Les otages durent se mettre en sous-vêtements, et, privés d'eau, burent leur propre urine.

Au début, des négociations permirent la libération de 26 otages. Puis on ne sait ce qui se passa. Il y eut de brusques déflagrations, suivies de détonations. Un explosif avait peut-être été déclenché accidentellement, ou une tentative d'intervention mal organisée avait peut-être eu lieu. Les forces de sécurité attaquèrent l'école, tandis que les terroristes abattaient les otages qui fuyaient. Ce chaos dura des heures, et fut retransmis en direct à la télévision. On ne connaît pas le nombre exact de victimes – 335 furent déclarées mortes, dont 186 enfants, mais 180 autres étaient portées disparues plusieurs jours. Seul un terroriste survécut, Nur-Pashi Kulayev, condamné à l'emprisonnement à perpétuité en mai 2006. Bien des questions restent sans réponse, notamment le rôle des forces de sécurité dans ce désastre. **JS**

« Nous... avons perdu tout espoir d'une enquête équitable sur les causes de la tragédie. »

Déclaration de six mères endeuillées de Beslan

2004 – 28 OCTOBRE

La découverte d'*Homo floresiensis*

Des fossiles suggèrent que d'autres espèces d'hominidés ont vécu sur notre planète.

Depuis l'extinction des hommes de Neandertal, il y a environ 24 000 ans, *Homo sapiens* est considéré comme le seul de la famille *Homo* vivant sur Terre. Or le 28 octobre 2004, les paléontologues Peter Brown et Michael Morwood annoncèrent une découverte dans une grotte de l'île indonésienne de Flores : un petit squelette d'une femme de 30 ans, mesurant à peine plus d'un mètre, l'os de la mâchoire d'un autre individu et d'autres os, qui dataient de 18 000 ans. Des outils en pierre et d'autres débris étaient anciens de 13 000 à 594 000 ans, c'est-à-dire contemporains des fossiles d'*Homo sapiens* présents sur l'île.

Il avait été estimé que les spécimens découverts, qui reçurent le nom d'*Homo floresiensis* d'après l'île où ils se trouvaient (appelés aussi hobbits, comme les héros du *Seigneur des anneaux* de Tolkien), pesaient environ 25 kg. S'ils fabriquaient des outils en pierre et utilisaient le feu, leur cerveau ne mesurait que 380 cm^3, soit un tiers de celui de l'homme moderne.

En octobre 2004, le professeur Teuku Jacob, un paléontologue indonésien de Yogyakarta, prit la plupart des os sans permission, les restituant trois mois plus tard, parfois très endommagés. Il affirma que ces os étaient ceux d'*Homo sapiens* de petite taille ou malades. D'autres scientifiques émirent le même avis. De toute façon, des questions demeurent. Les squelettes étaient-ils ceux d'*Homo sapiens* nains, résultant peut-être de mauvaises conditions écologiques sur l'île, ou ceux d'un ancêtre direct d'un autre hominidé, peut-être *Homo erectus* ? Le débat continue. **PF**

➲ La grotte de l'île de Flores, à 600 km à l'est de Bali, où furent découverts les os d'*Homo floresiensis*.

Le tsunami de la terreur

Dans l'océan Indien, un tsunami cause une catastrophe sans précédent.

◐ Les personnes regardent incrédules la vague arriver à Koh Kaya, en Thaïlande, sur les îles Andaman.

◑ Photographies de Banda Aceh en Indonésie, avant (en haut) et après le passage du tsunami.

« ... la puissance était difficilement concevable. »

Paul Murray, survivant britannique, février 2007

Un tsunami, un énorme raz-de-marée, balaya la côte de l'océan Indien et détruisit sur son passage de nombreuses infrastructures. Il fut provoqué par un séisme sous-marin d'une puissance de 8,9 sur l'échelle de Richter, qui entraîna une surélévation de 10 m du fond marin au large du territoire indonésien d'Aceh. Ce tsunami, qui se déplaçait à une vitesse de 800 km/h, fut le plus important depuis 40 ans.

La côte d'Aceh et sa capitale Banda Aceh furent entièrement détruites. Dans certains villages, 70 % de la population périrent, et, en raison de la destruction des cultures et des bateaux de pêche, 500 000 personnes se retrouvèrent sans abris et sans ressources. En Indonésie, il y eut plus de 130 000 victimes. Le tsunami toucha le Myanmar (Birmanie), la Thaïlande, le Sri Lanka, l'Inde ; le nombre des victimes dans ces pays est estimé à 200 000 personnes. Il atteignit même l'est de l'Afrique, causant la mort de 200 Somalis. Ces régions étant très touristiques, les victimes étaient originaires de toutes les parties du monde. La Suède enregistra le nombre de pertes le plus élevé, soit 550 victimes. Des corps furent retrouvés des mois plus tard, et la pollution de l'eau et la décomposition des corps firent craindre une épidémie.

La catastrophe émut le monde entier et en l'espace de six mois, les promesses de dons avaient atteint 12 milliards de dollars. Les gouvernements de la région acceptèrent de mettre au point un système d'alerte aux tsunamis. L'identification des morts donna lieu à un effort international de la part des médecins légistes. En dépit de tous ces efforts, la reconstruction, pour les pauvres et les sans-abri, fut lente et frustrante, notamment pour les plus démunis, qui accédaient généralement le plus difficilement à l'aide. **JS**

Attentats suicides à Londres

Londres, bouleversé par les nouvelles atrocités commises au cours d'attentats suicides.

⊙ Filmés par des caméras à la gare de Luton, les terroristes partant à Londres commettre les attentats.

⊙ L'explosion du bus de Tavistock Square détruisit le plafond de l'étage supérieur et l'arrière du véhicule.

« Ils tentent de nous intimider en massacrant des personnes innocentes... »

Tony Blair, Premier ministre, juillet 2005

Londres subit pour la première fois des attentats suicides. Il y eut quatre attaques : trois dans des trains souterrains – une près de la gare de Liverpool Street, une à la gare d'Edgware Road Station et une entre les gares de King's Cross et de Russell Square – et une dans un bus à Tavistock Square ; 56 personnes périrent et plus de 700 autres furent blessées. Le réseau de transport londonien fut paralysé et les réseaux de téléphones mobiles furent saturés, car les gens cherchaient à avoir des nouvelles de leurs proches, ce qui entrava les secours.

Le carnage était pire que tout ce que l'RA avait commis en Grande-Bretagne en 30 ans d'actes terroristes. Un groupe islamique inconnu revendiqua les attentats. Deux semaines plus tard, quatre hommes tentèrent de les reproduire. Heureusement, les bombes n'explosèrent pas. La police tua un homme suspecté de terrorisme dans la station de métro de Stockwell, mais il s'agissait d'un Brésilien innocent, Jean Charles de Menezes.

Les quatre auteurs d'attentats, Mohammed Sidique Khan, Shehzad Tanweer, Germaine Lindsay et Hasib Hussain étaient tous nés en Grande-Bretagne et n'avaient jamais attiré l'attention de la police par leurs opinions islamistes radicales. Leur intérêt pour le sport avait été davantage remarqué que celui pour le Coran. Les femmes de deux d'entre eux, Khan et Lindsay, étaient enceintes.

Ces attentats amenèrent à réfléchir sur le fait que des musulmans britanniques ordinaires pouvaient devenir à ce point attachés à leurs convictions qu'ils choisissaient de mourir de cette manière. Les messages laissés par les kamikazes permirent de savoir que la politique étrangère britannique dans le monde islamique avait en grande partie influencé leur action. **JS**

Mon-Fri
7-10am
4-7pm
LEARNING PAYS

Katrina, l'ouragan dévastateur

L'ouragan Katrina frappe La Nouvelle-Orléans et les autorités réagissent trop lentement.

Vue satellite de Katrina, ouragan de catégorie 5, l'un des plus meurtriers qu'ait connus les États-Unis.

Les habitants de La Nouvelle-Orléans sont obligés de traverser l'eau polluée du lac qui a inondé la ville.

« Le 31 août, au moins 80 % de la superficie de La Nouvelle-Orléans se trouvait sous l'eau. »

Rapport du National Climate Data Center

Lieu de naissance du jazz, la ville de La Nouvelle-Orléans fut frappée de plein fouet par l'ouragan Katrina, l'une des tempêtes les plus terribles de l'histoire des États-Unis. Le 28 août, un ouragan de catégorie 3 à 5 sur l'échelle de Saffir-Simpson se leva au-dessus du golfe du Mexique avec des rafales de vent allant jusqu'à 280 km/h. Le maire, Ray Nagin, ordonna l'évacuation, et des centaines de milliers d'habitants s'enfuirent à l'approche de l'ouragan. D'autres, souvent les pauvres et les personnes âgées, restèrent sur place. Le stade de football du Superdome leur servit de refuge.

Le cœur de la tempête passa à l'est de la ville, mais l'ouragan dévasta les barrages construits pour protéger La Nouvelle-Orléans des inondations. De l'eau envahit la ville, et beaucoup de personnes restées sur place durent nager pour se mettre à l'abri ou furent piégées dans des greniers ou sur des toits. Le soir, des corps flottaient dans la rue ou étaient étendus sur des débris. Certains furent abandonnés durant des jours, se décomposant et rendant leur identification très difficile.

Il n'y avait plus d'eau potable ni d'électricité. La plupart des édifices résistèrent bien à la tempête, mais beaucoup de vitres furent cassées, et l'on raconte que des lits sortaient des fenêtres de l'hôtel Hyatt Regency, dont les vitres étaient toutes détruites. Une fois que la tempête fut passée, les pillages et la violence exercés par des individus et des groupes armés causèrent de nombreux problèmes. Les forces de police tentaient de sauver les habitants et les commerçants devaient se défendre seuls contre les vandales. Le gouvernement fédéral fut fortement critiqué pour sa gestion de la catastrophe et son manque de rapidité à trouver des solutions. **RC**

STOP

NOKIA
0:48/2:38
Pause
Stop

L'exécution de Saddam Hussein

L'ancien dictateur irakien, Saddam Hussein, est exécuté pour ses crimes.

Saddam Hussein, qui gouverna l'Irak de 1979 à 2003, fut pendu avant l'aube dans le quartier de Khadimiya, dans un bâtiment où ses propres services de sécurité avaient réalisé des exécutions. Il avait été condamné à mort en novembre pour le meurtre de 148 hommes et garçons, commis en 1982 dans la ville chiite de Dujail. Que ce crime en particulier soit à l'origine de la peine de mort, compte tenu des atrocités commises, reflète la nature chaotique de son procès, qui dura un an. Trois avocats de la défense furent assassinés ; un autre quitta le pays. Saddam Hussein boycotta parfois les auditions, et fut un jour exclu du tribunal pour avoir injurié la cour. Les groupes de défense des droits de l'homme critiquèrent la procédure. Les Irakiens n'étaient guère affectés.

Saddam Hussein se montra plus digne au moment de sa mort. Abattu et tenant une copie du Coran, il n'exprima aucun remords. Lorsque l'exécution fut annoncée, il y eut quelques manifestations de joie à Sadr City, un quartier chiite de Bagdad, et quelques protestations dans sa ville natale de Tikrit. Le Premier ministre irakien, Nouri al-Maliki, déclara que l'exécution marquait la fin d'un chapitre sombre de l'histoire de l'Irak. Le corps du dictateur fut transporté dans un hélicoptère militaire américain jusqu'à son village natal, Aouja, près de Tikrit, et enterré dans la concession familiale.

Le président George W. Bush déclara que c'était une étape importante vers la démocratie en Irak. Toutefois, la plupart des Irakiens semblaient indifférents, doutant que cela puisse mettre un terme à la violence régnant dans le pays. Ils n'avaient pas tort : le même jour, trois bombes explosèrent à Bagdad, faisant 37 victimes, et quatre soldats américains furent tués dans le pays. **JS**

▲ Un extrait de séquences télévisées filmées quelques minutes avant la pendaison de Saddam Hussein.

◀ Vidéo de l'exécution sur le mobile d'un Irakien. Filmée illégalement, elle fut rapidement diffusée sur le Net

« Vous nous avez détruits. Vous nous avez tués. Vous nous avez fait vivre dans la misère. »

Cri d'un garde au moment de l'exécution

Tremblement de terre en Chine

Un puissant séisme dévaste la province du Sichuan.

▲ Un secouriste cherchant des personnes piégées par des bâtiments effondrés dans la ville de Beichuan.

▶ Beichuan, près de l'épicentre, s'effondra le long des pentes, enfouissant des personnes dans la ville basse.

« Le gouvernement chinois a concentré ses efforts sur la population. »

Porte-parole chinois des Affaires étrangères

Le tremblement de terre qui se produisit à 90 km au nord-ouest de Chengdu, dans le comté Wenchuan de la province du Sichuan, au sud-ouest de la Chine, fut la seconde catastrophe naturelle frappant l'Asie du Sud-Est en l'espace de huit jours, après le cyclone Nargis. D'une ampleur de 7,9 sur l'échelle de Richter, ce fut le mouvement sismique le plus important depuis 1976 (lorsque le séisme de Tangshan tua plus de 250 000 personnes et détruisit plus de 500 000 maisons dans l'une des régions les plus pauvres de Chine). Au moins 68 000 personnes périrent. Des secousses, dont plusieurs majeures, furent encore ressenties durant plusieurs semaines.

Le gouvernement chinois fit d'énormes efforts pour organiser les secours, mais il fallut plusieurs jours pour atteindre certaines régions. Pendant plus d'une semaine, des images télévisées montrèrent des survivants tirés des décombres. Pour une fois, les journalistes étrangers furent autorisés à pénétrer dans la zone, et purent même entrer en contact avec le président, Hu Jintao, et le Premier ministre, Wen Jiabao, qui vinrent constater les dégâts par eux-mêmes. Des Chinois de la région critiquèrent même à la télévision la qualité exécrable des édifices publics qui s'étaient effondrés. Une période de deuil national de trois jours fut décrétée, normalement réservée aux leaders politiques.

Les secouristes s'inquiétaient des éventuels dommages sur les nombreux barrages de la région, alors que des glissements de terrain avaient bloqué des cours d'eau dans des vallées encaissées et créé plus de 30 lacs instables menaçant d'inonder des villes et des villages en aval. Des villes furent donc complètement évacuées et des efforts furent entrepris pour déplacer les débris bouchant les cours d'eau. **PF**

2008 – 15 SEPTEMBRE

La crise du crédit

La faillite de Lehman Brothers signale une récession économique mondiale.

Des signes annonciateurs étaient présents depuis plusieurs mois : des défaillances sur les prêts hypothécaires appelés « subprimes » – destinés aux personnes dont la solvabilité était inférieure aux critères acceptés autrefois – menaçaient de grandes institutions financières. Au cours des dix années précédentes, la magie de Wall Street avait dispersé le risque, accru le crédit sur la base des garanties les plus médiocres et fait disparaître les nuages économiques.

Lehman Brothers, une institution respectée à Wall Street, née il y a 150 ans, a été le plus durement touchée. Au deuxième trimestre 2008, ses pertes atteignaient 2,8 milliards de dollars, entraînant l'effondrement de la valeur de son action. Le 15 septembre, elle a demandé à être protégée par la loi sur les faillites. Lorsque les employés ont appris la nouvelle, beaucoup d'entre eux, qui bénéficiaient d'énormes salaires et de bonus à six chiffres, ont abandonné immédiatement leur bureau en emballant leurs affaires.

La faillite a déclenché un manque de confiance sur le système financier mondial, conduisant à l'interruption presque totale des prêts interbancaires et à un rachat des créances sinistrées par l'État pour éviter l'effondrement d'autres institutions financières majeures aux États-Unis, en Grande-Bretagne et dans d'autres pays. Cela n'a toutefois pas suffi à empêcher la faillite d'autres banques. La crise s'est soldée par un gel d'une grande partie des prêts bancaires aux entreprises et aux individus dans le monde entier. Il en a résulté une récession mondiale majeure – résultat de la manière dont les banquiers ont continué de faire du profit en revendant des actifs dits « toxiques ». **PF**

2009 – 20 JANVIER

Obama devient président

L'investiture de Barack Obama marque un changement à la tête du pays.

Deux millions de personnes formant la foule la plus importante de l'histoire du pays s'étaient réunies par un matin très froid dans le Mall, un parc de Washington. La naissance de Martin Luther King, défenseur des droits civiques dans les années 1960, exactement 80 ans plus tôt, avait été commémorée la veille. Cette coïncidence était de bon augure, car Barack Obama est le premier président noir d'un pays où, il y a encore quelques décennies, une telle chose semblait impossible. Son arrivée au pouvoir a aussi marqué la fin de la présidence de George W. Bush, qui, malgré une cote de popularité montée en flèche au lendemain du 11 septembre, donnait l'impression d'avoir sérieusement affaibli le pays, sur le plan économique, mais aussi extérieur, en raison des deux guerres menées.

Sur de nombreux sujets, Obama offre une rupture avec le passé. Avocat à Chicago et sénateur de l'Illinois, il a mené une bataille épique contre Hillary Clinton pour être nommé candidat du Parti démocrate, et a affûté sa réputation d'orateur et d'homme imperturbable. Son histoire familiale complexe, associée au Texas, au Kansas, à Hawaï ainsi qu'au Kenya et à l'Indonésie, lui a permis de gagner un soutien national au cours de l'élection du 4 novembre 2008, face au républicain John McCain.

Le juge John Roberts a reçu le serment du président à midi, avant que ce dernier ne prononce son discours inaugural, évoquant les défis auxquels il allait faire face pour que les États-Unis prennent un nouveau départ. **PF**

Le président Barack Obama fait signe à ses partisans au cours du bal d'investiture, le soir du 20 janvier 2009.

Glossaire

Abbassides, Almohades : deux des dynasties qui régnèrent sur le monde islamique après la mort de Mahomet en 632.

Absolutisme : régime qui concentre tous les pouvoirs dans les mains du souverain.

Achéménides : dynastie fondatrice de l'Empire perse (VIe-IVe siècle av. J.-C.).

Ancien Régime : système politique français en vigueur du XVIe au XVIIIe s., caractérisé par une monarchie.

Anglicanisme : Église chrétienne d'Angleterre, associant des éléments catholiques et protestants.

Anjou : la maison comtale d'Anjou régna sur la Normandie, l'Angleterre, l'Aquitaine et l'Irlande aux XIIe et XIIIe siècles. Voir *Plantagenêt*.

Antonins : dynastie romaine ; doit son nom à Antonin le Pieux. Elle régna de 92 à 161, à l'apogée de l'Empire romain.

Apartheid : système de ségrégation raciale mis en place par le gouvernement de la minorité blanche en Afrique du Sud de 1948 à 1990.

Assyrie : empire situé sur les rives du Tigre de l'actuel Irak. Il s'étendait du Croissant fertile jusqu'en Égypte.

Axe : alliance de l'Allemagne, de l'Italie et du Japon pendant la Seconde Guerre mondiale.

Aztèques : peuple parlant le nahuatl dont l'empire domina l'Amérique centrale du XIVe au XVIe siècle.

Babylone : ancienne cité mésopotamienne située dans l'actuel Irak. Capitale de l'Empire babylonien à partir du règne d'Hammourabi (v. 1728–1686 av. J.-C.).

Barbares : nom donné notamment par les Grecs et les Romains aux peuples étrangers.

Baroque : courant artistique qui, par la liberté et la profusion des formes, s'oppose à la rigueur classique.

Bourbons : dynastie qui régna en France de 1589 à 1830, et s'imposa également en Italie et en Espagne.

Byzance : ancienne cité grecque fondée en 667 av. J.-C. et qui, au cours de l'époque romaine, devint le centre de l'Empire byzantin sous le nom de Constantinople.

Caesar : au départ, nom de famille des empereurs romains, puis titre réservé aux successeurs du souverain. A donné *tsar* et *kaiser*.

Calife : chef de la communauté islamique (califat) régie par la charia (loi islamique).

Calviniste : protestant suivant la doctrine du Français Jean Calvin.

Capétiens directs : dynastie fondée en 987 par Hugues Capet et qui régna sur la France jusqu'en 1328.

Carolingiens : dynastie de rois francs fondée par Pépin le Bref en 751, auquel succéda Charlemagne.

Cathares : adeptes d'une hérésie médiévale, présente surtout dans le sud de la France.

Chiite : courant de l'islam qui, à l'origine, refusait de reconnaître d'autres califes que les descendants directs de Mahomet.

Classicisme : courant artistique et littéraire s'inspirant de l'Antiquité gréco-romaine.

Commonwealth : association d'États regroupant les anciennes composantes de l'Empire britannique.

Confucianisme : doctrine philosophique et religieuse fondée par Confucius, qui a marqué l'histoire de la Chine.

Croisades : campagnes militaires ayant débuté en 1095, financées par les armées chrétiennes d'Europe occidentale dont l'objectif est de conquérir Jérusalem et la Terre sainte et de les libérer de l'islam.

Doctrine Monroe : établie par le président James Monroe le 2 décembre 1823, la doctrine affirmait la neutralité des États-Unis d'Amérique vis-à-vis des puissances européennes, et affirmait que ces puissances n'étaient plus habilitées à coloniser les États-Unis ou à interférer dans leurs affaires.

Église orthodoxe : Église chrétienne d'Orient, séparée du catholicisme romain depuis le schisme de 1054.

Étrusques : peuple antique de la péninsule italienne qui apparut au cours de la préhistoire et prospéra avant d'être absorbé dans l'Empire romain.

Fatimides : dynastie arabe islamique qui régna du Xe au XIe siècle sur une région correspondant à l'actuelle Égypte et au Levant. Le Caire était sa capitale.

Féodalité : système politique et social de l'Europe médiévale au sein duquel les paysans étaient au service de seigneurs et travaillaient sur leurs terres, les seigneurs rendant à leur tour des services à la Couronne.

Flaviens : dynastie d'empereurs romains fondée par Vespasien au Iᵉʳ siècle.

Grand schisme : crise du pontificat aux XIVᵉ et XVᵉ siècles.

Gupta : dynastie qui occupa le nord de l'Inde de l'an 270 environ à l'an 550 de notre ère.

Habeas corpus : latin, « que tu aies ton corps ». Formule consacrée par la charte Magna Carta en 1215, selon laquelle chacun doit être protégé contre une détention arbitraire. Voir *Magna Carta*.

Habsbourg : dynastie autrichienne, qui régna dans toute l'Europe centrale, et jusqu'en Espagne, du Moyen Âge à 1918.

Hadj : pour les musulmans, pélerinage aux lieux saints de La Mecque.

Han : nom de la première grande dynastie impériale chinoise (206 av. J.-C.-220 ap. J.-C.) ; désigne par extension l'ethnie majoritaire en Chine.

Hellénistique : qualifie l'architecture et la culture du monde grec après la mort d'Alexandre le Grand.

Hérésie : opinion contraire aux idées généralement admises ; période médiévale : croyance contraire à la doctrine de l'Église catholique. Le catharisme et le gnosticisme étaient des doctrines hérétiques.

Hérodote : historien grec (Vᵉ siècle av. J.-C.).

Hindouisme : religion dominante de l'Inde.

Hohenzollern : dynastie de rois de Prusse, devenus empereurs d'Allemagne (1871-1918).

Huguenot : protestant français du XVIᵉ au XVIIIᵉ siècle, aussi appelé calviniste, qui critiquait le rituel, la monarchie et le monasticisme de l'Église catholique romaine.

Imperator : titre donné aux généraux romain ; donna le mot empereur.

Inca : nom d'une civilisation de la région centrale des Andes en Amérique du Sud, importante au XVᵉ siècle ; gouverna le plus grand état de l'Amérique pré-espagnole.

Inquisition : tribunal mis en place par l'Église catholique pour lutter contre l'hérésie au cours de la période médiévale. L'Inquisition espagnole – établie par le pape Sixte IV en 1483 – fut la plus dure, utilisant la torture pour obtenir des confessions.

Intifada : mot arabe qui signifie « rébellion, soulèvement ». Depuis la fin des années 1980, le mot est associé aux soulèvements des Palestiniens contre le régime israélien.

Judée : le royaume de Judée, aussi appelé royaume du Sud, était un territoire situé au sud de l'actuel Israël, dont Jérusalem était la capitale et dont l'existence s'étendit du Xᵉ siècle av. J.-C. au VIᵉ siècle de notre ère.

Julio-Claudiens : première dynastie de l'Empire romain, fondée en 27 av. J.-C. par Auguste.

Khan : titre désignant à l'origine le chef de tribus nomades d'Asie centrale, adopté ultérieurement par les Turcs et les Mongols. Gengis Khan (1162–1227) fut le plus célèbre détenteur de ce titre. Il était appelé Khagan, ce qui signifie « khan suprême ».

Ligue hanséatique : alliance de guildes de commerce du nord de l'Europe qui regroupait les postes commerciaux de la région de la Baltique à partir du XIIIᵉ siècle. La Ligue aurait entrepris de rebâtir la ville allemande de Lübeck en 1159.

Luthérien : protestant suivant la doctrine de l'Allemand Martin Luther.

Maccarthysme : désigne la lutte anti-communiste qui avait cours dans les années 1940 et 1950. Le terme vient du nom de son initiateur, le sénateur Joseph McCarthy.

Macédoine : région géographique et historique de Grèce, correspondant à l'actuelle province de Macédoine. Le royaume de Macédoine s'étendit afin d'inclure les États de la Grèce antique et sous Alexandre le Grand (356–323 av. J.-C.), finit également par englober la Perse, l'Égypte et certaines parties de l'Inde actuelle.

Magna Carta : charte britannique émise par la noblesse en 1215 pour réduire les pouvoirs du roi. Elle exigeait que le roi soit lui-même soumis à la loi. Voir *Habeas corpus*.

Mayas : peuple d'Amérique centrale qui occupait la péninsule du Yucatán dans l'actuel Mexique et la zone correspondant aujourd'hui au Guatemala, au Belize, au Salvador et au Honduras, entre 400 av. J.-C. et le XVIᵉ siècle. Ce peuple possédait le seul langage écrit évolué de l'Amérique précolombienne.

Meiji : période du règne de l'empereur Mutsu Hito (1867-1912), durant lequel le Japon s'ouvrit à l'Occident et se modernisa.

Mérovingiens : dynastie de rois francs fondée par Clovis (496), dont le grand-père s'appelait Merovee. Elle comprend les « rois fainéants ».

Mésopotamie : région située entre le Tigre et l'Euphrate, correspondant à l'Irak actuel. La région est peuplée depuis le Vᵉ millénaire av. J.-C. et abrite les plus anciennes cités de l'histoire de l'humanité, comme Ur et Uruk. Elle fut aussi le centre des Empires accadien et babylonien.

Ming : dynastie impériale chinoise qui régna de 1368 à 1644.

Moghols (Grands) : dynastie du sous-continent indien qui régna du XVIe au XIXe siècle. Les Moghols établirent un vaste empire islamique.

Moyen Âge : période de l'histoire de l'Europe située entre le Ve et le XVe siècle.

Omeyyades : dynastie de califes dont le règne s'étendit de 661 à 750.

Ottoman : l'Empire ottoman fut fondé en 1299 et s'éteignit en 1922.

Parthes : peuple d'origine iranienne qui forma un vaste empire dans la région du Proche-Orient actuel du IIe siècle av. J.-C. au IIIe siècle ap. J.-C.

Perse : région de l'actuel Iran. L'Empire perse existait déjà avant 500 av. J.-C.

Phéniciens : peuple de navigateurs qui occupait une région côtière appartenant aujourd'hui au Liban, à la Syrie et à Israël.

Plantagenêt : nom donné à une branche des Anjou, qui a régné sur la France et l'Angleterre. Geoffroy d'Anjou était appelé « Plantagenêt ». Voir *Anjou*.

Pline l'Ancien : Caius Plinus Secundus (23–79) ; auteur naturaliste et chef militaire de la Rome antique. Il périt lors de l'éruption du Vésuve.

Ptolémée : géographe et astronome grec (IIesiècle ap. J.-C.) dont les idées firent autorité jusqu'à la Renaissance.

Reconquista : mot espagnol, signifie « reconquête ». Reconquête des royaumes musulmans d'Espagne par les rois chrétiens du VIIIe au XVe siècle.

Réforme : dans l'histoire européenne, le terme se réfère soit à la réforme protestante de l'Église catholique lancée par Martin Luther, soit à la réforme britannique entreprise par Henri VIII, qui vit la scission de l'Église d'Angleterre et de l'Église de Rome.

Reich : mot allemand, signifie « Empire ».

Renaissance : mouvement culturel de la fin du Moyen Âge qui commença en Italie et se répandit en Europe.

Romanov : dynastie qui régna en Russie de 1613 à 1917.

Route de la soie : désigne une série d'itinéraires entre la Chine, l'Inde et l'Europe orientale, le long desquels était acheminée la soie de Chine.

Saint Empire romain germanique : alliance de territoires d'Europe centrale au Moyen Âge, gouvernée par le saint empereur germanique.

Sainte Alliance : alliance constituée par les souverains européens après la défaite de Napoléon pour garantir la paix européenne.

Sassanides : dynastie iranienne ayant régné de 224 à 651.

Séleucides : dynastie des rois hellénistiques établis en Syrie et en Asie Mineure.

Seljoukides : peuple turc qui constitua un immense empire dès le XIe siècle au Moyen-Orient.

Senatus populusque romanus : « Sénat du peuple romain », organe central des institutions romaines.

Sévères : dynastie romaine fondée par Septime Sévère en 193 ; s'éteignit avec Sévère Alexandre en 235.

Shogun : chef militaire dirigeant un shogunat (Japon).

Stuart : dynastie écossaise qui régna sur l'Écosse puis l'Angleterre.

Sultan : titre porté par le souverain de l'Empire ottoman.

Sumer : région antique située entre le Tigre et l'Euphrate dans l'actuel Irak.

Sunnite : courant dominant de l'islam.

Tacite : Publius Cornelius Tacitus (v. 56–117) ; sénateur et historien du premier siècle romain.

Tang : dynastie des empereurs chinois qui régnèrent de 618 à 907.

Tokugawa : famille des shoguns qui domina le Japon du XVIIe au XIXe siècle.

Trente Glorieuses : période de forte croissance ; de 1945 à 1975.

Triple Alliance : alliance entre l'Allemagne, l'Autriche-Hongrie et l'Italie avant 1914.

Triple Entente : accord regroupant la France, l'Angleterre et la Russie avant et pendant la Grande Guerre.

Ts'ing (Qing) : dynastie mandchoue ; régna sur la Chine de 1644 à 1911.

Tudor : dynastie ayant régné sur l'Angleterre de 1485 à 1603.

Umma : dans l'islam, communauté des croyants.

Valois : branche des Capétiens, qui régna en France de 1328 à 1589.

Vasa : dynastie suédoise fondée en 1523 par Gustave Ier et qui s'éteignit avec la reine Christine en 1654.

Victorien : qui se rapporte au règne de la reine Victoria, à la fois apogée de la puissance britannique et période très puritaine.

Index général

C

D

H

R

S

U

V

W

X

Y

Z

Crédits photographiques

Nous nous sommes efforcés d'attribuer correctement les copyright des photographies utilisées à leurs ayant-droits. Toutefois, si malgré toute notre attention, une erreur ou omission s'était produite, nous tenons à nous en excuser d'ores et déjà et serons heureux d'apporter la (es) correction (s) nécessaires (s) lors d'une prochaine réédition.

22 Science Photo Library/Matthew Bate **23** Science Photo Library/Prof. Walter Alvarez **25** Corbis/Bettmann **27** AKG-Images/Erich Lessing **28** Art Archive/Gianni Dagli Orti **29** Corbis/Gianni Dagli Orti **30** Corbis/Alinari **31** Alamy/Visual Arts Library **32** Art Archive/National Palace Museum Taiwan **33** Corbis/Ali Meyer **34** AKG **36** Art Archive/Bibliothèque des Arts Décoratifs Paris/Gianni Dagli Orti **39** Alamy/Mary Evans **40** Alamy/Christine Osborne **43** Bridgeman/Bibliotheque Nationale, Paris, France **44** AKG **45** Alamy/Visual Arts Library **47** Bridgeman/Bibliotheque des Arts Decoratifs, Paris, France, Archives Charmet **48** Corbis/Bettmann **49** Alinari/Bridgeman **50** AKG **51** Alinari/Bridgeman **53** Art Archive/Hellenic Institute Venice/Gianni Dagli Orti **54** Alinari/Bridgeman **56** Art Archive/Mechitarista Congregation Venice/Alfredo Dagli Orti **57** AKG **59** Alamy/Mary Evans **60** AKG **62** Alamy/The Print Collector **63** AKG/Laurent Lecat **64** Bridgeman/Collection privée, The Stapleton Collection **66** Art Archive/British Library **68** Corbis/Bettmann **70** Bridgeman/Gahoe Museum, Jongno-gu, South Korea **73** Alamy/Visual Arts Library **75** Alamy/Mary Evans **76** Scala **77** Bridgeman/Villa Barbarigo, Noventa Vicentina, Italie, Giraudon **78** Scala/Photo Austrian Archive **80** Art Archive/Rheinische Landesmuseum Trier/Gianni Dagli Orti **81** Bridgeman/Galleria degli Uffizi, Florence, Italie **85** Alamy/Marion Kaplan **86** Scala/courtesy of the Ministero Beni e Att. Culturali **88** Bridgeman/Musee des Beaux-Arts Andre Malraux, Le Havre, France, Giraudon **89** Alinari **90** Alamy/The Print Collector **92** Bridgeman/Musee des Beaux-Arts, Lille, France, Lauros / Giraudon **93** Corbis/Sean Saxton Collection **94** Corbis/Historical Picture Archive **96H** AKG/Reproduit avec l'accord de Irvin Ungar, HISTORICANA, Burlingame, CA www.szyk.com **96B** Alamy/Israël Images **98** AKG **100** AKG **101** Scala/courtoisie du Ministère Beni e Att. Culturali **102** Art Archive/Palazzo Leoni-Montanari Vicenza/Gianni Dagli Orti **103** Corbis/Historical Picture Archive **104H** AKG **104B** Bridgeman/Collection privée **107** Alamy/Mary Evans **109** Alamy/Visual Arts Library **111** Alamy/Visual Arts Library **112** Scala/courtesy of the Ministero Beni e Att. Culturali **113** Scala/courtesy of the Ministero Beni e Att. Culturali **114** Alamy/Mary Evans **117** Alamy/Visual Arts Library **118** Corbis/Summerfield Press **119** Bridgeman **120** AKG/Ullstein Bild **122** Corbis/Stapleton Collection **125** AKG/British Library **126** Corbis/ **128** Corbis/Michael Nicholson **130** Bridgeman/Brooklyn Museum of Art, New York, États-Unis, Gift of K. Thomas amd Sharon Elghanayan **133** Alamy/Nick Fraser **134H** Alamy/Mary Evans **134B** Alamy/Visual Arts Library **136** Bridgeman/Bibliotheque Mazarine, Paris, France, Archives Charmet **137** Bridgeman/Collection privée, Giraudon **139** Alinari/Bridgeman **140** Art Archive/British Library **141** Bridgeman/Collection privée, Roger Perrin **143** AKG/British Library **144** Art Archive/Galerie Théorème Louvre des Antiquaires/Gianni Dagli Orti **147** AKG **149** Bridgeman/Collection privée, ©Walker Galleries, Harrogate, North Yorkshire, GB **150** Alamy/Mary Evans **151** AKG **153H** Alamy/Visual Arts Library **153B** Art Archive/Bibliothèque Nationale Paris **154** Corbis/Stapleton Collection **157** Corbis/Gianni Dagli Orti **159** Corbis/Bettmann **160** Corbis/Leonard de Selva **164** AKG/Erich Lessing **166H** AKG/Paul Almasy **166B** Alamy/Dinodia **168** Alamy/ArkReligion **170** AKG/British Library **171** AKG/Erich Lessing **172** AKG **173** AKG **174** Corbis/Michael Freeman **175** Art Archive/Museo Civico Bologna/Gianni Dagli Orti **176** AKG/Erich Lessing **177** Scala/Ann Ronan/HIP **178** Bridgeman/Museo Civico, Prato, Italie **179** Alamy/Visual Arts Library **180** Bridgeman/Phillips, The International Fine Art Auctioneers, GB, Photo © Bonhams, Londres, GB **182** AKG **183** AKG/British Library **184** Alamy/David Lyons **185** AKG/British Library **186** AKG/British Library **187** Bridgeman/Galleria Civica d'Arte Moderna di Torino, Turin, Italie, Alinari **188H** Alamy/Print Collector **188B** Alamy/JTB Photo Communications, Inc. **190** Alamy/Print Collector **191** AKG/British Library **192** Art Archive/Collection privée Paris/Gianni Dagli Orti **193** Art Archive **195** Alamy/Visual Arts Library **196** Alamy/Visual Arts Library **197** Bridgeman/Bibliotheque Nationale, Paris, France **199H** Bridgeman/©British Library Board. D.R. **199B** Scala/HIP **200** Bridgeman/Palacio del Senado, Madrid, Espagne, Index **203** Corbis/Summerfield Press **204** Corbis/Bettmann **207** Corbis/Historical Picture Archive **209** Alamy/Mary Evans **211** Bridgeman/Biblioteca Marciana, Venice, Italie, Giraudon **212** Alamy/Mary Evans **213** Art Archive/Galleria d'Arte Moderna Palermo/Gianni Dagli Orti **214** Bridgeman/©British Library Board. D.R. **215** Bridgeman/Smith Art Gallery and Museum, Stirling, Scotland **217** Bridgeman/©British Library Board. D.R. **219** Bridgeman/Museo Nacional de Antropologia, Mexico City, Mexico, Ian Mursell/Mexicolore **220** Bridgeman/Louvre, Paris, France **221** AKG/Stefan Diller **222H** Art Archive/Bibliothèque Nationale Paris **222B** AKG/Jérôme da Cunha **224** Getty/Hulton Archive **225** Art Archive/Hamburg Staatsarchiv/Harper Collins Publishers **226** Alamy/Dennis Cox **228** AKG/British Library **229** AKG/British Library **230H** Alamy/Mary Evans **230B** AKG **232** AKG **233** Bridgeman/Collection privée, The Stapleton Collection **235** Art Archive/Santa Maria Novella Church Florence/Gianni Dagli Orti **236** Alamy/Mary Evans **237** AKG/Jérôme da Cunha **238** Scala/courtoisie du Ministère Beni e Att. Culturali **241** Alamy/North Wind Picture Archive **242** Bridgeman/Topkapi Palace Museum, Istanbul, Turquie **244H** Bridgeman/©The Trustees of the Weston Park Foundation, GB **244B** Alamy/Mary Evans **247** Alinari/SEAT **248** Corbis/Stapleton Collection **249** Bridgeman/©Royal Geographical Society, Londres, GB **250** Corbis/Bettmann **251** Bridgeman/Banco Nacional Ultramarino, Portugal, Giraudon **252** Bridgeman/Museo Nazionale del Bargello, Florence, Italie **253** Alamy/Visual Arts Library **257** Bridgeman/Louvre, Paris, France, Lauros/Giraudon **258** Corbis/Gallery Collection **259** Alinari **260** Scala **261** Scala **263** Alinari **265H** Bridgeman/©City of Edinburgh Museums and Art Galleries, Scotland **265B** Bridgeman/Bibliotheque des Arts Decoratifs, Paris, France, Archives Charmet **266** AKG **267** Bridgeman/Musée Conde, Chantilly, France **268** Alinari/Bridgeman **269** Bridgeman/Topkapi Palace Museum, Istanbul, Turquie, Bildarchiv Steffens **270** Bridgeman/Galleria degli Uffizi, Florence, Italie, Giraudon **271** Alamy/Visual Arts Library **272** Alamy/Leo Macario **273** Corbis/Alinari **275H** AKG **275B** AKG/Joseph Martin **276** Corbis/Stapleton Collection **277** AKG **279** Art Archive/Kalmar Castle Sweden/Alfredo Dagli Orti **280** AKG/Erich Lessing **281** AKG **282** Scala/HIP **283** Alamy/Visual Arts Library **284** Bridgeman/Collection privée **285** Alinari/SEAT **287** Scala **288** Bridgeman/Collection privée **289** Bridgeman/Collection privée, ©Philip Mould Ltd, Londres **290** AKG **291** Art Archive/Musée du Louvre Paris/Gianni Dagli Orti **292** Scala/HIP **294** Bridgeman/BibliothÈque Nationale, Paris, France, Lauros/Giraudon **297H** Corbis/Hulton **297B** Bridgeman/Collection privée **299** Alinari/Finsiel **300H** Alamy/Classic Image **300B** Alamy/Pictorial Press Ltd. **302** Bridgeman/Chateau de Versailles, France **303** Alamy/Mary Evans **304** Bridgeman/Collection privée, Photo ©Rafael Valls Gallery, Londres, GB **305** AKG/André Held **306** Art Archive/Eileen Tweedy **307** Bridgeman/©Guildhall Art Gallery, City of Londres **308** Bridgeman/©Cheltenham Art Gallery & Museums, Gloucestershire, GB **309** Art Archive/Kobe Municipal Museum/Laurie Platt Winfrey **310** Alinari/Bridgeman **311** AKG/Jérôme da Cunha

313 AKG **314** Corbis/Bettmann **316** AKG/Erich Lessing **317** Bridgeman/The Crown Estate **319H** Bridgeman/Collection privée, ©Look and Learn **319B** Bridgeman/State Art Gallery of Kirgiz Republic, Bishkek, Kyrgyzstan **320** AKG **321** Scala/HIP **323** Bridgeman/©Ashmolean Museum, University of Oxford, GB **325** Bridgeman/Collection privée **326** Art Archive/British Museum/Eileen Tweedy **327** Mary Evans **328** Art Archive **329** Art Archive/Pinacoteca Nazionale di Siena/Gianni Dagli Orti **330** Bridgeman/Collection privée **331** Mary Evans/Asia Media **332** Alamy/Mary Evans **333** AKG **334** Art Archive/Culver Pictures **335** Bridgeman/Collection privée, Ken Welsh **336** Alamy/North Wind Picture Archive **337** Bridgeman/National Portrait Gallery, Londres, GB **338** Scala/Ann Ronan/HIP **339** Alamy/Mary Evans **340** The Art Archive/Galleria Borghese Rome/Alfredo Dagli Orti **341** The Art Archive/San Luigi dei Francesi Rome/Alfredo Dagli Orti **343** Corbis/Christophe Boisvieux **344H** Corbis/Louie Psihoyos **344B** Bridgeman/Collection privée **346** AKG **347** Corbis **348** Alinari/Bridgeman **349** Bridgeman/Collection privée, The Stapleton Collection **350** Alamy/Print Collector **352** Scala/BPK, Bildagentur fuer Kunst, Kultur und Geschichte, Berlin **354** Bridgeman/Louvre, Paris, France, Peter Willi **355** Art Archive/Tokyo University/Laurie Platt Winfrey **356** Bridgeman/MusÉe des Beaux-Arts, Rouen, France, Lauros/Giraudon **358** AKG **360** Bridgeman/Collection privée **362H** Getty/Hulton **362B** Getty/Popperfoto **364** Bridgeman/National Gallery, Londres, GB **365** Art Archive **367H** Bridgeman/Louvre, Paris, France, Lauros/Giraudon **367B** Bridgeman/Château de Versailles, France, Lauros/Giraudon **369** Bridgeman/Santa Maria della Vittoria, Rome, Italie **371** AKG/Electa **372** AKG/Jean-Louis Nou **375** Bridgeman/©Musée de Londres, GB **376** Alamy/Lebrecht Music & Arts Photo Library **378** Alamy/Mary Evans **379** Art Archive/Musée du Château de Versailles/Gianni Dagli Orti **380** Corbis/Art Archive **382** Alinari/Imagno **384** Corbis/Bettmann **385** AKG **388** Corbis/Bettmann **389** Alamy/Print Collector **390** Bridgeman/Maisons du Parlement, Westminster, Londres, GB **391** Corbis/Bettmann **392** Alinari/Topfoto **393** Bridgeman/St. Paul's Cathedral Library, Londres, GB **394** Bridgeman/Archives du Ministere des Affaires Etrangères, Paris, France, Archives Charmet **395** Scala/Art Media/HIP **396** Bridgeman/©Victoria Art Gallery, Bath and North East Somerset Council **397** Getty/Hulton **398** Alinari/Bridgeman **401H** Bridgeman/National Portrait Gallery, Londres, GB **401B** Alamy/Mary Evans **402** Bridgeman/Schloss Augustusburg, Bruhl, Allemagne **403** Bridgeman/©Norwich Castle Museum and Art Gallery **404H** Bridgeman/Courtesy of the Council, National Army Museum, Londres, GB **404B** Bridgeman/Collection privée **406** Alamy/Classicstock **407** AKG **408** Bridgeman/Pennsylvania Academy of the Fine Arts, Philadelphia, États-Unis **409** Bridgeman/Collection privée **410** Corbis/Bettmann **412** Bridgeman/Collection privée, Phillips, Fine Art Auctioneers, New York, États-Unis **413** Scala **414** Bridgeman/Collection privée **416** Getty/Hulton **417** AKG/British Library **418** AKG **419** Bridgeman/Bibliotheque Polonaise, Paris, France, Bonora **421** Bridgeman/American Antiquarian Society, Worcester, Massachusetts, États-Unis **422** Getty/Hulton **423** Alamy/Stockmontage Inc **424H** Art Archive/Collection privée Paris/Alfredo Dagli Orti **424B** Art Archive/Marc Charmet **426** Corbis/PoodlesRock **427** Alamy/Select Images **428** Bridgeman/©Dixson Galleries, State Library of New South Wales **429** Getty/Hulton **430** Alamy/Print Collector **431** Bridgeman/École Nationale des Ponts et Chaussées, France, Archives Charmet **432** Art Archive/Coll Diaz Peru/Mireille Vautier **434** AKG **437** Bridgeman/Pennsylvania Academy of the Fine Arts, Philadelphie, États-Unis **438** Bridgeman/Musée de la Ville de Paris, Musée Carnavalet, Paris, France, Giraudon **439** Alamy/Visual Arts Library **440** Bridgeman/©British Library Board. D.R. **441** Alinari **443H** Corbis **443B** Getty/Popperfoto **444H** Bridgeman/Musée de la Ville de Paris, Musée Carnavalet, Paris, France, Giraudon **444B** Scala/Ann Ronan/HIP **446** Bridgeman/Collection privée, Ken Welsh **447** Art Archive/Musée Lambinet Versailles/Gianni Dagli Orti **448** Getty/Hulton **449** Corbis/Art Archive **450** Corbis/Burstein Collection **451** Getty/Time & Life Pictures **453** Bridgeman/Academie Nationale de Medecine, Paris, France, Archives Charmet **454H** Getty/Time & Life Pictures **454B** Bridgeman/Collection privée **456H** Getty/Hulton **456B** Art Archive/Eileen Tweedy **459** Getty/Hulton **460** AKG/Erich Lessing **463H** Getty/Hulton **463B** AKG **464** AKG **465** AKG **466** Corbis **469** Bridgeman/Louvre, Paris, France **470** AKG **471** Alamy/Mary Evans **472** Bridgeman/Collection privée **473** AKG/Erich Lessing **474** Art Archive/Eileen Tweedy **475** Bridgeman/Bibliotheque Nationale, Paris, France, Lauros/Giraudon **476H** AKG **476B** Bridgeman/Prado, Madrid, Espagne **478** Bridgeman/State Central Artillery Museum, St. Petersburg, Russia **479** Bridgeman/Collection privée, Photo©Bonhams, Londres, GB **480** Alamy/Visual Arts Library **481** Corbis/Bettmann **482** AKG **483** Alamy/Visual Arts Library **484** Bridgeman/Collection privée, The Stapleton Collection **485** Bridgeman/Collection privée **487** Bridgeman/Bolivar Museum, Caracas, Venezuela, Giraudon **488H** Bridgeman/©Collection of the New York Historical Society, États-Unis **488b** Alamy/North Wind Picture Archives **490** Art Archive/Bibliothèque Marmottan Boulogne/Gianni Dagli Orti **491** Art Archive/Museo Nacional de Historia Lima/Gianni Daqli Orti **492** Art Archive/Biblioteca National do Rio de Janiero Brésil/Gianni Daqli Orti **493** Corbis/Bettmann **494H** Bridgeman/National Portrait Gallery, Londres, GB **494B** AKG **496** Alamy/Visual Arts Library **497** Corbis/Bettmann **498** Bridgeman/Gernsheim Collection, University of Texas, Austin, États-Unis, Archives Charmet **499** Art Archive/Museum der Stadt Wien/Alfredo Dagli Orti **500** Scala/HIP **501** Getty/Hulton **502H** Getty/Hulton **502B** Alamy/Mary Evans **504** Bridgeman/©The Royal Institution, Londres, GB **505** Corbis/Hulton **506H** Corbis/Bettmann **506B** Science Photo Library **508** Bridgeman/Guildhall Library, City of Londres **509** Getty/Hulton **510** Alamy/Mary Evans **511** Bridgeman/State Russian Museum, St. Pétersbourg, Russie, Giraudon **512** Getty/Hulton **513** Corbis/Bettmann **514H** Alamy/INTERFOTO Pressebildagentur **514B** Alamy/Mary Evans **516** Bridgeman/Courtesy of the Council, National Army Museum, Londres, GB **517** Science & Society Picture Library/NMeM **519** © Antiques & Collectables / Alamy **521H** Corbis/Bettmann **521B** Scala/HIP **522** Alamy **524** Bridgeman/Collection privée **525** Getty/Hulton **527** Corbis **528H** AKG **528b** AKG **530** Scala **531** Bridgeman/Collection privée, The Stapleton Collection **532** Corbis/Bettmann **533** Scala/HIP **534** Corbis/Bettmann **535** Bridgeman/Collection privée, Giraudon **536** Scala/National Portrait Gallery Smithsonian/Art Resource **538** Corbis/Bettmann **539** Alamy/ClassicStock **540** Getty/Felice Beato/Hulton **541** Getty/Hulton **542** Science Photo Library **543** Corbis/Hulton **544** Corbis/Hulton **545** Bridgeman Art Library **547** Scala **549** Corbis/Hulton **550** Corbis/Bettmann **551** Art Archive/Musée National de la voiture et du tourisme Compiègne/Gianni Dagli Orti **553H** Corbis **553B** Corbis **554** AKG **555** Corbis/Hulton **556** Alamy/Ultimate Group LLC **557** Corbis/Bettmann **558H** AKG **558b** Getty/Time & Life Pictures **560** AKG/RIA Novosti **561** Corbis/Bettmann **562** Corbis **563** Corbis/Bettmann **564H** AKG/RIA Nowosti **564B** AKG/RIA Nowosti **566** AKG **567** Corbis **568** Corbis/Asian Art & Archaeology, Inc. **569** Alamy/Print Collector **570** Corbis/Bettmann **571** Getty/Hulton **572** Alinari **574** Corbis/Bettmann **576** Alamy/Mary Evans **577** Alamy/Mary Evans **578** Alamy/Print Collector **579** Corbis/Stapleton Collection **580H** Alamy/Lebrecht Music & Arts Photo Library **580B** Corbis/Hulton **582** Corbis/Bettmann **583** Getty/Hulton **585** Getty Images **586** Alamy/Mary Evans **587** Bridgeman/©Leeds Museums and Galleries (City Art Gallery) GB **588** Corbis/Bettmann **589** Corbis **590** AKG **591** Art Archive/Culver Pictures **593** AKG **594H** Bridgeman/©Samuel Courtauld Trust, Courtauld Institute of Art Gallery **594B** Corbis/Francis G. Mayer **596** Corbis/Bettmann **597** Alamy/Pictorial Press Ltd. **598** Corbis/Bettmann **599** Alamy/Print Collector **600** Corbis/Sygma **601** Kobal Collection/Lumiere **603** AKG **604** Corbis **605** Corbis/Bettmann **606** Corbis/Hulton **607** Alamy/Mary Evans **608** AKG **611** Corbis **614** Alamy/Mary Evans **615** Getty/Hulton **617** Corbis/Bettmann **618** Rex Features/Roger-Viollet **619** Corbis/Bettmann **620** Corbis **621** AKG **623** Alamy/Print Collector **624** Alamy/Mary Evans **625** Rex Features/Tony Davis **627** Corbis/Hulton **628** Science Photo Library/RIA Novosti **629** Getty/Time & Life Pictures **630H**

Getty/Popperfoto **630B** Getty/Hulton **632** Getty/Hulton **633** Art Achive/National History Museum Mexico City/Gianni Dagli Orti **634** Mary Evans/Rue Des Archives **635** Corbis/Bettmann **636H** AKG/Ullstein Bild **636B** Corbis/Hulton **638** Rex Features **639** Art Archive/Ocean Memorabilia Collection **640** Rex Features/Roger-Viollet **641** Corbis/Hulton **642** Corbis/Bettmann **643** Corbis/Bettmann **644** Art Archive **645** Corbis/Hulton **647H** AKG/Ullstein Bild **647B** Getty/Hulton **649H** Rex Features **649B** Alamy/INTERFOTO Pressebildagentur **650** Art Archive/Imperial War Museum **651** Getty/Popperfoto **652** Corbis **655H** AKG **655B** Getty/Popperfoto **656** Rex Features/Roger-Viollet **657** Alamy/Print Collector **658** Corbis/Bettmann **659** Corbis/Hulton **660** Corbis/Bettmann **661** AKG **662** Corbis/Hulton **663** Corbis/Bettmann **664** Getty/Hulton **665** Getty/Hulton **666H** Corbis/Bettmann **666B** Getty/Hulton **668** Getty/Hulton **669** Corbis/Bettmann **670** Science & Society Picture Library **671** Corbis/Bettmann **672** Corbis **673** Getty/BIPS/Hulton **674H** Corbis/Hulton **674B** Getty/Time & Life Pictures **676** Corbis/Bettmann **677** AKG **678** Getty/Hulton **679** Getty/Time & Life Pictures **680** Science Photo Library/Emilio Segre Visual Archives/American Insitute Of Physics **682** Alamy/Mary Evans **683** Corbis/Bettmann **685** Alamy/Pictorial Press Ltd. **686** Corbis/Bettmann **688** Rex Features/SNAP **689** Corbis/Hulton **690** Corbis/Bettmann **691** Corbis/Bettmann **693** Getty/Hulton **694** Corbis/Bettmann **695** Corbis/Bettmann **696** AKG **697** UPPA/Photoshot **699H** Corbis/Bettmann **699B** Corbis/Bettmann **700** Getty/AFP **701** Corbis/Bettmann **702** Getty/Popperfoto **705** Getty/Hulton **706** Corbis/Bettmann **707** Getty/Laski Diffusion **709H** AKG **709B** Corbis/Hulton **710** Getty/Time & Life Pictures **711** Corbis/Bettmann **713** Corbis/Bettmann **714H** Corbis/EFE **714B** Getty/Time & Life Pictures **717H** Corbis **717B** Getty/Hulton **718** Getty/Hulton **719** Corbis **720** Getty/Bert Hardy **722** Rex Features/Roger-Viollet **723** © François Pugnet/Kipa/Corbis **724** Getty/Hulton **725** Corbis **726H** Corbis **726B** Getty/Ian Waldie **728** AKG **729** Getty/Hulton **730** Getty/Hulton **732** Getty/Popperfoto **733** Corbis **734** Getty/Hulton **735** Alamy/Mary Evans **736** Alamy/Mary Evans **737** Getty/Hulton **738** Magnum/©2001 Cornell Capa **739** Getty/Time & Life Pictures **740** AKG **742** Corbis/Hulton **744** Corbis/Bettmann **745** Corbis **746** Getty/Time & Life Pictures **747** Getty/Hulton **748** Corbis **749** Corbis **751** Corbis/Bettmann **752** AKG **754** Corbis/Bettmann **756** Corbis/Hulton **757** Rex Features/Sipa **759** Corbis **760** Getty/Popperfoto **761** Alamy/Print Collector **763H** Getty/Hulton **763B** Getty/Popperfoto **764H** Getty/Time & Life Pictures **764B** Corbis/Bettmann **766** Getty/AFP **767** Getty/AFP **771** Corbis/Bettmann **773H** AKG/Paul Almasy **773B** Corbis/Bettmann **774** Science Photo Library/Los Alamos National Laboratory **775** Getty/Popperfoto **776** Science Photo Library/A. Barrington Brown **777** Alamy/ Royal Geographical Society **779H** Getty/Michael Ochs Archive **779B** Corbis/CinemaPhoto **780** Alamy/Mary Evans **782** Rex Features/Everett Collection **783** Alamy/Pictorial Press Ltd. **785** Getty/Time & Life Pictures **786** Corbis/Hulton **787** AKG **788** Getty/Popperfoto **789** Corbis/Bettmann **790** Getty/Hulton **791** Getty/AFP **792** Alamy/INTERFOTO Pressebildagentur **793** Getty/Popperfoto **794H** Corbis/Bettmann **794B** Getty/Michael Ochs Archive **797H** Getty/Popperfoto **797B** Corbis/David Rubinger **798** Getty/AFP **800** Getty/Popperfoto **801** Getty/Hulton **803H** Corbis/Bettmann **803B** Corbis/Bettmann **804** Corbis/Bettmann **806** Getty/Time & Life Pictures **807** Getty/Time & Life Pictures **809H** AKG **809B** Corbis/Reuters **810** Corbis/Bettmann **811** Getty/Time & Life Pictures **812** Getty/Hulton **813** PA Photos/James W. Ike Altgens/AP **814** Rex Features/Everett Collection **816H** Corbis/Bettmann **816B** Getty/Hulton **818** Corbis/Tim Page **819** Corbis/Bettmann **820H** Corbis/Bettmann **820B** Getty/AFP **822** Corbis/Bettmann **823** Corbis/JB Russel/Sygma **824H** Corbis/Bettmann **824B** Getty Images **826** Corbis/Bettmann **827** Rex Features/Sipa **829H** Corbis/Libor Hajsky/EPA **829B** Rex Features/Edwin Walter **830** NASA **831** Getty/AFP **832** NASA **833** NASA **834** Corbis/Bettmann **835** Getty/Time & Life Pictures **836H** David Redfern/Redferns **836B** Getty/Time & Life Pictures **838** Corbis/Christian Simonpietri/Sygma **839** Magnum/Gilles Peress **841H** Getty Images **841B** Getty Images **843H** Getty/AFP **843B** Corbis/Dmitri Baltermants **844** Rex Features/Sipa **845** Allan Tannenbaum/Time & Life Pictures/Getty **846** Corbis/Henri Bureau/Sygma **847** Getty/Hulton **848** Rex Features/Sipa **849** Getty/AFP **851** Corbis/Bettmann **852** Getty/Hulton **853** Getty/Time & Life Pictures **854** Alamy/Peter Jordan **856** Getty/Hulton **857** Corbis/Selwyn Tait/Sygma **859H** Getty/David Hume Kennerly **859B** Getty/David Hume Kennerly **860** Corbis/Bettmann **861** Getty/Time & Life Pictures **862H** Corbis/Hulton **862B** Getty/Hulton **864** Corbis/Alain DeJean/Sygma **865** Corbis/Bettmann **866** Getty/Hulton **867** Rex Features/Sipa **868** Corbis/IBM/EPA **869** Getty/Hulton **870** Corbis/Michel Philippot/Sygma **871** Corbis **873** Corbis/Kapoor Baldev/Sygma **874** Corbis/David Turnley **875** Corbis/Kapoor Baldev/Sygma **876** Getty/David Levenson **877** Getty/AFP/Patrick Riviere **878** Getty/Georges De Keerle **879** Corbis/Larry Downing/Sygma **880** Getty/Hulton/MPI **881** Rex Features/Sipa **882** Getty/AFP **883** Rex Features/Mr. F. Zabci **884** Corbis/ Igor Kostin/Sygma **886** Corbis/Peter Turnley **887** Rex Features/Sipa **888** Getty/AFP **889** Getty/AFP **890** Getty/Steve Powell **891** Corbis/Bryn Colton/Assignments Photographers **892** Corbis/Sygma **893** Getty/AFP **894** Corbis/Reuters **896** Corbis/Reuters **897** Corbis/Wolfgang Kumm/DPA **899** Rex Features/Sipa **900** Corbis **903** Getty/AFP **904H** Getty/AFP **904B** Corbis/ Bettmann **907** Getty/Per-Anders Pettersson **908** Jaako Avikainen/Rex Features **909** Tokyo Shimbun/Corbis Sygma **910H** Rex/Sipa Press **910B** Rex/Sipa Press **911H** Corbis **911B** Corbis **912** Jean-Marc Giboux/Liaison **914** Rex Features/Sipa Press **915** Pablo Bartholomew/Gamma Liaison **916H** Alain Le Garsmeur/Corbis **916B** Dan Chung/AFP/Getty **918** Florence Durnad/Sipa Press/Rex Features **919** Corbis **920** Corbis **921** Corbis **923H** Corbis **923B** Darma/AFP/Getty **925** Partick Baz/AFP/Getty **927** Sipa Press/Rex **929** Handout/Reuters/Corbis **930** John Russell/AFP/Getty **931** DigitalGlobe/Rex **932** 2005 Metropolitan Police **933** Balkanpix.com/Rex Features **934** Rex Features **935** James Nielsen/AFP/Getty **936** Wathiq Khuzale/Getty **937** Ali Haider/EPA/Corbis **938** Paul Faith/AFP/Getty **939** AFP/AFP/Getty **940** Mark Ralston/AFP/Getty **941** Mark Ralston/AFP/Getty

Collaborateurs

Tony Bunting (TB) est spécialisé dans les relations internationales au XXe siècle.

Richard Cavendish (RC) est historien. Il écrit régulièrement dans le magazine *History Today*.

Peter Furtado (PF) (responsable d'édition) a publié de nombreux ouvrages de référence sur l'histoire du monde.

Reg Grant (RG) est l'auteur de plus de vingt livres relatifs à des sujets historiques et militaires

James J. Harrison (JJH) est l'auteur d'écrits sur l'histoire et la culture. Il a contribué à *History, The Definitive Visual Guide*.

John Haywood (JH) est chercheur et membre honoraire de la Lancaster University et traite de sujets de l'histoire antique et médiévale.

Nigel Jones (NJ) est écrivain et historien. Il a rédigé des études sur la Grande Guerre et travaille actuellement sur un livre traitant des prisonniers célèbres des nazis.

Nick Kennedy (NK) Après une carrière dans l'édition, il s'intéresse aujourd'hui à l'histoire militaire du XXe siècle.

Susan Kennedy (SK) a étudié l'histoire à Oxford. Elle a travaillé dans l'édition et pour la BBC.

Robert Pearce (RP), ancien professeur d'histoire contemporaine à l'University of Cumbria, est l'auteur de plus de 20 livres.

John Swift (JS) est maître de conférences à l'University of Cumbria. Il est notamment l'auteur des ouvrages suivants : *The Palgrave Concise Historical Atlas of the Cold War* (2003) et *Labour in Crisis : Clement Attlee and the Labour Party in Opposition, 1931–1940* (2001).

Laurent Villate (LV) est docteur en histoire. Il est notamment l'auteur de *La République des diplomates, Paul et Jules Cambon (1843-1935)* (éditions Science Infuse) ; Co-auteur et coordinateur de l'ouvrage *Socialistes à Paris 1905-2005* (éditions Créaphis).

Remerciements

Pour l'édition française, l'éditrice tient à remercier tout particulièrement René Caquet et Laurent Villate.

1002 et plus (notes personnelles)